IL PATRIMONIO DELL'UMANITÀ

Tesori salvati e da salvare

Con il patrocinio di
United Nations Educational, Scientific and Cultural Organization
Presidenza del Consiglio dei Ministri
Ministero degli Affari Esteri
Direzione Generale delle Relazioni Culturali

Touring Club Italiano

Touring Club Italiano
Presidente: Giancarlo Lunati

Touring Editore
Amministratore Delegato e Direttore Generale
Armando Peres
Vice Direttori Generali
Adriano Agnati e Radames Trotta
Direttore Editoriale
Marco Ausenda

Il Patrimonio dell'Umanità
Coordinamento dell'opera
Michele D'Innella
Coordinamento tecnico
Stefano Bagnoli
Segreteria di redazione
Alessandra Sindoni

Realizzazione editoriale
Asterisco s.r.l.
Redazione: Massimiliano Bagioli, Luca Giannini, Roberto Polce
Ricerca iconografica: Irvana Malabarba

Progetto grafico: Studio Agazzi
Impaginazione: Manuela Zavan

Copertina: Federica Neeff

Hanno collaborato:
Fabrizio Bacciola
Massimiliano Bagioli
Marina Basso
Maria Vittoria Bocconi
Piero Boratto
Vladimir Broz
Carla Compostella
Flavio Conti
Elisa Dal Canto
Margherita Fratta Pasini
Paola Froncillo
Luca Giannini
Daniela Invernizzi
Eugenio Manghi
Ornella Marcolongo
Stefania Martinelli
Angelo Mojetta
Marina Nelli
Henrique Pessoa
Paolo Rinaldi
Massimo Tadi

Fotolito
Emmegi Multimedia
Stampa
N.I.I.A.G. - Bergamo

ISBN 88-365-1450-2
Codice A2N

Si ringrazia il Ministero per i Beni Culturali e Ambientali che, d'intesa con il Ministero per gli Affari Esteri, ha offerto la sua collaborazione.
I testi dei beni italiani sono di Maria Rosaria Nappi dell'Ufficio Centrale per i Beni Ambientali e Paesaggistici con la collaborazione di Roberta Alberotanza del Servizio Rapporti Internazionali del Gabinetto del Ministro.

Inoltre il Touring Club Italiano ringrazia per l'aiuto prestato alla realizzazione del volume: il professor Ugo Leone; la Rappresentanza permanente d'Italia all'UNESCO: l'ambasciatore Gabriele Sardo e il consigliere Pietro Sebastiani; il World Heritage Center: Georges S. Zouain (Deputy director) e Joanna Sullivan (Media relations); la senatrice Tullia Carettoni, presidente della Commissione nazionale italiana per l'UNESCO.

Fotografia in copertina:
Giorgio Lotti, Venezia, Palazzo Ducale riflesso nell'acqua.

SOMMARIO

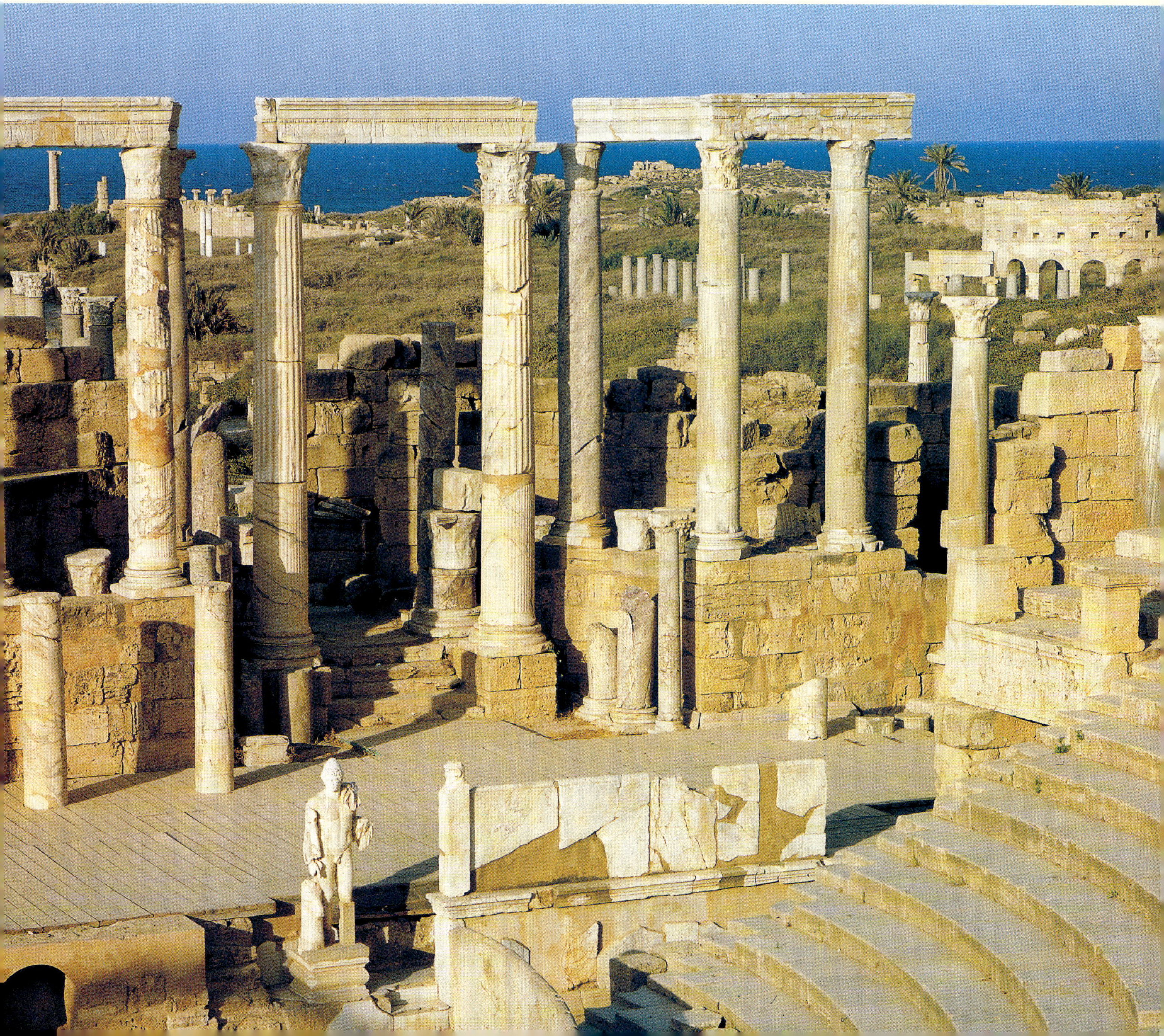

Un miraggio tra le dune libiche e il mare: il teatro di Leptis Magna.

Il fatto che l'Organizzazione delle Nazioni Unite per l'Educazione, la Scienza e la Cultura (UNESCO) abbia proposto, nel 1972, una Convenzione internazionale per la protezione del Patrimonio mondiale culturale e naturale, è uno di quegli eventi che segnano il cammino della civiltà.

La Convenzione afferma, stabilendo regole precise e democratiche e modalità scientifiche di identificazione, studio e tutela, che vi sono, sul nostro pianeta, beni e luoghi di valore culturale o naturale che devono essere considerati patrimonio dell'umanità intera, a qualsiasi popolo essi appartengano, e che quindi è l'insieme degli Stati del mondo che deve darsi cura affinché questo patrimonio sia salvaguardato, per le generazioni future.

Un concetto di universalità dei valori, di sopranazionalità della cultura e delle ricchezze naturali che, ovunque si trovino, non appartengono a nessuno perché appartengono a tutti gli uomini di oggi e di domani.

Alla Convenzione hanno aderito 153 Paesi, e i luoghi protetti sono, al dicembre 1997 (ultima data di aggiornamento), ben 552: templi, centri storici, aree naturali, siti archeologici, monumenti singoli o complessi, castelli, grotte, montagne, paludi, isole. Praticamente ogni anno l'elenco si arricchisce di nuovi siti, in ogni parte del mondo.

Al Touring Club Italiano che, come è a tutti noto, reca nel suo statuto principi identici e finalità analoghe, è parso doveroso, nell'ultimo anno del secondo millennio, dedicare un'opera editoriale a questo tema e a questi luoghi.

Doveroso nei confronti dell'UNESCO che, applicando la Convenzione ratificata dagli Stati appartenenti, vigila e interviene con studi, ricerche, indagini ma anche risorse economiche, ove necessario, affinché la salvaguardia di questi beni non sia messa in pericolo.

Doveroso nei confronti della vasta schiera dei nostri Soci e di quanti seguono l'attività della nostra Associazione, perché conoscano meglio l'importanza e il valore di questa iniziativa e, prima di tutto, i luoghi e i beni assunti in questa irrinunciabile categoria, situati nel nostro Paese che sono, a oggi, 27 (28, se si considera anche la Città del Vaticano): il che dimostra, ancora una volta, un primato. Solo la Spagna annovera infatti lo stesso numero di siti (27, compresa l'area del pirenaico Monte Perdido, in comune con la Francia), 23 la Francia, 21 e 19, rispettivamente grandi ed estesi Paesi come l'India e la Cina.

Un primato, sia ben chiaro, che non vuole e non deve tanto muovere sentimenti di orgoglio nazionale, ma anzi richiamare, nello spirito della Convenzione, il grado di responsabilità che dobbiamo sentire tutti, dalle massime autorità dello Stato a ciascun singolo cittadino, nei confronti dell'intera comunità internazionale.

Giancarlo Lunati
PRESIDENTE DEL TOURING CLUB ITALIANO

La Convenzione sulla protezione del Patrimonio mondiale culturale e naturale è il più importante documento internazionale esistente in questo campo. Approvata dalla Conferenza generale dell'UNESCO nel novembre 1972, questa Convenzione è stata a tutt'oggi (31 luglio 1998) siglata da 153 Stati membri.
L'ambizione che spinge i padri della Convenzione, condivisa da tutti gli Stati firmatari, è quella di proteggere un patrimonio culturale e naturale che sia rappresentativo delle grandi civilizzazioni e culture, del cammino storico dell'umanità e dell'evoluzione della Terra per poter trasmettere tutto ciò alle generazioni future.
La Lista del Patrimonio mondiale stabilita nel quadro di questa Convenzione diventa in tal modo la nostra memoria fisica. Costituita da beni culturali e naturali la cui protezione è sotto la responsabilità di tutti, Stati, associazioni o semplici cittadini, il suo valore è internazionalmente riconosciuto.
In questo volume, il Touring Club Italiano presenterà ai lettori i luoghi censiti nella Lista del Patrimonio mondiale a partire dai siti dell'Italia, la cui ricchezza culturale e naturale è particolarmente vasta. Nel fare ciò, il Touring Club Italiano partecipa alla realizzazione degli obiettivi della Convenzione e dell'UNESCO: far conoscere il patrimonio mondiale, la diversità delle culture e la molteplicità degli ambienti naturali, contribuendo così all'interscambio culturale, unica garanzia per un avvenire di pace e di solidarietà.
Per proteggere e trasmettere questi beni ai nostri figli, dobbiamo assicurare la cooperazione internazionale, che comincia da una migliore conoscenza dei beni così come da una corretta informazione circa il loro valore scientifico, storico e culturale. Anche l'educazione gioca un ruolo importante, giacché prepara le giovani generazioni ad apprezzare e a proteggere il loro retaggio.
Grazie alla tradizionale qualità editoriale delle sue pubblicazioni e al suo prestigio, il Touring Club Italiano porta dunque un contributo prezioso alla nostra azione. La decisione di pubblicare questo volume è una nuova prova che viene ad arricchire la lunga e fruttuosa collaborazione tra l'Italia e l'UNESCO. Auguro che quest'opera catturi e faccia riflettere molti lettori e rivesta valore d'esempio.

Federico Mayor
DIRETTORE GENERALE DELL'UNESCO

EUROPA 1

Nelle carte sono localizzati i 552 Beni (418 culturali, 114 naturalistici, 20 culturali e naturalistici) appartenenti ai 149 stati aderenti alla Convenzione della Lista del Patrimonio dell'Umanità e riconosciuti dall'UNESCO al dicembre 1997. La scala notevolmente ridotta delle piante consente una localizzazione solo approssimativa. Per la corretta denominazione di ogni sito si rimanda al Repertorio (p. 305).

1972 Anno di adesione del singolo stato alla Convenzione della Lista del Patrimonio dell'Umanità

◆ Bene culturale

● Bene naturalistico

◈ Bene culturale e naturalistico

ALBANIA 1989

1 Butrinto

ARMENIA 1993

1 Il monastero di Haghpat

AUSTRIA 1992

1 Il centro storico di Salisburgo

2 Il palazzo e i giardini di Schönbrunn

3 Hallstatt-Dachstein e il Salzkammergut

AZERBAIGIAN 1993

BELGIO 1996

BIELORUSSIA 1988

BIELORUSSIA/POLONIA

1 La Foresta Beloveżskaja/Białowieska

BOSNIA ED ERZEGOVINA 1993

BULGARIA 1974

1 La chiesa di Bojana

2 Il cavaliere di Madara

3 La tomba tracia di Kazanlăk

4 Le chiese rupestri di Ivanovo

5 L'antica città di Nesebăr

6 Il monastero di Rila

7 La Riserva naturale di Srebărna

8 Il Parco nazionale di Pirin

9 La tomba tracia di Sveštari

CECA, REPUBBLICA 1993

1 Il centro storico di Praga

2 Il centro storico di Český Krumlov

3 Il centro storico di Telč

4 La chiesa di San Giovanni Nepomuceno sulla Zelená Hora

5 Il centro storico di Kutná Hora

6 I parchi di Lednice e Valtice

CIPRO 1975

1 Pafo

2 Le chiese affrescate della regione del Tróodos

CROAZIA 1992

1 L'antica Dubrovnik

2 Spalato

3 Il Parco nazionale dei laghi di Plitvice

4 La basilica di Parenzo

5 Trogir

DANIMARCA 1979

1 I tumuli, le pietre runiche e la chiesa di Jelling

2 La cattedrale di Roskilde

ESTONIA 1995

1 Il centro storico di Tallinn

FINLANDIA 1987

1 L'antica Rauma

2 La fortezza di Suomenlinna

3 La chiesa di Petäjävesi

4 L'impianto manifatturiero di Verla

FRANCIA 1975

1 Mont Saint-Michel e la sua baia

2 La cattedrale di Chartres

3 Il palazzo e il parco di Versailles

4 La basilica di Vézelay

5 Le grotte della valle della Vézère

6 Il castello e il parco di Fontainebleau

7 Il castello di Chambord

8 La cattedrale di Amiens

9 Il teatro romano e l'arco di trionfo di Orange

10 I monumenti di Arles

11 L'abbazia di Fontenay

12 Le saline reali di Arc-et-Senans

13 Le piazze di Nancy

14 L'antica chiesa abbaziale di Saint-Savin-sur-Gartempe

15 Corsica: la Riserva naturale di Scandola

16 Il ponte sul fiume Gard

17 Il centro storico di Strasburgo

18 I lungosenna di Parigi

19 I monumenti di Reims

20 La cattedrale di Bourges

21 Il centro storico di Avignone

22 Il canale del Midi

23 La fortezza di Carcassonne

FRANCIA/SPAGNA

1 Il Monte Perdu/Perdido

GEORGIA 1992

1 La città-museo di Mtskheta

2 La cattedrale di Kutais e il monastero di Gelat'i

3 L'alta Svanetia

GERMANIA 1976

1 La cattedrale di Aquisgrana

2 La cattedrale di Spira

3 La residenza e i giardini di Würzburg

4 Il santuario "in der Wies"

5 I castelli di Augustusburg e Falkenlust a Brühl

6 La cattedrale e la chiesa di San Michele a Hildesheim

7 I monumenti romani e le chiese di Treviri

8 La città anseatica di Lubecca

9 I palazzi e i parchi di Potsdam e di Berlino

10 L'Abbazia e la basilica di Lorsch

11 Le miniere di Rammelsberg e la città storica di Goslar

12 Bamberga

13 Il monastero di Maulbronn

14 Il castello e i monumenti di Quedlinburg

15 Le acciaierie di Völklingen

16 Il sito fossilifero di Messel

17 La cattedrale di Colonia

18 Il Bauhaus a Weimar e Dessau

19 I luoghi luterani a Eisleben e Wittenberg

GRECIA 1981

1 Il tempio di Basse

2 Il sito archeologico di Delfi

3 L'Acropoli di Atene

4 Il monte Athos

5 Le Meteore

6 I monumenti di Salonicco

7 Il sito archeologico di Epidauro

8 La città medievale di Rodi

9 Mistrá

10 Il sito archeologico di Olimpia

11 Delo

12 I monasteri di Dafní, Óssius Loukás e Néa Moní

13 Il Pythagoreion di Samo

14 Il sito archeologico di Vergína

IRLANDA 1991

1 L'area archeologica del Bend of the Boyne

2 Skellig Michael

ISLANDA 1995

ITALIA 1978

1 Le incisioni rupestri della Valcamonica

2 Milano: Santa Maria delle Grazie e Cenacolo Vinciano

3 Il centro storico di Firenze

4 Venezia e la sua laguna

5 La piazza del Duomo a Pisa

6 San Gimignano

7 I Sassi di Matera

8 Vicenza e le ville palladiane

9 Siena

10 Il centro storico di Napoli

11 Crespi d'Adda

12 Ferrara

13 Castel del Monte

14 I trulli di Alberobello

15 I monumenti paleocristiani di Ravenna

16 Pienza

17 La reggia di Caserta

18 Le residenze dei Savoia

19 L'orto botanico di Padova

20 Modena: la cattedrale, la torre civica e la Piazza Grande

21 Pompei, Ercolano e Torre Annunziata

22 La villa del Casale a Piazza Armerina

23 Su Nuraxi a Barumini

24 Portovenere e le Cinque Terre

25 La Costiera Almalfitana

26 L'area archeologica di Agrigento

ITALIA/SANTA SEDE

1 Il centro storico di Roma

IUGOSLAVIA 1975

1 Stari Ras e Sopoćani

2 La regione di Cattaro

3 Il Parco nazionale del Durmitor

4 Il monastero di Studenica

LETTONIA 1995

1 Il centro storico di Riga

LITUANIA 1992

1 Il centro storico di Vilnius

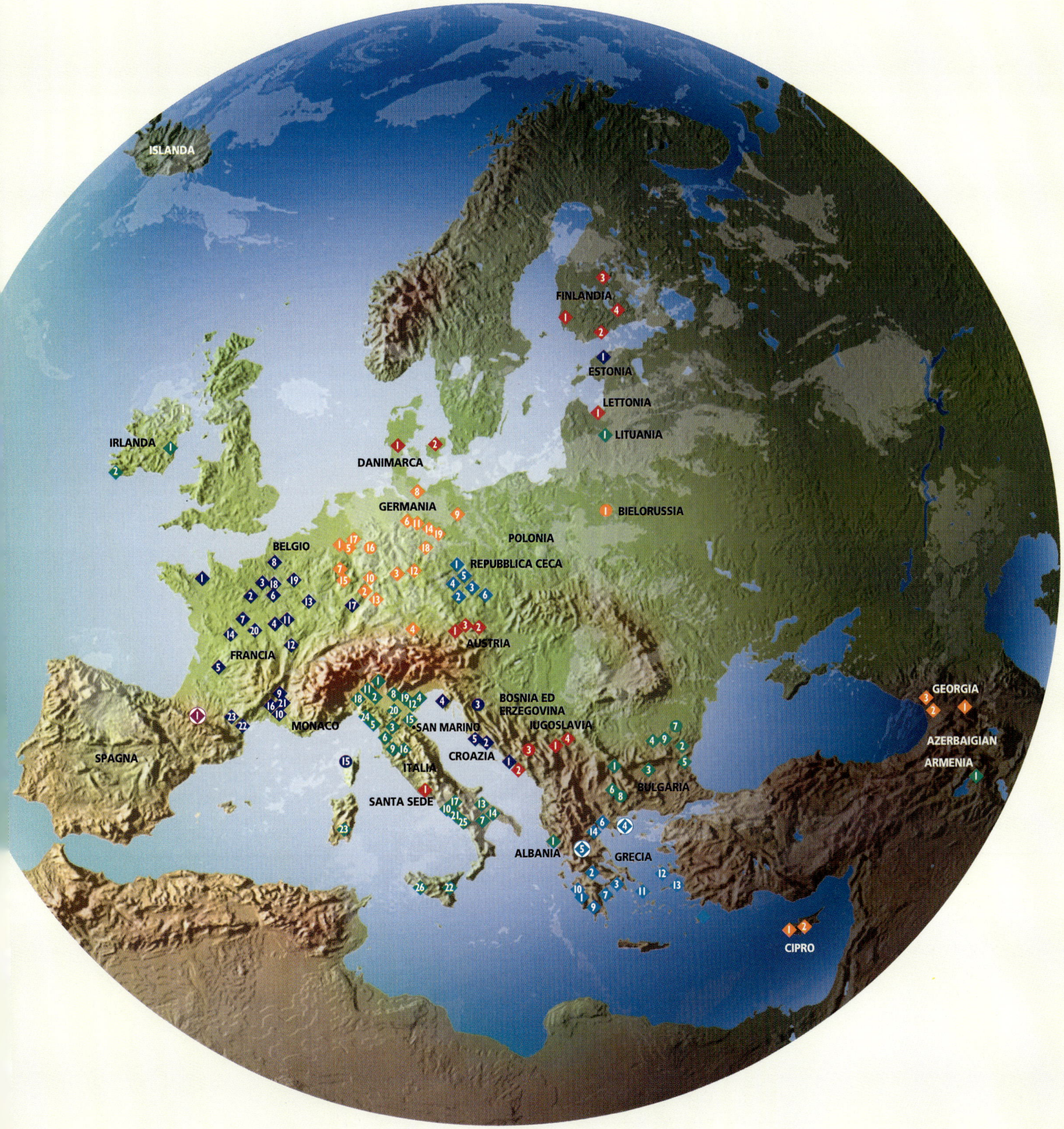
ISLANDA
FINLANDIA
ESTONIA
LETTONIA
LITUANIA
IRLANDA
DANIMARCA
GERMANIA
BIELORUSSIA
POLONIA
BELGIO
REPUBBLICA CECA
AUSTRIA
FRANCIA
GEORGIA
BOSNIA ED ERZEGOVINA
JUGOSLAVIA
MONACO
SAN MARINO
AZERBAIGIAN
ARMENIA
SPAGNA
CROAZIA
ITALIA
BULGARIA
SANTA SEDE
ALBANIA
GRECIA
CIPRO

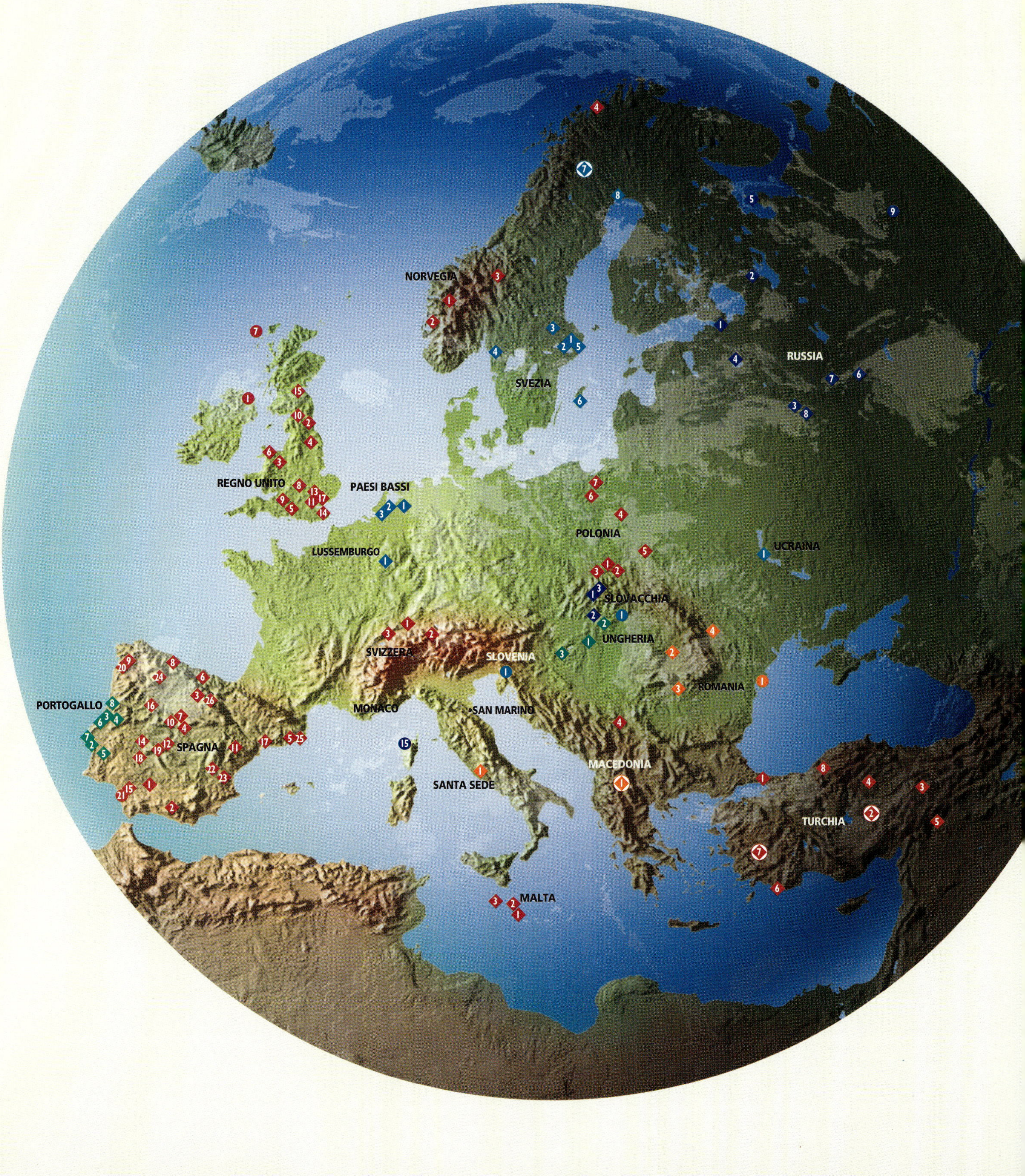
NORVEGIA
SVEZIA
RUSSIA
REGNO UNITO
PAESI BASSI
POLONIA
UCRAINA
LUSSEMBURGO
SLOVACCHIA
UNGHERIA
SVIZZERA
SLOVENIA
ROMANIA
PORTOGALLO
MONACO
SAN MARINO
SPAGNA
MACEDONIA
SANTA SEDE
TURCHIA
MALTA

LUSSEMBURGO 1983

1 I vecchi quartieri di Lussemburgo

MACEDONIA 1997

1 La regione del lago di Ocrida

MALTA 1978

1 L'ipogeo di Hal Saflieni
2 Valletta
3 I templi megalitici

MONACO 1978

NORVEGIA 1977

1 La chiesa di Urnes
2 La zona di Bryggen a Bergen
3 Røros
4 Le incisioni rupestri di Alta

PAESI BASSI 1992

1 Schokland
2 La linea difensiva di Amsterdam
3 I mulini di Kinderdijk
4 Curaçao *

POLONIA 1976

1 Il centro storico di Cracovia
2 La miniera di salgemma di Wieliczka
3 Il campo di concentramento di Auschwitz
4 Il centro storico di Varsavia
5 La Città Vecchia di Zamość
6 La Città Vecchia di Toruń
7 Il castello di Malbork

PORTOGALLO 1980

1 Azzorre: Angra do Heroismo **
2 Lisbona: il monastero dei Gerolamiti e la torre di Belém
3 Il monastero di Batalha
4 Il convento di Cristo a Tomar
5 Il centro storico di Évora
6 Il monastero di Alcobaça
7 Sintra
8 Il centro storico di Porto

REGNO UNITO 1984

1 La strada e la costa del Gigante
2 Il castello e la cattedrale di Durham
3 Il centro metallurgico di Ironbridge
4 Il Parco di Studley Royal con le rovine della Fountains Abbey
5 Stonehenge e Avebury
6 I castelli e le mura di re Edoardo I nel Gwynedd
7 L'isola di Saint Kilda
8 Il palazzo Blenheim
9 Bath
10 Il vallo di Adriano
11 Londra: il palazzo e l'abbazia di Westminster e la chiesa di Saint Margaret
12 L'isola Henderson *
13 La Torre di Londra
14 La cattedrale, l'abbazia di Sant'Agostino e la chiesa di San Martino a Canterbury
15 Edimburgo
16 La Riserva faunistica dell'isola Gough *
17 Greenwich

ROMANIA 1990

1 Il delta del Danubio
2 Biertan
3 Il monastero di Horezu
4 Le chiese della Bucovina

RUSSIA 1988

1 Il centro storico di San Pietroburgo
2 Il "pogost" di Kiži
3 Mosca: il Cremlino e la Piazza Rossa
4 I monumenti di Novgorod
5 Le isole Soloveckie
6 I monumenti di Vladimir e Suzdal'
7 Il monastero della Trinità di San Sergio a Sergiev Posad
8 La chiesa dell'Ascensione a Kolomenskoe
9 La foresta vergine dei Komi
10 Il lago Bajkal ***
11 I vulcani della Kamčatka ***

SAN MARINO 1991

SANTA SEDE 1982

1 Città del Vaticano

SLOVACCHIA 1993

1 Vlkolínec
2 Banská Štiavnica
3 Spišský Hrad

SLOVENIA 1992

1 Le grotte di Skocjan

SPAGNA 1982

1 Il centro storico di Cordova
2 Granada: Alhambra, Generalife e Albaicín
3 La cattedrale di Burgos
4 L'Escorial
5 Barcellona: il parco e il palazzo Güell e la casa Milá
6 Le grotte di Altamira
7 Il centro storico di Segovia e l'acquedotto romano
8 Le chiese del regno delle Asturie
9 Il centro storico di Santiago de Compostela
10 La Città Vecchia di Ávila
11 L'architettura mudéjar di Teruel
12 Il centro storico di Toledo
13 Il Parco nazionale del Garajonay **
14 Il centro storico di Cáceres
15 Siviglia: cattedrale, Alcázar e Archivio delle Indie
16 Il centro storico di Salamanca
17 Il monastero di Poblet
18 Il complesso archeologico di Mérida
19 Il monastero di Guadalupe
20 Il cammino di Santiago
21 Il Parco nazionale di Doñana
22 Cuenca
23 La Borsa di Valencia
24 Las Médulas
25 Barcellona: il palazzo della Musica catalana e l'ospedale di Sant Pau
26 I monasteri di San Millán

SVEZIA 1985

1 La tenuta di Drottingholm
2 Birka e Hovgården
3 Le acciaierie di Engelsberg
4 Le incisioni rupestri di Tanum
5 Skogskyrkogården
6 La città anseatica di Visby
7 La Lapponia
8 La chiesa di Gammelstad

SVIZZERA 1975

1 Il convento di San Gallo
2 L'abbazia di San Giovanni a Müstair
3 Il centro storico di Berna

TURCHIA 1983

1 Le aree storiche di Istanbul
2 Il Parco nazionale e i monumenti di Göreme
3 La Grande Moschea e l'ospedale di Divriği
4 Hattusa
5 Il monte Nemrut
6 Le aree archeologiche di Xanthos e Letoon
7 L'area naturale di Pamukkale e il sito archeologico di Hierapolis
8 Safranbolu

UCRAINA 1988

1 Kiev: la cattedrale di Santa Sofia e il monastero delle Grotte

UNGHERIA 1985

1 Budapest: i lungofiume e il quartiere della fortezza
2 Hollókő
3 Il monastero di Pannonhalma

UNGHERIA/ SLOVACCHIA

1 Le formazioni carsiche

---

* *Vedi carta America (p. 14)*
** *Vedi carta Africa e Paesi arabi (p. 12)*
*** *Vedi carta Asia e Oceania (p. 10)*

ASIA E OCEANIA

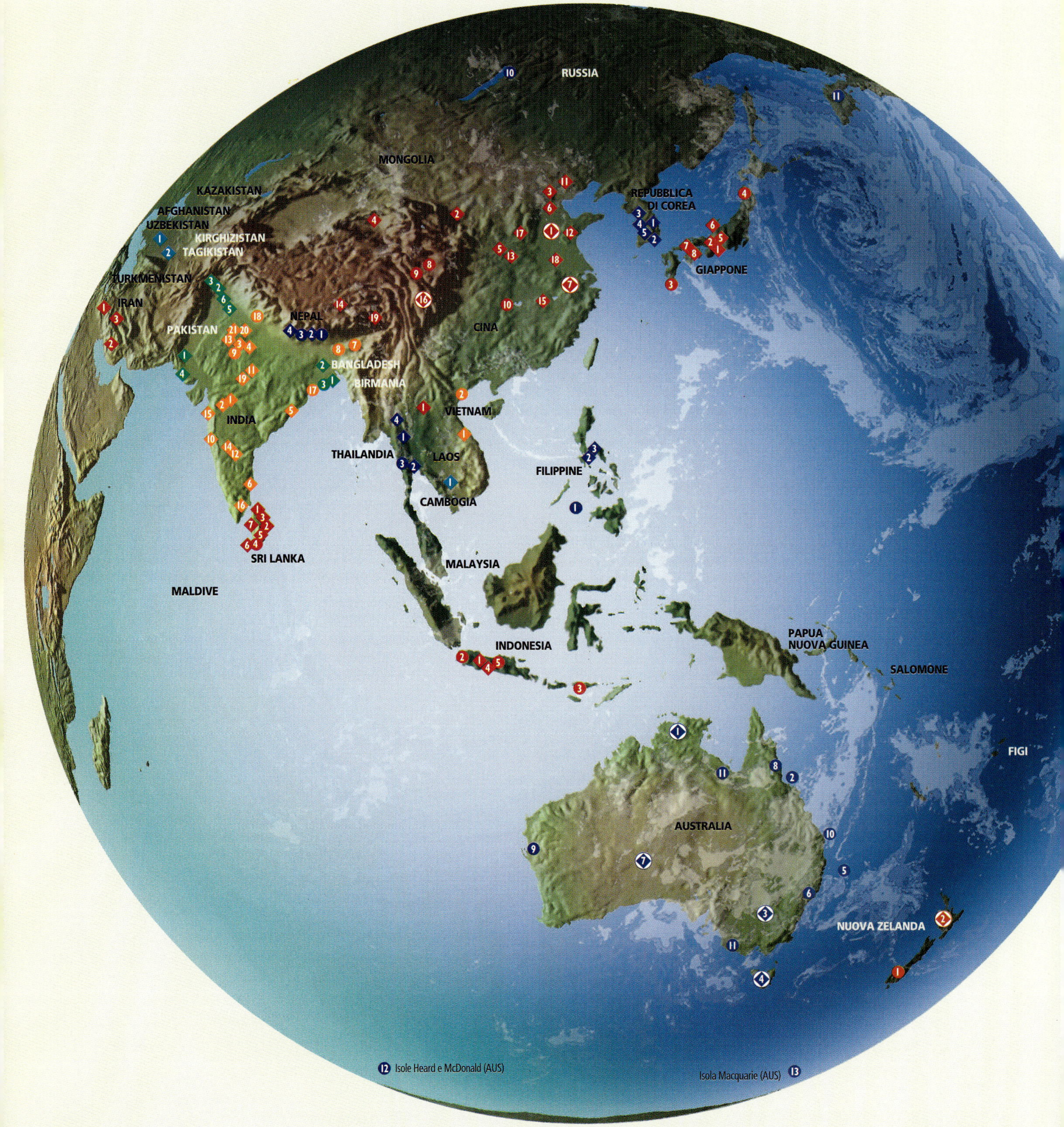

AFGHANISTAN 1979

AUSTRALIA 1974

1 Il Parco nazionale del Kakadu
2 La Grande Barriera Corallina
3 La regione dei laghi Willandra
4 I parchi e le riserve della Tasmania
5 L'isola Lord Howe
6 Le riserve delle foreste pluviali dell'Australia centro-orientale
7 Il Parco nazionale dell'Uluru e delle Kata Tijuta
8 Le foreste tropicali del Queensland
9 Shark Bay
10 L'isola Fraser
11 I siti fossiliferi dei mammiferi australiani
12 Le isole Heard e McDonald
13 L'isola Macquarie

BANGLADESH 1983

1 Le moschee di Bagerhat
2 Le rovine del grande monastero buddista a Paharpur
3 La foresta del Sundarbans

BIRMANIA 1994

CAMBOGIA 1991

1 Angkor

CINA 1985

1 Il monte Tai
2 La Grande Muraglia
3 Il Palazzo Imperiale delle dinastie Ming e Qing
4 Le grotte Mogao
5 Il mausoleo del primo imperatore Qin
6 L'area archeologica dell'Uomo di Pechino a Zhoukoudian
7 Gli Huangshan
8 La regione di Jiuzhaigou
9 La regione di Huanglong
10 La regione di Wulingyuan
11 Chengde: la residenza e i suoi templi
12 Qufu: il tempio e il cimitero di Confucio e la residenza della famiglia Kong
13 L'antico complesso monumentale dei monti Wudang
14 Il Potala a Lhasa
15 Il Parco nazionale del Lu Shan
16 Il paesaggio del monte Emei
17 L'antica città di Ping Yao
18 I giardini di Suzhou
19 L'antica città di Lijiang

COREA, REPUBBLICA DI 1988

1 La grotta di Sokkuram e il tempio di Pulguksa
2 Il tempio di Haeinsa e i monumenti di Changgyong P'ango
3 Il santuario di Chongmyo
4 Il complesso monumentale Ch'angdokkung
5 La fortezza di Hwasong

FIGI 1990

FILIPPINE 1985

1 Il Parco naturale della barriera corallina di Tubbataha
2 Le chiese barocche
3 I terrazzamenti delle cordigliere filippine

GIAPPONE 1992

1 I monumenti buddisti dell'area di Horyuji
2 Il castello di Himeji-jo
3 Il Parco di Yakushima
4 Shirakami-Sanchi
5 I monumenti dell'antica Kyoto
6 I villaggi storici di Shirakawa-go e Gokayama
7 Il Memoriale della Pace a Hiroshima
8 Il santuario scintoista di Itsukushima

INDIA 1977

1 Le grotte di Ajanta
2 Le grotte di Ellora
3 Il forte di Agra
4 Il Taj Mahal ad Agra
5 Il tempio del Sole a Konarak
6 I templi di Mahabalipuram
7 Il Parco nazionale di Kaziranga
8 L'Area naturale di Manas
9 Il Parco nazionale di Keoladeo
10 Le chiese e i conventi di Goa
11 I templi di Khajuraho
12 Il complesso monumentale di Hampi
13 Fatehpur Sikri
14 Il complesso monumentale di Pattadakal
15 Le grotte di Elephanta
16 Il tempio di Brihadishvara a Thanjavur
17 Il Parco nazionale del Sundarbans
18 Il Parco nazionale del Nanda Devi
19 I monumenti buddisti a Sanchi
20 La tomba di Humayun a Delhi
21 Il Qutb Minar a Delhi

INDONESIA 1989

1 I templi di Borobudur
2 Il Parco nazionale di Ujung Kulon
3 Il Parco nazionale di Komodo
4 L'area templare di Prambanan
5 Il sito preistorico di Sangiran

IRAN 1975

1 Tchogha Zanbil
2 Persepoli
3 La moschea dell'Imam a Isfahan

KAZAKISTAN 1994

KIRGHIZISTAN 1995

LAOS 1987

1 Luang Prabang

MALAYSIA 1988

MALDIVE 1986

MONGOLIA 1990

NEPAL 1978

1 Il Parco nazionale del Sagarmatha
2 La valle di Katmandu
3 Il Parco nazionale del Royal Chitwan
4 Lumbini, luogo natale di Buddha

NUOVA ZELANDA 1984

1 Te Wahipounamu
2 Il Parco nazionale del Tongariro

PAKISTAN 1976

1 Il sito archeologico di Mohenjo-daro
2 Taxila
3 Takht-i-Bahi e Sahr-i-Bahlol
4 I monumenti storici di Thatta
5 Lahore: il forte e i giardini di Shalimar
6 Il forte di Rohtas

PAPUA NUOVA GUINEA 1996

SALOMONE 1992

SRI LANKA 1980

1 La città sacra di Anuradhapura
2 Polonnaruwa
3 Sigiriya
4 La Riserva forestale di Sinharaja
5 La città sacra di Kandy
6 La Città Vecchia di Galle
7 Il Tempio d'Oro di Dambulla

TAGIKISTAN 1994

THAILANDIA 1987

1 Sukhothai
2 Ayutthaya
3 I santuari faunistici di Thungyai e Huai Kha Khaeng
4 Il sito archeologico di Ban Chiang

TURKMENISTAN 1994

UZBEKISTAN 1993

1 Itchan Kala
2 Il centro storico di Buhara

VIETNAM 1987

1 Il complesso monumentale di Hue
2 La baia di Ha Long

AFRICA E PAESI ARABI

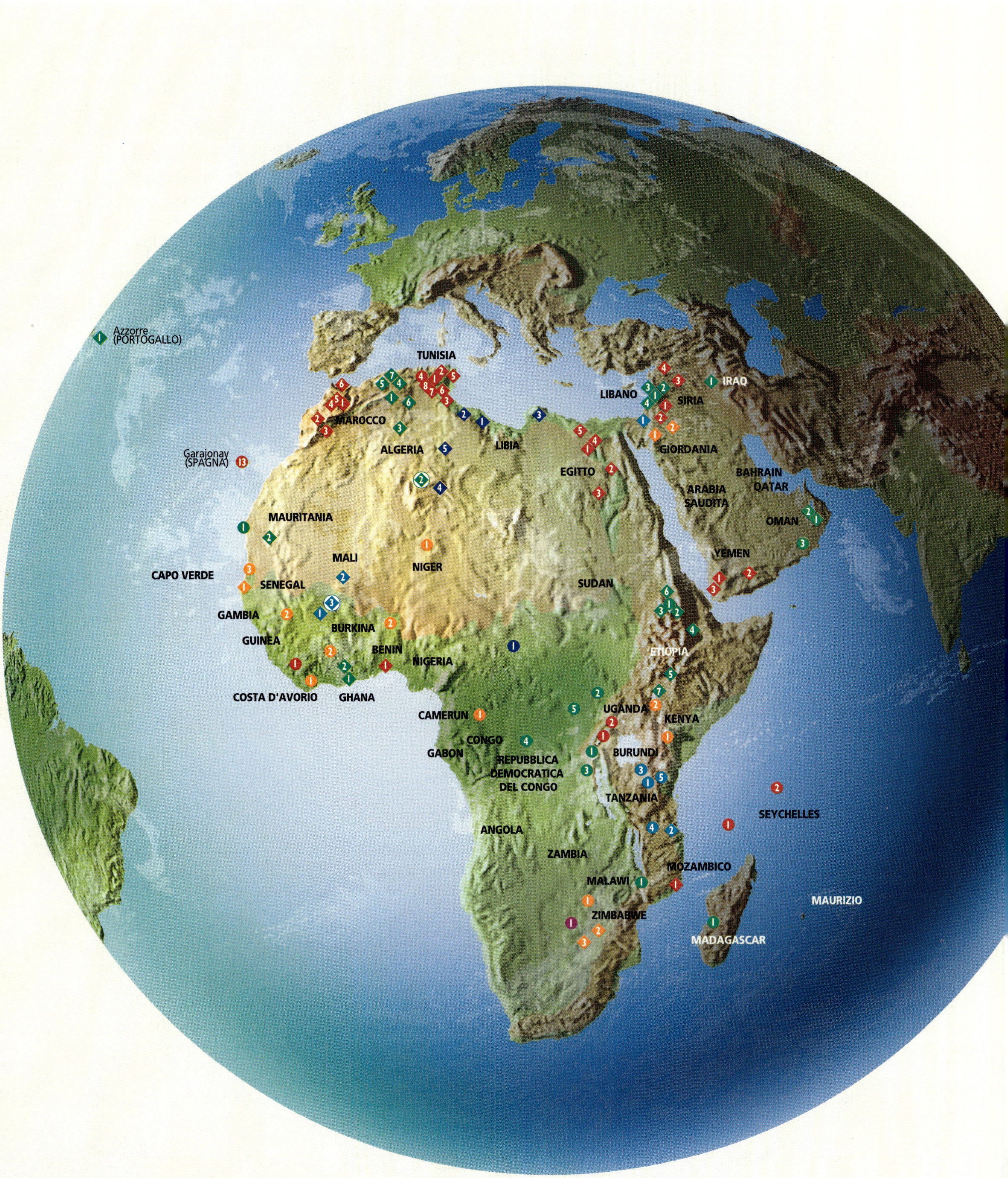

ALGERIA 1974

1 La Qal'ah dei Beni Hammad
2 Tassili n'Ajjer
3 La valle dello M'Zab
4 Djemila
5 Tipasa
6 Timgad
7 La casba di Algeri

ANGOLA 1991

ARABIA SAUDITA 1978

BAHREIN 1991

BENIN 1982

1 I palazzi reali di Abomey

BURKINA 1987

BURUNDI 1982

CAMERUN 1982

1 La Riserva faunistica del Dja

CAPO VERDE 1988

CENTRAFRICANA, REPUBBLICA 1980

1 Il Parco nazionale di Manovo-Gounda-Saint Floris

CONGO 1987

CONGO, REPUBBLICA DEMOCRATICA DEL 1974

1 Il Parco nazionale dei Virunga
2 Il Parco nazionale del Garamba
3 Il Parco nazionale di Kahuzi-Biega
4 Il Parco nazionale del Salonga
5 La Riserva dell'okapi

COSTA D'AVORIO 1981

1 Il Parco nazionale di Taï
2 Il Parco nazionale del Comoé

EGITTO 1974

1 Menfi e la sua necropoli
2 L'antica Tebe e la sua necropoli
3 I monumenti nubiani da Abu Simbel a File
4 Il Cairo islamico
5 Abu Mina

ETIOPIA 1977

1 Il Parco naturale del Semien
2 Le chiese scavate nella roccia a Lalibela
3 Fasil Ghebbi
4 La bassa valle dell'Awash
5 Tiya
6 Aksum
7 La bassa valle dell'Omo

GABON 1986

GAMBIA 1987

GERUSALEMME

1 La Città Vecchia e le sue mura (sito proposto dalla Giordania)

GHANA 1975

1 Fortezze e castelli
2 Le costruzioni degli ashanti

GIORDANIA 1975

1 Petra
2 Qusair Amrah

GUINEA 1979

GUINEA/COSTA D'AVORIO

1 La Riserva naturale del monte Nimba

IRAQ 1974

1 Hatra

KENYA 1991

1 Il Parco nazionale del monte Kenya
2 I Parchi nazionali di Sibiloi e Central Island

LIBANO 1983

1 Anjar
2 Baalbek
3 Biblo
4 Tiro

LIBIA 1978

1 Il sito archeologico di Leptis Magna
2 Il sito archeologico di Sabratha
3 Il sito archeologico di Cirene
4 Le pitture rupestri di Tadrart Acacus
5 Ghadames

MADAGASCAR 1983

1 La Riserva naturale integrale di Tsingy de Bemaraha

MALAWI 1982

1 Il Parco nazionale del lago Malawi

MALI 1977

1 L'antica Djenné
2 Timbuctù
3 Le rupi del Bandiagara

MAROCCO 1975

1 La medina di Fès
2 La medina di Marrakech
3 Lo ksar di Aït Benhaddou
4 La città storica di Meknès
5 Il sito archeologico di Volubilis
6 La medina di Tétouan

MAURITANIA 1981

1 Il Parco nazionale di Banc d'Arguin
2 Gli antichi ksour di Ouadane, Chinguetti, Tichit e Oulata

MAURIZIO 1995

MOZAMBICO 1982

1 L'isola di Mozambico

NIGER 1974

1 Le Riserve naturali dell'Aïr e del Ténéré
2 Il Parco nazionale del "W"

NIGERIA 1974

OMAN 1981

1 Il forte di Bahla
2 I siti archeologici di Bat, Al-Khutm e Al-Ayn
3 Il Santuario dell'orice arabo

QATAR 1984

SENEGAL 1976

1 L'isola di Gorée
2 Il Parco nazionale di Niokolo-Koba
3 Il Parco nazionale degli uccelli di Djoudj

SEYCHELLES 1980

1 L'atollo di Aldabra
2 La Riserva naturale della valle di Mai

SIRIA 1975

1 L'antica Damasco
2 L'antica Bosra
3 Palmira
4 L'antica Aleppo

SUDAN 1974

TANZANIA 1977

1 L'Area protetta dello Ngorongoro
2 Kilwa Kisiwani e Songo Mnara
3 Il Parco nazionale del Serengeti
4 La Riserva faunistica di Selous
5 Il Parco nazionale del Kilimanjaro

TUNISIA 1975

1 La medina di Tunisi
2 Le vestigia di Cartagine
3 L'anfiteatro di El-Jem
4 Il Parco nazionale dell'Ichkeul
5 La città punica di Kerkouane
6 La medina di Sousse
7 Qairouan
8 Dougga/Thugga

UGANDA 1987

1 Il Parco nazionale di Bwindi
2 Il Parco nazionale del massiccio del Ruwenzori

YEMEN 1980

1 L'antica città di San'a
2 La città murata di Shibam
3 La città storica di Zabid

ZAMBIA 1984

ZAMBIA/ZIMBABWE

1 Le cascate Vittoria

ZIMBABWE 1982

1 Il Parco nazionale di Mana Pools e le aree-safari di Sapi e Chewore
2 Il monumento nazionale della Grande Zimbabwe
3 Le rovine di Khami

AMERICA

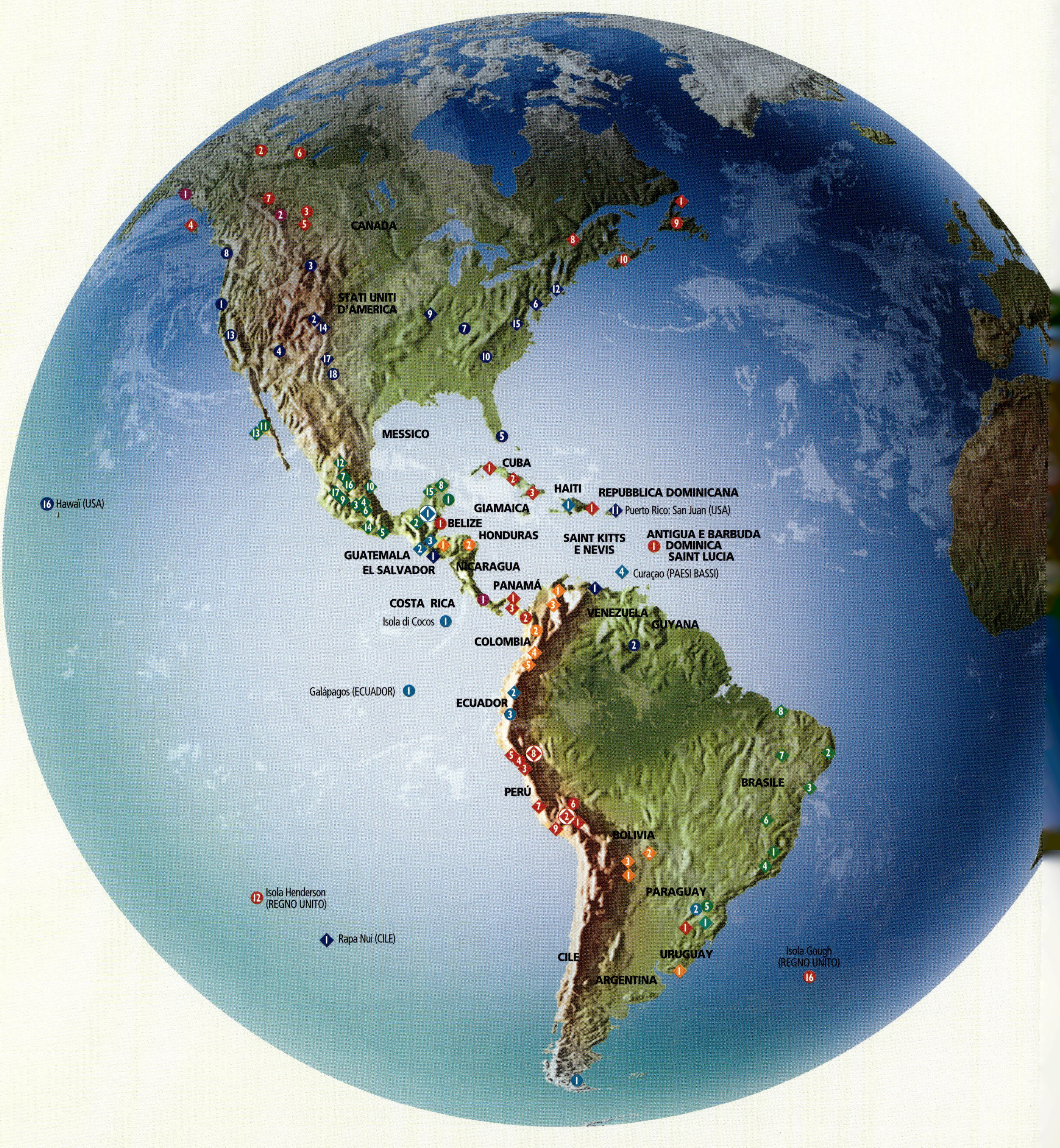
CANADA
STATI UNITI D'AMERICA
MESSICO
CUBA
HAITI
REPUBBLICA DOMINICANA
Puerto Rico: San Juan (USA)
GIAMAICA
BELIZE
HONDURAS
SAINT KITTS E NEVIS
ANTIGUA E BARBUDA
DOMINICA
SAINT LUCIA
GUATEMALA
EL SALVADOR
NICARAGUA
Curaçao (PAESI BASSI)
PANAMÁ
COSTA RICA
Isola di Cocos
VENEZUELA
GUYANA
COLOMBIA
Hawaï (USA)
Galápagos (ECUADOR)
ECUADOR
BRASILE
PERÚ
BOLIVIA
PARAGUAY
Isola Henderson (REGNO UNITO)
Rapa Nui (CILE)
CILE
URUGUAY
ARGENTINA
Isola Gough (REGNO UNITO)

ANTIGUA E BARBUDA 1983

ARGENTINA 1978

1 Los Glaciares
2 Il Parco nazionale dell'Iguazú

ARGENTINA/BRASILE

1 Le missioni dei guaraní

BELIZE 1990

1 La Riserva della barriera corallina

BOLIVIA 1976

1 La città mineraria di Potosí
2 Le missioni gesuitiche dei chiquitos
3 La città storica di Sucre

BRASILE 1977

1 Ouro Preto
2 Il centro storico di Olinda
3 Il centro storico di Salvador
4 Il santuario del Buon Gesù di Congonhas
5 Il Parco nazionale dell'Iguaçu
6 Brasilia
7 Il Parco nazionale della catena del Capivara
8 Il centro storico di São Luís

CANADA 1976

1 Il Parco storico dell'Anse aux Meadows
2 Il Parco nazionale del Nahanni
3 Il Parco provinciale dei dinosauri
4 L'isola Anthony
5 L'Area del precipizio dei Bisonti
6 Il Parco nazionale di Wood Buffalo
7 I Parchi delle Montagne Rocciose canadesi
8 Il quartiere storico di Québec
9 Il Parco nazionale del Gros Morne
10 La Città Vecchia di Lunenburg

CANADA/STATI UNITI

1 I parchi di Tatshenshini-Alsek, Kluane, Wrangell-Saint Elias e Glacier Bay
2 Il Parco internazionale della pace Waterton Glacier

CILE 1980

1 Il Parco nazionale di Rapa Nui

COLOMBIA 1983

1 Cartagena
2 Il Parco nazionale di Los Katíos
3 Il centro storico di Santa Cruz de Mompox
4 Il Parco archeologico nazionale di Tierradentro
5 Il Parco archeologico di San Agustín

COSTA RICA 1977

1 Il Parco nazionale dell'isola di Cocos

COSTA RICA/PANAMÁ

1 Talamanca-La Amistad

CUBA 1981

1 La vecchia Avana e le sue fortificazioni
2 Trinidad e la valle de los Ingenios
3 Il castello di Santiago

DOMINICA 1995

1 Il Parco nazionale di Morne Trois Pitons

DOMINICANA, REPUBBLICA 1985

1 La città coloniale di Santo Domingo

ECUADOR 1975

1 Le isole Galápagos
2 Quito
3 Il Parco nazionale del Sangay

EL SALVADOR 1991

1 Il sito archeologico di Joya de Cerén

GIAMAICA 1983

GUATEMALA 1979

1 Il Parco nazionale di Tikal
2 Antigua Guatemala
3 Il Parco archeologico e le rovine di Quiriguá

GUYANA 1977

HAITI 1980

1 Il Parco nazionale storico, la cittadella, Sans Souci, Ramiers

HONDURAS 1979

1 Il sito maya di Copán
2 La Riserva del Río Plátano

MESSICO 1984

1 Sian Ka'an
2 La città preispanica e il Parco nazionale di Palenque
3 Il centro storico di Città di Messico e Xochimilco
4 La città preispanica di Teotihuacán
5 Il centro storico di Oaxaca e il sito archeologico di Monte Albán
6 Il centro storico di Puebla
7 Guanajuato
8 La città preispanica di Chichén Itzá
9 Il centro storico di Morelia
10 La città preispanica di El Tajín
11 Il Santuario delle balene di El Vizcaíno
12 Il centro storico di Zacatecas
13 Le pitture rupestri della Sierra de San Francisco
14 I monasteri del Popocatépetl
15 La città preispanica di Uxmal
16 La zona dei monumenti storici di Querétaro
17 L'ospizio di Guadalajara

NICARAGUA 1979

PANAMÁ 1978

1 Le fortificazioni di Portobelo-San Lorenzo
2 Il Parco nazionale del Darién
3 Il distretto storico di Panamá

PARAGUAY 1988

1 Le missioni gesuitiche

PERÚ 1982

1 Cuzco
2 Il santuario storico di Machu Picchu
3 Il sito archeologico di Chavín
4 Il Parco nazionale di Huascarán
5 L'area archeologica di Chan Chan
6 Il Parco nazionale di Manú
7 Il centro storico di Lima
8 Il Parco nazionale dell'Abiseo
9 I segni e i glifi di Nazca e Pampas de Jumana

SAINT KITTS E NEVIS 1986

SAINT LUCIA 1991

STATI UNITI D'AMERICA 1973

1 Il Parco nazionale di Redwood
2 Mesa Verde
3 Yellowstone
4 Il Parco nazionale del Grand Canyon
5 Il Parco nazionale delle Everglades
6 L'Independence Hall
7 Il Parco nazionale di Mammoth Cave
8 Il Parco nazionale degli Olympic
9 Il sito storico di Cahokia Mounds
10 Il Parco nazionale delle Great Smokey Mountains
11 Puerto Rico: San Juan e la Fortaleza
12 La Statua della Libertà
13 Il Parco nazionale di Yosemite
14 Il Parco storico nazionale della cultura chaco
15 Monticello e l'università della Virginia a Charlottesville
16 Il Parco nazionale dei vulcani delle Hawaii
17 Pueblo de Taos
18 Il Parco nazionale delle Carlsbad Caverns

URUGUAY 1989

1 Il quartiere storico di Colonia del Sacramento

VENEZUELA 1990

1 Coro e il suo porto
2 Il Parco nazionale di Canaima

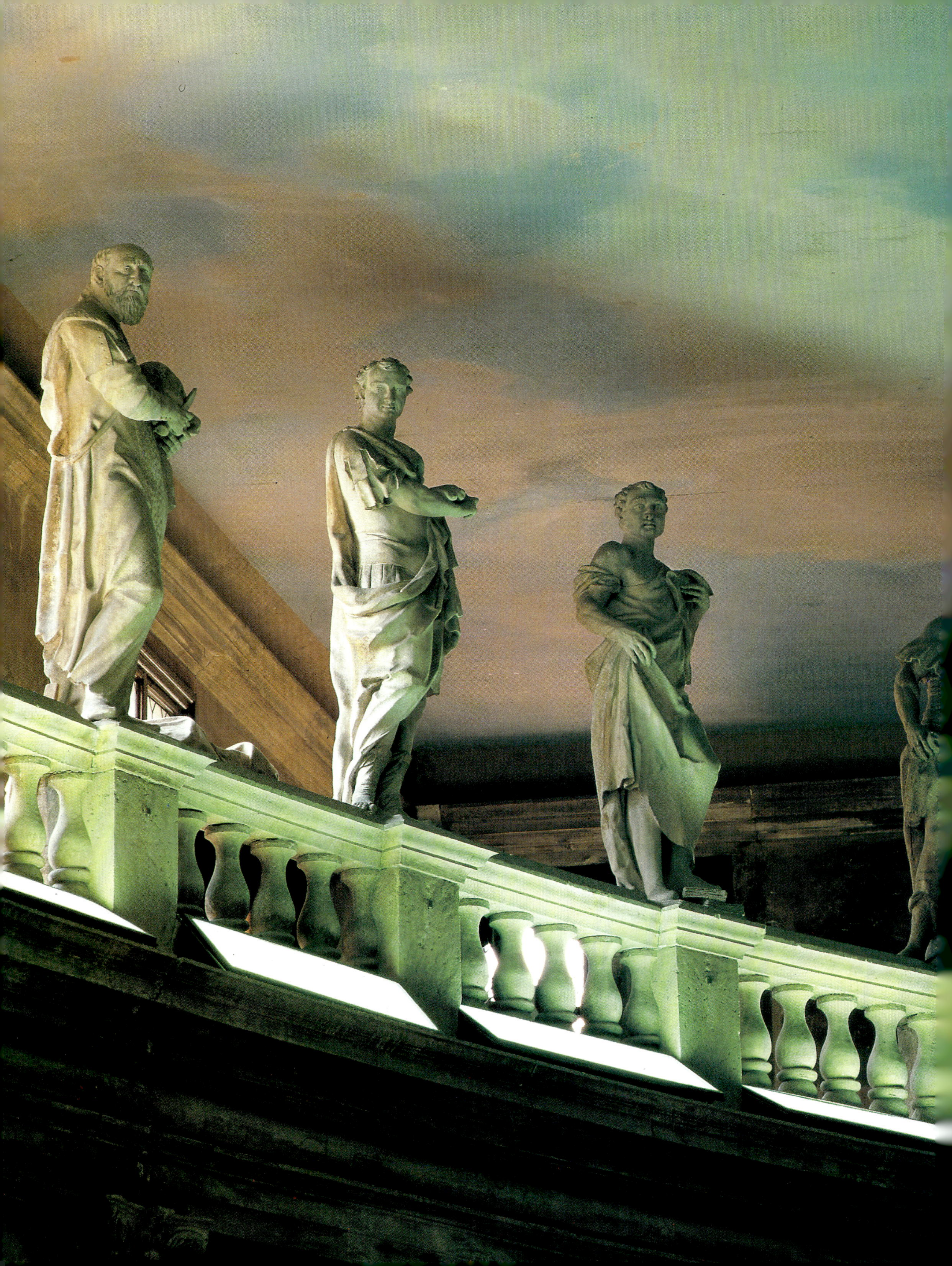

Vicenza: le statue settecentesche che dominano la cavea del Teatro Olimpico, ultima opera del Palladio, portata a termine dopo la sua morte (1580).

ITALIA

AGRIGENTO

L'AREA ARCHEOLOGICA

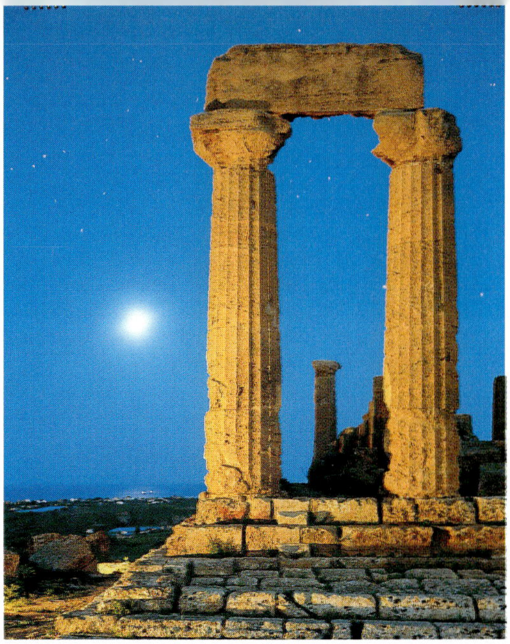

A lato: il tempio di Giunone Lacinia, benché in parte crollato per un terremoto nel Medioevo, conserva erette ancora molte colonne con i loro architravi.

Le vestigia dell'antica Agrigento, Akragas, superba testimonianza dello splendore di una delle più importanti colonie greche d'Occidente, hanno sempre affascinato artisti e viaggiatori, offrendo fin dal Settecento soggetto e ispirazione per testi letterari e dipinti. Fondata forse già nel VII secolo a.C. e circondata da un'imponente cinta muraria, la città si estendeva su una vasta area, oggi conosciuta come la Valle dei Templi per il numero di importanti edifici religiosi che ospita. La creazione della più antica

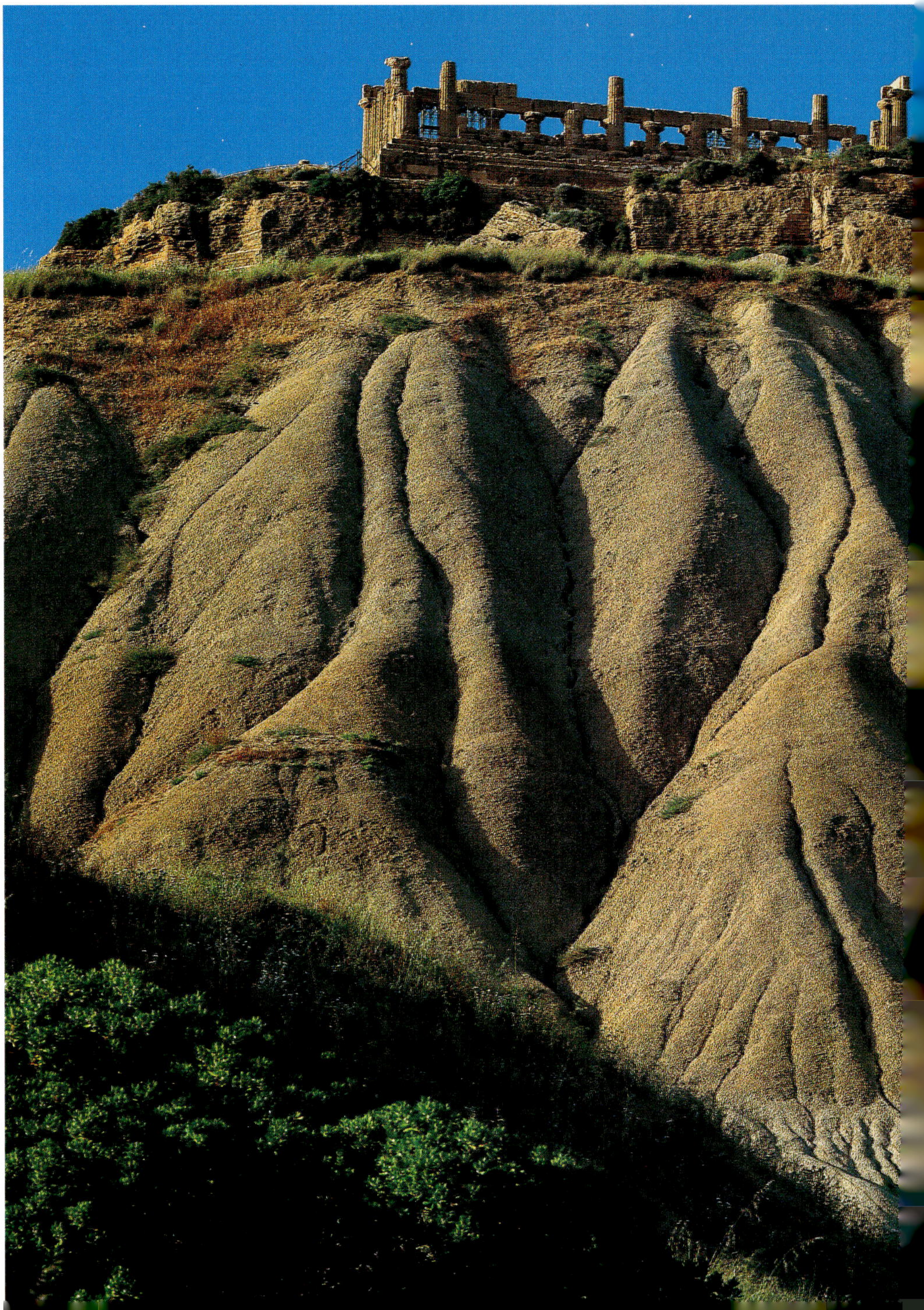

Sotto: il quartiere ellenistico-romano. Gli edifici della Valle dei Templi sono costruiti con una pietra che li fa apparire luminosi anche nei giorni più grigi.

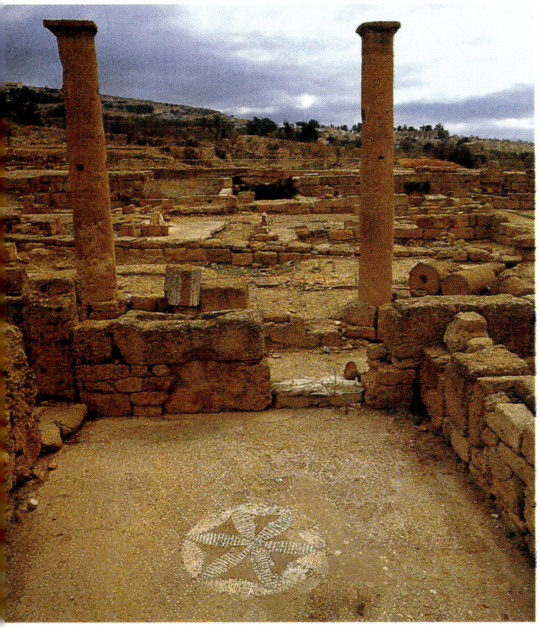

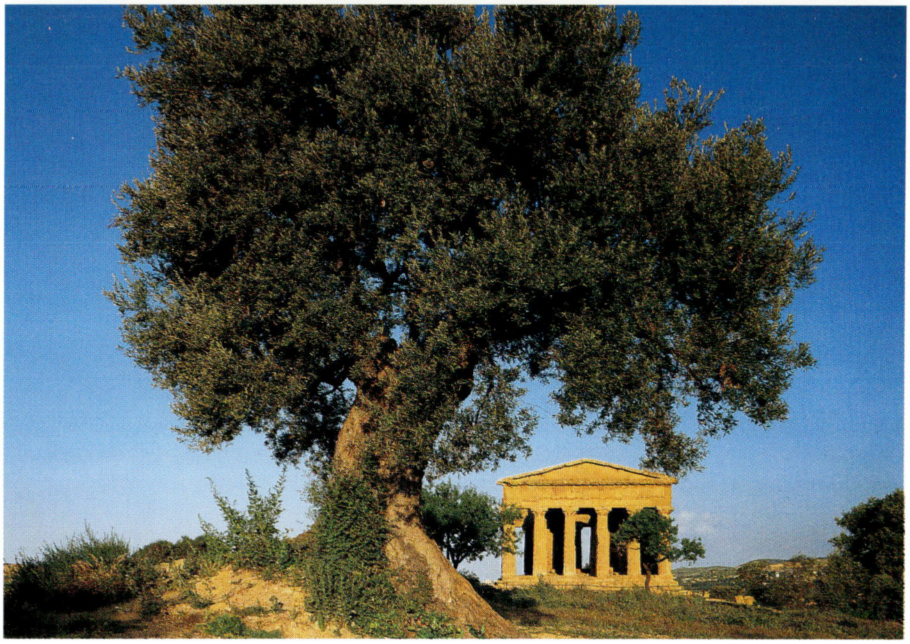

Il maestoso tempio della Concordia, tra le opere più perfette dell'architettura dorica e il meglio conservato tra tutti i templi greci.

In basso: all'estremità orientale della collina dei Templi, solitario e imponente si erge il tempio di Giunone Lacinia.

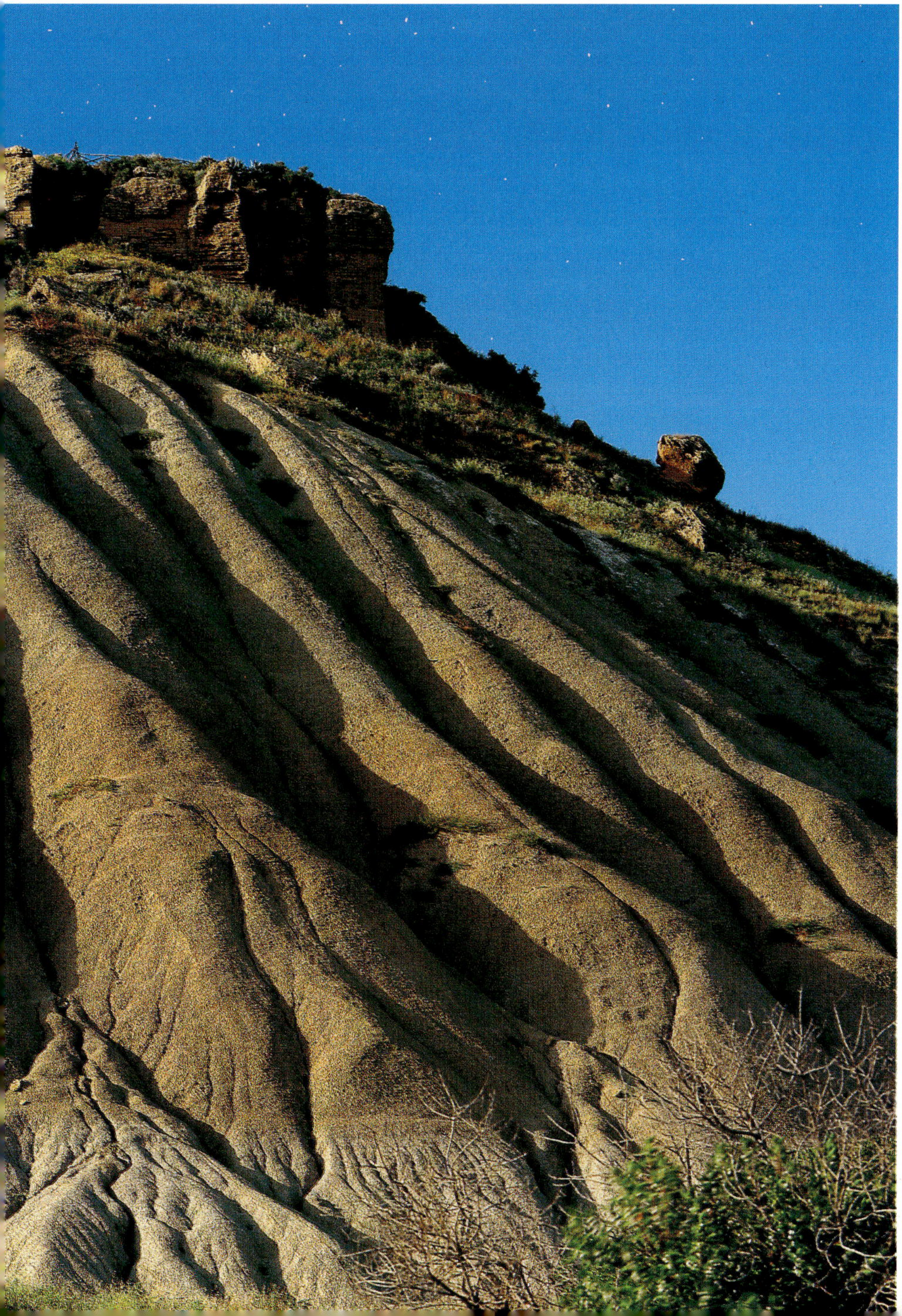

zona sacra è da porsi intorno al VI secolo a.C., ma le rovine più importanti sono quelle dell'epoca di Terone quando, dopo la vittoria di Imera (480 a.C.) contro la grande potenza rivale di Cartagine, Agrigento raggiunse il momento di maggiore sviluppo economico e culturale: frequentata da poeti come Pindaro e Simonide, fu sede dell'attività di Empedocle, filosofo, scienziato e musicista. I grandi templi dorici sul fronte meridionale delle mura appartengono a una grandiosa concezione urbanistica e mostrano caratteristiche strutturali proprie delle colonie siciliane. Il tempio di Giove Olimpico, iniziato nel 480 a.C. e mai terminato, è il più grande santuario in forme doriche dell'Occidente, come testimoniano le gigantesche figure dei telamoni che probabilmente sorreggevano all'esterno il cornicione. Costruito intorno al 450 a.C., il tempio di Giunone Lacinia è molto simile a quello della Concordia; quest'ultimo, utilizzato in seguito come chiesa cristiana, è eccezionalmente ben conservato.

Di grande suggestione sono anche i resti dei due templi di Ercole e dei Dioscuri che, insieme alle testimonianze di epoche più tarde, come la tomba di Terone, del primo periodo di dominazione romana, o i resti del quartiere ellenistico-romano, documentano la ricchezza e lo sviluppo culturale della città fino al IV secolo d.C.

I caratteristici edifici della val d'Itria, con alti tetti conici formati da lastre di pietra dette chiancarelle.

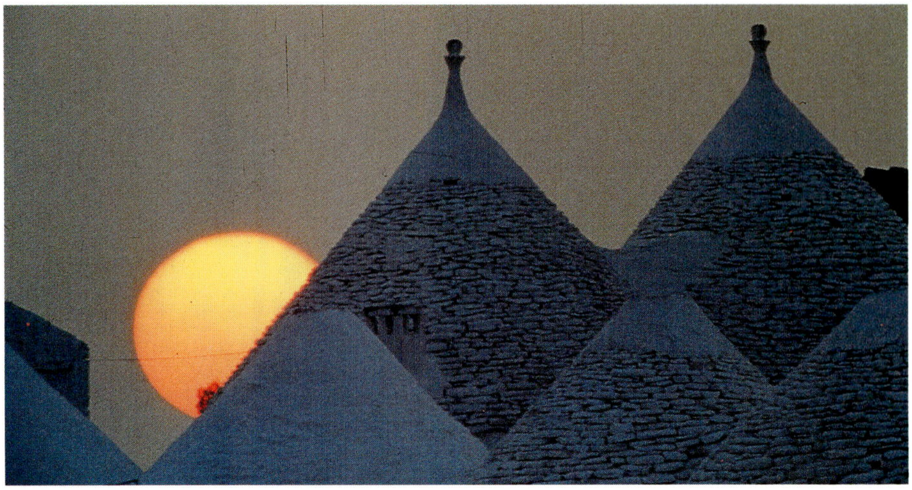

ALBEROBELLO

I TRULLI

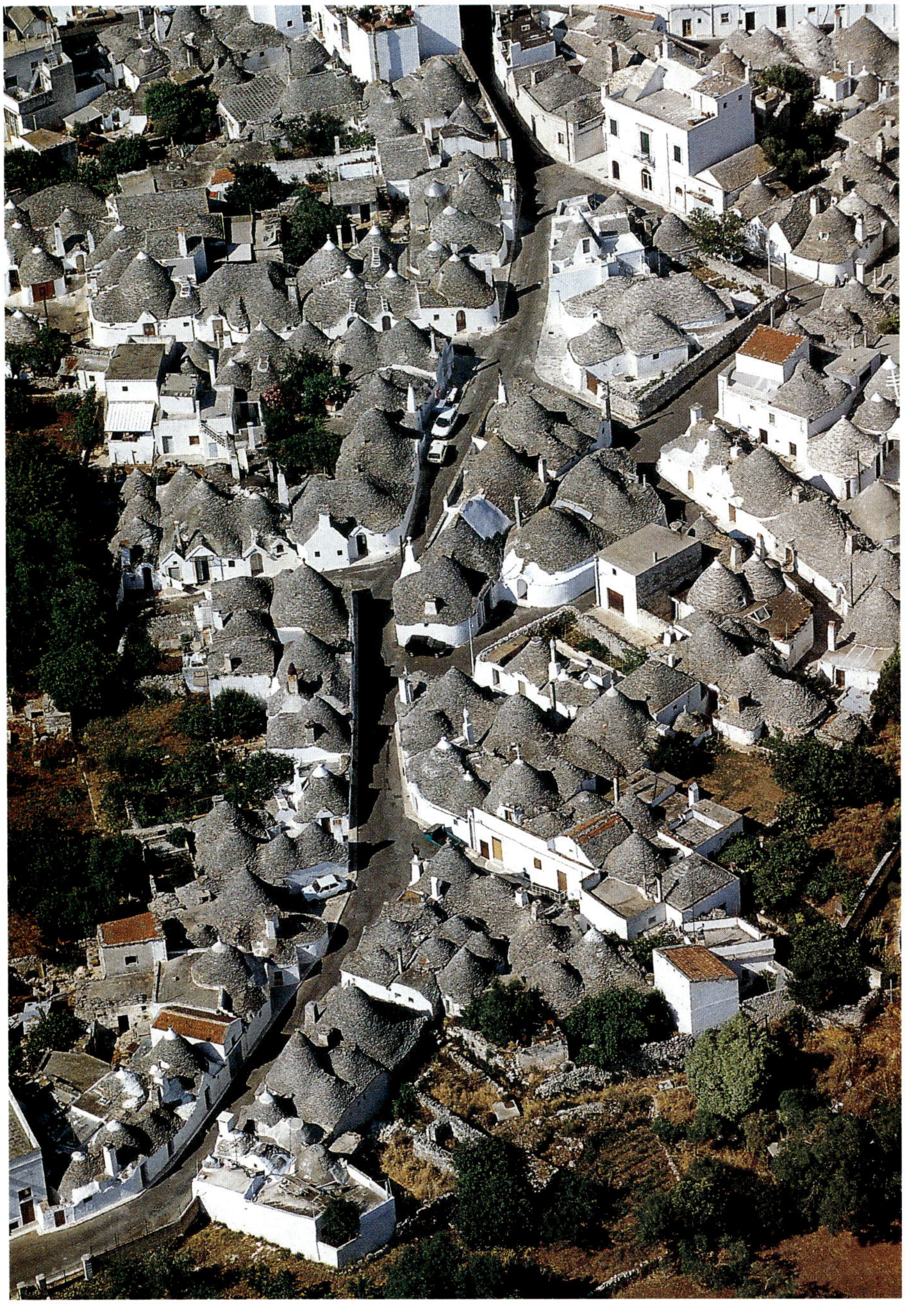

Ad Alberobello si trovano tutte le tipologie di trullo, che può presentare l'esterno cubico piuttosto che cilindrico, essere unito ad altri trulli, avere nicchie, talora un'abside.

Alberobello occupa due rilievi collinari: la città nuova è disposta su quello orientale, mentre a Occidente, in un agglomerato urbano suddiviso nei due rioni di Monti e Aia Piccola, si allineano i pittoreschi trulli. Notevoli esempi di costruzioni a secco con copertura conica, i trulli risalgono a una tradizione di origini preistoriche ancora in uso nella val d'Itria, la bella distesa sulla quale sorge Alberobello. Di grande fascino è il circostante panorama naturalistico, un tempo dominato da una fitta foresta di querce, la *Sylva Arboris Belli*, cui deve il nome l'abitato. Le alture che circondano Alberobello, e sulle quali crescono rigogliosi mandorli e ulivi, sono costituite da roccia carsica, fonte inesauribile di materia prima per la costruzione dei caratteristici edifici.

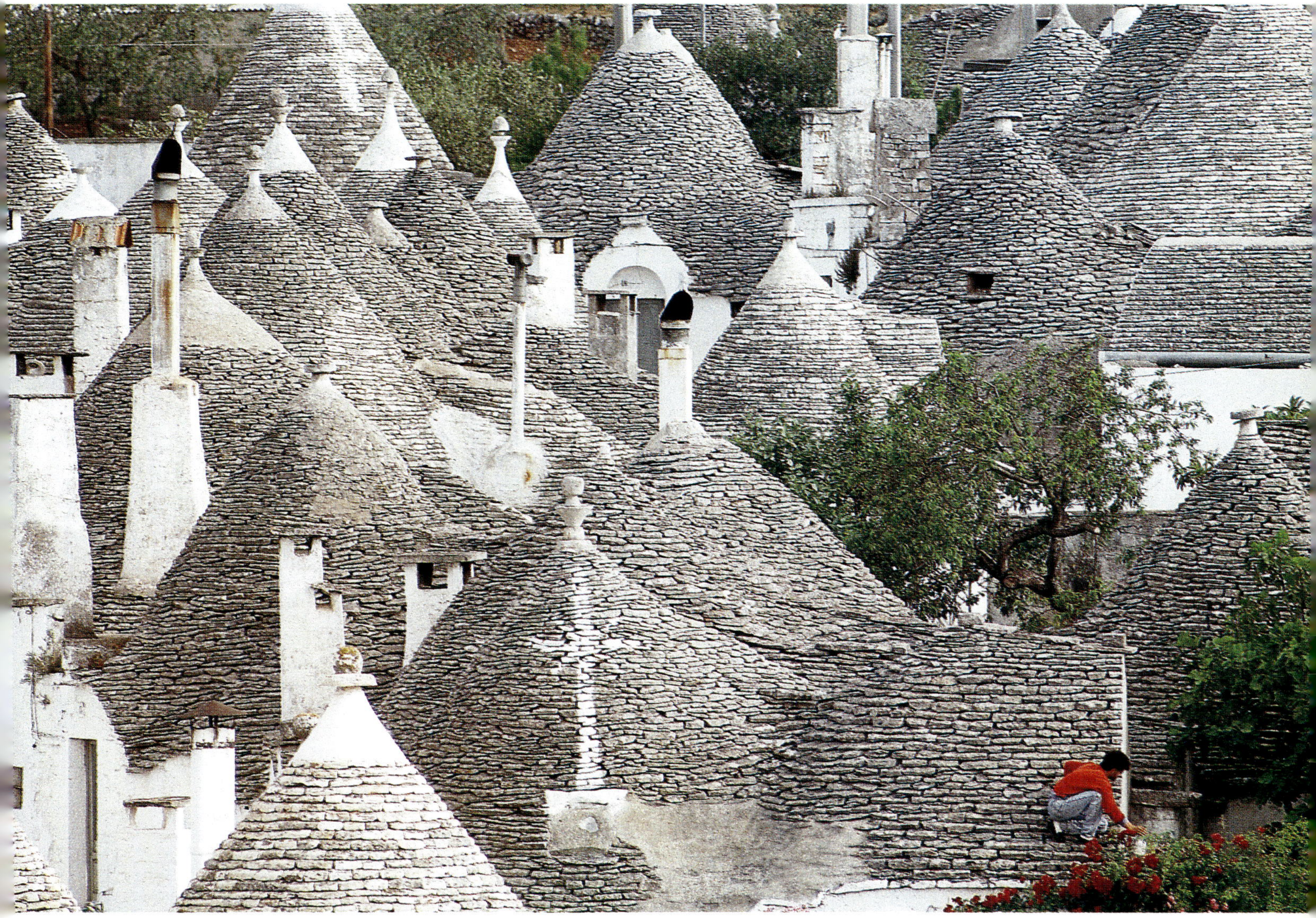

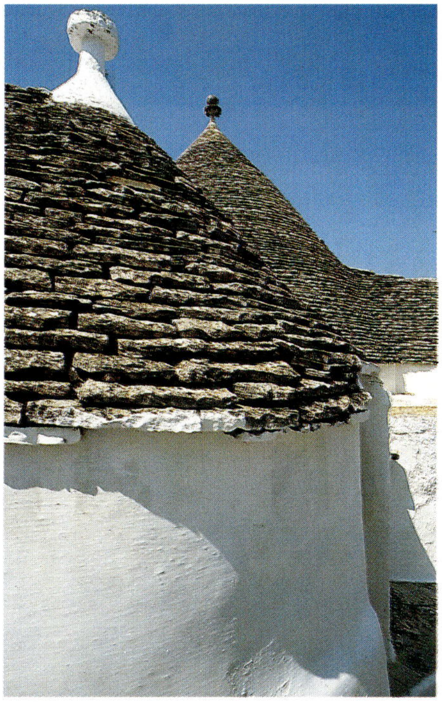

Gli edifici sono tenuti con molta cura e imbiancati a calce più volte l'anno.

I trulli formano ad Alberobello un'autentica foresta di cupole.

Il grigio scuro delle coperture composte da lastre di pietra lasciate a vista contrasta con il candore della parte inferiore cilindrica, offrendo un'immagine molto particolare dell'agglomerato. Di origini più antiche, la cittadina iniziò a svilupparsi tra la fine del XVI e l'inizio del XVII secolo come feudo degli Acquaviva, conti di Conversano, e nel 1797 fu affrancata dal dominio feudale. Il rione Monti, la zona più ampia dell'abitato e sede ancor oggi di tutte le attività artigianali, è composto da circa mille trulli. Il quartiere cosiddetto dell'Aia Piccola, a sud-est, ne comprende circa quattrocento, quasi tutti utilizzati ancora come abitazioni, riproponendo la spazialità e rievocando le sensazioni dell'epoca più antica del suggestivo insediamento.
I trulli, apparentemente tutti simili tra loro, in realtà differiscono notevolmente l'uno dall'altro, sia per la varietà della pianta, che spesso presenta nicchie destinate a diverse funzioni, sia per i semplici motivi talvolta dipinti sulle coperture, sia ancora per la differenziazione delle forme dei pinnacoli e dei comignoli.

In posizione strategica su un colle dominante la Marmilla cagliaritana, si erge imponente la fortezza nuragica.

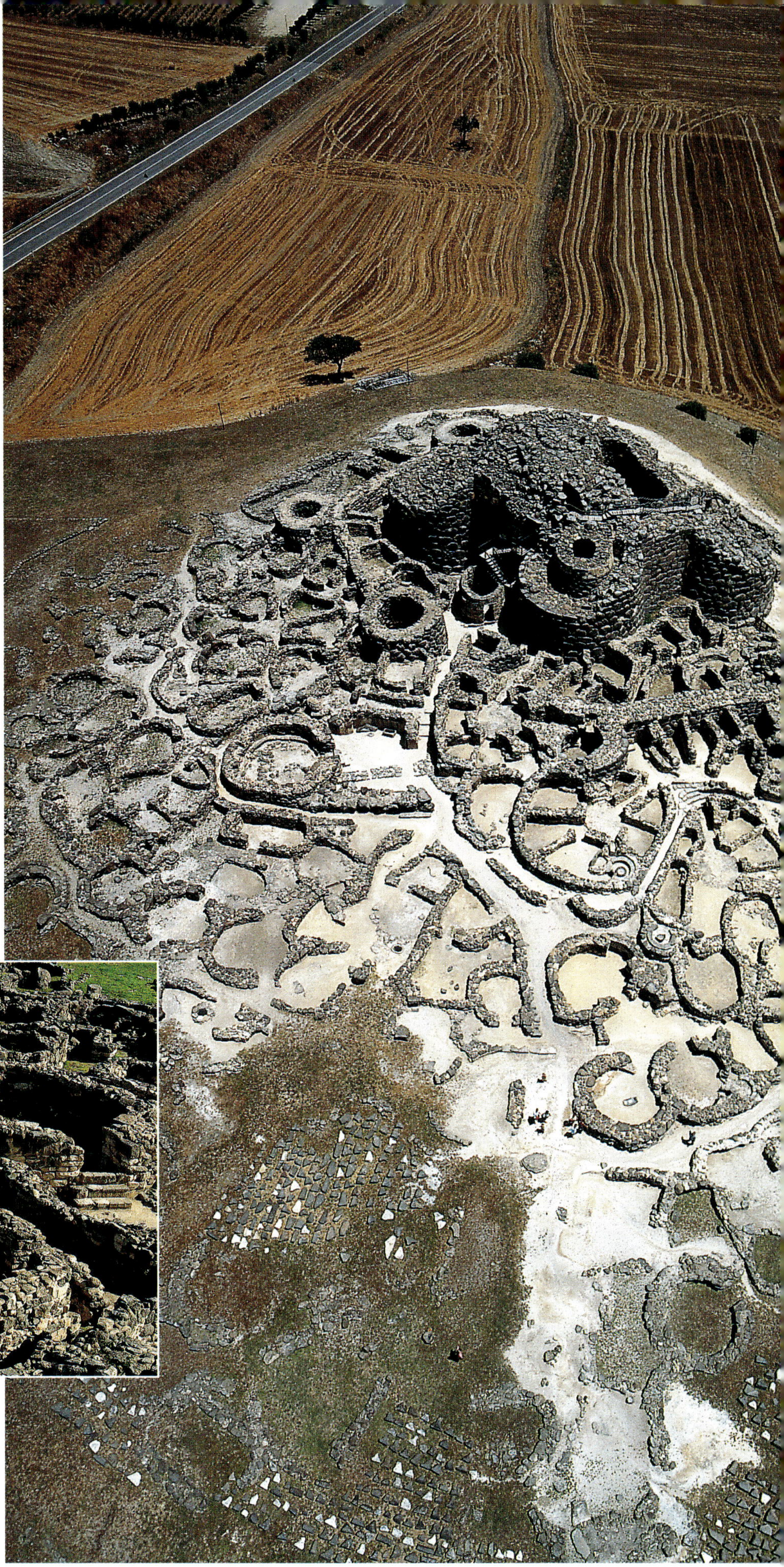

BARUMINI

SU NURAXI

I nuraghi, eccezionali edifici monumentali tipici della Sardegna, testimoniano dell'esistenza di una cultura millenaria, collegata alle grandi civiltà megalitiche del bacino del Mediterraneo.
Queste particolarissime strutture sono costituite da torri a due piani, a forma di tronco di cono, realizzate con massi anche di notevoli dimensioni, disposti a secco in filoni concentrici sempre più stretti verso la sommità. La peculiarità delle costruzioni ha dato luogo a numerose ipotesi da parte di archeologi ed esperti. Alcuni aspetti della storia e della struttura sociale dei loro costruttori sono oggi più

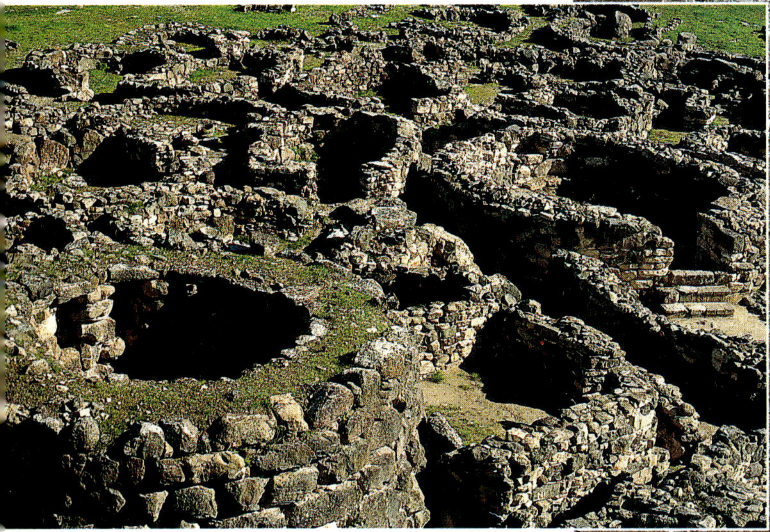

L'intricato villaggio composto di case a pianta circolare, a uno o più vani, a est del possente nuraghe centrale.

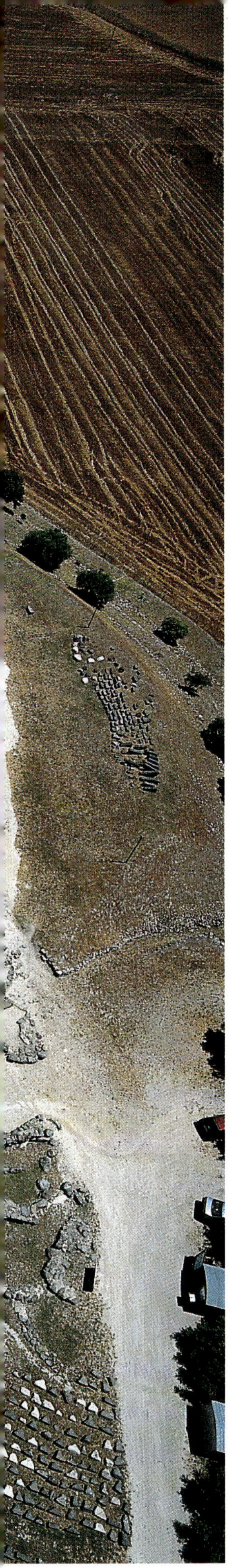

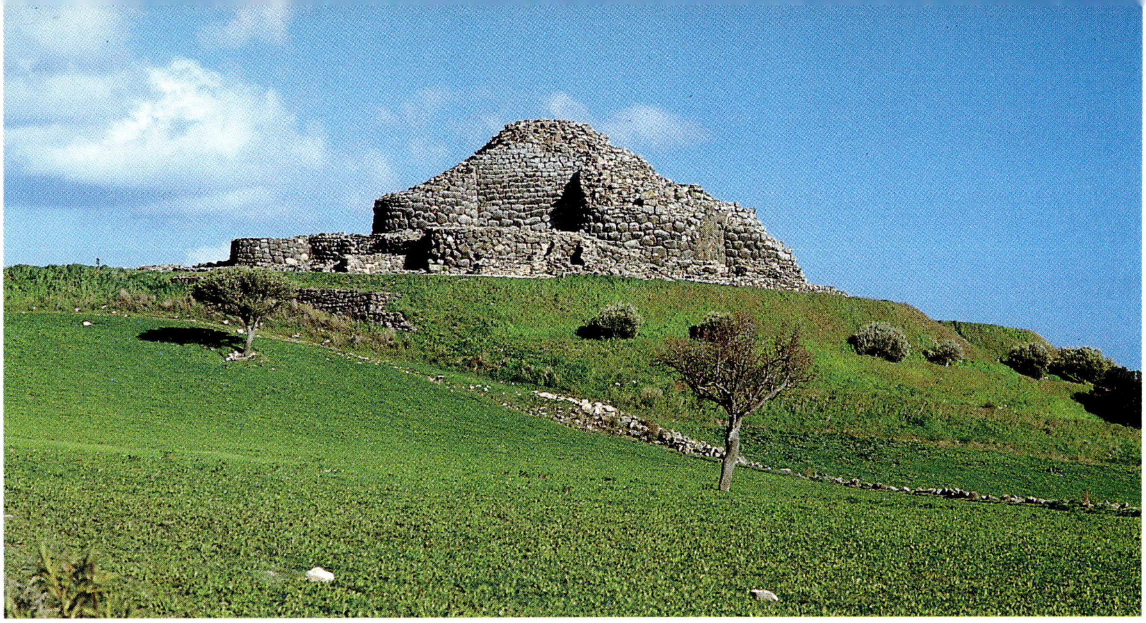

chiari anche grazie alla scoperta del villaggio di Barumini, avvenuta negli anni Cinquanta. L'insediamento si compone di una vera e propria fortezza, il cui mastio centrale, innalzato forse già alla fine del secondo millennio a.C., e alto all'origine oltre 18 metri, è fortificato da quattro torri laterali erette tra il XIII e il X secolo a.C. e cinto da un potente antemurale difensivo, realizzato fra il X e l'VIII secolo a.C. Lo circonda un villaggio costituito da edifici in pietra a pianta circolare con tetto di rami e foglie, residenza delle famiglie dei soldati; qui sono stati rinvenuti suppellettili e utensili di notevole interesse. Le strutture più antiche vennero integrate nel corso dei secoli per ragioni militari - soprattutto la difesa dalle aggressioni dei Cartaginesi - e sociali, adeguandosi alle esigenze di una comunità che diveniva sempre più complessa. Dopo l'invasione romana, che risale al II secolo a.C., la funzione dei nuraghi diminuì notevolmente, ma molte testimonianze indicano che Barumini fu abitato almeno fino al III secolo d.C. Il mistero, dal quale fino a pochi decenni or sono è stata circondata la civiltà nuragica, è dovuto forse alla sua estraneità alla cultura greca classica. Il ruolo svolto nell'antichità dalla Sardegna, terra situata al centro del Mediterraneo, è stato però rivalutato dalle ricerche più recenti, grazie alle quali è emerso come l'isola sia stata protagonista, mantenendo comunque una forte autonomia, di altri importanti fenomeni, come la diffusione della civiltà micenea e in seguito di quella fenicia.

Il nuraghe più antico, dalla tipologia detta "a tholos", struttura a tre piani con un terrazzo sospeso su mensole.

L'interno di una delle tre camere sovrapposte del nuraghe centrale, edificato con grossi blocchi basaltici.

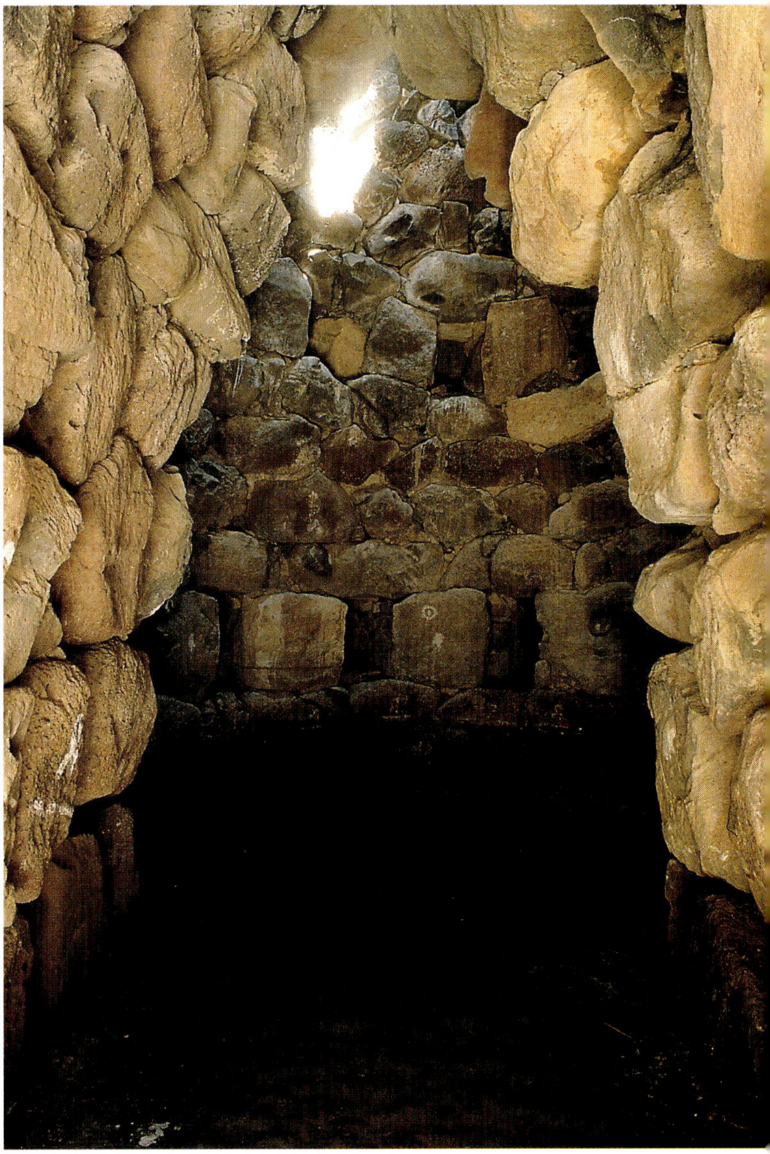

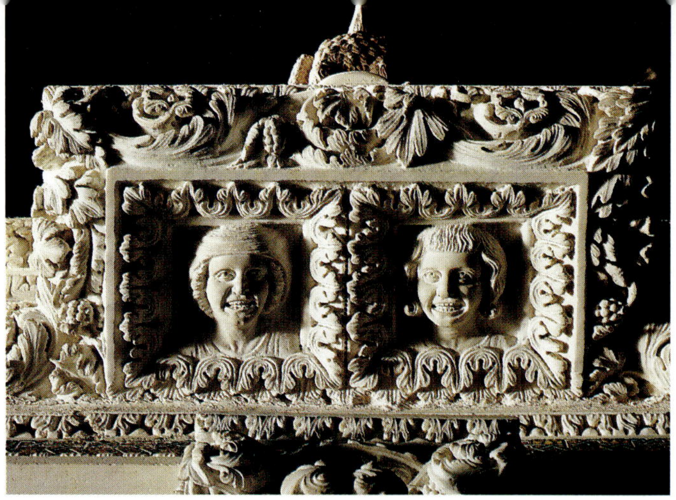

Curiosi volti scolpiti che decorano la parte inferiore del duecentesco pulpito del Vangelo nel duomo di Ravello.

CAMPANIA

LA COSTIERA AMALFITANA

I forti contrasti fra il sole mediterraneo e gli scoscesi dirupi di roccia calcarea, dalle forme più diverse, le profonde incisioni prodotte da antichissime erosioni, la diffusa antropizzazione del paesaggio, la ricchezza geologica, la vegetazione, che la grande diversità dell'esposizione dovuta alla particolarissima morfologia dei siti rende incredibilmente varia, la presenza di grotte sul mare, cariche di significati misteriosi connessi con l'antica cultura locale cui rinvia anche la particolare struttura architettonica, visibile ad Amalfi,

Il grande taglio nella roccia del vallone di Furore, dove sia la vegetazione sia gli uomini hanno strappato piccoli brandelli di terra alla natura selvaggia.

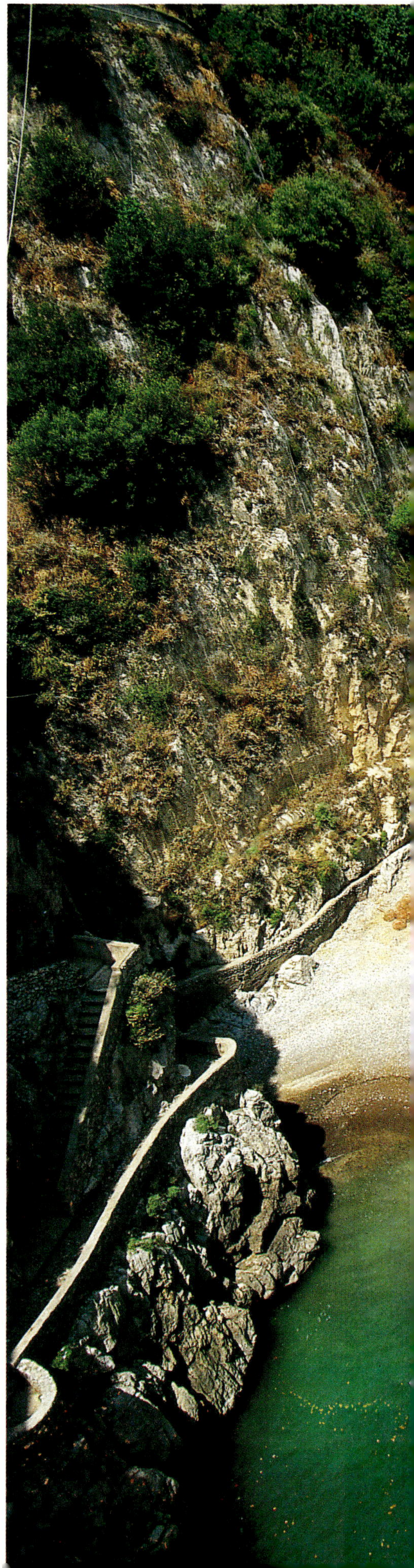

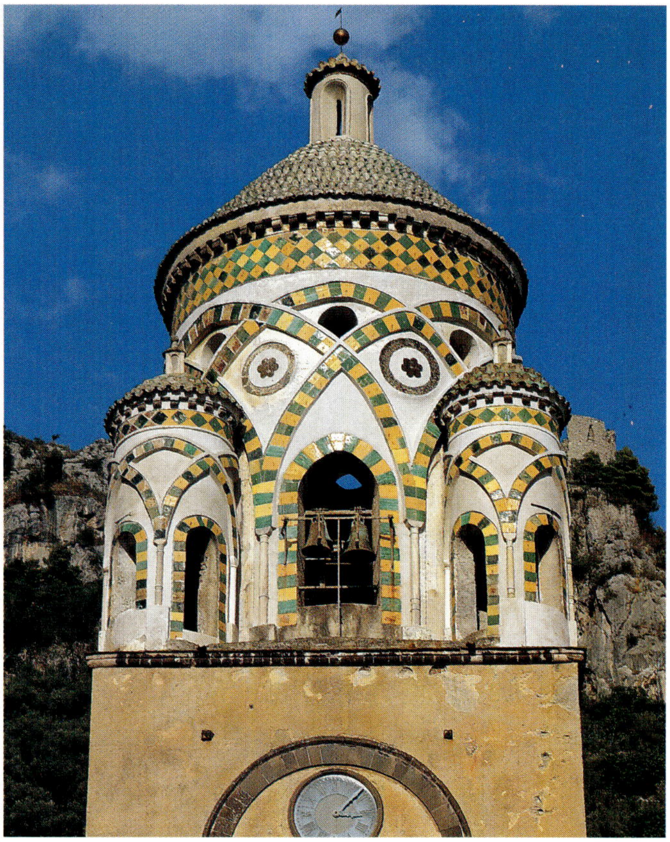

Le torricelle e la decorazione arabeggiante in maiolica verde e gialla del duecentesco campanile del duomo di Amalfi.

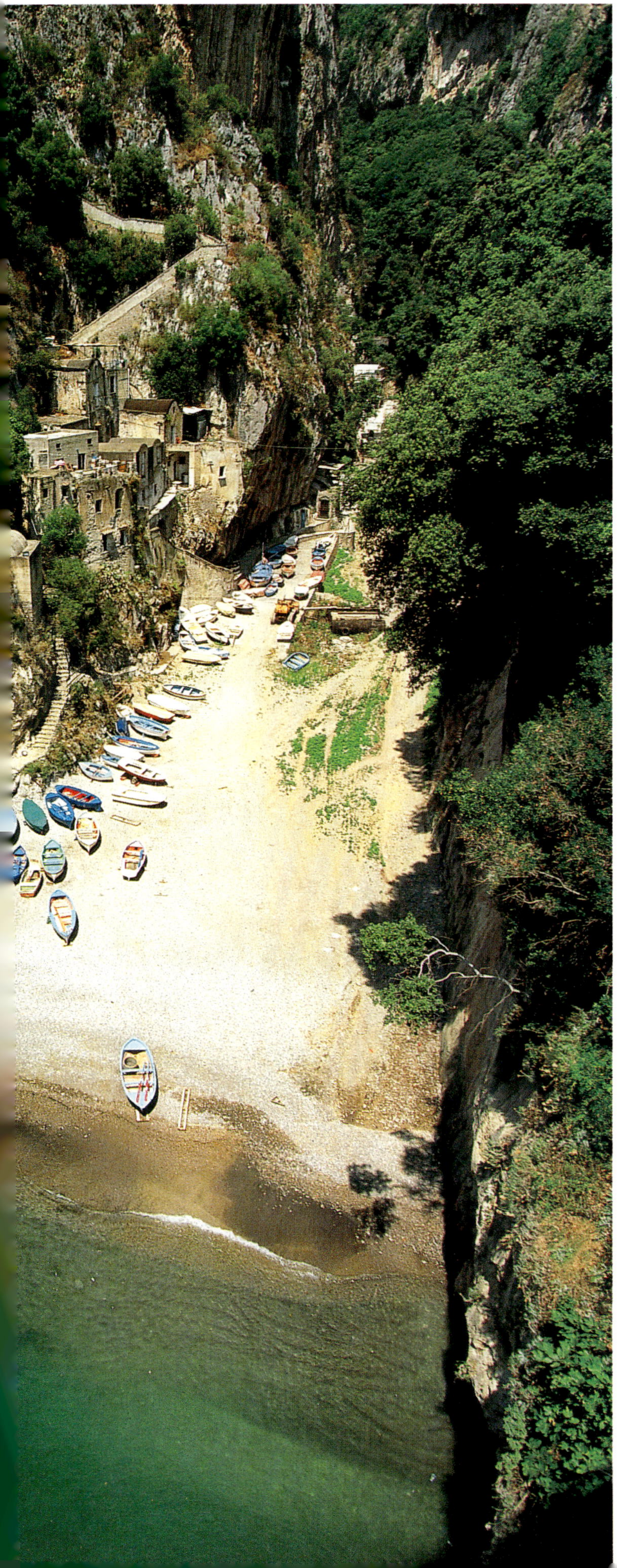

a Ravello, ad Atrani e derivata dai contatti con la civiltà islamica, rendono la Costiera Amalfitana uno degli angoli più suggestivi d'Italia. Il valore della zona però non è insito solo nelle caratteristiche orografiche e della vegetazione, per quanto esse siano uniche e di grande bellezza, né nel ruolo egemone che il ducato d'Amalfi esercitò nel Mediterraneo come luogo di scambi fra il mondo islamico e l'Occidente, ma anche nel significato che questi ebbero per poeti e disegnatori romantici.

Il senso del potere della natura sull'uomo, della forza dell'evento naturale, della bellezza dei contrasti e dei siti impervi ha costituito motivo di grande ispirazione artistica e ha avuto notevole importanza nella nascita della concezione moderna del paesaggio.

Alla grande floridezza raggiunta dal ducato fra il IX e l'XI secolo, dovuta agli intensi scambi commerciali, seguì un periodo di forte decadenza economica, accentuata dall'isolamento rispetto alle vicende del regno di Napoli. Le sorti del comprensorio amalfitano conobbero una svolta negli ultimi decenni del XVIII secolo, allorché il luogo venne incluso negli itinerari dei viaggiatori stranieri in Italia. Seguì poi, fra il 1811 e il 1853, la costruzione della strada che finalmente collegava con il resto della regione le località della Costiera, strette fra i monti Lattari e il Tirreno, e per questo difficilmente raggiungibili via terra. Fu quello il punto di inizio dello sviluppo turistico dell'area, che oggi è una delle mete più frequentate del Paese.

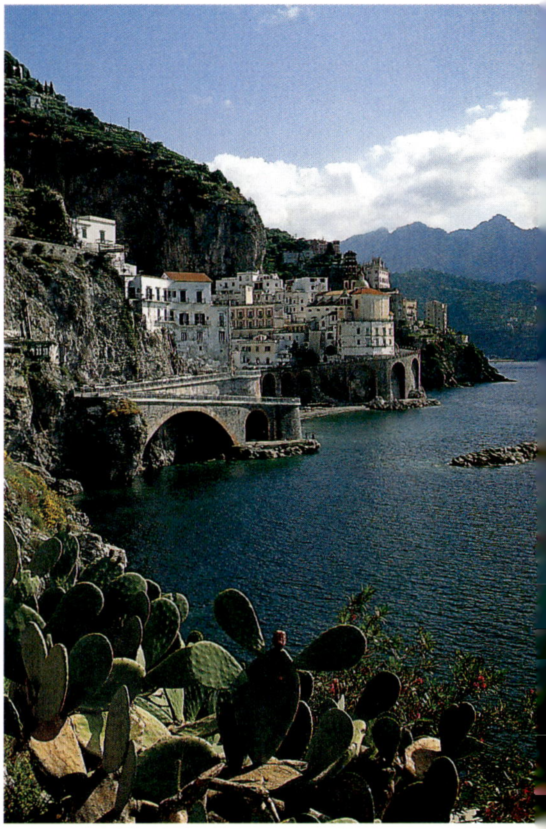

Atrani, suggestivo paese a picco sul mare, che fu residenza all'epoca del ducato d'Amalfi delle famiglie più illustri.

CAMPANIA

LE AREE ARCHEOLOGICHE DI POMPEI, ERCOLANO E TORRE ANNUNZIATA

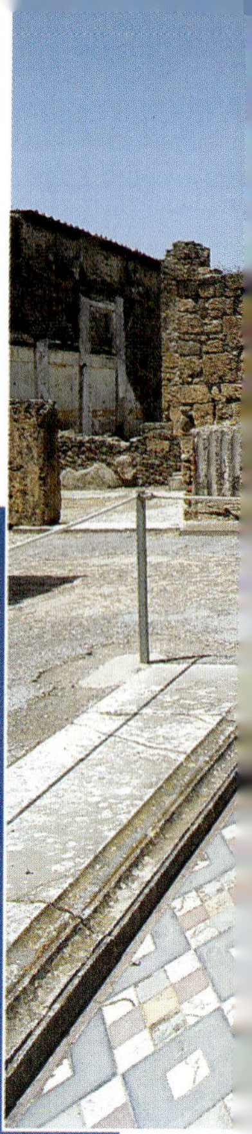

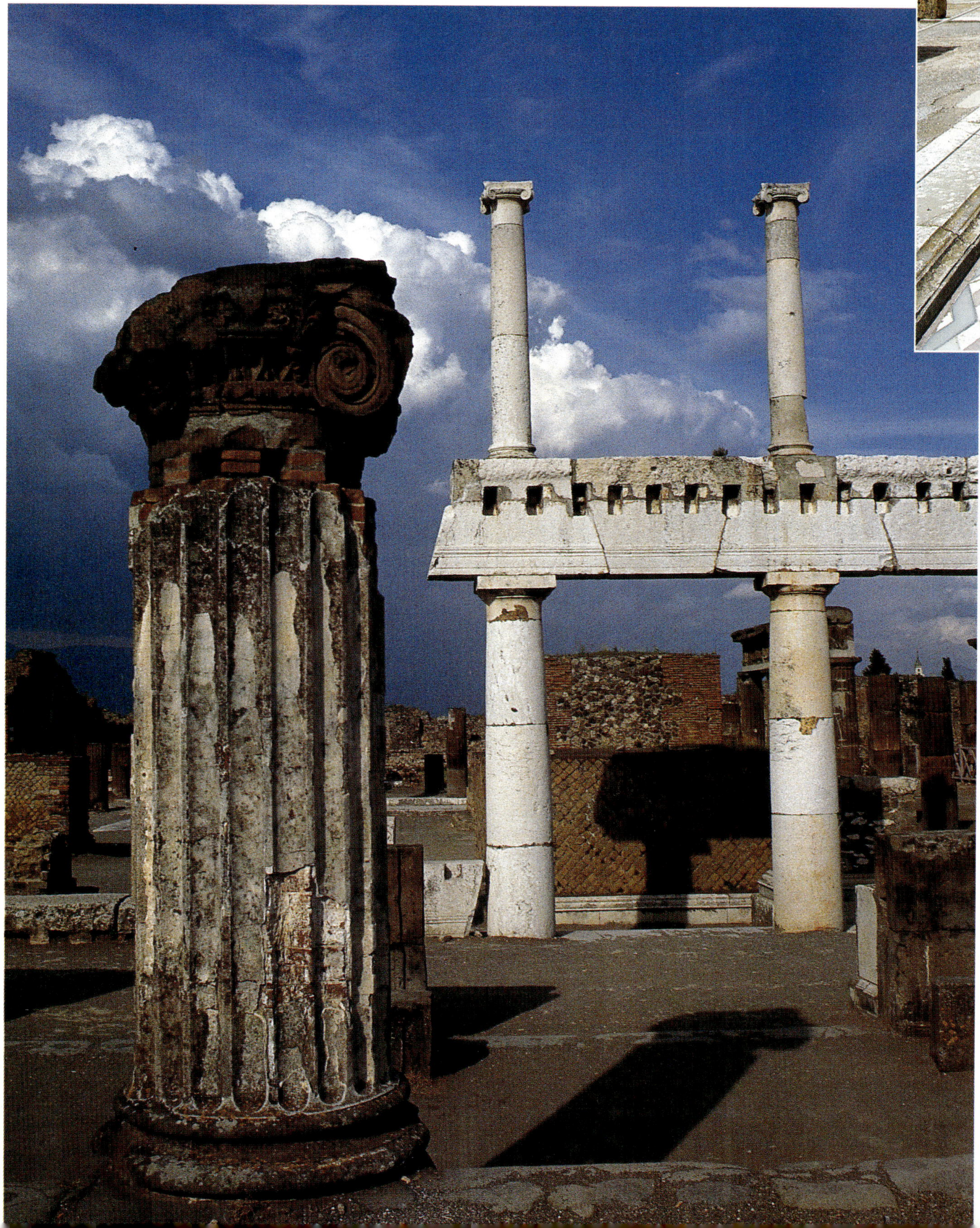

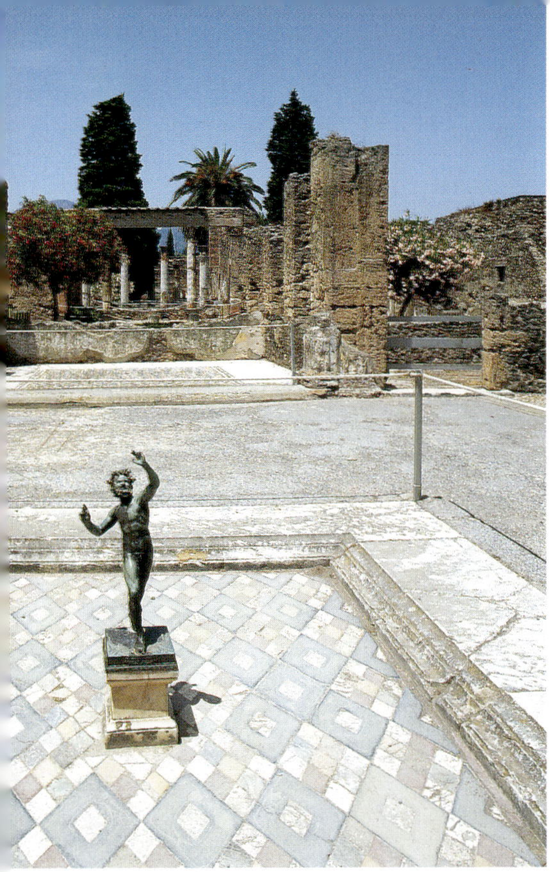

Le attività di scavo a Pompei furono intraprese per iniziativa di Carlo di Borbone nel 1748: nei primi tempi la visita della città distrutta dal vulcano era simile ad un'escursione nelle gallerie di una miniera. La potente eruzione del 79 d.C. aveva seppellito Pompei e altri piccoli centri dell'area cogliendo di sorpresa i cittadini, impreparati a un simile fenomeno. L'importanza e il significato della scoperta furono subito chiari: il mondo dell'antichità romana diventava attuale, vicino e conoscibile in tutte le sue manifestazioni, anche negli aspetti più minuti. Le diverse tipologie abitative, dalla lussuosa villa alle case ad appartamenti, le terme, i templi, le botteghe, i luoghi pubblici come il foro, le strade, i vicoli, ma anche gli elementi d'arredo, gli utensili e gli oggetti superflui: tutto ciò che le fonti storiche e la letteratura evocavano o descrivevano è testimoniato a Pompei. Attraverso le operazioni di scavo, divenute nel corso dei secoli sempre più sofisticate e precise, è stato possibile ricostruire la vita di una città dell'Impero, ricca e popolosa, in tutte le sue attività commerciali, artigianali e quotidiane; buona parte dell'abitato è però ancora sepolto, cosicché in futuro saranno possibili nuove importanti scoperte. Il Vesuvio, che incombe tuttora sulla zona, esercitò un fascino immenso sui viaggiatori dal XVIII secolo in poi. L'interesse archeologico per le rovine e per il mondo antico che esse evocavano era sempre accompagnato da un'attrazione per la causa dell'immensa distruzione. La forza e l'incontrollabilità del fenomeno e le disastrose conseguenze che aveva provocato costituivano, per viaggiatori destinati a precorrere le idee romantiche, una conferma dell'immenso potere della natura sull'uomo.

Nella pagina a lato: il foro, centro della vita pubblica, a Pompei come in ogni città romana.

La casa del Fauno, una delle ville più vaste e raffinate di Pompei; al centro dell'atrio, la copia del celebre Fauno danzante (l'originale è al Museo Archeologico di Napoli).

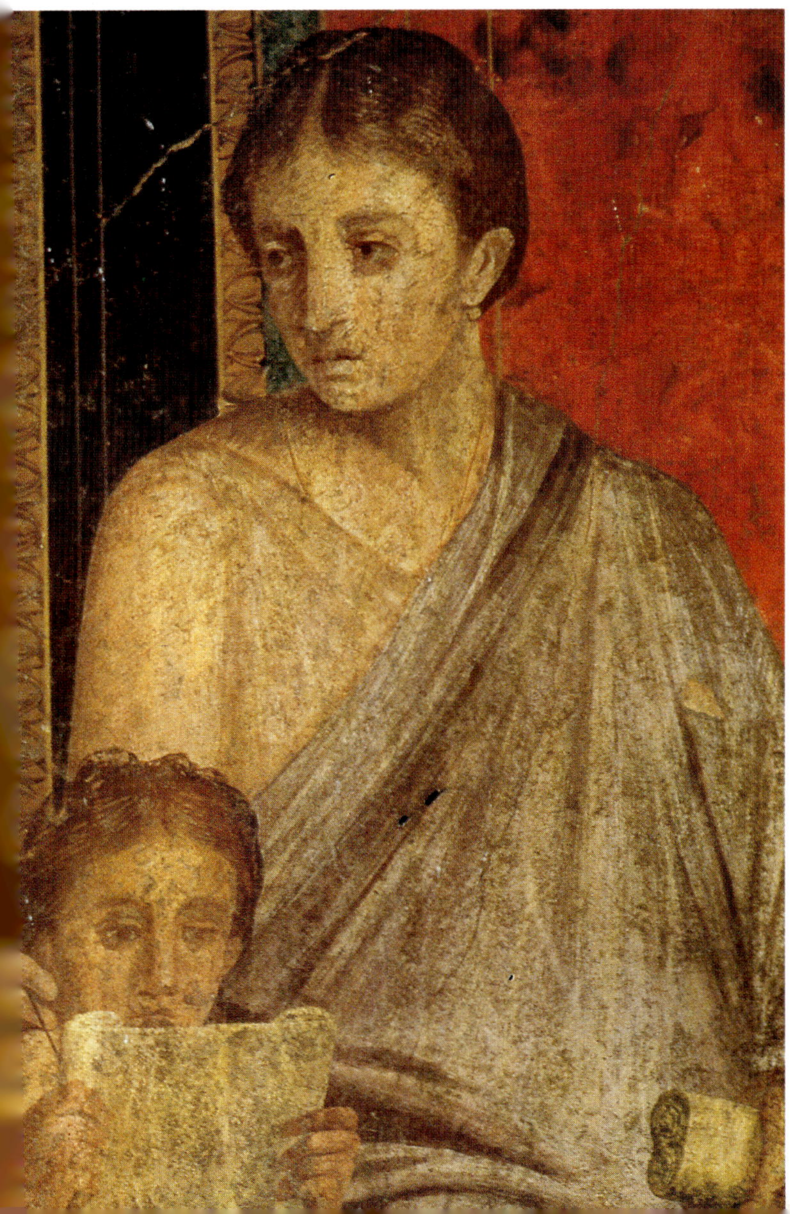

La Lettura del rituale, episodio iniziale del ciclo di affreschi che forse rappresenta l'iniziazione al culto di Dioniso nella villa dei Misteri. Il ciclo (I secolo a.C.) è un ottimo esempio di fusione tra stilemi greco-ellenistici e cultura figurativa campana.

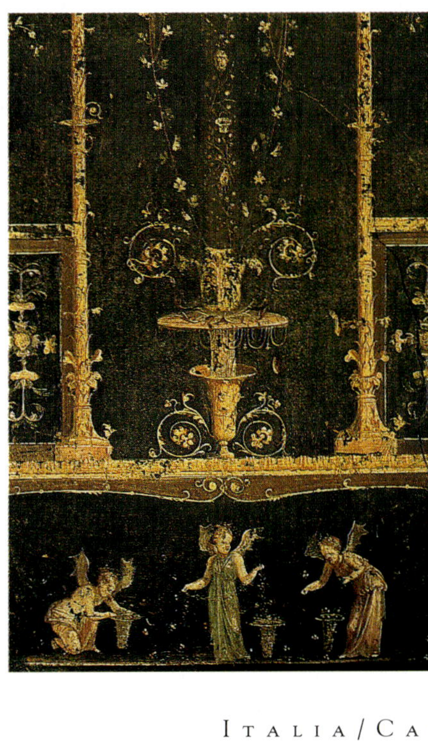

Affreschi in stile miniaturistico della casa dei Vettii, decorata poco prima dell'eruzione vesuviana.

Il falso (le rovine architettoniche) e il vero (le statue provenienti dagli scavi pompeiani) s'incontrano nel criptoportico del Giardino Inglese.

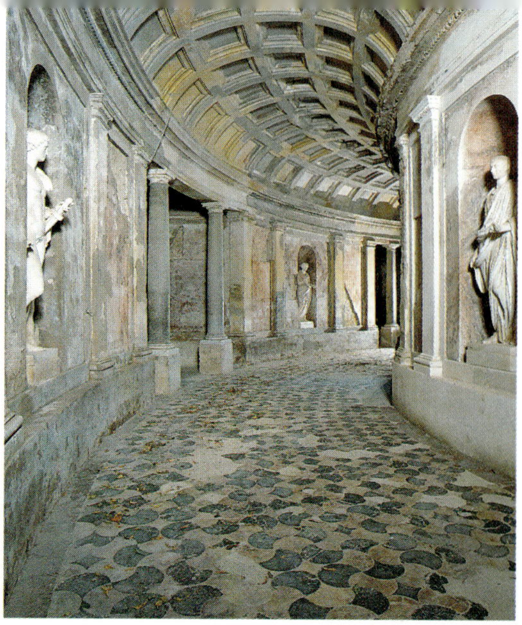

CASERTA

LA REGGIA, IL PARCO E SAN LEUCIO

Diventato re di Napoli nel 1734, Carlo di Borbone, volle far costruire un palazzo che, sull'esempio della Versailles di Luigi XIV, costituisse il simbolo del nuovo potere reale. L'architetto Luigi Vanvitelli sviluppò l'intento del re progettando un grandioso complesso, che - iniziato nel 1752 e terminato, dopo la morte di Luigi nel 1773, dal figlio Carlo - avrebbe dovuto rappresentare il fulcro ideale di una nuova città e del territorio fra Napoli e l'attuale Caserta. Un lungo corso d'acqua rettilineo, originato da una spettacolare cascata artificiale e interrotto da movimentate fontane, percorre il magnifico parco, armonico elemento di raccordo con

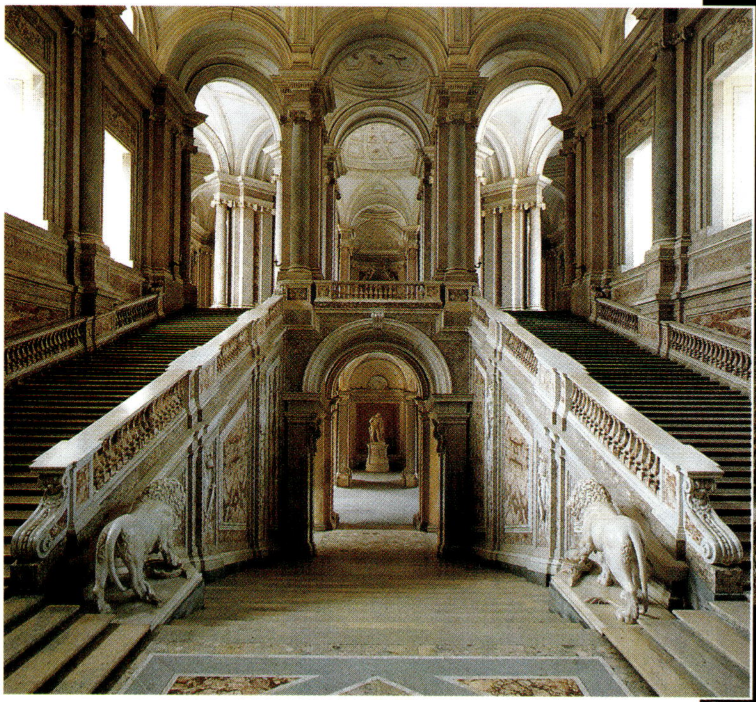

Lo Scalone d'Onore del palazzo, tra la grande rampa centrale e le due laterali che ne sono il proseguimento, è formato da 116 scalini.

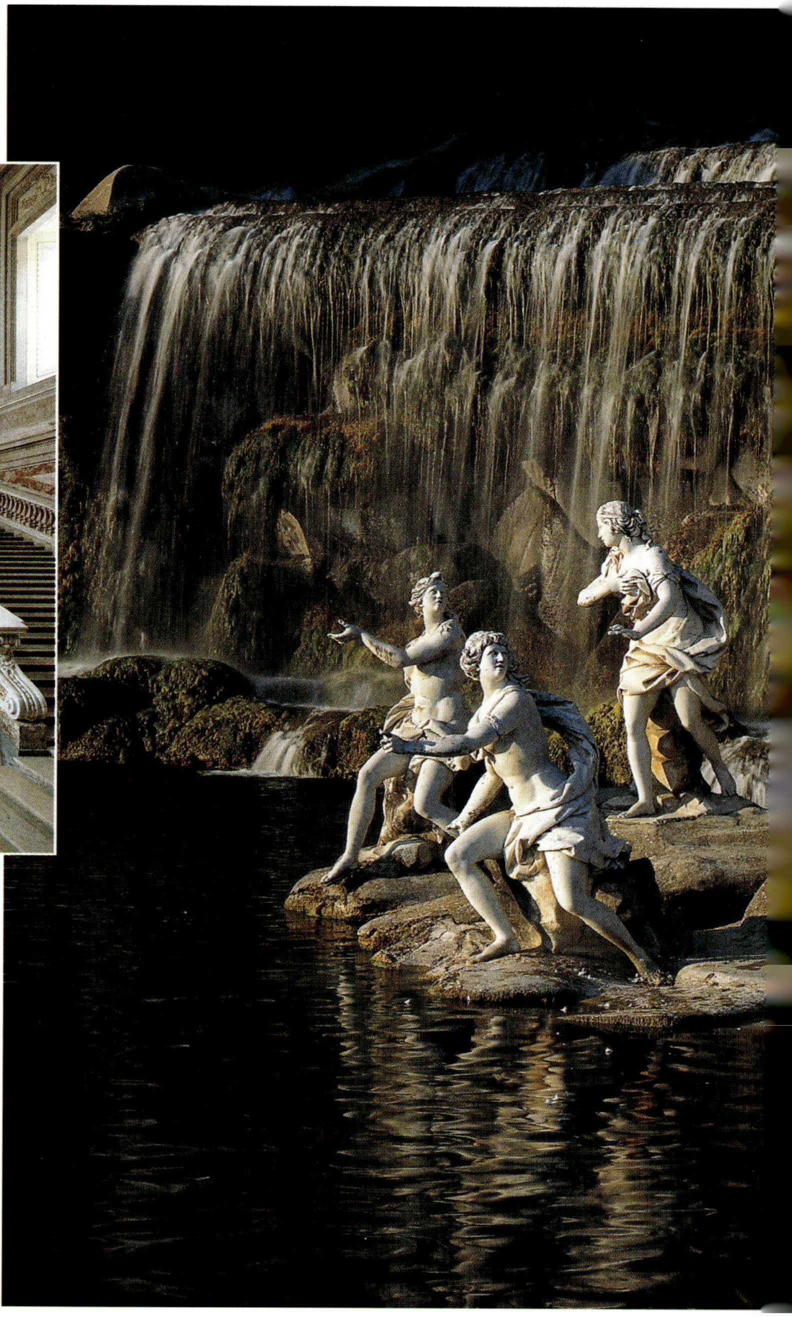

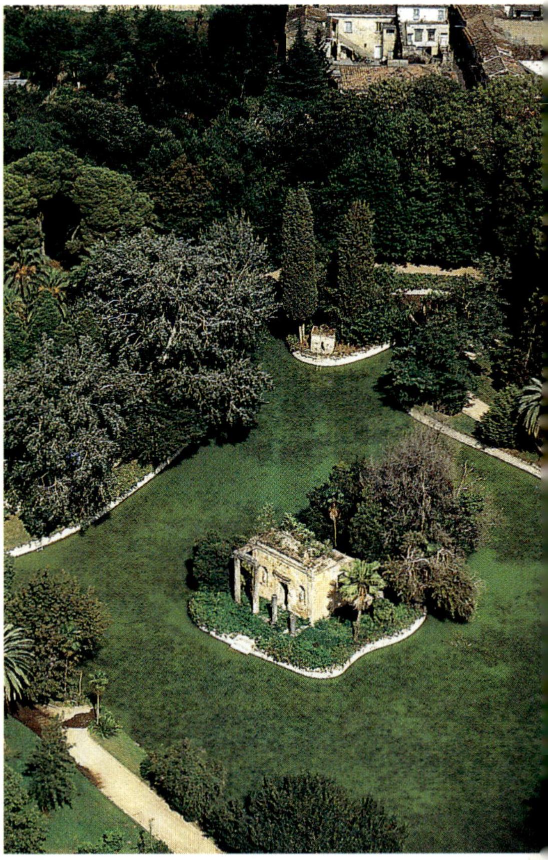

Il Giardino Inglese, ricco di piante rare ed esotiche, abbellito da laghetti, isole e rovine artificiali.

il paesaggio verdeggiante delle colline circostanti, che trova la sua conclusione nella maestosa struttura del Palazzo Reale. La grande reggia, nella quale hanno sede gli sfarzosi appartamenti, decorati e arredati per la corte borbonica, mostra all'esterno un'austera facciata ma si rivela all'interno articolata in cortili e scaloni evocanti l'illusione di spazi pluridirezionali.
La fondazione del setificio di San Leucio rappresentò il momento più alto dell'ideologia di rinnovamento promossa anche in campo industriale e sociale dai Borbone: Ferdinando, erede di Carlo, infatti promulgò una serie di leggi destinate a regolamentare l'attività manifatturiera

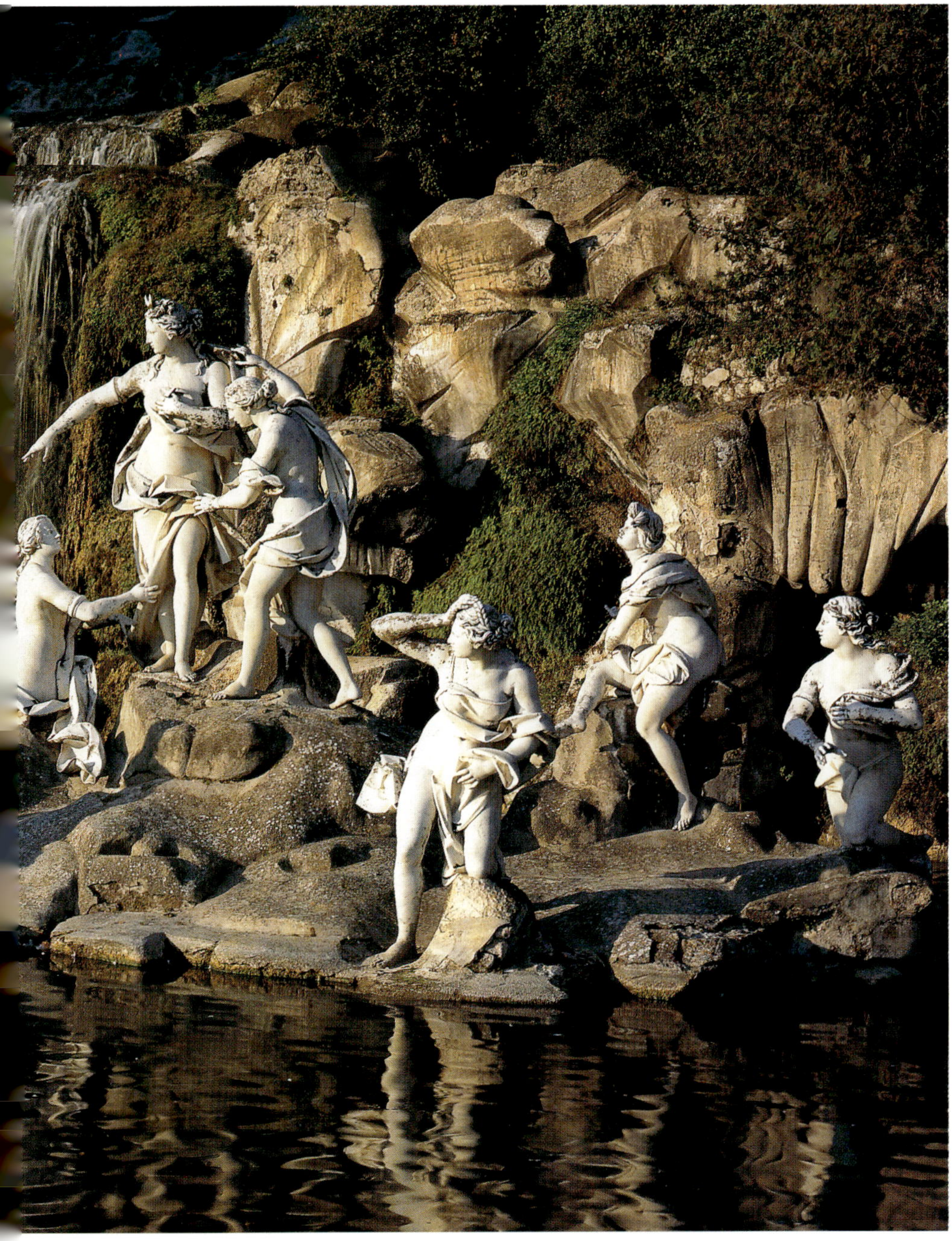

Il gruppo scultoreo di Diana che scaccia Atteone e, sullo sfondo, la Grande Cascata.

nell'intento di proporre un modello utopico di giustizia sociale. La rivoluzione in Francia e i suoi riflessi sulla storia del regno impedirono la realizzazione del progetto, ma le preziose sete che ancora oggi escono dai telai dell'antica manifattura mantengono viva la memoria dell'utopia settecentesca. Il lungimirante progetto vanvitelliano comprendeva anche l'Acquedotto Carolino che, attivo a tutt'oggi, fu costruito allo scopo di rifornire sia il parco sia il setificio.

CASTEL DEL MONTE

IL CASTELLO DI FEDERICO II

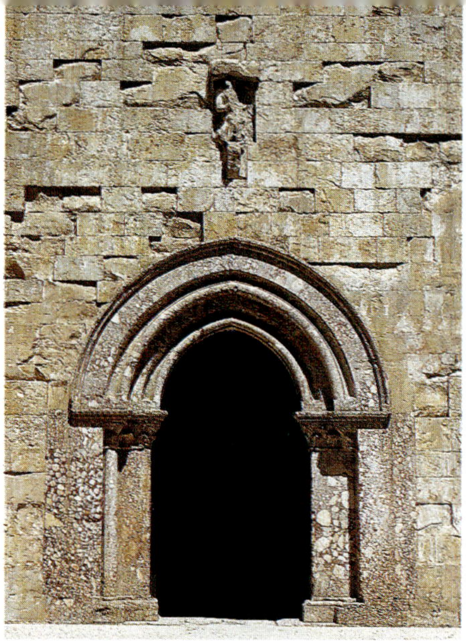

Il motivo dell'ottagono, forse di ascendenza esoterica, impronta l'intera struttura e si ripete nei cortili delle torri angolari.

A destra: nei tre portali che dal cortile centrale danno l'accesso al pianterreno del castello sono visibili influssi gotici cistercensi.

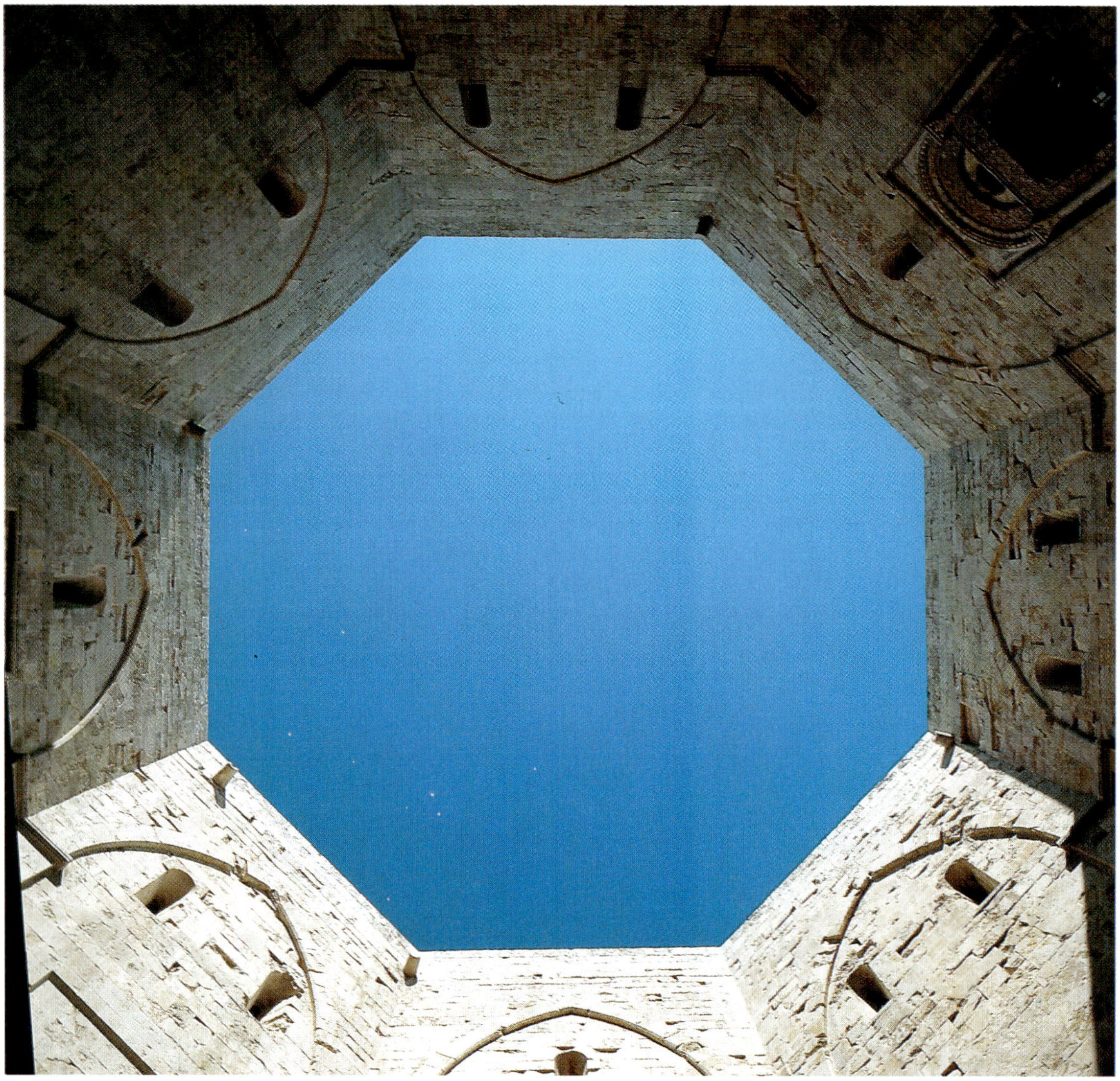

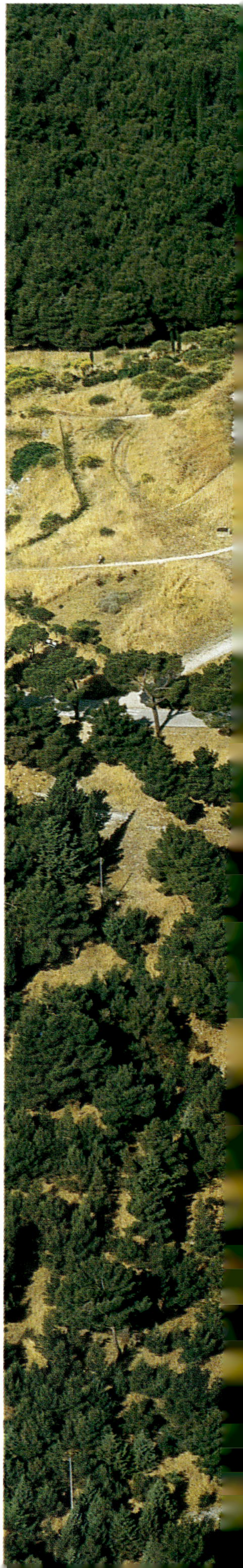

Divenuto sovrano di Napoli e di Sicilia nel 1198 all'età di soli tre anni, detto "Stupor mundi" per le sue innumerevoli doti, Federico II guidò il regno dal 1208 fino al 1250, raccogliendo intorno a sé una corte cosmopolita, colta e itinerante. Castel del Monte, terminato nel 1240, è il più grande e importante dei castelli che fece erigere in Italia meridionale e, contrariamente alla maggioranza di essi,

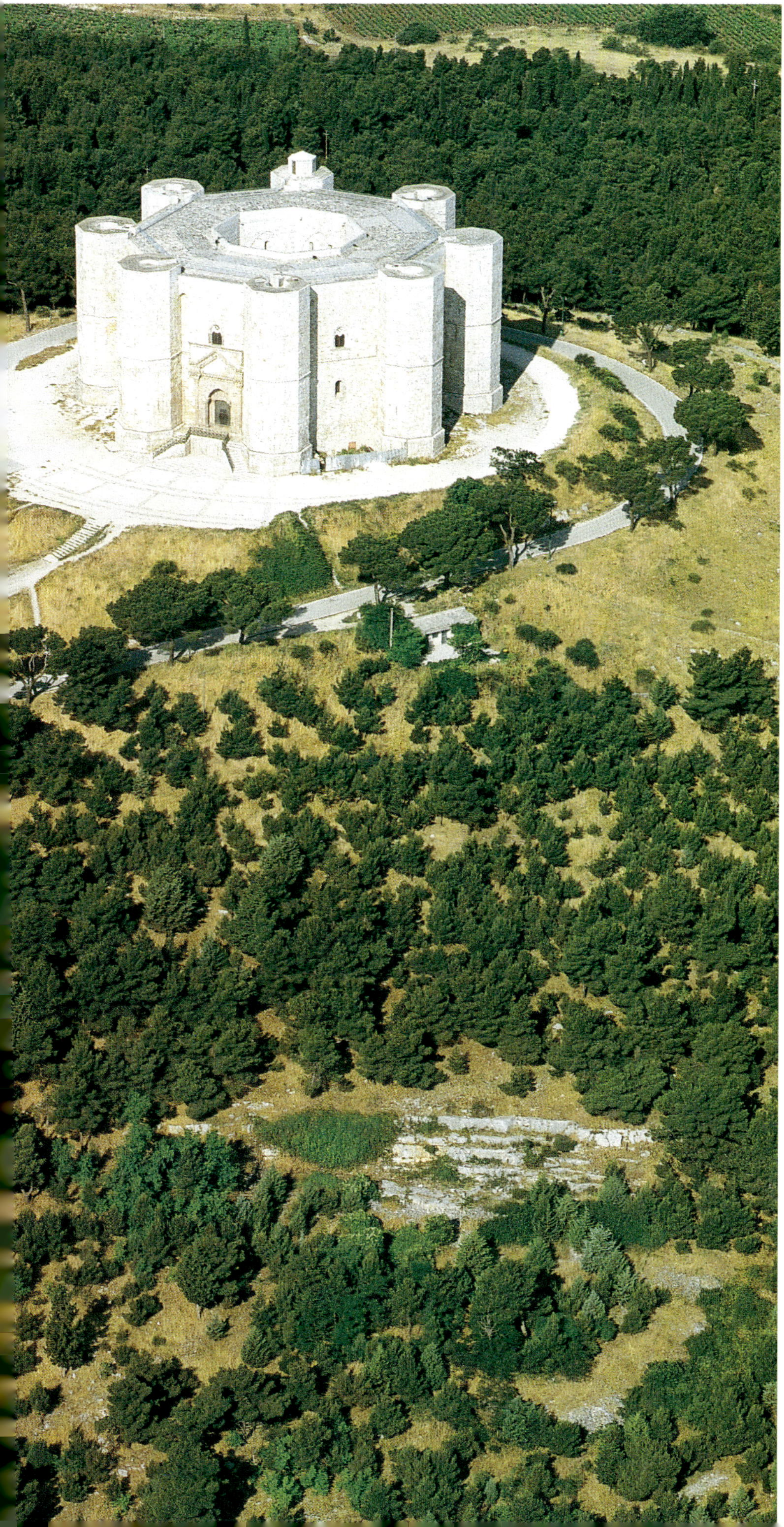

Il suggestivo impianto del castello, che s'innalza sulla Terra di Bari, è del tutto unico, senza riscontri in altre realizzazioni dell'epoca.

non ha funzioni difensive: costruito su una bassa collina, domina il paesaggio circostante per chilometri, ma non è dotato né di mura di cinta né di fossati. Attorno a una corte ottagonale si sviluppa un edificio, anch'esso ottagonale, rinforzato a ogni angolo da una torre a sua volta di otto lati: ogni piano è composto da otto stanze, una per ogni faccia della costruzione. I capitelli e le chiavi di volta sono ornati da bellissime sculture che indicano contatti con le maestranze attive nei cantieri di Reims e di Noyon, nelle quali gli influssi derivati dalla scultura nordica si stemperano alla luce di una chiarezza classicheggiante.
Gli elementi lapidei sono l'unica testimonianza delle fastose decorazioni che arricchivano la sontuosa abitazione della corte imperiale e che nei secoli si sono perse per i saccheggi e l'incuria.
La ripetizione costante del numero otto è ritenuta in connessione con tematiche esoteriche, ma il grande edificio, forse progettato dallo stesso Federico, è straordinario per numerosi altri motivi: la tecnica perfetta con la quale è costruito, la sua stessa posizione in Terra di Bari, la destinazione d'uso ancora avvolta nel mistero. L'opera testimonia la preziosa rievocazione della cultura classica, ritenuta preludio del Rinascimento, di cui Federico fu eccezionale artefice, ma rievoca altresì i castelli del deserto degli Omayyadi e i monasteri fortificati del Vicino Oriente e dell'Africa centrale o le strutture architettoniche del gotico cistercense dell'Europa del Nord.

CRESPI D'ADDA

L'OPIFICIO E IL VILLAGGIO OPERAIO

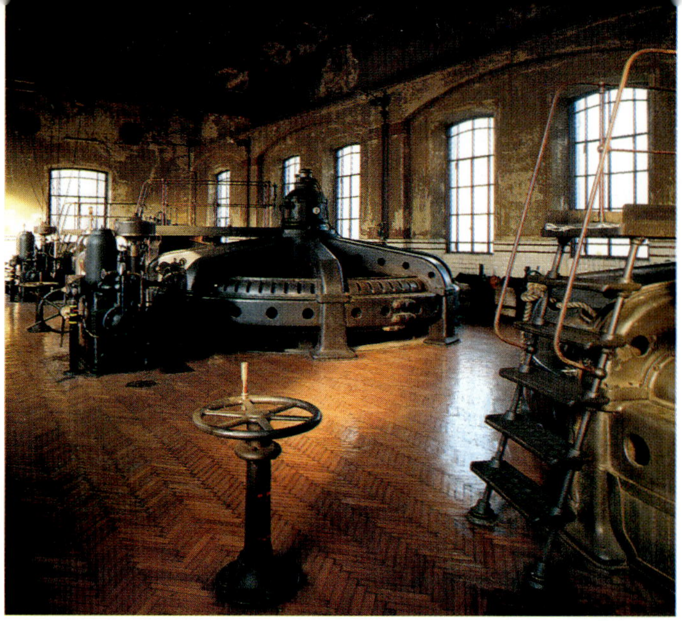

L'impianto manifatturiero si alimentava grazie all'energia prodotta dalla centrale idroelettrica, nella quale fu convogliato il corso dell'Adda.

Nel 1875 l'industriale tessile Cristoforo Benigno Crespi acquistò un appezzamento di terreno sul fiume Adda per realizzarvi un mulino e una residenza multifamiliare per operai. Nel 1889 Silvio, suo erede e successore, riprese e proseguì gli intenti paterni. Spinto dal desiderio di migliorare tanto la produttività quanto la qualità della vita degli operai, studiò i quartieri e i villaggi che in Germania e in Inghilterra erano stati progettati espressamente per i lavoratori e costruì un complesso abitativo autonomo, con giardini e orti, ai quali affiancò un impianto idroelettrico, una cooperativa e vari edifici pubblici, quali scuole, un teatro e un centro sportivo. A questo insieme aggiunse tre monumenti di valore simbolico: la chiesa, un castello e un mausoleo per i fondatori del villaggio. La popolazione di Crespi d'Adda non crebbe di numero secondo le aspettative, soprattutto a causa della profonda crisi economica del 1929 e della politica del governo fascista: l'iniziativa fallì e l'intero villaggio venne venduto.

Lo storico cotonificio progettato da Angelo Colla nel 1875.

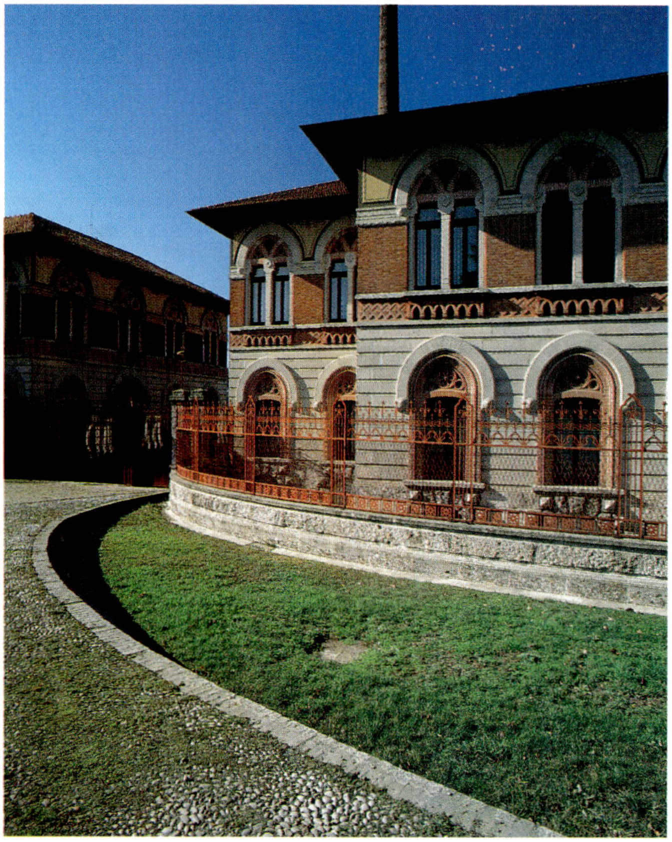

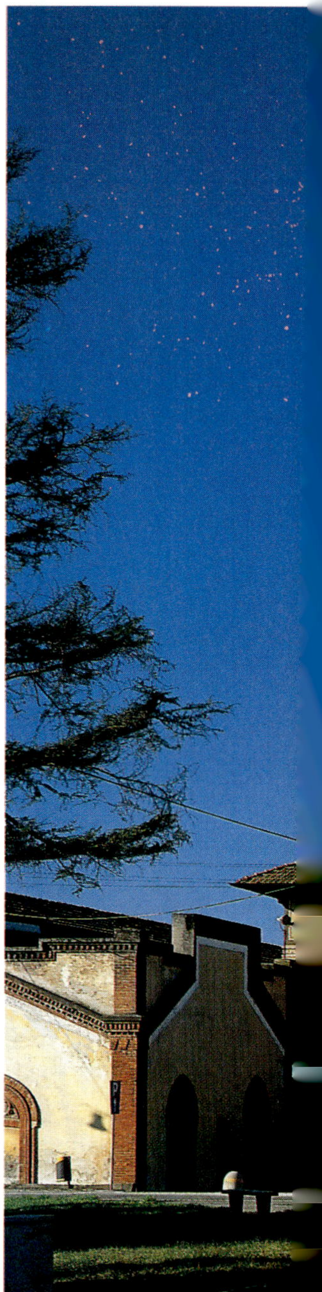

L'alta ciminiera in cotto all'ingresso dell'impianto tessile, sotto la quale una torre con orologio segna i tempi della vita e del lavoro.

La configurazione urbanistica di Crespi d'Adda, opera dell'architetto Ernesto Pirovano, è basata su principi geometrici: la strada principale, che unisce il villaggio a Capriate San Gervasio, lo divide in due parti: da un lato il quartiere residenziale e dall'altro la fabbrica e l'Adda. All'estremità nord della strada principale, affacciati sulla piazza, sono la chiesa, la scuola e il teatro; all'estremità sud vi è il cimitero. La fabbrica è un edificio ampio e compatto, con decorazioni medievaleggianti. La chiesa, disegnata da Luigi Cavenaghi, si ispira al Bramante, mentre il castello, disegnato dal Pirovano, è in forme neogotiche. Il mausoleo, opera di Gaetano Moretti, è in stile Liberty, così come l'impianto idroelettrico.

Nelle strutture dello stabilimento la moderna partizione modulare, di provenienza britannica, coesiste con elementi decorativi derivati dalla tradizione lombarda.

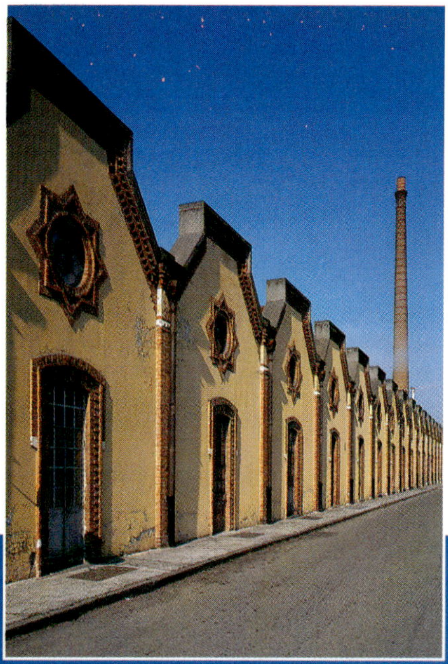

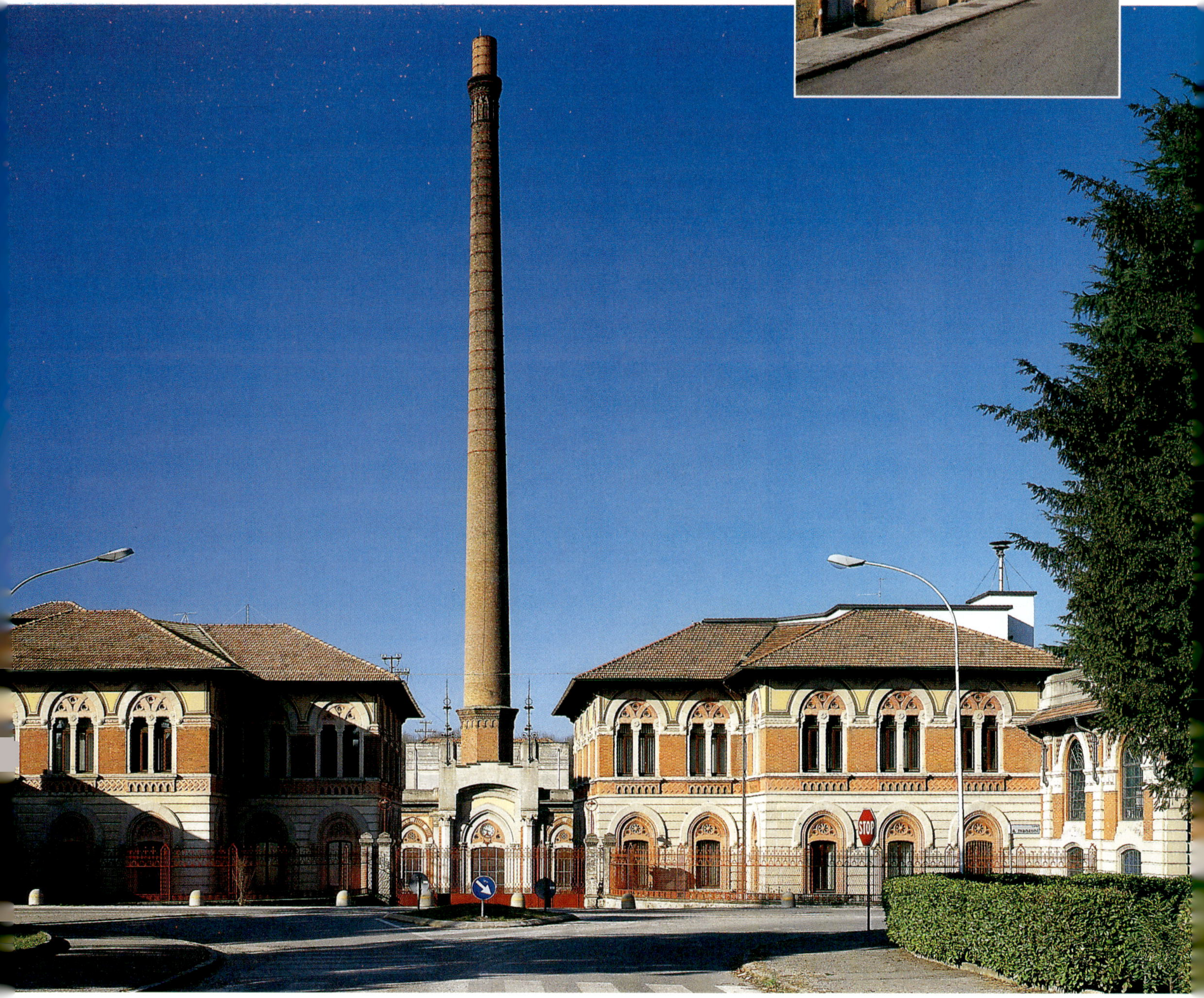

FERRARA

LA CITTÀ DEL RINASCIMENTO

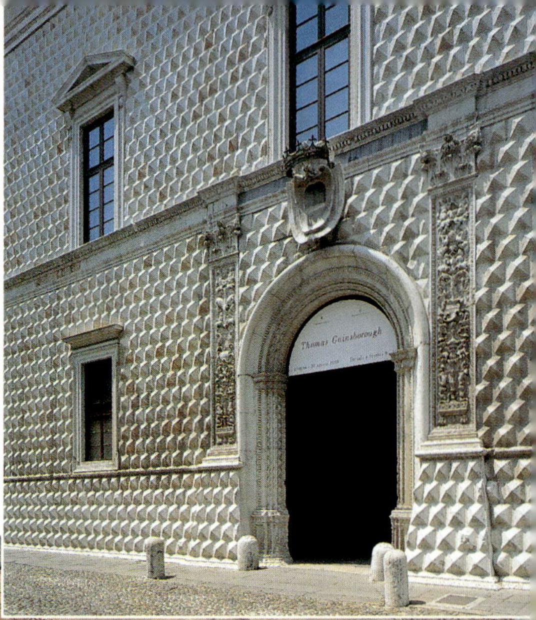

A destra: la facciata di palazzo dei Diamanti, capolavoro rinascimentale dovuto a Biagio Rossetti.

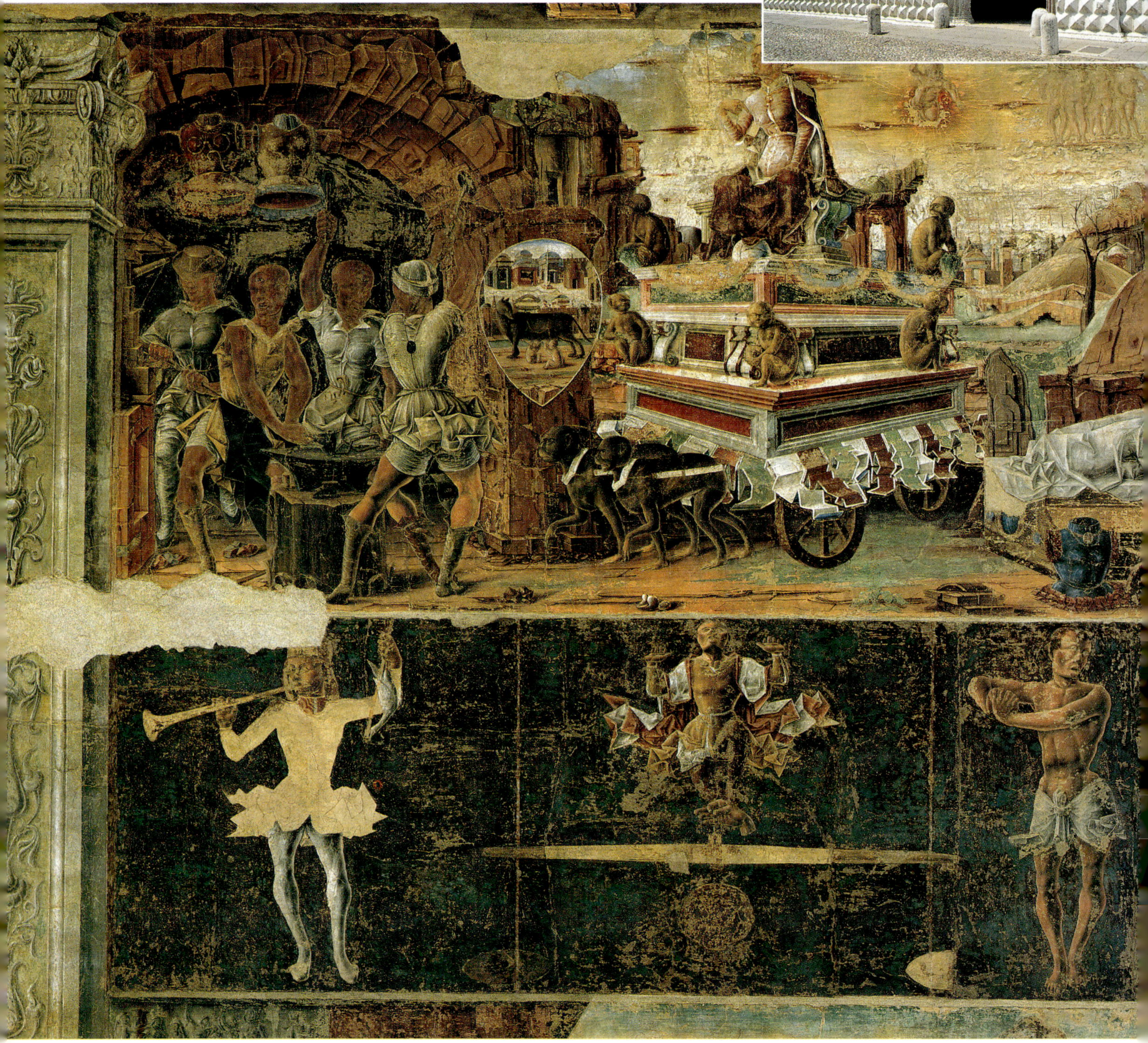

Il trionfo di Vulcano nel mese di Settembre, parte del ciclo dei Mesi (fine del XV secolo) a palazzo Schifanoia.

Sorta nell'alto Medioevo come porto fluviale, Ferrara ha indissolubilmente unito le proprie sorti a quelle del più grande fiume italiano: il Po. La ragione principale del poderoso sviluppo che conobbe la città nel Duecento va ricercata infatti nella sua vicinanza con i maggiori canali del delta padano. Divenuta fiorente e ricca, conobbe un periodo di grave instabilità, dovuto alle lotte tra famiglie rivali.
Venne quindi pacificata dagli Estensi, reggitori di una signoria raffinata e potente che nel XV secolo fu alla ribalta della politica internazionale, in relazione tanto con le corti delle città confinanti, quanto con il regno aragonese di Napoli.
Il disordinato e pittoresco centro medievale, con strade strette e tortuose, che pure vantava la bella cattedrale romanica dalla imponente facciata, non si confaceva ormai più al decoro e alla magnificenza che gli Este volevano per la propria città.
I signori di Ferrara intrapresero così un ambizioso progetto di rimodellamento urbanistico, che venne affidato a Biagio Rossetti, ideatore della celebre "addizione erculea", un impianto che esprime l'ideale rinascimentale della città e sul quale Ferrara ha continuato e continua a crescere anche ai nostri giorni: ampie strade perpendicolari scandite spesso da eleganti elementi che dilatano lo spazio, offrendo all'occhio prospettive illimitate, come la lunga via Ercole I d'Este sulla quale prospetta il magnifico palazzo dei Diamanti.
Oltre a fare della città la sede di quella corte colta ed evoluta che trova la massima esaltazione nel *Ciclo dei Mesi* del palazzo Schifanoia, il governo estense intervenne sul delta del Po con bonifiche e risanamenti, indispensabili per assoggettare il mutevole corso del fiume. Con il venir meno delle opere idriche, verificatosi a seguito dell'irreversibile crisi politica che colpì la signoria, si registrò l'interramento delle vie fluviali che collegavano Ferrara alla rete dei commerci.
Da capitale si trasformò così, sotto il dominio papale, in cittadina prospera ed elegante che, ammirata da D'Annunzio, ha ospitato l'arte di Boldini, De Pisis, Bassani.

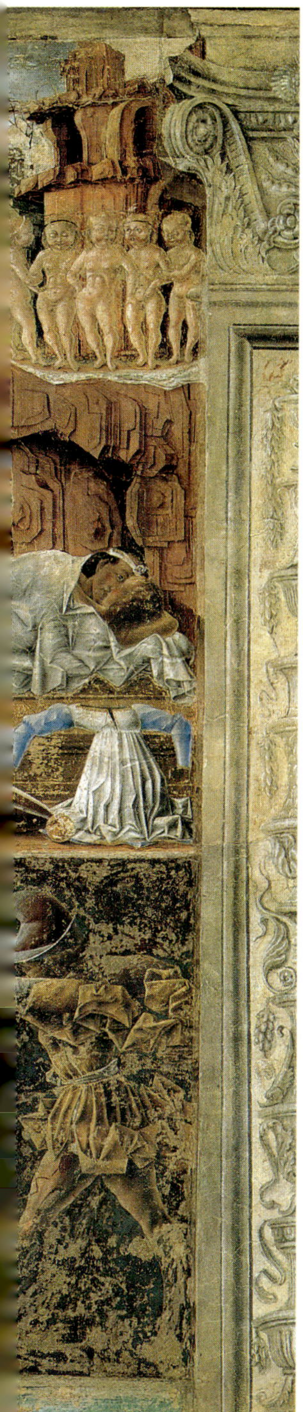

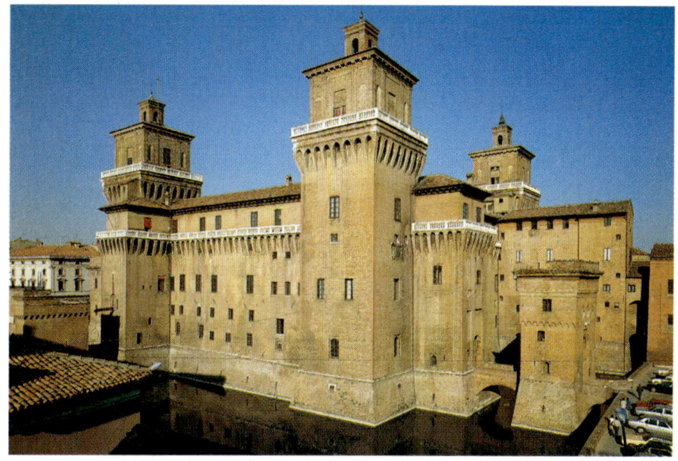

Il trecentesco Castello Estense, trasformato in dimora principesca tra XV e XVI secolo.

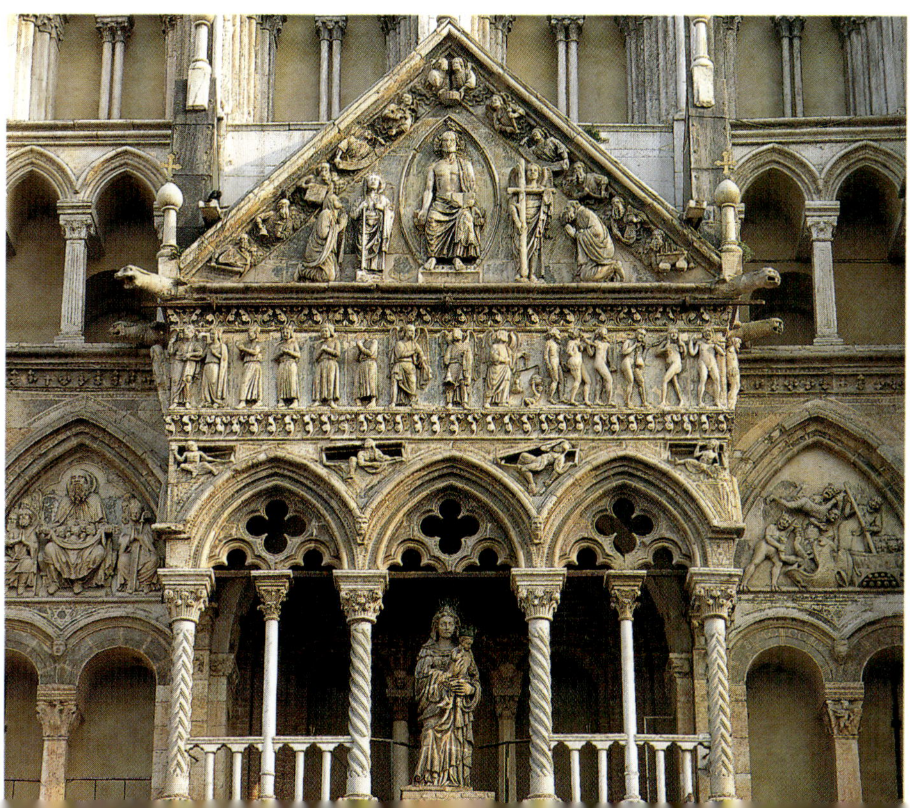

La loggetta a bifore gotiche, con una Madonna col Bambino (1427) di Cristoforo da Firenze, che sormonta il protiro della cattedrale.

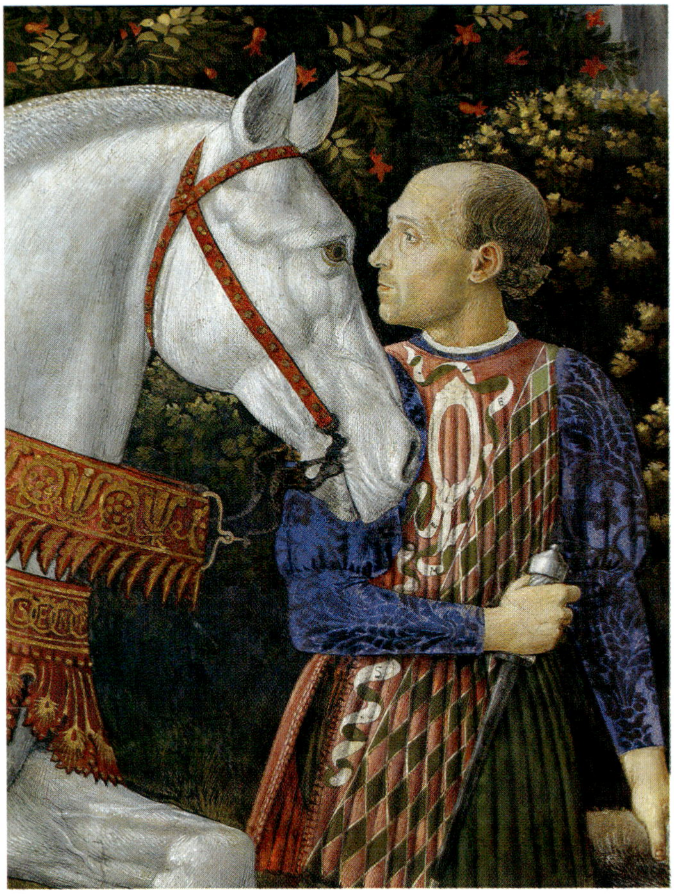

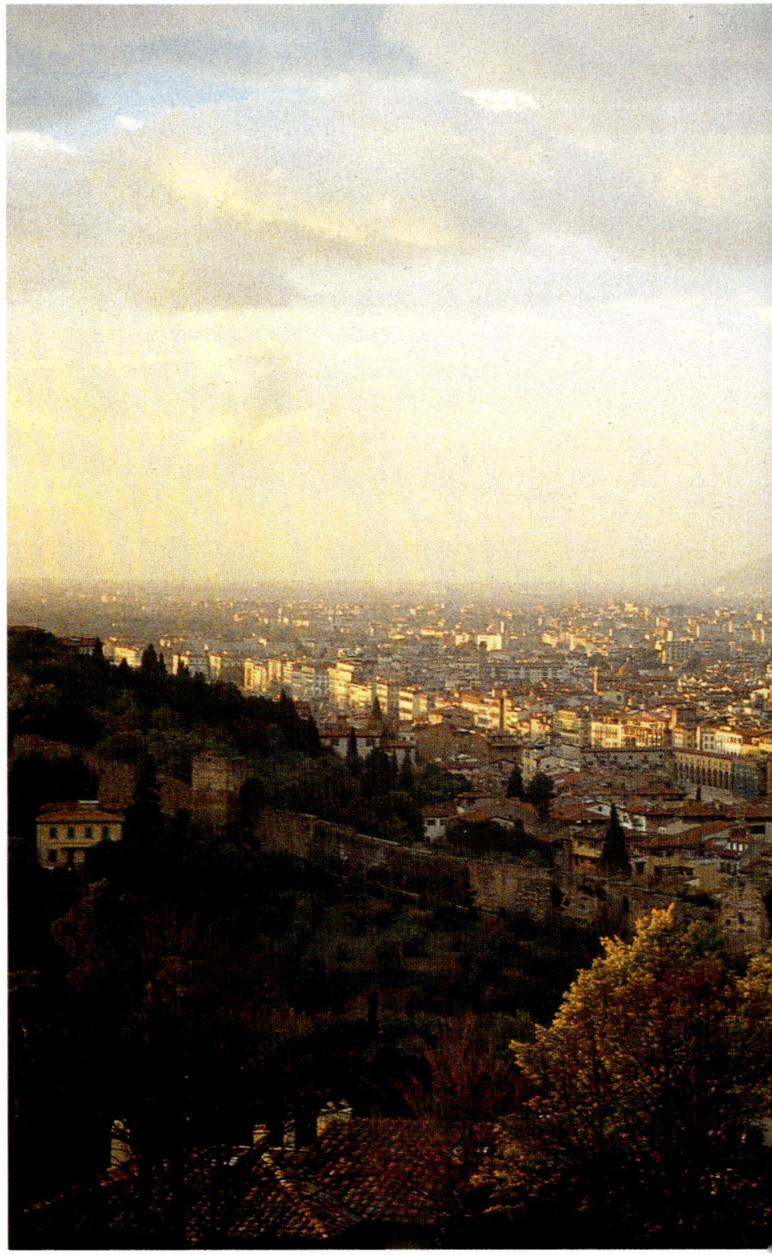

Sopra: uno dei volti della Cavalcata dei Magi, ciclo di affreschi dipinto nel 1459-60 da Benozzo Gozzoli nella cappella dei Magi del palazzo Medici Riccardi.

FIRENZE

IL CENTRO STORICO

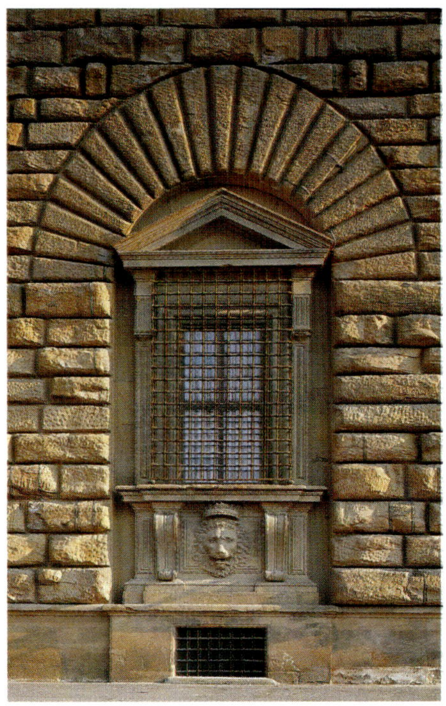

La città ha lungamente rappresentato la cultura italiana nel mondo: per la lingua e la letteratura, per l'architettura e le arti figurative. Circondata da splendidi dintorni, è famosa ovunque per i capolavori d'arte che conserva nei palazzi monumentali e nelle chiese. Centro di attività mercantili e culturali fin dal Medioevo, ha vissuto un'epoca di splendore artistico durata ben tre secoli che ha lasciato tracce indelebili nella cultura di tutta Europa.
La crescita della società borghese alla fine del XIII secolo e all'inizio del successivo diede vita a un fiorente sviluppo della produzione artistica e architettonica: la città si arricchì di opere che, oltre a soddisfare esigenze devozionali, rispondono alla volontà di manifestare la dignità e le capacità dei fiorentini: il Battistero di San Giovanni, il Duomo, il Campanile di Giotto, Palazzo Vecchio, Santa Maria Novella, Santa Croce.
Il fervore e l'operosità dell'epoca comunale trovano altissimi livelli espressivi nell'opera realistica e potente di Giotto, pittore e architetto, maestro di una importante scuola attiva nel corso del Trecento. Durante i secoli successivi la città cura e abbellisce i suoi monumenti:

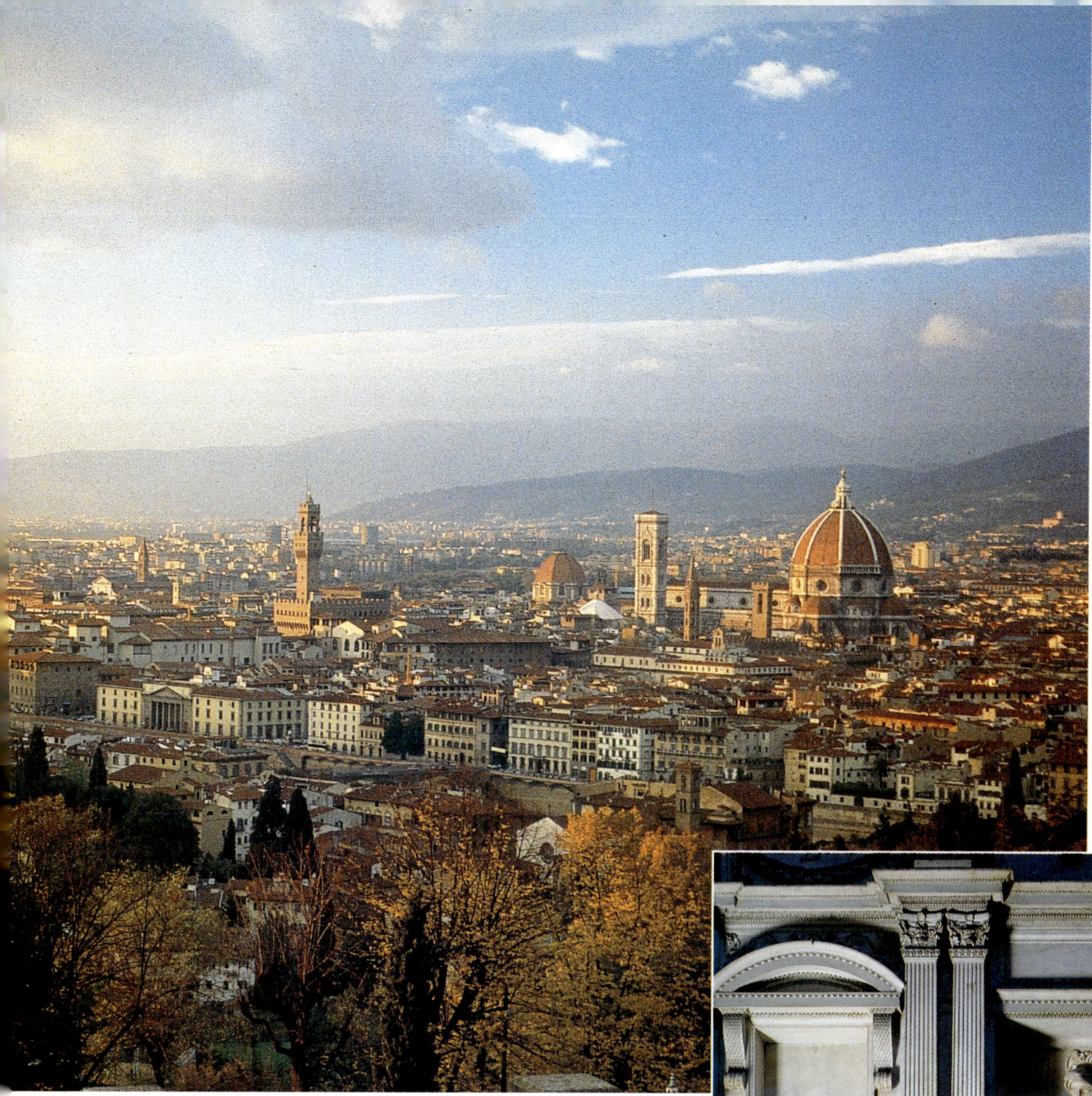

Il panorama della città, inconfondibilmente segnato dalla grande cupola ottagonale del Brunelleschi.

Le Cappelle Medicee: il monumento a Lorenzo, duca di Urbino e le personificazioni dell'Aurora e del Crepuscolo.

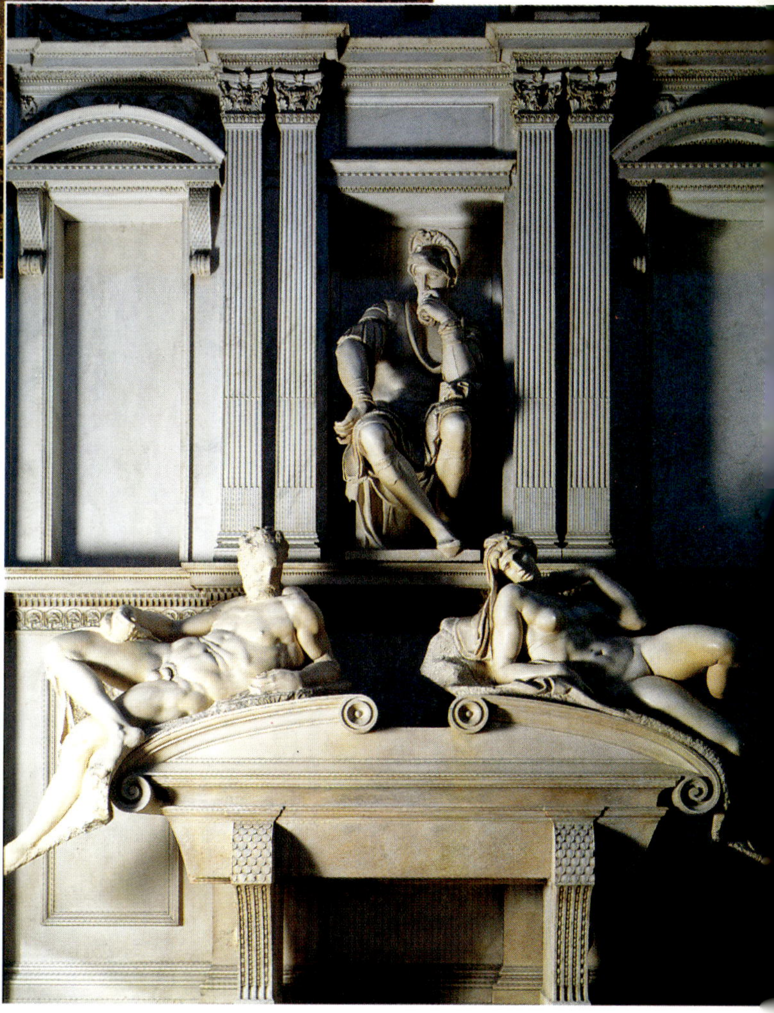

A lato: particolare di palazzo Pitti, più volte ampliato riprendendo l'originario motivo quattrocentesco; la facciata, secondo le tendenze dell'epoca, si presenta come corpo autonomo rispetto al contesto architettonico.

il Duomo venne reso celebre nel mondo per la geniale cupola del Brunelleschi, il Battistero fu completato dalle splendide porte bronzee del Ghiberti, il Palazzo Vecchio si trasformò da luogo di riunione dei Priori delle Arti in lussuosa sede della signoria dei Medici.
La magnificenza delle manifestazioni artistiche era considerata misura del livello di civiltà raggiunto dalla città.
Molte furono le innovazioni nel campo dell'arte: partendo dalla riscoperta e dallo studio della matematica e dell'arte antica, personalità come Masaccio, Brunelleschi, Alberti diedero vita al metodo prospettico, cioè alla possibilità di rappresentare razionalmente in proporzioni matematiche lo spazio.
L'applicazione di un metodo scientifico non solo all'architettura, ma anche alla pittura

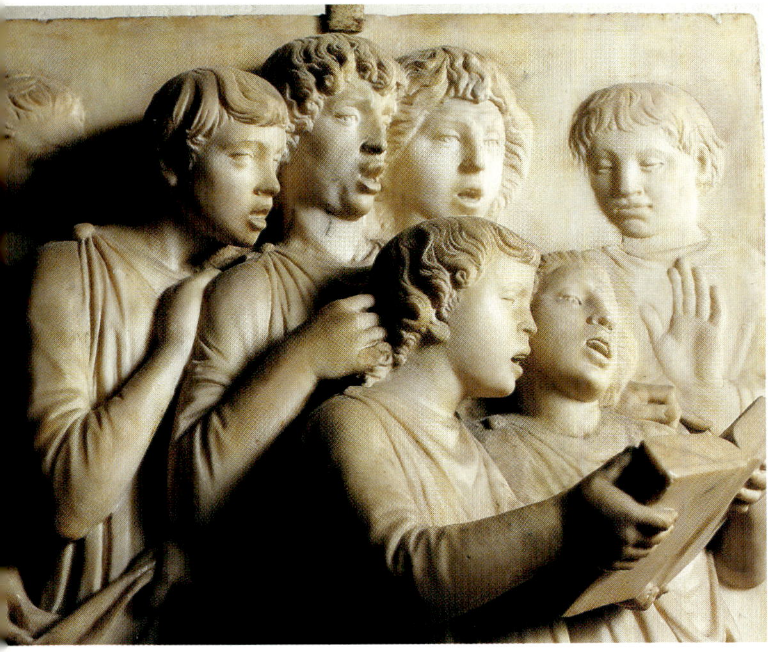

irrinunciabile influendo, attraverso la poliedrica personalità del Vasari, sull'architettura e sulle arti figurative della corte medicea divenuta centro principesco di importanza europea.
Il palazzo Pitti, residenza della famiglia, e il giardino di Boboli costituiscono un complesso unico per raffinatezza e ricchezza e, nonostante gli interventi operati dai Savoia ai tempi di Firenze capitale, sono duratura testimonianza della vita dell'epoca dei Medici.
Pur conservando livelli elevatissimi in tutti gli aspetti della cultura, Firenze cessò progressivamente di essere il modello artistico al quale tutto il mondo si ispirava, trasformandosi per la sua bellezza e la sobria eleganza in meta ambita per visitatori e viaggiatori di tutti i paesi.

Giovani cantori, particolare della cantoria marmorea di Luca della Robbia.

e alla scultura, e l'importanza immensa di questa scoperta, subito diffusasi in tutto il continente, fecero di Firenze il maggiore centro artistico italiano ed europeo del XV secolo, non solo per le creazioni mirabili, quali gli affreschi del Carmine di Masaccio, di San Marco del Beato Angelico, le opere di Ghiberti e Donatello, la cappella Pazzi e innumerevoli altre, ma anche per l'eleganza e lo stile scaturiti all'arte da questa conquistata capacità di controllare la rappresentazione dello spazio.
La sofisticata cultura della corte di Lorenzo il Magnifico trovò il suo maggiore esponente in Botticelli, l'artista che più di ogni altro rappresentò l'arte italiana in molti paesi europei. Il secolo si conclude con la rivelazione delle personalità di Leonardo e Michelangelo, destinate a modificare totalmente le concezioni figurative del secolo successivo.
Alla formidabile personalità di Michelangelo si devono la Biblioteca Laurenziana, i sepolcri dei Medici, ma soprattutto, simbolo ed evocazione del cittadino fiorentino, il monumentale David. Michelangelo fu per gli artisti fiorentini del XVI secolo, come Andrea del Sarto, Pontormo, Rosso Fiorentino, modello irraggiungibile ma al tempo stesso

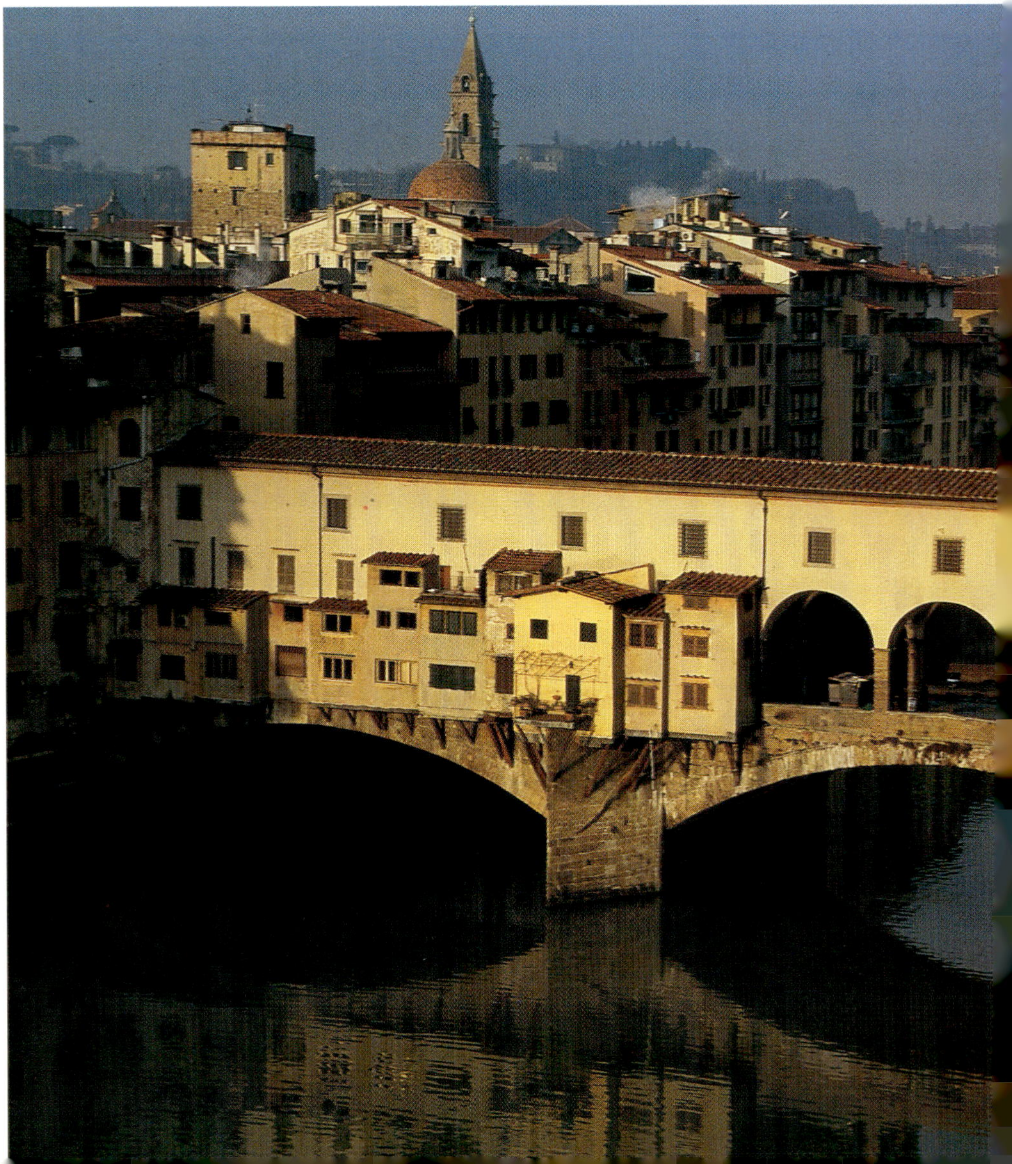

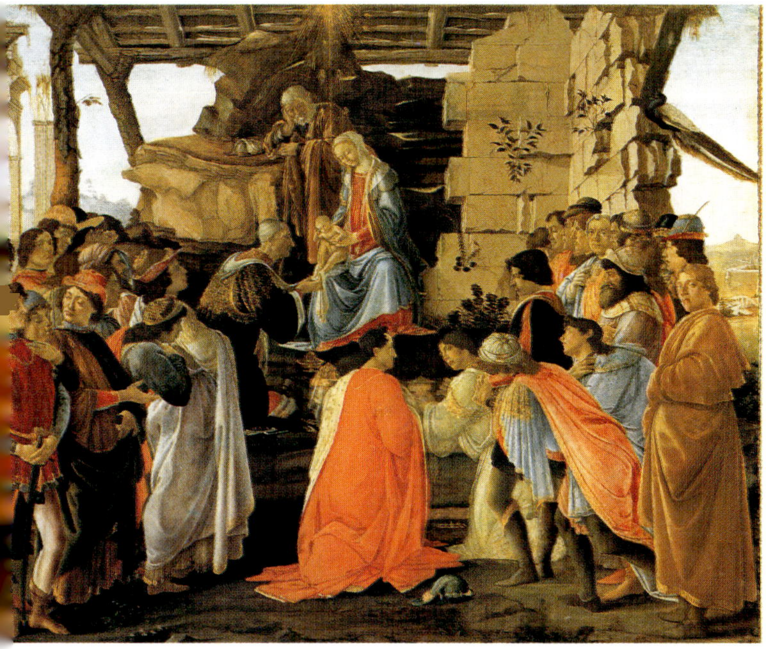

Costruito alla metà del Trecento, il Ponte Vecchio è uno dei simboli della città.

L'Adorazione dei Magi di Sandro Botticelli, conservato nel museo degli Uffizi.

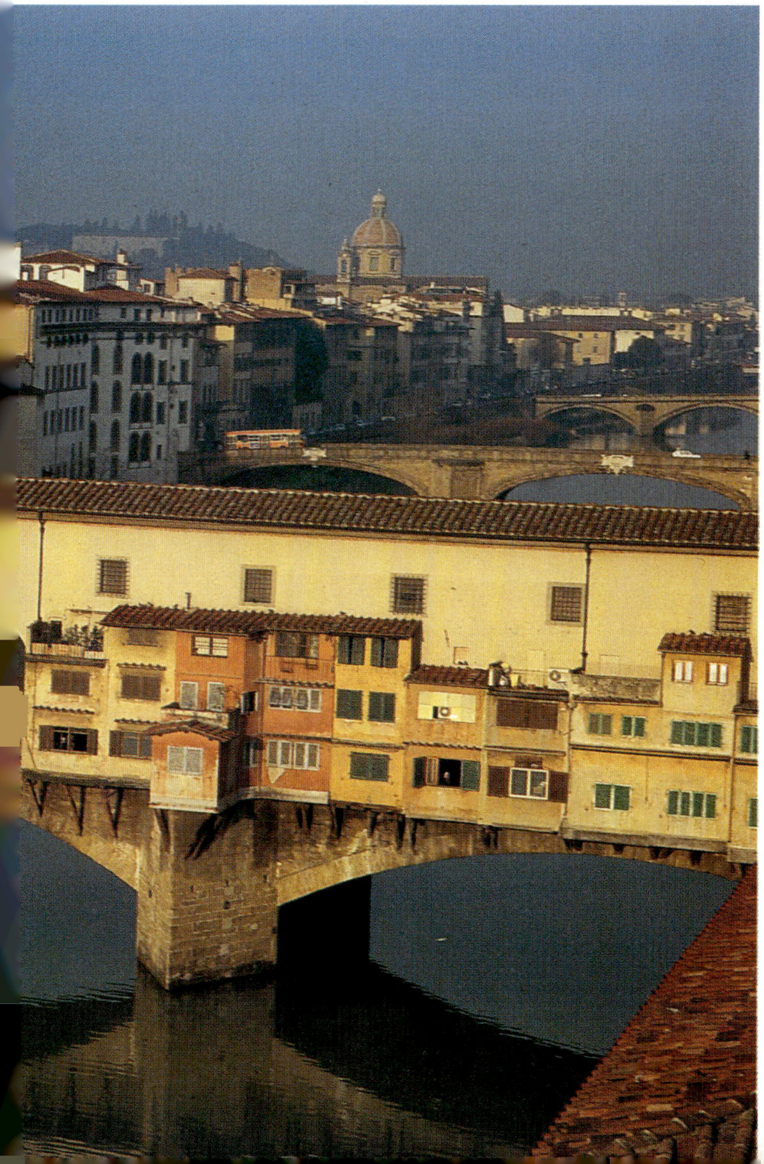

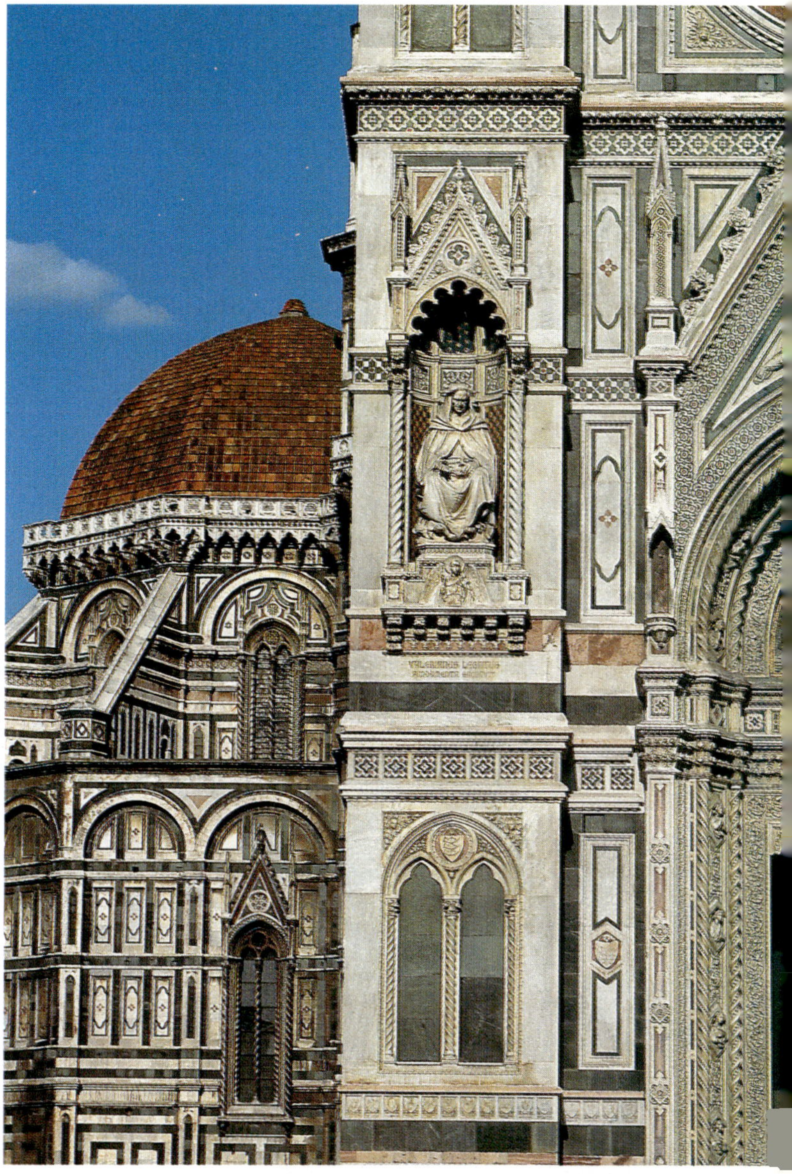

L'attuale facciata del duomo venne realizzata alla fine dell'Ottocento, riproponendo i motivi ornamentali dei fianchi.

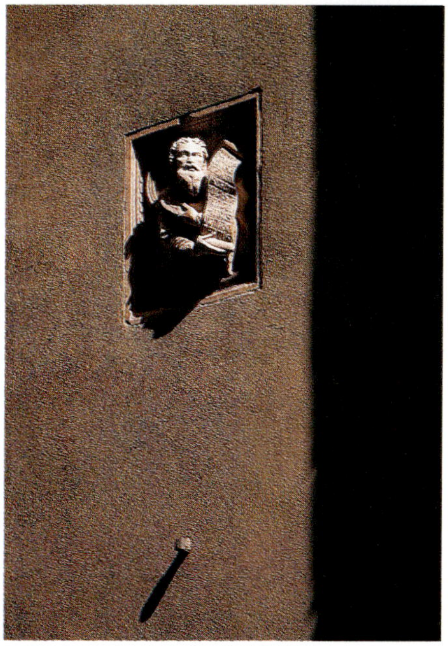

Una serie di tabernacoli con le immagini dei santi protettori delle corporazioni, le antiche "Arti", decora l'esterno della chiesa di Orsanmichele.

PORTOVENERE, LE CINQUE TERRE E LE ISOLE (PALMARIA, TINO E TINETTO)

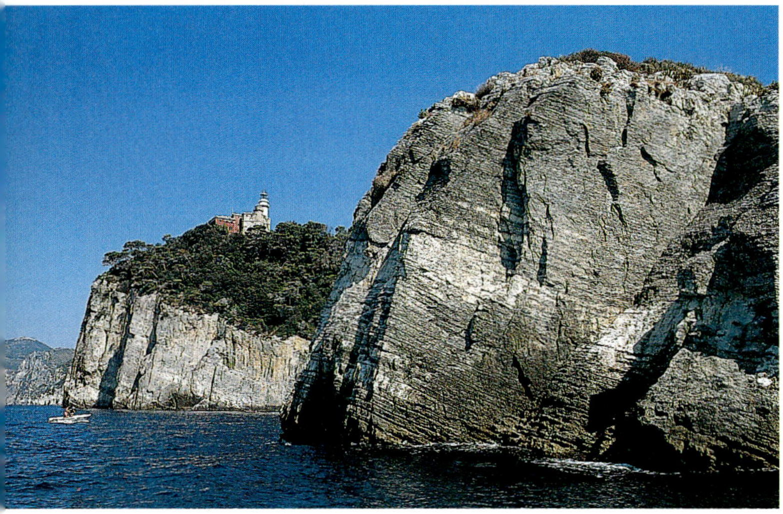

L'isola del Tino, estremo prolungamento a mare, insieme a Palmaria e Tinetto, del golfo di La Spezia.

A Vernazza, come in tutte le Cinque Terre, l'uomo ha strappato lembi di terra agli Appennini che precipitano nel mare: sono gli stretti spazi urbani sui quali si addossano le case e i terrazzamenti che tagliano la roccia e sui quali si arrampicano i vigneti.

Il paesaggio delle Cinque Terre è stato completamente plasmato dall'uomo attraverso la millenaria e incessante opera di modellazione dei luoghi dettata dalle esigenze delle colture e della vita civile.
Il territorio di Portovenere e quello delle Cinque Terre sono profondamente segnati dalla difficoltà di accesso e di comunicazione. Rimasti fin dall'epoca romana estranei alle grandi strade consolari, solo nel 1874, con il collegamento alla rete ferroviaria, sono diventati facilmente raggiungibili per via terrestre. Nel corso del tempo la zona è stata comunque teatro

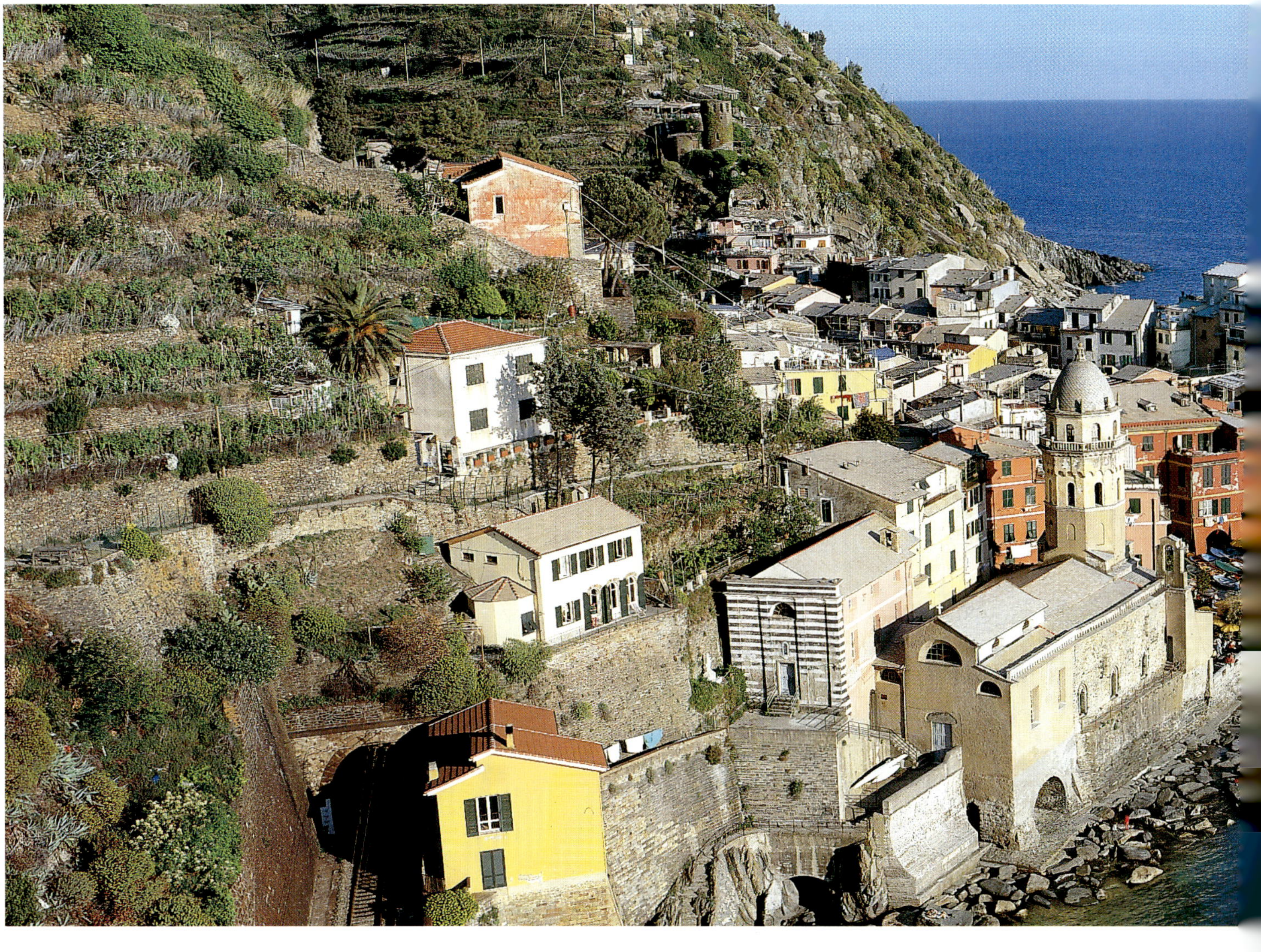

di significativi fenomeni storici, come la diffusione degli insediamenti monastici, a partire dal VI secolo, e la costruzione di basi marittime e militari. Ne sono testimonianza eloquente i santuari ubicati lungo le direttrici viarie di mezza costa e le opere fortificate nei borghi, le torri d'avvistamento, le rocche a picco sul mare. La struttura geomorfologica e vegetazionale, le caratteristiche di isolamento e la forte unitarietà del complesso ambientale, punteggiato dai borghi marinari sui solchi torrentizi, hanno conferito grande valore a un paesaggio costituito da terrazzamenti, scogliere, case, chiese, muri a secco, sentieri impervi e scalinate di pietra. Un valore d'insieme legato inscindibilmente alla continua e minuta opera di costruzione e manutenzione del territorio, iniziata nel IV secolo con il terrazzamento a fasce delle alture per la diffusione della coltura della vite, seguita poi da quella dell'ulivo, fino ad investire tutte le superfici in pendenza (già nel Settecento le strisce coltivate superavano i 400 metri di quota). Un fitto intrico di sentieri collega tuttora la rete di pregevoli emergenze architettoniche, luoghi di grande fascino i cui tratti peculiari sono stati riconosciuti ed evocati da poeti romantici e contemporanei, offrendo ispirazione a testi letterari, composizioni musicali e rappresentazioni pittoriche.

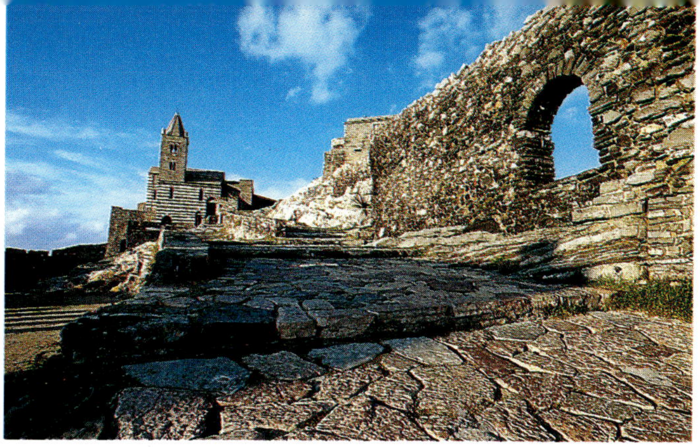

Isolata su uno sperone roccioso, la duecentesca chiesa di San Pietro, un tempo parte della cinta difensiva di Portovenere.

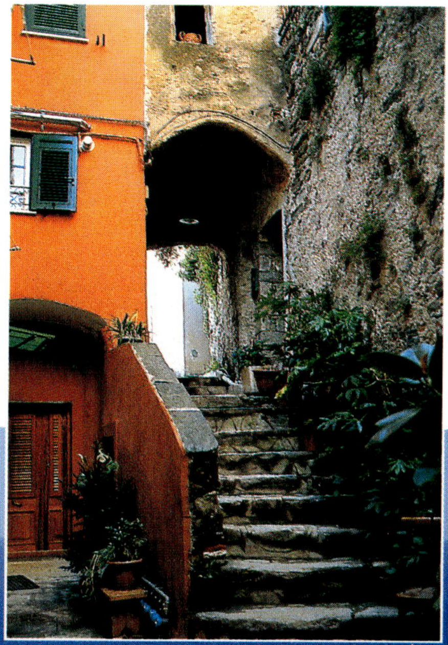

Sotto: vicoli, volte e scalinate; nelle Cinque Terre, l'architettura sfrutta ogni spazio concesso dalla natura.

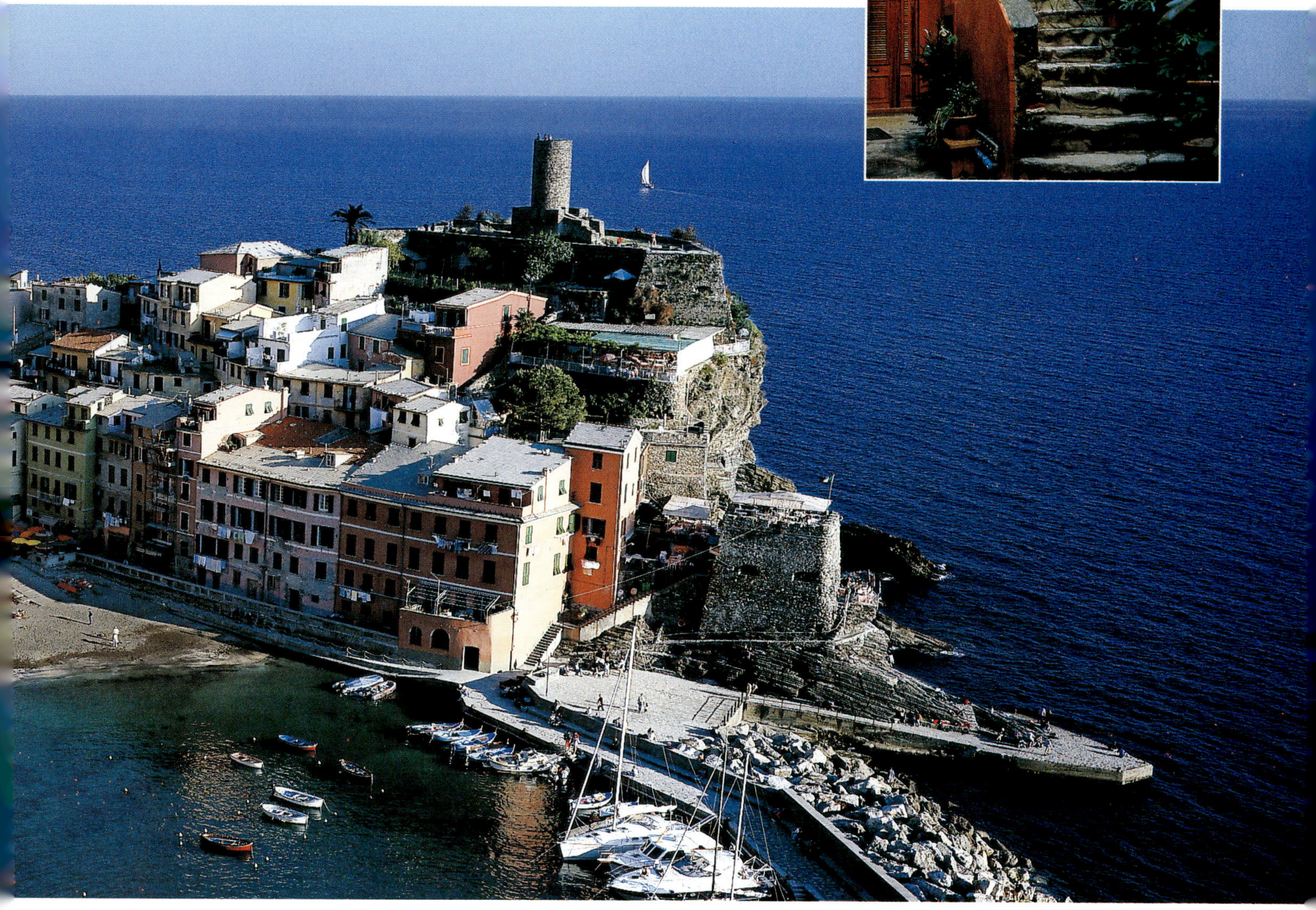

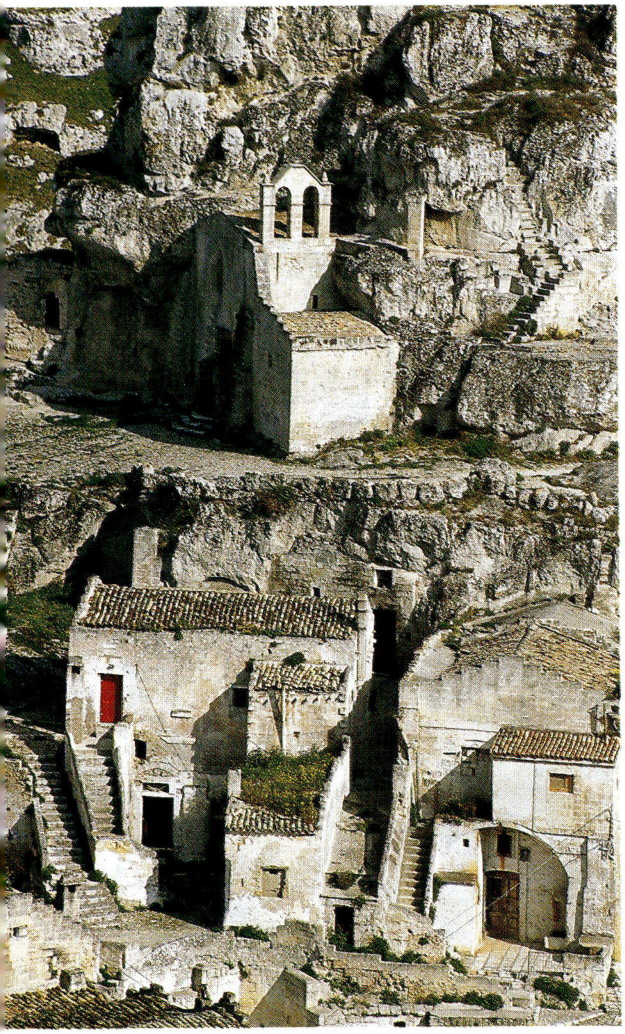

MATERA

I SASSI

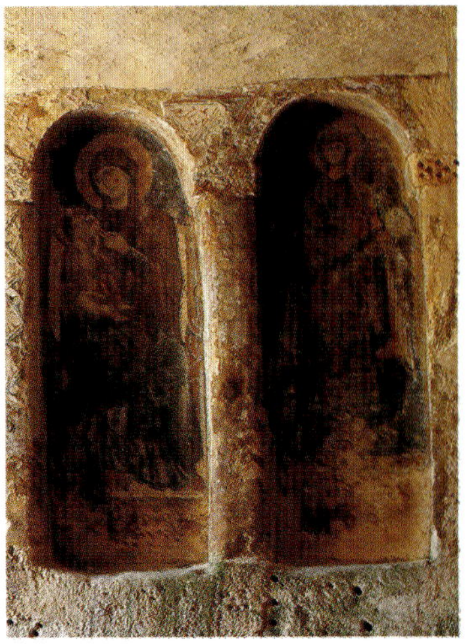

Nel cuore impervio della Basilicata sopravvive una struttura abitativa con caratteristiche antiche di suggestione unica. Con il declino dell'Impero romano, cui fece seguito una profonda crisi nell'Italia meridionale, si assistette all'impoverimento delle aree costiere e al loro abbandono a favore degli antichi insediamenti dell'interno, che risalivano

In alto a destra: decorazioni parietali come quelle di Santa Lucia alle Malve rivelano i forti legami storici con il mondo greco-bizantino.

A sinistra: la chiesetta di Santa Maria de Idris, detta anche del Litro, per un affresco raffigurante la Madonna con accanto due mezzine, brocche per attingere acqua.

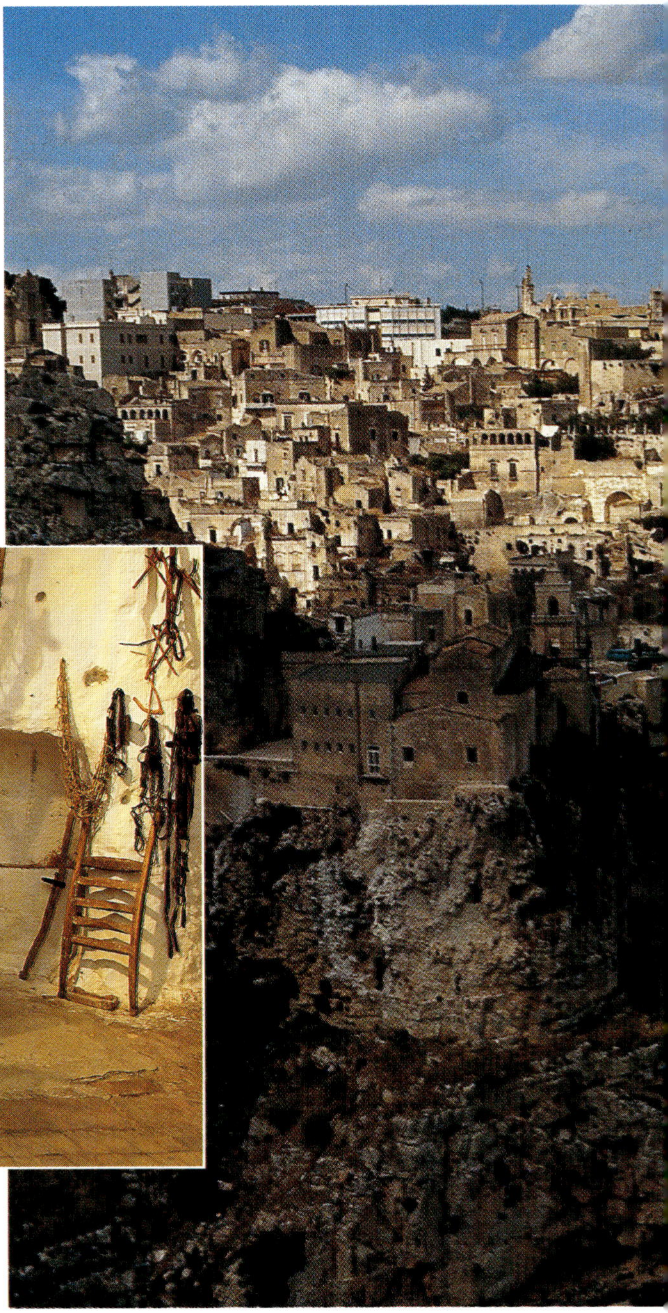

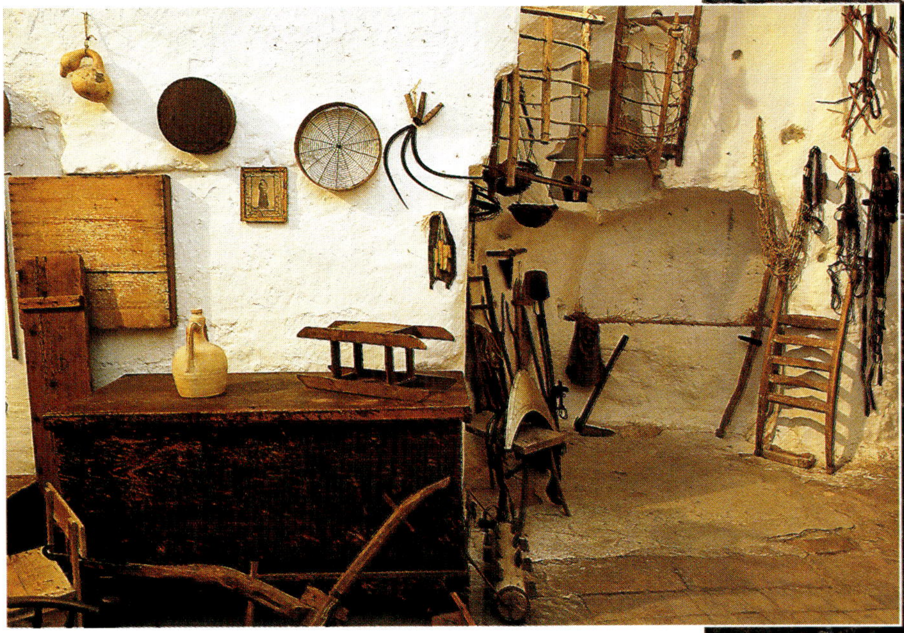

Nei Sassi, in ambienti come quello ricostruito qui sopra, fino al 1950 viveva il 60% dei materani.

A destra: veduta della Città Vecchia e dei Sassi scavati nella roccia, abitazioni dalle antichissime origini.

all'età preistorica, o comunque preromana. In tale contesto storico si verificò lo sviluppo dell'originalissima produzione edilizia e artistica che caratterizza la zona più antica di Matera. I due Sassi Barisano e Caveoso sono di impianto altomedievale, ma probabilmente di origini preistoriche. Disposti ad anfiteatro nella gravina tufacea della Murgia materana, ospitano nelle loro grotte stratificazioni costruttive che giungono fino al XVII secolo. La particolarissima struttura dell'insediamento, che ha ospitato per secoli la popolazione della città lucana, è composta di abitazioni, aree cortilive, cunicoli, grotte chiuse adibite a magazzino, luoghi di culto. La maggior parte delle 115 chiese rupestri che si contano a Matera e dintorni sono state prevalentemente realizzate tra il X e il XV secolo e spesso sono ornate da pitture murali, che si suppone fossero in origine molto più numerose. Nelle decorazioni appare evidente il forte rapporto con l'ambiente greco-bizantino, il quale, vivificato spesso da una vena narrativa ed espressiva di carattere locale, influenzò tutta la cultura dell'insediamento rupestre, in particolare nel XIII secolo. Di quell'epoca sono le chiese di Santa Maria de Idris, comunemente detta del Litro, e la cripta di Santa Lucia alle Malve. Grazie alle relazioni con la vicina Puglia e alla diffusione degli insediamenti dei monaci basiliani, Matera fu partecipe della koinè culturale dell'Impero d'Oriente, e poi, attraverso la dominazione normanna, entrò in relazione anche con il linguaggio architettonico romanico e gotico. Epoche e culture che sono ancor oggi riconoscibili nei Sassi, pur all'interno di una tipologia costruttiva caratterizzata da forte continuità.

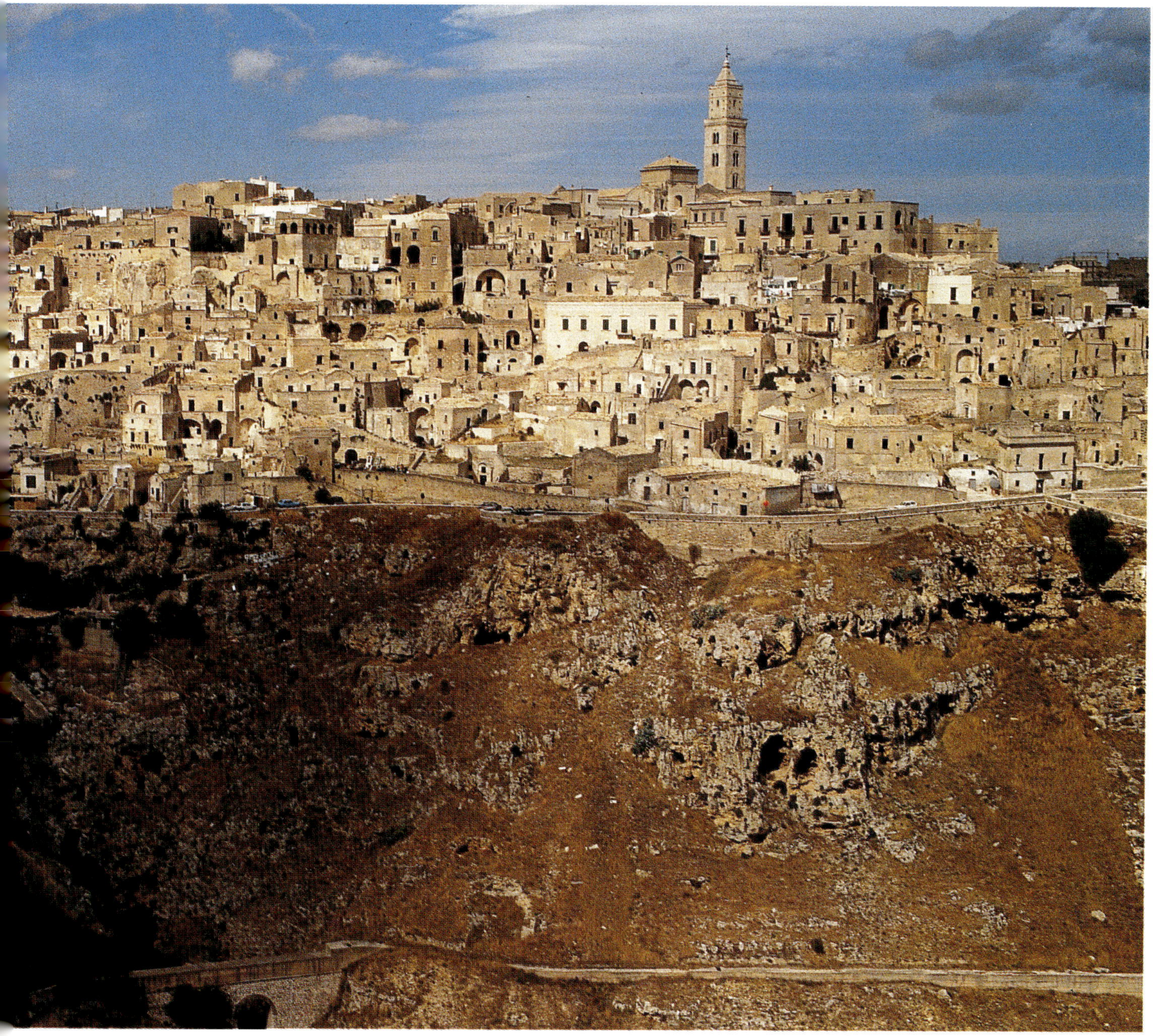

Il complesso era stato da poco edificato su disegno di Guiniforte Solari intorno alla cappella che ospitava una miracolosa immagine della Vergine, quando Ludovico il Moro, duca di Milano, stabilì di rinnovare completamente le forme tardogotiche della tribuna, adeguandola ai nuovi modelli rinascimentali, per adibirla a mausoleo degli Sforza. L'opera, affidata a Donato Bramante, fu realizzata fra il 1492 e il 1497. Educatosi alla corte urbinate dei Montefeltro, Bramante, che può dirsi il diffusore dei portati rinascimentali in Lombardia dove soggiornò per circa vent'anni, concepì la tribuna come un autonomo edificio a pianta centrale, imponente all'interno e di grande effetto monumentale all'esterno.
Leonardo era giunto trentenne a Milano e vi aveva svolto soprattutto incarichi di ingegneria militare, congeniali alla personalità di Ludovico il Moro, uomo d'azione poco incline all'arte. Quando nel 1495 gli venne commissionata

MILANO

S. MARIA DELLE GRAZIE E IL CENACOLO

La tribuna e il chiostrino porticato, entrambi attribuiti dalla tradizione al Bramante.

La mensa dell'altare maggiore (1692) al centro della tribuna, eretta a partire dal 1492.

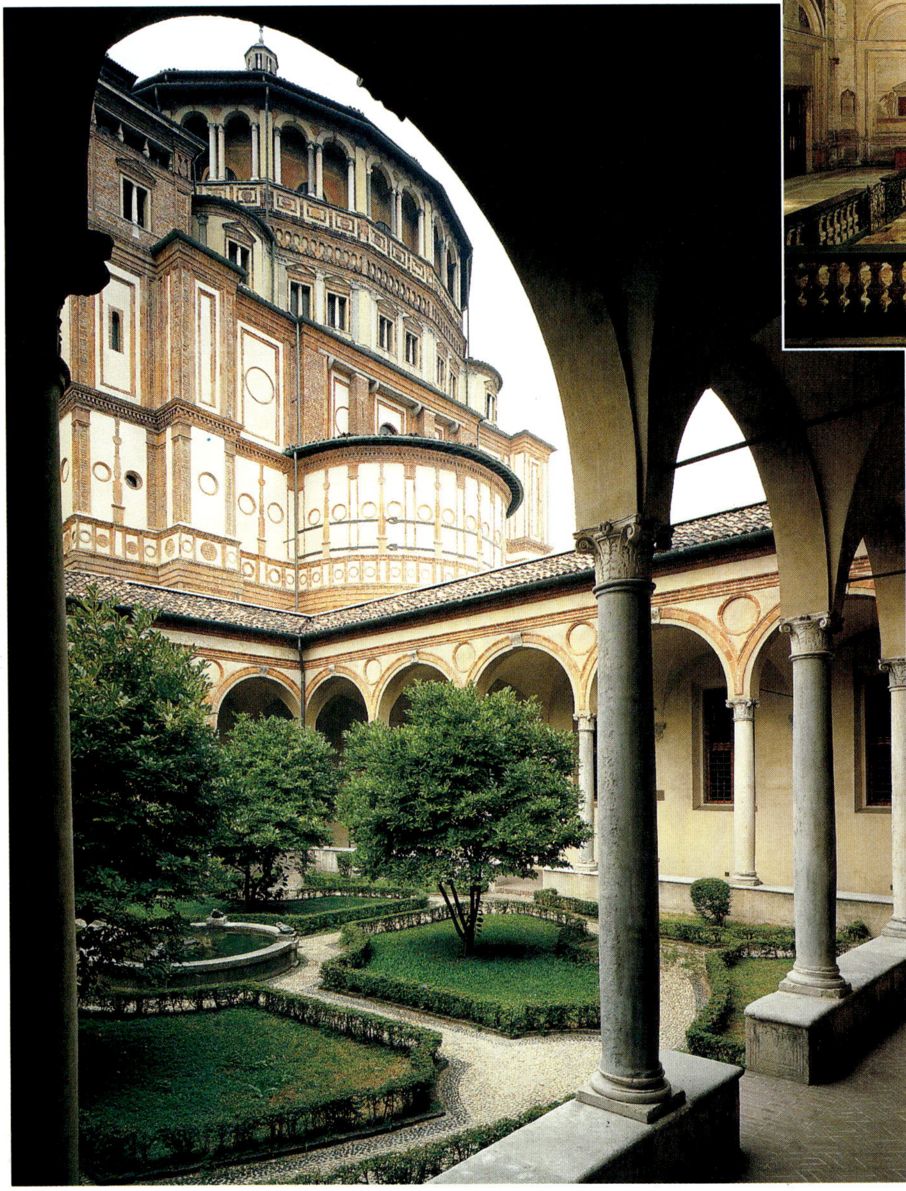

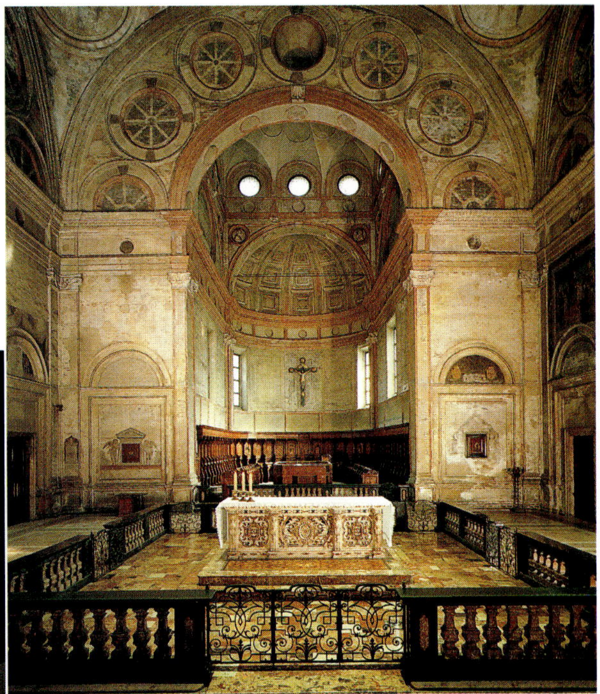

l'*Ultima Cena* per la parete settentrionale del refettorio del convento, Leonardo volle sperimentare un tipo particolare di tecnica a tempera. L'opera, terminata nel 1498, iniziò a deteriorarsi già pochi anni dopo l'esecuzione, proprio a causa della tecnica usata e della posizione in cui è collocata all'interno del locale. Oggi, dopo il restauro, è stato possibile venire a conoscenza di molti nuovi elementi relativi all'opera e all'attività del suo autore. Nonostante la perdita del colore originario, il *Cenacolo* è ritenuto uno dei massimi capolavori della pittura di tutti i tempi e una delle opere più innovative. L'artista a Milano infatti sperimentò e sviluppò una lenta ricerca coloristica, che oggi non percepiamo, e soprattutto una nuova relazione tra figura e spazio, testimoniata dalla disposizione delle figure intorno al tavolo. La luce, scaturendo dalla trifora alle spalle del Cristo, dà risalto e conferisce monumentalità al gesto ecumenico delle braccia allargate, che definisce e allarga lo spazio intorno; la leggera rotazione impressa alle spalle delle figure degli apostoli, armonicamente riuniti in gruppi di tre, conferisce dinamismo e profondità alla composizione. Il dipinto forse non fu pienamente apprezzato ai suoi tempi, ma nel corso dei secoli è diventato parte della memoria storica, oggetto di innumerevoli riproduzioni e imitazioni.

Recentemente, il grande effetto scenografico della raffigurazione leonardesca è stato sottolineato anche in opere cinematografiche di registi molto diversi fra loro come Buñuel e Altman, che ne hanno offerto nuove interpretazioni.

Il Cristo e il primo gruppo di tre apostoli alla sua sinistra (Tommaso, Giacomo Maggiore e Filippo): particolare dell'Ultima Cena leonardesca dopo i recenti restauri.

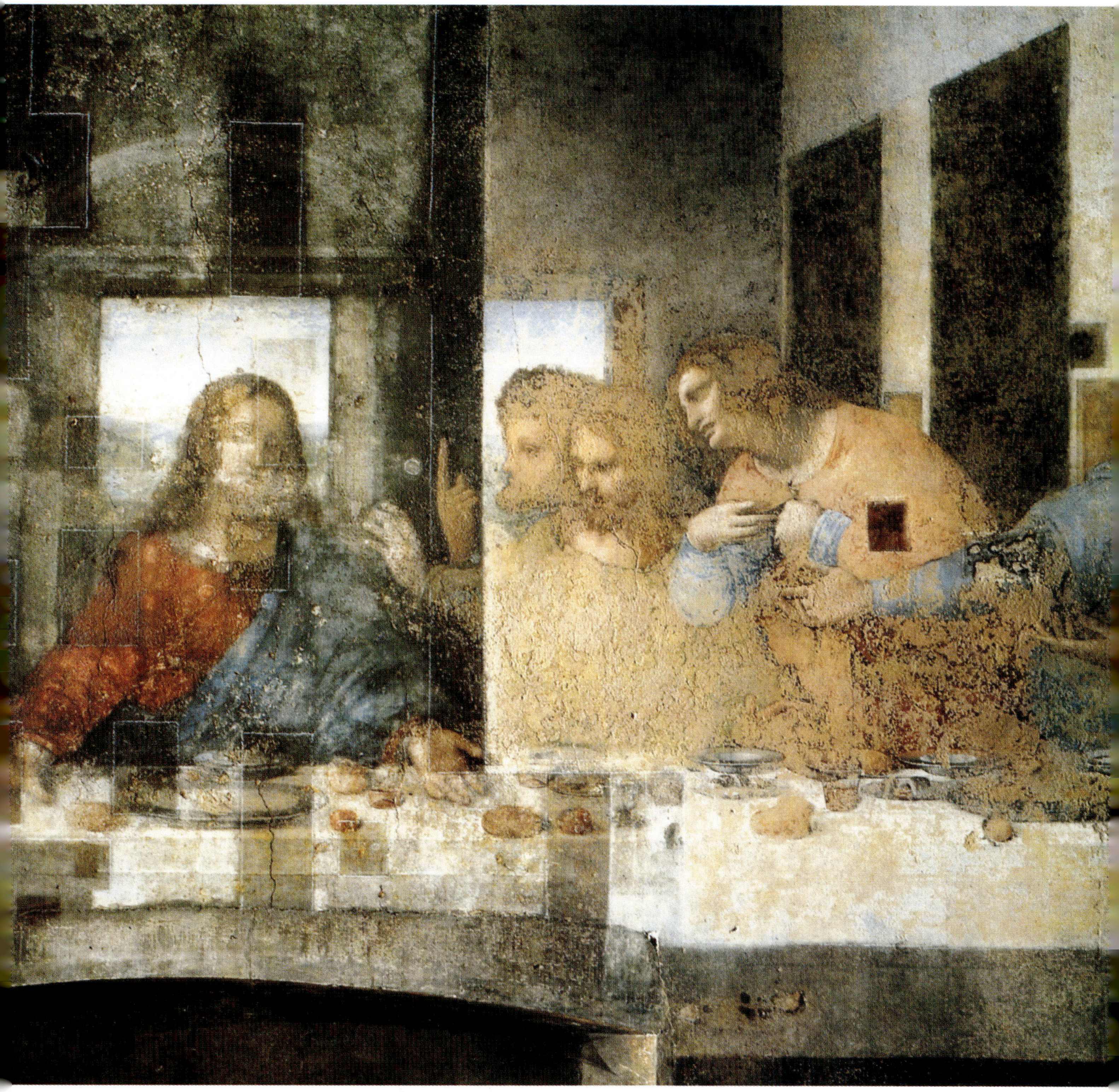

MODENA

LA CATTEDRALE, LA TORRE CIVICA E LA PIAZZA GRANDE

Il complesso monumentale, eccezionale esempio di sviluppo urbano nel quale sono uniti valori religiosi e civici, conserva importanti testimonianze della tradizione culturale del XII secolo.
La Piazza Grande di Modena rappresenta un momento di grande significato nella storia dell'architettura medievale, non solo per l'indiscutibile valore dei suoi monumenti, ma anche per la puntuale documentazione relativa alla loro edificazione, giunta fino a noi.
Nel Medioevo la costruzione della cattedrale costituiva un notevole evento della vita cittadina per il quale venivano mobilitate tutte le risorse morali e materiali; quella di Modena fu progettata da Lanfranco e decorata da Wiligelmo: primi fra gli artisti del Medioevo a venire menzionati in un'epoca che non riconosceva ancora il ruolo dell'artista, prediligendo ricordare solo quello del committente.
Realizzato grazie al parziale riutilizzo dei materiali della chiesa precedente, il grande edificio a navata unica mostra un'elegante facciata tripartita, nella quale si aprono tre portali.

La Piazza Grande, lo spazio che accoglie le sedi del potere civile e religioso e la torre campanaria detta Ghirlandina, alta 88 metri e simbolo della città.

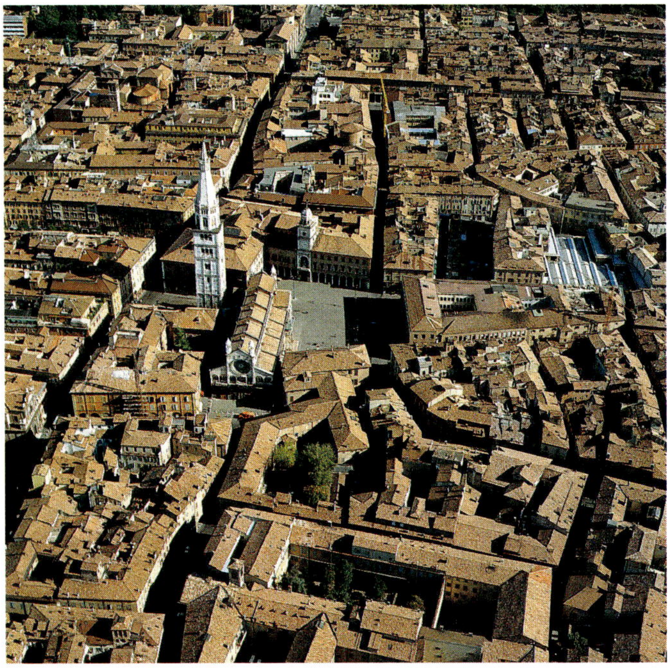

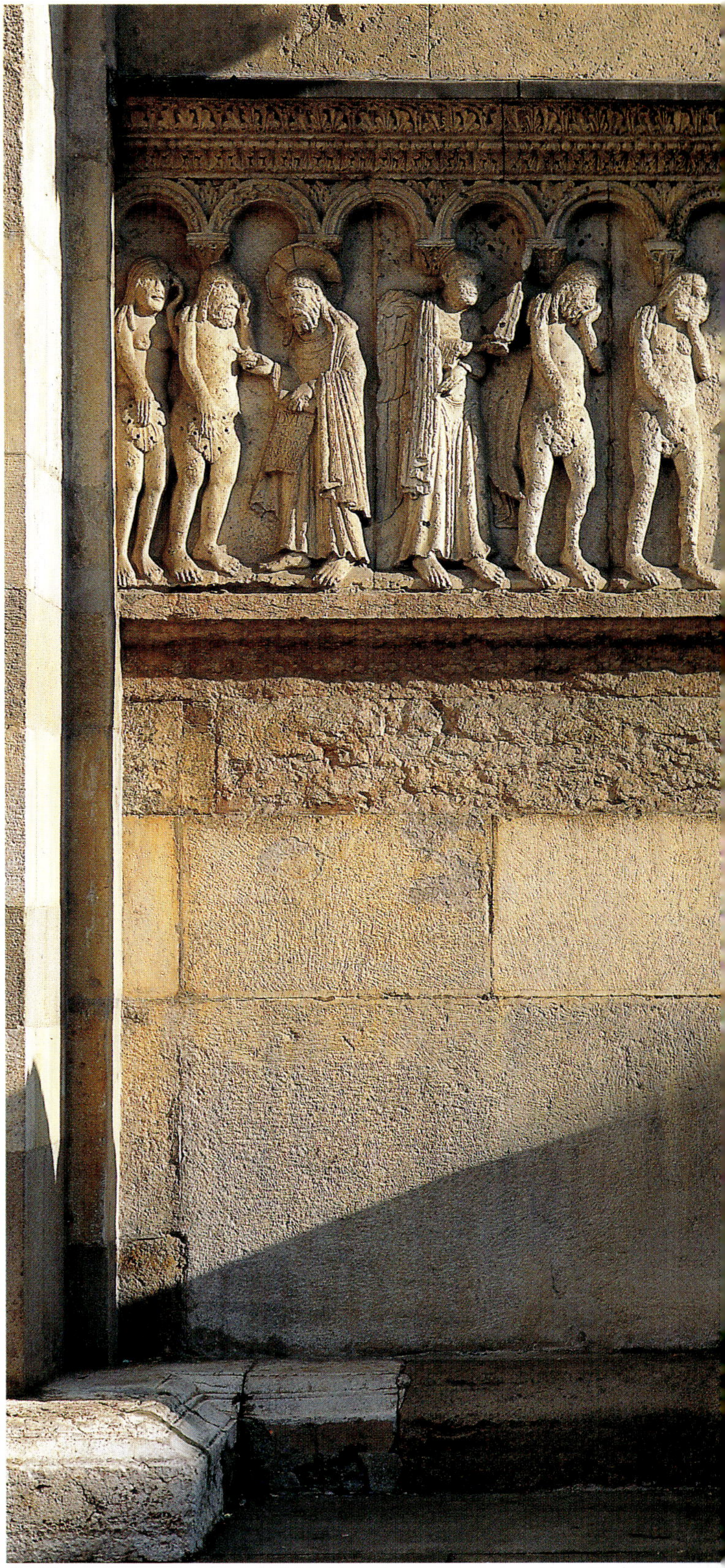

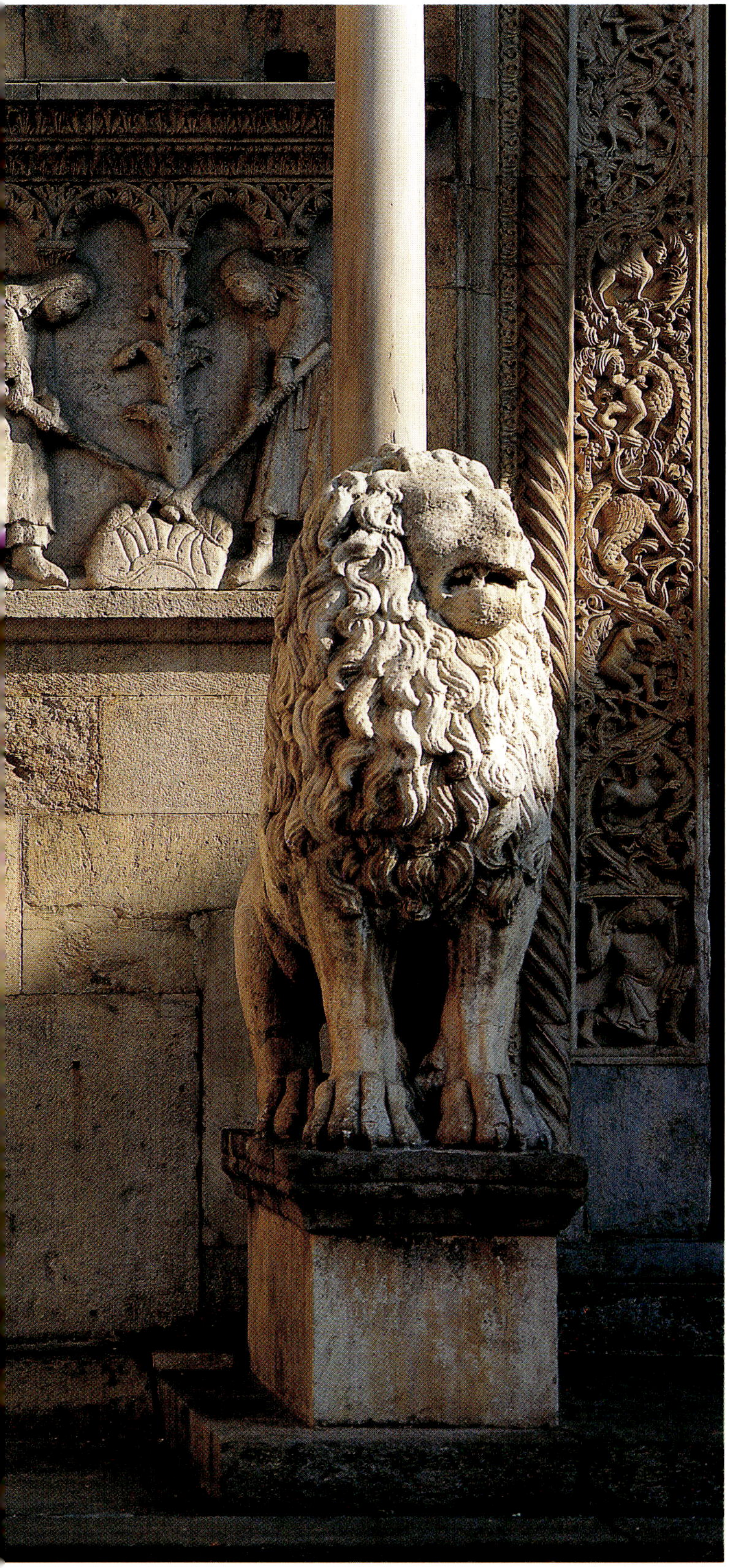

Il secondo dei quattro bassorilievi della facciata della cattedrale con Storie della Genesi, opera di Wiligelmo.

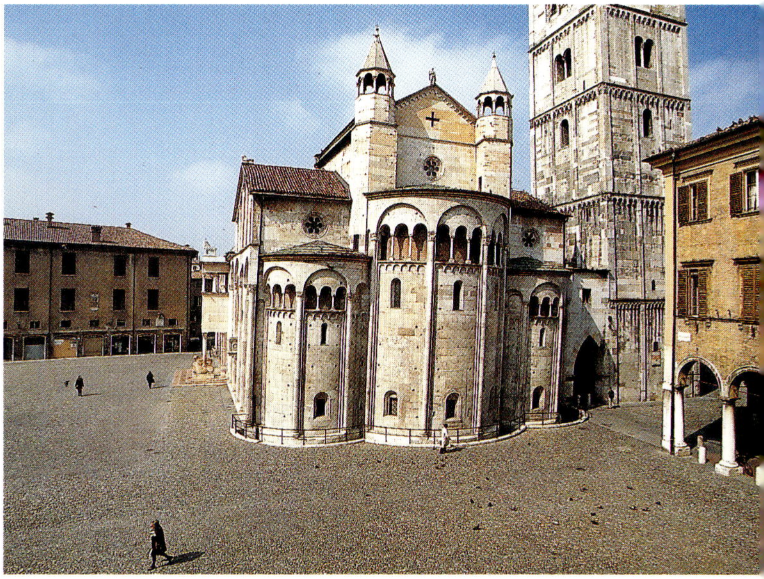

La zona absidale della cattedrale e la parte della Ghirlandina dovuta a Lanfranco, direttore del cantiere del duomo dal 1099.

Tutti gli elementi architettonici sono arricchiti da sculture di Wiligelmo e della sua scuola, che hanno offerto importanti modelli a tutta la scultura medievale, italiana e francese.
Gli episodi delle *Storie della Genesi* della facciata, il gruppo di maggiore importanza, si collegano per i soggetti alle sacre rappresentazioni e mostrano la vitalità espressiva dell'arte del grande scultore romanico che attinge sia alla cultura paleocristiana e medievale sia all'antichità romana. La torre della Ghirlandina, simbolo della città, fu progettata insieme alla cattedrale da Lanfranco, che seguì probabilmente la realizzazione dei primi quattro piani, mentre la parte finale fu completata dai maestri campionesi nella seconda metà del XII secolo.

Potenza plastica e rigore narrativo: Wiligelmo, presente sul cantiere del duomo a partire dal 1099, inaugura una nuova stagione con il ciclo scultoreo delle Storie della Genesi (nell'immagine, Creazione di Adamo ed Eva).

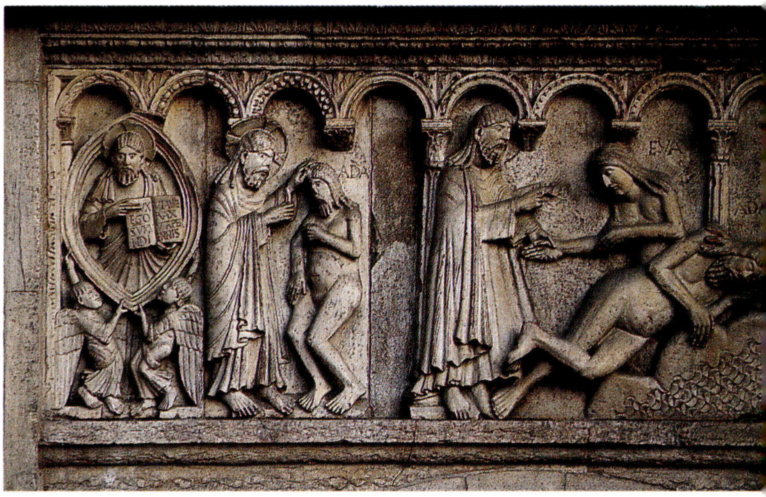

Le colonne maiolicate del chiostro di Santa Chiara, "giardino segreto" di Napoli reinventato nel 1742 da Vaccaro che, entro l'antico chiostro, creò uno spazio privo di connotazioni religiose: un piccolo trionfo di gialli, verdi e azzurri, che richiamano i colori dei limoni, delle piante e del cielo.

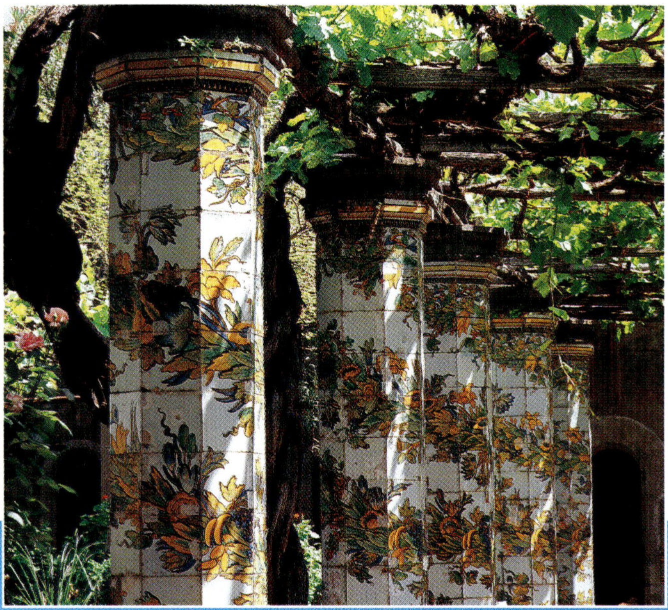

NAPOLI

IL CENTRO STORICO

Napoli, la leggendaria Partenope, dal nome della mitica sirena, fu fondata dai Greci forse già nel VII secolo a. C. Il luogo prescelto aveva tutte le caratteristiche per ospitare una città che doveva entro poco tempo diventare

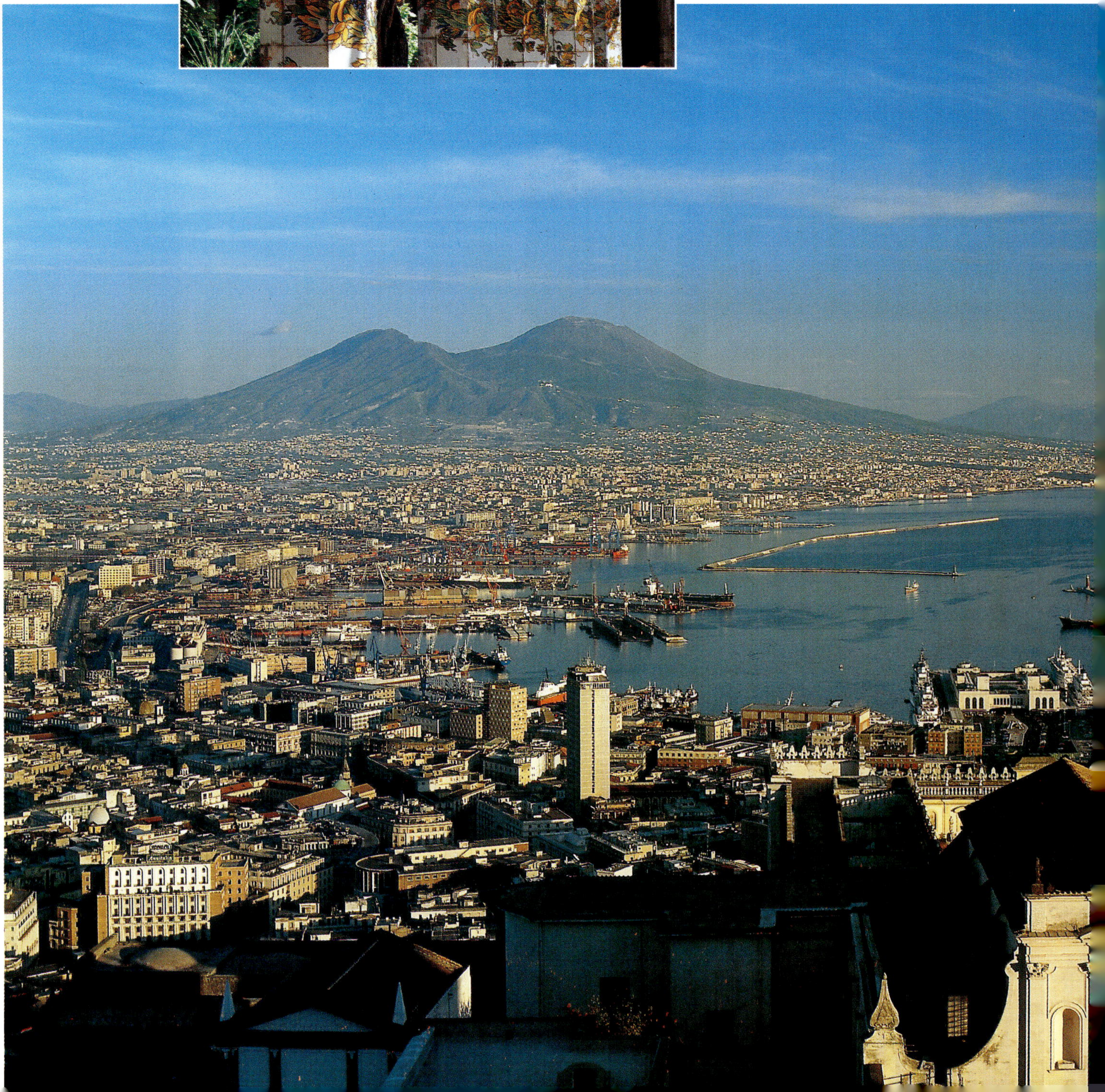

una delle maggiori della Magna Grecia: un ampio golfo protetto alle spalle da colline verdeggianti e ricche di acque, clima mite, vegetazione lussureggiante. Il primo insediamento, *Palaepolis*, fu spostato e in seguito ampliato: sorse così *Neapolis*, la "città nuova", progettata secondo il rigoroso tracciato di strade perpendicolari derivato dall'urbanistica greca che ancor oggi è rintracciabile nel tessuto del centro storico. Uno dei valori di Napoli, città dagli antichi quartieri dove si avvertono la presenza e il mistero di un lontanissimo passato, è in questa permanenza dell'antica struttura urbana: i secoli hanno percorso tutti le stesse strade, lasciandovi parte del loro carico di storia e di vita. Durante l'Impero romano Napoli mantenne una forte matrice culturale greca, mentre i suoi dintorni furono eletti a sede di ville patrizie per l'amenità dei luoghi.

Sotto: la movimentata struttura urbana della città colta dalla collina di Castel Sant'Elmo; in primo piano, la certosa di San Martino.

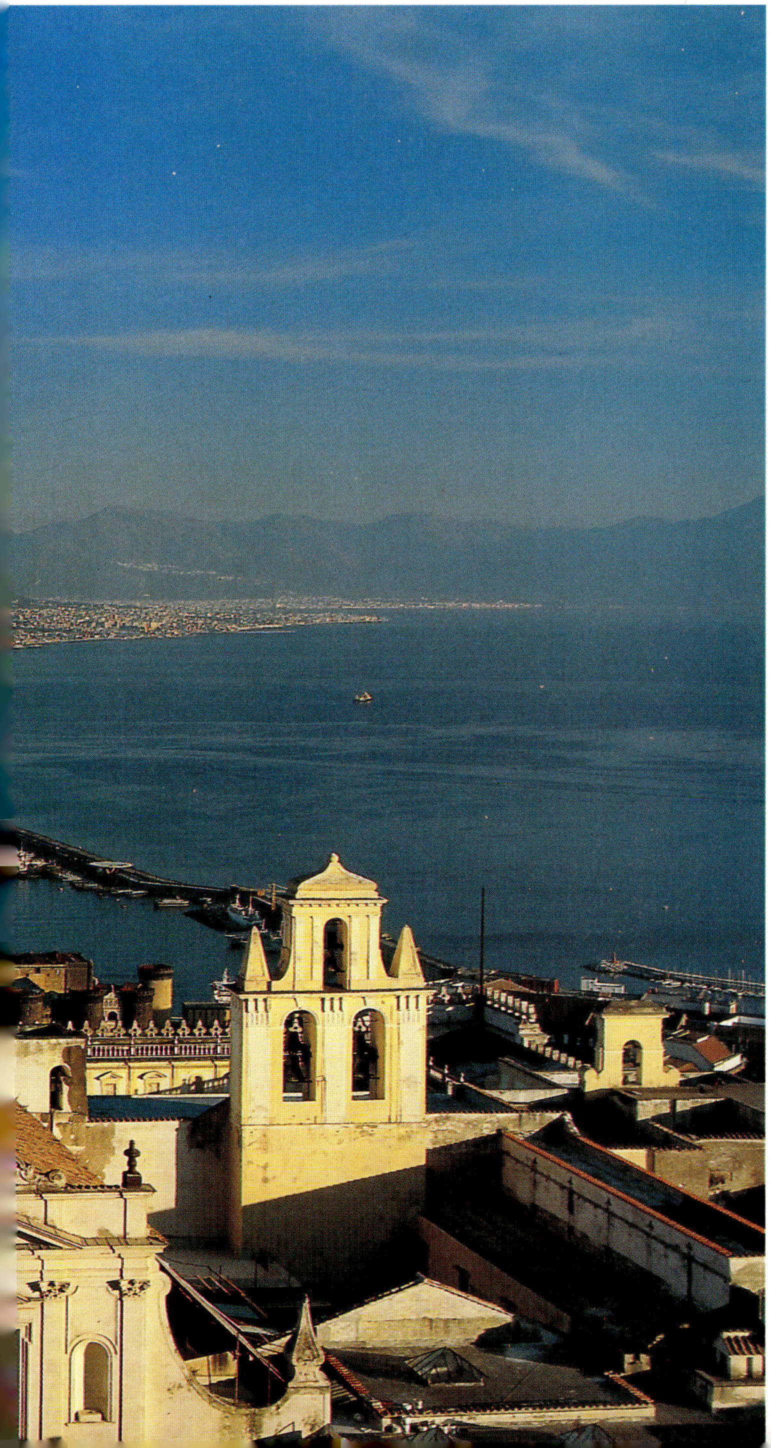

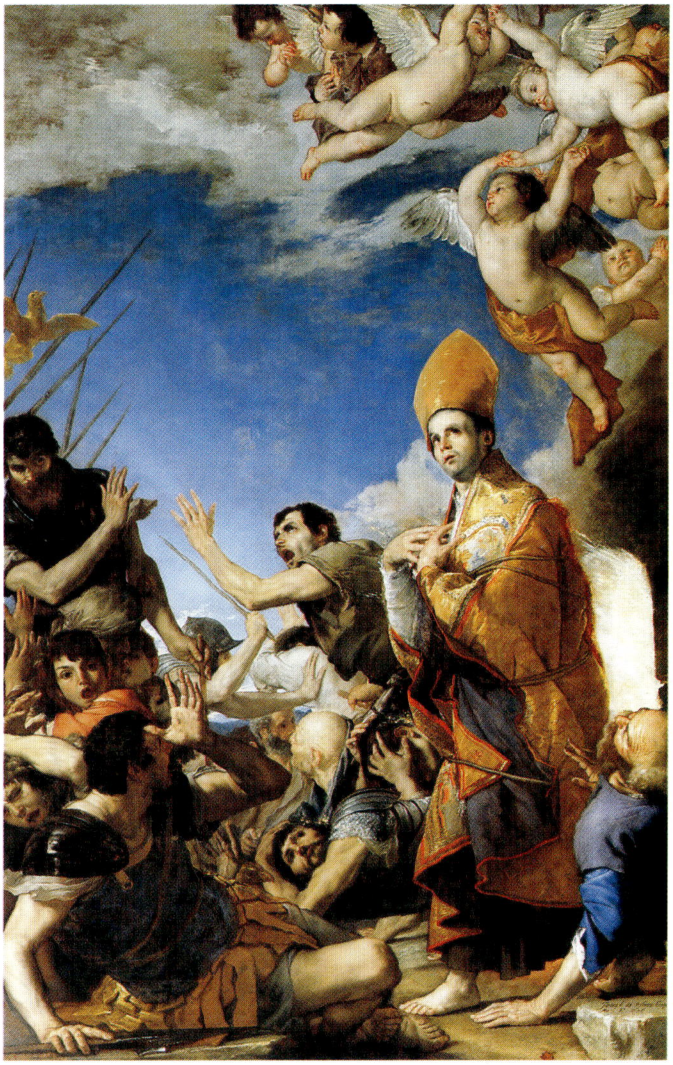

San Gennaro esce illeso dalla fornace di Nola (1647), intenso dipinto dello Spagnoletto, nella cappella del Tesoro di San Gennaro.

Sotto: particolare del sepolcro di Ludovico Aldomorisco (1421), in San Lorenzo Maggiore.

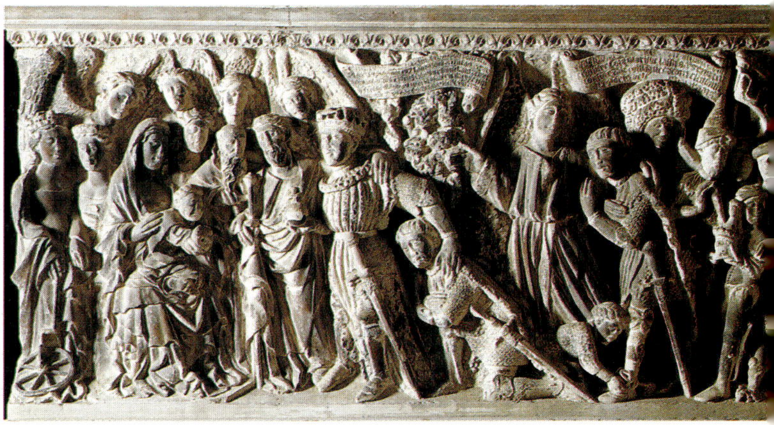

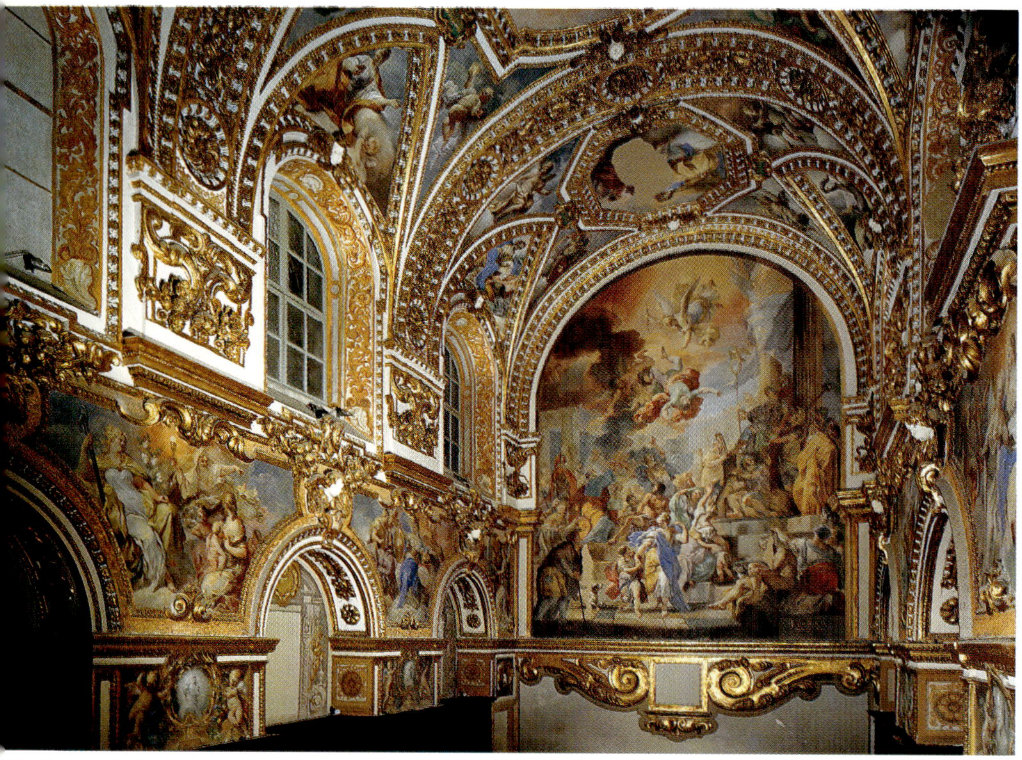

Pur essendo un grande porto, collegato con tutte le coste del Mediterraneo e quindi fortemente attratto dall'orbita bizantina e orientale, mantenne sempre grande autonomia culturale. Insigne centro di cultura greca fino all'alto Medioevo, conserva catacombe e cenobi paleocristiani (questi ultimi nell'isolotto di Castel dell'Ovo, in seguito trasformato in uno dei presidi militari a protezione dell'abitato, massicciamente fortificato contro gli assalti dal mare). Unica città meridionale a opporre strenua resistenza alle invasioni longobarde e dei Normanni, ai quali però si dovette piegare nel 1139, stremata da un estenuante assedio, visse il suo momento più fulgido fra il VII e il XII secolo, quando con la sua abile flotta difendeva se stessa e il papato dalle scorrerie dei pirati saraceni.
In seguito, Napoli si trasformò da elegante sede di una corte internazionale, protesa verso il mondo nordico, e poi francese, in dominio aragonese e quindi spagnolo. Tale repentino cambiamento mutò le caratteristiche della cultura cittadina,

Sopra: l'elegante decorazione barocca della sagrestia di San Domenico Maggiore.

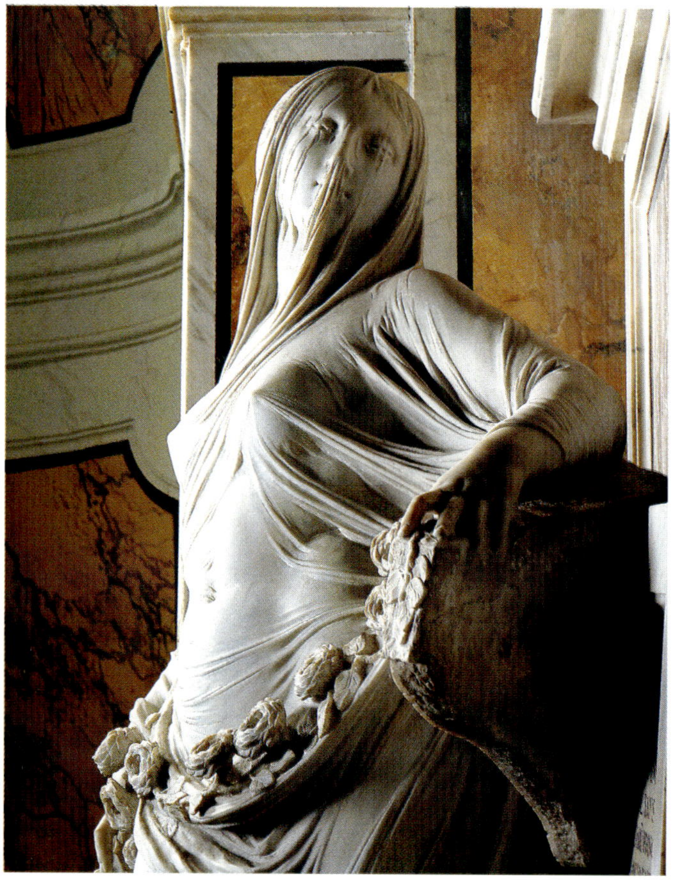

Sopra: la splendida Pudicizia velata, opera di Antonio Corradini, nella Cappella Sansevero.

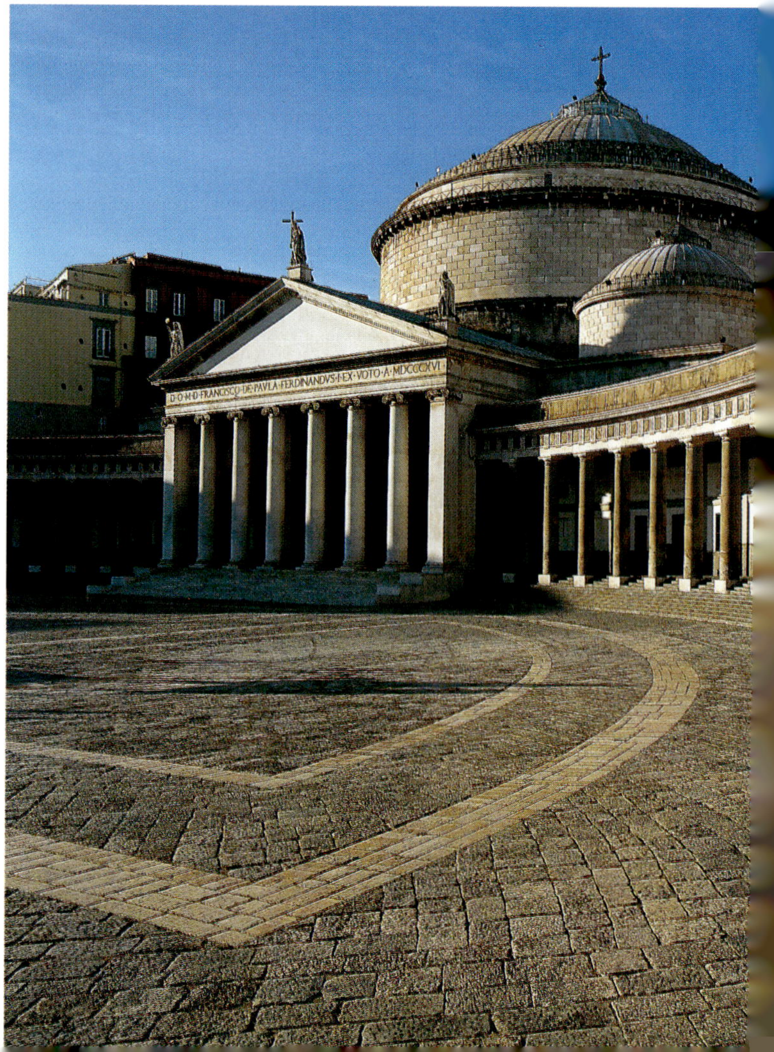

A destra: l'emiciclo dorico della piazza del Plebiscito, interrotto dalla basilica di San Francesco di Paola.

determinandone gli aspetti forse più noti. La città però conserva innumerevoli monumenti e testimonianze della sua storia precedente, probabilmente la più ricca e raffinata: il gotico del Duomo, di San Lorenzo, di San Pietro a Maiella, di San Giovanni a Carbonara, di Santa Maria Donnaregina e di Santa Maria Spinacorona, la grandiosità rinascimentale dell'arco di Alfonso d'Aragona a Castel Nuovo. Con l'avvento del dominio spagnolo e della Controriforma l'aspetto della città cambiò: sorsero vasti complessi conventuali, le chiese si arricchirono di grandi cupole e di opere d'arte.
Se all'inizio del Seicento il breve soggiorno di Caravaggio affascinò Battistello Caracciolo, Stanzione e Ribera, altre personalità come Lanfranco, Domenichino, Preti animarono la vita artistica cittadina nel corso di un secolo al quale Giordano e Solimena diedero uno splendido epilogo. A eccezione dei Quartieri Spagnoli, zona destinata alla residenza dei soldati iberici che fu ampliata, la città, pur essendo assai popolosa, non si ingrandì molto fino

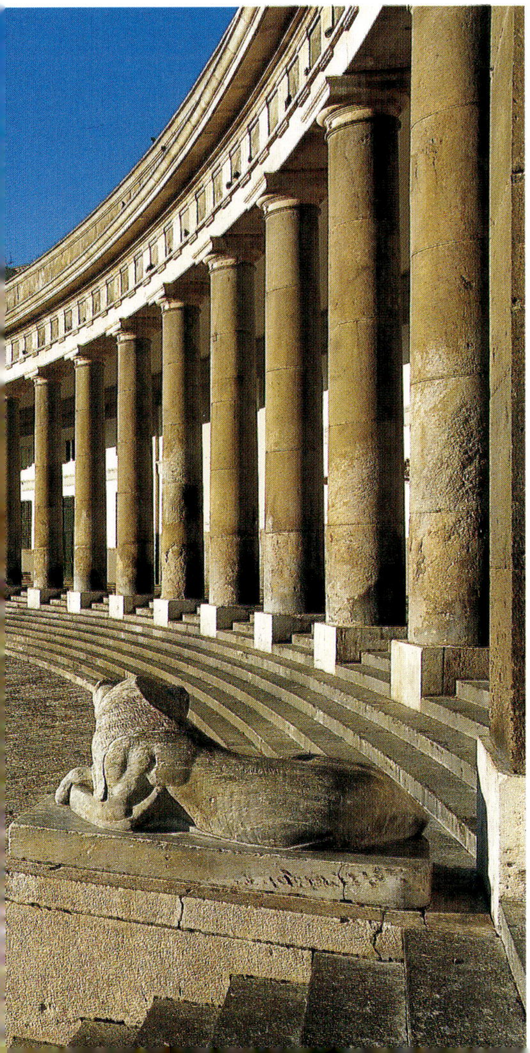

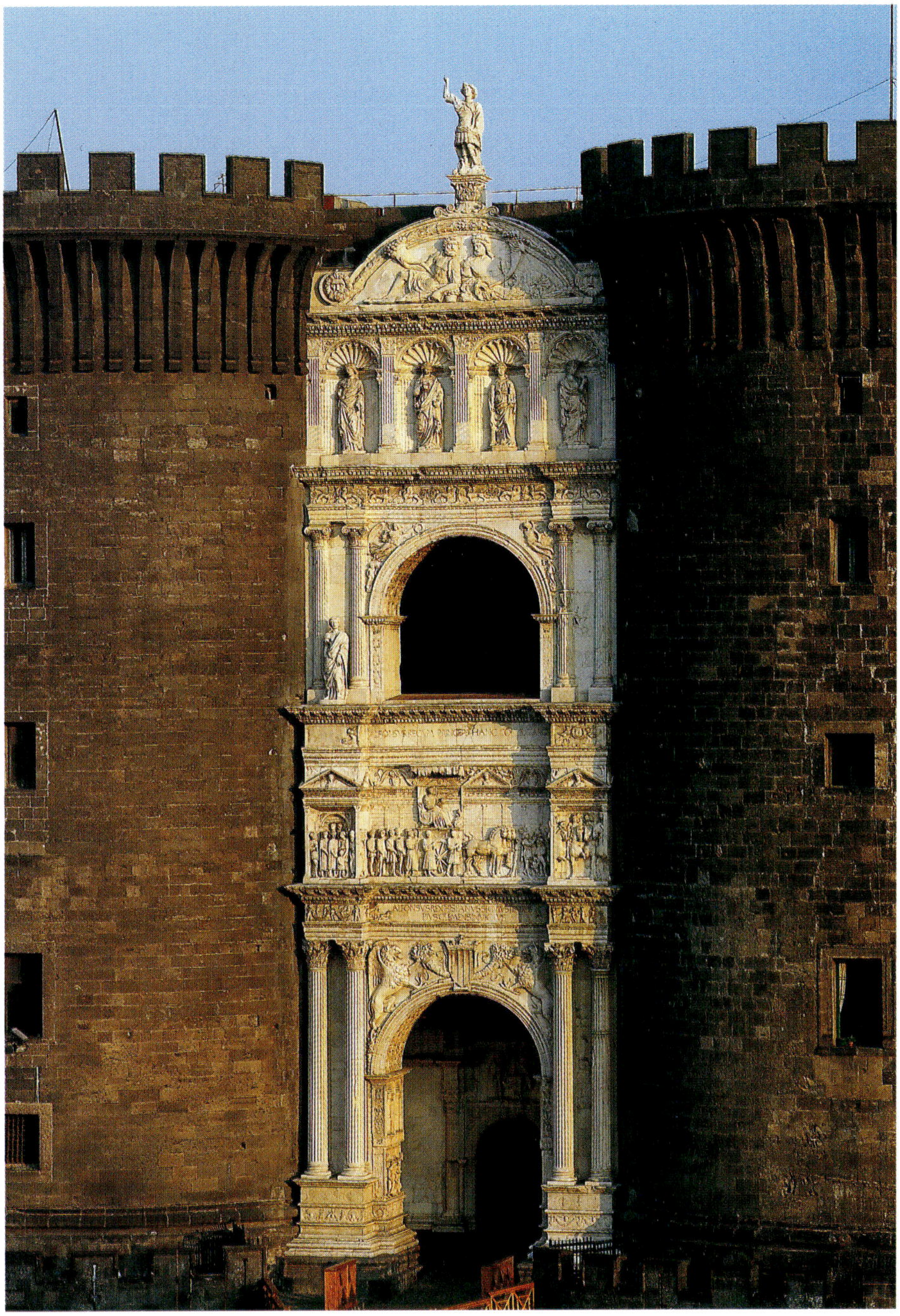

al XVIII secolo. Con la dinastia dei Borbone, saliti al trono nel 1734, Napoli conobbe un risveglio urbanistico. Vennero costruite grandi arterie (via Santa Teresa, il corso Vittorio Emanuele), furono creati la villa comunale e imponenti edifici, destinati a residenza o a ospitare le immense raccolte artistiche della famiglia reale, come il palazzo di Capodimonte (qui è oggi la Pinacoteca) e il palazzo dei Regi Studi, che conserva una delle più importanti collezioni archeologiche del mondo: il Museo Nazionale.

Dal XVIII secolo in poi la città, una fra le più belle d'Europa, divenne meta di viaggiatori di tutto il mondo, attratti dal suo fascino, dalla fervida vita artistica, culturale e musicale (vi lavorarono Paisiello, Cimarosa, Rossini), dal clima e dalla vivace animazione delle strade.

Sopra: il maestoso arco di trionfo di Alfonso I, serrato tra la torre di Mezzo e la torre di Guardia di Castel Nuovo.

PADOVA

L'ORTO BOTANICO

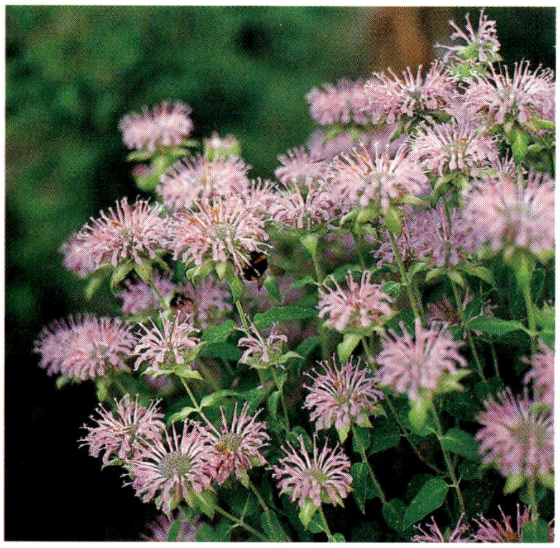

Luogo di valore inestimabile, che dalla metà del Cinquecento ha svolto un ruolo di grande rilievo per lo sviluppo di discipline antiche e moderne quali la botanica, la medicina, la chimica, l'ecologia, la farmacia, l'Orto Botanico di Padova è stato importante centro di scambi scientifici, promotore di rapporti fra natura e cultura. La fondazione dell'Orto Botanico si inserisce nell'attività della celebre università di Padova, istituita nel 1222 e da allora attivissimo luogo di elaborazione culturale della repubblica di Venezia. Risale al 1545 la concessione dell'autorizzazione e dei fondi da parte della Serenissima per la creazione del Giardino. Realizzato su terre di un monastero benedettino dove si coltivavano piante medicinali, venne realizzato sulla base del progetto concepito da Daniele Barbaro, noto studioso dell'architettura classica e traduttore di Vitruvio in italiano, che ne volle fare un microcosmo paradisiaco, circondato da un corso d'acqua rappresentante l'Oceano. Benché abbia subito numerose modifiche, soprattutto nel XVIII secolo, l'ideazione iniziale del Barbaro è sopravvissuta fino ai nostri giorni, testimoniando della ricerca di equilibrio e perfezione formale della cultura umanistica: un giardino chiuso circolare che contiene un quadrato, diviso da quattro viali perpendicolari orientati verso i punti cardinali.

L'Orto svolge attività di ricerca, sperimentazione e raccolta ad altissimo livello scientifico: per tradizione vi si accolgono piante rare; in alcuni casi l'introduzione in Europa di particolari

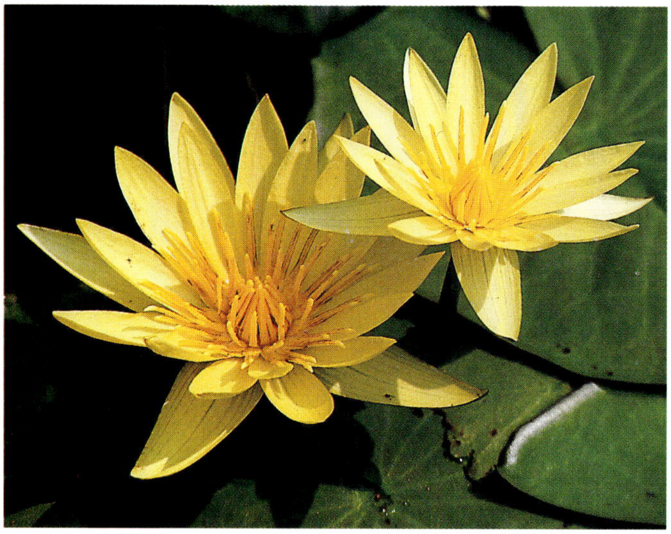

specie vegetali si deve proprio all'Orto patavino. Attualmente sono più di seimila le varietà di piante qui coltivate, classificate secondo criteri sistematici funzionali o legati all'ecologia e all'ambiente.

L'Orto Botanico conserva una biblioteca di oltre 50.000 volumi e manoscritti e una collezione di ritratti e fotografie di botanici dal XIII secolo fino ai nostri giorni, nonché un erbario di grande importanza.

In alto e a lato: provenienti dalle Americhe e dal lontano Oriente, centinaia di piante furono accolte nell'Orto Botanico, uno dei luoghi nei quali si concretizzò il grande desiderio di conoscenza del mondo rinascimentale.

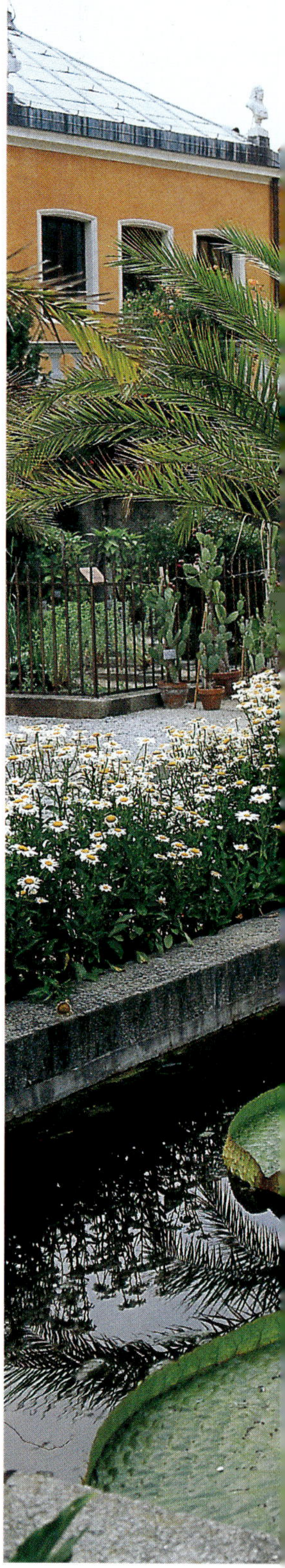

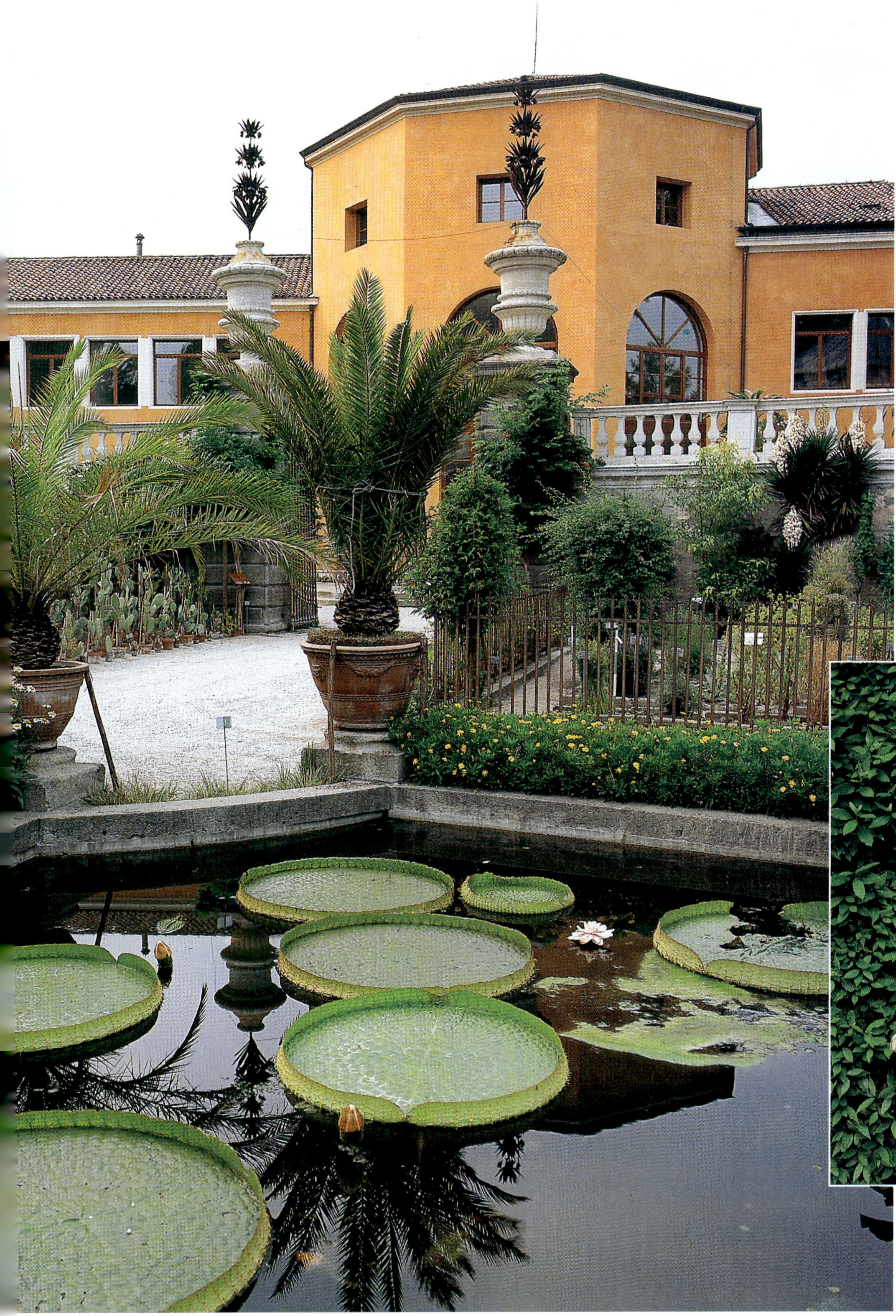

L'edificio dell'Istituto Botanico, immerso nelle geometrie rinascimentali dell'Orto.

Sotto: nel regno della Natura, il busto delle quattro stagioni, sua immagine personificata.

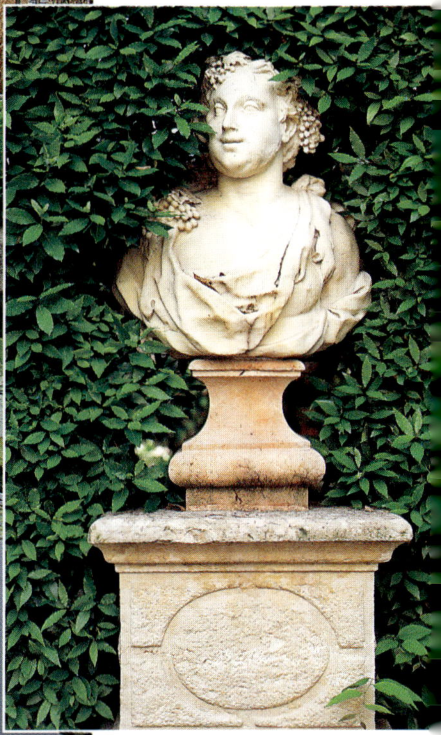

Una drammatica caccia al cinghiale, episodio del grande mosaico che decora l'ambulacro della Grande Caccia.

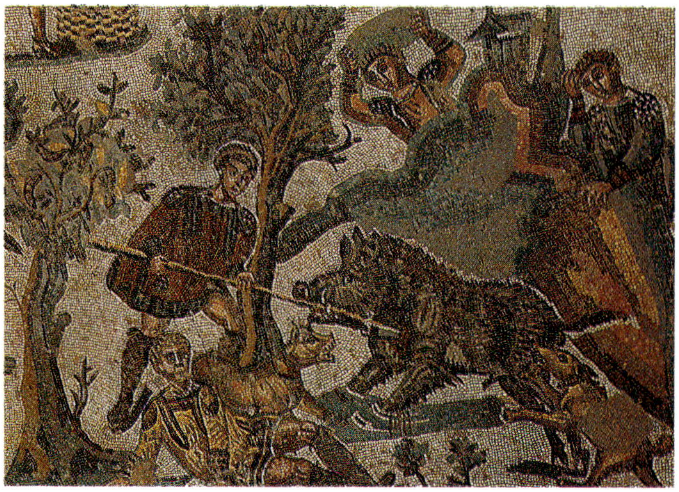

PIAZZA ARMERINA

LA VILLA DEL CASALE

La struttura della grande e lussuosa villa romana testimonia, oltre alle modalità di vita, gli scambi culturali che caratterizzavano il bacino del Mediterraneo, nonché il complesso sistema economico dell'epoca. L'edificio, venuto alla luce soprattutto grazie agli scavi effettuati negli anni Cinquanta del Novecento, è ideato secondo il modello della villa romana, ma ha la grandiosità e la monumentalità tipiche di un vero e proprio palazzo. La prima villa, costruita nel I secolo d.C. sulle rovine di un'antica struttura preesistente, venne distrutta, si suppone da un terremoto, nei primi decenni del IV secolo. L'edificio fu quindi ripristinato da un potente dignitario romano, forse Massimiano, generale di Diocleziano, che ne fece una dimora lussuosa costruita su terrazze digradanti.

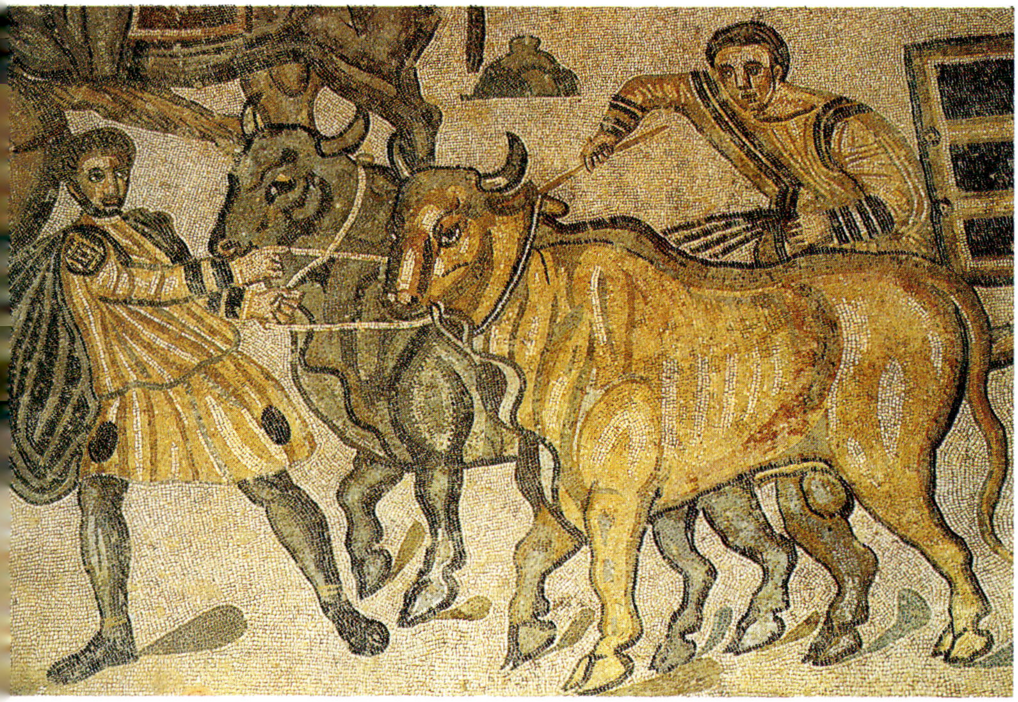

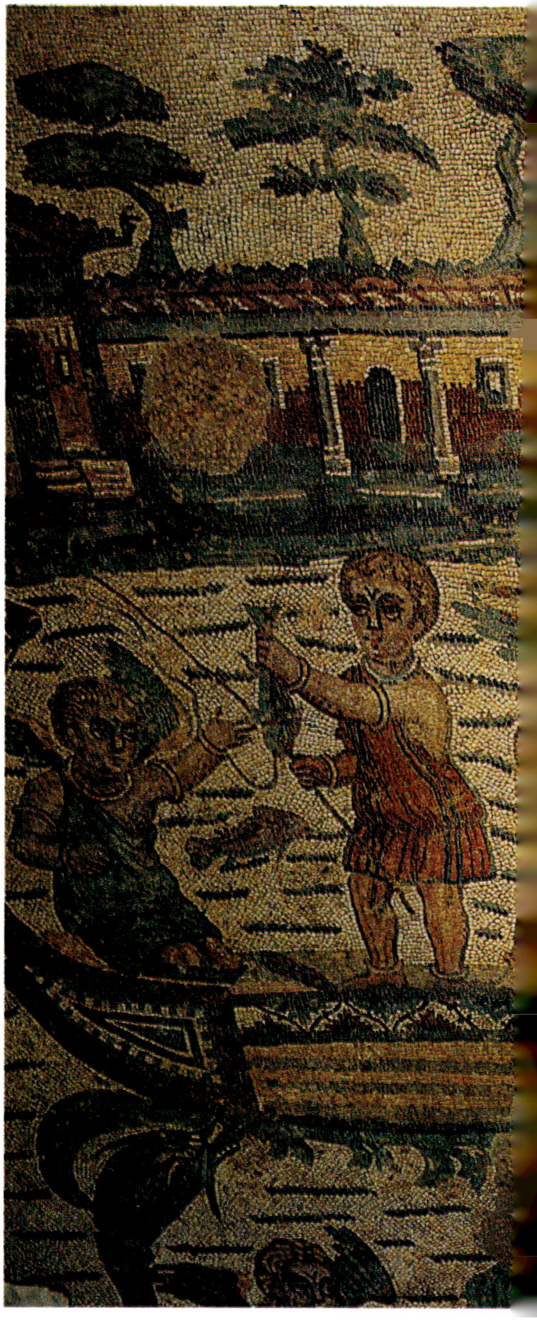

Sopra: scena del mosaico della Grande Caccia; gli animali catturati vengono rinchiusi in carri tirati da buoi e imbarcati dagli schiavi per essere avviati alle venationes o ai giardini zoologici.

L'insieme di edifici copre un'estensione di 4000 metri quadrati, può essere diviso in quattro gruppi di sale ed è arricchito da un complesso termale completo di *frigidarium*, *tepidarium* e palestra, e da un piccolo santuario.
Il grande peristilio ospita una fontana monumentale e costituisce il centro della villa, attorno al quale si articolano gli altri corpi. Tutti i locali, sia di uso comune sia di uso privato, sono decorati con pavimenti a mosaico di incomparabile qualità. Databili al periodo di maggiore diffusione del mosaico pavimentale di epoca imperiale, possono essere attribuiti a due maestri provenienti dall'Africa del Nord, uno più legato alla cultura classica e ai temi mitologici, l'altro dedito alla descrizione realistica di scene della vita contemporanea, come la vivace immagine delle celebri fanciulle in costume che praticano sport.
La decorazione è caratterizzata dal numero e dalla varietà dei soggetti: oltre al ricco repertorio di flora e fauna, sono visibili storie mitologiche ed episodi di caccia come la grande, animata scena di cattura degli animali selvatici in Africa.

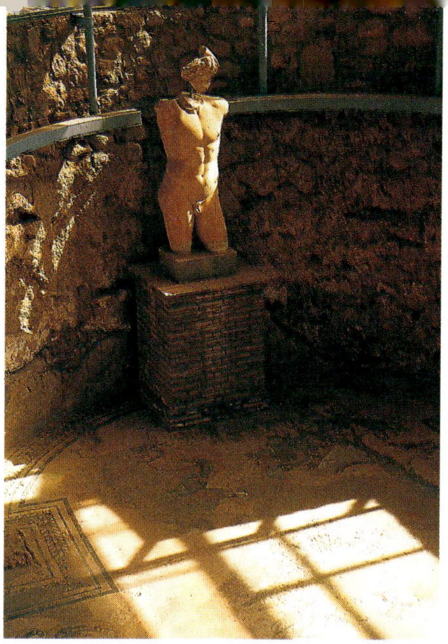

Una delle numerose statue che ornavano i 40 ambienti della villa del Casale, distesa su una superficie di circa 4000 metri quadrati.

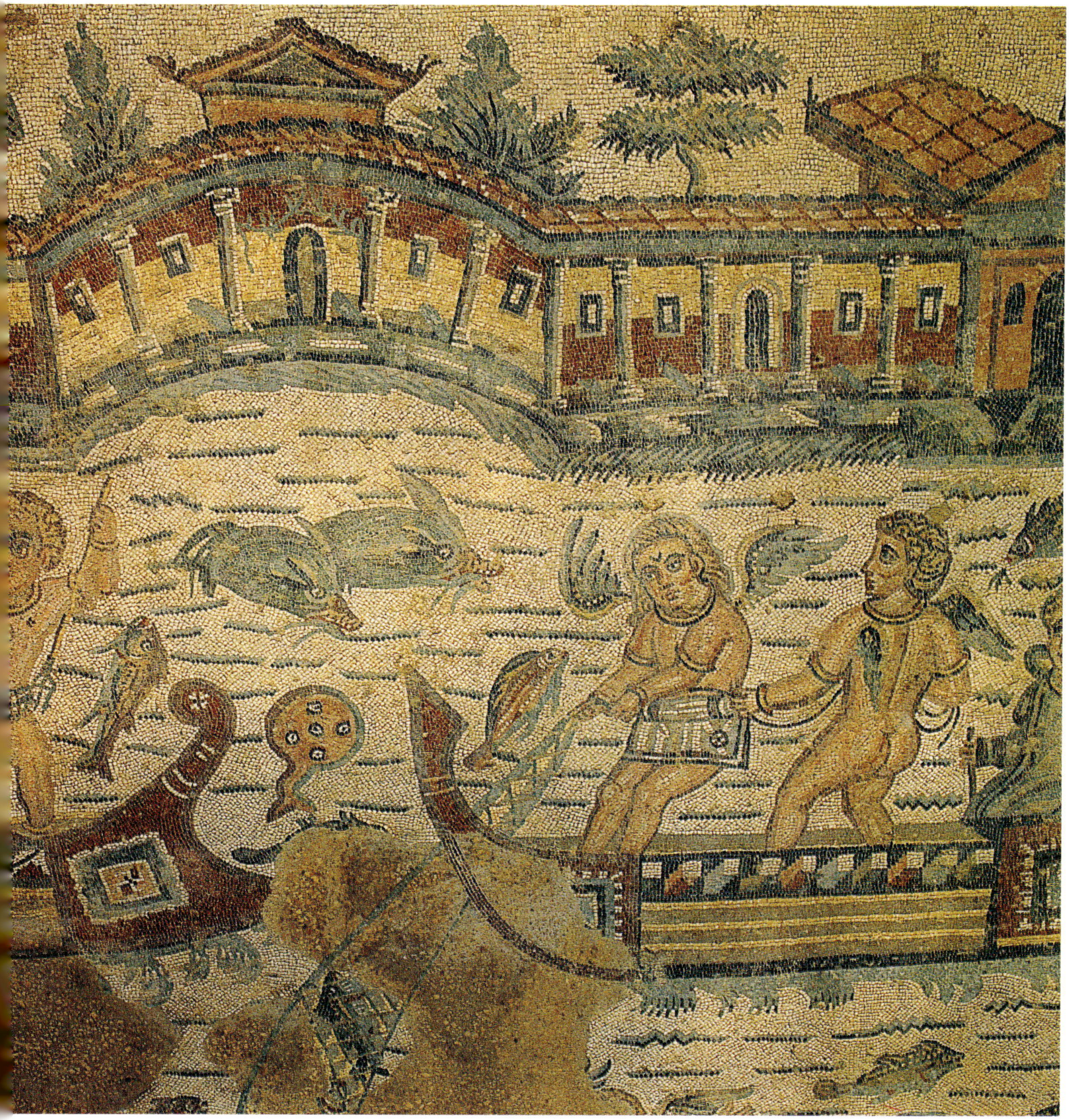

Il mosaico della sala degli Amorini pescatori, che fonde echi letterari (gli eroti pescatori) e realismo nella rappresentazione (la fastosa villa porticata sullo sfondo).

Sovrapporta, opera di Michele Antonio Rapous, nella camera da letto dell'appartamento di Levante a Stupinigi.

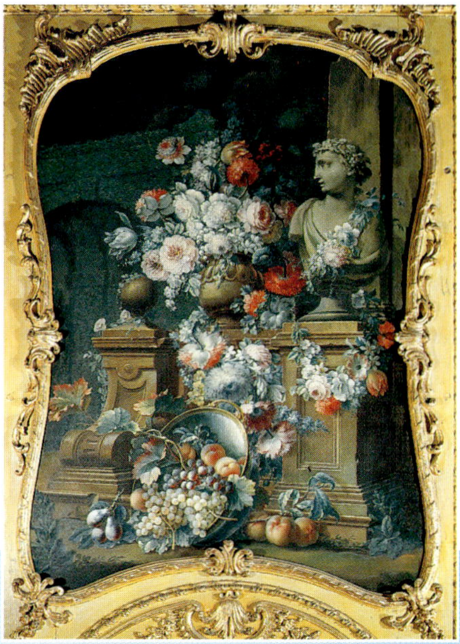

PIEMONTE

LE RESIDENZE DEI SAVOIA

Il corpo centrale della palazzina di caccia di Stupinigi, progettato da Filippo Juvarra.

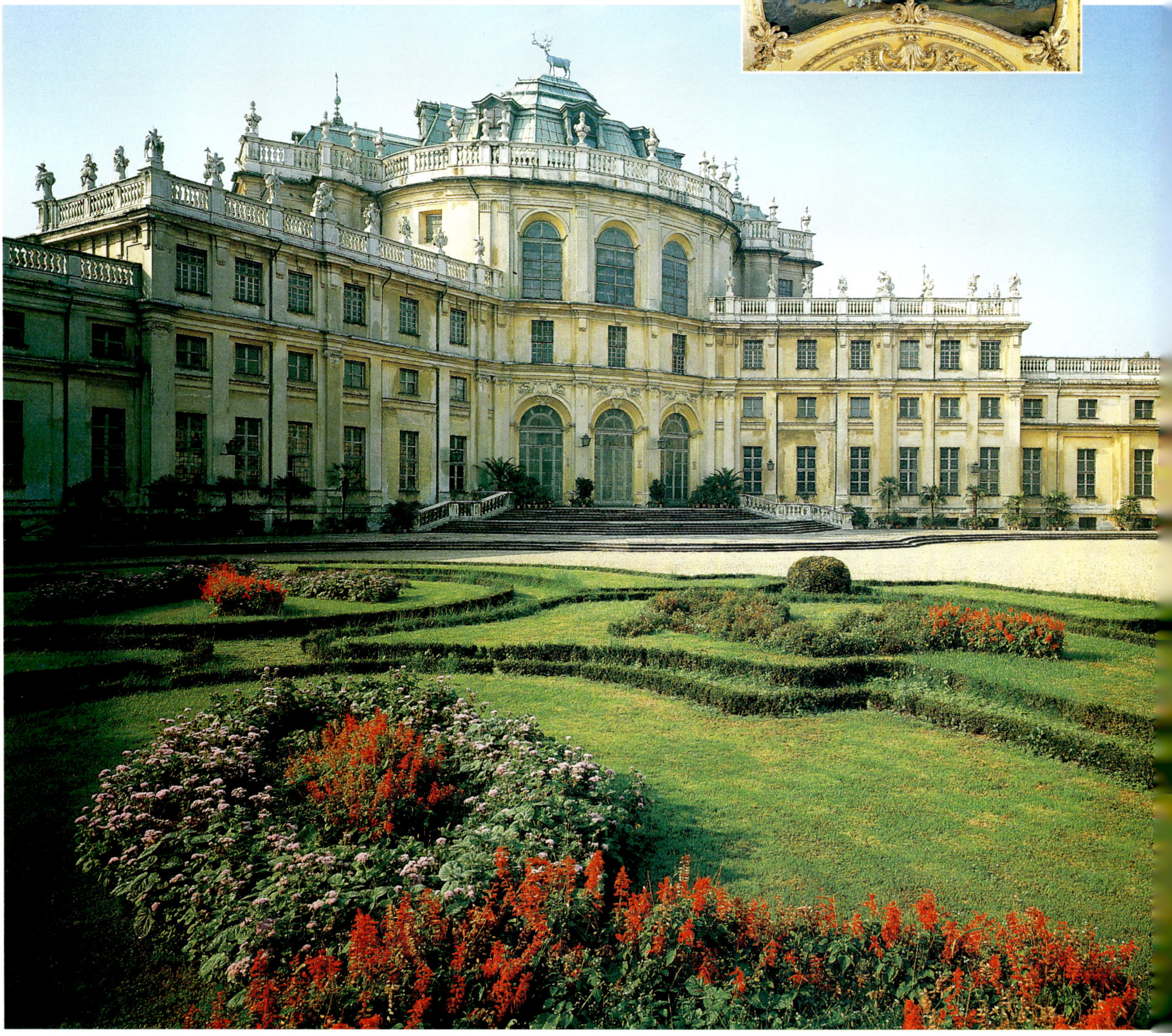

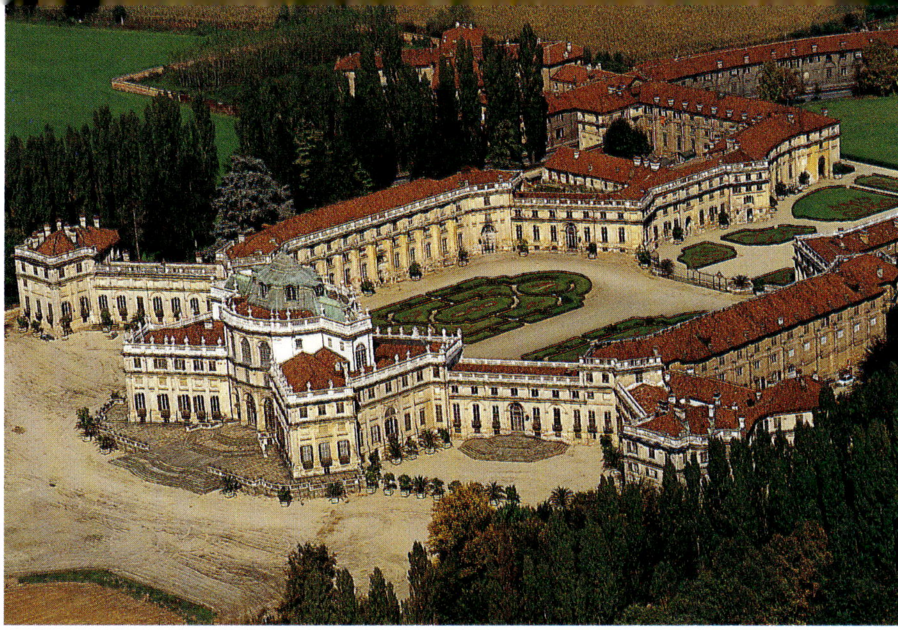

Il monumentale complesso di Stupinigi, voluto da Vittorio Amedeo II e realizzato nel corso del Settecento.

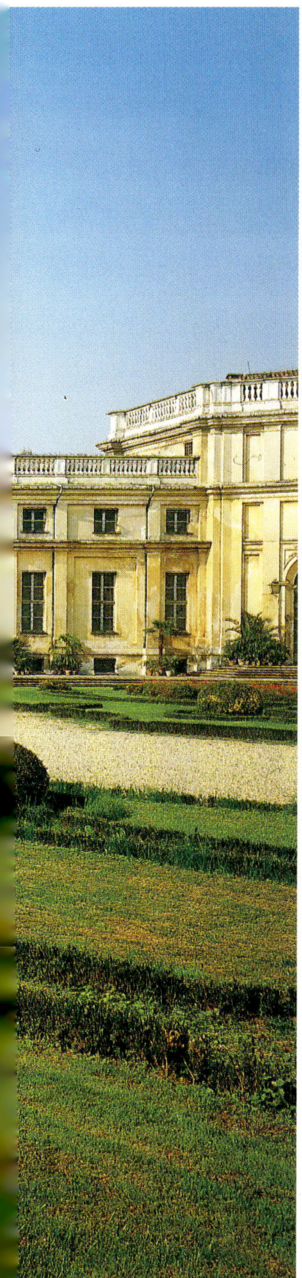

Le residenze extraurbane realizzate dalla dinastia sabauda dalla fine del Cinquecento fino alla metà dell'Ottocento, insieme a quelle derivate dalla ristrutturazione e dall'ampliamento di vecchi castelli, hanno segnato la fisionomia del territorio intorno a Torino determinandone l'assetto patrimoniale e quello strutturale, i valori d'uso e produttivi.
Le ville e residenze fluviali del Valentino, di Lucento, di Mirafiori, le "delitie" collinari delle vigne del Cardinal Maurizio e di Madama Reale, i castelli di Rivoli e Moncalieri, le dimore di caccia della Venarìa Reale con "La Mandria" e della palazzina di Stupinigi, le "Reali Villeggiature" di Agliè, Govone, Racconigi e Pollenzo appartengono a momenti storici e artistici diversi e rappresentano le particolari attitudini del loro principe costruttore. Nel complesso però sono parte di un programma unitario, teso a creare intorno alla capitale un cordone di terreni demaniali, utili per tenere lontane le ancora potenti famiglie della più antica nobiltà cisalpina, ma anche per costruire e sostenere un'immagine prestigiosa della dinastia e dello Stato. Le residenze offrono una testimonianza importante per l'analisi del rapporto tra città d'apparato e città di mercato, tra potere sovrano e autorità locale, tra ideologia politica e cultura coeva. Gli assi dello sviluppo urbanistico della città, imperniati sul Palazzo Reale e la zona di comando, si irradiano nelle "rotte" reali a disegnare la campagna circostante: le "delizie per lo svago e la caccia" costituiscono i punti nodali di questo sistema.
La storia di ogni villa sabauda, per quanto ognuna costituisca un monumento con caratteristiche specifiche, non può essere disgiunta dal fenomeno complessivo, ossia dal progetto urbanistico globale, perfezionato tra Cinquecento e Settecento, che condusse alla formazione di un sistema territoriale di autentica matrice barocca.
L'aver affidato la costruzione delle residenze ad artisti che hanno segnato la storia della cultura europea e il ruolo rivestito dalla dinastia dei Savoia e dal Piemonte in Europa rafforzano il valore internazionale di questo bene storico e artistico nazionale.

Castello di Venarìa Reale: la galleria di Diana, costruita fra il 1700 e il 1713 e in seguito modificata dallo Juvarra.

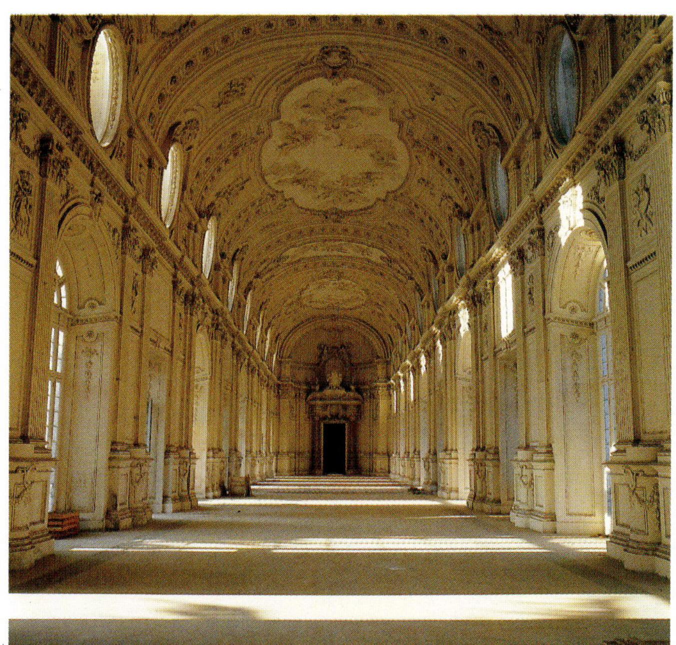

PIENZA

IL CENTRO STORICO

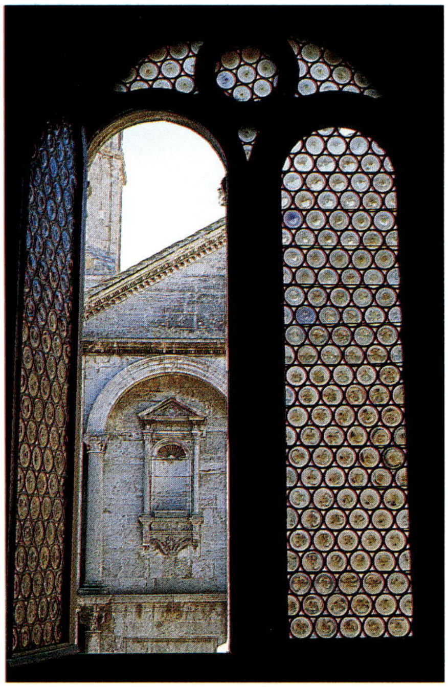

Scorcio della cattedrale di Santa Maria Assunta da una finestra del Palazzo Comunale.

Sotto: la piazza Pio II dominata dalla Cattedrale, eretta tra il 1459 e il 1462.

In un'epoca di città cinte da mura e interessate soprattutto a spese di fortificazione, la realizzazione di Pienza, chiamata così dal nome pontificale di Enea Silvio Piccolomini, papa Pio II, assume un valore altamente emblematico. Nativo di Corsignano, concepì il progetto di trasformare il natio borgo medioevale in un centro monumentale, di piccole dimensioni, ma dalle caratteristiche architettoniche e artistiche decisamente urbane. Duplice era il suo intento: da un lato commemorare le proprie origini, dall'altro indicare un modello di città che rispondesse al pensiero umanistico. Consigliere del papa per questo progetto fu Leon Battista Alberti, architetto e teorico dell'architettura. Nell'ideale dell'Alberti

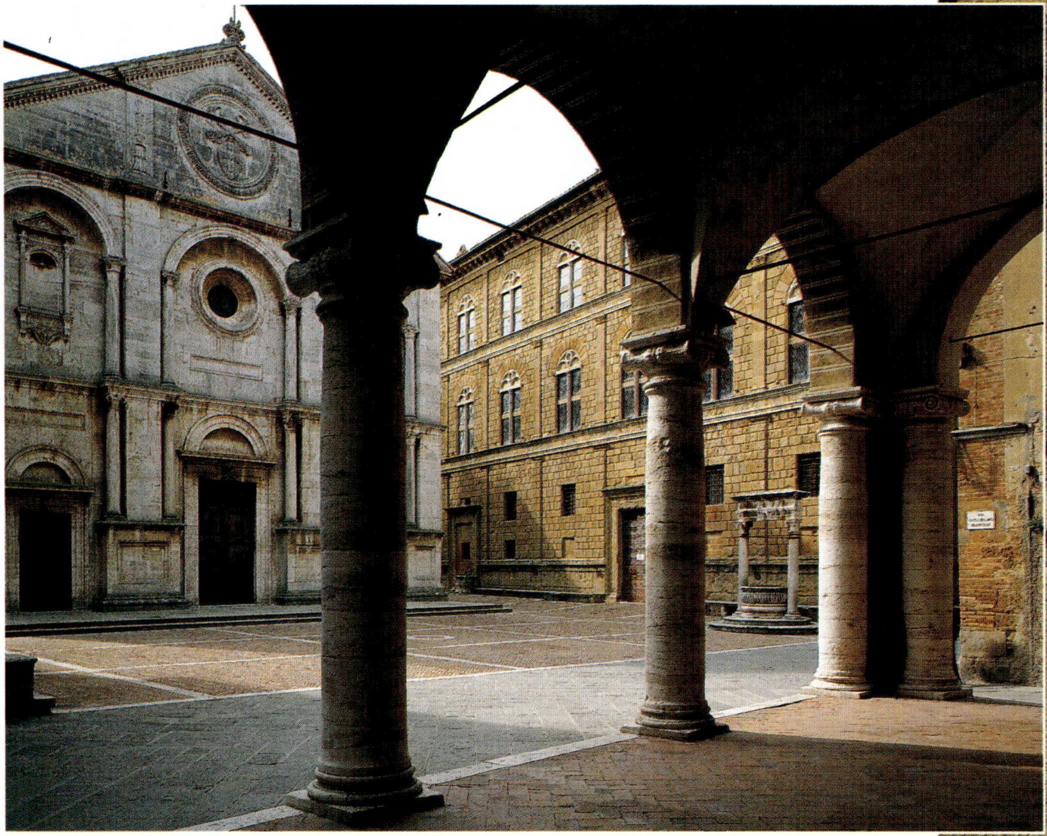

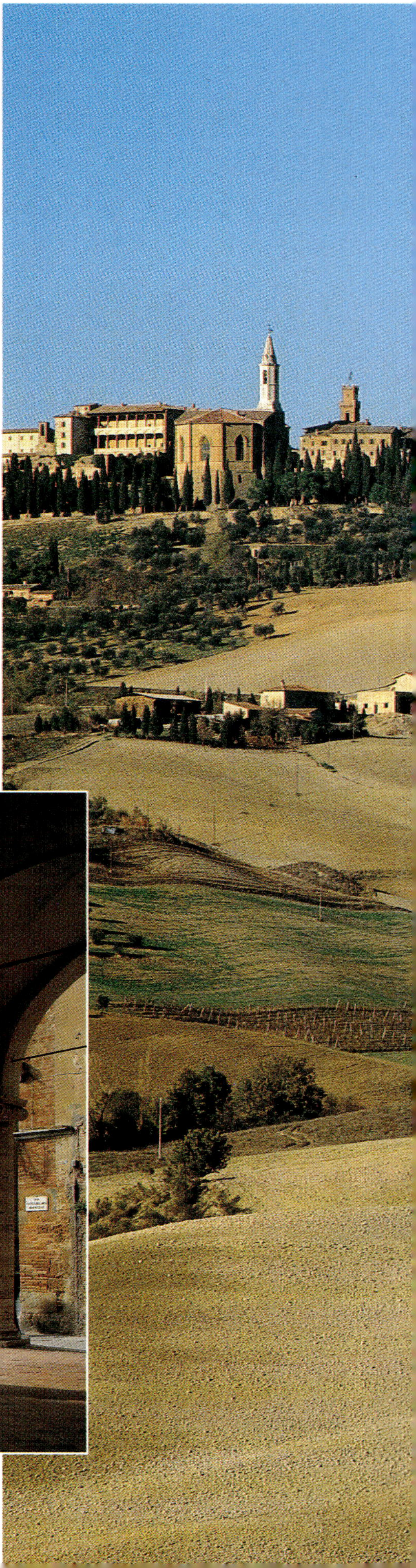

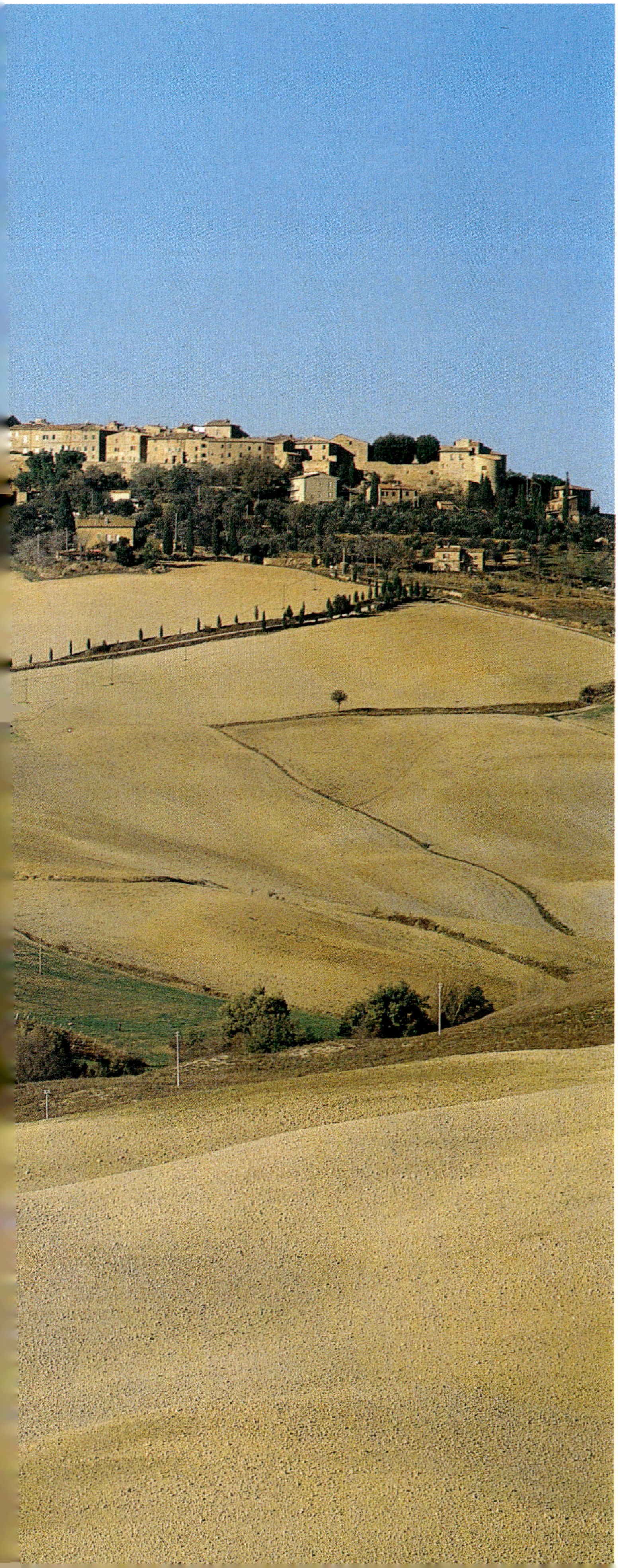

l'edificio non viene concepito singolarmente, ma inserito nel contesto urbano: l'ideazione di Pienza quindi offre al papa e all'architetto un'occasione unica di applicazione pratica della teoria. Fu proprio l'Alberti a consigliare al papa di affidare la progettazione della nuova città a Bernardo Rossellino, suo diretto collaboratore. Questi si trovò alle prese con il problema di dover adeguare le strutture del disordinato borgo medievale di Corsignano alle forme dell'urbanistica rinascimentale. A tale fine aprì nell'abitato una lunga strada, l'attuale corso Rossellino,

Il rinascimentale profilo del borgo senese di Pienza corona il dolce panorama collinare della val d'Orcia.

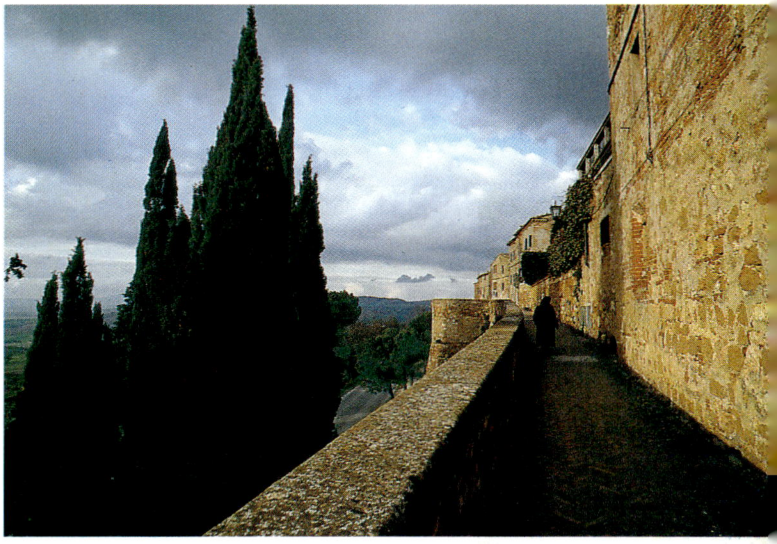

La via del Castello, che fiancheggia la quattrocentesca cinta delle mura.

che unisce la piazza del Mercato alla piazza della cattedrale. Qui si dispiegò in tutta la sua forza il genio dell'architetto, il quale, grazie all'utilizzo dell'espediente di disporre due palazzi in posizione non perpendicolare, ma diagonale rispetto alla facciata della Cattedrale, seppe dilatare gli angusti spazi della piazza.
La scenografica prospettiva è accentuata dalla pavimentazione, ancora esistente, in mattoni con grandi riquadri in liste di travertino, materiale utilizzato anche per i rivestimenti esterni della chiesa. Ispirato al fiorentino palazzo Rucellai dell'Alberti, il palazzo Piccolomini, progettato dal Rossellino come residenza papale è ingentilito da un cortile interno quadrato e da un'elegante loggia dalla quale si ammira lo stupendo paesaggio della val d'Orcia.

PISA

LA PIAZZA DEL DUOMO

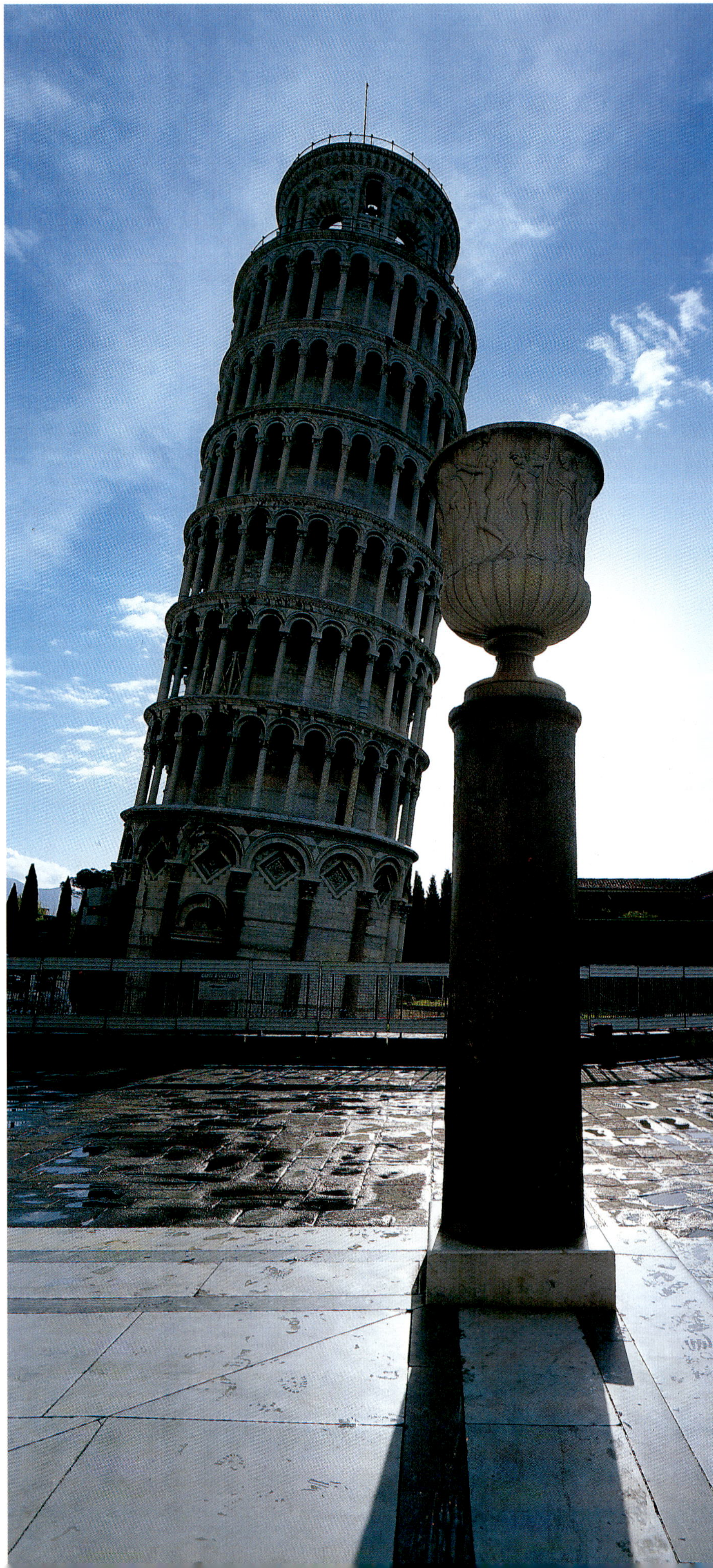

La Torre, inclinatasi già durante la costruzione del terzo piano, presenta una pendenza di circa 5° e 30´ verso sud.

Si è detto che il Campo dei Miracoli è un'allegoria della vita umana: il Battistero e il Duomo, il campanile pendente e il Camposanto sembrano infatti simboleggiare, dalla nascita alla morte, le fasi principali dell'intera esistenza. Edificati in tempi diversi, presentano un'omogeneità stilistica tale da qualificare il complesso come paradigma del romanico pisano, che fuse armoniosamente motivi di ispirazione classica, paleocristiana, lombarda e orientale, ed esercitò un notevole

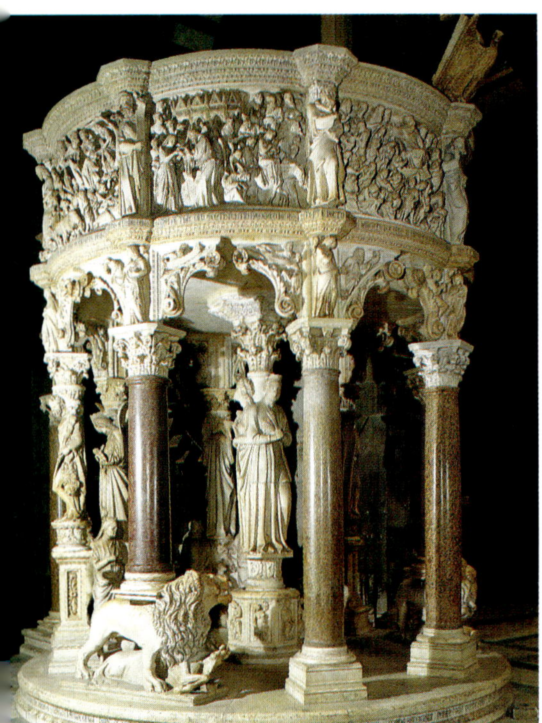

Il pergamo del Duomo (1302-11), una delle opere più intense di Giovanni Pisano.

L'apparato decorativo del campanile ha ripreso quello dell'abside del Duomo: in basso un ordine di arcate cieche e in alto una serie di loggette su colonne.

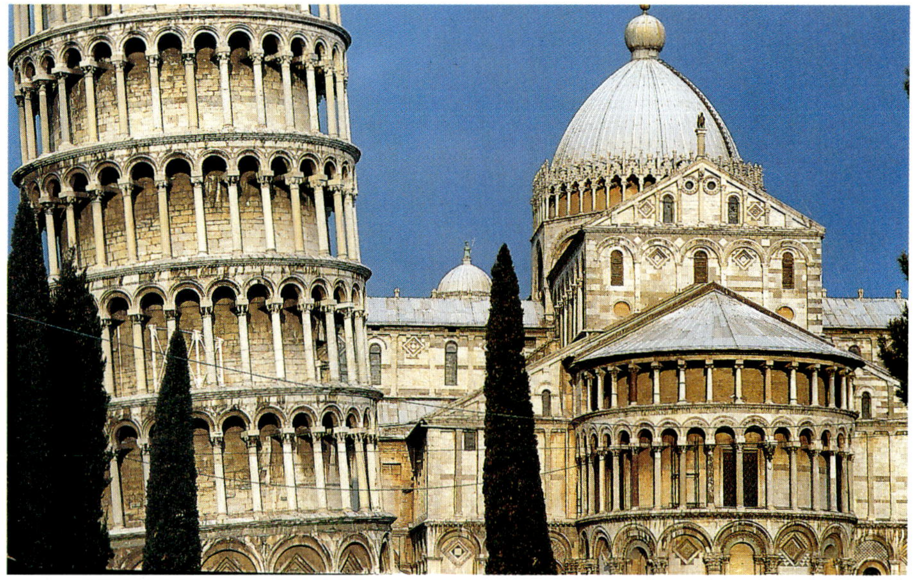

influsso in Toscana e nelle isole tirreniche. Il monumento più antico (1118) è il Duomo, opera incomparabile del geniale architetto Buscheto, come recita l'iscrizione incisa sul suo sarcofago, dove il modello delle grandi basiliche paleocristiane è rinnovato dallo sviluppo in altezza, dalla svettante ogiva dell'arco trionfale, dai pilastri del matroneo, e, all'esterno, dalla leggera e articolata facciata aggiunta da Rainaldo nel XII secolo, nella quale all'ordine di arcatelle si sovrappongono quattro ordini di loggette praticabili. Alle forme del Duomo si ispirano la limpida struttura del Battistero (iniziato da Diotisalvi nel 1152), ritmata da file di archi e impreziosita da portali sontuosamente decorati, e il maestoso recinto marmoreo del Camposanto, che accoglie i sepolcri dei più illustri cittadini e conserva uno straordinario insieme di affreschi e sinopie dei secoli XIV e XV. Alla decorazione scultorea del complesso pisano furono attivi Nicola Pisano e il figlio Giovanni. Nicola nella potente e moderna invenzione del pulpito del Battistero, sorprendente composizione anticipatrice del gotico, e Giovanni in quello del Duomo, nel quale riprende le invenzioni paterne rinnovandole con foga quasi espressionistica.
Con una originalissima soluzione, i motivi della facciata rainaldiana sono sviluppati anche nel campanile, la celeberrima Torre pendente. Forse fin dall'inizio dei lavori gli architetti pisani si resero conto che le particolari caratteristiche del terreno non avrebbero permesso di edificare una struttura dell'altezza voluta e la costruzione proseguì a rilento anche perché dopo pochi piani cominciò a inclinarsi.
Oggi sono in corso ricerche e lavori per tutelare il campanile e la sua pendenza, che da secoli evoca l'immagine della città e dell'Italia nel mondo.

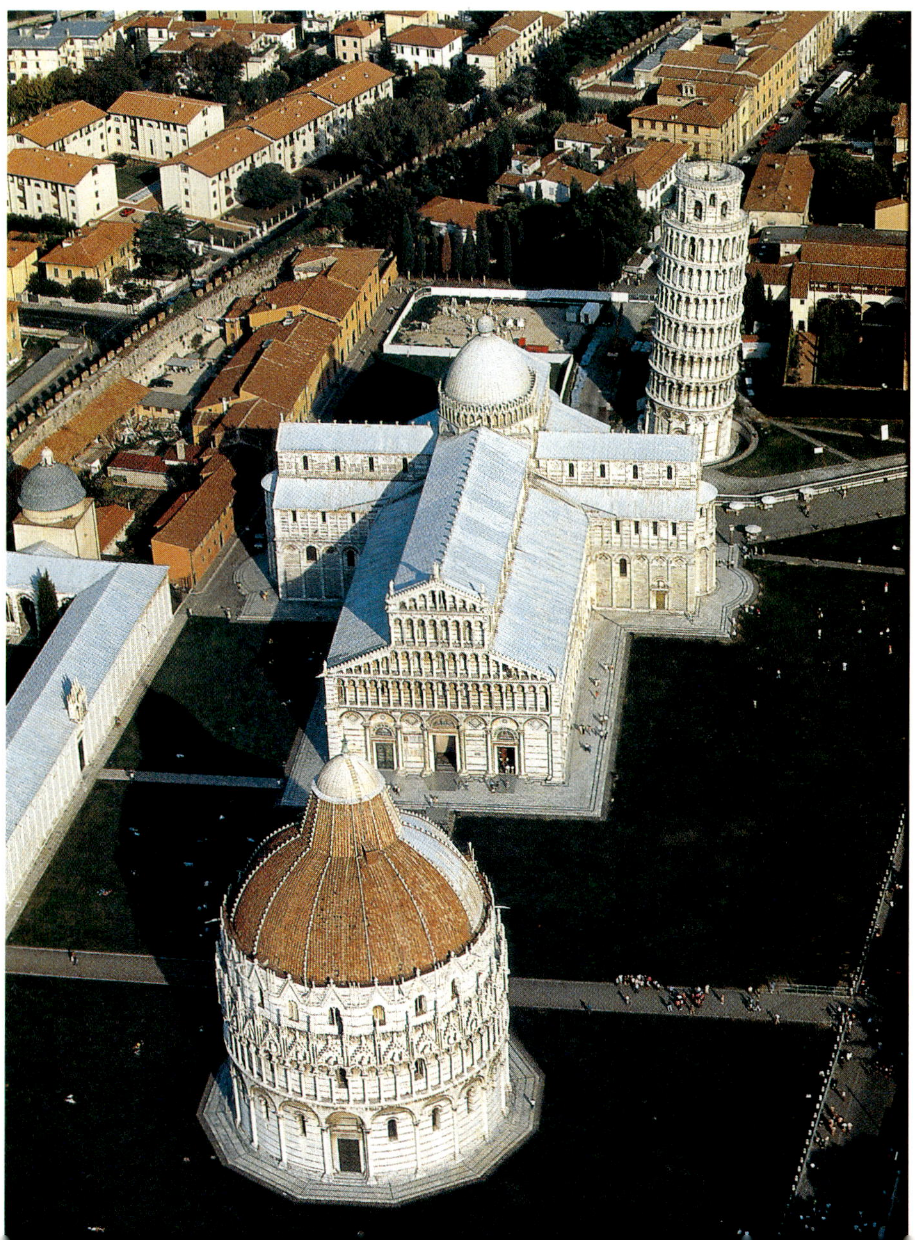

La grande piazza, chiusa a est e a ovest dalle mura merlate della città, erette nel XII secolo.

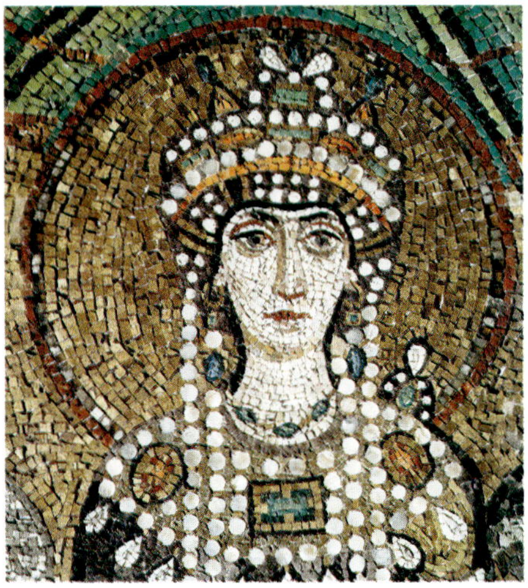

RAVENNA

LA CITTÀ DEI MOSAICI

Sopra: i mosaici del mausoleo di Galla Placidia, i più antichi di Ravenna, alternano immagini simboliche e raffigurazioni di santi a elementi decorativi.

Sotto: la veduta del porto di Classe, da cui prende avvio la processione delle vergini che decora la parete sinistra della chiesa di Sant'Apollinare Nuovo.

Dopo la presa di Roma da parte di Alarico nel 410 e la deposizione dell'ultimo imperatore Romolo Augustolo nel 476, Ravenna assurse a sede del potere imperiale bizantino in Italia ed entrò in un periodo di splendore e di potenza che durò fino all'VIII secolo. Nella prima metà del V secolo, i protagonisti della vita culturale della città sono l'imperatore Onorio e, soprattutto, sua sorella Galla Placidia, che, vedova di Ataulfo figlio di Attila, fece di Ravenna il centro dell'arte e della cultura cristiana. Espressione della fusione fra la tradizione ellenistico-romana e l'iconografia cristiana, il mausoleo di Galla Placidia è fra i monumenti ravennati più antichi e meglio conservati: la vivida raffigurazione del Buon Pastore seduto al centro di un prato è forse l'immagine più nota dei mosaici paleocristiani. In seguito, nel VI secolo, la città ebbe nell'ostrogoto Teodorico un altro grande promotore delle arti. Il suo mausoleo, costruito in grandi blocchi di pietra poco prima del 526, anno della morte, è l'unico esempio del periodo, a noi giunto, di edificio funebre di un re barbaro; le sue forme, che riprendono quelle

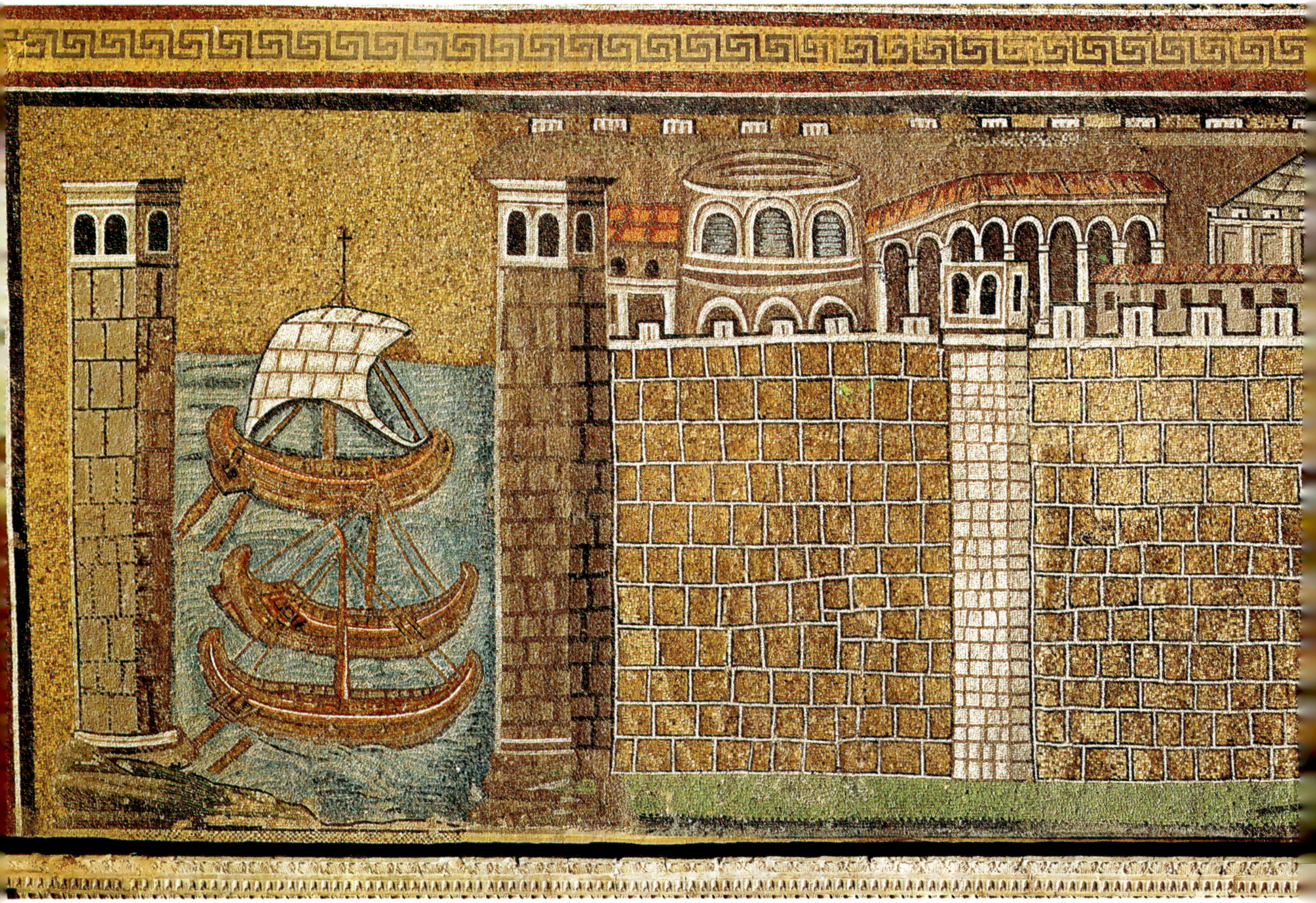

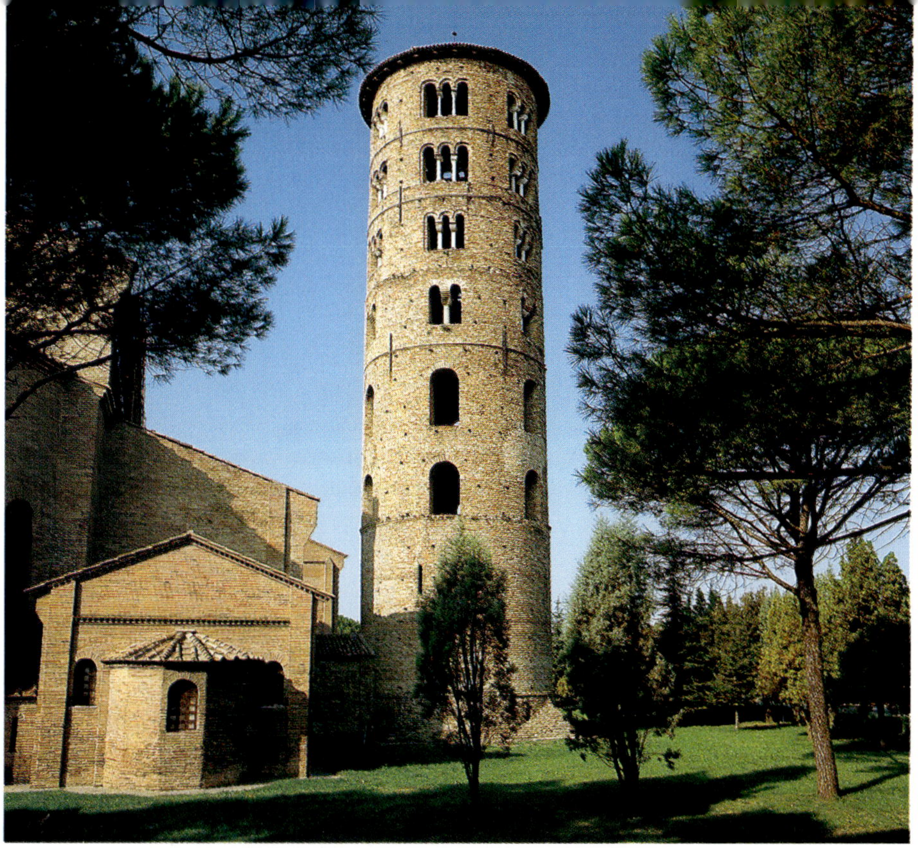

dei monumenti dell'età tardoantica, risentono di influssi dell'architettura siriana. È caratteristica comune delle chiese ravennati la compresenza di culture ed espressioni artistiche, in particolare nelle splendide decorazioni musive che ne abbelliscono gli interni. L'edificio a pianta centrale della chiesa di San Vitale, arricchito dai mosaici raffiguranti i celebri ritratti dell'imperatore Giustiniano e della moglie Teodora, accompagnati dai dignitari della corte, costituisce per l'unione fra architettura e decorazione una delle massime espressioni dell'arte bizantina. Se il battistero degli Ariani e la cappella dell'Arcivescovado dichiarano, come gli edifici precedenti, il loro rapporto con l'Oriente attraverso la pianta centrale, la basilica di Sant'Apollinare in Classe è un esempio di tempio paleocristiano a pianta rettangolare a tre navate, eccezionale per la purezza e la semplicità della concezione e per la ricchezza dei mosaici che rivestono l'abside.

Sopra: Sant'Apollinare in Classe, consacrata nel 549 dal vescovo Massimiano, presenta un bel campanile cilindrico, separato dal corpo della chiesa.

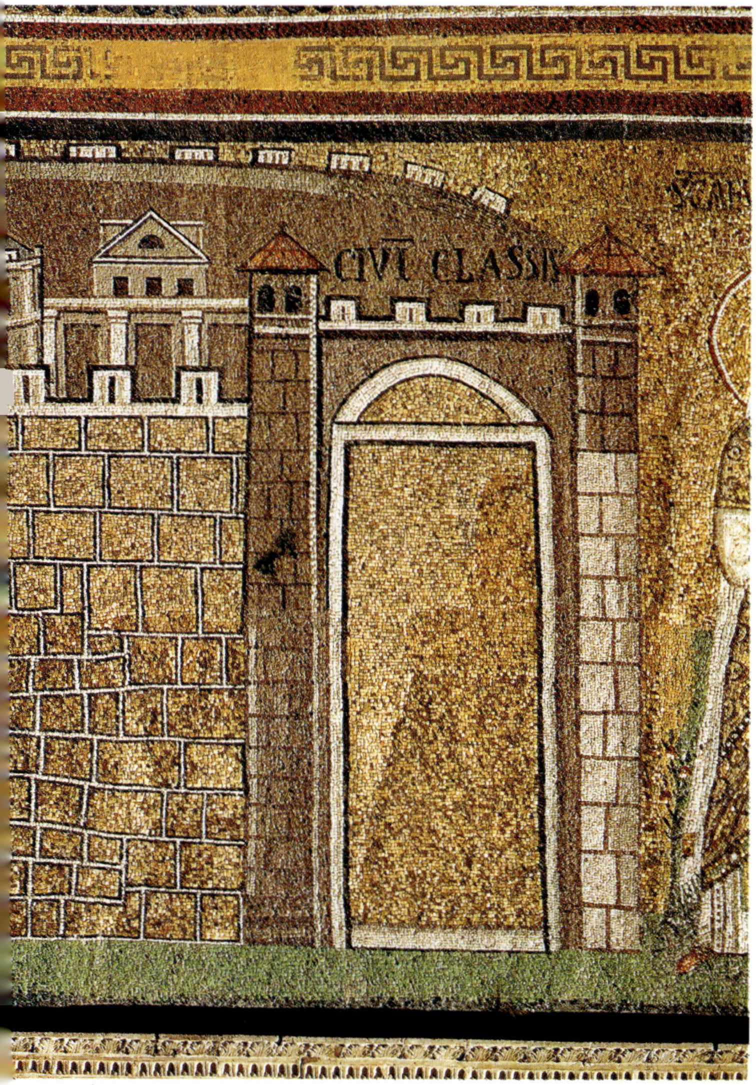

L'interno della basilica di San Vitale; nel catino absidale, il grande mosaico con il Redentore che porge la corona del martirio al santo.

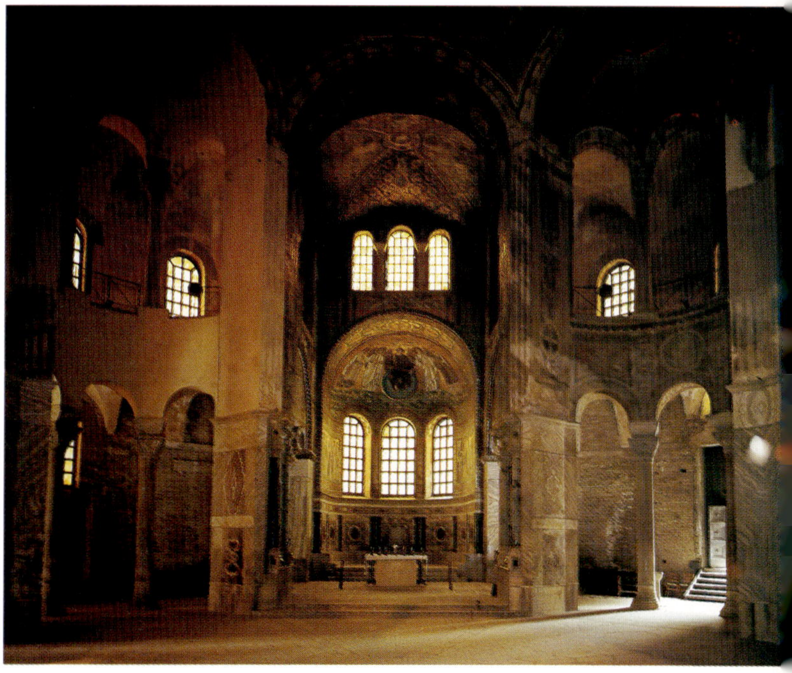

ROMA

IL CENTRO STORICO

Per secoli la città dei papi ha rappresentato nel mondo la ricchezza e le infinite possibilità del potere. Quest'immagine grandiosa si impone a chi attraversa i Fori Imperiali e ammira la mole dell'Anfiteatro Flavio, il Colosseo, o l'elegante sagoma del Circo Massimo. I simboli della Roma imperiale, discinta e lussuosa, prepotente e fragilissima, hanno da sempre costituito l'aspetto predominante della città, da un lato attirando artisti e viaggiatori, dall'altro spaventando per gli abissi di dissolutezza di cui divennero emblema.
Nel Basso Impero e nel Medioevo, attaccata dai barbari e priva della figura carismatica dell'imperatore, la città attraversò momenti di decadenza dai quali sembrava non sarebbe potuta mai più risorgere. Eppure anche allora

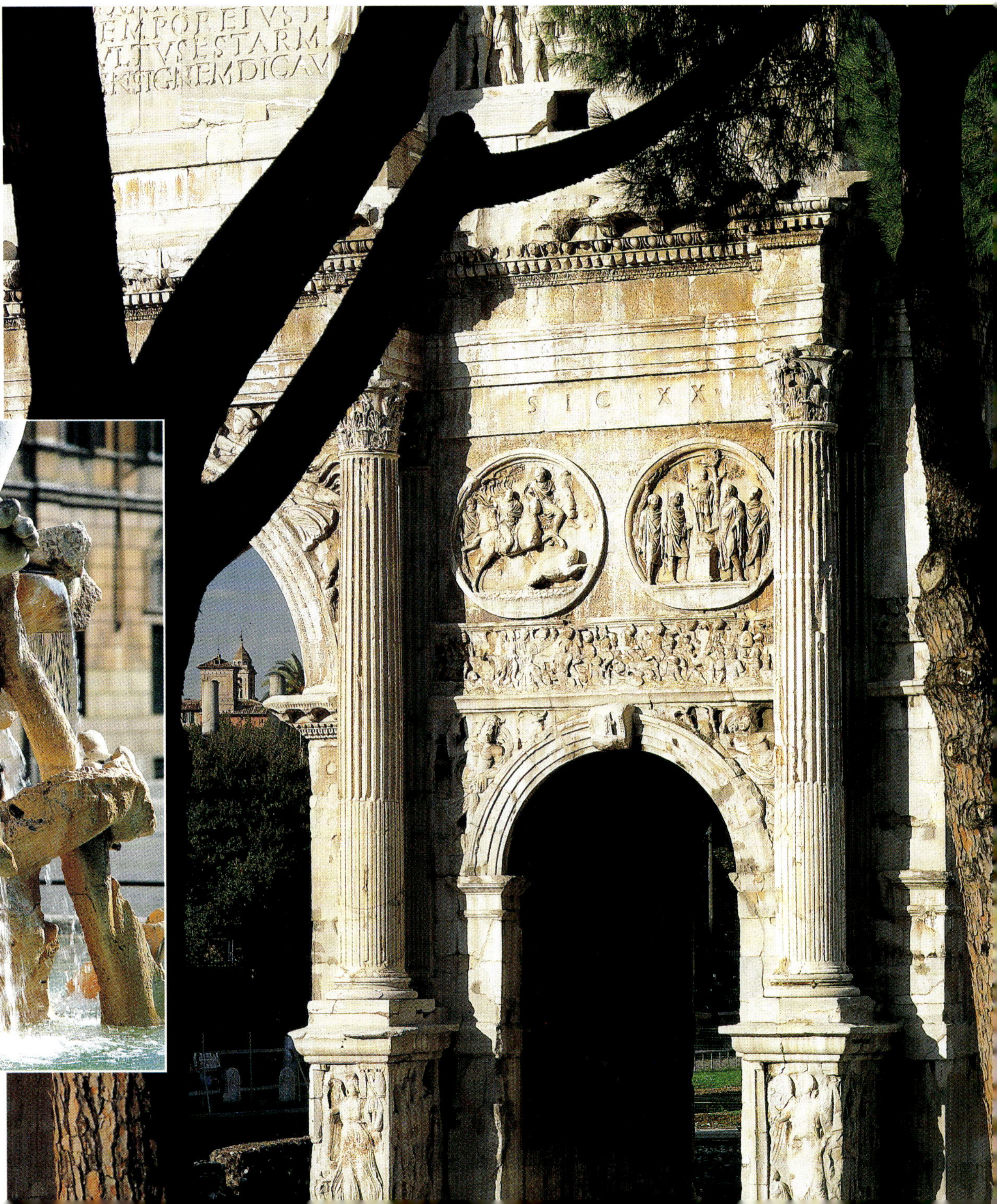

L'arco di Costantino, fatto erigere nel 315 per il decennale dell'imperatore e per celebrare la vittoria su Massenzio. È il più grande e il meglio conservato degli archi di Roma.

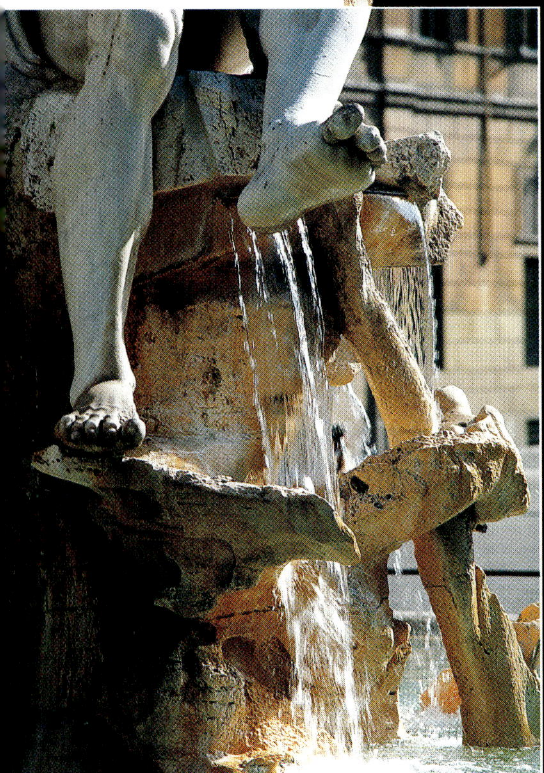

Sotto: un particolare della fontana dei Fiumi (1651), grazie alla quale Bernini si conquistò il favore del papa Innocenzo X.

ospitò artisti che seppero produrre meravigliose opere d'arte. Le chiese paleocristiane di Roma non hanno paragoni per austera bellezza: basta ricordare le porte lignee di Santa Sabina sull'Aventino per coglierne la ricchezza artistica e culturale. Lo splendore dei mosaici e delle opere dei Cosmati o di Cavallini a San Clemente, Santa Cecilia, Santa Maria in Trastevere, lasciavano senza fiato i pellegrini che giungevano in questa città dal fascino prepotente e agitata da forti passioni, dove tutto si trasformava in polemica e dove per secoli ebbe il suo cuore la vita artistica europea. Mai nella storia d'Europa e forse del mondo in una sola città convennero tante personalità d'eccezione come a Roma fra il Quattrocento e il Cinquecento. Michelangelo e Raffaello erano senz'altro le figure predominanti, ma non le uniche. L'ambiente culturale era ricco di personalità forti e di grande vitalità; alcuni provenivano da paesi lontani, a cui tornavano carichi di esperienze, notizie, immagini per divulgare ciò che avevano appreso. Il XVI secolo, con il sacco della città da parte dei lanzichenecchi (1527), lo scisma luterano e il Concilio di Trento con le sue profonde ripercussioni nel costume, nella cultura e nell'arte, fu un secolo difficile per il papato, ma per la città un'epoca di interventi urbanistici che diedero un'immagine moderna alla vecchia metropoli. Tra questi, la via Giulia e, soprattutto, il Tridente voluto da Sisto V. Incommensurabile è la portata dei movimenti artistici che si diffusero da Roma all'intero continente nei primi

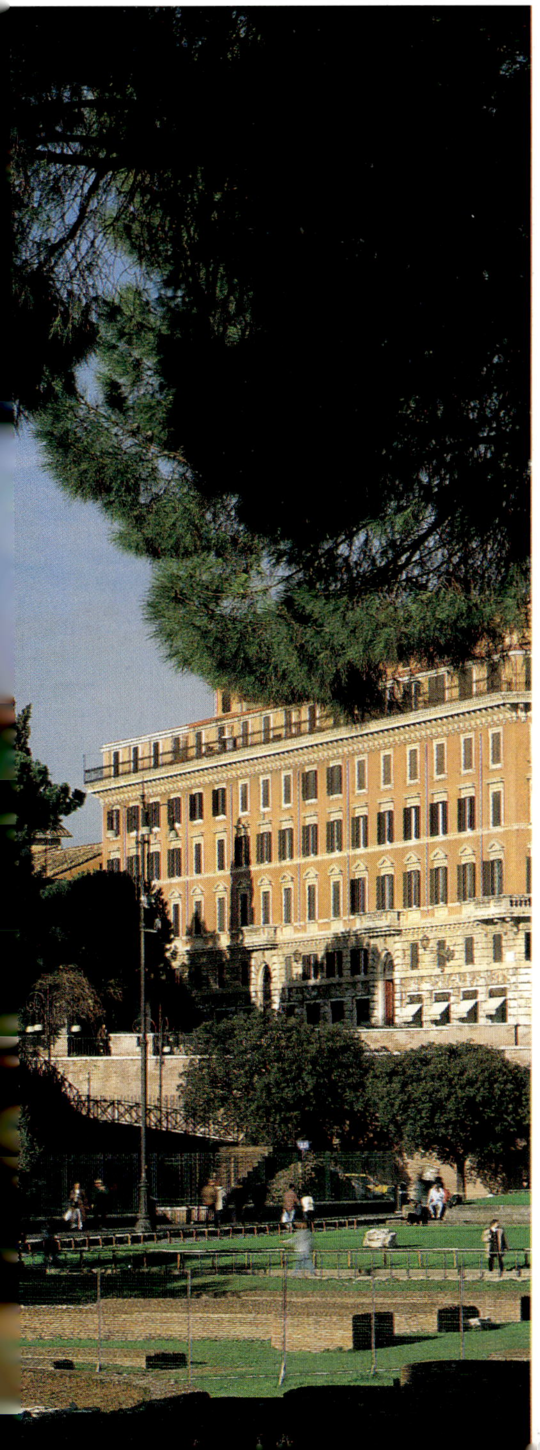

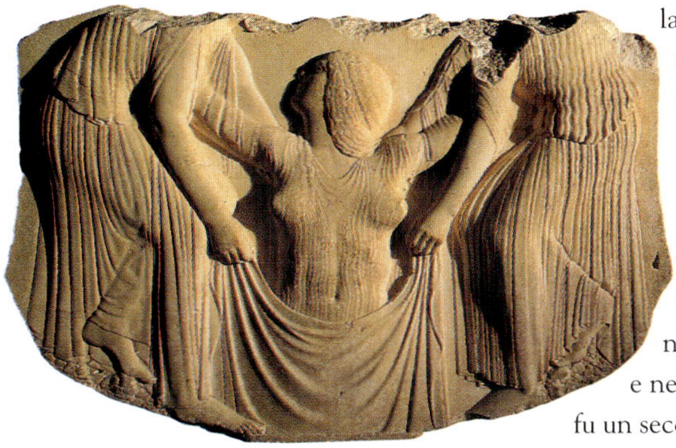

Sopra: Afrodite Urania emerge dalle acque, opera magnogreca del V secolo a.C. Trono Ludovisi, palazzo Altemps.

Sotto: la Roma imperiale e quella barocca riunite nel ponte Sant'Angelo, voluto da Adriano e impreziosito dai dieci angeli su bozzetti di Bernini.

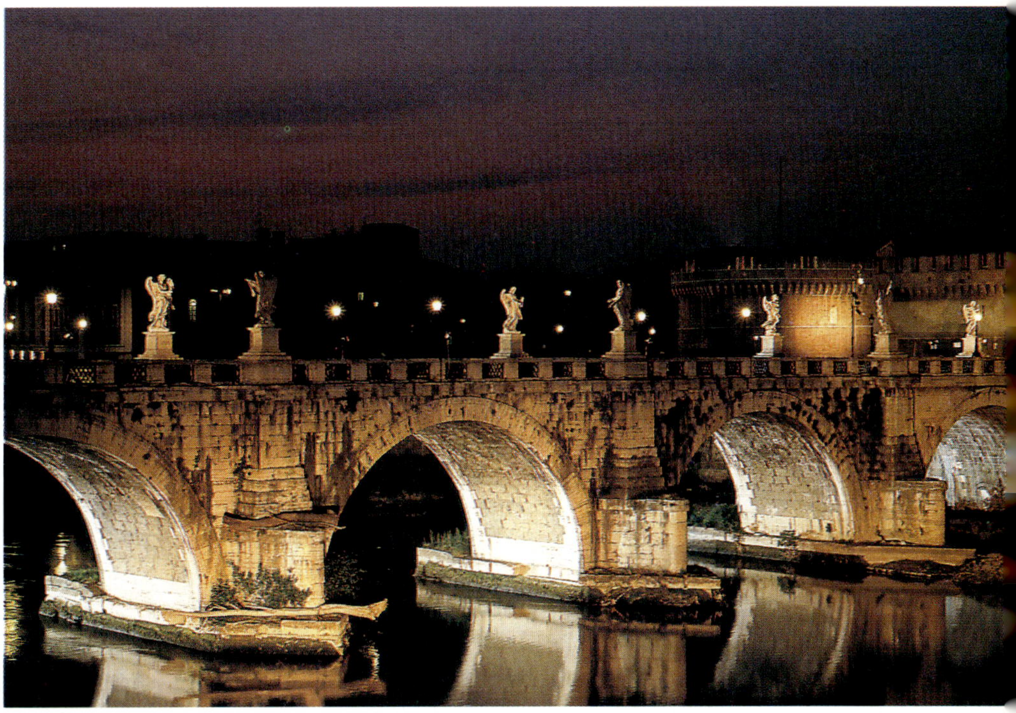

decenni del Seicento. A Roma soggiornarono i Carracci, Caravaggio, Rubens; qui nacquero il classicismo e il naturalismo e infine il formidabile evento del barocco.
Grandiosa e magniloquente, effimera e fittizia, l'immagine della Roma di Bernini, Lanfranco e Pietro da Cortona è forse ancor oggi quella che predomina, ma non l'unica.
Città di sentimenti decisi e di tenaci tendenze, ospitò anche artisti minuziosi e costanti come Vanvitelli, protagonista della nascita della veduta come analisi e possesso della realtà.
La maniacale volontà di conoscenza

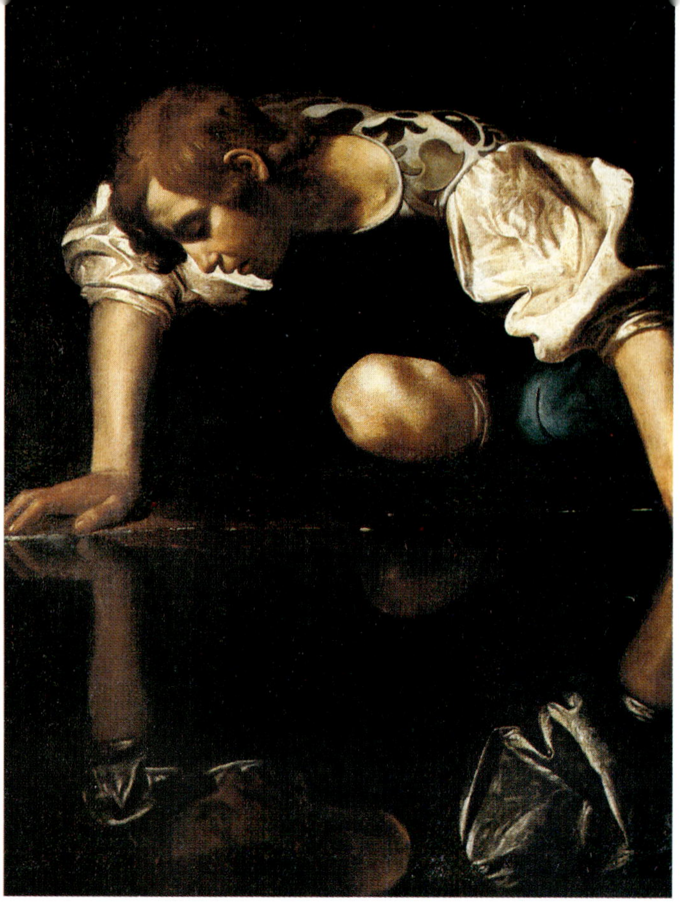

Narciso (1594-96), una delle prime opere nelle quali il poco più che ventenne Caravaggio sperimenta l'uso di fondi bui. Galleria nazionale d'Arte antica.

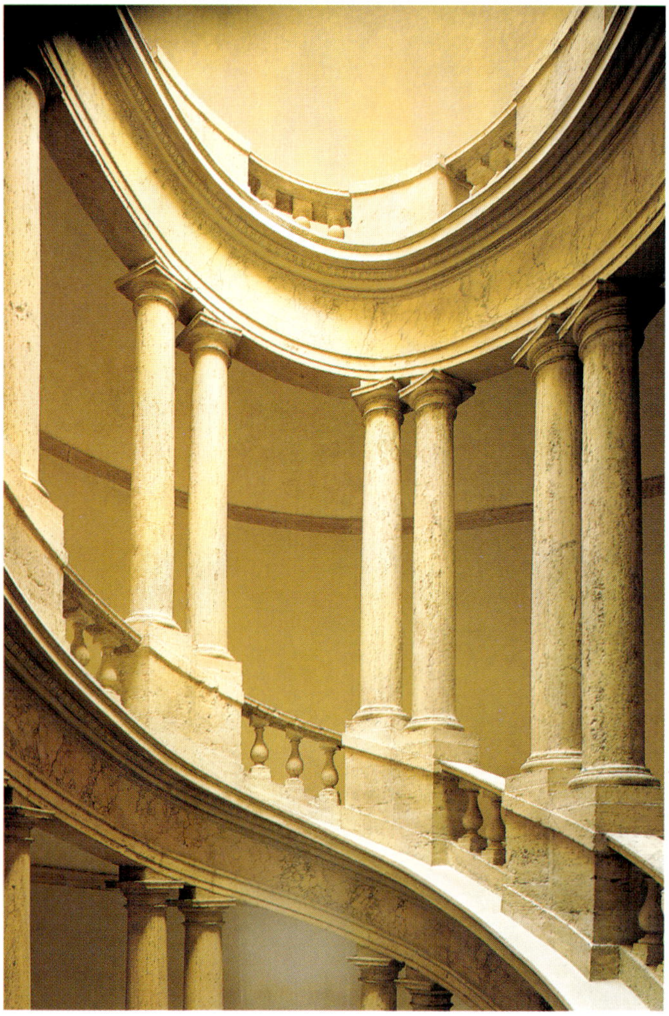

Sopra: colonnine doriche binate e pianta ellittica per la scala elicoidale del palazzo del Quirinale, realizzata da Ottaviano Mascherino, insieme a tutto il palazzetto, nel 1578-85.

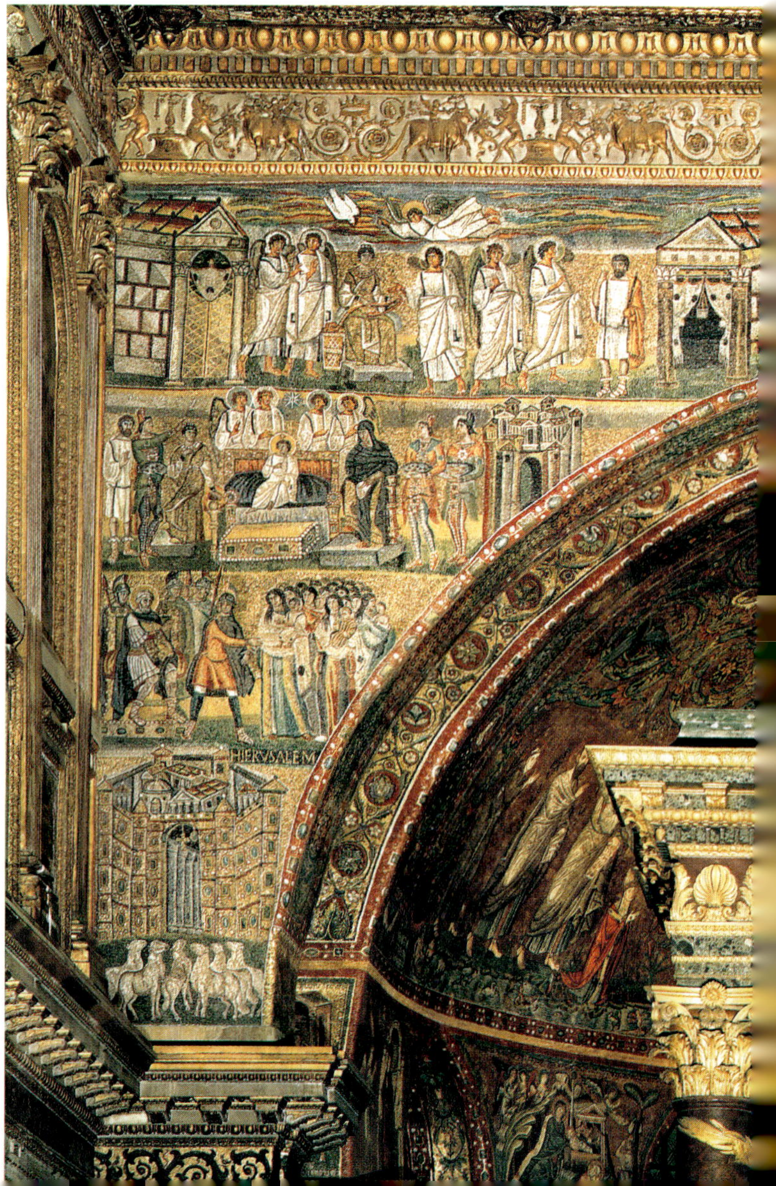

di Piranesi, paragonabile solo alla sua potenza visionaria, divulgò nel mondo l'immagine tetra di una città antica, animata ma inquietante. E inquietante doveva essere anche la tranquillità dell'Ottocento sotto il dominio papale. L'Unità d'Italia fece Roma capitale di un nuovo Stato, modificandone in parte l'aspetto senza mutarne l'immagine. Il fascismo, quando volle recuperare l'idea imperiale ampliandola a dismisura, ridusse a caricatura una città che aveva potuto sfidare i secoli senza esserne scalfita in nessun modo.
Oggi, sede di ministeri e uffici, di attività e di potere, meta di pellegrini e turisti, si lascia ammirare per il suo fascino intramontabile, per la secolare bellezza delle sue strade dense di vita e di passato, dei palazzi, delle chiese e dei musei che conservano inestimabili tesori di arte e cultura.

Le dita di Plutone affondano nelle carni di Proserpina, nel momento in cui il potente dio degli Inferi rapisce la giovane figlia di Gea. L'opera, del 1621-22, fu commissionata a Bernini dal cardinale Scipione Borghese, che la regalò al cardinale Ludovisi. Galleria Borghese.

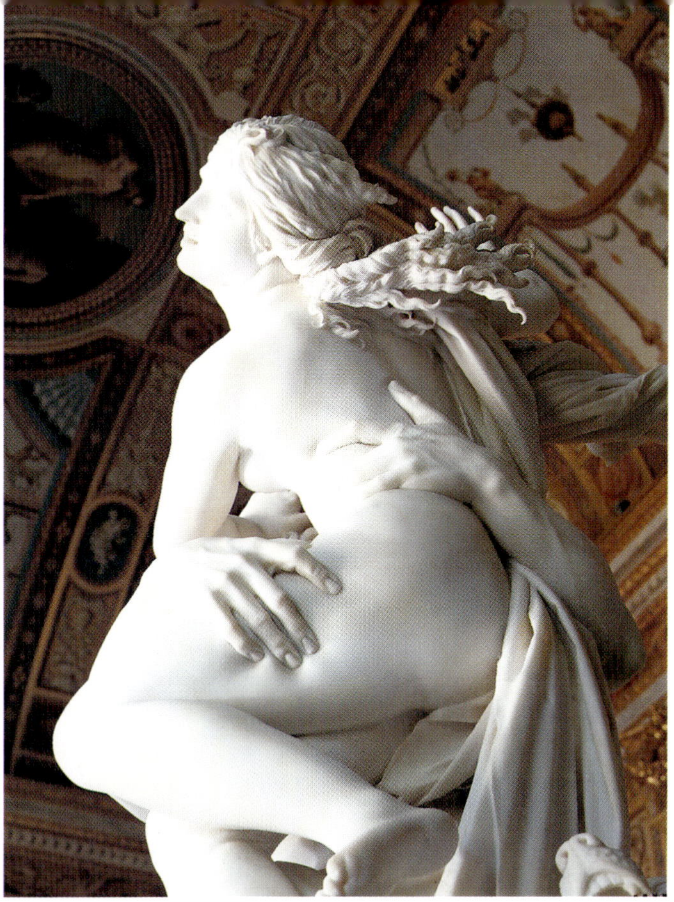

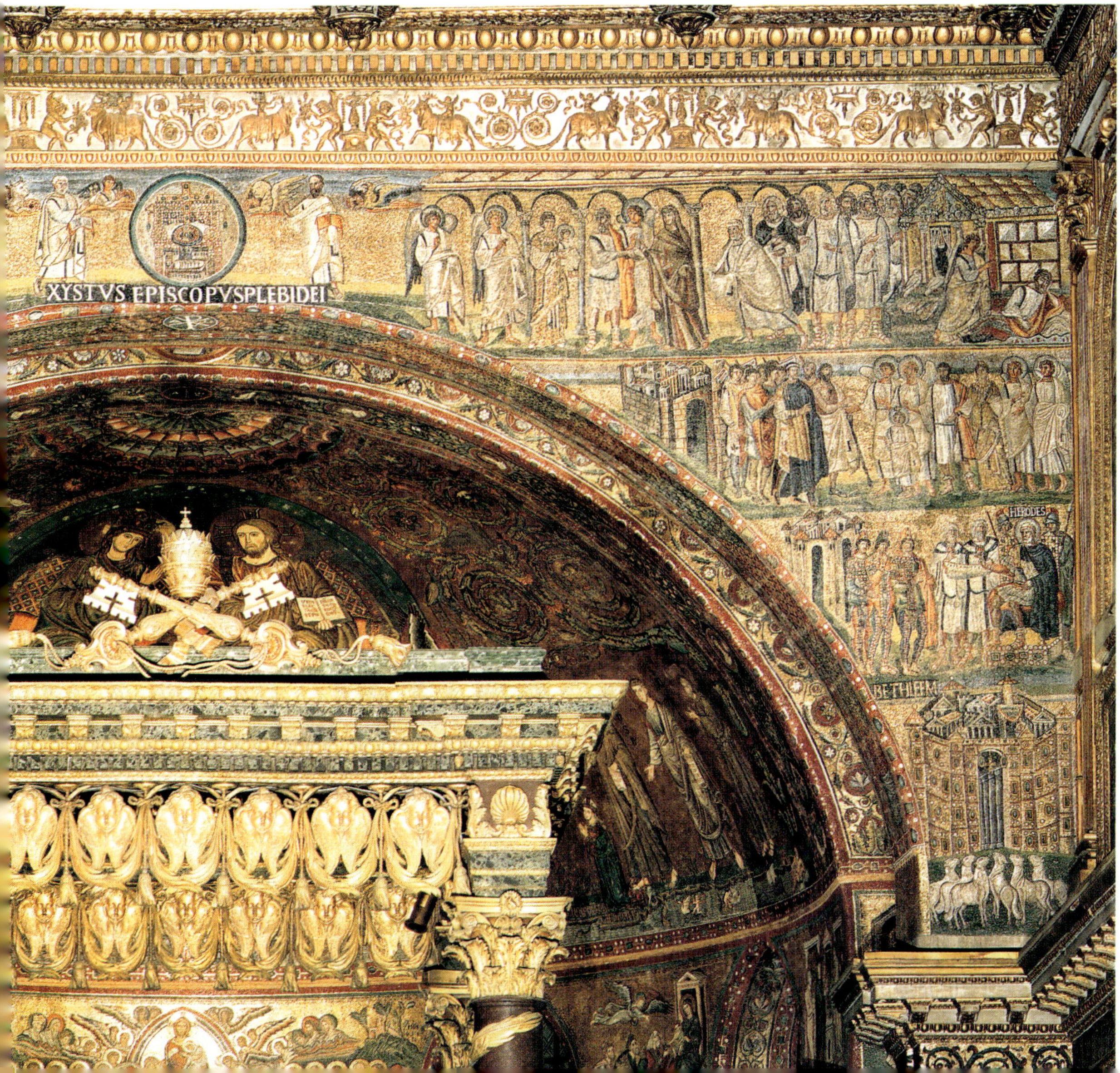

Le storie della venuta e dell'infanzia di Gesù raccontate nei mosaici dell'arco trionfale della basilica di Santa Maria Maggiore, uno dei grandi documenti figurativi dell'arte del V secolo.

Il trionfo della filosofia e la celebrazione della continuità armonica tra passato e presente nella Scuola d'Atene (1510-11) di Raffaello.

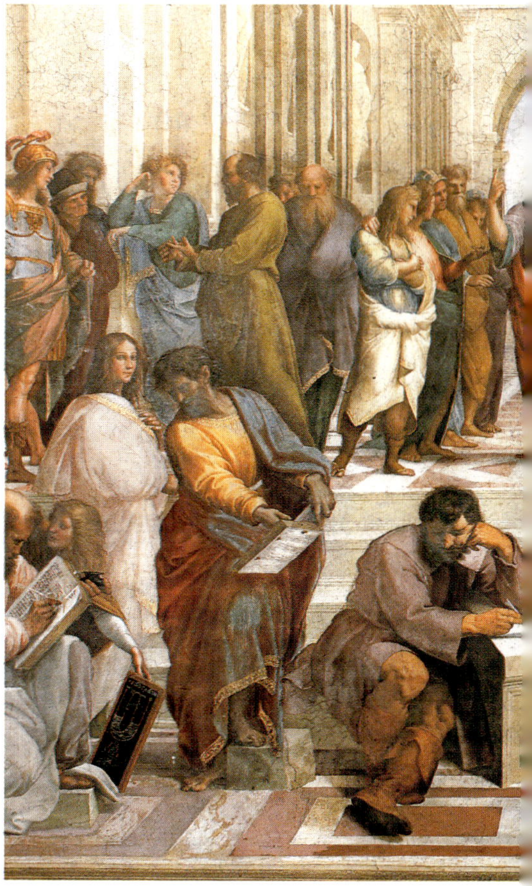

ROMA

LA CITTÀ DEL VATICANO

La grandiosità e monumentalità della cupola di San Pietro, emblema di Roma e del cuore della cristianità, sono pari solo alla sua bellezza ed eleganza. Michelangelo Buonarroti, che ne fu il creatore, era conscio di aver dato vita a un capolavoro degno di assurgere a simbolo di uno dei maggiori centri spirituali dell'umanità. Nell'artista era fortissima la consapevolezza di lavorare in un luogo e in circostanze uniche, al punto tale da compiere parte della propria opera per il papa senza percepire alcun compenso. Michelangelo era stato autore degli affreschi della Cappella Sistina, rivaleggiando con i magnifici affreschi delle Stanze e con le intellettualistiche decorazioni delle Logge Vaticane del giovane Raffaello e della sua scuola, capolavori assoluti della pittura di tutti i tempi. Le opere dei due maestri, se certamente rappresentano l'apogeo della potenza culturale del papato e il punto di partenza per tutta l'arte successiva, costituiscono solo una parte dei tesori del Vaticano. Le poderose mura racchiudono gli innumerevoli capolavori raccolti nelle piccole dimensioni dello Stato Pontificio. Le opere d'arte dell'antichità classica e dell'epoca moderna, le raccolte di volumi preziosi conservati nei musei, nella pinacoteca e nella biblioteca hanno offerto ispirazione, modello e fonte di conoscenza ad artisti e uomini di cultura di ogni epoca. La storia stessa del complesso narra gli eventi dell'architettura a Roma nel corso dei secoli: il progetto e le realizzazioni del Bramante, la grande facciata del Maderno, gli interventi del Bernini. Le più eminenti personalità dell'arte hanno contribuito al completamento della dimora del papa, simbolo ed evocazione del suo ruolo e del suo potere. Tra i numerosi interventi architettonici intrapresi, il colonnato del Bernini rappresenta senza dubbio una delle operazioni più ardite, non solo per la dimensione e il significato, ma soprattutto per il suo ruolo dirompente rispetto alla struttura urbana.

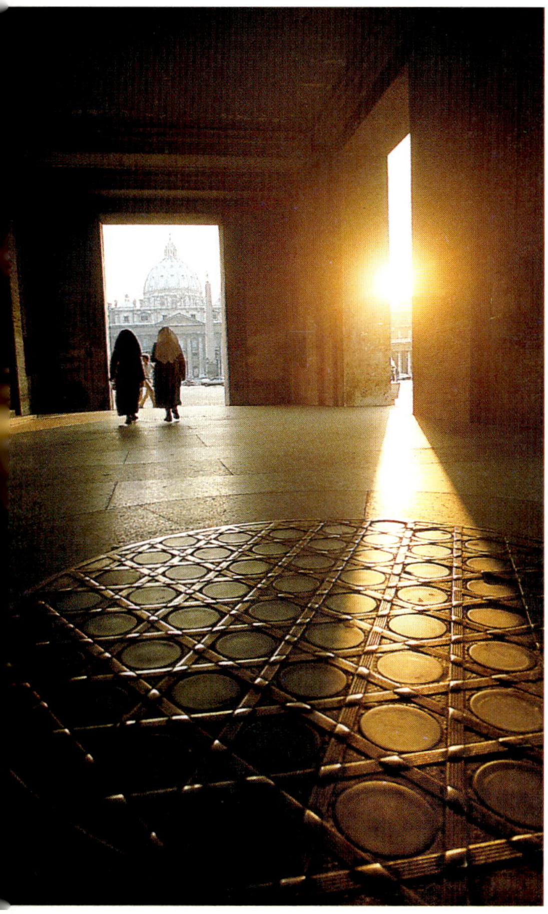

A sinistra: in cammino verso piazza San Pietro, là dove sorge il più grande santuario della cristianità.

A destra: una teca aurea del VII secolo, opera di oreficeria bizantina, dal Tesoro di San Pietro.

Nella pagina a lato: il grande abbraccio del colonnato di San Pietro (1656-67), capolavoro di architettura scenografica di Bernini.

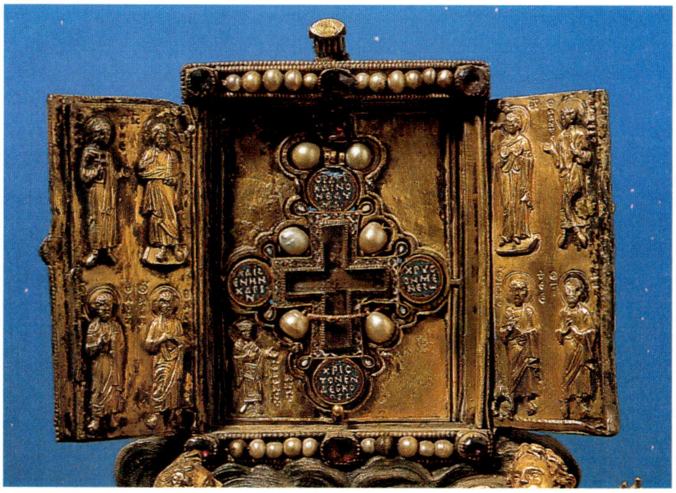

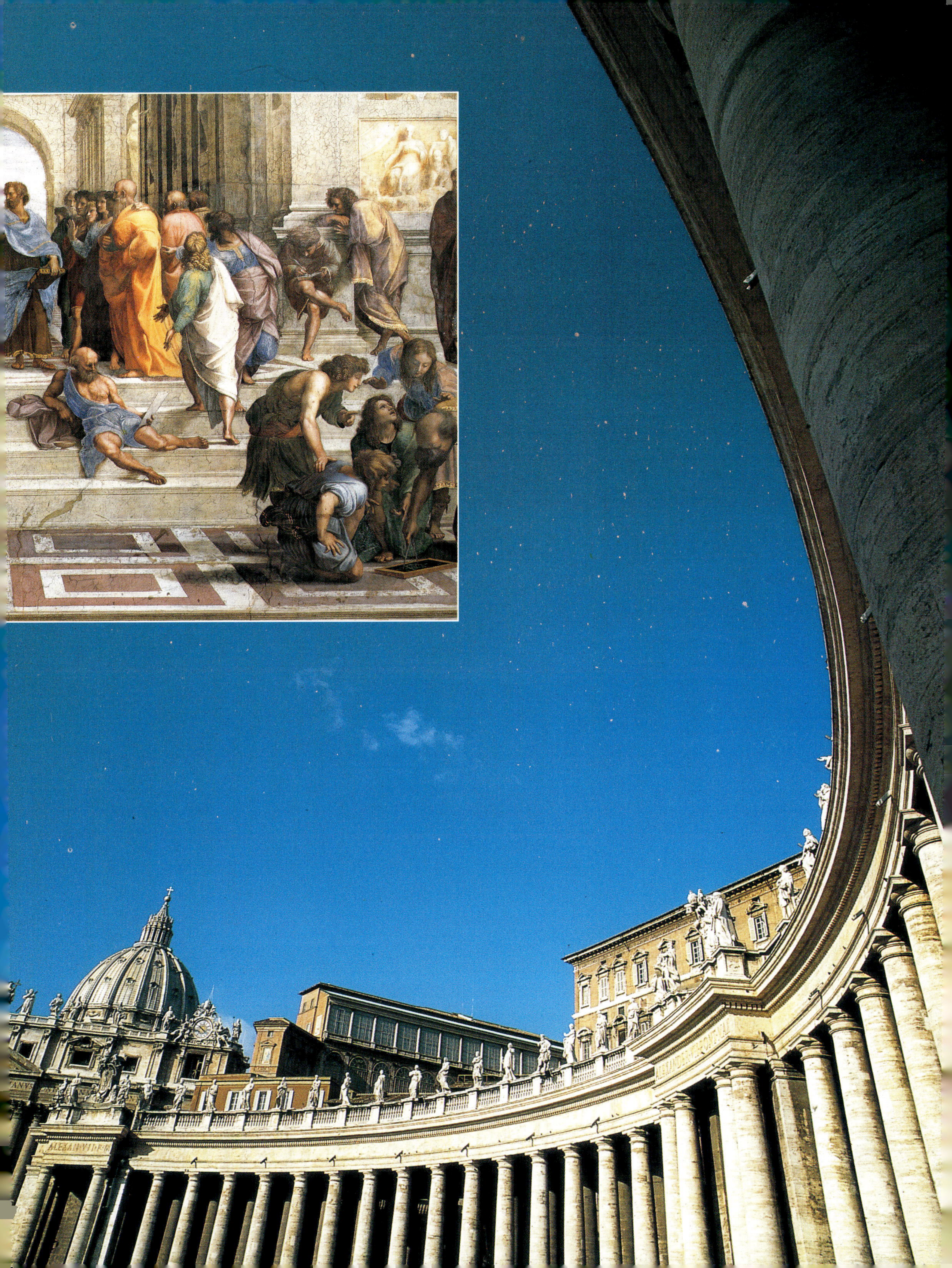

SAN GIMIGNANO

IL CENTRO STORICO

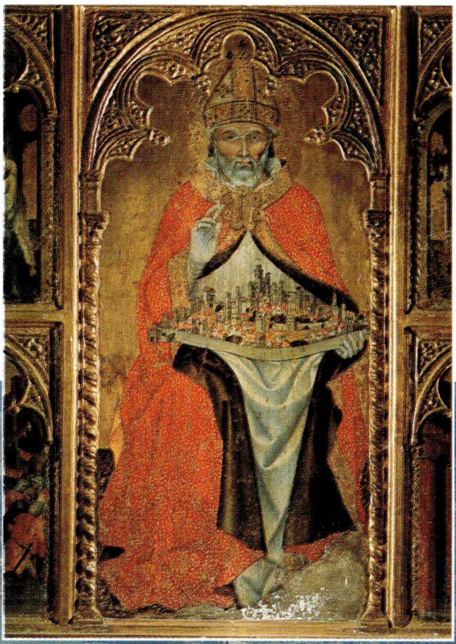

San Gimignano e storie della sua vita (1401), dossale d'altare di Taddeo di Bartolo, al Museo Civico; il santo regge in mano un modello della città.

L'immagine raccolta e turrita di San Gimignano, dolcemente immersa nella verdeggiante campagna toscana, evoca l'Italia del Medioevo operosa e intraprendente, elegante e raffinata. La città, sorta nel X secolo lungo la via Francigena o Romea che metteva in comunicazione l'Europa occidentale con Roma, deve la sua espansione

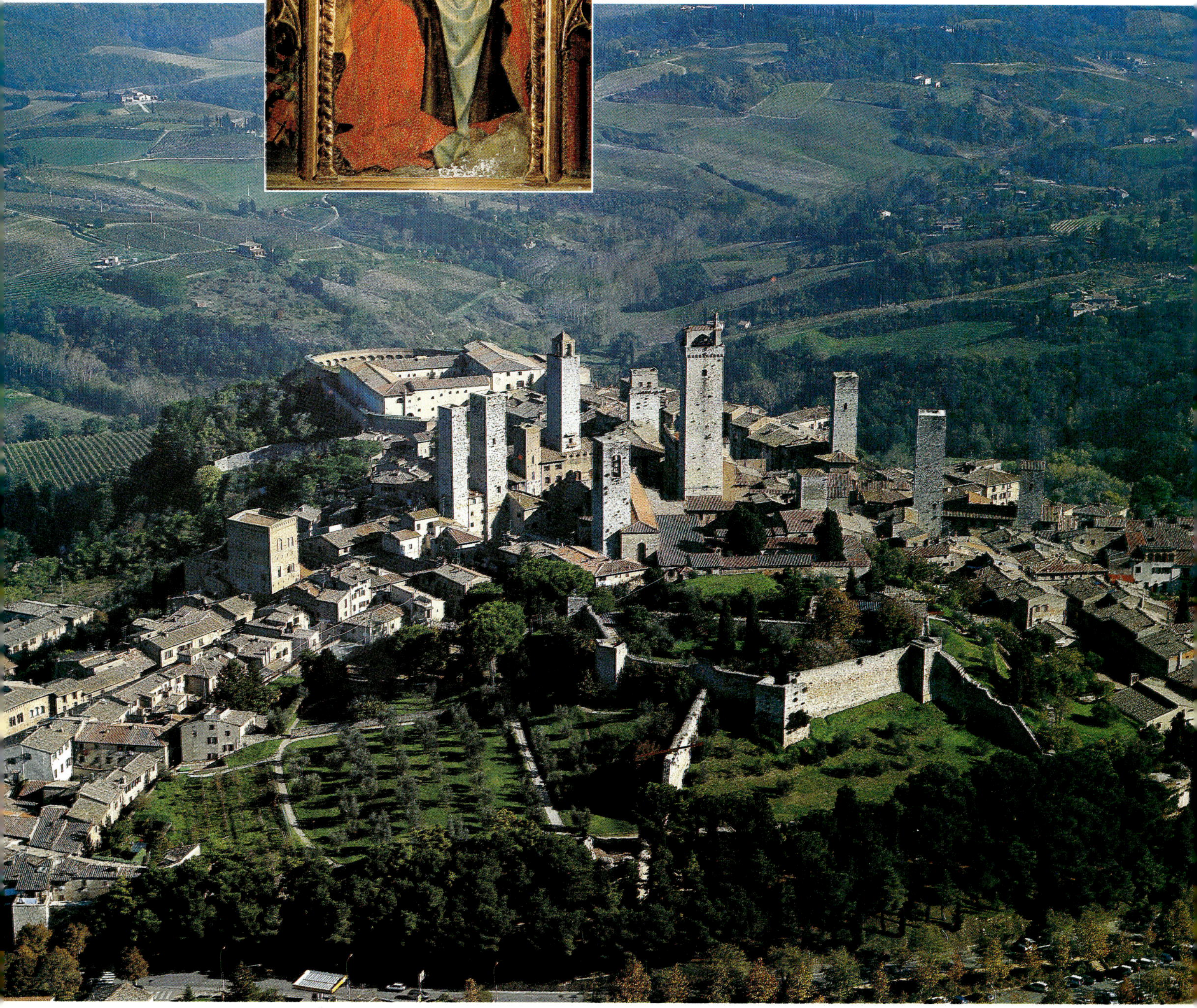

Alta su un colle che domina la val d'Elsa, ancora irta di torri e difesa da mura, San Gimignano conserva intatto il proprio impianto medievale.

alla posizione geografica rispetto alla rete di strade che attraversava la val d'Elsa e che per lungo tempo la rese centro privilegiato di smistamento e vendita di merci. Fu la massima produttrice di zafferano, il quale, attraverso i porti di Pisa, Genova e Lucca, veniva esportato anche in Francia e nei Paesi Bassi. Sorta come centro fortificato, si ampliò tra la fine dell'XI secolo e l'inizio del XII con i due quartieri di San Giovanni, in direzione di Siena, e di San Matteo, in direzione di Pisa. La ricchezza e il potere delle famiglie di mercanti sono ancor oggi rappresentate dalle torri che questi si facevano costruire in città; le torri Ardinghelli, Pellari, Salvucci e "Rognosa" sono solo alcune fra le superstiti. Il centro medievale del borgo antico vive intorno alle due piazze della Cisterna e del Duomo; qui, nel palazzo del Popolo o del Podestà hanno sede il Comune e i Musei Civici. Il Duomo o Collegiata, iniziato nel XII secolo e ampliato da Giuliano da Maiano nel XV secolo, conserva preziosi affreschi di artisti di scuola senese come Taddeo di Bartolo e l'espressivo Barna da Siena. Nel 1351, impoveritasi a causa della partecipazione alle lotte fra guelfi e ghibellini, spopolata dalla peste del 1348, la città si sottomise a Firenze, la quale le impose la propria egemonia culturale interrompendone il tradizionale legame con la cultura senese. Nel corso del XV secolo le maggiori imprese decorative vennero quindi affidate ad artisti di provenienza fiorentina come Benozzo Gozzoli e Ghirlandaio. A quest'ultimo si devono, tra l'altro, le vivide storie di Santa Fina che decorano la limpida architettura rinascimentale della cappella dedicata alla santa, opera di Giuliano e Benedetto da Maiano. Il rapido declino politico ed economico di San Gimignano ne ha lasciato intatto l'aspetto, cristallizzatosi in quella struttura tardotrecentesca che fa della città una meta obbligata per il turismo internazionale.

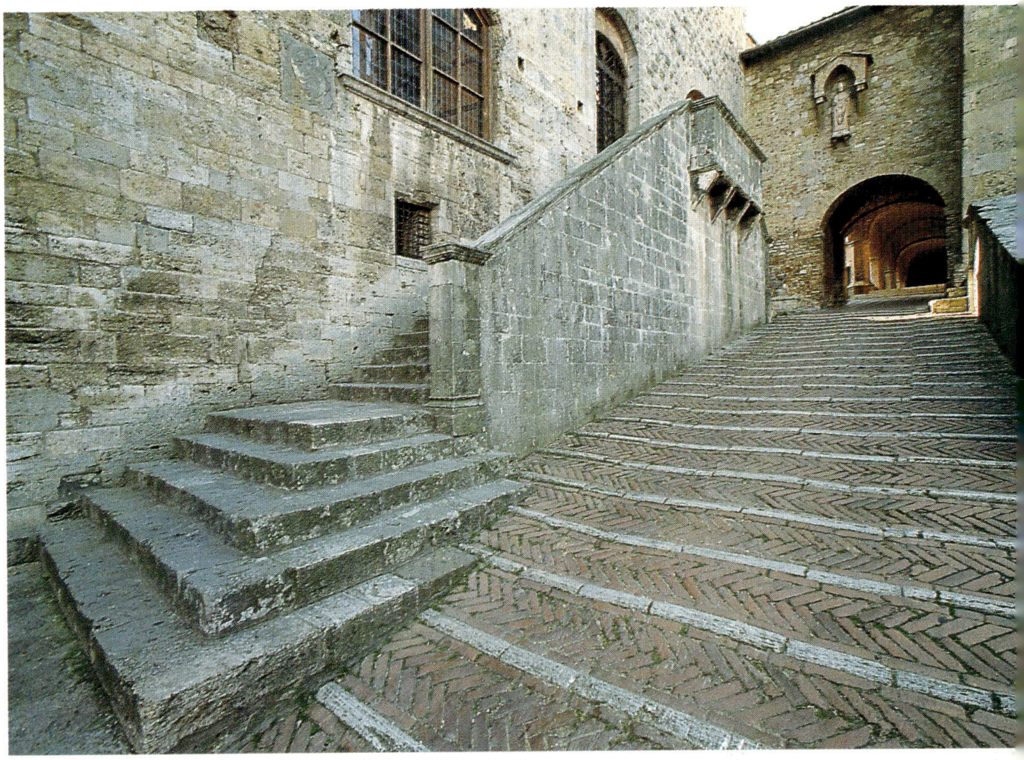

L'arco di San Giovanni, che dalla piazza del Duomo conduce alla loggia del Battistero. Nel tabernacolo, la statua di San Gimignano, del 1342.

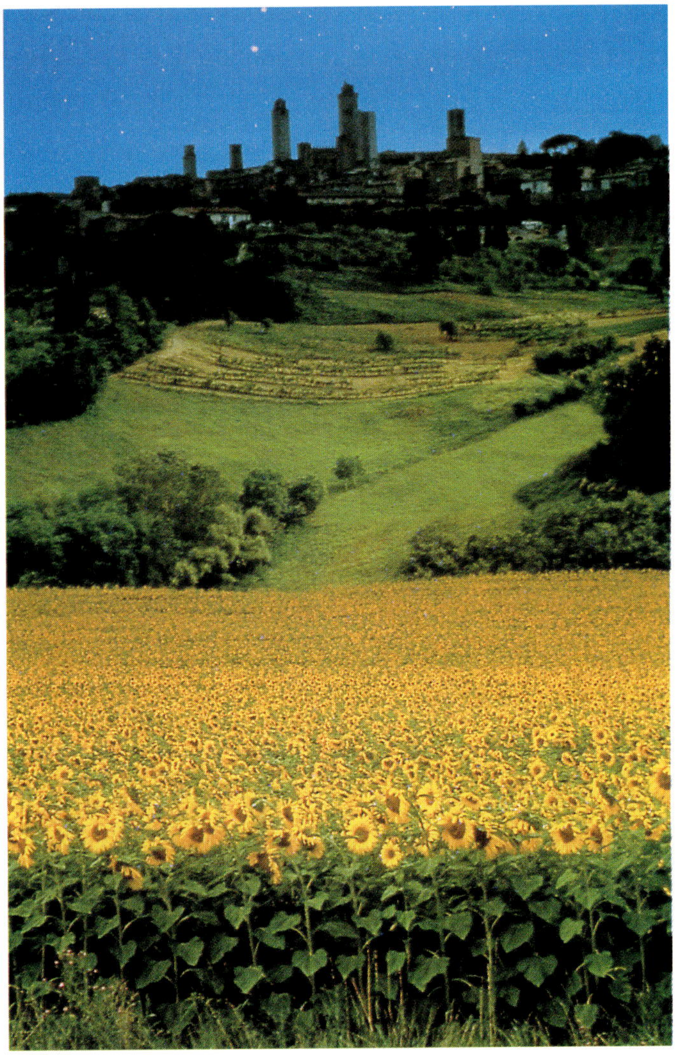

L'inconfondibile profilo di San Gimignano, nel cuore di una campagna trasformata da secoli di paziente lavoro dell'uomo.

SIENA

IL CENTRO STORICO

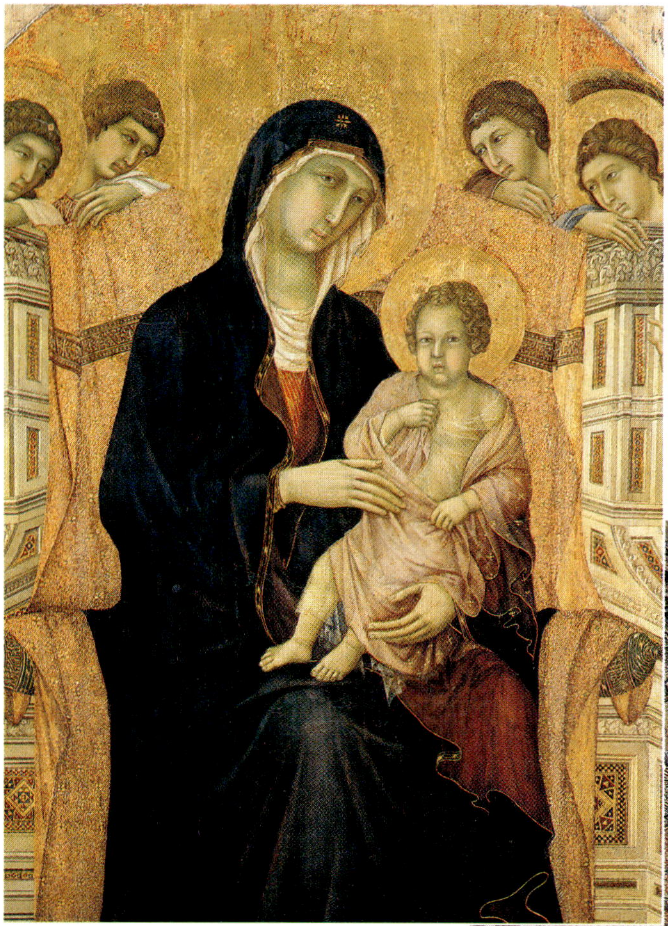

La Maestà (1308-11) di Duccio, grandiosa pala per l'altare maggiore del Duomo, apre la felice stagione della pittura senese.

Siena sorge nel cuore di un paesaggio celebre nel mondo per la sua bellezza, pittoresco sfondo al centro storico, integro e ricco di monumenti e opere d'arte, che ha conservato l'aspetto, medievale e soprattutto gotico, del periodo di massimo splendore della città.

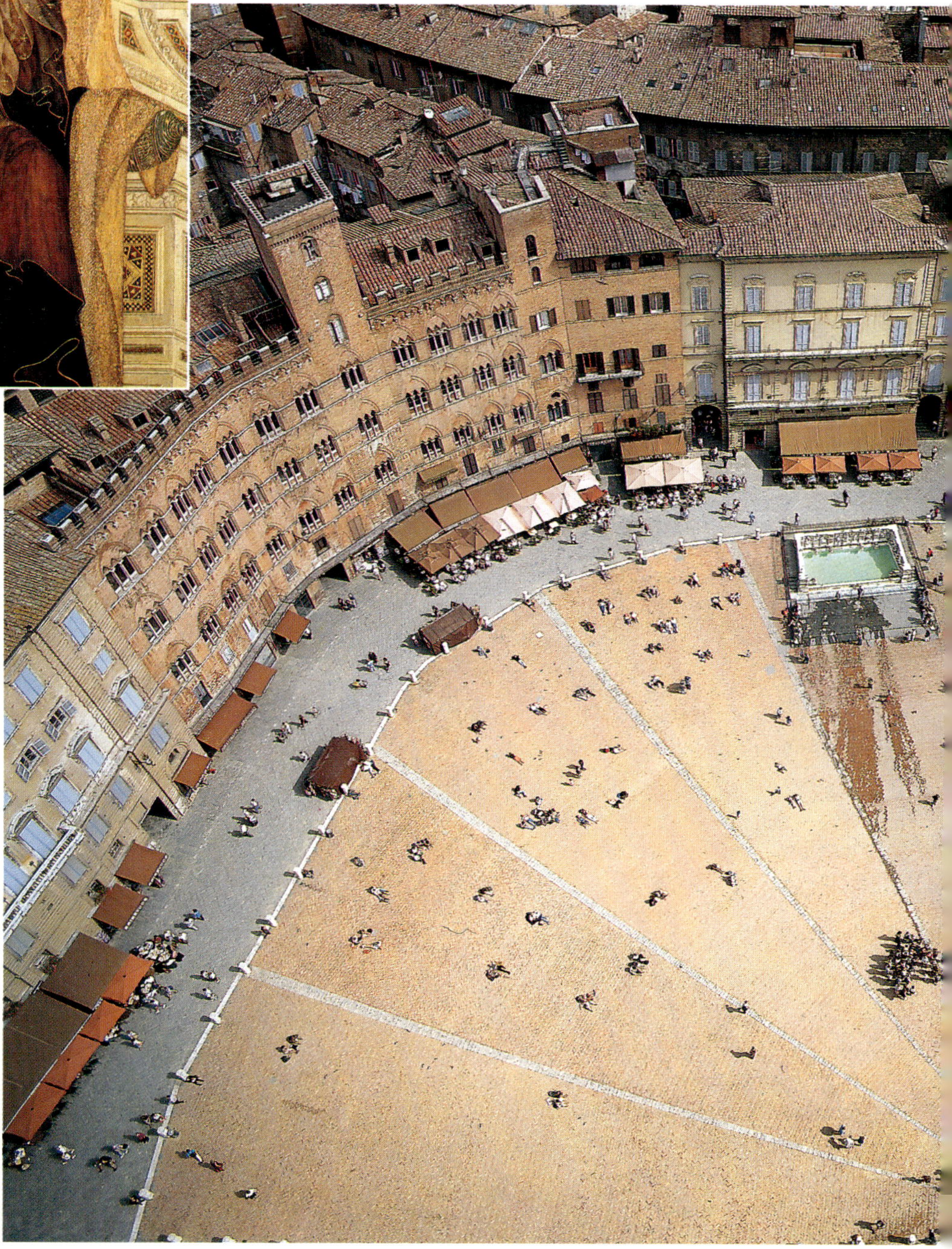

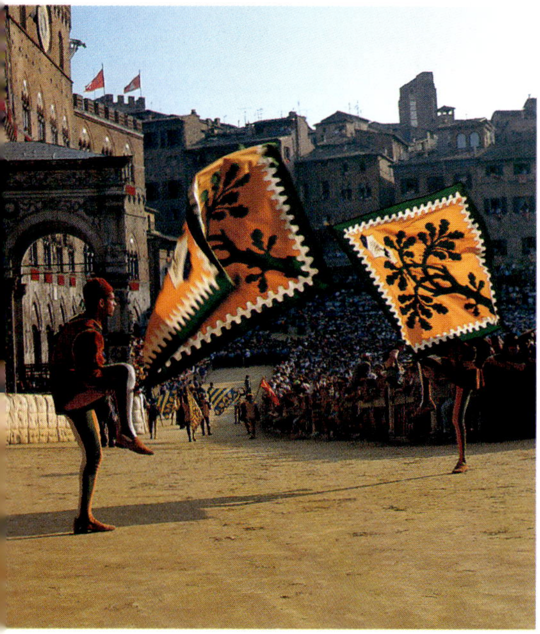

Sopra: il Palio, il momento in cui riemerge con forza l'identità delle contrade.

A lato: la grande "conchiglia" di piazza del Campo.

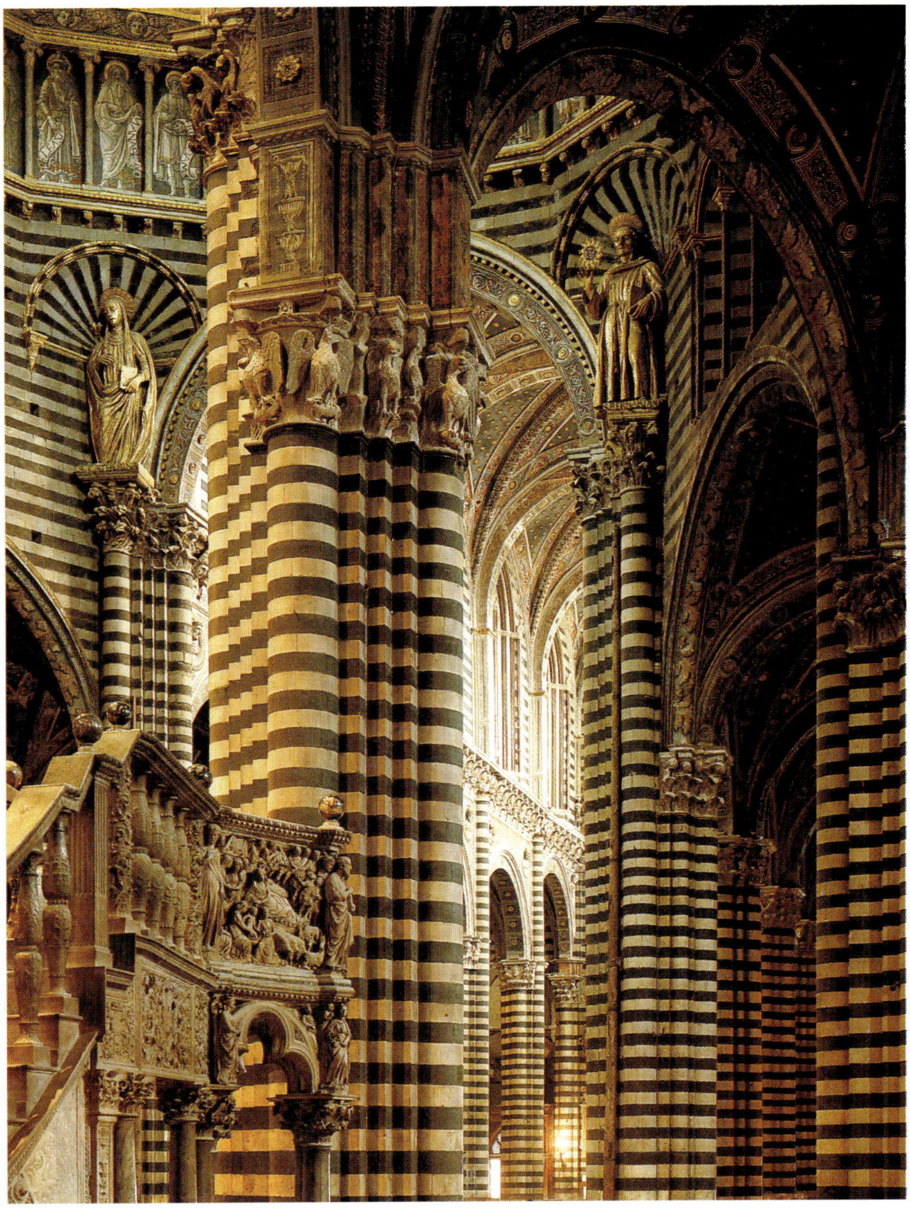

L'interno del Duomo, cui pareti e pilastri a fasce bianche e nere donano un intenso effetto chiaroscurale. In primo piano, il pergamo (1266-68) di Nicola Pisano.

Abitata fin dal XII secolo da intraprendenti mercanti, deve la sua prosperità alle attività commerciali e bancarie, grazie alle quali intrecciò relazioni con tutte le maggiori città europee. Centro della vita cittadina era la piazza del Campo, risistemata nel XIV secolo e teatro del celebre Palio.

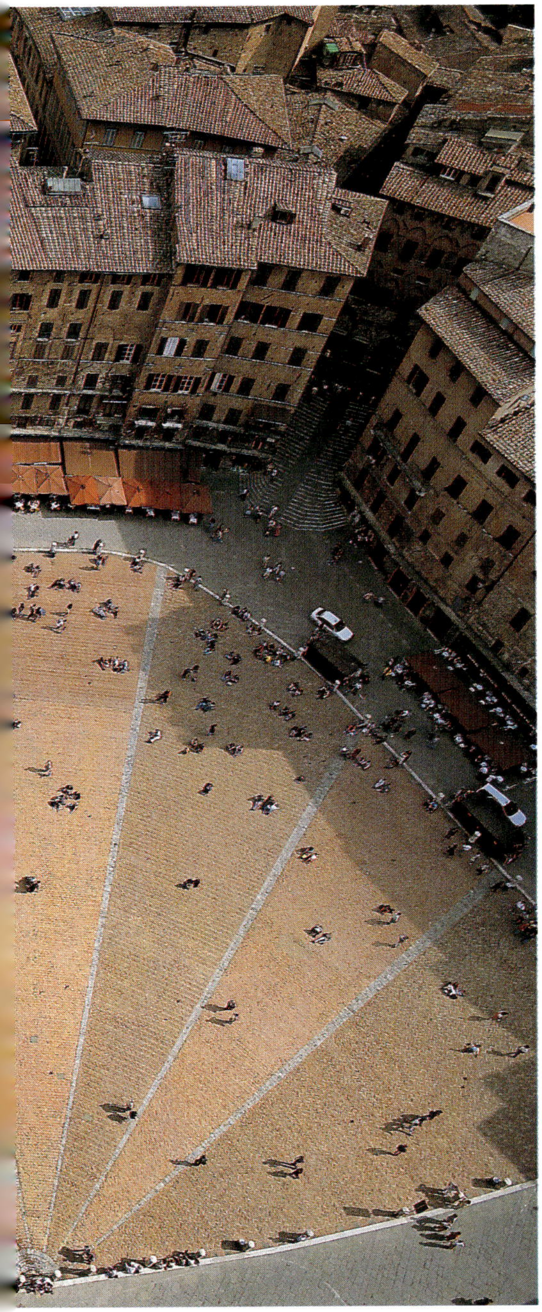

È una delle più note piazze italiane, sia per la sua forma particolare, sia per i monumenti che l'arricchiscono: l'imponente Fonte Gaia di Jacopo della Quercia, l'elegante Palazzo Pubblico e la slanciata e altissima Torre del Mangia, dalla quale si domina il vasto panorama circostante. Il Palazzo Pubblico ospita alcune delle più importanti testimonianze figurative di una scuola artistica che nel XIV e nel XV secolo si contrapponeva a quella fiorentina, come le *Maestà* di Duccio di Buoninsegna e di Simone Martini, il *Guidoriccio da Fogliano*, dello stesso, e gli *Effetti del Buon Governo in città e in campagna* e il *Mal Governo e i suoi effetti* di Ambrogio Lorenzetti. Oltre a rappresentare le diverse e altissime modalità espressive del gotico senese, queste ultime opere costituiscono una preziosa e rara documentazione della concezione del paesaggio in Italia nel XIV secolo.
Come in pittura così in architettura, le forme decorative ed eleganti delle strutture e degli elementi scultorei del Duomo e del Battistero caratterizzano in un'accezione del tutto particolare l'arte senese del XIII e XIV secolo. La presenza di Nicola Pisano, autore del superbo pulpito del Duomo, e del figlio Giovanni diedero vita a una fiorente scuola di scultura che ebbe fra i suoi maggiori eponenti Tino di Camaino e in seguito Jacopo della Quercia.

VALCAMONICA

L'ARTE RUPESTRE

Sotto: bambini che giocano, graffito del Parco nazionale delle Incisioni rupestri di Naquane nei pressi di Capo di Ponte.

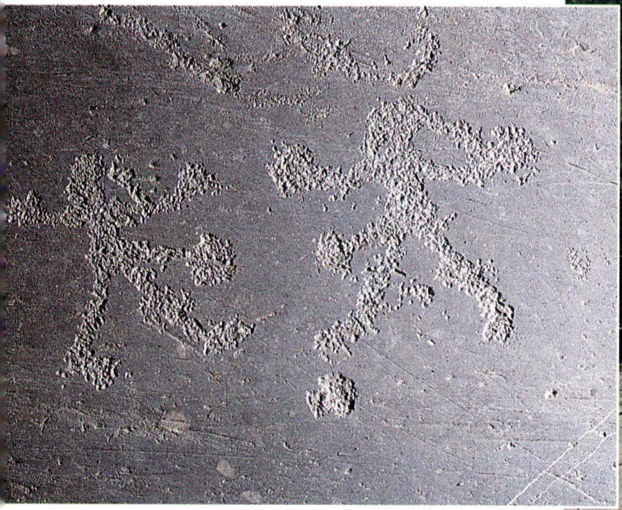

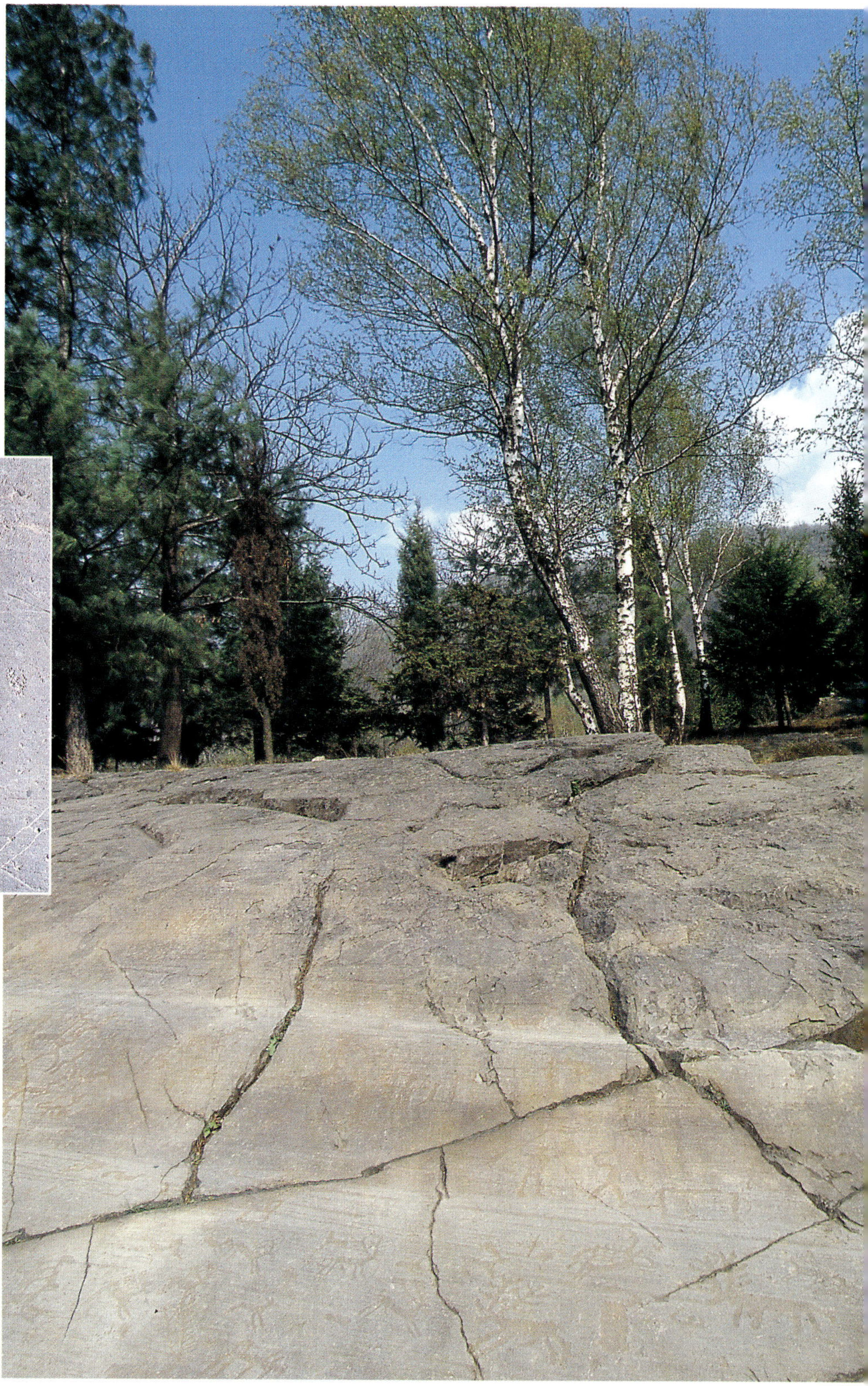

A lato: scene di caccia e di lotta sulla roccia Grande di Naquane, superficie decorata da oltre mille figure, incise tra il Neolitico e l'età del Ferro.

La Valcamonica, così chiamata dal nome tramandatoci dai Romani dei suoi abitanti, i Camuni, è un territorio delle Prealpi lombarde di origine glaciale lungo circa settanta chilometri e largo tre. Conserva il più grandioso complesso di arte rupestre dell'Italia subalpina, un patrimonio quantificabile in circa 250.000 figure, impresse su centinaia di rocce all'aperto, che costituisce un esempio di come la tradizione istoriativa preistorica possa prolungarsi anche in fase storica.

L'immensa serie di figure venne incisa con strumenti in pietra, solcando in profondità rocce di arenaria permiana.

La fase più arcaica appartiene a una cultura epipaleolitica: nel periodo protocamuno l'uomo incise poche, sporadiche figure di

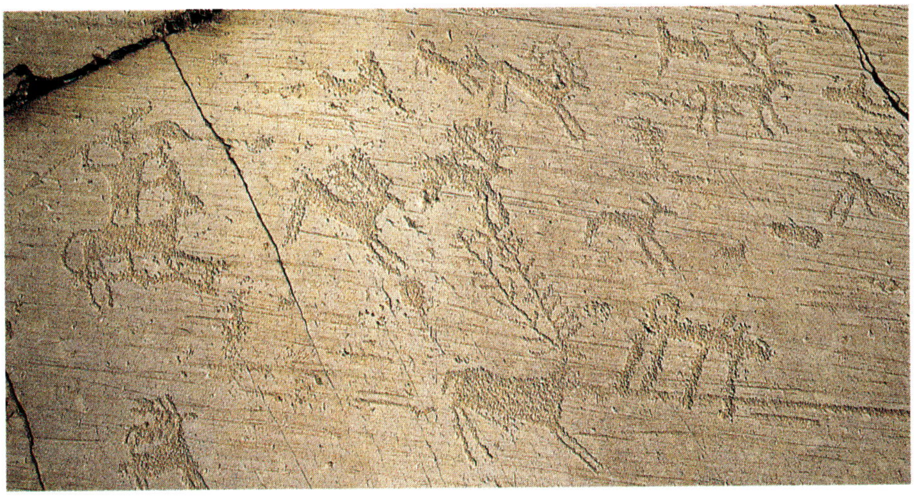

Un cacciatore a cavallo insegue alcuni cervi, motivo ricorrente nelle incisioni rupestri della Valcamonica.

In basso: statua-stele collocata nei pressi dell'antiquarium, al centro del Parco di Naquane.

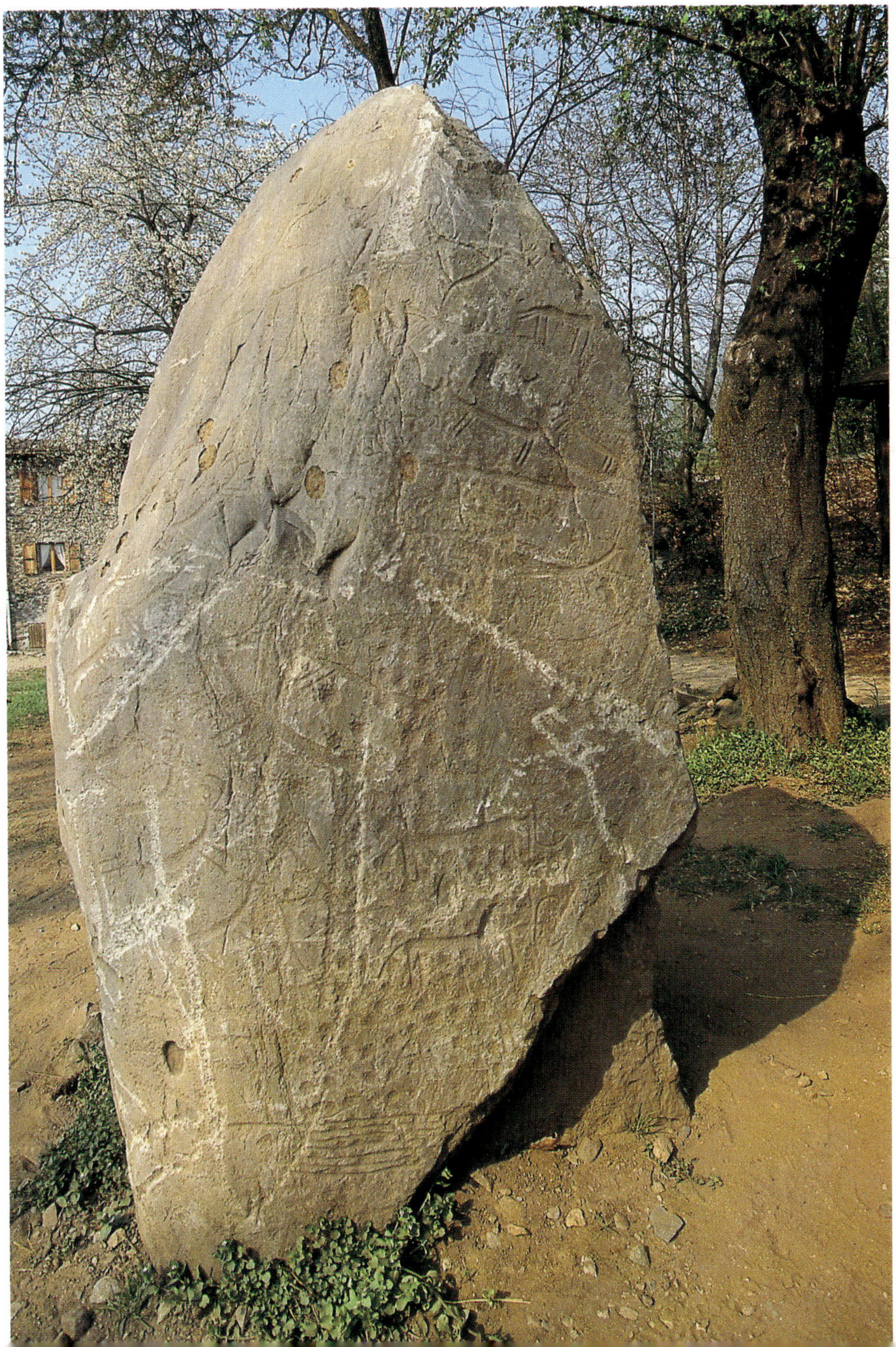

animali, in un luogo che era verosimilmente punto di passaggio obbligato per le sue prede. Durante il V-IV millennio a.C. (periodo neolitico) comparvero le prime istoriazioni in cui è presente la figura umana, immagini semplici nelle quali l'orante compare in abbinamento a simboli derivati dal mondo agricolo. Il terzo millennio a.C. (periodo calcolitico) vide il momentaneo, parziale abbandono delle grandi superfici istoriate come ricettacoli dell'incidere, a favore di massi antropomorfi: le statue-stele, su cui si trovano tracciati simboli riconoscibili nelle culture indoeuropee. L'arte rupestre nella Valcamonica raggiunse l'apice tra l'850 e il 400 a.C., quando furono realizzate migliaia di figure, ripetitive nello stile e nella tipologia, tanto da risultare una sorta di pre-scrittura simbolica. I temi più comuni sono le scene di combattimenti, forse rituali, le rappresentazioni (alcune mediate dal mondo etrusco) di carattere sacrale e religioso, le immagini di villaggi e di momenti particolari della vita comunitaria. Il periodo romano vide l'abbandono dell'attività istoriativa a favore di nuovi dèi e simboli. Un ritorno agli antichi culti si registrò in età medievale, con la comparsa, all'interno dei boschi e in limitate zone rupestri, di una nuova tipologia espressiva accanto alla simbologia preistorica. La teoria più diffusa sulle incisioni rupestri è che avessero un intento religioso: raffigurando il momento della caccia e la preda ambita, ci si impossessava di essa; così rappresentando le attività agricole ci si assicurava di poterle eseguire con successo.

VENETO

VENEZIA E LA SUA LAGUNA

Il lento serpente del Canal Grande si snoda tra decine di palazzi nobiliari fino al trionfale bacino di San Marco.

Venezia è una città sorprendente per il viaggiatore, da qualsiasi luogo provenga. I settentrionali vi ritrovano le brumose atmosfere del Nord, accese però dall'esotismo e dalla vivacità di una città mediterranea; i meridionali, a loro volta, abituati al movimento chiassoso delle città del Sud, si stupiscono nel vedere come tale atmosfera possa convivere con un'aura fredda e sognante. Per tutti la struttura urbana, che non ha eguali in Europa e nel mondo, è motivo di ammirazione e meraviglia.

Fondata nel V secolo da popolazioni provenienti dalla terraferma, minacciate dalle invasioni barbariche, si legò a Bisanzio, che attraverso l'esarca di Ravenna esercitava un forte potere in Italia.

La città si configurò sin dalle origini come centro commerciale di grandi ambizioni. Dopo aver conquistato il controllo delle coste istriane, dalmate e pugliesi sull'Adriatico, a partire dal XIII secolo Venezia dominò tutte le vie di scambio commerciale con l'Oriente, dall'Italia e dall'Europa settentrionale e centrale. Lo sfarzo dei palazzi e la produzione di opere e oggetti d'arte

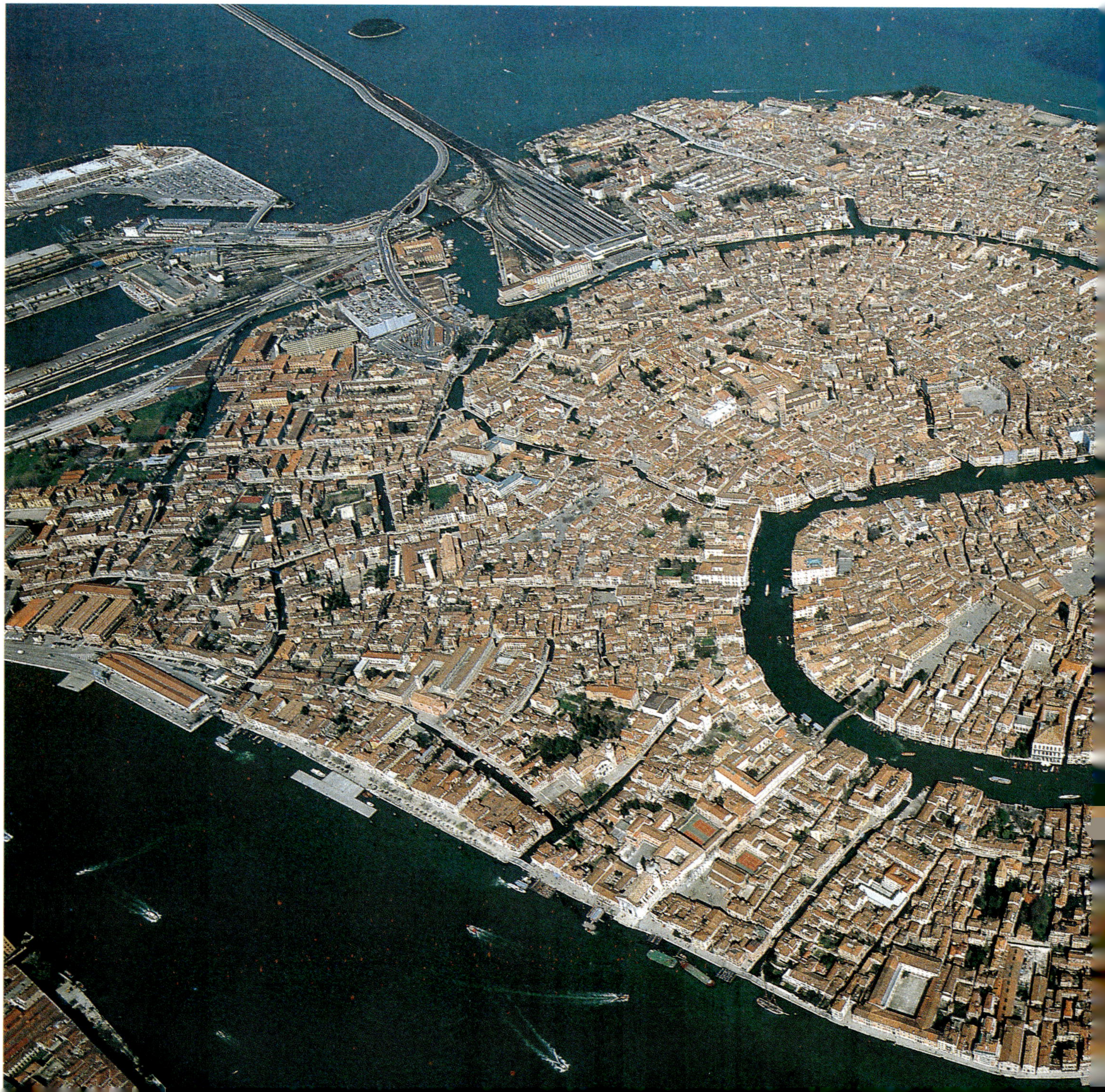

erano testimonianza dell'alto tenore di vita dei suoi abitanti. Come tutte le città del Medioevo, anche Venezia volse tutte le proprie energie alla costruzione della cattedrale, che dedicò a san Marco evangelista. L'attuale basilica a croce greca nacque nell'XI secolo, sul luogo delle due precedenti, che avevano subito diverse vicissitudini, e testimonia nei secoli l'interazione della cultura occidentale e di quella orientale. Grandioso e monumentale, ricco di decorazioni plastiche, di mosaici fiabeschi, di arredi, l'edificio sembra dilatarsi orizzontalmente anche per la presenza delle basse cupole dorate che lo sovrastano e che rievocano le coperture delle moschee islamiche. Il rapporto fra l'Oriente e Venezia durò diversi secoli garantendo alla città una ricchezza immensa e una cultura particolarissima rispetto a quelle del resto dell'Italia, diventando luogo di scambio di tendenze artistiche diverse. Scalo portuale, ospitò artisti che vi si stabilirono o che di qui proseguirono per altri luoghi (innumerevoli i fiamminghi e i tedeschi, tra cui lo stesso Dürer) e inviò suoi pittori, come Gentile Bellini, alla corte del sultano a Istanbul.
Il XV secolo vide configurarsi una scuola

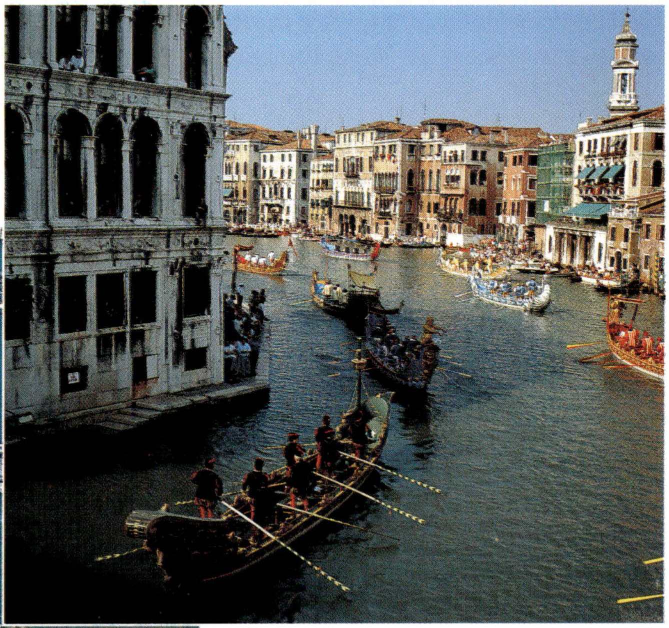

Bissone (tradizionali barche a otto remi) e altri natanti solcano il Canal Grande in occasione della Regata storica.

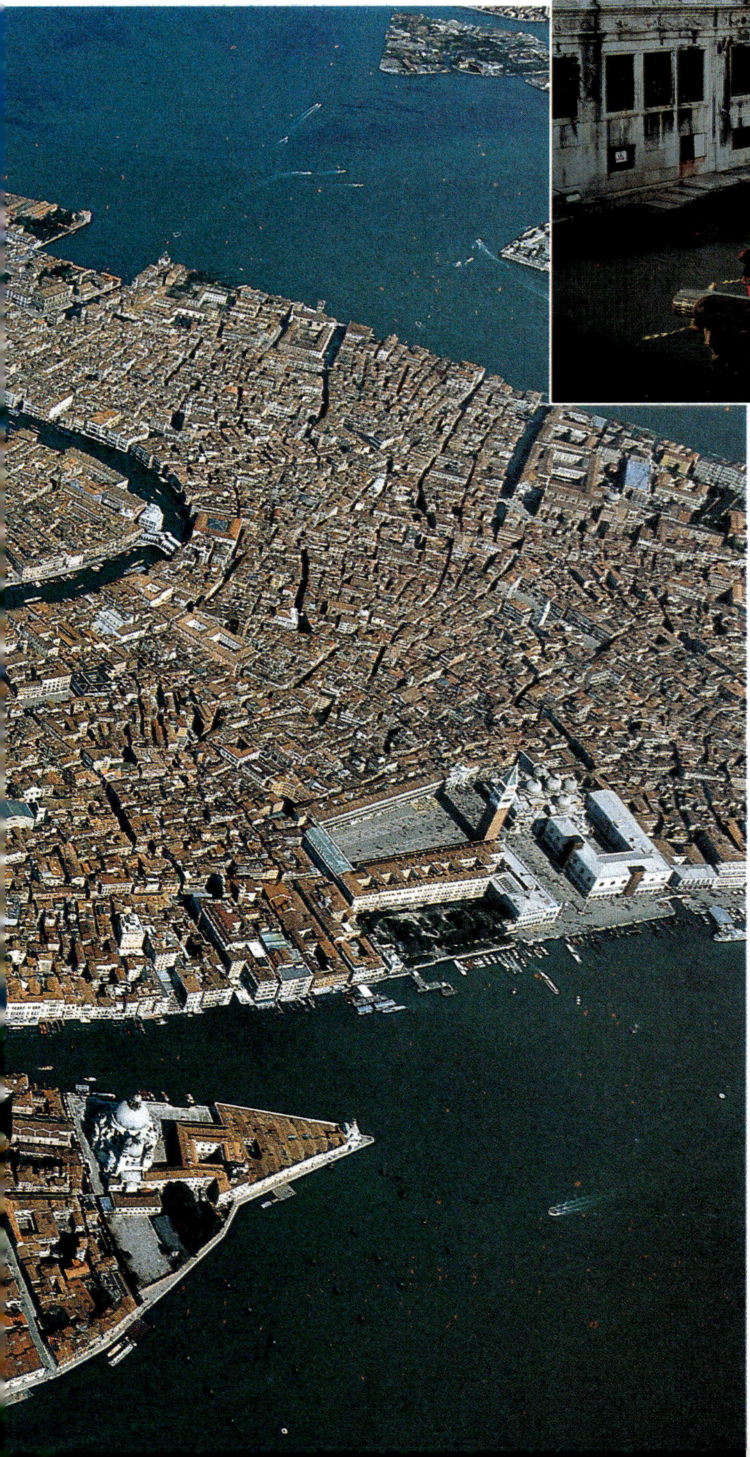

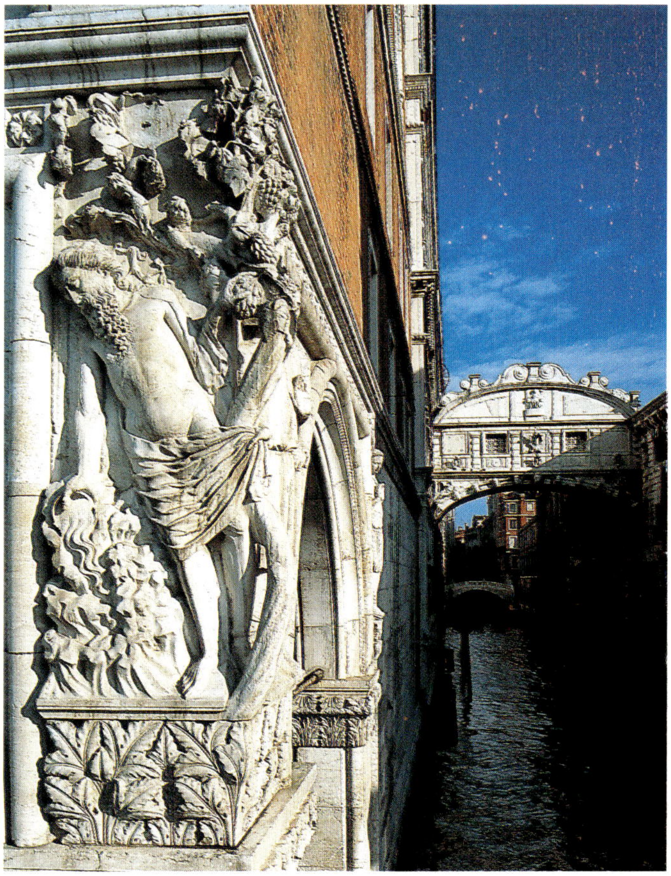

Sotto: L'ebbrezza di Noè (XIV-XV secolo), rilievo angolare di Palazzo Ducale. Sullo sfondo, il seicentesco ponte dei Sospiri, che collegava i Pozzi (le prigioni di Palazzo Ducale) ai Piombi (le nuove carceri).

artistica autonoma, che trovò il momento culminante nella figura del grande Giovanni Bellini, ma è nel Cinquecento che l'arte veneziana raggiunse un impareggiabile splendore, con le misteriose e aristocratiche creazioni di Giorgione, destinate a una ristretta e sofisticata cerchia nobiliare, e con le potenti opere di Tiziano, che ebbero già dai contemporanei i più alti riconoscimenti. L'immagine del Settecento che rievoca Venezia è quella diffusa nel mondo dalle commedie di Goldoni: una città ricca e gaudente, piena di vitalità e desiderosa di divertirsi ma, come la locandiera goldoniana, saggia e avveduta. Anche in pittura nel Settecento Venezia ebbe più anime e più espressioni: quella rutilante e fastosa del Tiepolo e quella misurata, saggia e ironica

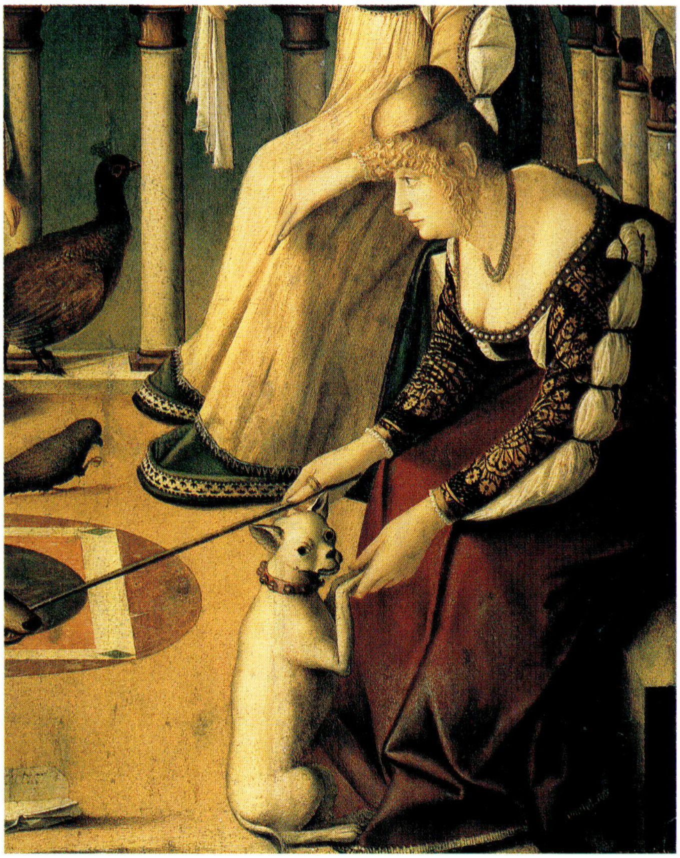

Un particolare delle Due dame veneziane (1510-15), noto anche come Le cortigiane, opera della piena maturità stilistica di Vittore Carpaccio.

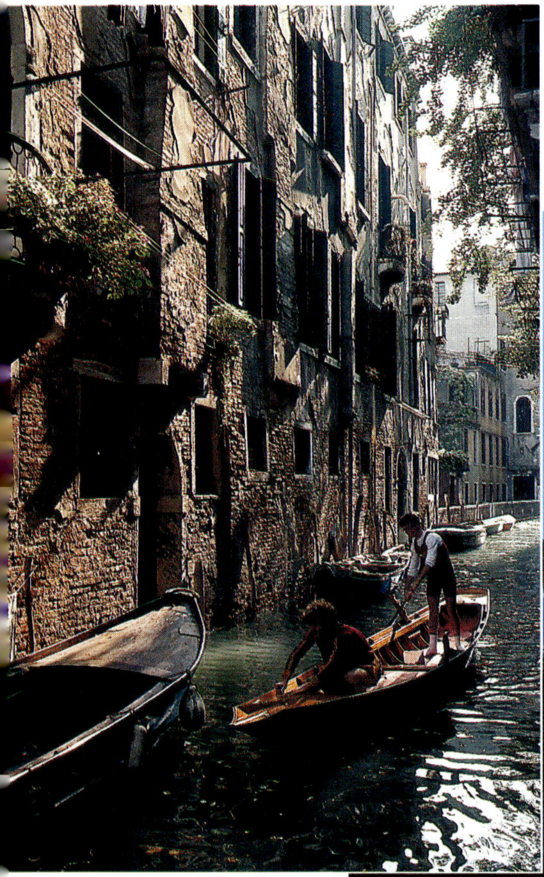

A sinistra: facciate in mattoni a vista e piccoli canali, il volto popolare e quotidiano di Venezia.

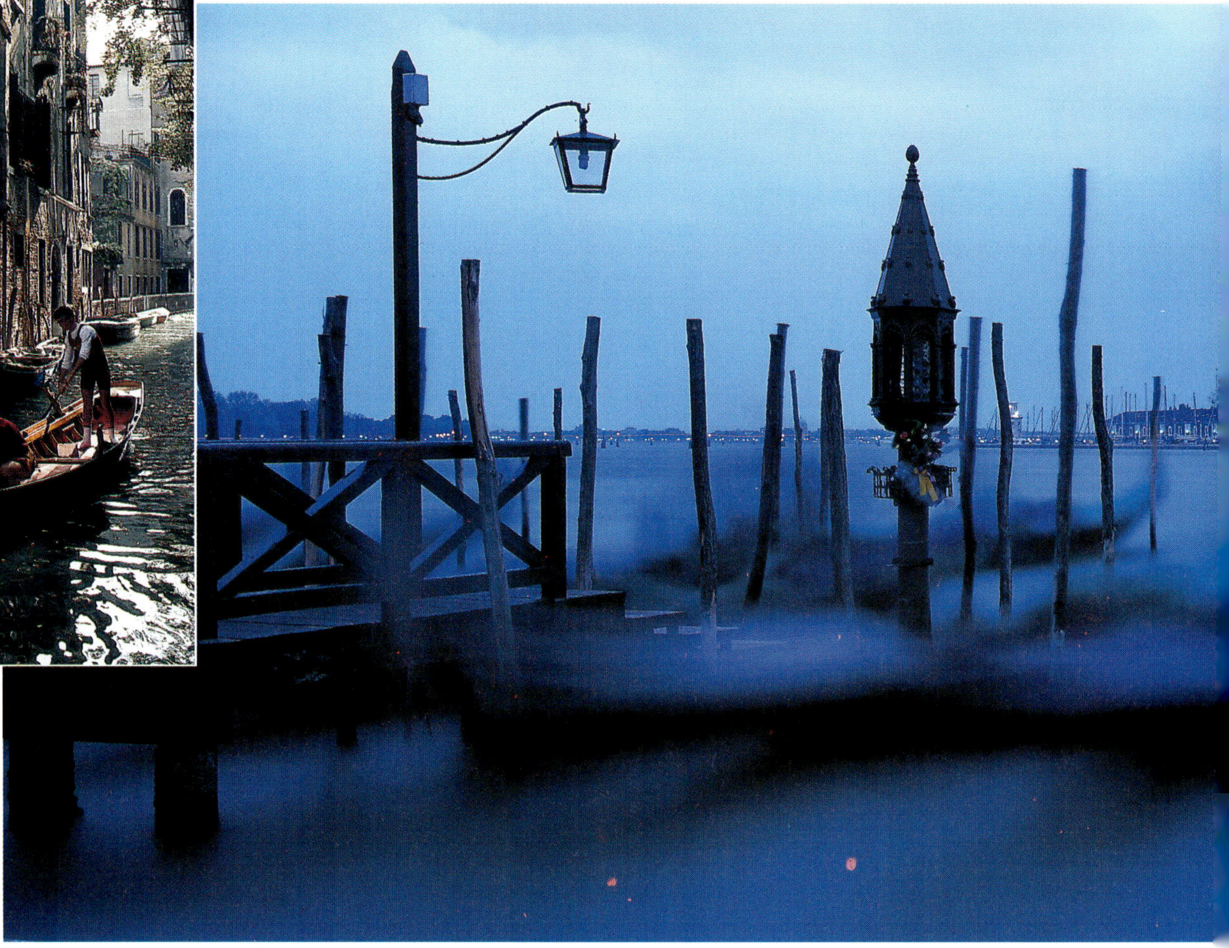

Una grande "nave" all'ancora nella laguna veneziana: l'isola di San Giorgio Maggiore, dominata dalla chiesa di Palladio e dal campanile settecentesco.

del Longhi, quella "impressionista" ante litteram e visionaria del Guardi e quella precisa e minuta del Canaletto.
Città affascinante, Venezia, amata dai turisti di tutto il mondo che non si stancano mai di contemplarne la bellezza, ma di cui è sempre più difficile cogliere i sentimenti e l'anima. Thomas Mann vi ambientò *Morte a Venezia*, esaltando e forse inventando un'atmosfera decadente che oggi si coglie a fatica nella città assediata dai turisti e dai problemi che rischiano di travolgerla deformandone il sentimento e la vita.

I merletti gotici di Palazzo Ducale guardano verso il campanile di San Marco.

Icona dell'arcangelo Michele a mezzo busto, opera bizantina della prima metà dell'XI secolo. Tesoro di San Marco.

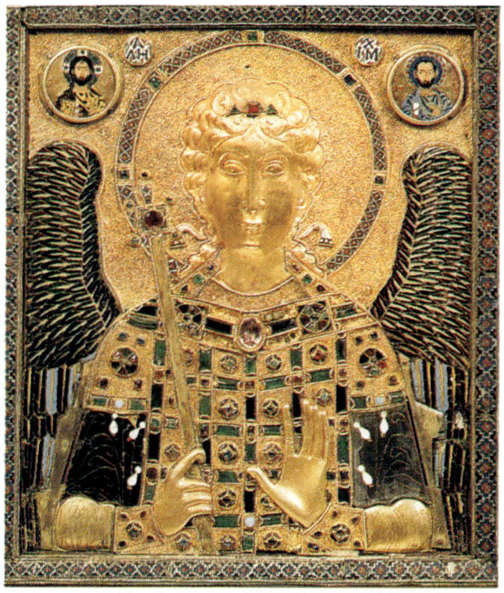

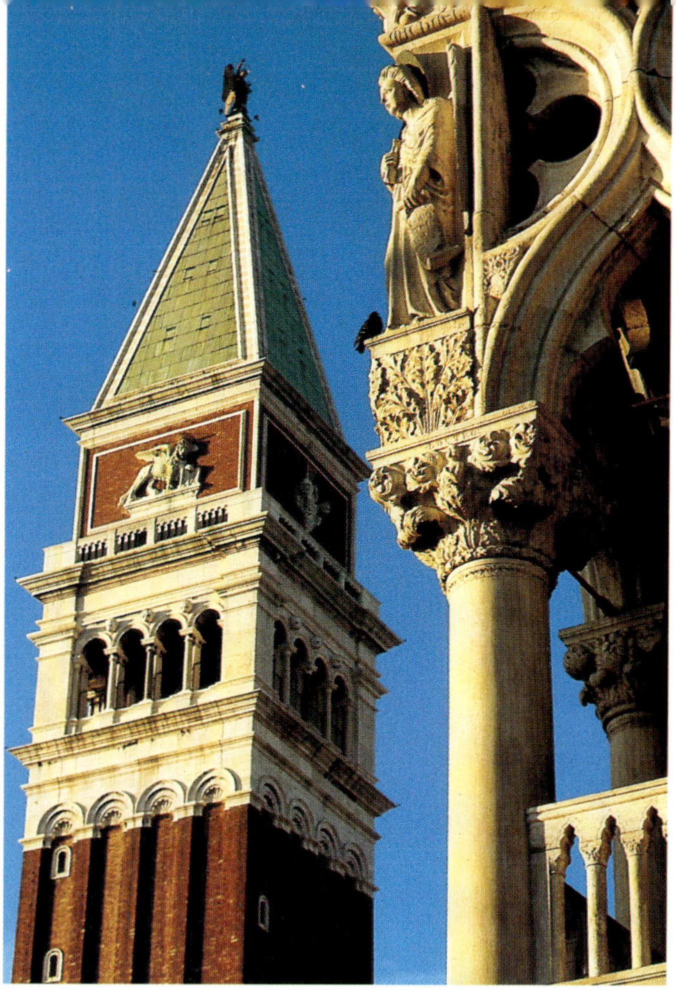

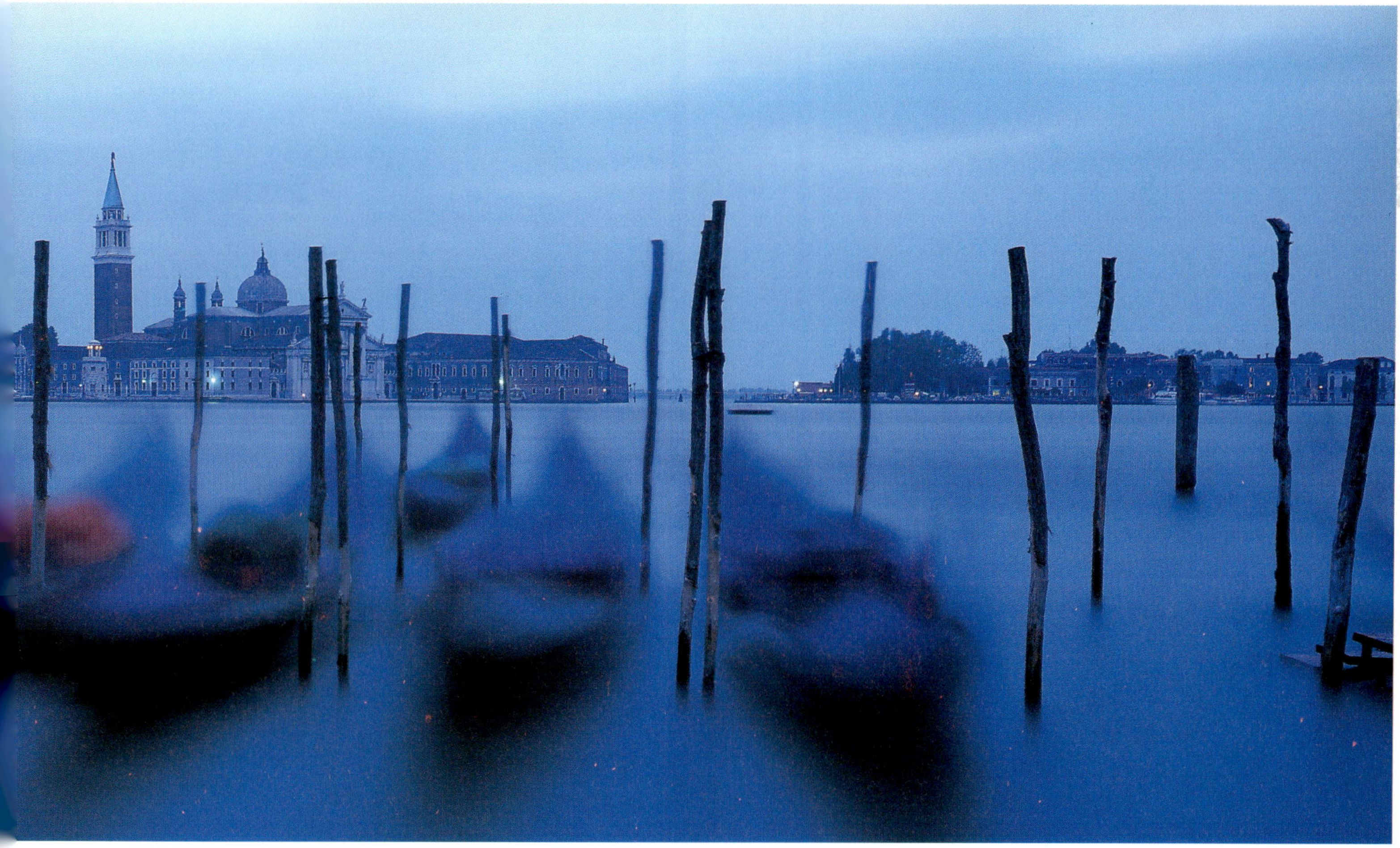

VENETO

VICENZA E LE VILLE DEL PALLADIO

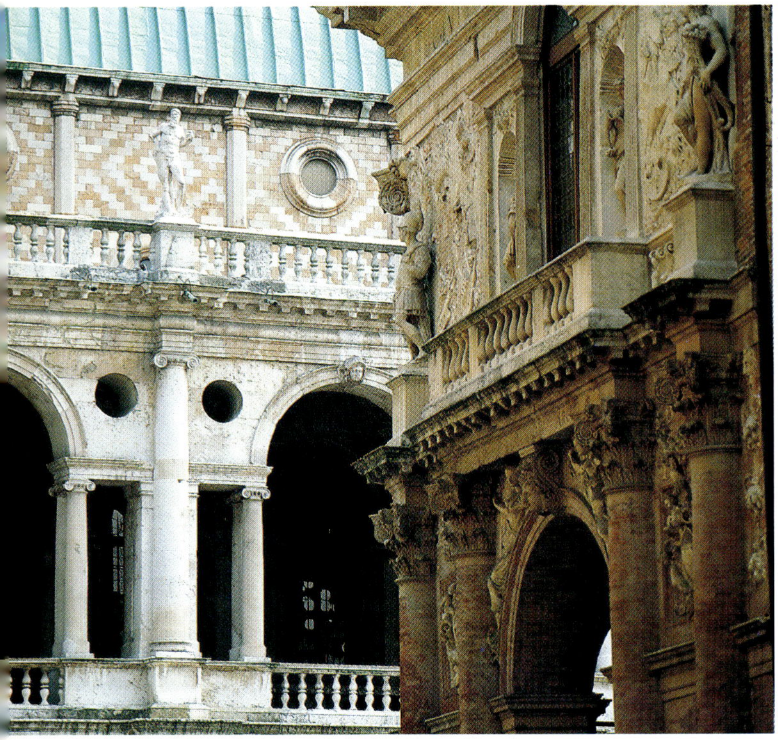

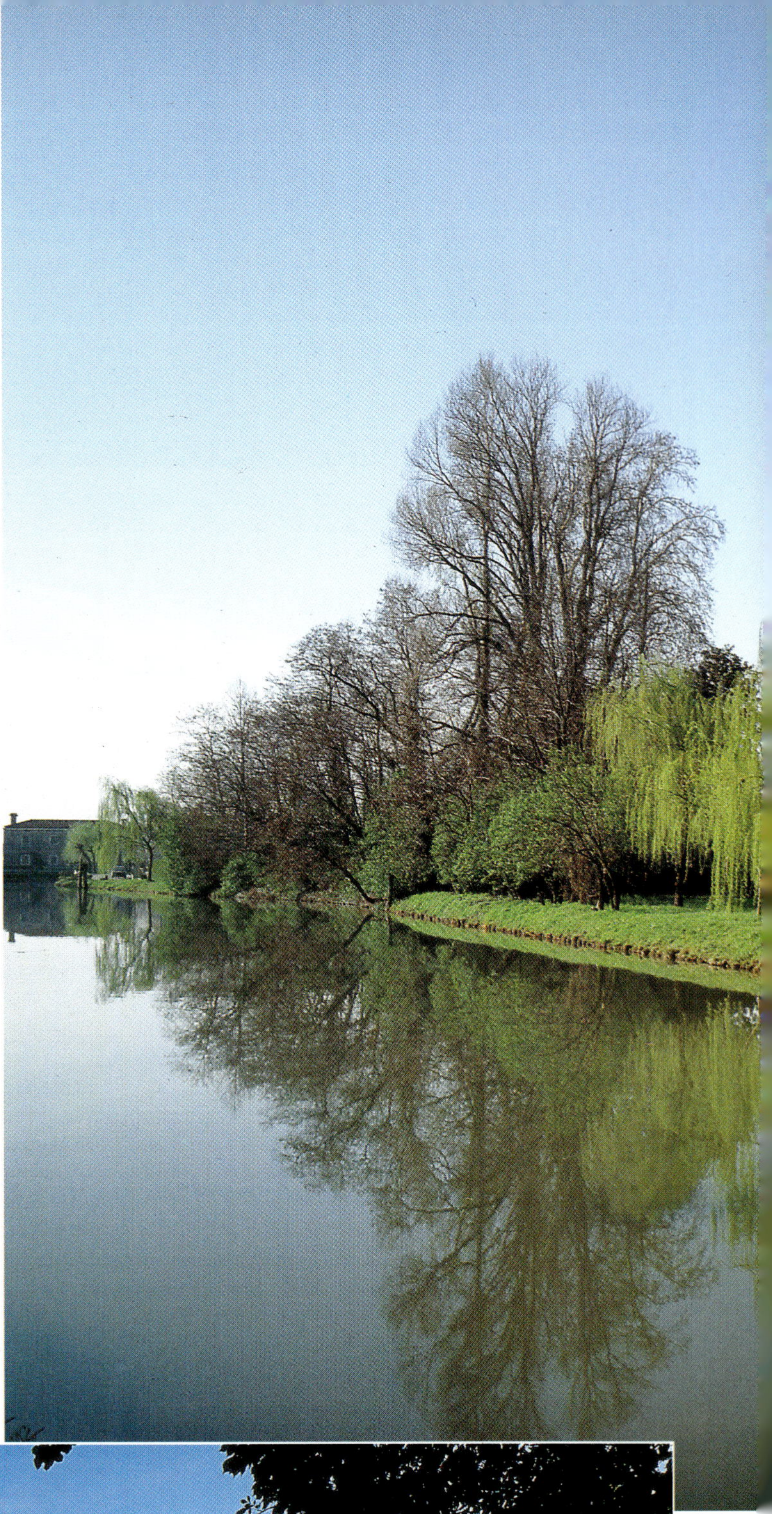

La storia dell'architettura assegna un ineguagliabile significato all'insegnamento di Andrea Palladio. Lo dimostra la diffusione nella maggior parte dell'Europa occidentale, in Gran Bretagna e negli Stati Uniti di uno stile architettonico, definito appunto palladianesimo.

La Basilica e la loggia del Capitaniato in piazza dei Signori a Vicenza, due "volti" dello stesso architetto: Andrea Palladio.

I compatti volumi della Rotonda (1567-1606), nei pressi di Vicenza.

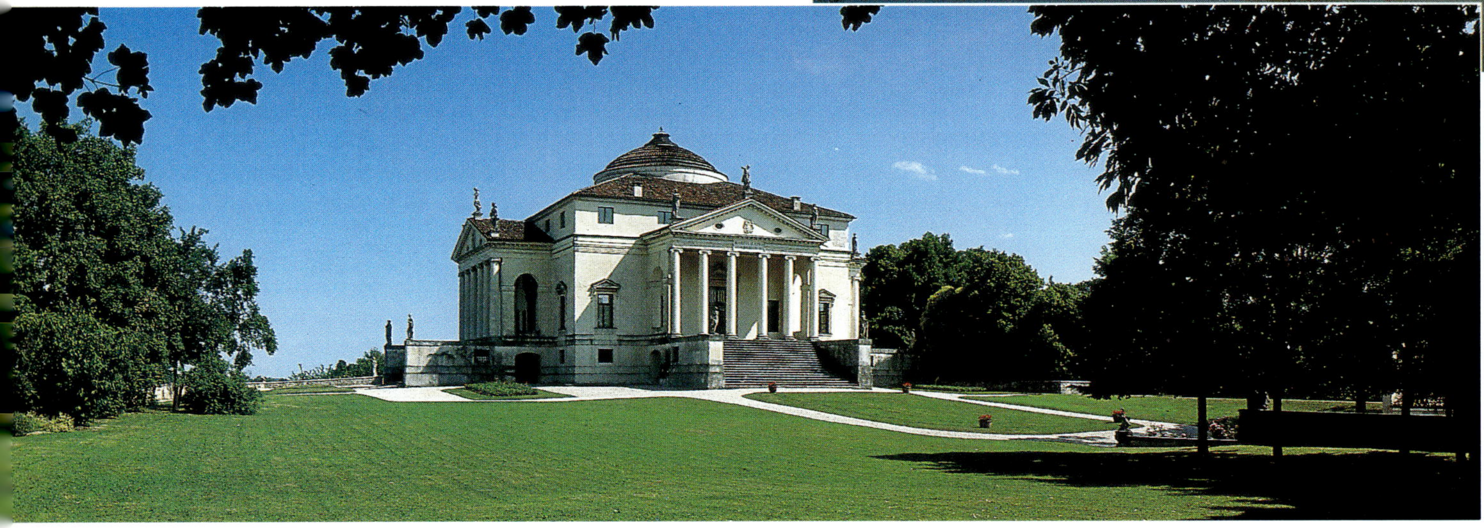

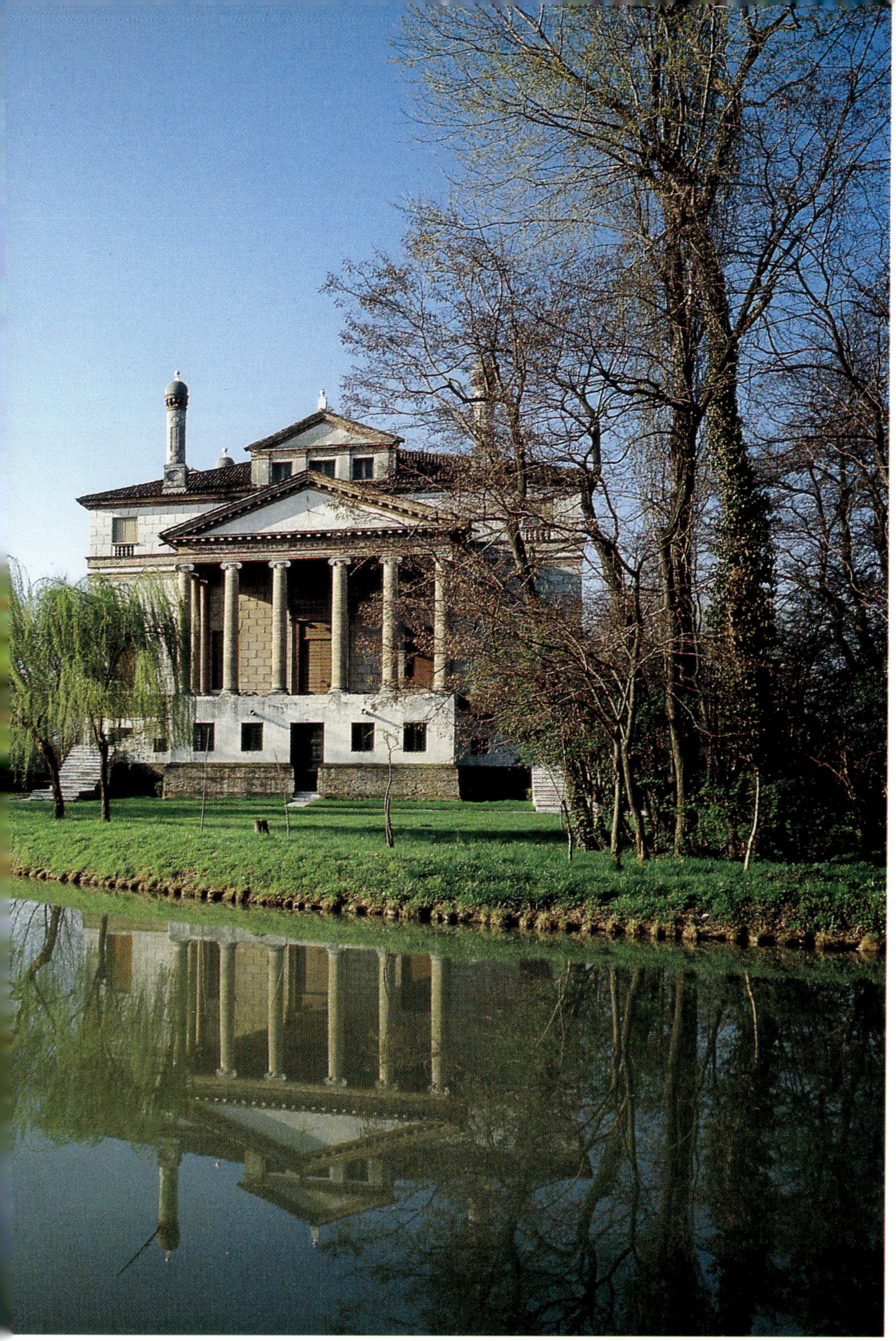

Villa Foscari, detta "la Malcontenta" (1555); la facciata sul Brenta presenta una maestosa loggia ionica.

Un capolavoro nel capolavoro: gli affreschi (1560-61) di Paolo Veronese che decorano la villa Barbaro, a Maser.

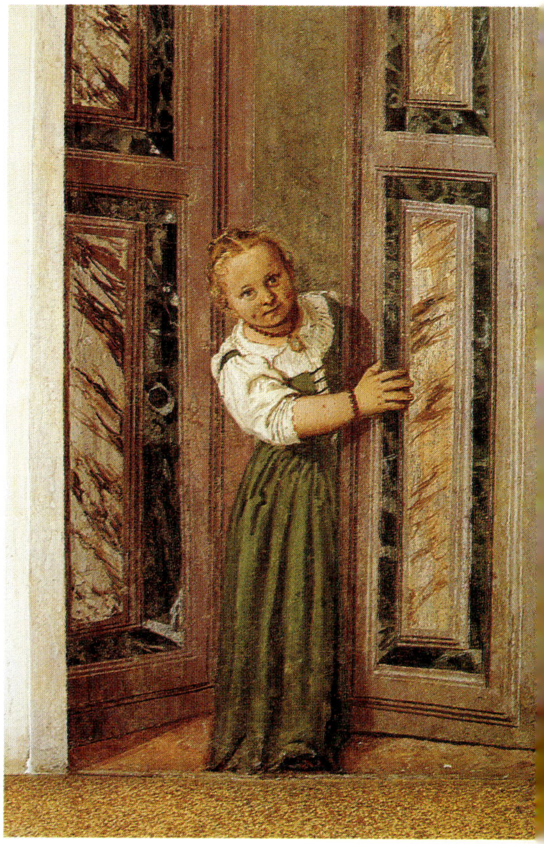

Nel XVI secolo l'inserimento di Vicenza nella Serenissima Repubblica di Venezia spinse la nobiltà locale a profondere grandi risorse nella costruzione e nell'abbellimento della città e delle ville nelle vicinanze.
Il momento di grande fulgore culturale, artistico e soprattutto architettonico fu marcato dal segno forte e unitario del Palladio, autore di numerosi edifici. Riprendendo idee del Sansovino, egli, fin dai primi decenni della sua attività, fece ricorso a elementi architettonici ispirati all'antichità classica, interpretati però in funzione del colorismo della cultura veneta.
Il primo intervento dell'architetto a Vicenza, nel 1542, è costituito dall'ampliamento e rimodernamento delle forme gotiche del palazzo della Ragione trasformato, con l'aggiunta di un doppio loggiato, dorico al piano inferiore e ionico in quello superiore, nelle forme moderne che gli hanno valso il nome di Basilica Palladiana.
Destinate sia a residenza estiva sia ai lunghi soggiorni in campagna richiesti dalla gestione di ampie proprietà terriere, le ville palladiane a tempio, con il frontone triangolare sorretto da colonne e con ali laterali, sintetizzano figurativamente e materialmente gli aspetti funzionali della gestione e di autogratificazione del proprietario. Le più rappresentative di questa tipologia sono la Rotonda di Vicenza, ispirata al Pantheon di Roma, e la villa per Daniele Barbaro a Maser, arricchita dai superbi affreschi del Veronese. Il gusto per la ricerca di effetti pittorici e coloristici presente in tutta l'architettura del Palladio trova la massima espressione nella sua ultima opera, conclusa dallo Scamozzi, il Teatro Olimpico di Vicenza, nel quale i portati classici sono interpretati in chiave scenografica.

Repubblica Ceca: edifici affacciati sulla riva destra della Moldava a Praga.

EUROPA

AUSTRIA

IL CENTRO STORICO DI SALISBURGO

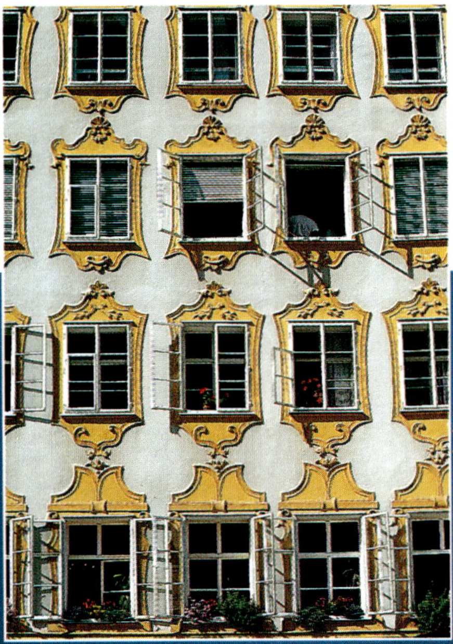

La casa della famiglia Mozart, nell'animata Getreidegasse.

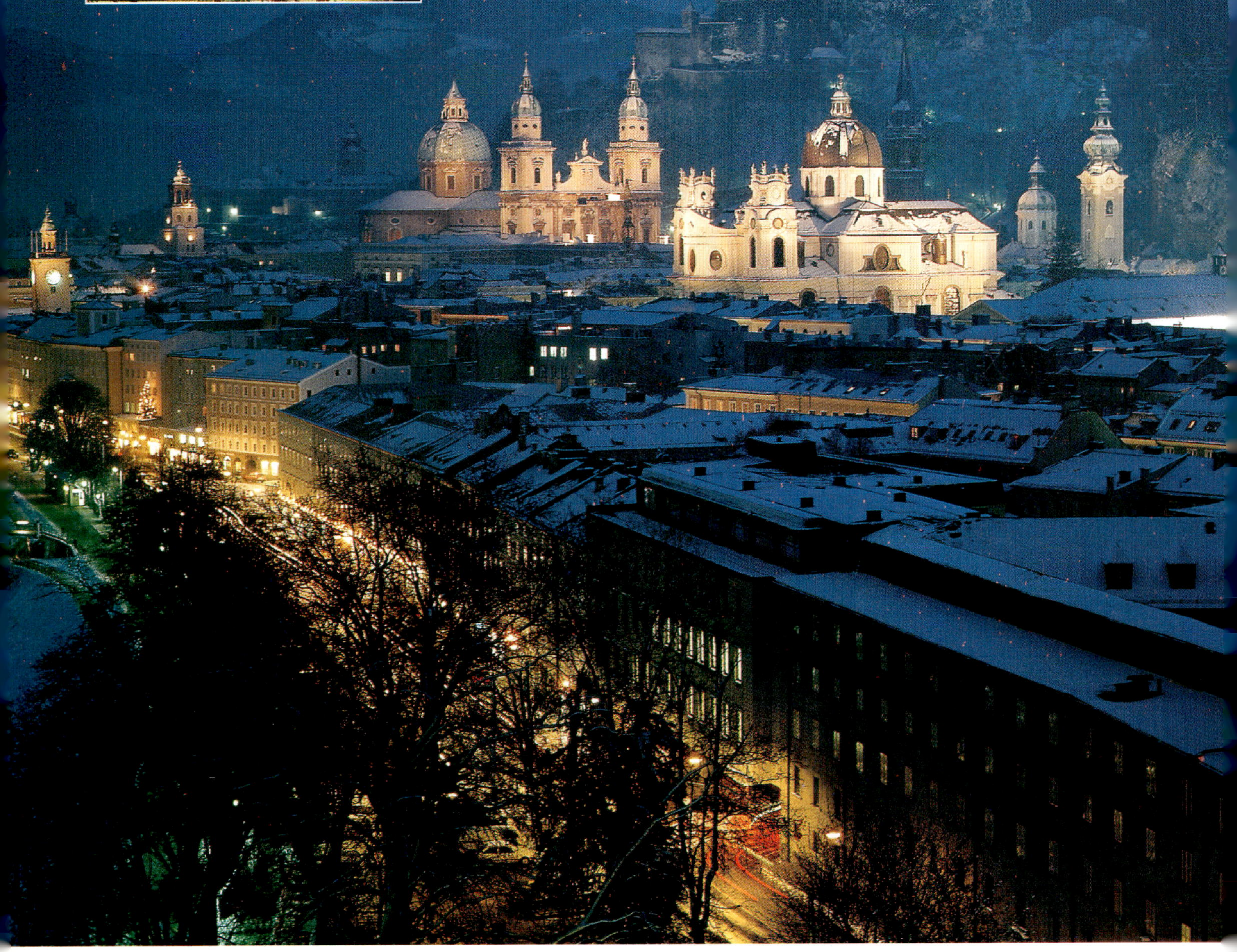

Una sfilata di vecchie insegne in ferro battuto ritma il percorso animato e pittoresco della Getreidegasse, la "via del Frumento", asse principale della città vecchia. Le botteghe si affacciano una dopo l'altra dai portali delle case alte e strette, un tempo abitate da mercanti e artigiani. Su alcune sono ancora infissi i ganci delle carrucole usate per sollevare i carichi e compaiono date e nomi degli antichi proprietari. Romantici passaggi coperti conducono a sorpresa nei piccoli cortili sul retro, che con le arcate adorne di fiori creano un'atmosfera affascinante e unica, piena di suggestione.

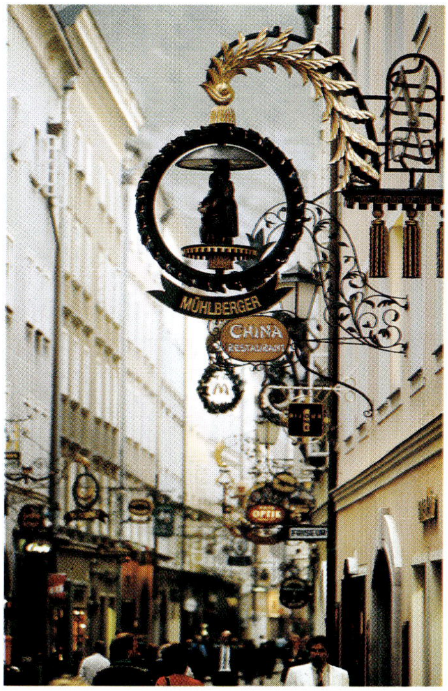

La via ha inizio dal nucleo aristocratico della città, dove le forme solenni del barocco italiano ne hanno mutato profondamente il volto medievale. Gli edifici religiosi più antichi, San Pietro e la chiesa dei Francescani, sono rimasti ai margini degli interventi che tra XVII e XVIII secolo hanno diradato il denso tessuto urbano per dispiegare in spazi aperti e armoniosi un assetto più sontuoso, all'altezza del potente principato ecclesiastico. Attorniati da piazze sono sorti gli edifici più rappresentativi: la residenza dei principi arcivescovi, che si sviluppa con le sue 180 sale intorno a tre vasti cortili, e la maestosa cattedrale, che vanta tra i suoi onori il battesimo del più illustre cittadino di Salisburgo, Wolfgang Amadeus Mozart. Ogni anno, in occasione del Festival mozartiano, sullo sfondo dell'elegante facciata a due torri, ornata di statue, si rinnova la tradizione medievale della sacra rappresentazione.

Rimane, a memoria del più remoto passato cittadino, la fortezza medievale di Hohensalzburg, che domina dalla sommità della collina del Mönchsberg la città vecchia, stretta in basso tra la rupe e la riva sinistra della Salzach. La sua sagoma possente segna in modo indimenticabile il panorama di Salisburgo. Tra percorsi tortuosi, torri e baluardi, abitazioni e depositi, la cittadella fortificata accoglie la lussuosa dimora dei dignitari ecclesiastici. Nella sua esistenza quasi millenaria si è conservata intatta. Nessuno è mai riuscito a espugnarla.

Il panorama cittadino dominato dal castello di Hohensalzburg, posto sulla sommità del Mönchsberg.

In alto: la centralissima Getreidegasse, la "via del Frumento", uno degli angoli più caratteristici della città.

La tardogotica camera d'Oro della fortezza di Hohensalzburg, rivestita di pannelli in legno policromo.

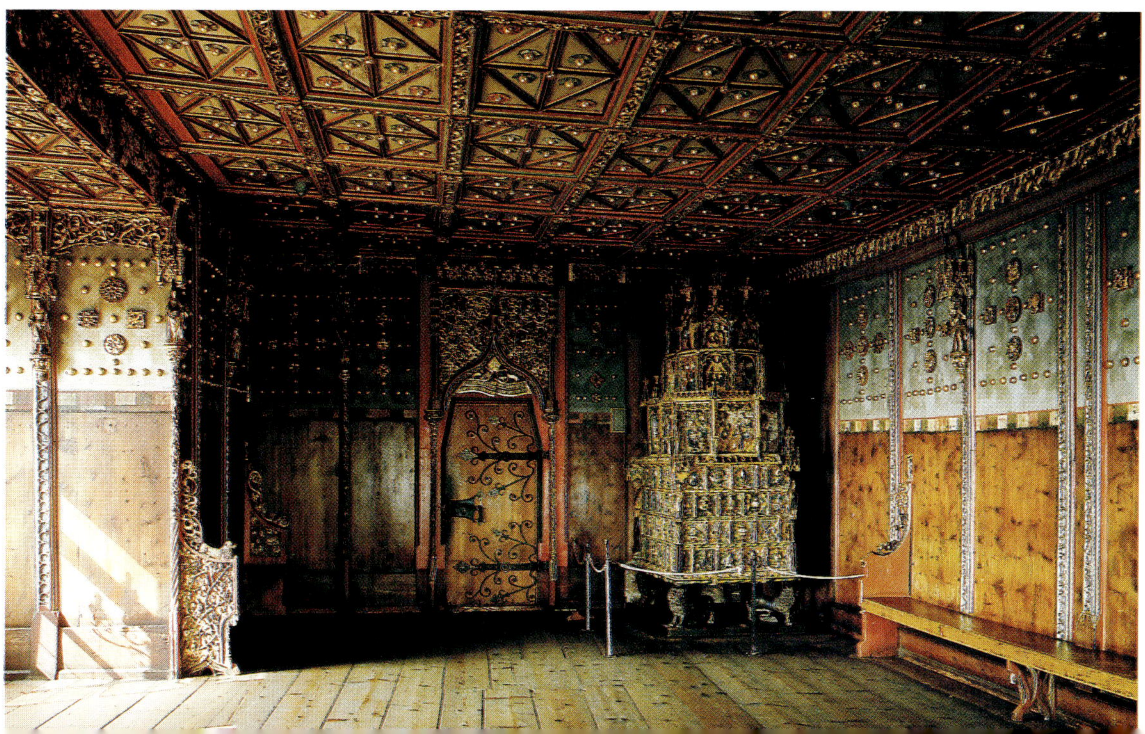

AUSTRIA

IL PALAZZO E I GIARDINI DI SCHÖNBRUNN

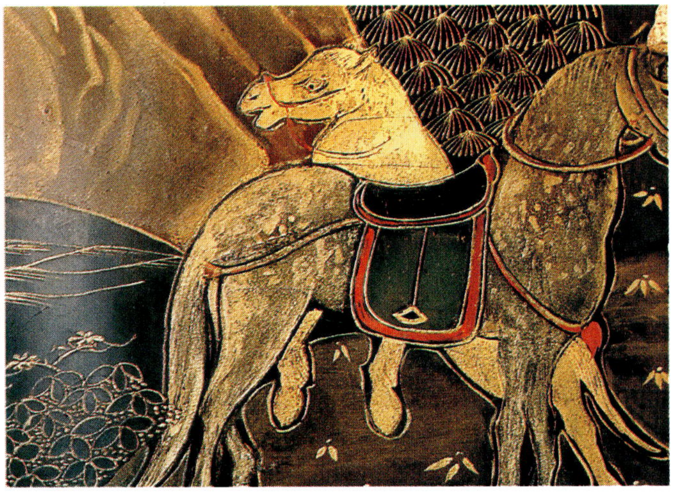

Particolare della decorazione della stanza Vieux-Lacque, una delle più preziose del palazzo.

Fronteggiano il palazzo le statue della fontana di Nettuno, realizzate da F.A. Zauner nel 1780.

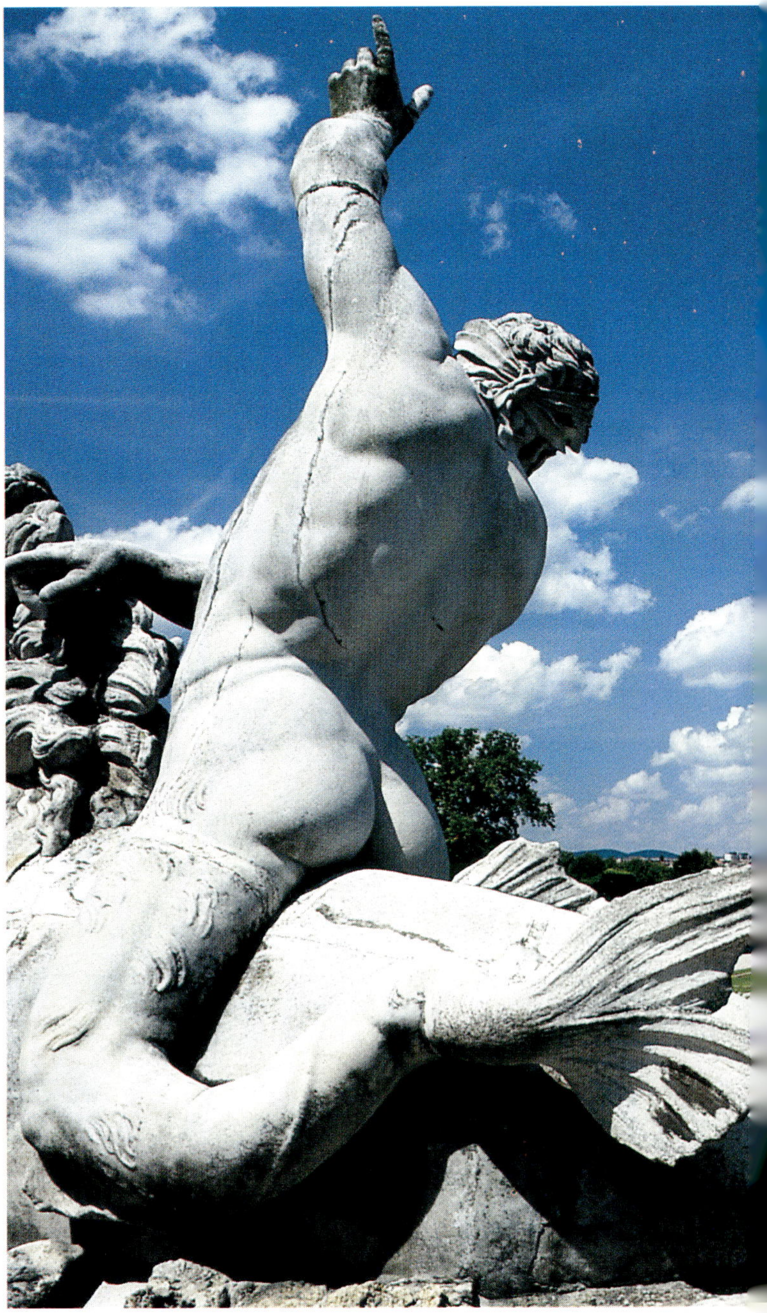

Nel settembre 1762, Wolfgang Amadeus Mozart, all'età di sei anni, fu invitato nella residenza estiva degli Asburgo dall'imperatrice Maria Teresa insieme alla sorella Nannerl. Nella sala degli Specchi, circondati dal magico incanto dei cristalli, i due bambini prodigio si esibirono in concerto fra l'ammirazione della corte. Come racconta il padre Leopold, "Wolfie" corse in grembo alla sovrana e la riempì di baci.
Scorre la storia nelle sfarzose sale della reggia di Schönbrunn. Tutto, dagli arazzi tessuti a Bruxelles alle preziose lacche orientali, alle miniature persiane

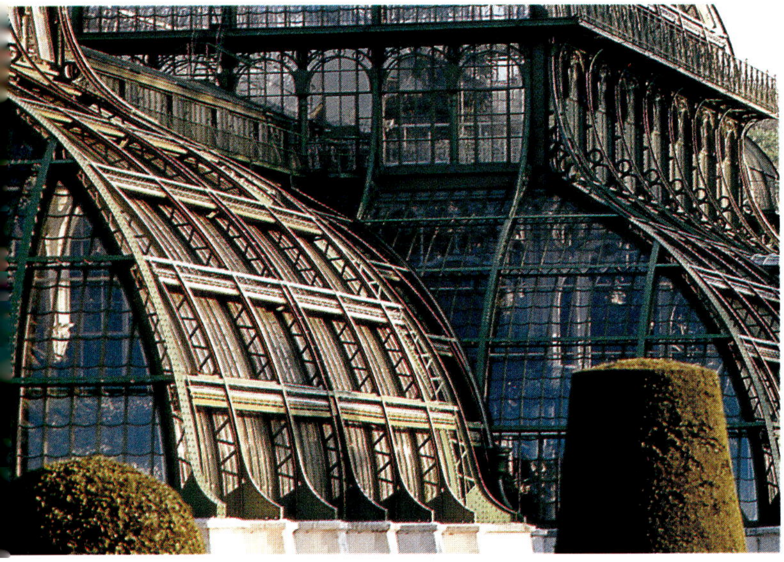

L'ottocentesca Palmenhaus, la serra del parco di Schönbrunn.

che rendono leggendaria la sala del Milione, rivela il gusto raffinato e la passione esotica di Maria Teresa. Fu lei a preferire all'antico palazzo nel cuore di Vienna la residenza barocca alle porte

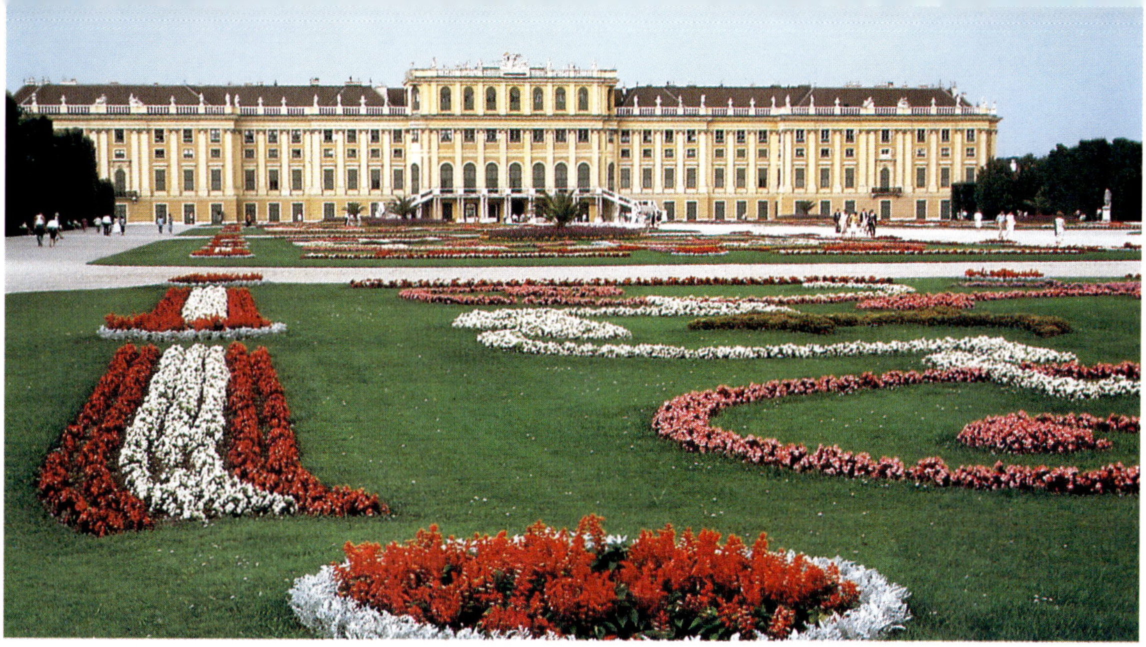

Il palazzo di Schönbrunn, circondato da un vasto parco, era la residenza estiva della corte asburgica.

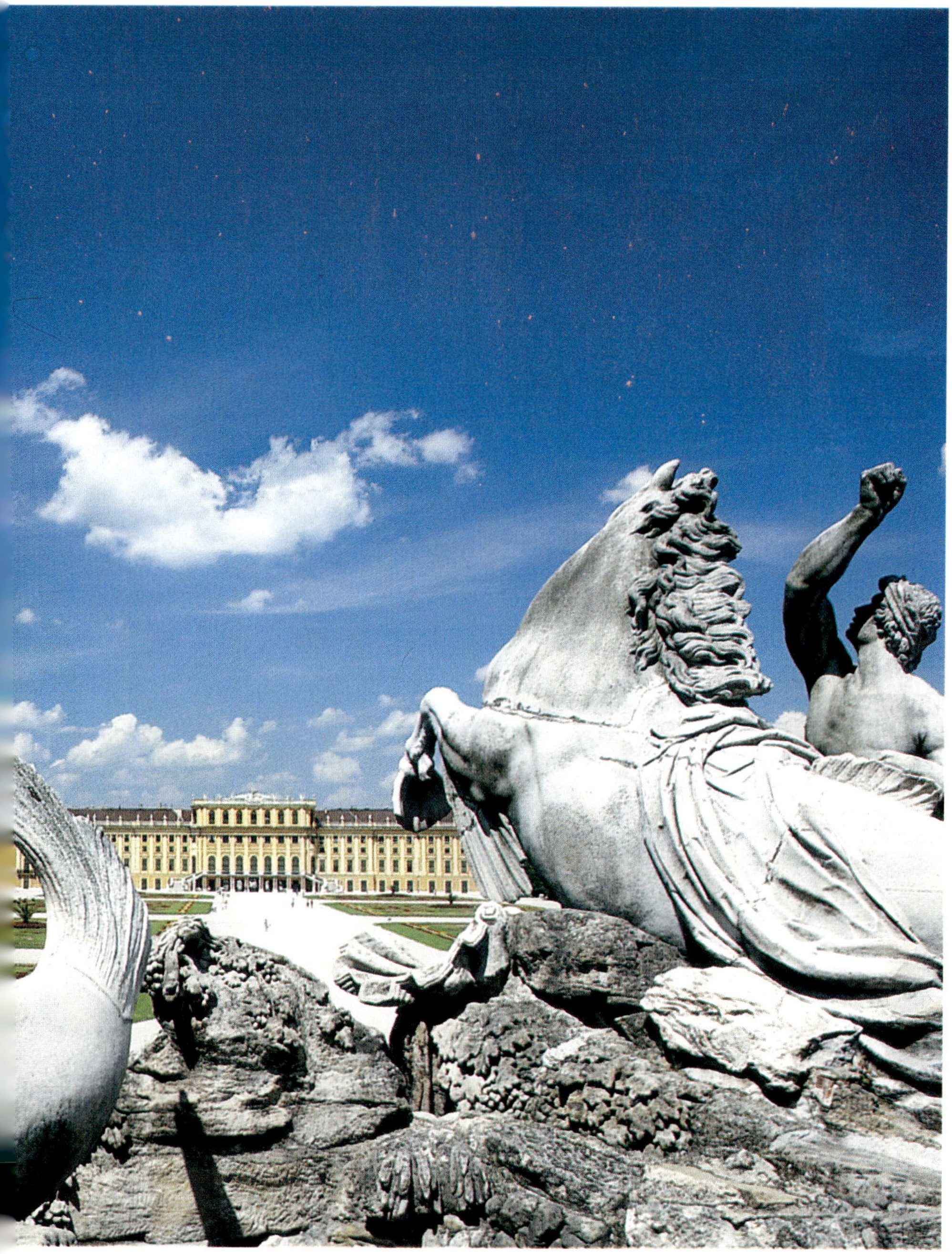

della città, eretta alla fine del Seicento per testimoniare scenograficamente, ma con misura, la potenza dell'Impero asburgico e della sua capitale, la "Vienna gloriosa" che aveva respinto l'assalto dei Turchi. La Versailles austriaca, modellata come d'obbligo sulla reggia del Re Sole, venne ampliata a metà Settecento per volontà della sovrana, che affidò a Nicola Pacassi anche la sontuosa trasformazione degli interni in stile rococò. Schönbrunn, oggi isola meravigliosa nel fitto tessuto del quartiere di Hietzing, appare ancora in tutta la sua magnificenza. Per chi giunga dalla città, la sagoma mossa ed elegante del palazzo si staglia tra gli obelischi del portale d'accesso. Ma la principale attrattiva è l'immenso giardino alla francese. Al centro un ampio viale ornato di parterre di fiori e siepi dai motivi sinuosi conduce in lieve pendio fino alla spettacolare fontana di Nettuno. Alle sue spalle, sulla sommità della collina, le arcate neoclassiche della Gloriette fronteggiano la reggia. Addentrandosi nella penombra dei boschi che fanno da cornice al luminoso spazio centrale, l'ordine e la simmetria lasciano il posto talvolta al bizzarro e al pittoresco, e compaiono a sorpresa, entro spiazzi erbosi, imponenti ruderi romani o l'obelisco egiziano.

REPUBBLICA CECA

IL CENTRO STORICO DI PRAGA

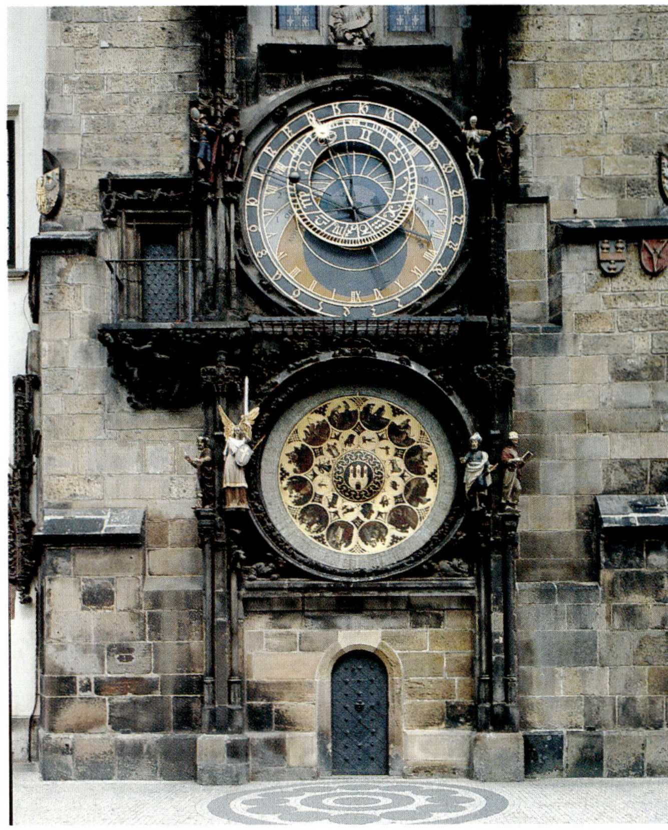

Sopra: la torre con l'orologio astronomico, annessa al municipio.

Nella pagina a lato: le composite strutture del municipio emergono imperiose al centro della piazza della Città Vecchia.

Praga d'oro, dalle cento torri, cuore d'Europa, madre delle città. Numerosi gli epiteti che ne hanno illustrato la bellezza. Come Roma, anche Praga si vanta dei suoi colli, come per la Città Eterna, la mitologia ne canta le origini divine; solo che qui è Libuse, principessa veggente, a fondare la città, frutto di una visione, là dove un uomo tracciava la soglia, *prah* in ceco, della sua casa. Insieme di cinque quartieri, alcuni stilisticamente uniformi, come la barocca Malá Strana, altri sintesi storica di dieci secoli di arte, come lo Staré Město, Praga si presenta come un grande, esteso centro urbano adagiato sulle due rive della sinuosa Moldava, che proprio al centro della città, dopo aver creato tre isole, si concede un balzo delicato a ridosso del ponte voluto nel XIV secolo dall'imperatore Carlo. Sulla riva sinistra del fiume la città si inerpica sui colli, sulla destra si stende dolcemente sulla sua ampia ansa. Frutto di tre culture, slava, tedesca ed ebraica, la città fu protagonista di secoli di cultura europea: visitata da Petrarca e Arcimboldi, amata da Mozart che le dedicò la Sinfonia n. 38 K. 504, descritta nel *Processo* di Kafka, centro di studi astronomici con Tycho Brahe e Keplero, di radicali riforme religiose con Jan Hus, capitale del Sacro Romano Impero sotto Carlo IV, luogo eletto del gotico dei Parler e del barocco dei Dientzenhofer e infine celebrata da Smetana nel suo ciclo sinfonico *La mia patria*. È popolata da leggende e fantastiche visioni, con una via degli alchimisti dove è la casa di Faust, con le antiche birrerie dove aleggiano spiriti beffardi, con i bellissimi e ripidi tetti ornati da abbaini rinascimentali e barocchi, con i "vicoli bui e cortili misteriosi" di Rilke, che sboccano all'improvviso in piazze sempre diverse, ora gotiche e rinascimentali, ora barocche e rococò, ora neoclassiche e liberty.
Un insieme di contrasti armonici, una sinfonia di stili e di colori, che né la neve d'inverno né le brume d'autunno sanno far tacere.

Sotto: le eleganti dimore che prospettano sul cuore dello Staré Město.

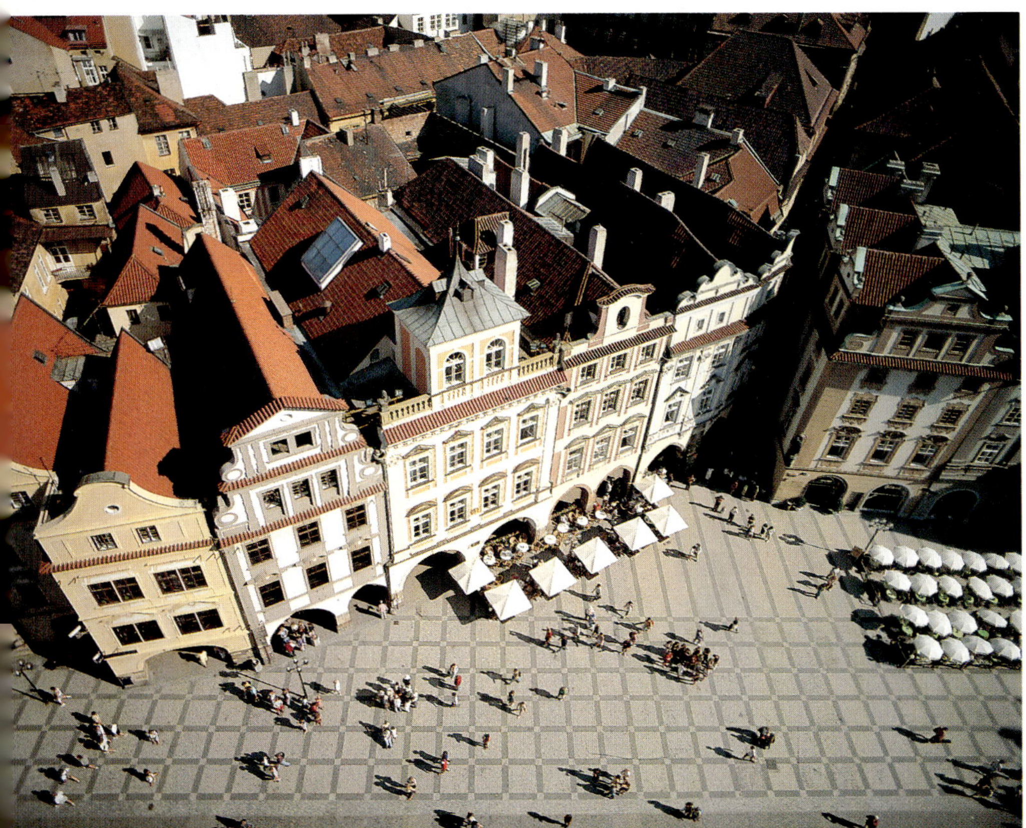

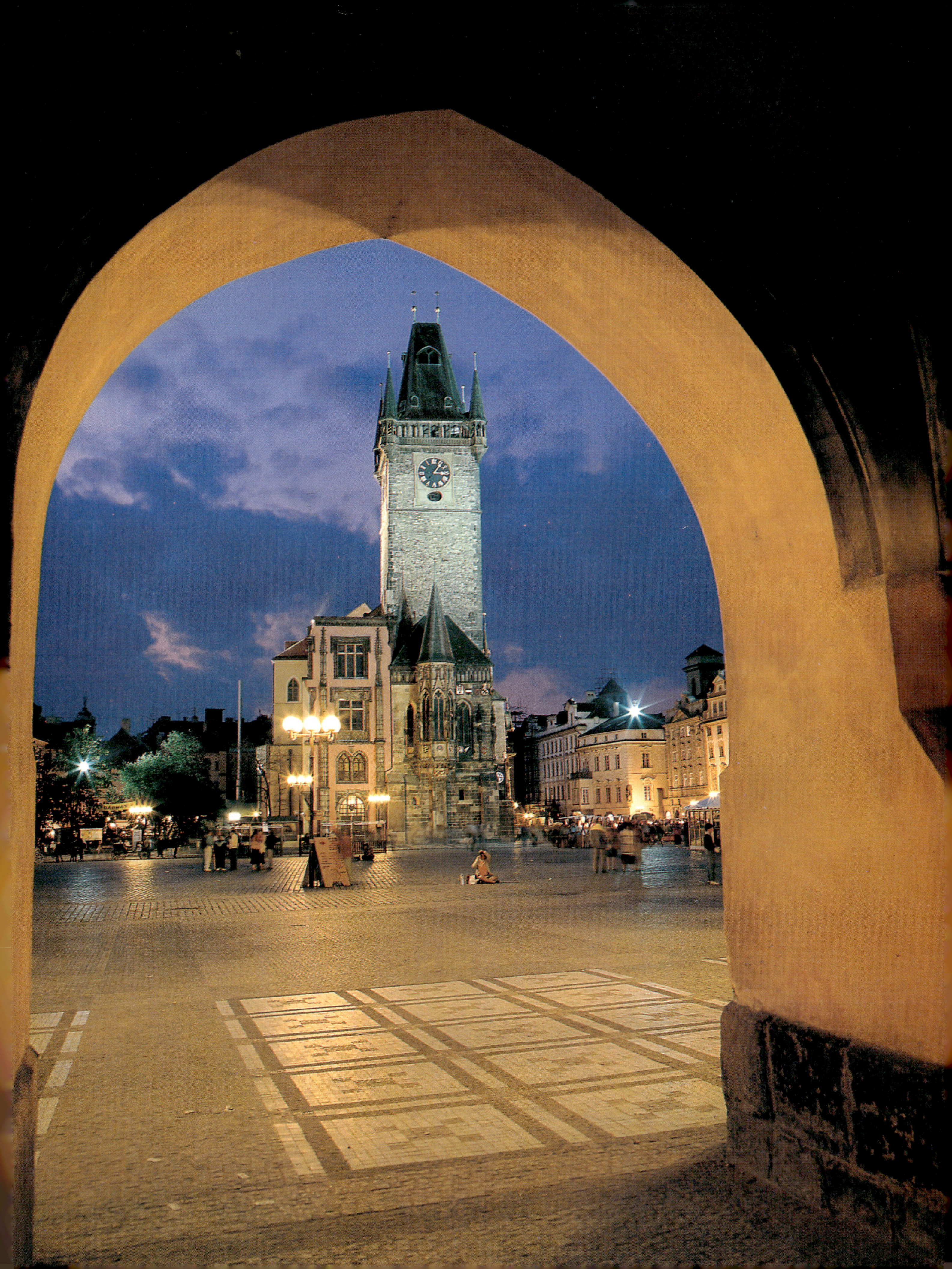

CROAZIA

L'ANTICA DUBROVNIK

Particolare della scalinata del palazzo dei Rettori, nobile edificio quattrocentesco.

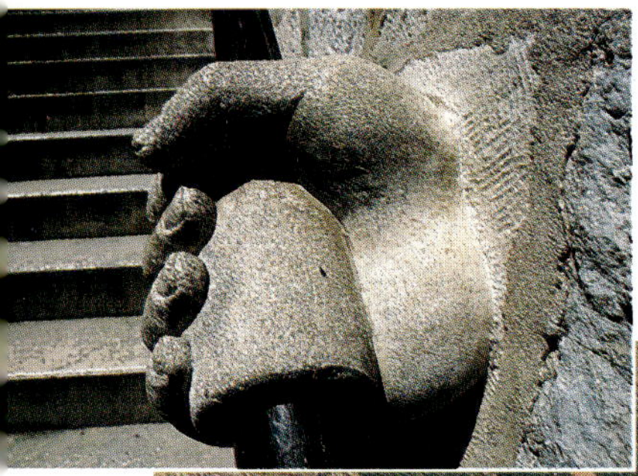

Le massicce strutture difensive della città, visibili a chilometri di distanza, hanno garantito nei secoli la libertà di commerci.

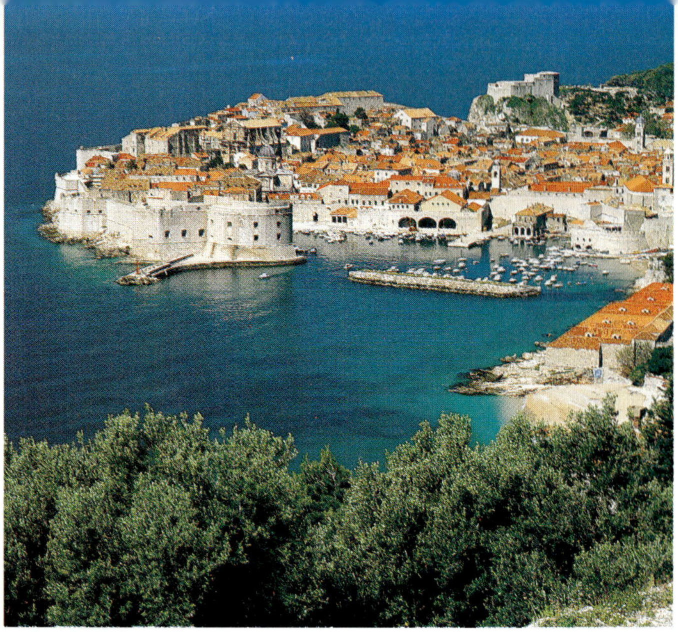

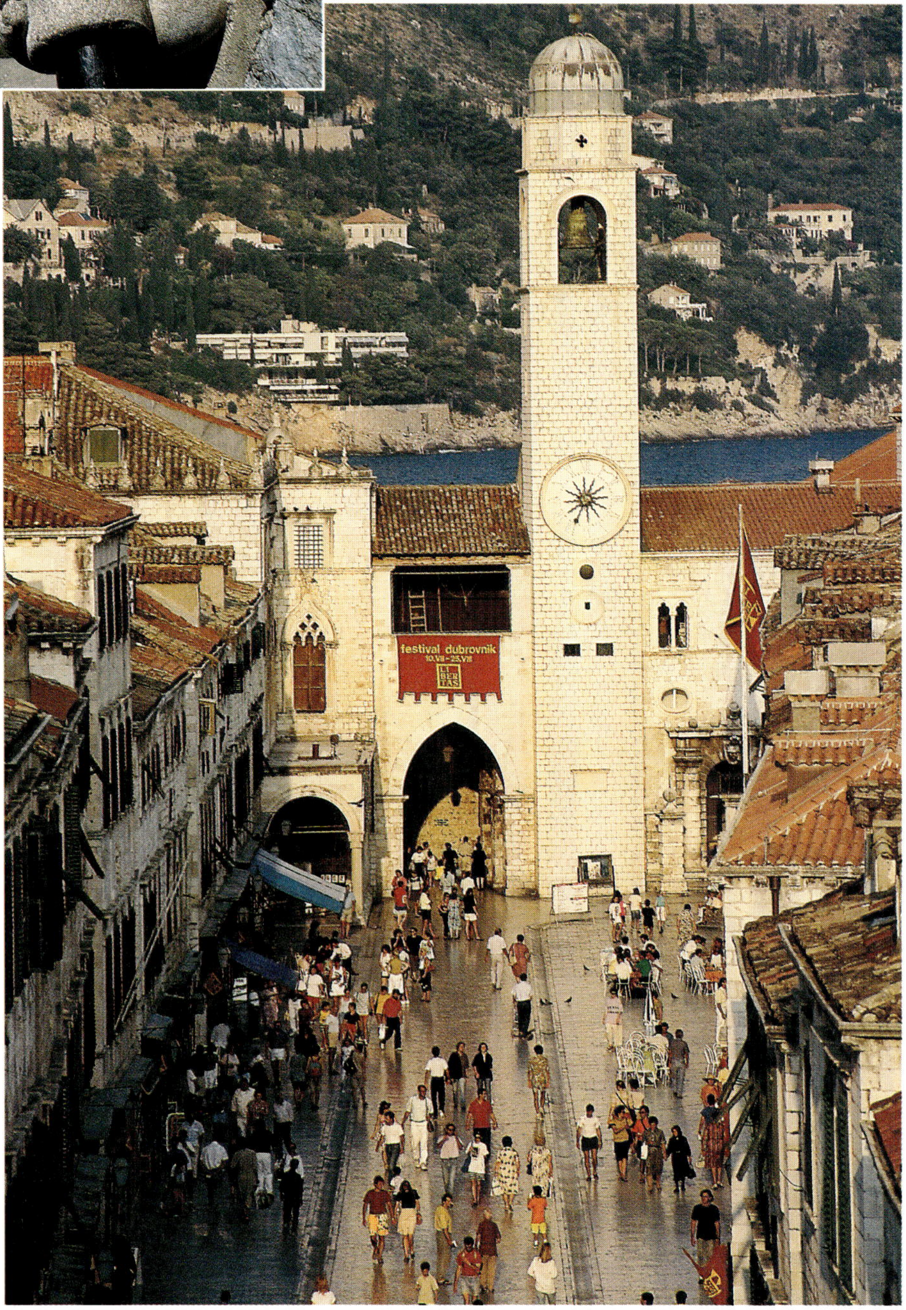

Città-fortezza, conosciuta anche con il toponimo italiano di Ragusa, fece parte dei domini adriatici di Venezia dal 1205 al 1358. Nata sull'isola di Lausa (da cui Ragusa) e sulla terraferma di fronte, a Dubrava (da cui Dubrovnik), fu unificata nel XIII secolo interrando un breve tratto di mare, là dove ora si stende il viale Placa, dando origine a quell'insieme armonico e spettacolare per cui le fu attribuito il titolo di perla dell'Adriatico. Circondata da possenti mura con torri e bastioni, un complesso difensivo così alto da impressionare il nemico, godette per secoli della libertà di commerciare e arricchirsi e, grazie a proficue alleanze, conservò nel corso dei secoli le istituzioni civili e amministrative di città libera di cui andava orgogliosa.

Fiorente centro culturale durante l'Umanesimo e il Rinascimento, si dotò di pregevoli monumenti. Il terribile terremoto del 1667 non piegò l'anima della città che si diede un nuovo volto barocco. Le ferite della guerra del 1990 non l'hanno umiliata: ci offre ora restaurati nel loro splendore le chiese, i palazzi, i monasteri e le fontane che ne hanno costituito l'immagine nei secoli.

Lo Stradun, aperto nel 1438, è uno degli angoli più animati di Dubrovnik.

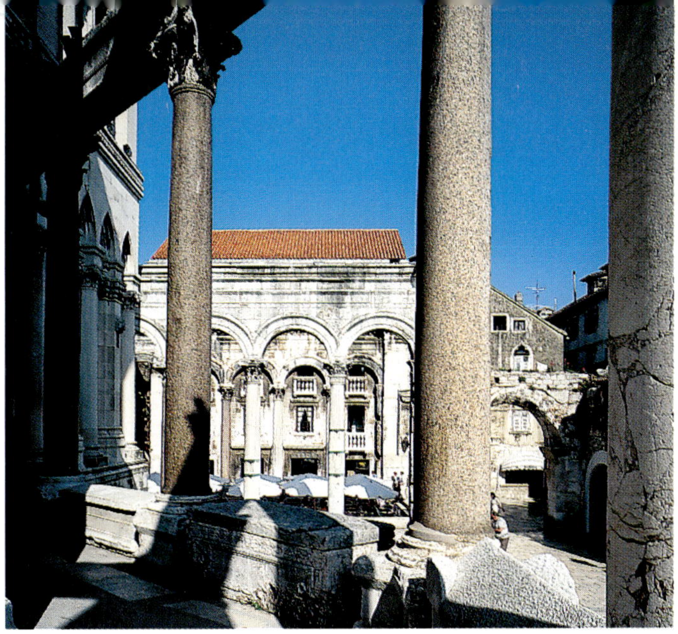

Nel palazzo di Diocleziano le antiche strutture risalenti al III-IV secolo convivono armonicamente con gli edifici che gli sono sorti accanto nei secoli successivi.

CROAZIA

SPALATO

Resti stratificati di antiche civiltà testimoniano l'importanza strategica del luogo: ora come dominio sulla costa dalmata della *Aspalathos* greca e della *Spalatum* augustea, ora come ritiro ideale per Diocleziano, dalmata per nascita, che alla sicurezza volle unire tutti gli agi e i fasti del tardo impero. Nacque così a cavallo fra il III e IV secolo un immenso palazzo-fortezza, sintesi di castello militare e villa imperiale, tanto grande da contenere entro i suoi 796 metri di perimetro una piccola città. Gli edifici di culto romano furono in seguito cristianizzati: il mausoleo, il suo peristilio, il tempio di Giove e le gallerie di ronda sulle porte d'accesso diventarono cattedrale, piazza, battistero e chiese.

Nei secoli successivi, dalle devastazioni avare e slave alle demolizioni austriache e francesi, architetti e artisti elevarono dentro e fuori il palazzo edifici romanici, gotici, rinascimentali e barocchi, sotto i benevoli auspici di Diocleziano e della moglie Prisca, ritratti sul fregio circolare della cattedrale.

Il maestoso campanile duecentesco si innalza sull'area monumentale, caratterizzando il profilo della città.

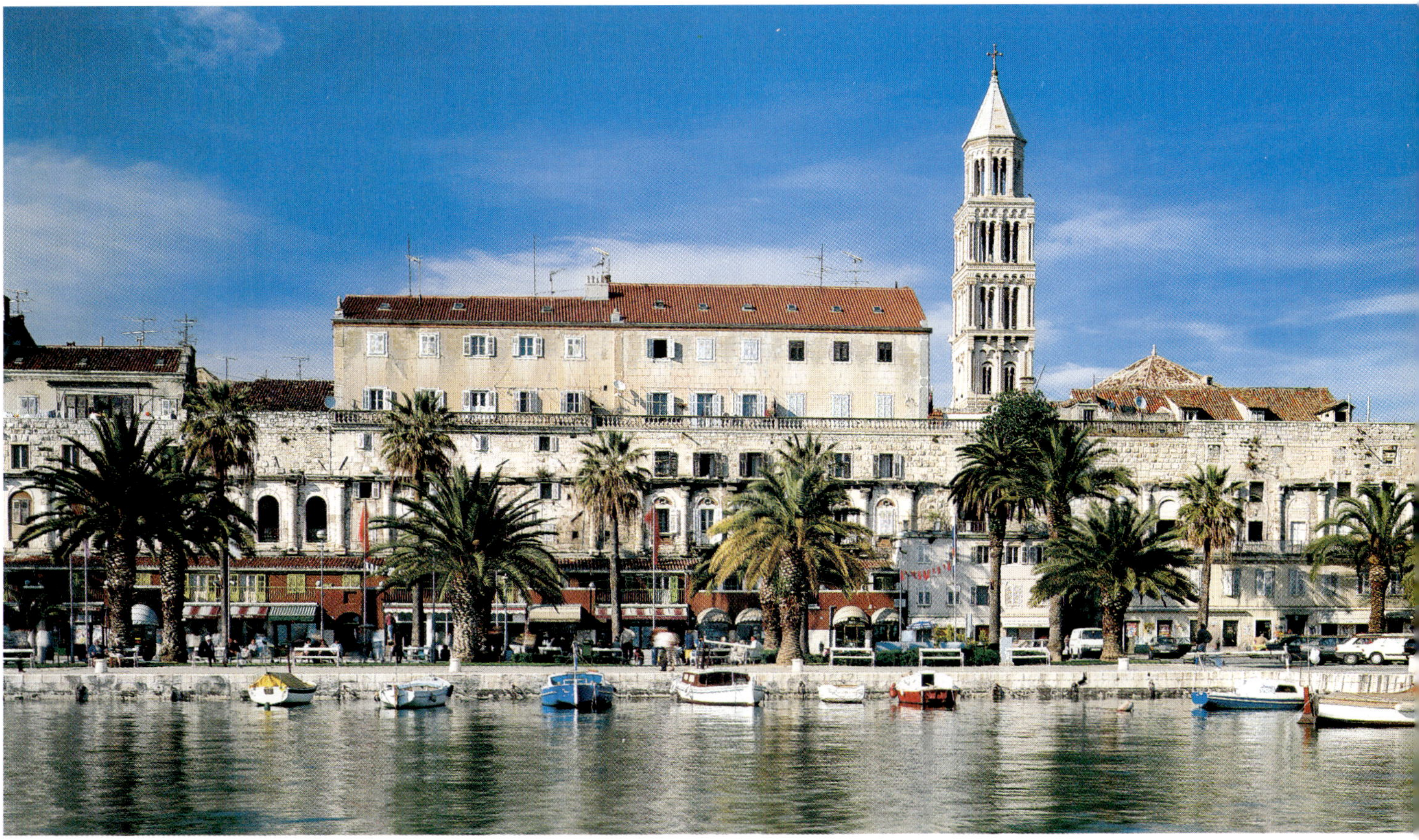

DANIMARCA

LA CATTEDRALE DI ROSKILDE

Roskilde, l'antica capitale di Danimarca che deve il proprio nome al re vichingo Roar, è una delle prime città sorte dalla conversione dei suoi fondatori alla professione marittima: i secondogeniti delle tribù vichinghe, popoli fieri e bellicosi, non avendo alcun diritto di possesso della terra e delle donne del luogo, si videro costretti a

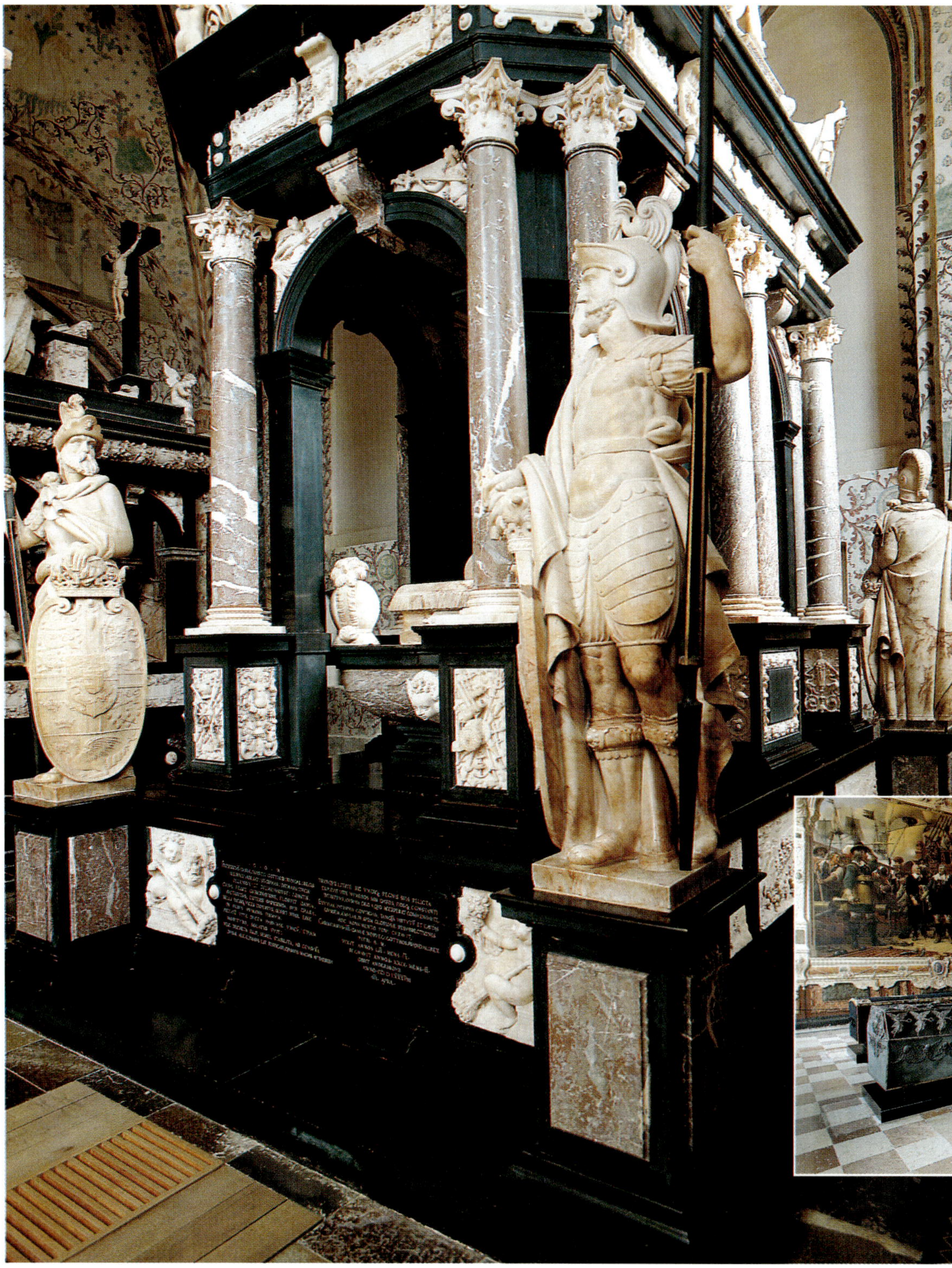

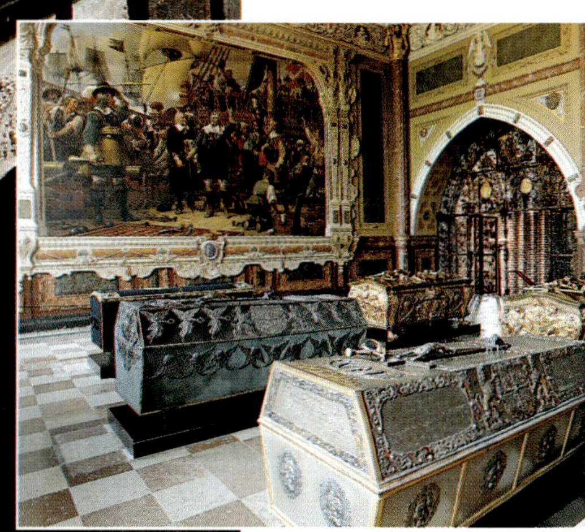

A partire dal Quattrocento la cattedrale è andata assumendo la funzione di sacrario della famiglia reale; sono 38 le tombe di sovrani qui conservate.

prendere la via del mare, rivolgendosi inizialmente verso la vicina Inghilterra e quindi raggiungendo il lontano Mediterraneo.
Degne di un dramma storico scespiriano, le vicende fondamentali della dinastia vichinga hanno come teatro la città di Roskilde e la chiesa che divenne la cattedrale e il mausoleo dei regnanti di Danimarca: la storia e le saghe narrano che fu il re Aroldo "Denteazzurro" a volere la costruzione di una chiesa di legno nel piccolo villaggio del fiordo di Roar, al fine di accogliervi le proprie future spoglie.

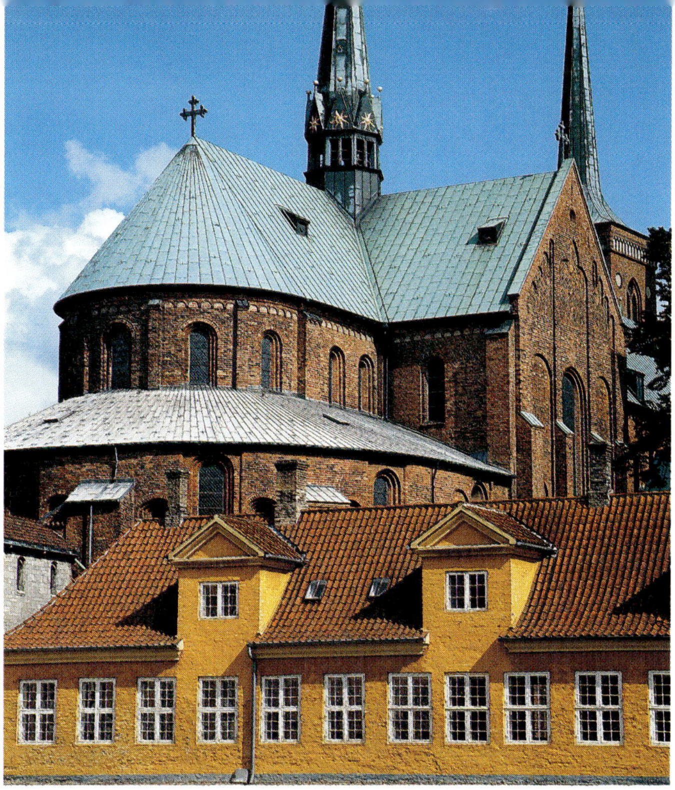

L'abside, portata a termine nel 1191, è la parte più antica dell'edificio.

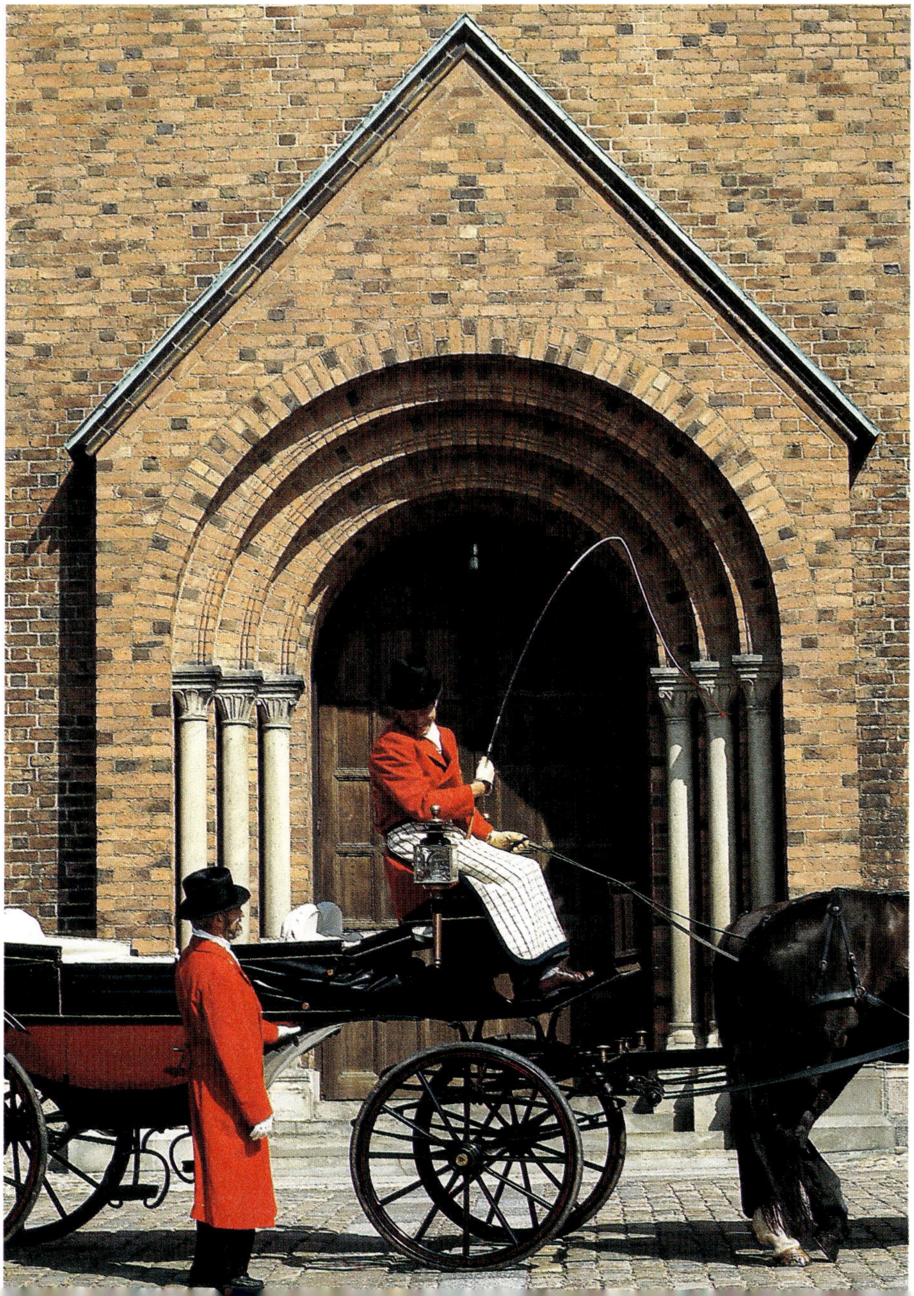

Qualche tempo dopo nella stessa chiesa, un suo discendente - il terribile re Canuto il Grande che fu sovrano d'Inghilterra - fece assassinare il proprio rivale Ulf lo Scandinavo, che lo aveva disgraziatamente sconfitto in una partita di scacchi.
Non meno leggendaria fu la difesa del suolo danese dall'aggressione di una potente tribù di slavi del Baltico, organizzata a Roskilde nel 1147 dal futuro eroe nazionale, il vescovo Absalon, che, unendo all'antica bellicosità dei primi danesi l'effigie della croce cristiana, permise al rozzo popolo nomade di trasformarsi in un giovane e ambizioso impero del Nord.
E fu sempre Absalon a costruire nel 1170, sulle fondamenta della prima chiesa di re Aroldo, la maestosa Domkirke, la cattedrale dalla severa facciata romanico-gotica che nel corso dei secoli è stata costantemente ampliata e rimaneggiata e al cui interno conserva i preziosi stalli gotici del Kanniketoret del 1420, il sarcofago in alabastro della regina Margherita I del 1423, e le cappelle con le spoglie di 38 regnanti della millenaria dinastia nordica, la più antica del mondo moderno.

Il semplice portale cuspidato della Domkirke.

ESTONIA

TALLINN

Arroccata sulla Toompea, la "collina della cattedrale", a guardia del suo porto sul Baltico grigioperla, Tallinn appare, per chi arriva dal mare, come una visione fiabesca, suggestione di racconti nordici, fasciata com'è dalle alte mura che la stringono e dalle quali svetta una selva di guglie, torri e pinnacoli. L'incanto continua una volta varcate le porte della cinta difensiva che immettono nel labirinto di strade e vicoli su cui si affacciano imponenti chiese, palazzi, case di mercanti con stemmi fantasiosi, sedi di potenti corporazioni. Punto d'incontro fra il mondo germanico-scandinavo e quello baltico-slavo, la città è stata nel passato un grande emporio commerciale. Città libera, fra le più insigni della Lega Anseatica, aperta agli influssi di altre civiltà, si è abbellita di tutti gli stili, dal romanico al barocco, e ha imitato, come estremo contrasto, le fattezze di un minareto nella torre del municipio, dopo aver accettato, in tempi più recenti, la presenza della multicolore cattedrale ortodossa, simbolo della più lunga dominazione straniera della sua storia, sulla sommità della collina.

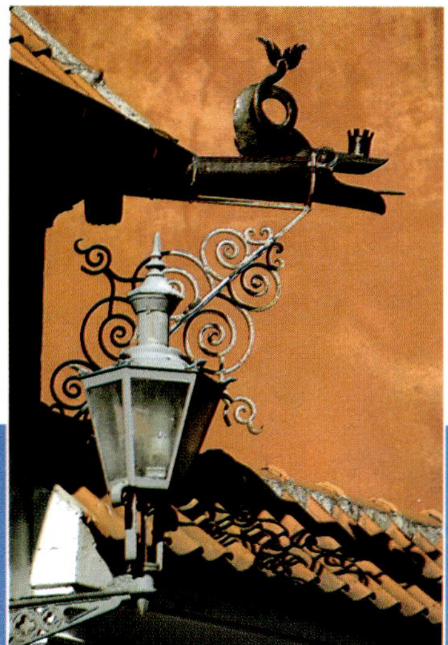

Sopra: la fantasiosa decorazione di una grondaia della Città Vecchia rimanda immancabilmente al mare, dal quale veniva a Tallinn ogni ricchezza materiale e culturale.

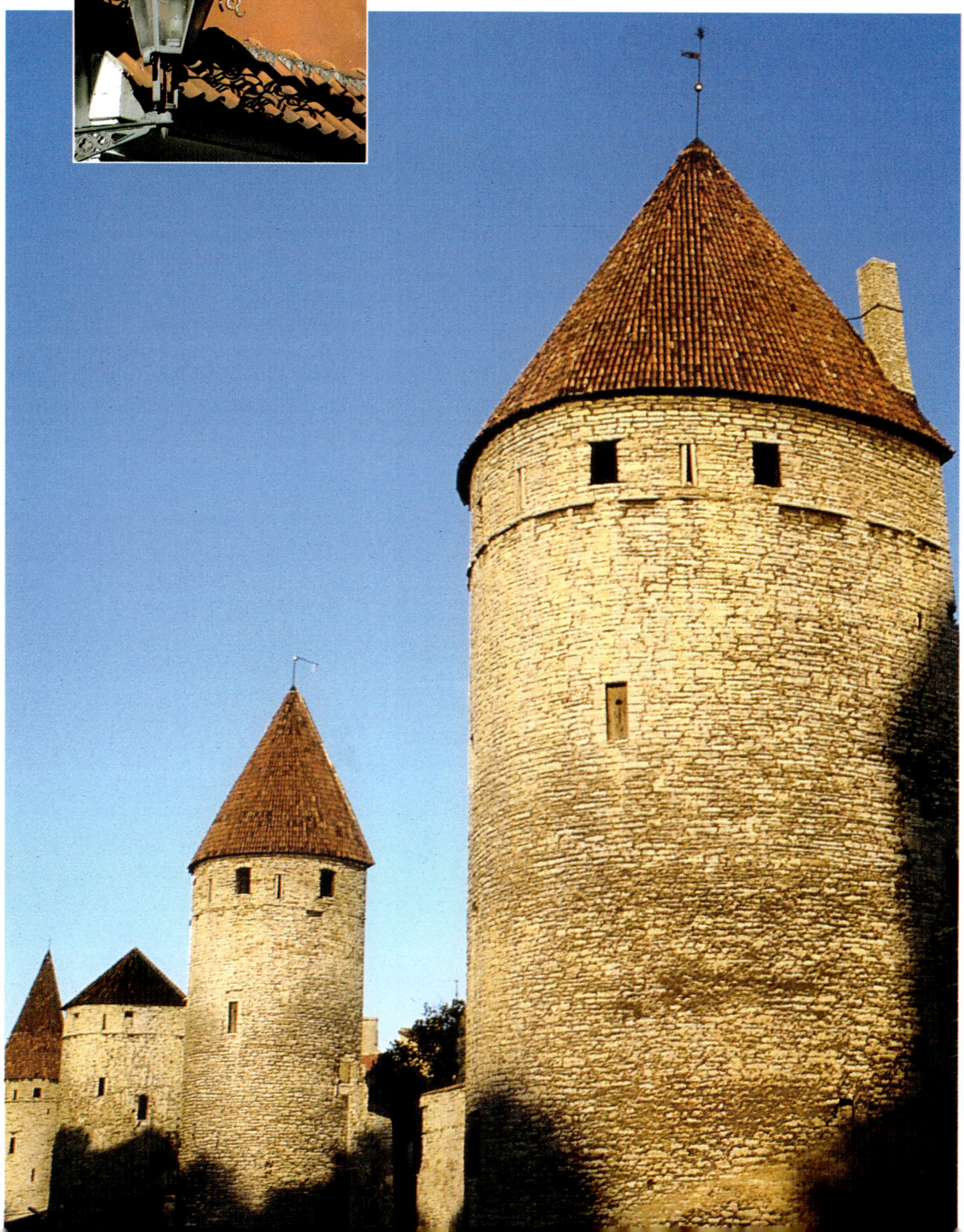

Le antiche mura, intervallate da torri dalla caratteristica copertura rimaste miracolosamente intatte, cingono una città piena di fascino.

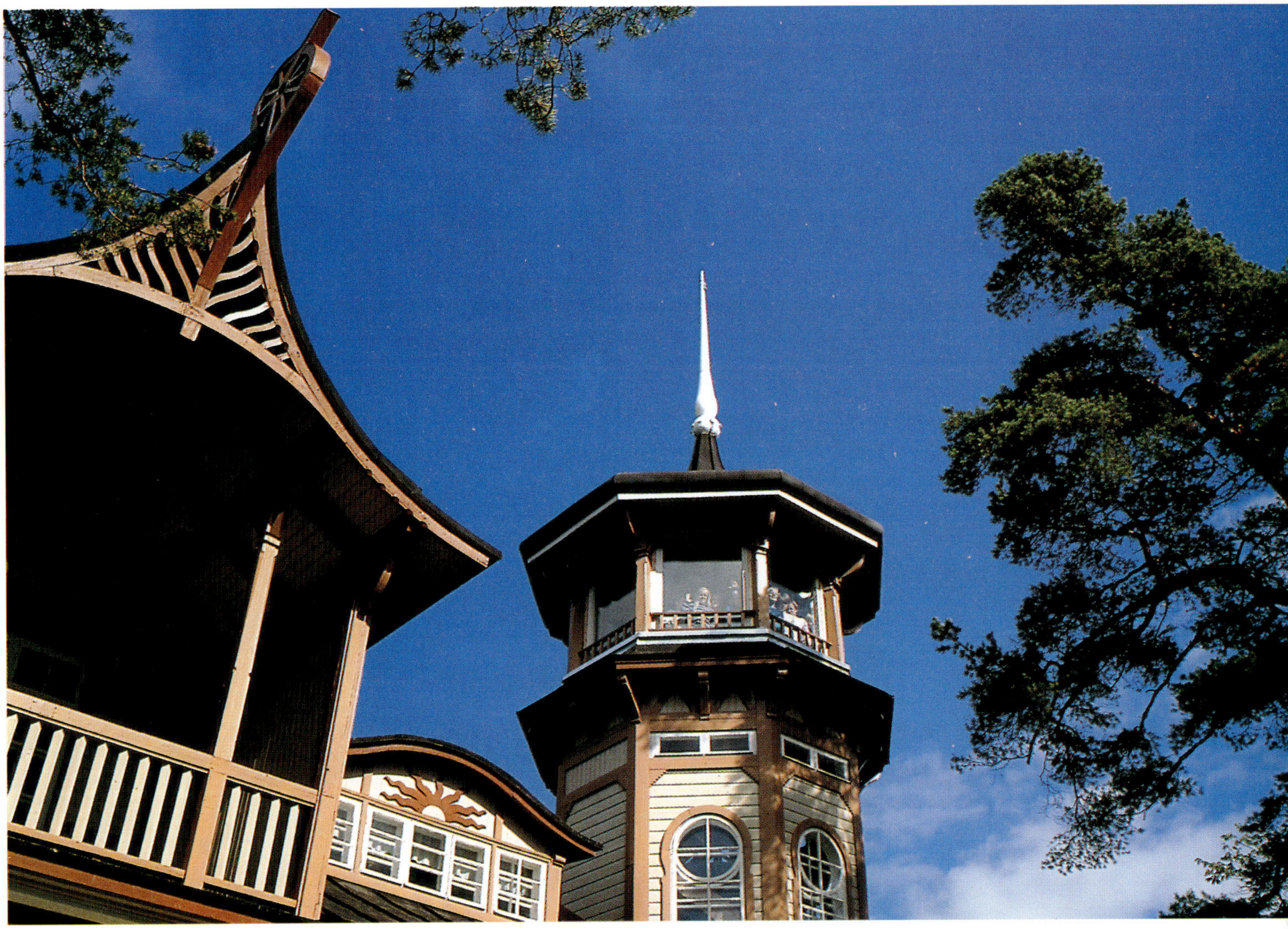

FINLANDIA

L'ANTICA RAUMA

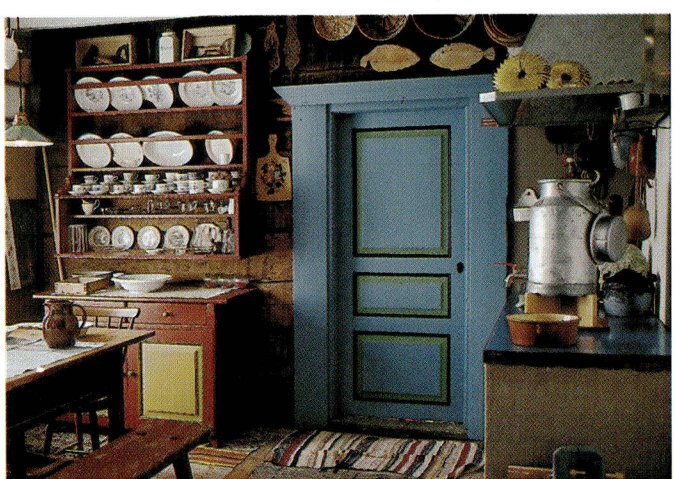

Sopra: i tetti dei caratteristici edifici in legno.

A fianco: l'interno di una casa arredata secondo la tradizione.

Vanha Rauma, il nucleo storico di Rauma, una delle più antiche città della Finlandia, situata all'imboccatura meridionale del golfo di Botnia, appare appena sfiorata dalla vita, immersa in un silenzio immobile frutto dell'apparente mancanza di abitanti.
Eppure, questo senso di vuoto che si avverte tra le piccole case del più vasto centro urbano in legno dell'intera Scandinavia doveva essere normale per la città alla fine del Medioevo: la storia racconta che l'esercito del grande condottiero svedese Gustavo Vasa, nel 1550, svuotò tutte le città costiere dei loro abitanti per popolare Helsinki, appena fondata.
Né l'esodo forzato né i devastanti incendi e le mareggiate improvvise hanno però impedito che le secolari dimore di legno di Rauma siano ancora abitate, seppure solo da qualche centinaio di persone. Le occupano gli eredi di una antica etnia locale che ha sempre considerato le lingue svedese e finnica estranee alla propria cultura e che si è sempre opposta ai ripetuti tentativi di piegare le proprie tradizioni e usanze alla modernità.

FRANCIA

I MONUMENTI DI ARLES

Arles è una città carica di ricordi. Alla fine del secolo scorso fu testimone della geniale follia di Vincent Van Gogh che vi soggiornò e dipinse alcuni dei suoi capolavori, come i quattro studi dedicati agli Alyscamps, l'antica necropoli romana di Arles, poi trasformata in cimitero cristiano. Gli Alyscamps, il cui nome deriva da *Elysii campi* (la via che conduce i valorosi nel regno dei morti), ebbero per tutto il Medioevo una fama immensa e ancora oggi sono motivo di attrazione per i visitatori di tutto il mondo. Dante stesso li ricorda in un passo dell'Inferno. Antiche leggende raccontano che gli avelli sorsero miracolosamente una notte, per dare degna sepoltura ai guerrieri di Carlo Magno morti in battaglia contro gli infedeli.

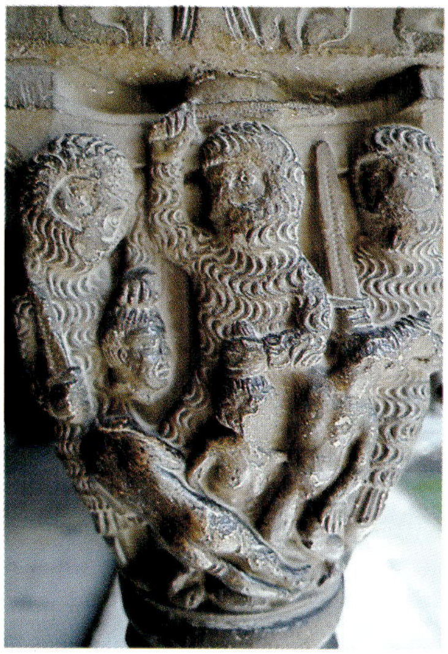

Posta sulla riva sinistra del Rodano, a mezza strada tra Avignone e il mar Mediterraneo, la città deve alle acque la propria fioritura così come la graduale decadenza, causata dal progressivo avanzamento e interramento del delta del fiume. Il suo stesso nome deriva forse dal celtico *ar-lath*, che significa "davanti alle paludi".
I suoi monumenti, disseminati in tutta la città, ancora raccontano della gloria passata, quando Arles era uno dei luoghi più importanti dell'Impero romano.

I capitelli più antichi del chiostro di Saint-Trophime sono uno dei migliori esempi di romanico francese.

Sotto: la perfetta struttura ellittica dell'arena poteva contenere fino a 26.000 spettatori.

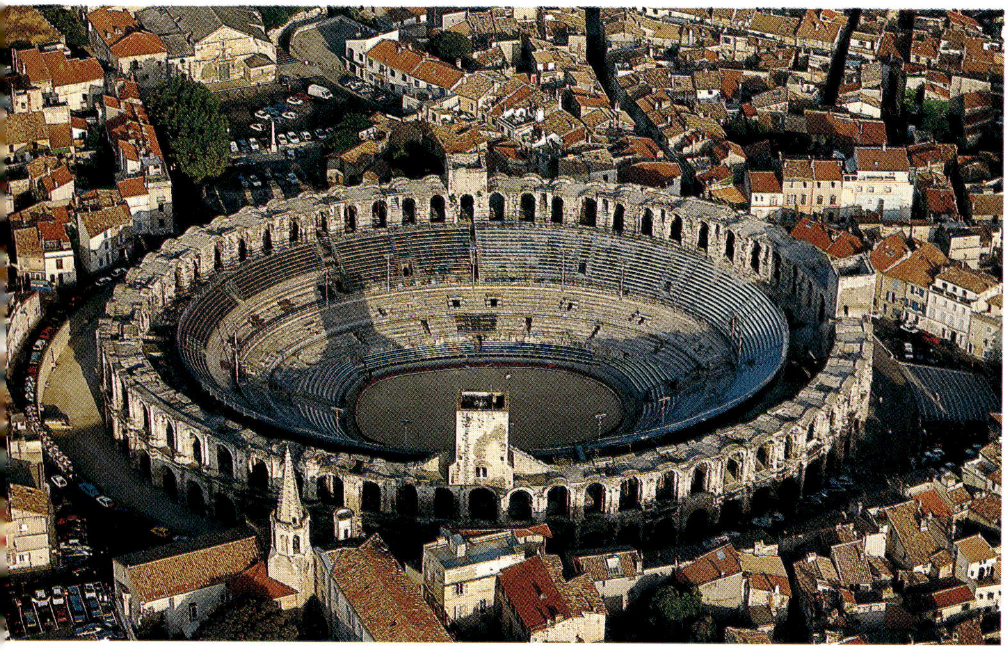

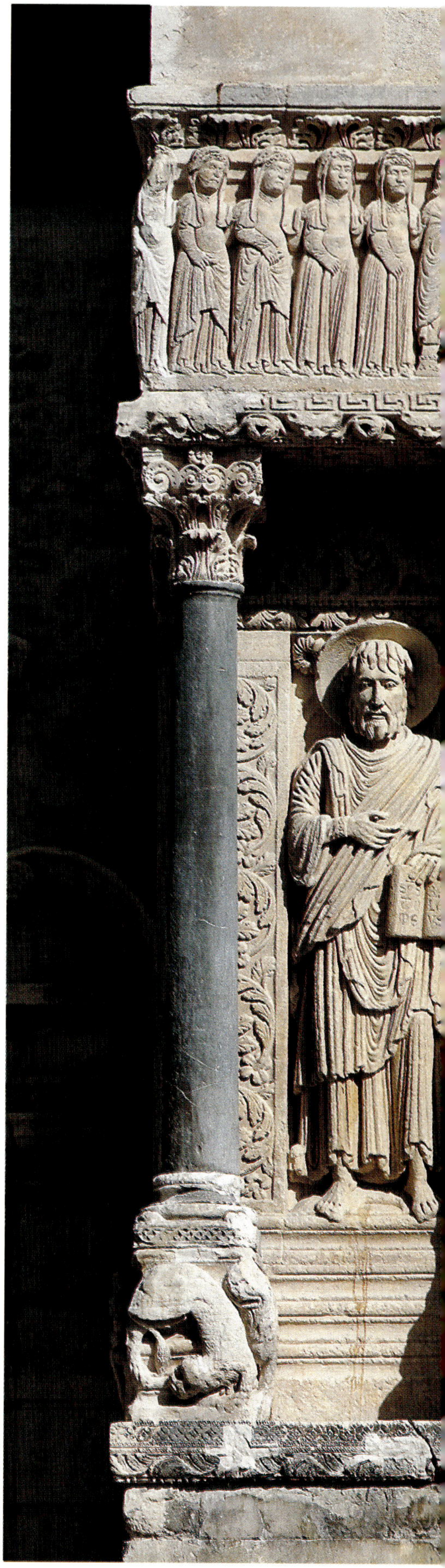

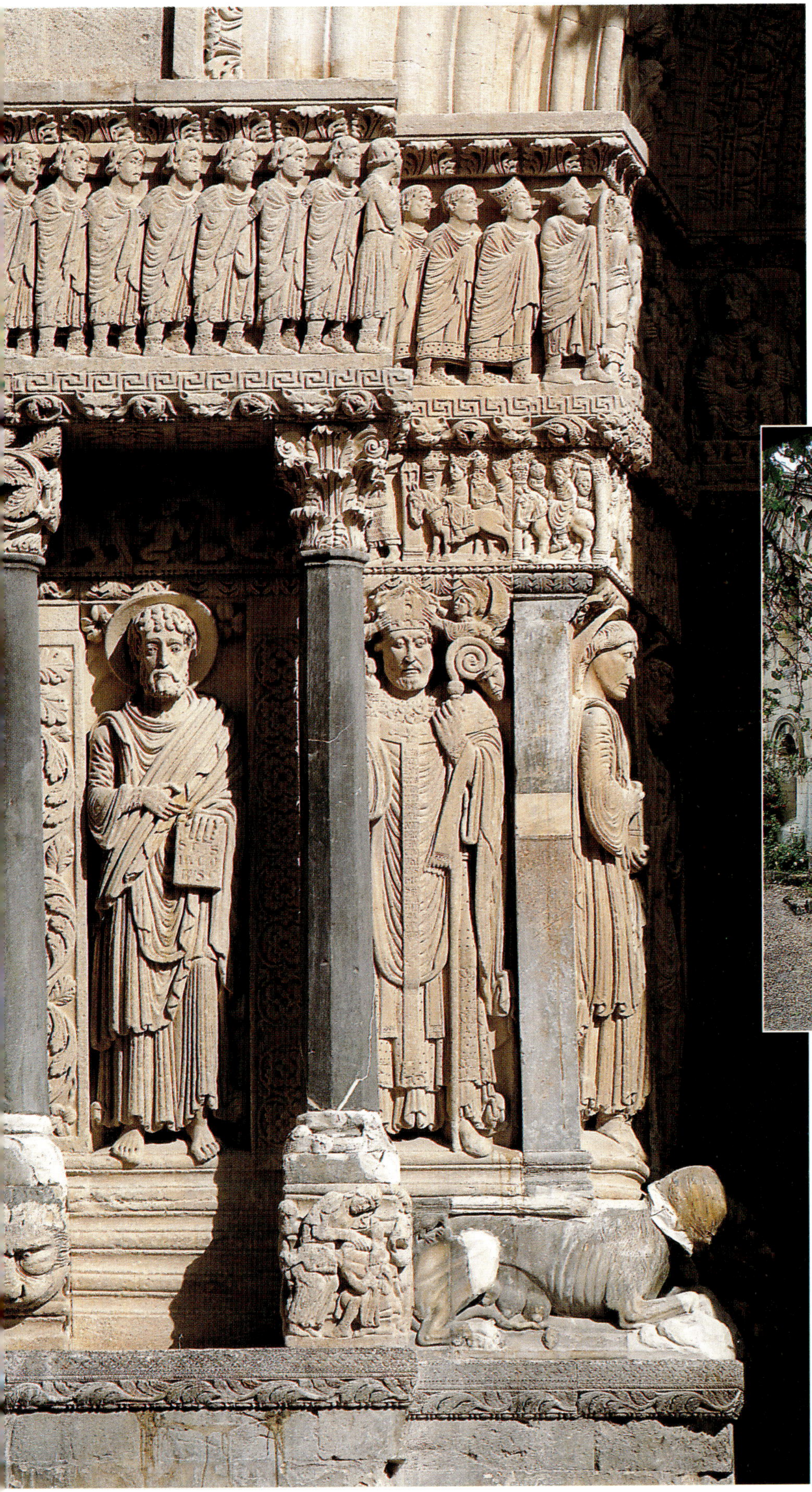

Il portale di Saint-Trophime: nella cornice superiore, la processione degli Eletti; nelle nicchie, tre santi (il terzo è Trofimo).

Domina il centro storico la mole ellittica di les Arènes, uno dei più grandi anfiteatri della Gallia, dove si esibivano i gladiatori sotto gli occhi di migliaia di spettatori. Durante la dominazione saracena venne trasformato in fortezza e oggi è utilizzato per le corride. Poco lontano si trovano i resti delle gradinate e della scena del teatro antico, costruito all'epoca di Augusto.

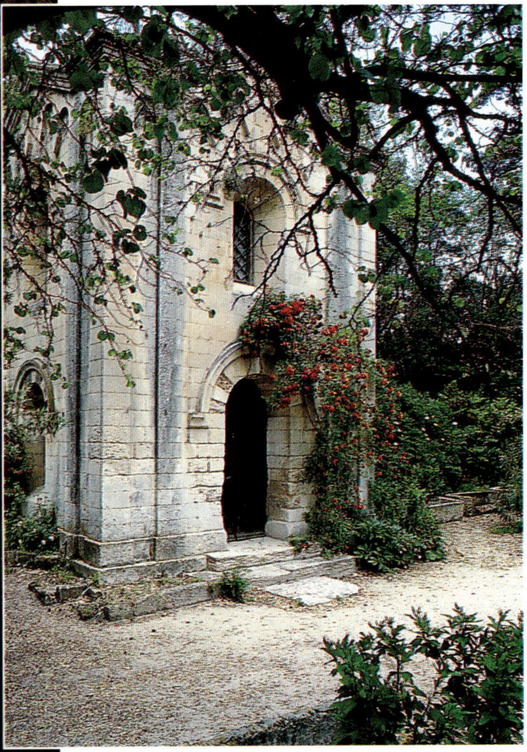

Dopo un periodo di decadenza, dovuto alla fine dell'Impero d'Occidente, Arles ebbe una nuova rinascita nel Medioevo. I preziosi monumenti romanici che ancora conserva sono la testimonianza dell'importanza della città nei primi secoli dopo il Mille; tra questi si distingue, per il prezioso portale strombato arricchito ai lati da decorazioni allegoriche e per il bellissimo chiostro, la chiesa romanica di Saint-Trophime, dedicata al santo evangelizzatore della Provenza.

In alto: un edificio degli Alyscamps, necropoli romana e poi cimitero paleocristiano.

FRANCIA

IL CENTRO STORICO DI AVIGNONE

Sotto: il palazzo dei Papi e la cattedrale di Notre-Dame-des-Doms, con la poderosa torre sulla quale svetta la statua della Vergine, del 1859.

Lungo il corso del Rodano, ai piedi di uno sperone roccioso, nel punto esatto nel quale la collina cede alla pianura definitivamente, si trova Avignone, la città che dal 1309 al 1377 sostituì Roma alla guida della cristianità. Una cinta fortificata, dotata di novanta

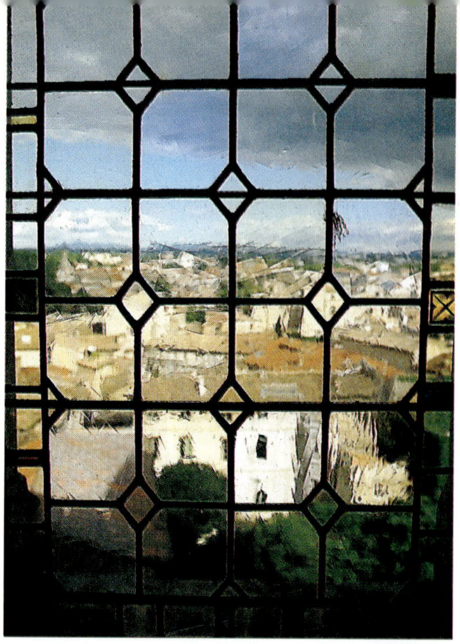

A lato: una veduta della città dai vetri del palazzo dei Papi; in lontananza emerge il verde della Vaucluse.

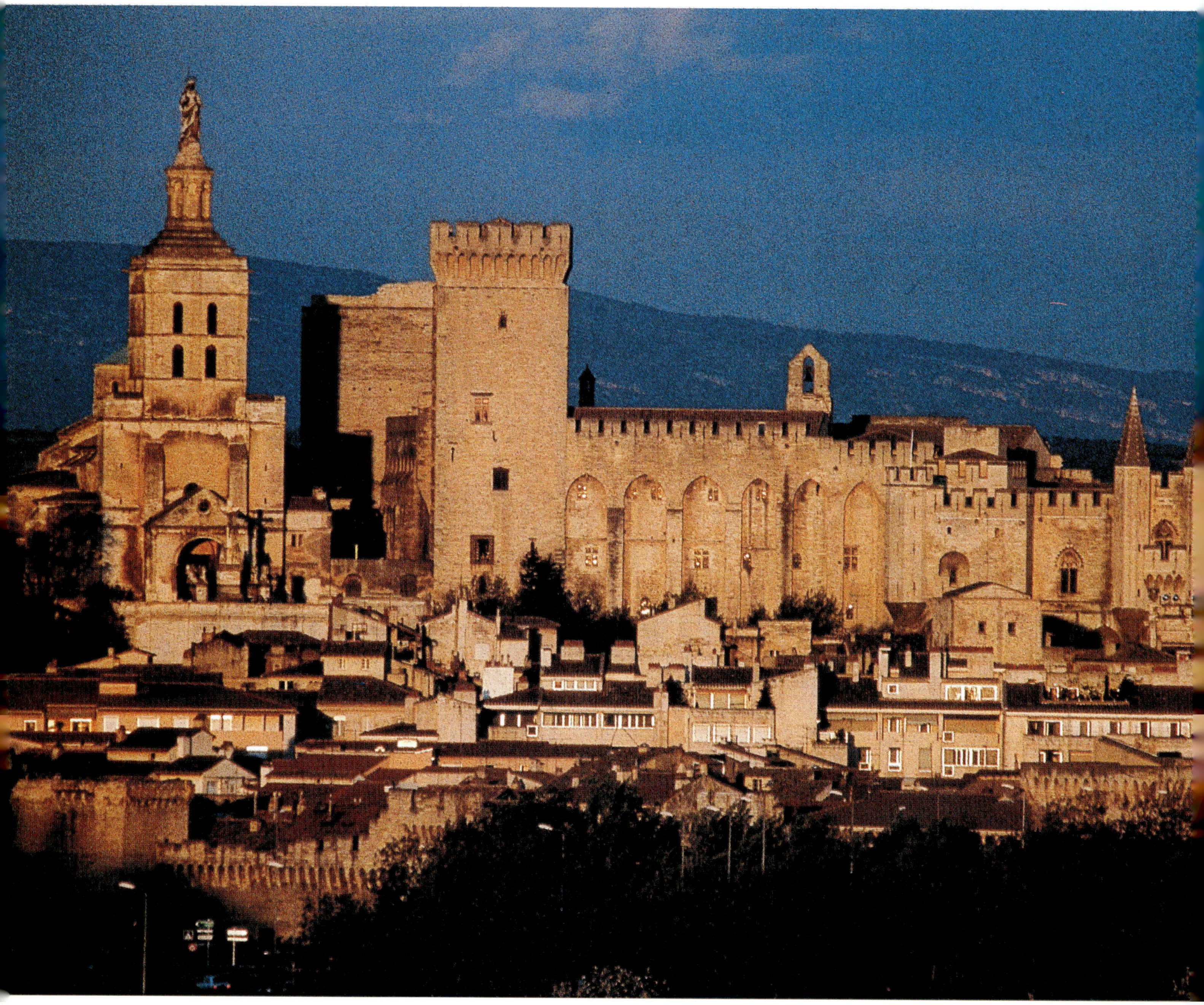

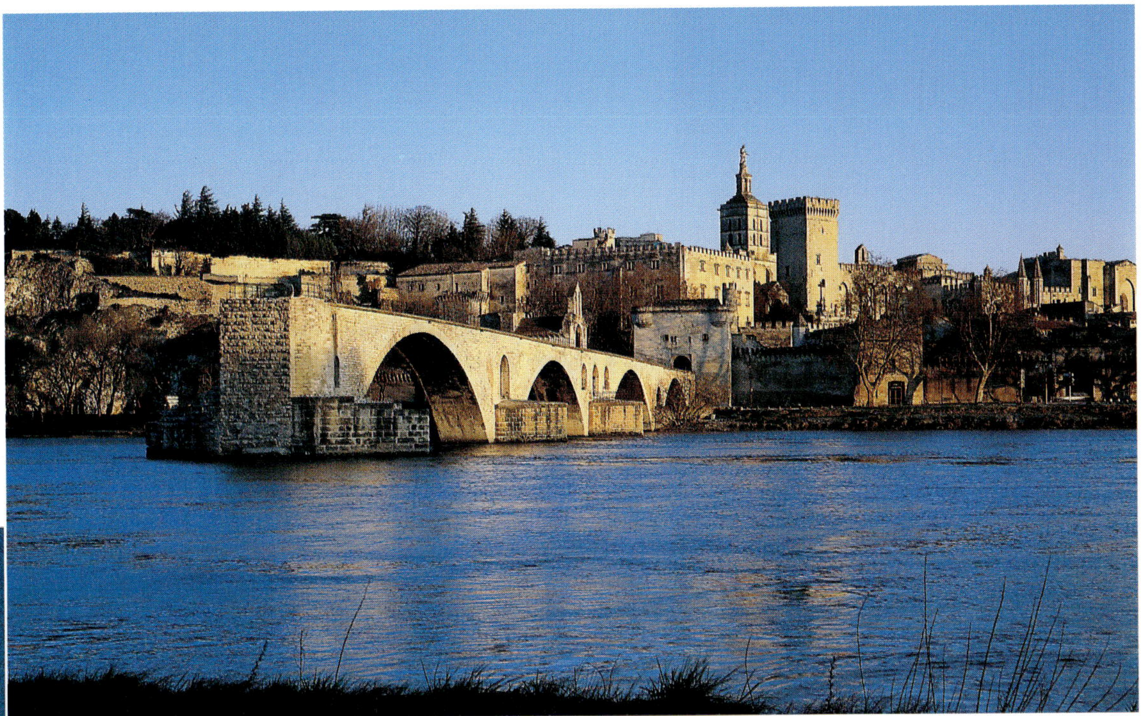

I quattro archi superstiti del ponte di Saint-Bénézet, costruito tra il 1177 e il 1185, costituiscono un elemento inconfondibile delle vedute avignonesi.

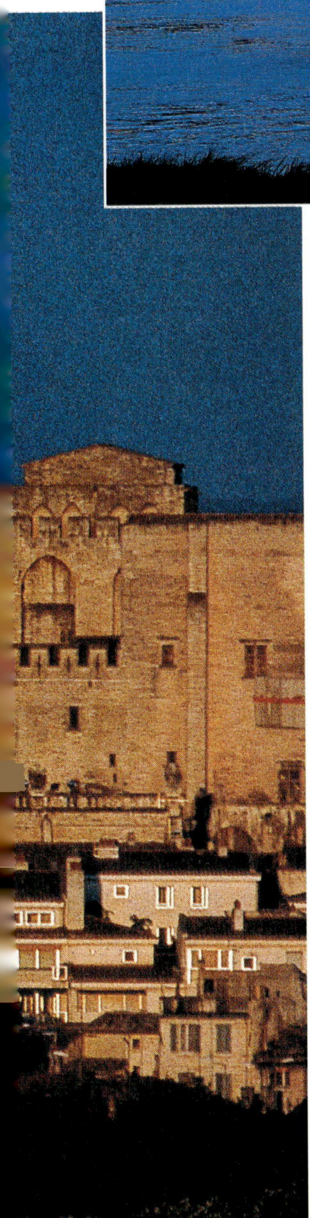

torri lungo oltre quattro chilometri di percorso, chiude l'antico abitato fin dal periodo in cui, da piccola città provenzale, Avignone si trasformò in uno dei centri più importanti del Medioevo e la quieta vita dei suoi cittadini fu sconvolta dall'arrivo della corte papale con tutto il suo seguito di servitori, uomini d'armi, cortigiani e mercanti.
Nei decenni che fecero la sua gloria, la città si trasformò in uno dei primi centri della cultura dell'epoca. Tra i molti poeti, trovatori e artisti che vi affluirono, c'era Francesco Petrarca, che proprio ad Avignone incontrò Laura.
Al centro della città si erge imponente e quasi abbagliante per il chiarore delle sue pietre il palazzo dei Papi, voluto da Benedetto XII; costruito in soli 25 anni, è di aspetto più simile a una fortezza che a una residenza papale e anticipa le grandi dimore dei duchi di Borgogna e di Berry.
Nelle vicinanze del palazzo si trova la cattedrale romanica di Notre-Dame-des-Doms, del XII secolo, con la facciata dominata da un'alta torre. Nell'atrio un tempo vi erano gli affreschi di Simone Martini, il quale tra l'altro dipinse, nella lunetta del portale, forse la prima Madonna dell'Umiltà della storia dell'arte occidentale.

Poco distante dai due edifici ci sono i resti del celebre ponte di Saint-Bénézet.
La rovinosa piena del Rodano che lo travolse nel 1680 ha lasciato dell'antica struttura solo quattro archi, ma ne contava originariamente diciannove, mentre nella cappella tardoromanica, eretta sopra il secondo pilone, erano conservate le reliquie del santo che dà il nome alla costruzione.

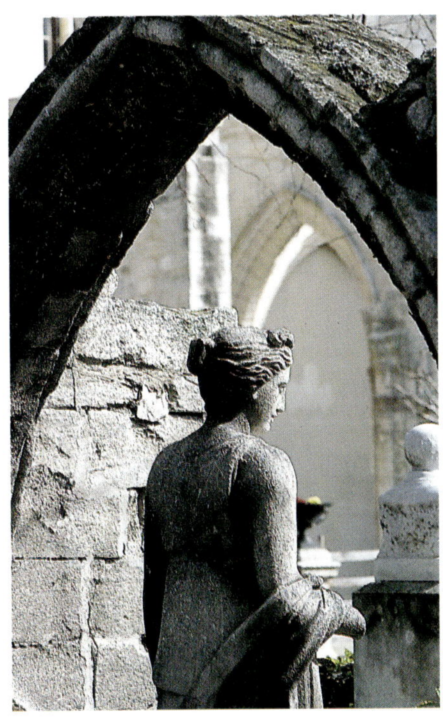

Uno dei molti angoli romantici della città.

FRANCIA

IL CASTELLO DI CHAMBORD

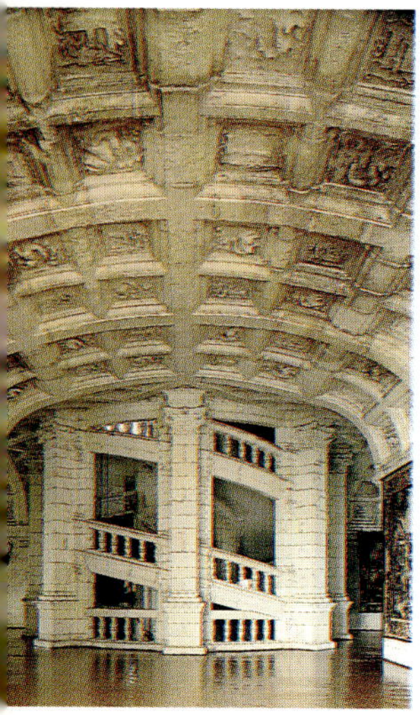

Il secondo piano del celebre scalone circolare, una delle meraviglie di Chambord.

Il castello di Chambord nasce da un sogno di Francesco I: riprodurre in Francia i giardini, i palazzi, i cortili, le fontane che aveva tanto ammirato nella sfortunata avventura in Italia. Da qui, oltre a qualche amarezza, il re francese aveva portato tutto ciò che gli era stato possibile: quadri, statue, gioielli e soprattutto Leonardo da Vinci. Ospitato con tutti gli onori nel castello di Amboise, l'artista fu uno degli artefici della costruzione a Chambord di un'imponente dimora reale, circondata da un immenso parco. Le sue poderose strutture disposte simmetricamente e lo splendido scalone circolare meravigliarono lo stesso Carlo V. L'impresa, iniziata nel 1519, si concluse dopo vent'anni. La costruzione del castello di Chambord diede il via alla frenetica riedificazione delle vecchie dimore aristocratiche medievali di Francia che, soprattutto lungo il corso della Loira, furono il luogo prediletto dalla nobiltà francese del Cinquecento.

La simmetria delle architetture, coronate da una selva di torri e guglie, caratterizza la reggia di Chambord.

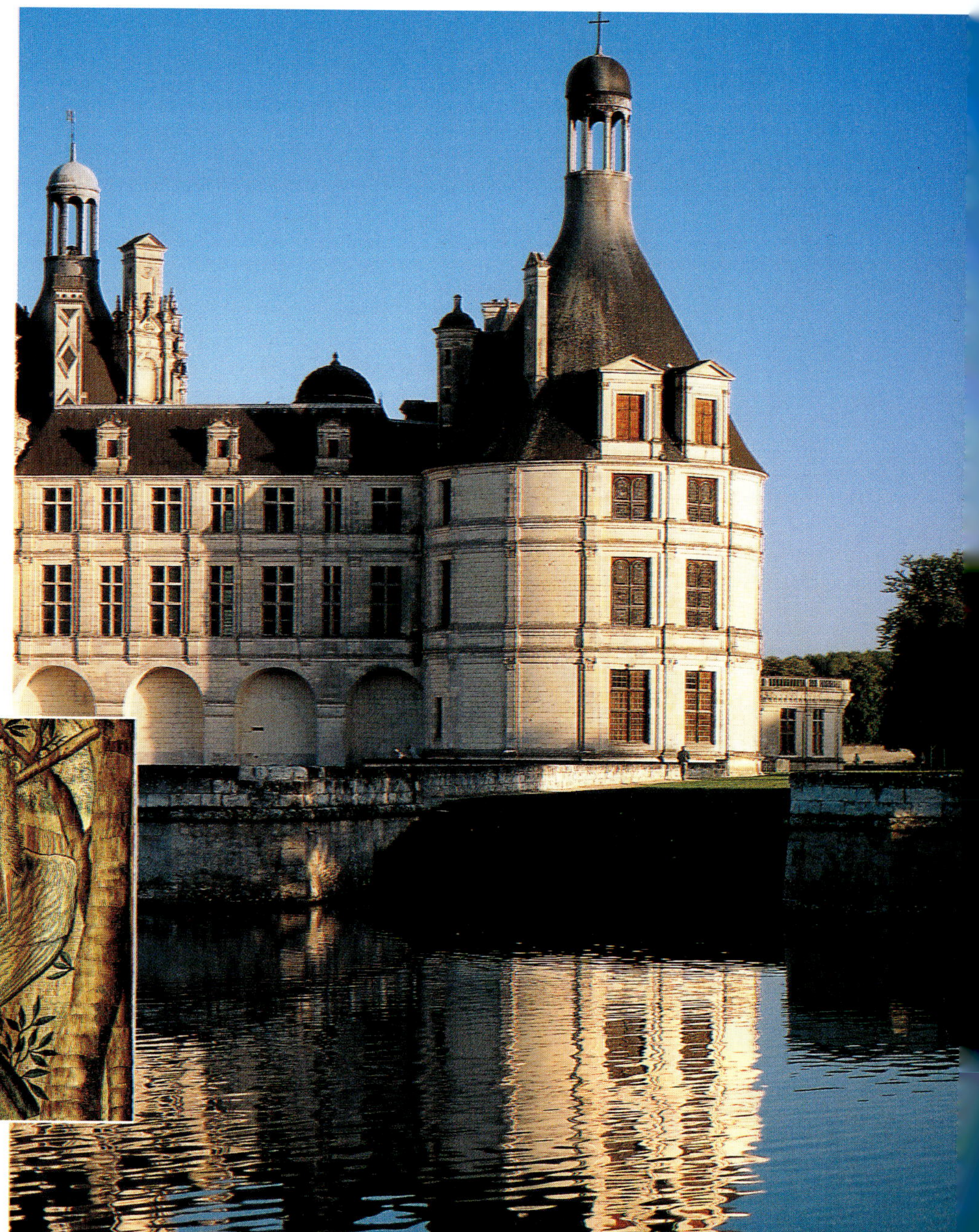

Un esempio dei fastosi arredi del castello: un arazzo con una scena di caccia.

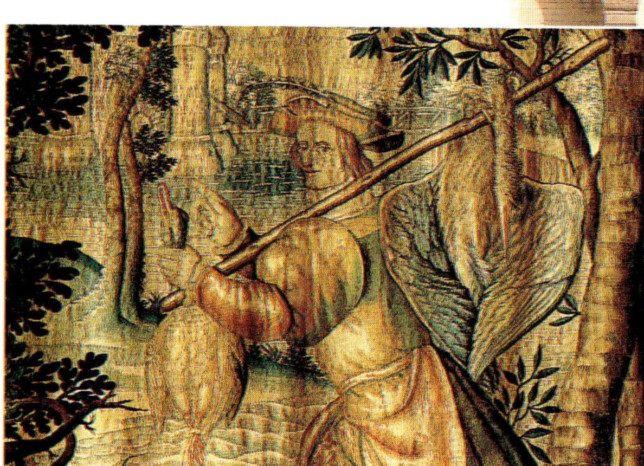

FRANCIA

LA CATTEDRALE DI CHARTRES

Le possenti forme della cattedrale di Chartres, tra le massime espressioni dell'architettura gotica.

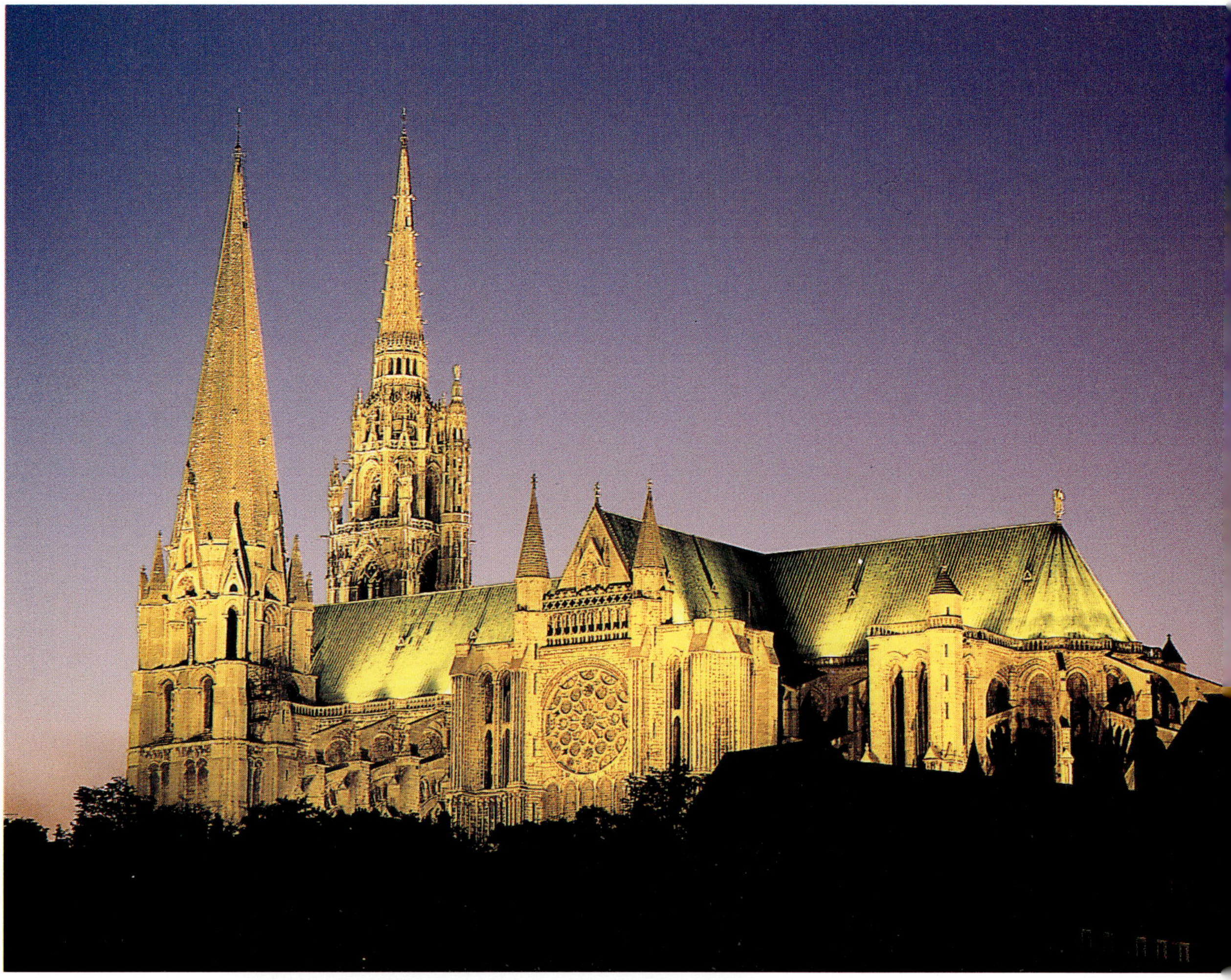

Le guglie protese verso il cielo, i profondi portali strombati sui quali si allineano, rigide e slanciate, le statue-colonne dei personaggi biblici, da sempre colpiscono chiunque giunga davanti alla cattedrale di Chartres.
Nei primi secoli dopo il Mille, l'imponente edificio era tutt'uno con lo spirito che animava Chartres, città dalle infinite risorse, luogo di devozione e di pellegrinaggio tra i più famosi del Medioevo. Eretta in poco tempo su una preesistente struttura dell'XI secolo e consacrata nel 1260 da Luigi IX, il futuro san Luigi, la cattedrale di Chartres è un edificio di rara bellezza, nel quale le mura massicce delle chiese romaniche lasciano il posto, per la prima volta, all'incredibile leggerezza e alla verticalità di nuove strutture architettoniche.
La fuga dei pilastri a fascio e il moltiplicarsi degli archi a sesto acuto danno una dimensione mistica allo spazio, accentuata dalla luce che filtra dalle grandi vetrate colorate.
A Chartres l'architettura gotica prese forma, per poi diffondersi ben presto in tutto l'Occidente medievale.

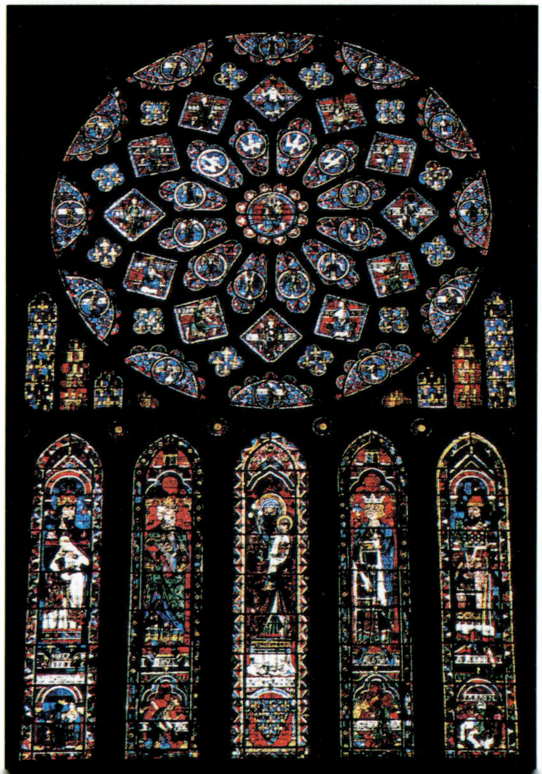

A lato: una delle magnifiche vetrate (1220 circa), affollata di personaggi biblici.

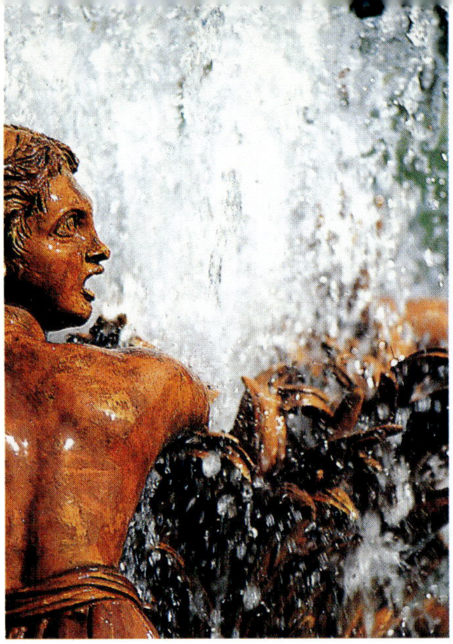

FRANCIA

IL PALAZZO E I GIARDINI DI VERSAILLES

Lungo le sale riccamente ornate in stile neoclassico, come richiedeva la moda del tempo, la mattina del 6 ottobre 1789 una folla inferocita, arrivata da Parigi, inseguiva la regina Maria Antonietta, moglie di Luigi XVI. In un solo giorno la reggia di Versailles perdeva l'aura sacrale che si era conquistata nel corso di oltre un secolo. La sua origine era stata modesta: un piccolo casino di caccia in mattoni rossi su pietra bianca fatto edificare da Luigi XIII su uno scenario di acque paludose e boschi.

I giardini, progettati da Le Nôtre tra il 1664 e il 1666, sono abbelliti da innumerevoli fontane e giochi d'acqua.

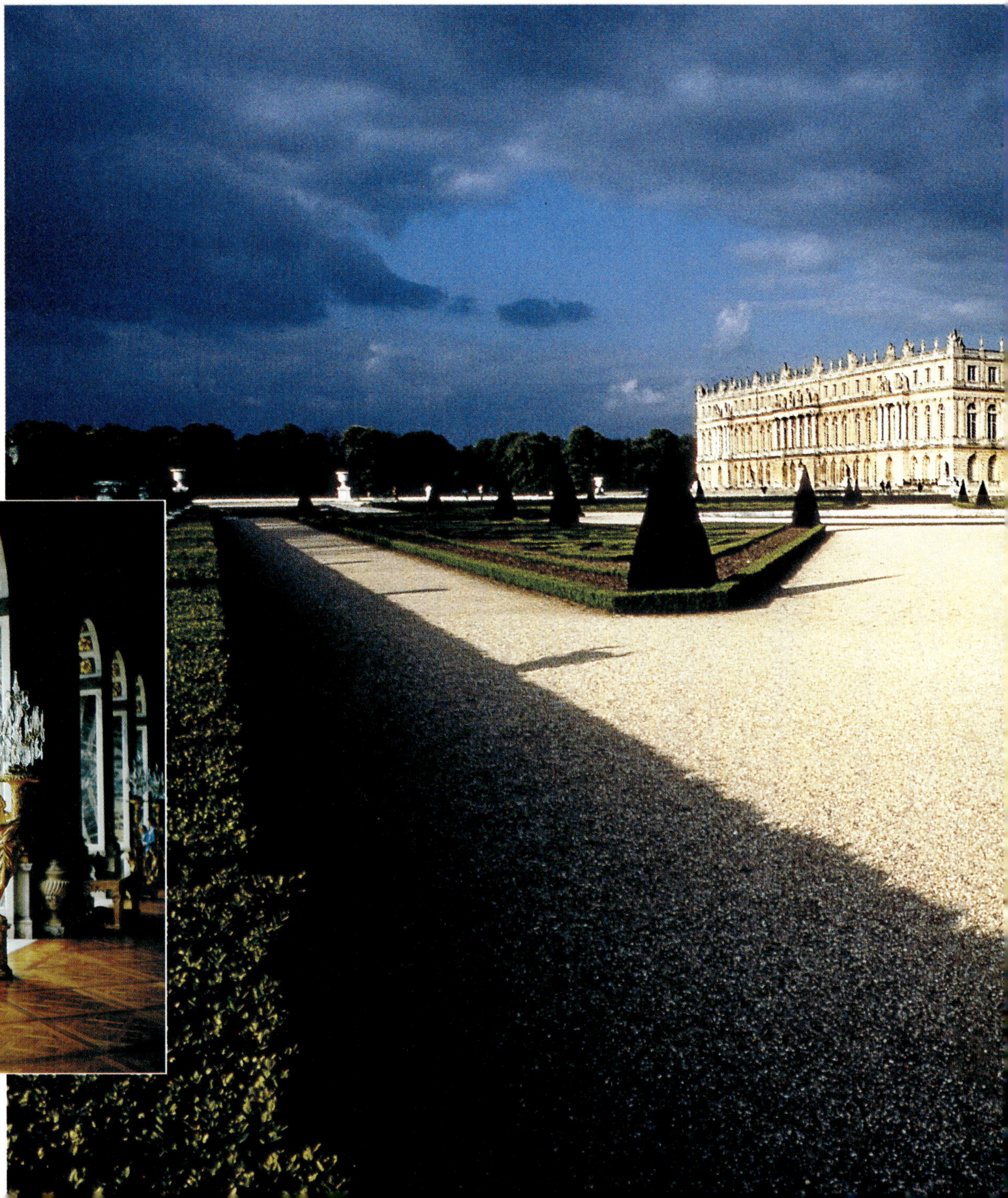

La galleria degli Specchi, fastosa creazione secentesca di Le Vau e Le Brun, è illuminata da 17 grandi finestre.

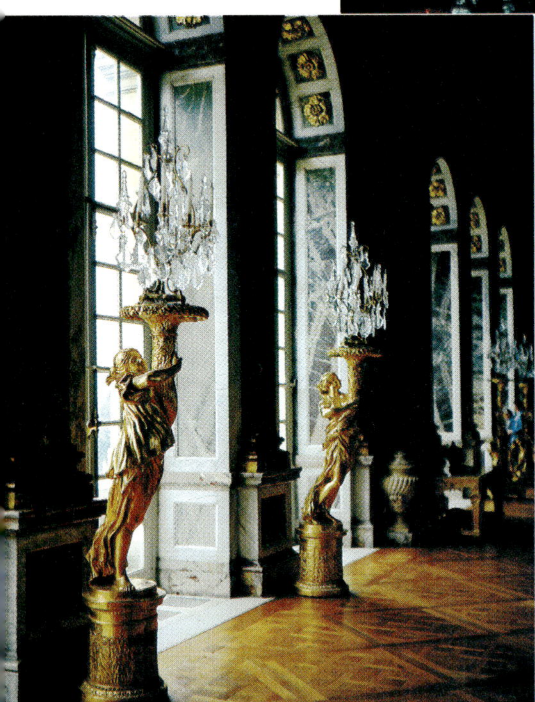

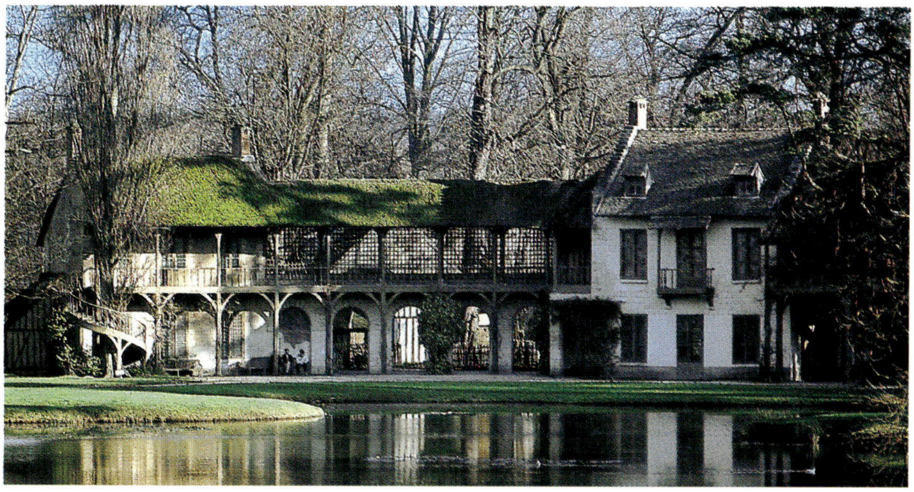

La cosiddetta casa della Regina, pittoresca costruzione commissionata da Maria Antonietta nel 1783.

Su quella dimora si riversò l'ambizione di Luigi XIV. Il suo obiettivo era costruire una nuova residenza reale che imitasse il bel castello in stile rinascimentale di Vaux-le-Vicomte, con la facciata simmetrica che si apre su un parco di André Le Nôtre, l'ideatore del giardino alla francese. Nel 1661 il Re Sole cominciò a modificare il padiglione di caccia del padre. Assunse i maggiori architetti del tempo e, in un crescendo di lavori frenetici, prosciugamenti, trasporti di pietre e marmi, con l'impiego di decine di lavoratori, la dimora di caccia si trasformò in un gigantesco palazzo. Nulla aveva da invidiare, per dimensione, a quelli parigini, con le sue corti interne, gli edifici squadrati, le sale per il gioco e la musica, che si affacciano sul giardino. Charles Le Brun si dedicò alla decorazione degli interni. Via via che il palazzo si ingrandiva, si moltiplicavano pitture, affreschi e sculture. Tra il 1679 e il 1686 venne realizzata la galleria degli Specchi, vero e proprio gioiello della reggia, 70 metri di corridoio con 17 grandi specchiere: erano l'incarnazione di un lusso sfrenato e, allo stesso tempo, l'immagine della gloria del re. L'esterno fu lasciato alle cure di Le Nôtre, che sistemò nel suo caratteristico stile il parco davanti alla reggia: un immenso giardino percorso da un asse centrale, scandito da fiori e siepi, fontane e grandi bacini d'acqua, circondato da un'estensione di boschi che si perde all'infinito.

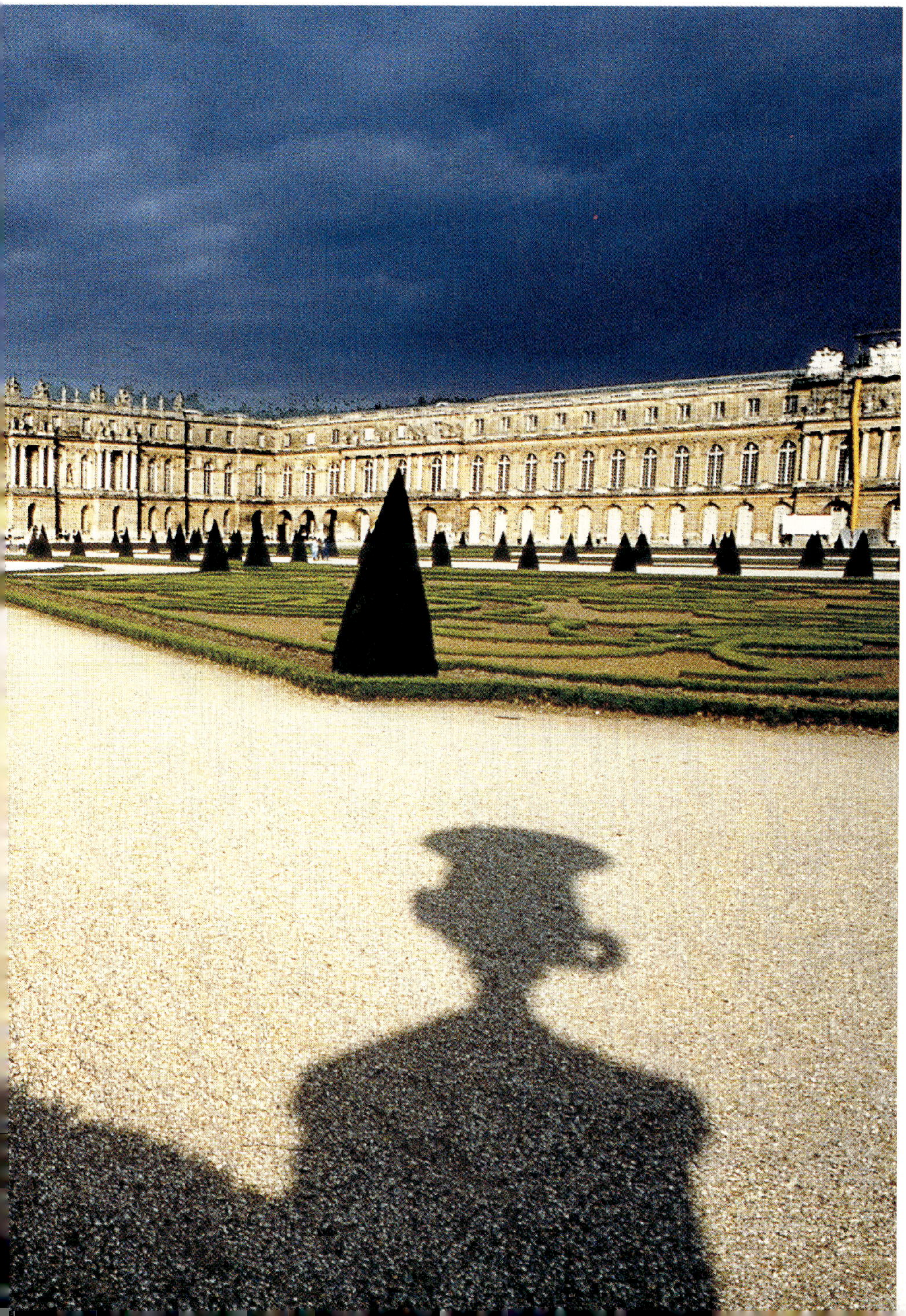

L'enorme reggia periurbana è la perfetta incarnazione del fasto della monarchia francese nel Seicento.

GERMANIA

LA CATTEDRALE DI AQUISGRANA

Sul finire dell'VIII secolo, Carlo Magno, ormai cinquantenne e stanco di vagabondare di reggia in reggia secondo l'abitudine dei re franchi, fissò la propria dimora ad Aquisgrana.
Attratto dalla ricca cacciagione e dalle acque termali, qui volle costruire la "nuova Roma". Nel palazzo imperiale e nell'annessa cappella prese forma il progetto di richiamare in vita l'antica grandezza dell'Impero romano. Da Ravenna, che ne era stata l'ultima capitale in Occidente, giunsero colonne e marmi antichi, mentre San Vitale servì da modello alla chiesa di corte, che assunse le forme di un grande ottagono coperto a cupola, circondato da due piani di gallerie. In basso stava il popolo; in alto l'imperatore prendeva posto sul trono in pietra, di fronte all'altare. Su quello stesso trono, per secoli, verranno incoronati i re di Germania.
Un prezioso coro gotico e una serie di cappelle si sono aggiunti tutt'intorno alla Cappella Palatina durante il Medioevo, creando quell'insieme composito di rara bellezza che oggi caratterizza la cattedrale.

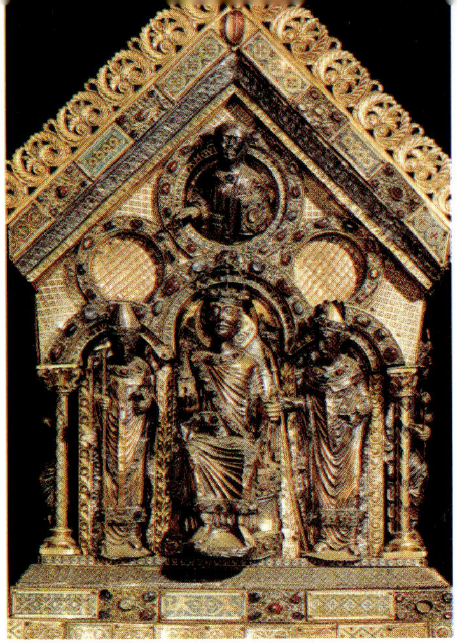

Il duecentesco sarcofago di Carlo Magno con l'imperatore ritratto tra due santi.

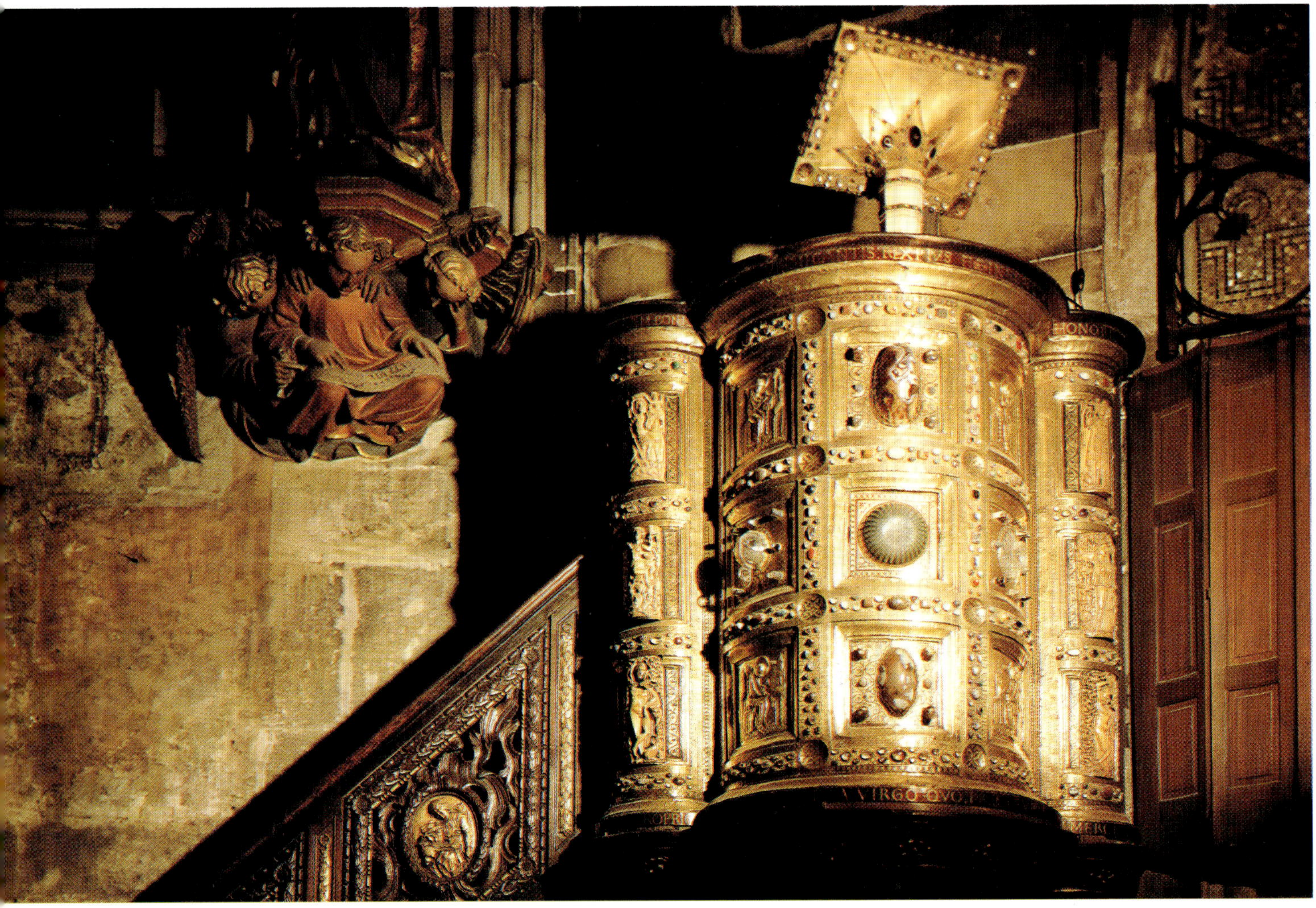

L'ambone donato in occasione dell'incoronazione di Enrico II (1014).

GERMANIA

LA CITTÀ ANSEATICA DI LUBECCA

Grazie all'intraprendenza dei suoi mercanti, nel Medioevo Lubecca assurse a potente capitale dell'Hansa, mantenendo un ruolo egemone sul Baltico per oltre tre secoli.
Assai prezioso è il suo centro storico, con notevoli edifici gotici, fioriti tra il XII e il XV secolo, che sorgono su un'isola circondata da corsi d'acqua, con un paesaggio urbano caratterizzato da agili torri che si elevano verso il cielo e dal colore diffuso del laterizio. Gli angoli più affascinanti di Lubecca sono quelli in cui si respira la vita mercantile di un tempo:

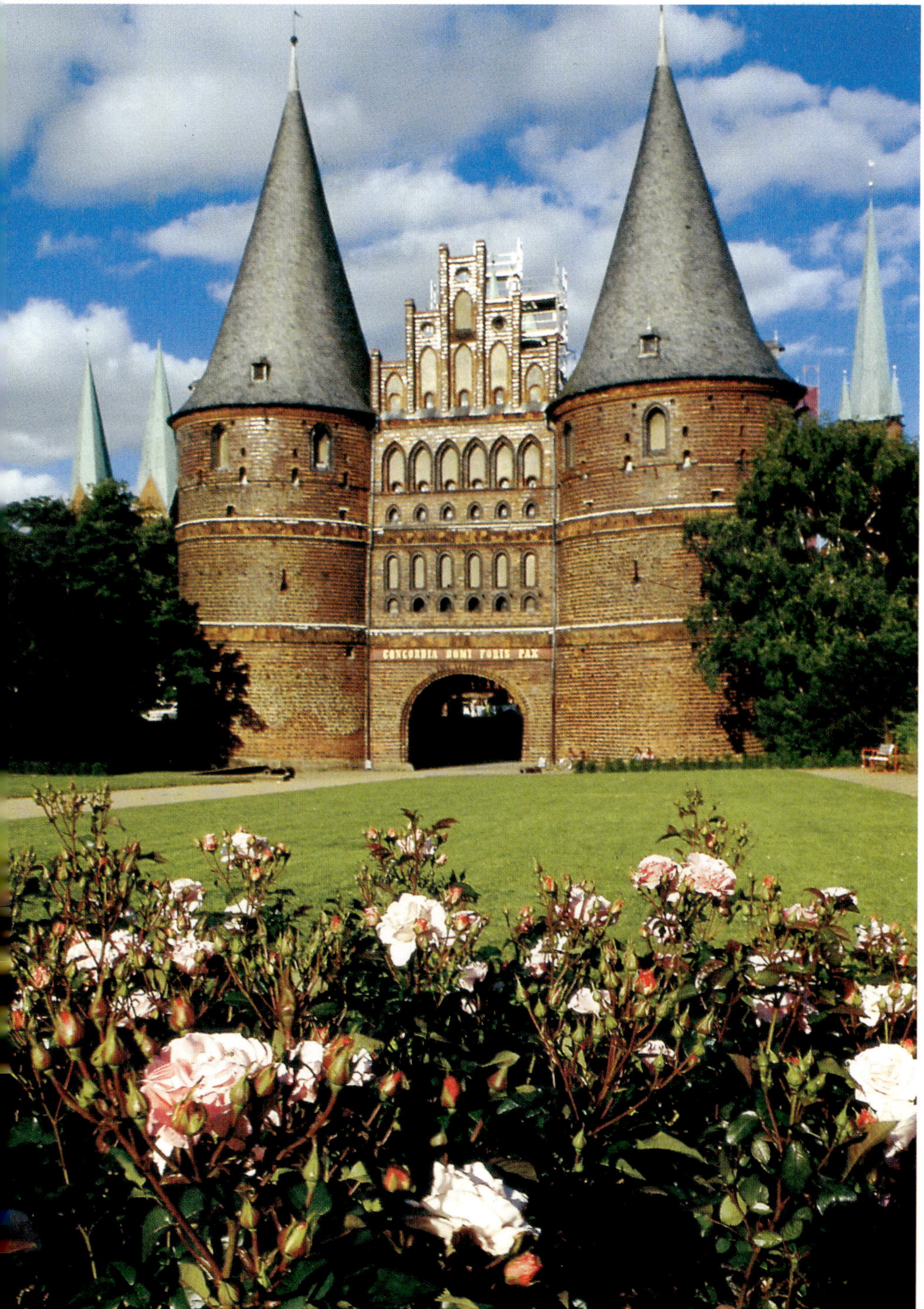

Il massiccio Holstentor, eretto nel 1477, è la maggiore porta cittadina.

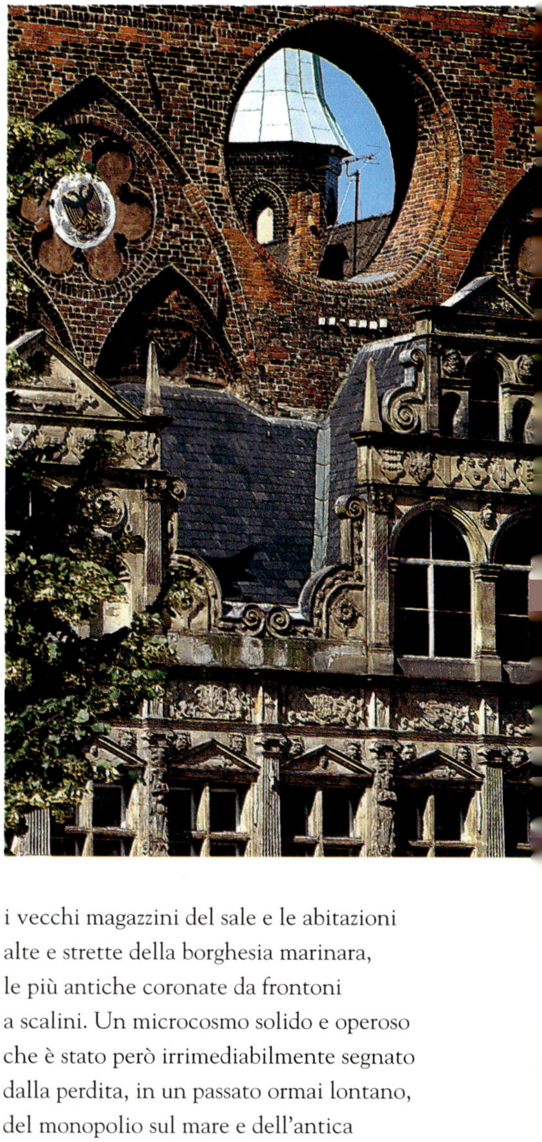

Iniziato nel XIII secolo, il municipio presenta sul lato sud un'elegante loggia rinascimentale.

i vecchi magazzini del sale e le abitazioni alte e strette della borghesia marinara, le più antiche coronate da frontoni a scalini. Un microcosmo solido e operoso che è stato però irrimediabilmente segnato dalla perdita, in un passato ormai lontano, del monopolio sul mare e dell'antica autonomia.
Da allora aleggia su Lubecca quella peculiare aura di decadenza rintracciabile anche nell'opera del più illustre dei suoi figli, il grande Thomas Mann.

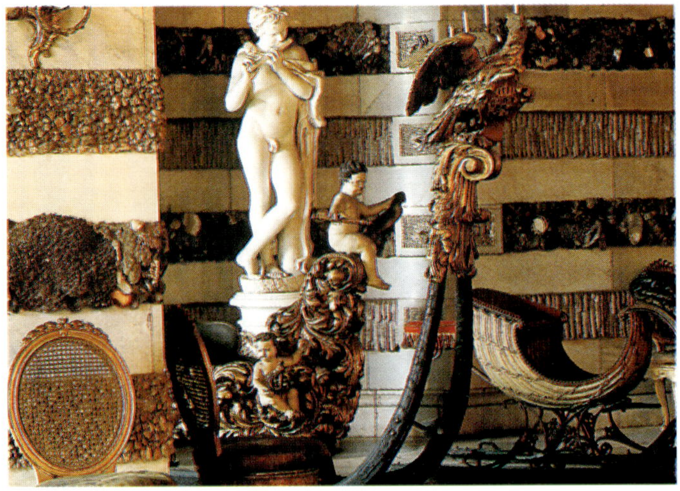

L'ampio ambiente d'ingresso del Neues Palais è a forma di grotta, con incrostazioni di minerali lungo le pareti.

GERMANIA

LA REGGIA E IL PARCO DI POTSDAM

Oltre 600 ettari di boschi e giardini disseminati di ruderi antichi e di tempietti classici, di grotte fantasiose e di pagode cinesi circondano sfarzose dimore rococò, ville in stile rinascimentale, pittoreschi castelli neogotici: le residenze estive dei re di Prussia, che costellano le rive dei laghi formati dal corso dello Havel, a ovest di Berlino e nella vicina Potsdam, offrono una rassegna ricca e varia del gusto architettonico in auge nelle corti europee del tempo.

Non a caso ribattezzata la "Versailles prussiana", Potsdam accolse, tra il XVIII e il XIX secolo, le più belle dimore degli Hohenzollern, in gran parte situate nell'immenso parco di Sans Souci, tracciato

Il Neues Palais, commistione di elementi barocchi e neoclassici, venne eretto dopo la vittoria prussiana nella Guerra dei Sette Anni (1756-63).

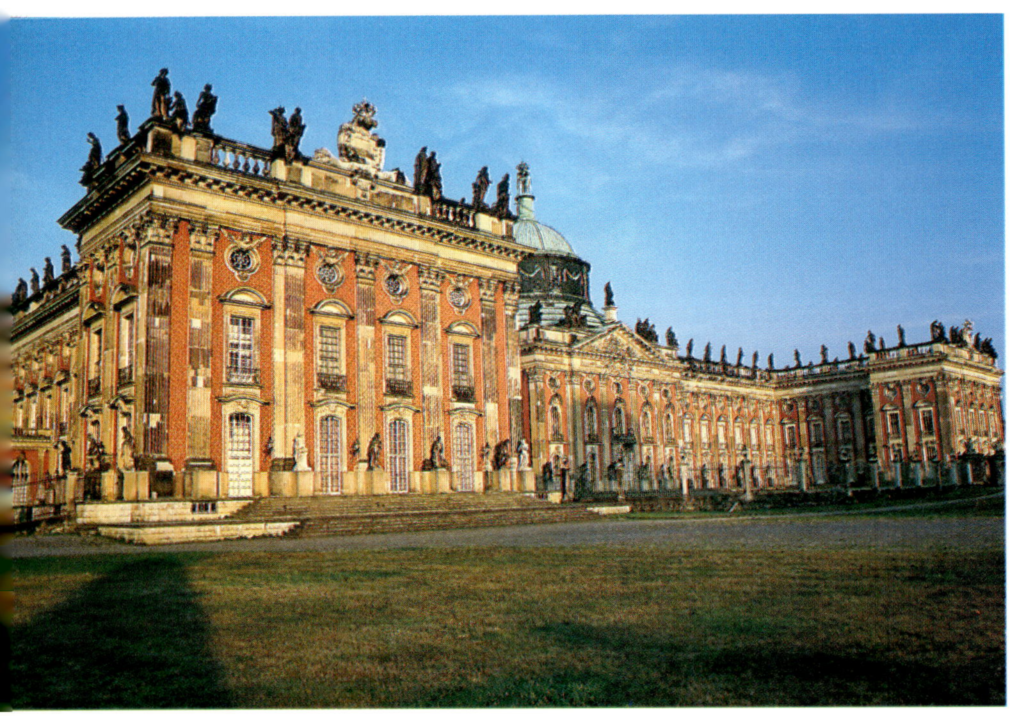

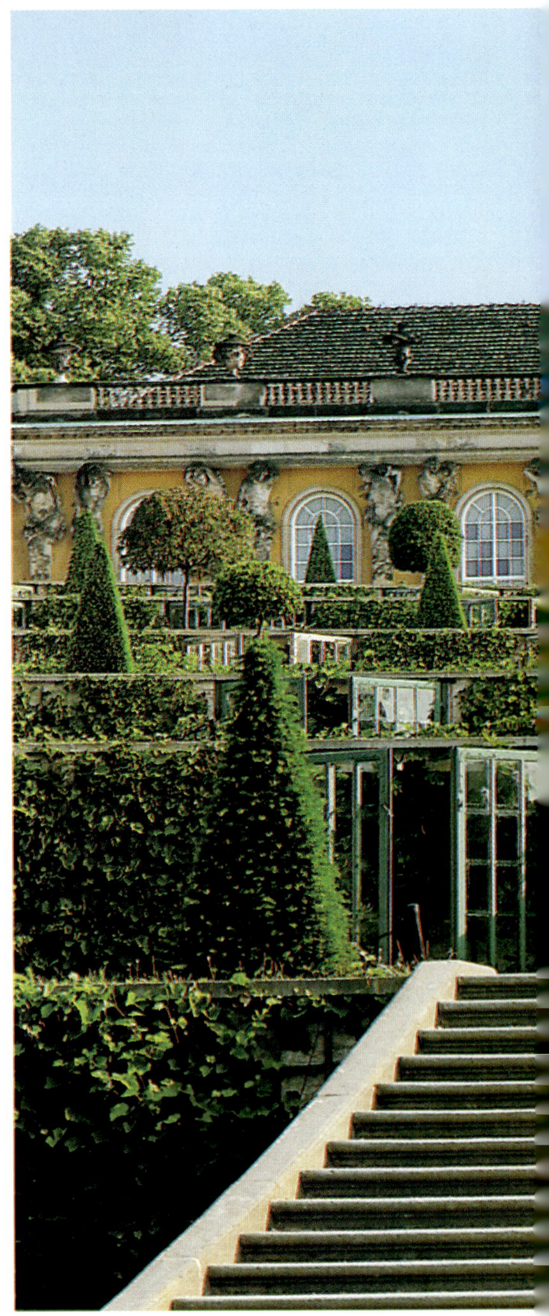

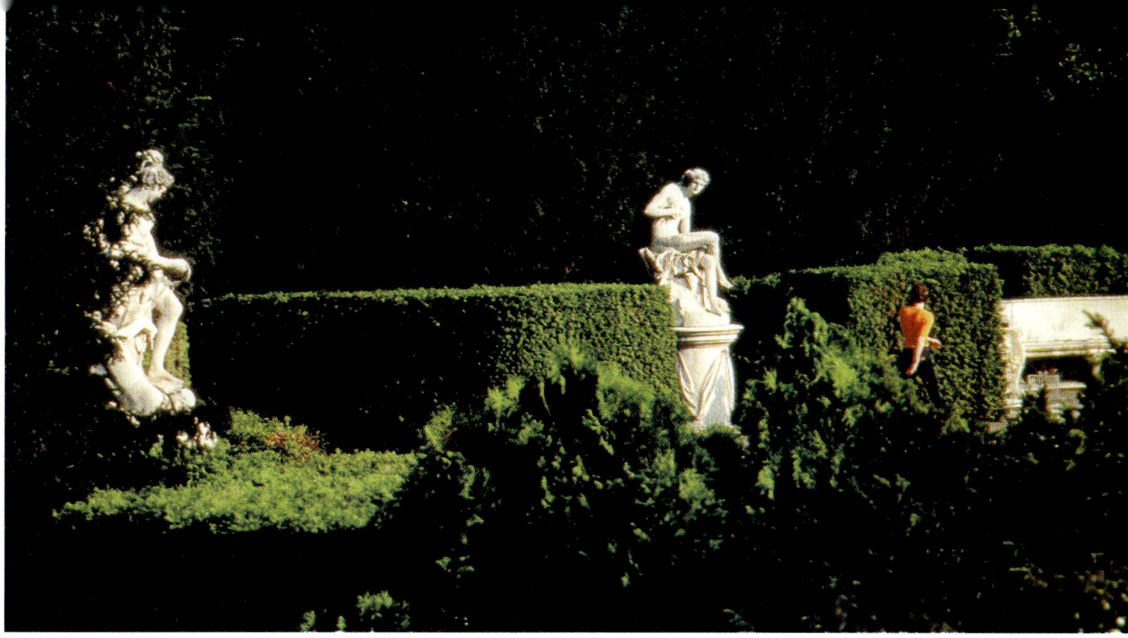

Il parco di Sans Souci, attraversato da viali e corsi d'acqua, abbellito da statue e padiglioni, si sviluppa su 290 ettari.

L'edificio principale del complesso è lo Schloss Sans Souci, capolavoro rococò voluto da Federico II.

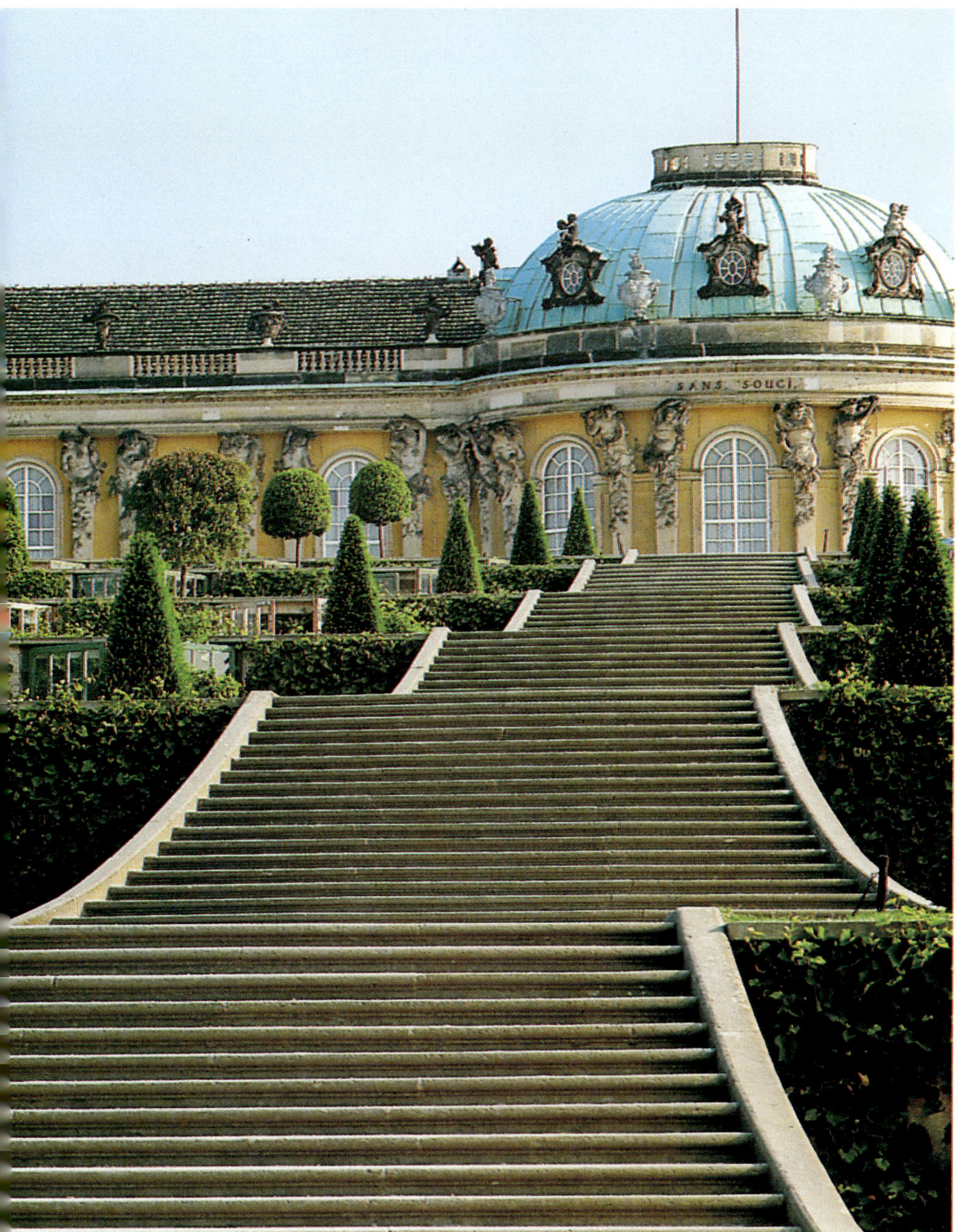

alla francese per volontà di Federico II e ampliato dai suoi illustri successori. Cuore del complesso è la reggia che il sovrano fece erigere da G. Wenzeslaus von Knobeldorff tra il 1745 e il 1747, contribuendo personalmente al progetto. Unica nel suo genere tra le residenze reali dell'età dell'assolutismo, rivela il volto poliedrico del re filosofo amico di Voltaire, contemporaneamente impegnato, sul fronte della politica, a consolidare il regno di Prussia. *Sans Souci*: i caratteri in bronzo sulla facciata manifestano la volontà del sovrano di trascorrere qui, appunto senza preoccupazione, i suoi ozi di intellettuale.

L'edificio, a un solo piano, è un vero gioiello del rococò tedesco. Con le sue linee curveggianti si distende sulla cresta di una spettacolare collina terrazzata nelle cui cavità si celano lunghe serre, a proteggere dai rigori del clima il prezioso vigneto voluto dal sovrano secondo la tradizione dei suoi avi. E il tema della vite e dell'uva è rilanciato dalle cariatidi che nei panni di baccanti ritmano le pareti esterne del palazzo e dalla leggiadra decorazione delle sale, dove pampini, grappoli e viticci si arrampicano in un viluppo di stucchi e dorature.

Perfetto è il connubio tra reggia e giardino, sottolineato dall'armoniosa scalinata che taglia al centro il pendio e scende fino alla grande fontana che adorna il parterre.

GRECIA

L'ACROPOLI DI ATENE

Ci sono stati momenti nella storia in cui uomini geniali e creativi, dotati di uno straordinario intuito delle esigenze del loro tempo, hanno saputo plasmarlo con l'energia del proprio intelletto. Uno di questi momenti è quello che Atene visse tra il 450 e il 420 a.C. circa, sotto la guida politica e culturale di Pericle che, senza rifarsi a nessun modello precedente, diede forma a una concezione totalmente nuova dell'uomo, inteso come fulcro dell'universo e misura di tutte le cose: l'archetipo di ogni umanesimo, cui guarderanno tutti i "rinascimenti" dei secoli successivi.
La sfolgorante materializzazione di questo ideale è l'Acropoli, simbolo della ritrovata supremazia intellettuale e morale della città, che pochi anni prima era stata devastata

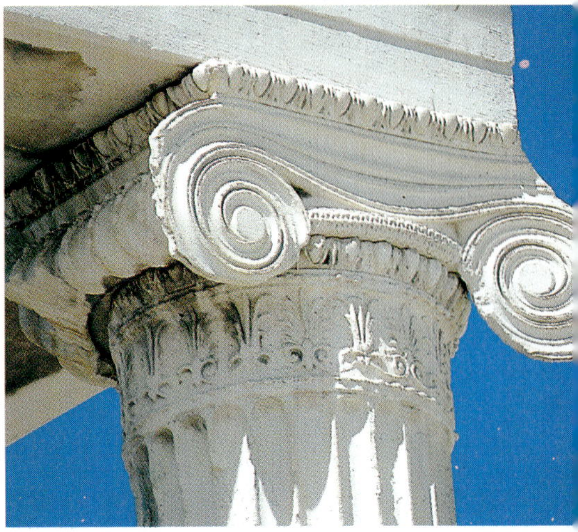

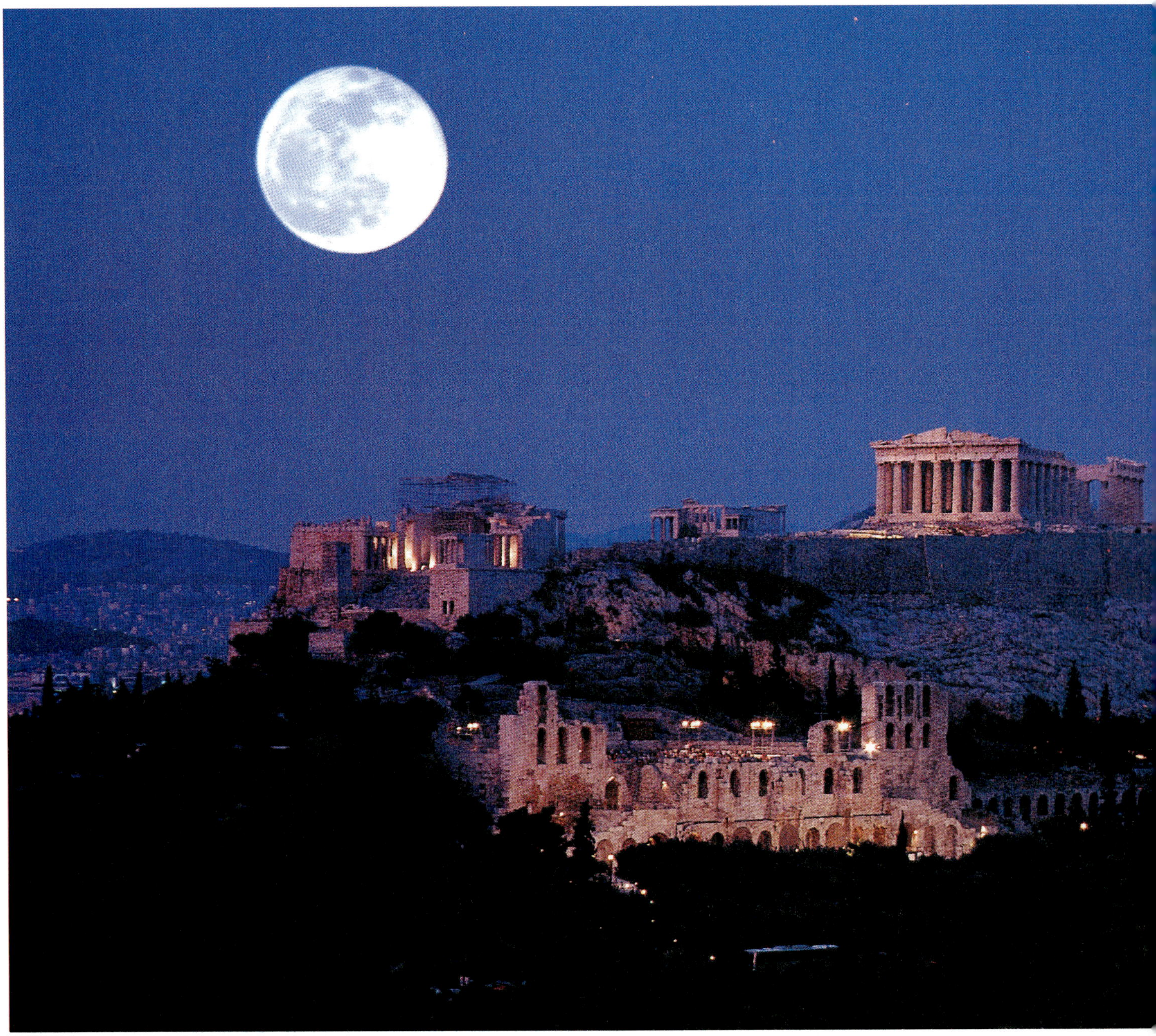

I raffinatissimi capitelli ionici dell'Eretteo sono stati recentemente sottoposti a pulizia e restauro.

Lungo il lato sud dell'Eretteo è il celebre portico delle Korai, o delle Cariatidi.

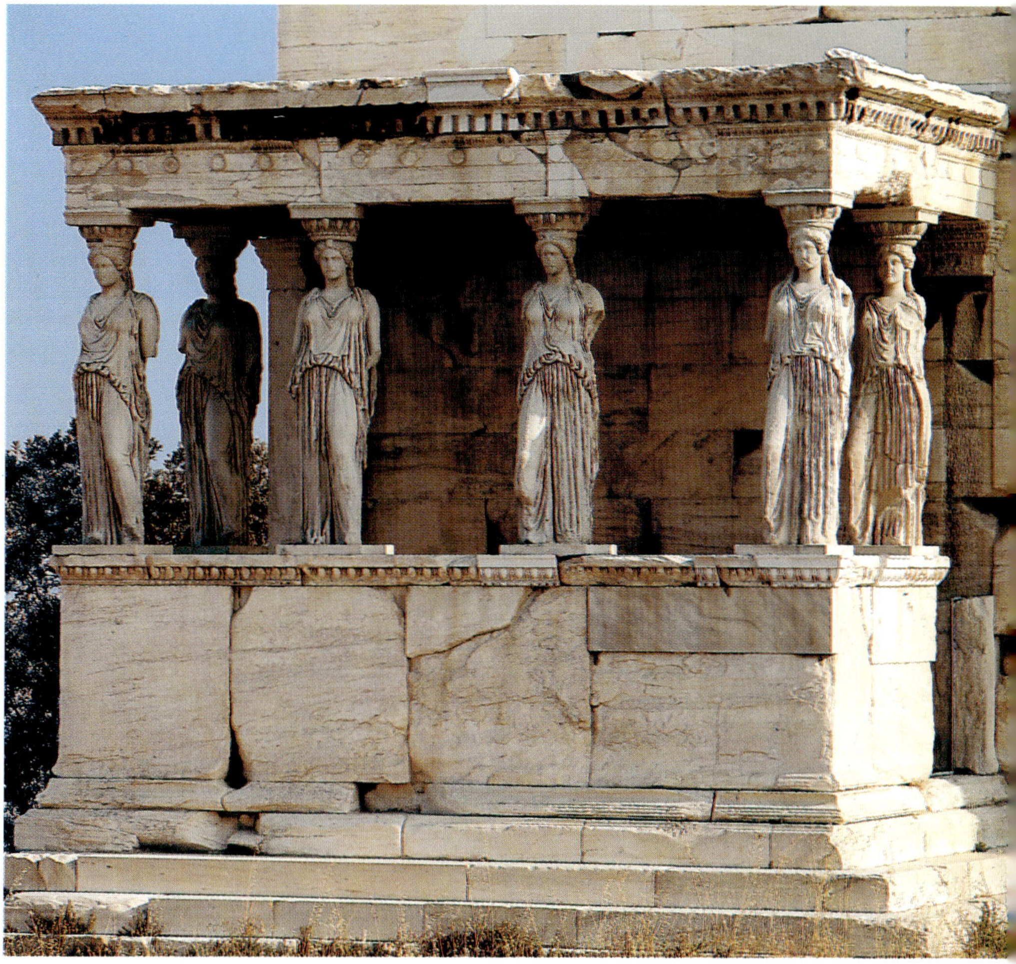

e umiliata dalle armate persiane, e che era l'unica polis democratica del mondo allora conosciuto. Il grandioso progetto di ricostruzione di quello che doveva diventare il "cuore di tutta la Grecia" fu affidato a Fidia, il maggiore artista del tempo. La statua di Athena Parthenos, la dea protettrice della città, fu il nucleo ideologico di tutto il programma:

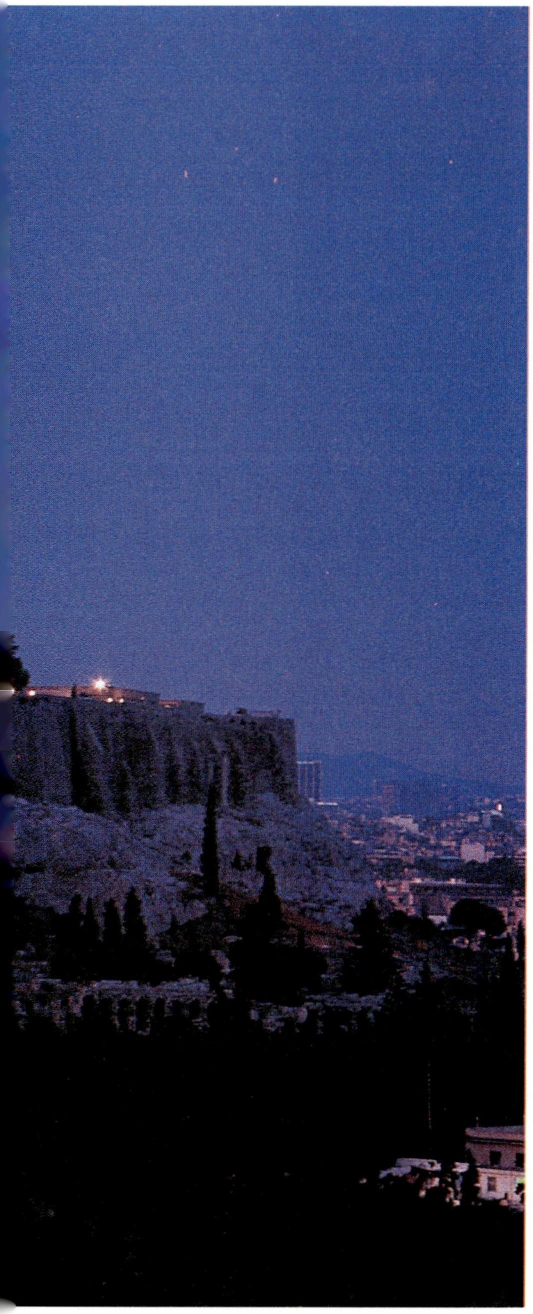

il costo della celeberrima scultura, alta 12 metri e realizzata in oro e avorio, equivalse alla spesa per l'allestimento di una flotta di 230 navi. L'opera è andata perduta, ma non il colossale scrigno che la racchiudeva, il Partenone, la cui decorazione scultorea è tra le più alte espressioni dell'arte di tutti i tempi. Poi sorsero i Propilei, monumentale ingresso all'Acropoli audacemente impostato su un ripido pendio roccioso; le raffinate linee ioniche del tempietto di Athena Nike; la sconcertante molteplicità di forme architettoniche dell'Eretteo. Una folla di statue adornava tutta l'area, realizzate dai più grandi artisti greci. La rappresentazione della figura umana, da tempo tema fondamentale nell'arte greca, raggiunse allora quella bellezza e misura, quella perenne giovinezza che da secoli incarnano la nozione di classicità. Forse gli dei furono invidiosi di questo miracolo tutto umano. Pericle venne travolto da feroci accuse, dalla guerra con Sparta e infine dalla peste: ma il suo esperimento della perfezione era compiuto.

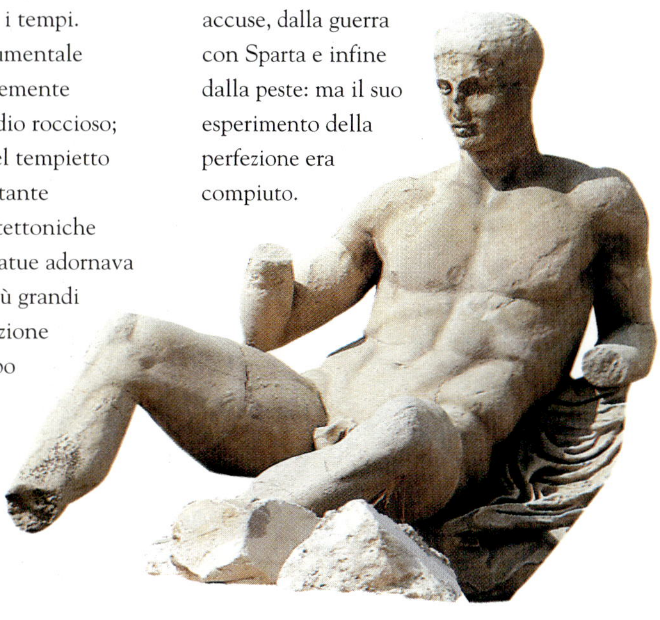

A sinistra: una veduta notturna dell'Acropoli. A destra: una statua mutila nei pressi del Partenone.

GRECIA

IL SITO ARCHEOLOGICO DI DELFI

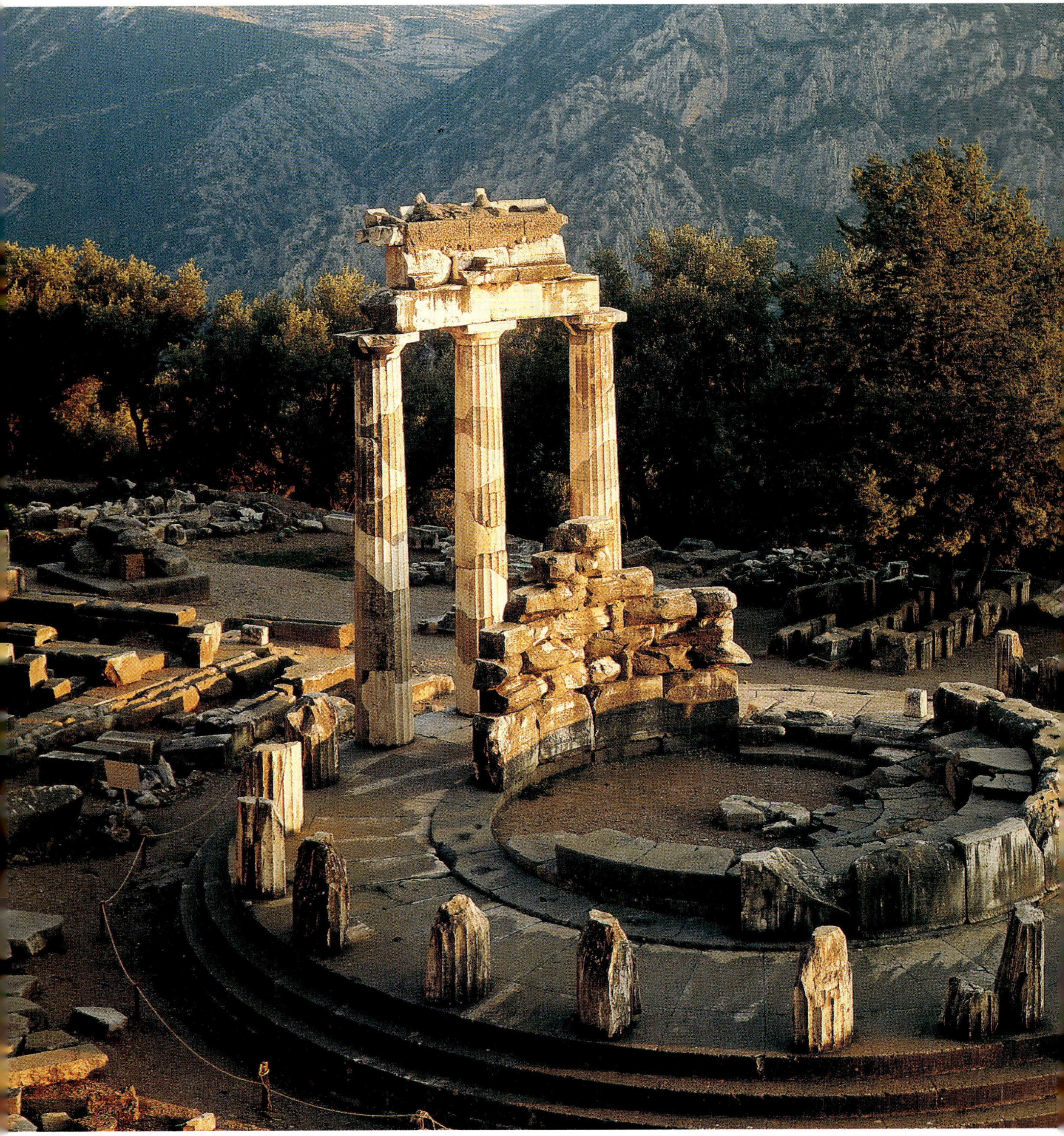

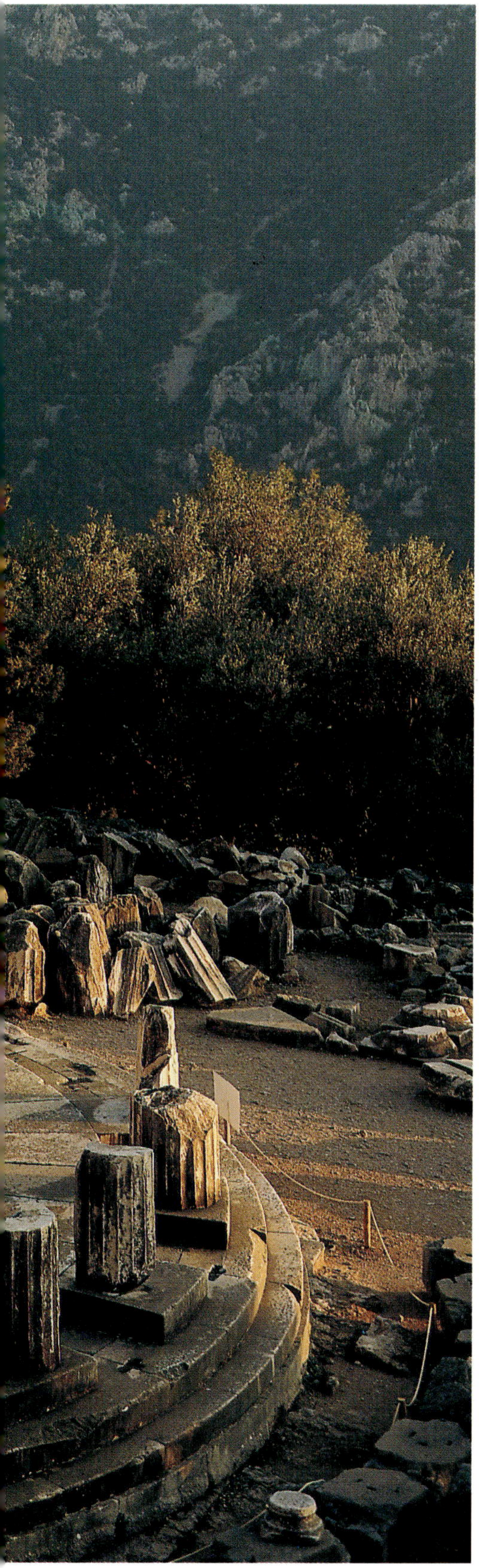

A sinistra: la tholos del santuario di Athena Pronaia (370-360 a.C. circa), sullo sfondo delle montagne della Focide.

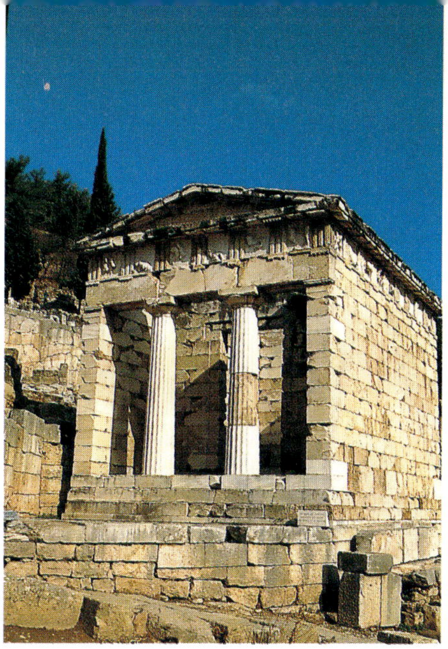

Il Tesoro degli Ateniesi, eretto con il bottino della battaglia di Maratona, lungo la Via Sacra.

Tra i santuari antichi che ancora comunicano il sentimento del sacro, un posto privilegiato va a Delfi, situata nel paesaggio incomparabile delle pendici del monte Parnaso, sacro alle Muse. Un'infinità di miti, leggende e cronache si è accumulata nei secoli sul suo conto. I sacerdoti di Apollo narravano che il tempio del dio sorse nel luogo in cui si erano incontrate le due aquile che Zeus aveva fatto volare dagli estremi della Terra, per fissarne il punto centrale. L'onfalo, la pietra che marcava l'ombelico del mondo, è associato all'oracolo del dio, il più celebre della Grecia, che nel periodo della colonizzazione ebbe un ruolo fondamentale, poiché veniva regolarmente consultato sulla scelta dei luoghi e sulle divinità tutelari. Oltre che centro religioso, Delfi fu un importante luogo di incontro e riconciliazione delle città greche, tradizionalmente divise da continue ostilità: i giochi delfici erano una delle principali feste panelleniche e acquisirono dal VI secolo a.C. un prestigio internazionale. L'area sacra si arricchì nel corso del tempo di un vasto complesso di monumenti dedicati dagli Stati della Grecia e del Mediterraneo per commemorare vittorie ed eventi pubblici, e di una ventina di "tesori", tempietti che custodivano preziosi oggetti votivi. Centinaia di magnifiche statue costellavano la Via Sacra: tra queste, secondo alcuni studiosi, figuravano anche i vigorosi eroi bronzei trovati nel mare di Riace. Il fulcro del santuario era ovviamente il tempio di Apollo, dove erano il celebre onfalo e una fessura della terra da cui provenivano le emanazioni che ispiravano la Pizia a pronunciare i suoi responsi: la sacerdotessa beveva dall'acqua della sorgente Kassotis, e, masticando foglie d'alloro, cadeva in estasi. Quando l'imperatore Giuliano, nel 360 d.C., cercò di consultare l'oracolo, la risposta sancì la fine di un'epoca: "Sono crollate le corti sfarzose, Apollo non abita più qui, non ha più alloro né sorgente che favella, l'acqua parlante si è ammutolita".

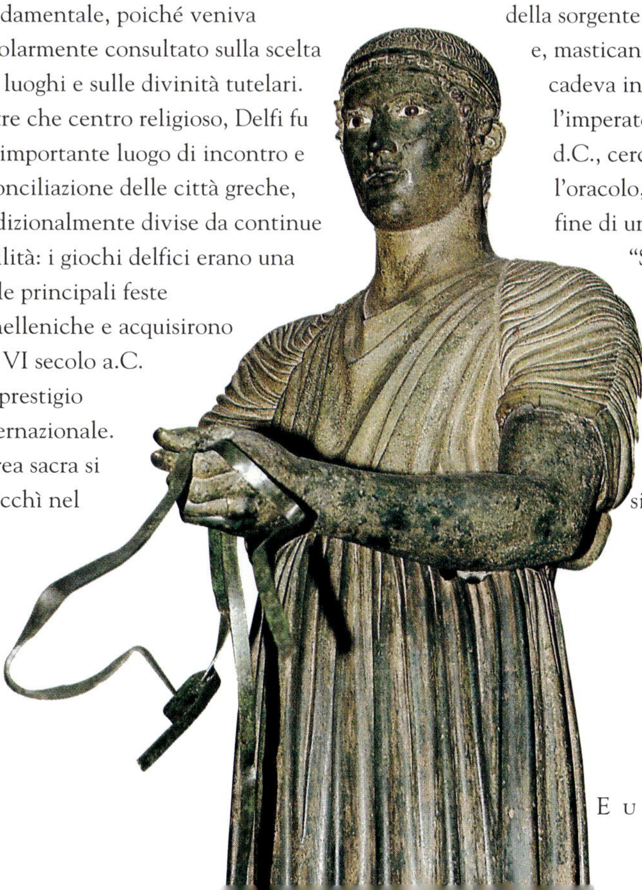

Il celebre auriga di Delfi, bronzo del 477 a.C. circa, conservato nel Museo di Delfi.

GRECIA

LE METEORE

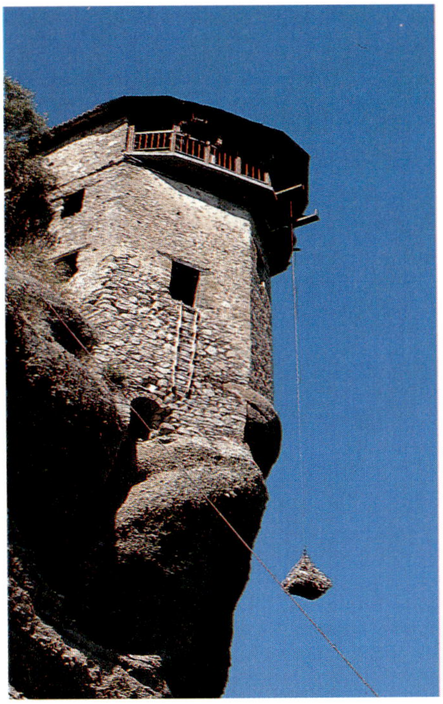

Le scoscese e bizzarre pareti rocciose nei pressi di Kalambaka in Tessaglia si innalzano sino a un'altezza di 400 metri sul fondovalle; già nel IX secolo offrirono agli eremiti un sicuro rifugio nelle caverne più basse. Solo quando la situazione politica, dal 1340 in poi, divenne insicura, vennero eretti edifici sui picchi più alti. A quest'epoca risale il nome di Meteora con cui si indicavano le abitazioni e le rocce che apparivano sospese tra cielo e terra ed erano accessibili con estrema difficoltà grazie a gradini scavati nella pietra e a montacarichi. Tra il XIV e il XVI secolo furono costruiti numerosi centri monastici, che sotto Solimano il Magnifico (1494-1556) prosperarono, assumendo una posizione culturale di rilievo, di cui i manoscritti restituiscono una testimonianza preziosa. Il severo aspetto esteriore dei cenobi contrasta con la ricchezza degli arredi, dei tesori, delle icone e degli affreschi, che costituiscono una tappa fondamentale nella storia della pittura postbizantina.

Il cinquecentesco monastero di Varlaám viene tuttora rifornito di provviste tramite montacarichi a carrucola.

Il monastero di Ágia Roussánou occupa uno dei picchi di roccia grigia che si innalzano nella Tessaglia.

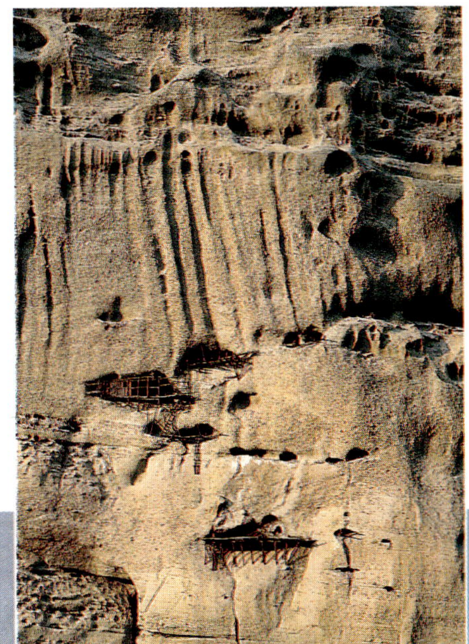

I luoghi di eremitaggio più antichi sono semplici ricoveri scavati nella roccia.

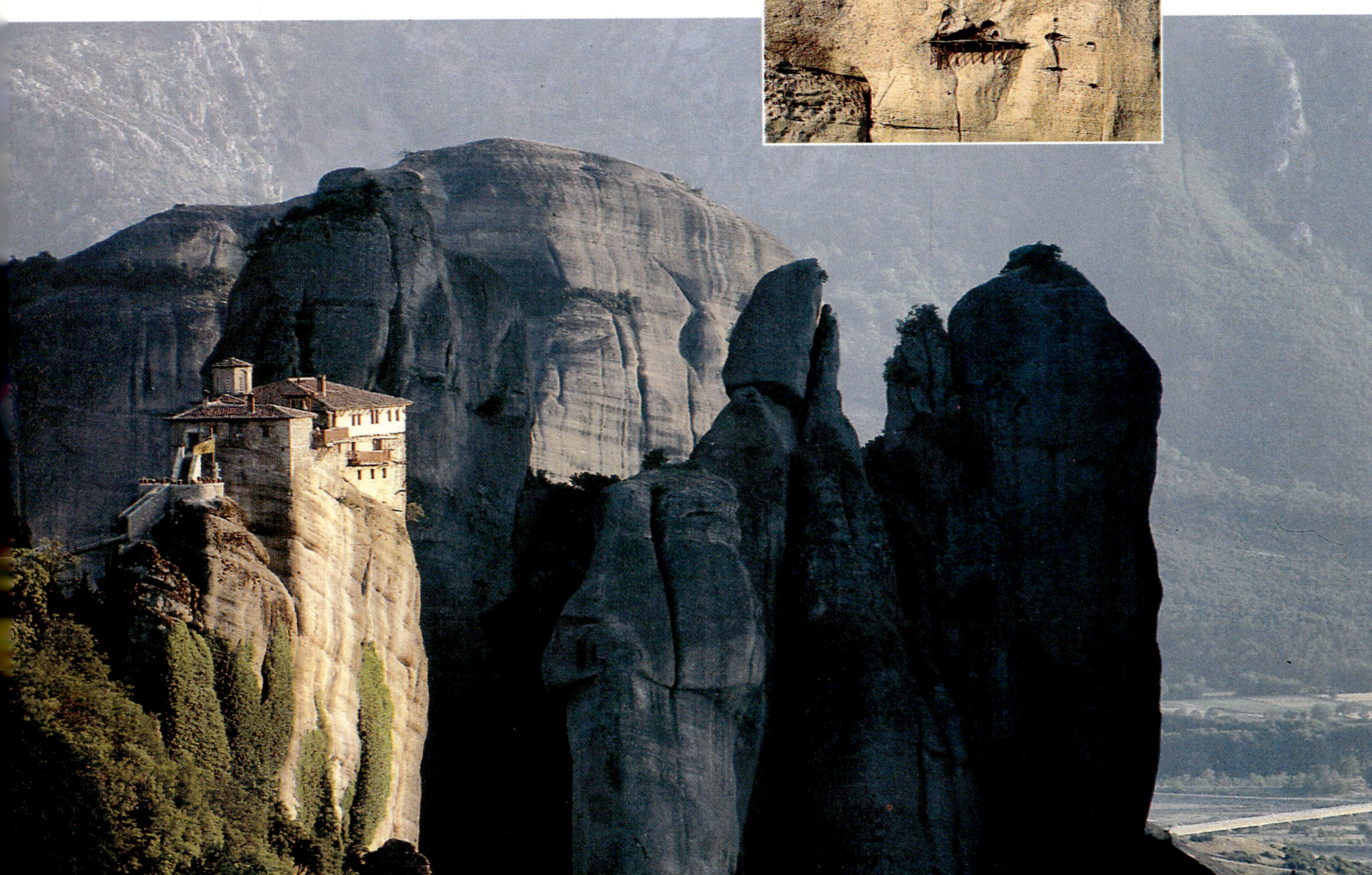

GRECIA

LA CITTÀ MURATA DI RODI

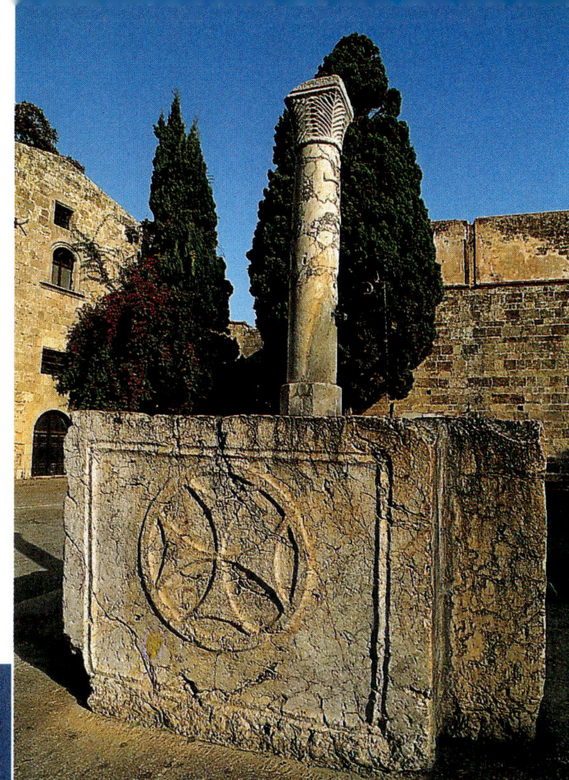

Al centro della piazza Argirokastro un'elegante fontana costruita con il riutilizzo di un fonte battesimale bizantino.

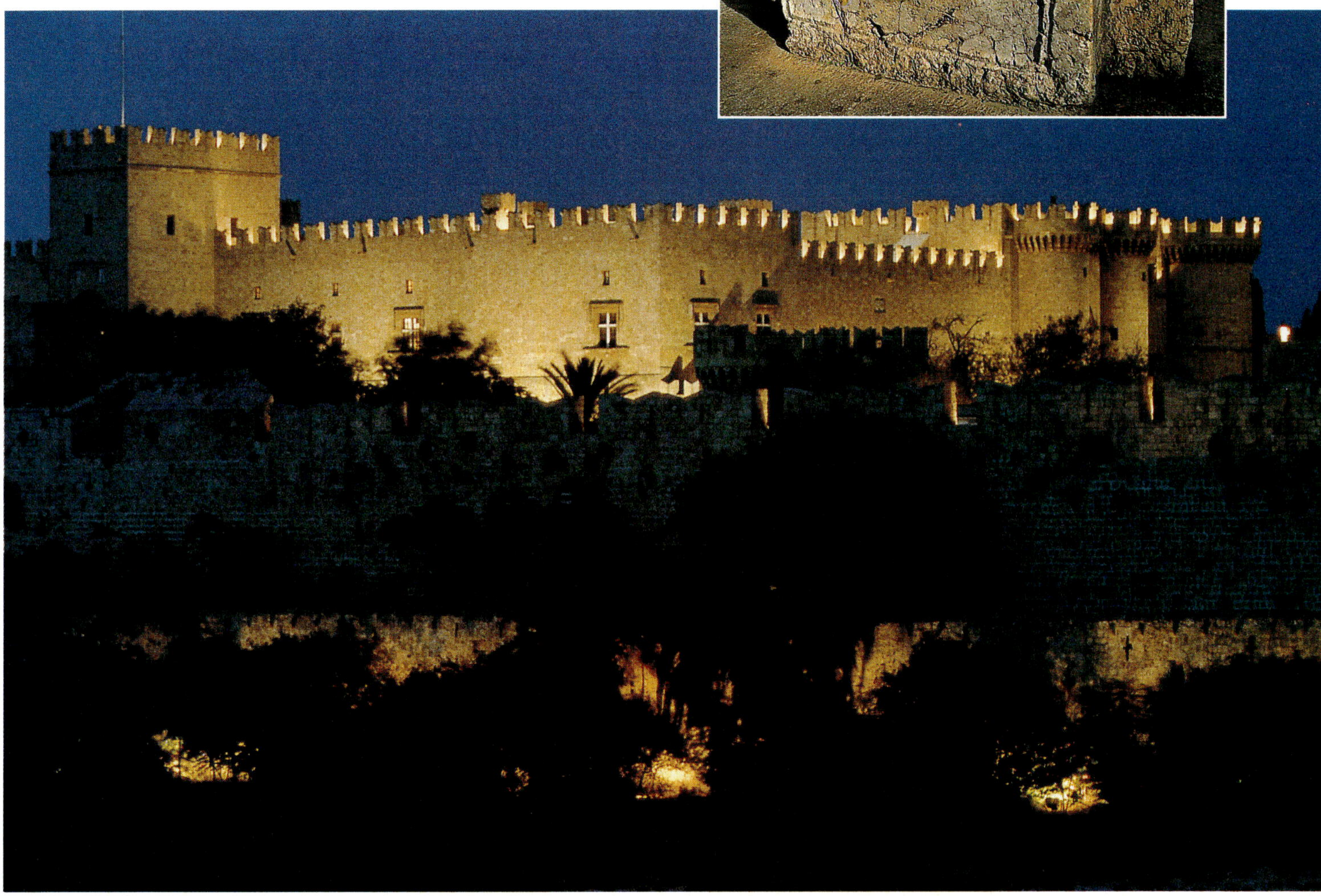

Il trecentesco palazzo del Gran Maestro, gravemente danneggiato da un'esplosione nell'Ottocento e ricostruito nelle forme originarie nel 1940.

Nel 1309 l'ordine militare degli Ospedalieri di San Giovanni si impadronì dell'isola di Rodi dove allestì un'importante flotta e favorì i commerci. Il papa distribuì agli Ospedalieri una parte dei beni dei Templari, il cui ordine era stato sciolto nel 1312. L'ordine divenne così favolosamente ricco ed è di questo splendore che testimoniano i palazzi, le case principesche e le fortificazioni. Il quartiere dei Cavalieri costituisce un magnifico esempio di complesso urbanistico di età gotica: qui sorsero il palazzo del Gran Maestro e le varie residenze ufficiali dei sovrintendenti delle "lingue", cioè le otto nazionalità in cui era suddiviso l'ordine. Tra le attività più importanti dei cavalieri, accanto alla guerra ai musulmani, era l'assistenza al prossimo, soprattutto negli ospedali, come dice il nome stesso dell'ordine. A ricordo di quest'opera restano il vecchio e il nuovo ospedale, splendido edificio quattrocentesco che ospita le ricchissime testimonianze archeologiche dell'isola.

IRLANDA

L'AREA ARCHEOLOGICA DEL BEND OF THE BOYNE

Le grandi sepolture megalitiche si presentano all'esterno come semplici tumuli di terra ricoperti d'erba.

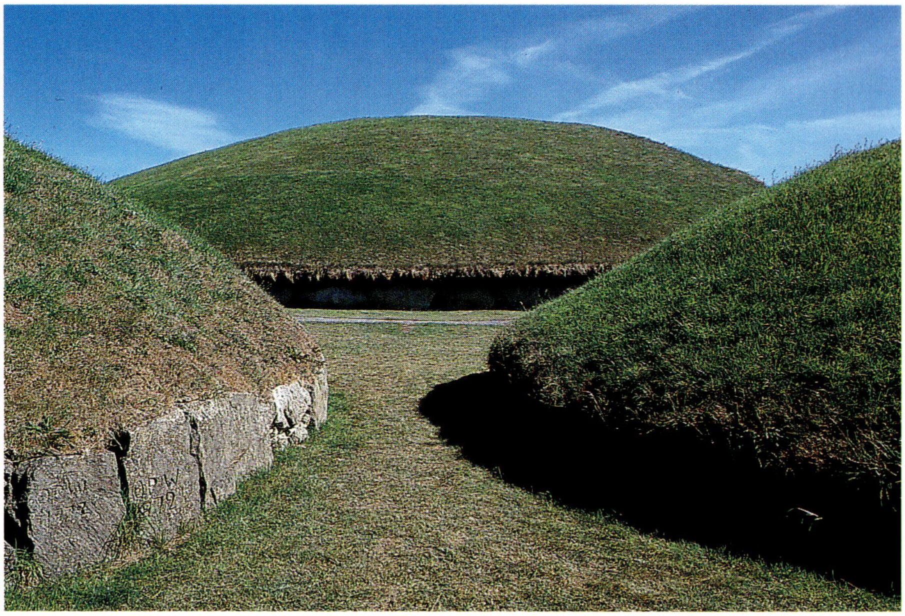

A nord di Dublino e alle spalle di Drogheda, l'antica città normanna, là dove il fiume Boyne disegna una grande ansa nella campagna verdissima, alcuni menhir sparsi rivelano l'origine tombale dei tumuli di terra, pietra e erba. Conci di pietra sovrapposti a secco perimetrano i muri dell'area di ingresso e grandi lastre o massi incisi da astratti disegni di spirali o di linee ondulate o zigzaganti fanno da portali ai dolmen, o camere tombali, di Newgrange, Knowth e Dowth, le necropoli che gli storici ritengono fossero i luoghi di sepoltura delle caste regnanti. A differenza delle tipologie semplici diffuse in tutta Europa, dalla Scandinavia alla Francia alla Spagna, e costituite da una camera unica di forma rettangolare allungata, detta anche corridoio, i dolmen della valle del Boyne, come pure quelli d'Inghilterra, presentano, oltre al canonico corridoio, vere e proprie camere principali o secondarie, laterali o composte in testa a transetto. A Newgrange, il più grande e noto sepolcro della valle del Boyne, uno strettissimo corridoio si incunea, tra pareti di lastre di roccia, per una ventina di metri fino alla camera principale di testa che abbozza un impianto cruciforme con tre camere laterali. Sopra, in corrispondenza dello spazio centrale, si eleva una volta a cono straordinariamente alta, tutta costruita da lastroni rettangolari di pietra affiancati e sovrapposti. Eppure in questi primitivi sepolcri regali, che precedono temporalmente necropoli come Stonehenge o edifici monumentali come le piramidi d'Egitto, la luce non è completamente bandita: da un'apertura nella volta del corridoio, in occasione del solstizio d'inverno, un unico raggio di luce penetra entro lo spazio sotterraneo, illumina la camera centrale e irradia chiarore sulle pietre scolpite che adornano le camere laterali.

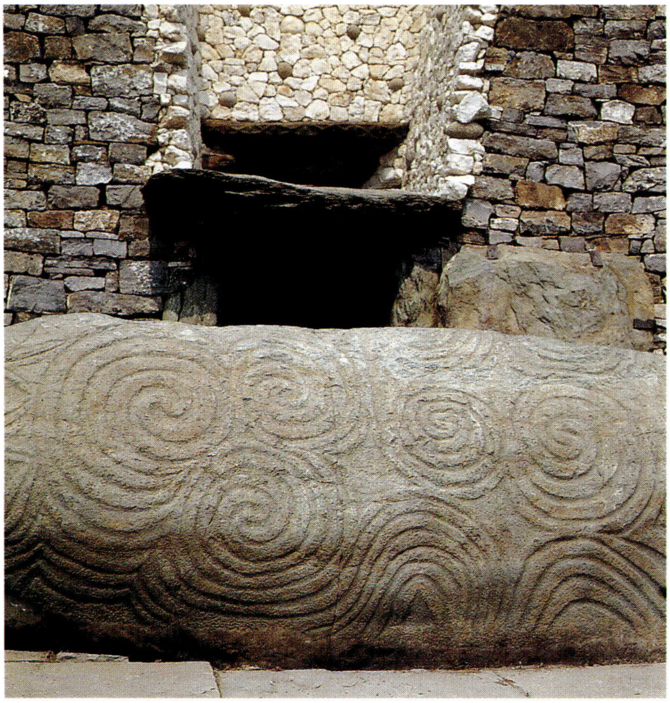

Una grande pietra decorata con motivi spiraliformi è posta davanti alla soglia dell'ipogeo.

Si accede alla camera centrale del sepolcro attraverso uno stretto corridoio lungo circa venti metri.

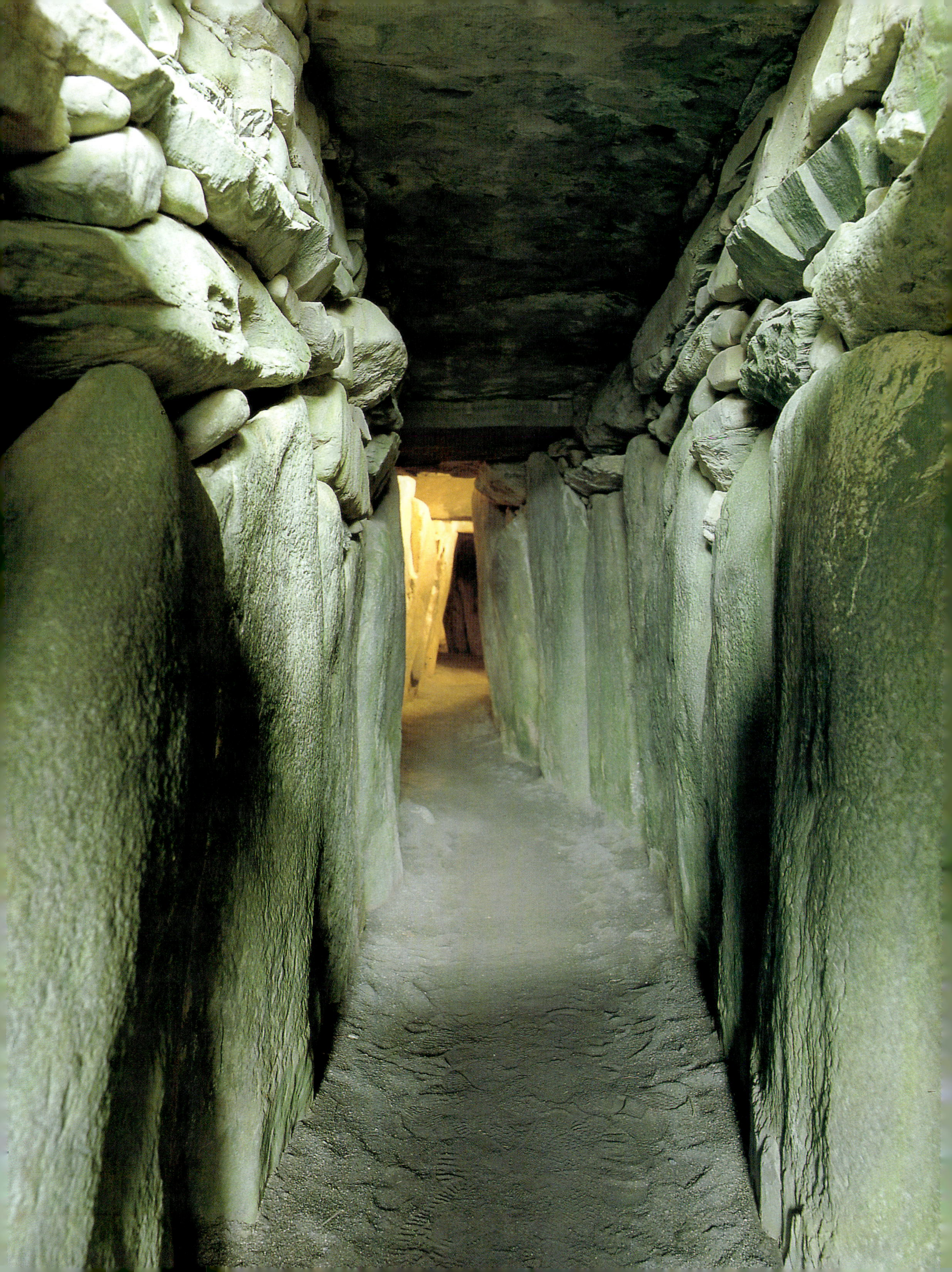

IUGOSLAVIA

LA REGIONE DI CATTARO

Le mura veneziane, ricordo del periodo di massimo splendore della città, circondano Cattaro inerpicandosi sui suoi colli.

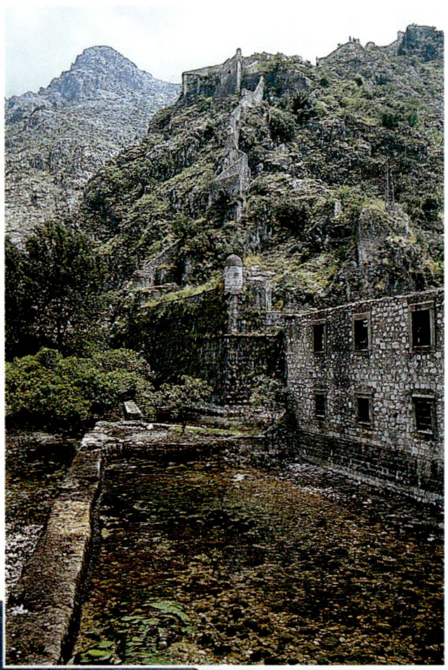

Aggrappata con la sua antica cinta muraria al monte Lovćen, la città montenegrina di Cattaro (Kotor) domina una splendida area naturalistica costituita dalle cosiddette Bocche di Cattaro, una vasta insenatura naturale ai piedi delle Alpi Dinariche, dove si incuneano le acque di un mare limpidissimo. Cattaro è oggi soprattutto una località balneare, ma fu a lungo nel passato un'importante città marinara: fondata dai Romani nel X secolo a.C., fu centro autonomo sotto Bisanzio e poi, dal 1186 al 1371, sotto la Serbia; repubblica indipendente dal 1395 al 1420, passò in seguito sotto il dominio veneziano, francese e infine austriaco. Il suo illustre passato, a dispetto dei molti saccheggi, incendi e terremoti che hanno afflitto la città, è tuttora rintracciabile nei pregevoli palazzi patrizi del lungomare, nell'austera cattedrale di San Trifone, dedicata al santo patrono e costruita nel XII secolo in forme romaniche e nella Piazza Grande, dominata dalla torre dell'Orologio.

Circondate da scoscesi rilievi carsici, le Bocche di Cattaro sono sempre state una protezione formidabile contro i conquistatori.

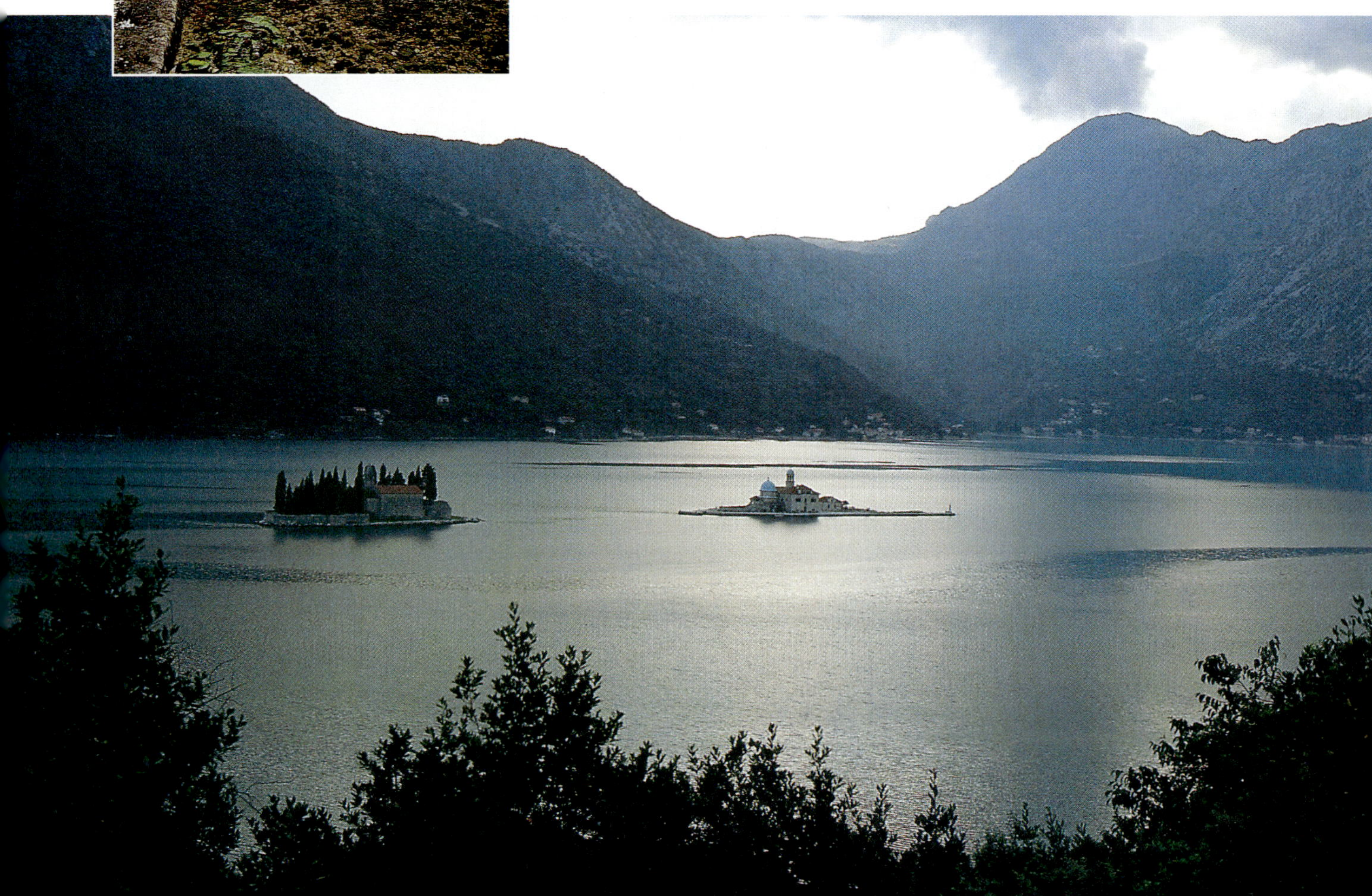

IUGOSLAVIA

STARI RAS E SOPOĆANI

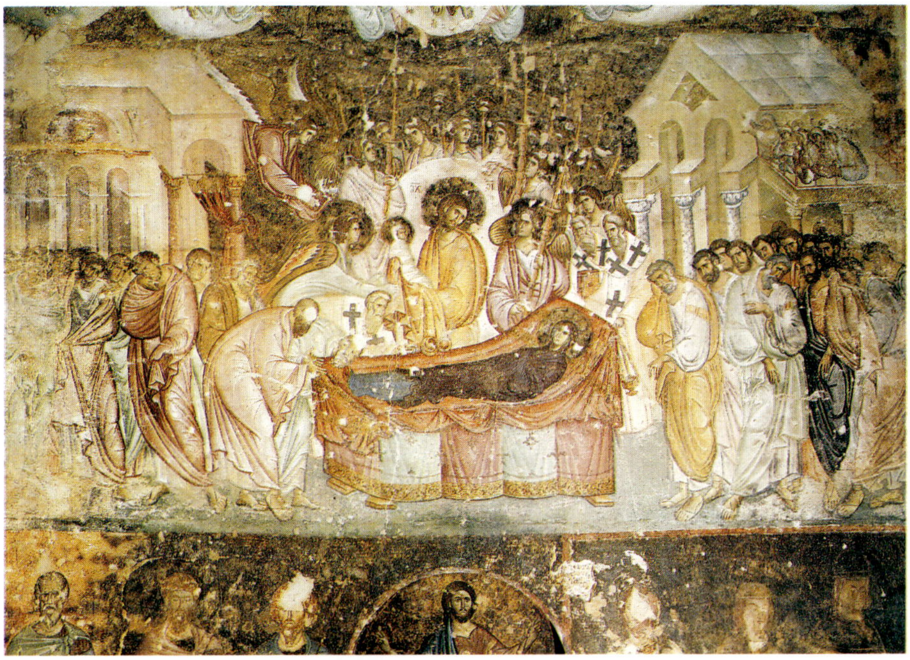

La duecentesca chiesa del monastero di Sopoćani conserva un importante ciclo di affreschi raffigurante le storie della Bibbia, come La morte della Vergine *(a lato)* e La comunione degli apostoli *(sotto)*.

La potenza economica e culturale della Serbia trova la sua massima espressione negli antichi monumenti che si trovano nella stretta valle del fiume Raška, fra boschi e verdi pascoli e nascosto agli occhi inquisitori del mondo. Il complesso di fortezze, chiese e monasteri è situato nelle vicinanze di Stari Ras, prima capitale della Serbia medievale, caduta nell'oblio in seguito all'espansione verso est da parte della dinastia dei Nemanja che la governava, e riportata alla luce da recenti scavi.

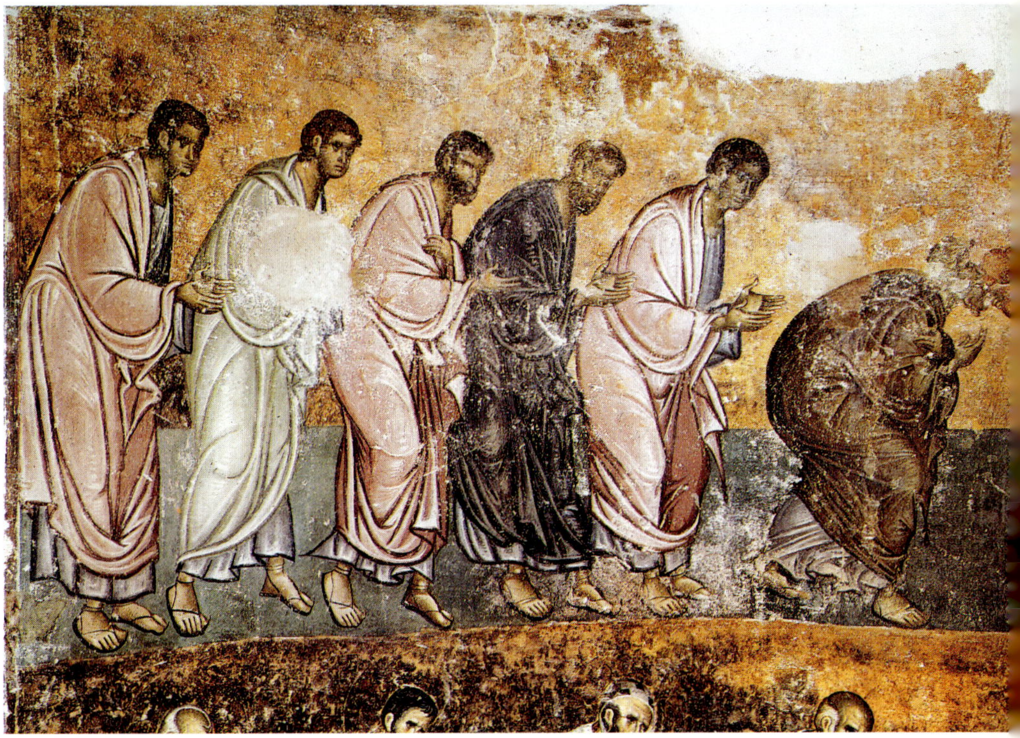

Simbolo di quel periodo d'oro della storia serba, il monastero di Sopoćani, costruito in pietra bianca dal re Uroš I (1242-1276), è in forte contrasto con la natura circostante. Fra gli affreschi a soggetto biblico conservatisi al suo interno, a ricordare i contatti fra il mondo occidentale e quello bizantino, spicca un dipinto nello spazio normalmente riservato all'immagine della Vergine: il ritratto di Anna Dandolo, di famiglia di dogi veneziani, madre di Uroš, assieme al figlio, alla moglie Elena d'Angiò e ai principini Dragutin e Milutin. Sopoćani fu devastata dei turchi nel 1689. In seguito a due restauri (1926-32 e 1949-58) riacquistò l'aspetto originale.

LITUANIA

IL CENTRO STORICO DI VILNIUS

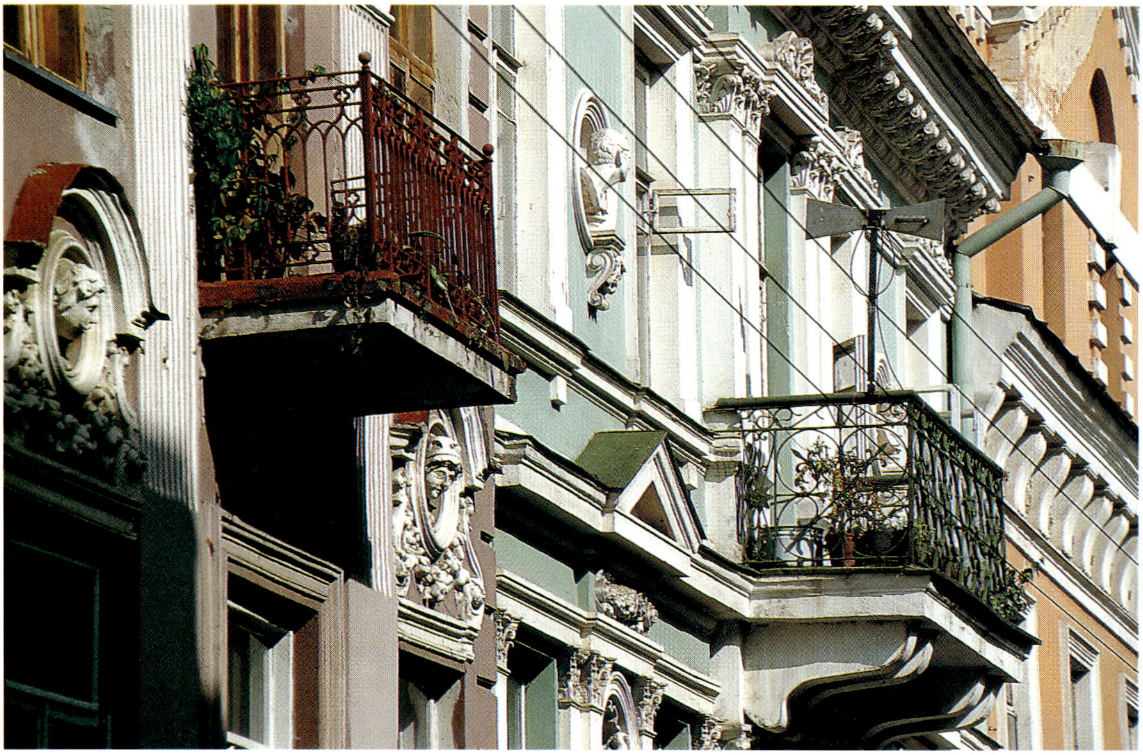

Sulla Pilies gatvė, una delle più eleganti vie del centro, prospettano belle facciate di edifici neoclassici.

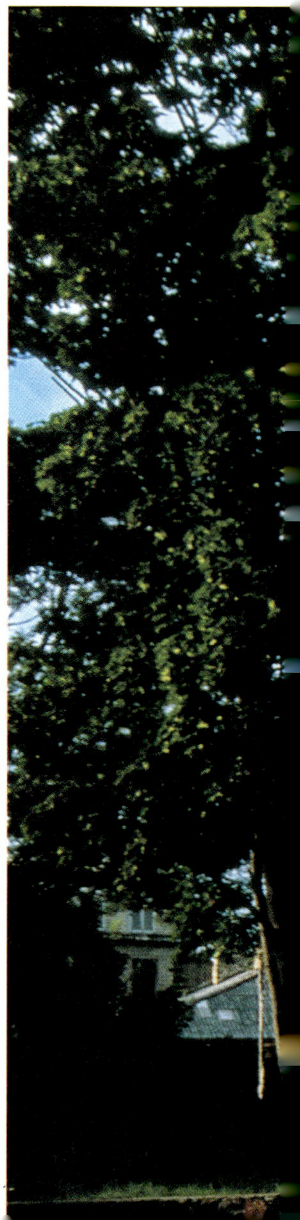

A Vilnius, unica capitale baltica lontana dal mare, sono presenti tutti gli elementi morfologici delle città antiche: il fiume, anzi due fiumi, il Vilnia, cui la città deve il nome, e il più grande Neris, che accoglie le acque del primo; i colli, sette, tanto per richiamarsi alla lontana capitale della quale condivide la fede; di là e di qua dai suoi fiumi si aprono spazi verdi, ma anche custodi, come nel caso della collina di Gediminas, delle sue origini medievali, luogo eletto per la costruzione della fortezza, baluardo contro gli assalti dei Cavalieri Teutonici. Ai suoi piedi si stende, protetta da un'ansa del Neris e dal Vilnia, il centro storico della città, vera foresta di guglie, torri e cupole. Vi prevale l'impronta dei secoli di maggior fulgore, quando in queste lontane terre si sviluppò la capitale di un impero che nel XIV secolo si

La chiesa luterana di Sant'Anna, capolavoro del gotico maturo lituano.

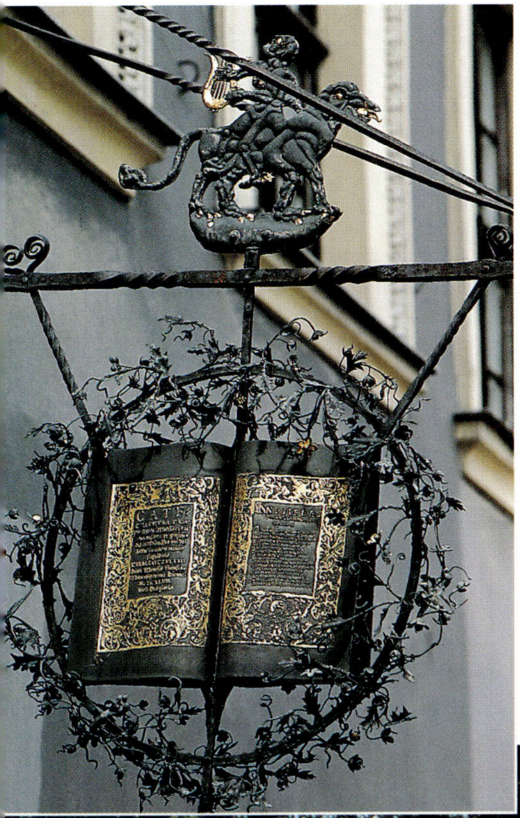

I vecchi negozi e le antiche botteghe del centro conservano spesso le insegne tradizionali.

estendeva dal Baltico al mar Nero. La storia ha voluto che il suo popolo, ultimo a convertirsi alla fede di Roma, ne diventasse il più strenuo difensore a oriente, stretto fra Riforma e ortodossia. Devastata da guerre di conquista, ambita da Cavalieri Teutonici, svedesi e russi, la città ha stretto vincoli di sangue con la vicina Polonia; con il matrimonio di Ladislao Jagellone con Edvige, erede al trono polacco, il granduca di Lituania divenne re di Polonia, unificando i due stati. Ma più che i palazzi della nobiltà o le case patrizie, a disegnare il profilo di Vilnius hanno contribuito gli ordini religiosi, veri colonizzatori culturali della città, e fra essi i gesuiti, fondatori della prima università baltica. Fra gli stili prevale, oltre al gotico, del quale restano i fulgidi esempi delle chiese di Sant'Anna e dei Bernardini, il barocco, prediletto dalla Compagnia di Gesù, fusione delle espressioni romana e polacca, che adorna la città di perle colorate. "Gerusalemme del Nord" sino agli anni Quaranta, dopo la diaspora e lo sterminio della colta comunità ebraica, conserva solo una delle sue 96 sinagoghe.

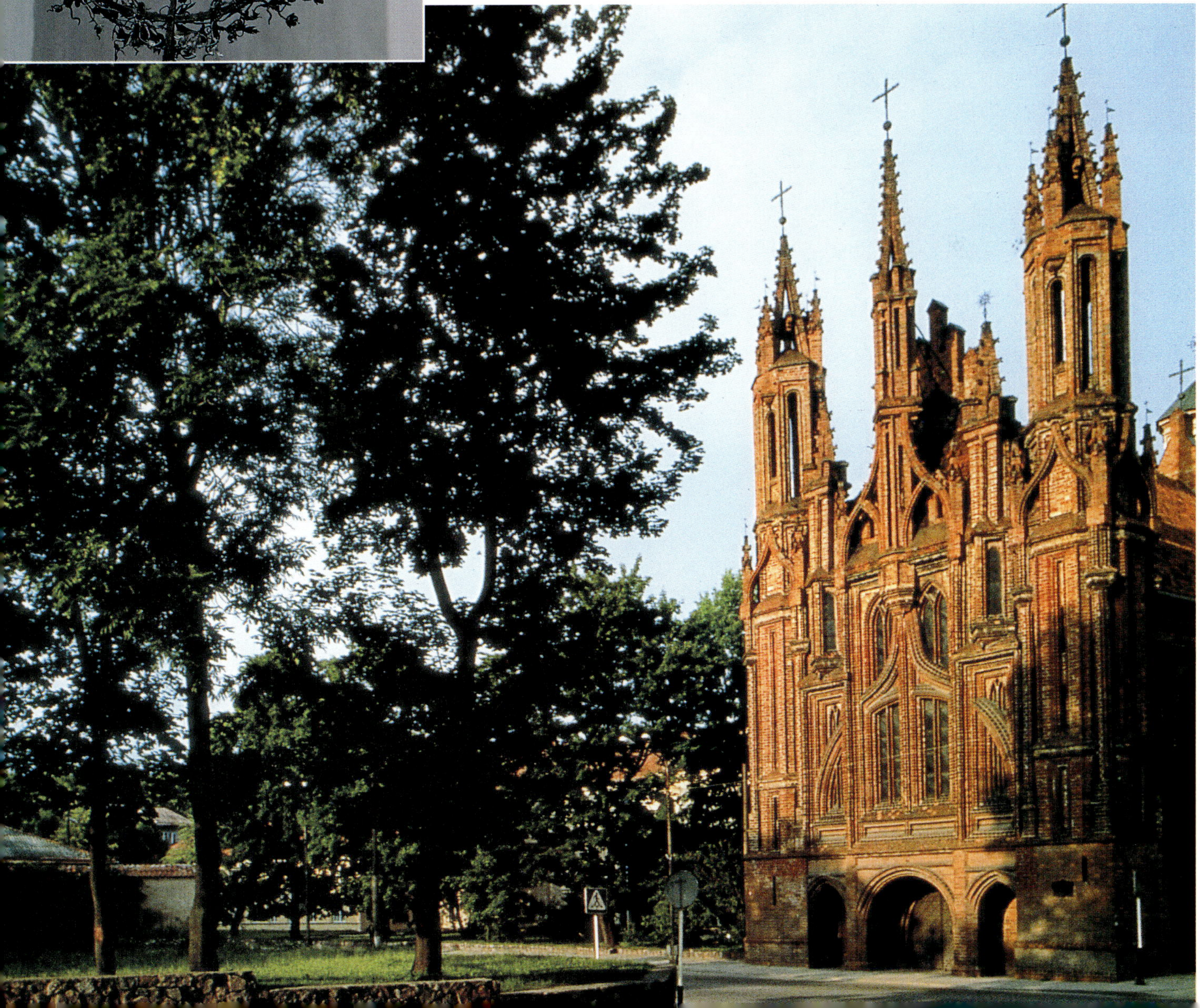

MALTA

VALLETTA

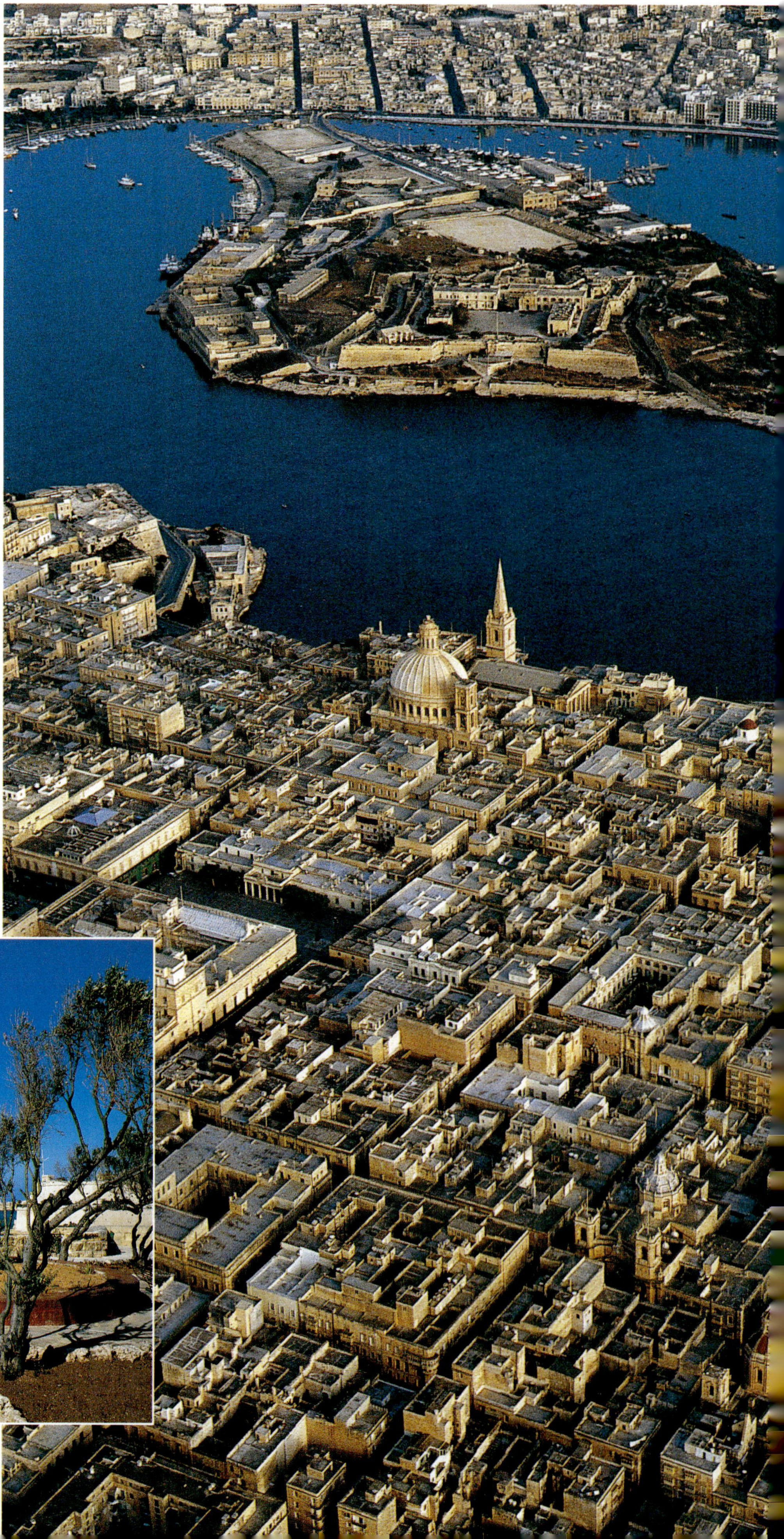

Fu il Gran Maestro dell'Ordine dei Cavalieri di San Giovanni, Jean de la Vallette, in occasione della fine del cruentissimo grande assedio di Malta condotto nel 1565 dai turchi, e conclusosi con una insperata vittoria dei difensori dopo mesi di incessanti combattimenti, a voler celebrare il trionfo con la costruzione di una nuova capitale: una maestosa e moderna città-fortezza impossibile da espugnare, cui egli stesso avrebbe dato il nome. Valletta fu interamente edificata nel giro di pochi anni grazie alla mano dell'architetto dell'Ordine,

L'ingresso del Porto Grande è protetto da antiche mura e torri.

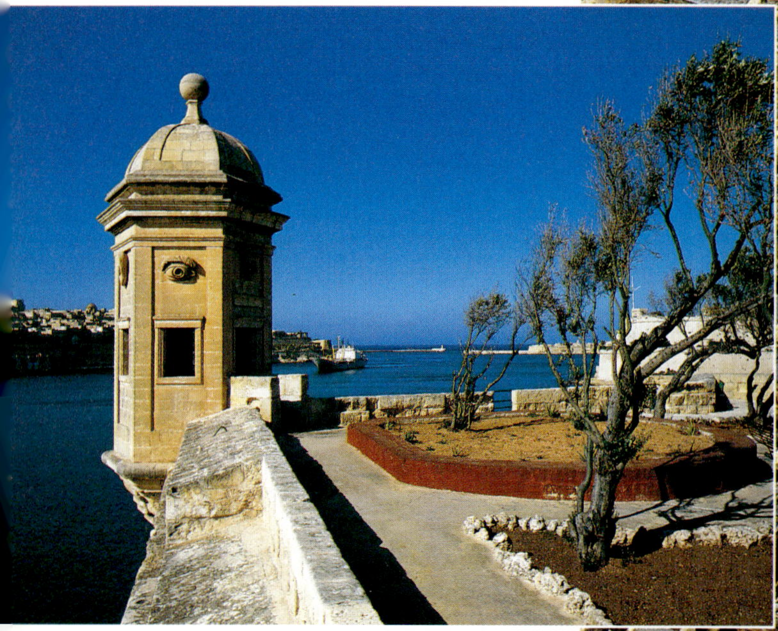

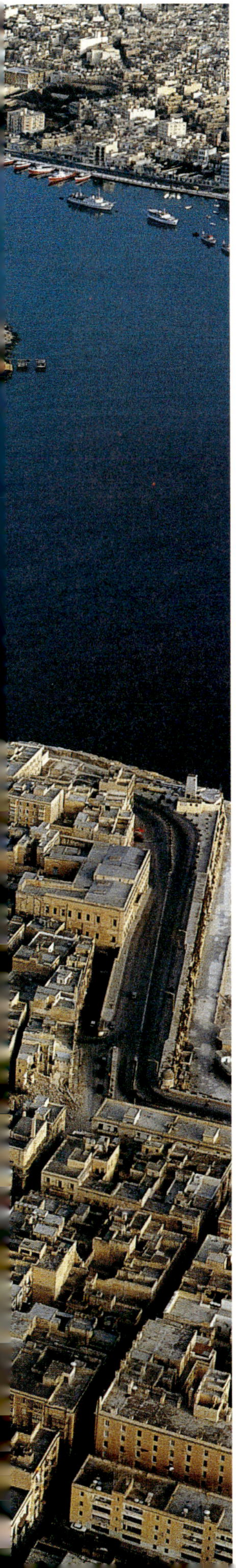

Con le sue strade a rettifilo che si intersecano perpendicolarmente, il cinquecentesco centro di Valletta è tra i primi esempi di urbanistica moderna.

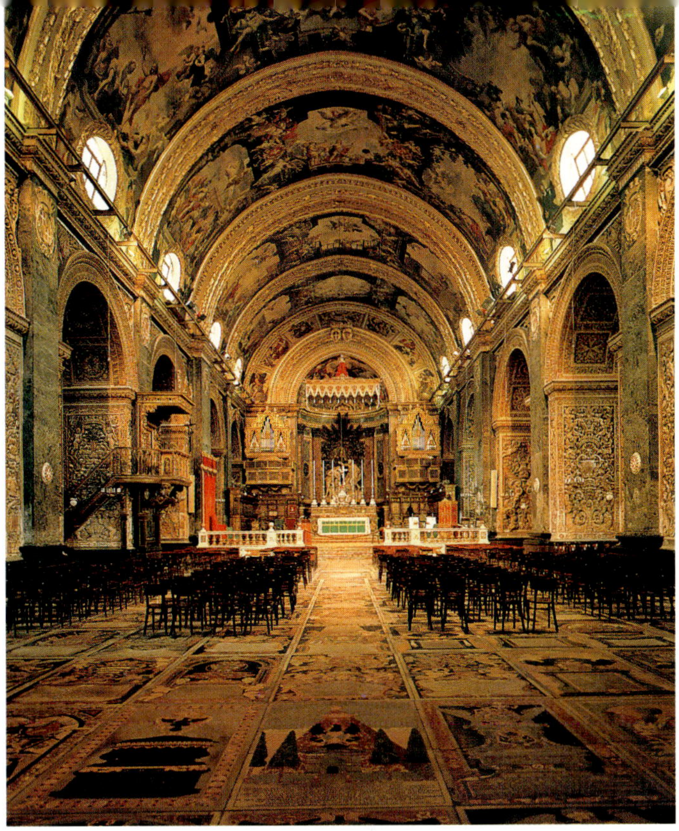

L'interno della cattedrale di San Giovanni, costruita tra il 1573 e il 1577 nelle forme del Rinascimento maturo, già tendente al barocco.

Gerolamo Cassar, che volle esaltare la regolarità dell'impianto urbano basato sull'imponente cinta delle mura e delle fortezze, e sulla dislocazione strategica degli *auberges*, le guarnigioni di ciascuna delle otto lingue che aderivano all'Ordine. Ancora oggi la croce di San Giovanni è il simbolo scelto dai maltesi per la loro bandiera, confermando la nomea dell'isola, e soprattutto della sua capitale, di estremo baluardo della cristianità. Una tradizione che sembra risalire al passaggio che vi fece san Paolo: diretto a Roma e naufragato senza gravi conseguenze sulle ospitali coste maltesi, avrebbe cominciato proprio qui la sua missione apostolica nell'Occidente ancora pagano, convertendo al Cristianesimo il console romano dell'isola, che, come lo stesso santo, subirà il martirio in terra italiana. La "umilissima città dei Cavalieri", ancora oggi modellata dai cinquecenteschi bastioni di San Giacomo e di San Michele, conserva architetture di pregio quali i due palazzi dei Cavalieri di San Giovanni e di San Giacomo. Attorno, collegate dalle classiche *triq*, le piccole e strette strade, si dispongono gli *auberges*, le piazze e le chiese e la cattedrale di San Giovanni, il cui oratorio testimonia del passaggio a Malta di un artista dalla religiosità potente e contraddittoria al tempo stesso, scelto dal Vaticano per la nuova missione apostolica della Controriforma: lo straordinario pittore italiano Michelangelo Merisi, detto il Caravaggio.

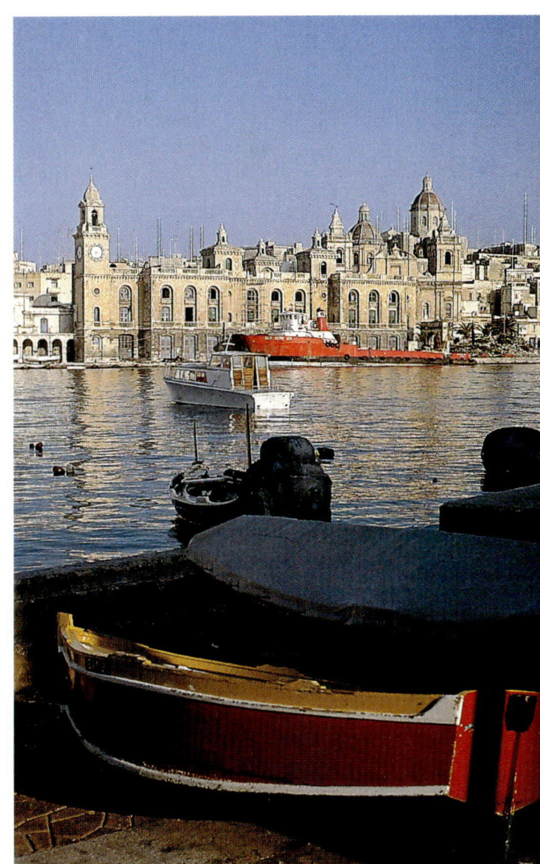

Il centro monumentale visto dall'isola Manoel, sulla quale sorge l'omonimo forte.

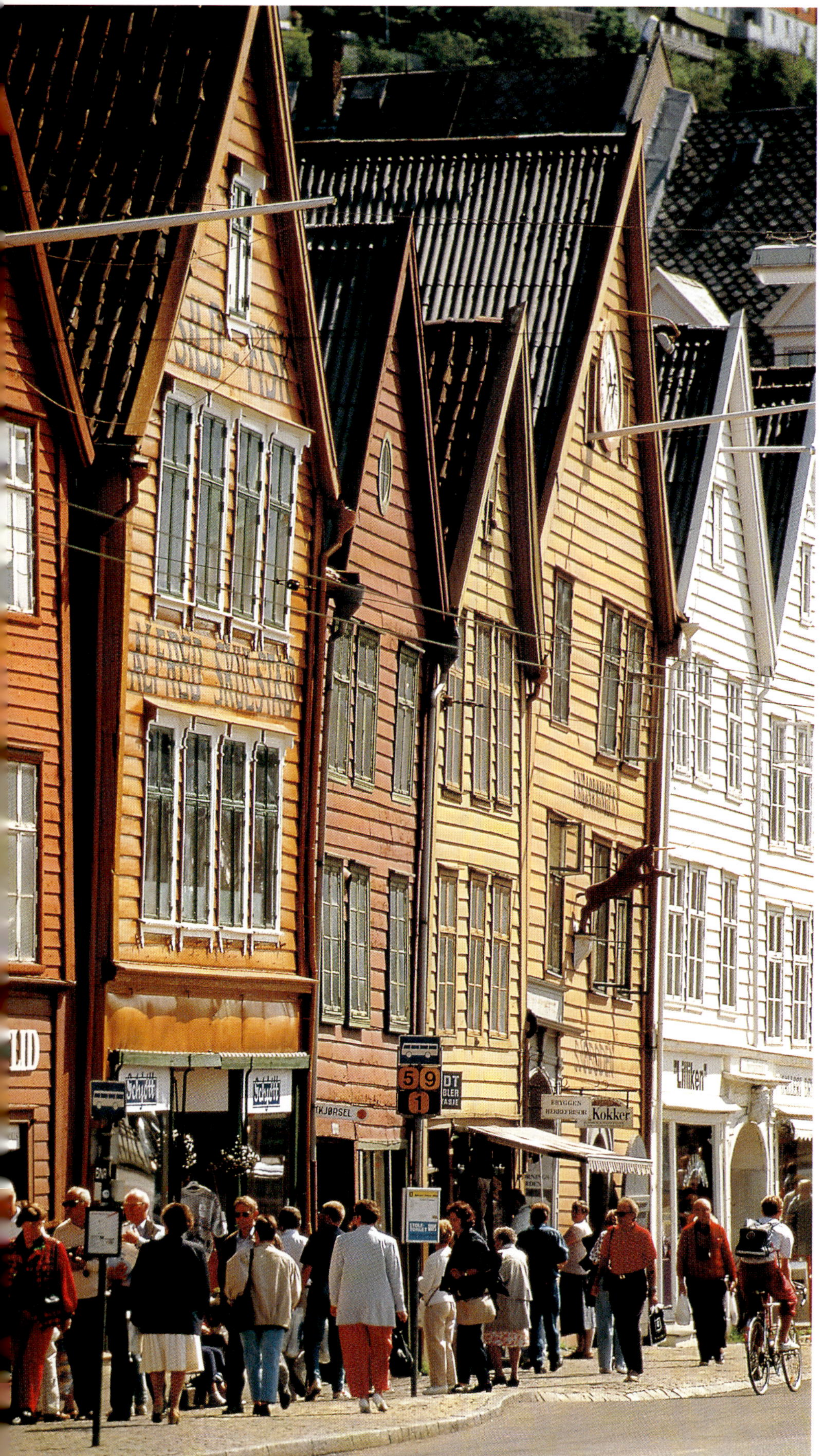

NORVEGIA

IL QUARTIERE DI BRYGGEN A BERGEN

Nel mondo medievale, Bryggen, il quartiere di Bergen abitato dai mercanti tedeschi della Lega Anseatica, era considerato, con Costantinopoli, Lisbona e Novgorod, uno dei poli del grande quadrilatero del commercio marittimo dell'Europa.
Gli stretti vicoli del Bryggen - diminutivo del vocabolo norvegese *tyskerbryggen*, che significa "molo tedesco" - brulicavano di mercanti e navigatori, risuonavano di voci e lingue diverse, profumavano di spezie e di cordami.
La vita dei suoi infreddoliti abitanti era costantemente minacciata dal fuoco, tanto che il regolamento delle vecchie case-magazzino prevedeva l'assoluta interdizione a riscaldare gli ambienti, a causa dell'elevata infiammabilità delle mercanzie e delle stesse abitazioni di legno.
Bryggen accoglie le uniche vestigia medievali di Bergen, salvatesi grazie alle dure proibizioni imposte ai suoi mercanti dal flagello degli incendi: la cattedrale, il palazzo dei Ricevimenti del re Håkons, il più vasto edificio di epoca medievale ancora presente in Norvegia, la torre Rosenkrantz, oggi trasformata

I caratteristici edifici in legno dalle facciate multicolori risalgono all'epoca della Bergen anseatica.

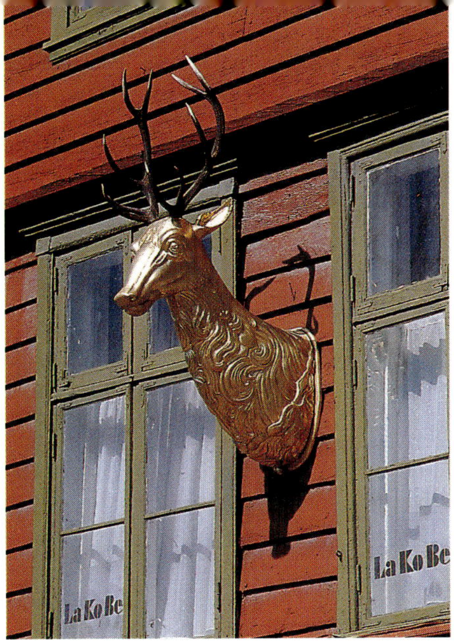

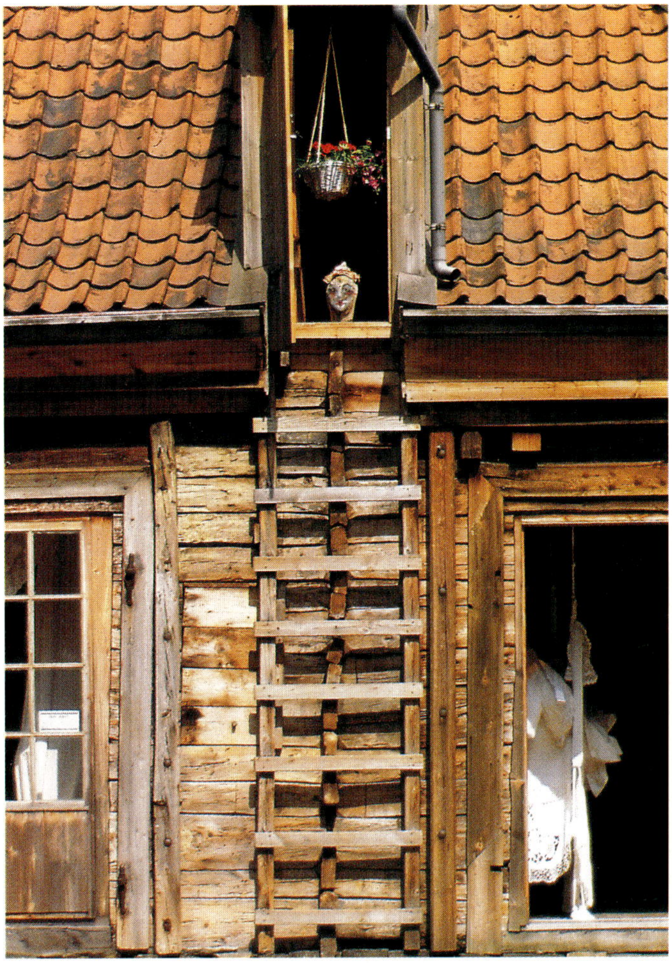

Le inconsuete decorazioni di numerose case del quartiere di Bryggen testimoniano del particolare gusto di chi vi abita.

in museo d'arte, e alcune case di legno dipinte (in realtà ricostruite recentemente riproducendo i modelli originali dell'epoca). Qui i mercanti erano soliti passare tutta la loro esistenza, stipati su letti a castello in piccole stanze affollate, quando non si incontravano nella sala riunioni a conversare bevendo birra.
E mentre le navi restavano bloccate alla fonda nel porto gelato, erano i canti marinari degli uomini e il tintinnio dei boccali sui tavoli a opporsi alla silenziosa sfida lanciata dai ghiacci.

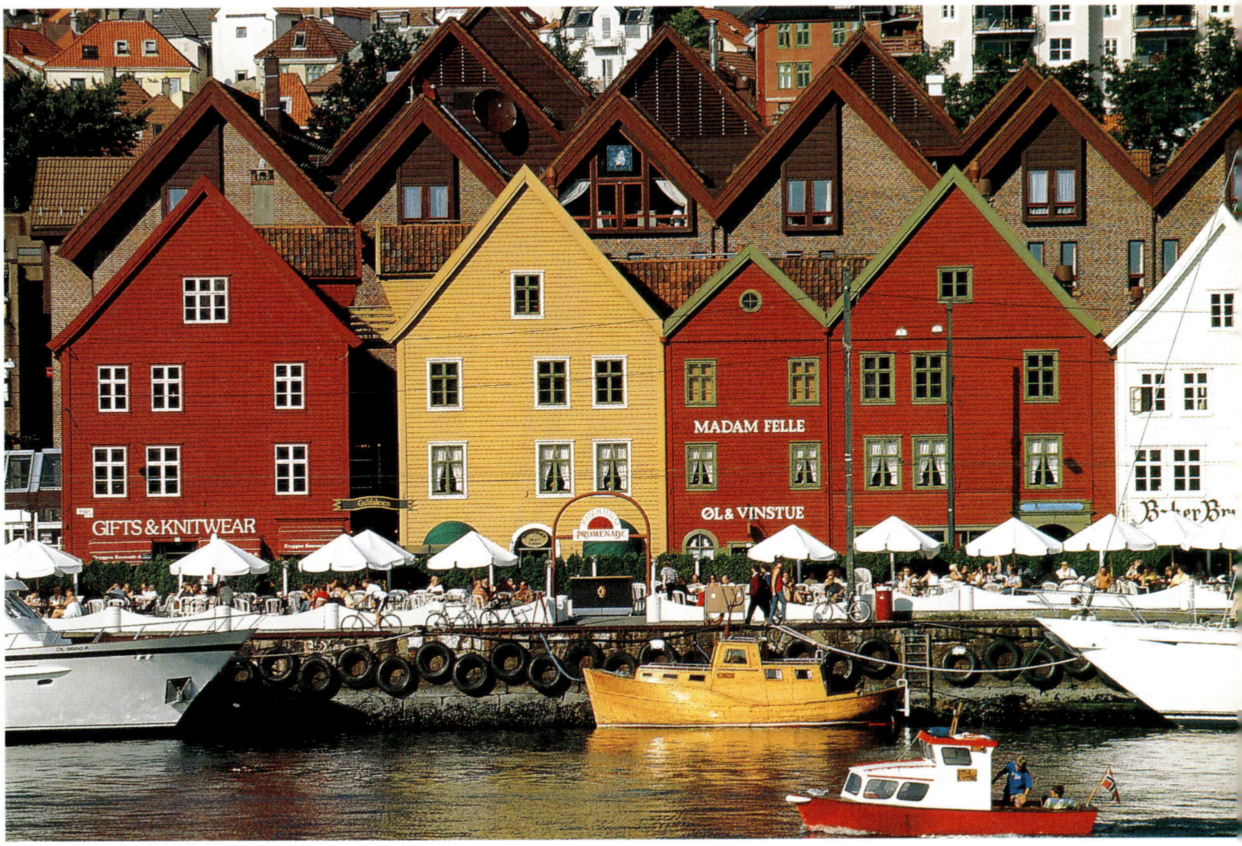

D'estate l'antico porto di Bryggen, sulla sponda orientale del porto di Vågen, si anima di ristoranti e di caffè.

LA LINEA DIFENSIVA DELLA CITTÀ DI AMSTERDAM

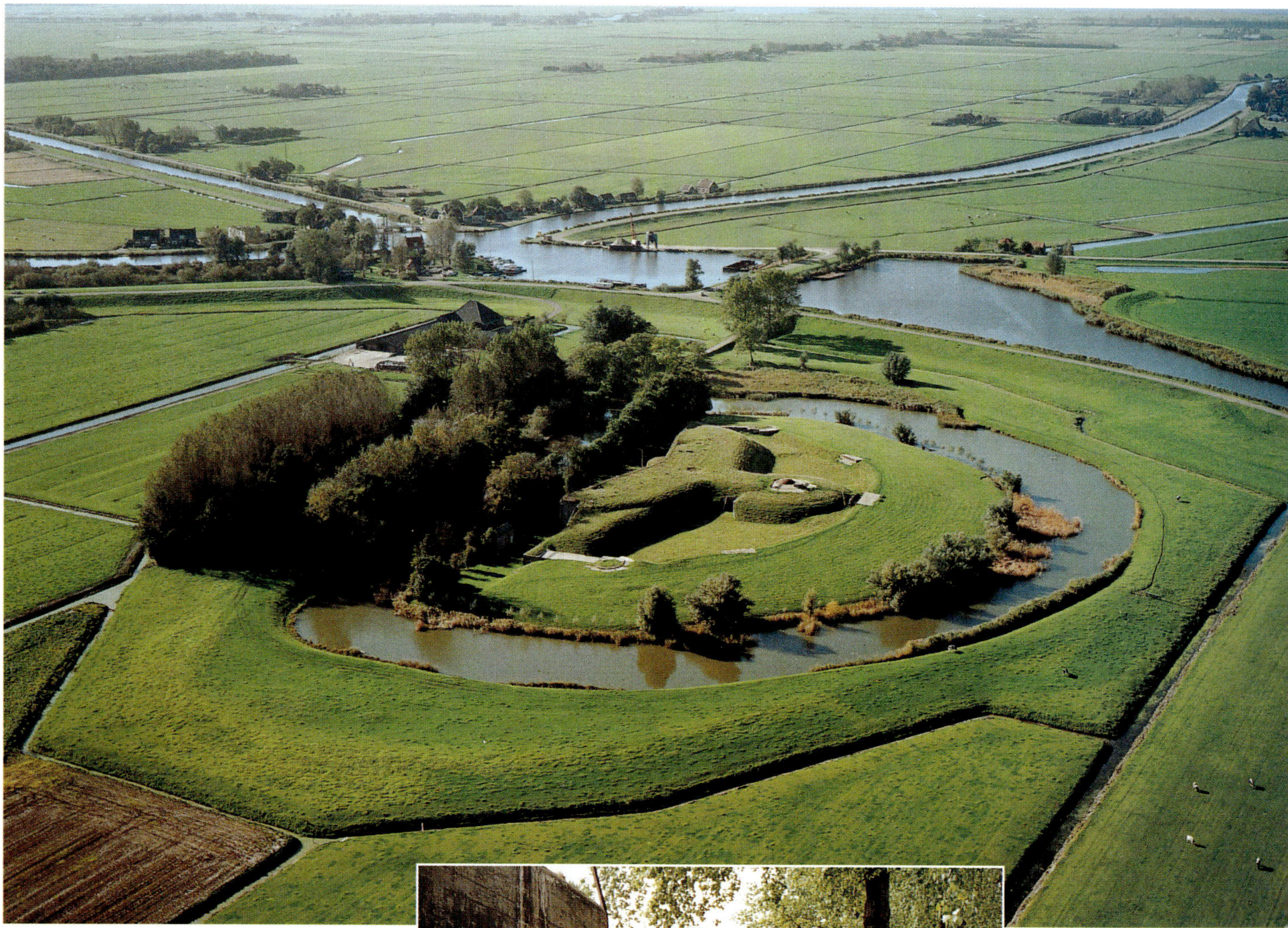

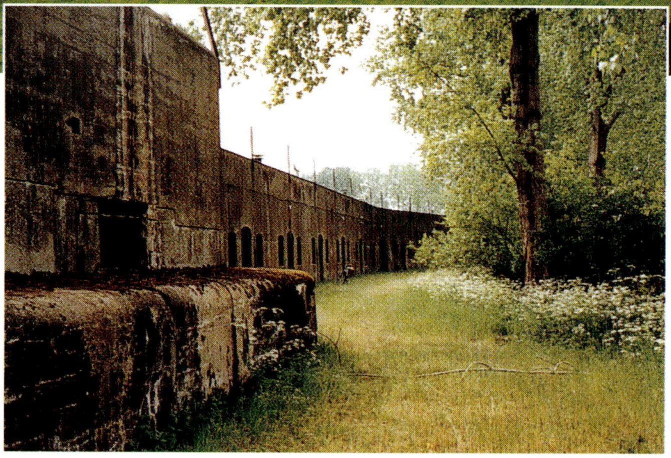

Il sistema ideato alla fine dell'Ottocento a protezione della capitale olandese consta di arcigne piazzeforti, come Fort Uithoorn (a sinistra) e complesse opere idrauliche, quali Fort Spijkerboor (sopra).

Il mare, per secoli grande nemico degli olandesi, si è rivelato a volte un loro prezioso alleato. Tale è il caso del sistema difensivo di Amsterdam che, costituito da dighe, chiuse e idrovore, permetteva di allagare in un tempo molto breve grandi porzioni del territorio circostante la città. L'anello d'acqua teneva i nemici a distanza e una serie di 42 forti, situati in corrispondenza di strade d'accesso, ferrovie o terreni non inondabili, completavano l'opera. Concepita come ultimo rifugio per l'esercito olandese, con un raggio di 20 chilometri e una lunghezza di oltre 130, la linea fu costruita tra la fine dell'Ottocento e gli anni Venti del Novecento, all'estremità di un sistema analogo su più grande scala che si estendeva fino alla città di Utrecht. La sua presenza discreta e silenziosa e l'integrazione con il paesaggio ne fanno un luogo di grande fascino, oltre che di specifico interesse paesistico, esempio unico di coesione tra conformazione del territorio, ingegneria idraulica e sistema di fortificazioni.

PAESI BASSI

I MULINI DI KINDERDIJK

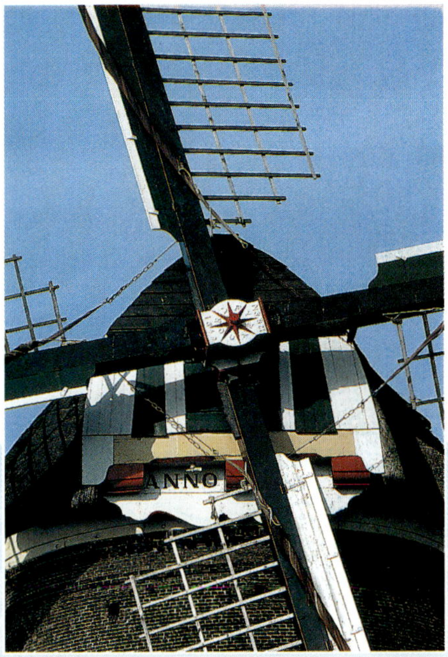

Mulini a vento settecenteschi un tempo usati per fare defluire le acque dalle terre sotto il livello del mare.

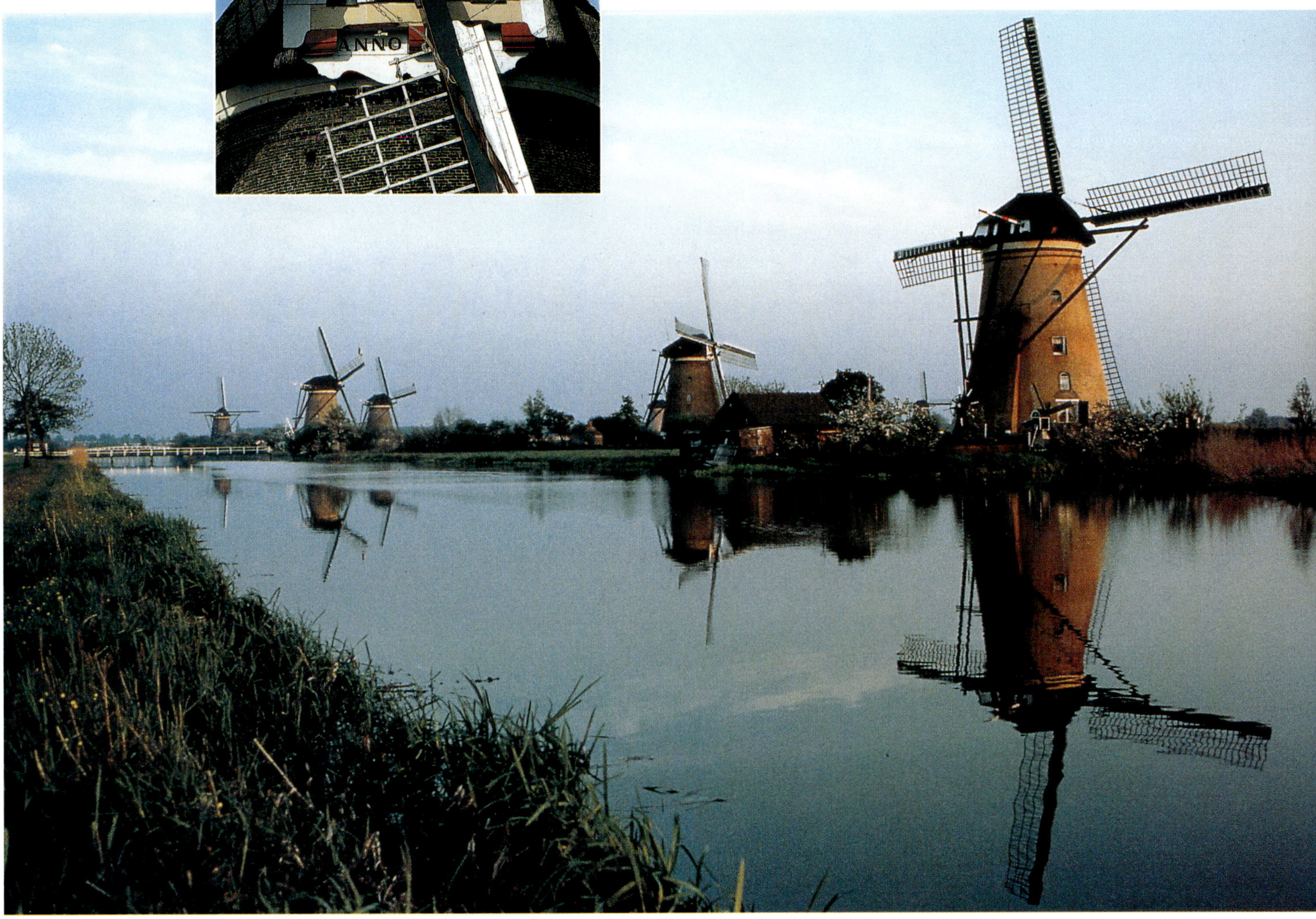

"In questa eterna lotta delle diverse forze della natura, non si riesce a comprendere se la terra appartenga alla costa o al mare". Così lo scrittore romano Plinio il Vecchio descrisse nel 47 d.C. i Paesi Bassi. A partire dal Medioevo, gli uomini che vi abitavano, fino ad allora spettatori passivi di quello scontro degli elementi, seppero assurgere a protagonisti, dapprima erigendo terrapieni e successivamente trasformando la semplice difesa dal mare in conquista di terre. Nacquero così i *polder*, vaste aree al cui interno, con l'ausilio di argini e dighe, veniva imprigionato il mare, che poi era fatto defluire grazie a un complesso sistema di mulini.
L'area di Kinderdijk ci può dare un'idea di come doveva presentarsi il paesaggio olandese nell'epoca in cui il Paese era ricoperto da migliaia di mulini a vento. Le loro 4 pale, lunghe fino a 24 metri, trasmettevano l'energia eolica a una ruota in grado di forzare l'acqua nei canali di scolo, lungo i quali altri mulini la sospingevano via via fino al mare. La complessità della struttura che, oltre ai 19 mulini settecenteschi, conta 4 idrovore, 6 chiuse e un edificio amministrativo, testimonia delle diverse fasi della lotta degli olandesi per il consolidamento del territorio.

POLONIA

IL CENTRO STORICO DI CRACOVIA

L'antica università, fondata nel 1364 da Casimiro il Grande, re della dinastia degli Jagelloni, conserva alcune sale riccamente arredate.

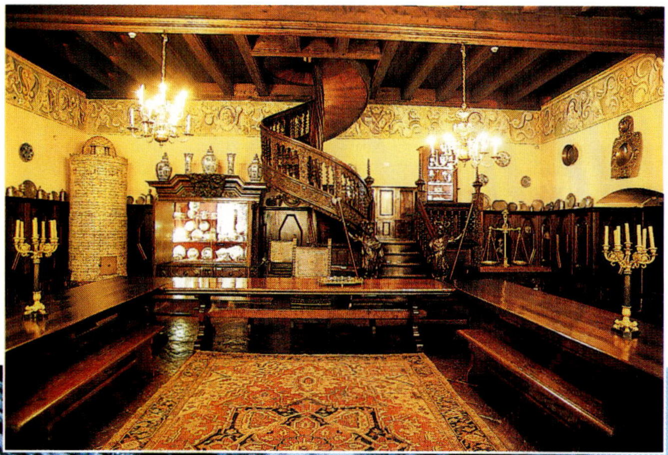

Miti, sogni, leggende del passato medievale si rinnovano di continuo nelle tradizioni dell'odierna Cracovia, il cui nome e l'origine, stando alle cronache polacche, risalirebbero al mitico Krak, l'eroe vittorioso sul feroce drago che insidiava la città.
Le incursioni dei tatari, che nel Duecento distrussero la città, riedificata allora

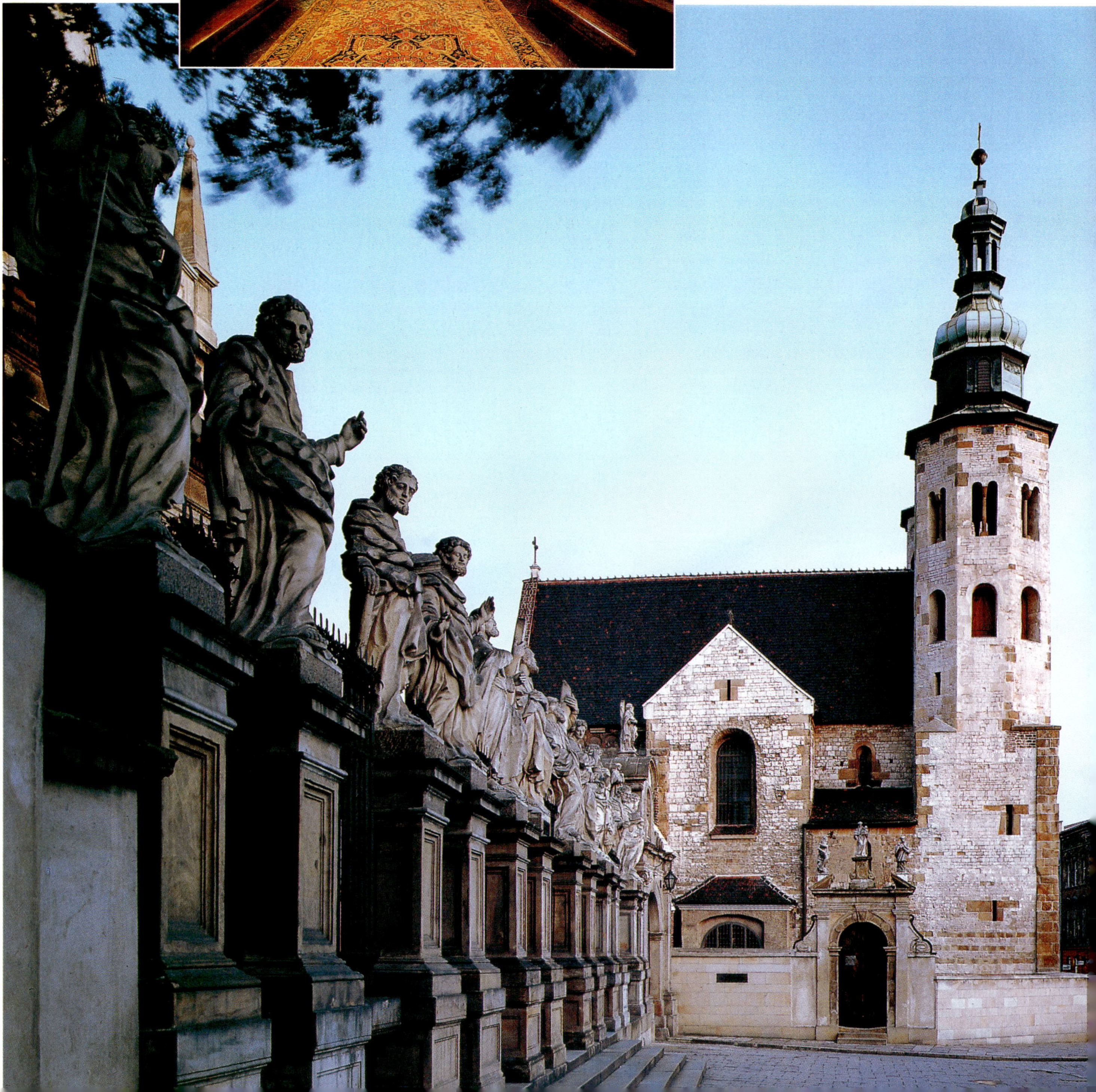

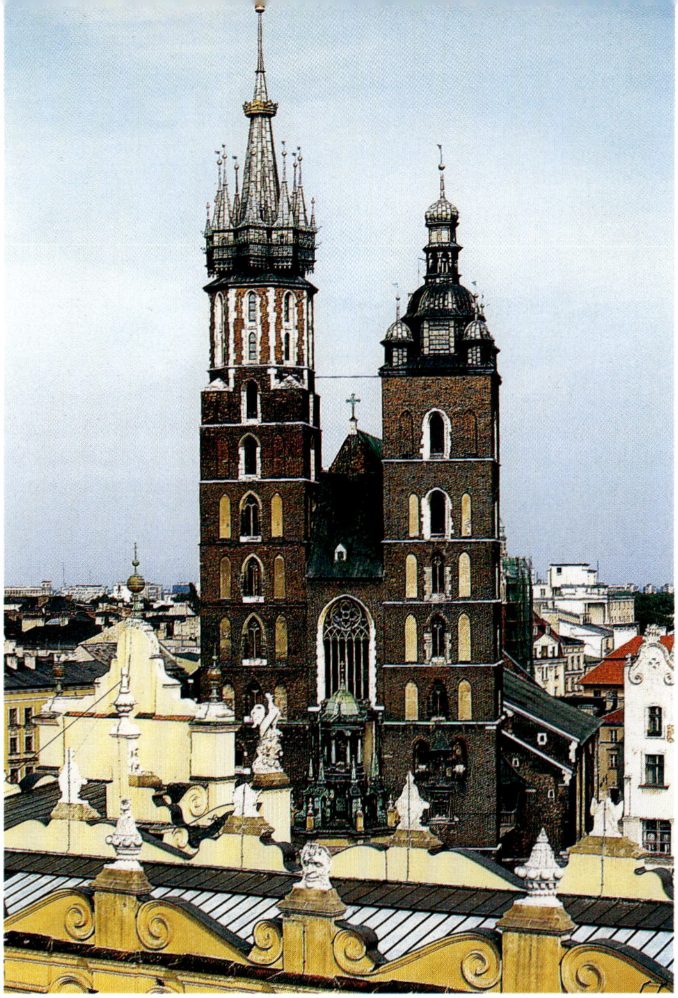

Sulla torre di sinistra della gotica basilica di Maria svetta una gigantesca corona reale del 1666.

nelle forme ancor oggi visibili, sono richiamate alla memoria ogni ora dal suono di tromba che si propaga dalla torre più elevata della chiesa di Santa Maria, interrotto bruscamente per rievocare l'antica leggenda della vedetta colpita da una freccia nemica mentre dava l'allarme. Cracovia, l'antica capitale dei re, fu testimone dei secoli d'oro della storia millenaria del Paese. A conferirle il nobile aspetto hanno contribuito i sovrani che l'elessero a residenza reale: da Casimiro il Grande, che nel 1364 vi fondò una delle più antiche università in Europa, agli altri re Jagelloni, che nel Cinquecento aprirono le porte al Rinascimento italiano. Sulla collina del Wawel si conserva il più prezioso patrimonio di memorie e di tesori d'arte della nazione. Il Castello Reale fu dimora dei sovrani fin dal Medioevo. La vicina cattedrale, la più grande chiesa gotica di Polonia, come un sacrario custodisce le tombe degli uomini illustri e quelle dei re, i quali tra l'altro proprio qui venivano incoronati.

Unica tra le grandi città polacche, Cracovia ha conservato pressoché intatta la sua vecchia struttura, racchiusa entro il verde anello delle Planty, giardini disseminati di monumenti e rovine, ricavati lungo il circuito delle fortificazioni medievali dalle 55 torri che cingeva la città. Da sette secoli il cuore della vita di Cracovia è la grande piazza detta del Mercato Principale, al cui centro sono le gotiche arcate delle Sukiennice, l'emporio nel quale si raccoglievano un tempo i venditori di panni, oggi animate da un vivace bazar.

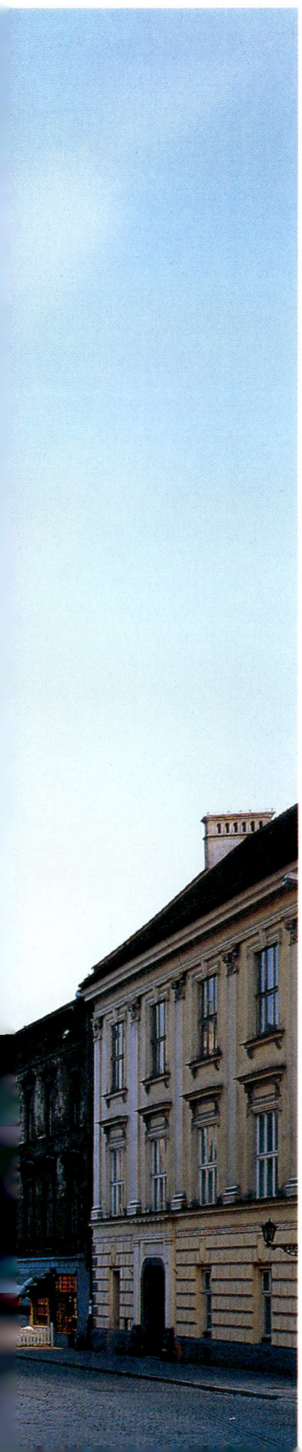

La romanica basilica di Sant'Andrea, eretta in pietra bianca alla fine dell'XI secolo, è uno degli edifici più antichi della città.

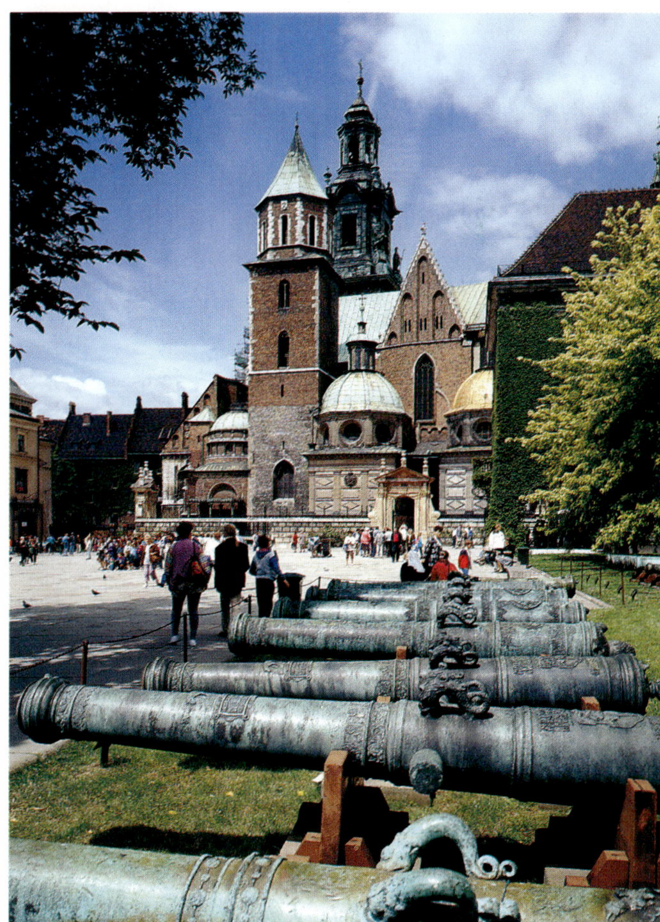

La vasta spianata di fronte al castello è chiusa dalla cattedrale, luogo dell'incoronazione dei re di Polonia.

PORTOGALLO

IL CENTRO STORICO DI ÉVORA

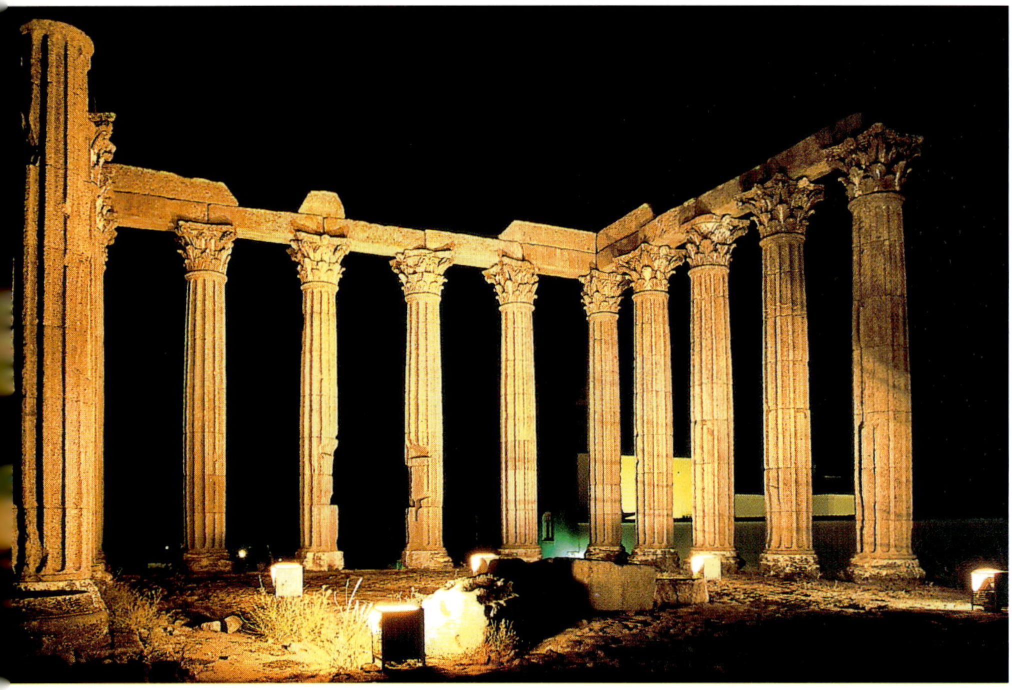

Il tempio romano, eretto nel II secolo a.C., probabilmente dedicato a Diana.

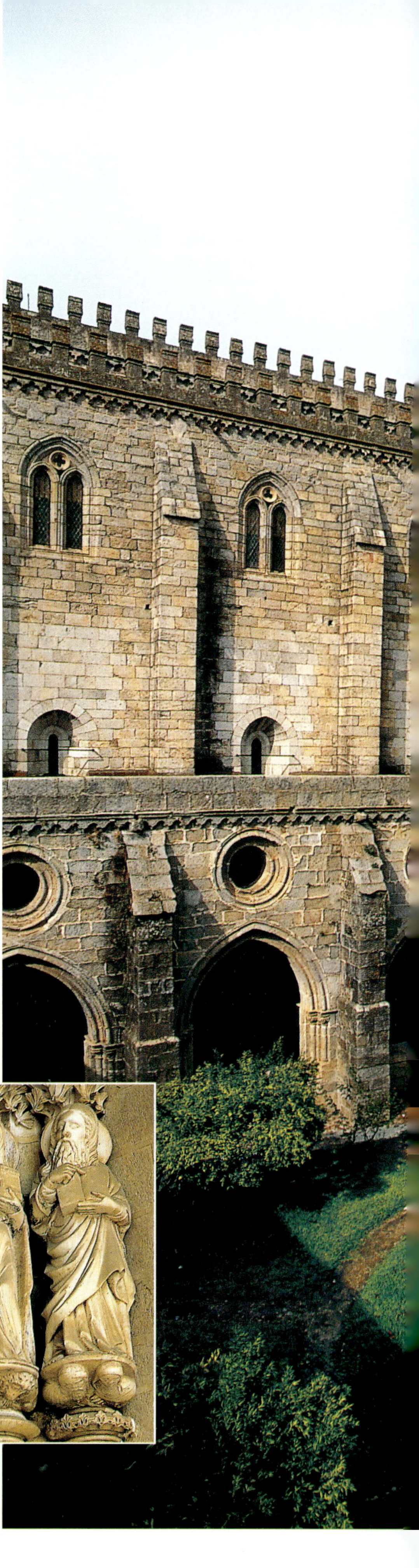

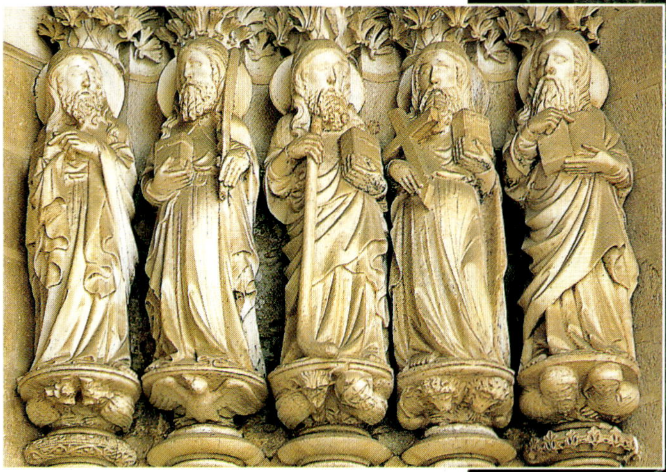

Domina la città il colore bianco, lo stesso che caratterizza i tanti piccoli villaggi di cui sono punteggiate le terre oltre il fiume Tago (*além do Tejo*). Le campagne della regione dell'Alentejo sembrano proteggere Évora e conservarne intatto il fascino, pervadendola dei suoi ritmi, strettamente legati ai mercati e alle fiere che ne fanno un importante borgo agricolo. Sorprendente è il contrasto tra l'atmosfera ormai tipicamente provinciale che si respira a Évora e la nobiltà dei monumenti che le sue mura, ancora ben conservate, racchiudono.

Le statue trecentesche che ornano gli sguanci del portale del duomo.

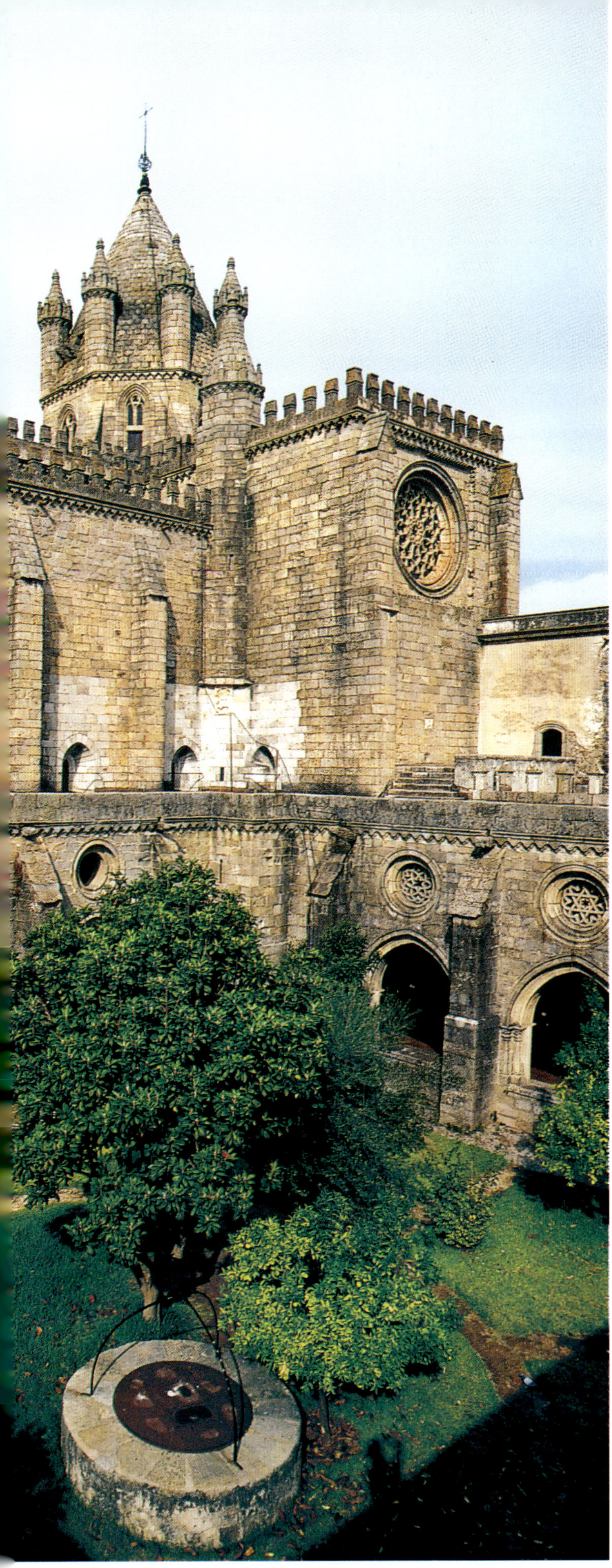

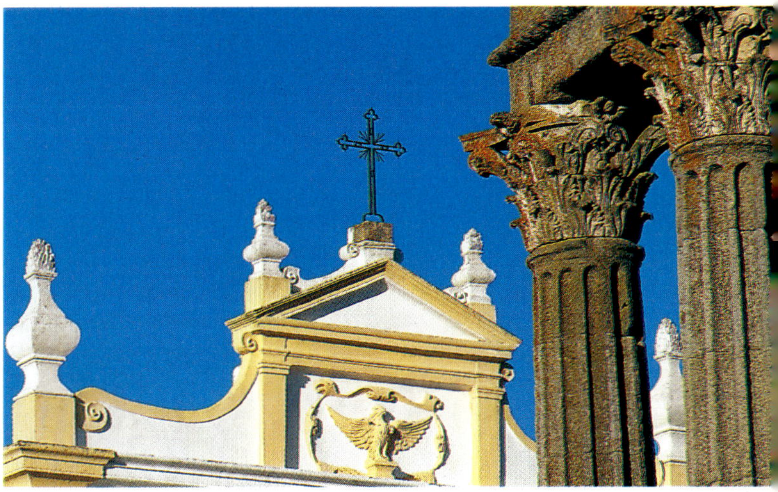

Un groviglio di vie conduce a chiese gotiche, palazzi e fontane del Rinascimento, architetture ricche e diverse volute dai sovrani portoghesi, che tra Quattrocento e Cinquecento qui amavano risiedere, e dalla facoltosa aristocrazia locale di quell'epoca. Nell'illustre università retta dai gesuiti si incontravano studiosi provenienti non solo da tutto il Portogallo, ma anche dalla Spagna e dalla Francia.
La molteplicità degli stili architettonici che caratterizza il centro di Évora testimonia dell'importanza avuta dalla città già molto prima di diventare località prediletta dai monarchi della dinastia d'Avis. Il tempio romano, del II-III secolo d.C., è uno dei meglio conservati della penisola iberica, mentre la cattedrale, solida e austera, è un esempio di grande interesse di chiesa-fortezza medievale in granito.
Completano l'atmosfera suggestiva della città i tanti piccoli dettagli di cui sono ricchi i suoi edifici. I graziosi balconi in ferro, le finestre ad arco, gli *azulejos* (le caratteristiche maioliche) compongono un'immagine urbana di raro fascino, inconfondibilmente "portoghese".

Capitelli del tempio romano e, sullo sfondo, uno scorcio della chiesa di San Giovanni Evangelista.

Annesso al Sé, l'austera cattedrale edificata nel XII secolo, è un ampio chiostro trecentesco, con portico ad arcate ogivali.

PORTOGALLO

IL PAESAGGIO DI SINTRA

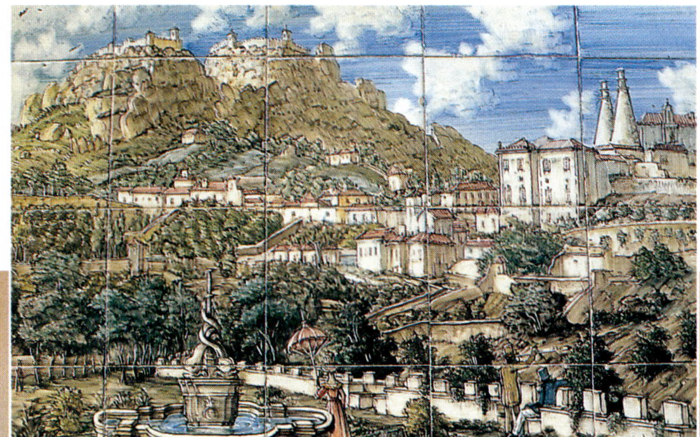

Veduta ottocentesca della città in uno dei caratteristici azulejos.

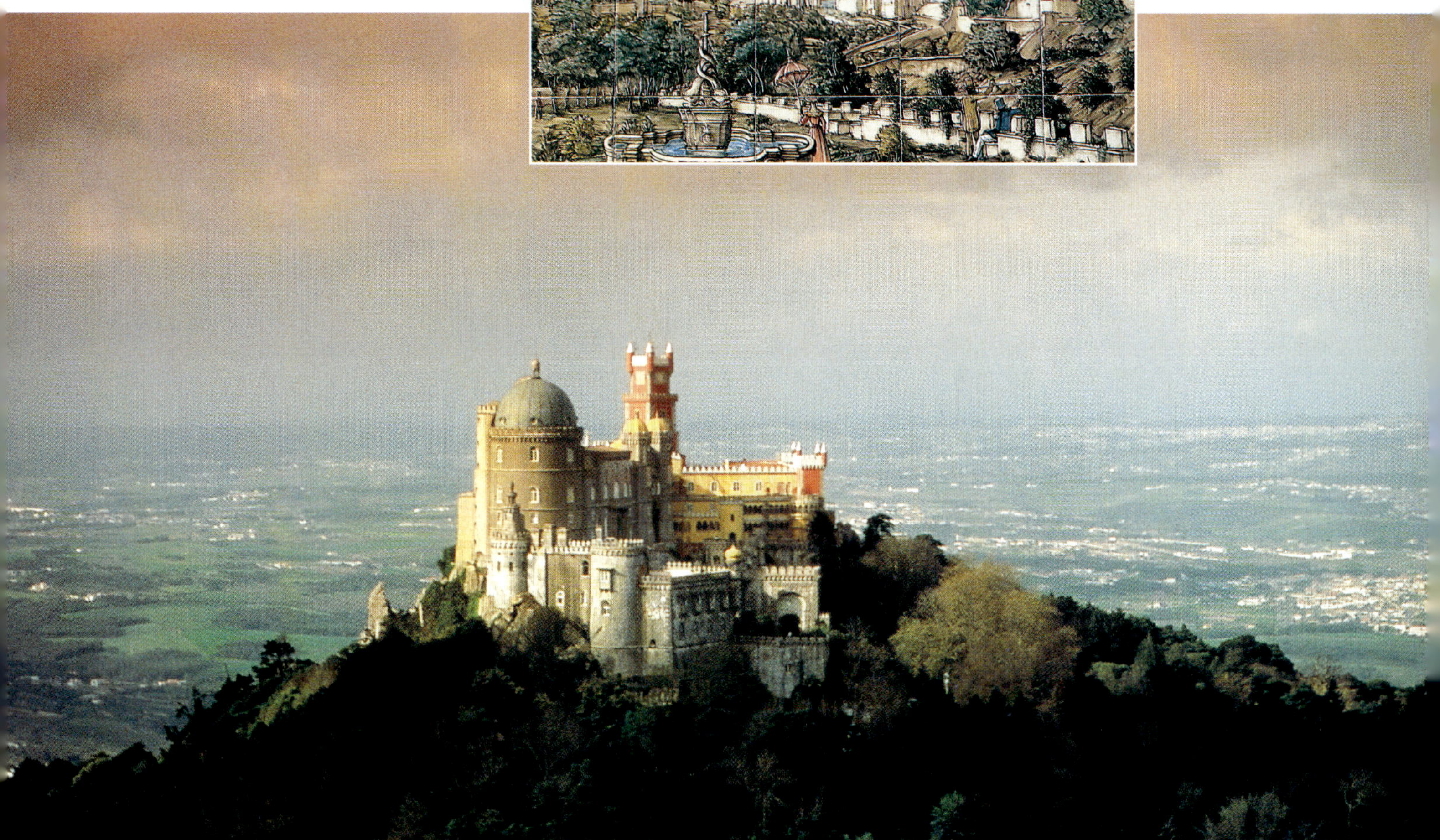

Il fiabesco Palácio da Pena, eclettico insieme degli stili più diversi, domina il paesaggio di Sintra.

Tutta la regione di Sintra suggerisce i temi e i toni del paesaggio romantico: montagne rocciose e dentellate, vegetazione rigogliosa, numerose fonti e bacini d'acqua, ville aristocratiche e parchi. Questo luogo, molto amato da Byron, abbina la piacevolezza del paesaggio alla presenza armoniosa, ma distaccata, del Palazzo Reale, luogo di soggiorno e ameno rifugio per varie generazioni di sovrani portoghesi. Situata a mezza altezza nella montagna, circondata da un piccolo e pittoresco villaggio, la reggia di Sintra rappresenta una combinazione armonica di stili architettonici antichi e diversi, tra il gotico, il moresco e il manuelino. Le sorprese che riserva la sua visita sono varie: le splendide cucine, canali d'acqua e fontane che offrono un'atmosfera araba a freschissimi cortili, magnifici *azulejos*, squisite decorazioni principesche, in particolare con scene di caccia e delicate raffigurazioni di animali. Ma nelle montagne della Serra de Sintra, il Palazzo Reale non resta il solo monumento: risaltano ancora l'antica fortezza dei Mori, e soprattutto il bizzarro profilo del Palácio da Pena, costruito per il re Ferdinando II a metà dell'Ottocento, in una mescolanza senza uguale di stili e invenzioni decorative.

PORTOGALLO

IL CONVENTO DI CRISTO A TOMAR

La misteriosa e affascinante storia dei Templari in Portogallo trova qui il suo richiamo più nitido. Si tratta forse dell'esempio più bello e comunque meglio conservato di chiesa dell'Ordine in tutto il mondo. Dopo la dispersione e repressione dei Templari, presero possesso del convento i Cavalieri di Cristo, che integrarono il complesso con nuove costruzioni. La storia dell'edificio si lega così ai due momenti cruciali della vita del Paese: la riconquista dagli arabi, con la collaborazione dei Templari, e il periodo delle scoperte, sotto la protezione della rossa croce dei Cavalieri. Il convento sorge in alto, sopra il paese. Alla chiesa rotonda dell'epoca dei primi possessori si sono aggiunti una navata del Cinquecento e vari chiostri. Un particolare risalto hanno le costruzioni del periodo manuelino, tra cui spiccano le tre finestre, opere geniali dell'architetto Diogo de Almeida, effusione di elementi decorativi e giochi ornamentali.

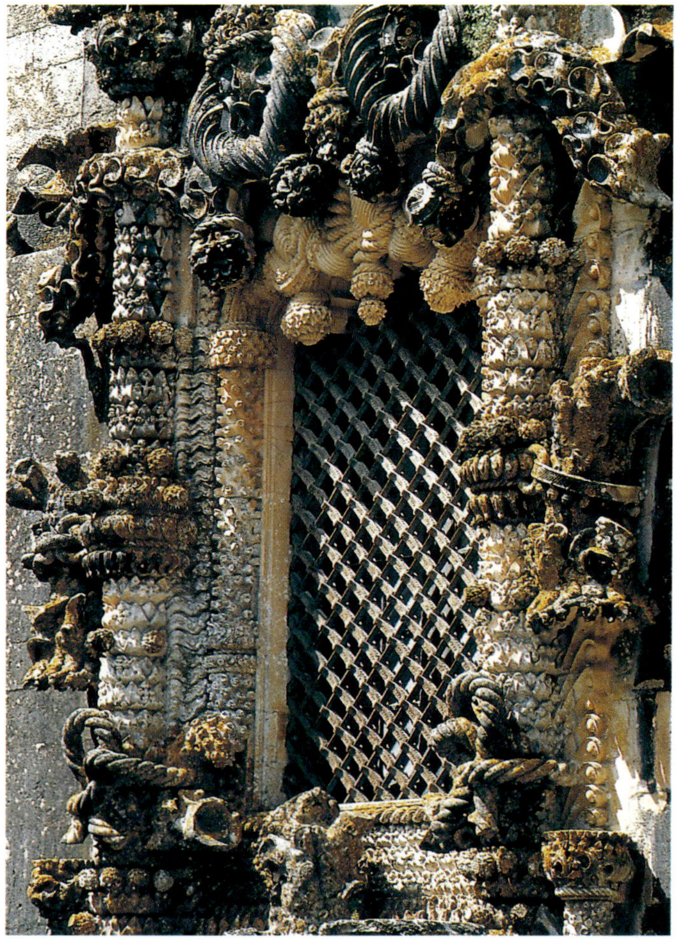

Una delle tre finestre in stile manuelino disegnate da Diogo de Almeida.

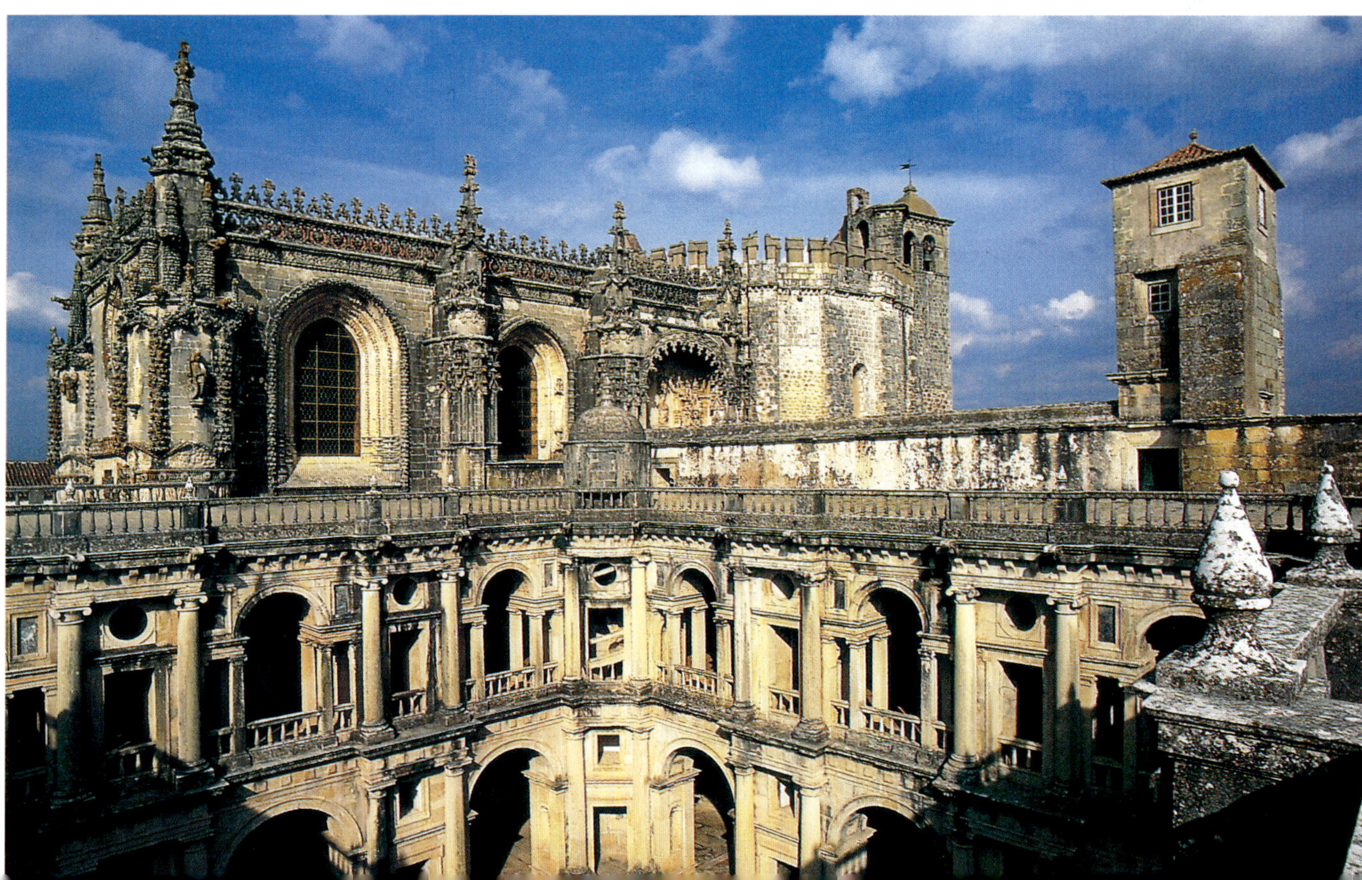

Il convento di Tomar, caratterizzato da una notevole stratificazione stilistica.

REGNO UNITO

BATH

La statua e la massiccia torre della chiesa abbaziale in Orange Grove.

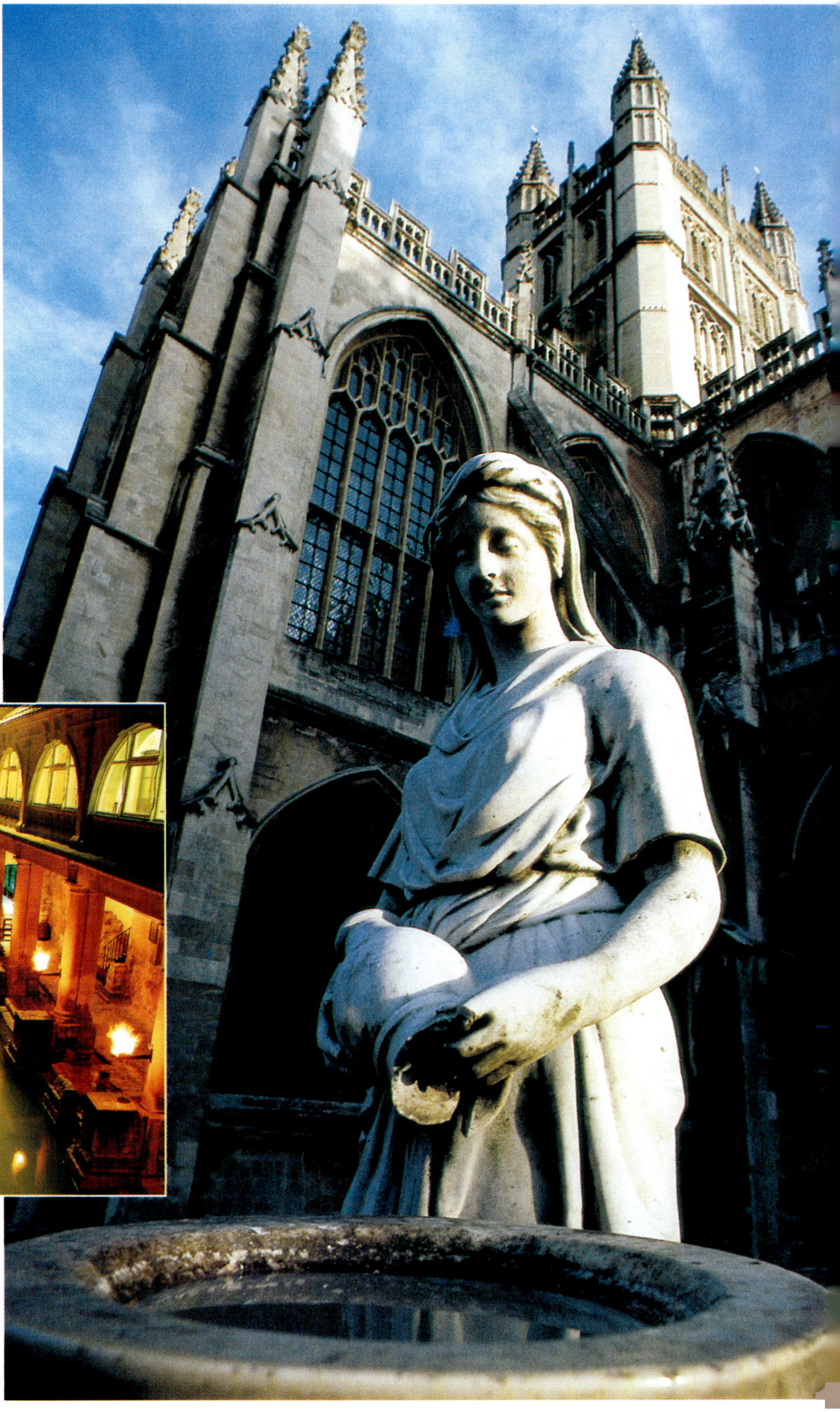

L'acqua è l'origine e il marchio del suo viaggio nel tempo. Un'acqua calda e sulfurea, inalterata nei secoli, che convinse l'imperatore romano Claudio a costruire, tra le colline solcate dal fiume Avon, *Aquae Sulis*, un monumentale complesso termale, le cui rovine ostentano preziosi rivestimenti in lastre di marmo. Quella stessa acqua impegnò i governanti dell'età medievale a erigere nuovi bagni, il King's Bath e il Cross Bath, per i mercanti che frequentavano la fiera locale alla ricerca delle preziose stoffe lavorate dagli artigiani della vallata. Ancora l'acqua, nel Settecento, in epoca georgiana, spinse verso un rinnovamento urbano a tutto campo. Furono cinque i grandi artefici della trasformazione della piccola città medievale in una stazione termale di nuova concezione: Richard Nash, il funzionario di corte soprannominato confidenzialmente "Beau Nash", Ralph Allen, gestore delle locali cave di pietra

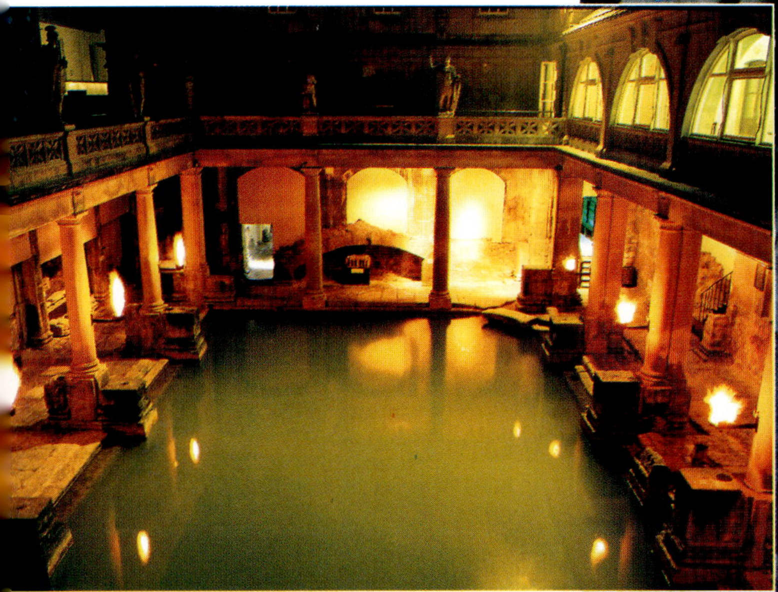

Sopra: il grande bagno delle terme (I secolo d.C.), il maggior complesso monumentale romano di tutto il Regno Unito.

e grande mecenate, Robert Gray, proprietario terriero, e i due John Wood, padre e figlio, entrambi architetti. Un gruppo di uomini con ruoli e capacità diverse che ebbero l'opportunità e il coraggio di rischiare un'operazione innovativa sulla loro città natale. Studiosi dell'opera di Vitruvio, amanti delle architetture classicheggianti di Inigo Jones e del suo ispiratore Palladio, John Wood il Vecchio e il figlio, John Wood il Giovane, sovrapposero alla città medievale forme urbane e tipologie edilizie che reinterpretavano i grandi segni dell'architettura romana dell'età classica e li coniugavano con l'arte inglese del paesaggio e del giardino. Nel sistema delle tre piazze concatenate, Queen Square, che fu il primo grande cimento urbanistico di John Wood il Giovane (1729-36), Royal Circus e Royal Crescent, emergono con forza i riferimenti al Colosseo, che viene citato con colte reinterpretazioni nella pianta del Circus (completato nel 1754-58 su progetto di John Wood il Vecchio) oltre che nel ribaltamento all'interno delle originarie fronti esterne, e agli ordini dell'architettura classica di Roma, ingigantiti e ripensati nell'edificio residenziale di Royal Crescent (il capolavoro di John Wood il Giovane, costruito tra il 1767 e il 1774) come fronte continuo semiellittico, ritmato da splendide colonne ioniche su un alto basamento, e che si affaccia, come una falce di luna crescente, su un vastissimo prato verde concluso da un fondale rettilineo di alberi.

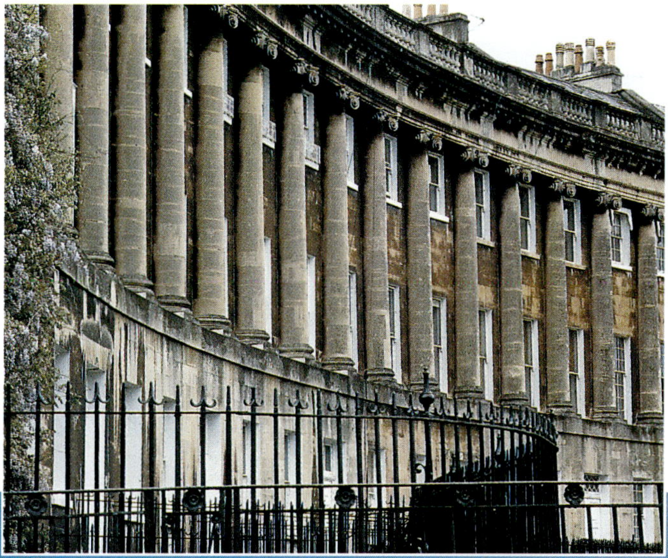

Il Crescent, un fronte compatto di cento colonne ioniche su un alto basamento.

Sotto: il Royal Crescent visto da lontano, un segmento di ellisse lungo 200 metri.

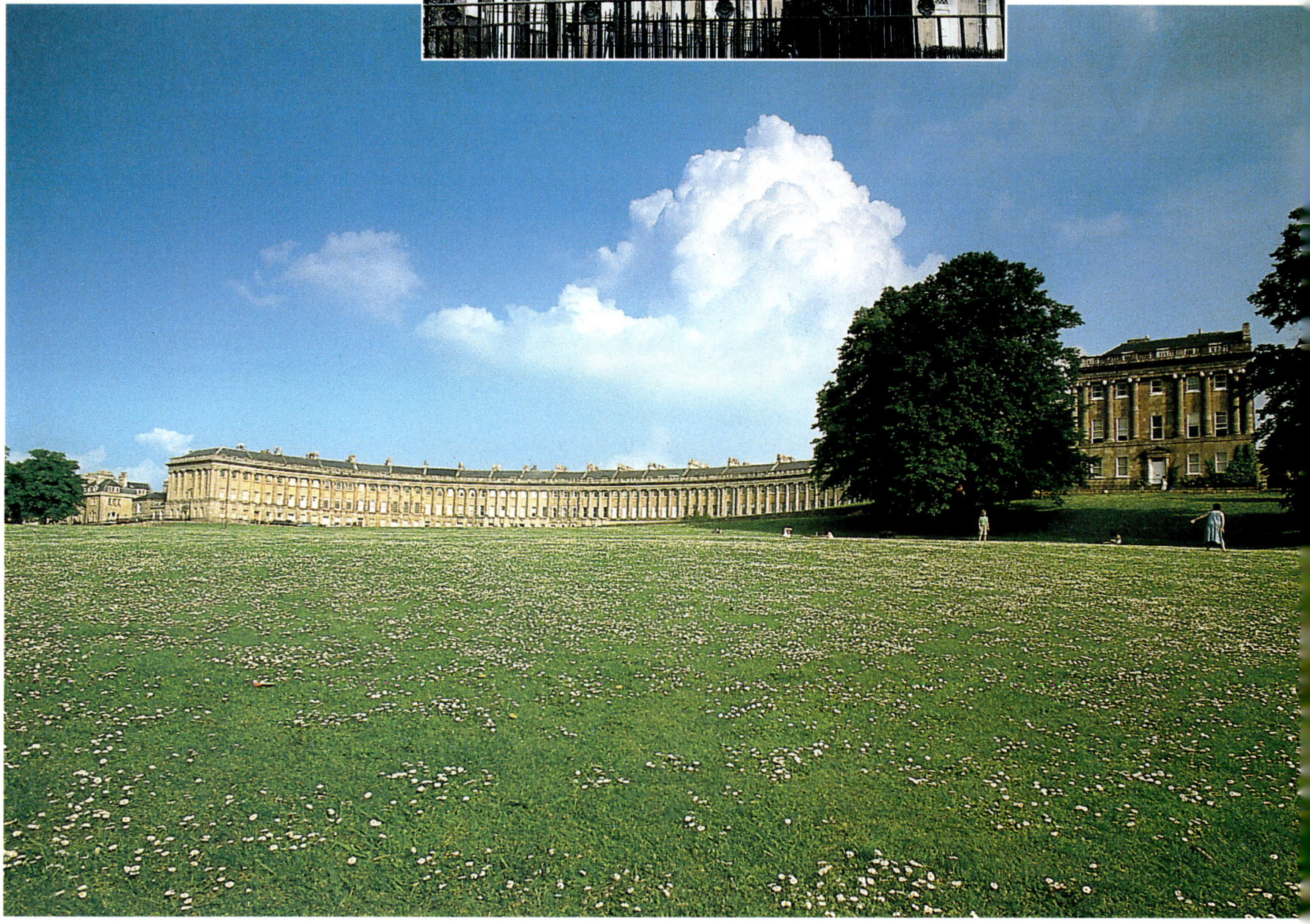

REGNO UNITO

LA CATTEDRALE DI CANTERBURY

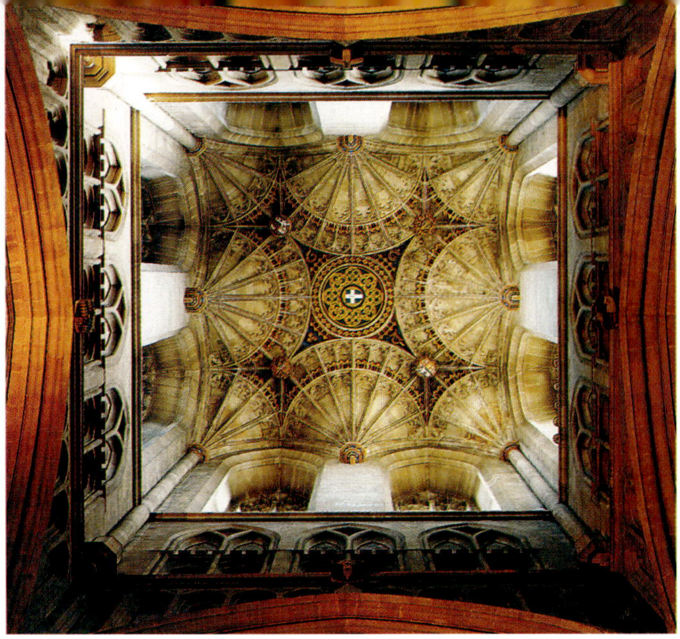

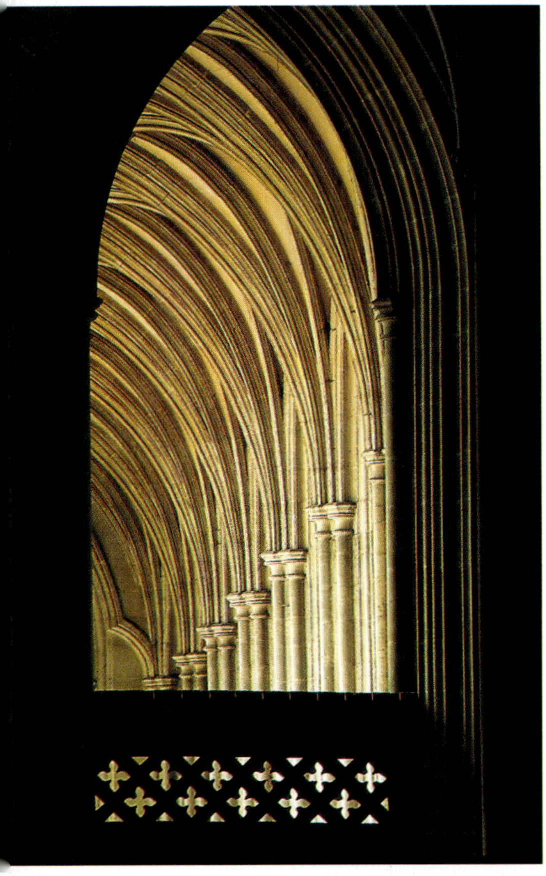

A destra: l'ardita volta della Bell Harry, un capolavoro del gotico perpendicolare inglese.

A sinistra: il ritmo solenne degli interni, scandito dagli archi acuti.

Andare a Canterbury era, in età medievale, il sogno e la meta della vita di molti. Viaggio di espiazione e di conoscenza, il pellegrinaggio affiancava sulle strade ricchi e poveri, cavalieri e mercanti, marinai e cerusici, comari e mugnai, studenti e badesse, come narrano i fantasiosi racconti di Geoffrey Chaucer. Il primo cristiano ad arrivarvi fu, nel 587, il santo evangelizzatore Agostino che, in cammino sulla strada che viene da Dover e porta a Londra, sostò a Canterbury, l'antica città romana all'incrocio delle strade militari del Sud dell'Inghilterra che re Ethelbert aveva scelto come capitale del Kent: convertito al Cristianesimo il sovrano, che lo nominò arcivescovo della Chiesa d'Inghilterra, il santo e i suoi monaci eressero sulla collina di San Martino una piccola chiesa dedicata a san Pancrazio. Di quel passaggio e di quell'evento restarono i segni sul luogo e nella storia. Nonostante i saccheggi e gli incendi che distrussero il primitivo luogo di culto, i conquistatori danesi e normanni costruirono ancora sopra le rovine fino a che, nella seconda metà dell'XI secolo, cominciò a prendere forma una grande cattedrale.

L'edificio, dopo l'assassinio dell'arcivescovo Thomas Becket nel 1170, reo di essersi opposto all'ingerenza dei reali nelle faccende della Chiesa, divenne, con Roma e Santiago de Compostela, una delle principali mete dei pellegrini, dei mercanti e dei viandanti che affollavano le strade dell'Europa medievale.

Dalla spettacolare navata, che possedeva i caratteri del tardo gotico francese, detto anche perpendicolare, i pellegrini, superato il coro ricostruito dopo l'incendio del 1174 da Guillaume de Sens nelle forme del primo stile gotico, salivano gli scalini (i *pilgrim's steps*) per accedere al deambulatorio a ferro di cavallo che racchiudeva la cappella della Trinità e la Becket's Crown che ospitavano le spoglie dell'arcivescovo assassinato e i sepolcri di altri regnanti d'Inghilterra.

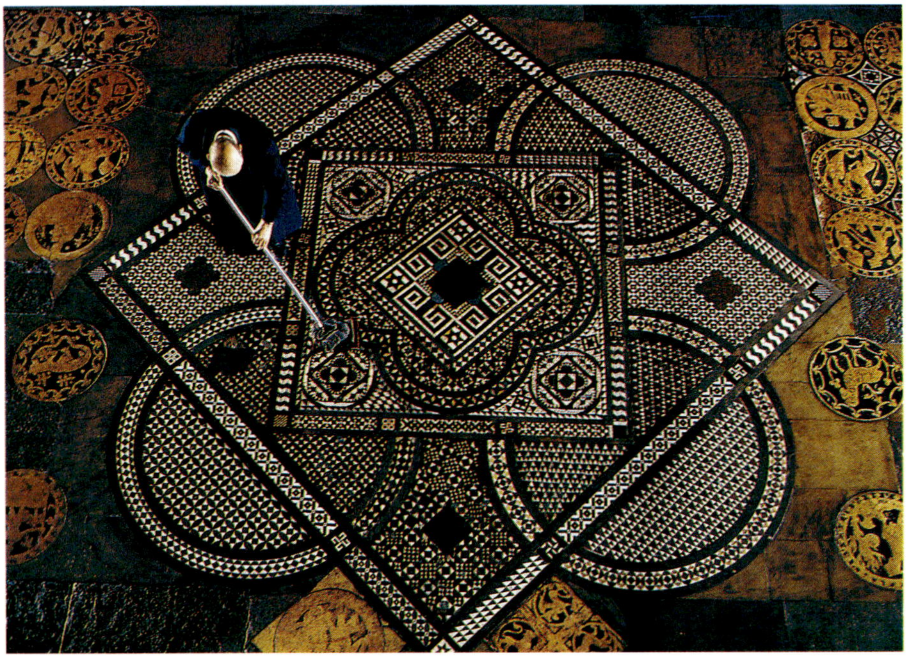

A sinistra: i bei pavimenti cosmateschi della Trinity Chapel.

A destra: l'esterno della cattedrale, chiesa-madre d'Inghilterra.

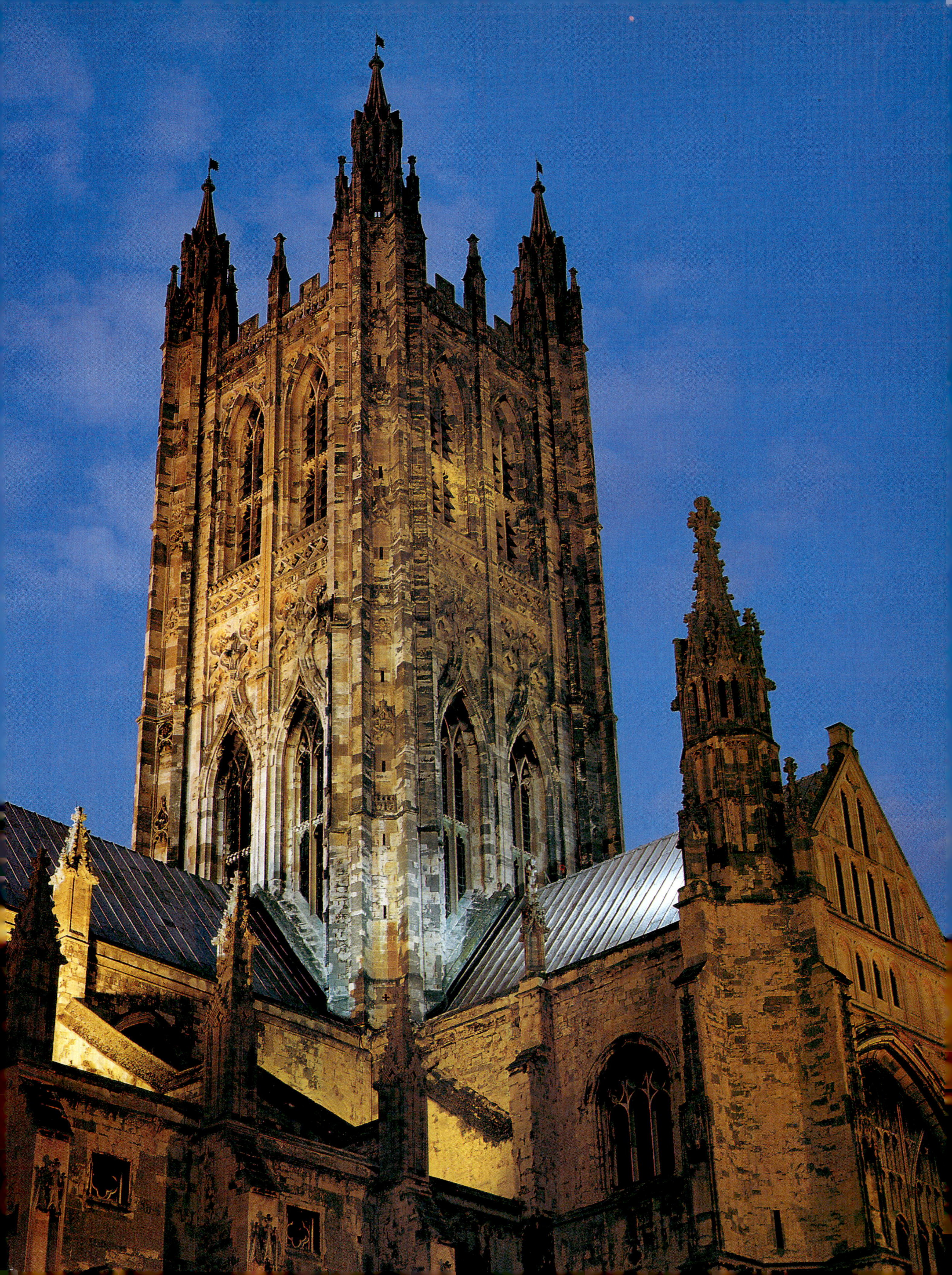

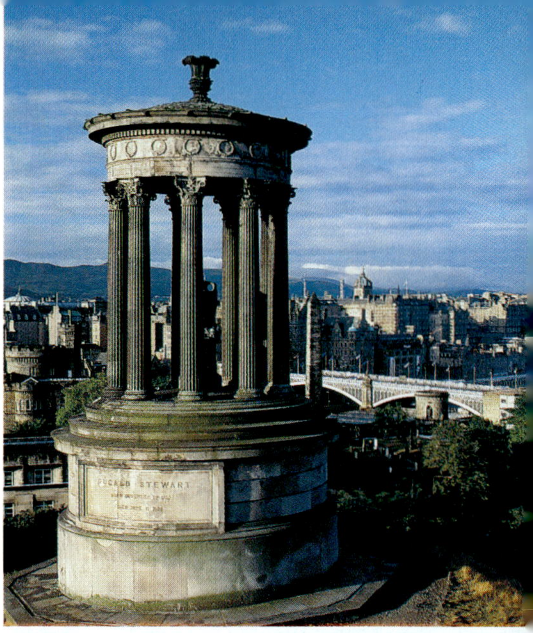

REGNO UNITO

EDIMBURGO

Protetta dagli ombrosi colli delle Highlands e costruita su un'altura di basalto di origine vulcanica, impervia e ricca di anfratti che si erge dalle rive del fiordo di Forth, Edimburgo è una città inconfondibilmente medievale e scozzese, nonostante le vaste addizioni urbane di epoca georgiana che si appoggiano sui terrazzamenti e sulla piana al di là del colle.
In alto la Città Vecchia, edificata su un massiccio roccioso di forma ovale, attrae irresistibilmente lo sguardo. Ai due estremi, le sagome robuste e grigie di Castle Rock, la fortezza trasformata in castello da Malcom III tra il 1058 e il 1093, e di Holyroodhouse, la residenza dei regnanti di Scozia edificata nel Quattrocento sulle rovine dell'antico monastero agostiniano addossato al borgo

L'estensione dei suoi parchi fa di Edimburgo una delle città più verdi d'Europa.

Fino al Cinquecento il castello è stato teatro delle più importanti vicende di Scozia.

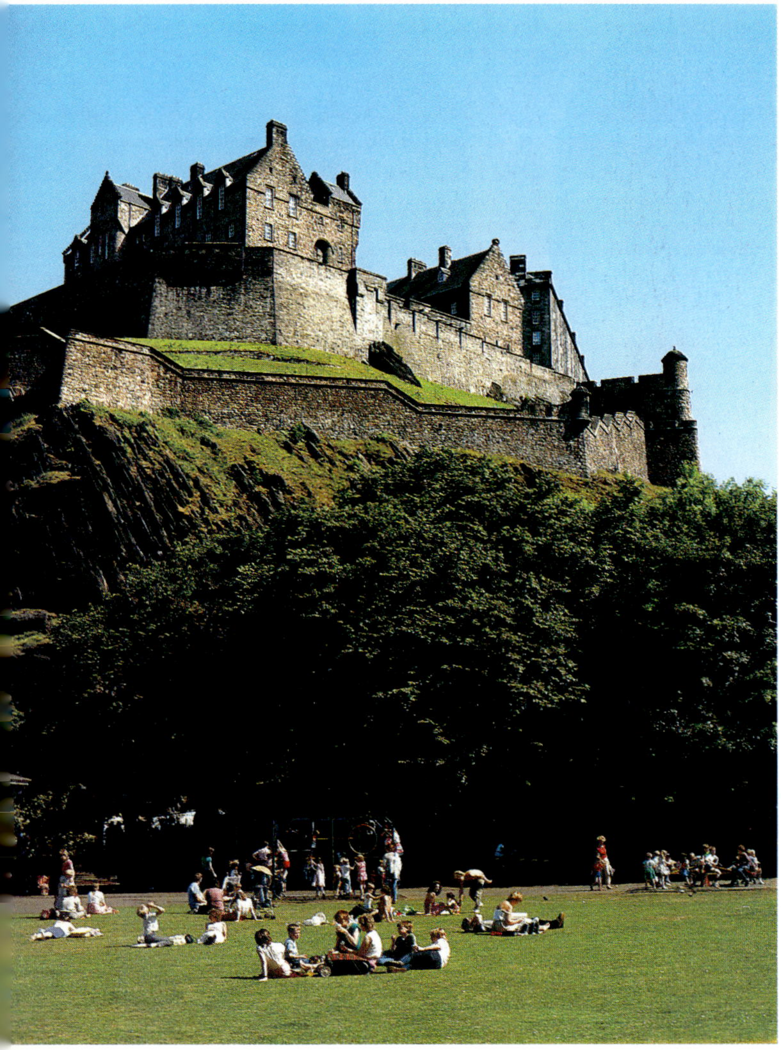

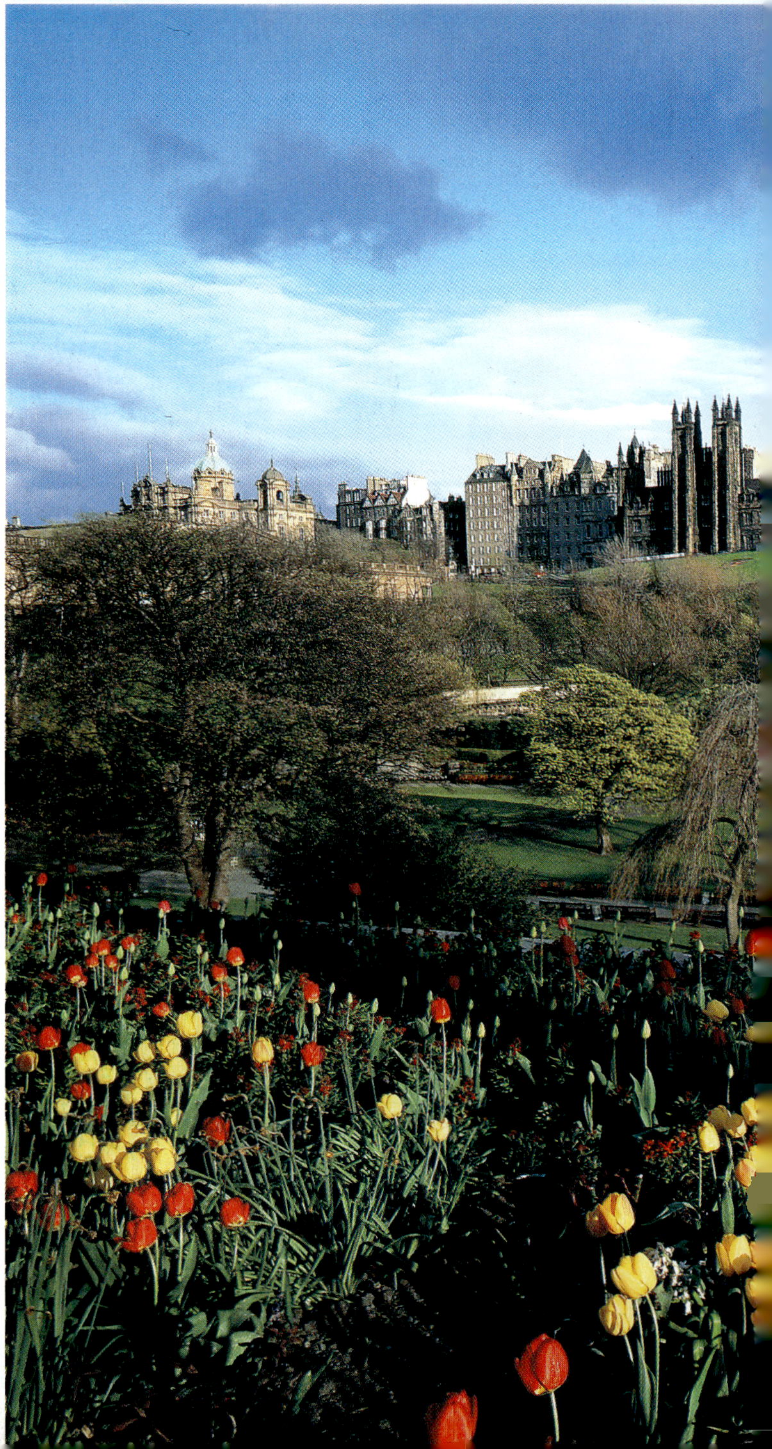

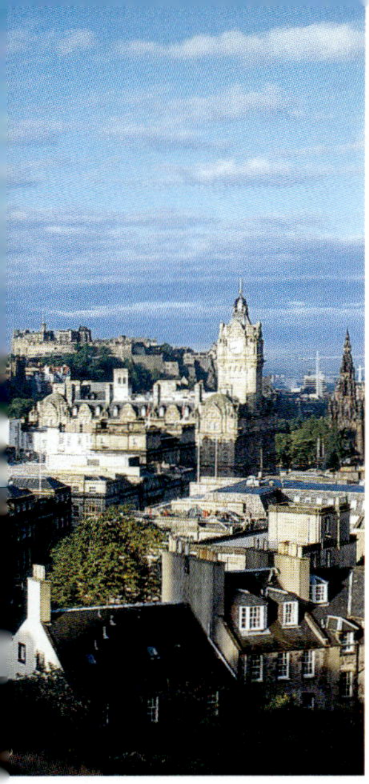

Il centro cittadino si sviluppa da est a ovest tra l'altura del castello e quella di Holyroodhouse.

di Cannongate. Un lungo percorso dorsale, il Royal Mile, collega i due vertici del colle sui cui pendii scendono, aggrappate alle rocce, le espansioni dei borghi medievali fino a incontrare la valle sottostante.

In basso, a nord-ovest, oltre la Princess Street (che segna, con la sua linea parallela al medievale Royal Mile, il legame e il passaggio al sistema dell'isolato moderno) si stende la georgiana Città Nuova, voluta dalla classe mercantile urbana nella seconda metà del Settecento. Dopo i primi interventi avviati nel 1752 sul nucleo storico, il governo della città bandì nel 1767 un concorso per la progettazione delle nuove aree di espansione, vinto da John Craig. Entro la maglia modulare degli isolati, interrotta da slarghi ottagonali e piazze rettangolari e quadrangolari, gli architetti dell'epoca georgiana inventarono e costruirono i palazzi pubblici e le residenze per la borghesia commerciante, dando vita a una elegantissima città ispirata alla razionalità funzionale e alla classicità formale.

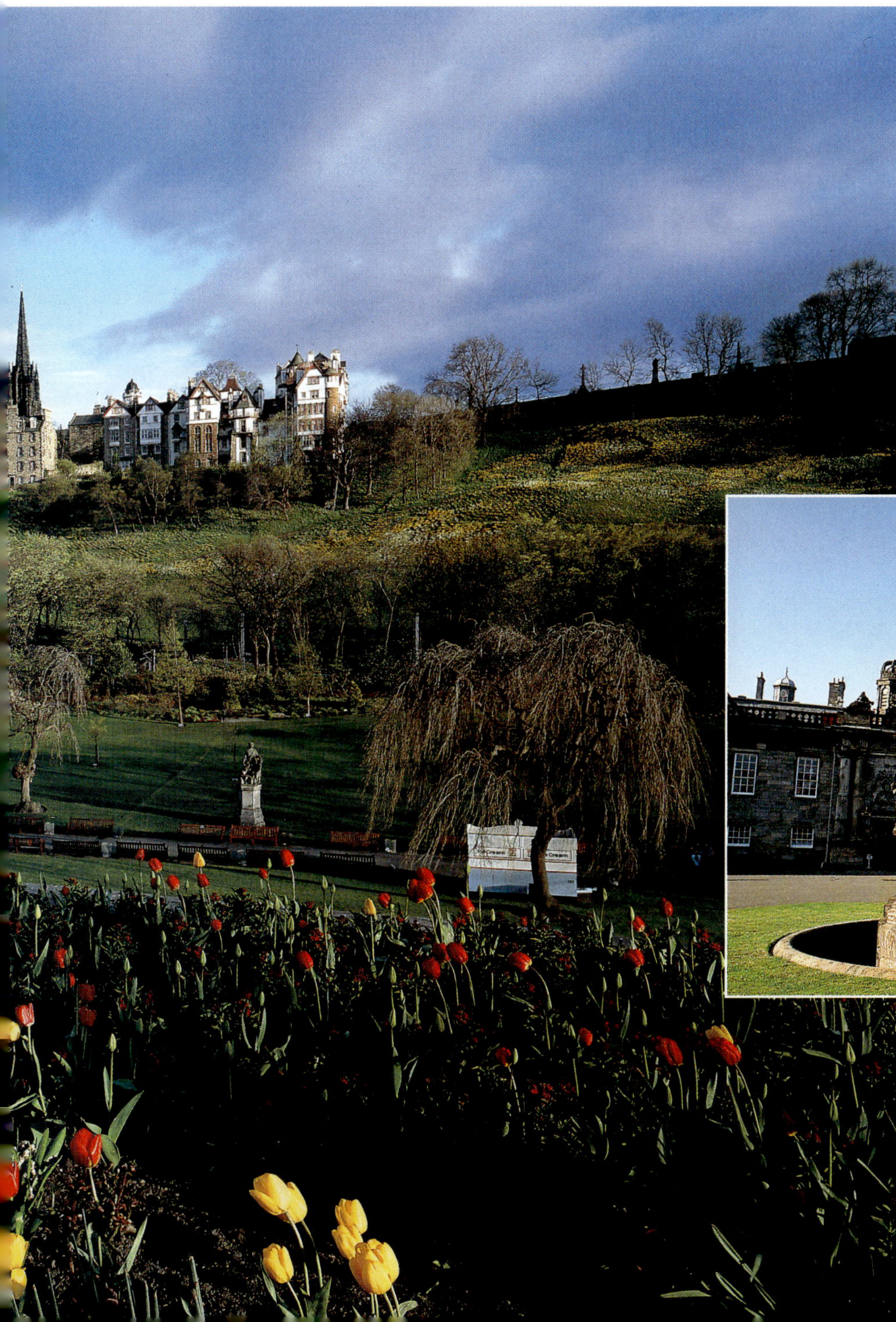

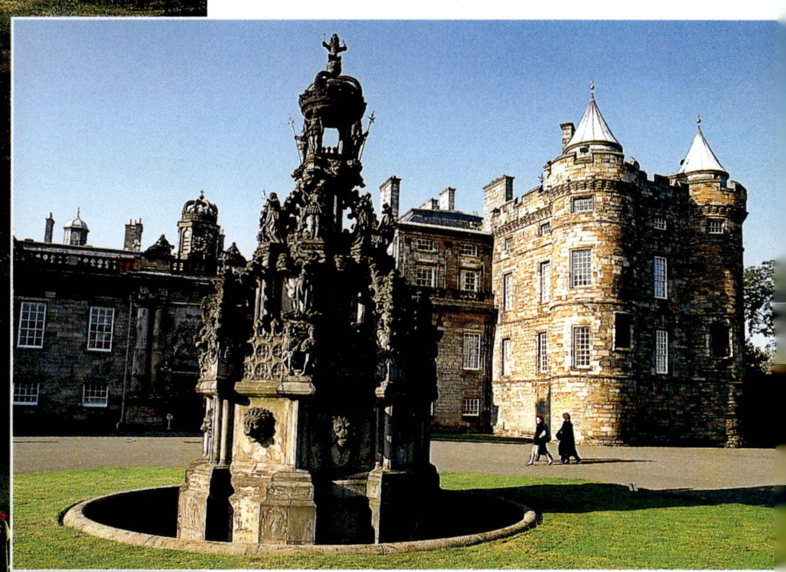

La Holyroodhouse fu voluta intorno al 1500 dal re di Scozia Giacomo I e dopo la conquista inglese divenne sede del governatore.

REGNO UNITO

STUDLEY ROYAL PARK

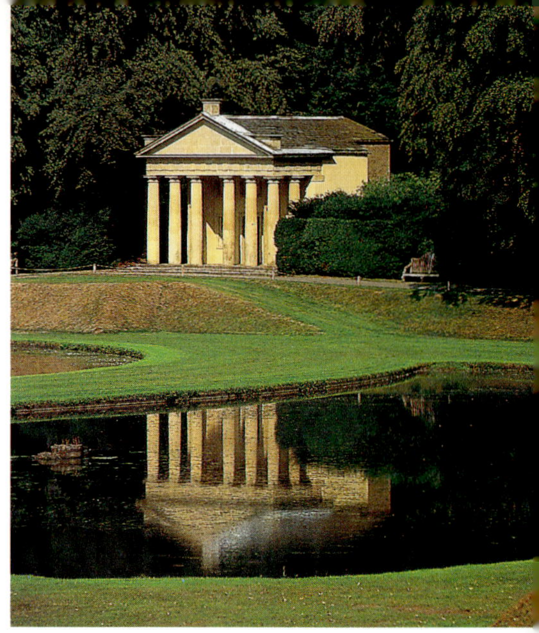

Il tempio della Pietà afferma la propria identità neoclassica anche attraverso il suo rapporto con una natura progettata e regolata con cura.

Poco lontano da Ripon, cittadina medievale dello Yorkshire, lungo le sponde boscose del fiume Skell il vasto parco di Studley Royal protegge oltre alle rovine di una delle più importanti abbazie cistercensi, Fountains Abbey, altre singolari architetture di epoche e stili diversi: la residenza del marchese di Ripon, Fountains Hall, palazzo-castello in forme rinascimentali inglesi progettato da Robert Smythson nel 1611; la chiesa di Santa Maria, in stile neogotico edificata in epoca vittoriana da William Burges e una serie di costruzioni di epoca

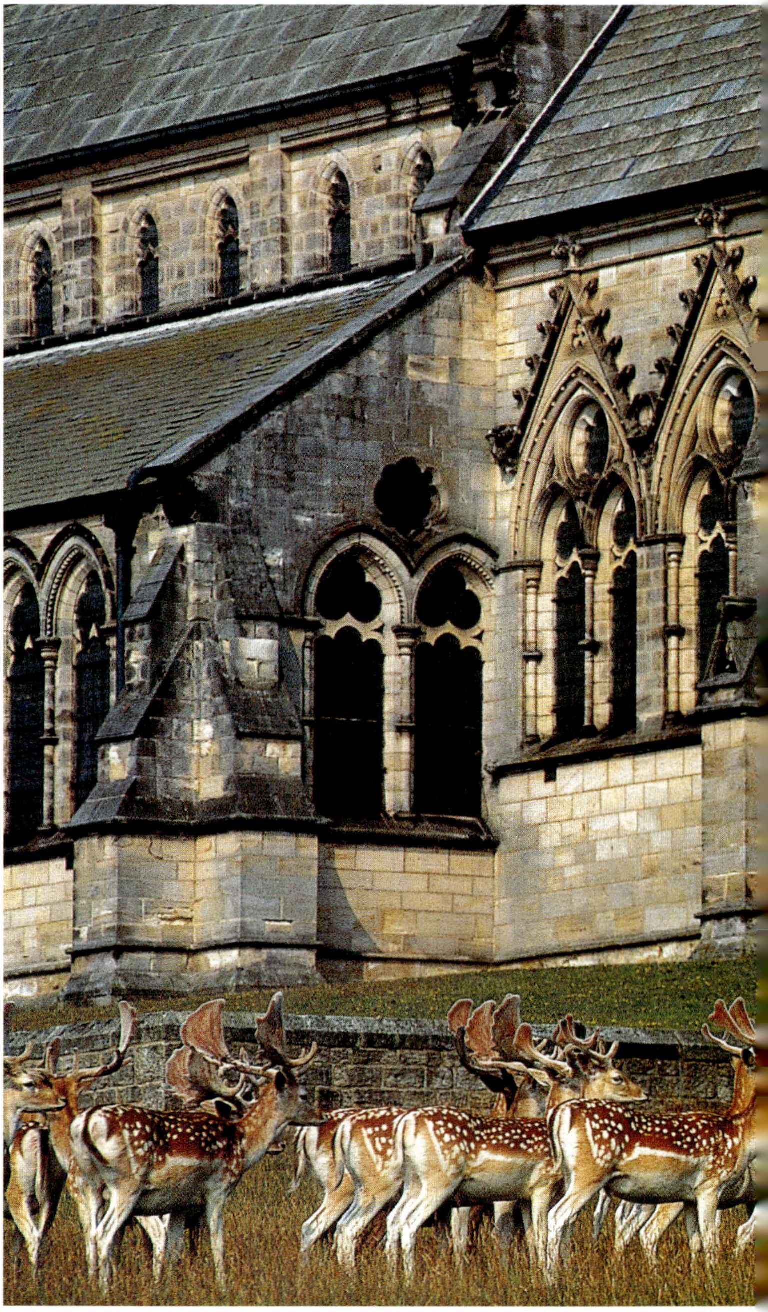

A destra: daini al pascolo nei pressi della chiesa di Santa Maria (1871-78), opera di W. Burges.

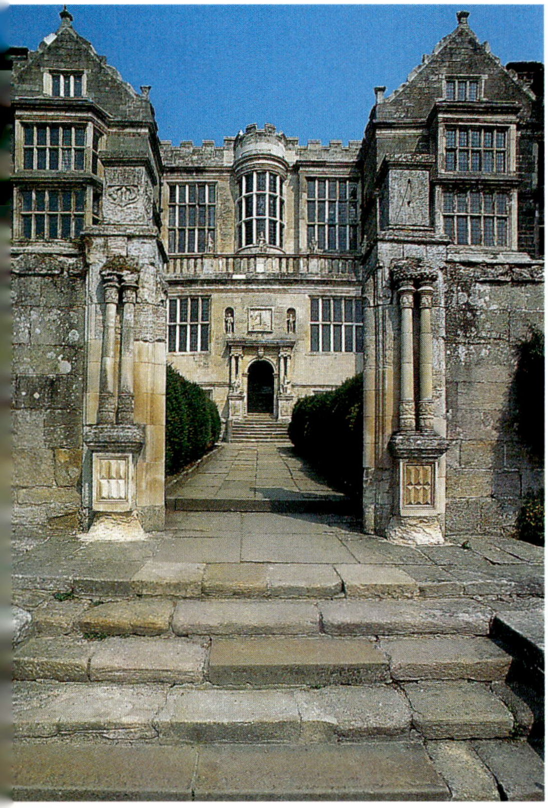

A sinistra: la facciata di Fountains Hall, palazzo secentesco costruito con materiale di recupero proveniente dall'abbazia.

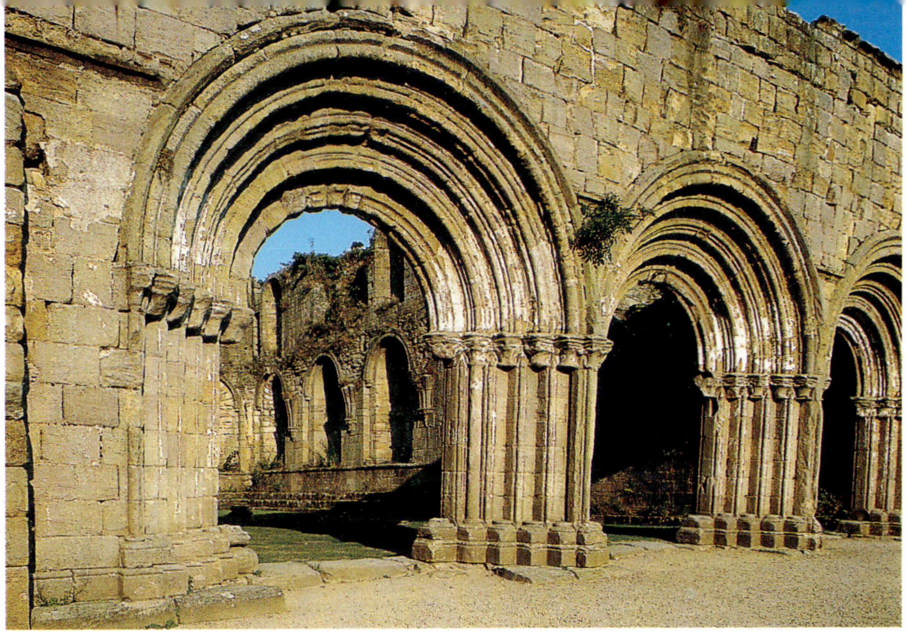

Le suggestive rovine di Fountains Abbey.

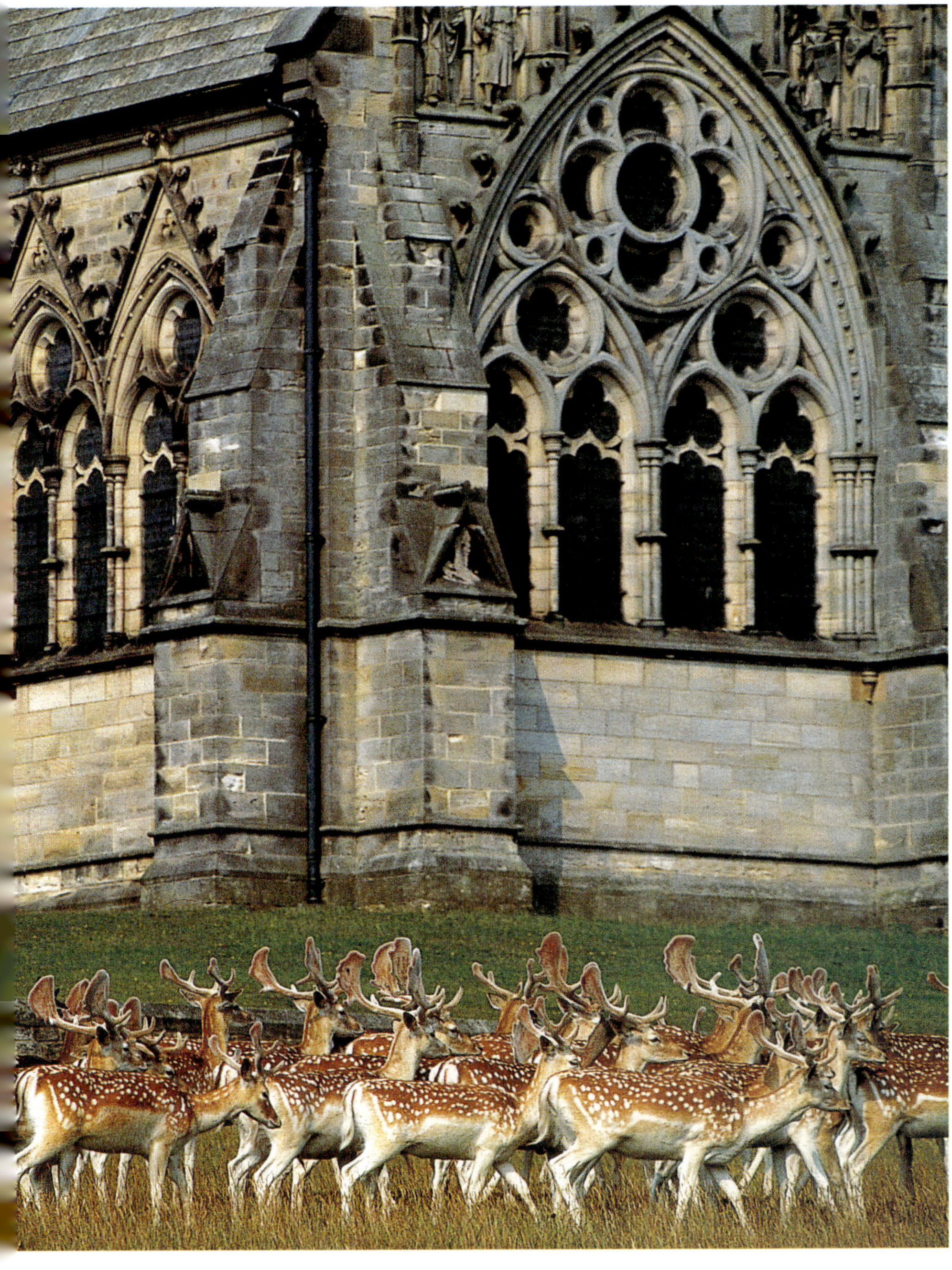

georgiana e di ispirazione neoclassica. Disegnato all'inizio del Settecento da John Aislabie e da suo figlio William, Studley Royal, uno dei pochi giardini georgiani rimasti completamente intatti, possiede un impianto che mira a mimetizzare l'artificialità dell'intervento dell'uomo per affermare la predominanza della natura e delle sue regole. Le paludi originarie sono state trasformate in piscine, laghi e canali che si compongono, secondo un disegno brillante e insospettabile, a formare sequenze articolate di bacini d'acqua in mezzo a prati qua e là bordati da masse boscose.

In questo paesaggio che appare onirico e inviolato emergono solitarie e magiche le architetture dell'uomo: il tempio della Pietà, piccolo edificio neoclassico con i colonnati di ordine classico originariamente intitolato a Ercole; il tempio della Fama, costruzione a pianta centrale ispirata al romano tempio dedicato a Vesta; la mole diroccata dell'abbazia benedettina e poi cistercense, a cui lavorò, per volere del grande animatore dell'ordine cistercense Bernardo di Clairvaux, il capomastro Geoffroy, insuperabile costruttore di architetture gotiche. E alle rovine di pietra gialla - che nascondono, a volte intatte a volte scoperchiate, le antiche stanze del complesso monastico, come il capitolo, il refettorio, le infermerie, il *cellarium* e il *calefatorium*, tutte affollate di forti pilastri a costoloni - talvolta si avvicinano, senza paura, i gruppi compatti di daini che abitano la riserva del parco.

ROMANIA

LE CHIESE DELLA BUCOVINA

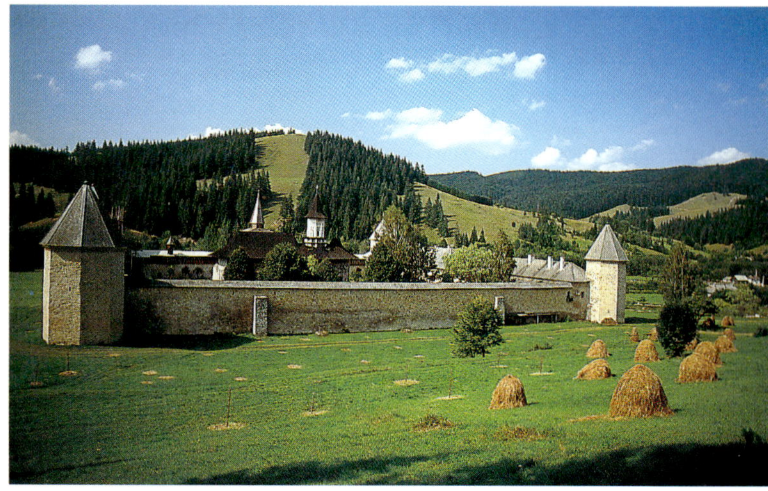

A lato: la poderosa cinta muraria del monastero Sucevița, costruito nel 1582-84 per volontà della nuova dinastia di voivodi locali.

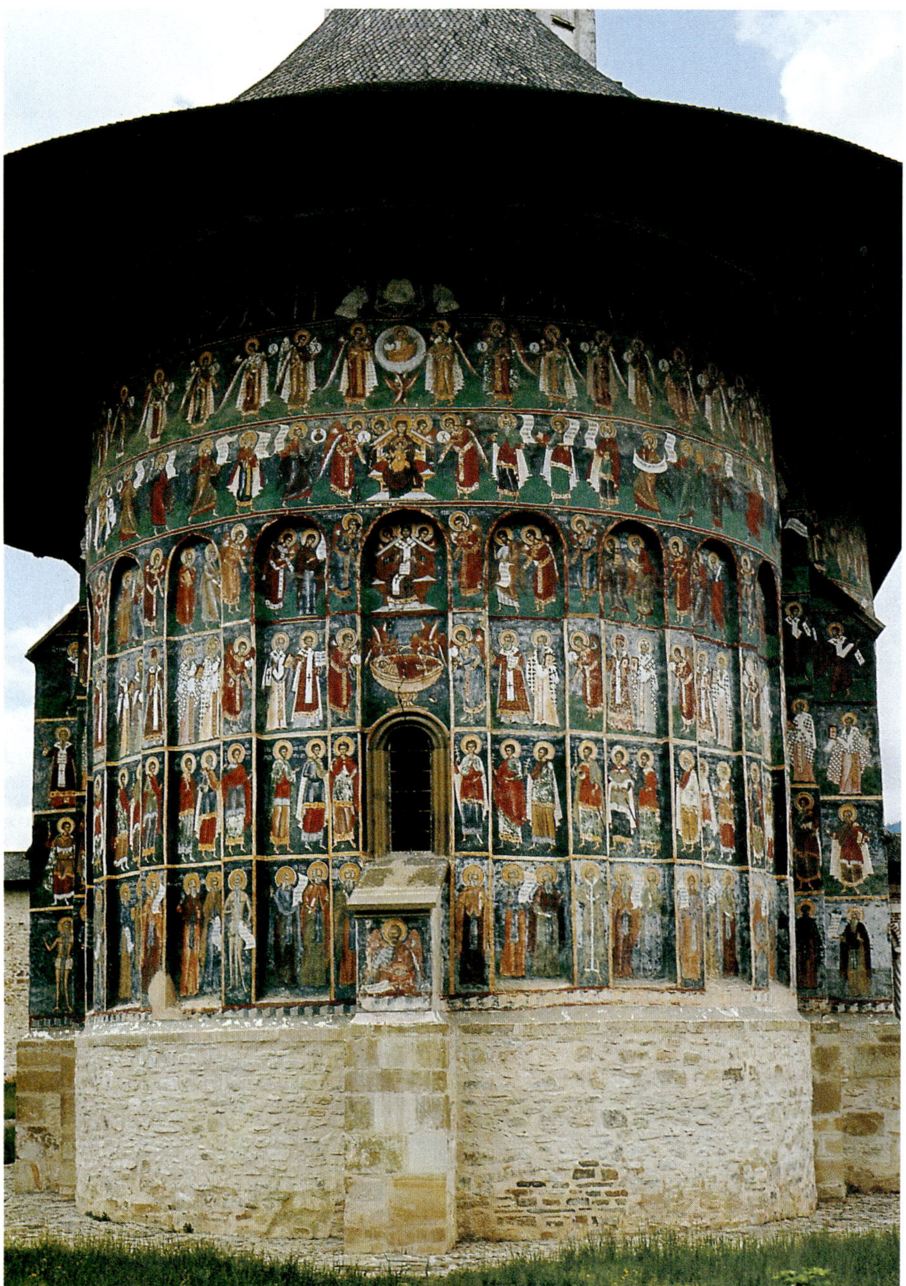

Nei Carpazi orientali, nella regione della Moldavia, chiamata Bucovina, sorgono, dispersi in un dolce paesaggio a tratti collinare, a tratti pianeggiante, monasteri e chiese costruiti fra il XV e il XVI secolo. Il principe moldavo Stefano il Grande iniziò nel 1457 l'ambizioso programma di edificazione, punteggiando la regione di luoghi sacri che ne segnassero il carattere cristiano, in una terra di frontiera con il mondo ottomano.
Le motivazioni politiche, e non soltanto religiose, che hanno ispirato le costruzioni sono riconoscibili tanto nelle poderose cinte murarie che spesso le circondano, quanto nei meravigliosi affreschi che ne abbelliscono i muri esterni.
I soggetti sono vere pagine bibliche ed evangeliche, ma anche testimonianze di storia contemporanea e di vita quotidiana; i volti, le immagini colpiscono per il loro realismo, distaccandosi dalle rigidità ieratiche dell'arte bizantina, in particolare quando rappresentano la caduta di Costantinopoli, l'evento più traumatico per la cristianità orientale. Singolare, come il cielo azzurro su cui si stagliano i profili degli edifici, è il fondo blu intenso degli affreschi.

L'abside affrescata della chiesa di Sucevița con le gerarchie celesti e terrene segue il tradizionale schema iconografico ma ne accentua i contenuti dogmatici.

ROMANIA

IL DELTA DEL DANUBIO

Quando il Danubio arriva lento al mare, disperdendosi in un dedalo di isole e creando la terra più giovane d'Europa, la natura ha prepotentemente il sopravvento. Il blu cantato nelle varie tonalità, quando ancora il fiume percorre la Mitteleuropa, diventa grigiosabbia ben prima del delta, schiarendo le acque del mar Nero. Il colore dell'acqua e dei piccoli deserti di sabbia, con le dune in costante movimento, contrasta col verde rigoglioso delle isole. Abbondano nelle sue acque stagnanti e nelle isole fluitanti i canneti, fioriscono praterie di ninfee e di piante carnivore, mentre dalle rive si affacciano iris e felci, sul cui sfondo svettano imponenti salici, querce, frassini e pioppi, avviluppati da viti selvatiche, luppolo, edera e clematidi. L'acqua è popolata da 110 specie di pesci, fra cui lo storione; il cielo, percorso da oltre 300 specie di uccelli, è il crocevia di sei direzioni migratorie primaverili e cinque autunnali di 74 specie extraeuropee, fra le quali il pellicano e il cigno reale. I boschi sono il regno di lontre, donnole, ermellini, cinghiali, volpi, gatti selvatici e del rarissimo cane viverrino.

Sotto: la regione del delta non solo è la terra più giovane d'Europa, ma anche quella in più rapida trasformazione, vero laboratorio vivente.

Vaste distese del delta del Danubio sono coperte da isole fluitanti (plaur), formate da uno strato di rizomi sul quale crescono canne e altre piante acquatiche.

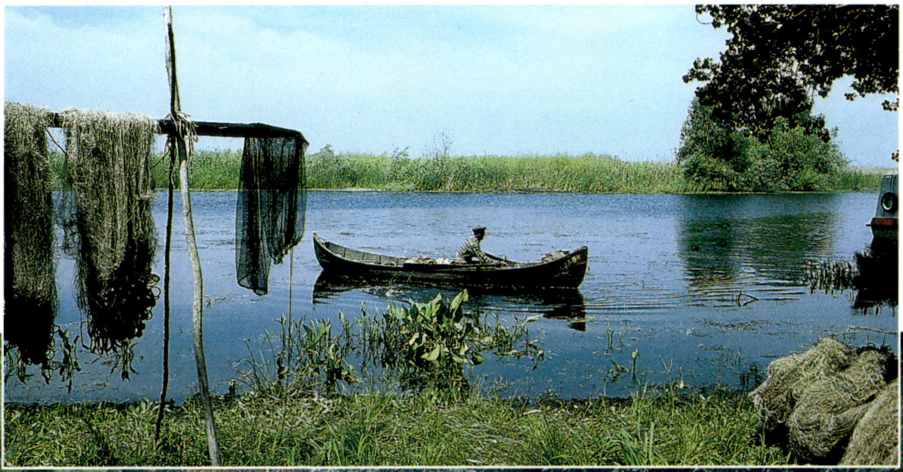

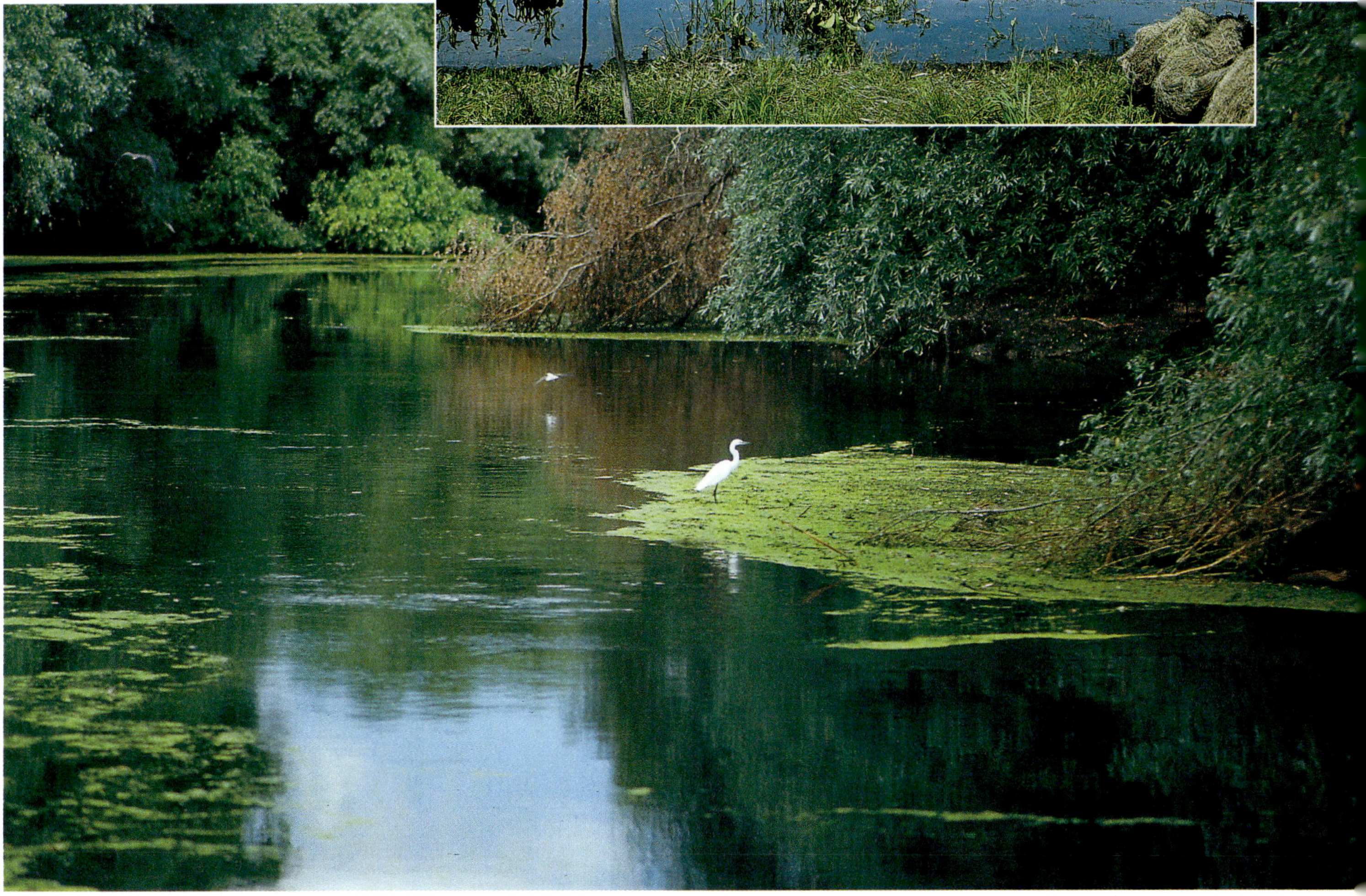

RUSSIA

IL CREMLINO E LA PIAZZA ROSSA

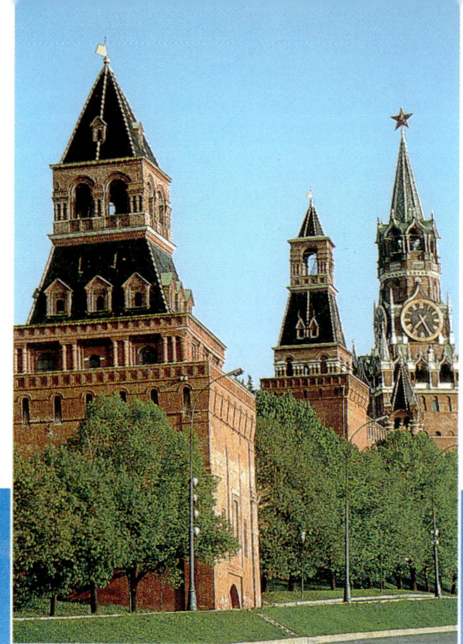

La Spasskaja è la torre principale tra le 20 che si innalzano sulle mura del Cremlino.

Una selva di cupole dorate domina l'antica piazza delle Cattedrali, cuore del Cremlino moscovita.

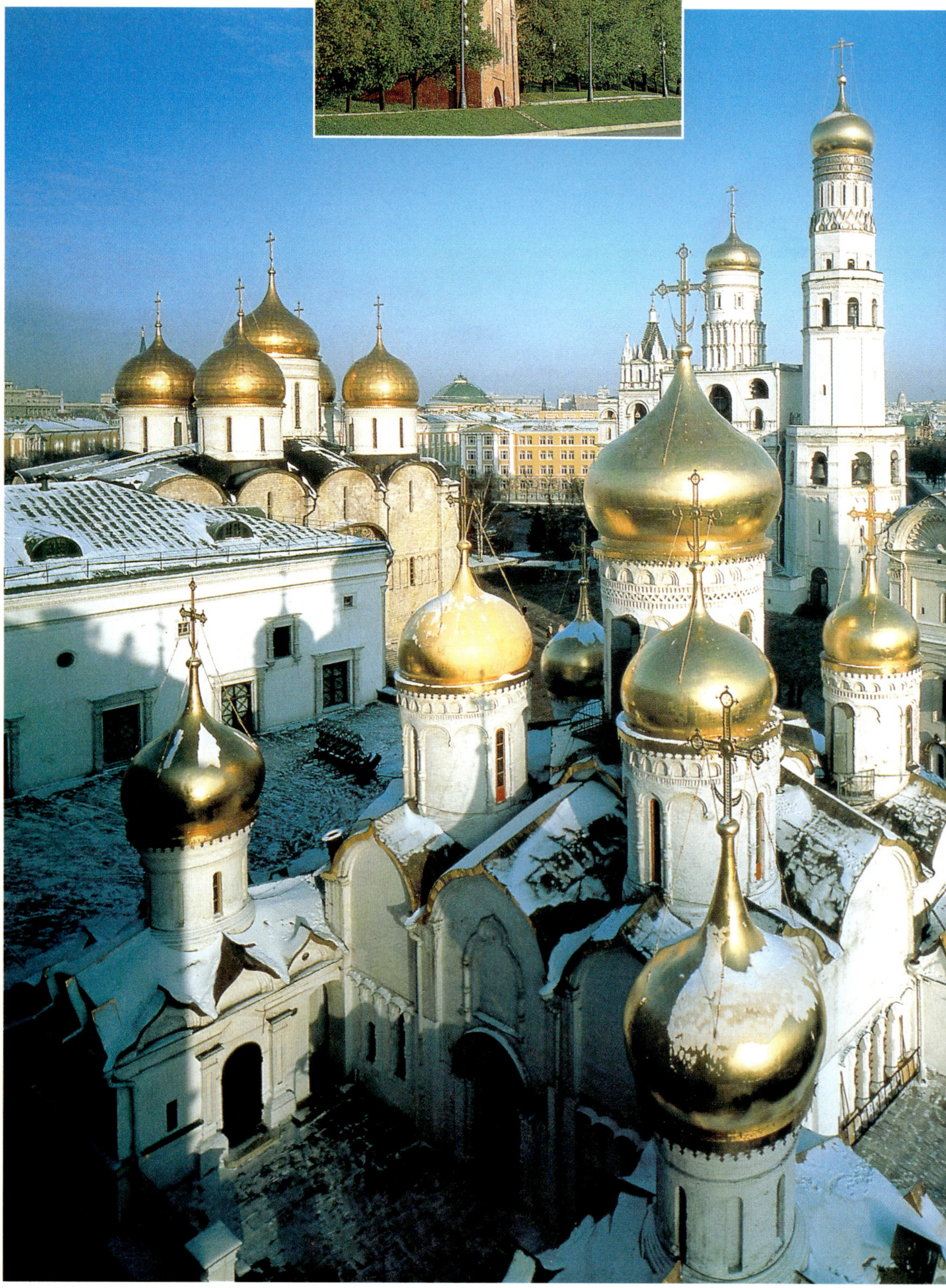

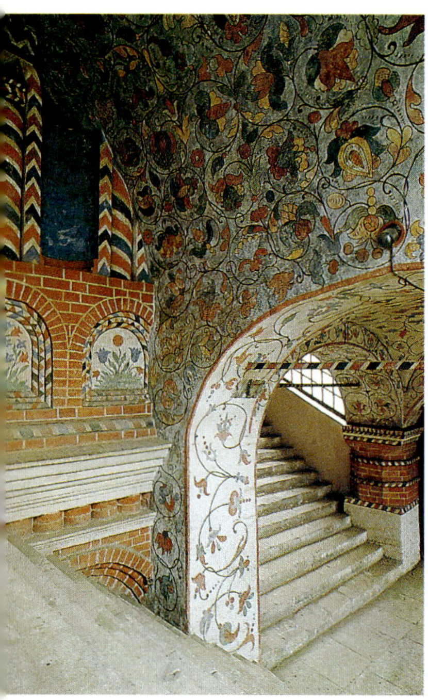

L'interno della cattedrale di San Basilio è ornato da fantasiose decorazioni a fresco.

Cremlino significa "cittadella fortificata"; originariamente nelle città russe vi si riunivano i maggiorenti per cerimonie religiose (al suo interno stava, di norma, la cattedrale) o politiche; era però anche il luogo del mercato, nonché la difesa per la popolazione cittadina in caso di assedio. Quello di Mosca, le cui attuali forme risalgono alla seconda metà del Quattrocento, più che spazio pubblico si caratterizza come sacrario del potere. Cuore del Cremlino moscovita è l'affascinante piazza delle Cattedrali, forse l'angolo più suggestivo dell'antica Russia. Tre sono i templi maggiori che vi si affacciano: l'Uspenskij Sobor, eretto nel 1475-79 da Aristotele Fioravanti, luogo dell'incoronazione degli zar, anche dopo il trasferimento della capitale a San Pietroburgo; l'Archangel'skij Sobor, eretto nel 1505-08 da Alvise da Montagnana detto il Nuovo, nella quale furono sepolti i regnanti che precedettero la dinastia Romanov; il Blagoveščenskij Sobor, cappella privata contenente la stupefacente iconostasi con opere di Teofane il Greco e Andrej Rublëv. Carico di storia ma povero di una vita che non siano segreti intrighi di palazzo, il Cremlino chiude il lato settentrionale della grande e animata piazza Rossa (cioè, in russo antico, "bella") che ne è il contraltare. La dominano le cupole multicolori della celebre cattedrale di San Basilio, eretta nel luogo in cui uno strano visionario, che la gente riteneva toccato dal verbo di Dio, accusò di empietà lo zar Ivan il Terribile, autore a detta di molti dell'uccisione del proprio figlio. Sui lati lunghi sorgono due edifici che incarnano la storia del Paese nel XX secolo: a ovest è il mausoleo di Lenin, opera austera ed elegante di Ščusev (1929-30), meta di pellegrinaggio per decenni da parte di comunisti di tutto il mondo e scrigno in cui era conservata l'anima della terra dei Soviet; a est i grandi magazzini GUM, imponente centro commerciale che ha simboleggiato nell'ultimo decennio l'affermazione della società dei consumi in Russia.

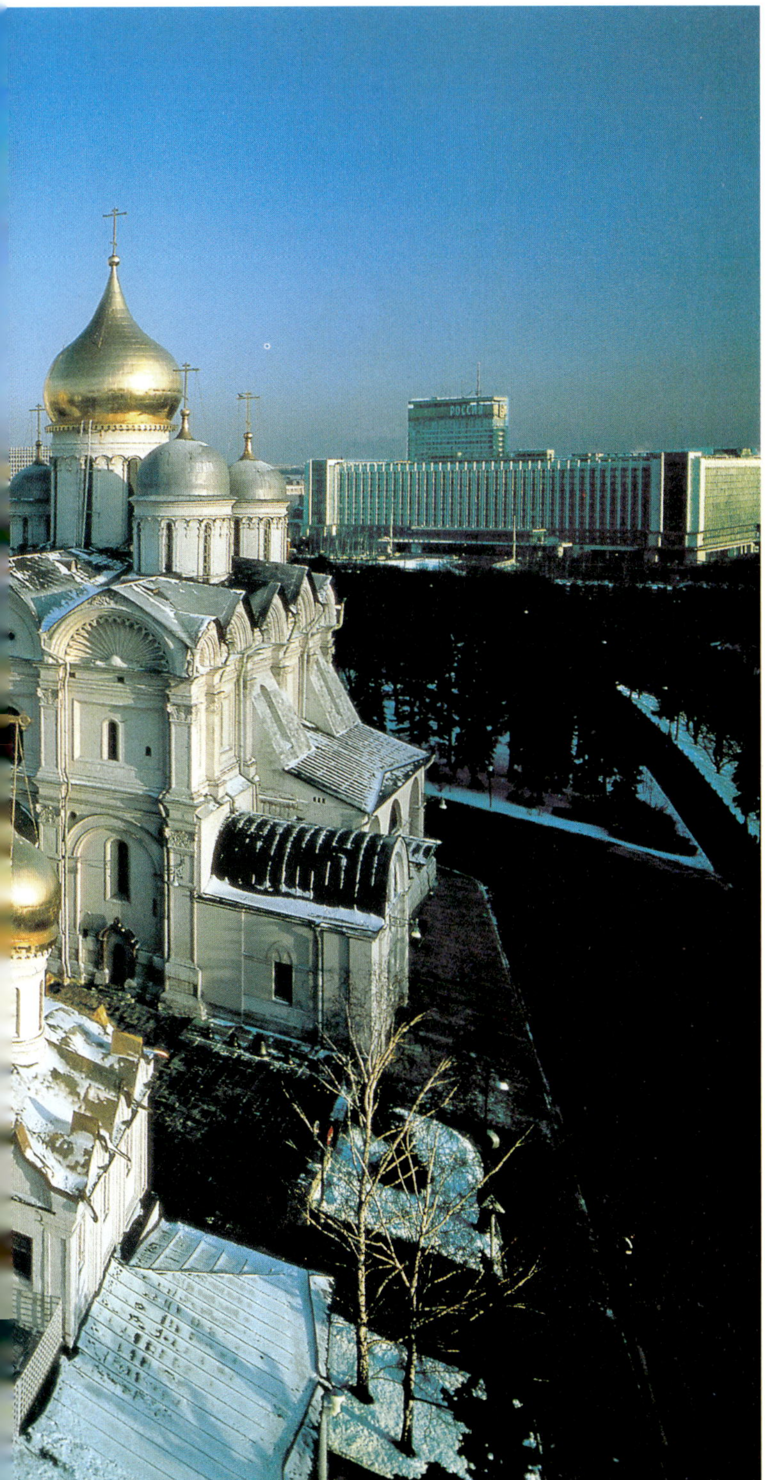

Le celebri cupole a cipolla di San Basilio sormontate dalla croce ortodossa.

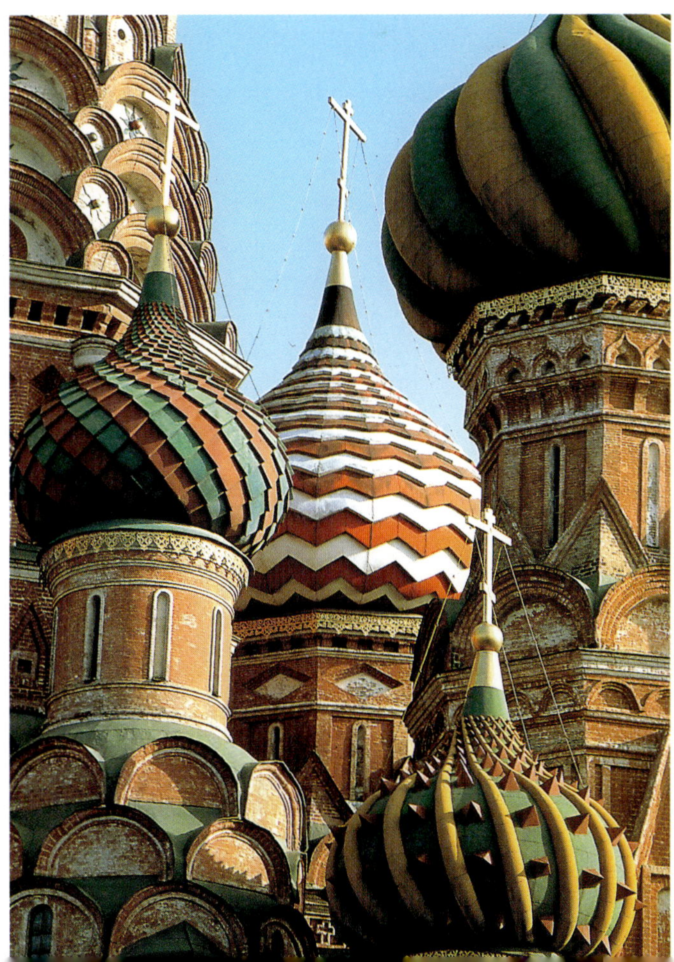

RUSSIA

SAN PIETROBURGO

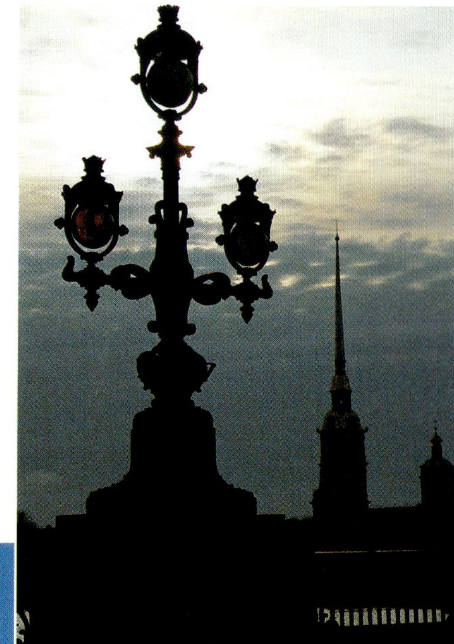

L'alta guglia dorata della cattedrale della fortezza di Pietro e Paolo vista dal ponte della Trinità.

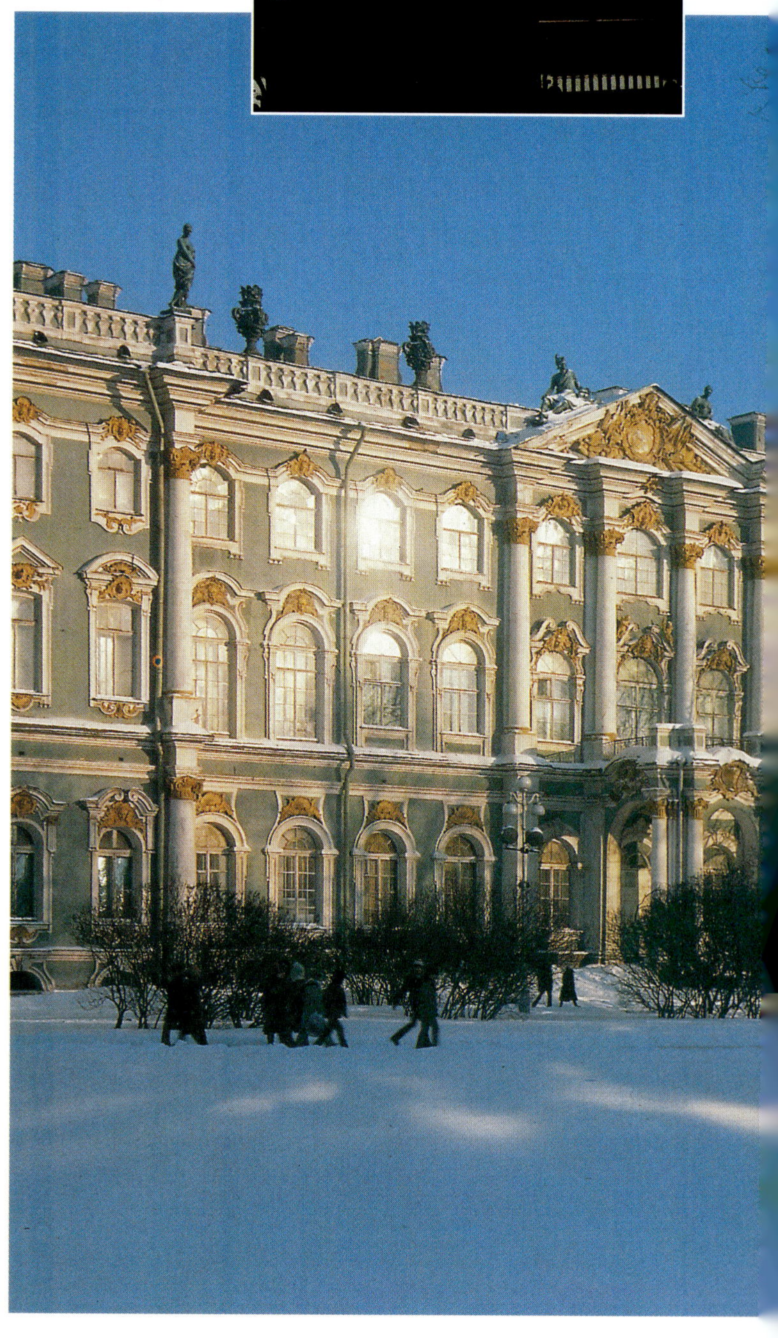

La facciata occidentale del palazzo d'Inverno, edificio che ospita l'Ermitage, uno dei più grandi musei del mondo.

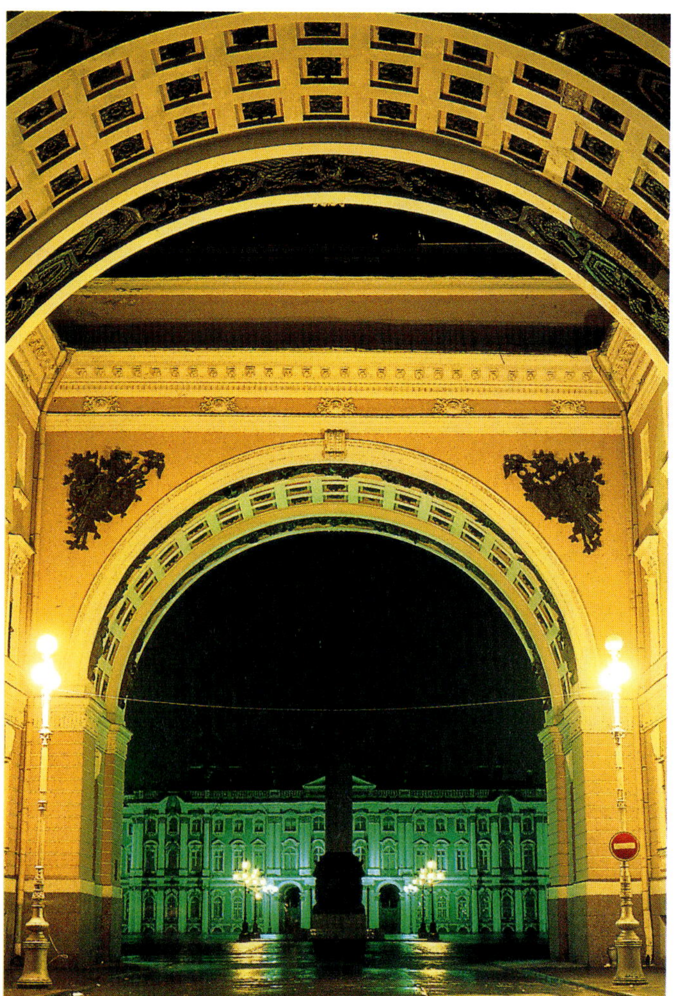

La piazza del Palazzo dall'Arco di trionfo, opera di Carlo Rossi.

Metropoli di quattro milioni di abitanti, città nata per essere capitale di un regno che aveva deciso di diventare impero, San Pietroburgo (o Pietroburgo, come di norma la chiamano i suoi abitanti) sorge su un'area dove fino al 1703 non vi erano altro che paludi gelide e deserte. La impose a una natura riottosa, più volte vendicatasi con catastrofiche alluvioni, lo zar Pietro I il Grande che, incurante dei patimenti di decine di migliaia di sudditi costretti alle opere di bonifica, diede forma di città al proprio sogno di Europa.

In pochi decenni alcuni dei migliori artisti del continente conferirono un'immagine inconfondibile e armonicamente unitaria alle acque domate, contornandole di vie ordinate, piazze scenografiche e giardini che a ogni primavera fanno scordare ai pietroburghesi di vivere in una delle metropoli più settentrionali del pianeta. Tre regge imperiali, chiese che ebbero quali modelli ora San Pietro in Vaticano, ora San Paolo a Londra, e decine di palazzi nobiliari, luogo di vita e rappresentanza per famiglie che possedevano sterminati territori e decine di migliaia di anime, completano il panorama di una città dall'architettura solenne, ma, grazie alla dilatazione degli spazi, mai pesante. Il nudo elenco degli architetti e degli scultori che vi lavorarono (Trezzini, Quarenghi, Rossi, Voronihin, Falconnet e un'infinità di altri), costruendo uno dei più vasti centri monumentali del mondo, sarebbe sufficiente per dare la misura dell'importanza che Pietroburgo riveste nella storia della civiltà mondiale. Eppure il fascino della città travalica quello delle meraviglie dell'arte che la costellano, animandosi di suggestioni storiche e letterarie che, avendo saputo ispirare, commuovere, talora indignare le coscienze di tutto il mondo, sono patrimonio comune dell'umanità ancor più di statue e palazzi. L'universo di umiliati e offesi che ha ispirato le pagine più efficaci della letteratura russa ottocentesca ha portato in tutto il mondo l'immagine di Pietroburgo, così come la presa del palazzo d'Inverno nel 1917 ha legato indissolubilmente al monumento più caratteristico della città l'evento che maggiormente ha condizionato la storia del Novecento.

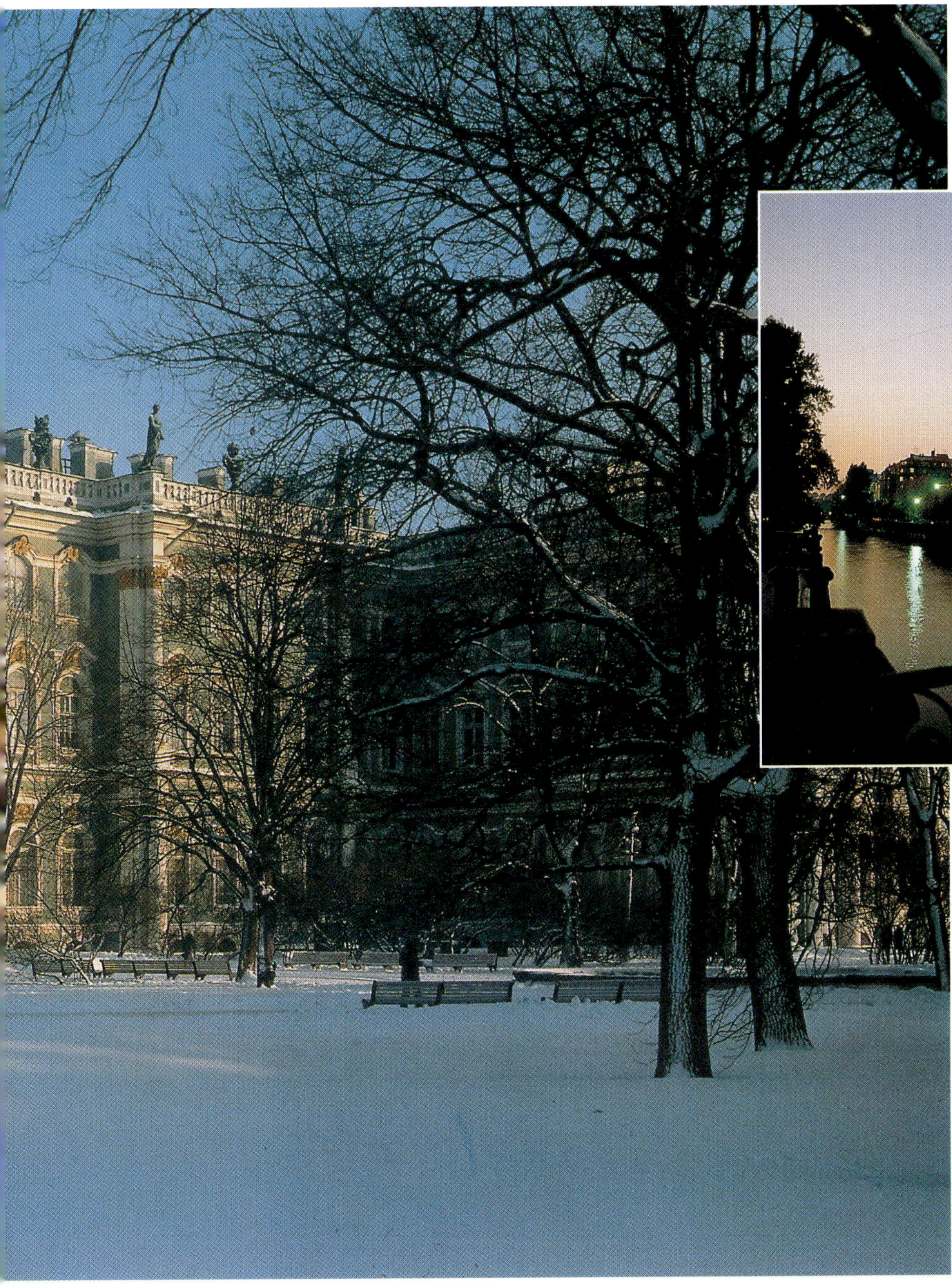

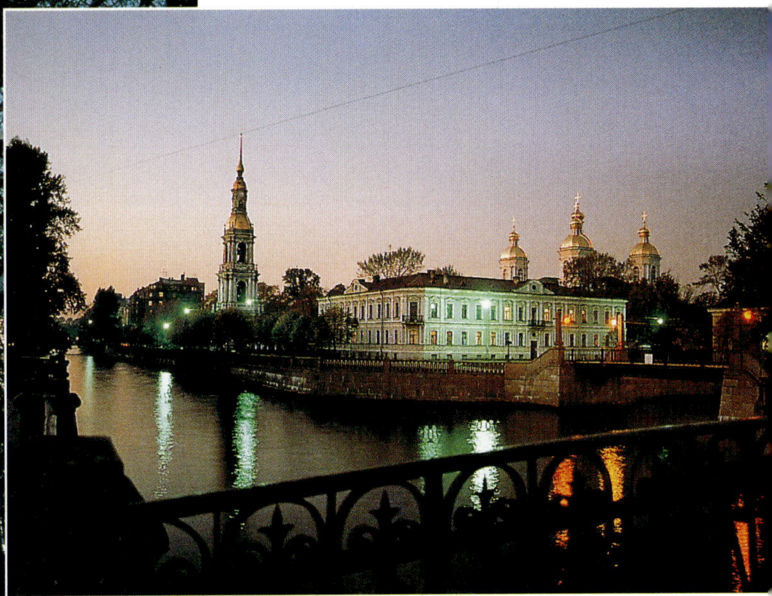

L'insieme degli edifici della barocca cattedrale di San Nicola è compreso tra il Griboedov e il Krjukov, due dei molti corsi d'acqua che attraversano la città.

RUSSIA

VLADIMIR E SUZDAL'

A est di Mosca sorge una invisibile barriera spazio-temporale, oltre la quale i chilometri sembrano dilatarsi sempre più, fino a che il viaggio si tramuta in una favolosa avventura nel passato. Vladimir e Suzdal', le più significative città del cosiddetto "Anello d'oro", ideale corona di località ricche di testimonianze artistiche e storiche che occupa il territorio tra la Moscova e il Volga, non distano da Mosca che 190 e 220 chilometri, eppure se ne differenziano in modo assoluto, tanto da sembrare figlie di un'altra terra, una Russia indolente e contadina arroccata attorno alla magnificenza dei propri monumenti medievali.
Fra le città che guidarono la storia russa del XII e XIII secolo, Suzdal' e Vladimir si distinguono per il ruolo particolare che rivestirono e per le vestigia che ancora serbano di quel tempo lontano.
L'ascesa economica di Suzdal' fu di straordinaria rapidità e portò il potente principe Vladimir Monomach a stabilirvi una residenza, poi passata al figlio Jurij Dolgorukij (il fondatore di Mosca). Ricordo di quell'epoca sono la cattedrale della Natività della Vergine, che della primitiva costruzione del 1222-25 conserva l'impianto e le splendide Porte d'oro, battenti rivestiti di lastre di rame istoriate con dorature a caldo e raffiguranti scene bibliche. Dopo il giogo tataro, Suzdal' conobbe una seconda fase di prosperità tra XVI e XVIII secolo, con i suoi grandi conventi che gestivano terre sterminate e ingenti ricchezze. Sebbene il cuore politico e artistico della Russia fosse ormai altrove, i lasciti monumentali di quell'epoca sono di eccezionale importanza, tanto che la località fu dichiarata già dal governo sovietico città-museo, con la proibizione

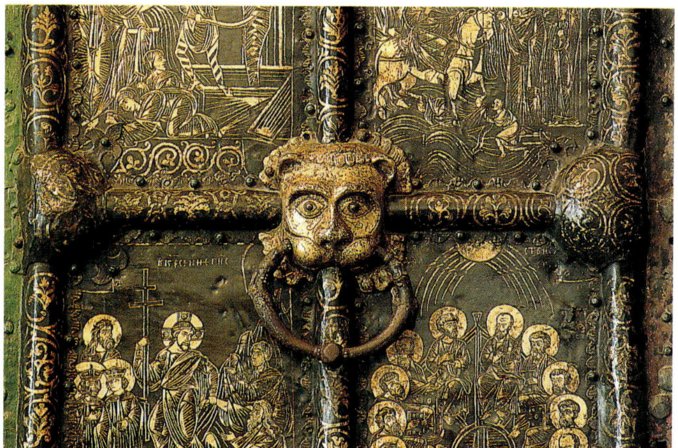

Il battente di una delle Porte d'oro della cattedrale di Suzdal', nel cuore della cittadella fortificata.

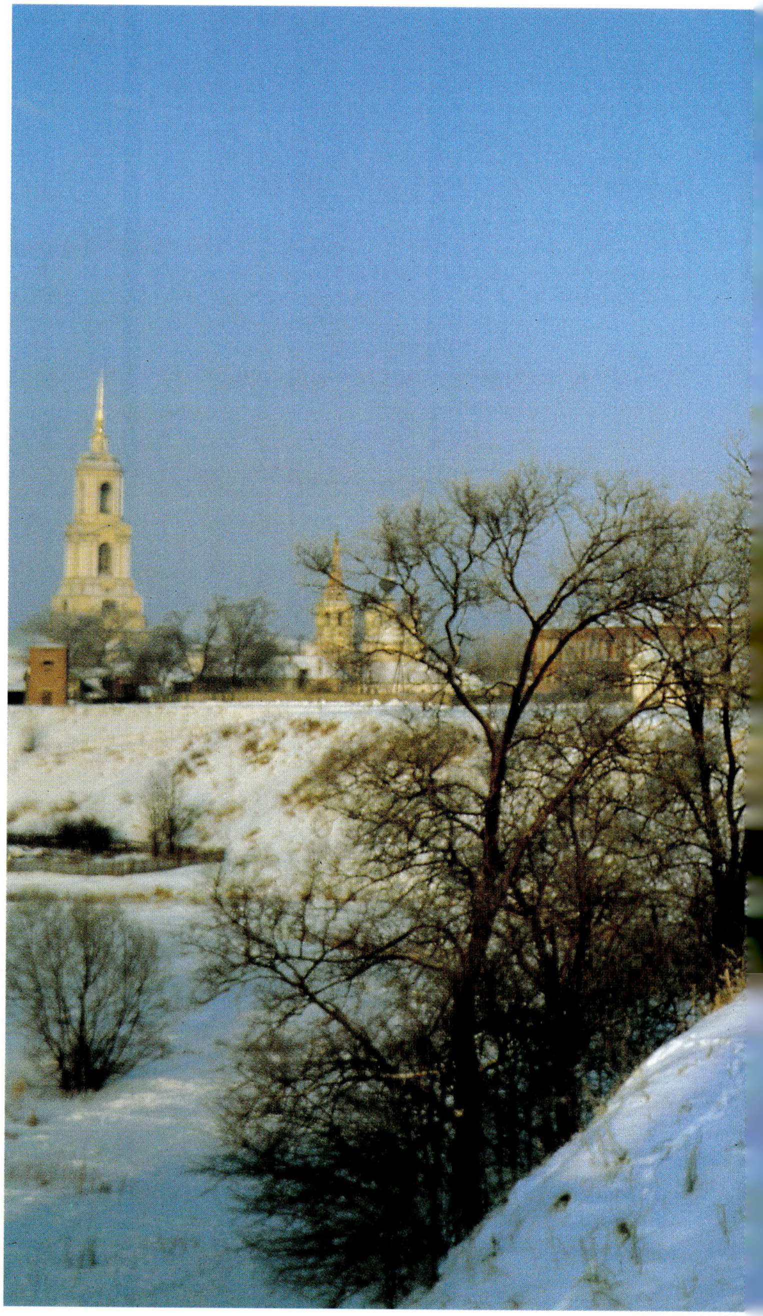

Gli antichi monumenti di Suzdal' coronano la scoscesa riva del fiume Kamenka.

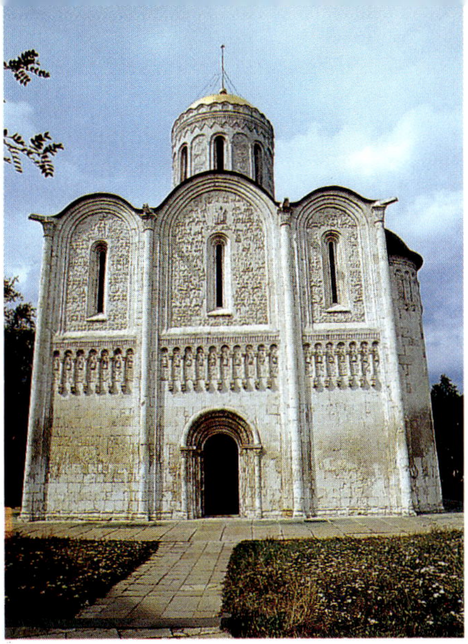

La cattedrale di San Demetrio a Vladimir, eretta tra il 1194 e il 1197.

di costruire nuovi edifici nel centro storico. Ancor più potente di Suzdal' e capitale riconosciuta della Russia dal 1157 al 1238 fu Vladimir, città dove pochi splendidi edifici riscattano ampiamente un panorama urbano segnato dagli anni dell'industrializzazione sovietica. Caposaldo nella storia dell'architettura del Paese sono le bellissime forme della cattedrale della Dormizione, eretta tra il 1158 e il 1160, al cui interno si trova l'affresco del *Giudizio Universale* di Andrej Rublëv del 1408, che segna la nascita della moderna spiritualità russa. Altre gemme dell'arte medievale di Vladimir sono l'imponente cattedrale di San Demetrio e la struggente chiesa dell'Intercessione sulla Nerl' del 1165, nelle cui forme perfette, che si armonizzano con la circostante campagna, il grande principe Andrej Bogoljubskij volle cercare conforto al proprio dolore per il giovane figlio morto in guerra.

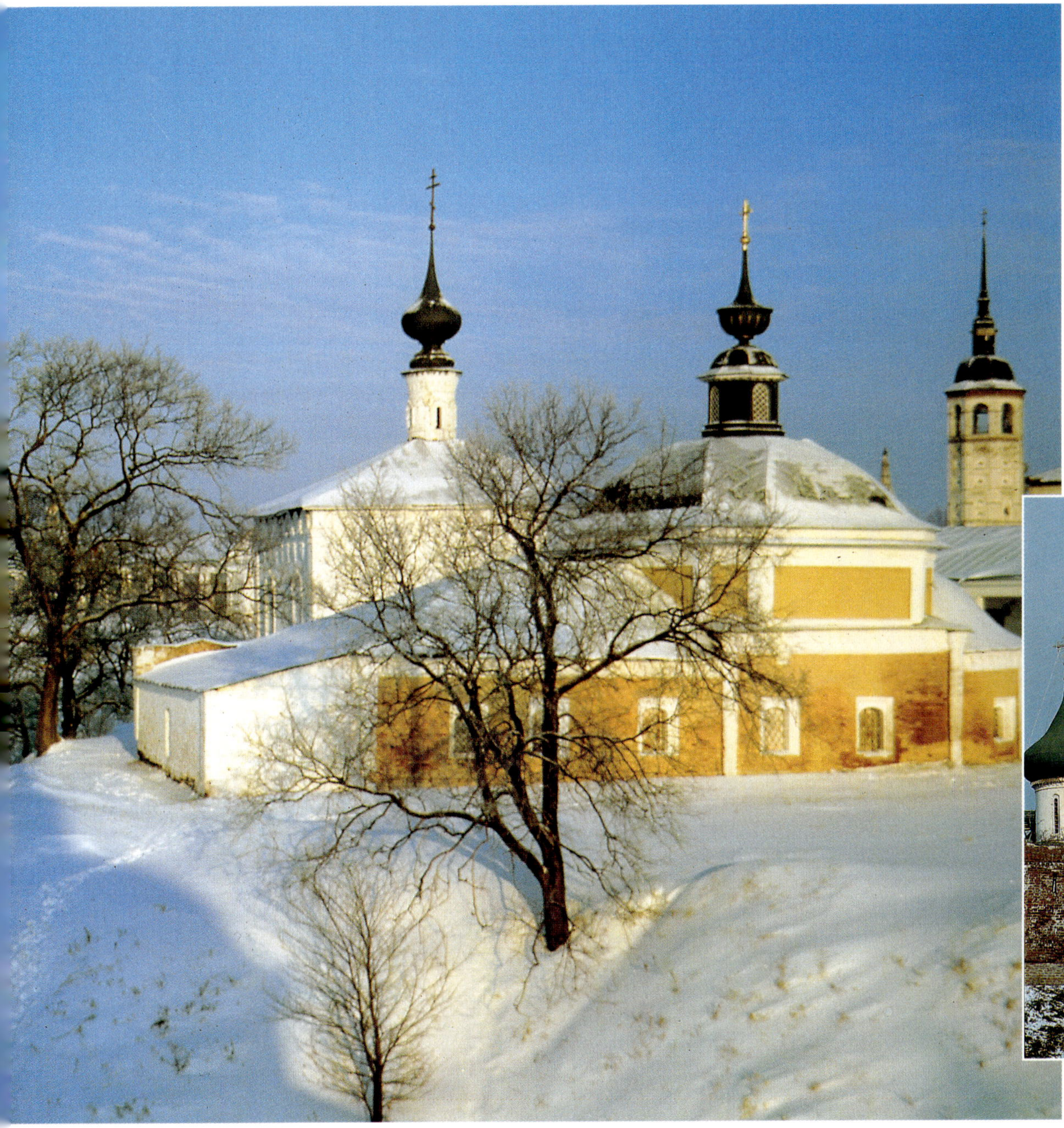

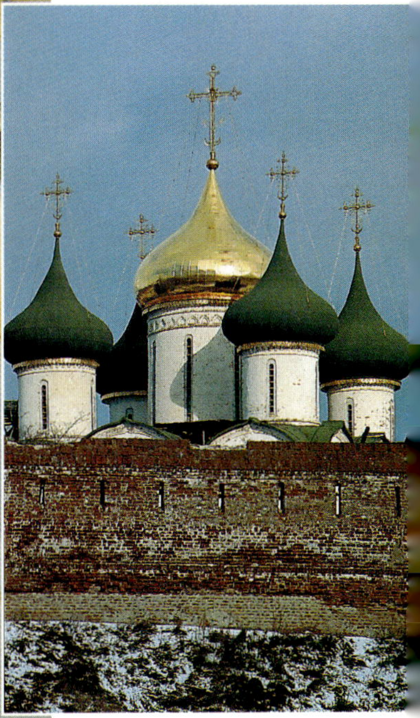

Le cupole della cattedrale dedicata alla Natività della Vergine e le mura del Cremlino a Suzdal'.

SPAGNA

BARCELLONA: PARCO E PALAZZO GÜELL E CASA MILÁ

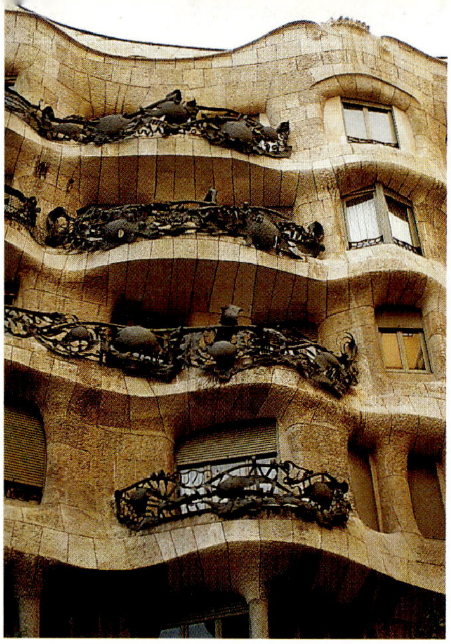

I volumi mossi della facciata di casa Milá (1905-10) irrompono su passeig de Grácia.

L'immagine del Monserrat, la montagna che emerge alle spalle di Barcellona, rivive nelle facciate di Antoni Gaudí. La natura diventa regola e forma spinta all'eccesso: i parapetti dei balconi sono roveti intricati di metallo, i portali d'ingresso scheletri o barriere di corallo. Pur non essendo la sua città natale, Barcellona è la patria di elezione di uno dei più originali pionieri dell'architettura moderna. Gaudí distilla l'essenza della capitale catalana infondendola nelle proprie architetture, animate da una tensione costante tra memoria gotica e innovazione tecnologica, ispirazioni wagneriane e mediterraneità islamica, natura e artificio, rigore e bizzarria. Opere "indisegnabili" che nascono in cantiere dal diretto contatto con la materia sottoposta a costante sperimentazione.

La tradizione del bestiario medievale rivive nelle creazioni di Gaudí per il Parco Güell.

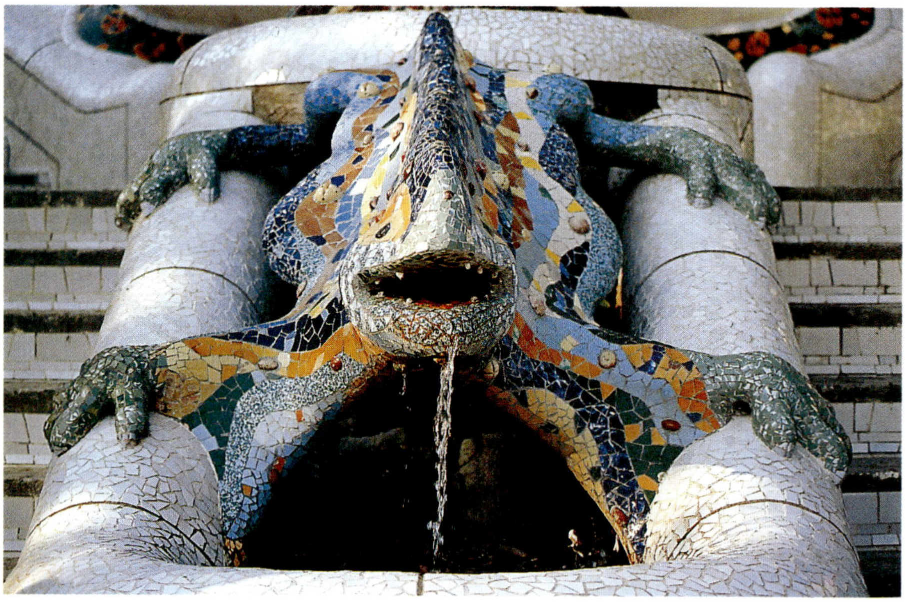

Il Parco Güell, pensato come una lottizzazione privata di ville signorili, si ispira ai quartieri-giardino inglesi reinterpretati in chiave organica. L'elemento centrale dell'insediamento, la grande piazza, ha tre livelli e tre destinazioni: il teatro-belvedere dalle sponde fluttuanti di maiolica, la foresta dorica del mercato coperto e, più sotto, la cisterna di raccolta dell'acqua piovana. Totale la fusione tra simbolo e infrastruttura. Al suo mecenate Gaudí dedicherà la spinta ascensionale del cortile centrale del palazzo Güell, mentre nella casa Milá (detta la Pedrera) una presenza forte verso la città cela al suo interno la massima flessibilità. Forze telluriche animano la facciata: trazioni, compressioni, torsioni sono le generatrici di un'architettura pensata come volume. La struttura, completamente autonoma, scompare, mentre un moto continuo, come un'onda, anima anche i soffitti di gesso culminando nell'esplosione figurativa del tetto-terrazza dove comignoli e canali di aerazione diventano mostri e guerrieri che osservano il mondo attraverso la celata abbassata.

Nell'architettura di Gaudí tutto è destinato a trasformarsi, come i comignoli di casa Milá, guardiani dei tetti di Barcellona.

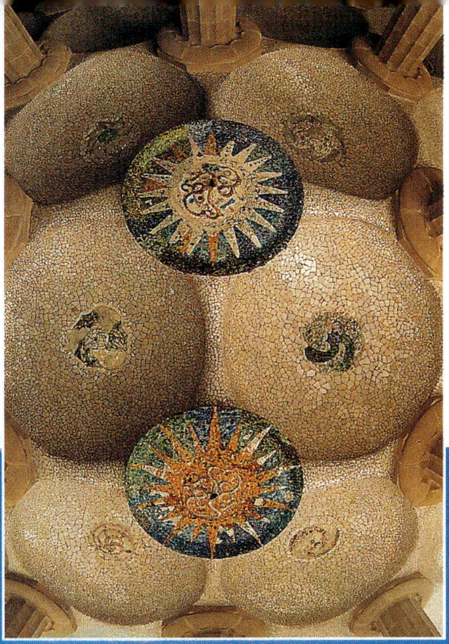

A lato: memoria dell'antico (le colonne doriche) e ribollio della materia nel Parco Güell.

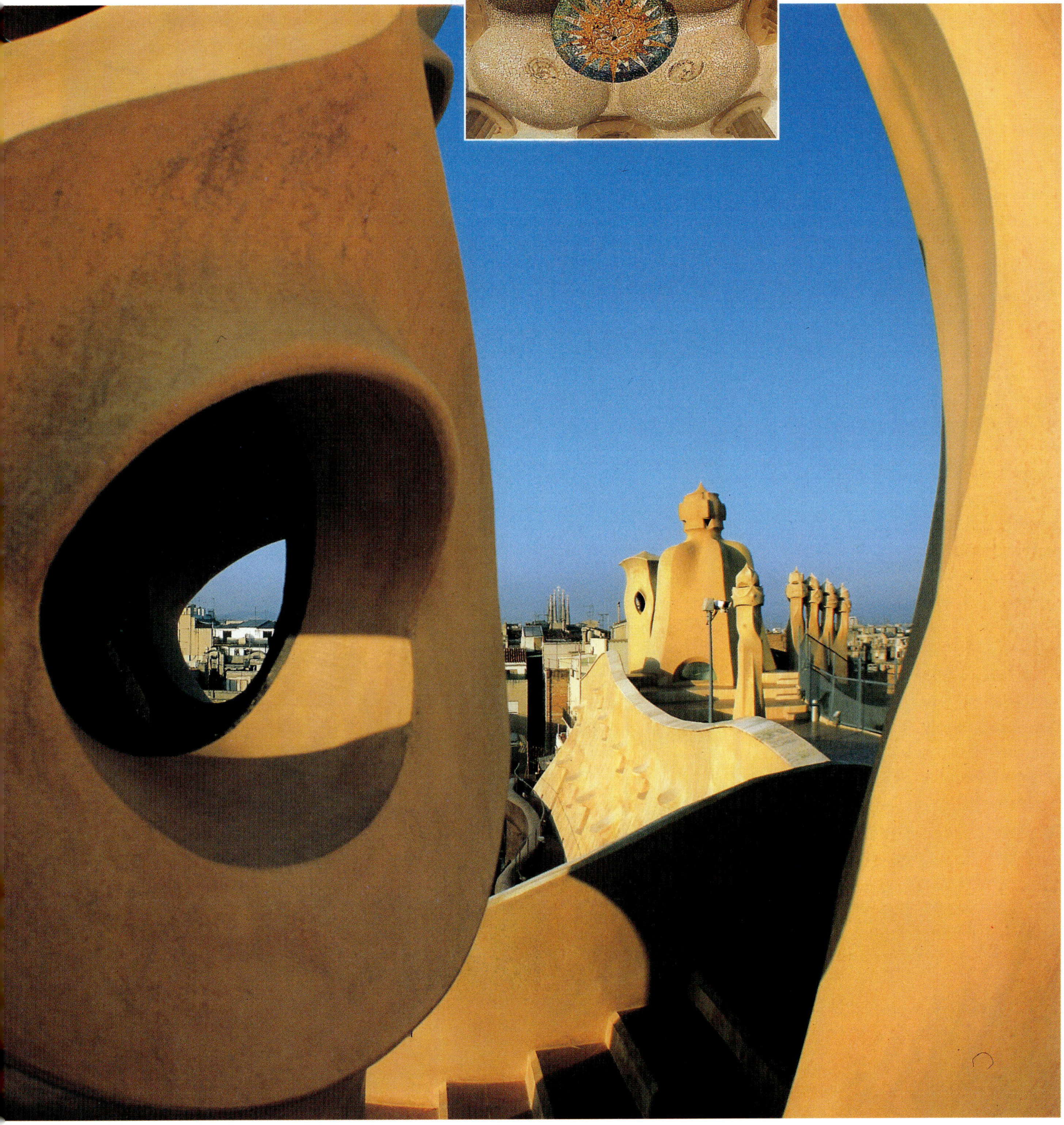

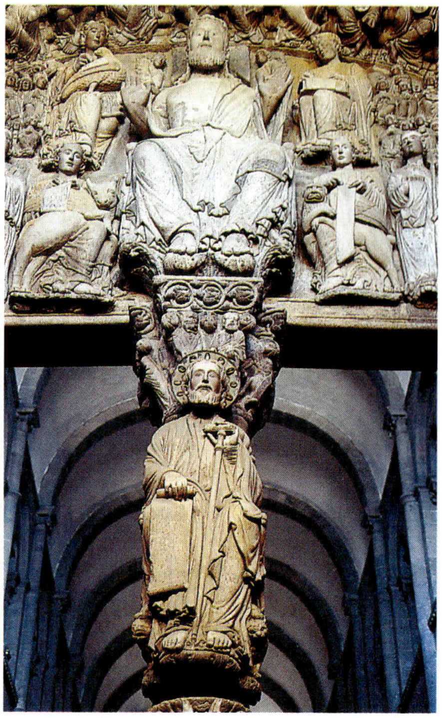

Statua di san Giacomo, con il bordone da pellegrino, nel pilastro divisorio della facciata della cattedrale di Santiago.

SPAGNA

IL CAMMINO DI SANTIAGO

Il santuario di Santiago de Compostela, (in Galizia, nella Spagna nordoccidentale), costruito attorno alle spoglie dell'apostolo Giacomo, è, dal Medioevo, una delle principali mete di pellegrinaggio.

Il documento più autorevole per l'attestazione di questo cammino è un testo di mano di un chierico, certo Aimery Picaud che, dopo averlo intrapreso personalmente verso il 1130-35, ne produsse un sunto, dotando così il viandante di un prezioso calepino con l'indicazione delle soste da effettuare e degli ostelli presso cui dimorare durante l'onerosa impresa.

Lo scritto ci erudisce sulle quattro direttrici che dalla Francia conducevano a Santiago, vie di fondazione romana, tuttora esistenti e accessibili: la Tolosana (per Saint-Gilles, Montpellier, Tolosa, Aspe), la Podense (per le Puy, Conques e Moissac), la Lemovicense (per Vézelay e Périgueux) e infine la Turonense (per Tours, Poitiers, Saint-Jean-d'Angély, Saintes e Bordeaux).

Le quattro vie di marcia si congiungevano a Puente la Reina, per poi proseguire in territorio basco e, attraverso la Navarra, la Castiglia e il Léon raggiungere la Galizia. Qualunque via si percorresse, il cammino si presentava arduo e difficoltoso, costellato da insidie di ogni genere che minavano la baldanza e l'entusiasmo iniziali del pellegrino, facendo talvolta persino vacillare la sua fede religiosa.

La Via Lattea, il nome col quale veniva ribattezzato l'itinerario giacobeo, in origine "cammino di santificazione", è divenuto nel tempo una fonte d'identificazione culturale per l'uomo odierno; così, mentre se per uno spirito medievale, il pellegrinaggio

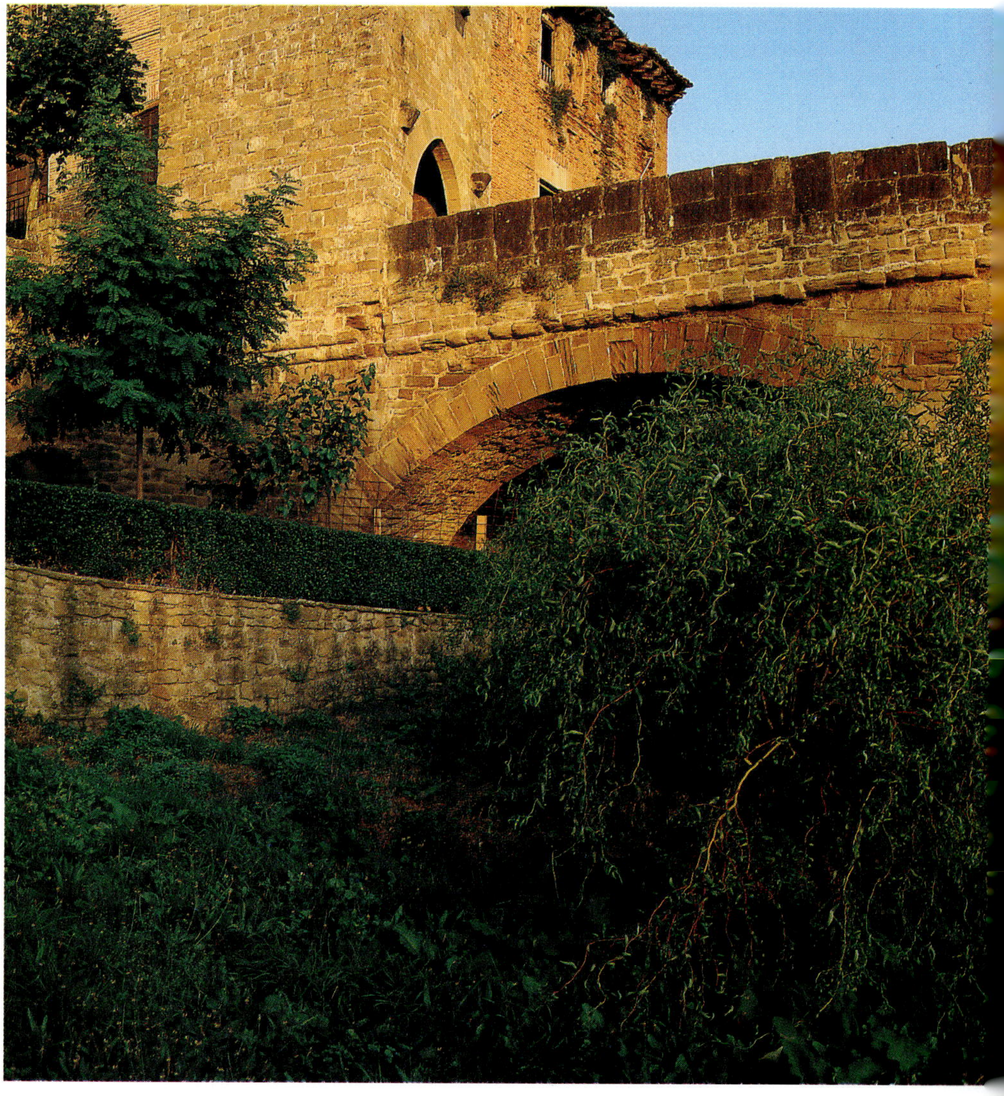

Il ponte che dà il nome a Puente la Reina, dove si congiungevano le vie di pellegrinaggio provenienti dalla Francia.

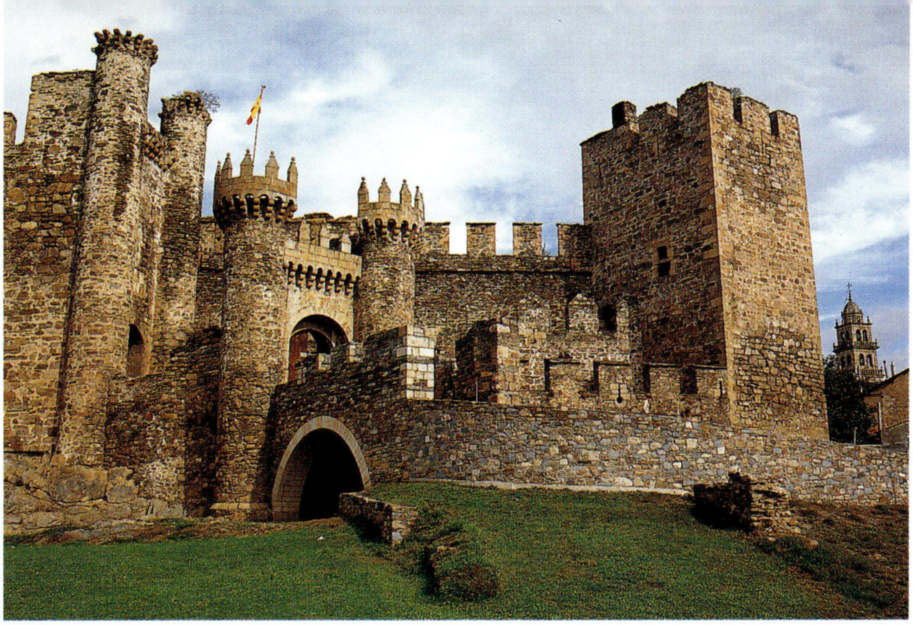

a Santiago era sintomo di penitenza e di riconciliazione con Dio, l'uomo attuale è spinto su questo stesso cammino dal desiderio di riappropriarsi, attraverso l'esperienza di quell'antico afflato religioso, della propria dimensione spirituale.

Il castello dei Templari a Ponferrada, massiccia struttura difensiva eretta nel XII secolo.

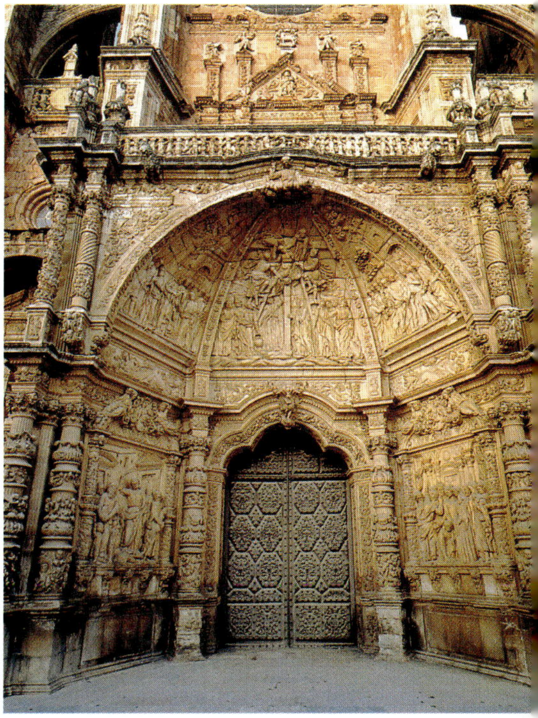

La facciata della cattedrale di Astorga, fondata nell'XI secolo e più volte ricostruita.

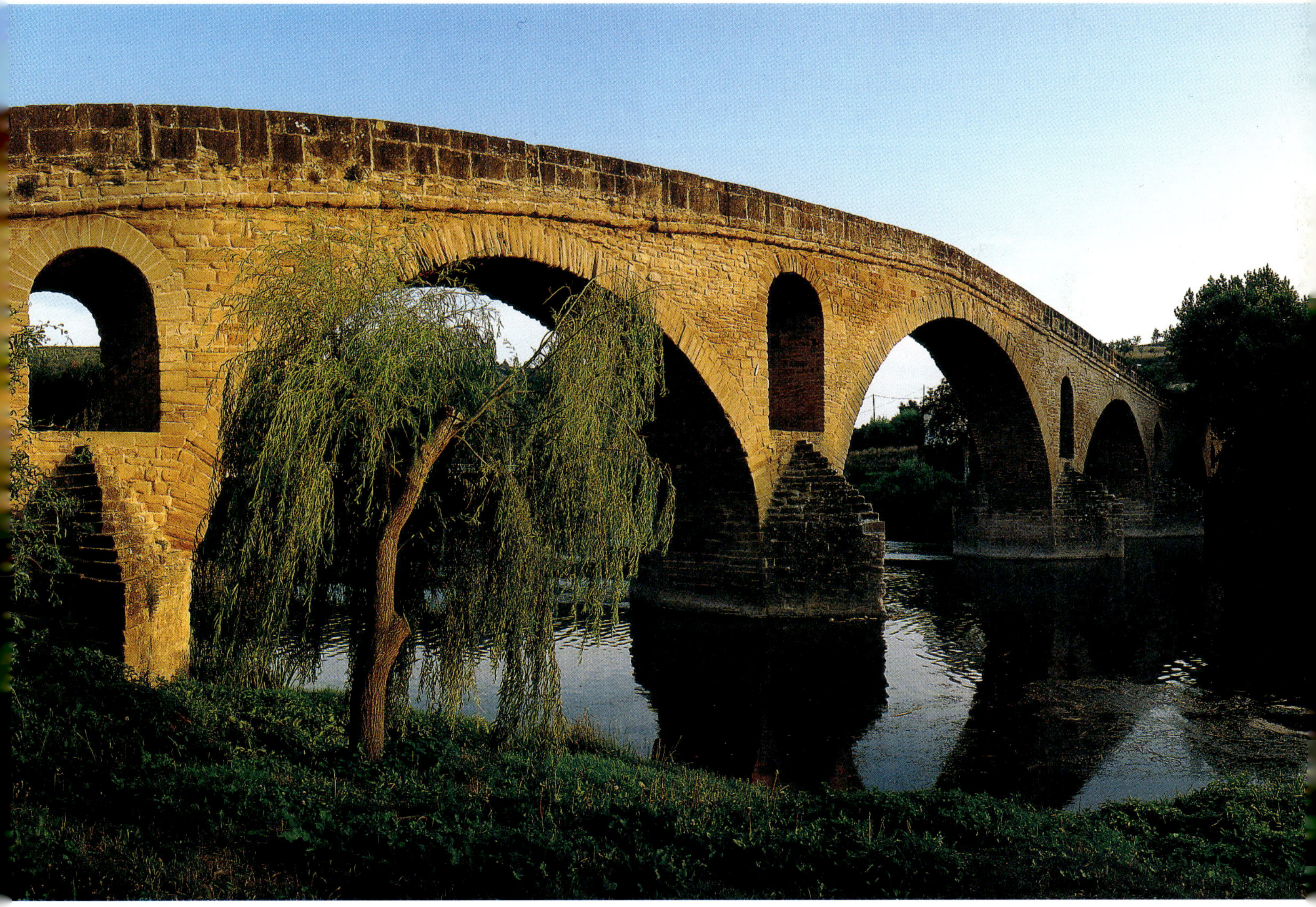

SPAGNA

IL CENTRO STORICO DI CORDOVA

Risultato di successive stratificazioni che hanno accompagnato il suo cammino storico, la città rivela, per l'apparente caos delle viuzze e dei vicoli ciechi, per le casupole bianche di calce, per le piazze irregolari adorne di fontane, per i cortili fioriti e profumati, un impianto essenzialmente moresco.
L'interesse si focalizza sulla Judería, l'antico ghetto ebraico, che ancora propone il tipico impianto medievale: strade strette sulle quali si affacciano le case bianche che nascondono seducenti *patios* che esplodono di fiori.
Dal quartiere ebraico emerge maestosamente l'architettura più celebrata della città: la moschea-cattedrale, imponente edificio, sobrio e austero come una fortificazione all'esterno, incantevole selva di navate, di colonne, di archi, di stucchi,

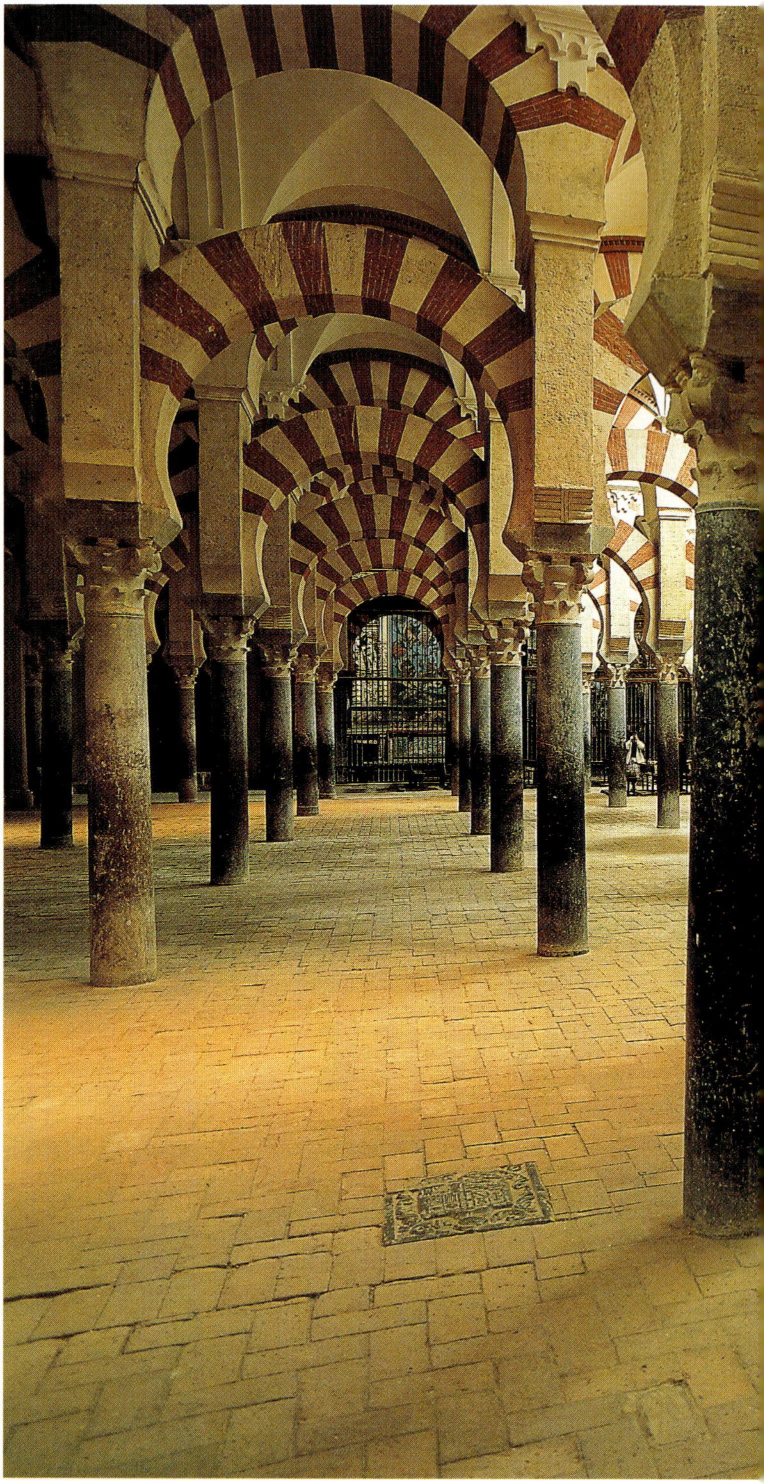

La foresta di colonne della moschea-cattedrale; frutto di quattro progetti attuati tra la fine dell'VIII secolo e la fine dell'XI, conta diciannove navate.

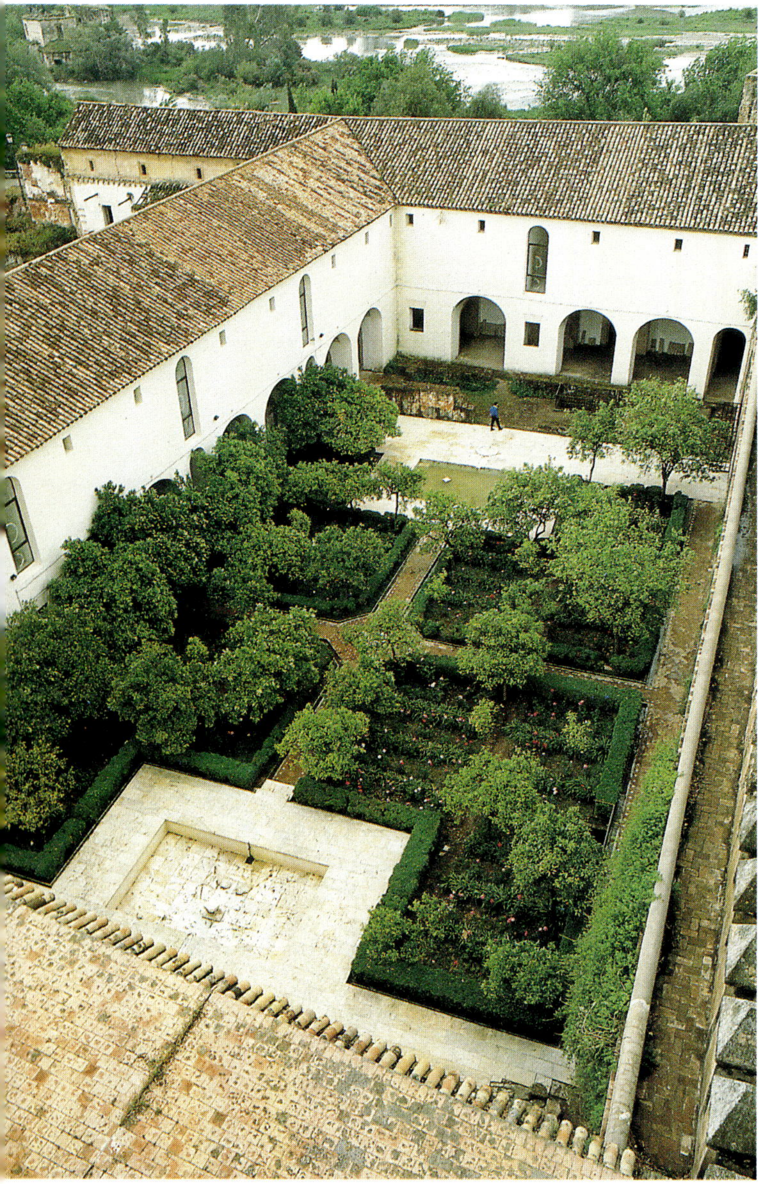

Uno dei verdi patios dell'Alcázar de los Reyes Cristianos, palazzo di origine trecentesca.

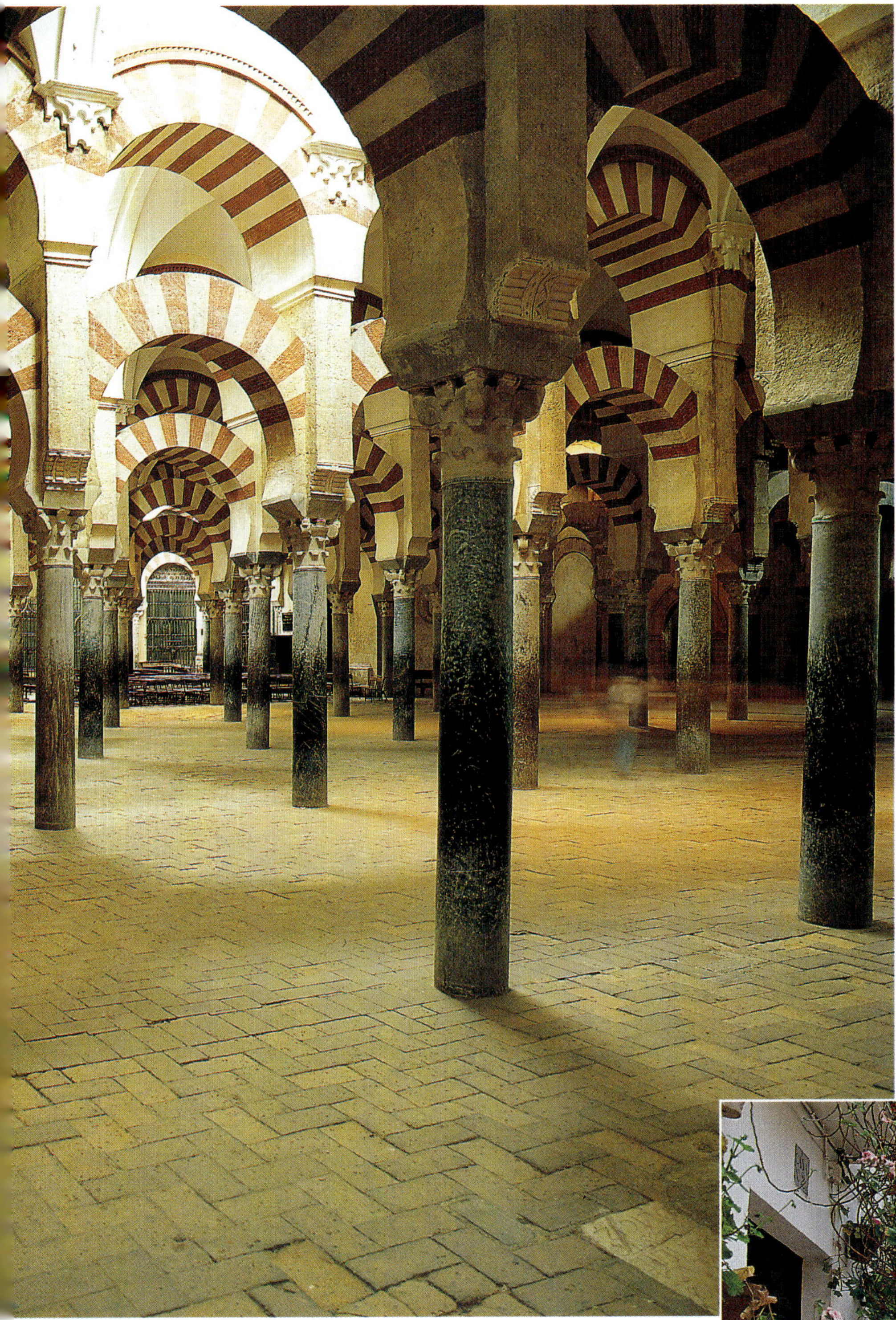

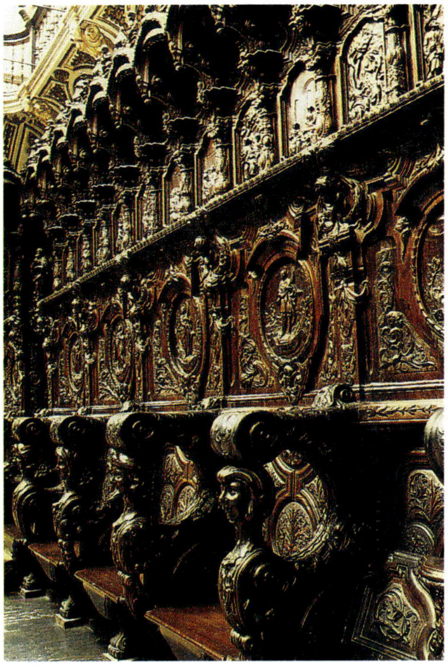

Gli stalli (1758) del coro nel Crucero, la cattedrale ricavata dentro la moschea.

di decorazioni, di pietre, di marmi preziosi all'interno, con il singolare mihrab, rivestito di mosaici bizantini, con la porta del Perdono e il patio de los Naranjos (il celebre cortile degli Aranci), adorno di fontane, palme e alberi di arancio. Nonostante la città mostri, in ogni suo tratto, i segni delle dominazioni che si sono storicamente succedute (per i cristiani è appena il caso di ricordare l'Alcázar de los Reyes Cristianos e il nobile palacio de Viana), l'elemento arabo predomina sia nella tessitura urbana sia nella particolarità delle singole architetture; ne sono segno evidente anche le vestigia romane, come il ponte, che nelle sue forme attuali è il risultato dei sapienti restauri arabi, o la vicina torre de la Calahorra, piccola fortezza araba su fondazione romana, ricostruita dai cristiani nel 1369.

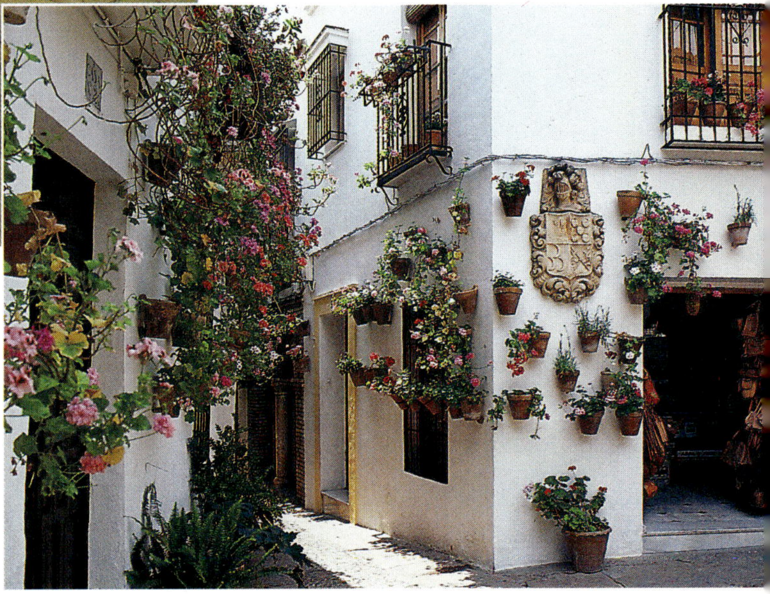

Una piccola calle della Judería, l'antico e suggestivo quartiere ebraico di Cordova.

SPAGNA

GRANADA: ALHAMBRA, GENERALIFE E ALBAICÍN

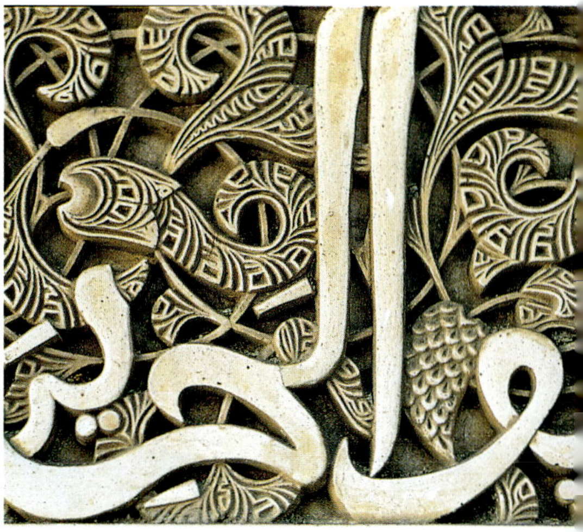

Come le andaluse Cordova e Siviglia, anche Granada, romana di fondazione, conserva, nella tipologia dell'impianto e delle architetture, la discriminante moresca. Sul colle che fronteggia i quartieri arabi dell'Albaicín e dell'Alcazaba Cadima (grovigli di vicoli tortuosi, sfocianti in una miriade di piazzette irregolari e costeggiati da case bianche, a due piani, affacciate sui patios), si erge la cittadella reale dell'Alhambra, il primo nucleo abitato e l'unico esempio di complesso medievale musulmano giunto quasi intatto fino a oggi, con la turrita fortezza dalle mura rosseggianti (*Qalat Alhambra* significa appunto "castello rosso"), con le sale sontuose, i giardini terrazzati dell'Alcázar (residenza reale), i celebri patios de los Arrayanes (cortile dei Mirti) e de los Leones, in un'elegante profusione di porticati, specchi d'acqua, fontane, statue leonine, marmi policromi, stucchi, gessi, *azulejos*, ad alleggerire

Sopra, a destra: la calligrafia araba, uno degli elementi decorativi di maggior suggestione nell'Alhambra.

Sotto: un'isola di verde tra le architetture dell'Alhambra; sullo sfondo, la torre de las Damas.

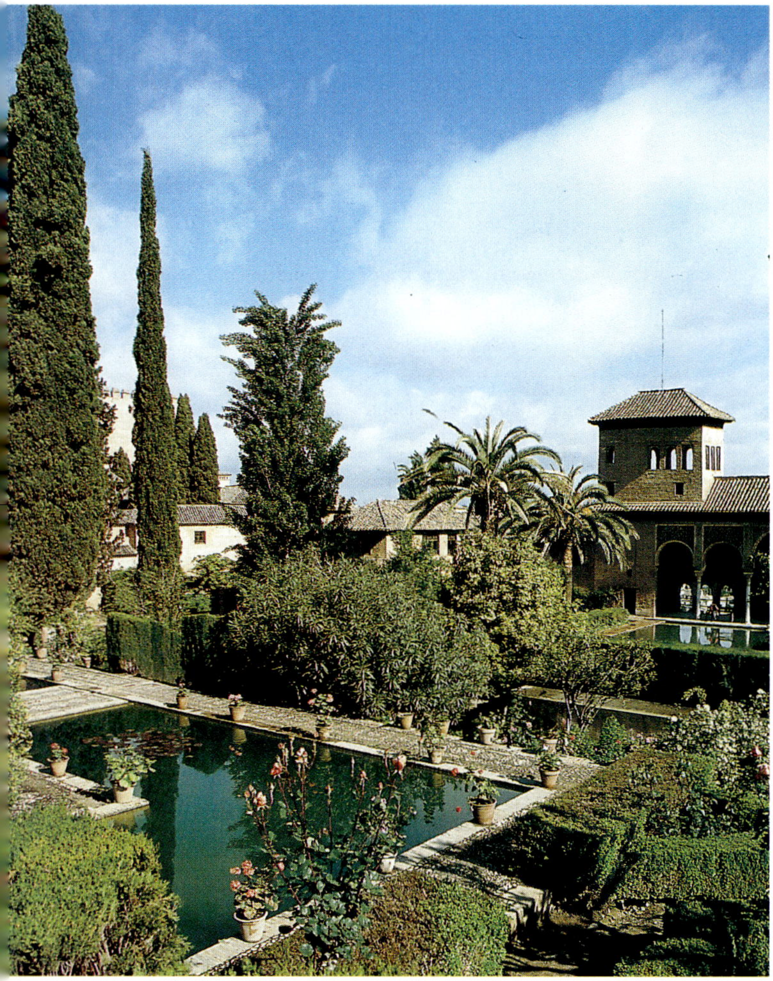

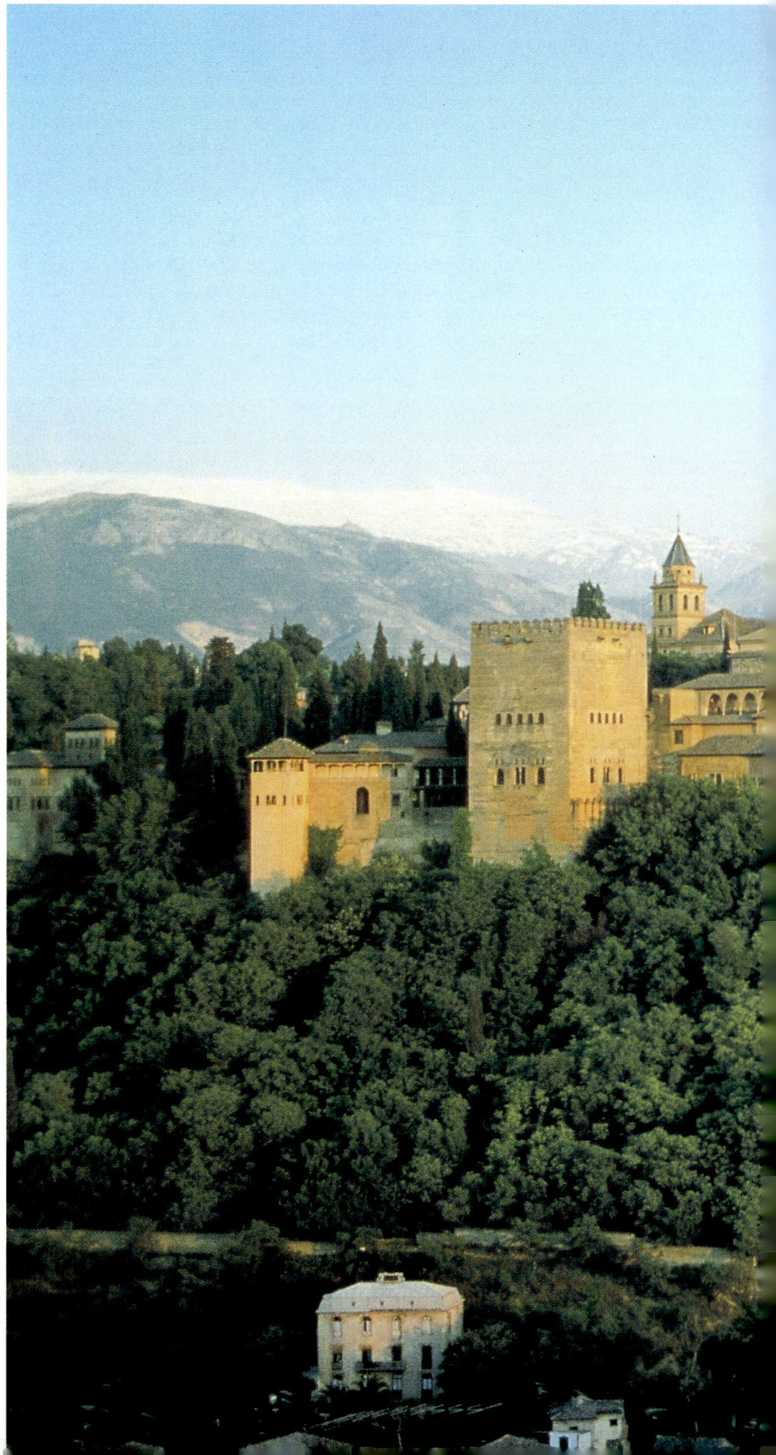

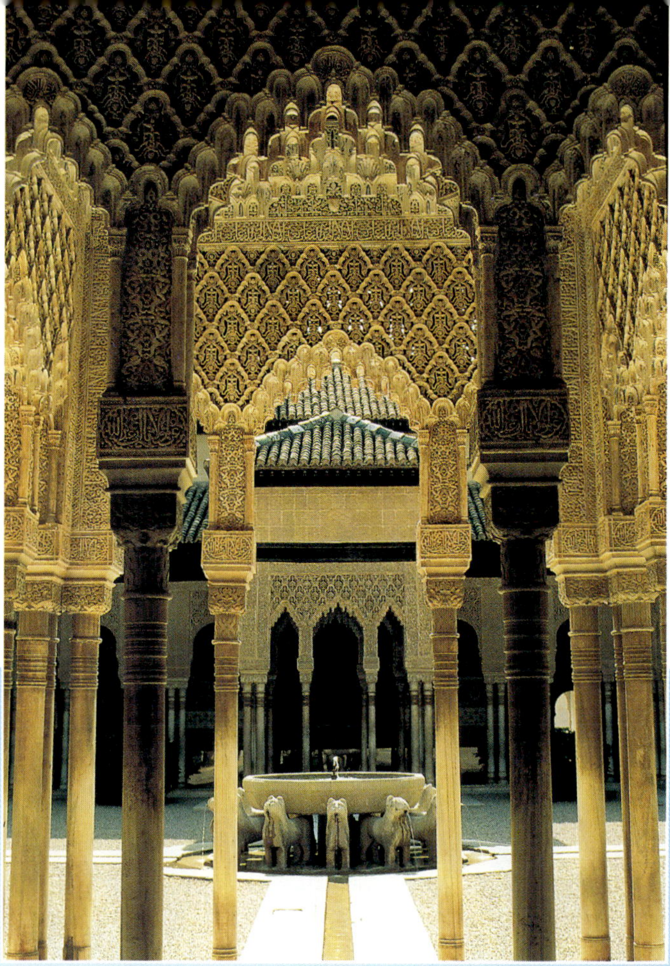

Il patio de los Leones, cui dà il nome la fontana al centro, fu costruito nel 1377. Le raffinate gallerie a stalattiti poggiano su 124 colonnine.

L'Alhambra, piccola città reale fortificata, domina Granada dalla collina.

l'imponente massa muraria esterna. Intorno, in un turbinio di archi, cupole, soffitti lignei, stalattiti, formelle colorate, gli appartamenti reali, con le sale della Barca, degli Ambasciatori, dei Re, delle Due Sorelle; dentro l'Alhambra si colloca anche un massiccio intervento cristiano, il palazzo di Carlo V, terminato solo nel Seicento. A nord-est, nei fiabeschi giardini del Generalife, il duecentesco palazzo d'estate dei califfi, coreografici giochi d'acqua trapelano da scultoree fontane tra le delicate geometrie disegnate da mirti, cipressi, aranci e roseti.

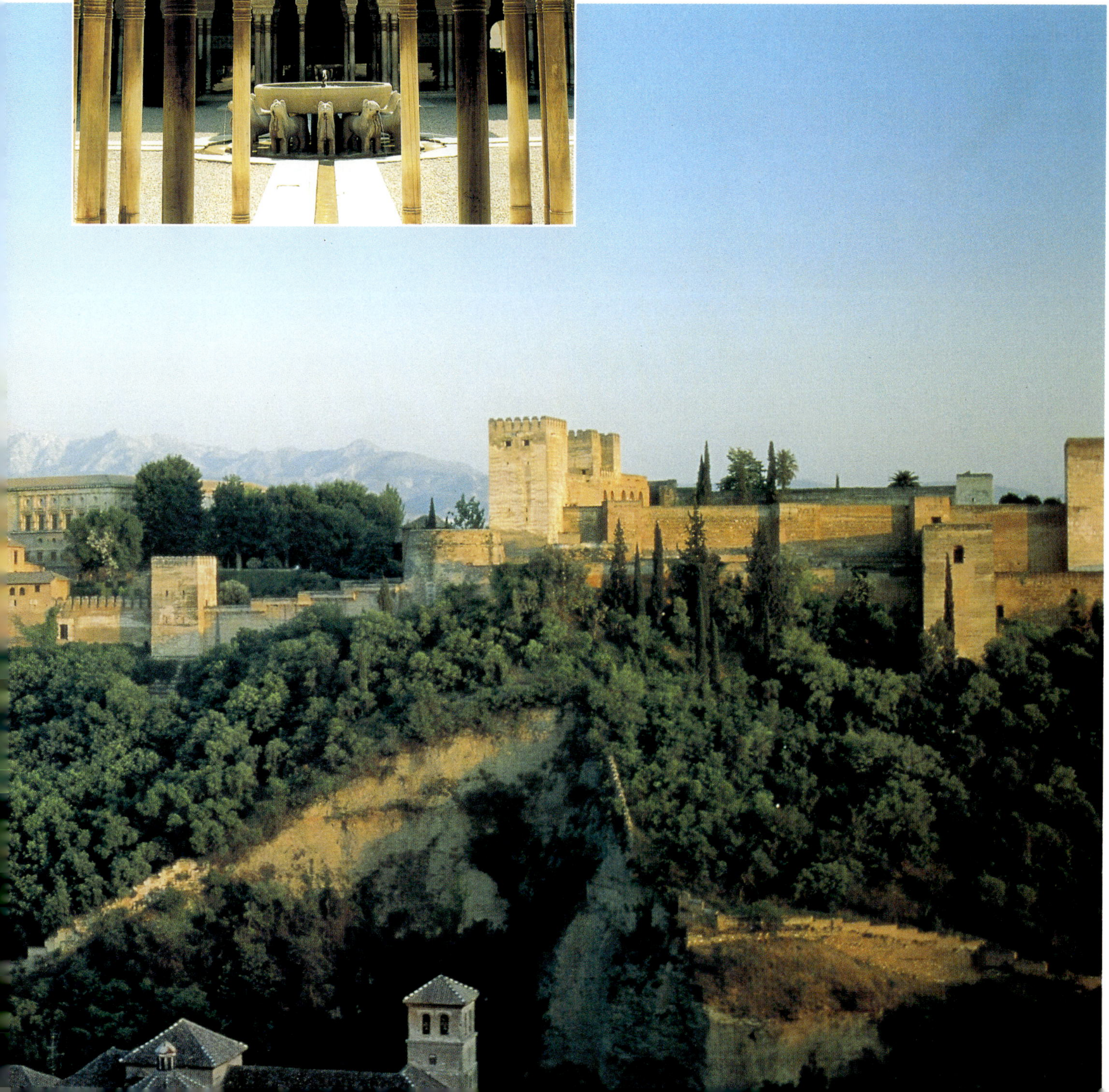

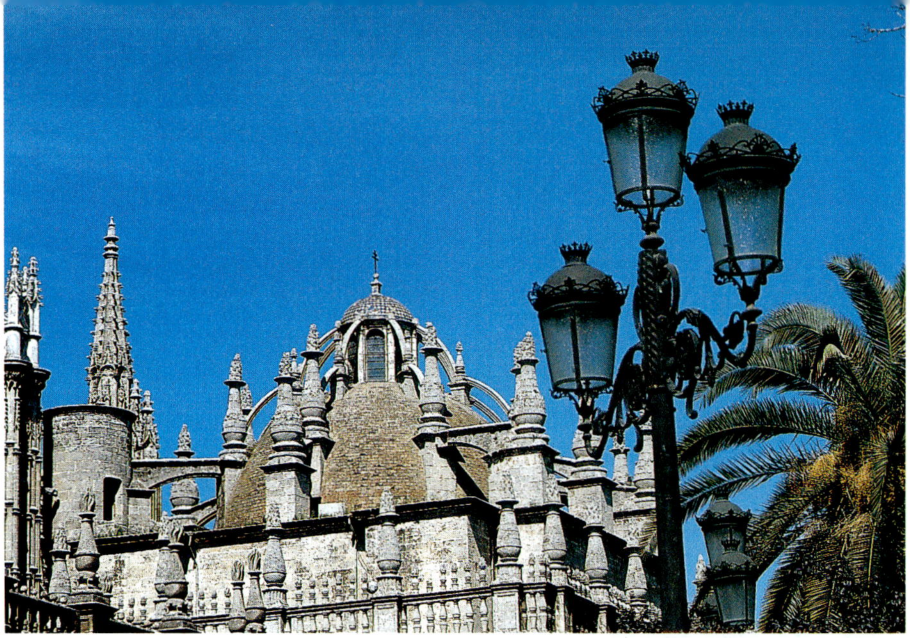

Terrazze, archi rampanti e pinnacoli movimentano la massa compatta della cattedrale.

SPAGNA

SIVIGLIA: CATTEDRALE, ALCÁZAR E ARCHIVIO DELLE INDIE

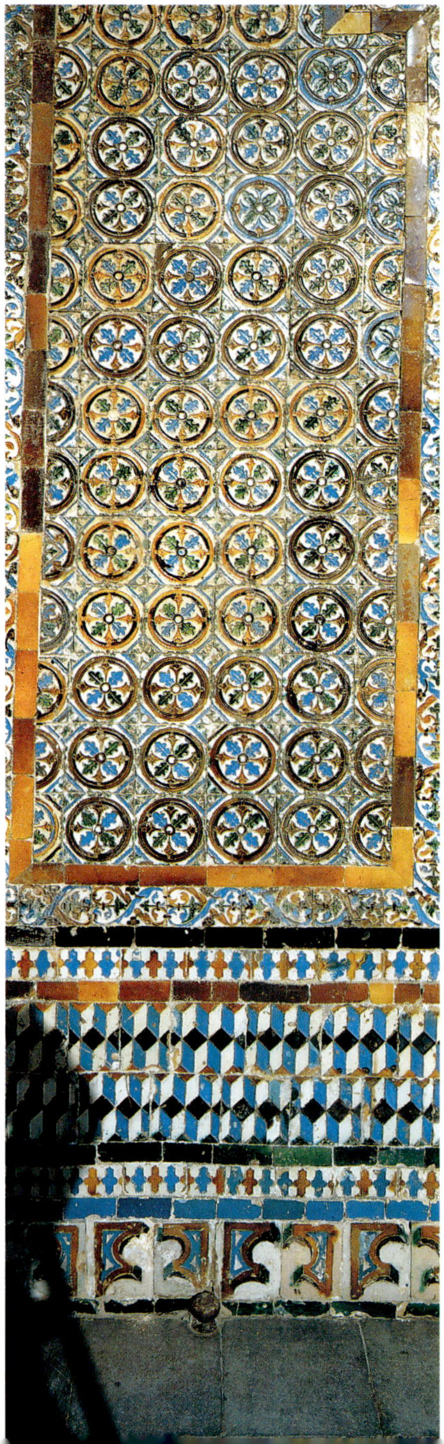

Gli azulejos, piastrelle in terracotta maiolicata o verniciata, tipiche del Sud della Spagna.

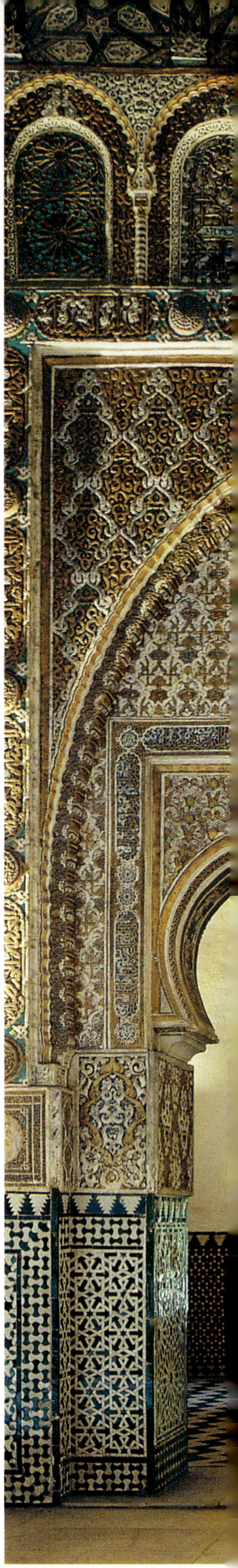

Seppur impregnata di cultura romana, ebraica, moresca, Siviglia, la più rappresentativa delle città andaluse, ha imposto i propri caratteri dominanti, personalizzando i tratti architettonici, culturali e di costume ereditati: così, gli eleganti *patios* della romanità si adornano di profumatissime essenze, i preziosi cancelli e le inferriate che incorniciano le finestre degli edifici, di tradizione rinascimentale, assurgono a muti testimoni di conversazioni galanti, i giardini, impreziositi da fontane, divengono paradisiaci luoghi di estasi meditativa, le imponenti architetture rinascimentali e barocche si sovrappongono ai sontuosi edifici arabeggianti, i coloratissimi *azulejos* decorano ogni muro, ogni pavimento, ogni loggiato, ogni casa affacciata sul groviglio di viuzze che disegnano la sua trama.
Ed è proprio su uno dei dedalici nuclei storici, il Barrio de Santa Cruz (antico ghetto ebraico), che svettano i suoi edifici più rappresentativi, dalla colossale cattedrale gotica (un'opera fra le più imponenti della cristianità, che,

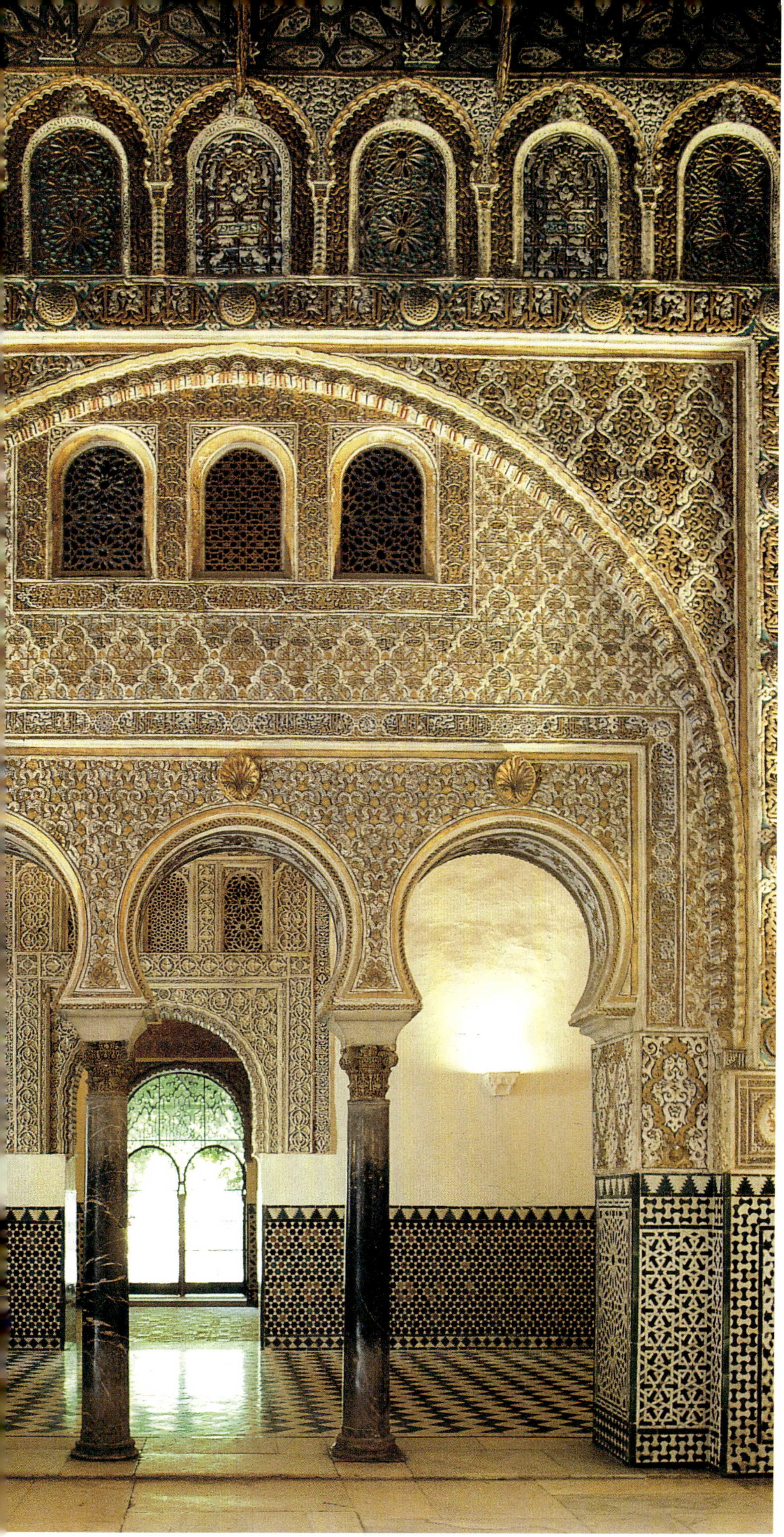

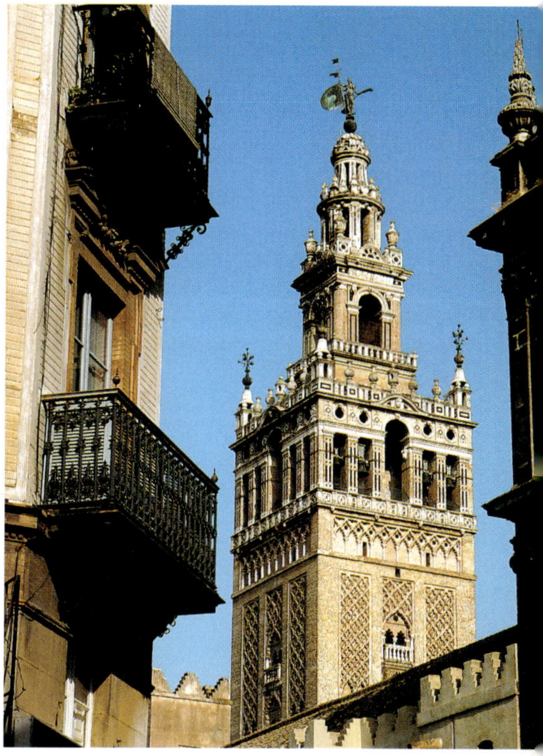

A lato: il salone degli Ambasciatori nell'Alcázar, decorato in stile mudéjar.

Sopra: la Giralda (1184-98), colossale minareto ed emblema della città.

fiancheggiata dal celebre patio delle Arance, ospita, tra una serie di cappelle ricche di affreschi e di opere d'arte, il sacello di Cristoforo Colombo), alla Giralda (il minareto dell'antica moschea, sulle cui fondamenta poggia l'edificio cristiano), agli appartamenti reali di Pietro I e Carlo V, elegante commistione di arte mudéjar e di fiabeschi giardini terrazzati, dove una selva di *patios* decorati con stucchi e *azulejos* si intervalla a fontane refrigeranti, per terminare con l'Archivio delle Indie, da sede della borsa, in antico, a prezioso scrigno di documentazione dei viaggi e delle conquiste sivigliane nel Nuovo Mondo. L'edificio, realizzato alla fine del Cinquecento su progetto dell'architetto Juan de Herrera, cambiò destinazione per volere di Carlo III che, a partire dal 1785, vi fece riunire l'enorme materiale sivigliano esistente relativo alle Indie, dove, accanto a una ricchissima documentazione cartacea e manoscritta, si conservano, fra le altre, le missive autografe di Colombo, Cervantes, Cortés e di Filippo II.

SVEZIA

LA LAPPONIA

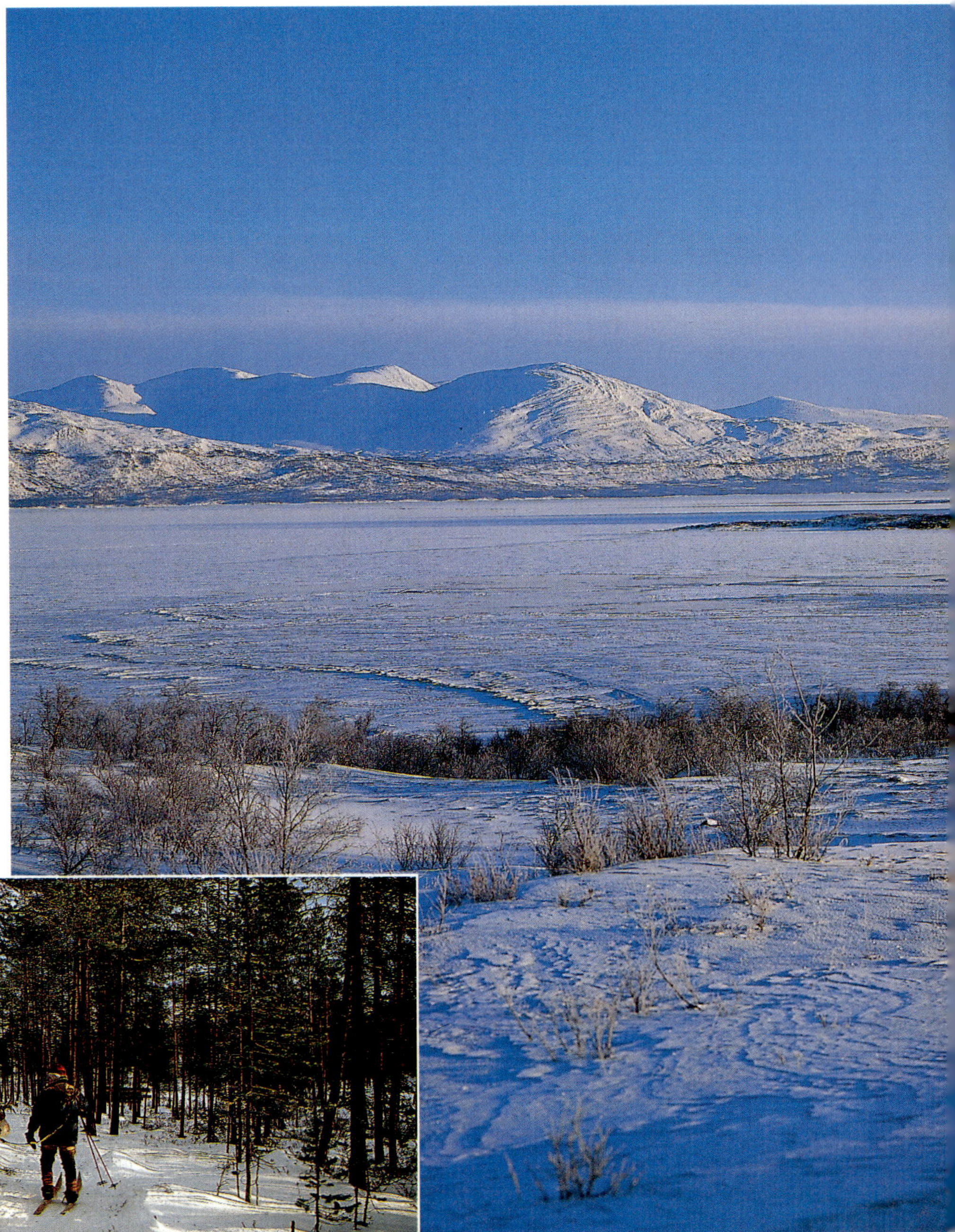

Paesaggio lappone tra Kiruna e Abisko; la prima è la città più settentrionale della Svezia, la seconda un'importante località turistica al centro di un parco nazionale.

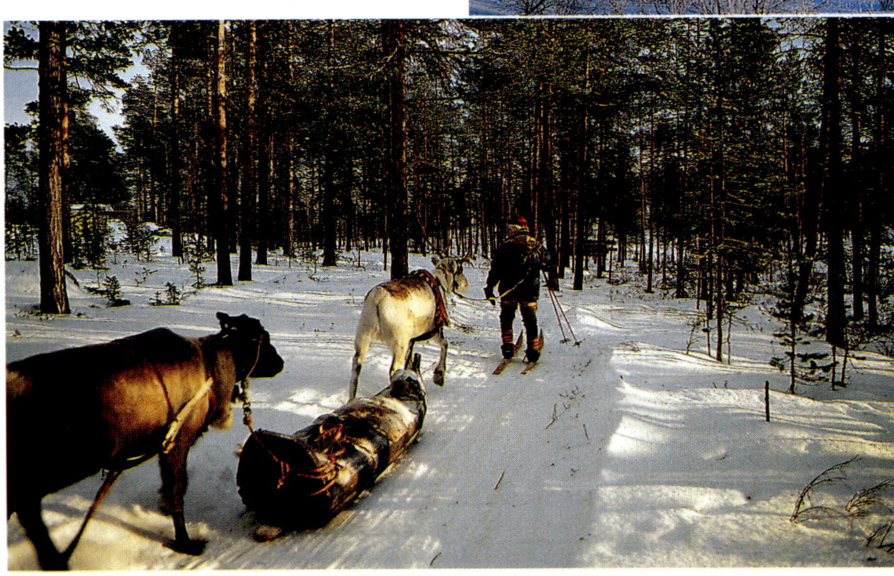

Le renne sono ancor oggi impiegate dai saami per i trasporti nei mesi invernali.

Neanche i saami, gli antichi abitatori di queste terre, osavano avventurarsi nella regione del Njulla, il monte che si pensava fosse abitato dal vento artico, vero signore del Nord della Scandinavia, fatta eccezione forse per l'eterno fanciullo Stallo, eroe burlesco popolare.
Il Njulla è il vertice settentrionale di una terra aspra, sepolta dalla neve per quasi nove mesi all'anno, caratterizzata da vaste pianure di tundra artica interrotte da foreste di pioppi e improvvise montagne, accessibile in inverno solo grazie a una difficile navigazione fluviale nelle tortuose gole dell'Abiskojåkka.
Oggi la regione è diventata un parco nazionale e i suoi abitanti, denominati in senso spregiativo dagli esploratori svedesi del Seicento lapponi (da *lapp*, "straccio") hanno abbandonato la vita nomade e si sono raccolti intorno alle piccole e rare comunità urbane disseminate ai confini tra Svezia, Finlandia e Norvegia.
Benché contaminata dalla vita moderna e dal turismo, la cultura saami ha contribuito a tramutare l'antico timore per la natura del Grande Nord in rispetto: qui vige ancora l'*allemansrat*, ovvero la totale fruibilità degli spazi naturali, e non di rado capita che i saami si trovino a festeggiare l'arrivo della primavera attorno a un grande falò, insieme a chi passa di lì per caso.

SVEZIA

LA CITTÀ ANSEATICA DI VISBY

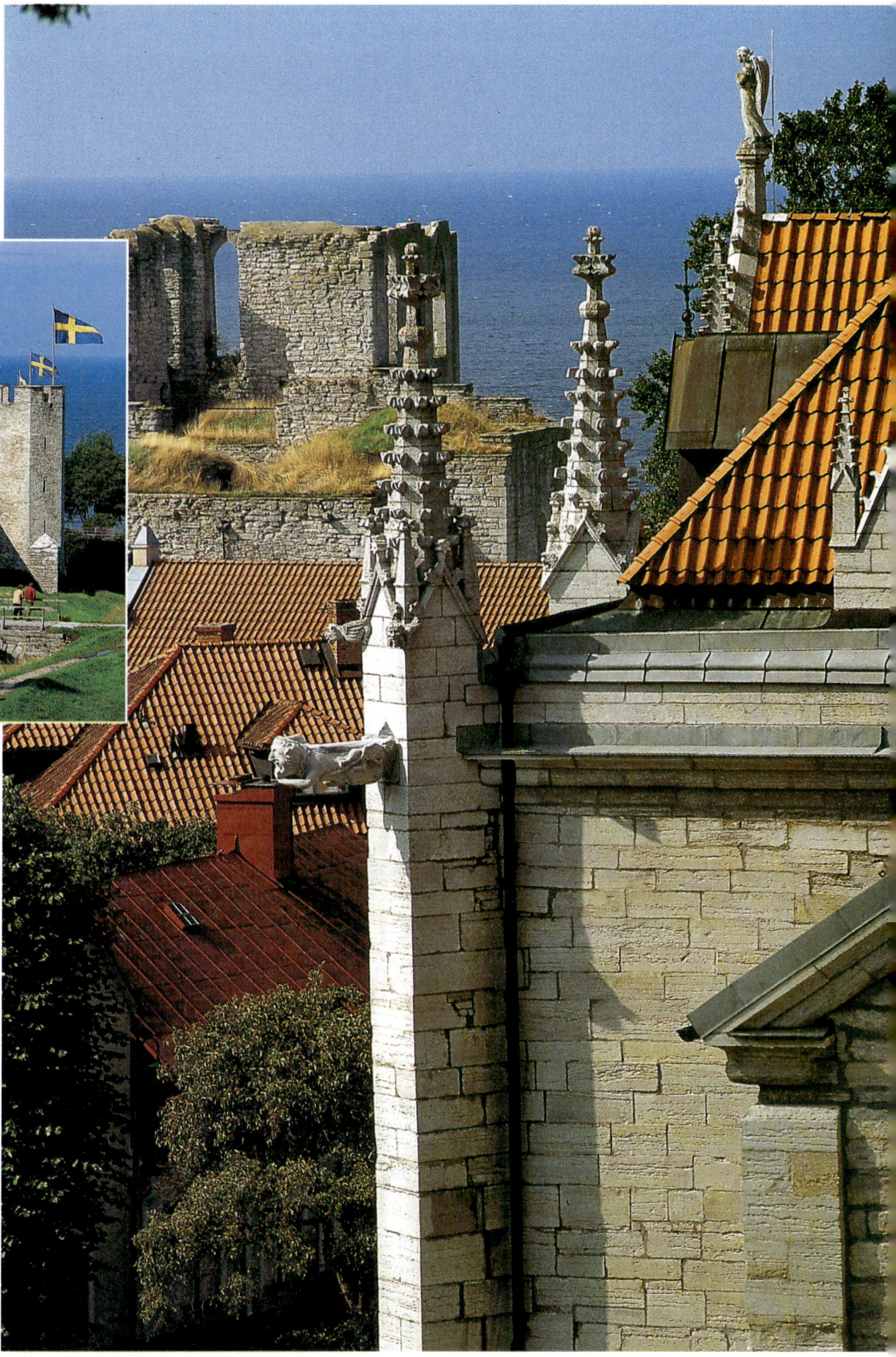

La *Gutasagan*, l'antico ciclo di leggende nordiche, racconta che i Vichinghi erano soliti sbarcare a Gotland solo al tramonto, abbandonandola all'aurora, convinti che al mattino un incantesimo facesse inabissare l'isola nelle acque. Nelle loro visite notturne i guerrieri nordici erigevano pietre tombali in forma di chiglia di nave, pensando così di guadagnarsi il favore delle divinità Odino e Thor, erranti tra le rarissime rose e le iscrizioni runiche. Visby, il capoluogo dell'isola e il suo porto principale, è cinta da antichissime e poderose mura risalenti all'epoca della Lega Anseatica, quando la città divenne oggetto di incessanti contese per il suo possesso. L'irrequieto e sanguinoso passato è riconoscibile nelle diverse tracce depositate da quasi tutte le civiltà baltiche del Medioevo e soprattutto nelle numerose chiese cittadine, costruite tra il XII e il XIII secolo e ora in rovina. Testimonianza di uno dei frequenti saccheggi che subì la città è la Jungfrutornet, torre di cinta che prende il nome da una fanciulla del XIV secolo che vi sarebbe stata murata, rea di aver aperto le porte di Visby ai nemici danesi.

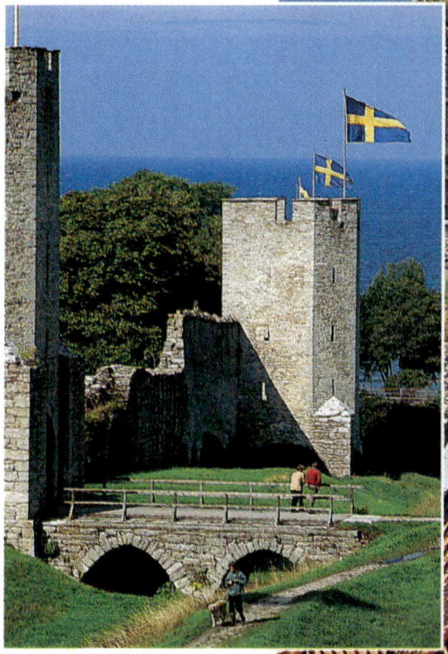

In alto: le rovine del quattrocentesco castello, eretto a protezione del porto sul Baltico.

A lato: Visby, adagiata su un bastione di roccia della costa occidentale dell'isola di Gotland.

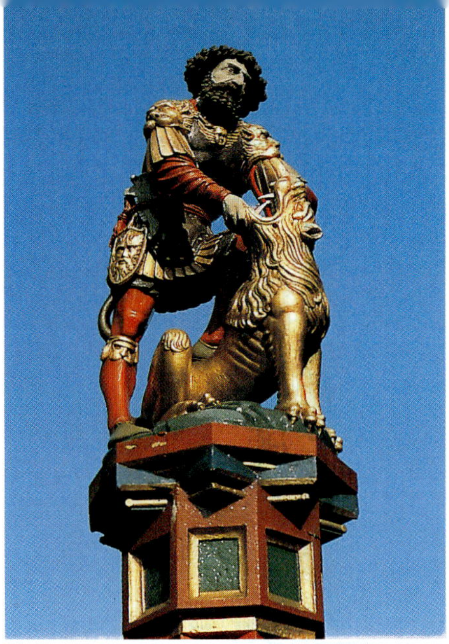

Il cinquecentesco Simsonbrunnen, con Sansone che spalanca le fauci del leone, una delle molte fontane di Berna.

SVIZZERA

IL CENTRO STORICO DI BERNA

Berna, costruita sul fiume Aare, sullo sfondo delle Alpi svizzere, ha un'origine leggendaria e nobile. Il duca Bertoldo V, rettore di Borgogna, decise di fondarla nel 1191 nel luogo in cui uccise un orso, che rimane ancora oggi il simbolo della città. Berna vanta tra i suoi figli lo spirito innovatore di Paul Klee, uno dei maestri dell'astrattismo, ma allo stesso tempo gli abitanti conservano un fortissimo legame con la tradizione. Nella parte antica della città le strutture architettoniche hanno mantenuto gran parte dei caratteri del passato. Le strade, di origine medievale, sono affiancate da sei chilometri di portici e costituiscono una delle più lunghe passeggiate del mondo al riparo dalle intemperie. Tutto il percorso è un susseguirsi di antichi palazzi, di fontane storiche con statue allegoriche, loggiati di ferro, antiche torri, come quella dell'Orologio, costruita nell'XI secolo. Fino ad arrivare ai monumenti più tipici della città: il Palazzo Federale, eretto sull'esempio degli edifici fiorentini del Quattrocento, e la cattedrale tardo-gotica.

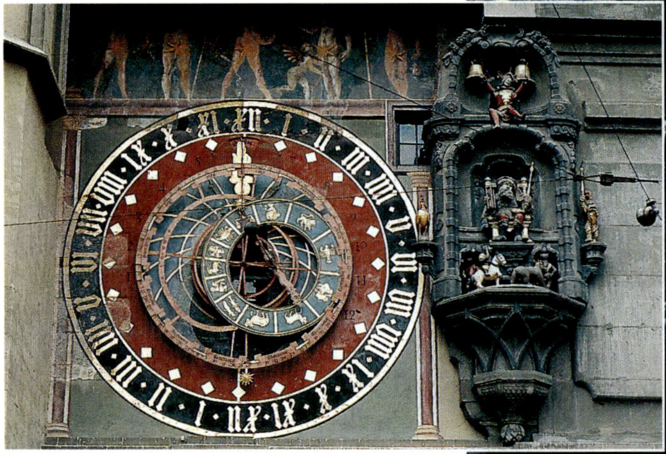

Particolare dell'antico orologio astronomico, posto sulla facciata dello Zeitglockenturm.

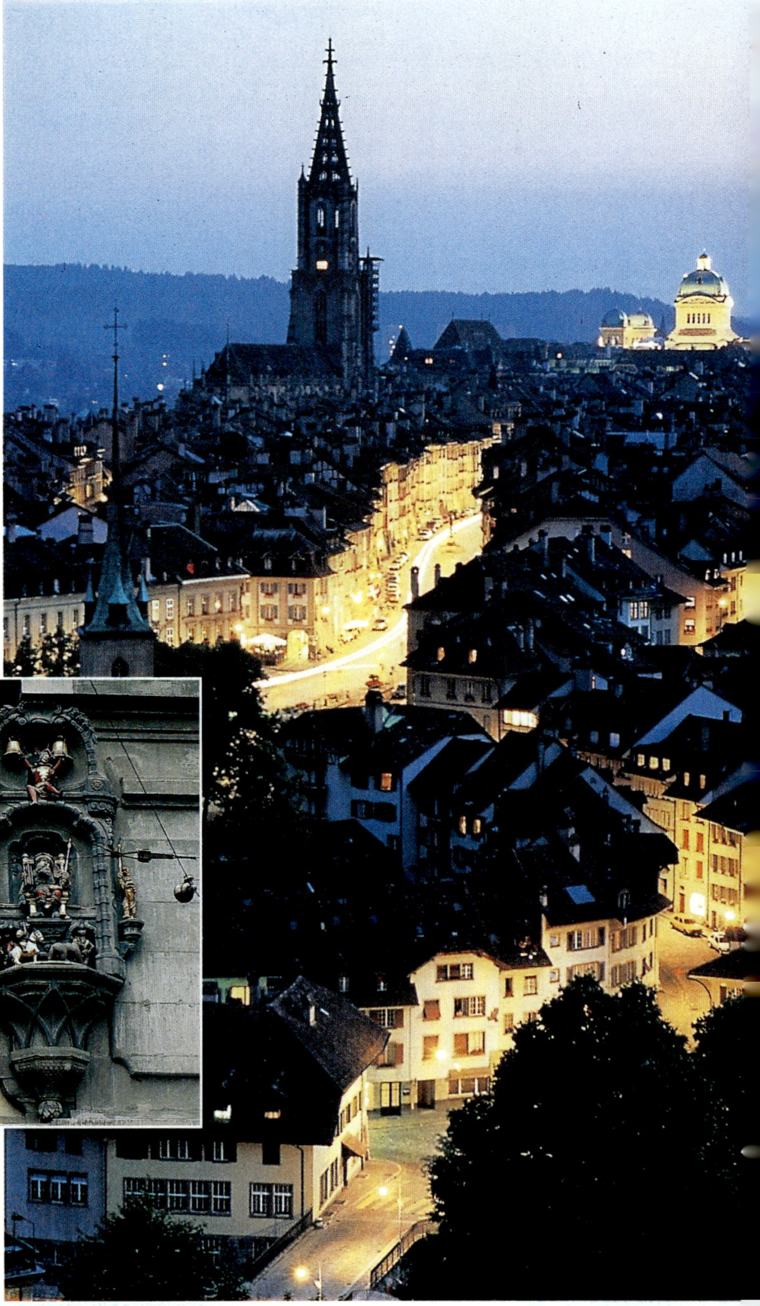

A lato: veduta panoramica della città illuminata.

SVIZZERA

IL CENTRO STORICO DI SAN GALLO

Nel luogo stesso dove il monaco irlandese Gallo fondò un eremo agli inizi del VII secolo, venne edificato cent'anni dopo, nel pieno della rinascenza carolingia, un complesso benedettino destinato a diventare uno dei principali centri artistici e scientifici dell'Occidente. Intorno al convento si formò il nucleo abitativo di San Gallo, che assunse progressivamente una struttura urbana e un ruolo significativo nell'economia della regione, grazie anche alla favorevole posizione geografica. Le fiorenti attività mercantili e manifatturiere intraprese dai suoi abitanti furono causa di conflitto con i monaci, dalla cui tutela la città si sottrasse nel XV secolo.
Dell'antico convento oggi rimane solo l'area sulla quale sono sorti, nei secoli successivi, gli edifici dell'attuale complesso monastico. La cattedrale barocca, costruita nella seconda metà del XVIII secolo, con le decorazioni degli interni in stile rococò e le alte torri che sovrastano la piazza, costituisce un'isola verde nel cuore della città. Sempre affacciata sul Klosterhof, la piazza che era in origine la corte centrale del complesso benedettino, sorge la famosa biblioteca, erede del ricco patrimonio librario del convento. Tra i suoi centomila volumi, molti i manoscritti preziosi e gli incunaboli, le rare miniature di codici antichi e le mappe.

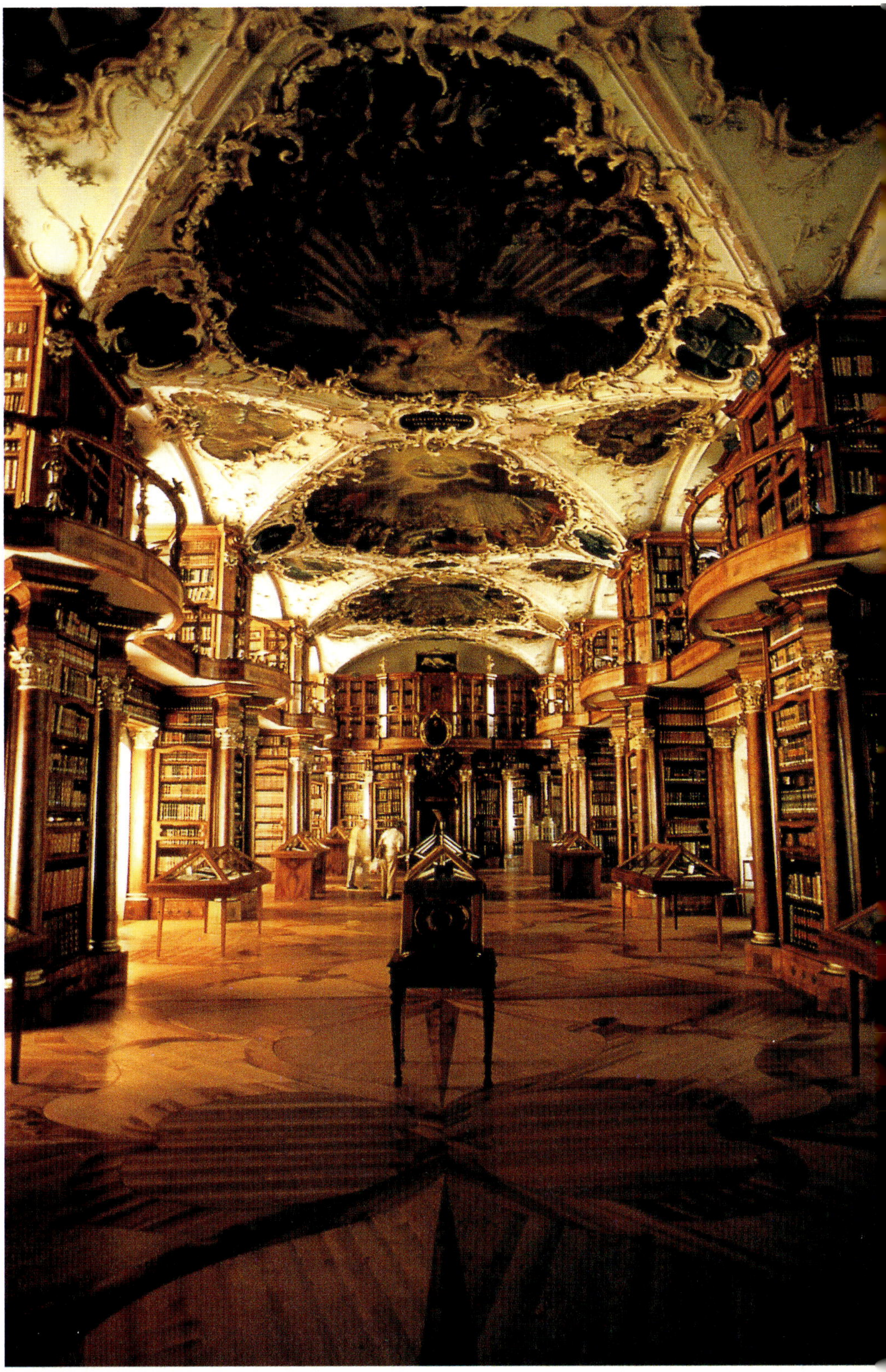

I fastosi interni rococò della biblioteca, realizzati nella seconda metà del Settecento.

IL PARCO NAZIONALE E I MONUMENTI DELLA VALLE DI GÖREME

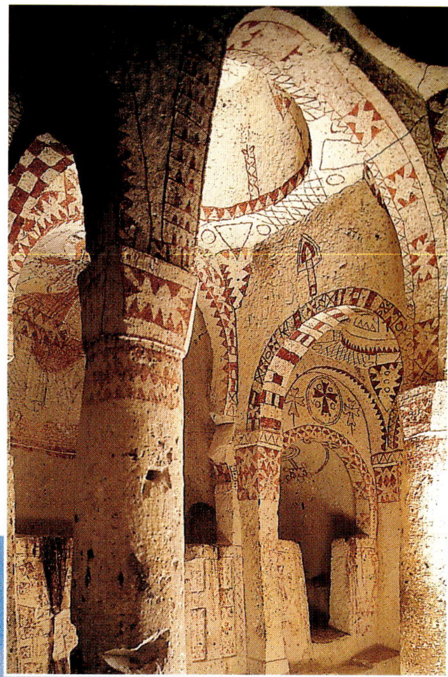

Gli affreschi della chiesa di Santa Barbara, nella valle di Göreme, sono ispirati al repertorio iconografico successivo alla Restituzione delle Immagini (dopo l'843).

Canyon, coni, pinnacoli, funghi di tufo scolpiti dal vento: le eruzioni millenarie di due vulcani, Erciyas e Hasan, hanno inciso il territorio dell'altopiano dell'Anatolia centrale che gli antichi persiani chiamavano *Kalpatukia*, la "regione dei bei nomi". Colate di lava si riversarono nell'era quaternaria in un lago formando uno strato profondo, successive eruzioni sovrapposero altri strati di tufo che l'erosione dei venti e delle piogge hanno modellato, trapanato, tornito, inciso. Una foresta di piramidi e picchi di sola pietra, i più famosi dei quali sono i cosiddetti Camini delle fate della valle di Zelve: singoli, doppi e tripli con un cappello più scuro, di basalto, che forma una protezione naturale al più tenero materiale sottostante. In questa terra, che le leggende vogliono abitata da elfi e fate, l'uomo ha lavorato disegnando il proprio percorso mimeticamente.

I celebri Camini delle fate, guglie tufacee sormontate da blocchi di roccia dura.

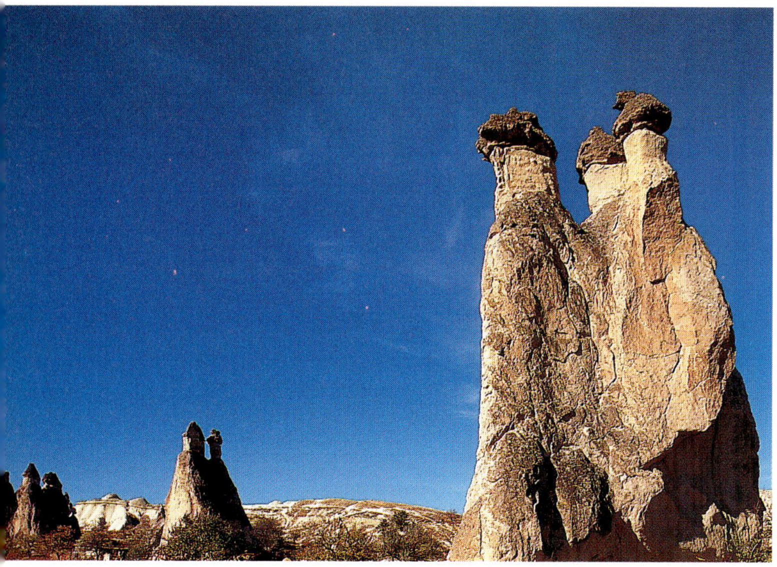

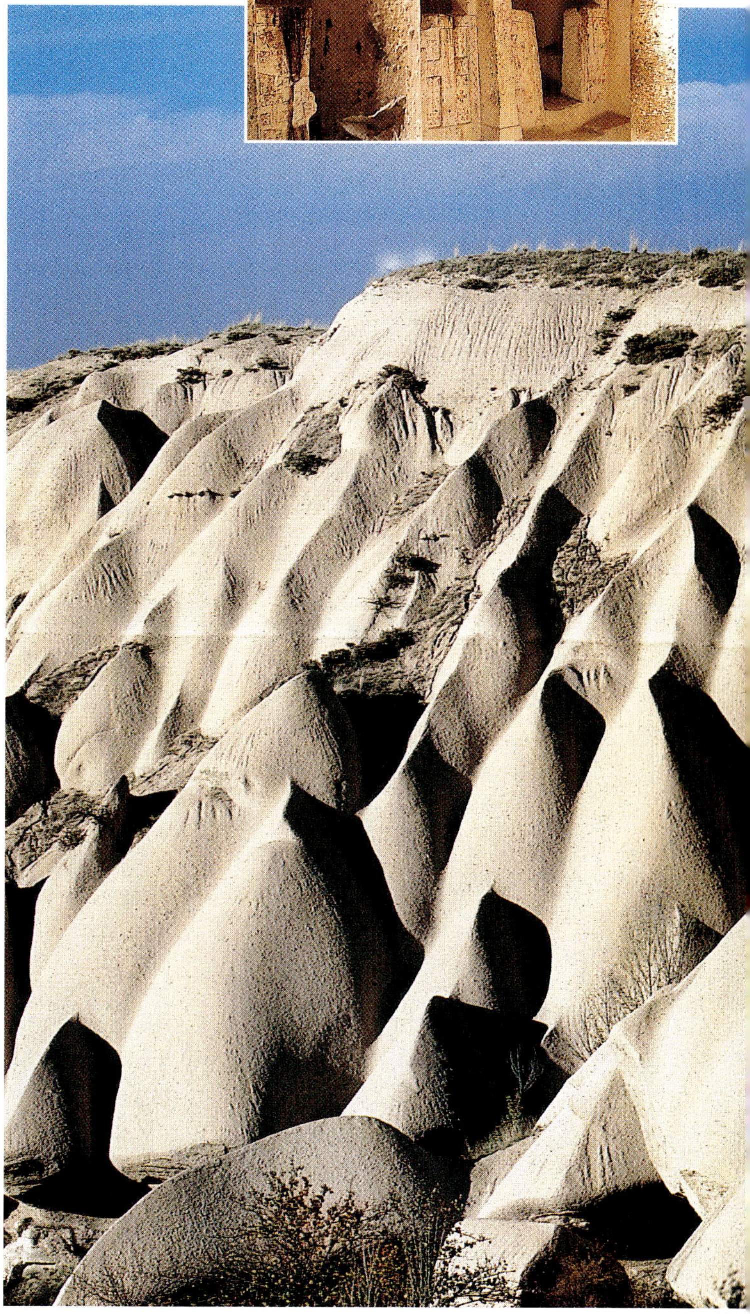

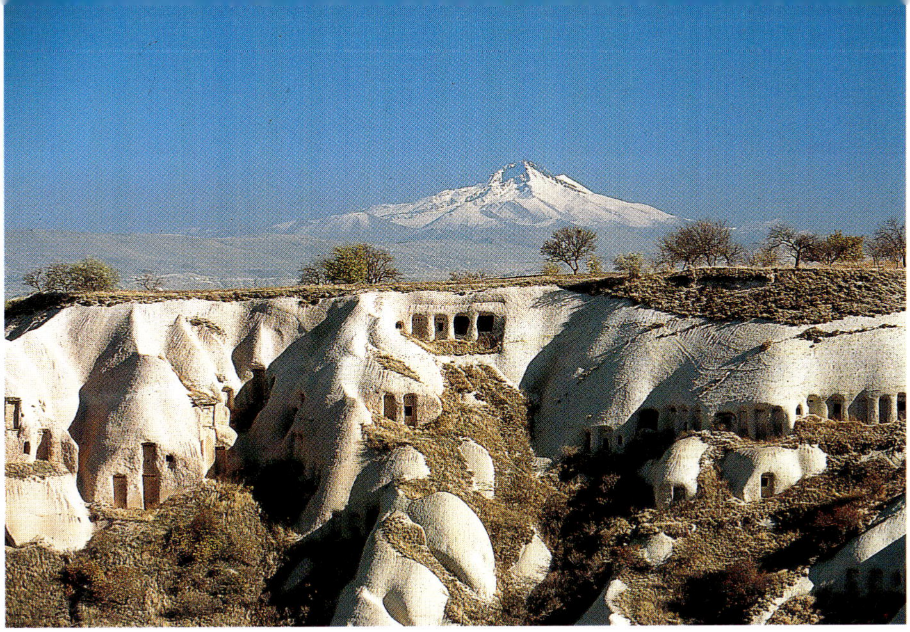

A lato: il villaggio di Uçhisar, un picco di tufo traforato da un labirinto di cavità, e, sullo sfondo, il vulcano Erciyas.

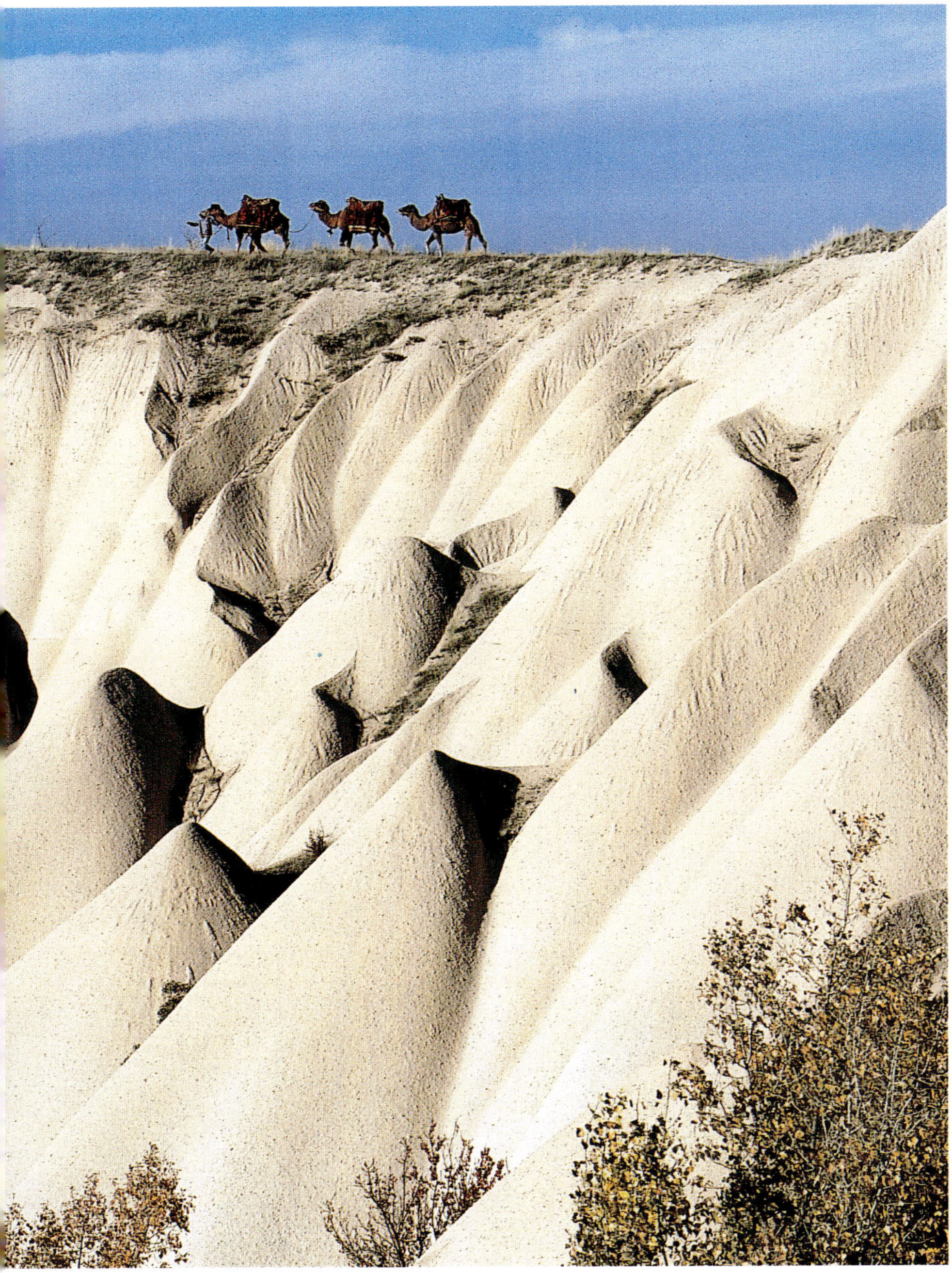

Abitata durante l'Impero ittita, la regione fu dapprima rifugio di anacoreti poi, sotto l'Impero bizantino, di eremiti cristiani e successivamente - tra l'VIII e il IX secolo, nel periodo dell'iconoclastia - dei primi monaci. È nella valle di Göreme, oggi in parte parco-museo, che si trova il maggior numero di chiese rupestri (365 secondo la tradizione, per dire messa ogni giorno su un altare diverso), che, per lo più nascoste alla vista, abbozzano una facciata incastonata nella roccia. Architetture che si costruiscono per sottrazione, in perfetta osmosi con gli elementi naturali e che presentano due tipologie prevalenti: quella a pianta rettangolare e a navata unica con abside semicircolare, più arcaica, e quella a croce greca inscritta nel quadrato, con cupola centrale sostenuta da quattro colonne, che riprende lo schema bizantino canonico. Entro questo mondo di pietra che sembra ostile all'uomo, trovarono rifugio intere popolazioni che, per sfuggire alle invasioni arabe e turcomanne, scavarono nel tufo e nella lava originali abitazioni e costruirono città sotterranee organizzate su più livelli e dotate di pozzi di aerazione. A Kaymakli e Derinkuyu, le più famose, un intreccio di cunicoli, nicchie e spazi comuni connettono una molteplicità di piani interrati sovrapposti, dove funzioni e spazi privati si alternano a magazzini, sepolcri e stalle.

Acqua, vento e fuoco hanno scolpito il paesaggio della valle di Göreme.

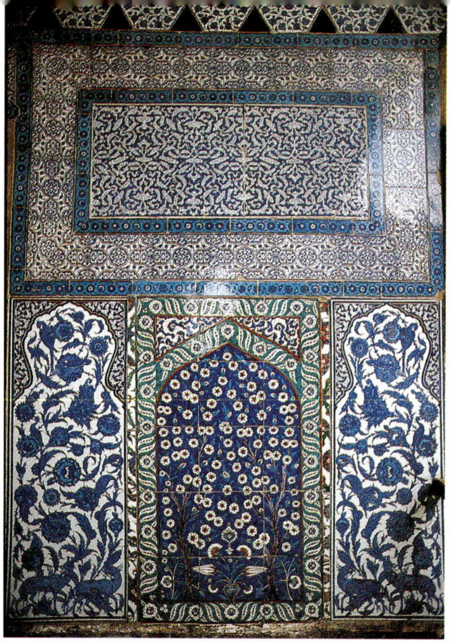

Splendide maioliche ornano gli interni del Topkapi.

TURCHIA

IL CENTRO STORICO DI ISTANBUL

A destra: i quattro minareti e i massicci contrafforti aggiunti dai turchi hanno ridisegnato l'esterno della basilica di Santa Sofia.

Sotto: un gioco di pieni e di vuoti, di volumi sferici e di slanci verticali anima l'interno della basilica di Santa Sofia.

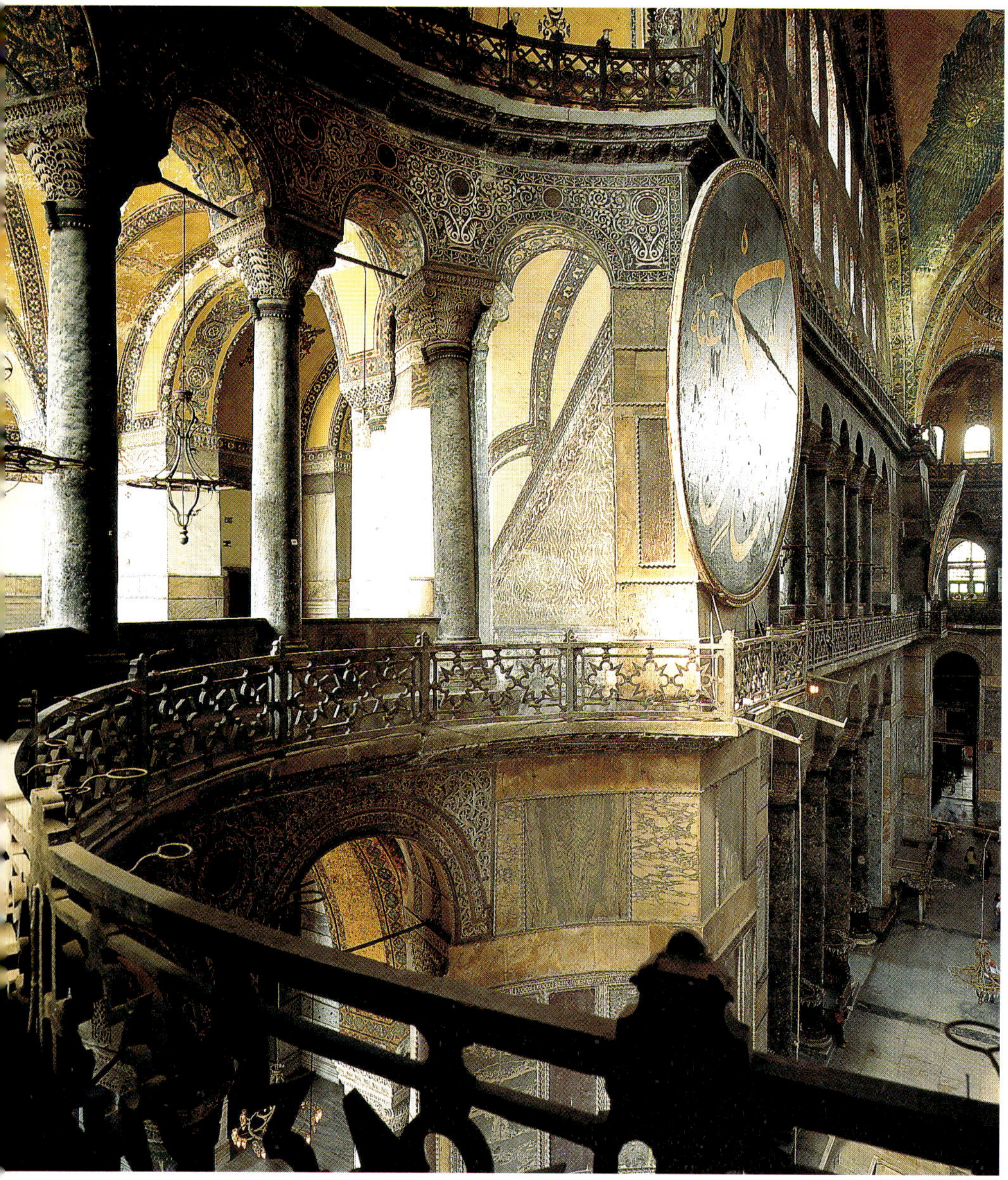

Stambul, Pera, Scutari: una Trinità secondo Le Corbusier, specchio dell'anima turca dove sono possibili tutti i percorsi reali e immaginari. Stambul, la città murata su sette colli, segnata a terra dal fitto reticolo di vie

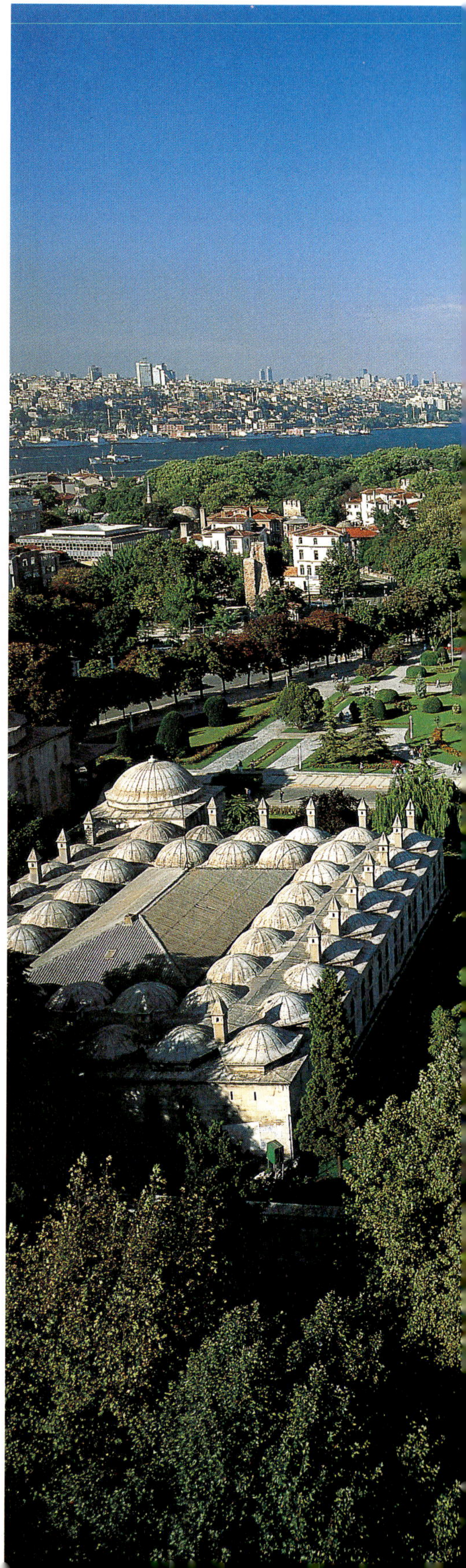

e nell'aria dagli esili minareti delle moschee; di fronte, separata dal Corno d'Oro, Pera e la sua torre di Galata, emblema della colonia cristiana genovese del XIV secolo; al di là del Bosforo, sulla sponda asiatica, Scutari, la musulmana "città dei morti" avvolta da un bosco di cipressi.

Là dove il Bosforo avvicina la riva asiatica a quella europea, si formò e fu potente per secoli la metropoli che ha funzionato da ponte culturale ed economico tra Oriente e Occidente. Nella città che fu Bisanzio e poi Costantinopoli e poi Istanbul, le civiltà si sovrapposero, si negarono e convissero, così come convivevano, in un rituale di colori e di lingue, gli armeni dal colbacco nero, i musulmani dal copricapo giallo, i greci con quello nero, gli effendi con il turbante bianco e i dervisci dal feltro a cono.

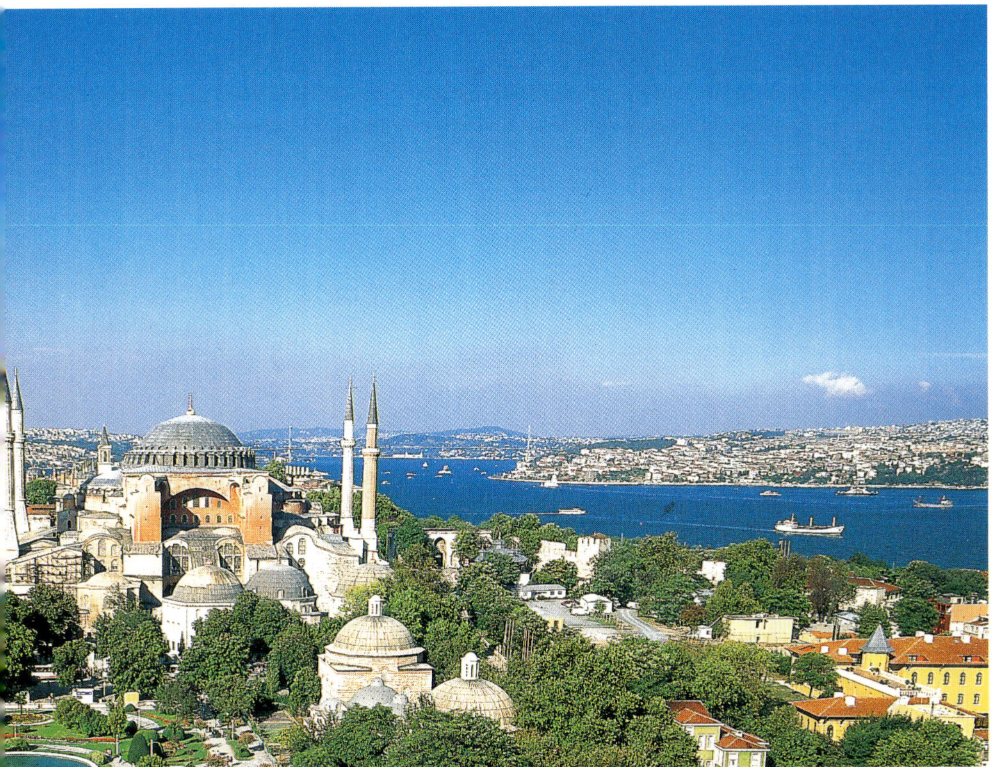

In Santa Sofia, la basilica d'oro eretta dall'imperatore romano Giustiniano e trasformata in moschea nel XV secolo da Maometto II, si condensano la storia e la sostanza di Istanbul che da colonia greca divenne seconda capitale romana e poi capitale dell'Impero turco e che in tutte le fasi della sua vita resistette, si adattò, cambiò, crebbe.

La cultura e l'arte di Roma sono riconoscibili nelle rovine e nelle tracce del Palazzo Imperiale, dei fori e dell'ippodromo, nell'ancora intatta rete di canalizzazioni idriche e di cisterne, vere basiliche dedicate all'acqua, nelle mura e nella cittadella teodosiane. Prepotente e fascinosa è la città ottomana: il Topkapi, la residenza imperiale di Maometto II, nei suoi cortili e giardini racchiusi dall'intrico di edifici, padiglioni, torri, cupole, riproduce la suggestione del giardino orientale e dell'harem; e il mercato coperto, nel dedalo delle strade interne e sotto le volte delle piazze e moschee che lo rendono identico a una vera città, costituisce il palcoscenico immutato dell'incontro tra culture diverse.

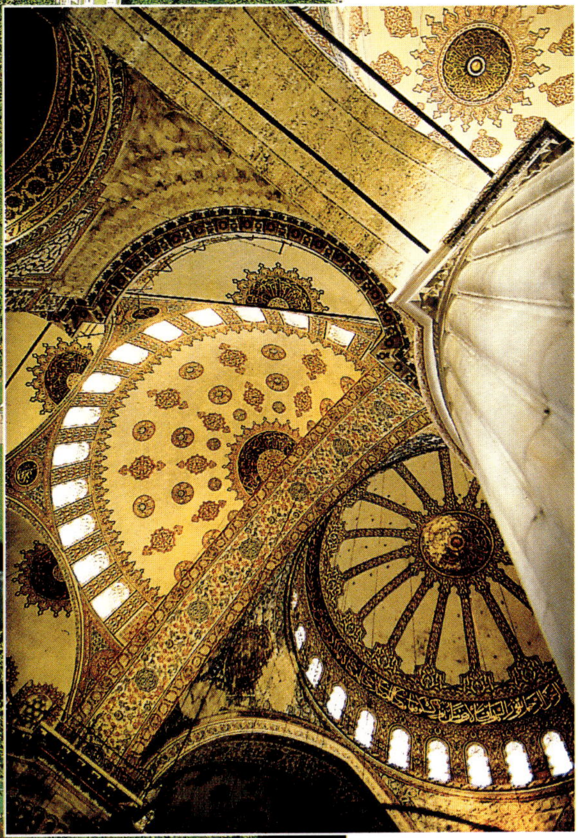

L'interno della Sultan Ahmet Camii, la Moschea Blu.

A lato: sulle rive del Danubio giganteggia il neogotico palazzo del Parlamento, costruito tra il 1884 e il 1904.

In basso: Mattia Corvino (1443-1490), il sovrano che modellò l'Ungheria moderna.

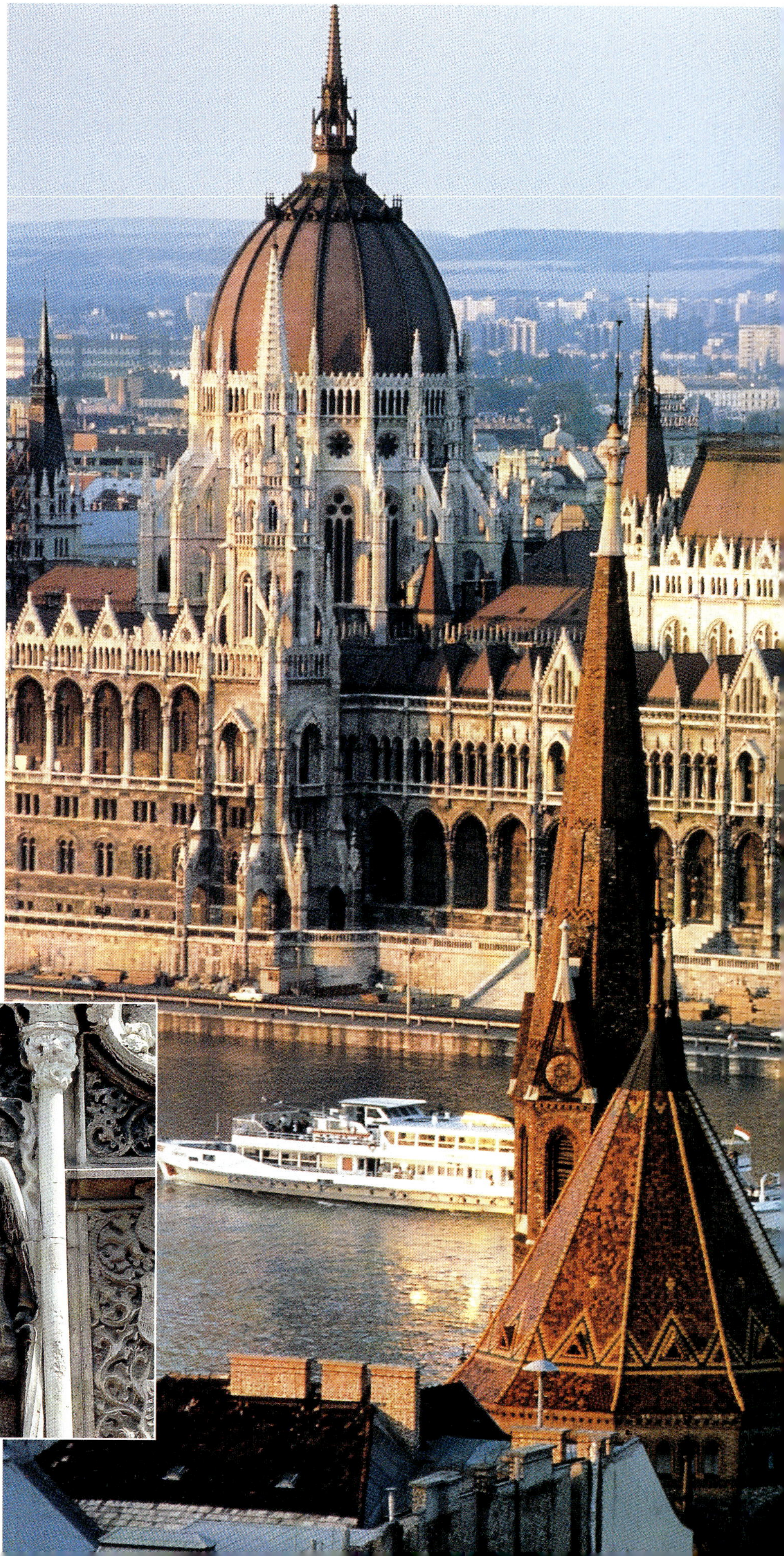

Distesa sulle colline, sulla riva destra di un sonnolento Danubio, Buda guarda dall'alto, come indifferente, ai popolosi quartieri della vivace Pest, prima propaggine dell'estesa pianura. È un distacco storico, oltre che topografico; il fiume è uno strappo culturale, oltre che urbanistico; e non bastano i larghi ponti che uniscono le due anime a creare un insieme omogeneo di città. Di qua la storia antica, dalle origini celtiche all'invasione romana, che diede vita ad *Aquincum*, capitale della Pannonia, alla calata dei barbari, fino alla definitiva conquista del popolo venuto da lontano, i Magiari in cerca di una patria. Di là una metropoli ottocentesca, che voleva diventare Vienna e Parigi, consapevole e orgogliosa di essere stata l'altra metà dell'Impero asburgico, che costruisce il parlamento neogotico, i palazzi liberty, i caffè dalle tipiche atmosfere.

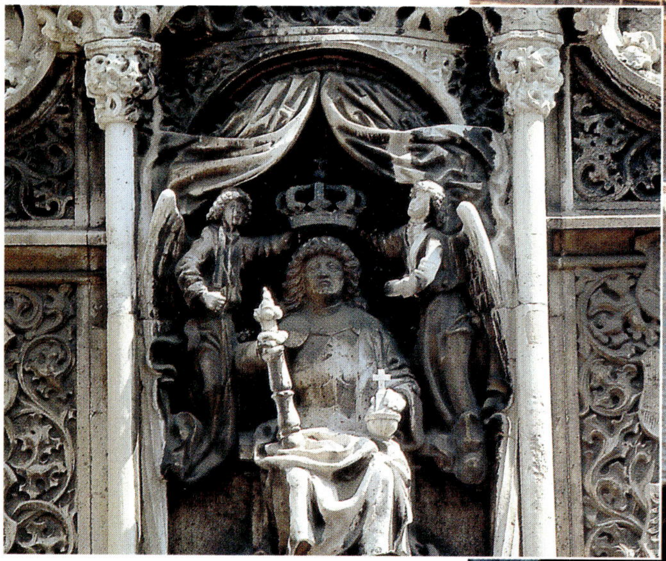

UNGHERIA

BUDAPEST: I LUNGOFIUME E IL QUARTIERE DELLA FORTEZZA

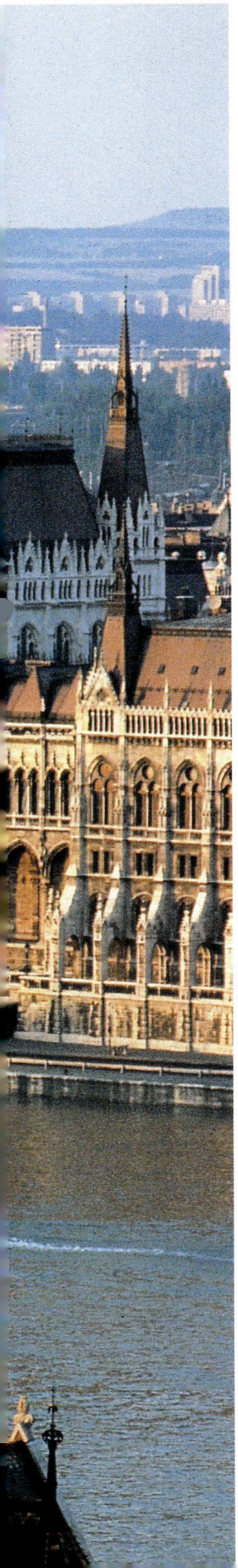

A destra: uno scorcio del lato meridionale della chiesa di Mattia, il maggior tempio cittadino.

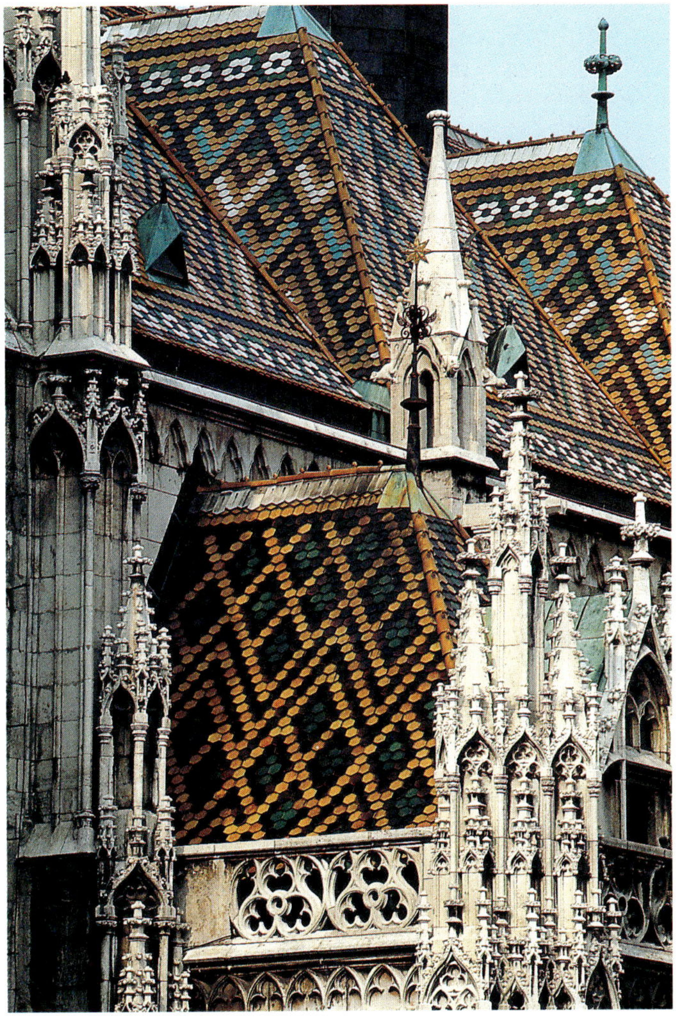

Ma è Buda, relegata per lo più al ruolo di grande quartiere museo, che ha condizionato la storia della città. Distribuita su più alture ha il suo cuore nel quartiere della Fortezza, a nord, e nel Palazzo Reale, a sud. Nel primo rimangono le vie più antiche della città, sopravvissute all'occupazione turca e alla successiva riconquista, dove si affacciano palazzi gotici, rinascimentali e barocchi, delimitati a est dal profilo della chiesa di Mattia, l'edificio più pregevole della città. Testimone di tutte le vicende fondamentali del Paese, presenta, dopo svariati rimaneggiamenti, le forme del gotico maturo, mentre è stata cancellata ogni traccia dell'occupazione turca che l'aveva trasformata in moschea. Dietro l'abside della chiesa, il bastione dei Pescatori, con il suo profilo neoromanico d'inizio Novecento, chiude la fortezza affacciandosi sul fiume e fungendo da belvedere sul Danubio. Oltre il Palazzo Reale s'intravede a sud, dinanzi al verde ponte della Libertà, la mole dell'hotel Gellert dove si perpetua la più nobile delle tradizioni romane e turche: le terme.

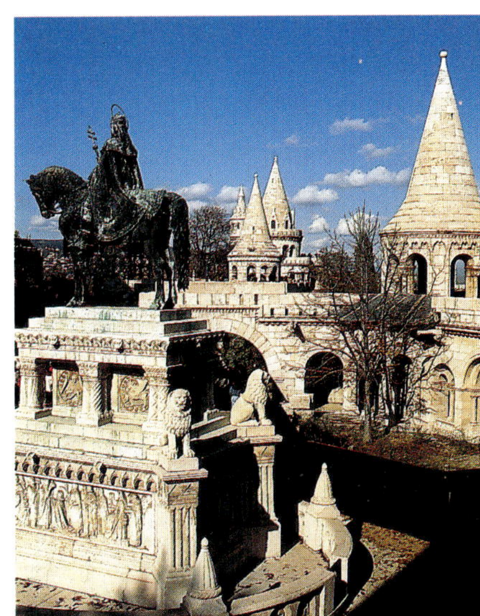

La statua equestre (1906) del re Stefano I e il bastione dei Pescatori (1903), nel quale colonne, torri e camminamenti disegnano un Medioevo fantastico.

ASIA

India: il complesso templare di Khajuraho, eretto tra il X e il XIII secolo e celebre per le raffinate sculture erotiche che adornano l'esterno degli edifici.

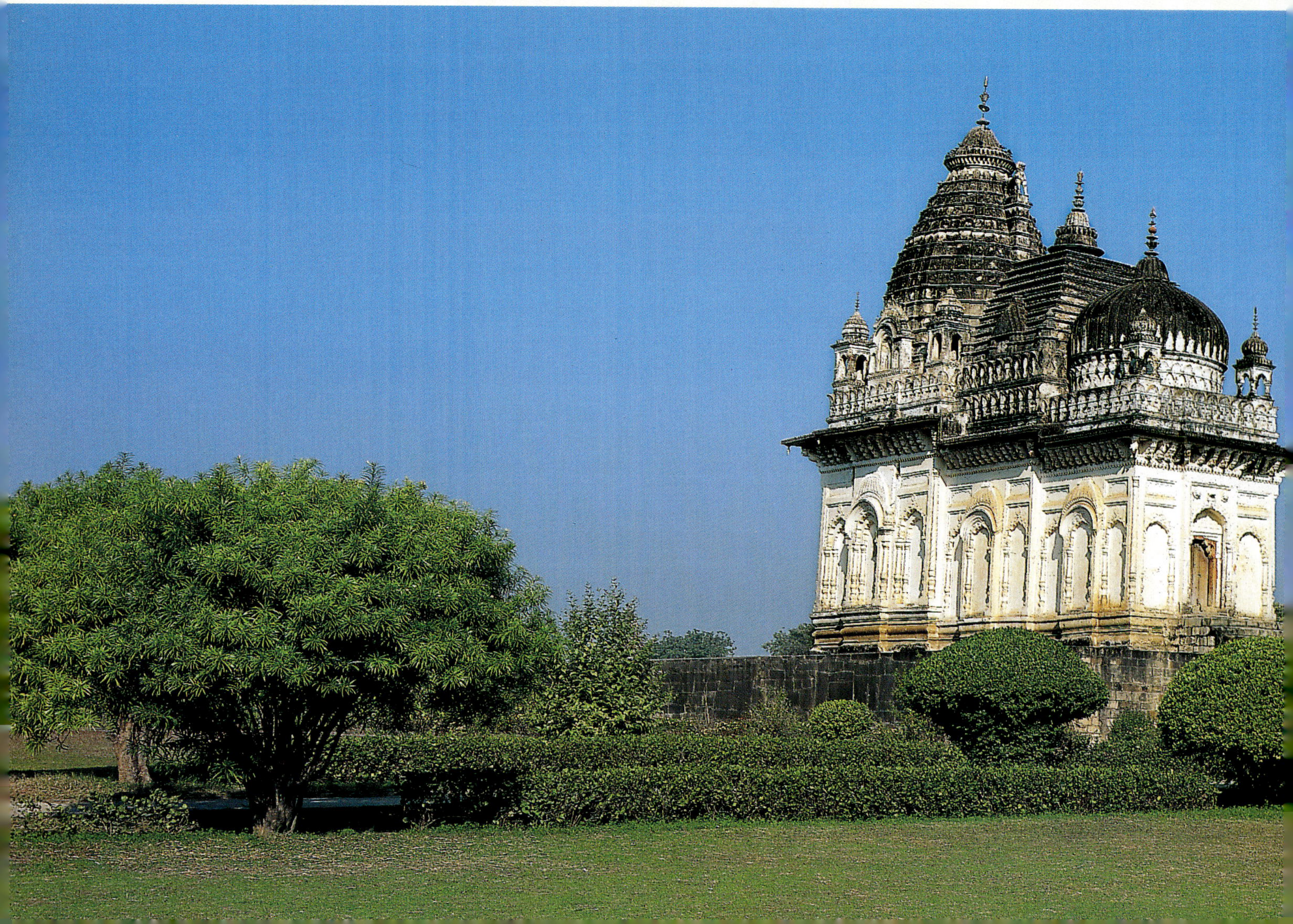

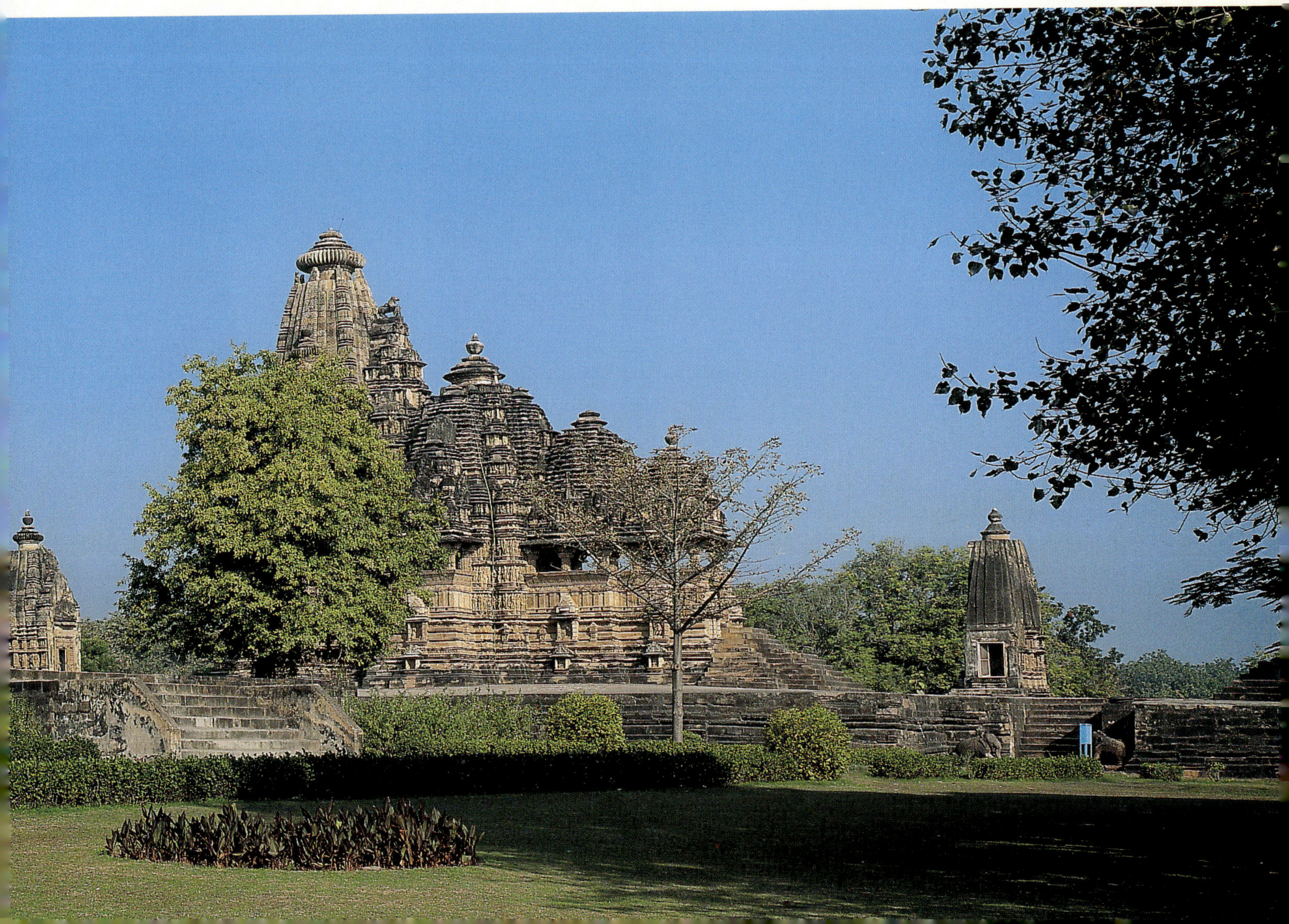

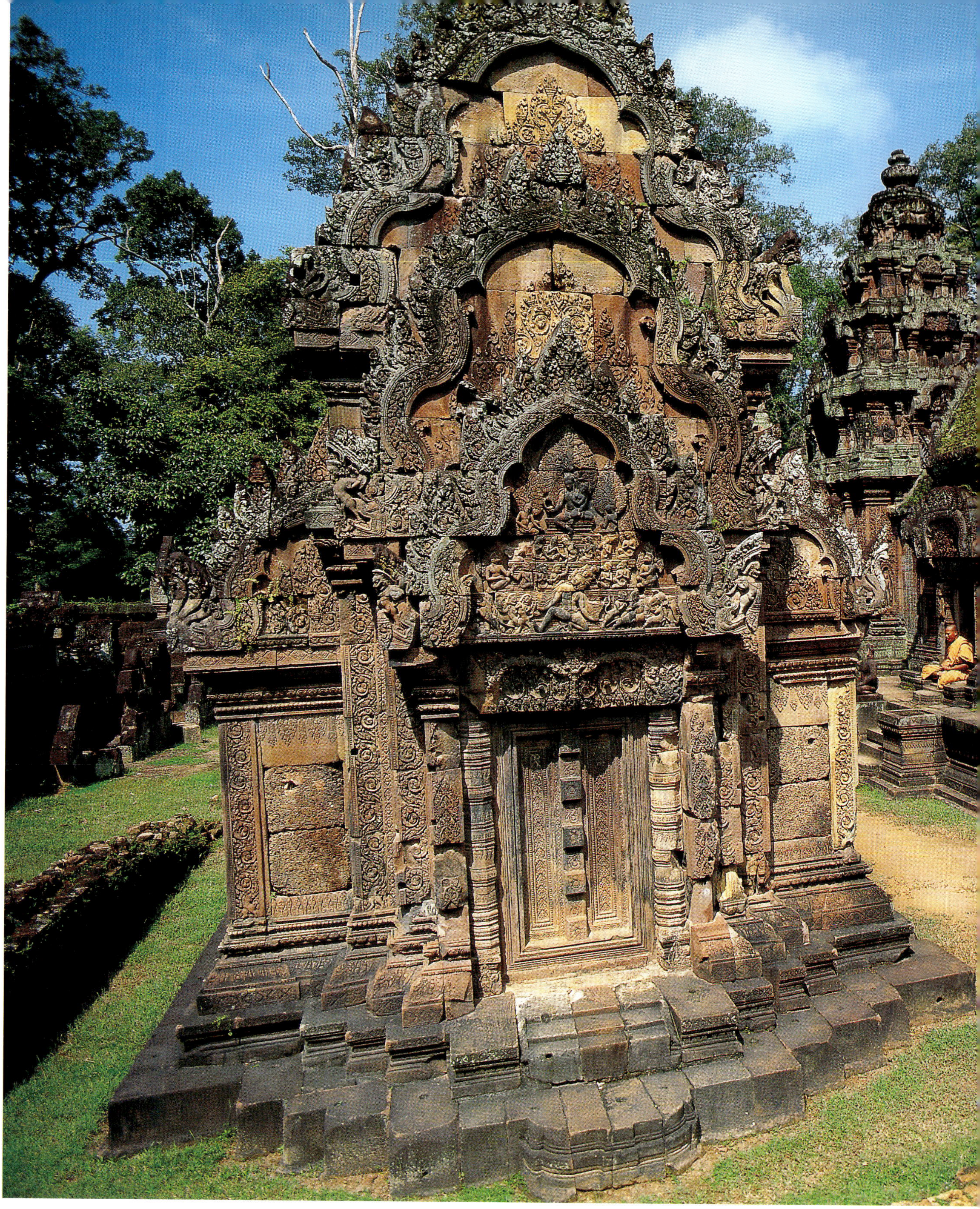

Monaci buddisti immersi nella meditazione davanti al tempio Banteay Srei.

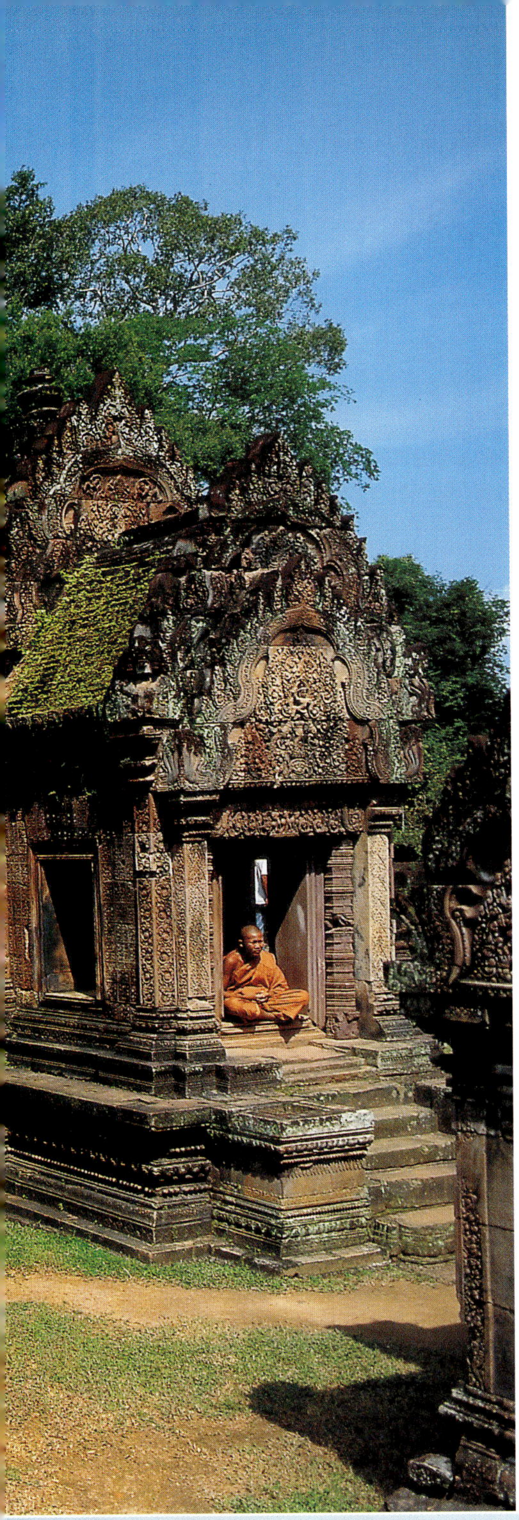

CAMBOGIA

ANGKOR

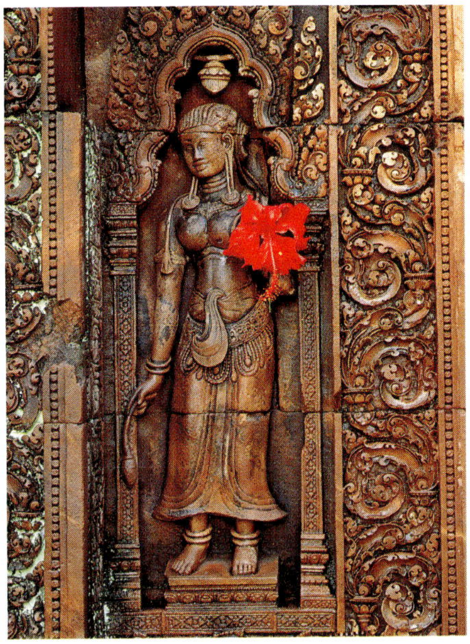

Una decorazione scultorea del tempio Banteay Srei, risalente agli inizi dell'XI secolo.

Truppe di guerrieri con i lunghi capelli sciolti al vento, guidate da sovrani in groppa a cavalli ed elefanti, fronteggiano eserciti nemici per difendere Angkor, antico fulcro dell'esteso e potente impero costruito dai sovrani khmer tra il IX e il XIII secolo. Si tratta di una scena ricorrente nei bellissimi bassorilievi, eseguiti con eccezionale maestria, che decorano il Bayon, complesso tempio di arenaria protetto da torri dominate da enigmatici e inquietanti volti di pietra, costruito dal re Jayavarman VII (1181-1219) al centro della città fortificata di Angkor Thom, una delle capitali dell'impero. Siamo in Cambogia, nei pressi della piccola città di Siem Reap, punto di partenza per visitare la vasta area archeologica, superba ed emozionante testimonianza della civiltà khmer. Le strutture stesse degli edifici civili e religiosi sono fonti per capire le stratificazioni secolari di mutamenti politici e religiosi: il Bayon, per esempio, ideato come luogo di culto in onore di Shiva, venne trasformato, a lavori già avviati, in un tempio buddista. I numerosi templi sembrano faticosamente scaturire dalla giungla lussureggiante: le tortuose radici degli alberi si intrecciano con le mura, con le figure umane e divine dalle labbra carnose, con i demoni, con le leggiadre fanciulle celesti, con le colonne, con le scalinate, simili a tentacoli giganteschi che si fanno inesorabilmente strada, tracciando nuovi percorsi nella pietra. Ad Angkor il difficile connubio tra giungla e reperti archeologici ha generato un ambiente affascinante e misterioso, originando talvolta insolite prospettive architettoniche: porte e corridoi si susseguono con il cielo come soffitto, mentre torri, strutture piramidali, terrazze, recinti reali, strade lastricate e statue emergono dall'incalzante oceano verde e danno il senso dell'ampiezza culturale e della potenza economica e militare raggiunte dai re khmer, incarnazioni di Visnu.

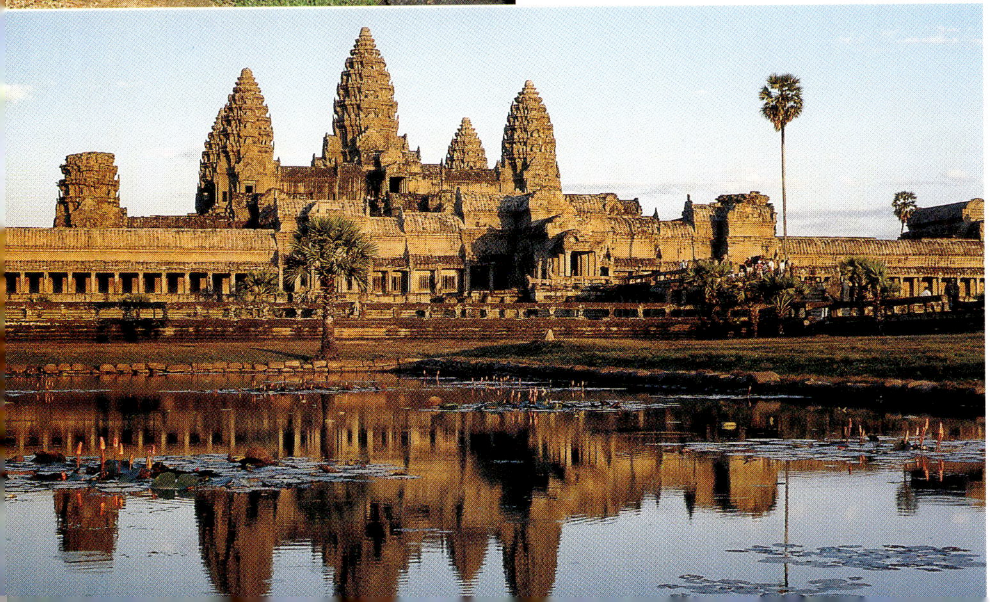

Il perimetro del complesso di Angkor visto dal lato occidentale.

CINA

L'AREA DI CHENGDE E I SUOI TEMPLI

Lo scoprì alla fine del Seicento l'imperatore Kang Xi della dinastia mancese dei Qing. Era un territorio di colline e rocce in una pianura ricca di acque e circondata da montagne, e Kang Xi volle farne una residenza estiva e di rappresentanza, che qualche decennio

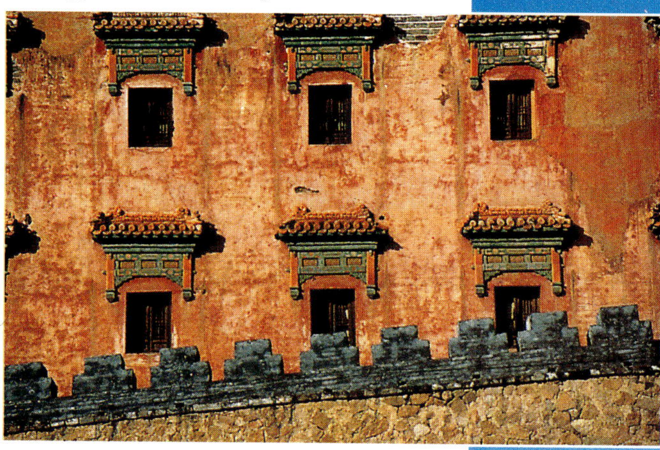

dopo il nipote Qian Long ampliò.
In un enorme parco - dove al tappeto di laghi e stagni si contrappongono alture e rocce scabre, sintesi dei paesaggi del Sud e del Nord della Cina, che Lord McCartney, ambasciatore britannico, paragonò nel 1793 ai giardini romantici inglesi - sono disseminati i padiglioni delle residenze imperiali e i templi religiosi. Piccoli e sobri i primi, di scuro legno di cedro non trattato, estranei all'aggressività del complesso purpureo della Città Proibita, in ossequio alle radici nomadi della dinastia; imponenti i secondi, dedicati alle divinità lamaiste delle minoranze tibetane e mongole, le cui ribellioni e opposizioni erano fonte di preoccupazione per l'unità dell'impero e la stabilità dei Qing.

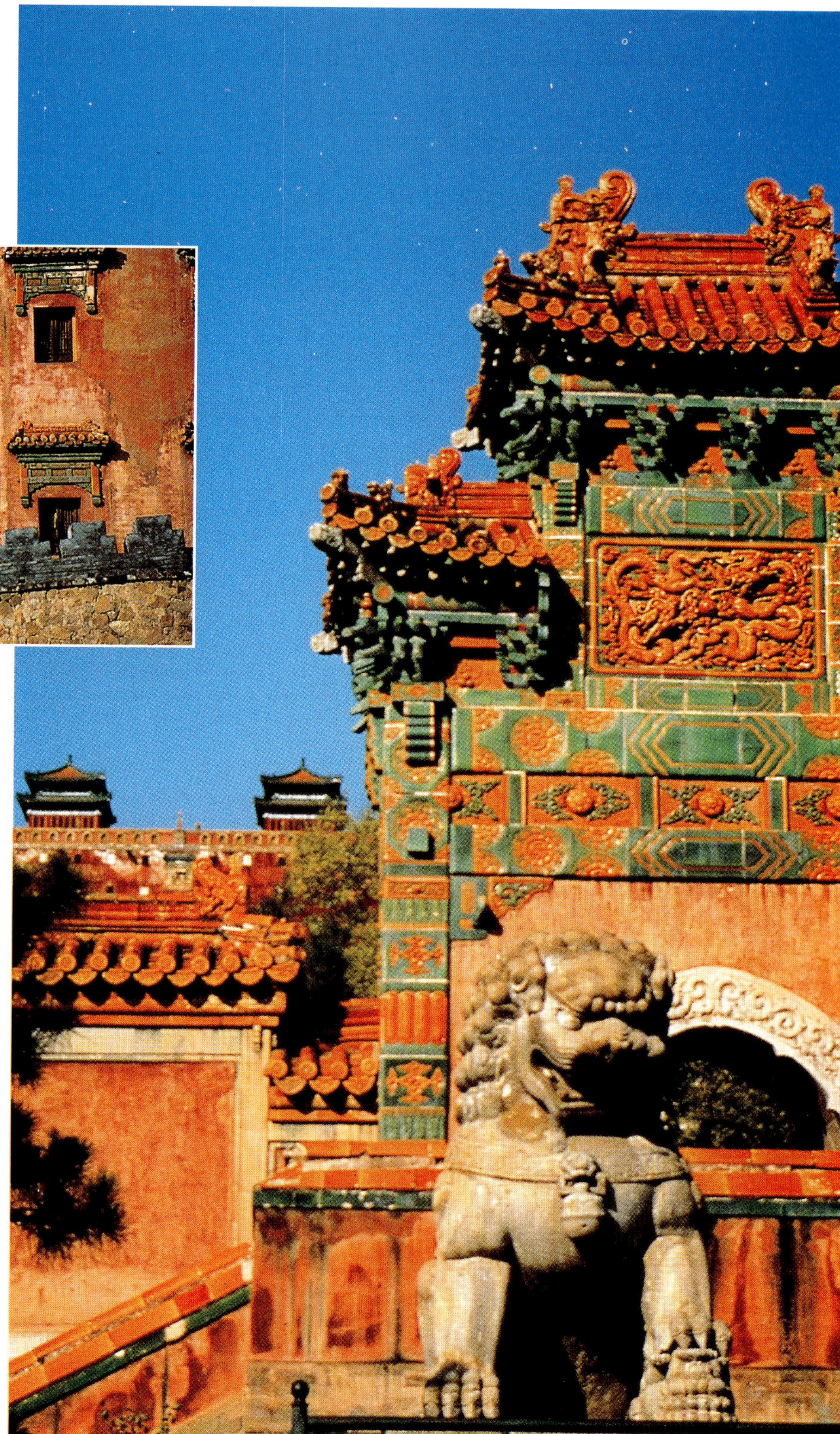

In alto: la facciata del monastero Xu Mi Fu Shou.

A lato: il tempio della Dottrina Potaraka.

CINA

GLI HUANGSHAN

Sotto: una pagoda circondata dai pini.

In basso: gli Huangshan emergono dalle nubi.

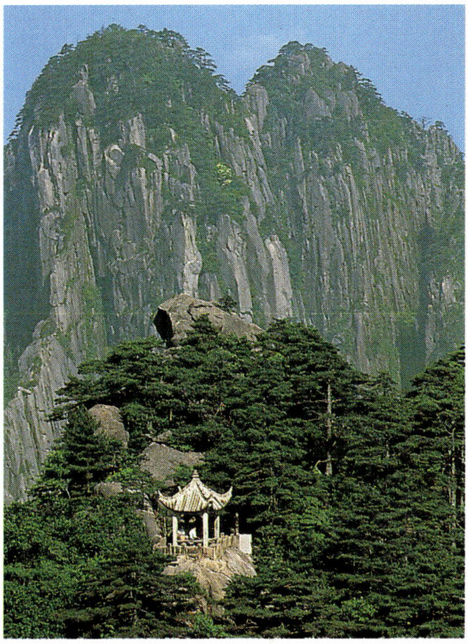

Li hanno dipinti gli artisti, cantati i poeti, percorsi e scalati i pellegrini. Gli Huangshan, le "montagne Gialle" che si alzano tra le foreste di bambù nella piana del basso corso del Chang Jiang, sono da sempre territorio amato dagli dei e sacro agli uomini. Il mondo degli Huangshan condensa in sé l'archetipo del paesaggio cinese: i monti sono rocce tormentate e sovrapposte che compongono coni e piramidi isolati o fra loro affastellati, gli alberi sono neri pini contorti aggrappati alle rare strisce di terra e di erba, e i cieli sono perennemente attraversati dai veli biancastri e vaporosi di nebbie e nuvole. Così come il pino di Aleppo, dalla chioma rada e dal tronco dolorosamente contratto, è, nella cultura e nella tradizione popolare di questa civiltà in cui la simbologia detta legge, emblema della tenacia e della saggezza. E alle divinità del luogo e del buddismo sono dedicati i padiglioni e le caverne, i templi e i monasteri che monaci e devoti hanno costruito nel corso dei secoli all'ombra delle nuvole e negli anfratti.

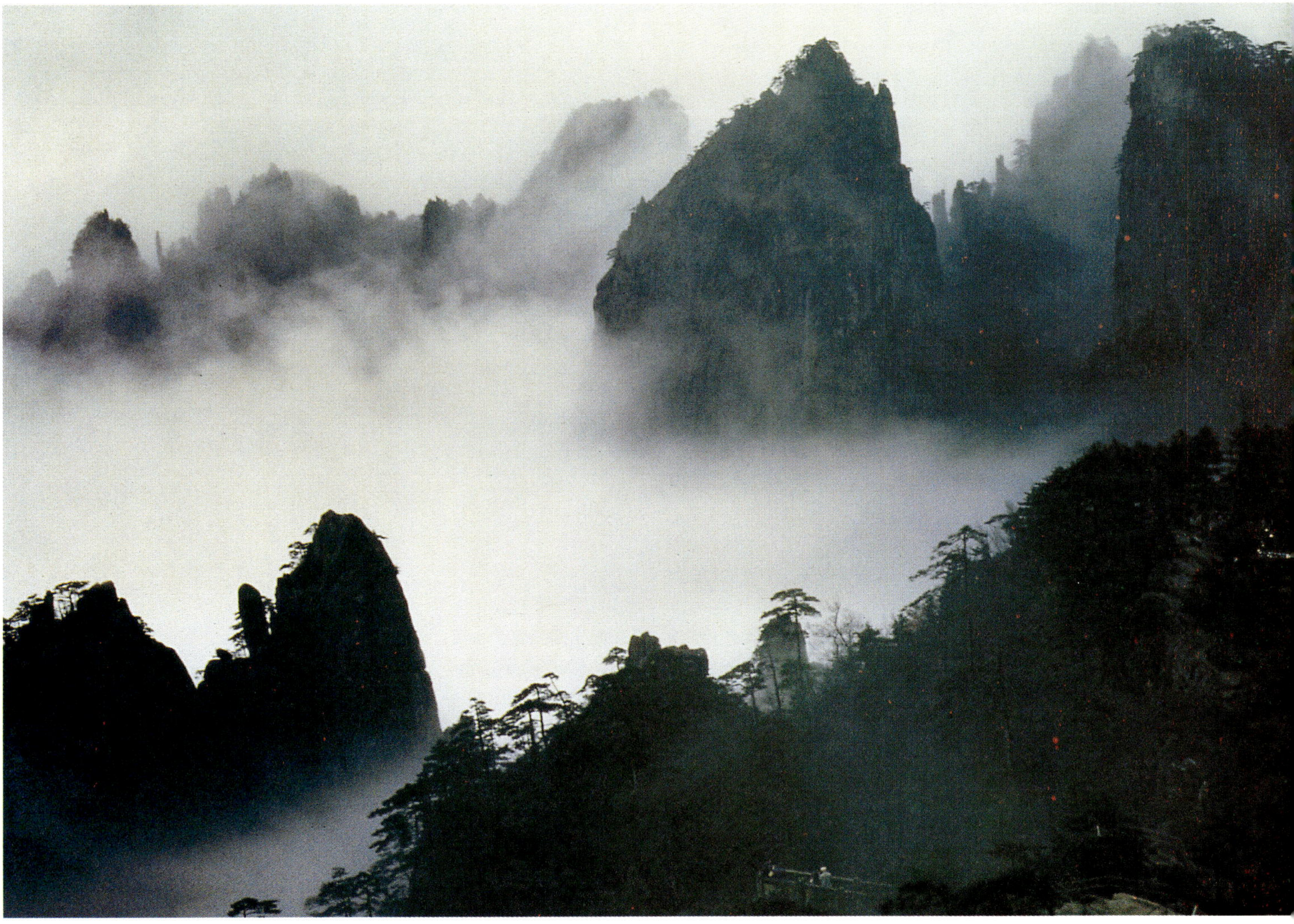

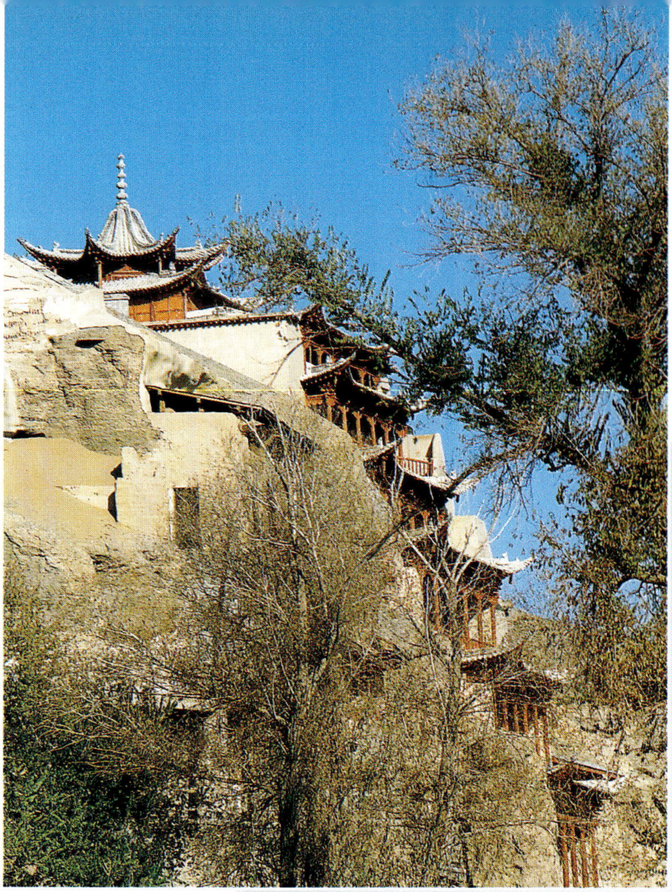

Nati come luogo di eremitaggio, i monasteri di Dunhuang si sono arricchiti nel corso dei secoli di sfarzosi edifici.

CINA

LE GROTTE MOGAO

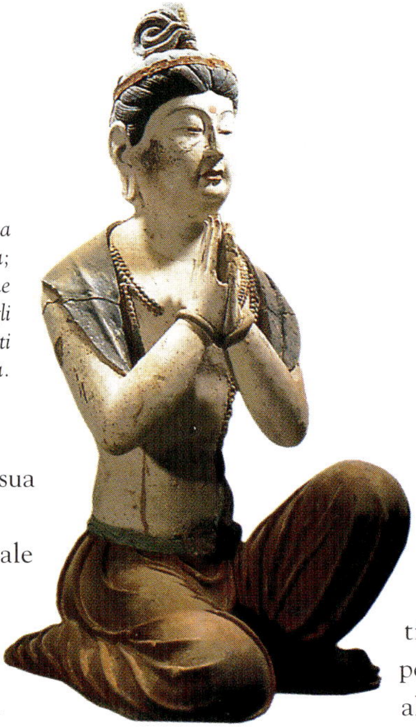

Statua policroma di un Bodhisattva; con questo nome si indicano tutti quegli esseri destinati a diventare Buddha.

Quattro secoli dopo la sua costruzione, voluta dalla corte dell'antica capitale Chang An (l'attuale Xian), nel 330 d.C. il monaco Lie Zu, di ritorno da un viaggio in India, approdava a Dunhuang, piazzaforte lungo la Via della Seta, e nelle alture polverose di sabbia dei dintorni scavava le grotte del primo complesso religioso buddista entro il territorio dell'Impero di Mezzo e vi raccoglieva importanti testi sacri del buddismo indiano.
Legata al confucianesimo e al taoismo, i due grandi sistemi etico-filosofici della tradizione classica, la cultura cinese fu profondamente contaminata e sconvolta dalle nuove teorie religiose che erano filtrate agli inizi del I secolo d.C. attraverso i racconti orali di studiosi cinesi e monaci indiani, e poi nel II secolo con la traduzione dei testi sacri.
Quando nel IV secolo Lie Zu iniziò a costruire le grotte Mogao, regnanti, letterati, studiosi e mercanti erano già sensibili all'insegnamento di Buddha.
Man mano che dalla città-oasi di Dunhuang, divenuta centro culturale e meta di pellegrinaggi sulla Via della Seta, il buddismo raccoglieva nuovi consensi, le grotte Mogao, tipico insediamento povero ispirato all'eremitaggio, divennero migliaia e si affollarono di affreschi murali, statue, rotoli dipinti e testi sacri. Se nei dipinti sulle pareti delle grotte più antiche traspaiono le influenze dell'arte greco-bizantina e romana, nella statuaria dell'epoca Tang (618-907) - età dell'affermazione del buddismo come religione di Stato - il linguaggio artistico appare emancipato e autonomo. Originali e rari sono anche gli affreschi tantrici, dove i diagrammi mandalici si alternano alle scene di sesso.
Abbandonate nel XV-XVI secolo, quando le rotte sui mari si sostituirono a quelle di terra, le grotte Mogao restarono seppellite e protette dalla sabbia del deserto finché, nel 1899, non le riscoprì un monaco cinese al cui lavoro di scavo qualche anno dopo si affiancò un funzionario britannico del British and Indian Survey.

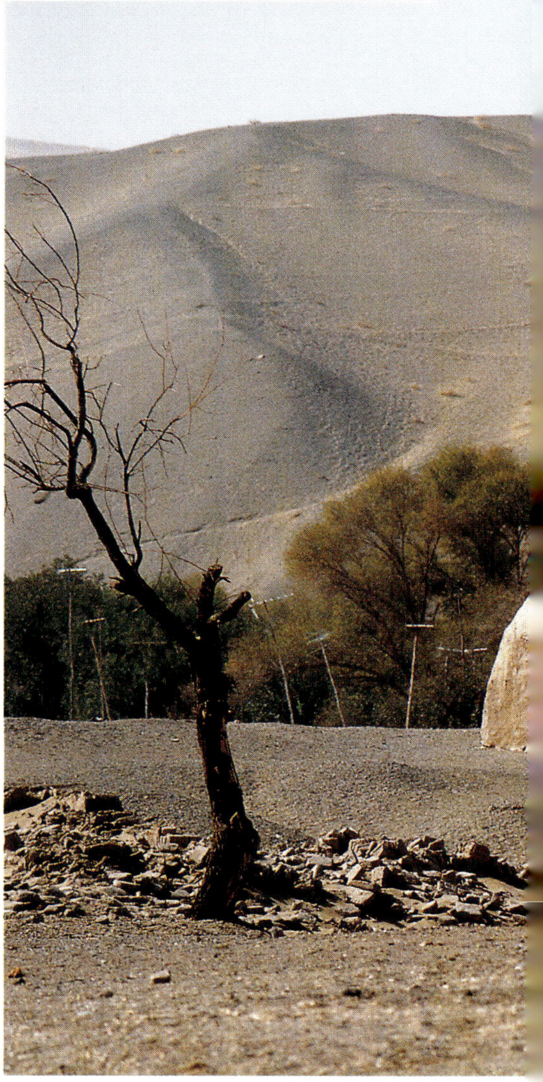

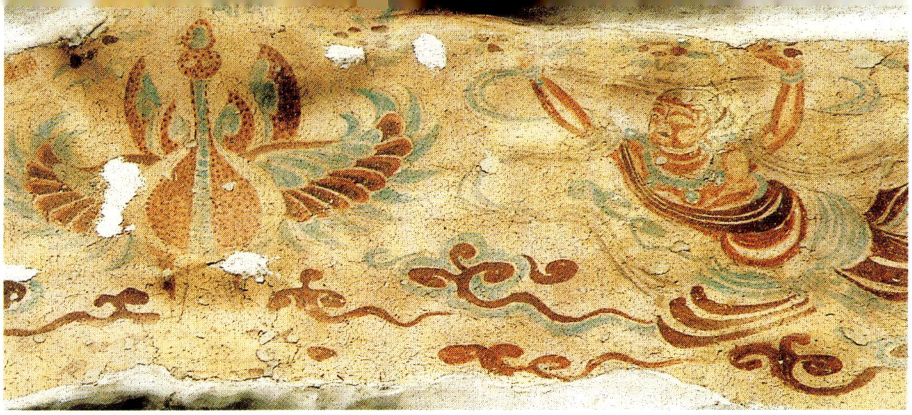

A sinistra: i dipinti più antichi (IV-VI secolo) delle grotte sono a tempera; i più recenti (XIII-XIV secolo) sono a fresco.

Sotto: le costruzioni più antiche si armonizzano splendidamente con i rilievi dell'aspro deserto di Gobi.

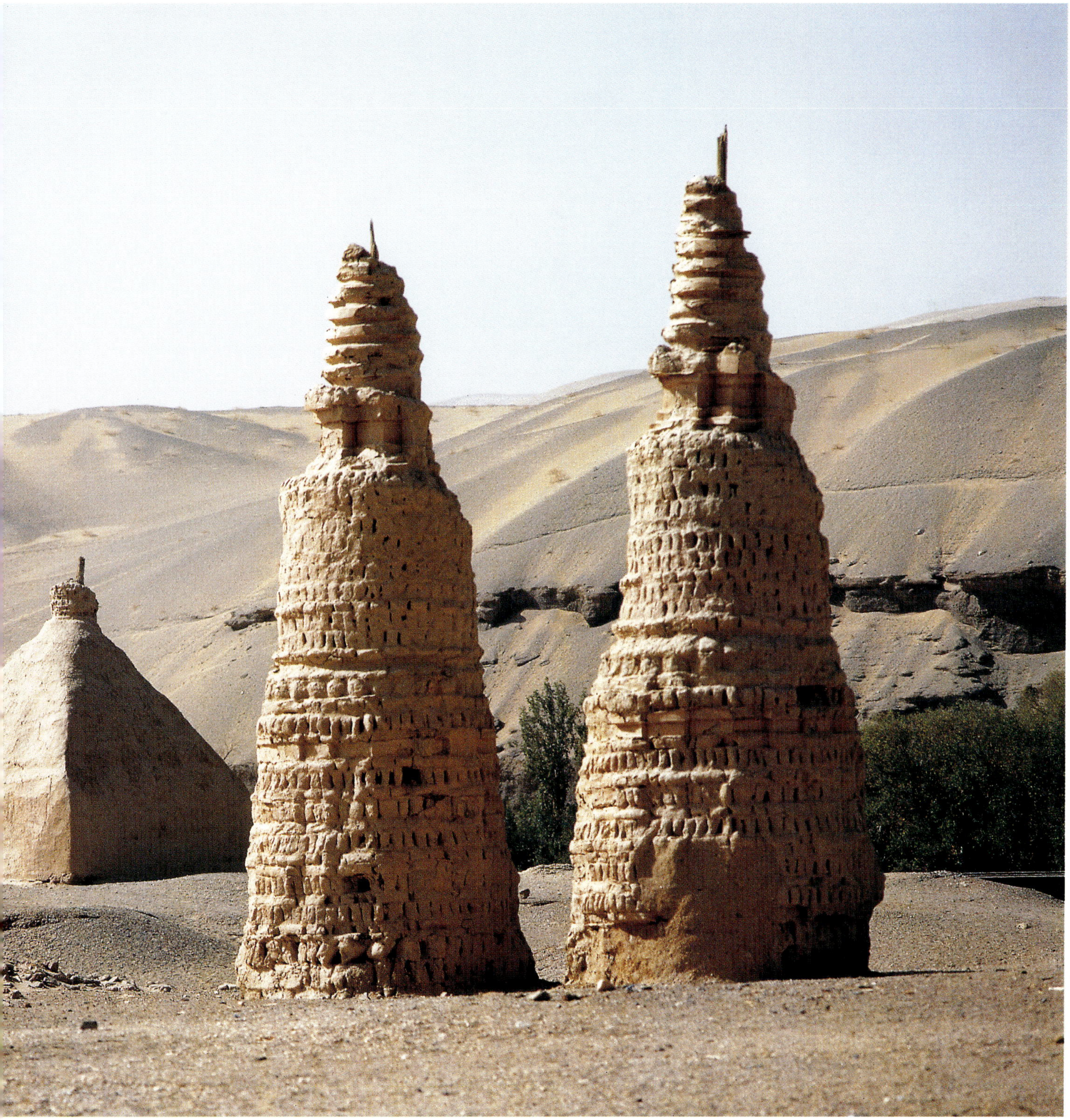

CINA

IL PALAZZO IMPERIALE DELLE DINASTIE MING E QING A PECHINO

Un ricco bestiario anima i tetti dei palazzi della Città Proibita.

A volere Beijing, la nuova capitale eccentrica rispetto alla civiltà cinese, fu Qubilai Khan, il fondatore della dinastia mongola che regnò in Cina per meno di un secolo. Fu invece l'imperatore Yong Le della successiva dinastia Ming a costruire il palazzo da cui avrebbero retto la Cina le ultime due dinastie, la Ming appunto e la Qing. Costruito secondo le regole del *fengshui* (la geomanzia che studia le influenze degli elementi naturali sugli insediamenti e sui comportamenti degli uomini), il Palazzo Imperiale di Pechino volge categoricamente le spalle al temibile Nord, da cui erano arrivati proprio i dominatori mongoli ideatori della nuova capitale, e si lascia proteggere dalla collina del Carbone, unico rilievo in una pianura aperta dove in primavera i venti e le sabbie del deserto corrono indisturbati. Città dentro la città, il Palazzo Imperiale ha un impianto a schema ortogonale e costruisce sull'asse nord-sud la sequenza

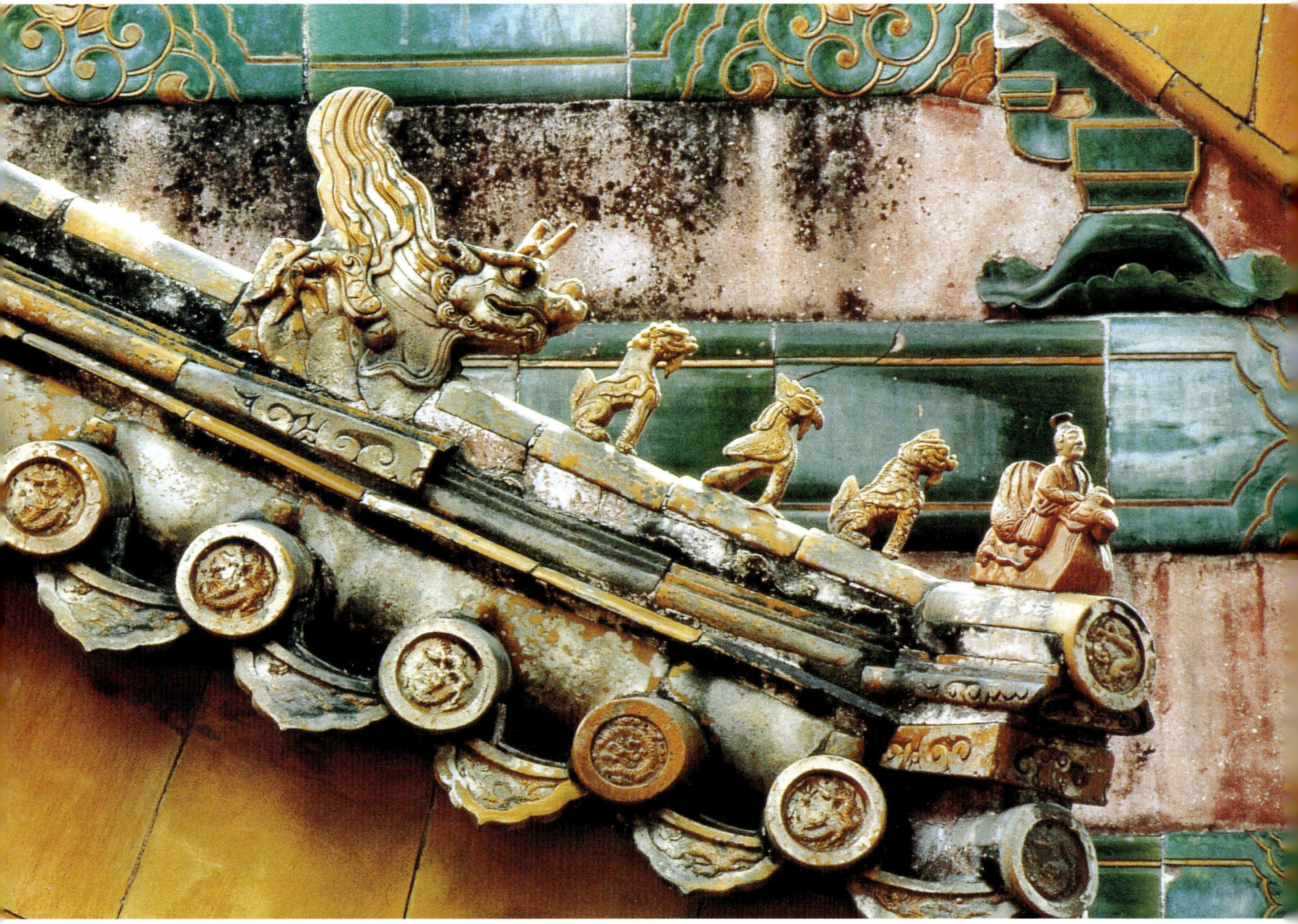

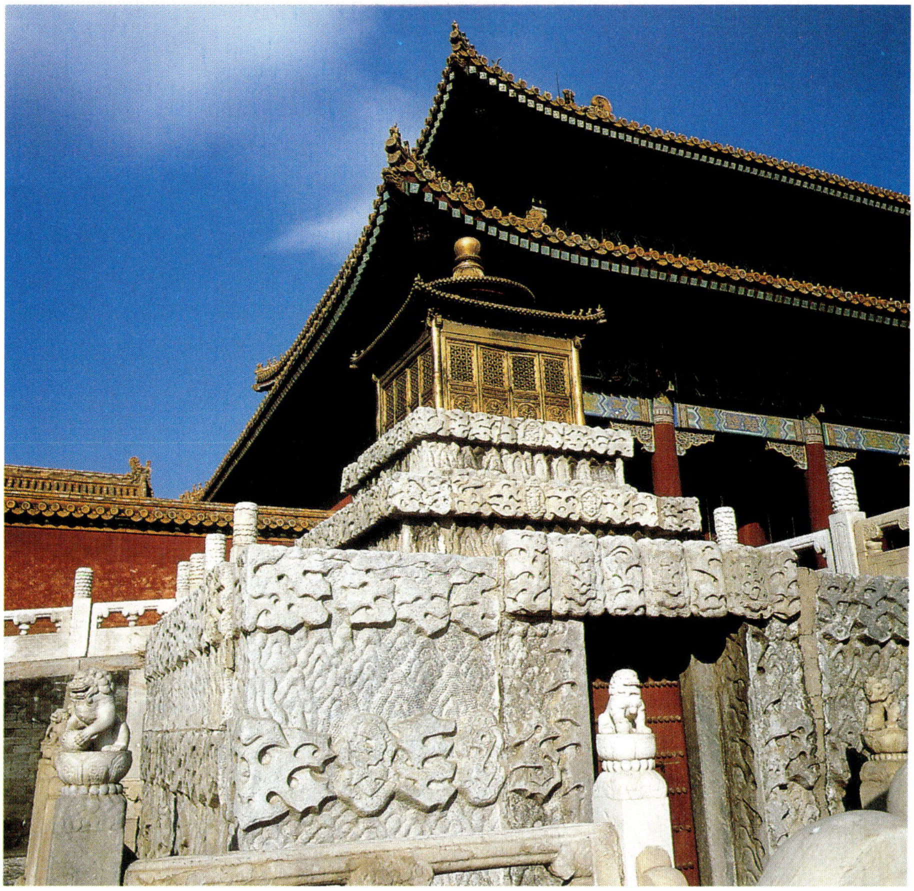

Il palazzo della Purezza Celeste, che accoglieva le camere da letto degli imperatori Ming e dei primi due sovrani Qing.

gerarchica dei luoghi e dei padiglioni di rappresentanza dell'imperatore. Ogni elemento architettonico possiede il proprio colore: purpurei i muri, gialle le maioliche per le tegole delle coperture su cui regnano dragoni e fenici, bianche le terrazze di marmo e grigie le pietre delle grandi e piccole corti.
Al di là delle porte di accesso, dietro i bastioni e i contrafforti color sangue si dilata il labirinto limpido e ossessivo dei quartieri della corte: mura, strade, gallerie vetrate e corti che introducono agli alloggi privati (dei familiari, delle concubine, dei funzionari, degli eunuchi), ai teatri, alle biblioteche, alle scuole, ai giardini rocaille. Ma anche a spazi di servizio insospettabili, come i magazzini del riso e del tè, i padiglioni per l'allevamento dei bachi da seta, i chioschi per riporre i semi degli ortaggi e i giardini degli alberi da frutto, dove a fianco dei cachi e dell'uva si usavano coltivare zucche e melanzane, sacri alla tradizione buddista: un mondo agricolo che neppure nella residenza degli imperatori poteva essere soppresso.

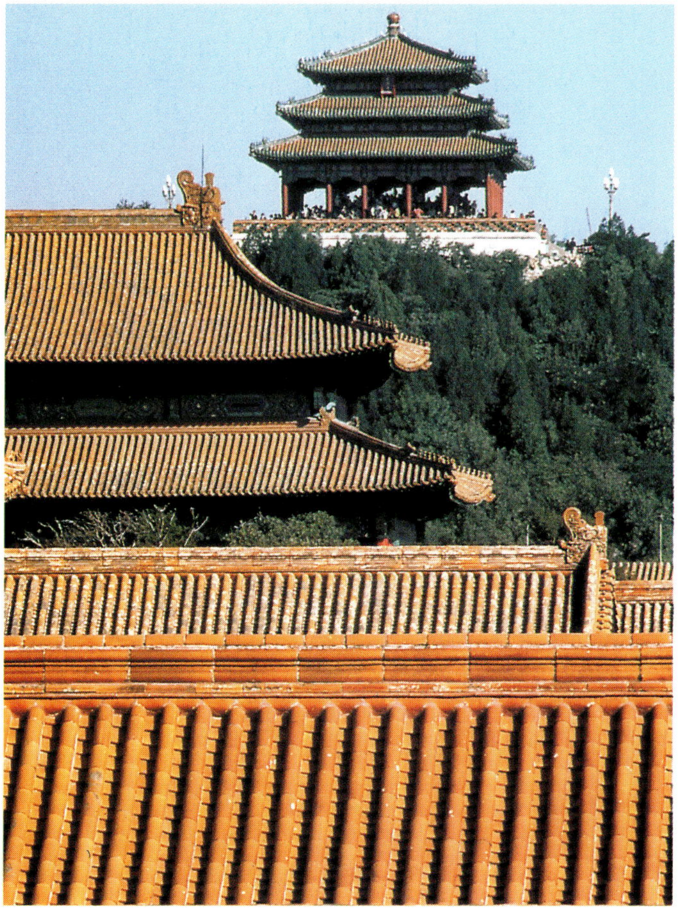

A sinistra: il padiglione dell'Eterna Primavera domina i tetti della Città Proibita dalla collina del Carbone.

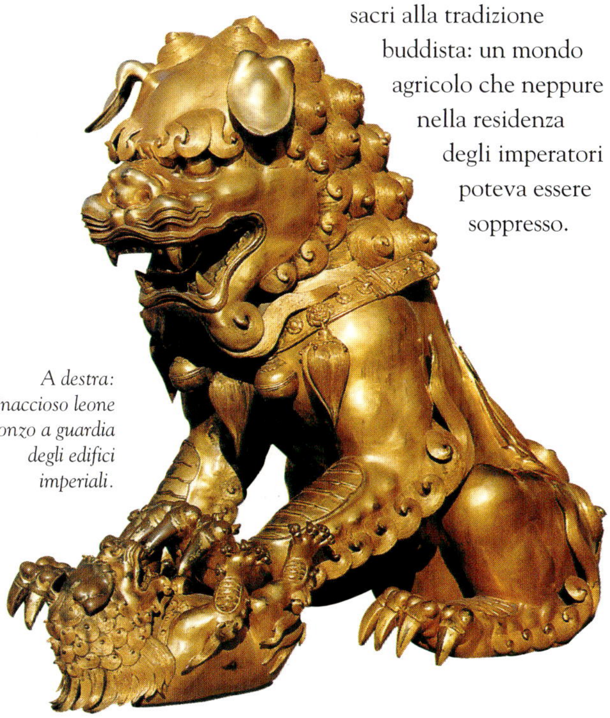

A destra: un minaccioso leone in bronzo a guardia degli edifici imperiali.

CINA

I GIARDINI DI SUZHOU

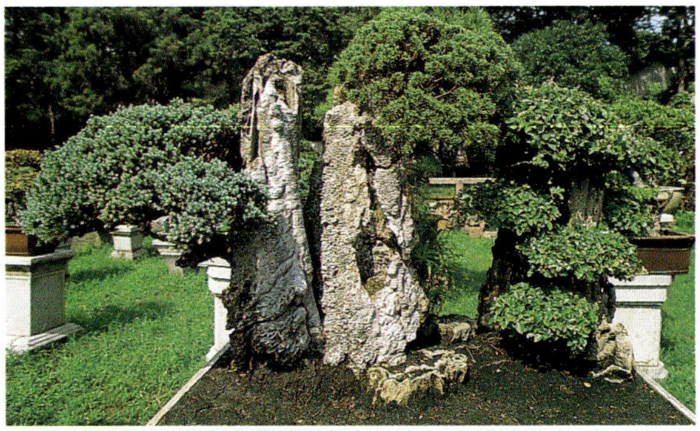

A sinistra e sotto: due scorci del giardino dei Bonsai.

È un giardino, il giardino della Grande Vista, il teatro delle azioni dei giovani protagonisti del romanzo settecentesco *Il sogno della camera rossa*. Quello spazio che ascolta le fantasie e i desideri di Bao Yu e delle sue cugine, allegoria della giovinezza e microcosmo della vita dell'uomo, è, secondo alcuni

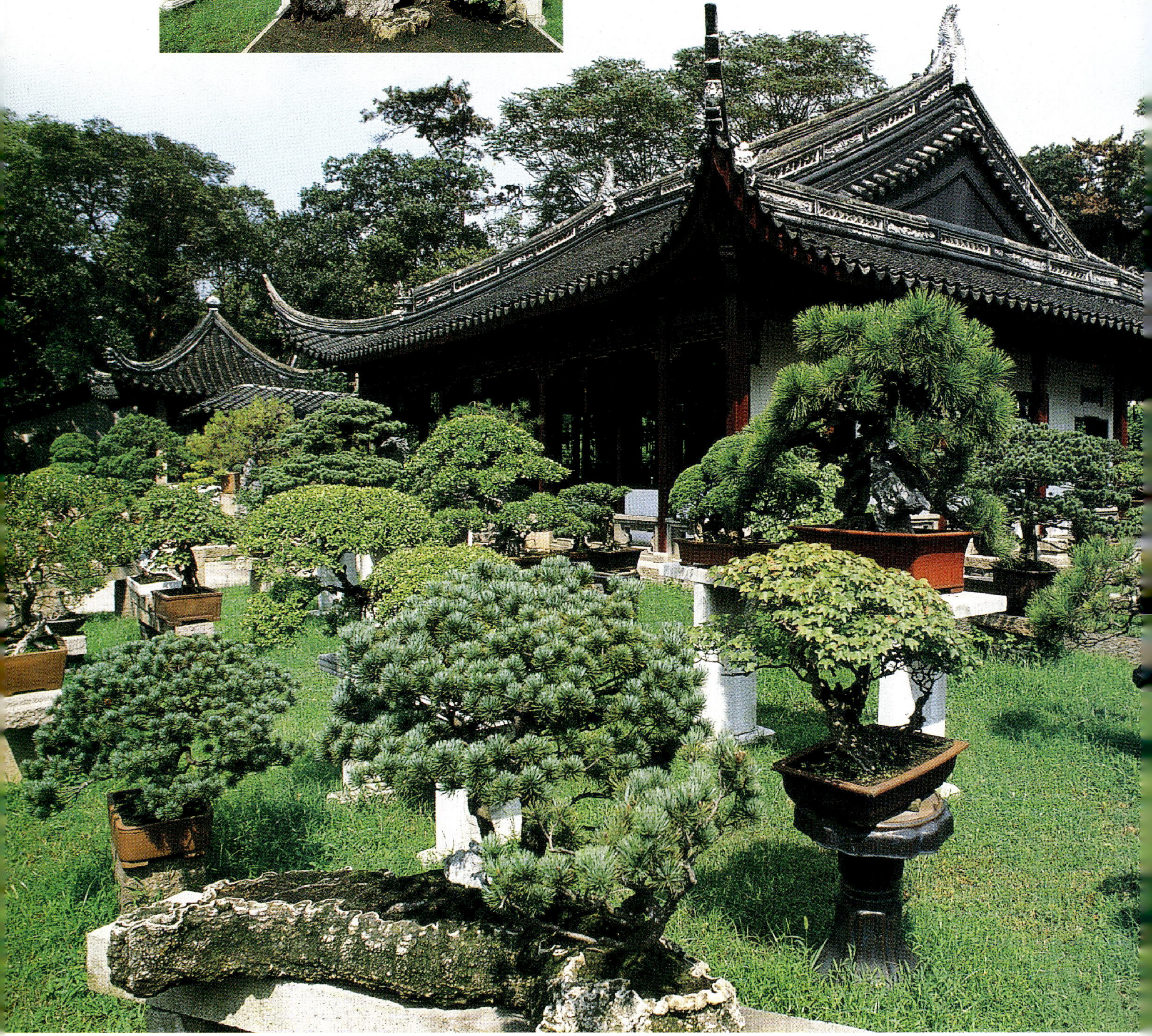

studiosi, la riproduzione di un luogo reale: il giardino dell'Armonia di Suzhou, voluto da un importante funzionario alla fine del Seicento. A Suzhou la tradizione del giardino risale all'epoca Song (X-XIII secolo), quando l'imperatore risiedeva nella vicina Hangzhou e molti uomini della corte

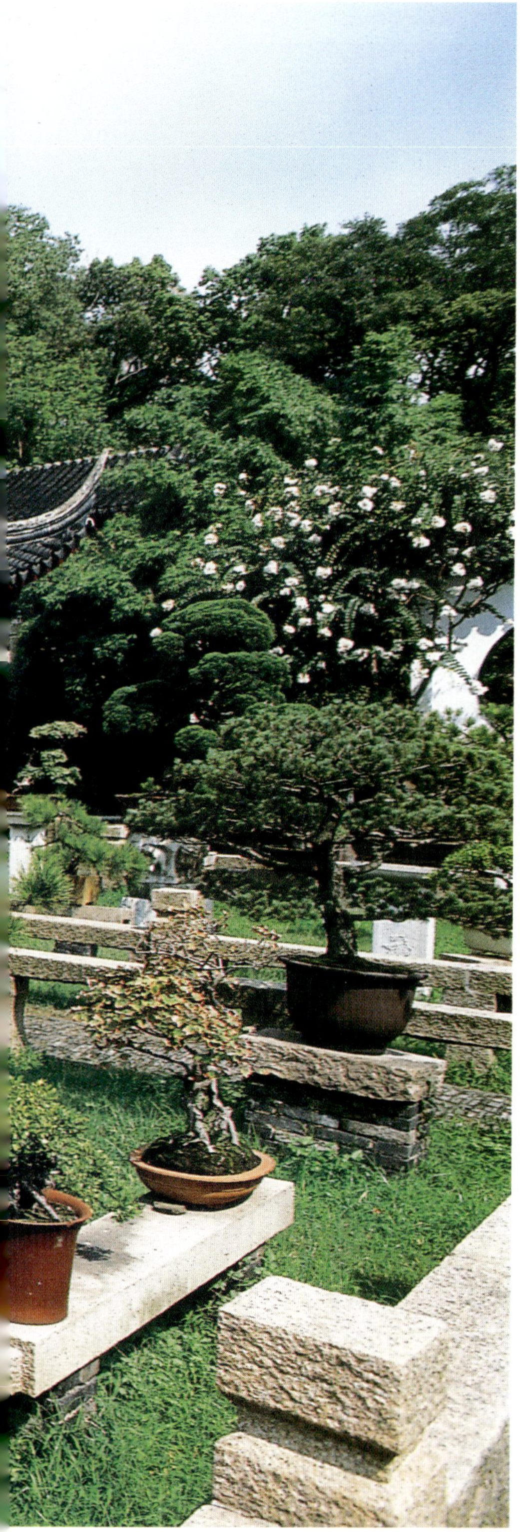

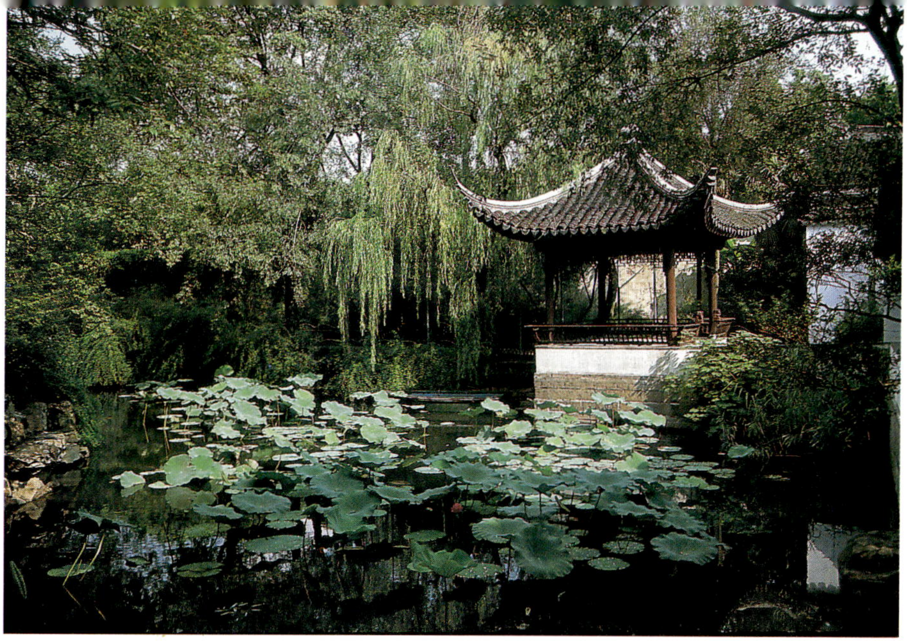

avevano scelto come dimora la bella città lambita da numerosi corsi d'acqua. Protetto da muri di cinta raramente forati, il giardino cinese esclude ogni desiderio di mimesi della natura e percorre la strada del simbolismo e della tensione verso l'armonia. La varietà degli elementi - le acque con laghi e stagni disegnati da isole e penisole, le rocce modellate, incise o scavate, i boschetti di bambù e i pini, i padiglioni, i chioschi, i portici e le gallerie - è lo strumento per dilatare lo spazio e comporre un paesaggio di proporzioni ed equilibri ideali, così come la presenza di diaframmi o di aperture (paraventi di legno traforato o setti murari pieni, finestre lobate o varchi in forma di luna piena) è l'artificio per simulare illusioni prospettiche, comporre effetti speciali ed esaltare elementi particolari. Degli oltre duecento giardini dell'epoca Ming (XIV-XVII secolo), che segna l'apoteosi di Suzhou, oggi ne restano pochi: il giardino del Padiglione delle Onde che Irrompono, il giardino Foresta dei Leoni, il giardino del Maestro delle Reti, il giardino Liu, il giardino dell'Umile Amministratore. Astrazioni e simbolismi governano i nomi delle architetture e dei luoghi - sala dell'Ombra, padiglione del Profumo del Loto, chiosco del Pruno, barriera delle Nuvole, padiglione della Luna e del Vento: parole e immagini allusive che spingono l'osservatore a penetrare i significati dei paesaggi.

Il giardino dell'Umile Amministratore, per costruire il quale furono necessari 16 anni; i lavori cominciarono nel 1509.

Lo stagno e la piccola pagoda del giardino dell'Umile Amministratore, uno degli angoli nei quali meglio si coglie la perfetta armonia tra natura e creazioni dell'uomo.

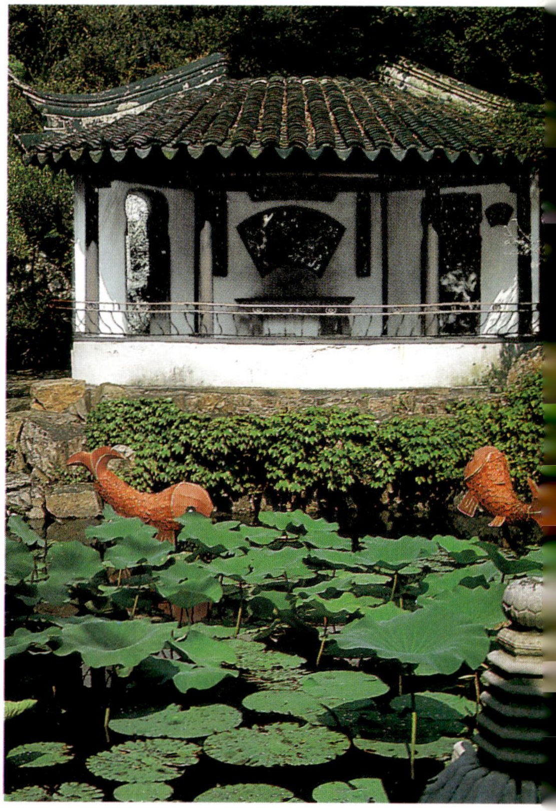

L'interno della basilica del Santo Sepolcro, austero edificio crociato molto rimaneggiato nel corso dei secoli.

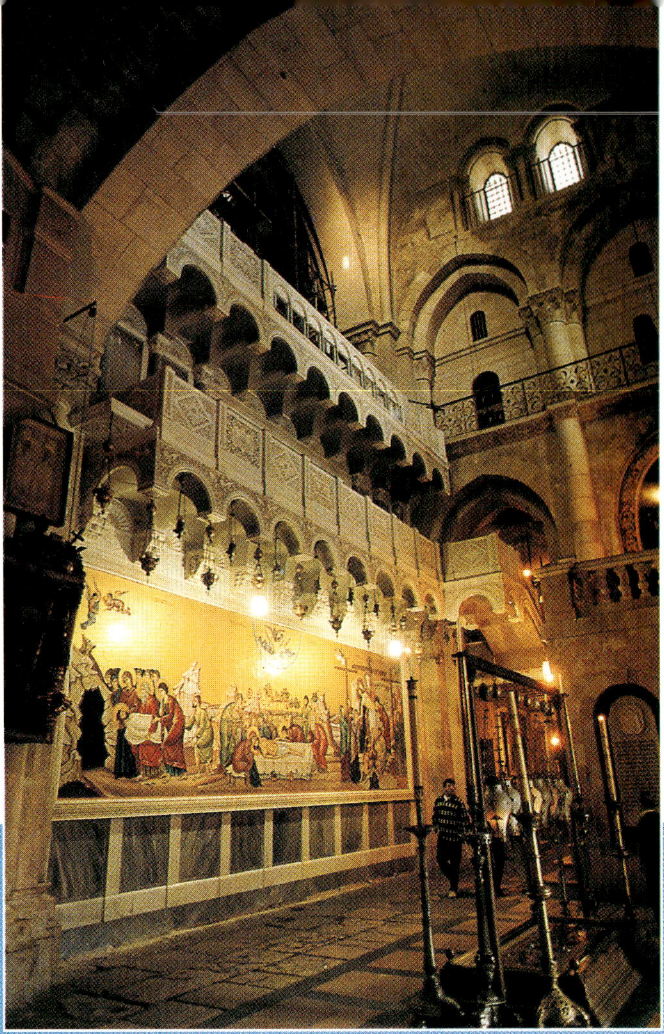

GERUSALEMME

LA CITTÀ VECCHIA E LE SUE MURA

Sotto: la Città Vecchia dominata dalla cupola della Roccia, gioiello dell'architettura islamica.

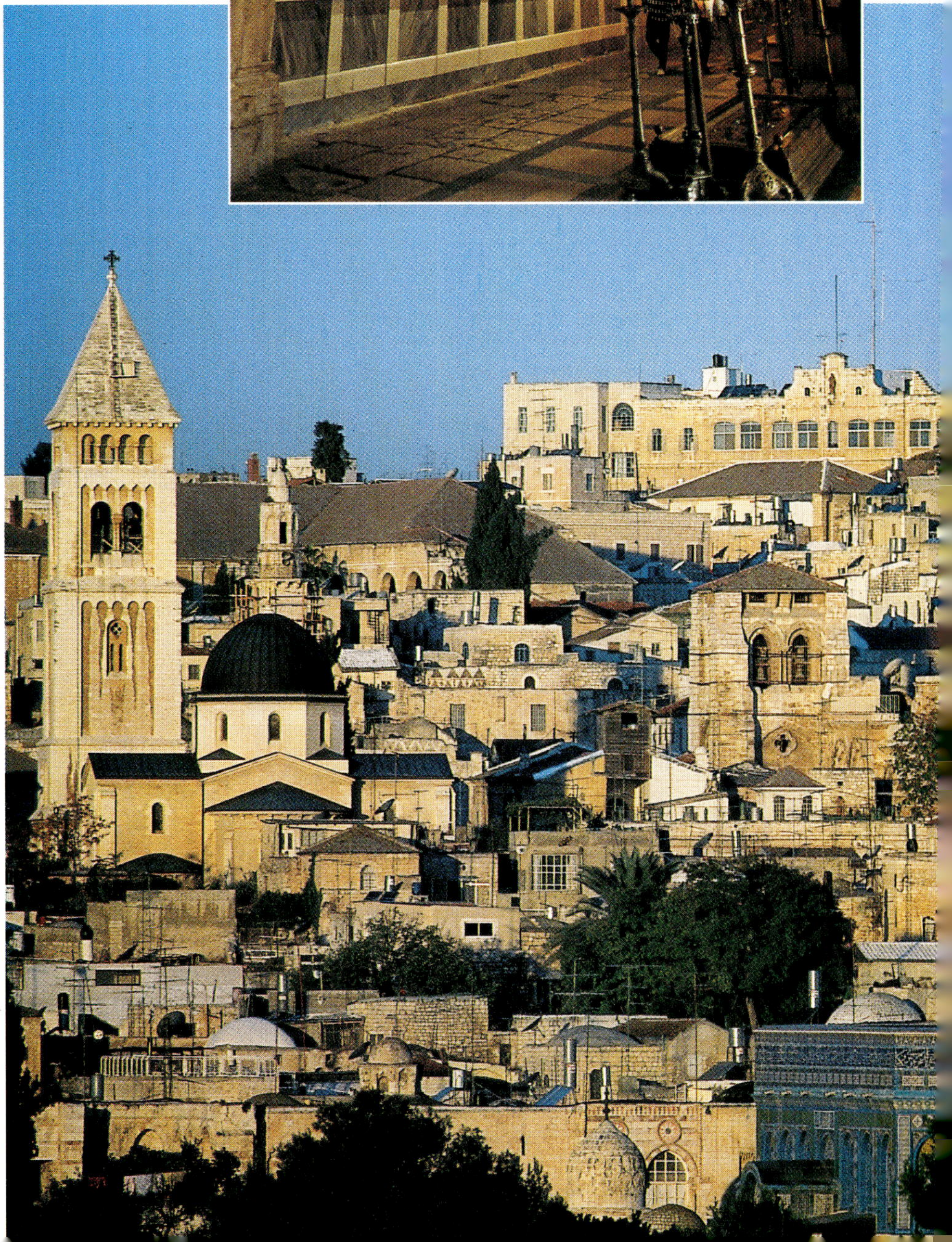

Città simbolo delle tre fedi monoteistiche che discendono dal patriarca Abramo, è riconosciuta come luogo sacro per eccellenza da cristiani, ebrei, che la chiamano *Yerushalaym*, e musulmani, per i quali è *Al-Quds*, "la Santa". La Città Vecchia, adagiata sulle colline, è racchiusa dalle bianche mura edificate da Solimano il Magnifico, splendido esempio di architettura araba cinquecentesca e luogo da cui si può osservare all'interno del tracciato urbano la compresenza di popoli dall'unica radice ma dalla storia così diversa e spesso conflittuale. Terra venerata e aspramente contesa, Gerusalemme si offre abbagliante alla vista, con il sole alle spalle, dal monte degli Ulivi. "Ecco apparire Gerusalemme, si sente"; questo verso di Torquato Tasso dà il senso profondo delle sensazioni che assalgono improvvise pellegrini e visitatori di ogni tempo, giacché questa città prima di tutto si sente, si percepisce come se le pietre stesse avessero assorbito il significato rituale e simbolico degli eventi ed emanassero fluidi magnetici che toccano menti e cuori nel profondo. Percorrendo il labirinto di stradine della Città Vecchia, attraversando i quattro quartieri in cui è divisa (armeno, cristiano, ebraico e musulmano), è un susseguirsi incessante di luoghi simbolo, edificati l'uno accanto all'altro. Ciò che colpisce è l'estrema concentrazione del tutto, che crea una permanente atmosfera ad alta densità

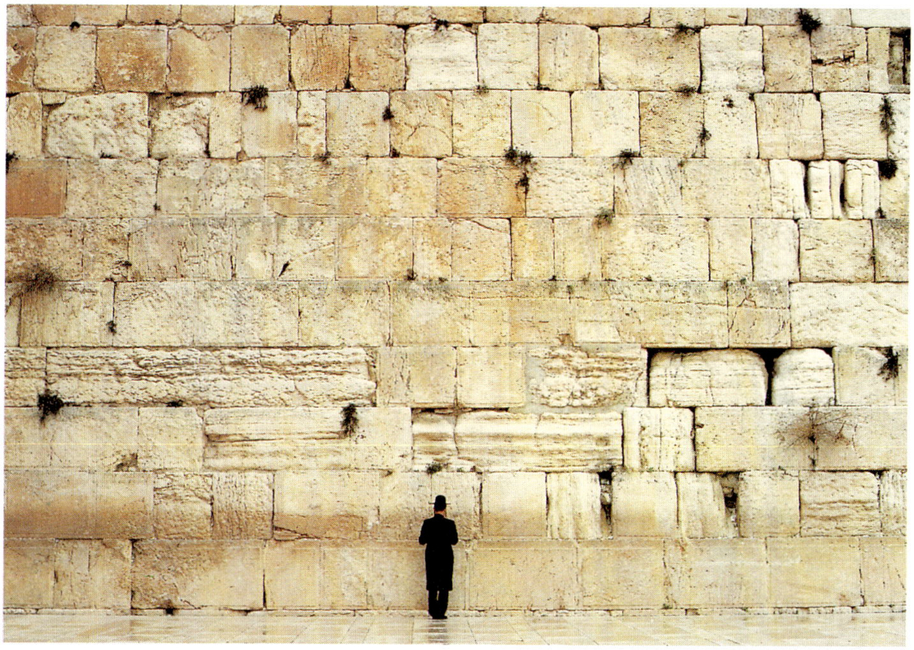

Il Muro Occidentale, nel mondo cristiano conosciuto come Muro del Pianto, il luogo più santo della Gerusalemme ebraica.

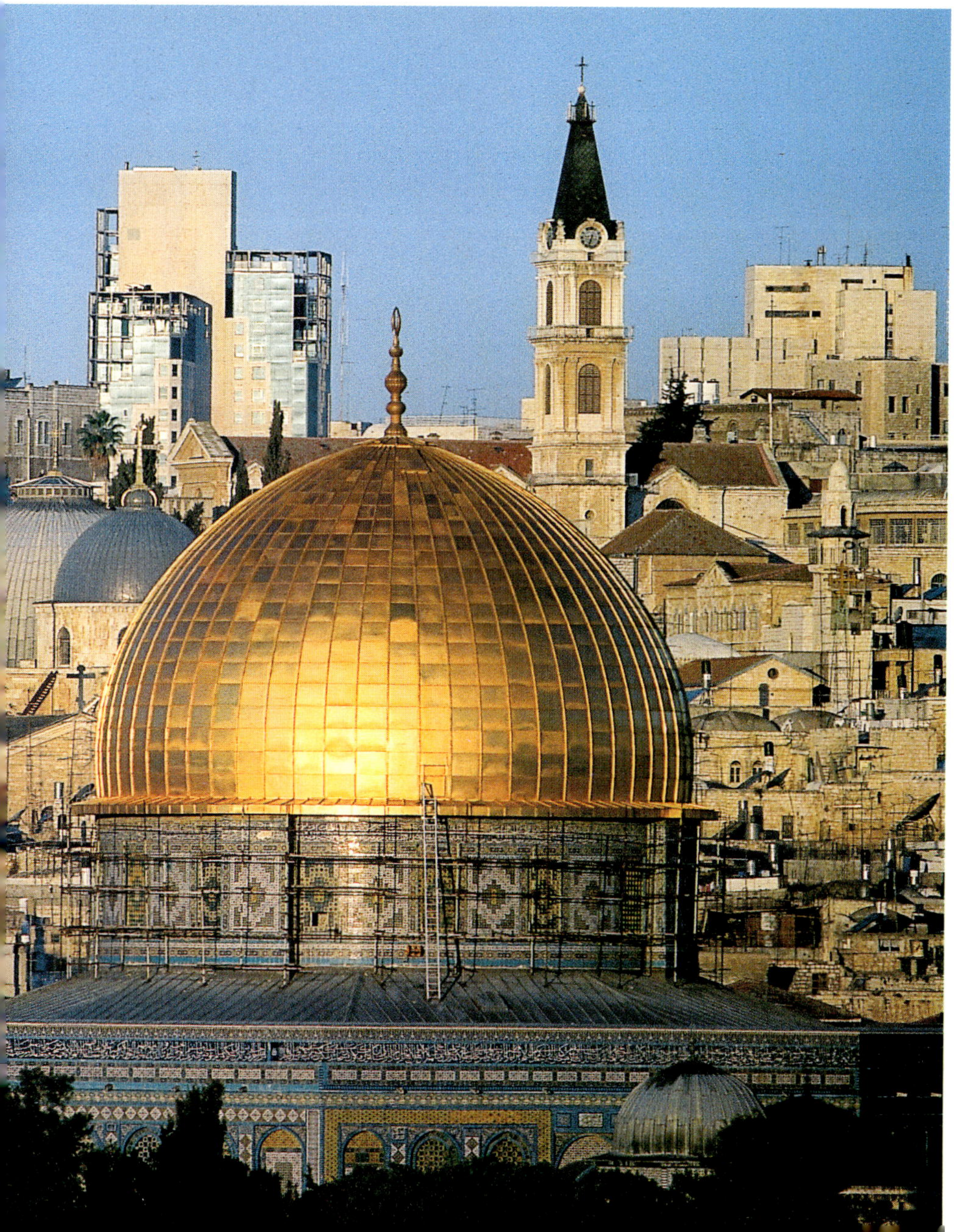

emotiva, un mosaico di eccezionale suggestione le cui tessere più preziose sono la basilica del Santo Sepolcro, custodita da tutti gli ordini religiosi della cristianità, le quattordici stazioni della Via Crucis, le chiese e i conventi copti, greco-ortodossi, armeni; e poi le sinagoghe, il Muro Occidentale dove gli ebrei sostano raccolti in preghiera; e ancora la moschea di El-Aqsa, terzo luogo sacro dell'Islam dopo la Mecca e Medina e la splendente cupola della Roccia sulla collina del Tempio.

Il suono dello shofar, il corno d'ariete, annuncia i momenti più importanti dell'anno ebraico.

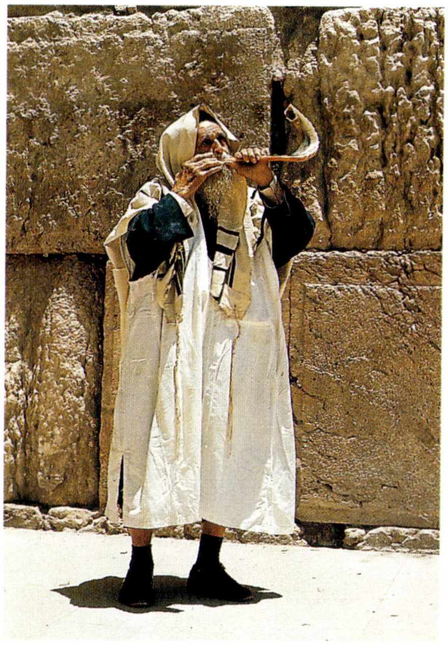

GIAPPONE

I MONUMENTI BUDDISTI NELL'AREA DI HORYUJI

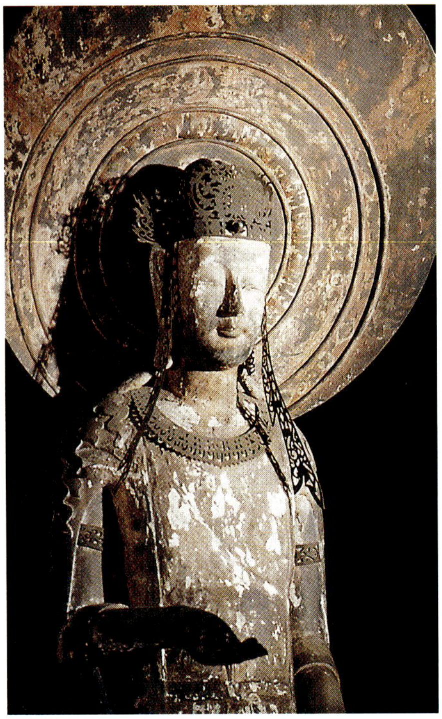

Statua lignea di Kwannon, la dea della Misericordia (VII secolo).

Nell'VIII secolo il Giappone si aprì alle culture straniere più evolute. Le colonne di Horyuji, per l'uso dell'entasi, testimoniano addirittura influssi della lontanissima Grecia.

È strano riconoscere nei pilastri di un tempio buddista dell'antico Giappone l'uso dell'entasi, il lieve rigonfiamento della parte centrale tipico delle colonne greche dell'età classica. Oppure identificare nel sorriso di una statua lignea le forme dell'arte del Gandhara. Ma a Nara, la città che fu capitale del Giappone solo per qualche decennio nell'VIII secolo, approdarono artisti, monaci e mercanti che venivano dal lontanissimo Occidente e che attraverso la Via della Seta importarono merci, opere d'arte, testi religiosi e idee.

Horyuji, il complesso di templi buddisti nei boschi dei sobborghi sudoccidentali di Nara, è un concentrato di storia, di cultura e di arte. Fondato da un principe nel 607, prima ancora che l'imperatrice Gemmei scegliesse di costruire a Nara una capitale ispirata ai modelli urbani della Cina, divenne il caposaldo dell'espansione della religione buddista e della cultura cinese nel Giappone del periodo Heian.
Nei suoi templi, chiostri e padiglioni di legno scuro - le più antiche sopravvivenze di architettura lignea del mondo -, ispirati dallo stile delle dinastie cinesi Wei e Tang, da secoli siedono imperturbabili Buddha e Bodhisattva, nelle diverse interpretazioni, figure e positure (Amida, Kwannon, Miroko, Sakyamuni), accompagnati da triadi e guardiani celesti: un universo di statue

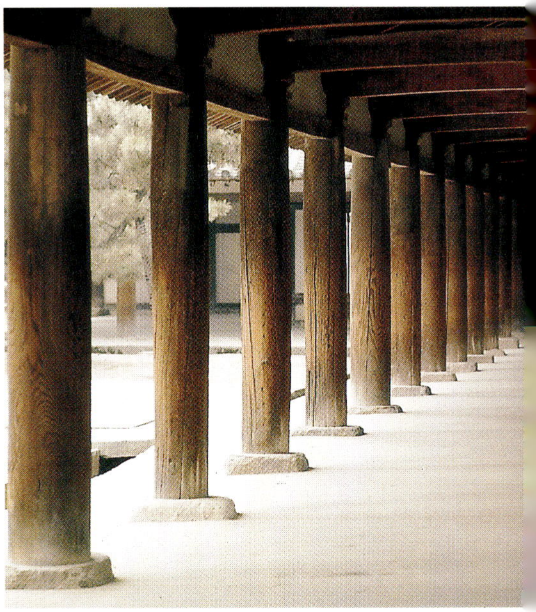

lignee, bronzee, di terracotta o di lacca secca che rappresenta l'apice dell'arte statuaria di Giappone, Cina e Corea.

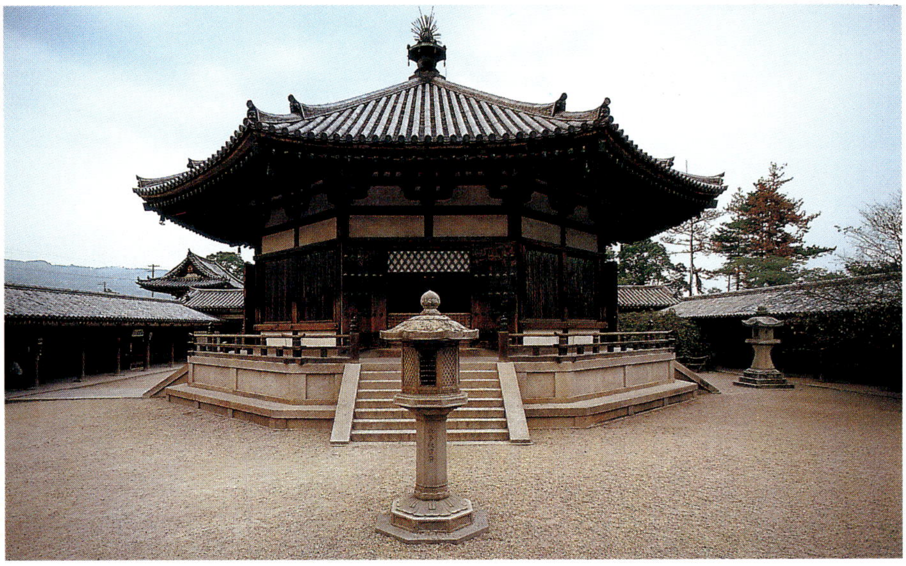

A sinistra: l'atrio dei Sogni della pagoda di Horyuji.

A destra: un particolare del Kondo, il padiglione d'Oro, che mette in luce il gioco d'incastri dell'architettura lignea giapponese.

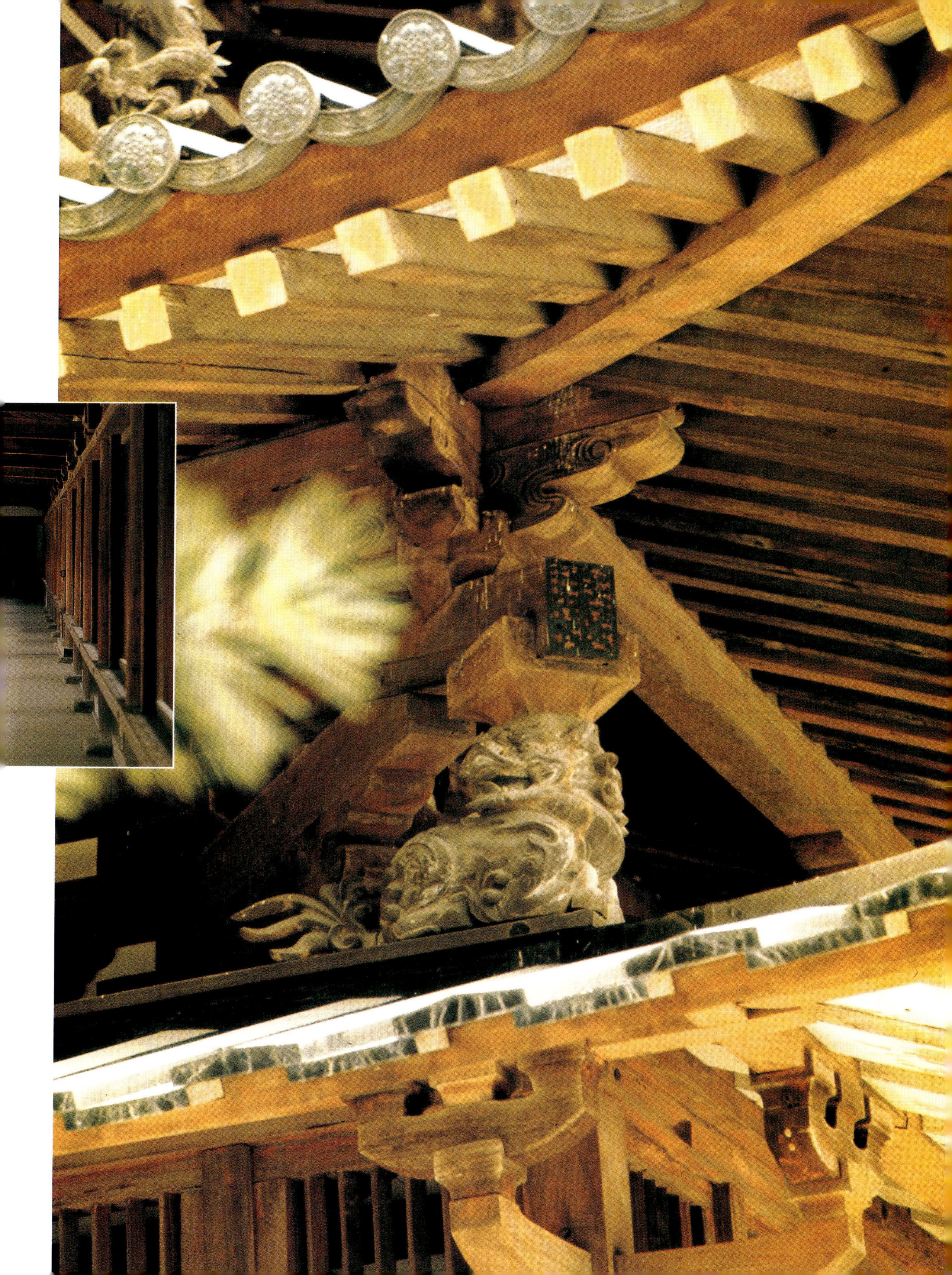

Rami di ciliegio in fiore davanti all'ingresso di un tempio.

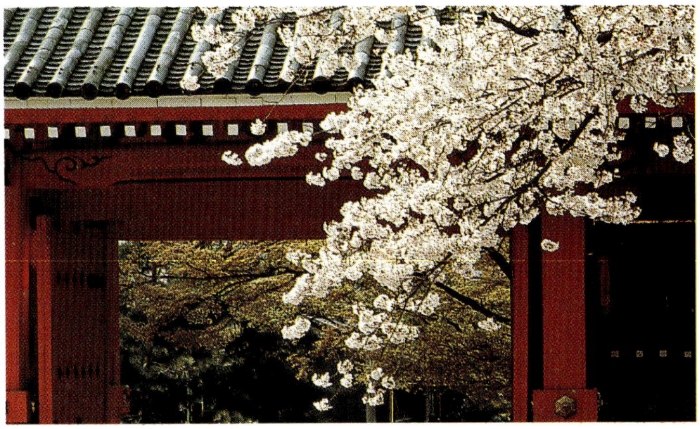

GIAPPONE

I MONUMENTI DELL'ANTICA KYOTO

Nelle vie della metropoli moderna riemergono improvvisamente brani di passato: giardini zen, templi e padiglioni buddisti, spazi per le cerimonie del tè, ville della classe aristocratica.
E ancora, migliaia di vecchie case di città posteriori al Seicento, in cui l'antica tradizione si replica nelle porte scorrevoli

Benché il fuoco abbia distrutto la maggior parte dei monumenti e degli edifici di legno che componevano la città fondata alla fine dell'VIII secolo ed edificata secondo le regole di progettazione delle città cinesi dell'epoca classica, i mille anni vissuti come capitale trovano molte testimonianze nel tessuto urbano di Kyoto.

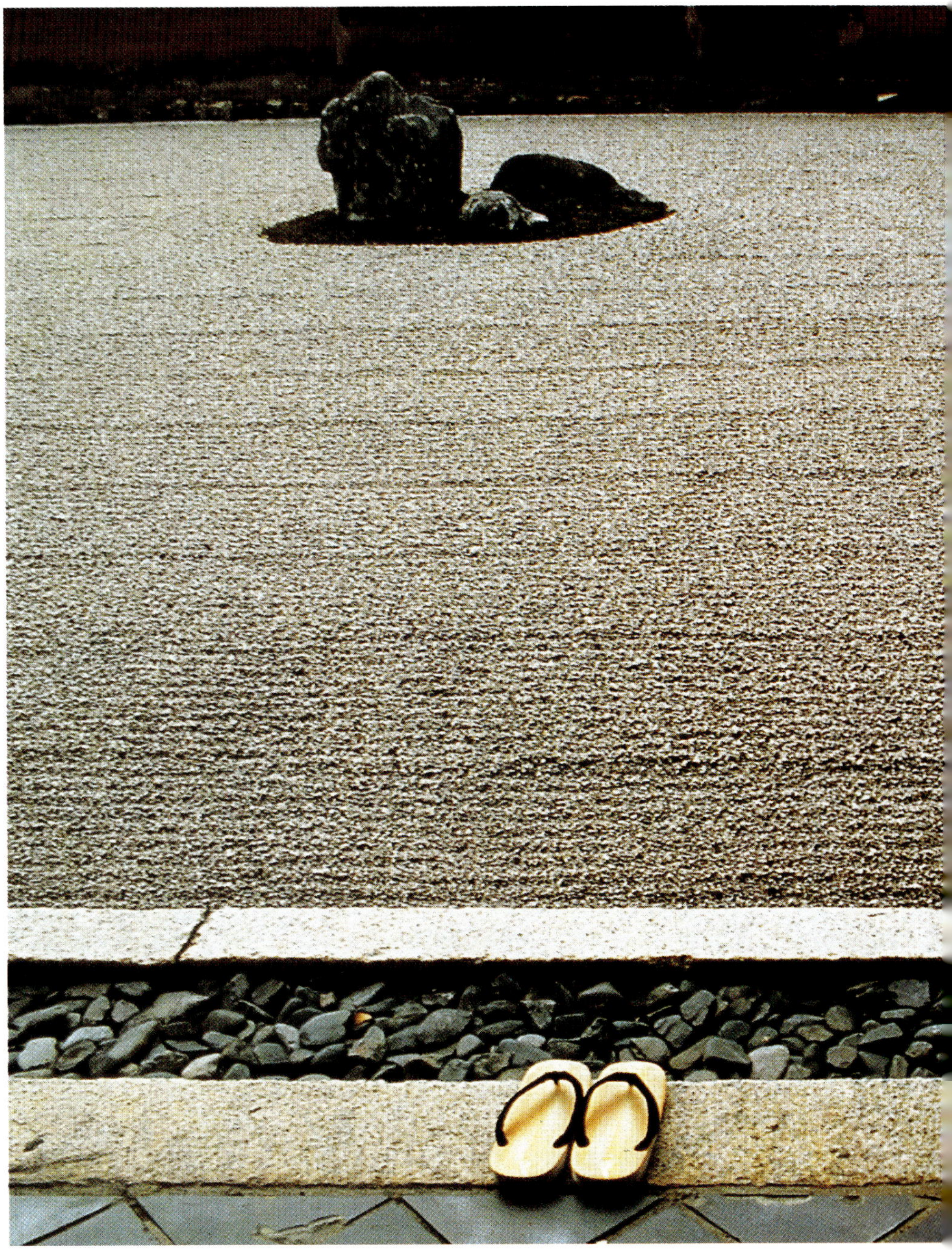

La pagoda a cinque piani di Yasaka si erge sulla collina di Kyoto, in felice armonia con il paesaggio.

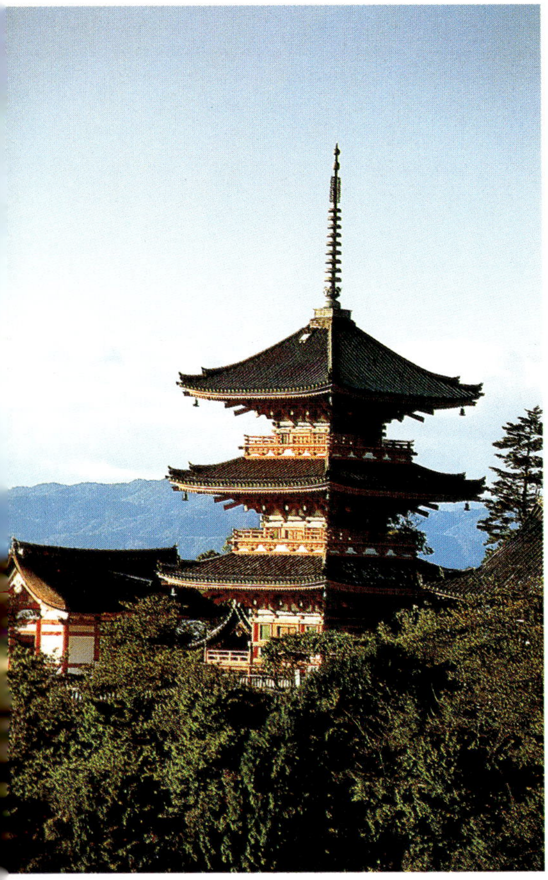

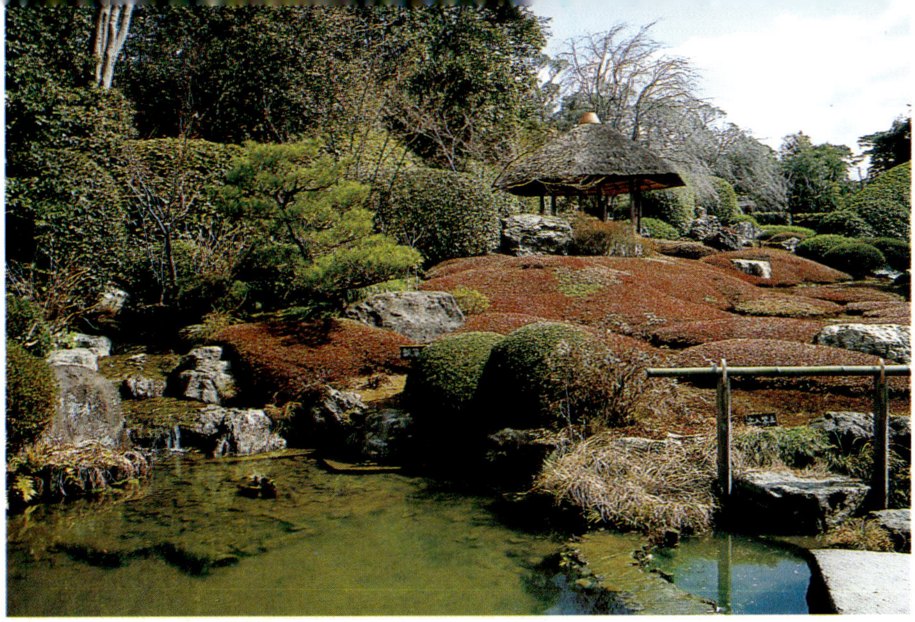

Una veduta dei curatissimi giardini di Taizoin.

di legno e carta di riso e nei pergolati su cui si appoggiano i tralci dei glicini. Un mosaico di luoghi che ricreano il racconto della vita di corte, della vita quotidiana, delle tradizionali cerimonie del tè, dei riti religiosi. Le raffinate cerimonie del tè, che a Kyoto sono arte, hanno luoghi speciali, come il piccolo tempio del Rokuharamitsuji, della seconda metà del XIV secolo. Mete preferite per

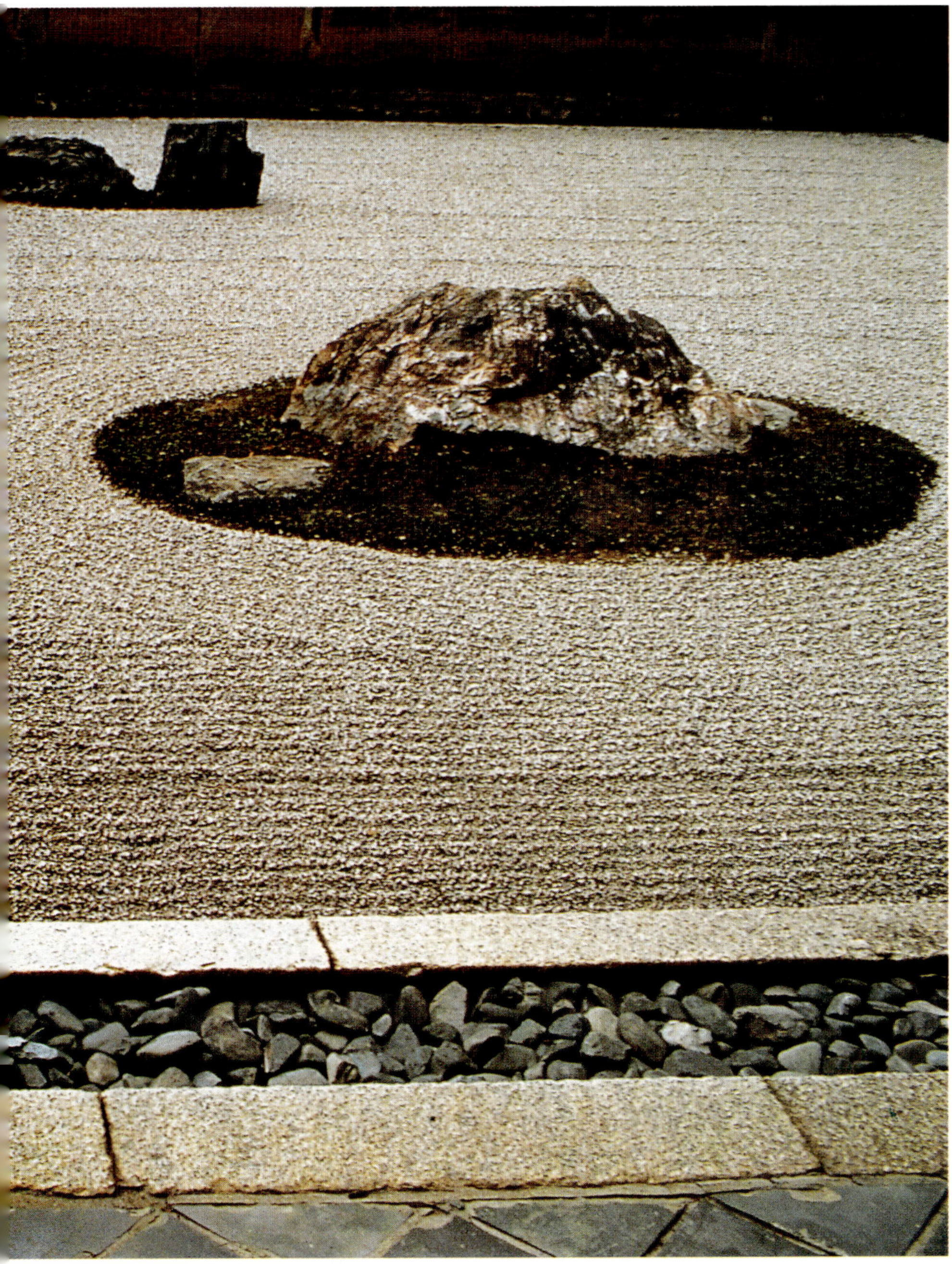

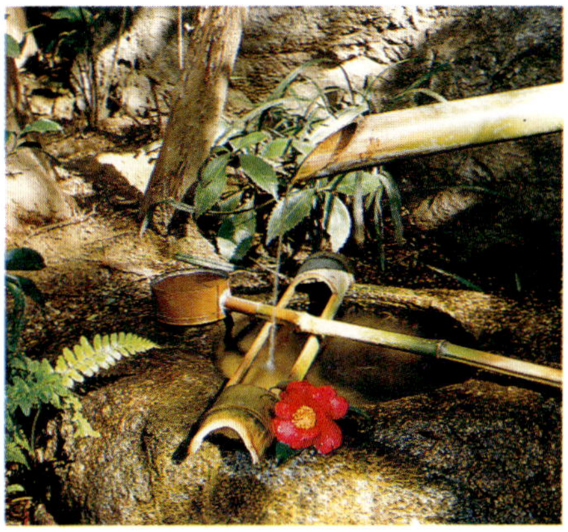

A sinistra: il giardino asciutto di Ryoanji, della seconda metà del XV secolo, adotta il simbolismo zen.

Sopra: l'acqua, presenza a volte solo simulata nel giardino zen, può ricomparire in angoli nascosti.

gli omaggi alle piante (aceri, ciliegi, susini, hagi, loti) sono il secentesco santuario di Kitano Tenmangu, dove si festeggia a primavera la fioritura dei susini, e il complesso di templi del Daigoji, dove, sulle colline, intorno alla pagoda a cinque piani risalente al 951 che è il più antico edificio di Kyoto, si dispongono gli alberi di ciliegio, simbolo della caducità della vita. I giardini zen, paesaggi secchi di sabbie, ghiaie e rocce, sono uno dei segreti di Kyoto, che nasconde il più famoso nel Ryoanji, il più raffinato nel complesso di Daitokoji e il più antico nel Tenryyuji. Ma a Kyoto sono possibili altre cose ancora: ammirare la luna su uno stagno, ascoltare il frinire delle cicale, onorare i morti accendendo falò o rendere omaggio alle volpi per guadagnarsi il successo negli affari.

GIORDANIA

PETRA

Per secoli i beduini che popolano la zona hanno conservato gelosamente il segreto dell'ubicazione di Petra, fino a quando, nel 1812, un orientalista svizzero, J.L. Burckhardt, riuscì a carpirlo. Gole impervie scavate da antichi fiumi, sentieri scoscesi, montagne di arenaria ferrosa dalle forme bizzarre che albe e tramonti incendiano provocando esplosioni di colori: una miriade di rossi, rosa, ocra, con luminose pennellate di bianco. Questo è l'ambiente naturale eletto dai Nabatei, nomadi di origine araba, a capitale del loro regno, a partire dal VI secolo a.C., dopo la cacciata del popolo semita degli Idumei, fino all'annessione romana del 102 d.C. L'eredità culturale più significativa

Sotto: acqua e vento hanno creato nei millenni le curiose costruzioni nelle rocce che circondano Petra.

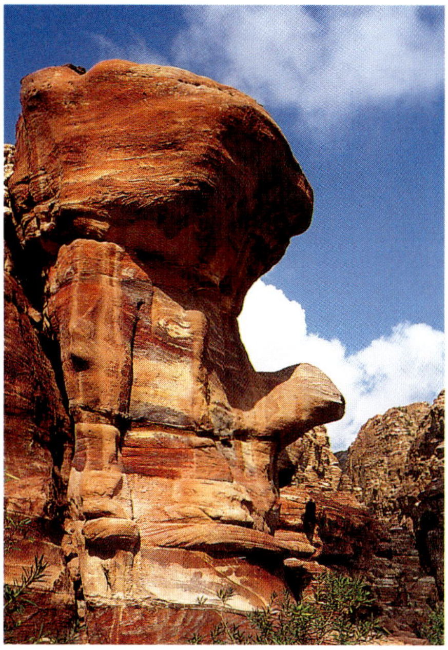

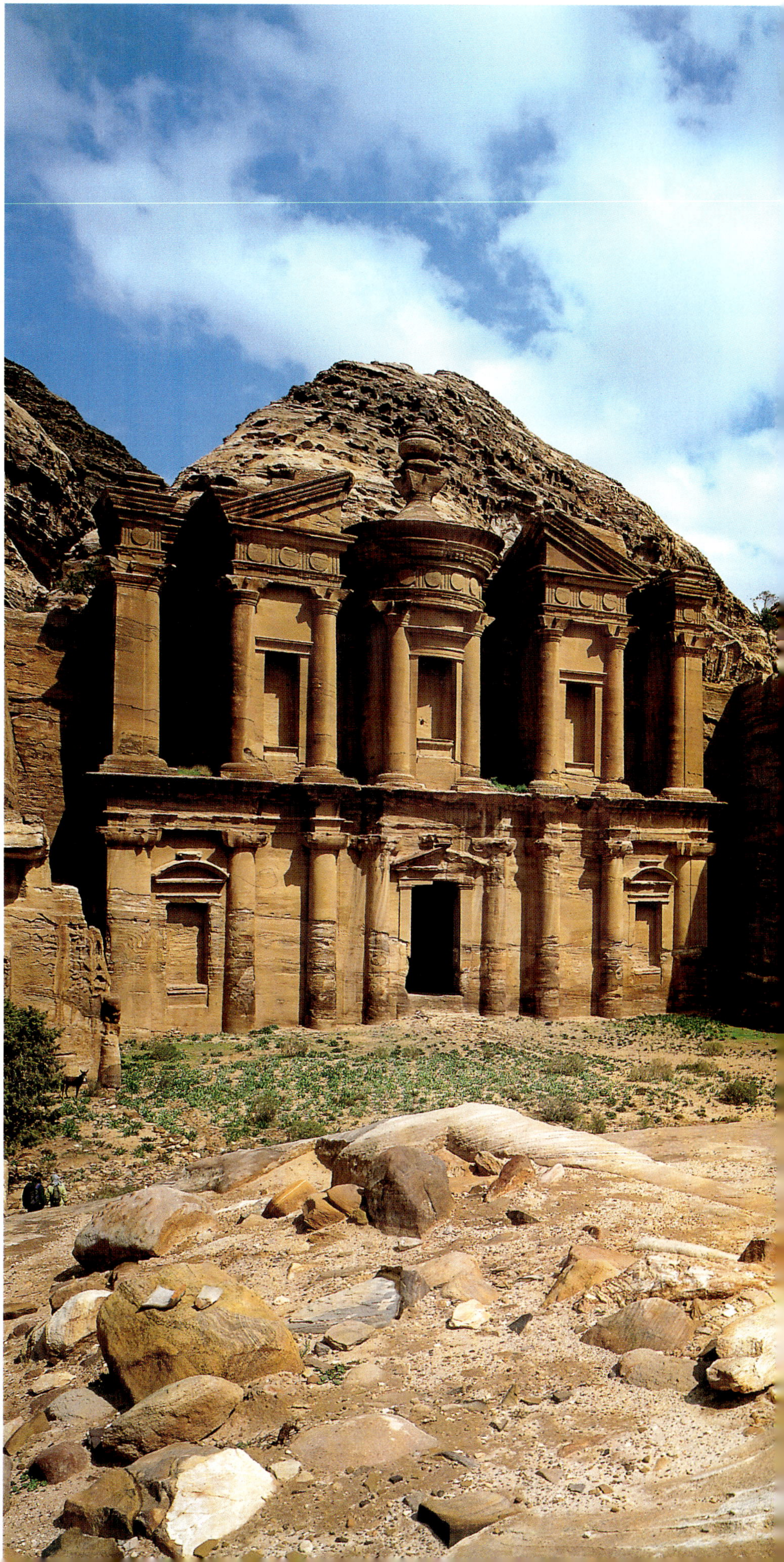

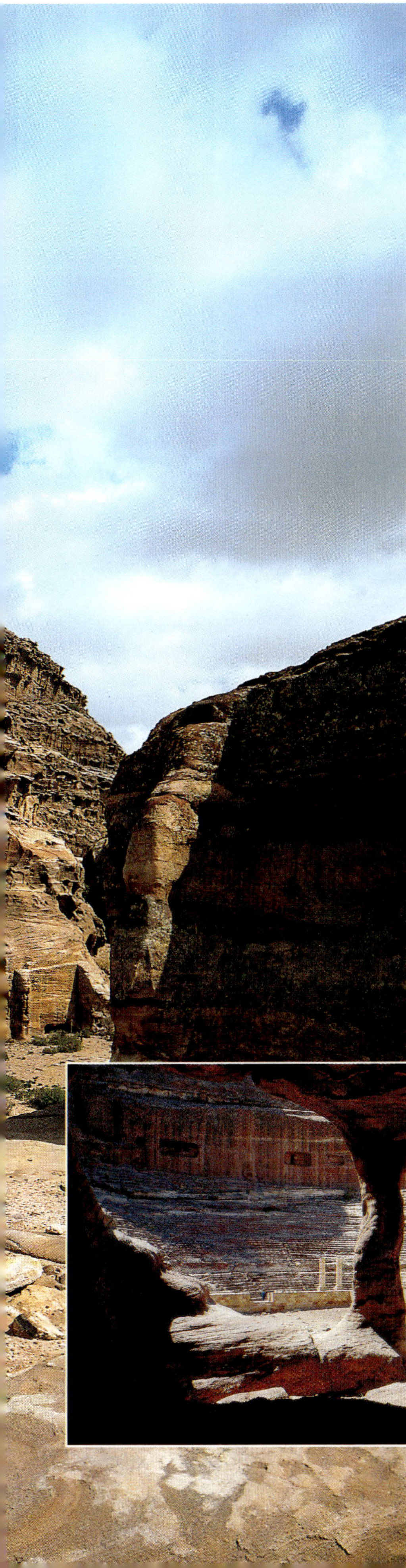

tramandata da questo popolo di abili commercianti va ricercata nella maestria con cui sono entrati in perfetta comunione con il territorio, creando una città naturalmente protetta e di difficile accesso. I monumenti si fondono con le pareti dirupate, penetrano all'interno della roccia e la modellano senza deturparla; al contrario sembrano adattarsi senza sforzo alcuno alle forme preesistenti. La bellezza dei singoli reperti e il loro inserimento nel contesto naturale danno origine a un insieme di scenari di incredibile attrattiva, senza soluzione di continuità tra il lavoro dell'uomo e quello della natura. Diversi itinerari si intrecciano nella città bassa e nelle zone più elevate; necropoli, tombe reali, santuari rupestri, monumenti nabatei in cui è spesso evidente l'influenza

A sinistra: il tempio di ad-Dayr, del I secolo d.C., ritenuto il più imponente monumento di Petra.

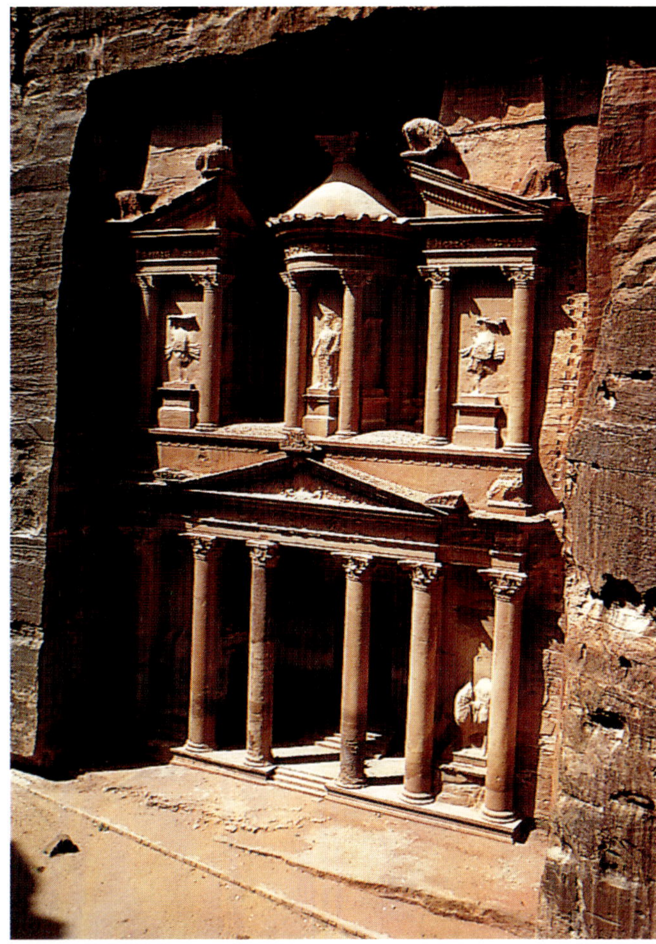

A destra: la facciata del Tesoro del Faraone, monumento di incerta datazione (I secolo a.C.-I secolo d.C.).

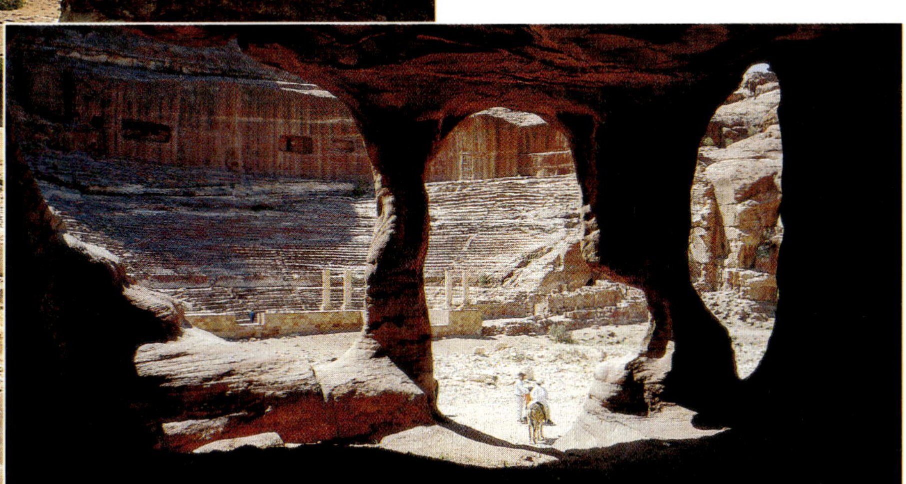

Il teatro romano, interamente scavato nella roccia e capace di contenere fino a 33.000 spettatori.

dello stile alessandrino, condividono lo spazio con edifici di epoca romana e bizantina, in una mescolanza di stili architettonici che narra le trame complesse della storia del territorio. Una fila di panni stesi al sole, il fumo di un focolare, un gruppo sparuto di capre condotto da bambini rivelano che non tutti i beduini hanno abbandonato la zona, quando, in tempi recenti, sono stati trasferiti in un nuovo villaggio. La loro presenza, accanto a quella dei cammellieri e delle guardie scelte di re Hussein, ci rimanda a immagini di Petra di altri tempi.

INDIA

LE GROTTE DI AJANTA

La maestosa architettura della grotta n. 19, del I secolo a.C.

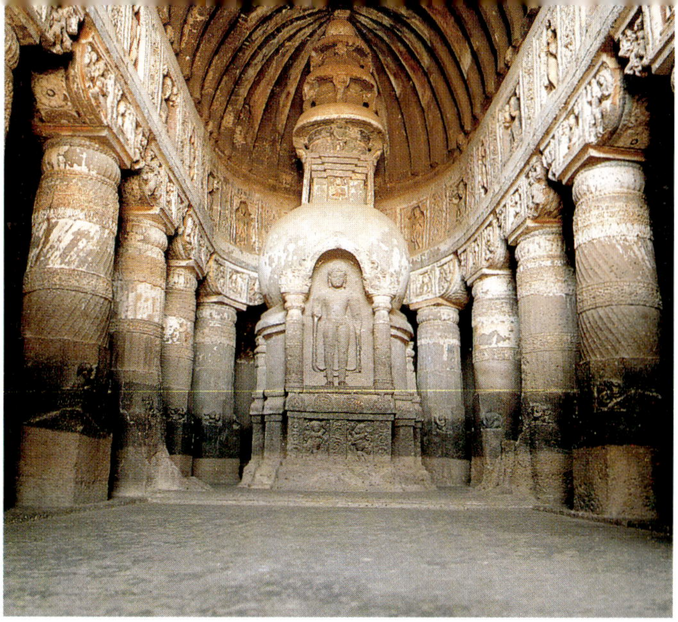

Un primo sguardo al selvaggio e solitario paesaggio che contorna le ripide sponde del Waghora, fiume del Deccan Interno che scorre a circa 500 chilometri da Bombay, non consente di intuire facilmente la presenza del tesoro archeologico, straordinariamente sopravvissuto alle ingiurie del tempo, racchiuso entro le viscere della collina. Trenta grotte scavate nella roccia costituiscono il santuario rupestre di Ajanta, edificato nel Nord dello Stato di Maharashtra in onore di Buddha, "l'Illuminato".

La dea Parvati, sposa di Shiva e madre di Kumara, il dio della guerra.

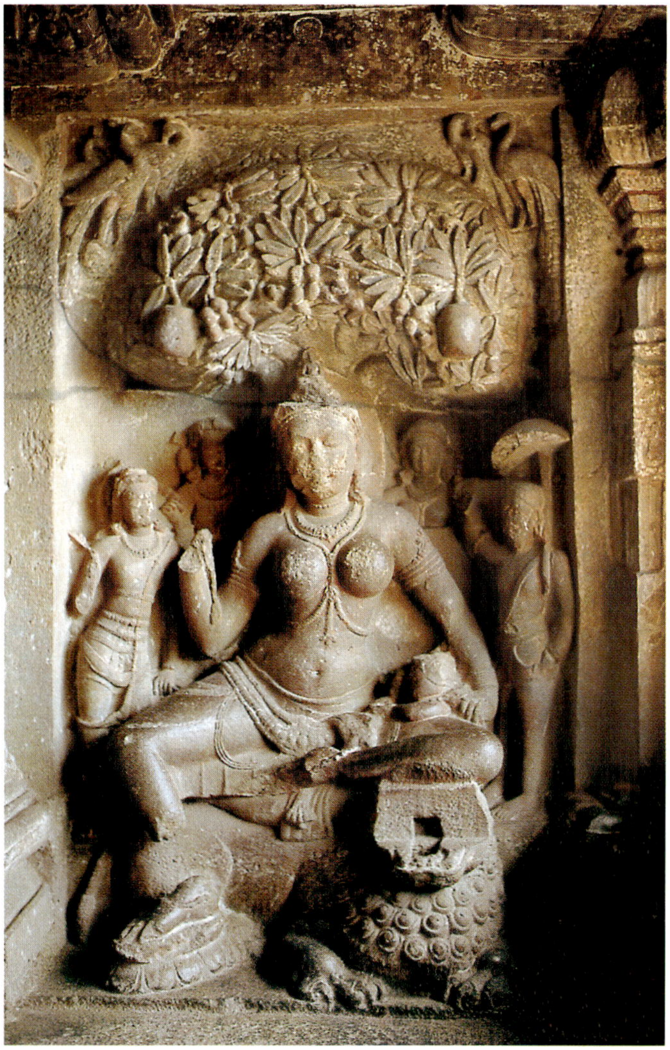

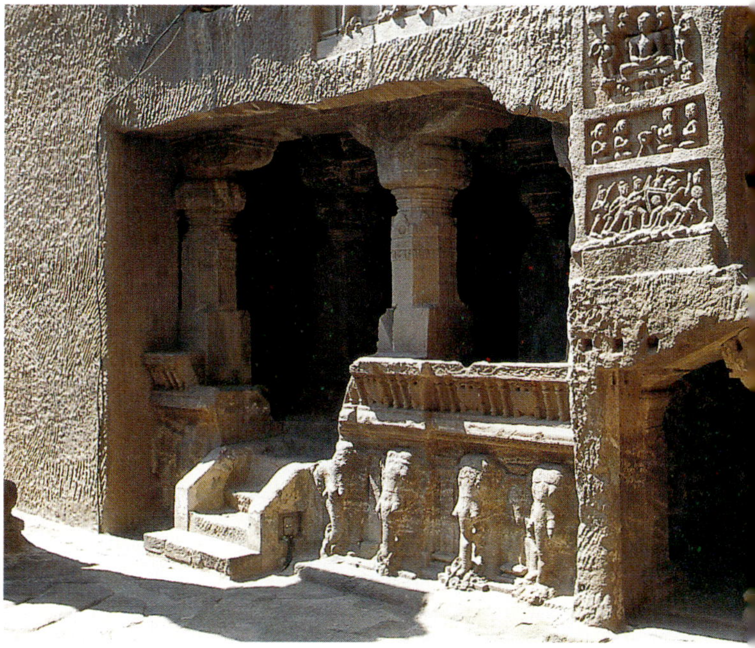

Sopra: l'ingresso di una delle trenta grotte di Ajanta, scoperte per caso nel 1819 da soldati inglesi.

Accanto a strutture più arcaiche, si possono ammirare sculture e pitture parietali del periodo Gupta (V-VII secolo), che prese il nome dalla celebre e potente dinastia, sotto la cui egida prosperò e si diffuse l'arte di ispirazione buddista.
Una sorta di Età dell'Oro che trova nelle grotte di Ajanta, immerse nel silenzio, una delle sue realizzazioni più compiute e significative.
L'architettura delle grotte segue con naturalezza la curva del fiume: facciate esterne adorne di sculture di dimensioni eterogenee introducono nei monasteri o nei templi con navata centrale separata da due navate laterali minori tramite imponenti colonnati.

Una delle molte coppie di amanti (mithuna) che ornano la parete della porta della grotta n. 17.

Statue di Buddha, inquadrate in prospettive suggestive, giacciono nella semioscurità diffondendo un senso di pace. Il sito deve la propria fama alla presenza di estesi e splendidi cicli di pitture murali del periodo Gupta, risalenti al V-VI secolo e riscoperti solo nell'Ottocento, che rivestono, con colori armoniosi e delicati, tra contrasti di luci e di ombre, le pareti e i soffitti di molte grotte. Figure femminili dalle morbide fattezze, estatiche coppie di amanti adagiate nelle loro alcove si alternano a episodi della nascita e della vita di Buddha e a immagini di sereni Bodhisattva, divinità luminose espressione di saggezza e santità. Una sequenza di volti ieratici e misteriosi scorre lungo le pareti con ritmo incalzante e attrae l'attenzione con l'intensità dei suoi sguardi.

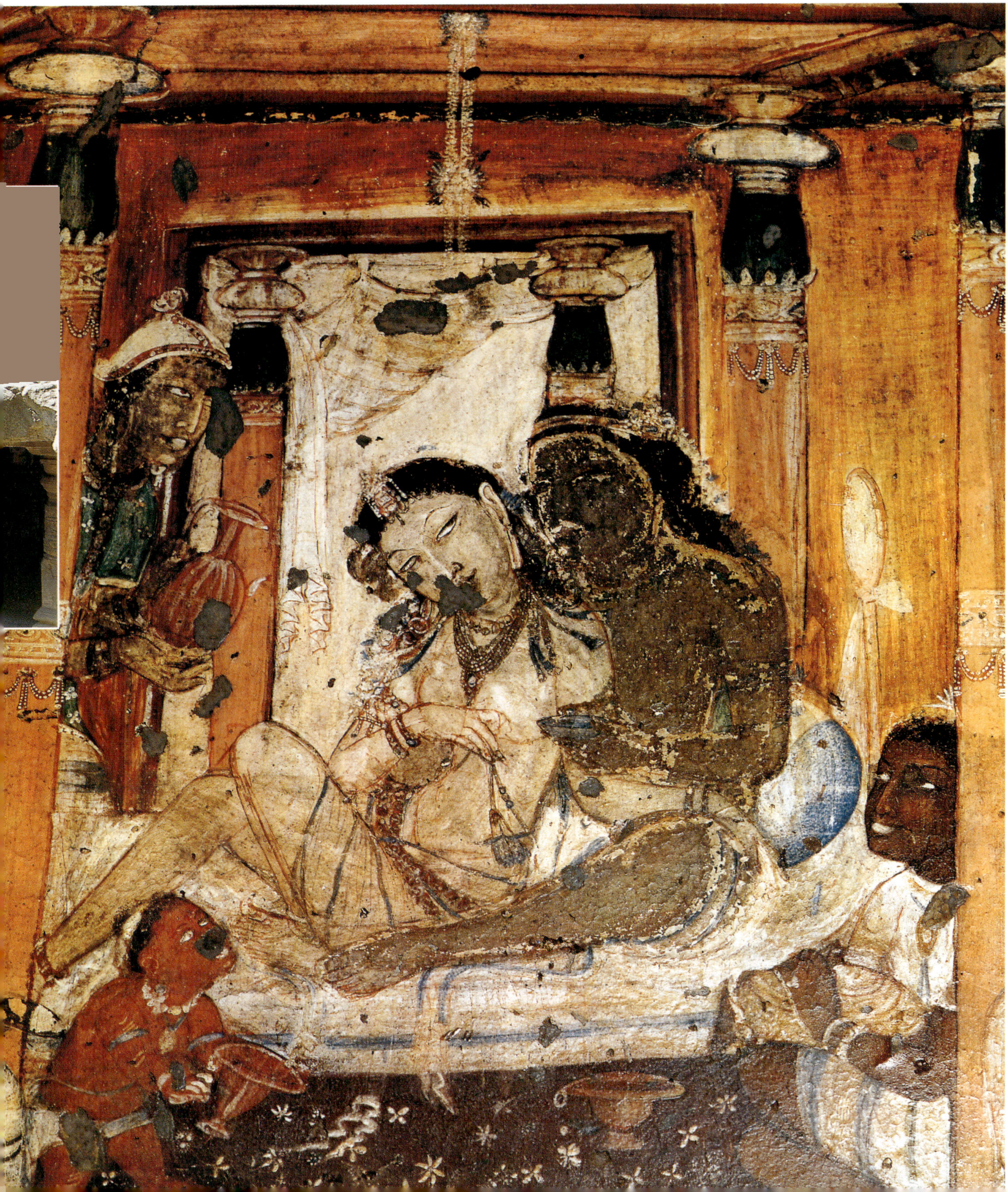

INDIA

L'AREA ARCHEOLOGICA DI HAMPI

Capitale decaduta dell'ultimo grande regno indù, Hampi si presenta come un enorme museo all'aperto.

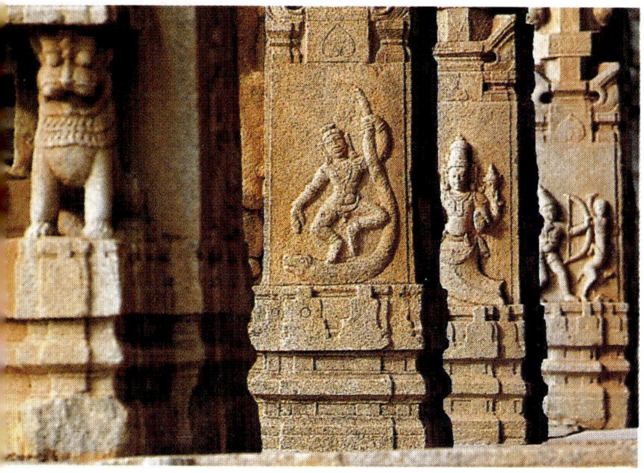

Hampi, la capitale del leggendario regno di Vijayanagar, è il più grande sito archeologico dell'India. Sorge nel Sud del Paese, a 434 chilometri da Hyderabad, nella valle del fiume Tungabhadra, cosparsa di enormi massi erratici di basalto, usati come materia prima per la costruzione di edifici civili e religiosi. Protetta da una corona di monti, circondata da sette cinte murarie concentriche ormai in rovina, ricca di acque, la cittadella, fondata nel VII secolo, raggiunse il massimo splendore nel XIV, divenendo un importante centro per il commercio di spezie, pietre preziose, cotone e foglie di betel, con una popolazione di mezzo milione di abitanti. Nel 1565 fu però distrutta dai musulmani e dovette in seguito essere abbandonata. La rigogliosa vegetazione lascia intravedere viali lastricati ornati di colonne che confluiscono nel cuore della città: un santuario le cui pareti finemente affrescate narrano le intricate vicende del pantheon induista. Il gineceo e i bagni della regina, i templi, il padiglione a forma di loto, le logge anticamente adibite a ricovero per gli elefanti ci ricordano ancora oggi gli antichi splendori della capitale.

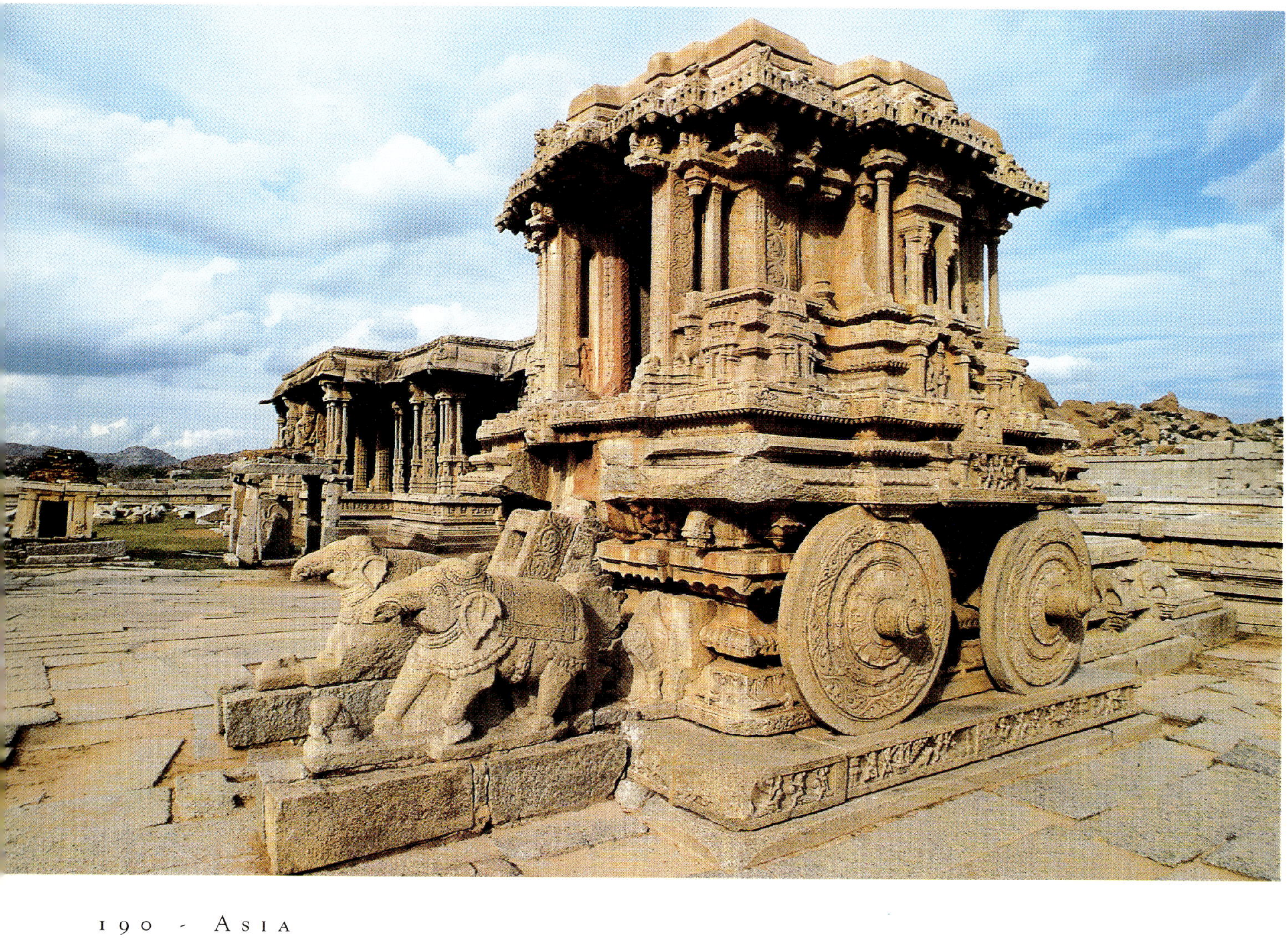

INDIA

IL PARCO NAZIONALE DI KAZIRANGA

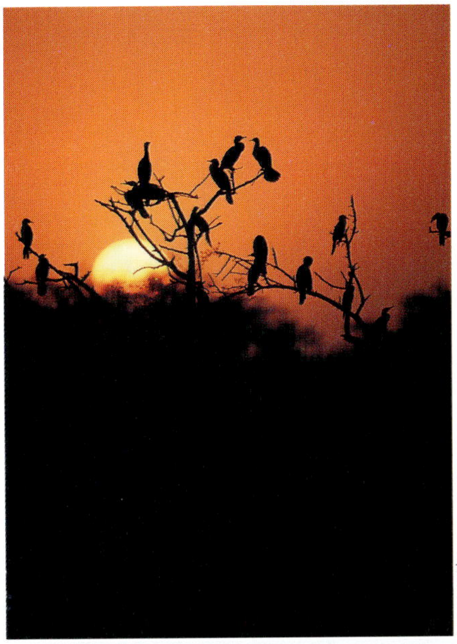

Sotto: il Parco di Kaziranga, rifugio per circa duemila rinoceronti indiani.

A sinistra: un'immagine del Parco al tramonto. In basso: una tigre del Bengala.

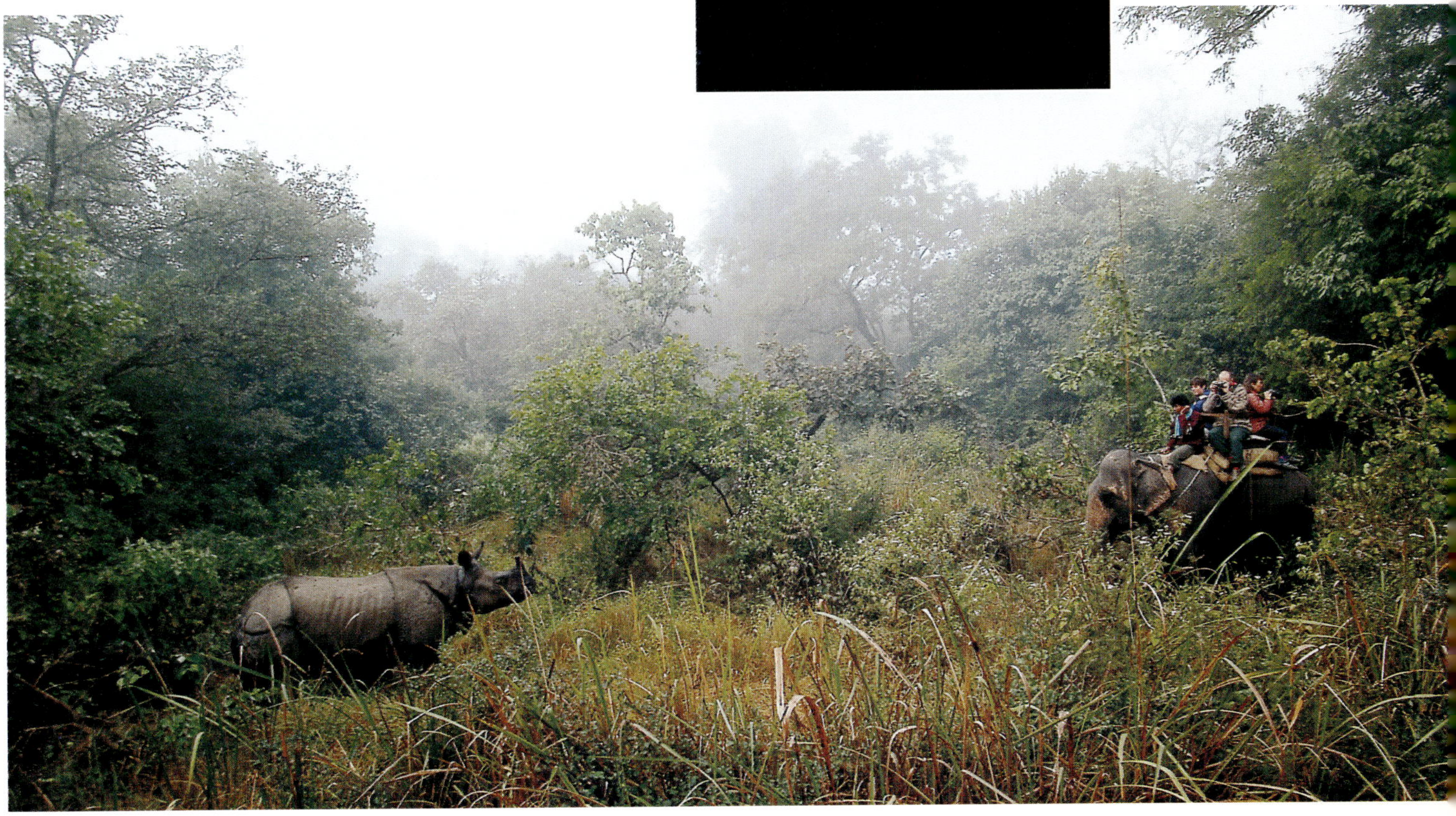

Palude, savana, foresta sempreverde sono gli ambienti che si alternano nel Parco nazionale di Kaziranga nell'Assam, Stato dell'India compreso tra il Bhutan, la Birmania e il Bangladesh, famoso per le immense piantagioni di tè. La piccola riserva naturale si estende lungo le rive del fiume Brahmaputra e ospita bufali, elefanti, cervi e una grande varietà di uccelli, tra cui i pellicani. Ma la sua fama è legata al fatto di essere, dal 1926, il luogo privilegiato dove ha trovato rifugio il rinoceronte indiano, pachiderma minacciato di estinzione a causa del suo preziosissimo unicorno, che vale circa 70 milioni al chilogrammo. Si perdono nella notte dei tempi le testimonianze sugli innumerevoli benefici presunti o reali per la salute dell'uomo, ottenuti dal corno ridotto in polvere di questo sfortunato animale. Nel 1904, il *Rhinoceros unicornis* era quasi scomparso dall'India; l'istituzione di aree protette ha permesso una lenta ripresa della specie, tanto che attualmente ne esistono circa duemila esemplari.

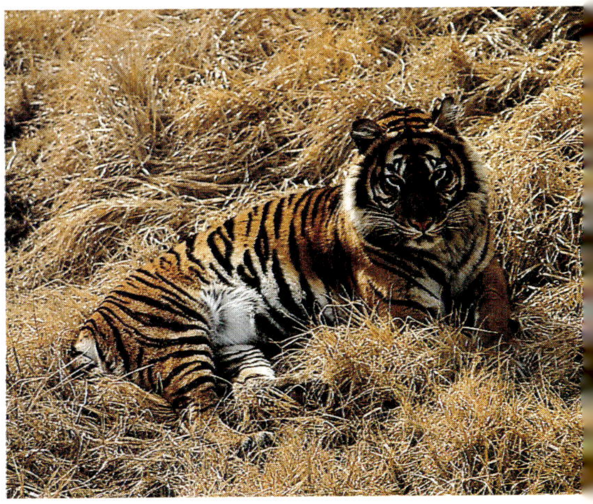

I TEMPLI DI KHAJURAHO

Il tempio di Varaha, esempio di perfetta integrazione tra scultura e architettura.

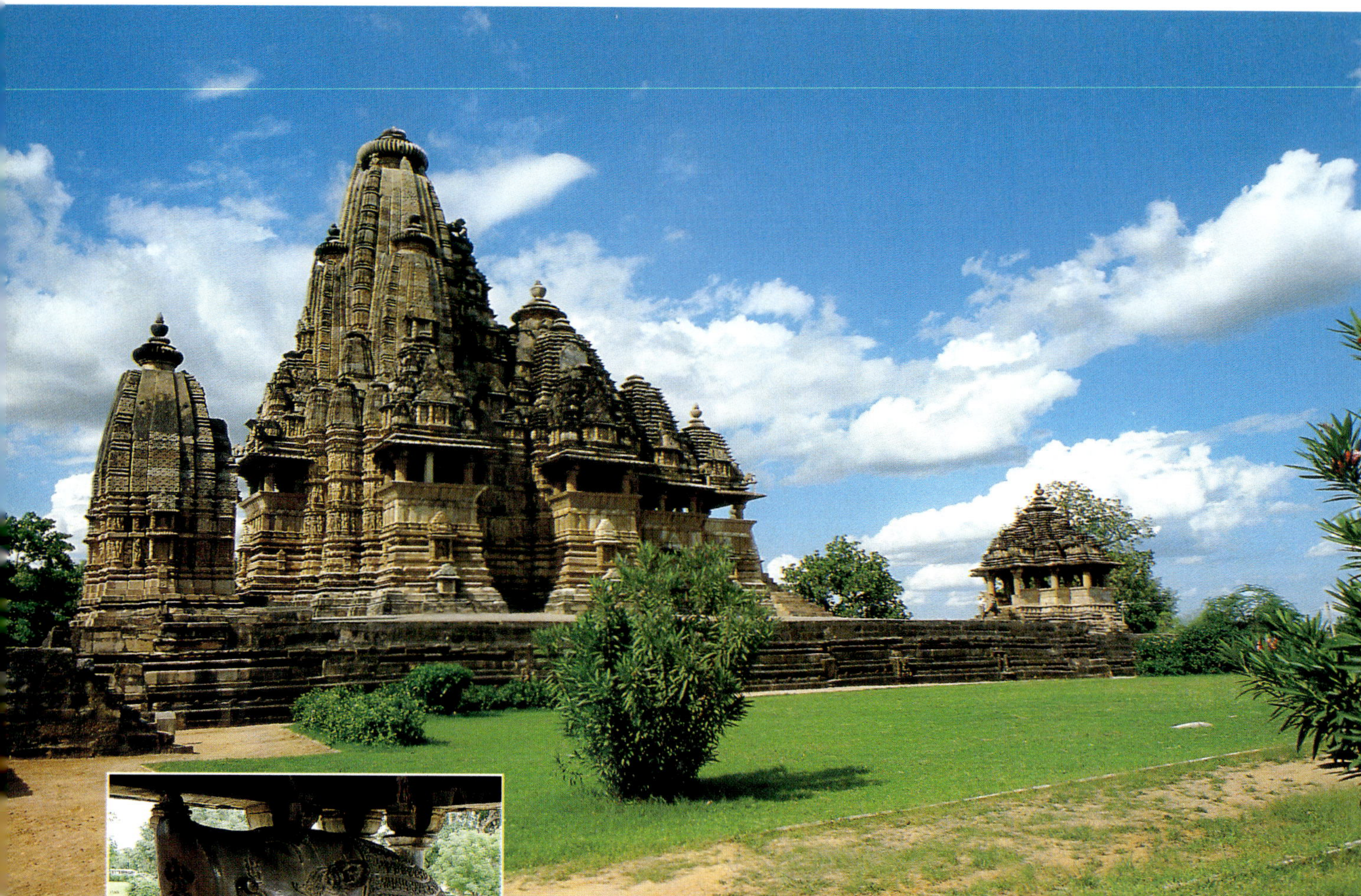

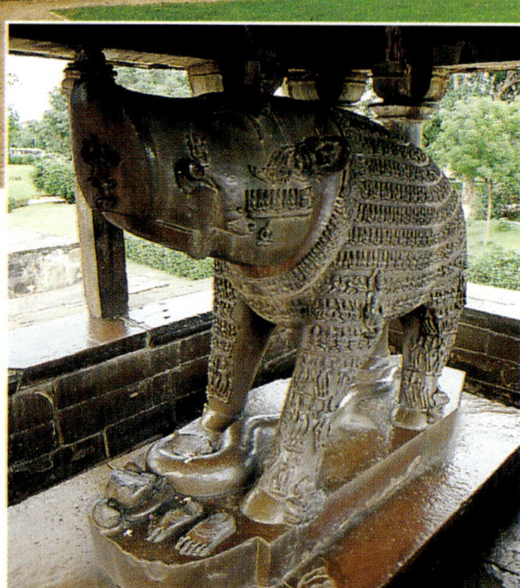

A sinistra: un cinghiale in pietra nel tempio di Varaha.

A destra: particolare dei rilievi di Khajuraho.

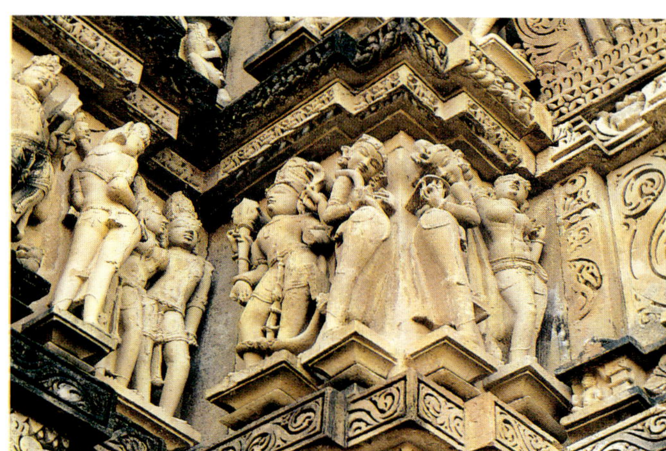

Il complesso di Khajuraho, universalmente noto per il fascino delle architetture e per l'armonia delle decorazioni scultoree, sorge nello Stato del Madhya Pradesh, a sud della piana del Gange. I numerosi templi induisti e giainisti che lo compongono vennero eretti tra il X e il XII secolo, sotto la dinastia Chandella, che dominò per cinque secoli in questa regione dell'India. Gli abili artisti che hanno scolpito le innumerevoli statue che decorano le facciate hanno consegnato alla pietra molti aspetti della vita della loro epoca: divinità maschili e femminili, guerrieri, musicisti, animali reali e mitologici. Ma il tema più ricorrente è quello delle *mithuna*, le coppie di Divini Amanti, raffigurate in multiformi e festosi amplessi con dovizia di particolari erotici ispirati al famoso manuale d'amore induista: il *Kamasutra*.

INDIA

I TEMPLI DI MAHABALIPURAM

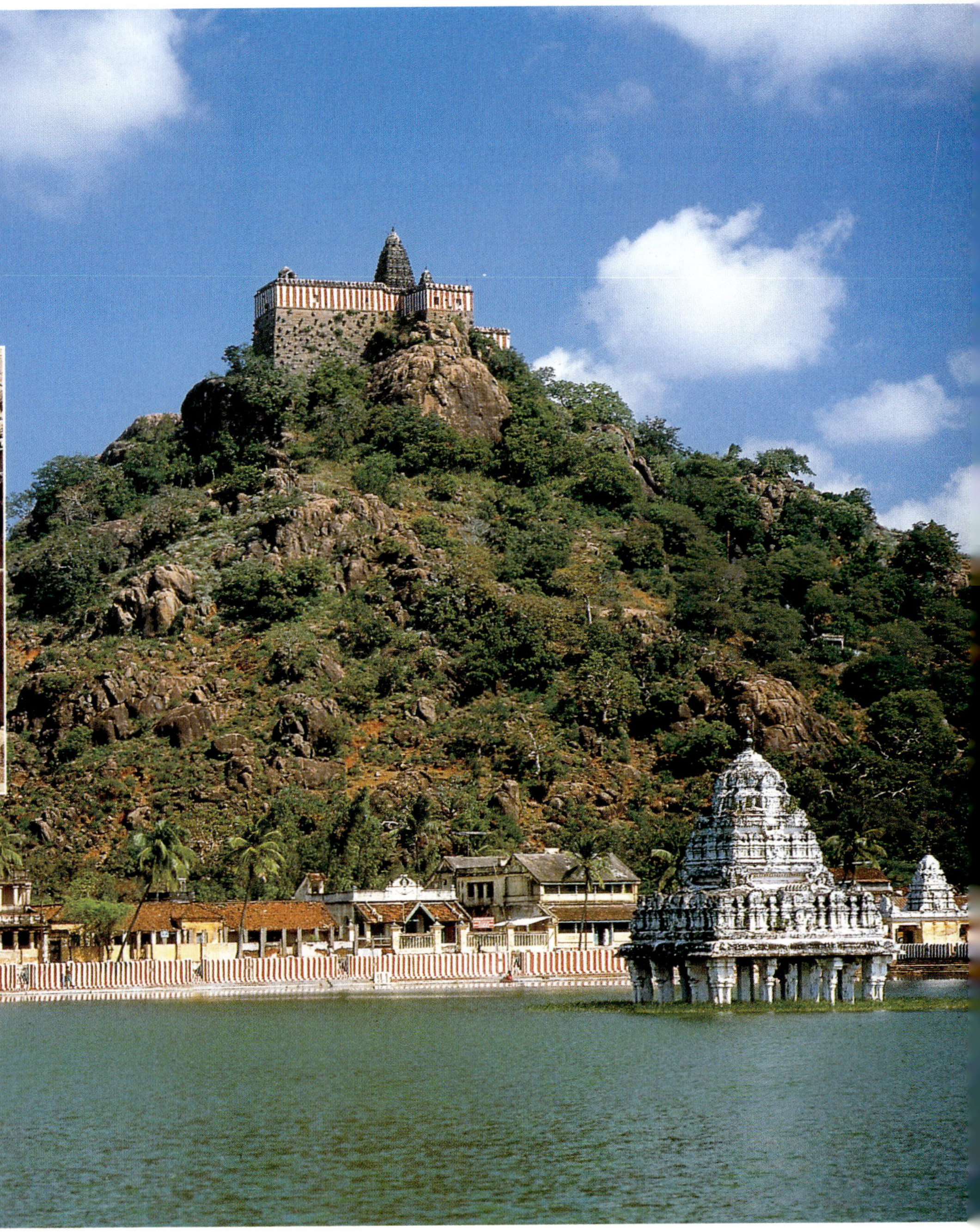

A lato: Mahabalipuram, antica capitale dei sovrani tamil, fu il porto principale della dinastia dei Pallava.

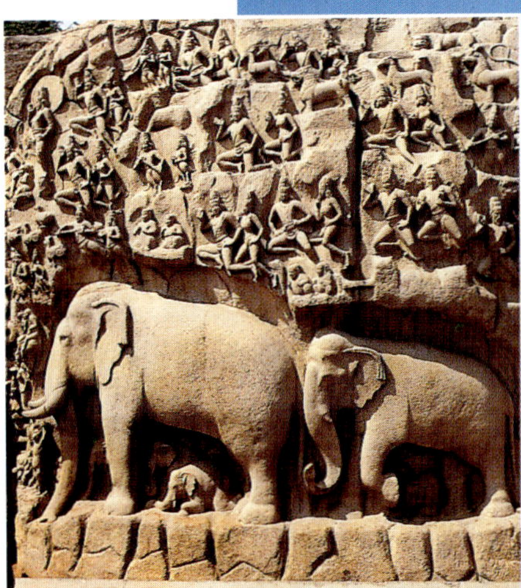

Sopra: particolare della raffigurazione detta della Discesa del Gange, con l'intervento di Shiva che salva l'umanità dall'alluvione.

Sulla costa orientale del Deccan, a 54 chilometri a sud di Madras, sorge Mahabalipuram, nel VI-VIII secolo capitale dei sovrani tamil e oggi piccolo villaggio di pescatori. I templi più suggestivi sorgono in riva al mare, dal quale sono spettacolarmente visibili. Tra questi, assai imponente è quello che rappresenta il monte Meru, mitico luogo sacro situato al centro dell'universo, circondato da sette oceani, da sette continenti e dai cieli. Altri templi sono una significativa testimonianza di edifici sacri dravidici con una torre piramidale e ambienti sostenuti da pilastri.
È possibile seguire, scolpita su un masso monolitico gigantesco, la mitica storia della discesa sulla terra del fiume sacro Gange, quando il dio Shiva, per salvare l'umanità dall'alluvione, ne deviò il corso sul suo capo. Animali, esseri umani e divini accompagnano la scena principale. Un'altra interessante scultura rupestre ci narra la storia di Durga, incarnazione femminile di Shiva, mentre lotta e uccide il Bufalo Gigante.

INDONESIA

IL TEMPIO DI BOROBUDUR

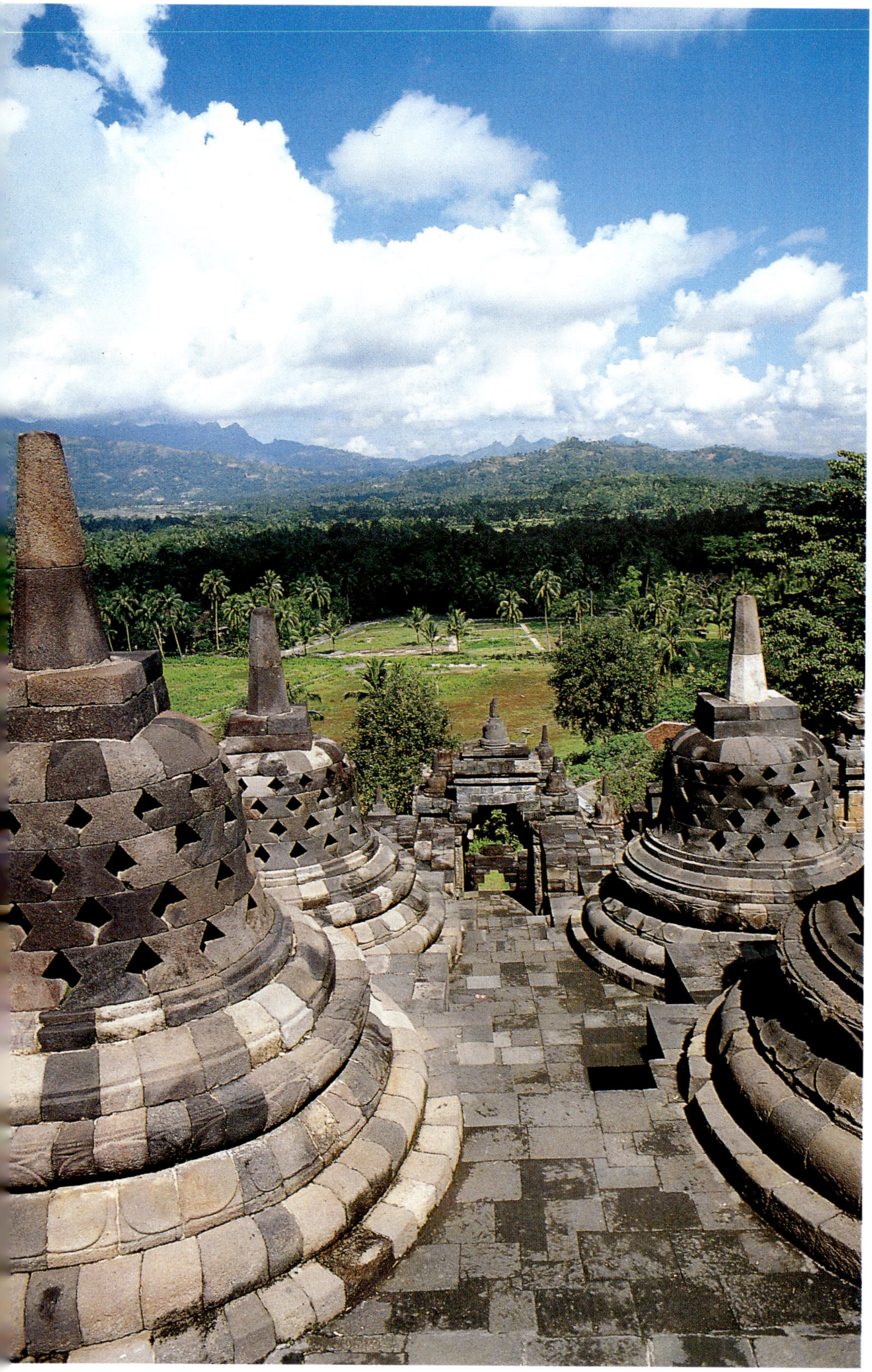

Le terrazze con gli stupa minori del tempio rivolte verso l'ampia e verde vallata di Borobudur.

Nel 1006 l'eruzione del vulcano Merapi costrinse la popolazione dell'altopiano giavanese di Kedu a fuggire, incalzata dalla lava. Dopo oltre 800 anni di oblio, il vicegovernatore olandese di Giava T.S. Raffles scoprì, sotto strati di cenere vulcanica e di vegetazione tropicale, le imponenti rovine del tempio buddista di Borobudur. Il restauro del sito, realizzato sotto l'egida dell'UNESCO, consente al visitatore di ammirare una delle più rilevanti testimonianze buddiste di tutto il Sud-Est asiatico. Il tempio, edificato più di 1200 anni fa, riveste una collina naturale, da cui si gode lo stupendo panorama della valle ricca di palme, contornata da luminose risaie. La struttura è modellata come uno stupa gigante, a cui si accede mediante quattro scalinate.
Alla base è una serie di rilievi scultorei che rappresentano un mondo succube delle passioni terrene. Nelle gallerie dello stupa centinaia di pannelli illustrano le antiche abitudini di vita quotidiana e le credenze religiose giavanesi.

Particolare di un rilievo scultoreo alla base del grande tempio.

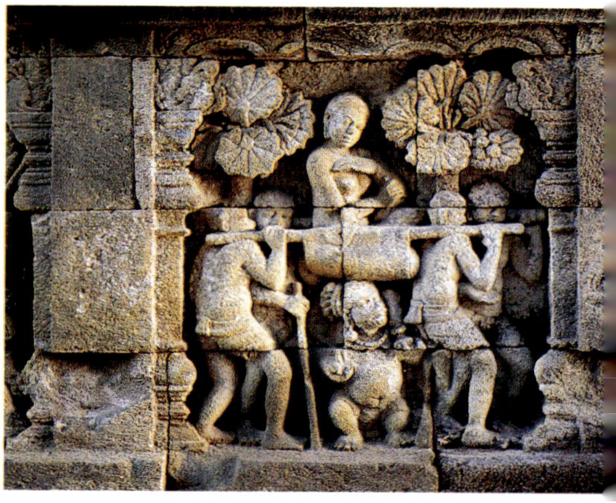

INDONESIA

IL COMPLESSO TEMPLARE DI PRAMBANAN

Sotto: oltre duecento arditi pinnacoli dei templi forano il cielo di Prambanan.

A lato: una delle colossali figure in pietra che proteggono il tempio di Kandy Sewu dalle forze del male.

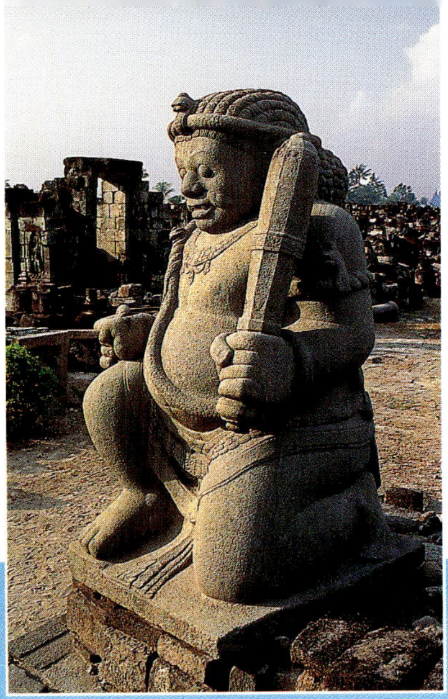

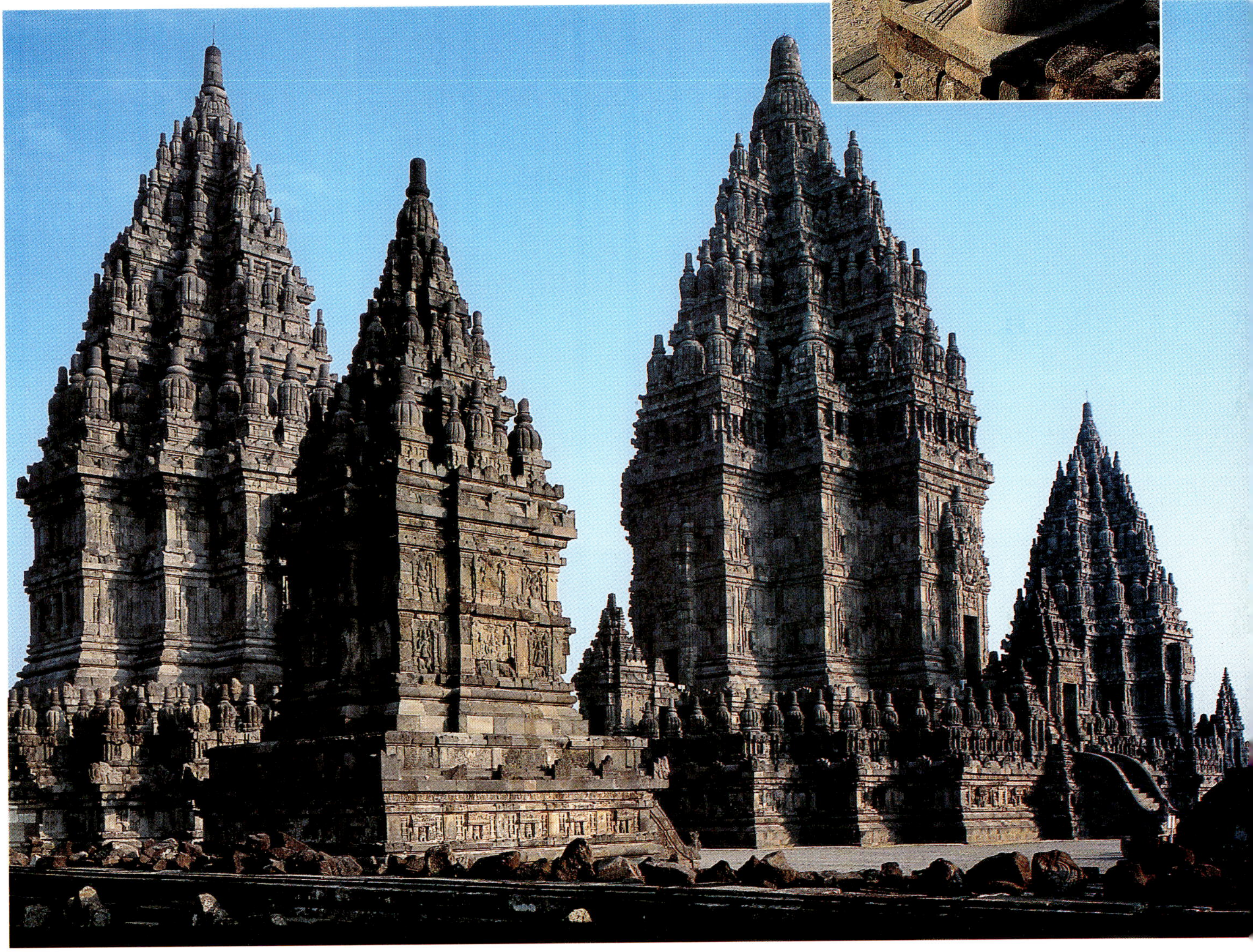

I monumenti di Prambanan, edificati tra l'VIII e il X secolo, rappresentano la più grande testimonianza di cultura induista esistente a Giava. Il tempio maggiore, con una cupola alta 47 metri, è dedicato a Shiva Mahadeva, il re dei re. Il tipico "motivo Prambanan" ne decora la base: piccoli leoni entro nicchie, alberi del paradiso, esseri fantastici metà uomini e metà uccelli. Sui muri interni sono scolpite scene mitologiche del *Ramayana*. La gigantesca statua di Shiva domina la sala principale, alla sommità della scalinata orientale. Intorno al tempio centrale si ergono i santuari minori di Brahma, Visnu e Nandi e quelli dedicati agli animali che la religione indù associa loro, istoriati con innumerevoli decorazioni naturalistiche. A pochi chilometri di distanza sorgono gruppi templari buddisti; tra questi, spiccano le perfette proporzioni del santuario di Sambisari. Scoperto da un contadino nel 1966, si è ben conservato, protetto da strati di cenere vulcanica.

A lato: tutto
il complesso intorno alla
moschea dell'Imam
presenta una ricca
decorazione
in ceramica smaltata.

Sotto: la grande cupola
della moschea
dell'Imam, con l'iwan
principale affiancato
da due minareti.

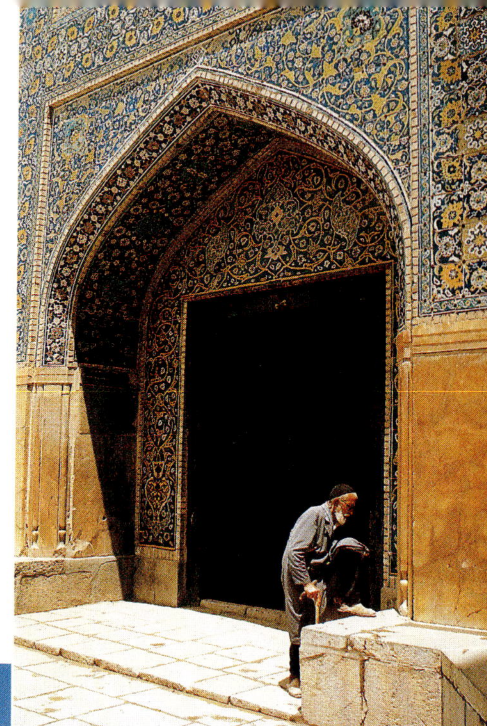

IRAN

LA MOSCHEA DELL'IMAM A ISFAHAN

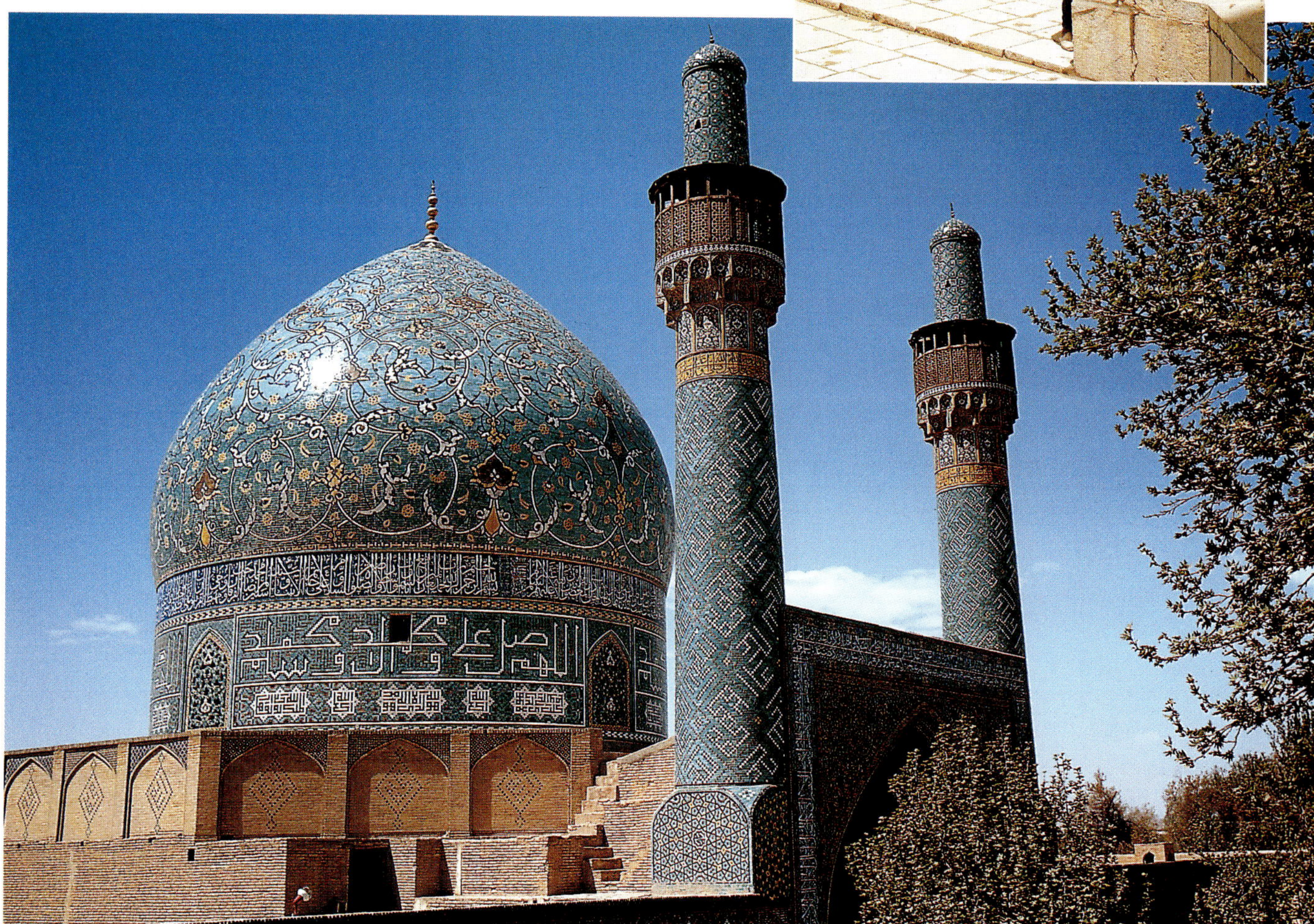

"Isfahan è la metà del mondo", recita un vecchio adagio persiano. E anche oggi l'antica capitale dei sovrani safavidi, costruita nel XVI secolo in un'oasi in mezzo a un altopiano stepposo, è una città ricca di ponti, moschee, fontane, giardini e dimore sontuose, il centro dell'arte e dell'artigianato iraniani. Tanto che Pasolini girò qui una parte del suo film *Il fiore delle mille e una notte*. I principali monumenti si affacciano sulla vasta Piazza Reale, un rettangolo lungo 500 metri e largo 160. Di fronte al bazar svetta nel cielo l'enorme cupola blu turchese della moschea del Re, o dell'Imam, adorna in cima di uno scintillante pinnacolo d'oro. Il portale d'ingresso, alto una trentina di metri, è ricco di motivi geometrici e calligrafici su piastrella, di complesse modanature e di decorazioni a stalattiti. Sui due lati maggiori della piazza corrono due file sovrapposte di arcate ogivali, interrotte al centro da due edifici situati uno di fronte all'altro: la piccola massiccia moschea di Loftallah, priva di minareti, e il leggiadro aereo palazzo ad alti loggiati di Alì Qapu.

IRAN

PERSEPOLI

Le raffigurazioni scultoree che ornano gli edifici di Persepoli testimoniano della grande maestria degli artisti persiani.

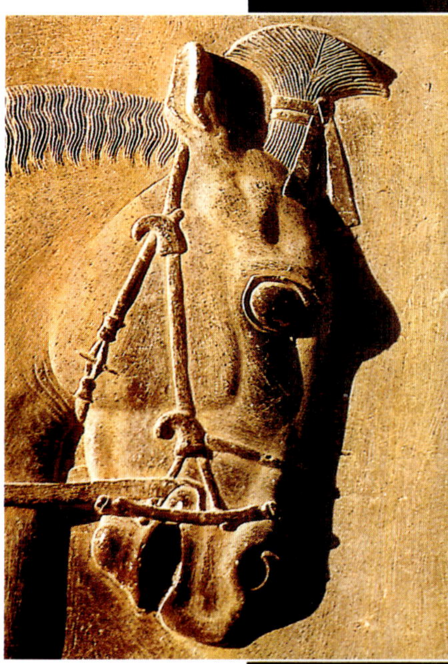

Le suggestive vestigia di Persepoli, nel VI secolo a.C. capitale amministrativa della Persia, testimoniano della potenza del grande re Dario che la fondò e dei suoi successori. Sui parapetti delle scalee a ventaglio che salgono lungo la muraglia fino ai palazzi, straordinari bassorilievi raccontano la cerimonia del Capodanno, quando dalle oltre venti satrapie dell'Impero una lunga e variegata processione giungeva qui per rendere omaggio al grande re. Innumerevoli figure salgono le scalinate, portando al sovrano le più diverse offerte dei prodotti locali delle province, fino all'*apadana* (la sala delle udienze che poteva ospitare ben 10.000 persone). Qui, scolpiti nelle porte e nelle finestre, aspettano altri bassorilievi raffiguranti il re, presentato sempre più grande del vero, tanto che non solo i semplici sudditi, ma anche i dignitari di corte e i soldati della guardia sembrano al suo cospetto piccolissimi.

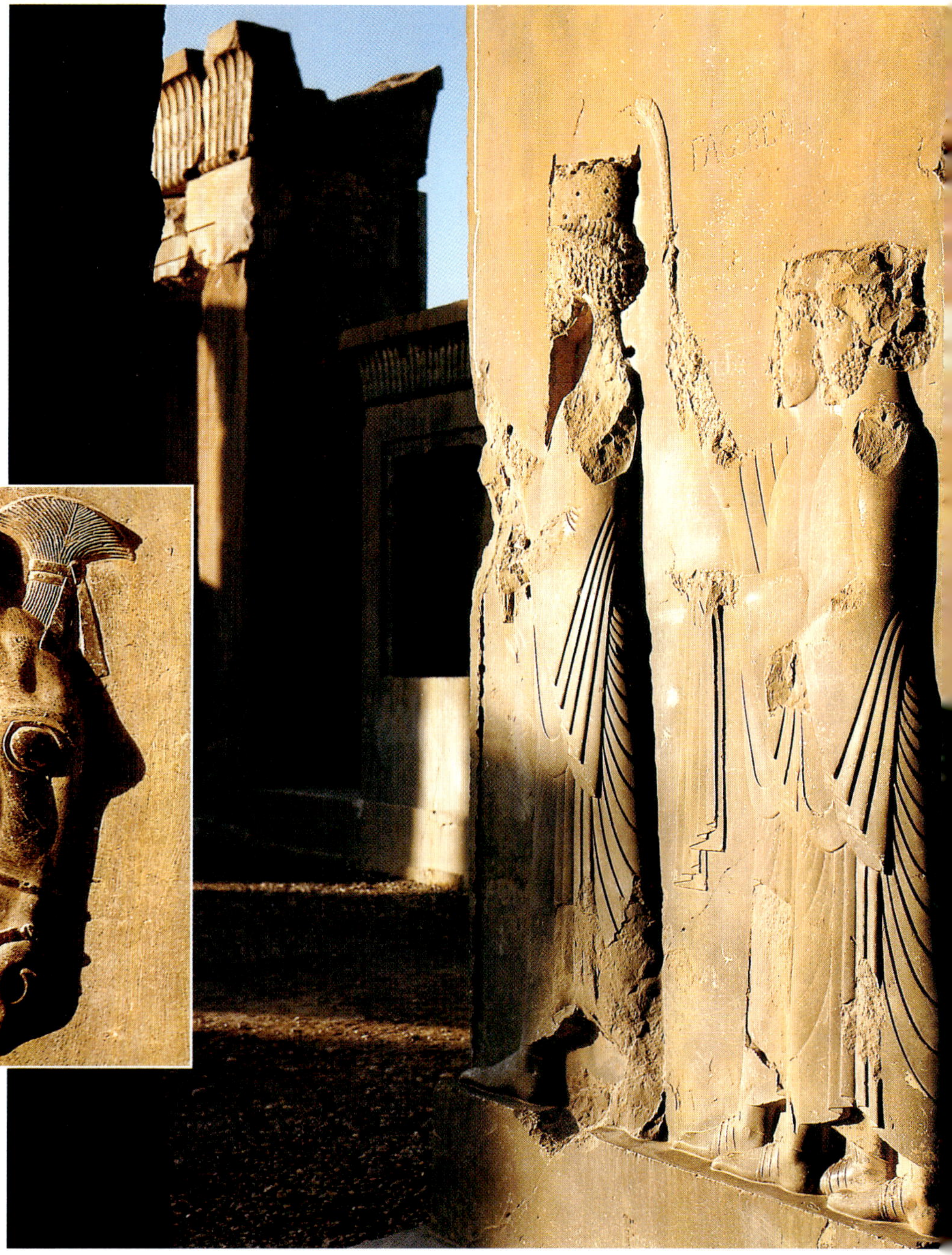

Sopra: dignitari e servitori si avvicinano al trono di Serse per rendere omaggio al re.

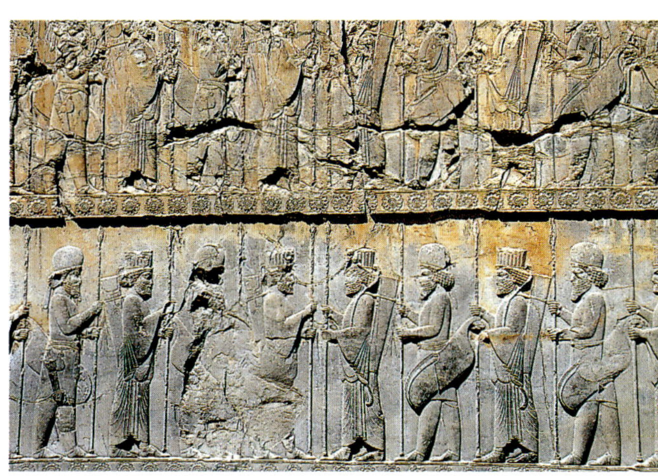

Un particolare dei bassorilievi che ornano le pareti dell'apadana, la sala delle udienze.

A destra e in basso: gli ambienti colonnati del tempio dedicato a Baal, divinità solare.

IRAQ

HATRA

Hatra, l'antica capitale di un piccolo regno mesopotamico, visse il suo periodo di massimo splendore sotto il dominio dei Parti, popolo nomade di origine persiana.
Nel II e III secolo d.C. era la testa di ponte asiatica verso l'Impero romano e un centro di passaggio fondamentale per le carovane provenienti da Palmira e Doura Europos dirette in India e in Cina. Durante le loro numerose guerre contro i Parti, i Romani tentarono più volte di conquistarla, ma invano. Particolarmente sfortunato fu il tentativo di Settimio Severo, che nel 200 e nel 201 vide il proprio esercito decimato dalle frecce e dal bitume infuocato che cadeva a pioggia dalle mura della città. Una fortezza invincibile che solo l'inganno riuscì a espugnare. Le leggende arabe

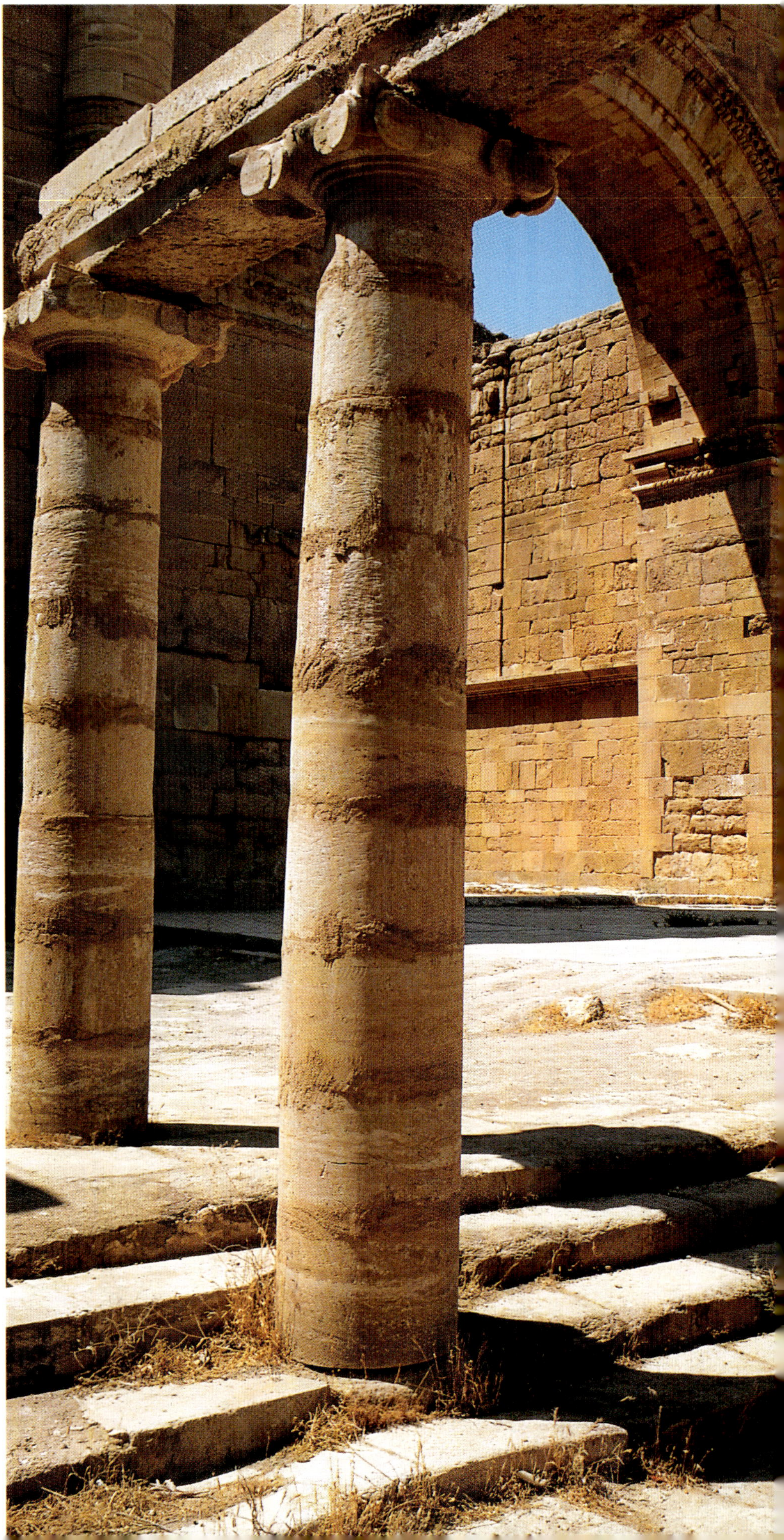

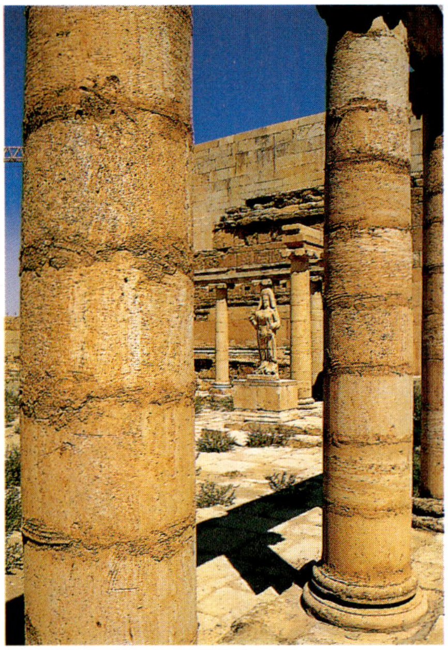

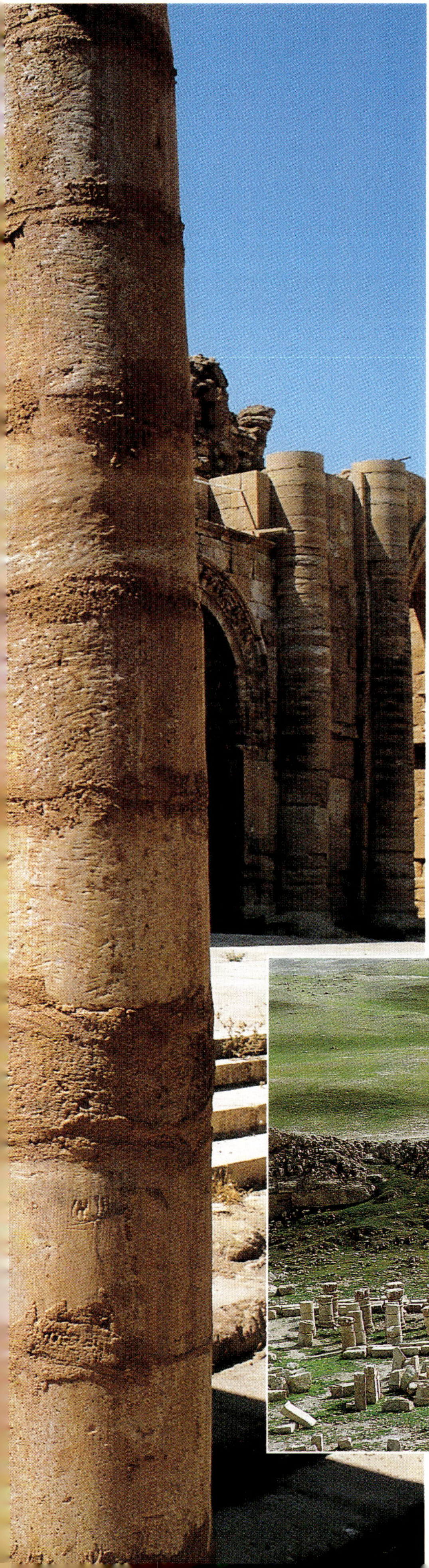

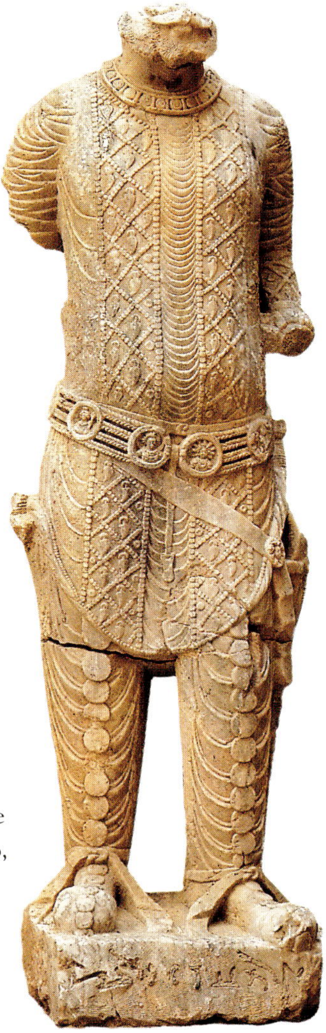

Statua acefala di re collocata tra le rovine dell'antica Hatra.

e persiane raccontano che a vincerne la resistenza fu il tradimento per amore della bella Nadira, figlia di re Daizan, che aiutò di nascosto il re sasanide Sapore I a penetrare all'interno delle mura. La decadenza di Hatra ebbe inizio circa trent'anni dopo, con la sconfitta di Palmira nel 273 d.C., allorché si interruppe il commercio carovaniero. L'antica città ha la forma di un poligono arrotondato ed è protetta da una robusta cerchia di mura e torri. La domina la mole del Palazzo Reale, bell'esempio di architettura composita. Persiani sono gli schemi di pianta e di struttura, la decorazione a mascheroni (facce umane che non vanno oltre il mento) e la volta che sostituisce il tetto e la terrazza. Ma per il materiale da costruzione i Parti seguirono la tradizione romana e usarono pietre da taglio e agglomerati di pietra tenera.

Accanto al palazzo, sorge il tempio di Baal, dio del Sole onorato anche a Palmira. Qui è stato ritrovato il bassorilievo che raffigura una divinità del mondo infernale, Hades-Nergal-Ahriman. La minacciosa figura, conservata a Bagdad, è ritratta in piedi, in posizione perfettamente frontale, e tiene al guinzaglio il cane a tre teste Cerbero, guardiano dell'Inferno.

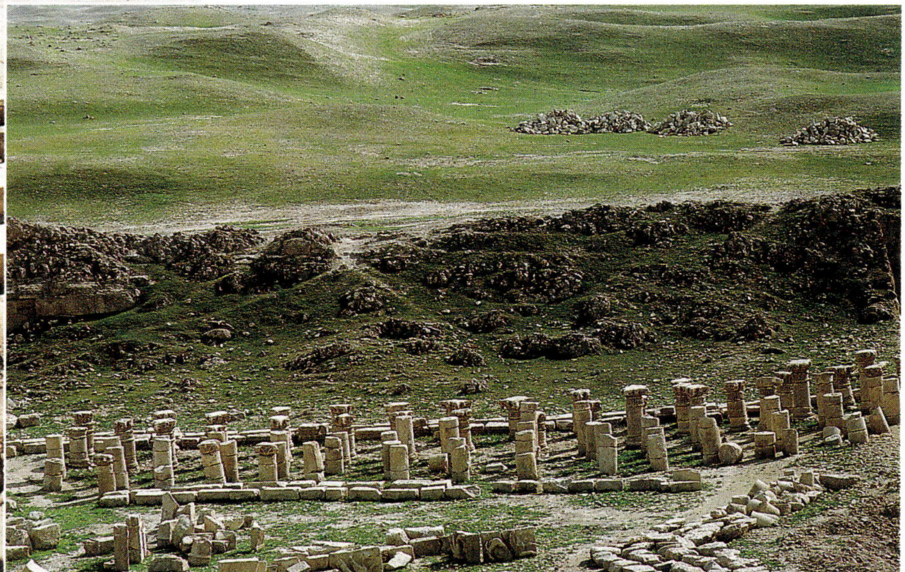

Veduta delle rovine di un tempio ai margini dell'area archeologica.

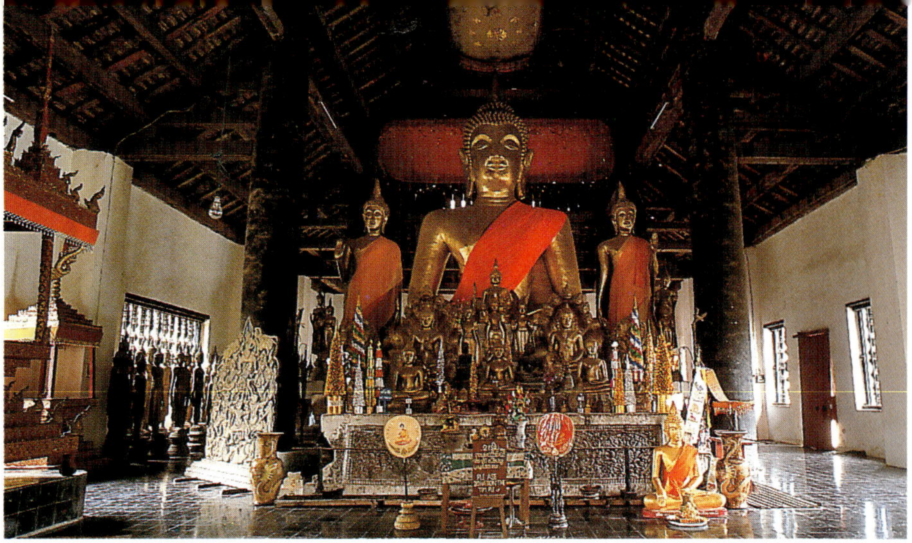

A destra: il grande Buddha dorato che troneggia al centro del tempio di Vat Aham.

In basso: il Palazzo Reale sulle rive del Mekong.

LAOS

LUANG PRABANG

La penisola formata dalla confluenza del Mekong con l'impetuoso affluente Nam Khan, la collina denominata Phu Si, la ricca vegetazione, la presenza dell'acqua segnano il territorio, nel Laos settentrionale, su cui sorge Luang Prabang, antica capitale di Lan Xang, primo regno laotiano, sostenuto dagli khmer di Angkor. Oltre ai numerosi templi concentrati sulla striscia di terra tra i due fiumi, circondata da montagne dalle forme appuntite, caratterizzano la città le vecchie case risalenti al periodo del protettorato francese, i tetti aguzzi, gli affollati mercati e il Museo Nazionale, edificio che dalla sua fondazione, nel 1904, fino al 1975, anno che segnò la caduta della monarchia, funse da residenza reale.
Nel 1560, il re Setthathirat ordinò la costruzione del complesso templare di Xieng Thong, classico esempio di architettura in stile Lao, con sequenze di tetti spioventi che sembrano sfiorare il suolo e con la cappella dove vengono

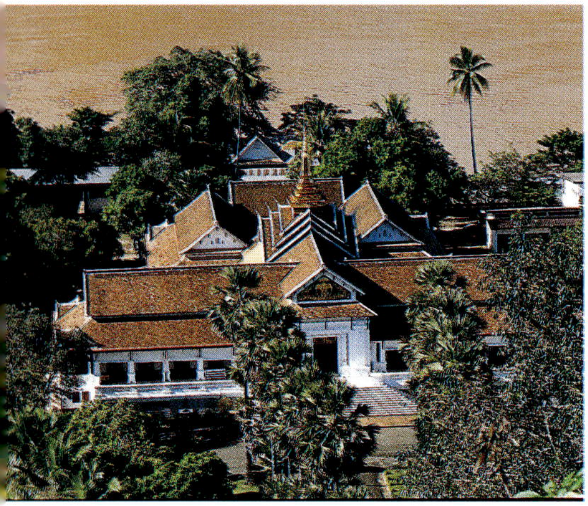

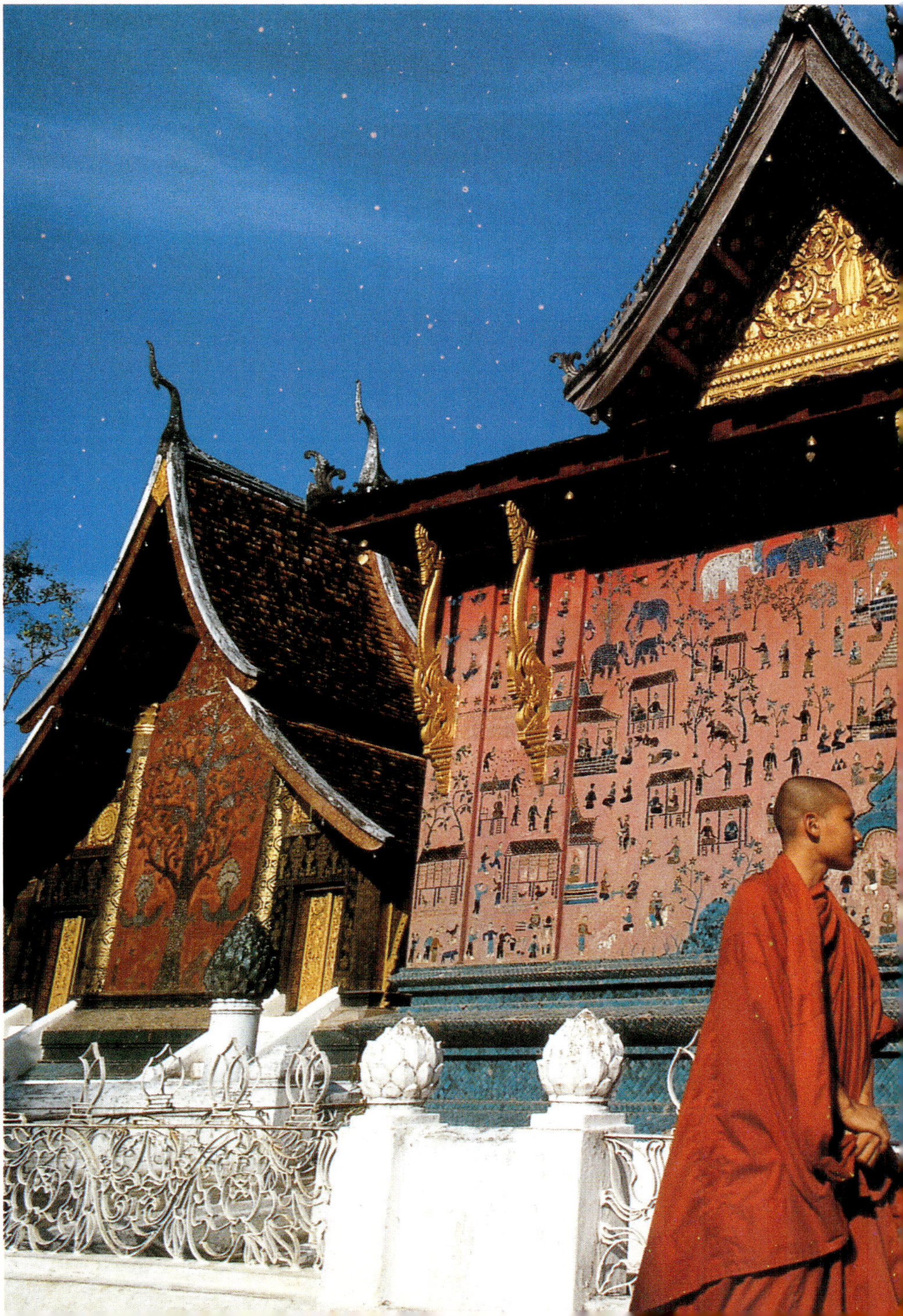

L'ingresso del tempio di Vat Mai, che presenta la consueta decorazione con dorature e laccature.

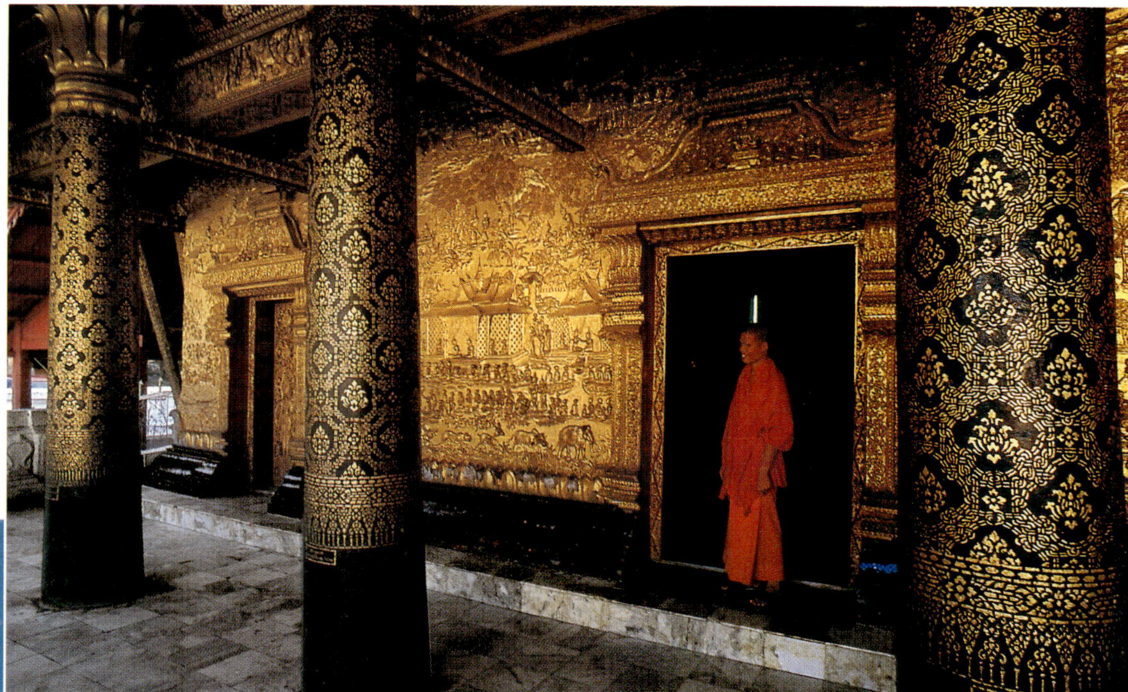

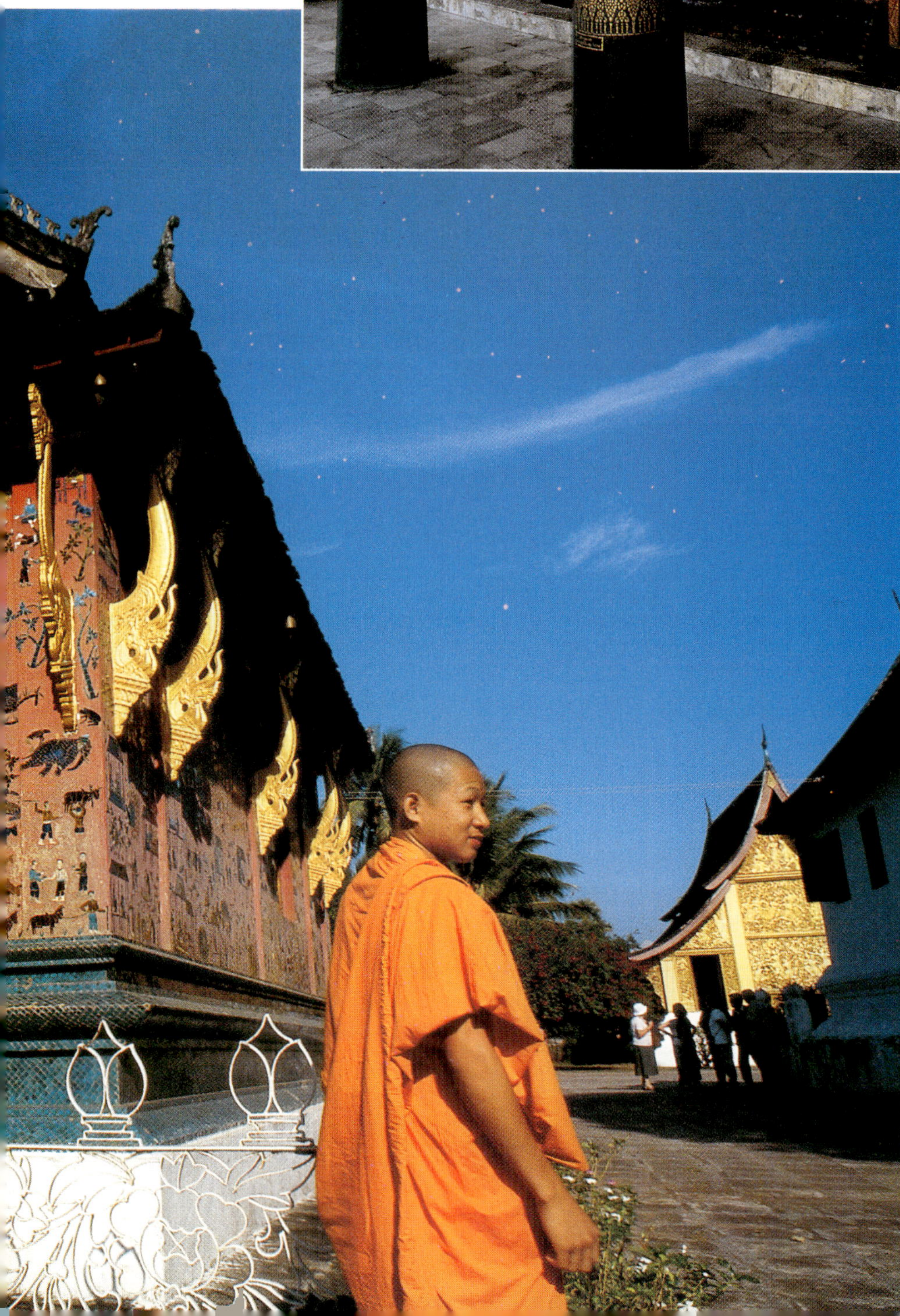

ordinati i monaci decorata con il mosaico su fondo rosso raffigurante l'albero della vita. Colonne di legno, pareti affrescate, stucchi policromi e mosaici dai colori brillanti e vivaci caratterizzano il santuario, dove troneggia un grande Buddha. Macchie arancioni spiccano, sparse qua e là: sono i monaci, ora seduti sui gradini del tempio con lo sguardo rivolto all'infinito, ora intenti alle proprie faccende nei pressi delle abitazioni annesse al santuario, dopo esservi tornati dalla questua mattutina.
La navigazione di un tratto del maestoso Mekong sulle lunghe e strette chiatte consente di immergersi in un paesaggio di spettacolare bellezza, fino alle grotte di Pak Ou che si aprono, a profondità diverse, nella roccia calcarea. In questo luogo sacro e suggestivo, gli abitanti di Luang Prabang hanno portato, sembra dal XVI secolo, immagini di Buddha. Le statue, quasi 7000, durante la festa del Nuovo Anno, che si svolge in aprile, vengono ricoperte di fiori e lavate con acqua profumata.

Il tempio di Xieng Thong; accanto all'ingresso, la rappresentazione dell'albero della vita.

LIBANO
BAALBEK

I resti del colonnato che cingeva il grande tempio dedicato a Giove Eliopolitano, sintesi tra architettura classica e grandiosità orientale.

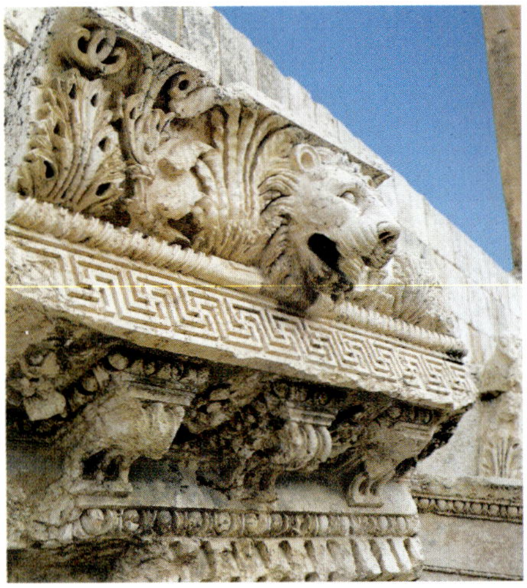

Un particolare della ricca decorazione del tempio di Giove.

Dei numerosi siti archeologici sparsi nella fertile valle della Beqaa, racchiusa tra le catene montuose del Libano e dell'Antilibano, il più celebre e grandioso è il complesso templare di Baalbek, che si è salvato miracolosamente dagli eventi bellici e dai saccheggi dei traffici clandestini. La visita all'enorme santuario dedicato al culto di Giove, fino a pochi anni fa sconsigliata per motivi di sicurezza, rappresenta oggi un'esperienza affascinante. La storia del sito comincia nel III secolo a.C. quando un sovrano locale, il cui nome è ancora sconosciuto, vi fondò la sua capitale, chiamata Heliopolis, la "città del Sole". In età romana la città conobbe un periodo di grande prosperità, come testimonia l'eccezionale grandiosità dei suoi edifici sacri, iniziati nel I e completati nel III secolo.
Nel luogo dove sorgeva un antico santuario dedicato a tre divinità semitiche (Baal-Hadad, dio della tempesta, Atagartis, dea delle acque sotterranee, e un terzo dio, dall'identità sconosciuta) i Romani costruirono un gigantesco tempio dedicato a Giove Eliopolitano, Venere e Mercurio. Delle 19 colonne corinzie, alte 20 metri, che cingevano il tempio, ne sono ancora in piedi sei, imponenti sullo sfondo di uno scenario paesaggistico dominato dai monti del Libano. L'enorme piattaforma su cui sorge il santuario ha i muri esterni composti da blocchi monolitici di 400 tonnellate. Dopo aver varcato i grandiosi propilei e due ampi cortili, in origine affollati di colonne, il visitatore antico trovava improvvisamente davanti a sé la poderosa mole del tempio vero e proprio, la cui fronte raggiungeva i 40 metri di altezza. Il vicino tempio di Bacco ha conservato perfettamente la fastosa e sovrabbondante decorazione che doveva caratterizzare l'intero complesso. L'area monumentale di Baalbek è una delle più suggestive e sontuose dell'Impero romano: non c'è da stupirsi, dunque, che questa sia stata una delle città in cui il paganesimo resistette più a lungo.

Sotto: l'interno del tempio di Giove Eliopolitano con il podio, preceduto dalla scalinata.

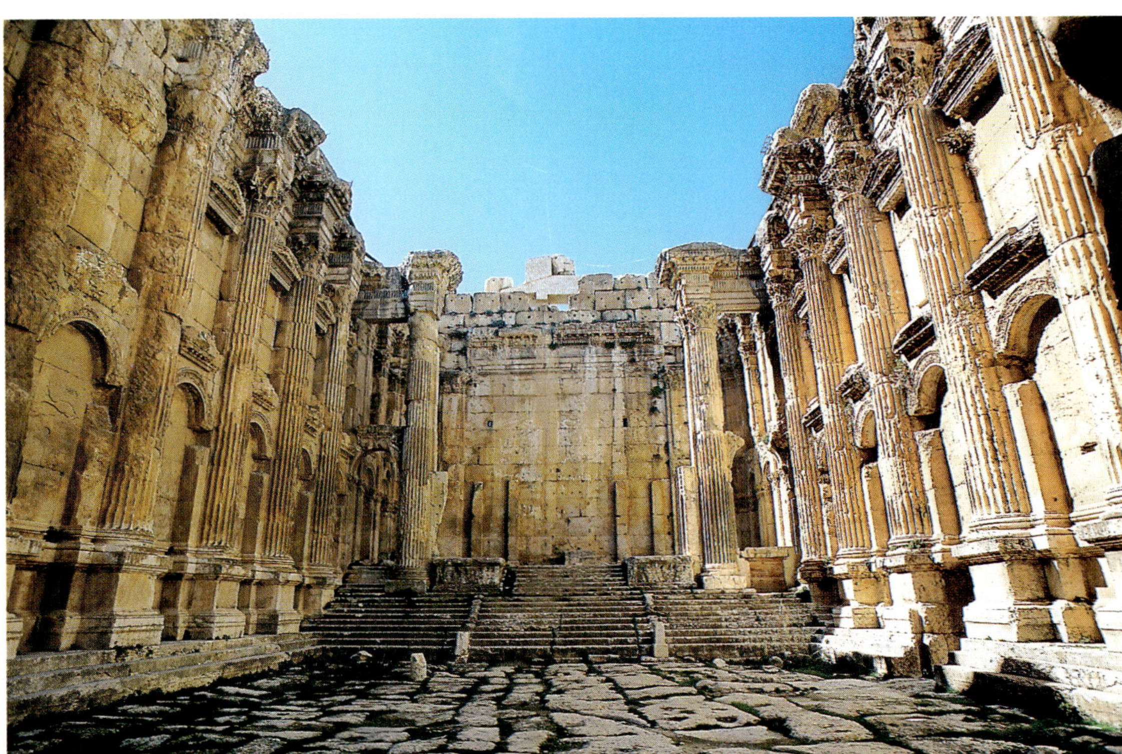

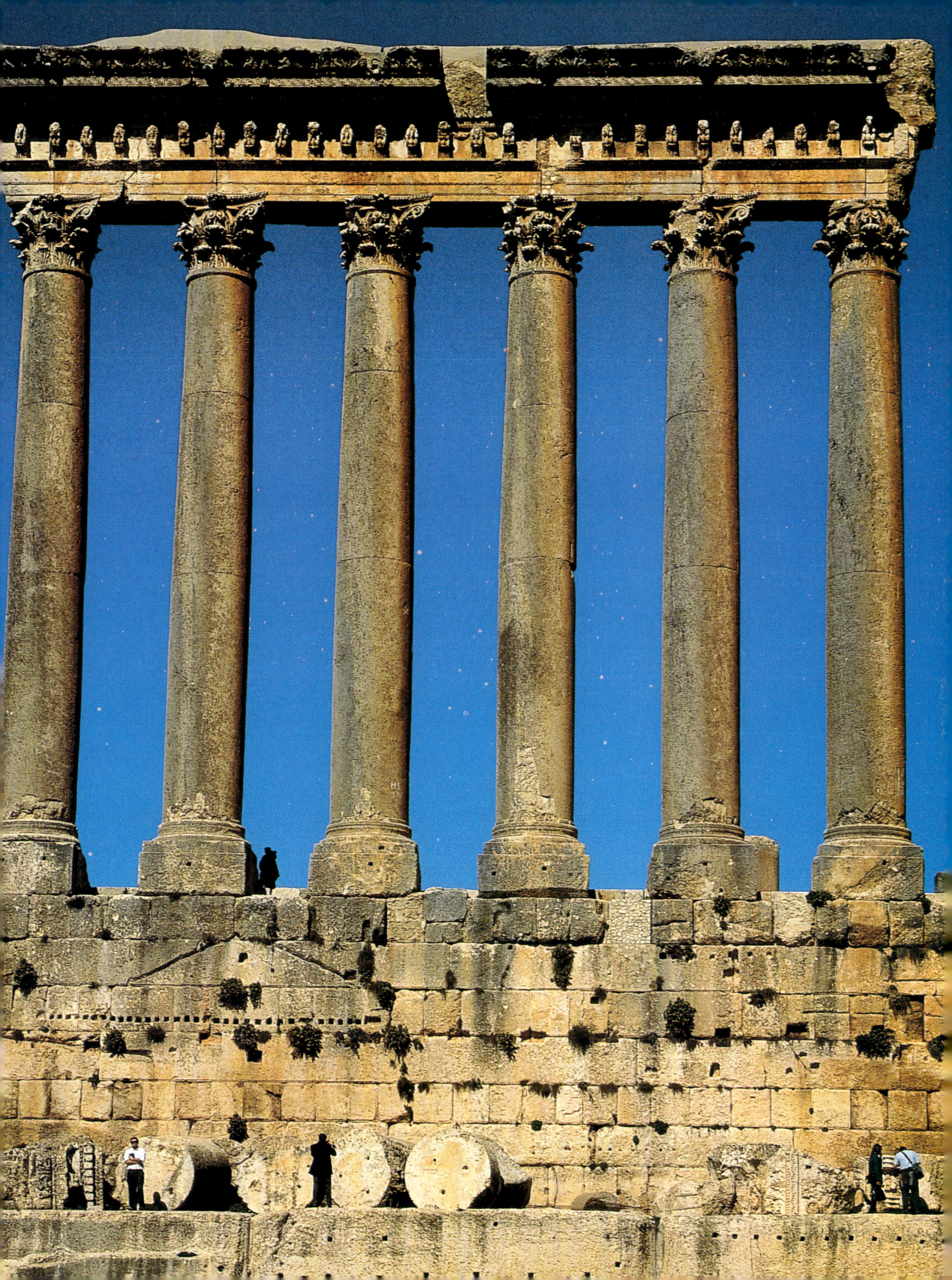

NEPAL

LA VALLE DI KATMANDU

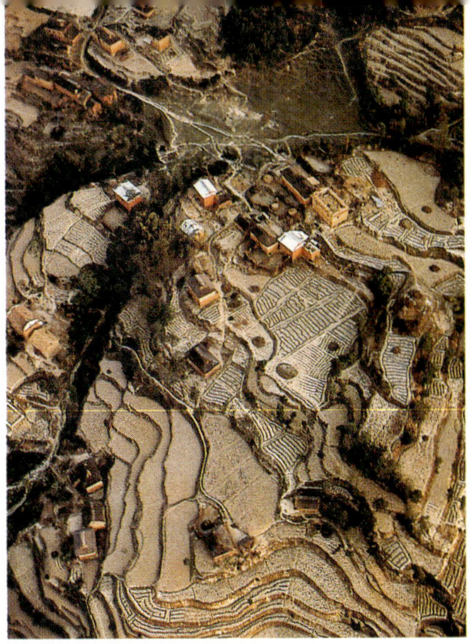

I terrazzamenti hanno modellato il paesaggio della valle di Katmandu.

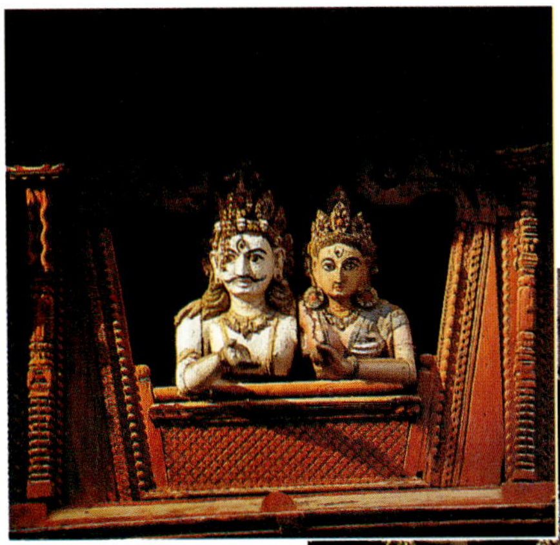

Gli dei Shiva e Parvati affacciati alla finestra del tempio a loro dedicato.

Una torre dorata con due enormi occhi corrucciati, gli occhi di Buddha che guardano il mondo, simboleggiato da una enorme sfera bianca piena di terra. È lo stupa più grande del Nepal, dedicato al Buddha Svayambhunatha, e si trova nella zona nord-est di Katmandu. Ci sono più templi che case nella valle di Katmandu, a oltre 1300 metri di altitudine, dove vive da più di 2500 anni la maggior parte della popolazione del Nepal. È la più grande raccolta di architettura religiosa del pianeta, dai giganteschi tumuli dei luoghi sacri buddisti, gli stupa, ai santuari indù con i tetti multipli disposti a gradini. A poca distanza, in un'angusta gola sulla sponda del fiume Bagmati il più sacro tempio induista del Nepal, dedicato a Pashupati, richiama per il compleanno di Shiva fino a 100.000 devoti. A Bhatgaon, la spettacolare pagoda del tempio di Ishvari con i suoi cinque tetti pare ancora più alta per la vertiginosa scalinata guardata da statue di giganti armati, elefanti, leoni e grifoni. A Patan, "la città dai mille tetti d'oro", il tempio di Krishna è un vero capolavoro di architettura nepalese con i suoi fregi in rilievo che narrano le gesta del *Mahabaharata* e del *Ramayana*.

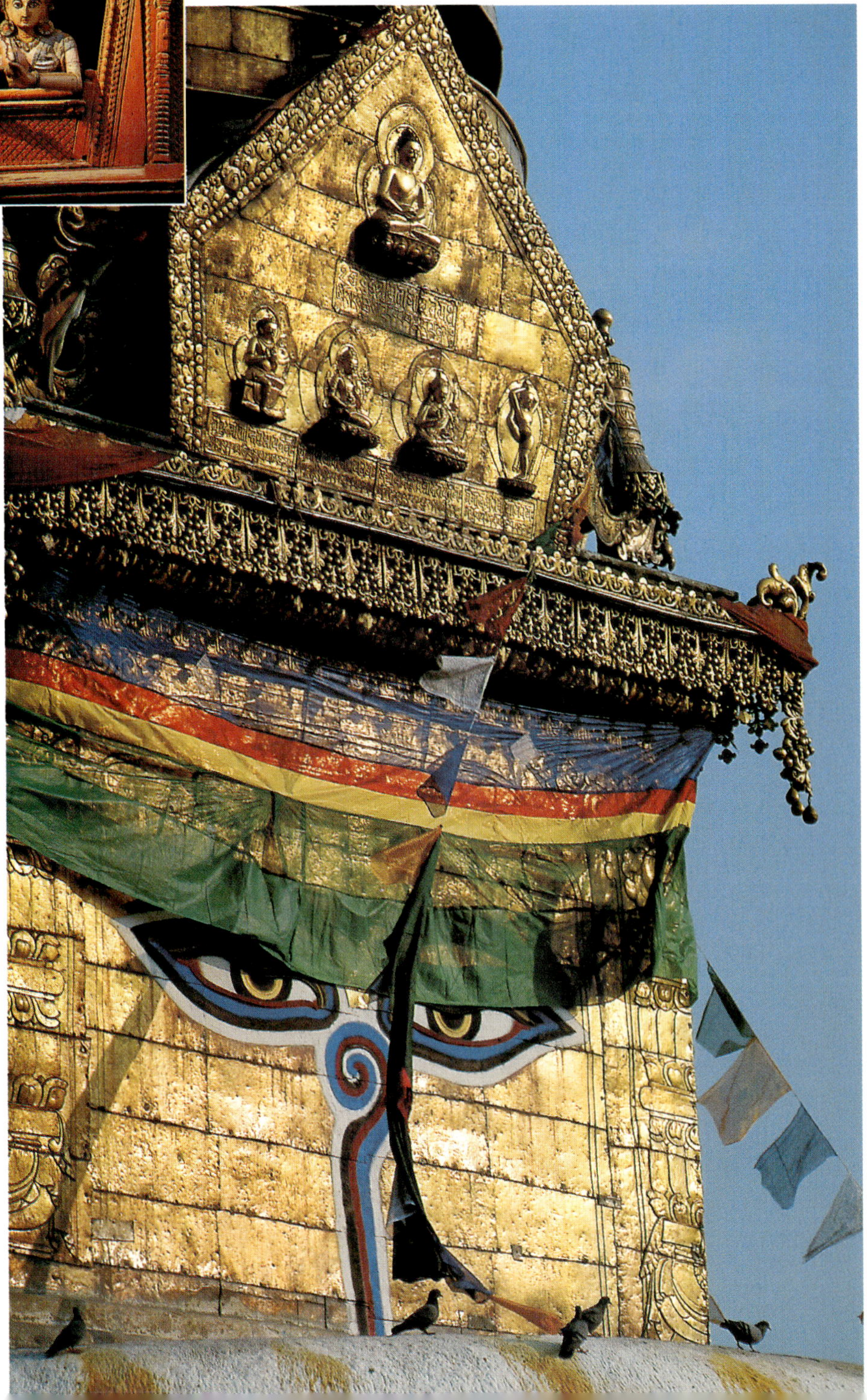

I grandi occhi di Buddha guardano il mondo dallo stupa della collina di Svayambhunath che domina Katmandu.

NEPAL

IL PARCO NAZIONALE DEL SAGARMATHA

Una veduta dell'Everest, chiamato in lingua nepalese Sagarmatha.

Lo yak, animale di fondamentale importanza per le popolazioni himalayane.

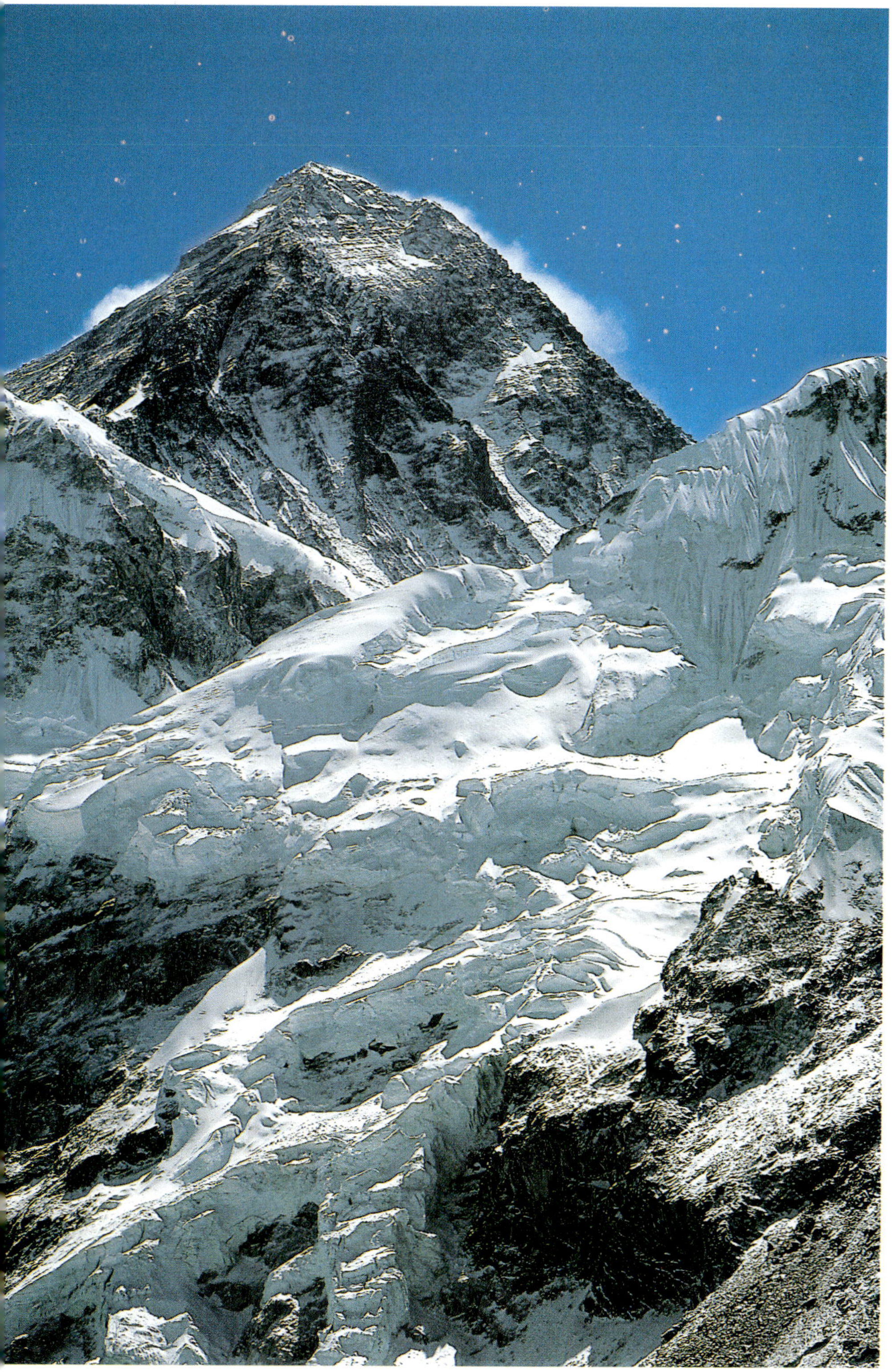

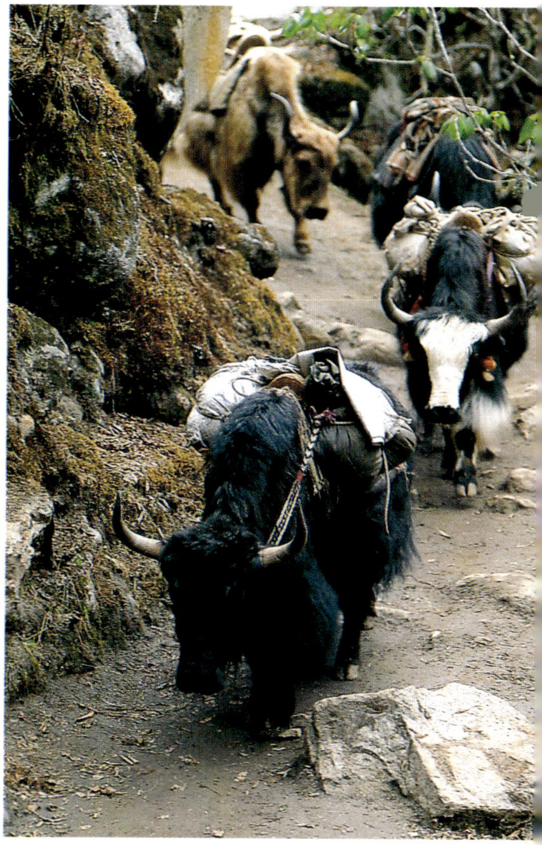

Sagarmatha, "colei la cui fronte tocca il cielo", è il termine con cui i nepalesi designano l'Everest, la montagna più alta della Terra. È anche il nome di uno splendido Parco nazionale, voluto da Edmund Hillary, l'uomo che per primo raggiunse il tetto del mondo, al fine di proteggere il territorio e la cultura degli sherpa, gli "uomini venuti dall'Est". Giunto in Nepal secoli fa con carovane di yak, uomini, donne, vecchi e bambini, il popolo degli sherpa si stabilì lungo i pendii e le valli che scendono dal Chomo Lungma, "signora del vento" (così chiamano l'Everest in tibetano). Namche Bazar è la loro capitale, su un piccolo pianoro ai piedi del Khumbila, il monte che gli sherpa ritengono sacro, inviolabile e protetto dallo yeti. La montagna è considerata dalla popolazione locale la dimora del dio Titsen Karpo che, in sella al suo cavallo magico, veglia sulla loro terra e li protegge dalle forze del male.

PAKISTAN

MOHENJO-DARO

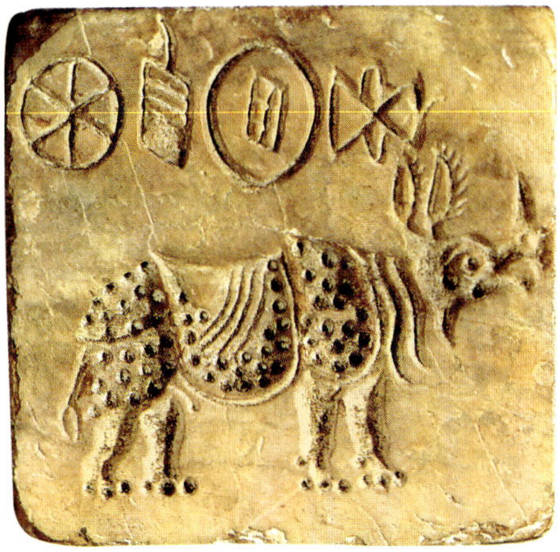

A sinistra: un sigillo con un rinoceronte dagli scavi di Mohenjo-daro.

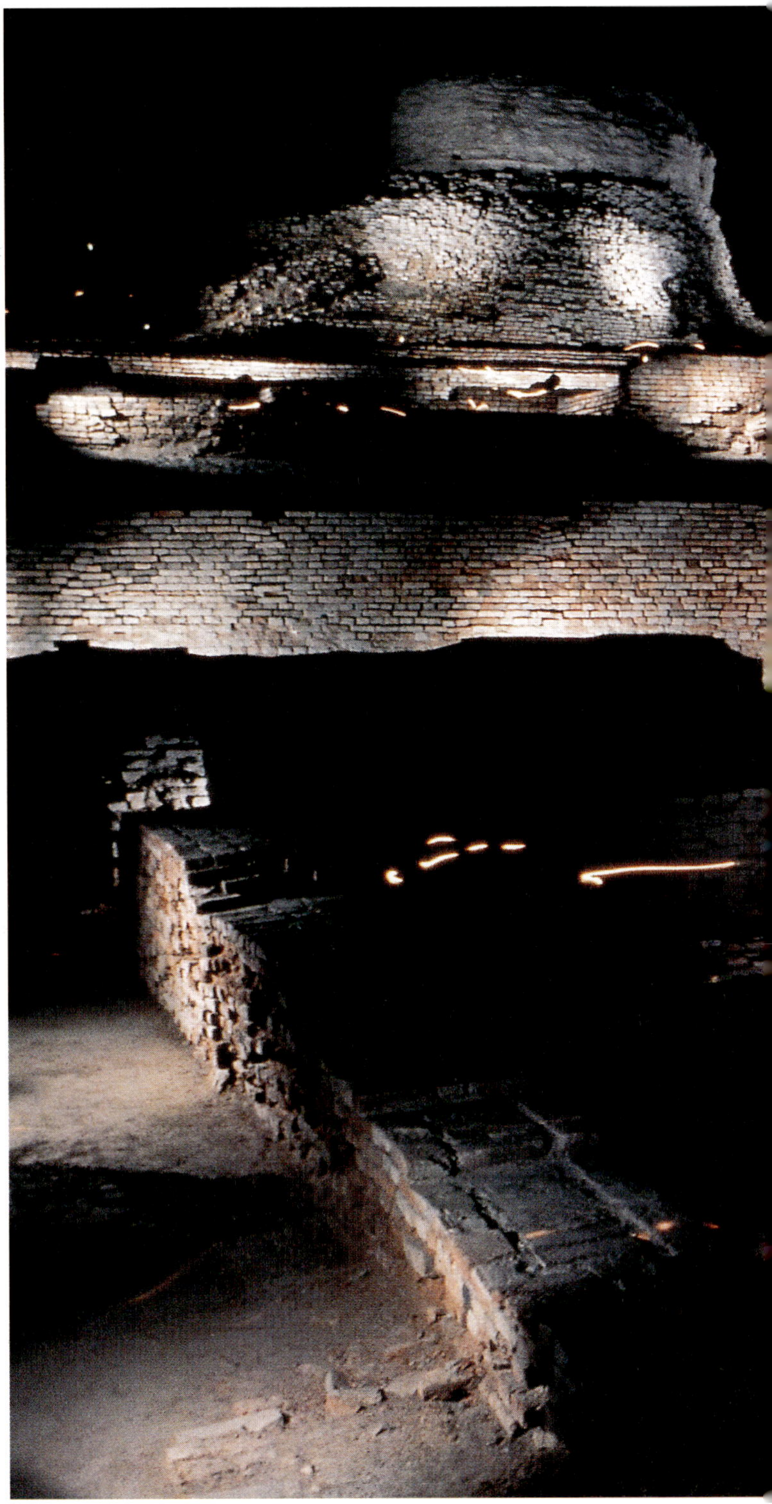

A destra: l'area di Mohenjo-daro; la città era divisa in due settori distinti: la cittadella, sulla collina, e la città bassa.

Mohenjo-daro appare uno di quegli impenetrabili luoghi perduti nei quali sembra non esserci più nulla di vivo, di organico; dove gli stessi mattoni crudi degli edifici franano sbriciolandosi inesorabilmente giorno dopo giorno, se non addirittura ora dopo ora. Tra le polverose strade a scacchiera che solcano geometricamente le rosseggianti vestigia dell'antica cittadella fortificata, il vero protagonista è il tempo. Nulla è palese, né al sicuro a Mohenjo-daro. Non la scrittura pittografica, le cui oltre duemila iscrizioni ritrovate non sono ancora state decifrate dagli archeologi. Non il sito stesso: a poco più di mezzo secolo dalla scoperta delle rovine di questa metropoli protostorica, avvenuta nel 1922, l'infiltrazione delle acque dal suolo ne sta causando un nuovo e forse definitivo sprofondamento. Non l'uomo: è raro vedere qualcuno aggirarsi per questo luogo spettrale, chiamato dalla popolazione locale "la collina della Morte", percorrerne le strade deserte che fiancheggiano le murature di mattone rosso del Grande Bagno o del Granaio. Tutto ciò fa di Mohenjo-daro una strana creatura fantasma, testimone di una fiorente civiltà, la civiltà dell'Indo o semplicemente di Harappa, sorta nel III millennio a.C. Ben poco si sa di Mohenjo-daro, se non che, insieme all'abitato di Harappa, situato a circa 400 chilometri in direzione nord-est, era il centro vitale della regione del Sind,

Sotto: ritratto maschile, detto del "gran sacerdote".

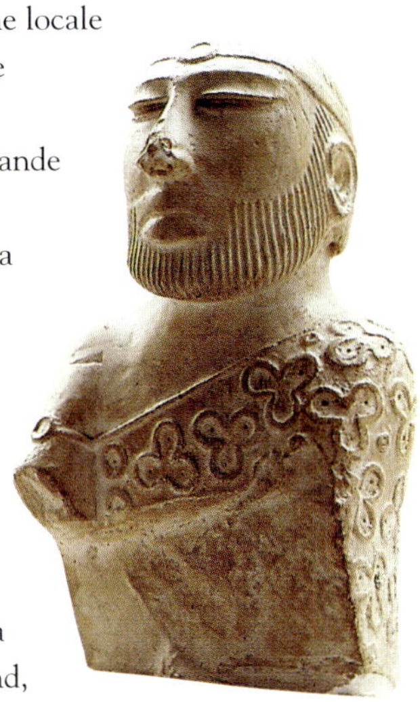

Gli scavi hanno portato alla luce una città che si estende per circa cinque chilometri.

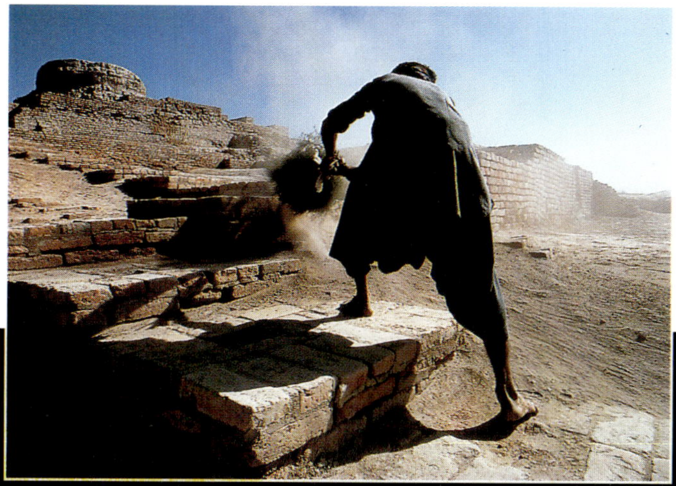

strutturatasi già alla fine del Neolitico come un'area dall'agricoltura e dal commercio estremamente sviluppati. E se poco possono contribuire gli uomini di scienza a spiegare le origini e la cultura di questa raffinata civiltà anteriore alla costruzione delle grandi piramidi egiziane di Giza, non molto di più ci dicono del suo improvviso crollo, le cui cause restano avvolte nel mistero.

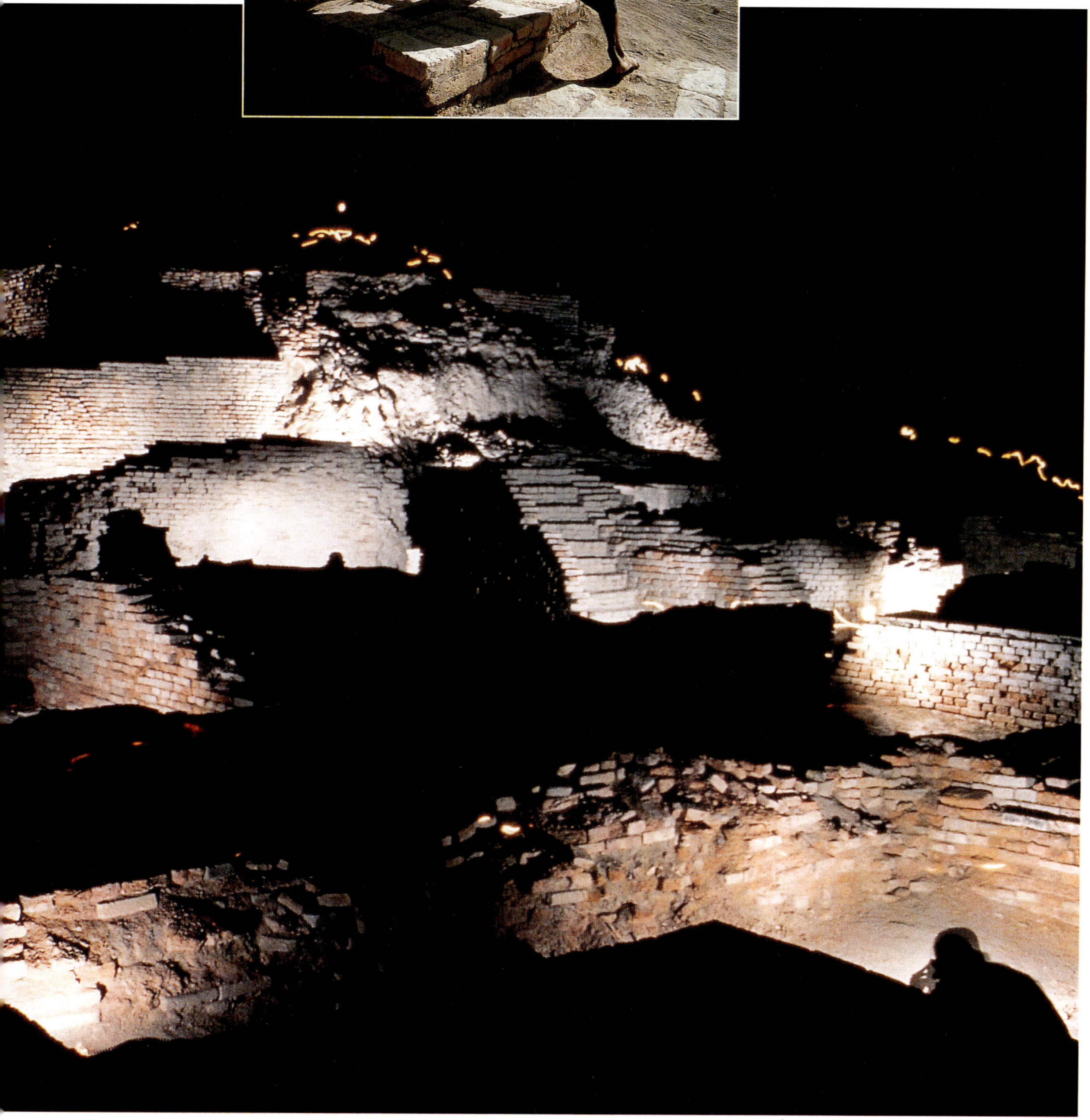

SIRIA

BOSRA

Gli illustri monumenti di grigio basalto che spiccano nel giallo dei campi di grano sono gli ultimi testimoni dell'antico splendore di Bosra, in età tardoimperiale popolata da oltre 80.000 abitanti e oggi disabitata. Già importante centro commerciale al tempo dei Nabatei, signori di Petra, la città fu capitale della provincia romana d'Arabia e sede arcivescovile sotto Bisanzio. Nel 634 venne conquistata dagli arabi. Il più importante monumento di Bosra è la cittadella fortificata, eretta all'inizio del XIII secolo per proteggere la città dai crociati, attrezzando a scopi difensivi l'antico teatro romano. Un ponte a sei arcate conduce nella penombra di lunghi e vasti corridoi; ripide scale interne risalgono le 35 gradinate fino ad affacciarsi sull'immensa cavea. Dalle feritoie della fortezza lo sguardo spazia sui resti degli antichi monumenti: la via colonnata, il ninfeo, le terme, il monumentale palazzo del governatore, il criptoportico lungo 106 metri adibito a stoccaggio delle merci.

Il teatro romano, trasformato in fortezza dagli arabi all'inizio del XIII secolo.

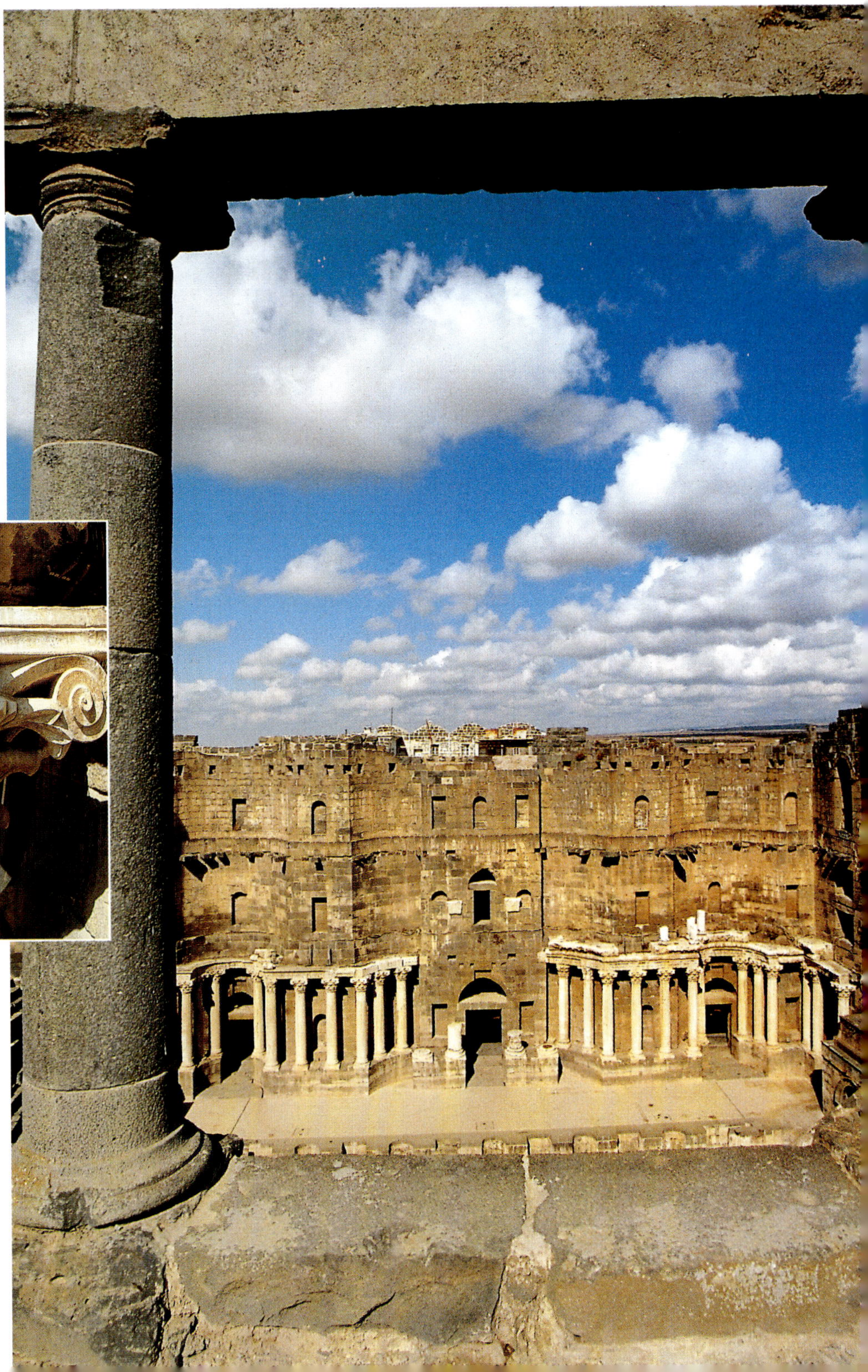

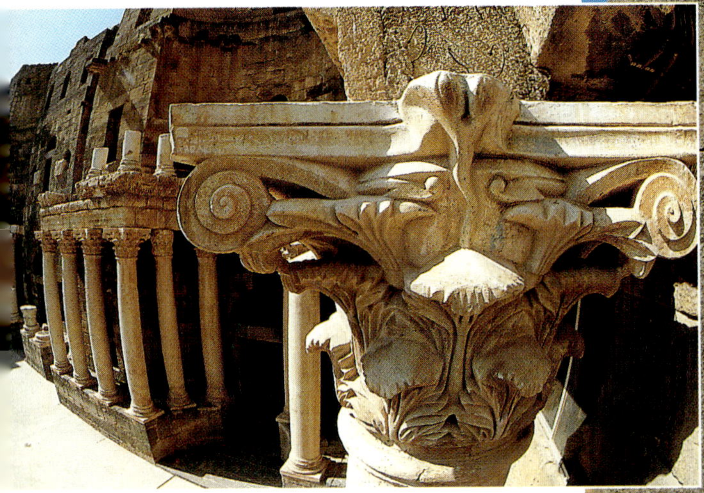

Sopra: un capitello della scena del teatro.

SIRIA

DAMASCO

Un'oasi verdissima. Una città ordinata e piena di giardini, corsi d'acqua, cupole, cupolotti e sottili minareti, maristan e madrase costruite al tempo di Nur ad-Din, di Salah ad-Din e dei pascià ottomani. Secondo gli antichi testi egiziani e assiri, Damasco è nata sulle rive del fiume Barada al tempo di re Salomone, intorno al tempio del dio Hadad.
Snodo tra due principali vie carovaniere provenienti una dall'Egitto e dallo Yemen e l'altra dall'India e dalla Cina, la città è la rappresentazione evidente del sincretismo siriano nato dall'incontro di culture, religioni e stili diversi: greco-romano, arabo, turco.
La Grande Moschea degli Omayyadi, nel cuore oscuro e tortuoso della città vecchia, ne è la prova. Al tempio di Hadad si sovrappose, dopo Alessandro Magno, il tempio di Zeus che fu poi dedicato dai romani a Giove Damasceno. In epoca bizantina, il tempio divenne la cattedrale di San Giovanni Battista e sulla stessa struttura venne eretta la Grande Moschea quando la città divenne la capitale dei califfi della dinastia omayyade.
Il maestoso portale romano è fiancheggiato da enormi colonne corinzie. Nella corte rettangolare vastissima, l'alta parete della moschea fronteggia il porticato del tempio pagano. All'interno, un'edicola a cupola custodisce la testa di san Giovanni Battista mentre in un angolo non lontano dal mirhab, vicino ai raffinatissimi mosaici dorati opera di artigiani di Costantinopoli, una lapide scritta in greco ammonisce: "Il tuo regno, o Cristo, è un regno eterno. E il tuo dominio durerà da generazione a generazione".

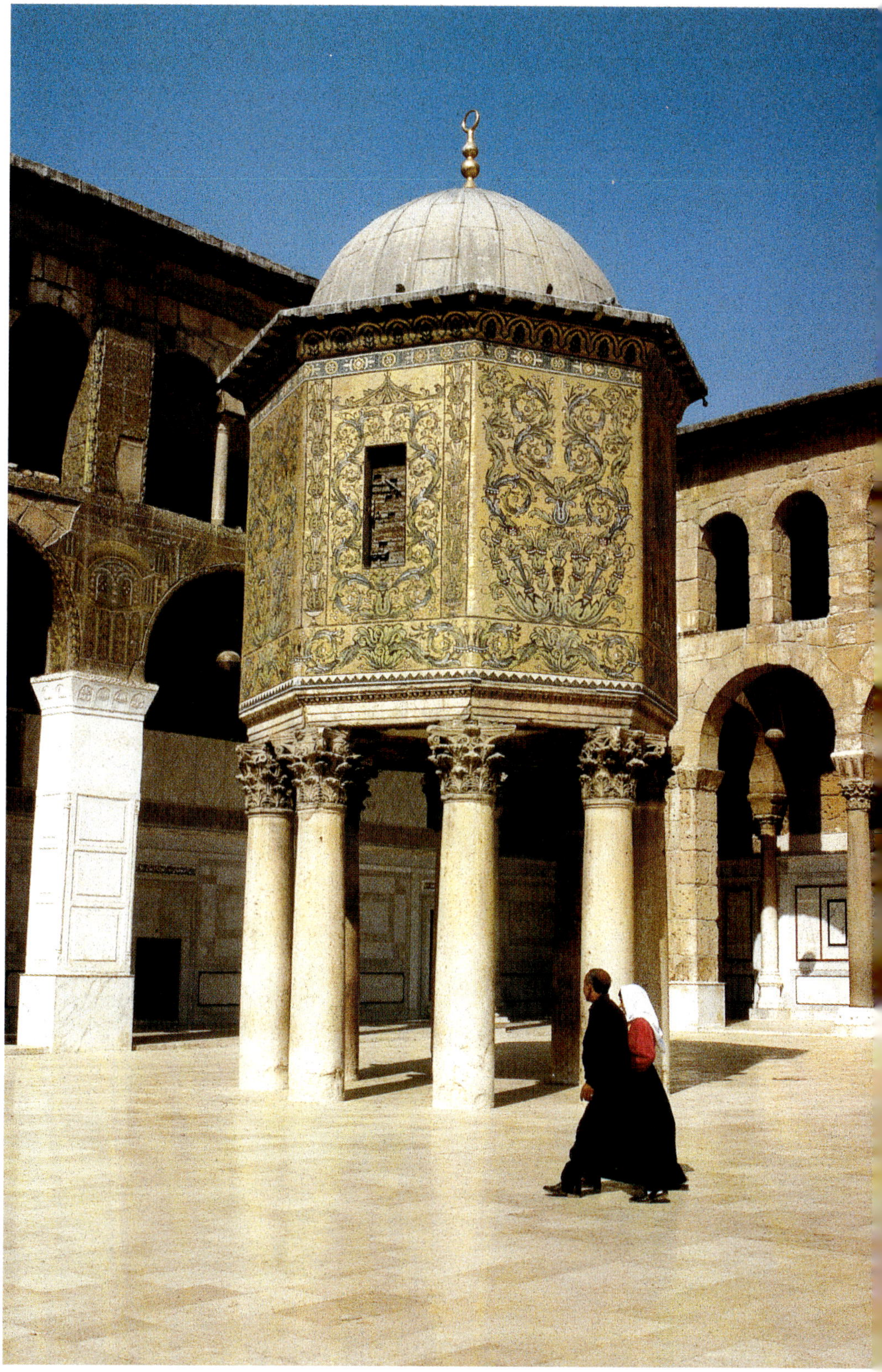

La vasta corte della Grande Moschea, nella quale si fondono elementi romani e dell'architettura omayyade.

SIRIA

PALMIRA

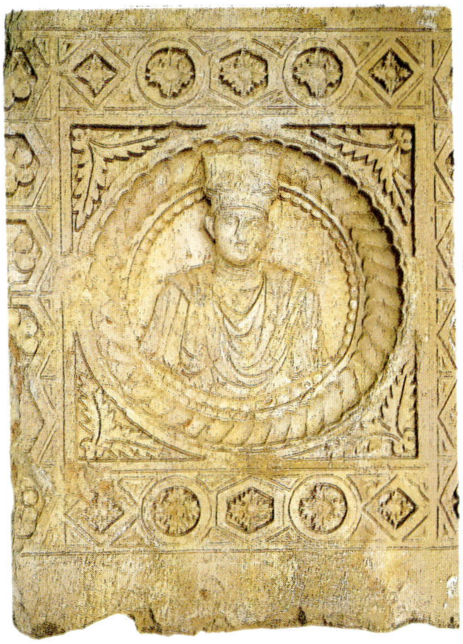

Bassorilievo funebre conservato nel Museo di Palmira.

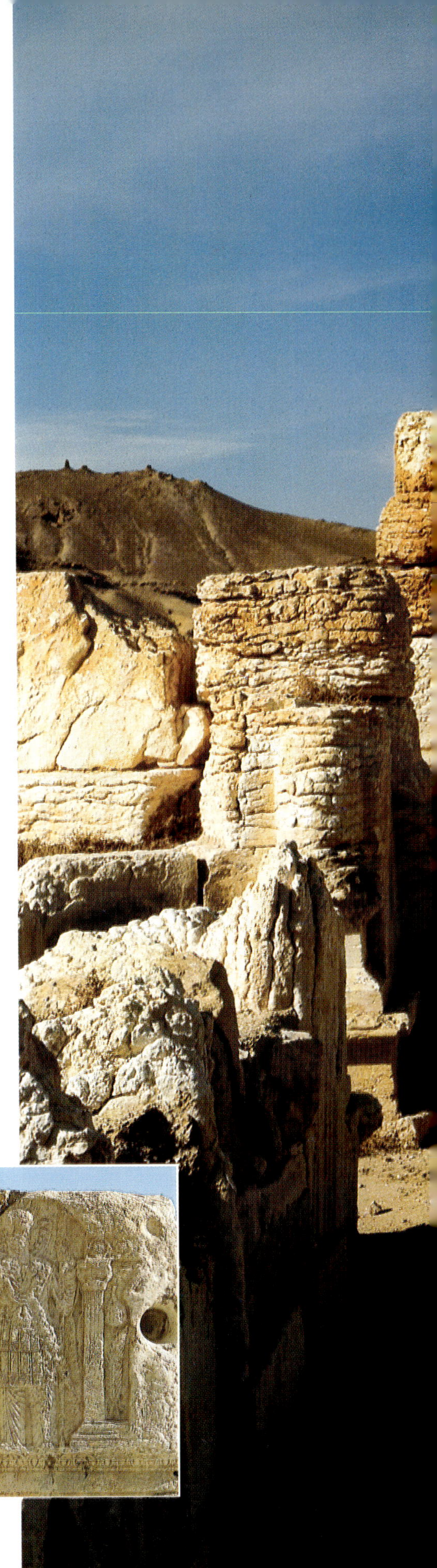

A destra: veduta dell'area archeologica, con i resti della via colonnata, che attraversava la città.

L'aria tersa del deserto esalta il colore del grande palmeto di Tadmur, Palmira per i Romani, e delle sue vestigia imponenti. All'esterno dei resti dell'antica cinta muraria regna la magia delle tombe a torre, sparse a perdita d'occhio verso sud, lungo gli ondulati bordi del fiume. A ovest, il Qalaat Ibn Maan, castello medievale che sembra fatto di sabbia, domina la vallata dell'oasi. Adagiata al centro del deserto siriano, a mezza strada tra Damasco e l'Eufrate, la città era un importante snodo carovaniero lungo la Via della Seta. Il suo periodo d'oro fu tra il I e il III secolo d.C. L'impronta è dunque ellenistico-romana ma con diverse particolarità tipicamente orientali. I palmireni infatti erano semiti di origine e di religione e profondamente legati alla cultura dei Parti, tribù nomade che abitava lungo la frontiera nordorientale della Persia. La città è divisa in due dall'imponente via colonnata costruita nel II secolo, in fondo alla quale un arco a tre fornici immetteva nella zona del grande tempio di Baal, dio del Sole, di cui oggi rimane la cella tripartita circondata da colonne corinzie dai capitelli un tempo di bronzo dorato. Ai lati della via si trovano da una parte i luoghi del potere, dall'altra le terme, le abitazioni e gli altri luoghi di culto. Ma l'area più stupefacente e singolare è certamente la vasta necropoli, dominata da sepolcri a torre di pianta quadrata che possono elevarsi fino a cinque piani. Il loro interno è ricco di decorazioni e dipinti e ogni loculo è coperto da una lastra in calcare che riporta in rilievo l'immagine del defunto in posizione frontale, riccamente abbigliato e spesso ritratto in compagnia dei familiari. La rappresentazione frontale, la dimensione degli occhi spalancati, la precisione dei contorni, la rigidità delle pieghe dell'abito esaltano la ieraticità dei personaggi, tipica dello stile partico.

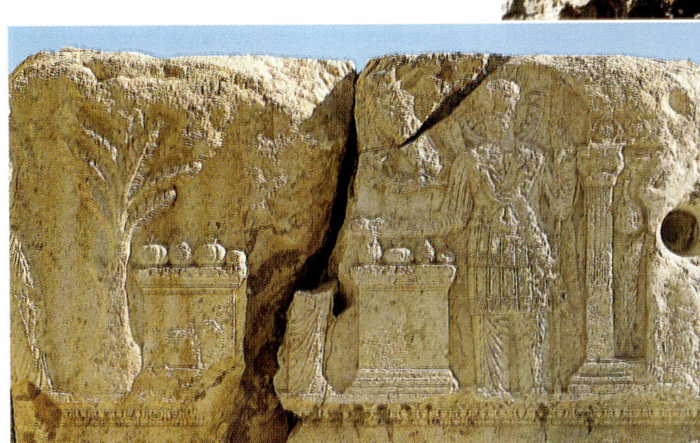

Sopra: un rilievo con scena votiva; le offerte vengono deposte sulle are.

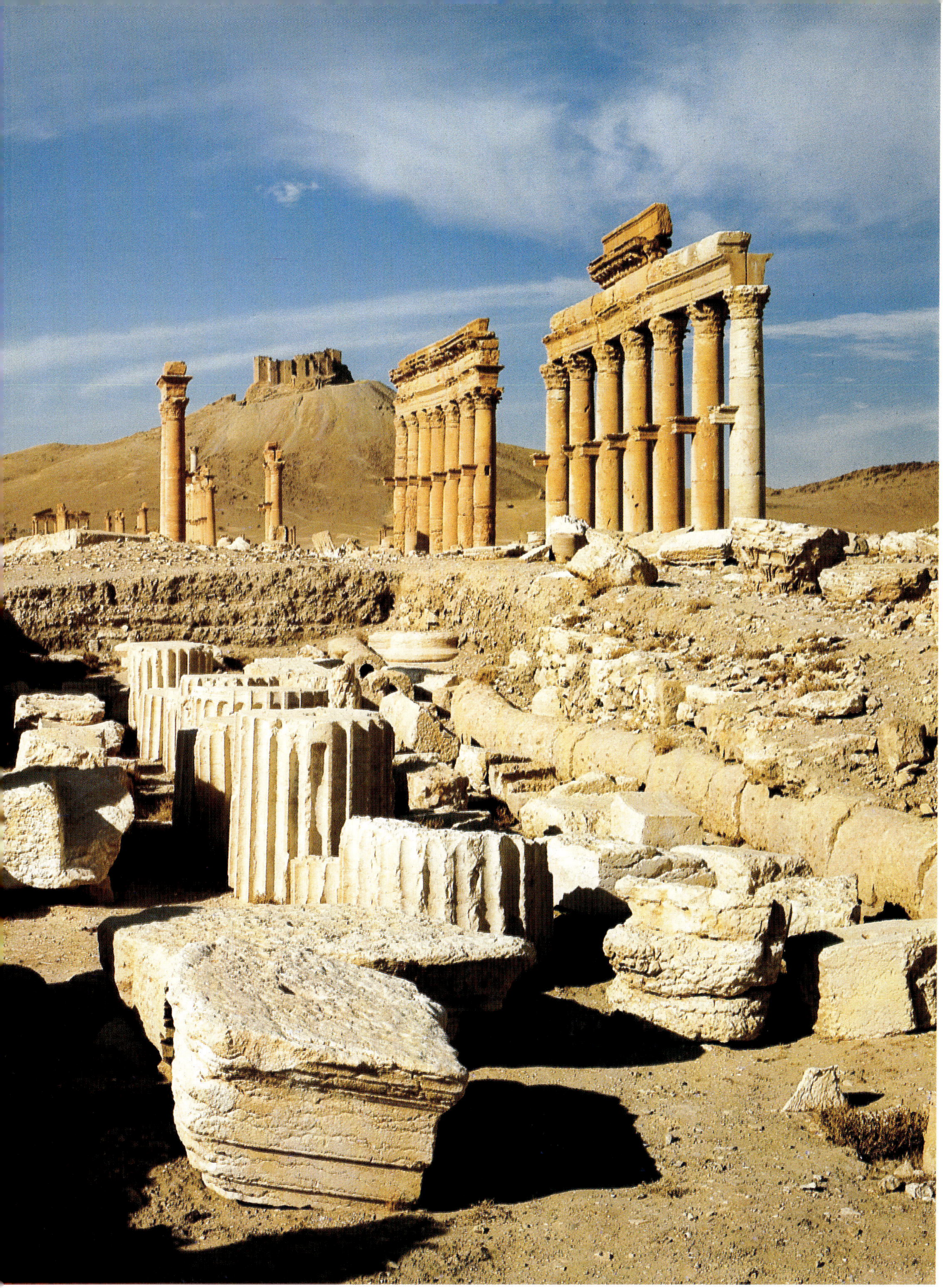

SRI LANKA

LA CITTÀ SACRA DI KANDY

Processione al tempio del Sacro Dente, principale luogo di culto della città.

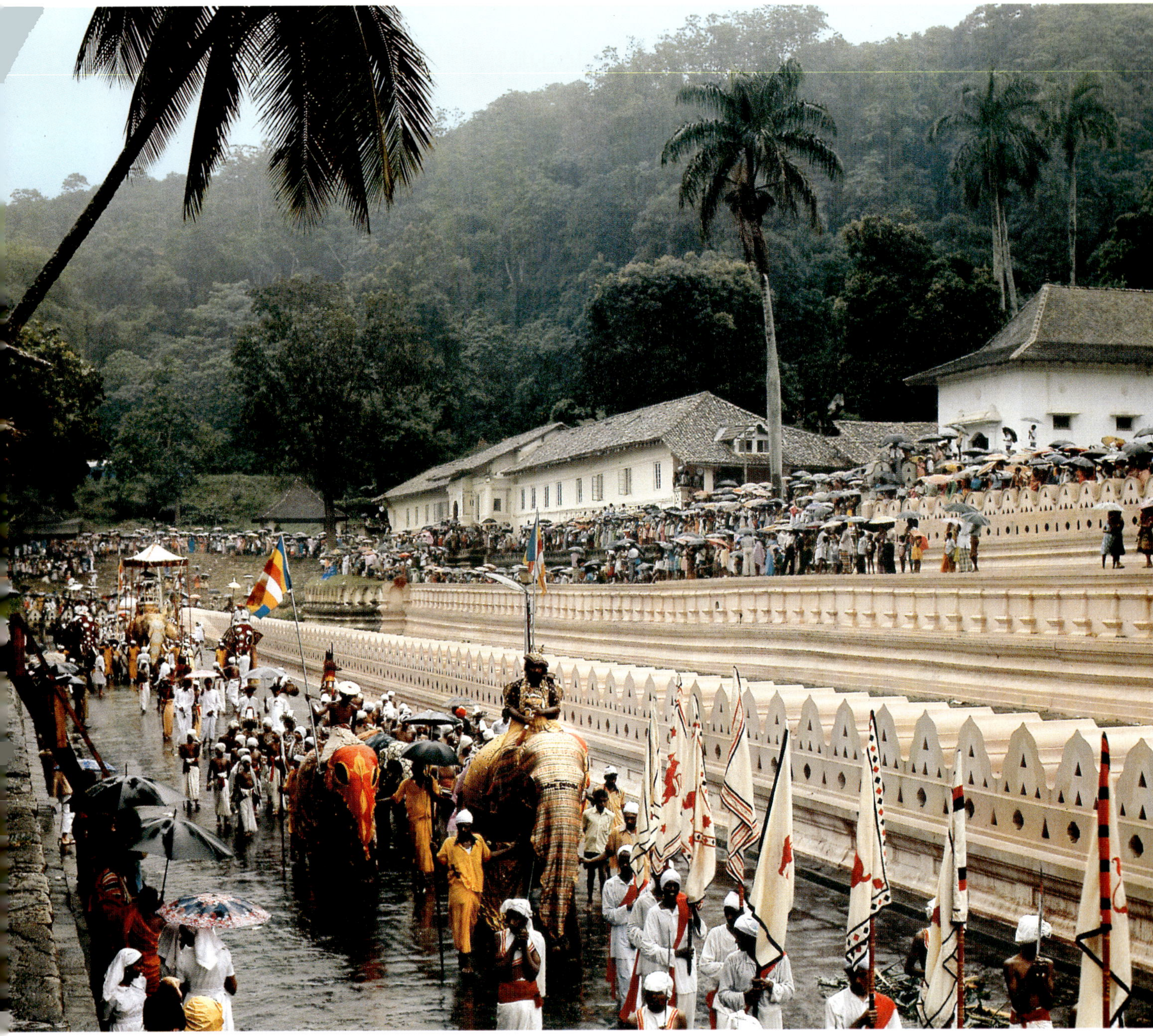

Situata a un'altitudine di 505 metri, protetta da una corona di monti bellissimi, circondata da piantagioni di tè, alberi della gomma, spezie, ortaggi e frutta, Kandy fu capitale del regno singalese per oltre duemila anni, fino alla conquista britannica del 1815 ed è tuttora il principale centro culturale del Paese, ospitando tra l'altro la maggiore università dell'isola. Il suo nome risale al 1542, dopo la conquista portoghese, allorché il toponimo originario *Maha Nuwara*, "Città Grande", venne trasformato nell'attuale, che in singalese significa "Montagna". Il Dalada Maligava, il tempio del Sacro Dente, è il principale luogo di culto della città e tradizionale meta di pellegrinaggi, dovuti all'importante reliquia che custodisce un dente di Buddha conservato in una teca decorata con metalli preziosi e gemme.
Altro luogo di eccezionale interesse è il giardino reale di Peradeniya, risalente al XIV secolo. Vera festa di colori e profumi, rappresenta un itinerario concentrato attraverso tutti gli ambienti naturali dell'isola.

SRI LANKA

SIGIRIYA

A destra: un particolare dei raffinati affreschi. Sotto: la roccia del Leone.

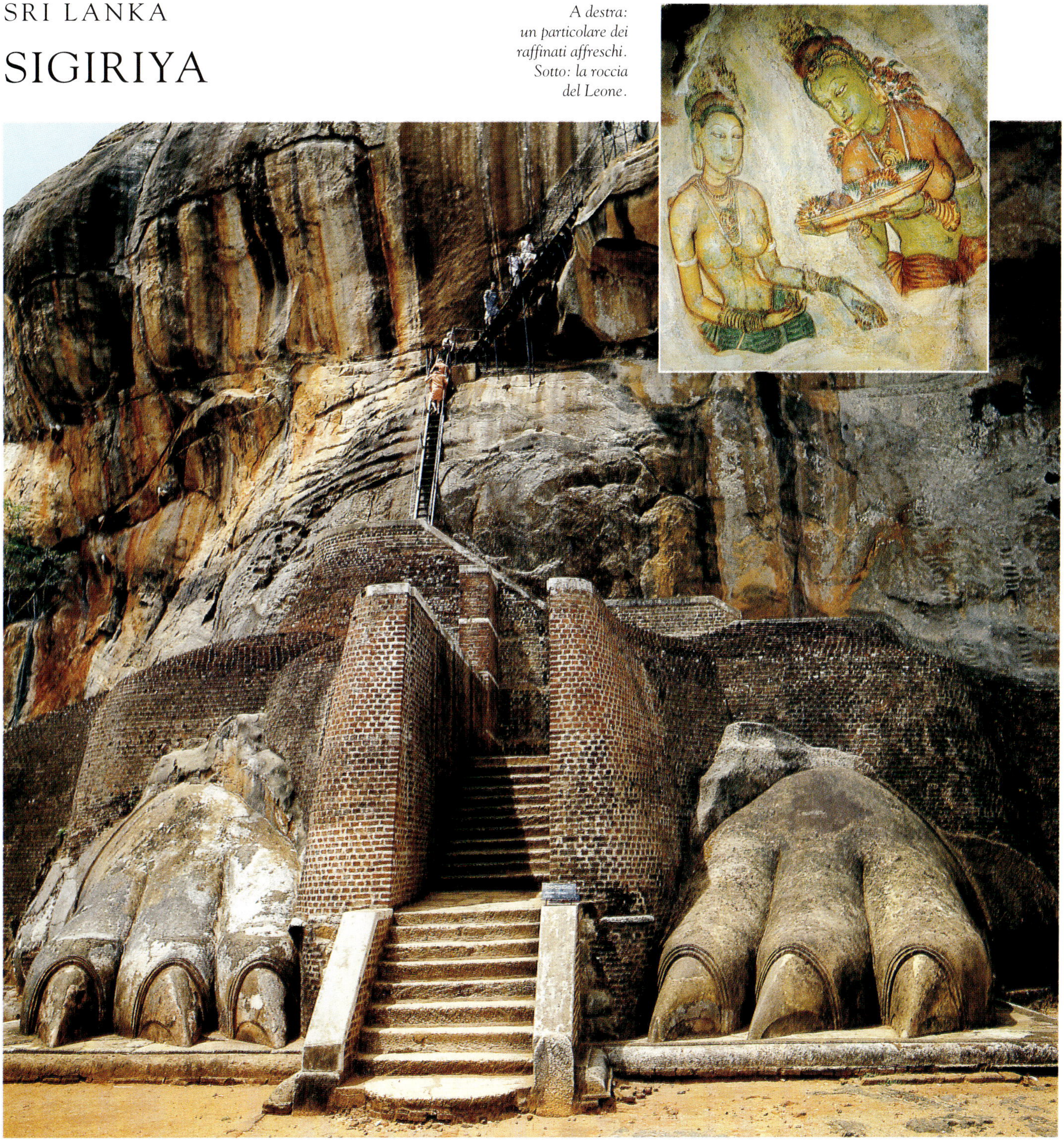

L'antica fortezza rupestre di Sigiriya domina, dall'alto di uno sperone roccioso, un immenso oceano verdeggiante che si estende fino alle colline di Kandy e al lago di Polonnaruwa.
Secondo la tradizione, la rocca fu eretta nel V secolo dal re parricida Kassyapa che, per sfuggire alla vendetta, fece edificare con enorme spiegamento di mezzi due splendide cittadelle alla base e alla sommità della rupe, in seguito rase al suolo dal fratello che lo vinse in battaglia.
Dopo la sconfitta, Kassyapa si uccise e un manto di verde avvolse gli edifici civili e religiosi, occultando in parte, fino al secolo scorso, i tesori della fortezza.
Il suo costruttore volle che Sigiriya diventasse uno scrigno di pietra ricco di straordinarie opere d'arte. Percorrendo lo scosceso sentiero si incontrano grotte decorate, affrontando una ripida serie di scalini si possono ammirare i famosi cicli di pitture parietali considerati la principale attrattiva del sito. Verde, arancio, ocra e rosa sono i colori che delineano le affascinanti e misteriose figure femminili, ornate con splendidi gioielli ed elaborati copricapo.

LA CITTÀ SACRA DI SUKHOTHAI

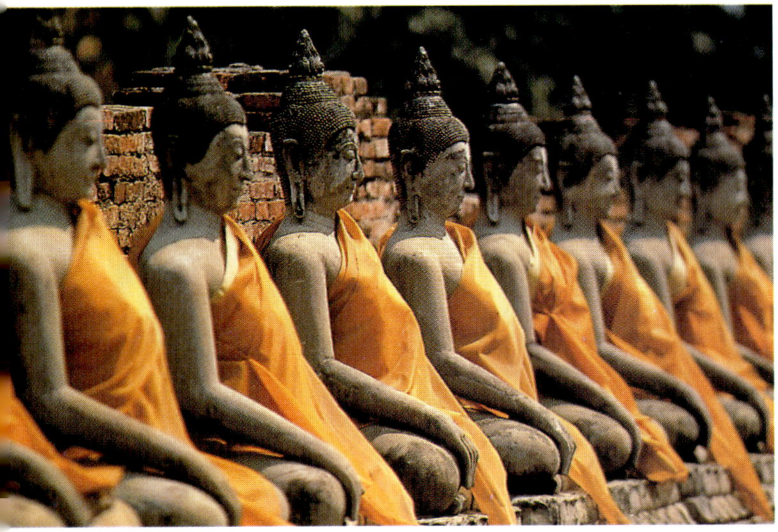

A sinistra: una serie di Bodhisattva; il termine è la fusione di "bodhi" (saggezza) e "sattva" (spirito).

In basso: la grande statua di Buddha davanti al Palazzo Reale.

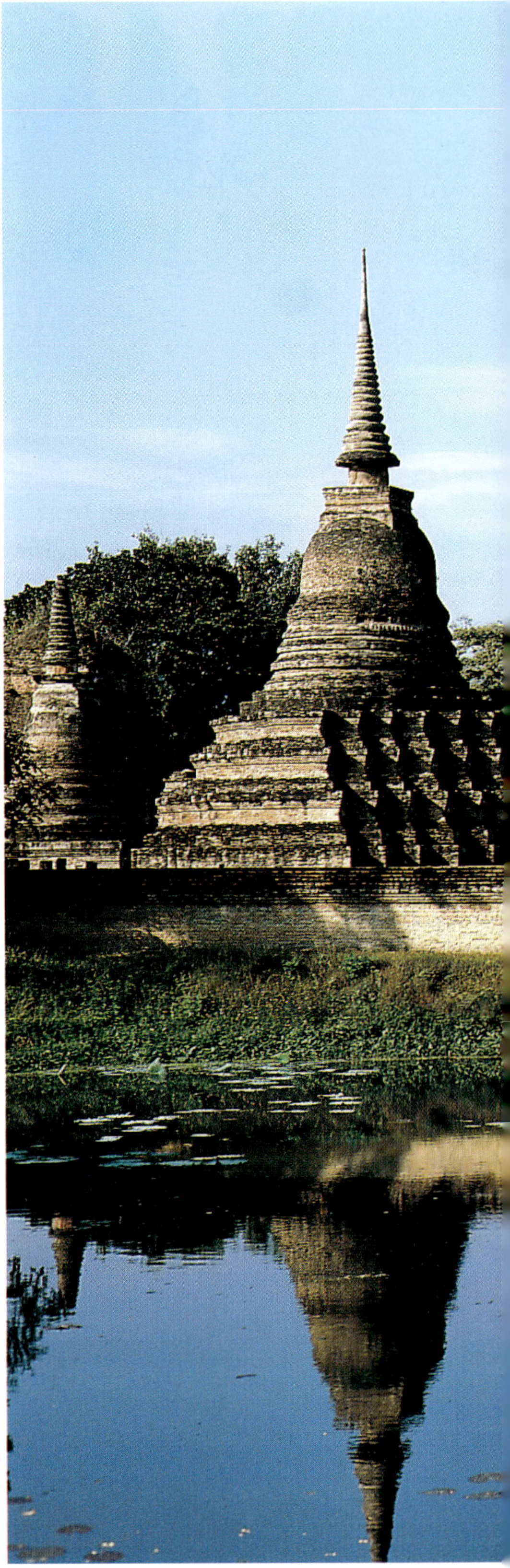

Il regno di Sukhothai, considerato il primo del Siam, ebbe la massima fioritura tra il XIII e il XIV secolo, periodo che coincise con una grande stagione della letteratura e delle arti. La spiccata vocazione commerciale della città, che aveva rapporti con l'India, la Cina e la Birmania, verso le quali esportava rubini, riso, legname e frutta, favorì la formazione di uno stile architettonico aperto alle diverse influenze. Restano corpose tracce dell'illustre passato di Sukhothai tanto nel ricco museo cittadino, dove si segnala la statua di Buddha che cammina, una delle maggiori innovazioni stilistiche dell'epoca, quanto nelle imponenti rovine. Il panorama dell'area archeologica è dominato da templi a forma di pannocchia che ricordano l'antica influenza dei sovrani khmer, i cui destini si sono spesso intrecciati, con esiti alterni, con quelli dei signori del luogo. Il più imponente edificio del XIII secolo è il Vat Mahathat; protetto da un fossato e da un muro di mattoni, sorge nei pressi del fiume Nan, all'interno numerosi *chedi*, antiche residenze del Buddha. Lo sovrasta un grande stupa che ripropone il motivo locale più caratteristico, quello del bocciolo di loto, un fiore quasi sempre presente negli stagni di Sukhothai. Altri templi sorgono fuori della cinta muraria, alcuni sulla sommità di colline. Caratterizzano quelli di Chang Lom e Chang Rhop maestosi e possenti elefanti di pietra che sostengono i basamenti, mentre grandi statue dell'Illuminato troneggiano sorridenti e protettive in quello di Si Chum, dove un Buddha seduto, alto 14,70 metri, accoglie eternamente i pellegrini. Nel folto della foresta sorgono invece dei santuari del buddismo theravada, diffuso da monaci dello Sri Lanka, che prediligevano spazi isolati per edificare i loro luoghi di culto.

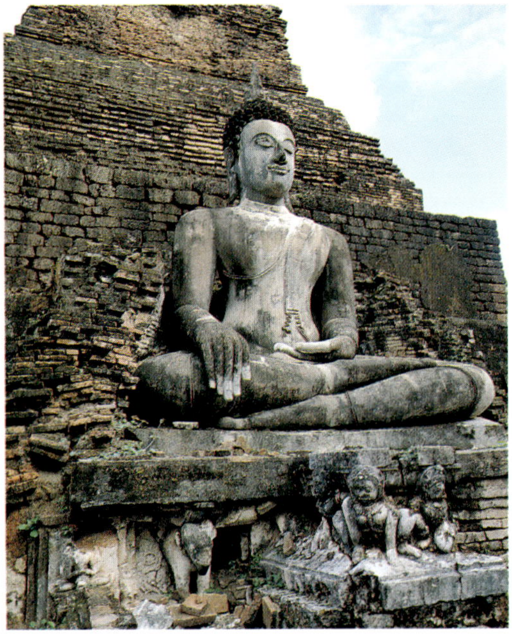

Sotto: le rovine del tempio sulle rive del Nam, con la grande statua dell'Illuminato.

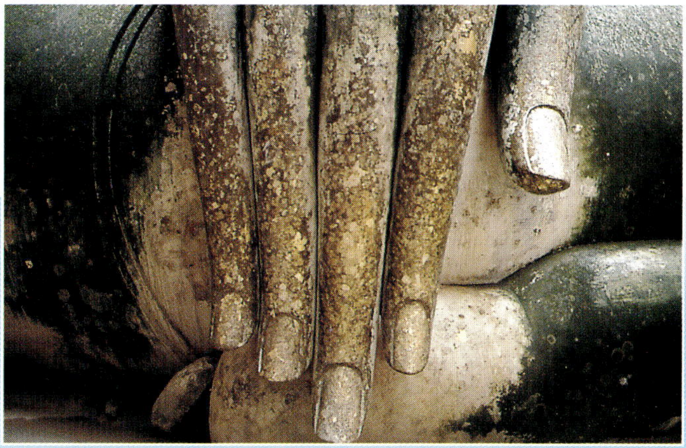

La mano di Buddha, uno dei simboli più efficaci per significare i suoi poteri divini.

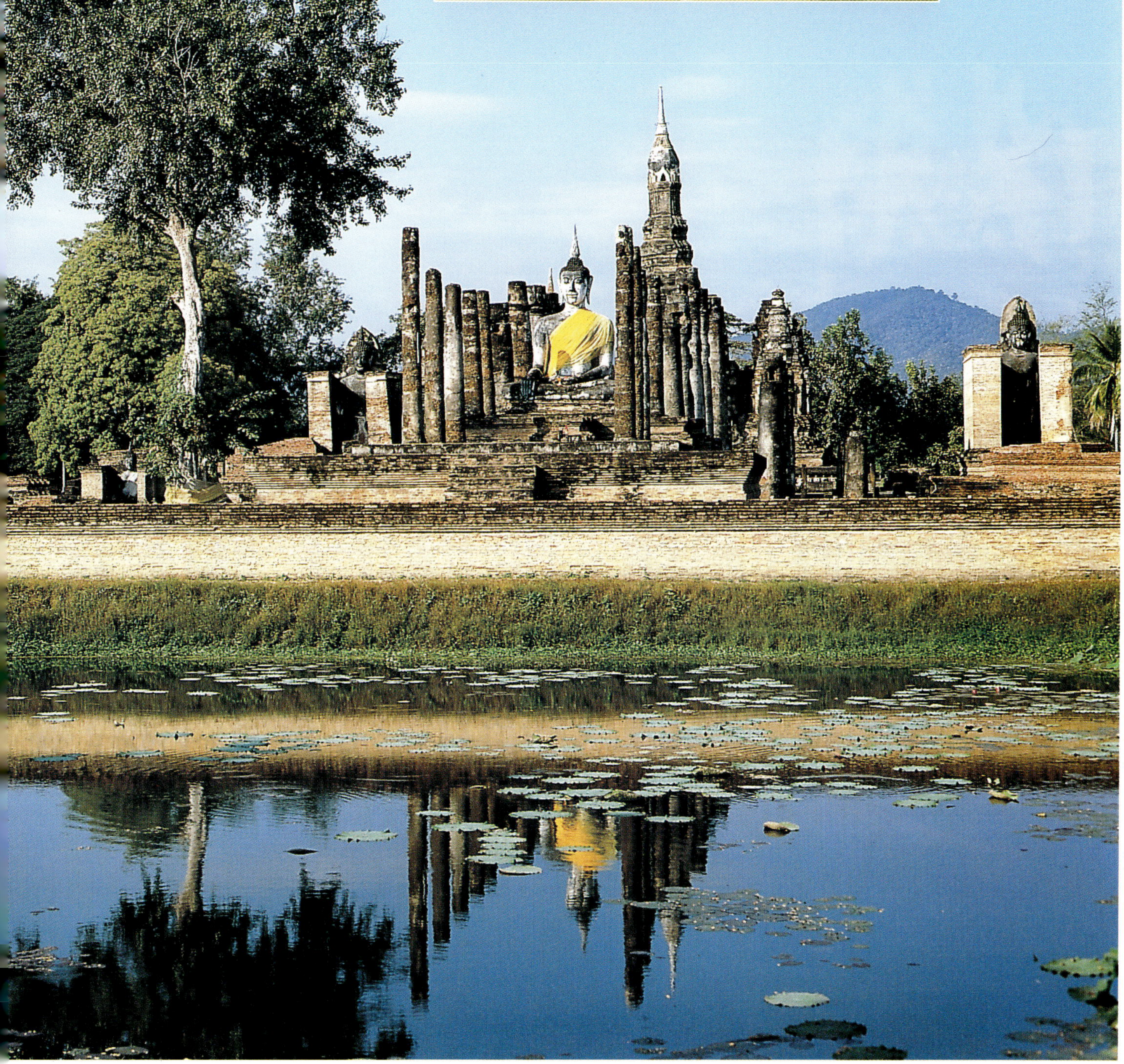

UZBEKISTAN

BUHARA

A destra: la ricca facciata maiolicata del Mir Arab, la grande scuola coranica del XVI secolo.

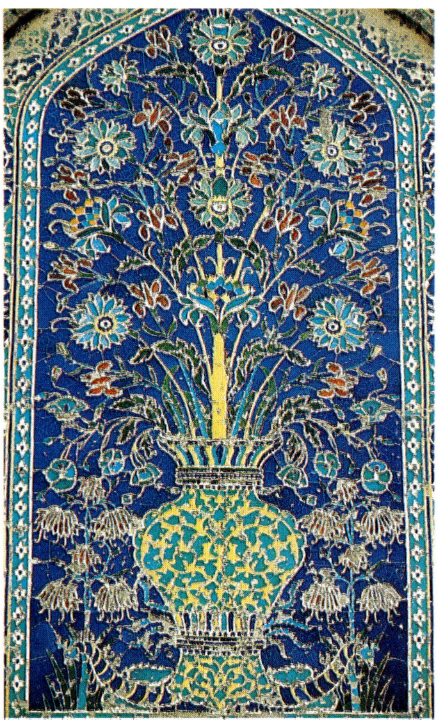

Le maioliche sono il principale elemento decorativo dei monumenti cittadini.

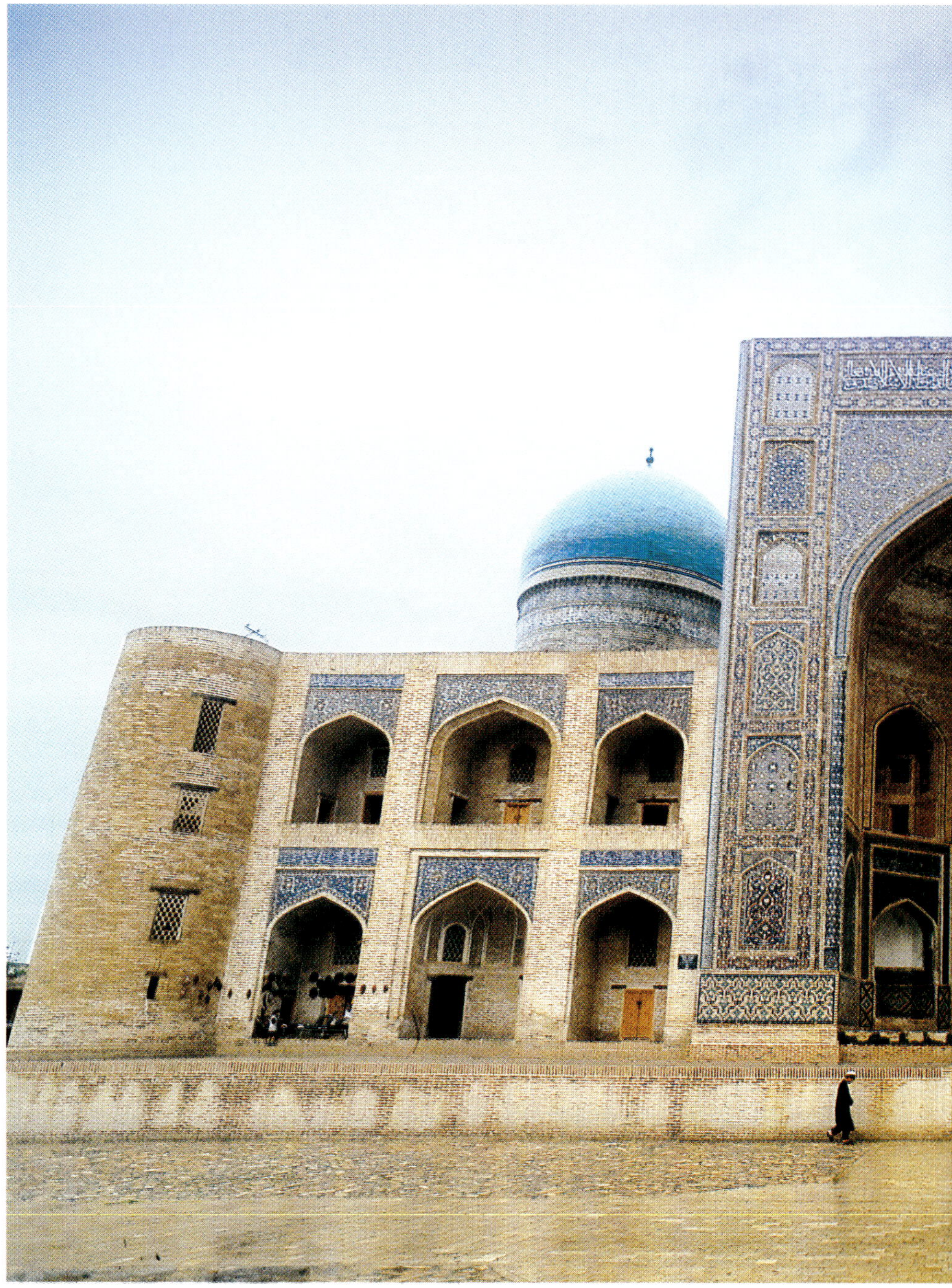

La Via della Seta, principale asse di comunicazione tra mondi lontani, Cina, India, Islam, Europa, era una rotta commerciale battuta da ricchi convogli carovanieri. Lungo il suo corso si svilupparono, in corrispondenza con le poche oasi che rendevano possibile l'attraversamento di sconfinate zone desertiche, città dal nome mitico, per secoli rifugio, luogo di incontro, conoscenza e scoperta. Fra queste, centrale fu il ruolo di Buhara, già importante centro commerciale e culturale nell'VIII secolo, sotto il califfato di Bagdad, quindi capitale del regno samanide nel IX, e poi città di cruciale importanza per tutti i successivi regni di cui fece parte (qarakhanide, timuride, uzbeko manqita). Consapevole dell'imprescindibilità del proprio ruolo, forte della posizione geografica che la rendeva tappa obbligata tra Occidente e Oriente (lo stesso Alessandro Magno vi fece sosta), Buhara poté svilupparsi con sfarzo, raccogliendo il meglio delle tendenze artistiche dei tanti popoli con cui veniva in contatto.

La città conserva circa 140 monumenti architettonici degni di segnalazione; la maggior parte di questi risale al XVI secolo, ma non mancano esempi della prima arte islamica. La gemma più preziosa di Buhara è il mausoleo dei Samanidi, detto di Ismail Samani, eretto nel X secolo in forme solenni e nel contempo giocose, con una massiccia cupola sovrastante le animatissime superfici delle facciate, dove le pietre creano una fitta alternanza di pieni e di vuoti fra i quali si rincorrono i riflessi dei raggi solari.

Il centro storico, ai margini del quale si aprono due porte del XVI secolo, mantiene tuttora una spiccata funzione commerciale, con suggestive piazze coperte, animate da mercati e botteghe che traboccano di sete e tappeti. Esterna all'antico perimetro urbano è la cittadella, tradizionale sede del potere, le cui vicende costruttive, durate quasi un millennio (dal X al XIX secolo), hanno portato a una commistione di forme che se da un lato va a scapito della purezza stilistica, dall'altro costituisce un esempio tangibile delle tante culture che si susseguirono nell'egemonia su Bukhara.

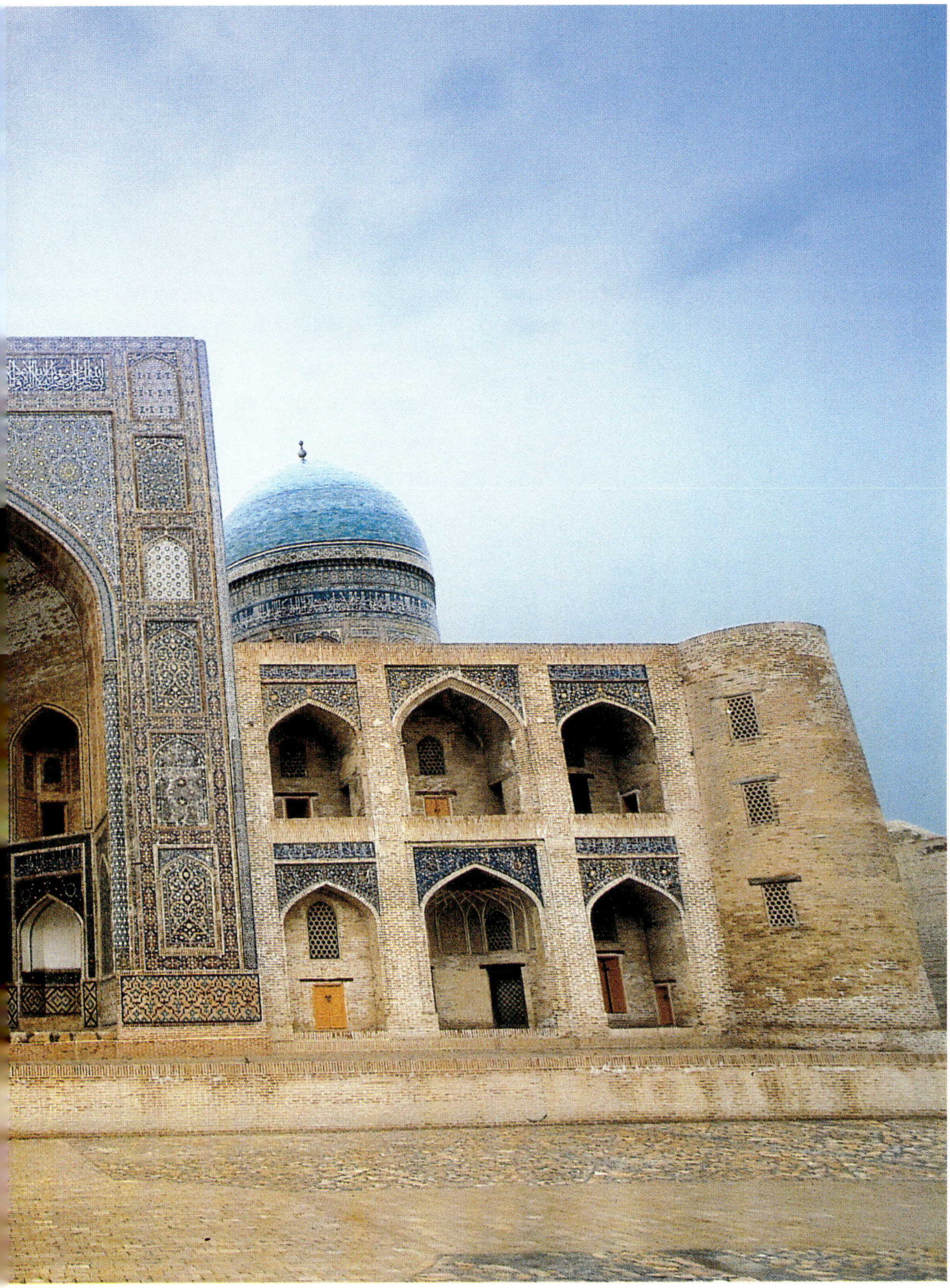

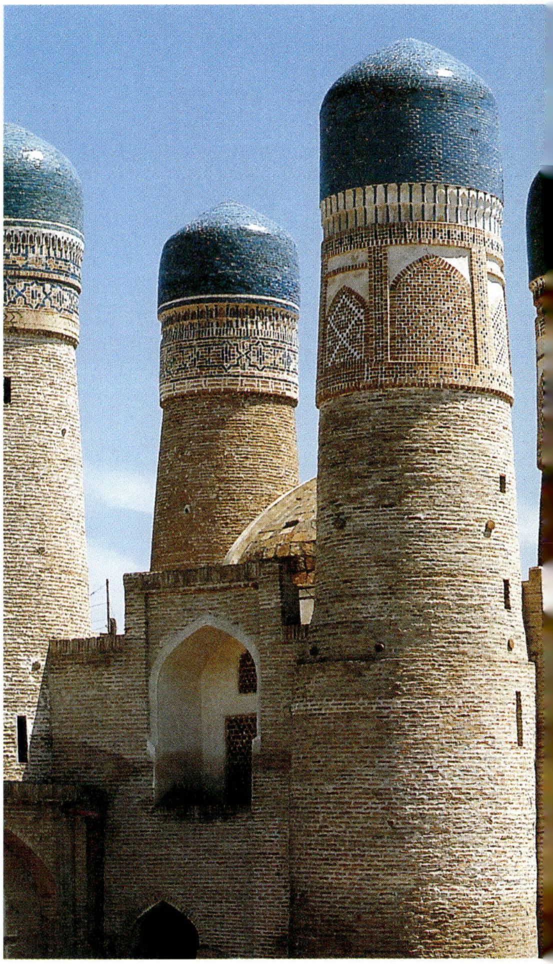

I quattro minareti del Char Minar, che si ergono sulle austere e solenni strutture della moschea.

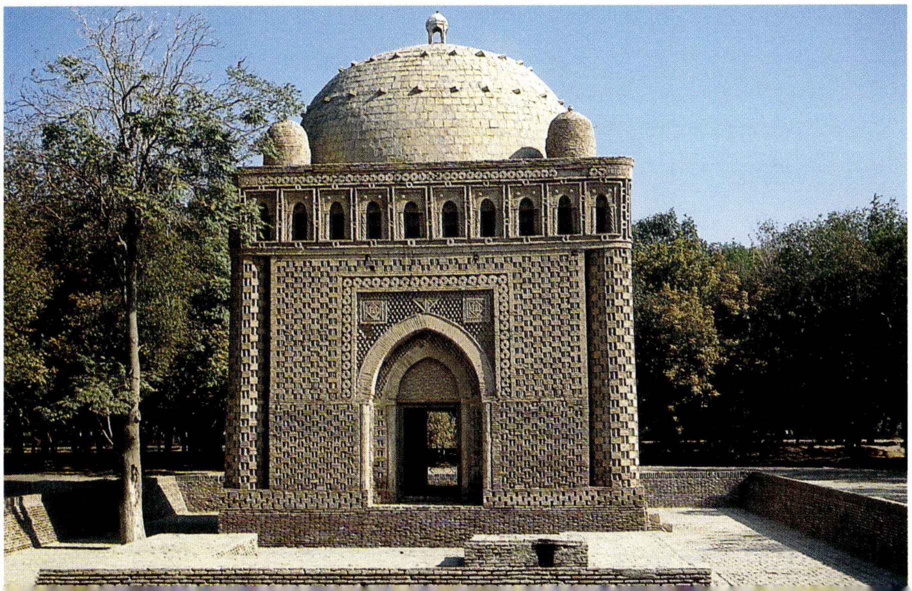

L'elegantissimo mausoleo detto di Ismail Samani, eretto nel X secolo, è l'esempio più prezioso della prima arte islamica a Buhara.

VIETNAM

LA BAIA DI HA LONG

Chiamarle isole è improprio. Dalla costa del golfo del Tonchino le formazioni rocciose della baia di Ha Long, uno dei più selvaggi e singolari paesaggi del mar della Cina e delle regioni subtropicali, somigliano a montagne che strapiombano sulle acque piatte, con superfici rocciose oppure con manti compatti e scuri di vegetazione rigogliosa. Prive di insenature e approdi, queste formazioni di granito, che sembrano elementi mobili su un tappeto d'acqua vellutata e lucente, celano grotte e anfratti che la leggenda vuole fossero la segreta

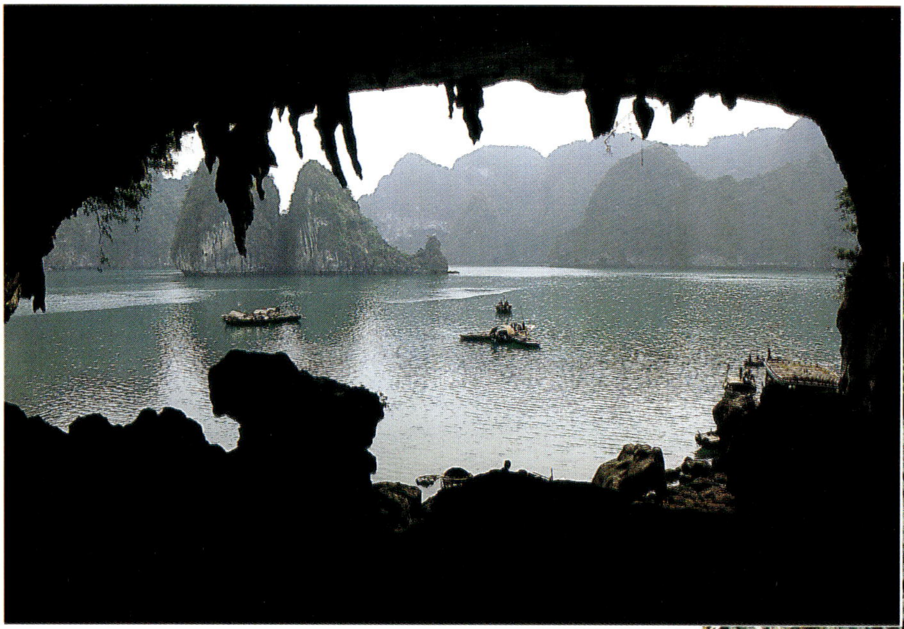

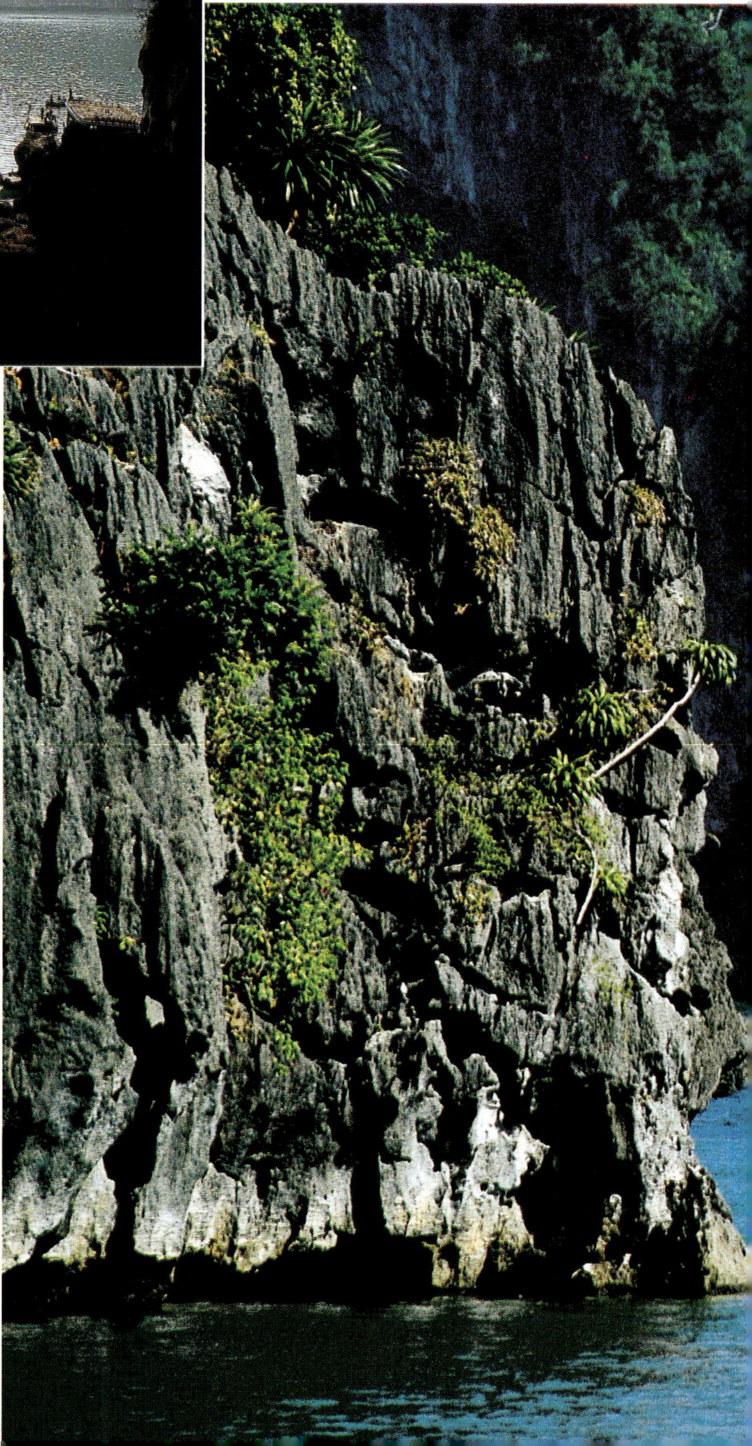

In alto: uno scorcio della baia visto dall'interno di una grotta.

A destra: le impressionanti formazioni rocciose della baia, prive di punti d'approdo naturali.

Un suggestivo tramonto sul golfo del Tonchino.

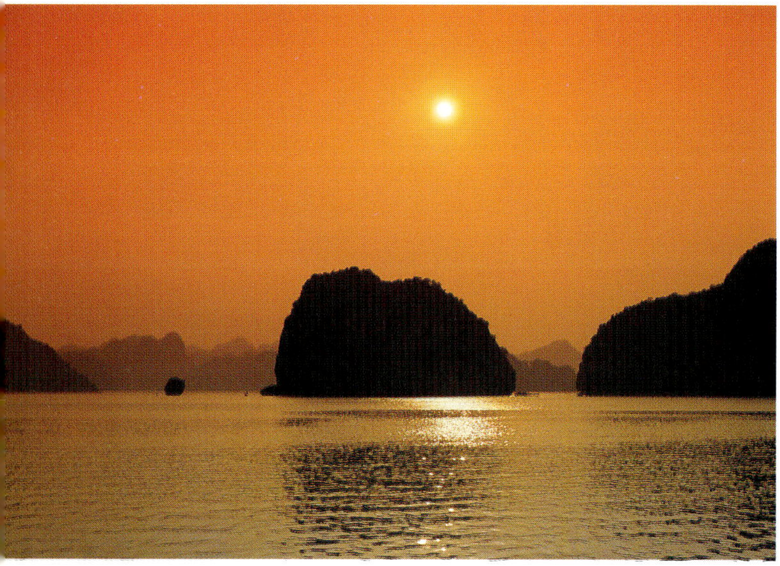

dimora del drago protettore del Vietnam, che vi si nascondeva dopo gli assalti ai nemici; più prosaicamente, la storia racconta che offrivano rifugio ai pirati del mar della Cina.
In realtà tutto il golfo del Tonchino, terra dell'antica civiltà vietnamita, è povero di insenature, porti e approdi naturali: la vasta pianura che si estende alle spalle del litorale, circondata da un anfiteatro di montagne che costituiscono le ultime propaggini dell'altopiano cinese dello Yunnan, si avvicina al mare con un ampio delta detritico, poco accessibile alle imbarcazioni. Uniche presenze nel paesaggio di coni dal mantello verde sono le giunche, le leggere e arcaiche barche dalle rigide vele a spicchi che fino a tre secoli fa veleggiavano a migliaia nei mari del Vietnam e della Cina e che oggi i pescatori usano solo per aggirarsi fra i profili conici dei dirupi della baia di Ha Long.

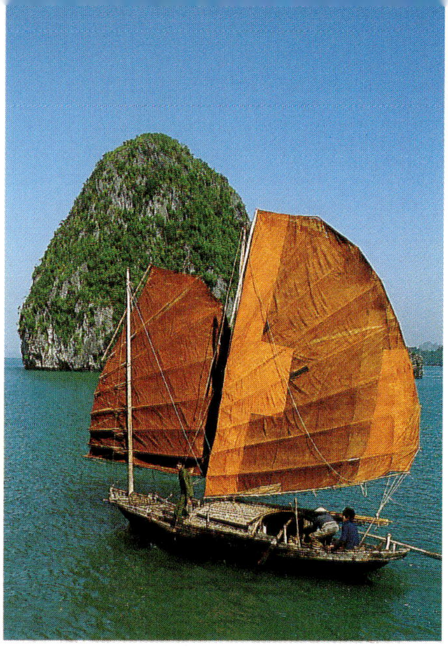

Una giunca, imbarcazione tradizionale dei pescatori della zona.

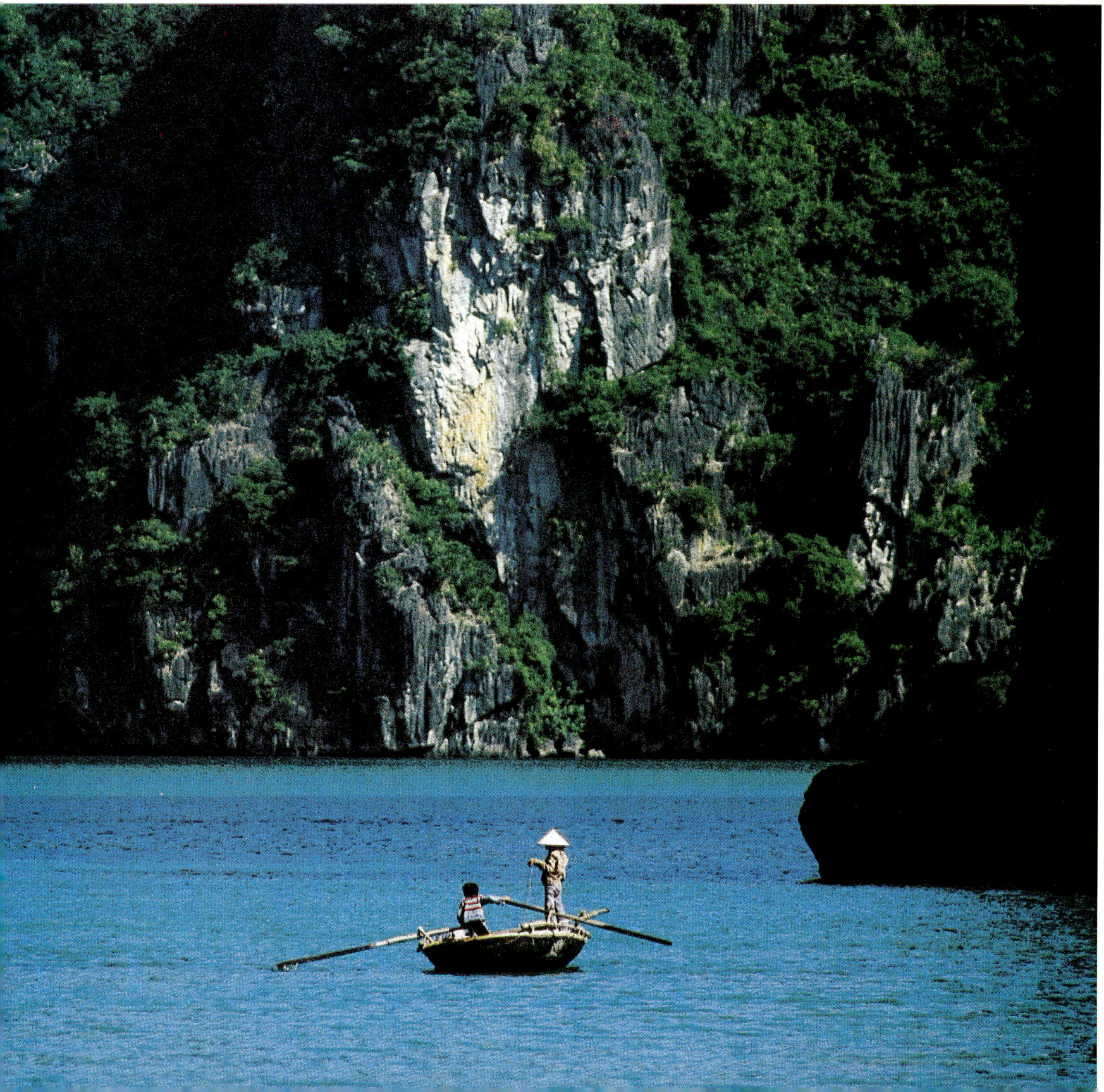

Gli edifici di San'a, architetture di terra la cui forza plastica e pittorica crea una perfetta armonia con il paesaggio.

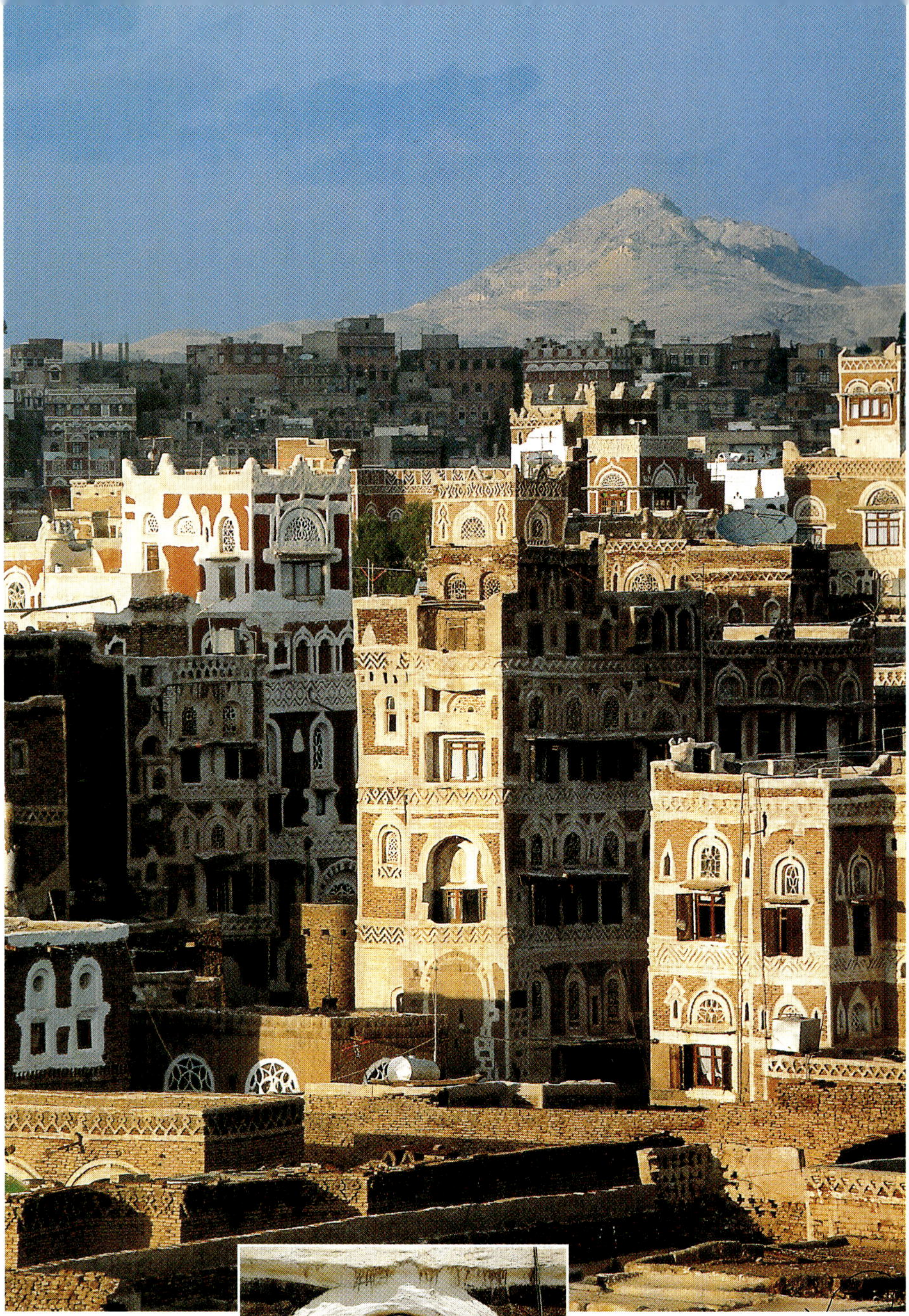

YEMEN

SAN'A

Capitale dello Yemen, a 2300 metri di altitudine, sorge al centro di un'ampia piattaforma circondata da montagne rossastre. Cittadella fortificata già al tempo della regina di Saba, nell'antichità fu un importante snodo commerciale all'incrocio di due principali vie carovaniere tra l'Oceano Indiano e Hijaz e tra Ma'rib e il Mar Rosso. All'inizio del VI secolo, la città divenne il fulcro del Cristianesimo in Arabia e in seguito uno dei principali centri d'irradiazione dell'Islam. Il panorama urbano è di grande bellezza, un modello di equilibrio tra vuoto e pieno, colori, materiali e fregi, con piazze e piazzette che si aprono tra alte case. Sulle facciate brune risaltano i vetri policromi delle finestre (un tempo in alabastro). Le decorazioni bianche di calce e stucco che impermeabilizzano le linee di scolo dell'acqua formano cornici che sembrano di zucchero filato, arabeschi simili a merletti. Dal basso verso l'alto, i materiali di costruzione (pietra tagliata e mattoni di terra cotta e cruda) diventano più leggeri, le finestre più grandi, numerose ed elaborate, le decorazioni più fantasiose. All'ultimo piano si apre una luminosa stanza, il *mafraj*, arredata con grandi cuscini dove ci si riunisce per discutere gli affari, ricevere gli ospiti, fumare e masticare le foglie di qat e meditare contemplando il panorama.

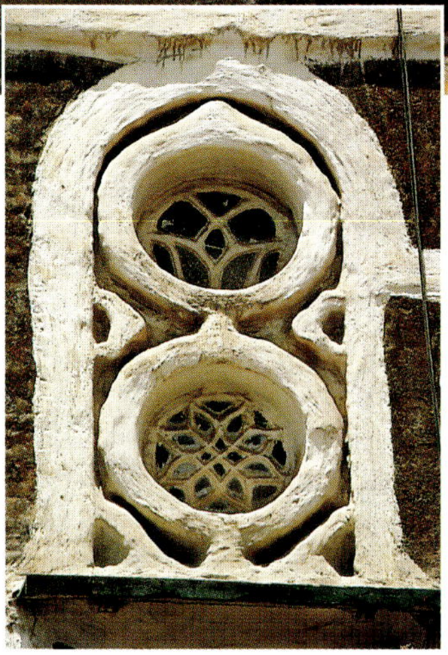

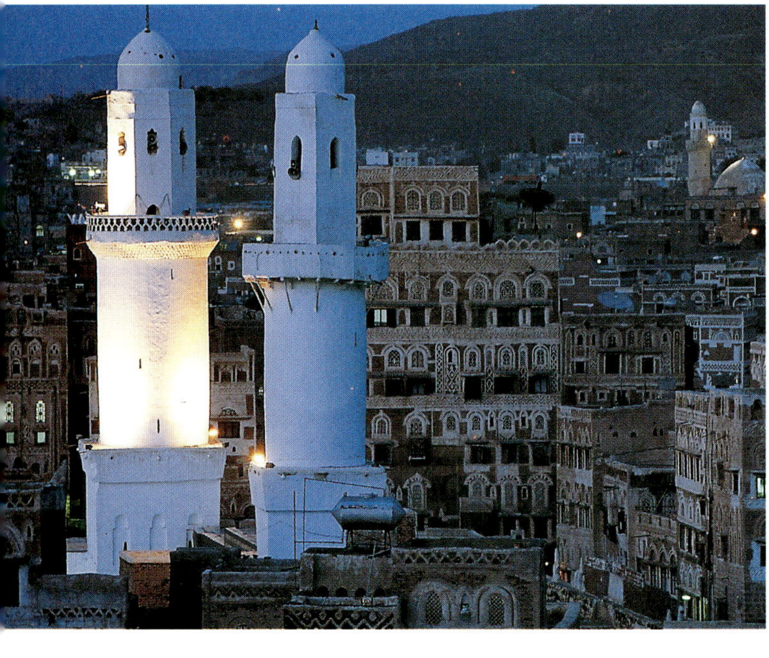

Sopra: la bella decorazione geometrica di una finestra.

A sinistra: i minareti della moschea Al Kabir.

YEMEN

LA CITTÀ MURATA DI SHIBAM

Cinquecento grattacieli di sabbia e paglia spruzzati di calce bianca, alti fino a 40 metri e attaccati l'uno all'altro così da sembrare un unico fantastico edificio chiuso da alte mura di terra. Una fortezza racchiusa tra colture e palmeti. Non è Manhattan ma Shibam, l'antica capitale della valle dello Hadramaut, una profonda spaccatura lunga quasi 600 chilometri. La città fu eretta su un terrapieno quadrato circondato dal fiume. In cima alle case, costruite con mattoni di sabbia mescolata a letame, ci sono terrazze che raccolgono l'acqua piovana. Questa scorre per le strade lungo le linee di pendenza e attraverso una rete di canaletti superficiali viene convogliata in grandi cisterne; da qui scende fino alla piazza principale, che funziona come un grande impluvio con cisterna e fontana, e infine defluisce attraverso la porta della città. Ad aumentare l'impressione del labirinto, tra le case c'è una miriade di passaggi e vicoli ciechi per il recupero dei rifiuti organici. Fuori le mura, nei giardini, si coltivano all'ombra delle palme cereali, ortaggi e piante aromatiche.

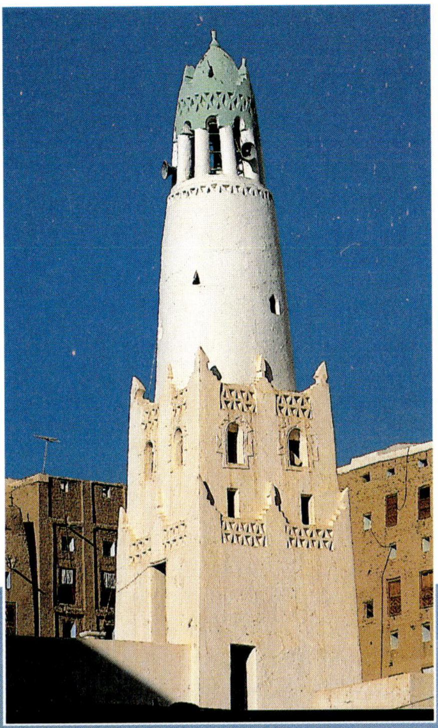

A sinistra: il minareto della moschea che domina la piazza principale.

Sotto: una veduta delle torri di Shibam, definita "la Manhattan del deserto".

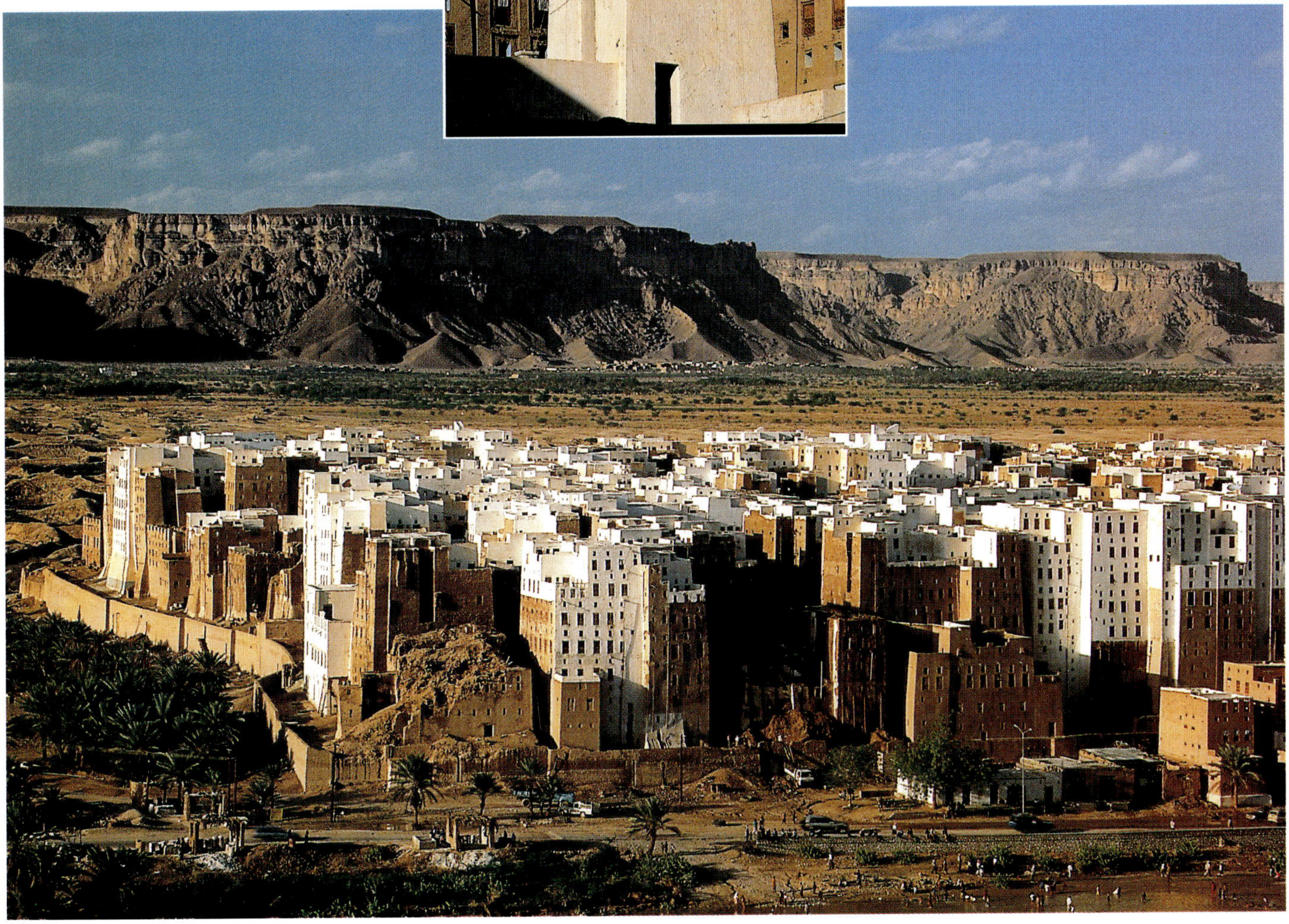

OCEANIA

Australia: il verdissimo isolotto di Masthead, parte della più grande barriera corallina della Terra.

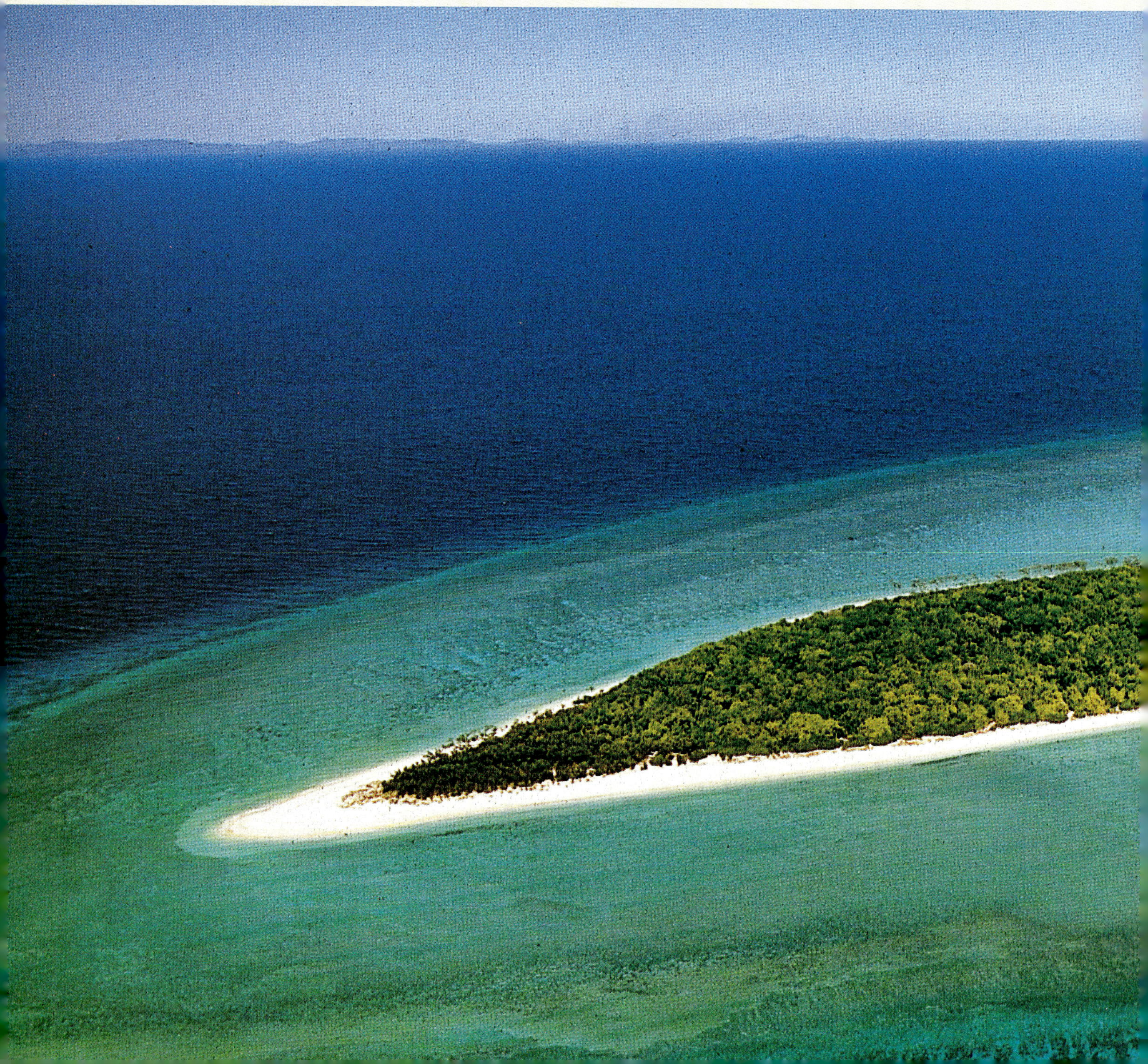

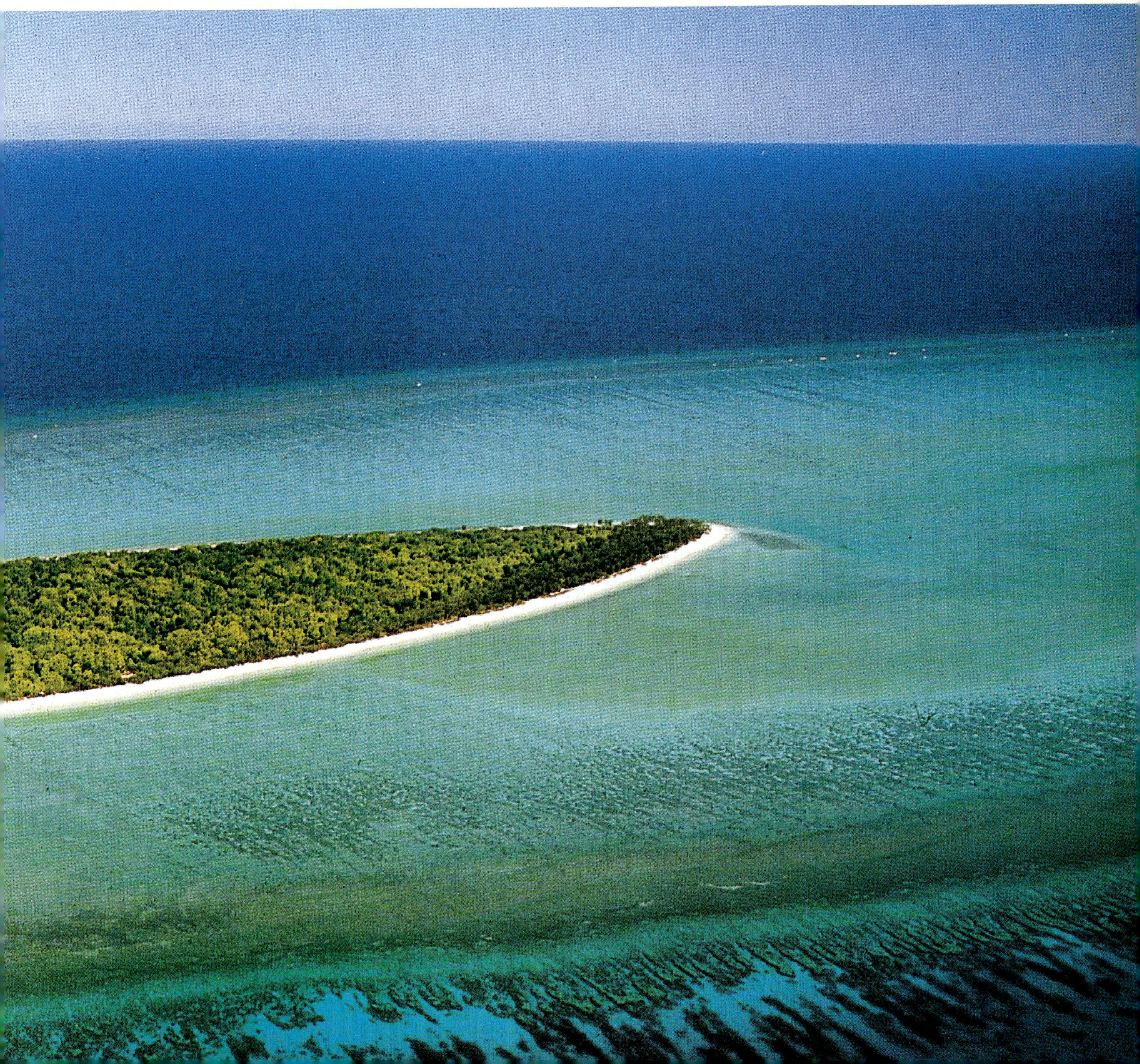

AUSTRALIA

LA GRANDE BARRIERA CORALLINA

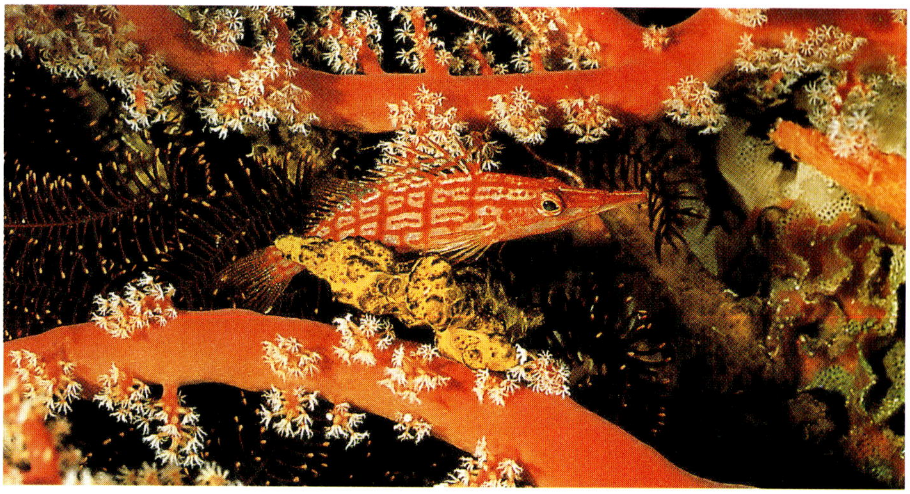

Un pesce falco (Oxycirrhites typus) nel fiabesco mondo di giardini pietrificati creato dalle formazioni coralline.

Non esiste nulla al mondo di così grandioso creato da qualcosa di altrettanto piccolo. È questo il fatto più stupefacente della Grande Barriera Corallina che si estende per oltre 2000 chilometri lungo la costa nordorientale dell'Australia dal mar dei Coralli al Queensland. Dall'esterno appare come un dedalo di scogliere e arcipelaghi che mutano di aspetto con il ciclo delle maree, ora chiudendosi e ora aprendosi per abbracciare lagune turchesi o isolotti di sabbia bianchissima.

Gli artefici di questo mondo fantastico, sospeso in acque calde e trasparenti, sono i minuscoli polipi delle madrepore, infaticabili nella loro opera di costruzione di architetture e di paesaggi ricchi di vita e di colori che suscitano l'ammirazione dei subacquei di tutto il mondo.

Favoriti da condizioni ambientali ideali, i coralli raggiungono qui una varietà ineguagliabile con quasi 400 specie diverse, dalle gigantesche acropore a ombrello ai massicci coralli cervello sino ai più delicati coralli ramificati.

Fra queste rocce viventi si aggirano oltre 1500 specie di pesci dalle forme più strane e dalle livree più insolite, che a volte paiono inventati da una sfrenata fantasia piuttosto che creati dalla natura.

La grande ricchezza delle forme di vita, molte delle quali endemiche, fa dell'ecosistema della Grande Barriera Corallina australiana uno dei luoghi di maggiore interesse scientifico per l'umanità.

Si contano quasi 4000 specie di molluschi, tra i quali le lucide cipree e le tridacne, i più grandi bivalvi conosciuti, capaci di raggiungere i 200 chilogrammi di peso. Immensi ventagli di gorgonie arancioni, pareti di coralli molli che rivaleggiano con l'arcobaleno, anemoni, spugne contribuiscono a creare sott'acqua scenari di incomparabile bellezza.

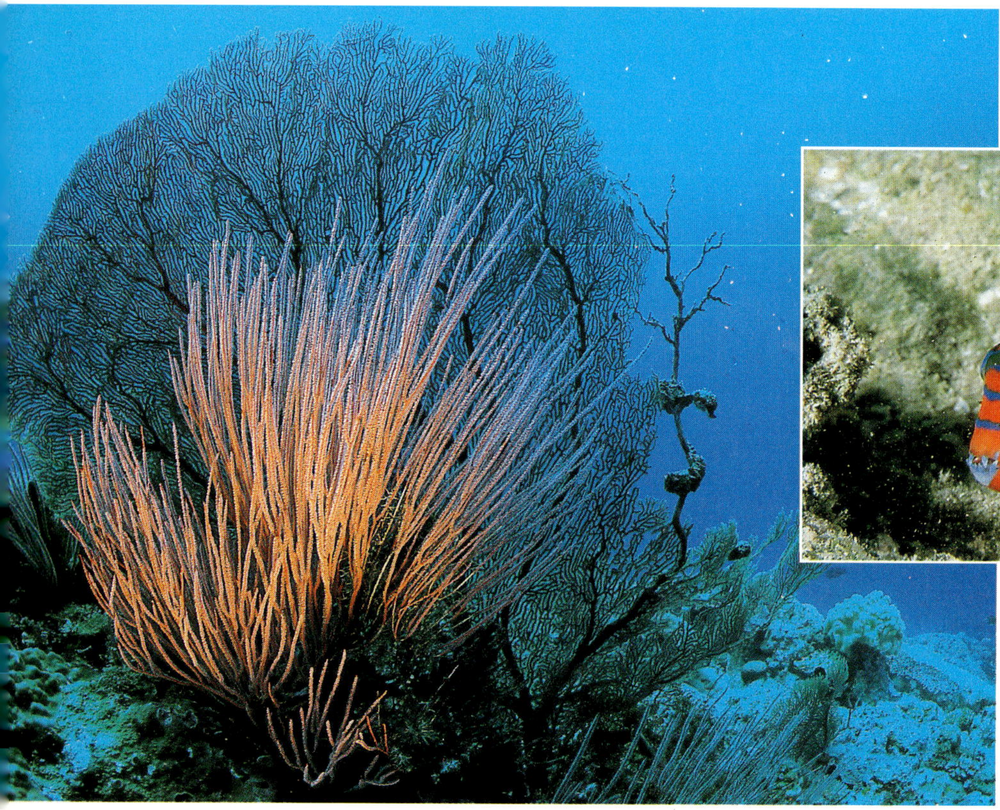

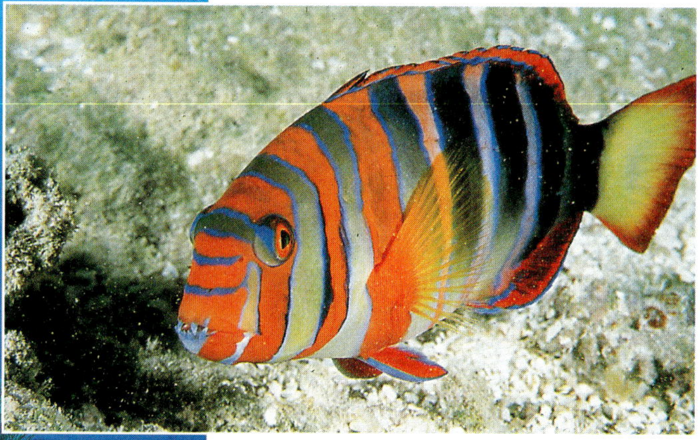

Sopra: una lienardella fasciata (Choerodon fasciatus), labride dalla coloratissima livrea.

A lato: formazioni coralline a fascio e a ventaglio.

A destra: meravigliosa isola di finissima sabbia corallina a nord-est della costa australiana, risultato di un paziente accumulo di esascheletri madreporici durato 15.000 anni.

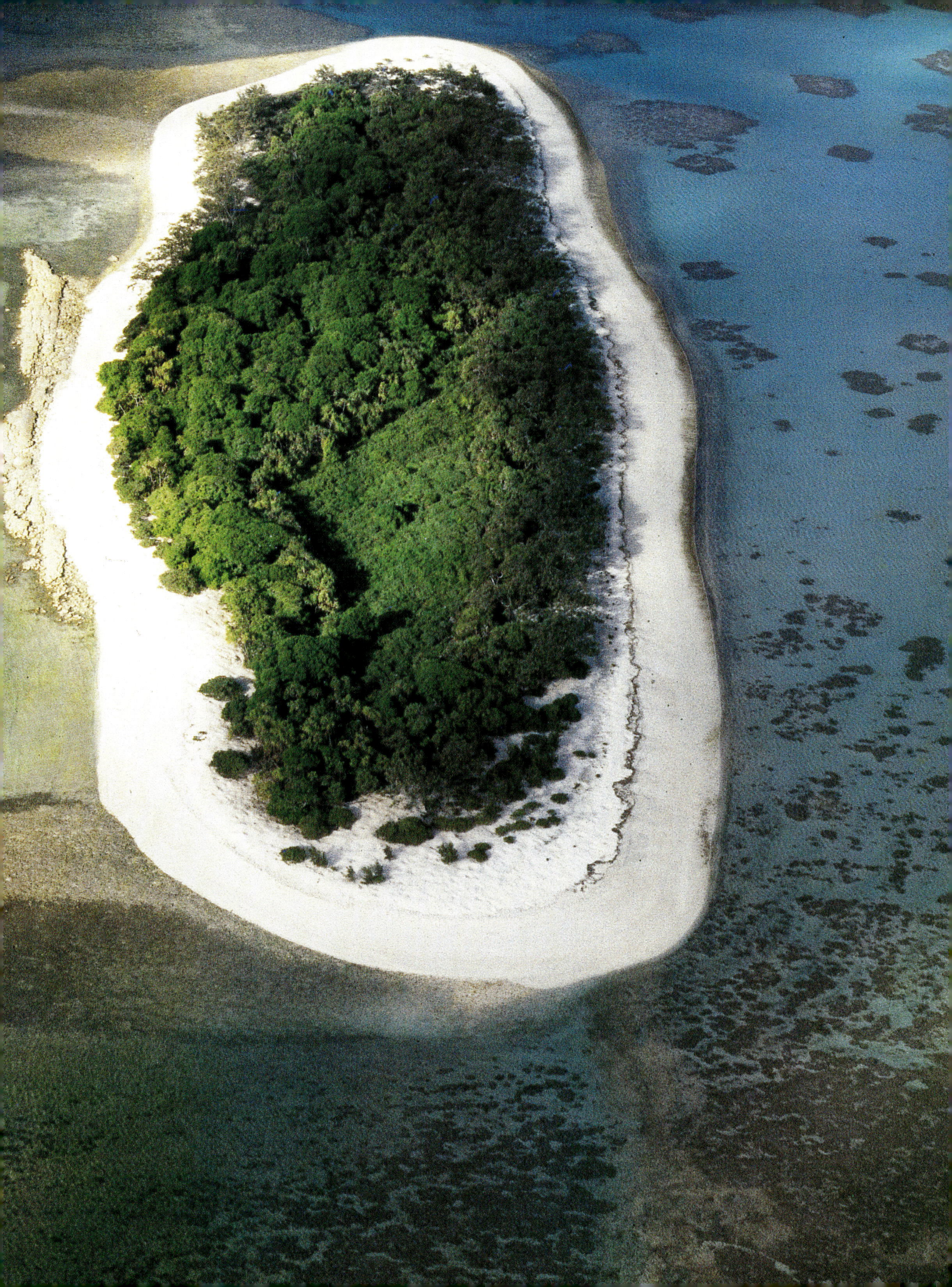

Le cascate Jim Jim circondate da massicce formazioni di roccia sedimentaria.

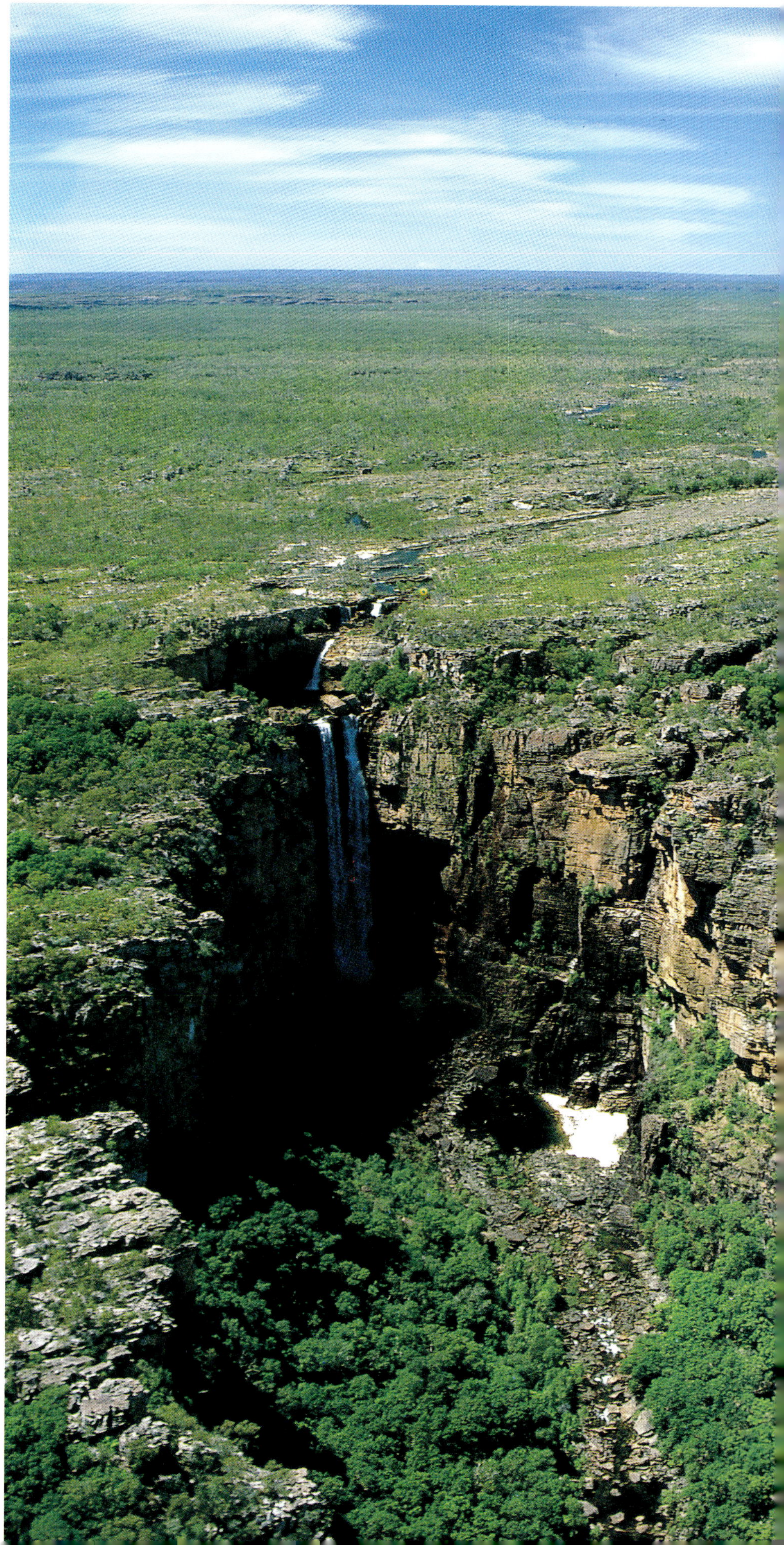

AUSTRALIA

IL PARCO NAZIONALE DEL KAKADU

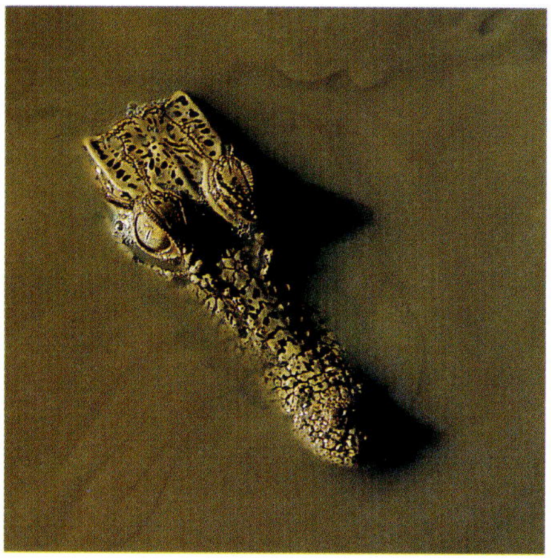

Spettacolari cascate, gole profonde chiuse tra rosse pareti levigate, ampie distese acquitrinose, infinite e solitarie spiagge popolate da monumentali intrichi di mangrovie, foreste e boschi tropicali abitati da animali selvaggi, piatte distese punteggiate dalle scultoree forme dei termitai, architettoniche presenze turrite a comporre il profilo di una metropoli naturale e, infine, le tracce nascoste e discrete della cultura aborigena che ha impresso la propria presenza in assoluta armonia col paesaggio sin dall'età più antica. Tutto ciò determina l'unicità del Parco nazionale del Kakadu, una riserva naturale di duemila chilometri quadrati gestita

Sopra: il muso di un coccodrillo marino (Crocodylus porosus) che emerge minaccioso dalle acque salmastre.

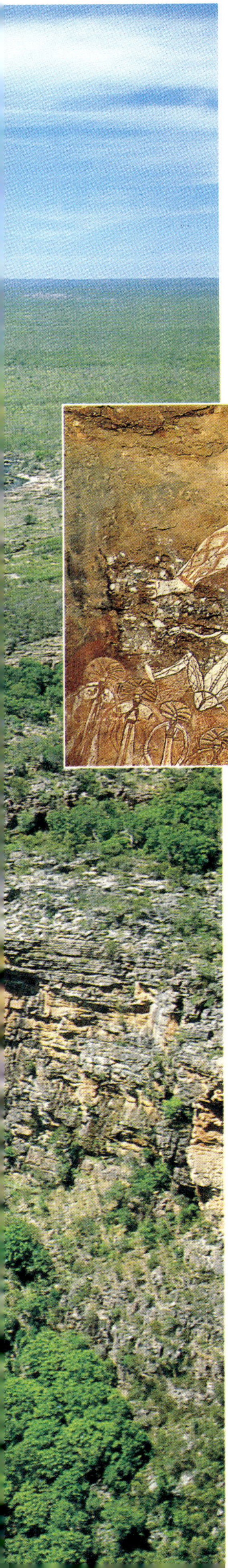

Sotto: figure umane del periodo detto "X Ray", con scheletro e organi in vista.

In basso: veduta aerea della zona paludosa del Parco.

dagli aborigeni (il nome Kakadu deriva da gagadju, una delle 30 lingue anticamente parlate nella zona) e ubicata nel lembo più settentrionale del Territorio del Nord.
In questo luogo dall'anima selvaggia e dai paesaggi multiformi, coesistono differenti ecosistemi tra loro profondamente legati: le foreste e i boschi tropicali, la costa sabbiosa con le mangrovie giganti, le gole pietrose, gli acquitrini in cui si impaludano i *billabongs*, rami ciechi dei corsi d'acqua e, infine, i fiumi.

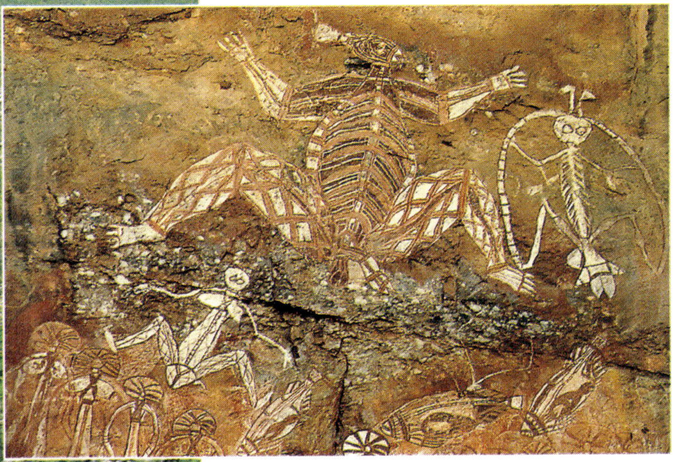

Unitamente a questa ricchezza di paesaggi, il Kakadu possiede una straordinaria varietà di piante e di animali: oltre 1000 diverse essenze, 50 specie di mammiferi, 75 tipi di rettili, 1500 forme differenti di farfalle e 280 varietà di uccelli animano questo luogo di sogno. Ma il Parco non è solo il luogo della natura incontaminata: è anche uno straordinario museo archeologico, in cui le tracce delle presenze umane rimandano alla notte dei tempi. Sono infatti più di cinquemila i siti all'interno del Parco in cui è possibile ritrovare, nelle testimonianze rupestri aborigene a carattere rituale, i segni della stratificazione delle tracce umane nel tempo. In questi luoghi di eccezionale interesse, accanto alle rappresentazioni di animali australiani ormai estinti, si trovano raffigurati i primi europei, ritratti con i loro fucili.

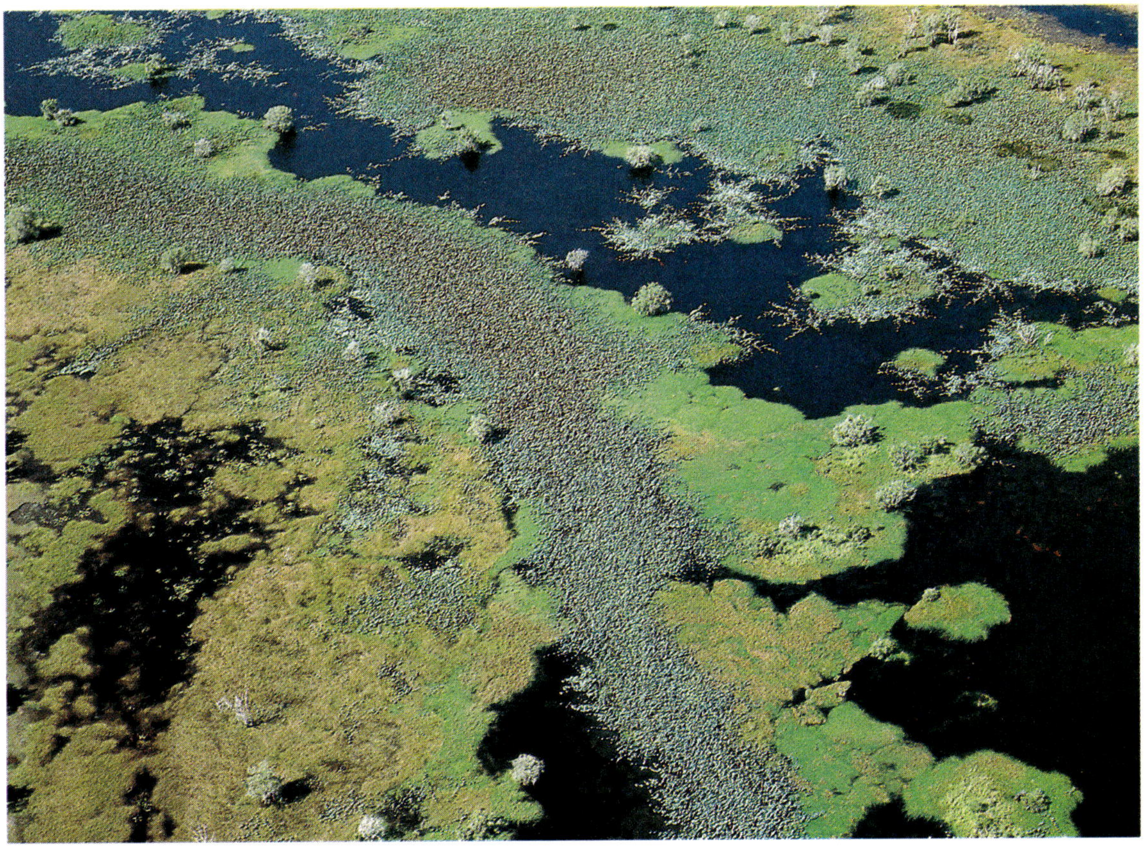

AUSTRALIA

IL PARCO DELL'ULURU E DELLE KATA TIJUTA

Esemplare maschio di canguro rosso (Macropus rufus), il maggiore fra i marsupiali.

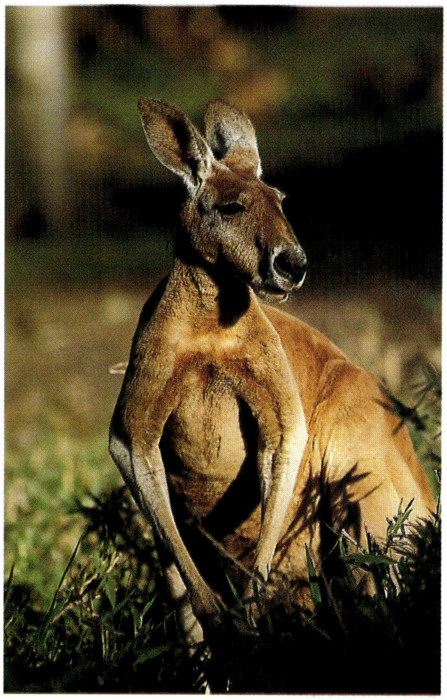

In principio era il vuoto. Poi d'improvviso fu il Tijkurpa, il tempo del Sogno: allora gli antenati dormienti emersero da sotto la crosta terrestre per generare i propri figli. L'uomo Cacatua, l'uomo Serpente, l'uomo Bandicoot, l'uomo Canguro generarono stirpi di uomini Cacatua, uomini Serpenti, uomini Bandicoot, uomini Canguro che, percorrendo il mondo, lo crearono attraverso il canto.

Fu allora che, secondo gli aborigeni (i pitjantjara), furono creati l'Uluru (Ayers Rock) e le Kata Tijuta (i monti Olga). In questi luoghi, per gli aborigeni tra i più sacri dell'intera Australia, ancora oggi, dopo oltre 10.000 anni, sopravvivono immutati, ai piedi delle rosse e levigate pareti delle antichissime masse monolitiche, complessi e misteriosi rituali ancestrali che riconducono la mente al tempo del Sogno. Sui vasti orizzonti di arbusti s'impone la massa solitaria della montagna sacra dell'Uluru, il più grande monolito del mondo con i suoi 3500 metri di lunghezza, 2500 di larghezza e 348 di altezza. A circa 30 chilometri di distanza, "le teste" delle Kata Tijuta (i monti Olga), picchi alti anche più di 500 metri. Dinanzi a queste figure sublimi del paesaggio australiano, l'animo umano vibra.

L'Ayers Rock e gli Olga sono parte dell'Uluru National Park, una riserva naturale di proprietà e di gestione aborigena situata nell'Australia centrale, a sud del lago Amedeo. Il paesaggio della particolare macchia australiana che circonda per centinaia di chilometri l'Uluru e le Kata Tijuta è uno spazio infinito, mistico, assoluto, dai colori cangianti e dalla luce cristallina, in cui il rosso fiammante dei monoliti e dell'arido terreno argilloso contrasta con il verde della variegata e inattesa vegetazione e con l'azzurro profondo di un cielo basso, ma infinito.

Il Parco offre al visitatore le più spettacolari manifestazioni della vita animale e vegetale del deserto australiano, con 150 differenti specie di uccelli, 22 varietà di mammiferi e 400 tipi di piante che lo rendono un luogo unico al mondo.

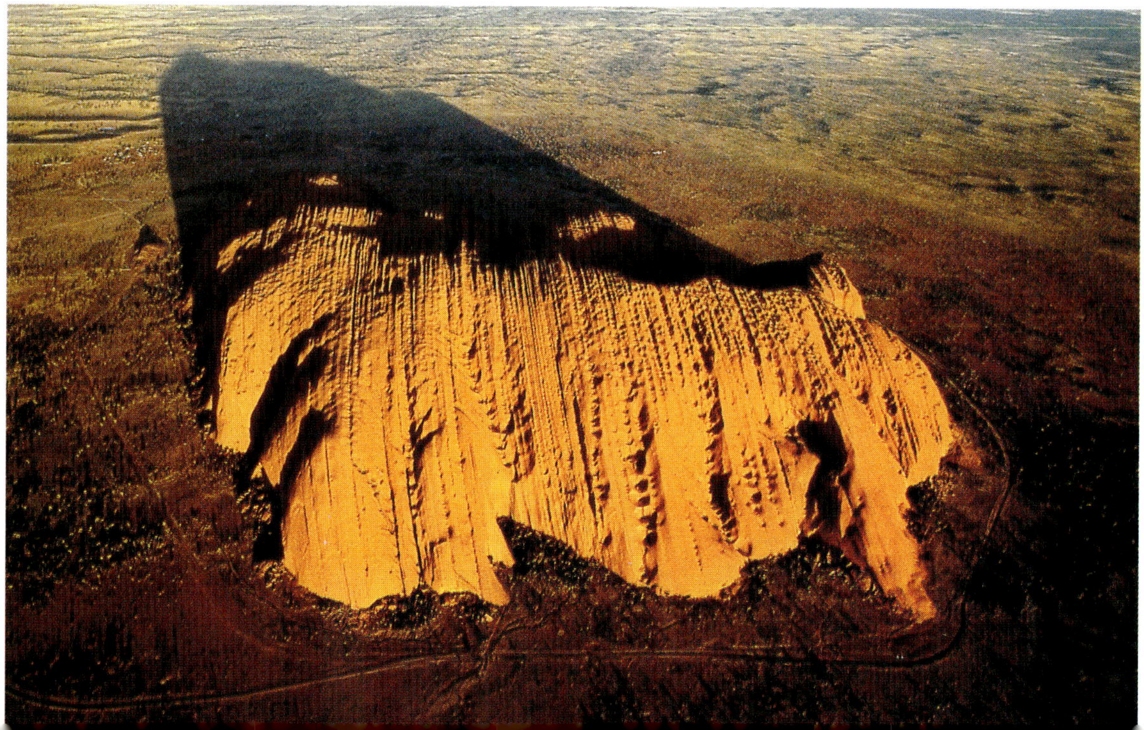

L'Ayers Rock, il più grande "sasso" del mondo, risalente al Cambriano, con un'età che oscilla tra i 500 e i 570 milioni di anni.

A destra: le cime levigate dei monti Olga (in lingua aborigena Kata Tijuta, "le molte teste").

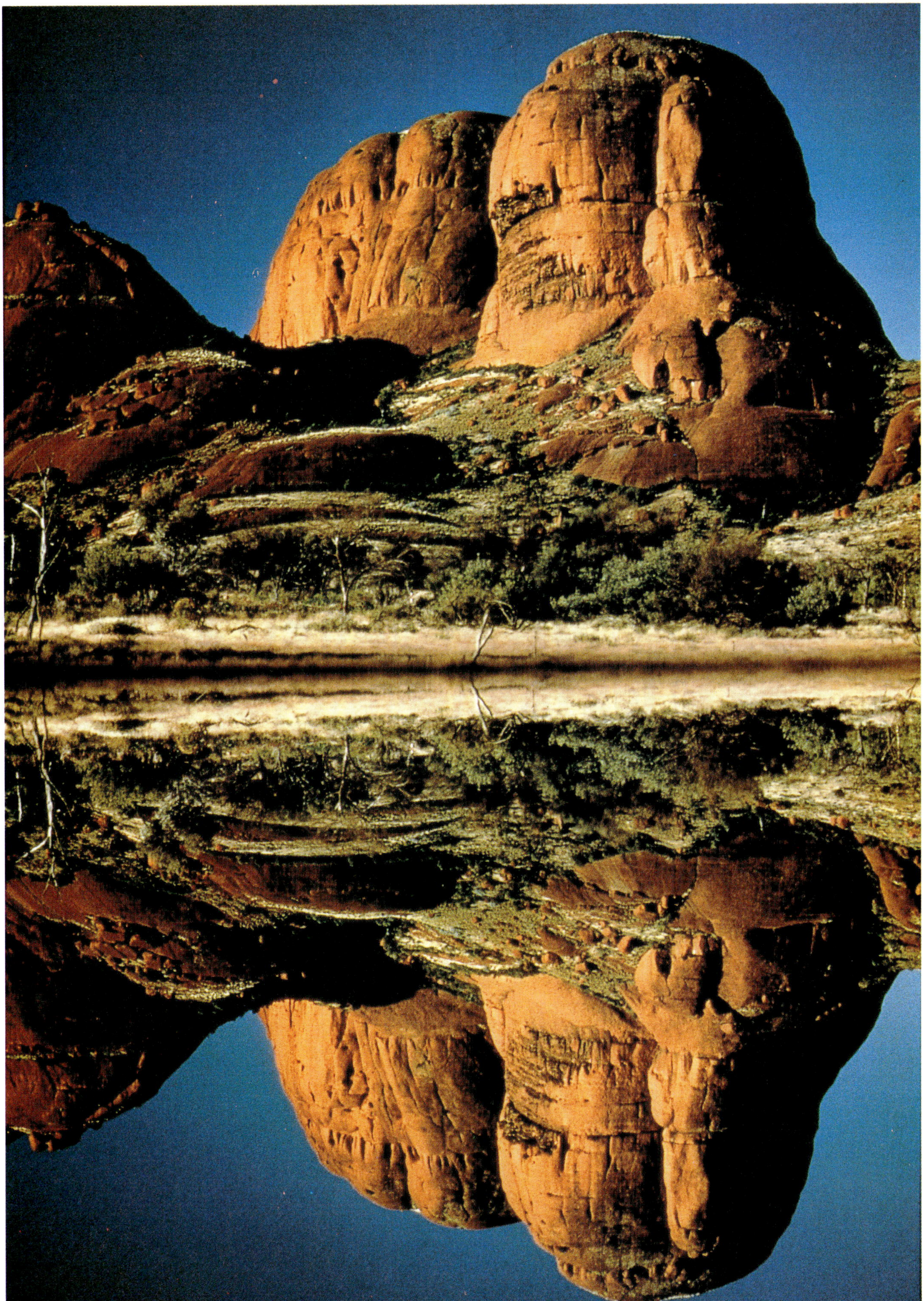

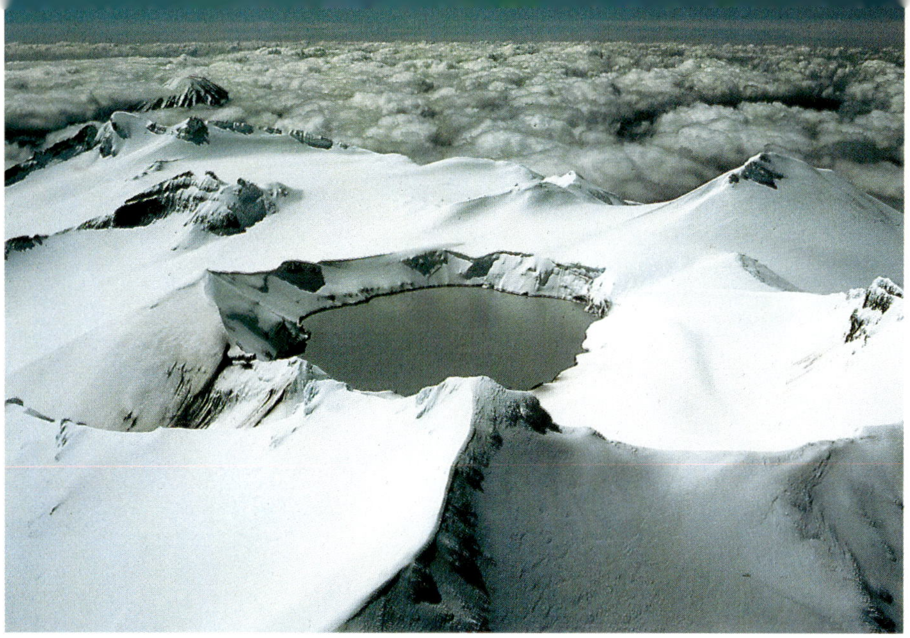

NUOVA ZELANDA

TONGARIRO

A lato: il territorio del Parco comprende le vette più alte dell'Isola del Nord.

Sotto: l'elegante sagoma del monte Ngauruhoe, che si erge con i suoi 2290 metri di altitudine sul brullo paesaggio circostante.

A destra: germoglio di felce gigante nella verdissima foresta pluviale che caratterizza il territorio del Parco alle quote più basse.

Le forze endogene che dal Mesozoico modellano con infinita pazienza e improvvisa violenza i profili, i rilievi, i paesaggi dell'Isola del Nord della Nuova Zelanda, "Ika a Maui" per i maori, sono le tangibili manifestazioni di Tupuna, la divinità che, dall'inizio dei tempi, dimora e protegge i massicci vulcanici del Tongariro e dello Ngauruhoe.
Una terra antichissima, ma instabile, fragile, in continua trasformazione, è quella del Parco nazionale del Tongariro, fatta di paesaggi variegati, diversissimi ecosistemi e rilevanti variazioni altimetriche.
Le residue foreste pluviali, che in origine coprivano gran parte del suo territorio, occupano, dopo le eruzioni di circa 1800 anni fa, le zone più basse (da 500 a 1000 metri) dell'altopiano dell'isola, ospitando, fra una ricca vegetazione, numerose specie di animali, uccelli in prevalenza, tra cui il kivi, caratteristico uccello neozelandese, che dopo l'introduzione da parte degli europei di mammiferi predatori quali gatti e donnole ha corso il rischio di estinzione.
Più in alto, dove la vegetazione e la fauna si fanno più rare, un paesaggio pietroso e primitivo, instabile e in continua trasformazione, costituito da depositi glaciali e da sedimenti di lava, preannuncia le distese vulcaniche, dove ampi crateri, bocche secondarie zampillanti, geyser fumanti, sorgenti termali e laghi dalle tiepide acque, rivelano un'immensa fucina vulcanica in eterna attività. Dalle lussureggianti foreste pluviali alle brulle vallate vulcaniche (chiamate "l'Inferno"), il Parco

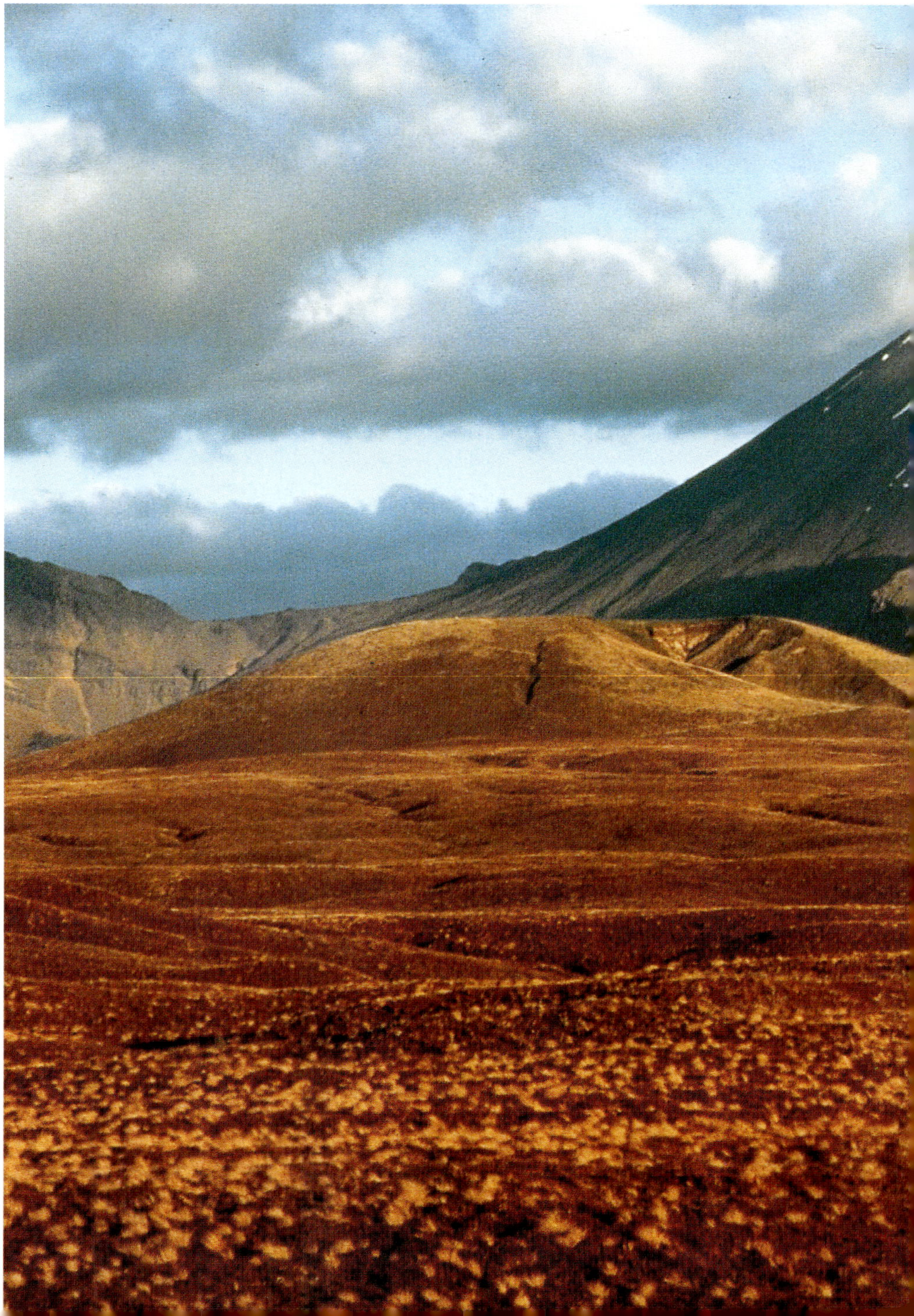

si estende per circa 75.000 ettari, occupando un altopiano che da 500 metri si innalza, a nord, a toccare le cime vulcaniche dei monti Kakamanea, Tihia e Pihanga, e a sud, le vette del Tongariro (1968 metri), dello Ngauruhoe (2290) e del Ruapehu (2797). Quest'ultima è la più alta montagna dell'Isola del Nord, nel cui cratere, cinto da nevi perenni e da ghiacciai eterni, si è formato un profondo lago termale, con acque purissime a temperatura tra 20 e 40 gradi centigradi. Il Wanganui e il Wangaehu, due tra i maggiori fiumi dell'isola, nascono

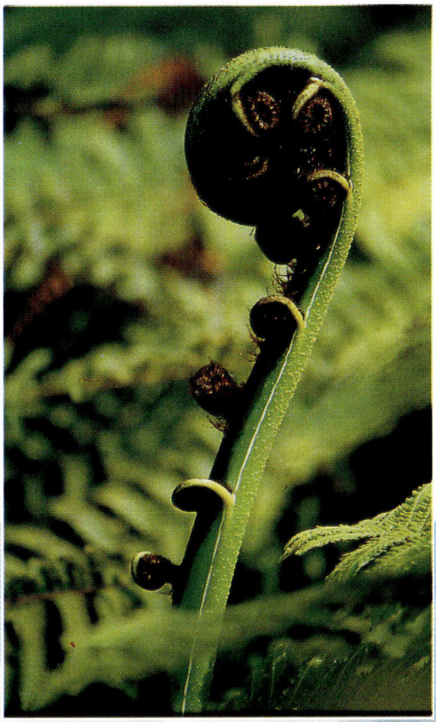

in queste valli vulcaniche, attraversano il lago Taupo, scorrono all'interno del parco tra paesaggi selvaggi e incontaminati, per sfociare, infine, sul versante orientale dello stretto di Cook.
Nonostante una natura impervia e un paesaggio a tratti lunare caratterizzino questa riserva naturalistica ai confini del mondo abitato, più di 500.000 persone visitano annualmente il Parco, attratte dalla sua unicità, dal fascino delle condizioni ambientali estreme, ma anche dalle ottime strutture organizzative, nonché dai centri di ricerca scientifica che vi risiedono.

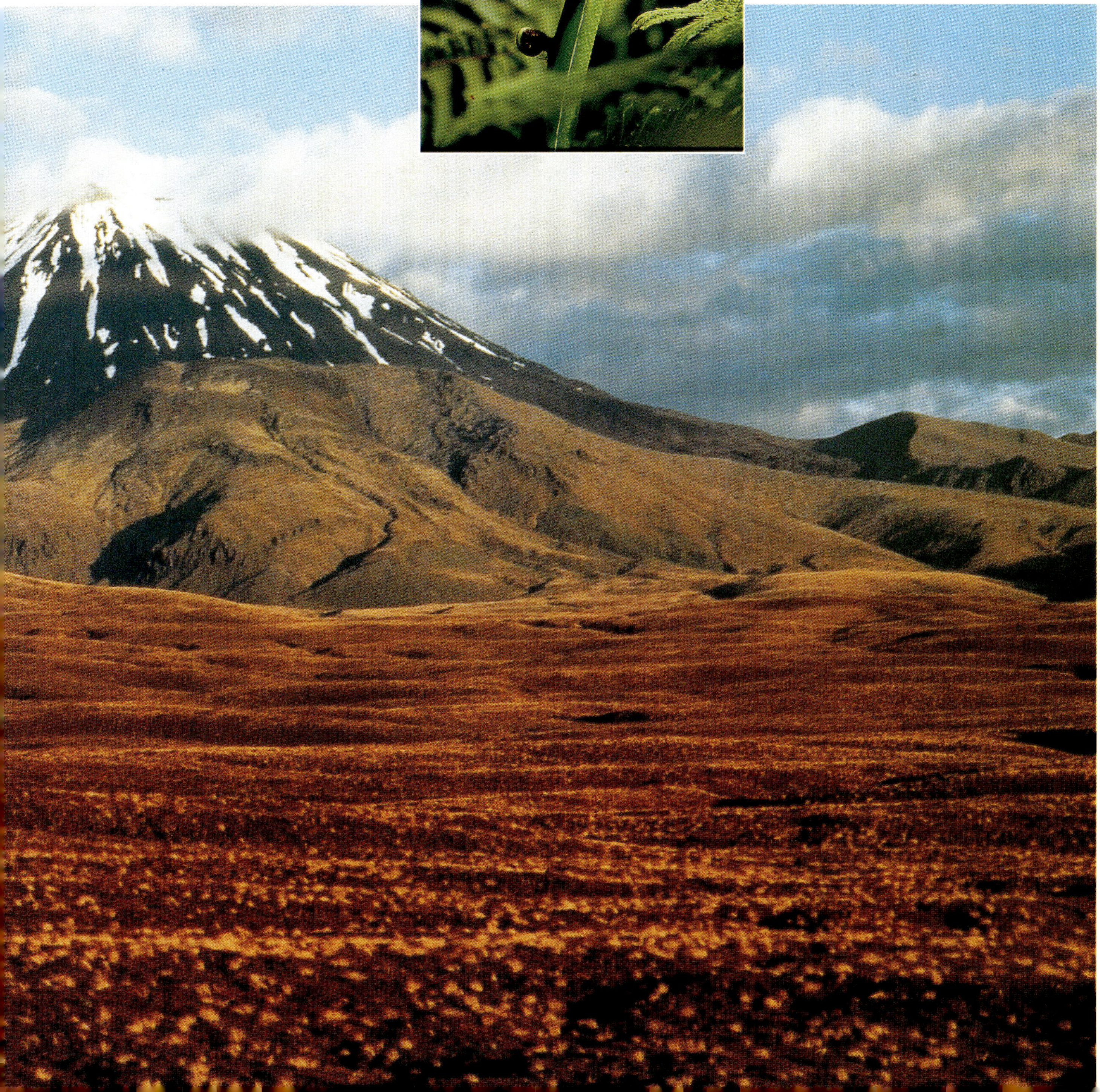

AFRICA

Marocco: le mura di Marrakech, imponente struttura di argilla e calce che dal XII secolo cinge l'intera medina.

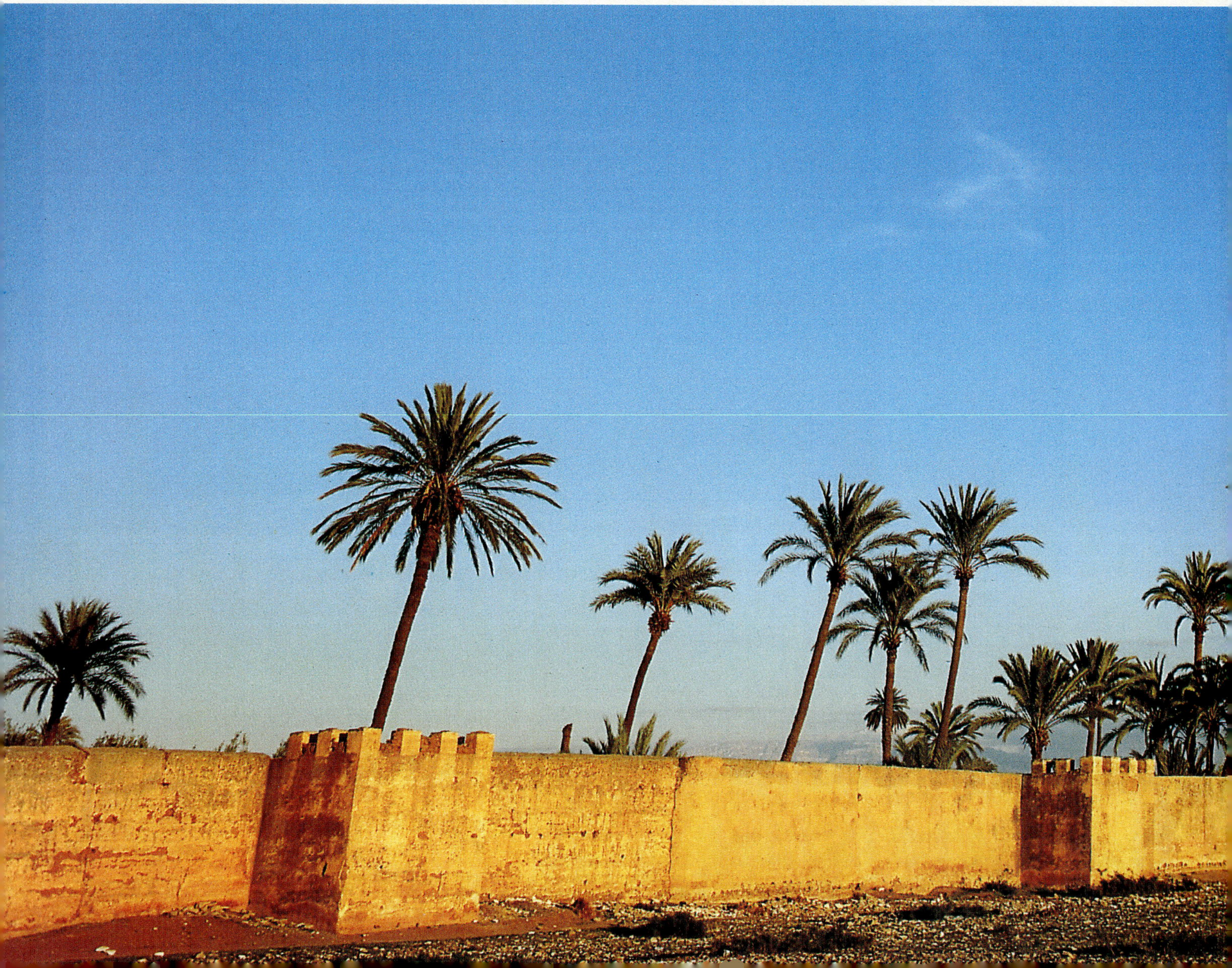

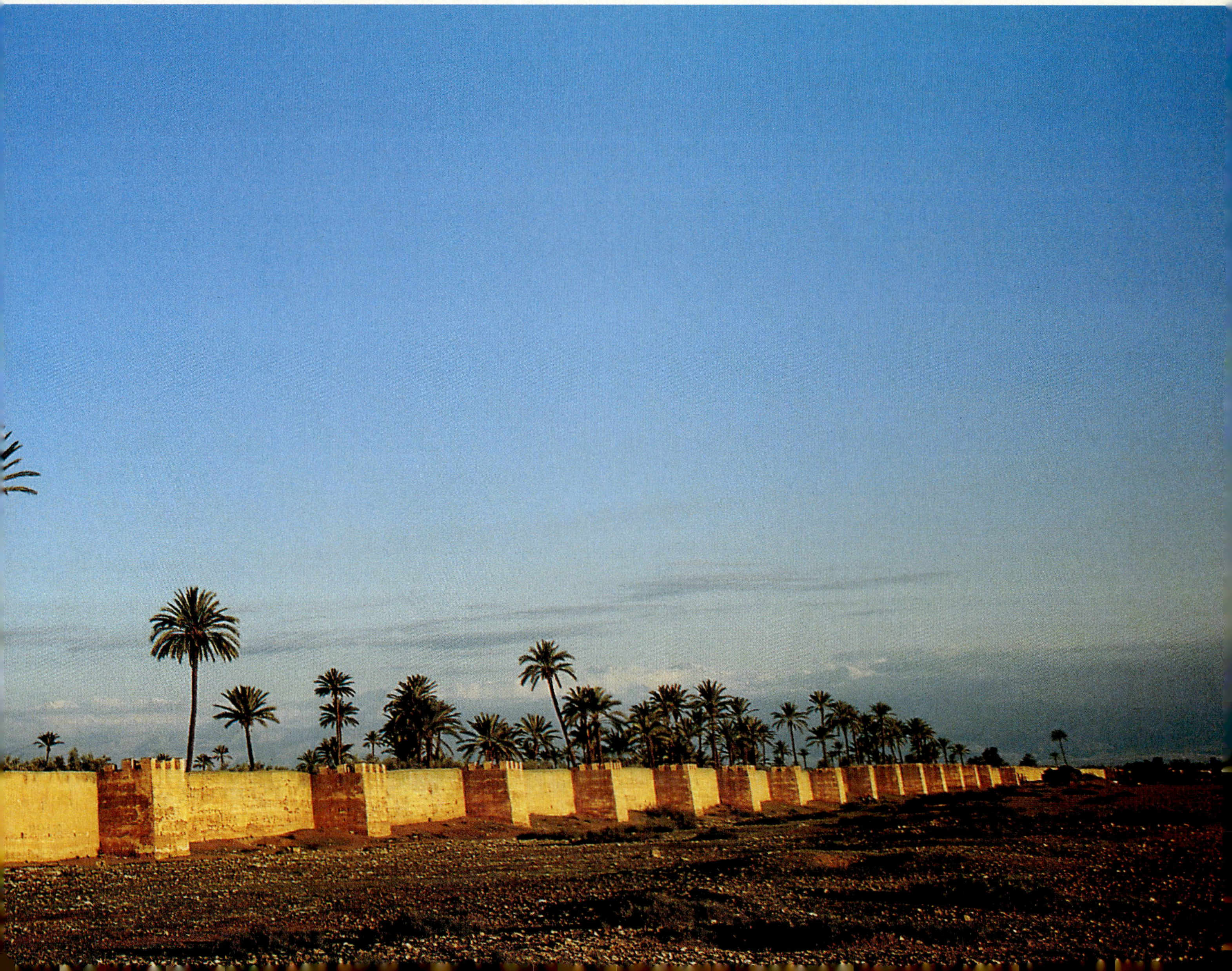

ALGERIA

TASSILI N'AJJER

Il motivo della caccia è proprio del periodo più antico delle pitture rupestri del Tassili, anteriore al V millennio a.C.

Quella che oggi è la più ampia zona desertica della Terra, un tempo era ricca di foreste, animali e fiumi. Il Sahara attuale è il prodotto di un'evoluzione recente, legata al processo di desertificazione che si è sviluppato negli ultimi tre-quattromila anni. Gli abitanti preistorici furono costretti a cambiare abitudini di fronte all'avanzare del deserto, ma lasciarono sulle rocce migliaia di immagini dipinte e incise che conservano la memoria di quell'habitat così diverso dall'attuale. I vasti altipiani algerini del Tassili sono senza dubbio l'area più nota in cui fiorì quest'arte rupestre, per l'enorme quantità e per la singolare qualità delle sue manifestazioni, che documentano vividamente i mutamenti climatici, le migrazioni animali e l'evoluzione della vita umana nel Sahara dal 10.000 a.C. fino ai primi secoli della nostra era: dall'epoca in cui le sole attività erano la caccia, la pesca e la raccolta, alla fase pastorale, fino ai periodi più recenti dei cavalli e dei cammelli.

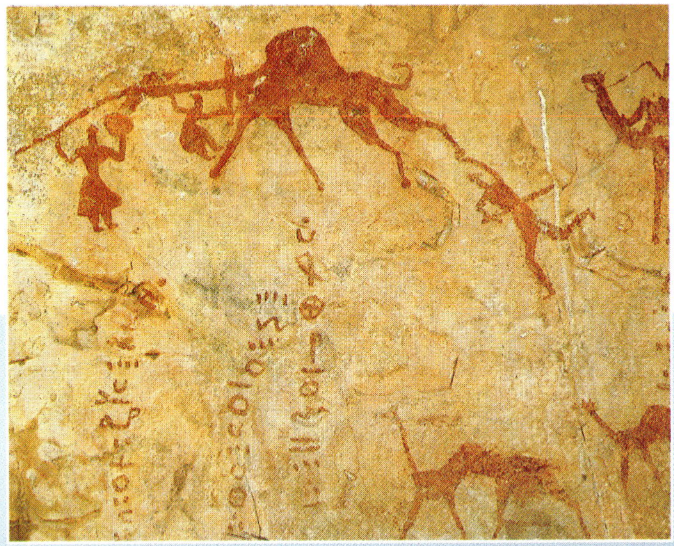

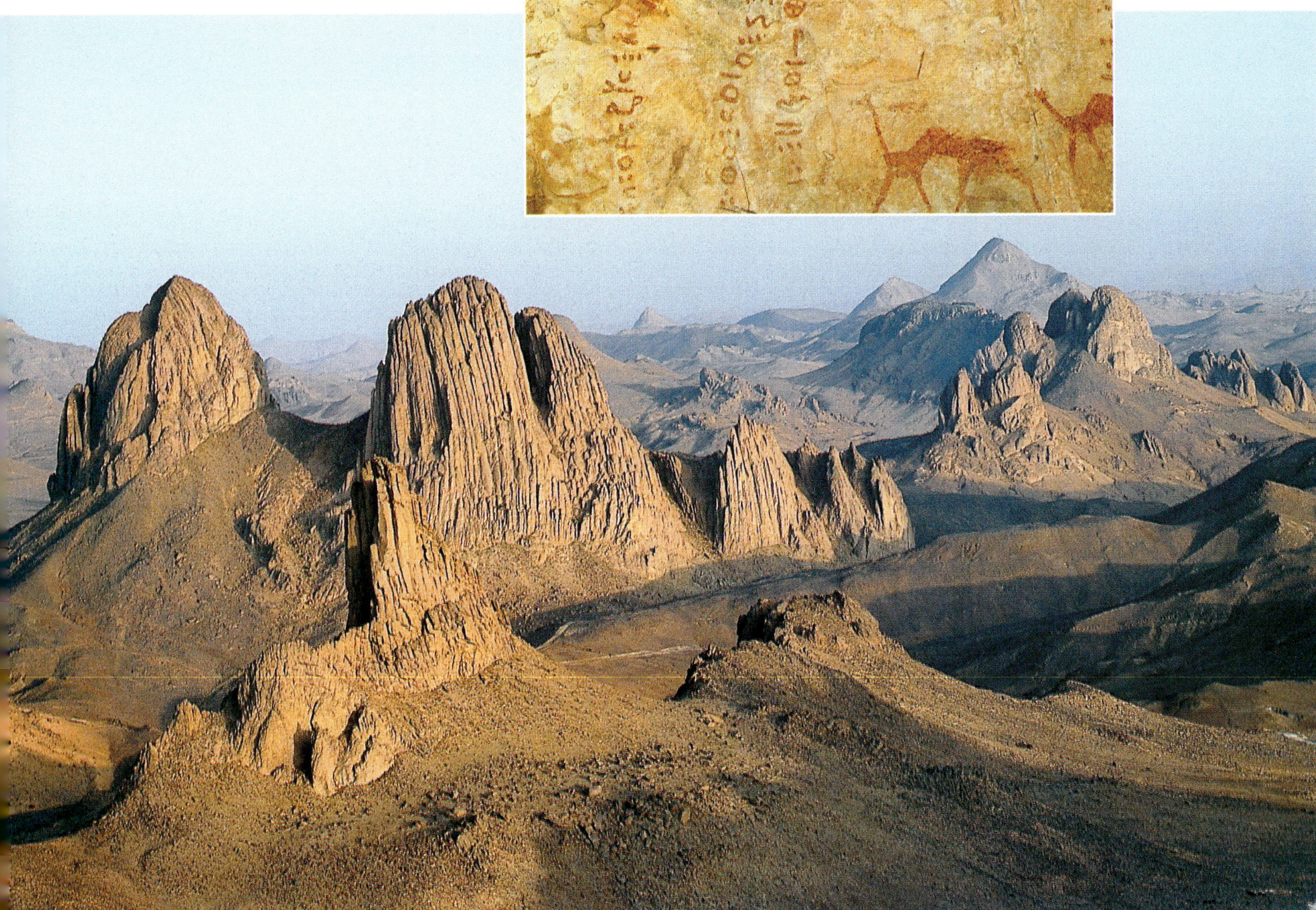

Nel cuore dell'immensa distesa desertica del Sahara si dispiegano gli altipiani del Tassili, luogo di antica frequentazione umana.

CONGO

IL PARCO NAZIONALE DEL GARAMBA

L'elefante, uno dei sovrani del Parco, insieme al rinoceronte bianco.

Il Parco è oggi nella lista dei patrimoni dell'umanità in pericolo, a causa dei numerosi bracconieri che, nonostante la presenza di guardacaccia armati, ne insidiano la fauna.

Il Parco comprende un vasto territorio dall'enorme interesse paesaggistico, caratterizzato dalla predominanza della savana ma con non poche praterie e terreni boscosi che, incontrando corsi d'acqua e paludi, danno vita alle caratteristiche foreste a galleria.
Di grande ricchezza è la fauna che popola il variegato paesaggio del Parco nazionale del Garamba, con numerosi elefanti, giraffe e ippopotami e soprattutto il rinoceronte bianco, molto più grosso di quello nero e ormai ridotto a una trentina di esemplari.

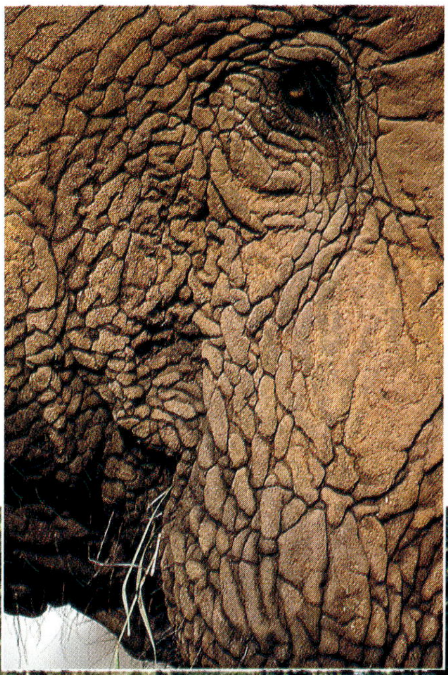

L'area del Garamba venne iscritta nella lista dei patrimoni dell'umanità che rischiano la scomparsa nel periodo dal 1984 al 1992, proprio a causa del pericolo dell'imminente estinzione di questa preziosa specie animale: una crisi superata grazie agli sforzi congiunti di organizzazioni e autorità varie. Purtroppo, nel 1996, il sito è ritornato nella stessa lista: lo sconfinamento nel Parco dei cacciatori di frodo, a danno di tutte le specie, sta mettendo in serio pericolo la stessa sopravvivenza dell'area protetta.

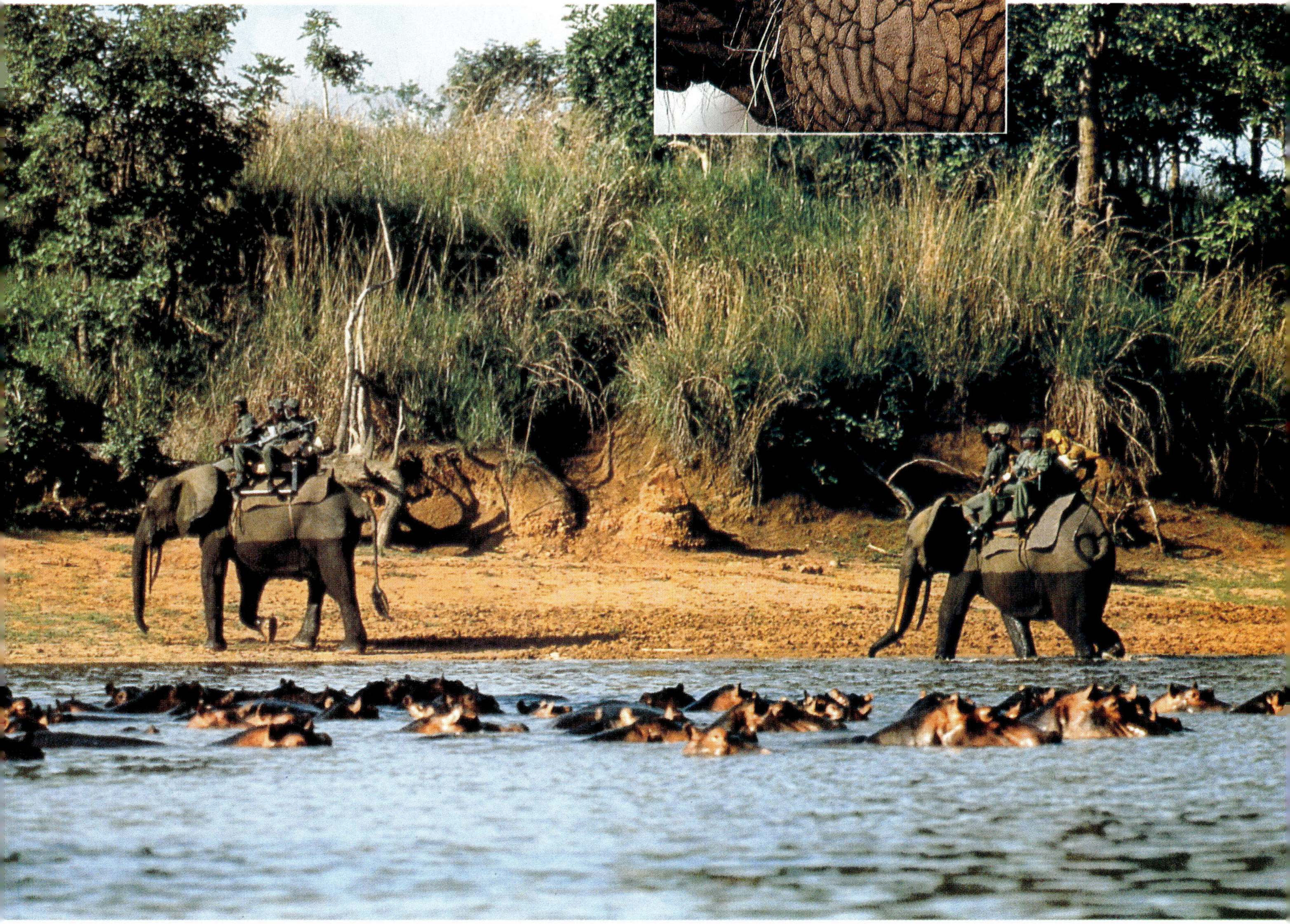

CONGO

IL PARCO NAZIONALE DEI MONTI VIRUNGA

La vastissima area protetta si estende su 790.000 ettari, allungandosi lungo la zona di confine con l'Uganda e con il Ruanda da Goma, sulla sponda settentrionale del lago Kivu, fino al lago Alberto, passando per il lago Edoardo. Il Parco nazionale dei monti Virunga è ricco di habitat molto diversi, che vanno dalle paludi e dalle steppe ai campi di neve del monte Ruwenzori, alto più di 5000 metri, e dalle pianure laviche alle savane che si arrampicano fin sulle pendici dei vulcani. I suoi fiumi sono il regno degli ippopotami, presenti in circa 20.000 esemplari, mentre i rilievi costituiscono l'ambiente ideale per il gorilla di montagna.

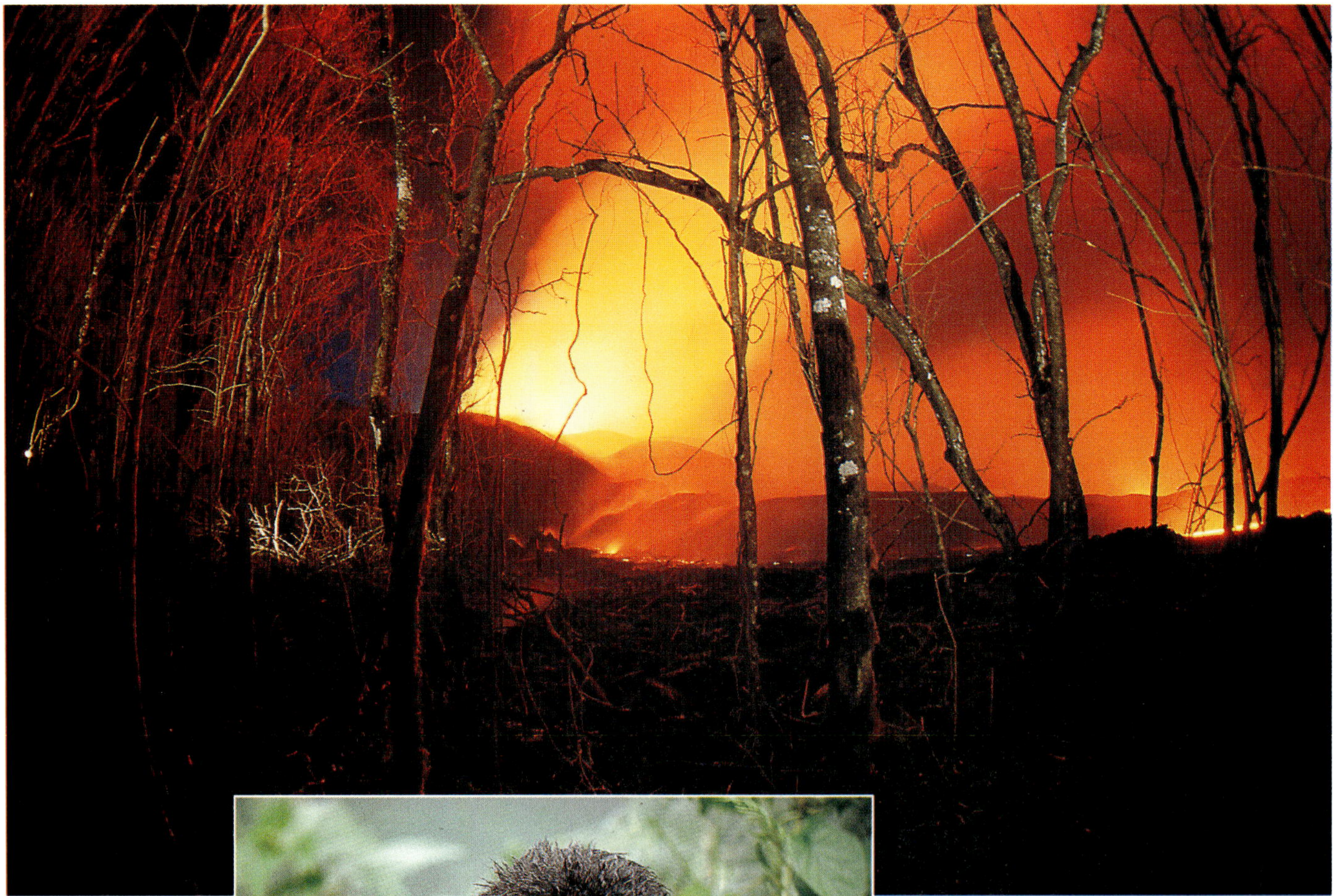

Eruzioni vulcaniche accendono la notte dei monti Virunga.

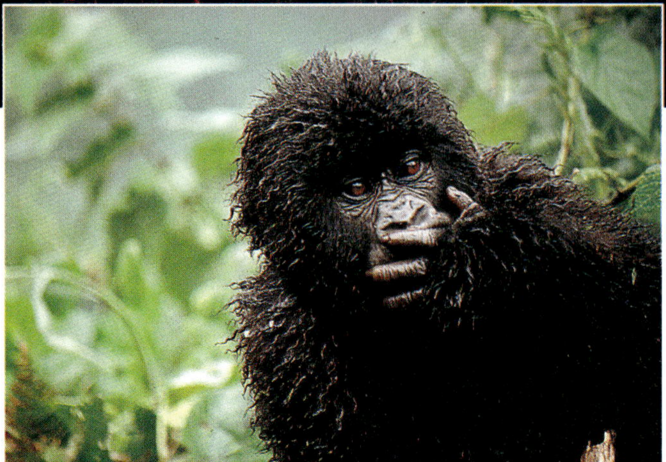

Il gorilla di montagna trova nelle pendici boscose dei monti compresi nel Parco il proprio habitat ideale.

Molti gli uccelli migratori che qui svernano, alcuni giungendo fin dalla lontanissima Siberia. Il Parco nazionale dei monti Virunga è stato iscritto nel 1994 nella lista dei patrimoni dell'umanità che rischiano la scomparsa, a causa degli effetti della guerra nel vicino Ruanda: il massiccio afflusso nel Parco di rifugiati da quel Paese ha fatto aumentare la richiesta di legna da ardere, causa della deforestazione in atto.

COSTA D'AVORIO

IL PARCO NAZIONALE DI TAÏ

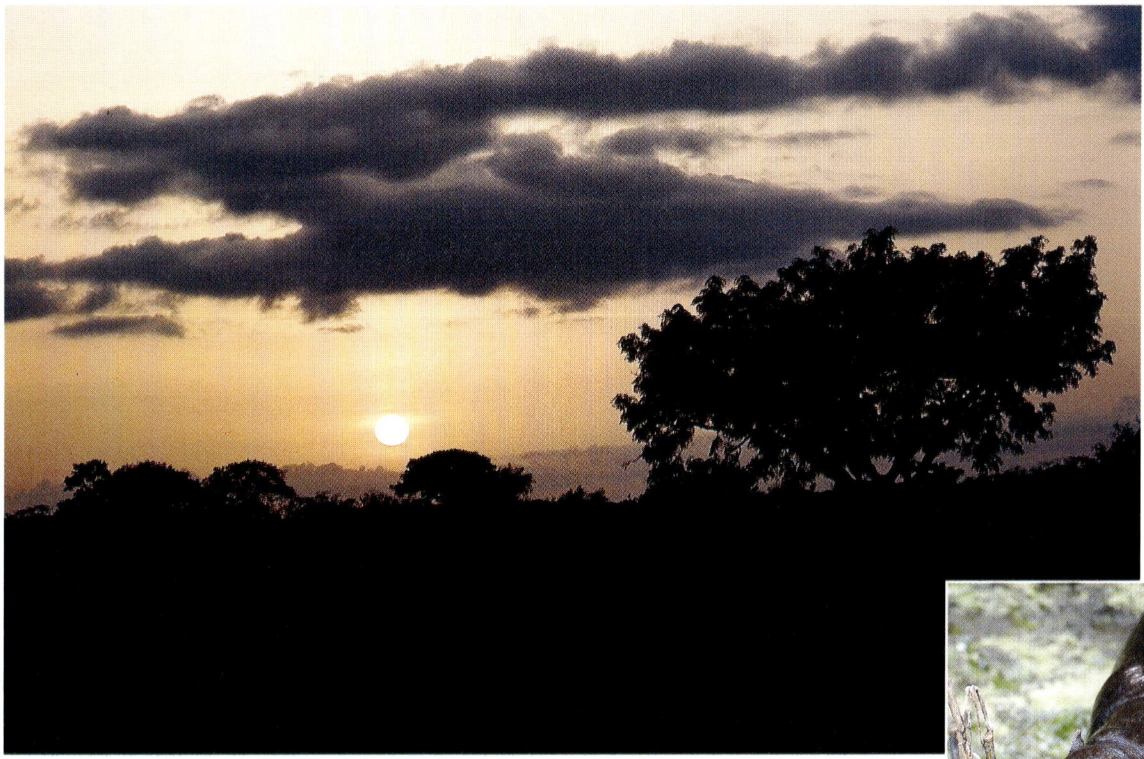

Area tra le più affascinanti dell'Africa occidentale, la regione di Taï è stata meta di importanti spedizioni naturalistiche ed etologiche.

L'ippopotamo pigmeo, mammifero tra i più diffusi nell'area del Parco, si allontana dall'acqua per il pascolo solo poche ore al giorno.

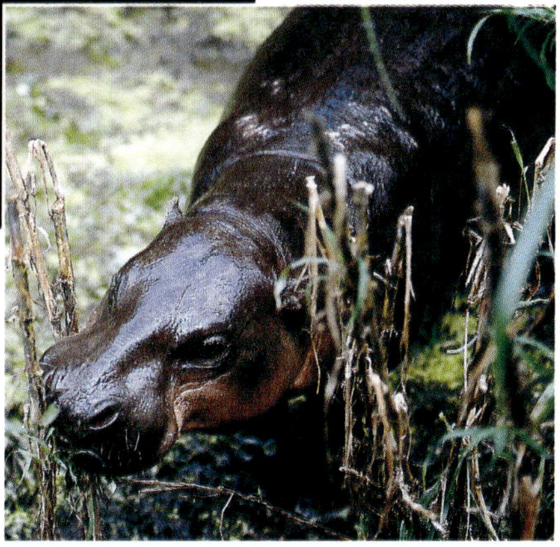

Quella di Taï, in Costa d'Avorio, è forse l'ultima foresta pluviale di tipo guineano oggi esistente nell'Africa occidentale. Si tratta di un lembo di terra dalla vegetazione tropicale molto fitta, esteso da nord a sud e salvatosi quasi per miracolo dallo sfruttamento intensivo.
I quattro mammiferi più diffusi nella foresta di Taï sono il leopardo, l'ippopotamo pigmeo, l'elefante e lo scimpanzé.
La zona è stata spesso terreno di importanti studi sulle peculiarità della flora e soprattutto della fauna. In particolare, circa quindici anni fa, alcuni ricercatori francesi fecero una notevolissima scoperta di carattere etologico, concernente i modi di trasmissione del patrimonio culturale tra i primati. Esaminando il comportamento di un gruppo di scimpanzé, gli etologi notarono infatti che questi animali, dopo avere appreso spontaneamente l'uso di rudimentali strumenti (bastoni) per aprire le noci di cui si nutrono, erano poi in grado di comunicare la scoperta ai figli.

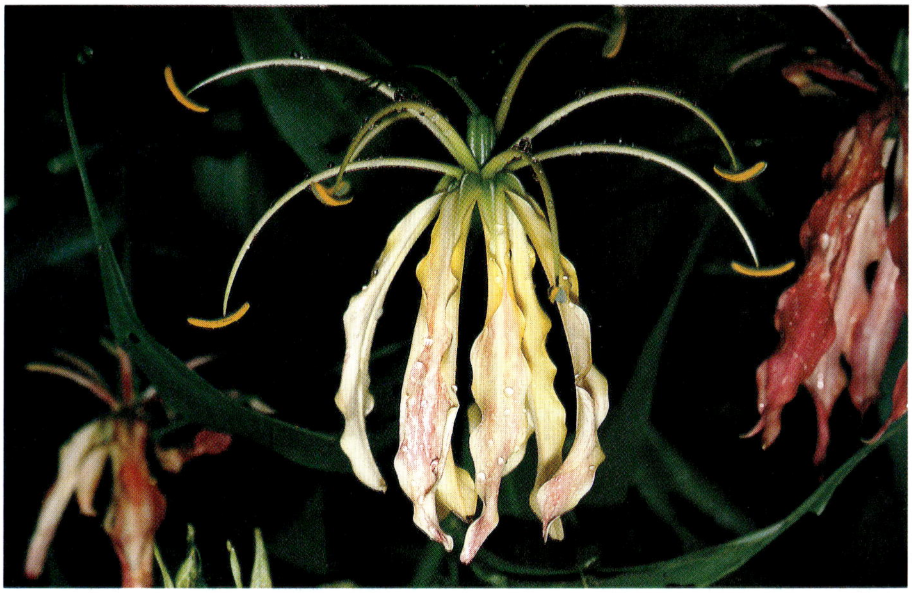

Nella foresta pluviale di Taï vivono rarissime piante tropicali.

EGITTO

IL CAIRO ISLAMICO

L'Egitto copto e monofisita, oppresso dal dominio dei Bizantini ortodossi, alla metà del VII secolo accolse i conquistatori musulmani come liberatori. Con l'avvento dell'Islam, la regione del Nilo divenne un vivace e fecondo crocevia di correnti culturali che al Cairo trovano una cospicua quantità di espressioni architettoniche. Dell'originario centro di Misr el-Fostat, antico nome del Cairo, restano la moschea di Amr, più volte manomessa nel corso dei secoli e, integra nella sua originaria bellezza, la moschea di Ibn Tulun, una delle più suggestive e affascinanti realizzazioni di tutta l'arte islamica. Di grande splendore fu l'epoca dei Fatimiti che conquistarono l'Egitto alla fine del X secolo: a loro si devono la poderosa cinta muraria, la moschea El-Azhar, "la splendida", a cui fa capo una delle più importanti università dell'Islam, e i magnifici palazzi dei califfi, decantati da molte fonti e purtroppo scomparsi. Anche il sultano Salah ad-Din (Saladino) fu un grande edificatore (sue le mura della cittadella), ma la maggioranza dei monumenti islamici del Cairo oggi esistenti risale al periodo dei Mamelucchi (XIII-XVI), che hanno veramente rimodellato la fisionomia artistica della metropoli: moschee, madrase e mausolei sono ampiamente rappresentati nell'arte

Il cortile interno della trecentesca madrasa di Hasan affascina per la ricchezza della pavimentazione e l'eleganza della vasca per le abluzioni.

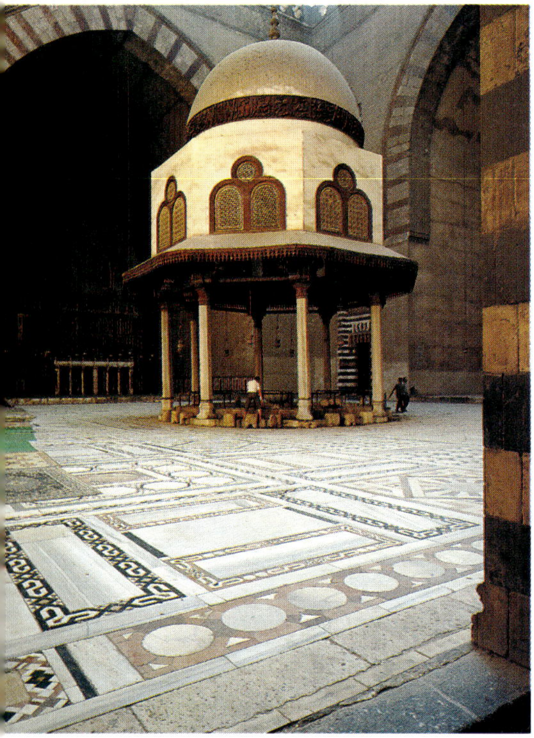

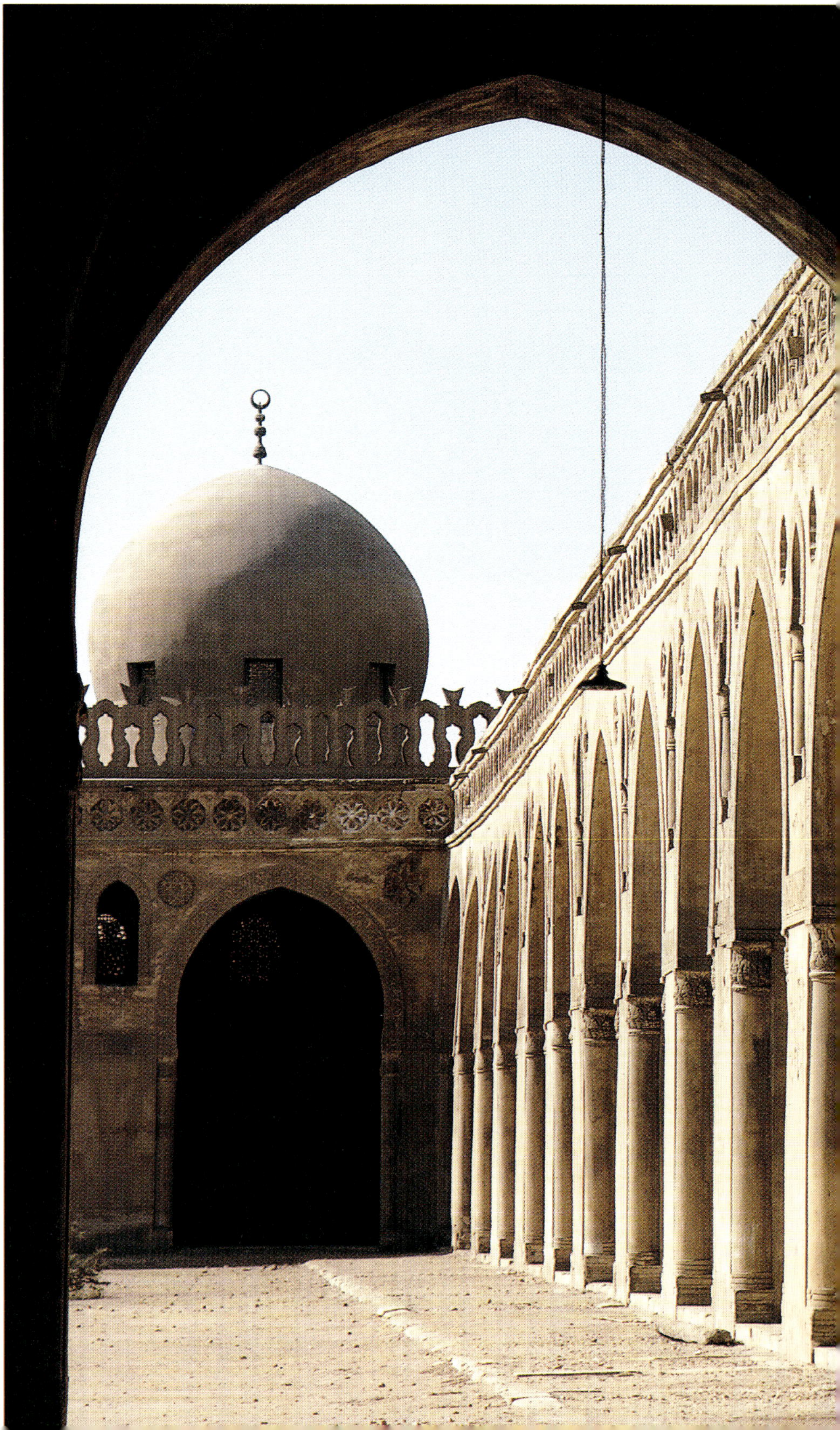

di quest'epoca, alla quale appartengono anche i pittoreschi monumenti sepolcrali noti con l'improprio nome di tombe dei Califfi. Il periodo turco (XVI-XVIII secolo), pur assicurando al Cairo con il commercio delle spezie e del caffè una notevole prosperità, relegò l'Egitto nel ruolo di una delle tante province di un vasto impero, arricchendo di poco il patrimonio monumentale della sua capitale. Un'importante svolta occorse all'inizio dell'Ottocento, con la presa del potere da parte di Muhammad Ali, il padre dell'Egitto moderno che pose le basi per l'attuale ruolo guida del Paese su tutto il mondo arabo. Principale realizzazione architettonica del periodo è la moschea in stile turco-ottomano che porta il suo nome e che dall'alto della cittadella domina il panorama dell'immensa metropoli.

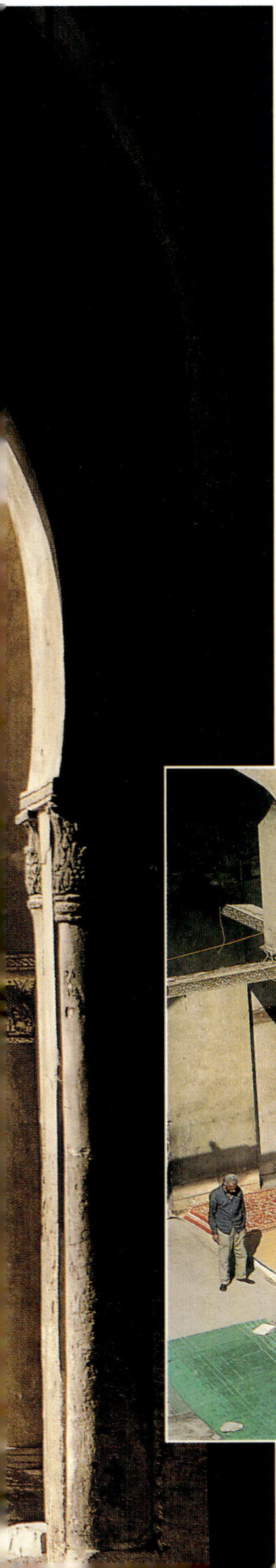

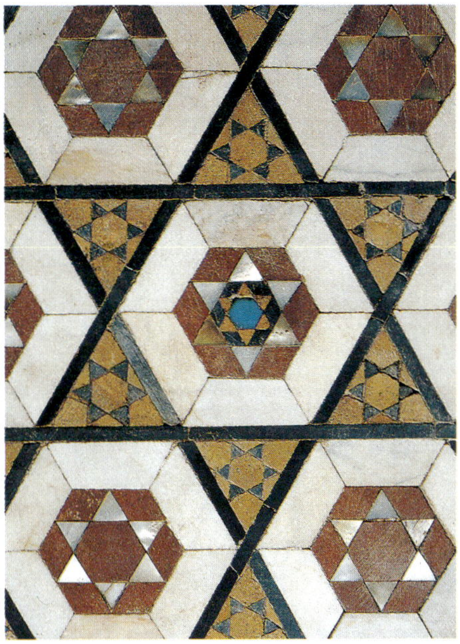

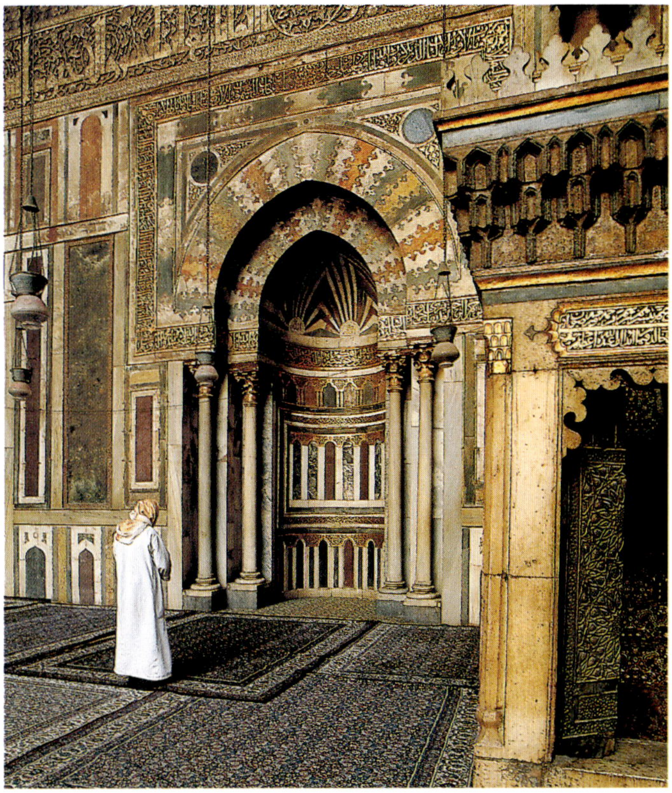

A sinistra: la moschea di Ibn Tulun, luogo di grande fascino e raccoglimento nel cuore della Città Vecchia.

Preziose decorazioni musive rivestono il mirhab della madrasa-mausoleo di Qalaun, eretta tra il 1284 e il 1293.

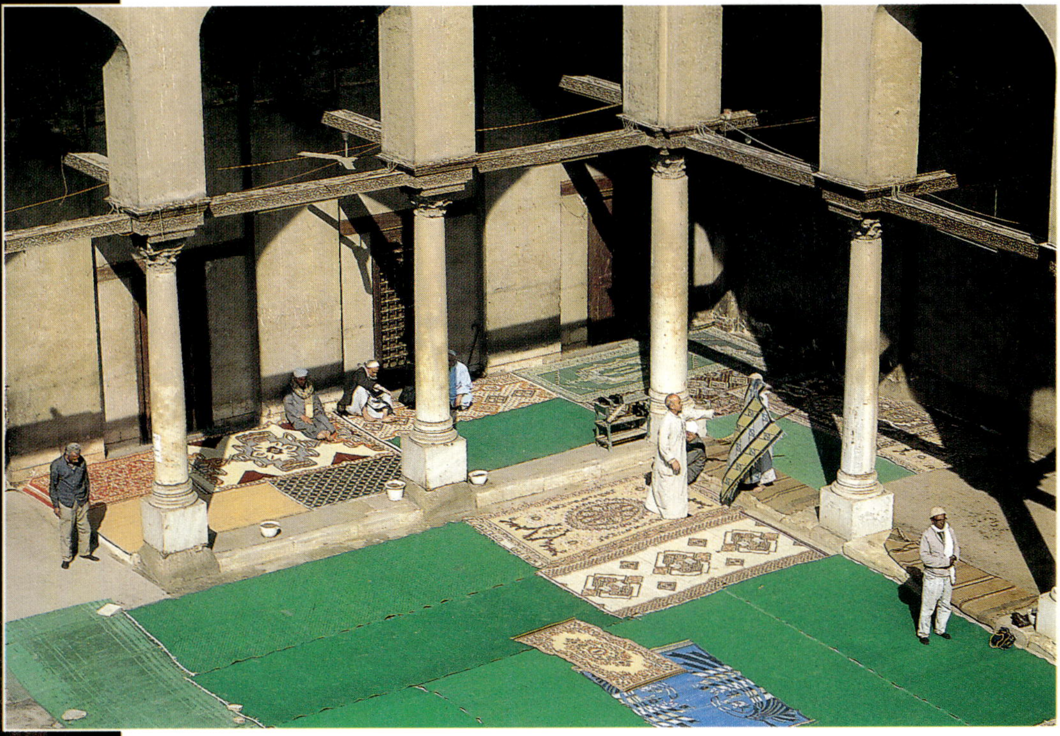

La madrasa di Hasan, semplice e austera all'esterno, ha un interno ricchissimo di elementi decorativi soprattutto nella sala di preghiera, rivestita da iscrizioni con versi del Corano e marmi policromi.

La moschea di Salih Talai è una costruzione del 1160 dall'impianto molto semplice, formato dalla sola sala da preghiera.

EGITTO

MENFI E LA SUA NECROPOLI LE PIRAMIDI DA GIZA A DASHUR

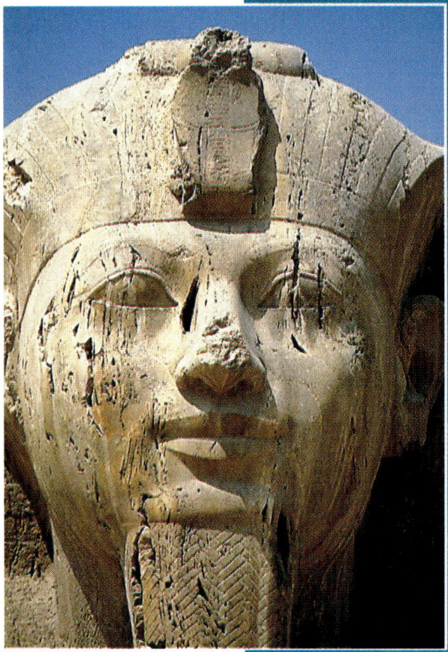

Menfi, le cui rovine sorgono a poco più di 30 km a sud del Cairo, è storicamente il cuore dell'Egitto antico; per la sua posizione, alla congiunzione del Basso e dell'Alto Egitto, era chiamata "bilancia dei due Paesi".

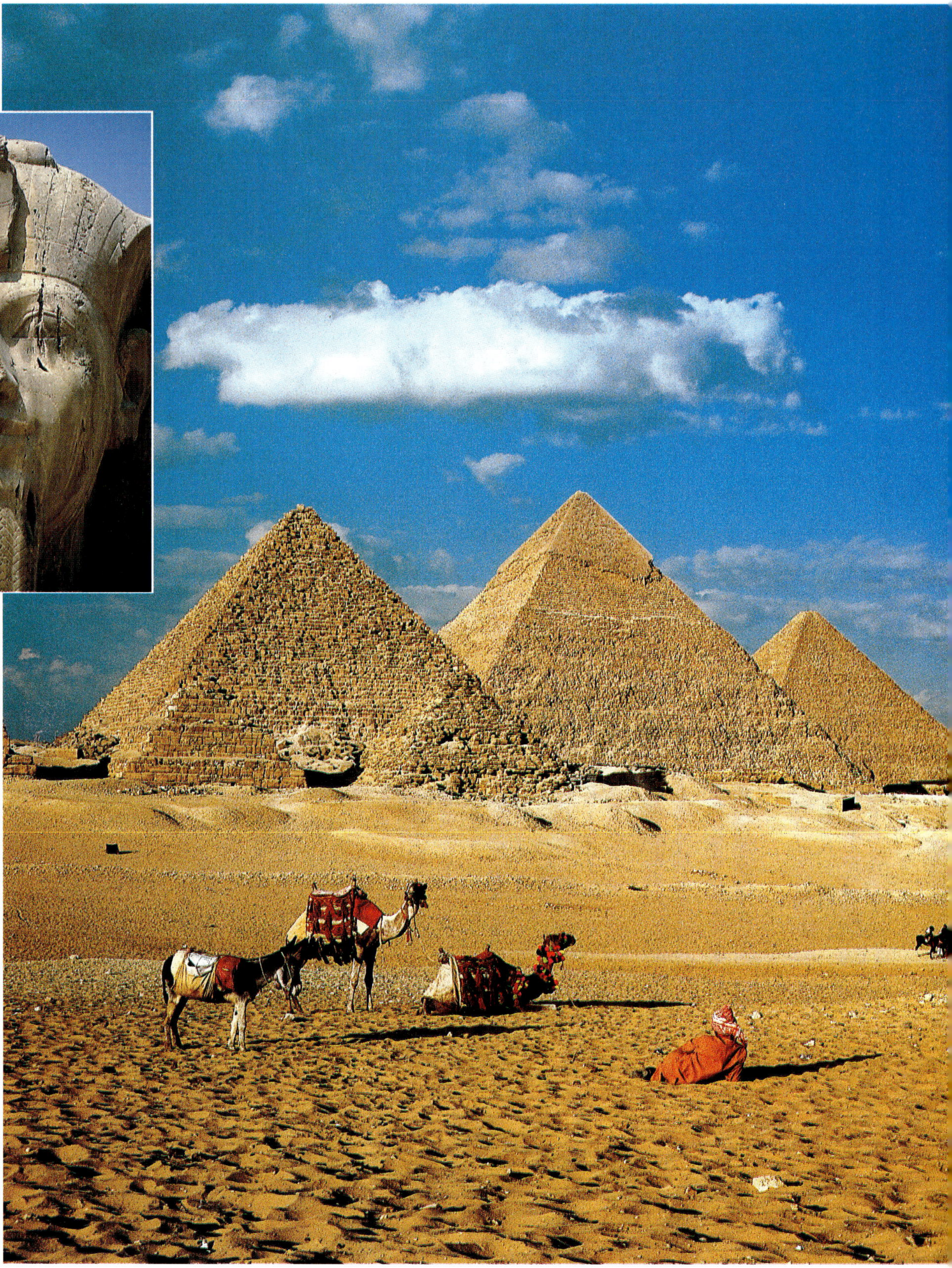

A lato: le tre più famose piramidi d'Egitto, quelle di Cheope, Chefren e Micerino, a Giza.

La zona archeologica di Menfi e della sua necropoli comprende le grandiose vestigia di una città che svolse un ruolo essenziale nella storia egiziana per oltre tre millenni. Questo è il regno incontrastato delle piramidi, colossali emblemi della potenza e dell'immortalità dei faraoni. Moltissimo si è detto e fantasticato intorno ai significati simbolici e religiosi, alle maledizioni e alle leggende di questi sepolcri, ma dopo secoli di ricerche ancora non sappiamo nemmeno come siano stati costruiti e in quale modo le pietre venissero portate a così vertiginose altezze, circostanza che non fa che accrescerne il mistero e il fascino. Di certo la loro edificazione richiese uno straordinario sforzo lavorativo e organizzativo, considerando l'eccezionale rapidità dei tempi di lavoro. La maggiore, di questi che sono i più grandi edifici mai costruiti dall'uomo, è la piramide di Cheope a Giza, la più antica delle sette meraviglie del mondo, e tuttora in ottimo stato di conservazione. È stato osservato che, con i suoi 146,60 metri, supera in altezza la cattedrale di Strasburgo, mentre la sua base è tale che vi potrebbero trovar posto insieme la basilica di San Pietro a Roma, la cattedrale di San Paolo a Londra, il duomo di Firenze e quello di Milano, nonché l'abbazia di Westminster. Per rendere l'idea del volume, si può aggiungere che il faraone Cheope impiegò una massa di pietre maggiore di quella usata dagli inglesi per la costruzione di tutte le loro chiese nell'arco di oltre mille anni. La vicina Sfinge, gigantesca immagine del faraone Chefren, veglia sulla necropoli con il suo ambiguo sorriso. Quasi tutti i monumenti di Giza, Saqqara e Dashur rivelano un'eccezionale abilità tecnica. Eppure, nonostante gli sforzi impiegati per costruirli, hanno fallito nella loro funzione principale: quella di proteggere dai predatori la pace dei defunti, insieme ai tesori con i quali furono sepolti.

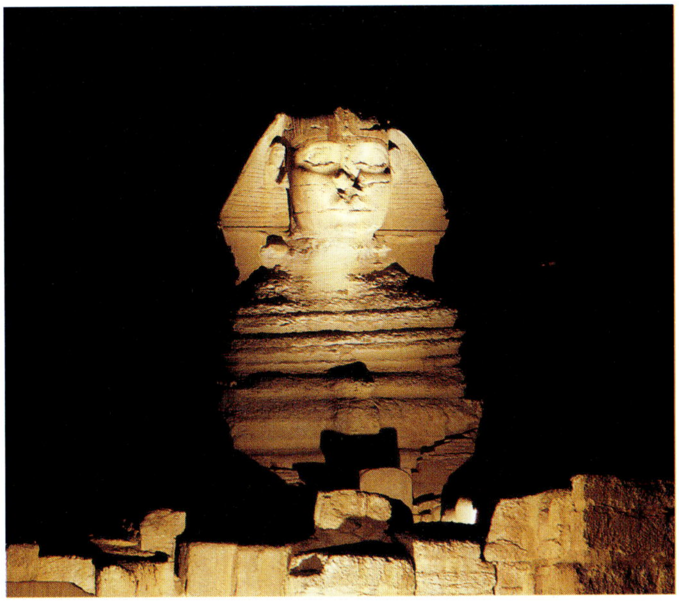

In alto: la Sfinge, tra le opere-simbolo dell'arte egizia.

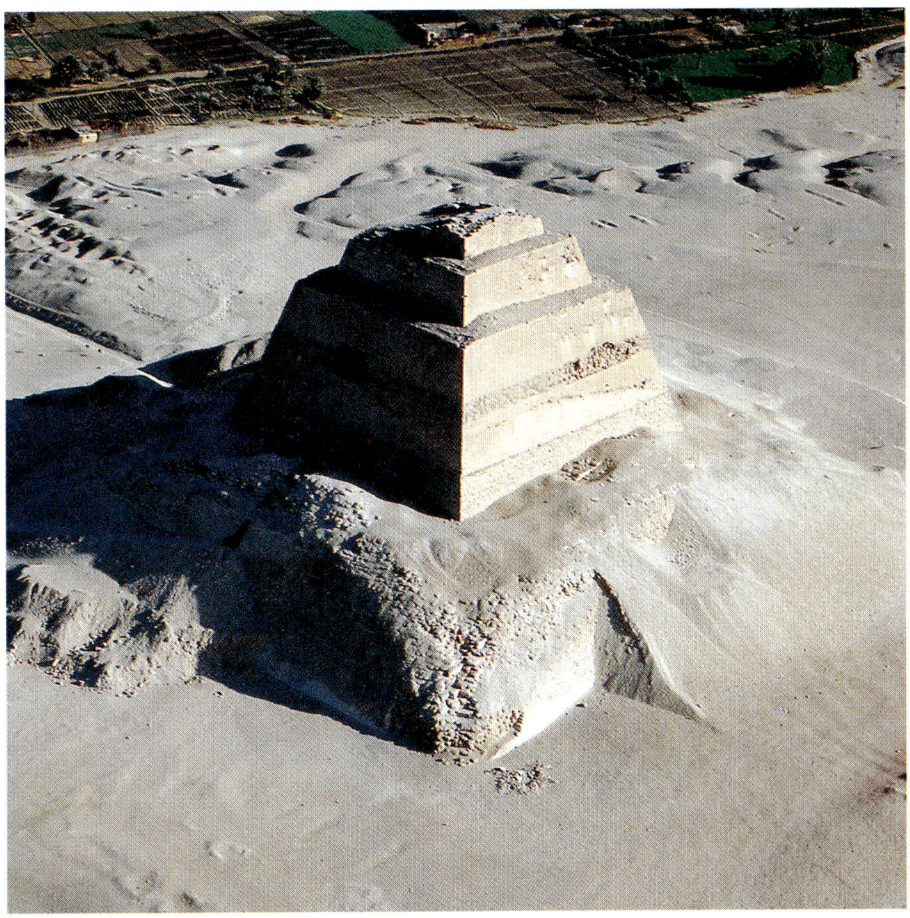

Sopra: una delle cinque piramidi di Dashur, ai margini del deserto.

EGITTO

L'ANTICA TEBE E LA SUA NECROPOLI

A destra: due colossi di Ramesse II assiso all'ingresso del grande colonnato del tempio di Luxor.

Sotto: il dromos, il viale ornato di sfingi che collega i templi di Karnak e Luxor.

Capitale dell'antico Egitto nell'epoca di maggior splendore, la sua fama giunse anche in Grecia, al punto che Omero la definì "Tebe dalle cento porte", tanto era grande il numero degli ingressi monumentali dei templi, aggiungendo che la quantità delle sue ricchezze era superata

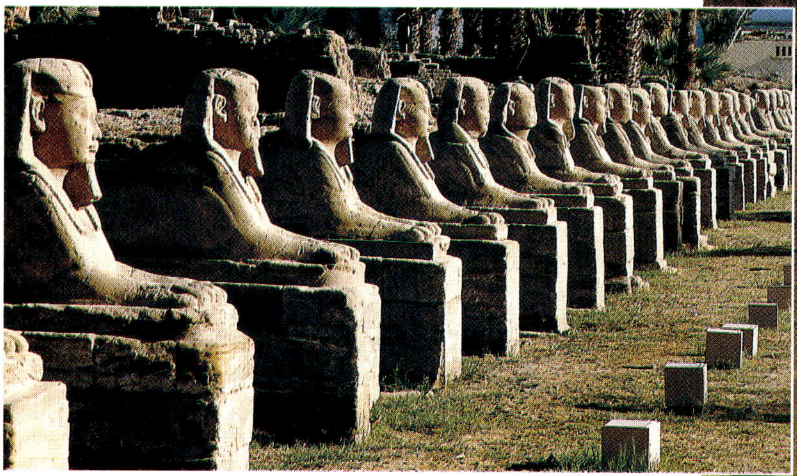

Sotto: particolare di un bassorilievo del complesso monumentale di Ramesse III a Medinet Habu, nei pressi di Luxor.

solo da quella dei granelli di sabbia. Dal Medio Regno alla fine dell'età antica, Tebe fu la città sacra ad Amon-Re, supremo dio solare e fonte di legittimità per i faraoni: a lui vennero dedicati templi di dimensioni e di ricchezza incomparabili. Il Nilo la divide in due parti: sulla riva orientale la "città dei vivi", organizzata intorno ai templi di Luxor e Karnak, collegati da una strada ornata di sfingi; sulla riva occidentale le scenografiche e grandiose necropoli dei sovrani e degli alti dignitari della corte. Nel corso di una

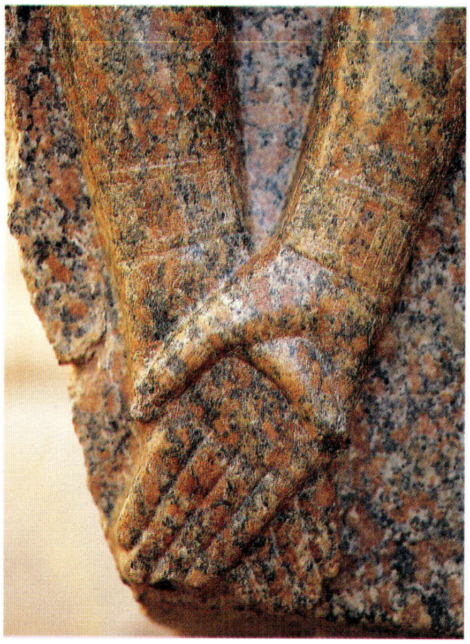

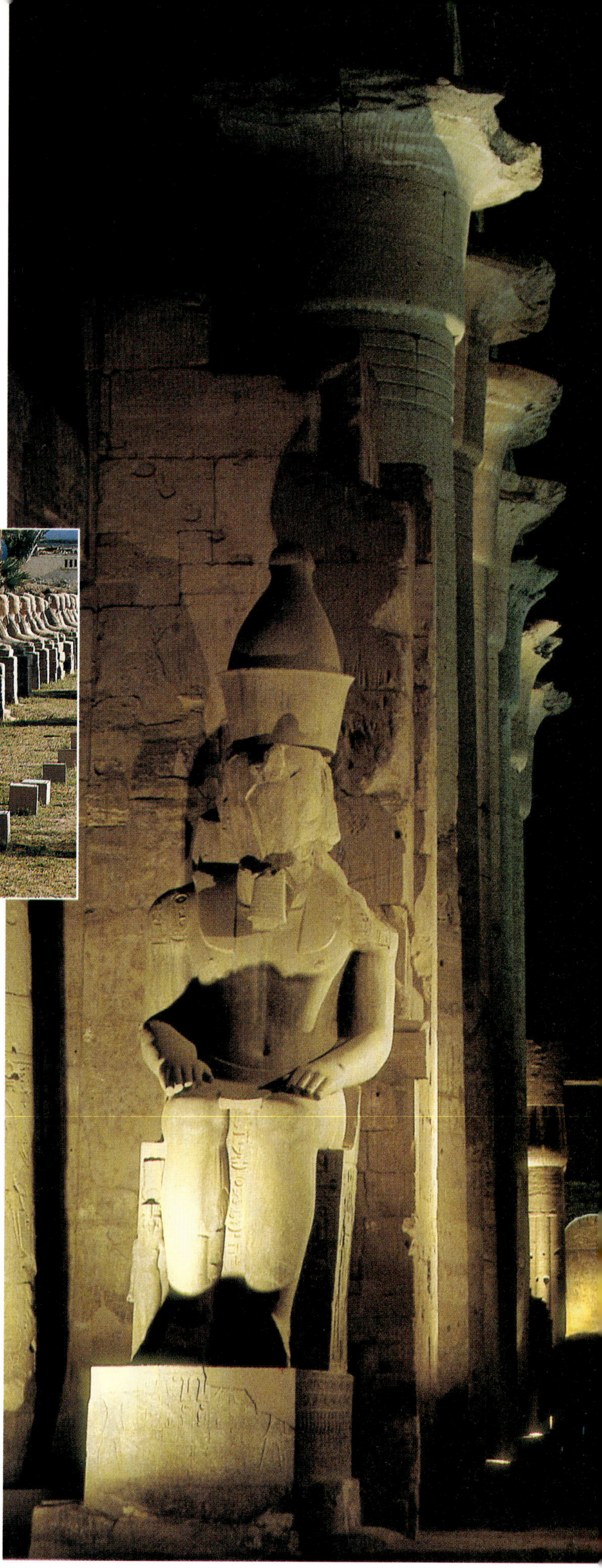

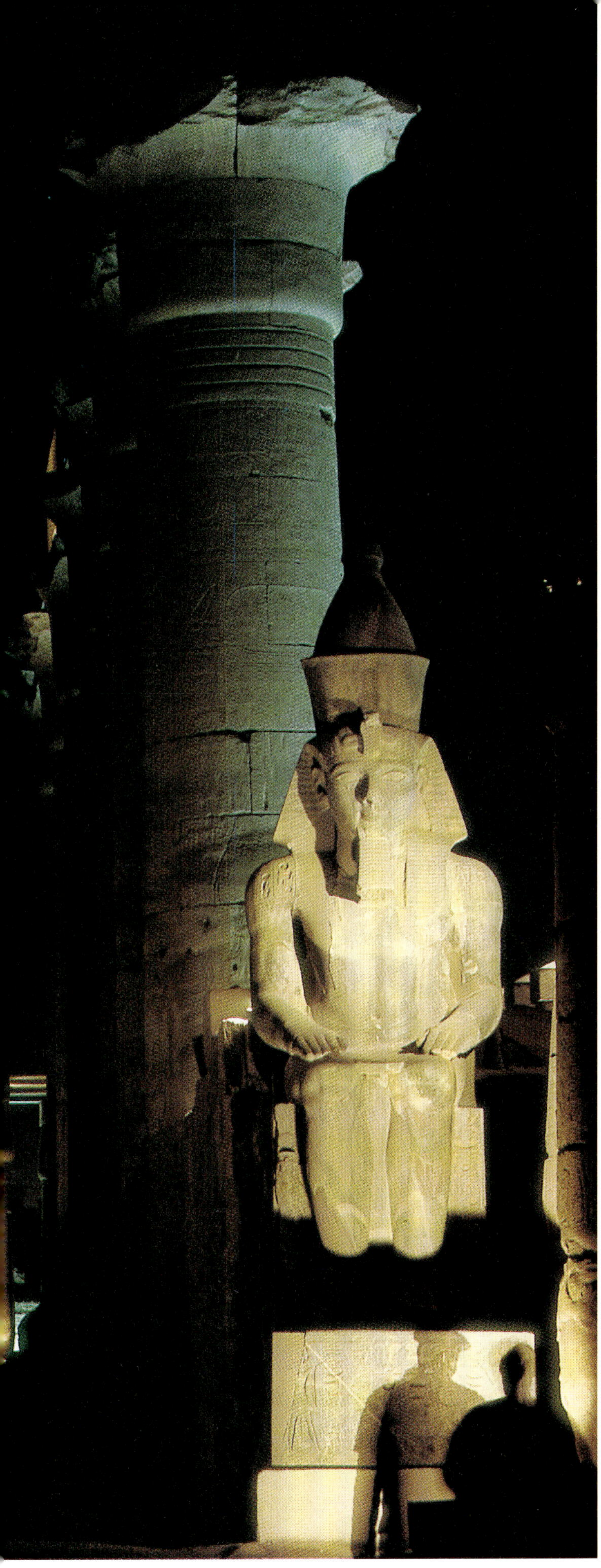

fastosa e lunga cerimonia, i santuari cittadini accoglievano il vascello dorato di Amon nella selva delle loro colossali colonne; centinaia di sovrani, dai faraoni agli imperatori romani, glorificarono con architetture, obelischi e sculture, il dio demiurgo, creatore e garante della vita dell'universo. Navigare verso la sponda opposta, un'esperienza incantevole per i turisti moderni, non era per gli antichi Egizi andare verso la riva dei morti, ma al contrario raggiungere la terra della vita, il regno di Osiride e della resurrezione. Uno spettacolare paesaggio di rocce dorate e verdi palmizi

Statua del tempio della regina Hatshepsut a Deir el-Bahri, sontuoso edificio ricco di portici e terrazze.

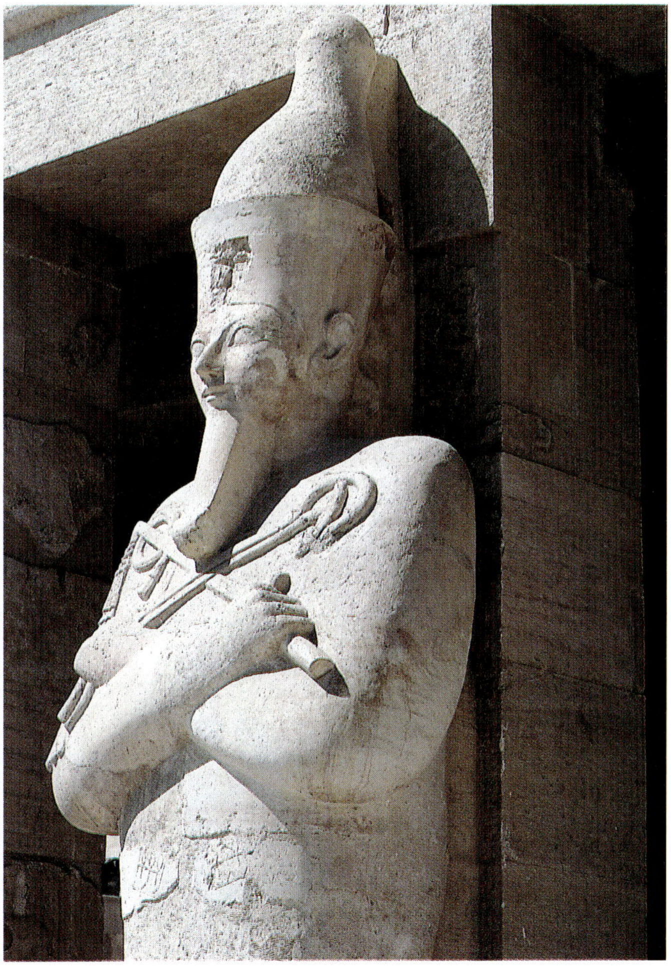

fa da solenne scenario ai monumentali complessi funebri della valle dei Re e di quella delle Regine, di Deir el-Bahri, del Ramesseum e di Deir el-Medina.
Qui, nell'area dei grandi ipogei reali, fu scoperto nel 1922 un piccolo sepolcro che in breve divenne, per il suo inestimabile contenuto, il più celebre dell'Egitto: la tomba del giovane Tutankhamon.

ETIOPIA

LE CHIESE SCAVATE NELLA ROCCIA A LALIBELA

La chiesa di Bet Maryam; per la loro tecnica costruttiva, le chiese di Lalibela sono considerate un caso unico di "antiarchitettura".

Il nome di Lalibela deriva da una leggenda: all'inizio del XII secolo, nella provincia di Wollo, nacque un bambino. Mentre veniva alla luce, un denso sciame di api gli si dispose tutto attorno, come soldati intorno al loro re; perciò la madre lo chiamò Lalibela, che significa "le api riconoscono la sua sovranità". Il bimbo divenne imperatore della dinastia degli Zaguè, la cui città capitale, originariamente chiamata Roha, antico toponimo di Edessa in Siria, in seguito prese il nome del grande sovrano, Lalibela. Allo stesso imperatore si deve la costruzione, durata 23 anni, delle splendide chiese sotterranee che rendono celebre la città.

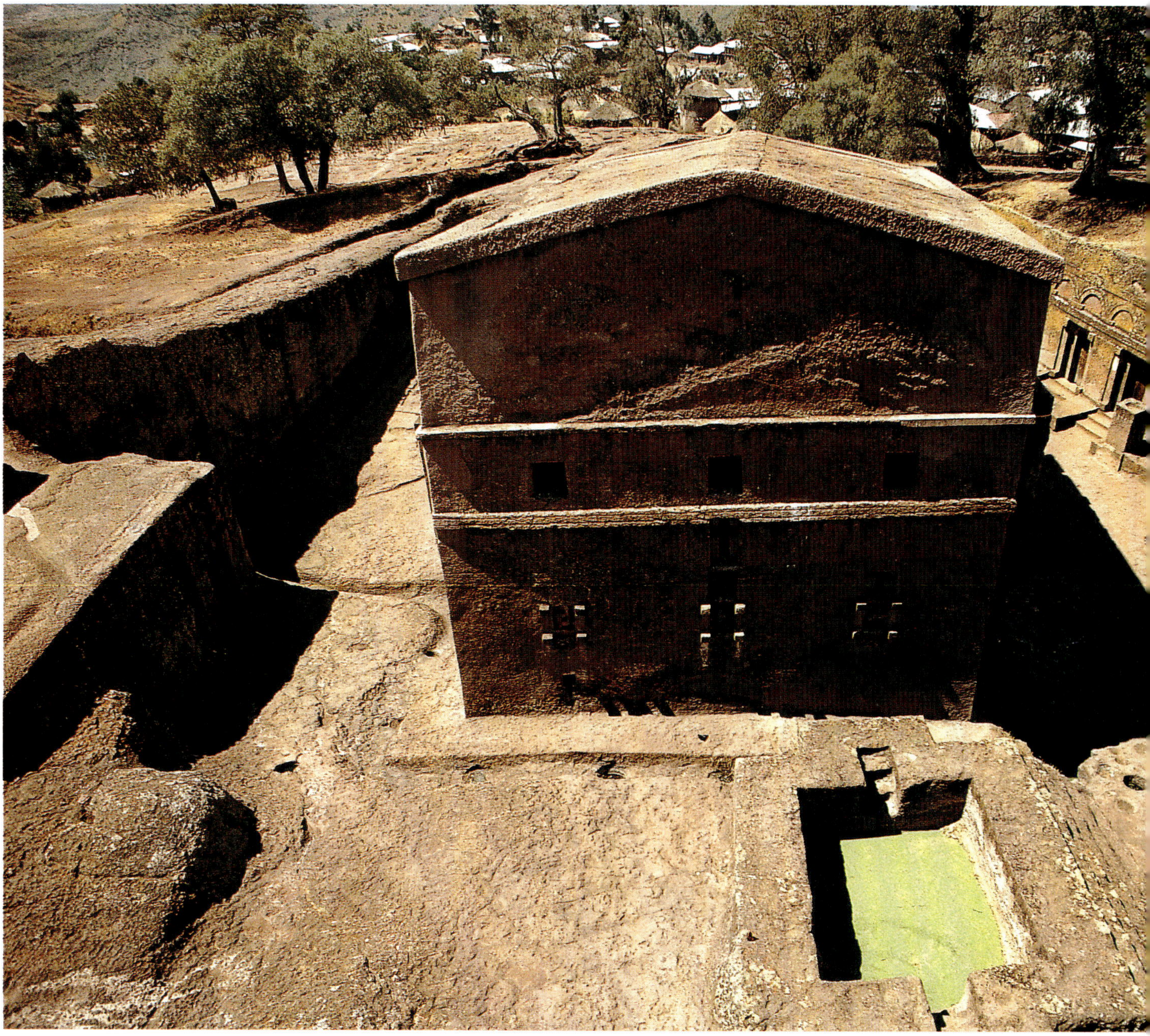

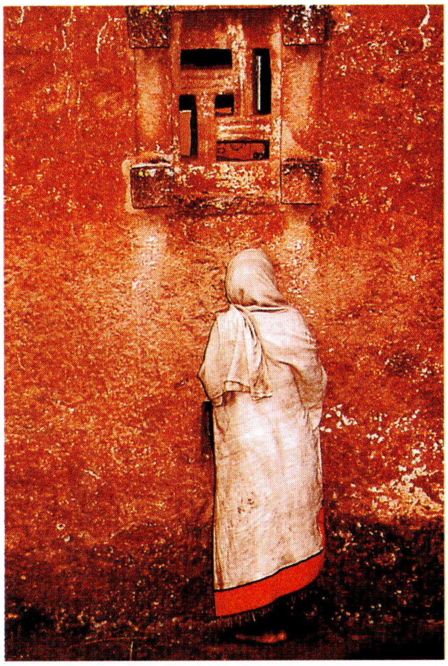

A lato: donna in preghiera a Bet Maryam.

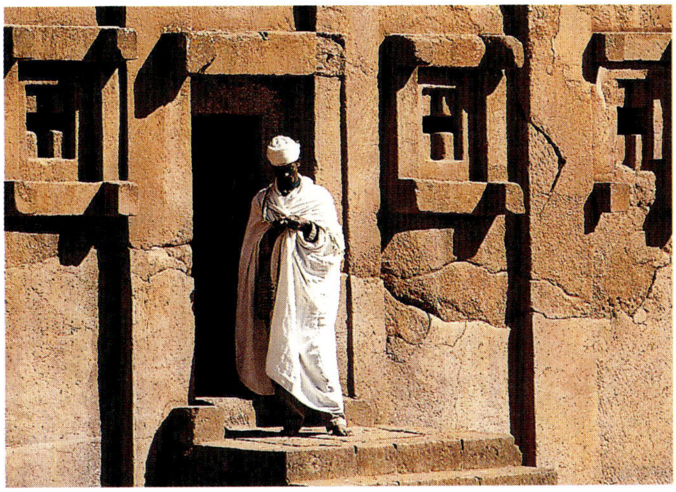

Nonostante manchino fonti attendibili sugli autori delle complesse costruzioni (i cronisti dell'epoca scrissero che le chiese erano state edificate dagli angeli, che innalzarono la massiccia Bet Abba Libanos in una sola notte), pare assodato che l'opera si debba ad artigiani copti venuti da Gerusalemme o dall'Egitto.

Sopra: il portale della chiesa di Bet Abba Libanos, che la leggenda vuole edificata dagli angeli in una sola notte.

Per visitare le chiese, scavate in due gruppi sulle rive di un fiume dal nome biblico, Giordano, si scendono scalini e si seguono strette gallerie. Il masso che le ospita non è solo scavato all'interno, ma anche isolato da trincee e lavorato esternamente in modo da rappresentare il tetto, la facciata e le pareti, a loro volta traforate da finestre e porte. Ovunque traspaiono evidenti gli influssi dell'arte araba e bizantina e la profonda sensibilità artistica dei costruttori.
Le chiese, in eccellente stato di conservazione, al proprio interno conservano innumerevoli tesori, custoditi con cura nei secoli dai sacerdoti: croci ornamentali, bibbie miniate e manoscritti illustrati. Nel 1997 ha fatto grande scalpore la notizia del furto della Santa Croce, reliquia che la tradizione vuole fosse appartenuta allo stesso re Lalibela, e conservata nella chiesa di Medhane Alem, vecchia di 800 anni. Il suo valore simbolico è superiore a quello di qualsiasi altro oggetto sacro al mondo per i cristiani di Etiopia.

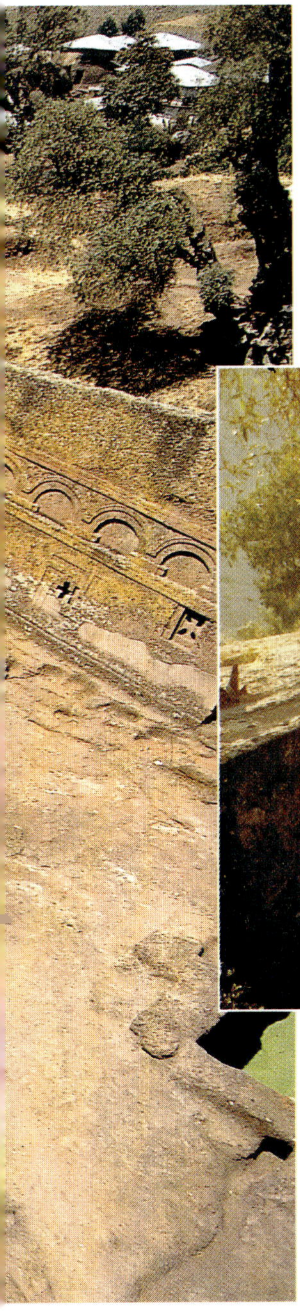

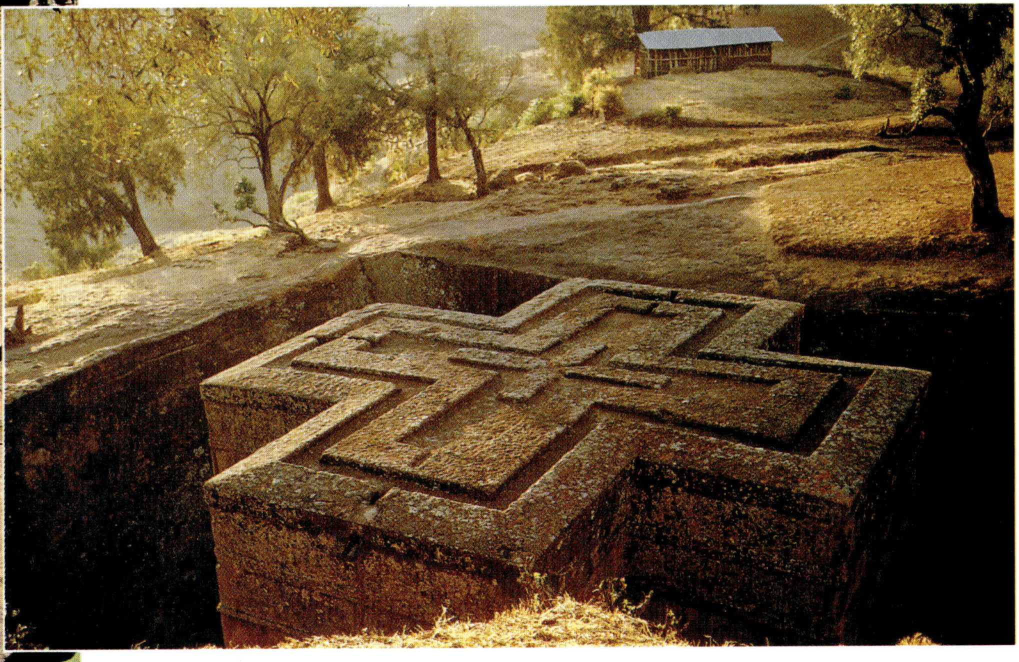

Sopra: le chiese di Lalibela sono scavate nel tufo tenero e rappresentano uno dei momenti più alti nell'arte del Medioevo etiopico.

KENYA

IL PARCO NAZIONALE DEL MONTE KENYA

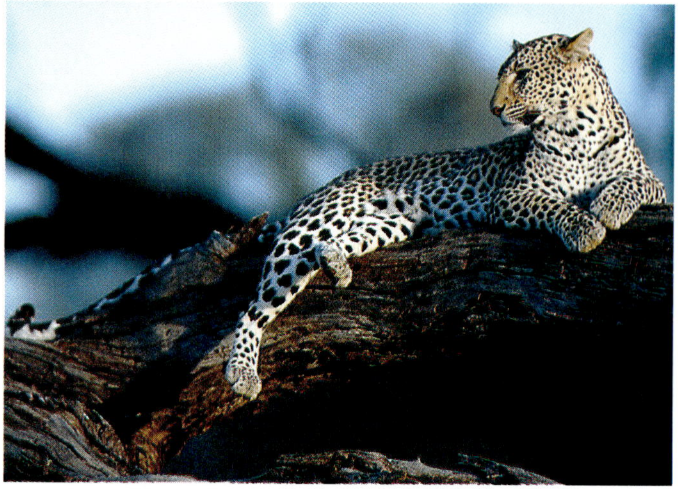

Il leopardo è un felino che si adatta alle condizioni climatiche più disparate, anche alle rigide temperature del monte Kenya.

In un Paese dalla grande ricchezza paesaggistica come il Kenya, dove è nata nella sua accezione moderna la parola safari, che deriva dall'arabo e significa viaggio, e dove si passa in giornata dalle spiagge

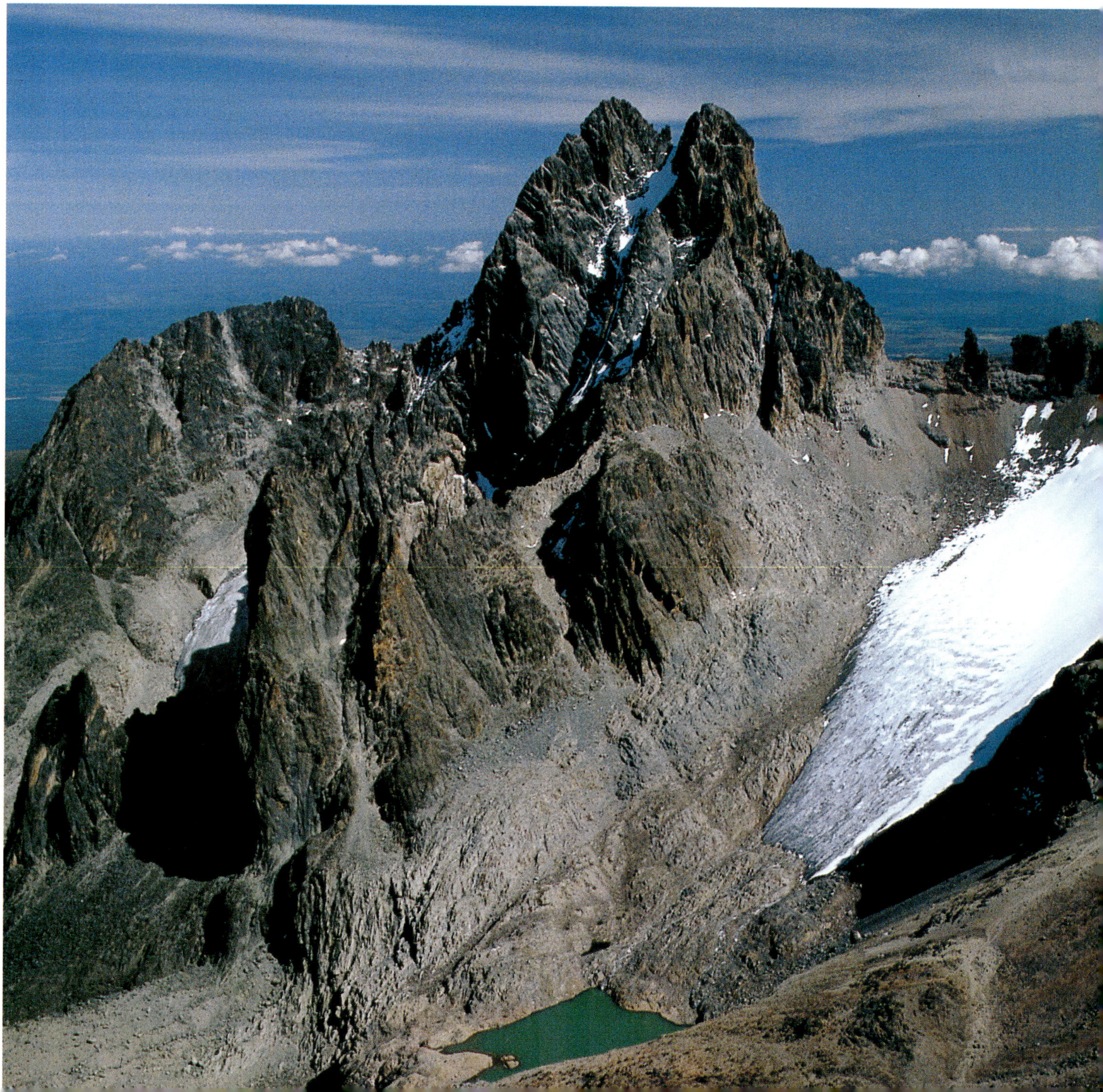

di sabbia orlate di palme alle savane e alle cime innevate delle montagne, sono stati creati una grande quantità e varietà di parchi nazionali. Tra questi, uno dei più straordinari è il Parco nazionale del monte Kenya, che si estende sulla superficie della montagna omonima, la quale con i suoi 5199 metri di altezza è la seconda più alta dell'Africa. La sua cima è coperta da nevi perenni e da dodici ghiacciai in veloce regressione. In origine, anche l'altezza della montagna, che è un antico vulcano spento, era maggiore: durante

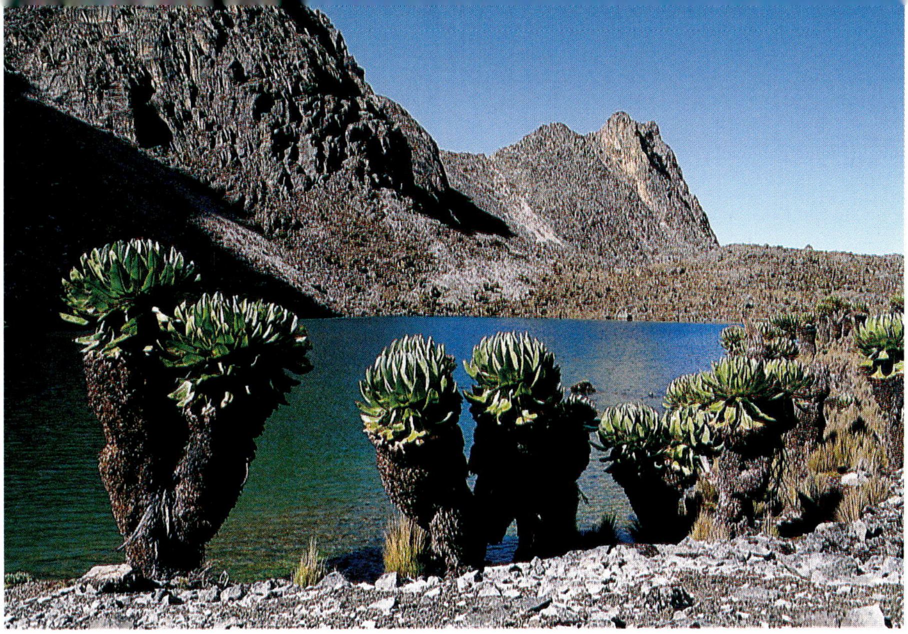

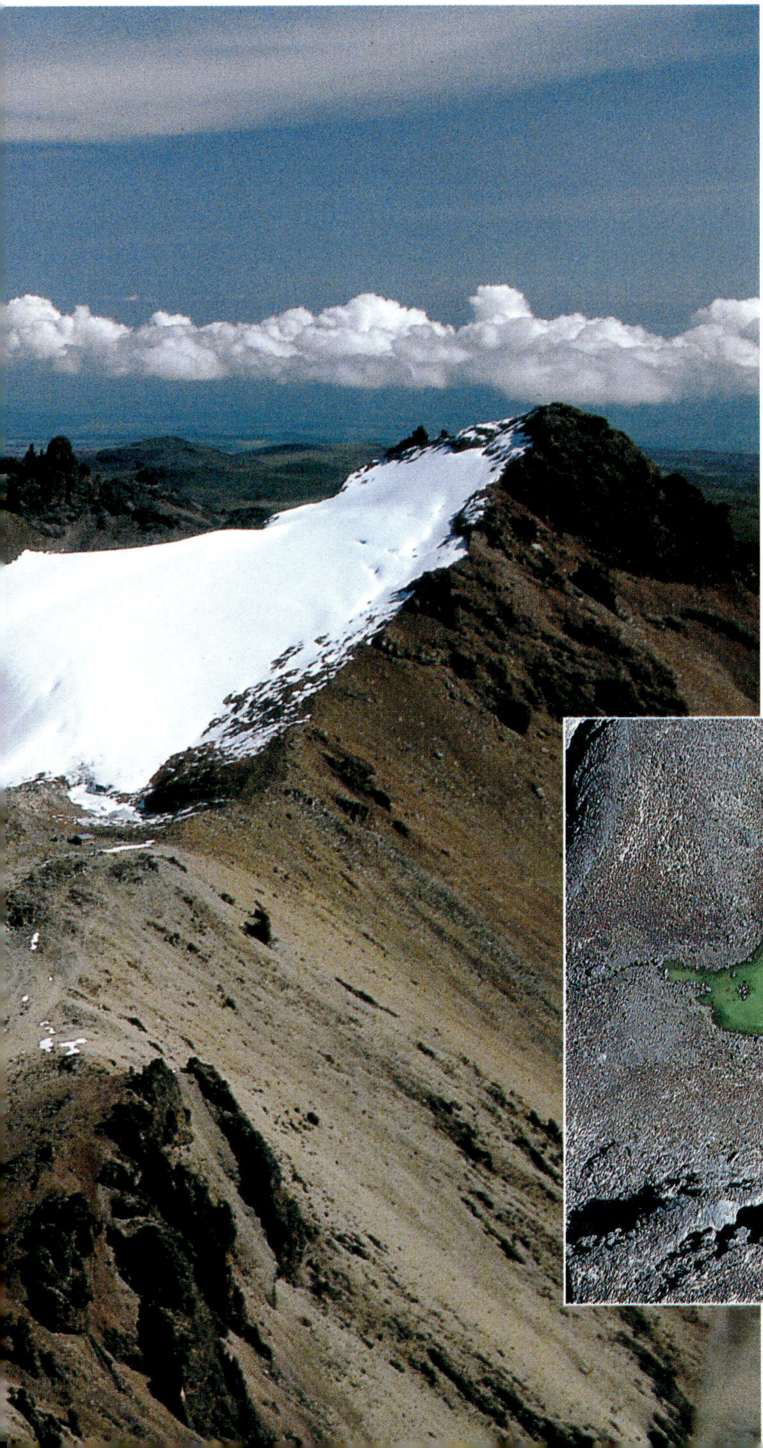

Sopra e in basso: l'origine vulcanica dell'intera area trova testimonianza nell'Oblong Tarn, lago alle falde del massiccio montuoso.

A lato: benché siano in rapida regressione, ghiacciai e nevai imbiancano ancora parte delle cime più alte del monte Kenya.

il periodo di attività, da 3,1 a 2,6 milioni di anni fa, si presume che abbia raggiunto i 6500 metri. Con le sue cime innevate, che si possono osservare da chilometri di distanza, e le sue pendici più basse, in parte coperte da foreste, in parte coltivate intensamente dalle popolazioni kikuyu, embu e meru, nonché dai discendenti dei coloni bianchi, il monte Kenya è uno dei paesaggi più imponenti e solenni dell'Africa orientale. È così enorme, la montagna, che non si fatica a comprendere la ragione per cui gli indigeni la ritengano il luogo più sacro, dimora del dio Ghai. La scalata alle sue impervie vette Batian e Nelion o alla più accessibile Point Lenana è quindi prerogativa degli alpinisti stranieri, giacché la casa di Ghai, verso la quale si rivolge l'uscio di tutte le abitazioni degli indigeni, è per i kikuyu un inviolabile tabù.

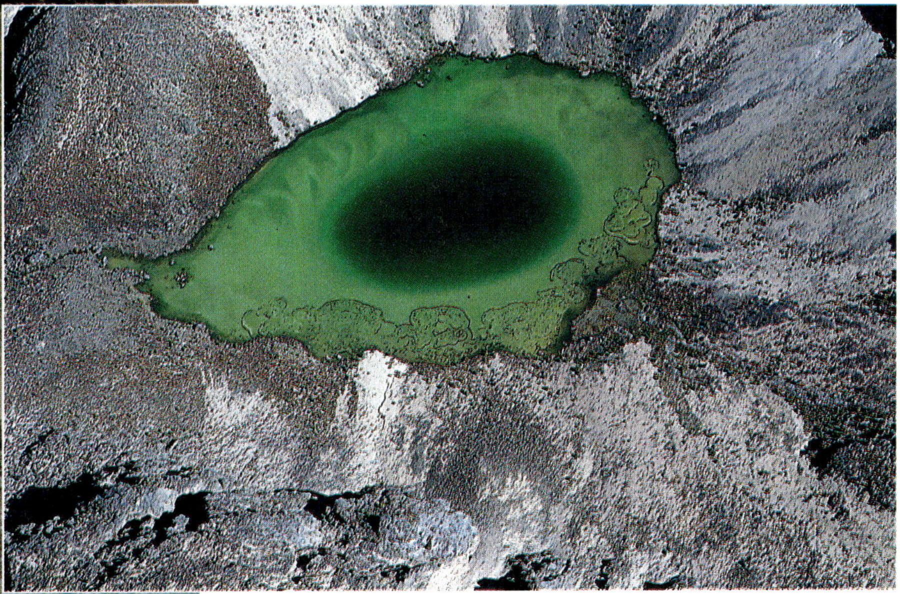

LIBIA

CIRENE

Stupefacente angolo di Grecia lungo la costa libica, Cirene nell'antichità era nota come "l'Atene d'Africa", grazie alle imponenti dimensioni e allo splendore dei monumenti. La sua storia prende avvio nel VII secolo a.C., quando un centinaio di coloni greci guidati dal leggendario Batto, seguendo la voce dell'oracolo di Delfi, raggiunsero il continente africano. Qui, al centro di un territorio collinoso e fertilissimo, che doveva somigliare molto all'isola di Thera da cui provenivano, fondarono Cirene, nome di una mitica ninfa locale dalla forza prodigiosa.
La storia della crescita economica della città è legata alla diffusione in tutto il mondo antico del silfio, miracolosa pianta oggi scomparsa che cresceva nel solo territorio di Cirene e veniva venduta a peso d'oro. Al dio che li aveva invitati e indirizzati nell'impresa, i cirenei dedicarono un santuario in un luogo di grande suggestione, un'ampia terrazza

Gli spazi pubblici della città hanno conservato un cospicuo numero di statue che ritraggono divinità ma anche privati cittadini.

Veduta dell'area della fonte e del santuario di Apollo.

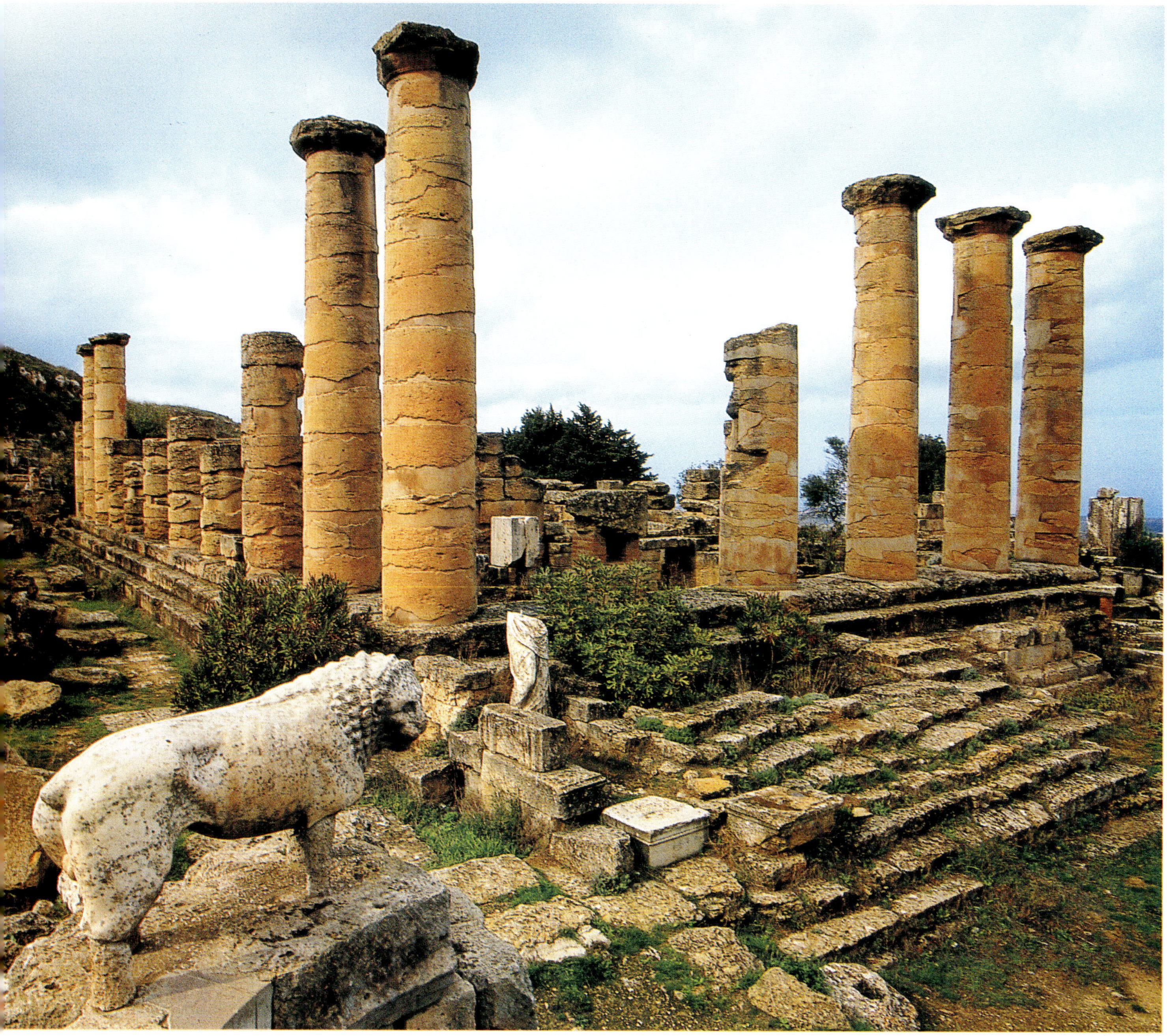

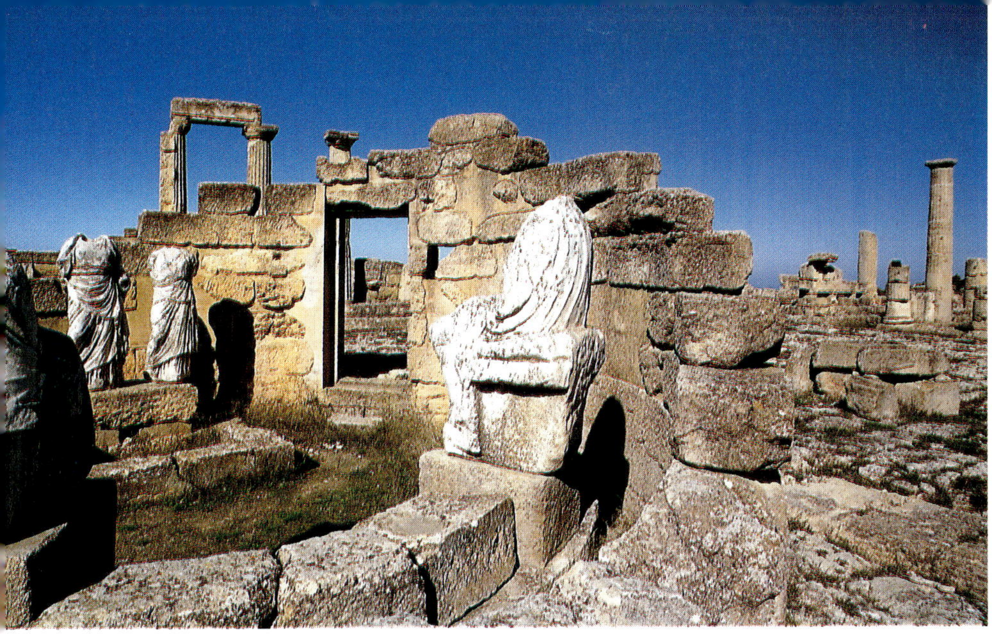

ricca di sorgenti che dominava la sottostante pianura protesa verso il mare. Tutta la storia della città è racchiusa nei monumenti dell'agorà, luogo della celebrazione del potere nonché centro politico, sacro e commerciale: edifici per riunioni pubbliche, altari, portici, la tomba del mitico fondatore Batto e vari templi, tra cui il santuario di Demetra e Core, che accolse le sacre processioni, tutte femminili, tese a propiziare le dee della fertilità. Domina l'area un'affascinante nave di marmo sormontata da una vittoria, ricordo di un successo

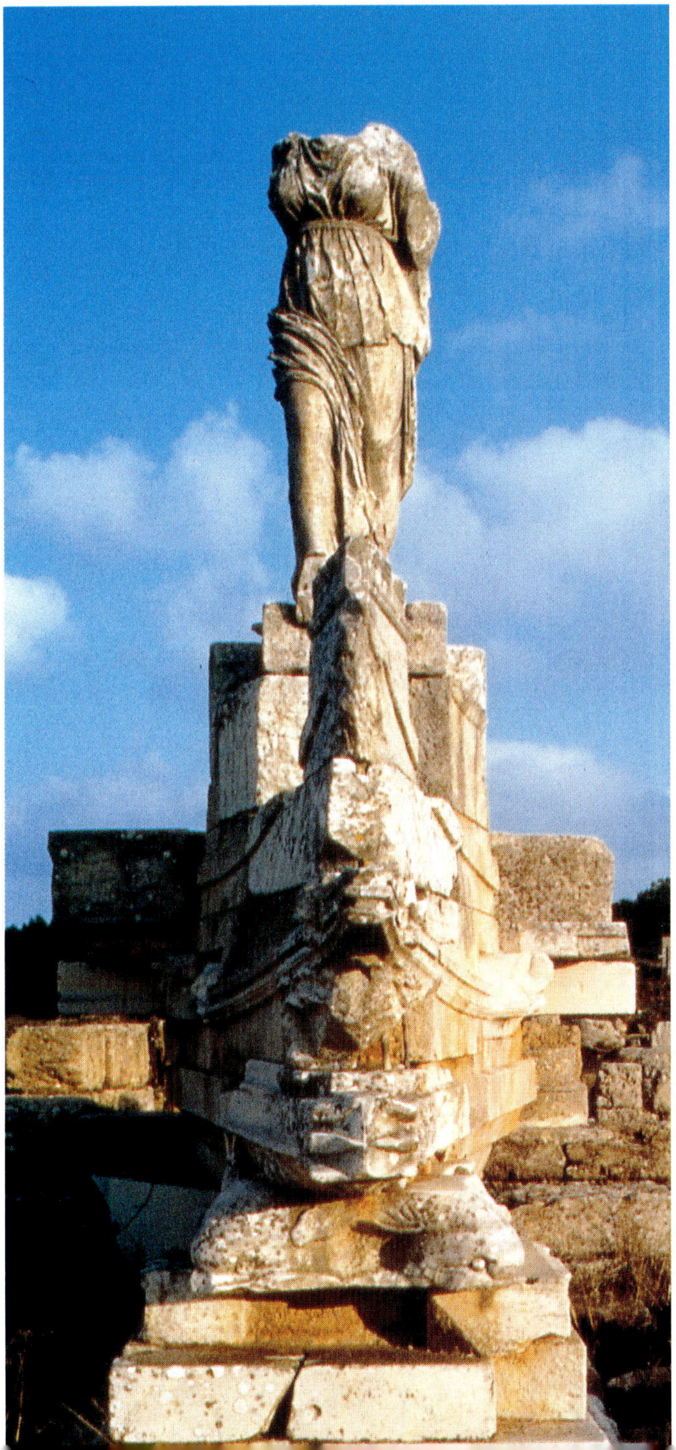

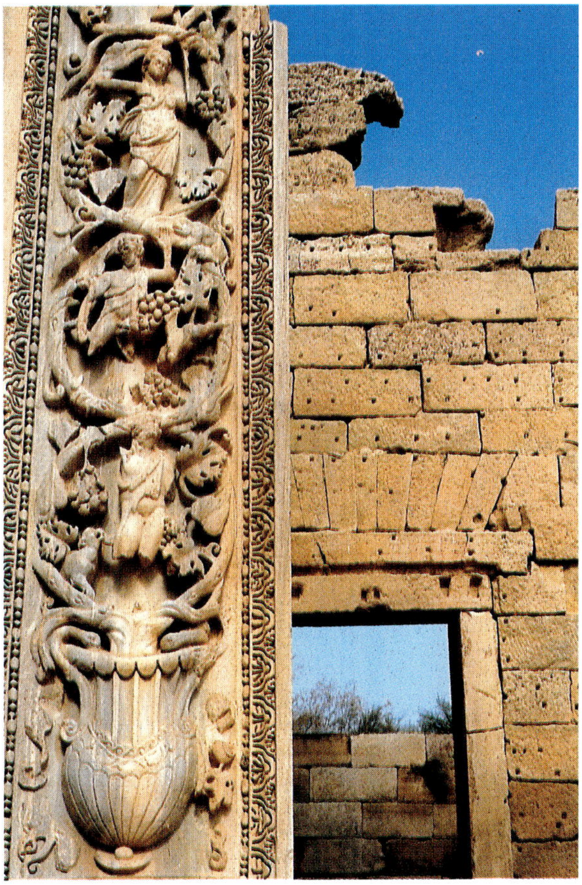

Sopra: l'alto livello stilistico delle decorazioni restituisce l'immagine di una città ricca e importante.

A lato: il monumento in marmo (una nave sormontata da una nike) che celebra una vittoria militare di Tolomeo III.

sui mari di Tolomeo III, marito della splendida Berenice, la cui chioma ispirò al cireneo Callimaco versi celeberrimi. In età romana mutarono i luoghi del potere: il nuovo foro venne collocato nel magnifico ginnasio greco, furono eretti teatri, lussuose terme e sontuose case. L'opera di restauro degli archeologi italiani (che ha interessato molti altri edifici di Cirene) ha restituito l'originaria imponenza al tempio di Zeus, uno dei più grandi dell'intero mondo greco.

LIBIA

L'AREA ARCHEOLOGICA DI LEPTIS MAGNA

A destra: le grandiose vestigia del teatro, del I secolo d.C.

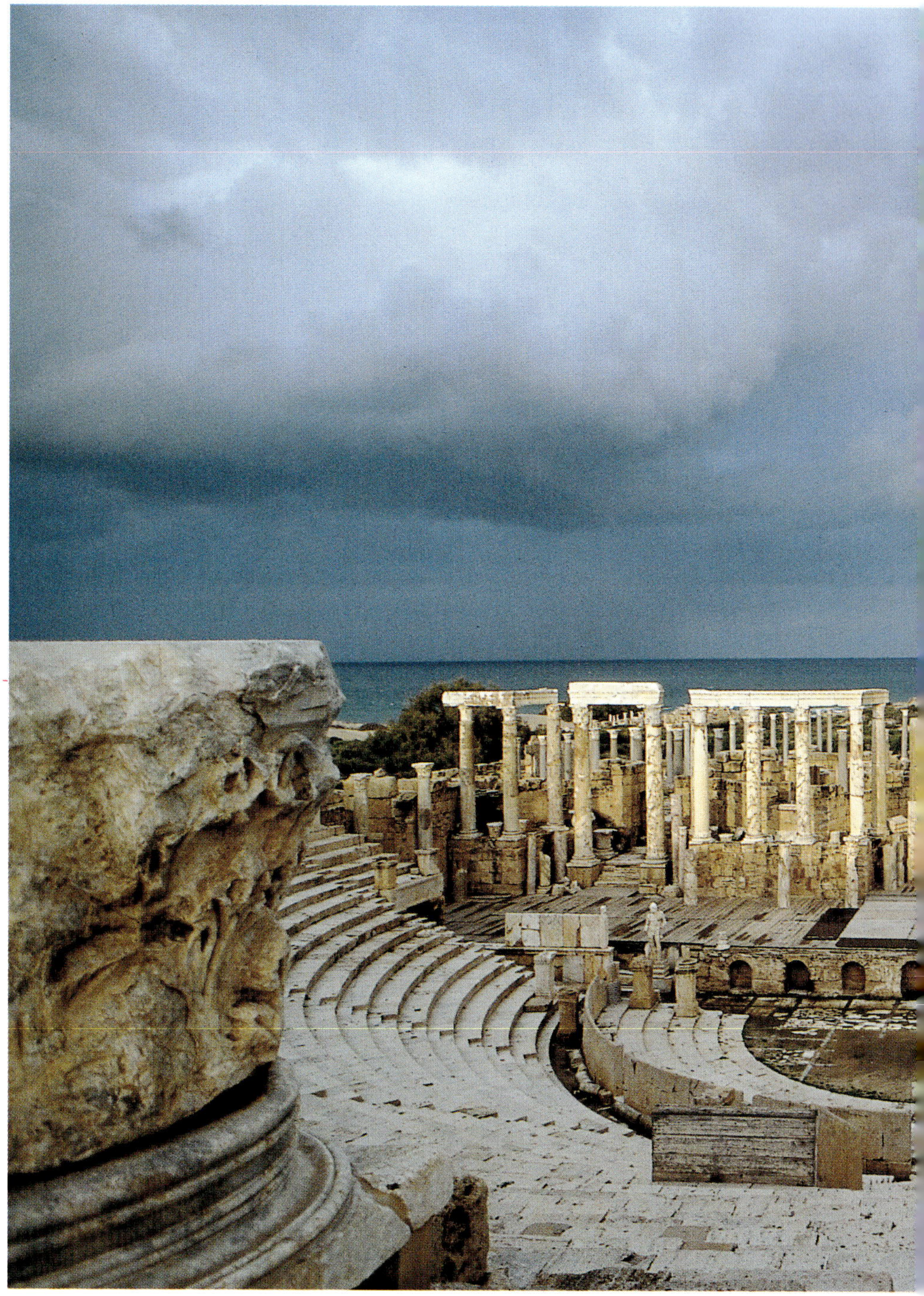

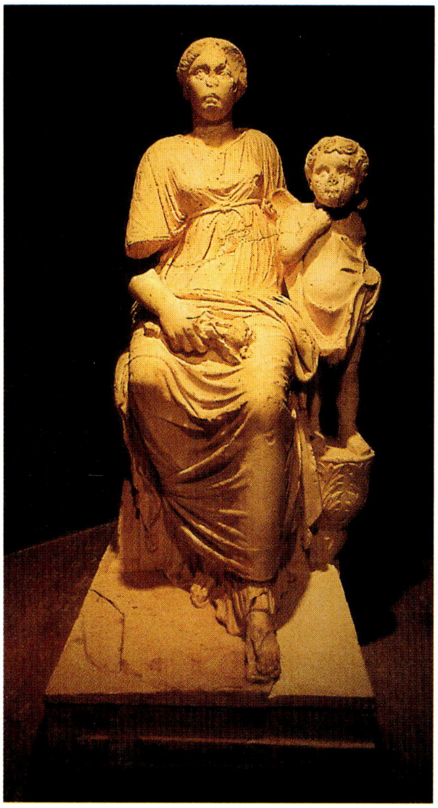

Sopra: statue marmoree, come questo ritratto femminile del II secolo d.C., ornavano gli spazi di Leptis, pari per opulenza a Roma e Atene.

L'avorio, le gemme e gli schiavi del Sahara, il prezioso olio delle sue campagne e il commercio ittico fecero dell'antico centro punico la fiorentissima capitale del deserto, splendente di monumenti tanto lussuosi da trovare confronto solo ad Atene e a Roma. Un luminoso miraggio tra le dune: così doveva apparire Leptis ai marinai che giungevano in vista della costa libica, una distesa arida e disabitata affacciata sul Mediterraneo che prometteva pericoli e morte a chi vi approdasse. Il periodo più florido della città fu quello della prima età imperiale, quando le attività mercantili consentirono la formazione di patrimoni immensi. I maggiorenti locali divennero mecenati, prodigandosi nell'abbellire la città. Ne restituiscono un'eloquente immagine lo splendido teatro, in origine affollato di statue, e il grande mercato, uno dei più belli dell'antichità: i suoi banconi marmorei decorati con figure di sfingi, pesci e delfini sono così raffinati "da sembrare più adatti a una gioielleria che ad uno spaccio di cernie e merluzzi", e i suoi padiglioni ottagonali sono più simili a templi che a botteghe. Opera di grande effetto è l'anfiteatro, che invece di ergersi

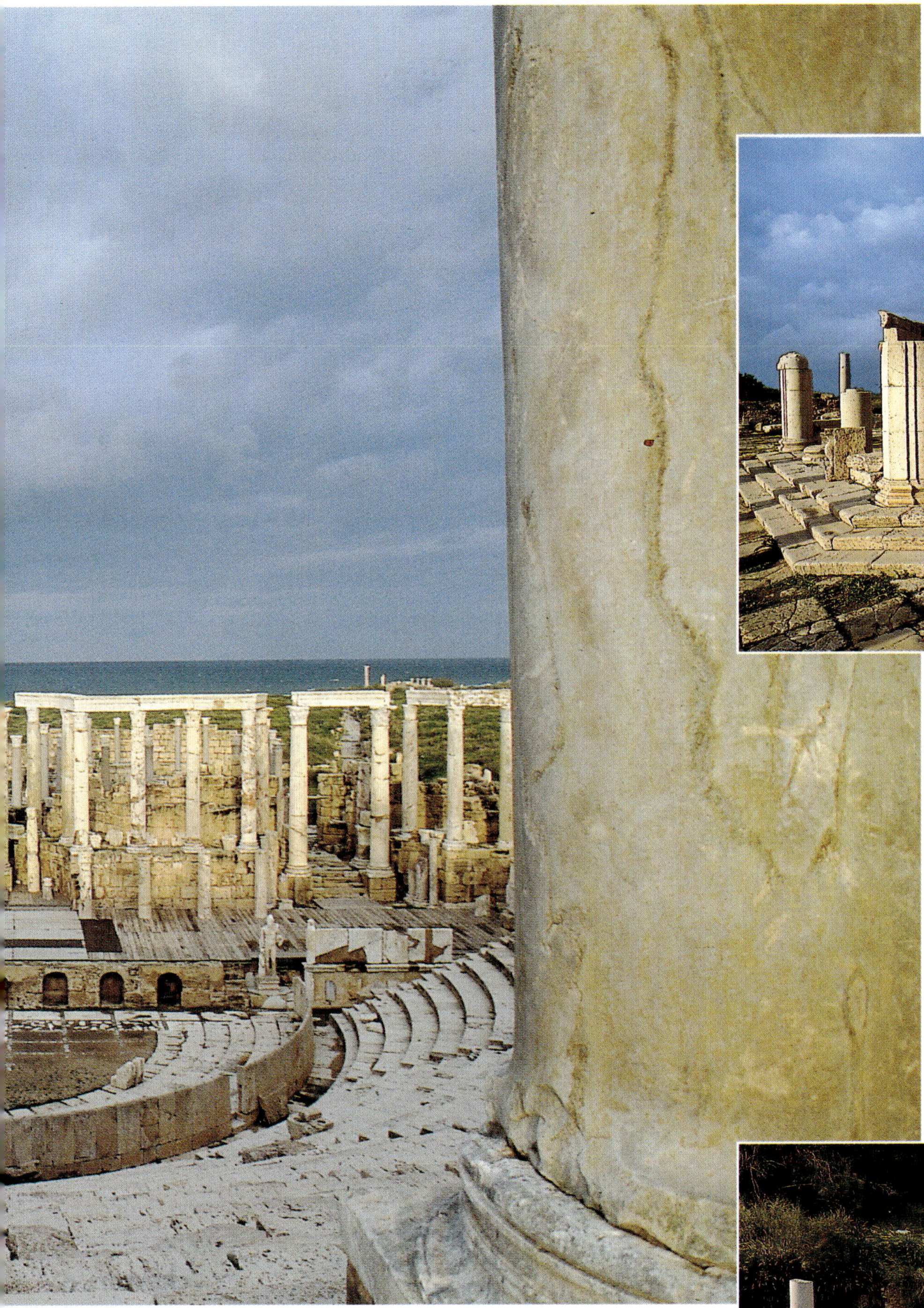

Sotto: i resti del mercato, spazio pubblico di età augustea.

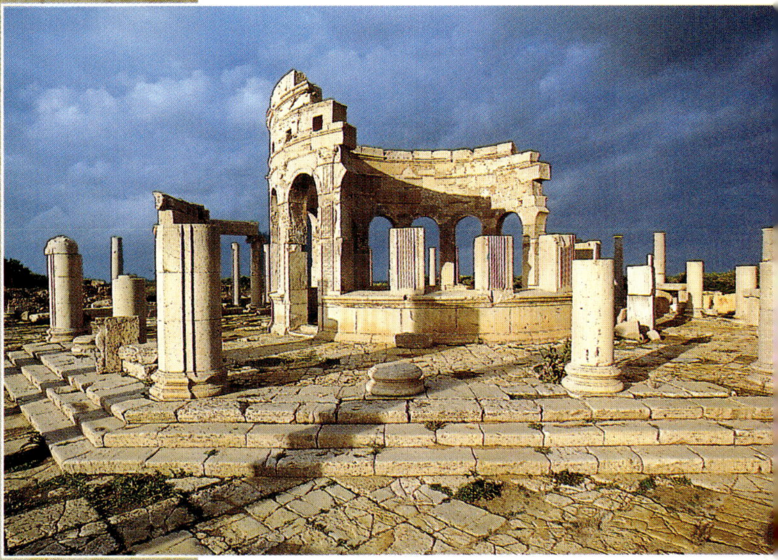

dal suolo sprofonda nella terra; grandiose le terme costruite dall'imperatore Adriano, nei cui ambienti lussuosi facevano mostra di sé statue preziose e copie di sculture greche. Ma si devono a Settimio Severo, l'imperatore leptitano che non imparò mai bene il latino, gli edifici più spettacolari della città: l'arco che glorificava la dinastia imperiale, la via colonnata e il colossale complesso del foro e della basilica, in cui abili scultori profusero tutta la propria grande arte, creando decori e merletti lussureggianti, esaltati al massimo dall'abbacinante sole africano.
Un'immensa coltre di sabbia ricoprì il porto e i magnifici edifici. "Città delle ombre bianche" la chiamarono i viandanti spaventati dagli spettrali profili che affioravano dalle dune e che per secoli tennero lontani i predatori.

A fianco: le colonne che cingevano la palestra delle terme di Adriano.

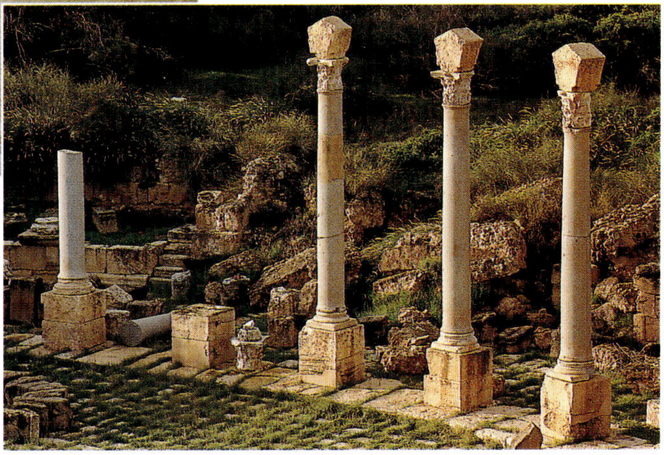

LA RISERVA NATURALE DI TSINGY DE BEMARAHA

La vasta area protetta occupa la porzione dell'isola situata a ovest dell'altopiano di Bemaraha e si affaccia sul canale che separa il Madagascar dal Mozambico. Dalla massa continentale africana la quarta più grande isola del mondo si staccò in tempi preistorici, formando un mondo a parte dove si sono sviluppate specie uniche di flora e di fauna, baobab, palme del viaggiatore e orchidee,

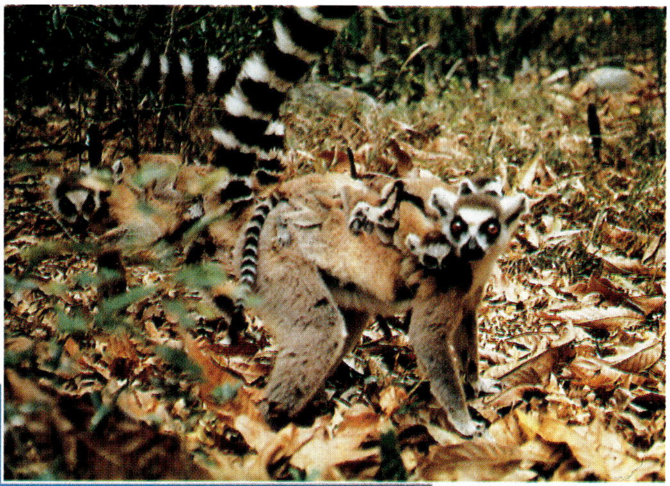

Il catta, abitatore delle foreste decidue del Madagascar, è una delle poche specie superstiti della grande quantità di lemuri che popolavano l'isola prima della comparsa dell'uomo.

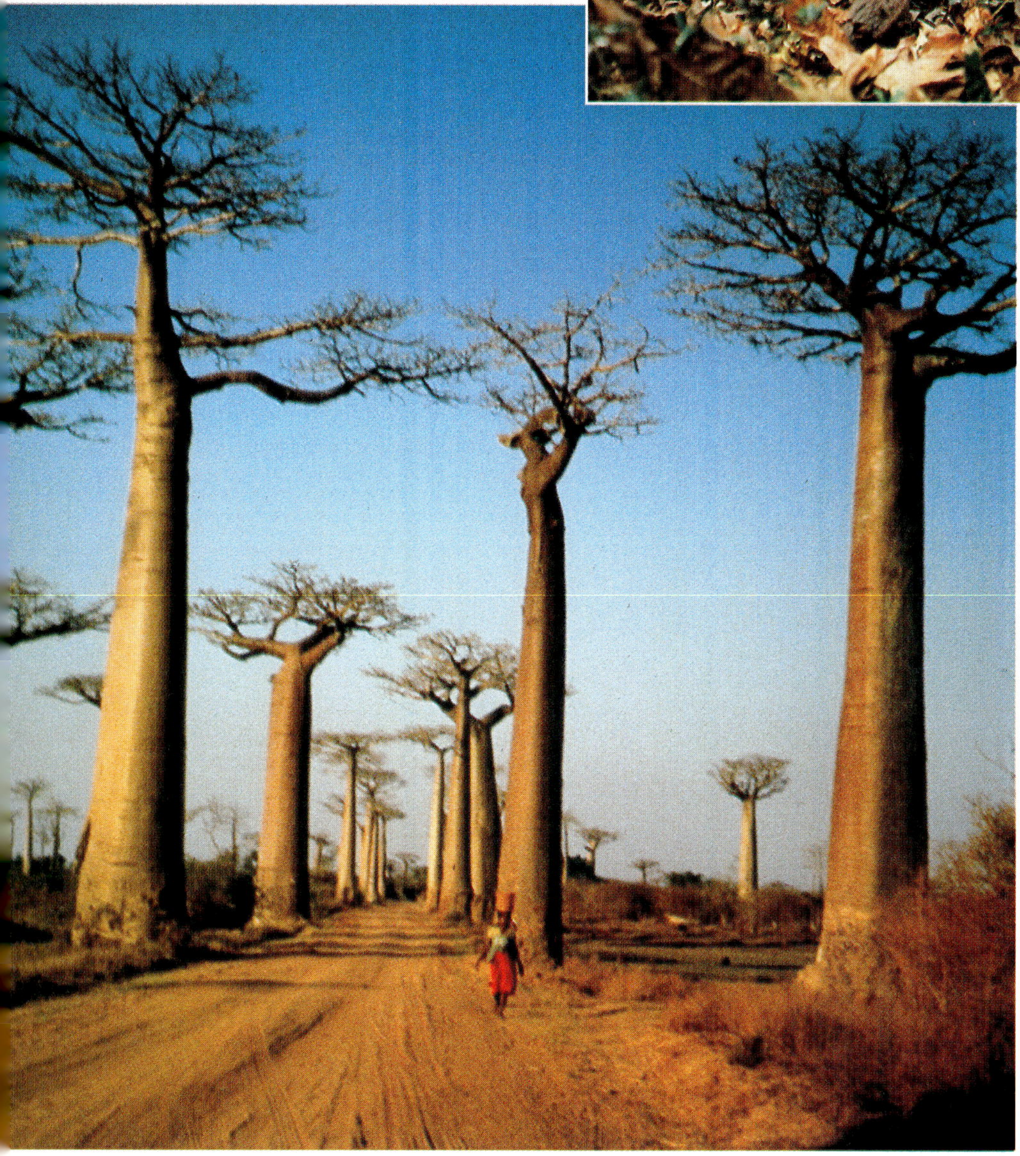

lemuri e camaleonti, un ricco patrimonio naturalistico che è purtroppo in costante pericolo di estinzione. E sono già molte le specie scomparse da quando l'uomo fece la sua apparizione sull'isola, circa 2000 anni fa, compresi l'ippopotamo pigmeo e l'elefante uccello. Anche i paesaggi sono unici in Madagascar, come quelli che l'UNESCO tenta di conservare: straordinarie distese di natura carsica inframmezzate da impressionanti picchi che creano una foresta di aghi calcarei; lo spettacolare canyon formato dal fiume Manambolo; colline ondulate che cedono il passo a una foresta inviolata; laghi e paludi di mangrovie che ospitano le poche varietà di lemuri rimaste e altrettanto rare specie di uccelli, molte delle quali si trovano esclusivamente in quest'isola.

Le strade dell'altopiano di Bemaraha sono spesso fiancheggiate da imponenti infilate di altissimi baobab.

MALAWI

IL PARCO NAZIONALE DEL LAGO MALAWI

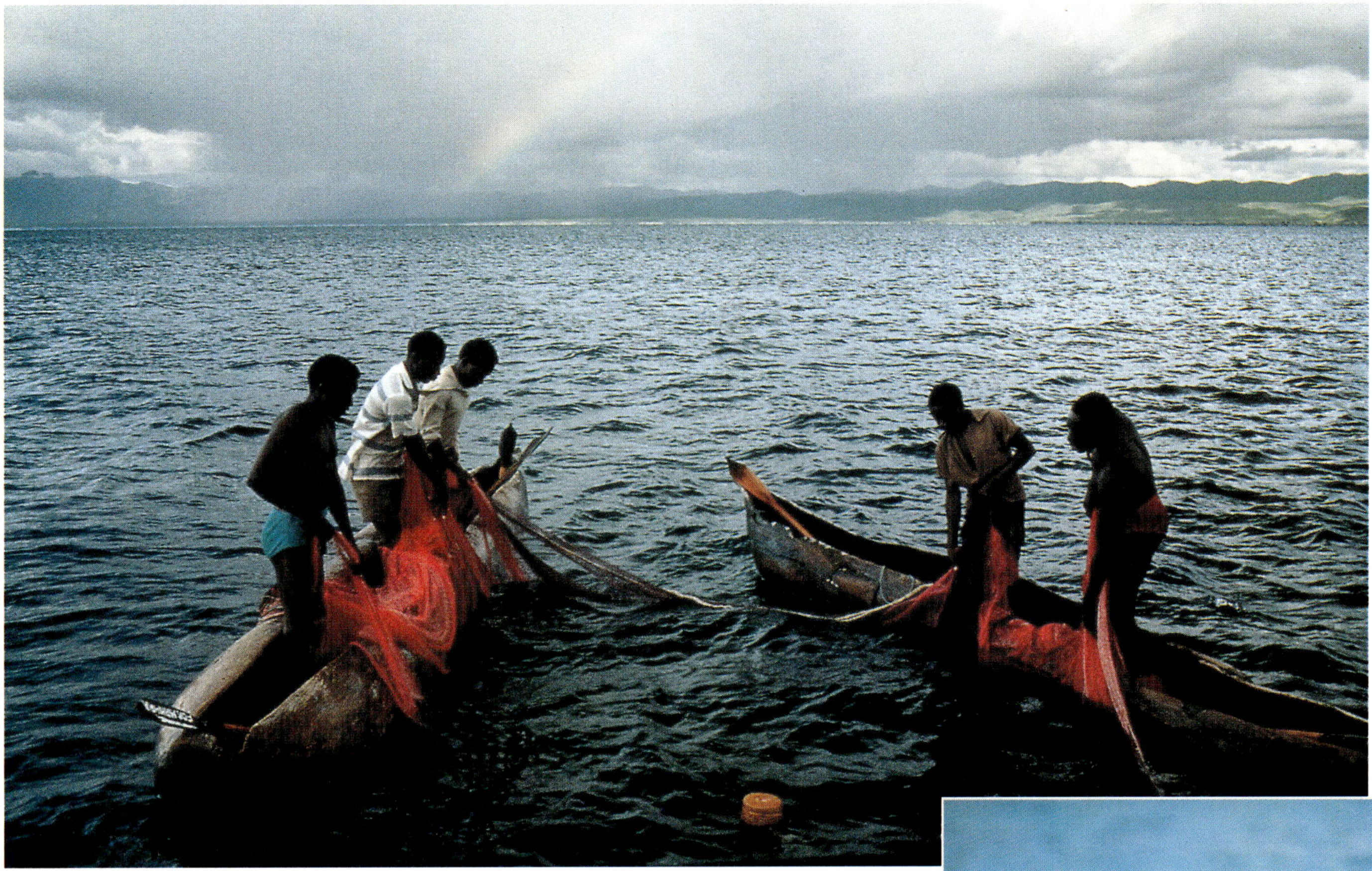

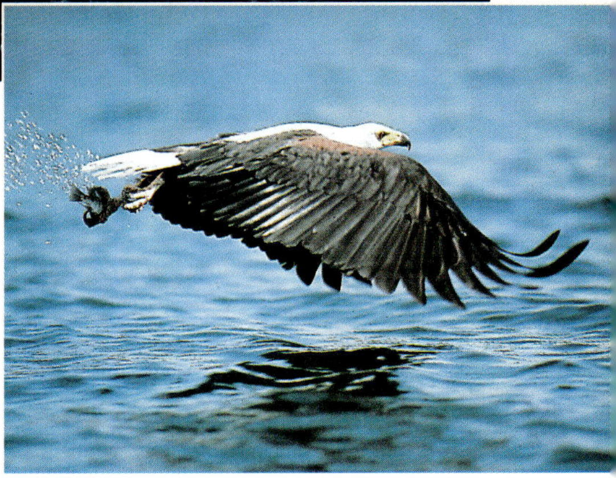

Il lago Malawi è uno dei bacini idrici più pescosi del continente e frequentata meta del turismo internazionale.

A destra: un'aquila urlatrice (Haliaëtus vocifer) riprende il volo dopo avere ghermito un pesce.

Il Parco nazionale del lago Malawi occupa la parte meridionale di un'immensa distesa d'acqua, profonda e trasparente, che si estende per 500 chilometri lungo il confine orientale del Paese, separandolo dal Mozambico e dalla Tanzania. Nella baia di McLear, che si staglia sullo sfondo di un paesaggio montagnoso di grande fascino, sorge il villaggio omonimo, a 20 chilometri di distanza da Monkey Bay, la città più vicina. Nella baia vi sono molte isole sparse, che si possono raggiungere in barca per fare immersioni, vela, kayak e windsurf. Qui vivono alcune centinaia di specie di pesci, la cui importanza nello studio dell'evoluzione è enorme, paragonabile solo a quella delle colonie ittiche che popolano il mare che circonda le Galapagos. Tutelati e protetti in seguito all'istituzione del Parco nazionale, i pesci del lago Malawi contribuiscono a creare un ecosistema unico al mondo. Grazie al suo fascino naturalistico, l'area di Monkey Bay è oggi una delle principali attrattive turistiche dell'Africa australe.

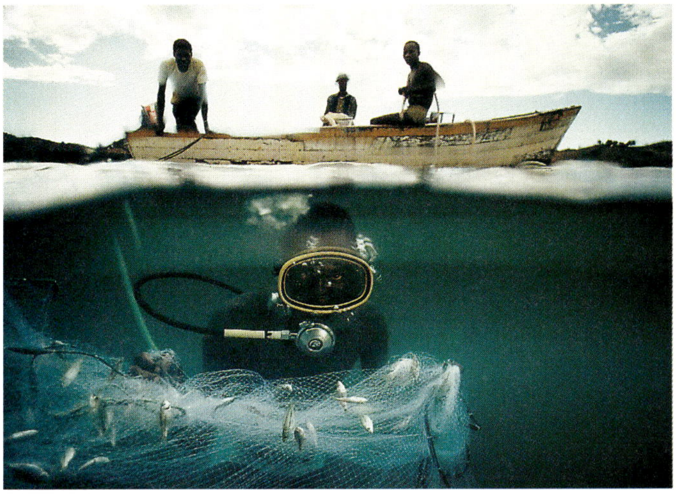

MALI

L'ANTICA CITTÀ DI DJENNÉ

Djenné è la più antica e forse la più importante città carovaniera del Mali. Abitata fin dalla metà del III secolo a. C., fu già in epoca preislamica un grande mercato e il fulcro del traffico dell'oro nella regione trans-sahariana. Raggiunse il suo massimo splendore tra VII e VIII secolo, quando divenne un importante centro per la diffusione dell'islamismo. Da allora è cambiata ben poco, con le sue case in mattoni di fango non minacciate da costruzioni moderne. Le abitazioni più antiche (almeno duemila sono quelle sopravvissute alle distruzioni e alle intemperie), sorgono su rilievi del terreno, chiamati localmente *toguere*, al fine di porle al riparo dalle inondazioni stagionali del fiume Niger. L'edificio più straordinario è la moschea, prospiciente la piazza del mercato, un esempio classico di architettura sudanese o sahariana, costruita come le case stesse e con le impalcature sempre in opera, in modo da poter riparare immediatamente gli eventuali danni provocati dalle piogge, spesso torrenziali.

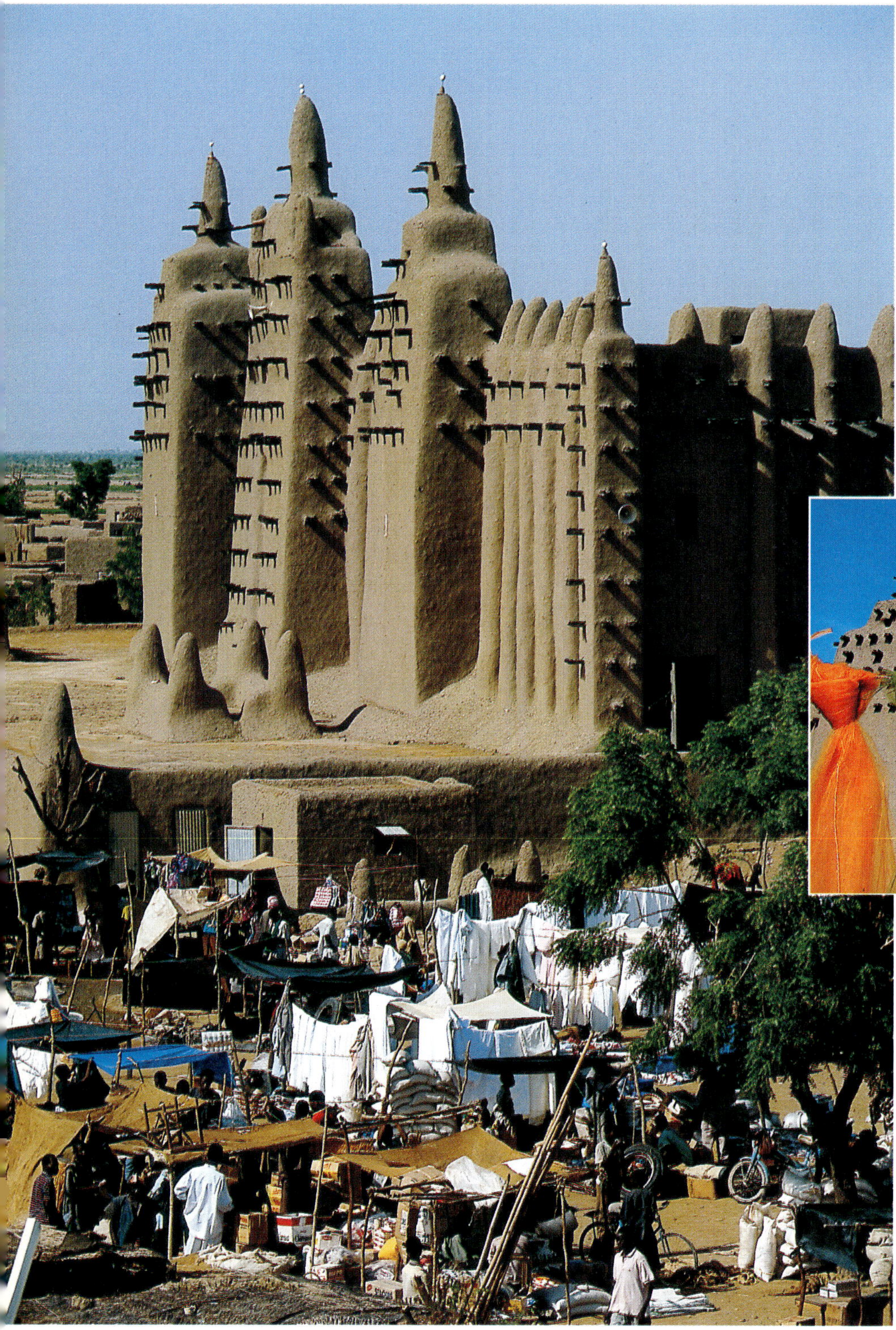

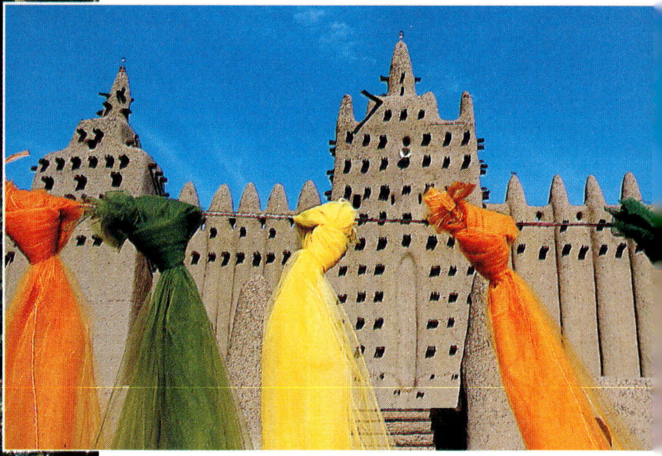

L'architettura monumentale sahariana, di cui la moschea di Djenné è uno dei migliori esempi, è caratterizzata da un forte verticalismo.

La piazza del mercato, dominata dalla imponente mole della moschea, serba il fascino del tempo in cui Djenné era il crocevia del commercio dell'oro nel Sahara.

MALI

TIMBUCTÙ

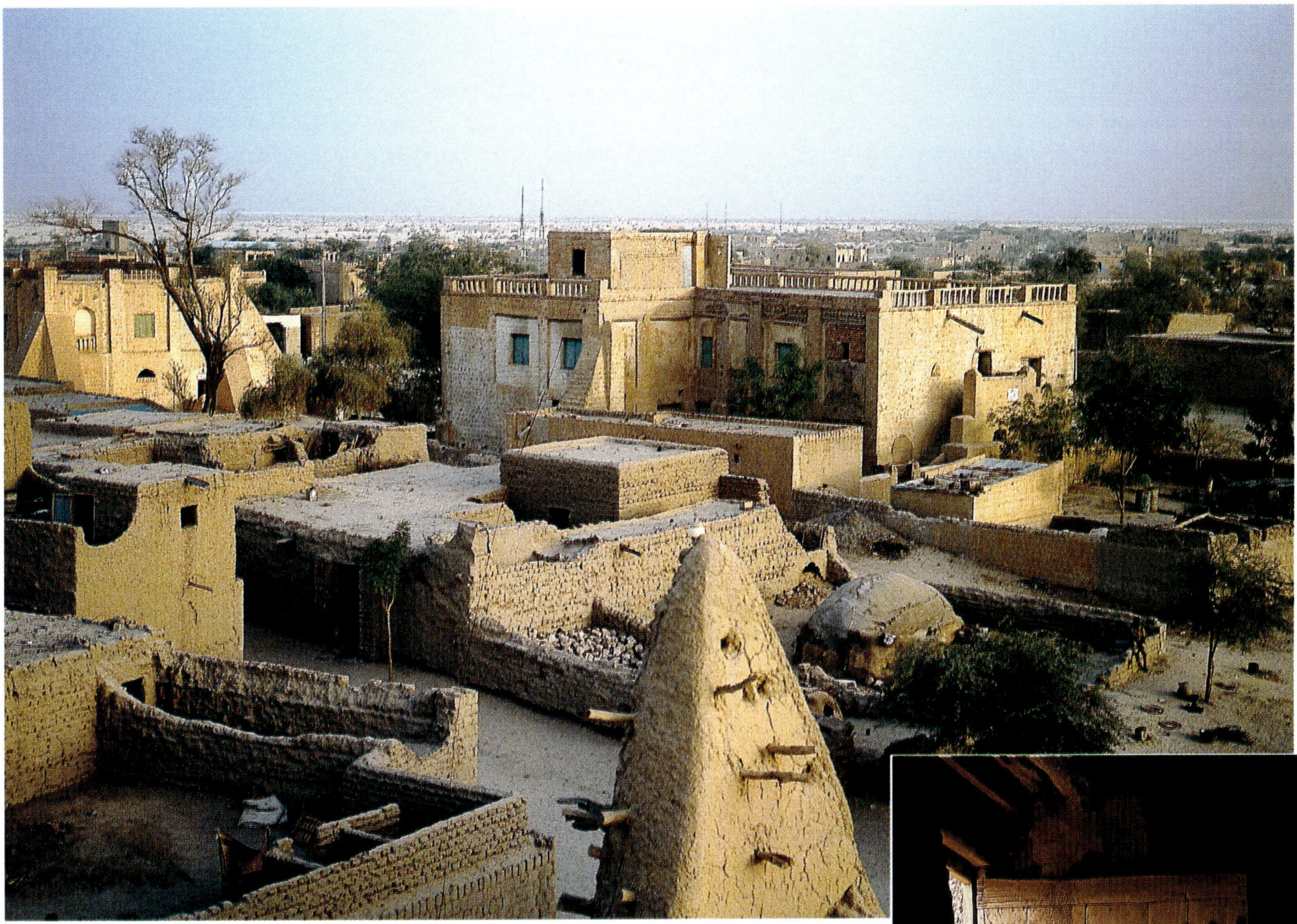

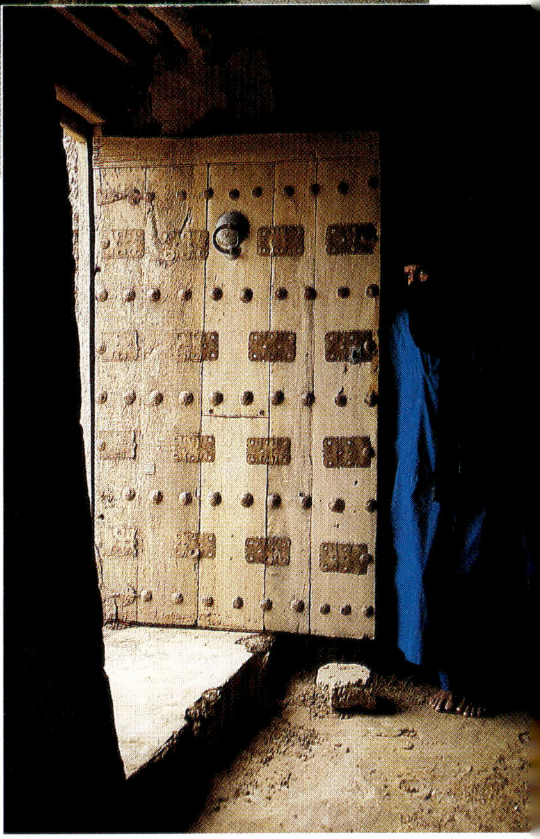

Il deserto del Sahara, a nord di Timbuctù, rappresenta da sempre una minaccia per la sopravvivenza della città.

Una porta della trecentesca moschea di Djingareyber, decorata secondo la tradizione locale da placche in ottone.

Pochi luoghi al mondo come Timbuctù possono vantare una leggenda così affascinante e duratura. L'umile e remoto insediamento, abitato dal mitico popolo dei tuareg già nei tempi più antichi, con lo sviluppo dei commerci divenne prima un grande emporio carovaniero e il più trafficato porto dell'alto corso del Niger e quindi, nel XV secolo, uno dei principali centri per lo studio della religione islamica. A tale scopo vennero fondate la grande università Sankore e numerose scuole coraniche.

Perduta nel deserto, ancora oggi difficile da raggiungere, Timbuctù ha una forma triangolare, con la base prospiciente il corso del grande fiume, ed è fatta di case di mattoni crudi a un piano e dai tetti bassi, mentre le porte, in analogia con quelle delle moschee, sono decorate con placche in ottone. Le vie e i vicoli sono spesso battuti da un forte vento che porta con sé la sabbia del deserto, grave minaccia per le antiche case e le tre grandi moschee di Djingareyber, Sankore e Sidi Yahis, testimoni del passato splendore.

MAROCCO
MARRAKECH

La medersa Ben Youssef conserva le ricche decorazioni cinquecentesche, epoca in cui era la prima scuola del Maghreb.

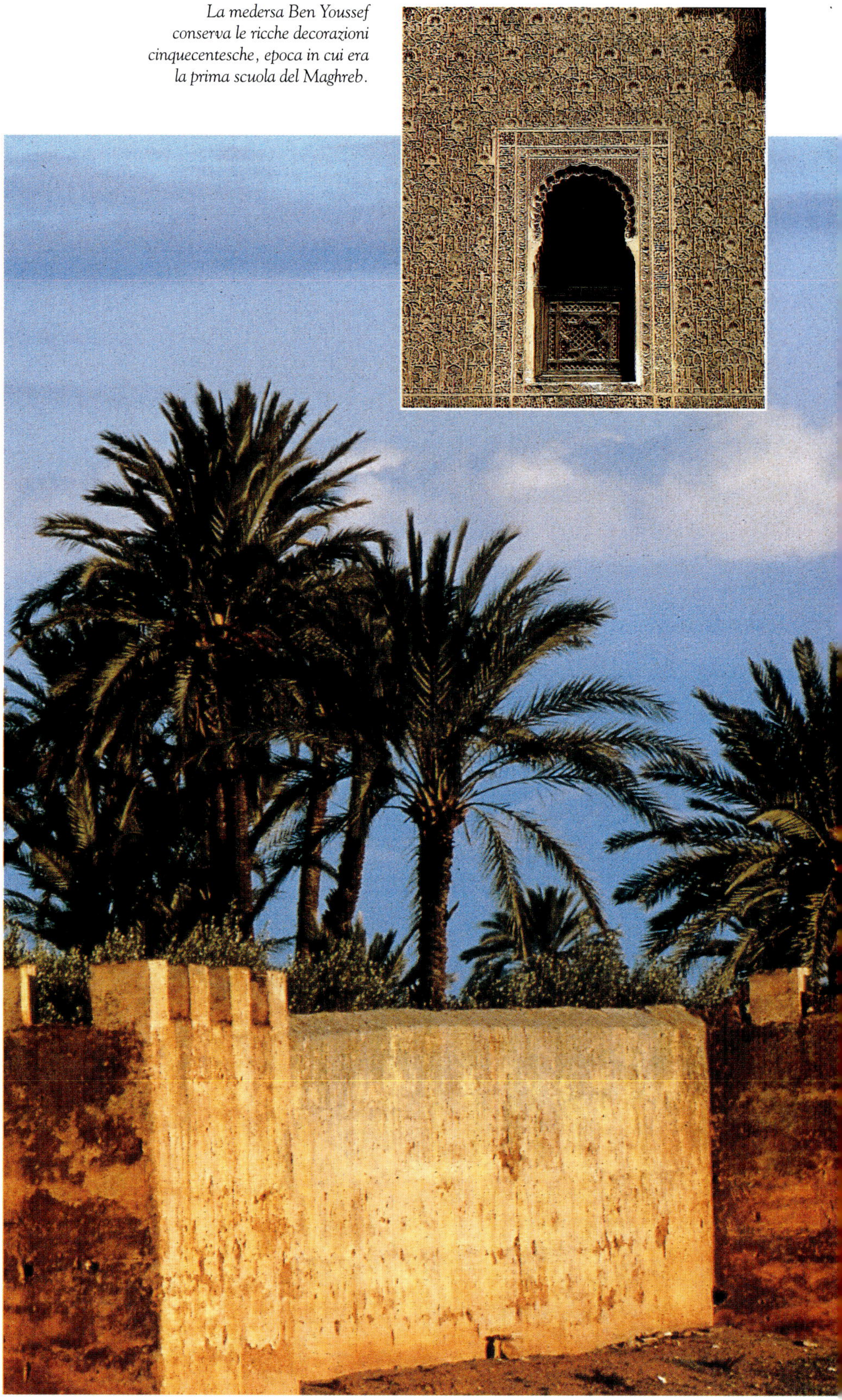

Sorta ai piedi delle cime innevate dell'Atlante, cinta da poderose mura rosseggianti, ombreggiata da palme millenarie, Marrakech dispiega nei suoi grandiosi edifici gli antichi fasti di città imperiale, padrona di uno stato esteso dal Sahara all'Ebro e dall'Atlantico all'Algeria. Come tale è rimasta uno dei poli dell'organizzazione territoriale del Marocco, al quale ha dato il nome. La città si annuncia da lontano con il possente minareto della Koutoubia, perfetta espressione dell'architettura maghrebina del XII secolo, nella rigorosa purezza delle forme e dei raffinati decori. Il tempo ha amalgamato il predominante elemento berbero e le influenze sahariane e dell'Africa nera in un caledoscopio ben percepibile, nei suoi aspetti spettacolari, in piazza Jemaa el-Fna, il fulcro della vita collettiva, che la sera si trasforma in un frenetico teatro di cantastorie, indovini, giocolieri, acrobati e danzatori. La stessa folla eterogenea e vociante si incontra nella medina, il cuore dell'antico quartiere arabo, e negli stretti vicoli dei celebri e vastissimi suk, traboccanti delle matasse multicolori dei tintori. Ma per chi voglia un'atmosfera più tranquilla, lontana dal clamore di questi luoghi, non c'è che l'imbarazzo della scelta. I palazzi, le moschee, i musei, le mederse e le tombe Sadiane sono monumenti paradigmatici dell'arte islamica e dell'antico primato politico e culturale di Marrakech e al tempo stesso offrono un'oasi di pace e di ascetica contemplazione. Così come il giardino dell'Aguedal e i parchi della Ménara, lussureggianti esempi di giardini islamici, costruiti secondo canoni antichissimi con portici, chiostri e laghi artificiali. La loro bellezza non deve però far dimenticare il significato prettamente religioso e simbolico del Paradiso promesso agli eletti, quel Giardino delle Delizie dove Maometto fu condotto dall'arcangelo Gabriele.

Un suggestivo angolo del palazzo della Bahia, il cui impianto originario risale al IX secolo.

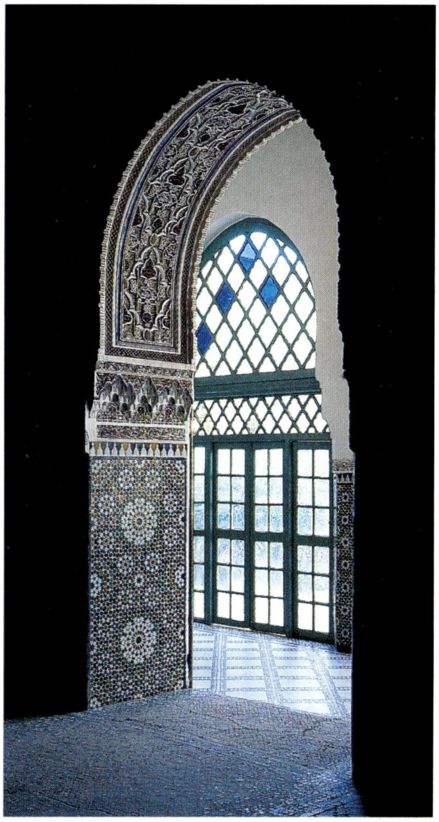

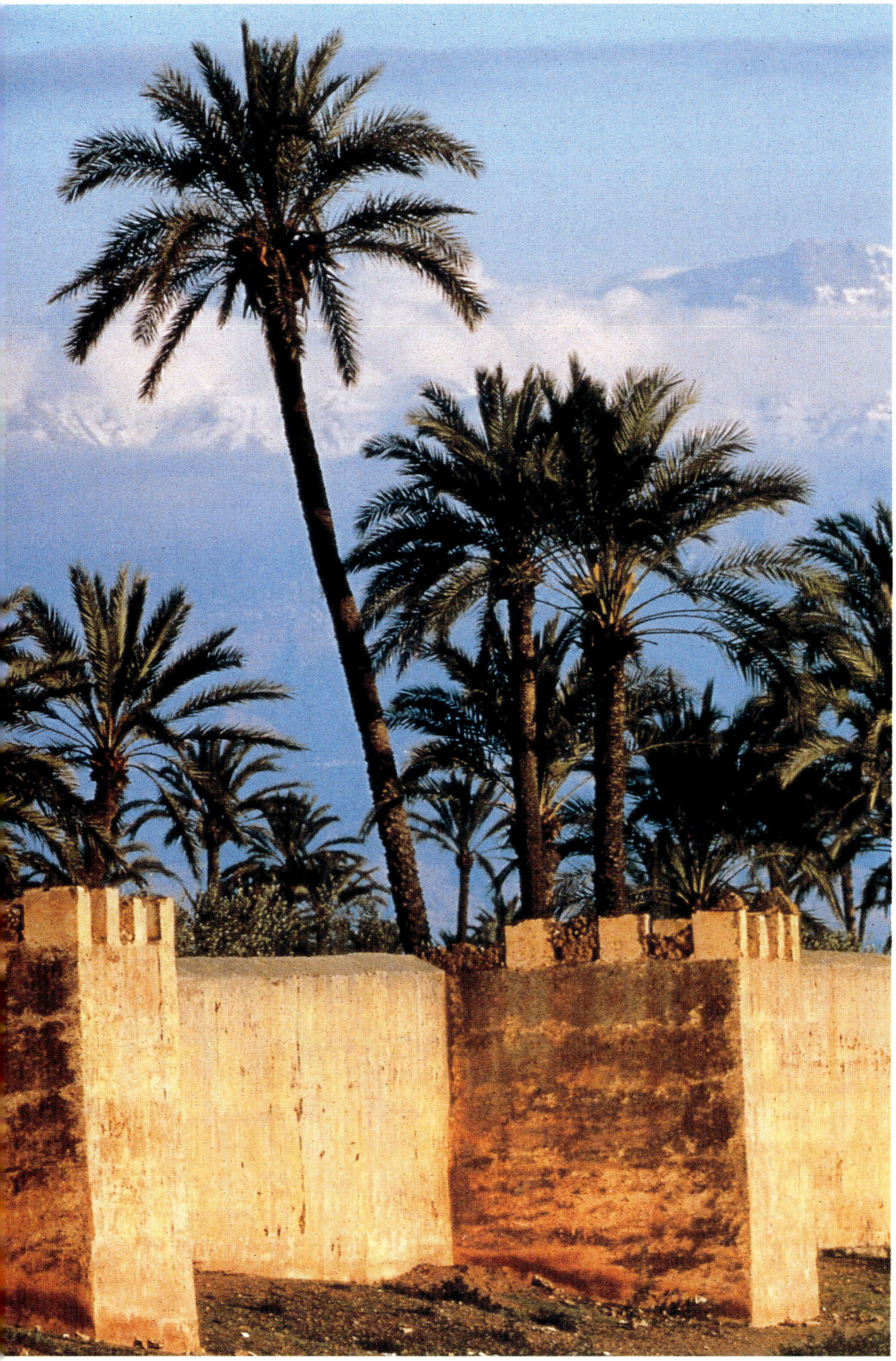

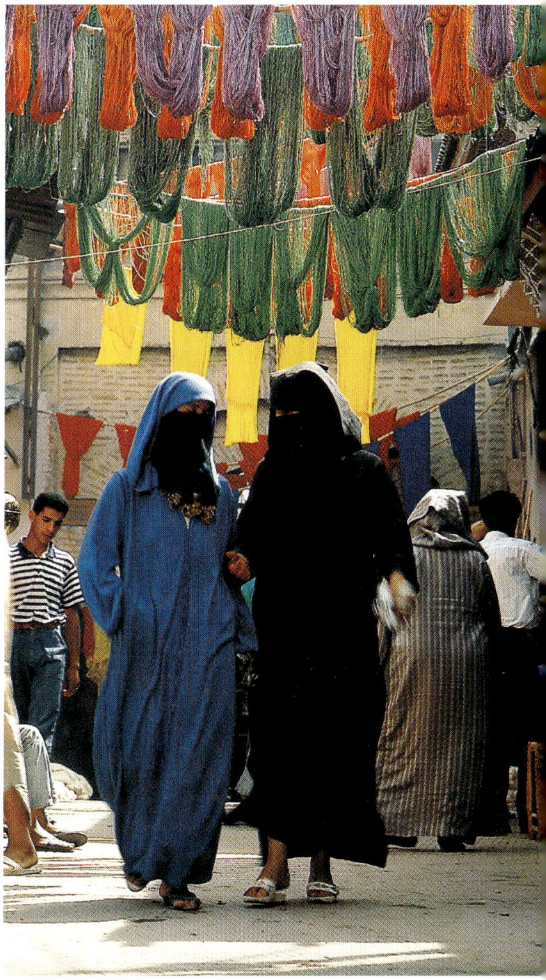

Immagini di eternità e gioia, dunque, ma anche luoghi di distribuzione di quell'elemento indispensabile alla vita collettiva che è l'acqua.

Composte di argilla e calce, le mura cingono per 10 chilometri la città.

Il pittoresco suk dei Tintori.

MAURITANIA

GLI ANTICHI KSOUR DI OUADANE, CHINGUETTI, TICHIT E OULATA

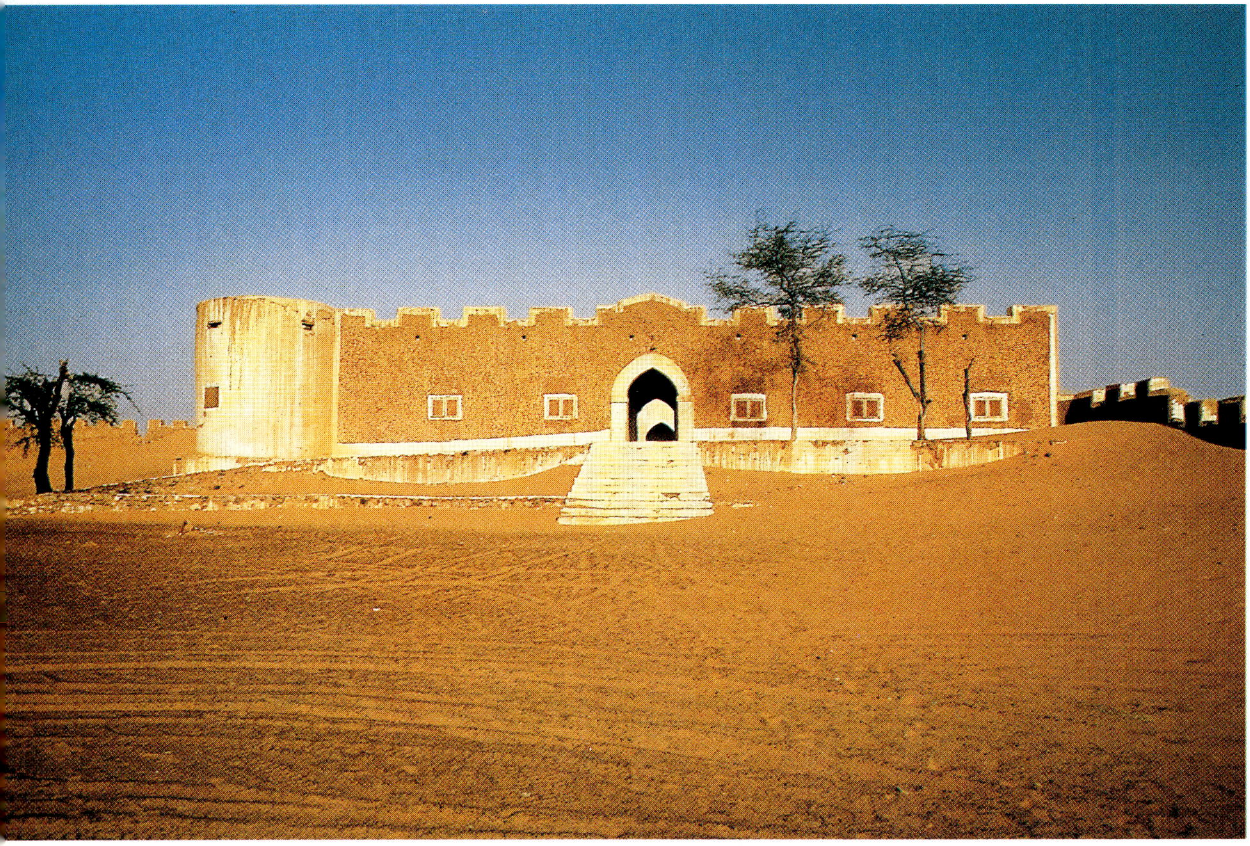

Ksar, al plurale *ksour*, è la trascrizione francese di una parola araba, forse di lontana derivazione latina (*castrum*), molto diffusa nell'Africa nordorientale e che significa "villaggio fortificato". Gli insediamenti di Ouadane, Chinguetti, Tichit e Oulata, a notevole distanza l'uno dall'altro, vennero fondati nelle oasi della Mauritania nell'XI e XII secolo come centri commerciali e religiosi al servizio delle carovane che attraversavano il Sahara. I quattro *ksour*, tra i quali Chinguetti, un tempo considerata la settima città santa dell'Islam, è il principale, presentano una struttura identica: al centro del villaggio è la moschea, fiancheggiata da un caratteristico minareto a base quadrata; intorno, lungo vicoli stretti, sorgono l'una accanto all'altra le abitazioni, aperte sul patio interno. Le facciate delle case sono ricoperte da uno strato di fango che funge da intonaco. Curioso è il modo con cui viene decorato: le donne, usando un dito o un bastone, vi incidono solchi a disegni geometrici che poi riempiono con una pasta di colore bianco.

Sopra: il palazzo della Prefettura e uno scorcio delle mura di Chinguetti.

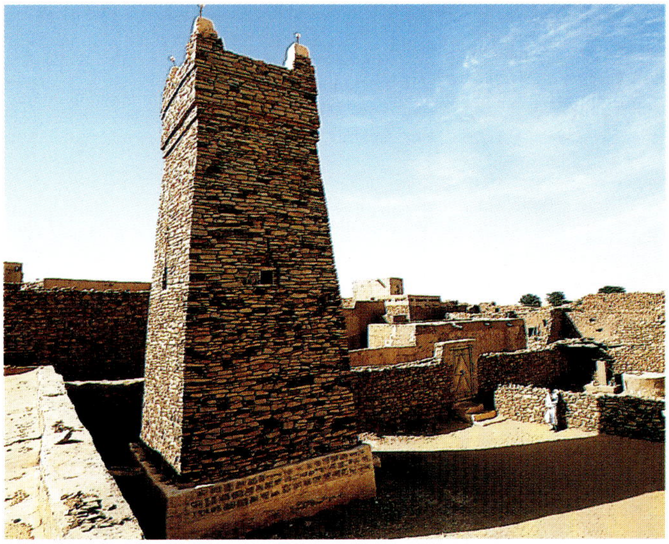

A lato: con la sua mole massiccia, anche il minareto in pietra nel centro di Chinguetti tradisce la funzione prettamente difensiva degli ksour.

MOZAMBICO

L'ISOLA DI MOZAMBICO

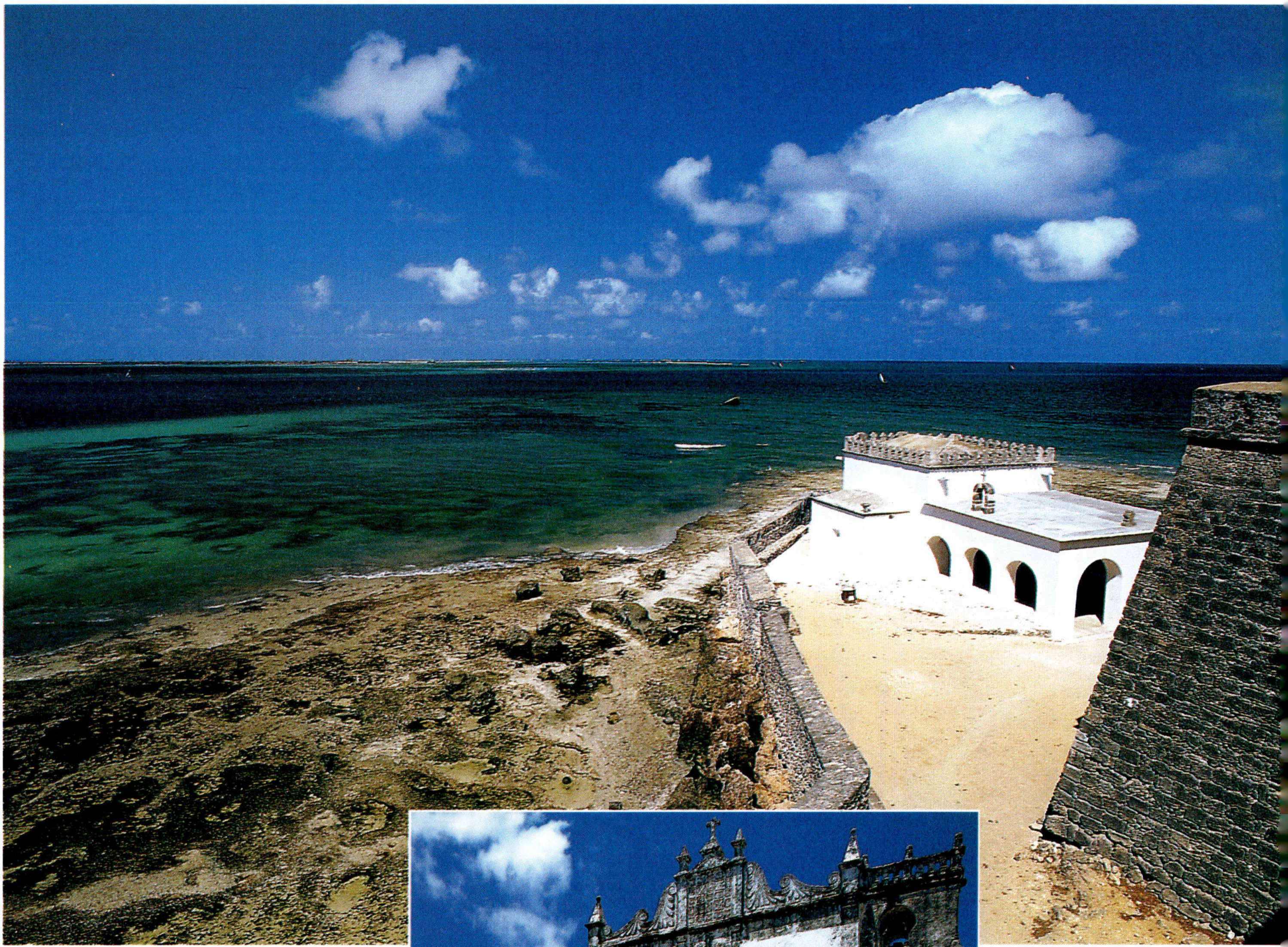

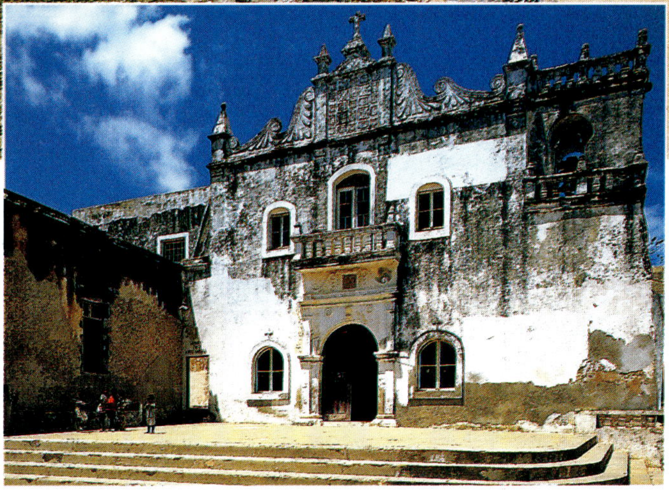

Sopra: la cappella del forte costruito a guardia dello stretto che separa l'isola dal continente.

A lato: la collegiata di Mozambico, piccola summa degli elementi dell'architettura portoghese.

La città fortificata di Mozambico sorge sull'omonima isola ed è stata una delle principali postazioni commerciali usate dai mercanti portoghesi sulla via dell'India. L'isola è lunga due chilometri e mezzo e ne dista tre dalla costa, cui la collega un ponte. Le principali realizzazioni della città risalgono al periodo tra Cinquecento e Ottocento, allorché sorsero il forte, le chiese, le moschee e numerosi palazzi. La vera esplosione urbanistica è però della metà del Settecento, quando Mozambico si inventa un centro e conquista la costa. Grazie all'uso di principi decorativi omogenei, gli edifici oggi si presentano come un complesso monumentale di grande uniformità. Benché la tutela delle architetture più rilevanti sia lacunosa, non mancano edifici riportati all'antica bellezza da lavori di restauro. Tra questi spicca il palazzo di San Paolo, ex residenza del governatore; eretto nel 1610 e ricostruito dopo l'incendio del 1670, ospita mobili e ornamenti portoghesi, arabi, di Goa e cinesi. A nord del forte San Sebastiano, sorge la cappella di Nossa Senhora do Baluarte, il più antico edificio coloniale dell'emisfero australe.

NIGER

LE RISERVE NATURALI DELL'AÏR E DEL TÉNÉRÉ

Il Niger è il secondo Paese per grandezza dell'Africa occidentale e uno dei più affascinanti, regno di antichi popoli come gli hausa, i germa, i fulani e i tuareg, nonché terra dagli sconfinati deserti su cui si ergono alti sistemi montuosi. Nel Niger si trovano le riserve naturali dell'Aïr e del Ténéré, che durante il conflitto militare tra il governo centrale e i ribelli tuareg, conclusosi nel 1995, hanno seriamente rischiato di vedere sconvolto il proprio ecosistema. La minaccia è stata oltremodo grave poiché le due zone costituiscono, con i loro 7,7 milioni di ettari, la più vasta area protetta del continente africano, ospitando numerose specie di piante e di animali selvatici e una straordinaria varietà di paesaggi, da quelli di montagna alle dune di sabbia. I più notevoli aspetti paesaggistici sono il massiccio roccioso dell'Aïr e il fiume Niger, il terzo più lungo dell'Africa, che attraversa la porzione occidentale del Paese ed è la sua unica fonte d'acqua permanente.

L'oasi di Timia, isola di vita nel cuore della regione montuosa.

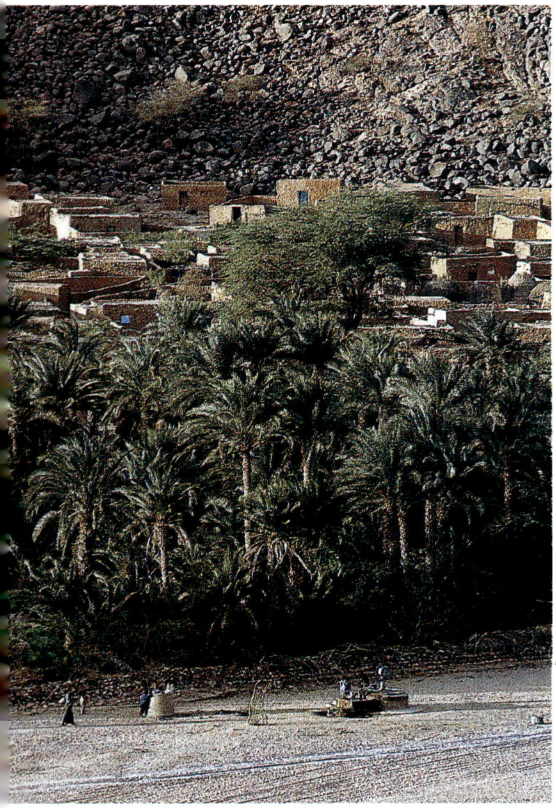

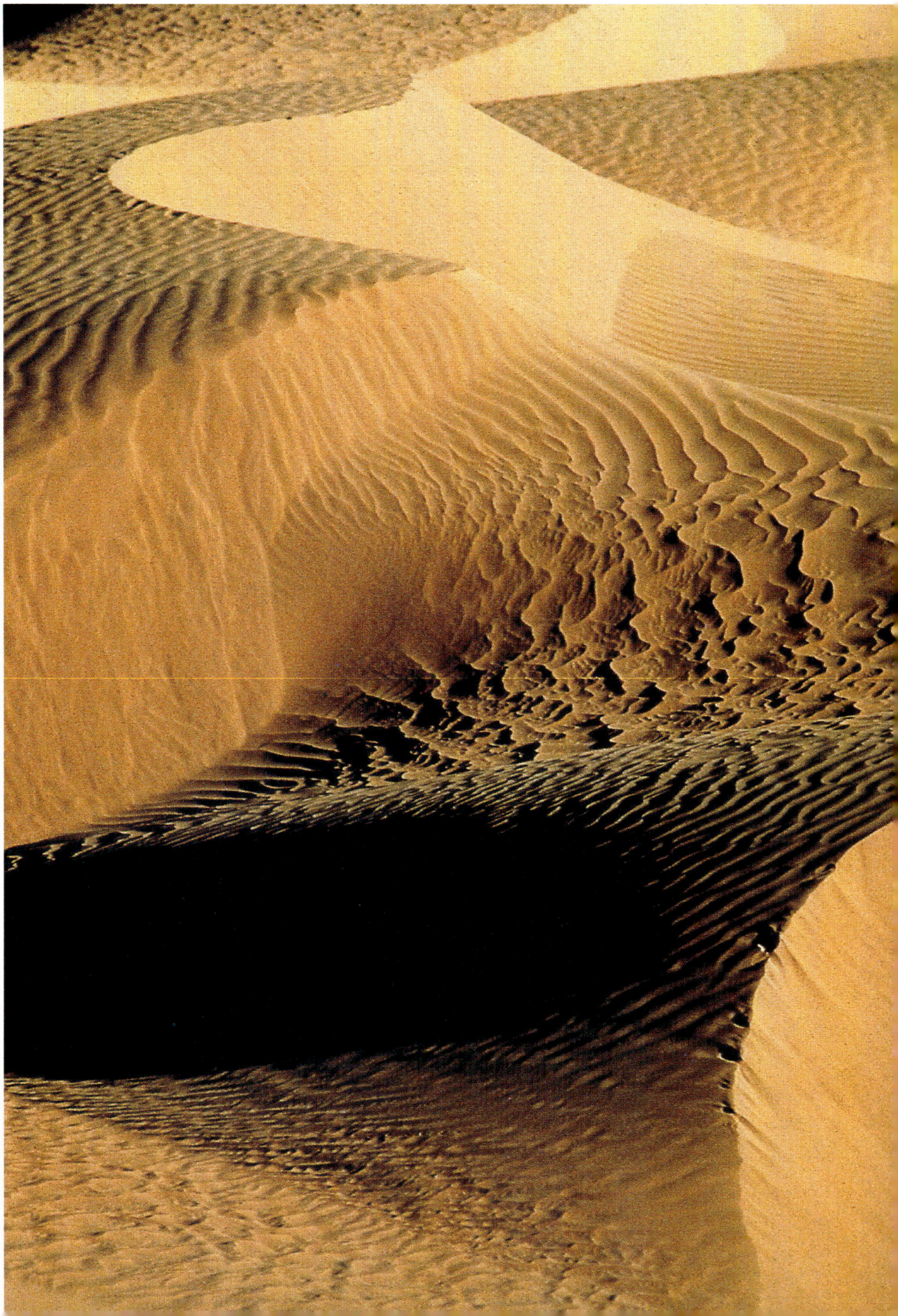

Dune increspate dal vento nel Ténéré, regione prevalentemente sabbiosa, fra le più ingrate di tutto il Sahara.

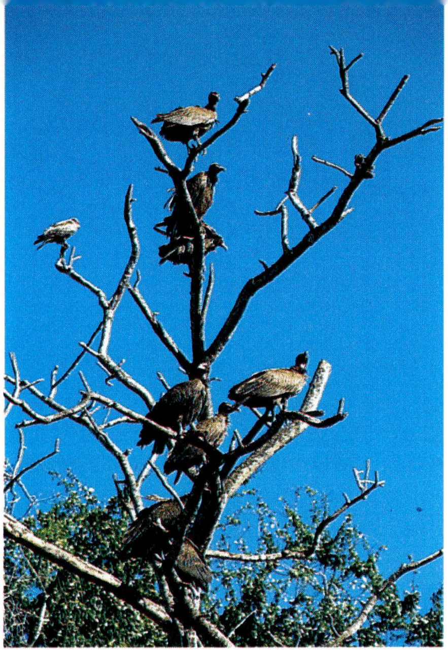

SENEGAL

IL SANTUARIO NAZIONALE DEGLI UCCELLI DI DJOUDJ

Esemplari di avvoltoio dal cappuccio (Necrosyrtes monachus) in posta su un albero.

Folti branchi di pellicani sulla sponda di un ramo del delta del fiume Senegal.

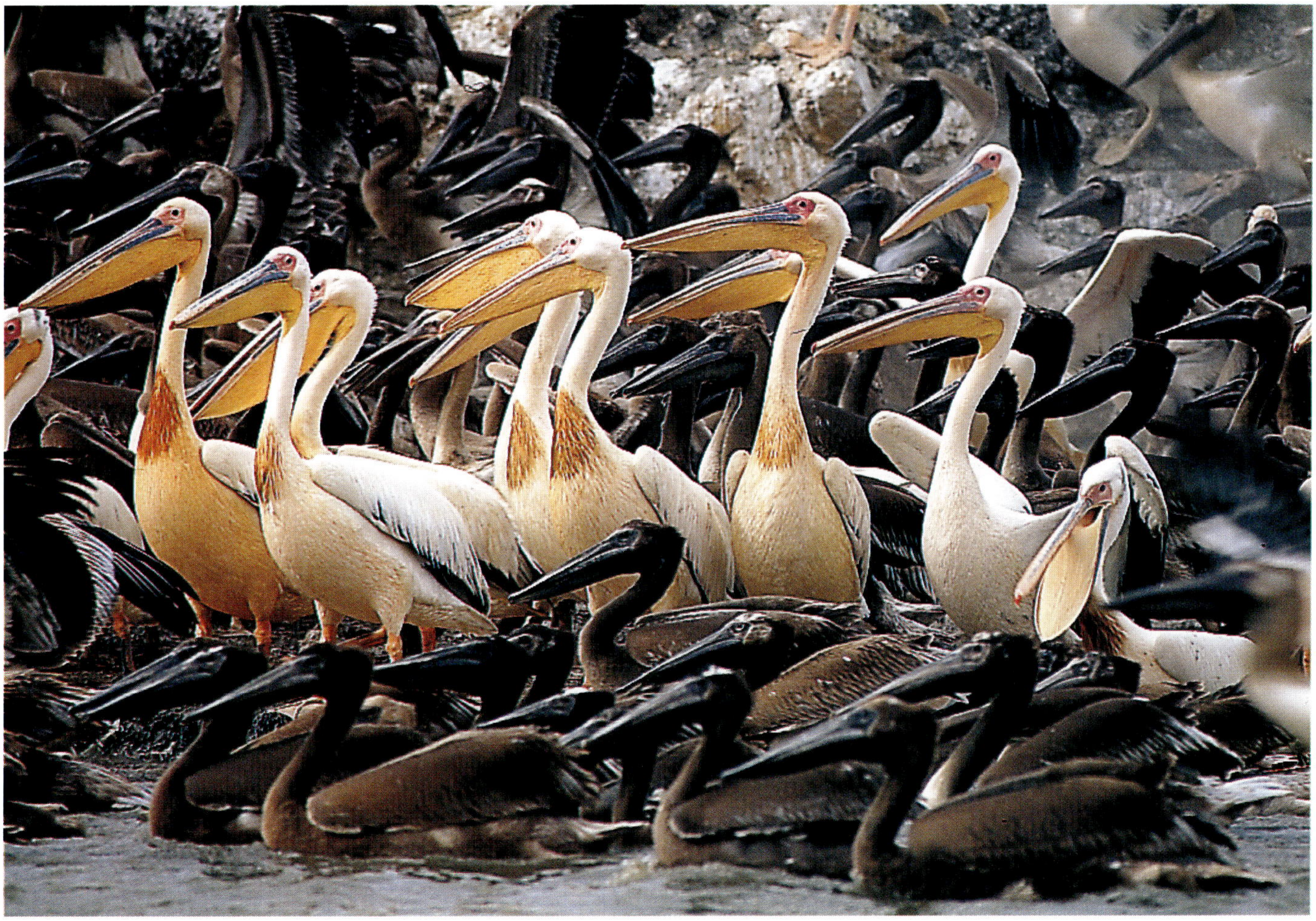

Non lontano dalla costa atlantica, nella zona deltizia del grande fiume Senegal, sorge un'area dallo straordinario interesse naturalistico. È il Santuario nazionale degli uccelli di Djoudj, 16.000 ettari di terreno umido, formato da un grande lago e molteplici corsi d'acqua, stagni e paludi. In questo luogo, uno dei primi con acque permanenti a sud del Sahara, ogni anno, in autunno, almeno tre milioni di uccelli migratori giungono dall'Europa, per poi farvi ritorno ad aprile, dopo avere qui trascorso l'inverno e la parte più fredda della primavera.

Tra le specie ospitate, che arrivano a 300, vi sono i fenicotteri rosa, le anatre comuni e le arboricole, i pellicani bianchi, diverse oche, gli aironi, le egrette, le garzette, i mestoloni, le pittime dalla coda nera e le otarde. Autentico paradiso per i bird watchers, il Santuario si trova a 60 chilometri a nord della città di Saint-Louis, che sorge su un'isola collegata alla terraferma grazie a un ponte costruito originariamente per unire le due sponde del Danubio, ma finito nel 1897 in questa parte dell'Africa.

SEYCHELLES

LE ALDABRA

L'arcipelago delle Seychelles, nell'oceano Indiano, è composto da oltre cento isole, alcune delle quali sono granitiche, mentre altre, la maggioranza, sono di origine corallina. Fra queste ultime ci sono i quattro atolli che compongono Aldabra, a circa 1100 chilometri a sud-est di Mahé, l'isola principale.

La barriera corallina intorno alle Aldabra in alcuni punti supera i tre metri sopra il livello del mare.

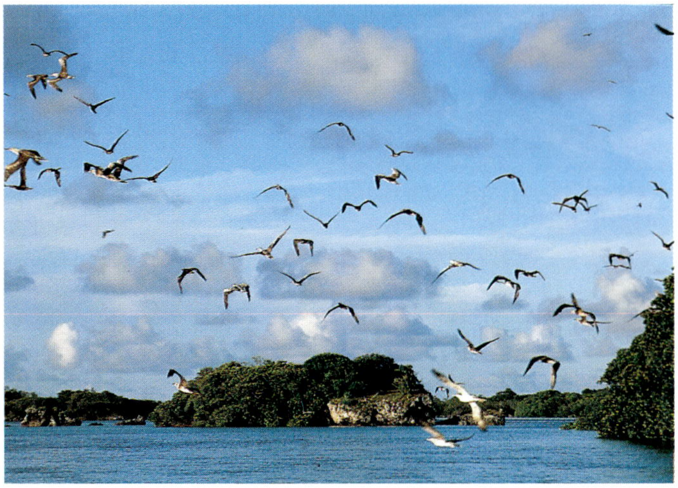

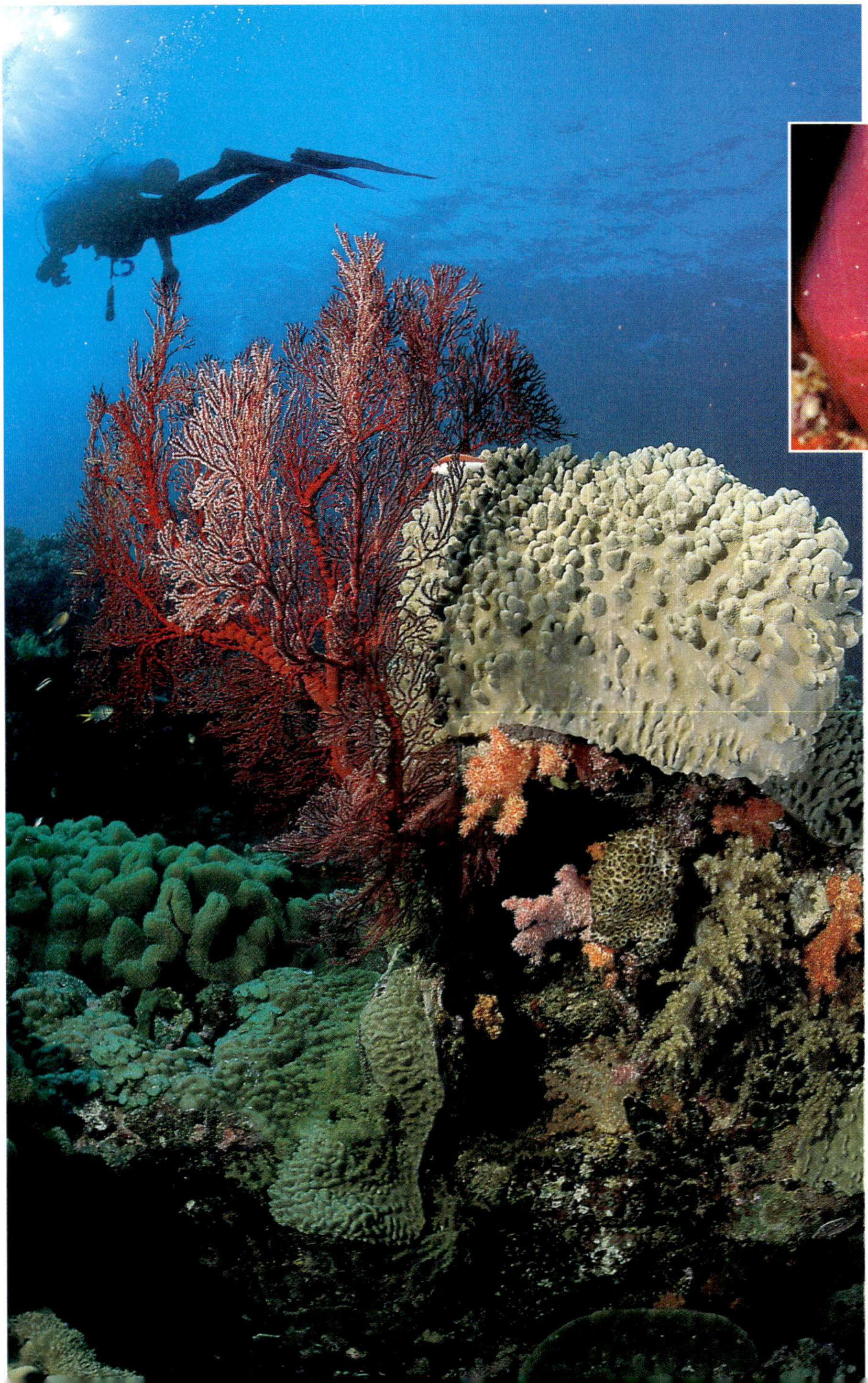

Sopra: veduta delle isole Aldabra, straordinariamente ricche di vegetazione.

Sotto: commensalismo fra un crostaceo decapode e un'attinia.

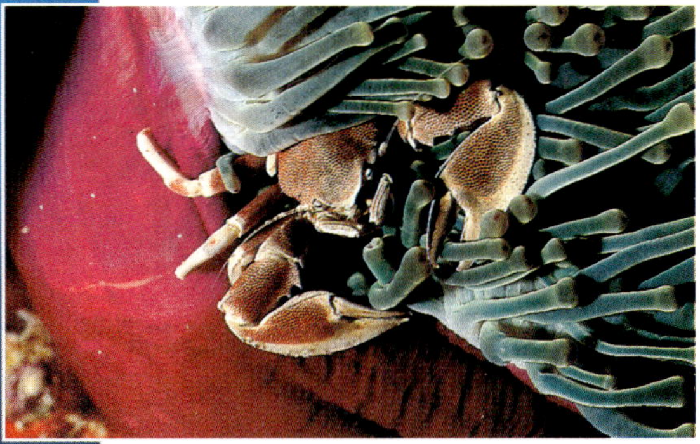

Dei 350 chilometri quadrati su cui si estende il sito, solo 188 sono di terraferma; grazie in particolare alla difficoltà di accesso, dovuta alla fitta barriera di coralli che la circonda e alla lontananza dalle grandi rotte di navigazione oceanica, le Aldabra sono rimaste isolate e quindi al sicuro da ogni intervento umano. Le basse lagune che si aprono all'interno degli atolli sono così divenute il rifugio di diverse specie in pericolo come la tartaruga gigante (*Geochelone gigantea*), qui presente in 152.000 esemplari, la più grande colonia di questo animale esistente al mondo e anche la sola sopravvissuta nell'oceano Indiano. Gli atolli ospitano anche circa cinquemila esemplari di una specie molto rara di rallide, il *Dryolimnas cuvieri aldabranus*, un uccello incapace di volare, lontano parente del dodo, ormai estinto, che popolava l'isola di Mauritius.

TANZANIA

L'AREA PROTETTA DELLO NGORONGORO

Una leonessa con il proprio piccolo; la ricca fauna dell'area garantisce la sopravvivenza dei predatori.

Lo Ngorongoro è un vulcano spento che presenta una bocca del diametro di 20 chilometri ed è situato a sud della piana del Serengeti, in Tanzania. Al suo interno ci sono acque abbondanti e ricchi pascoli che assicurano la sopravvivenza a quasi tutte le specie di fauna del continente africano, qui presenti in grande e permanente concentrazione. Accanto allo Ngorongoro, vi sono un altro cratere, quello dell'Empakaai, riempito di acque che formano un lago, e un vulcano attivo, l'Oldonyo Lenga. L'area dello Ngorongoro è una delle aree di più antica frequentazione umana del pianeta. Nel 1959 nella vicina gola di Olduvai sono stati scoperti frammenti fossili del cranio di un antenato dell'Homo sapiens, risalenti a 1.800.000 anni fa. Inoltre, sempre nell'area

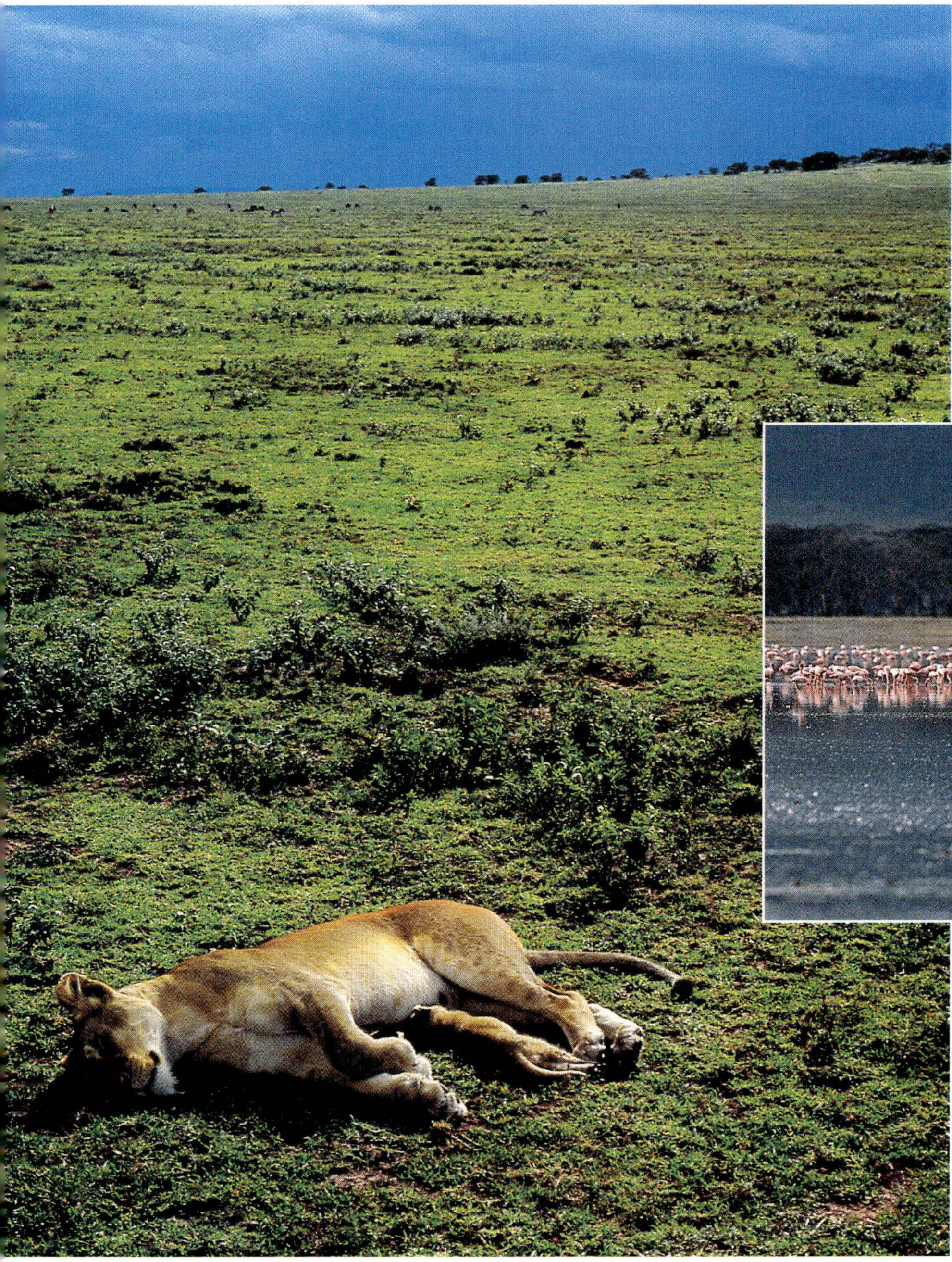

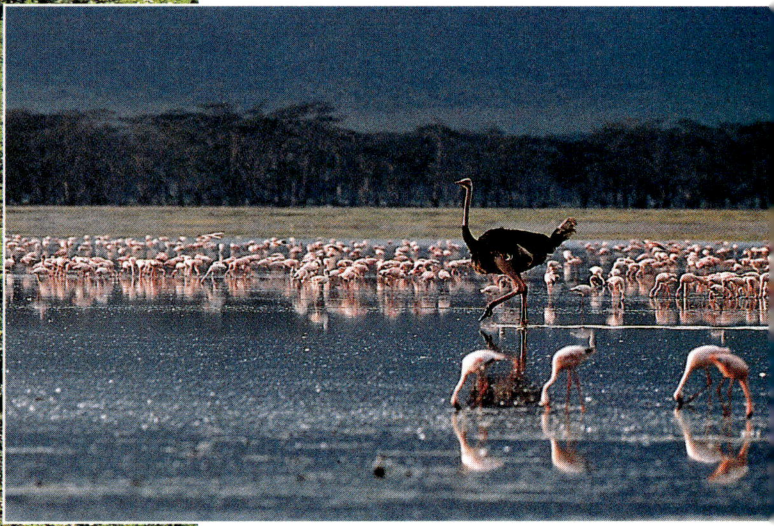

dello Ngorongoro, nel 1979 sono state rinvenute impronte di umani eretti, risalenti a 3.500.000 anni fa, che hanno permesso di alzare le ipotesi di datazione circa le origini della razza umana.

Sopra: uno struzzo tra un gruppo di fenicotteri.

TUNISIA

QAIROUAN

Un alone di miti e leggende avvolge la storia di Qairouan, la quarta città santa dell'Islam, a cominciare dalla sua nascita, in un luogo infestato da fiere e rettili velenosi, che miracolosamente scomparvero di fronte ai soldati del Profeta. Da qui essi partirono alla conquista del mondo e qui fondarono la Grande Moschea, modello principe dell'architettura religiosa della regione del Maghreb: austera e possente come una fortezza all'esterno, all'interno straripante di marmi e di colonne rubati a Cartagine e ad altre antiche città dagli emiri arabi. Sotto il loro dominio, nel IX secolo, Qairouan divenne splendida, ricca di palazzi superbi e di mederse, scuole coraniche che attiravano studenti da ogni parte dell'Africa del Nord e dell'Andalusia. La medina è un dedalo di vicoli e di candidi edifici, strettamente abbracciati gli uni agli altri e costellati dalle botteghe del suk, ricche di merci e celebri in tutto il mondo per i tappeti. Qairouan possiede uno tra i centri storici più belli e suggestivi della Tunisia e ancora racchiude, come disse Paul Klee, "l'essenza delle *Mille e una notte*".

L'ingresso rivestito di maioliche della zaouïa di Sidi Sahab, santuario che conserva le spoglie di uno dei compagni di Maometto.

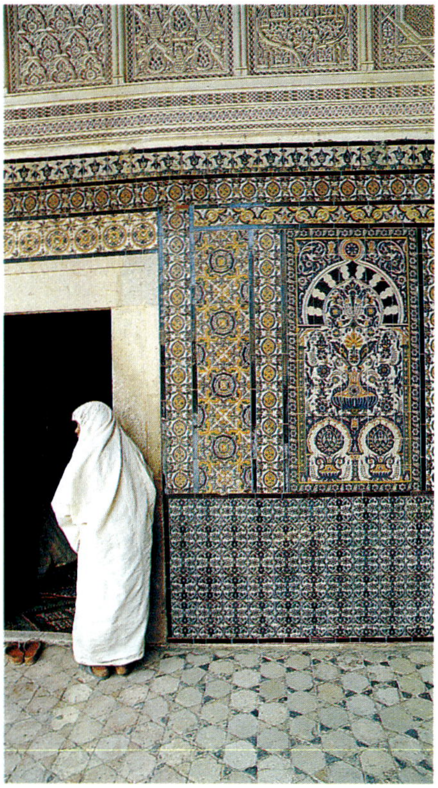

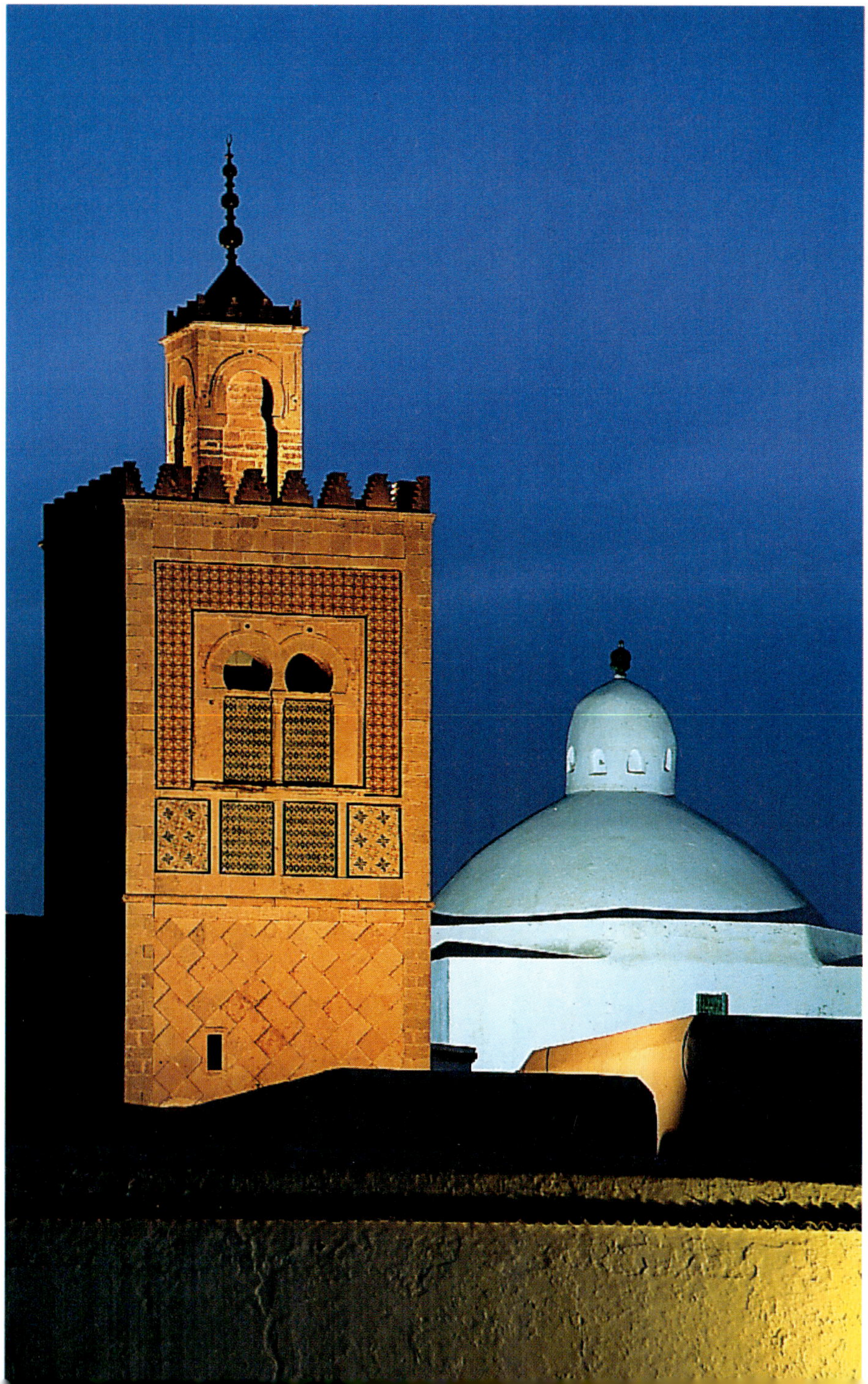

Il minareto e la cupola della zaouïa di Sidi Sahab, fondata nel XIV secolo e più volte rimaneggiata.

UGANDA

IL PARCO NAZIONALE DEL RUWENZORI

La fitta vegetazione delle pendici del Ruwenzori, favorita dalle abbondanti precipitazioni.

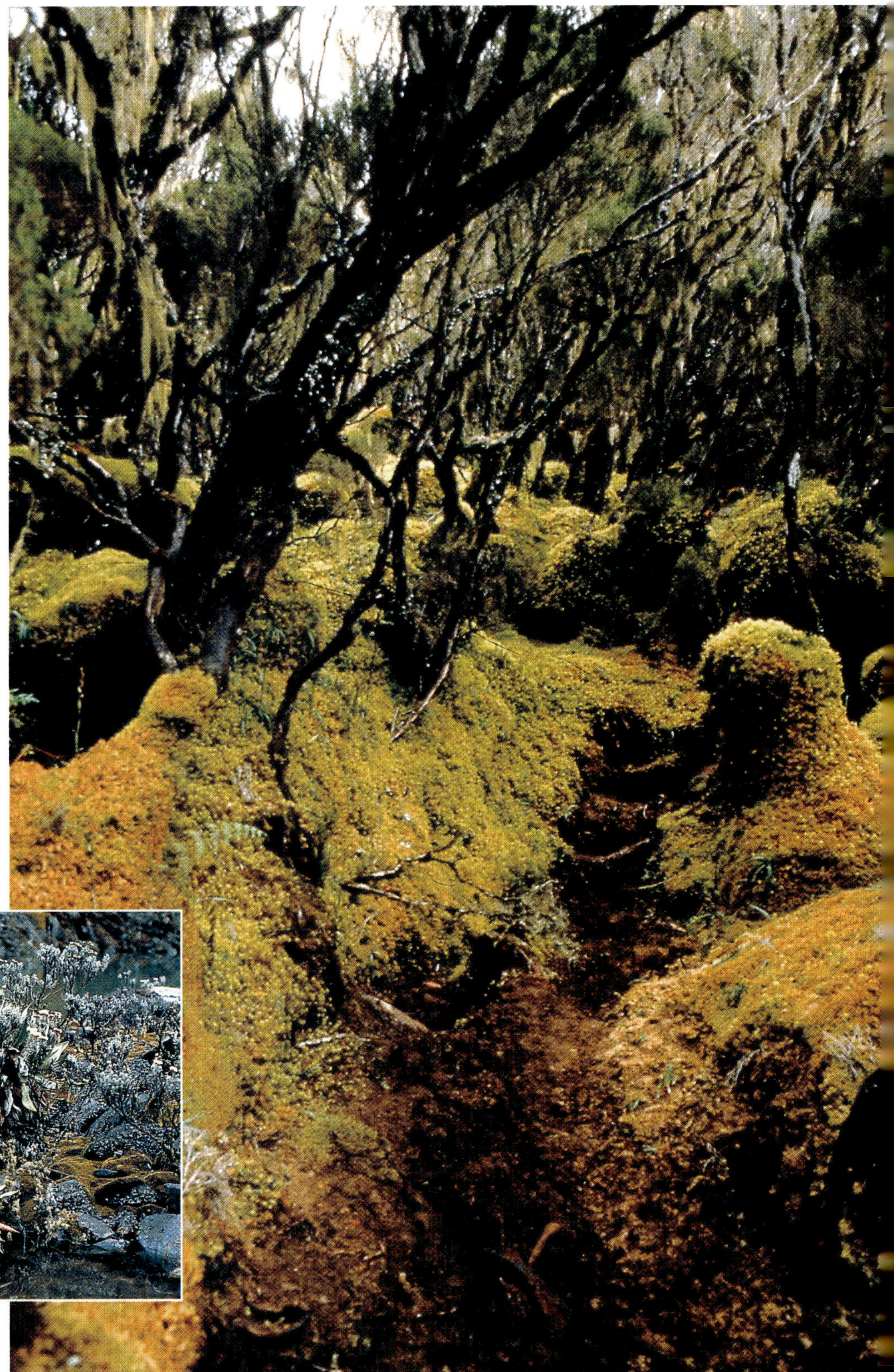

L'Uganda è attraversata dal Ruwenzori, un superbo massiccio che raggiunge i 5109 metri di altezza con il terzo picco più alto dell'Africa, il Margherita, così chiamato in onore dell'allora regina d'Italia dal duca degli Abruzzi, che lo scalò nel 1906; vengono poi l'Alexandra (5091 metri) e l'Albert (5087 metri), che appartengono, come il Margherita, al monte Stanley. Il Parco nazionale del Ruwenzori, che copre circa 100.000 ettari nelle regioni occidentali del Paese, abbraccia un massiccio montuoso molto difficile da scalare a causa delle condizioni climatiche, caratterizzate da una forte piovosità. Vi abitano molte specie animali, alcune delle quali in pericolo di estinzione. Anche per quanto riguarda la flora, vi crescono specie rare o uniche, come l'erica gigante. Nella zona centrale del Parco vi sono ghiacciai perenni, cascate e laghi che ne fanno una delle più belle aree alpine dell'Africa.

Nello splendido scenario del Parco crescono numerose piante rare o addirittura uniche.

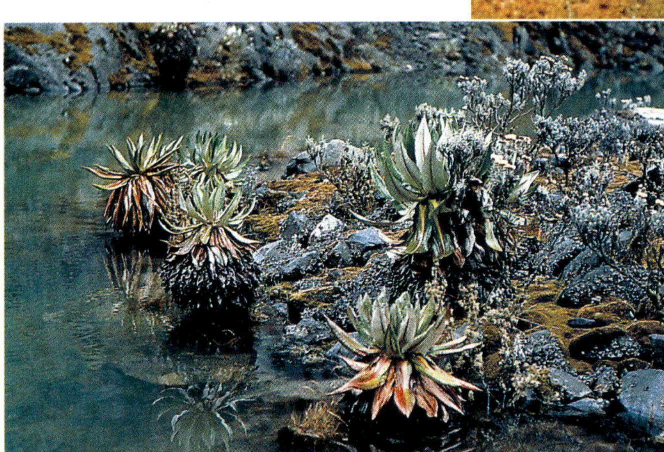

ZAMBIA/ZIMBABWE

LE CASCATE VITTORIA

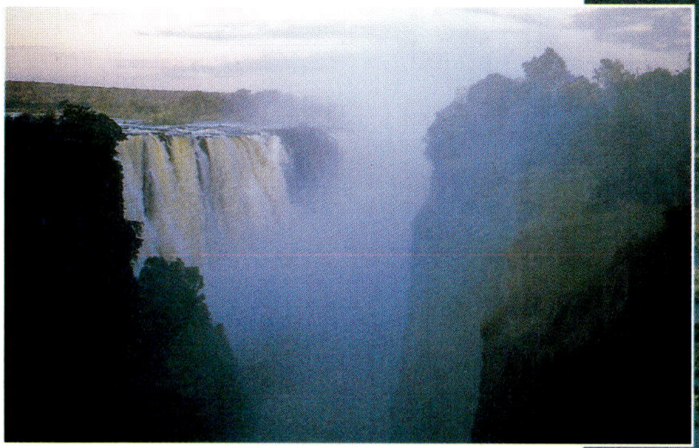

Le nuvole di vapore che si alzano dal fondo della cascata possono raggiungere i 500 metri di altezza.

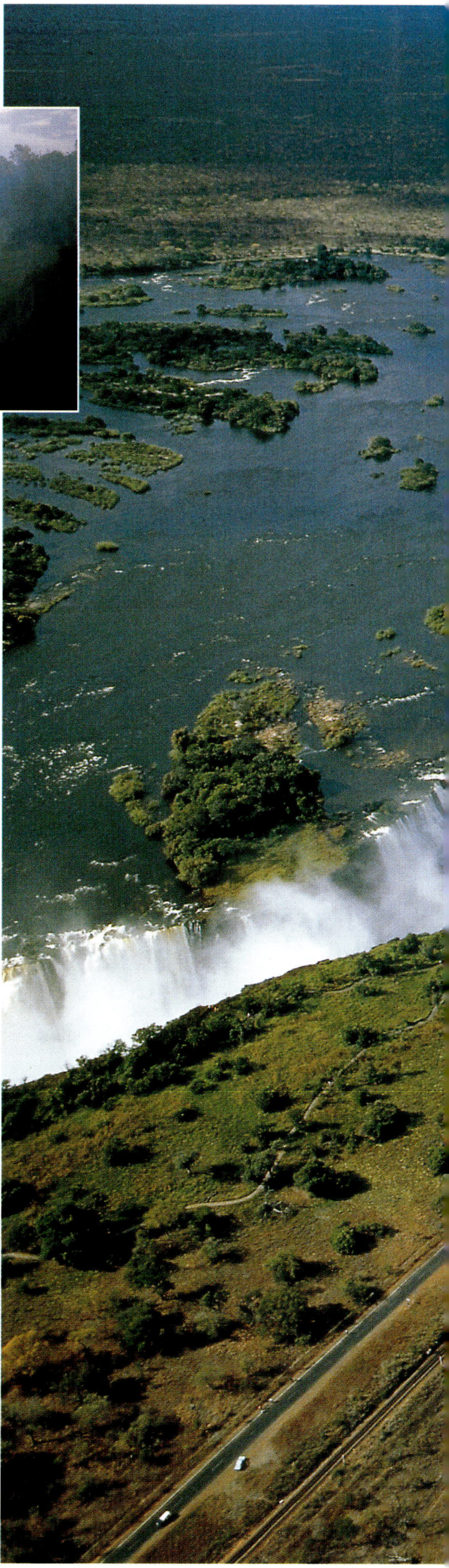

Il letto dello Zambesi nei pressi delle cascate raggiunge i due chilometri di ampiezza.

Sotto: uno dei frequenti arcobaleni che in primavera attraversano la gola del fiume.

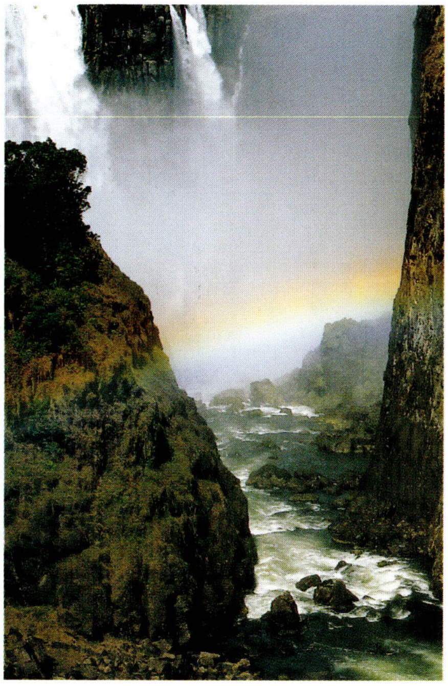

Mosi-oa-Tunya, cioè le cascate Vittoria, sono tra le più spettacolari del mondo. Il fiume Zambesi, largo in questo punto quasi due chilometri, precipita in una gola di basalto alta 107 metri. La forza della caduta dell'acqua, stimata intorno ai 545 milioni di litri per minuto nella stagione delle piogge, è tale da formare nuvole di vapore che si innalzano nell'aria fino a 500 metri. Tutto intorno, cresce rigogliosa una foresta pluviale. Il rumore prodotto è assordante. L'aspetto delle cascate varia molto secondo le stagioni. In quella secca, tra settembre e novembre, la vista è quasi nitida; tra aprile e giugno, quando il vento forma colonne di minuscole particelle d'acqua, la gola è continuamente attraversata da grandi arcobaleni; in estate, invece, l'umidità è così alta da impedire la vista delle rocce. La sensazione della forza terrificante che spinge l'acqua verso il vuoto e quella degli elementi combinati sono così grandi da incutere spavento e un reverente timore di fronte ai possibili pericoli.
A valle delle cascate, le acque ribollono e spumeggiano in un gigantesco calderone roccioso, incanalate nella seconda e nella terza gola, prima di scorrere serpeggiando veloci nelle rapide. Il rombo continuo si sente anche da lontano ed è accompagnato dai rumori degli animali, che si muovono invisibili nella foresta pluviale; il sentiero sabbioso che corre lungo il fiume parte dalla statua di Livingstone e passa vicino al Big Tree, un enorme albero di baobab, prima di raggiungere l'ingresso del Parco nazionale dello Zambesi. Le cascate Vittoria appartengono a due Stati, lo Zimbabwe e lo Zambia. Dalla parte dello Zimbabwe il panorama è sicuramente molto più pittoresco, quasi da cartolina, e il paesaggio in generale è più curato; dalla parte dello Zambia, invece, l'atmosfera è più primitiva e c'è la possibilità di avvicinarsi maggiormente alle cascate stesse, sia con azzardati passaggi aerei, sia alla loro base, dove è bello passeggiare.

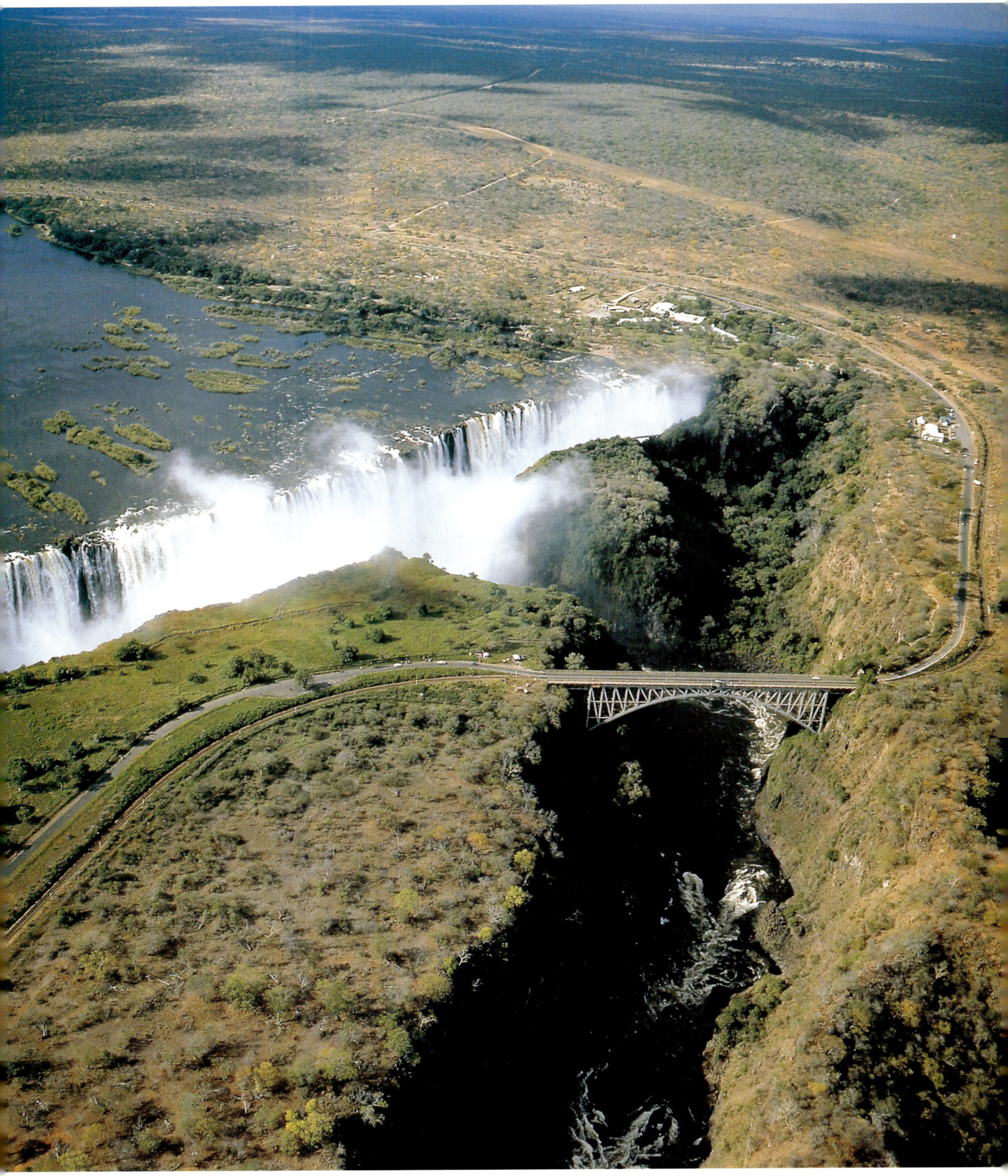

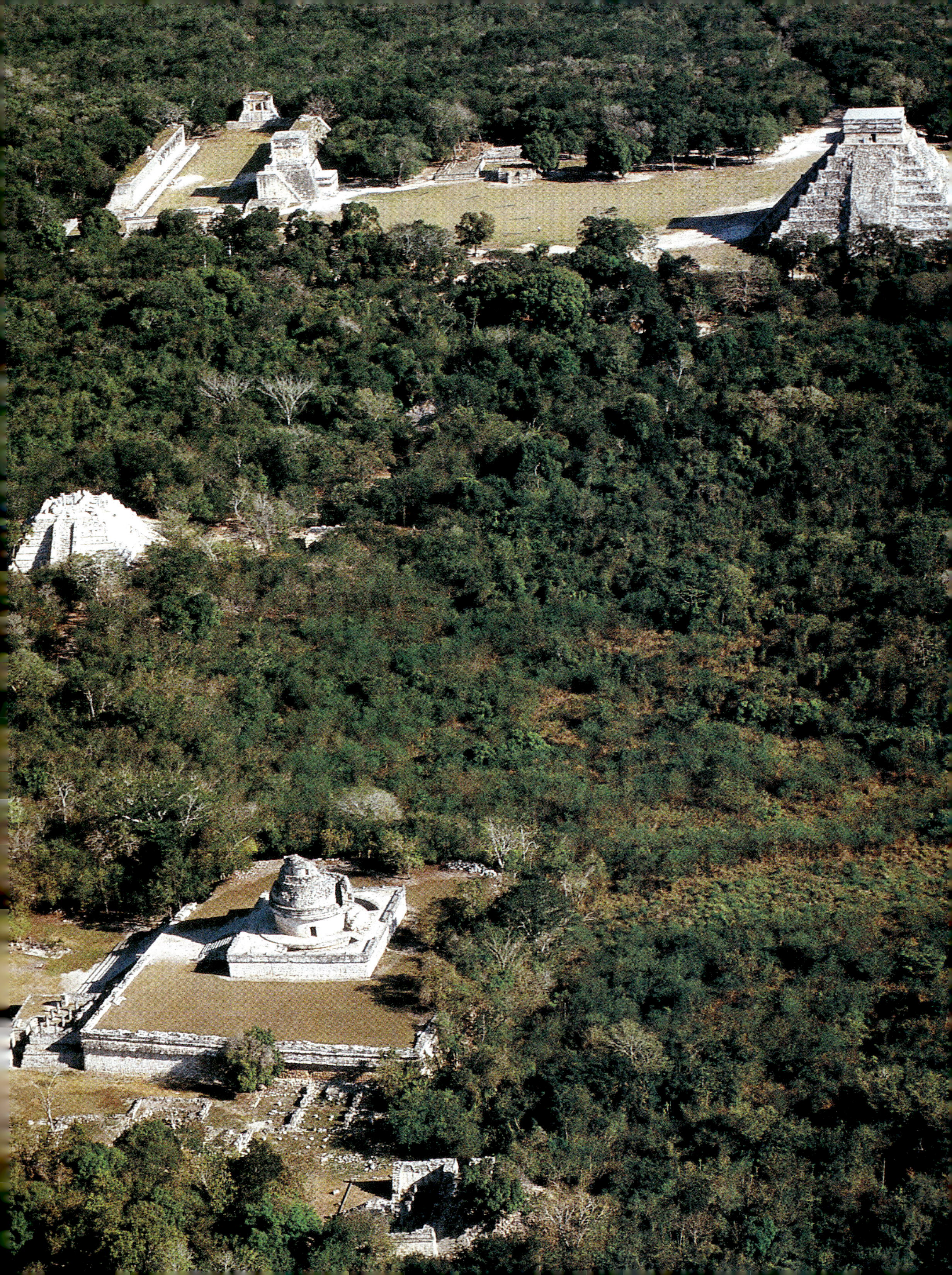

Messico: l'area archeologica di Chichén Itzá, città preispanica fiorita tra X e XII secolo, nella quale sono presenti elementi di arte maya e tolteca.

AMERICA

ARGENTINA/BRASILE

LE MISSIONI DEI GUARANÍ

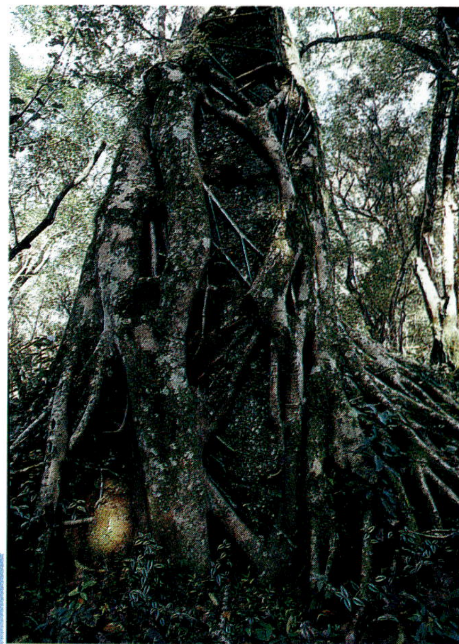

Le suggestive rovine di Santa Ana, avvolte da nodose radici.

San Ignacio Mini: le rovine della chiesa tardobarocca, quasi completamente demolita dopo la cacciata dei gesuiti e lo sterminio dei guaraní.

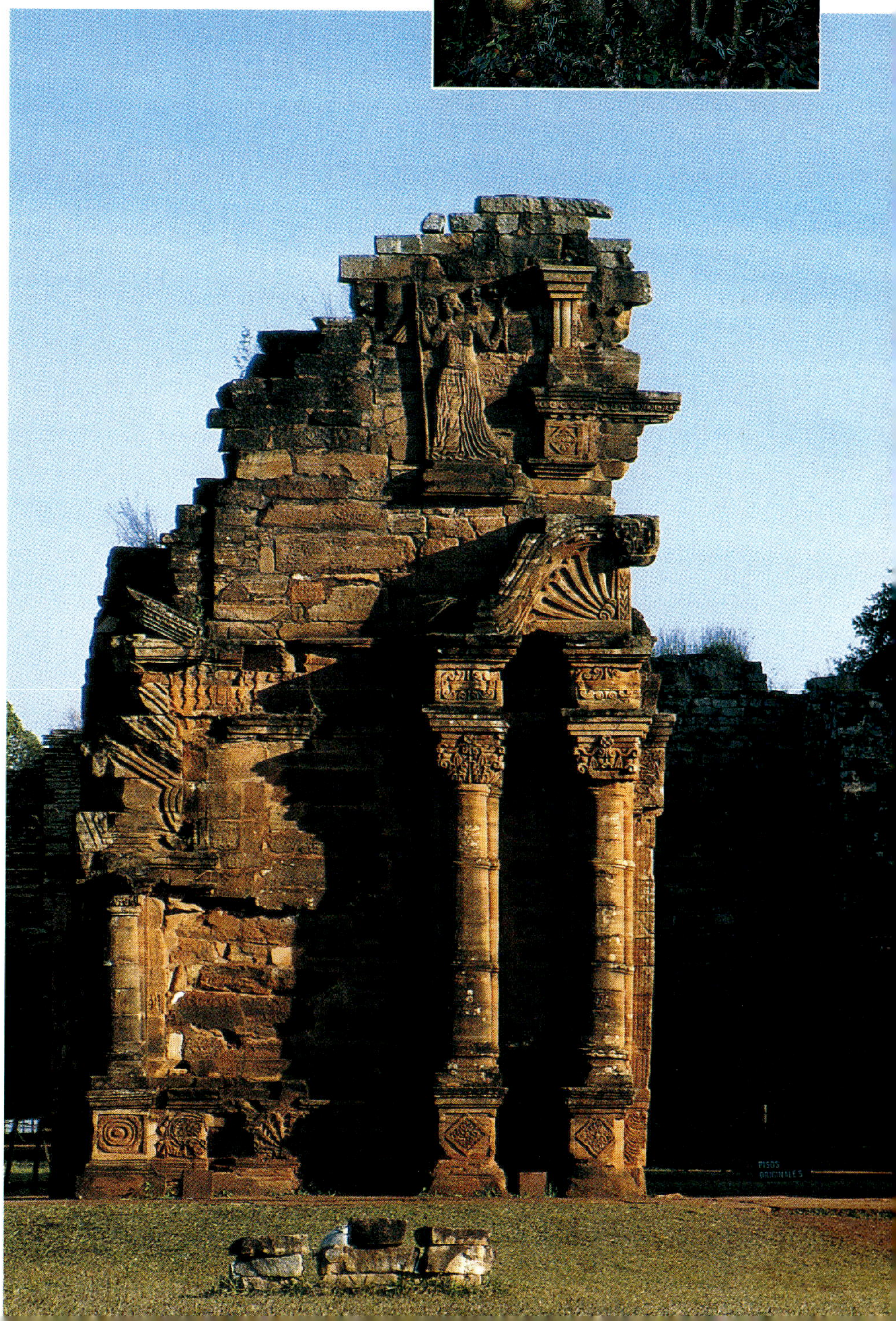

Ai confini tra l'Argentina, il Brasile e il Paraguay, le rovine delle antiche missioni dei gesuiti colpiscono ancora oggi il visitatore per il tono epico delle vicende storiche cui sono legate. Le tracce che oggi restano a Santa Ana, Nuestra Señora de Loreto e Santa María la Mayor di quella che fu una delle più interessanti esperienze di vita comunitaria della storia americana sono per lo più ruderi di officine, dimore, cimiteri, chiostri. Non mancano però, nei siti meglio preservati di São Miguel in Brasile e San Ignacio Mini in Argentina, mura di chiese dall'ampia facciata, solitarie testimonianze dell'architettura europea dei secoli passati in un territorio lontano dai grandi centri di diffusione della cultura dei colonizzatori. Gli imponenti edifici delle missioni sorsero tra Seicento e Settecento, allorché i padri gesuiti spagnoli impiantarono prospere realtà socioeconomiche fondate sulla diffusione della vita cristiana nel pieno rispetto delle tradizioni delle popolazioni locali. Strutture politiche e culturali autonome, pur all'interno delle colonie spagnola e portoghese, richiamarono un numero sempre crescente di indigeni, che

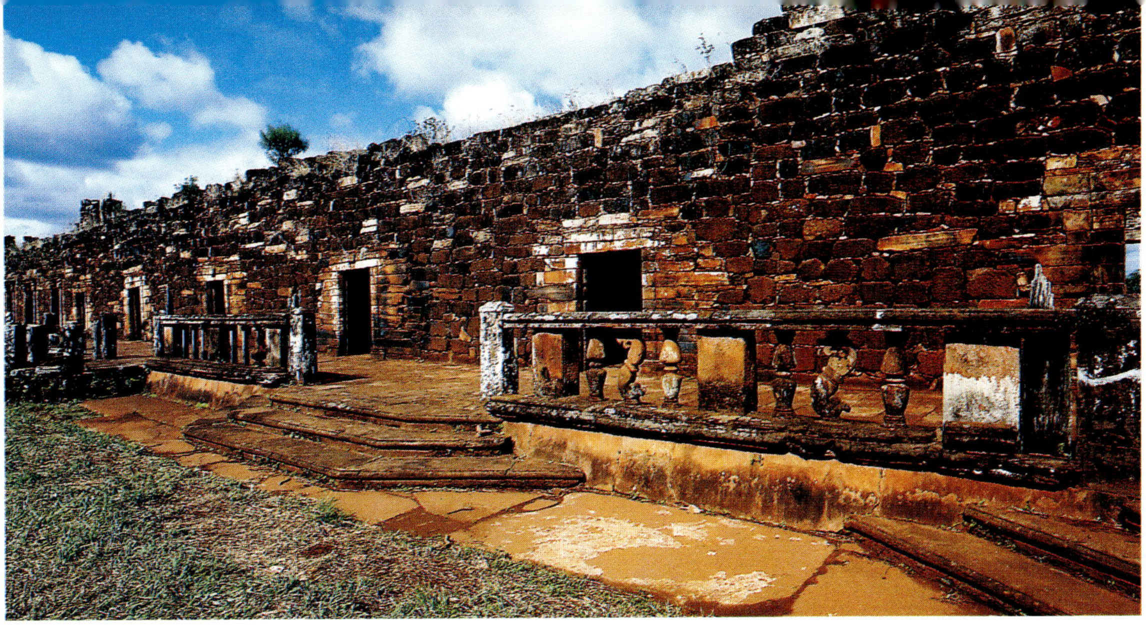

I resti di uno degli edifici della missione di San Ignacio Mini.

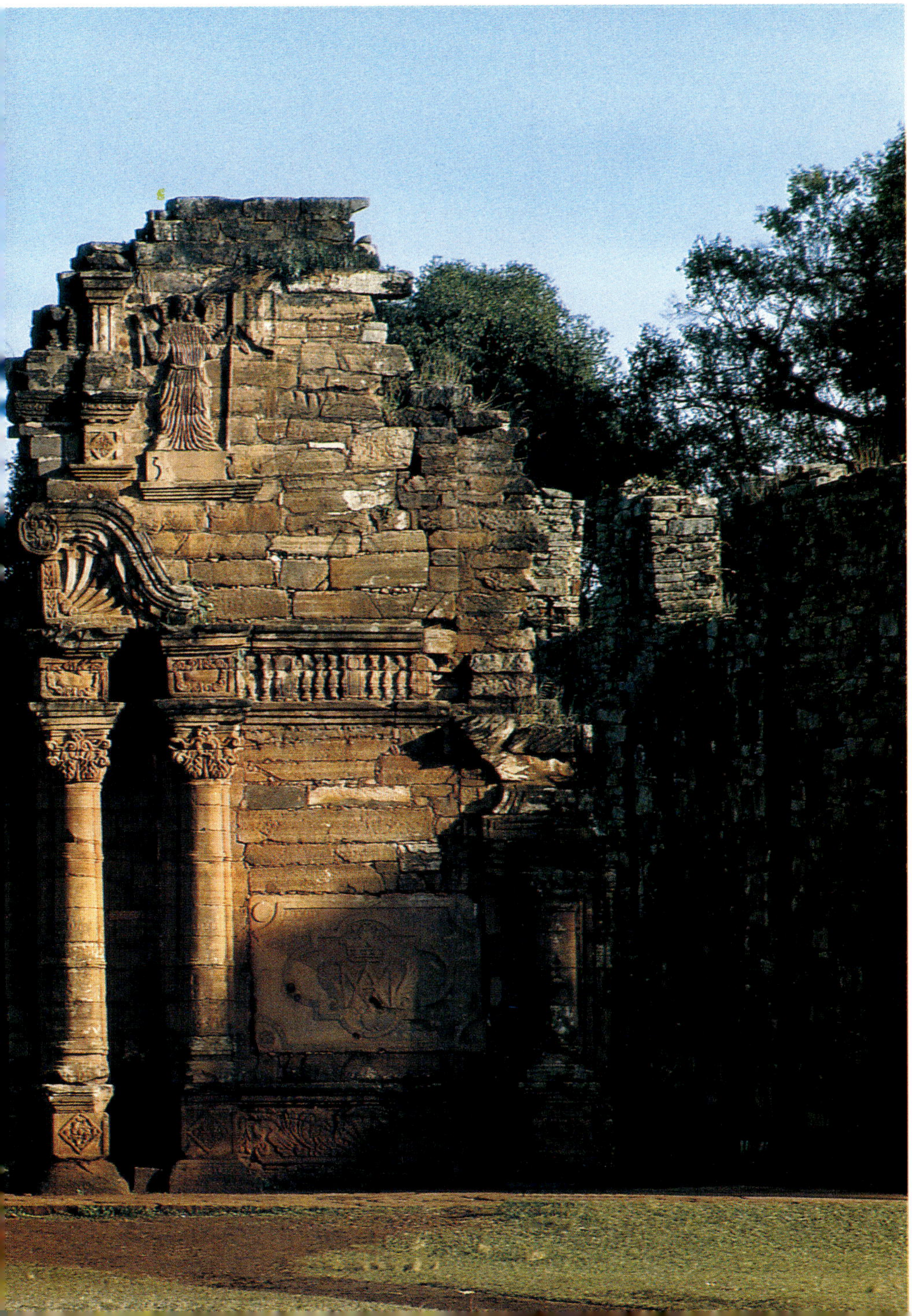

Elemento decorativo di una balaustra della missione di San Ignacio Mini.

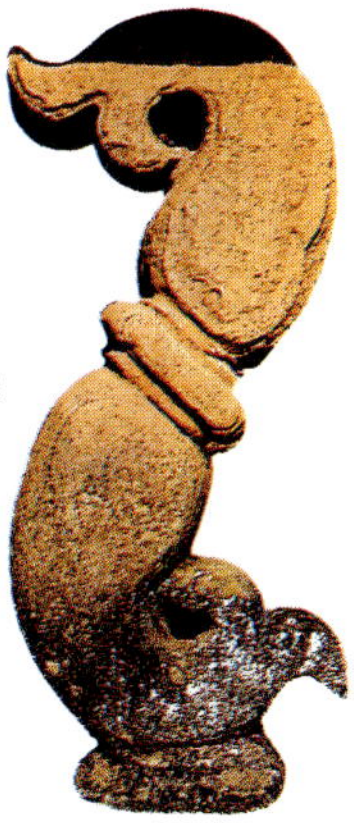

vi giungevano dopo viaggi di inenarrabile difficoltà con autentiche migrazioni, spesso guidate da leggendarie figure di predicatori. Durante il Settecento attorno ai gesuiti si radunarono comunità composte anche da diverse migliaia di persone, le cui condizioni erano in stridente contrasto con quelle degli altri indi del continente. Le attività delle missioni causarono accese discussioni in Europa, non solo presso le corti delle potenze colonizzatrici, ma anche tra le alte sfere ecclesiastiche, al punto che i territori affidati alla Compagnia di Gesù vennero sempre più limitati. Nella seconda metà del XVIII secolo, approfittando della crescente ostilità nei confronti dell'Ordine, le potenze coloniali riuscirono finalmente a scacciare i padri missionari. L'evento si rivelò catastrofico per i guaraní, che in breve furono dispersi o sterminati, mentre gli edifici delle missioni vennero quasi completamente abbattuti.

BOLIVIA

LA CITTÀ MINERARIA DI POTOSÍ

Per la Casa de la Moneda, che ancor oggi domina il panorama cittadino, passava tutto l'oro estratto dalle vicine miniere.

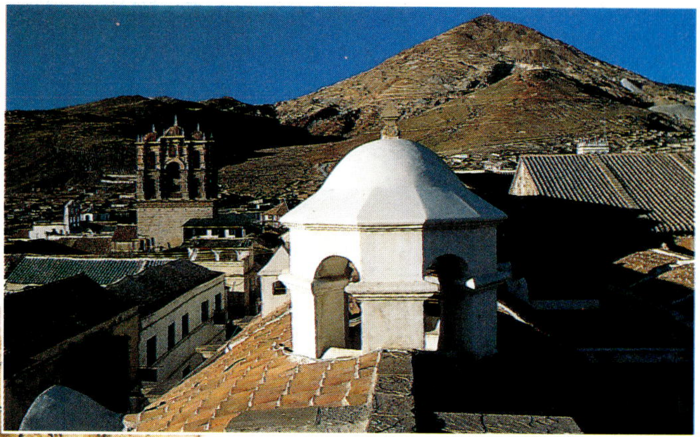

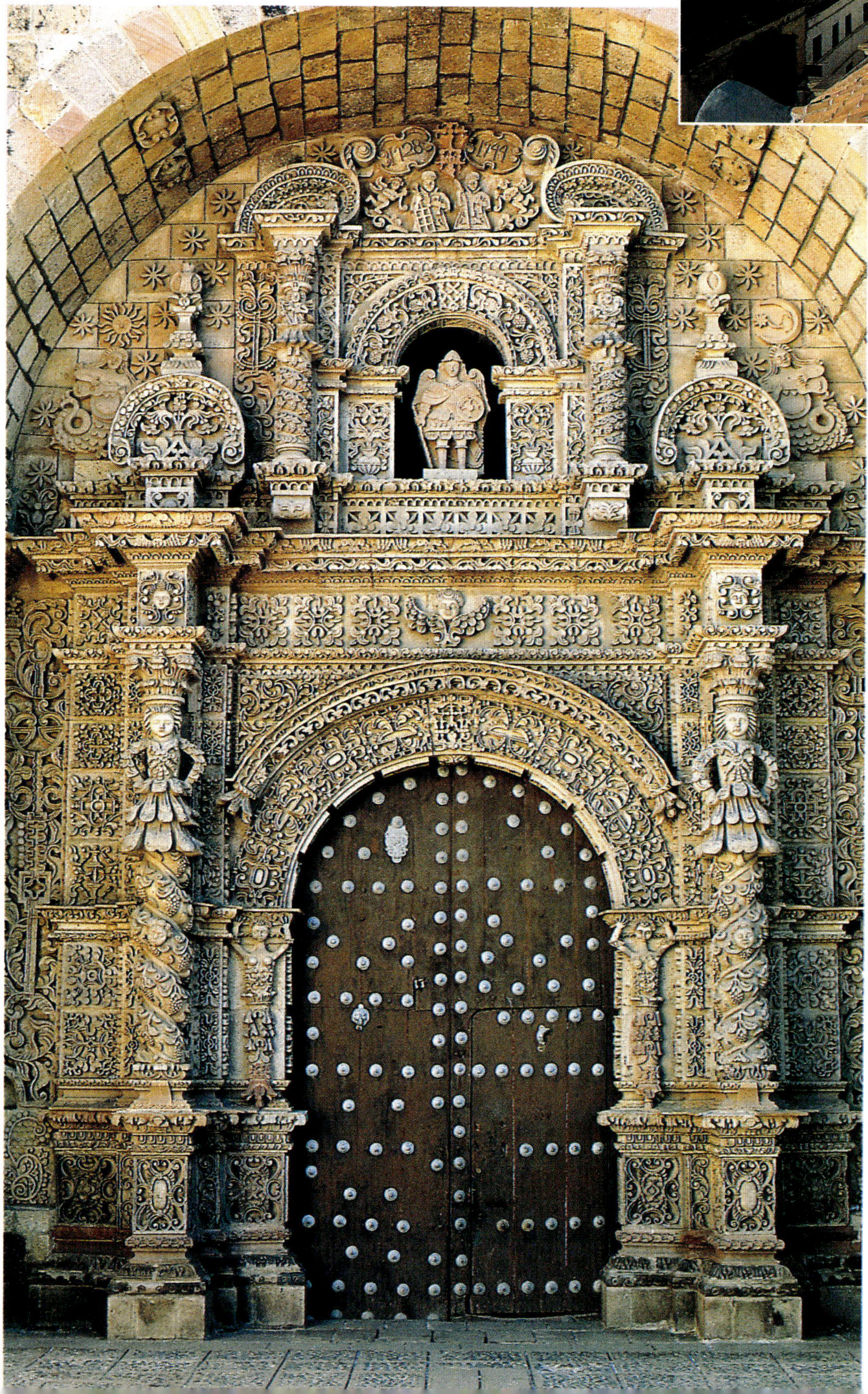

La città di Potosí fu fondata in Bolivia nel 1545, dopo la scoperta di giacimenti d'argento in una collina, battezzata dagli spagnoli Cerro Rico. Il completo sfruttamento delle miniere, che diede vita a un enorme complesso industriale, fu possibile grazie a grandi opere idrauliche, rese necessarie dalla scarsezza d'acqua, che invece era indispensabile sia per scopi civili sia per azionare i mulini. Nel Settecento, nonostante i 3900 metri di altitudine, la città raggiunse i 160.000 abitanti, ma vide anche l'inizio del rapidissimo declino, dovuto all'esaurimento delle miniere. Ombra della ricca città che fu, Potosí è oggi una località con un nobile impianto coloniale settecentesco al quale fanno da contraltare i quartieri dove vivevano i minatori, i *barrios mitayos*, così chiamati dalla *mita*, il sistema del lavoro obbligatorio per gli indi. Di particolare interesse sono la Casa de la Moneda, zecca, fortezza e prigione, oggi museo, e la chiesa di San Lorenzo, costruita nel 1548, con una facciata del 1744, decorata con motivi vegetali di gusto meticcio.

Il settecentesco portale riccamente decorato della chiesa di San Lorenzo.

CANADA

LA CITTÀ VECCHIA DI LUNENBURG

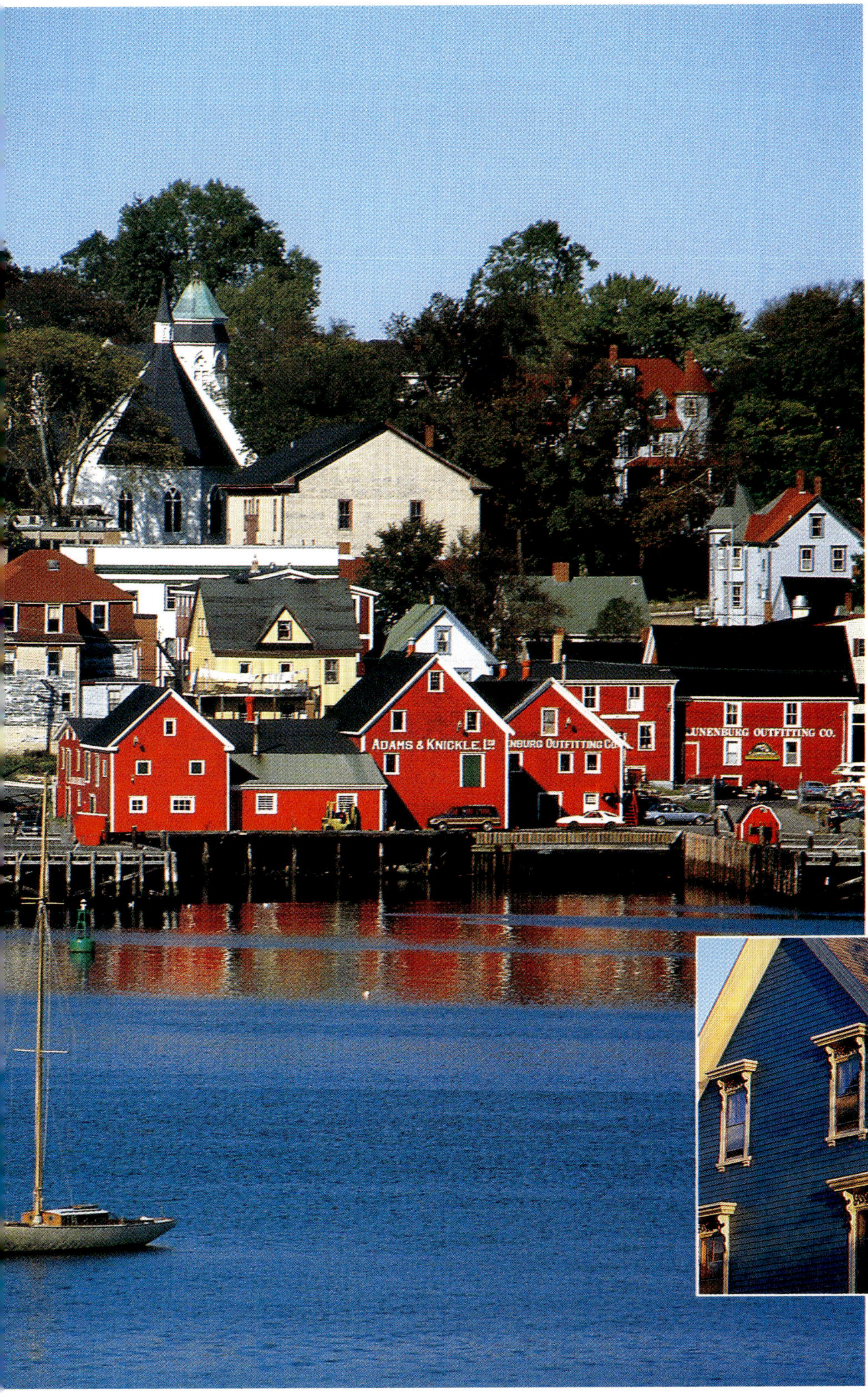

A sinistra: le tradizionali costruzioni in legno che si affacciano sul vecchio porto.

In basso: un elegante edificio della Città Nuova ottocentesca.

Lunenburg, porto atlantico della Nuova Scozia, fu fondata nel 1753 da protestanti svizzeri, tedeschi e francesi, dediti principalmente alla pesca e ai commerci marittimi. L'insediamento urbano della Città Vecchia conserva l'impianto settecentesco, articolato su una griglia ortogonale di strade che ordinano i lotti rettangolari adibiti alla costruzione degli edifici, secondo un'urbanistica che risente fortemente della matrice europea dei colonizzatori. Giunte fino a noi in buono stato di conservazione, grazie alla cura con cui vengono tenute dagli abitanti, le vecchie case di legno di Lunenburg rappresentano un esempio di rilievo dell'edilizia coloniale dell'America del Nord. Accanto alla zona più antica, quasi altrettanto pregevole, sorge la città ottocentesca, o Città Nuova. Cresciuta parallelamente allo sviluppo della cantieristica navale, costituisce

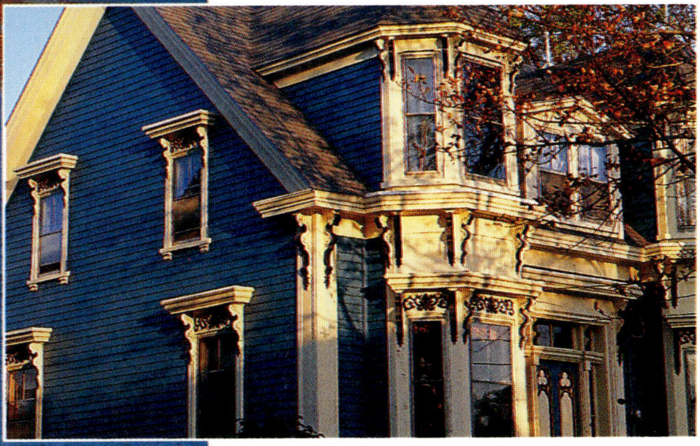

un'importante testimonianza della vita e dei gusti del ceto borghese e imprenditoriale di quell'epoca.

CANADA

WOOD BUFFALO NATIONAL PARK

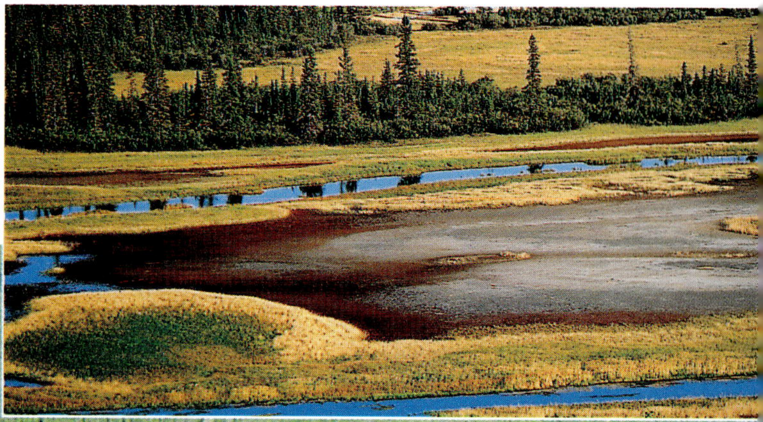

Piccoli e grandi laghi squarciano all'improvviso le sconfinate distese di confine.

Macchie di abeti punteggiano le pianure ricche di sale, di cui nativi e cacciatori qui facevano scorta.

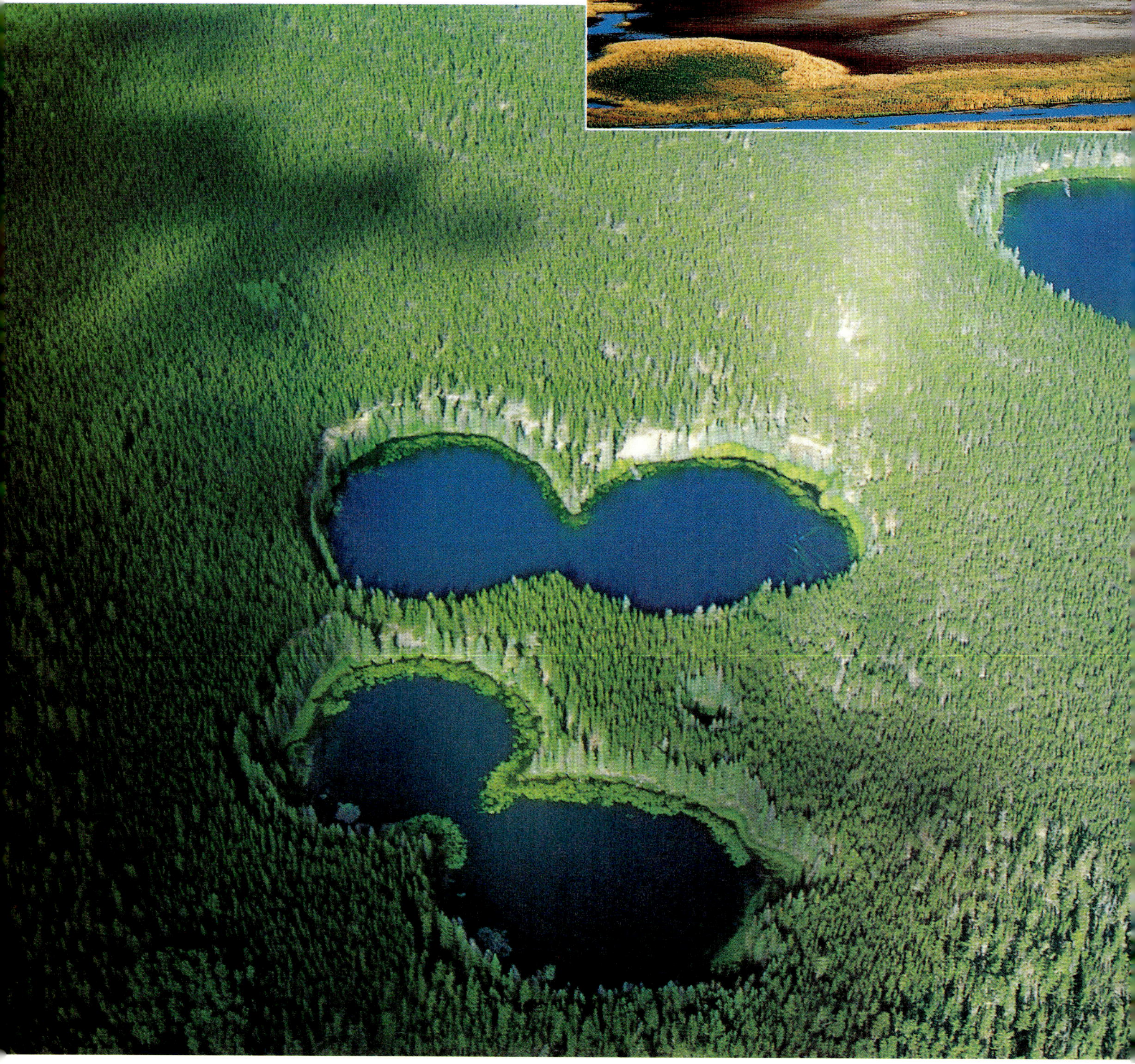

Istituito nel 1922, il Parco nazionale di Wood Buffalo, con i suoi 44.000 e più chilometri quadrati di estensione, una superficie cioè superiore a quella della Svizzera, costituisce la più vasta area protetta del Canada e una delle più grandi del mondo. Ubicato tra la provincia di Alberta e i Territori del Nord-Ovest, cioè in prossimità del sessantesimo parallelo, il Parco si estende attorno ai due fiumi Peace e Athabasca, i quali, incontrandosi, danno luogo al più grande delta interno del pianeta, che si risolve nel lago Athabasca e, più a nord, nel Gran Lago degli Schiavi. Nel rigido clima palustre del Parco cresce una ricca varietà di piante acquatiche, fra le quali vivono numerosissime specie di volatili.
Tra queste si ricordano le anatre, le oche, i cigni, i pellicani e soprattutto gli ultimi esemplari di gru giganti, che qui trovano l'unico angolo di mondo dove possano ancora nidificare. A margine del delta, nella porzione settentrionale del Parco, la vegetazione assume le caratteristiche proprie della foresta boreale. All'interno dei fitti boschi si aprono frequenti radure e praterie molto estese, luoghi prediletti per il pascolo dalle numerose mandrie di bisonti delle pianure, le quali comunque non disdegnano di inoltrarsi nelle zone deltizie alla ricerca di falaschi. Il grande bovino costituisce il simbolo stesso del Parco e la ragione prima della sua istituzione, giacché l'area protetta nacque con l'intento di ripopolare una specie che nel corso dell'Ottocento ridusse le proprie presenze sul territorio nordamericano da quasi 60 milioni di capi a pochi esemplari.
Oggi il territorio del Parco nazionale di Wood Buffalo ospita tanto il bisonte delle foreste quanto quello delle pianure, più numeroso e con branchi di dimensioni uniche al mondo, che possono raggiungere anche i tremila capi.

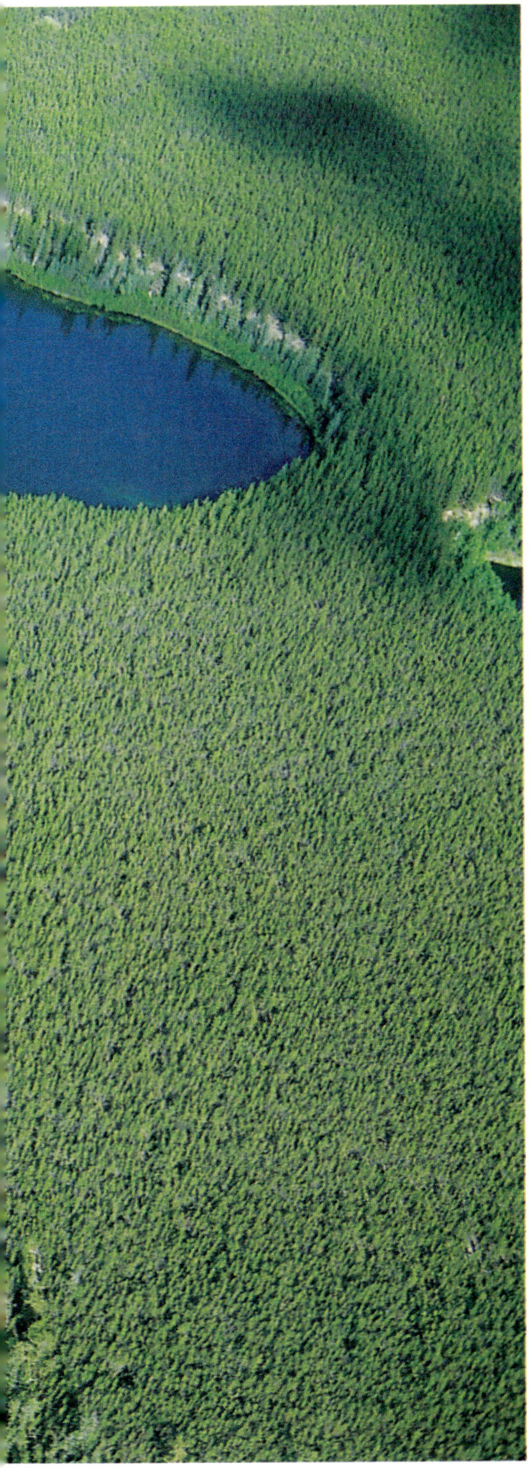

Un raro esemplare di gru gigante, un uccello che nidifica solo nel Parco di Wood Buffalo.

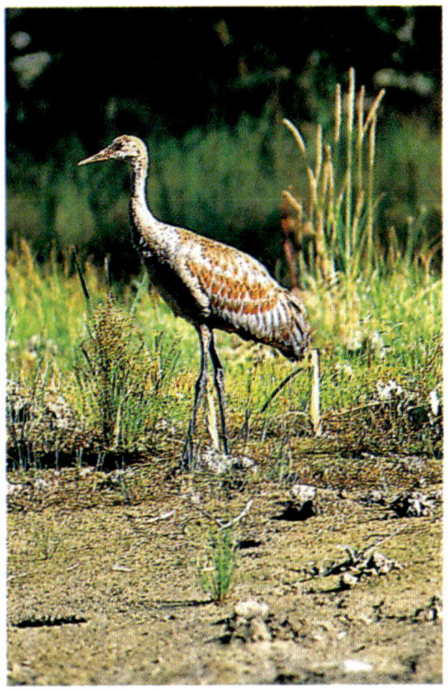

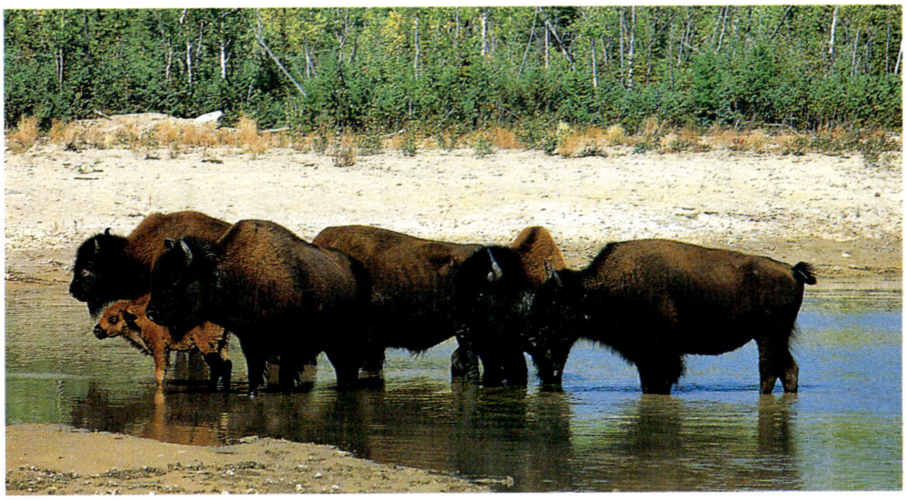

Un piccolo gruppo di bisonti in uno dei tanti corsi d'acqua compresi nel territorio di Wood Buffalo.

CILE

IL PARCO NAZIONALE DI RAPA NUI

Rapa Nui è il nome indigeno della remotissima isola di Pasqua, situata a circa 2° a sud del Tropico del Capricorno, a 3700 chilometri dalla costa americana e a 1900 dalla più vicina terra abitata. Come abbiano fatto, quindi, alcuni abitanti delle lontane isole della Polinesia a raggiungere Rapa Nui è un mistero fitto di ipotesi affascinanti, così come rimane ignoto il modo in cui i loro discendenti abbiano saputo scolpire centinaia di colossali statue in duro tufo vulcanico, i *moai*, trasportarle per lunghe distanze, dalle cave fino alla costa, e infine innalzarle su grandi piattaforme di pietra, gli *ahu*. I primi abitanti dell'isola vi giunsero nel III secolo d.C. e diedero inizio a quella potente tradizione di sculture monumentali, assolutamente libera da qualsiasi influenza esterna, totalmente originale, che continua ad affascinare e meravigliare. Sebbene i giganteschi *moai* ne costituiscano l'immagine più caratteristica, vi sono altri tipi di scultura in pietra: i sepolcri fatti di grossi tumuli di rocce e le case a forma di barca. La fioritura della civiltà dell'isola di Pasqua copre il periodo che va dal X al XVI secolo; poi la grande cultura si estinse, in parte per cause naturali, in parte per le guerre fratricide, in parte ancora per la pressione del colonialismo europeo e la tratta degli schiavi. La Spagna non si mostrò mai interessata alla conquista di Rapa Nui, mentre fu il Cile ad annettersi ufficialmente l'isola nel 1888, durante un periodo di forte espansionismo coloniale. Attualmente Rapa Nui ha un proprio governo locale e sono stati restituiti agli indigeni grandi

Reintrodotte dall'uomo (che secoli prima le aveva abbattute e utilizzate per trasportare i grandi idoli di pietra), le palme riappaiono lentamente sulle spiagge di Rapa Nui.

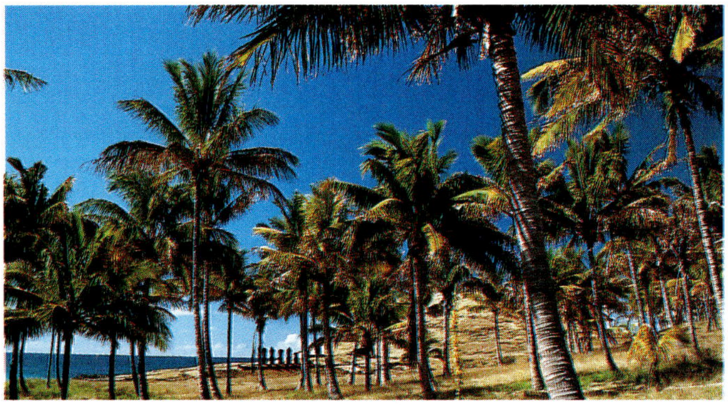

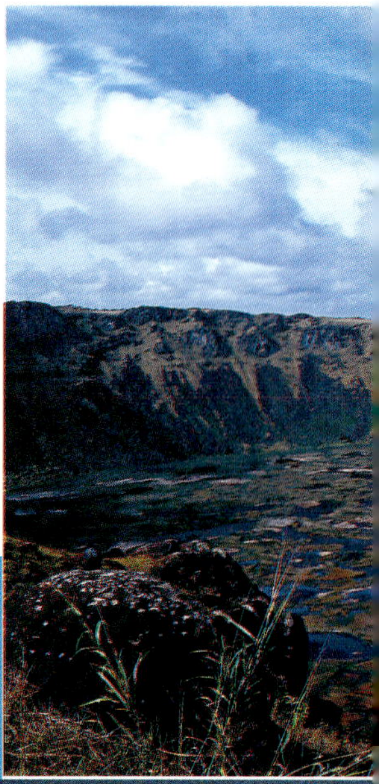

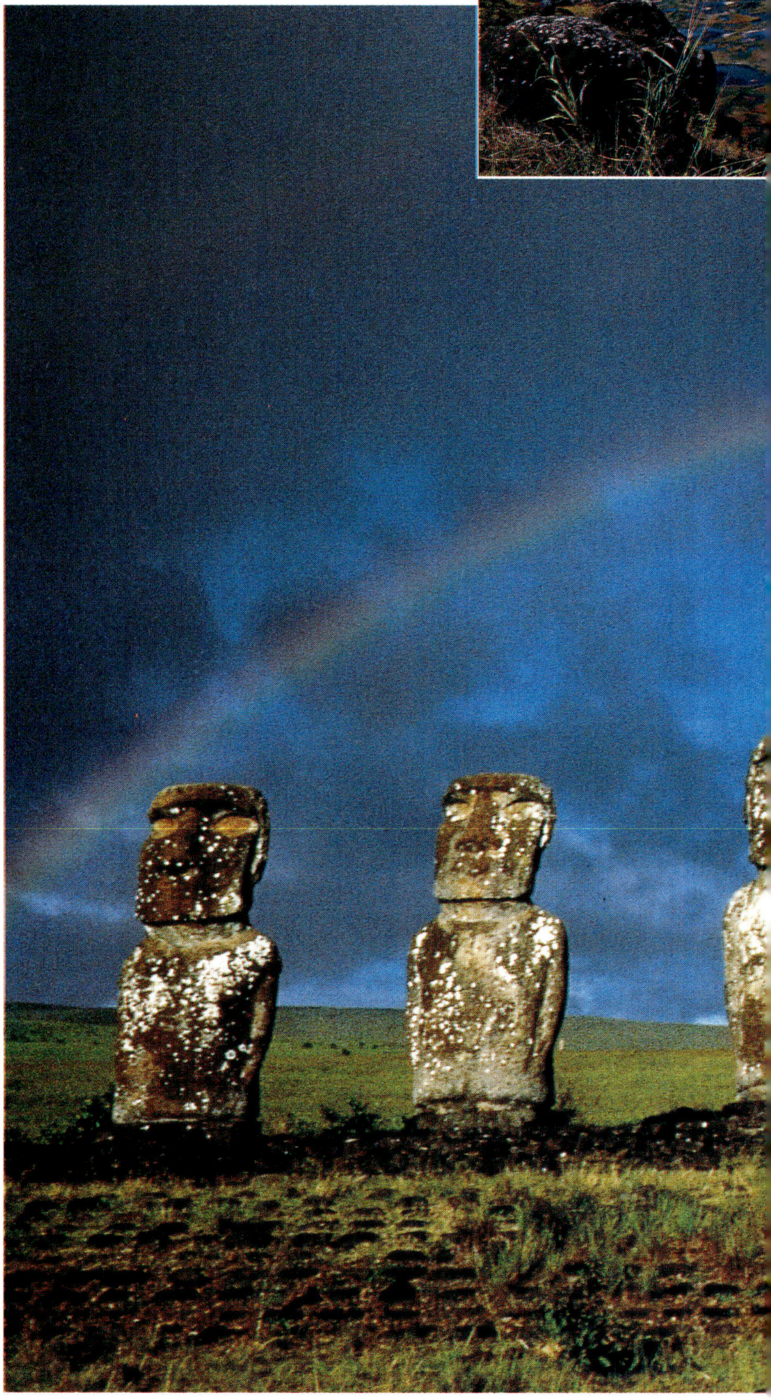

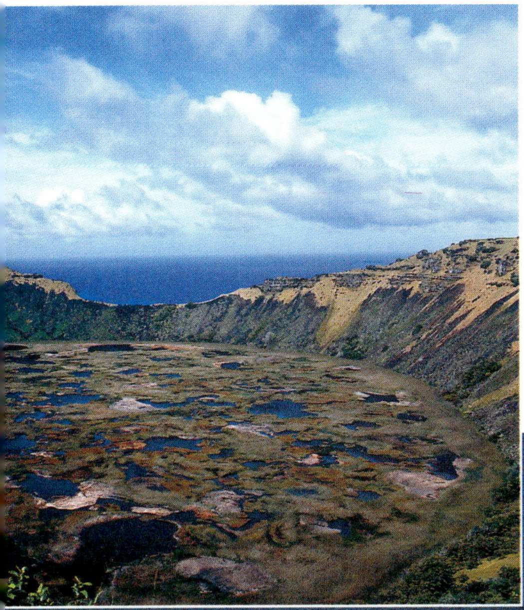

Uno dei tre crateri spenti dell'isola di Pasqua, comparsa nel mezzo del Pacifico in seguito a eruzioni vulcaniche.

Impressionanti schiere di giganteschi moai, eretti su piattaforme di pietra, caricano di suggestioni il brullo paesaggio di Rapa Nui.

estensioni di terra dell'isola, battuta da venti oceanici che vi impediscono la crescita di vegetazione arborea. I bovini e gli ovini pascolano ancora in alcune zone, ma da trent'anni a questa parte l'industria principale è diventata quella del turismo, un fenomeno piuttosto recente, che si è sviluppato grazie ai collegamenti aerei regolari con il Cile e con Tahiti e che ha favorito il restauro di numerosi siti di particolare interesse, soprattutto alcuni villaggi cerimoniali.

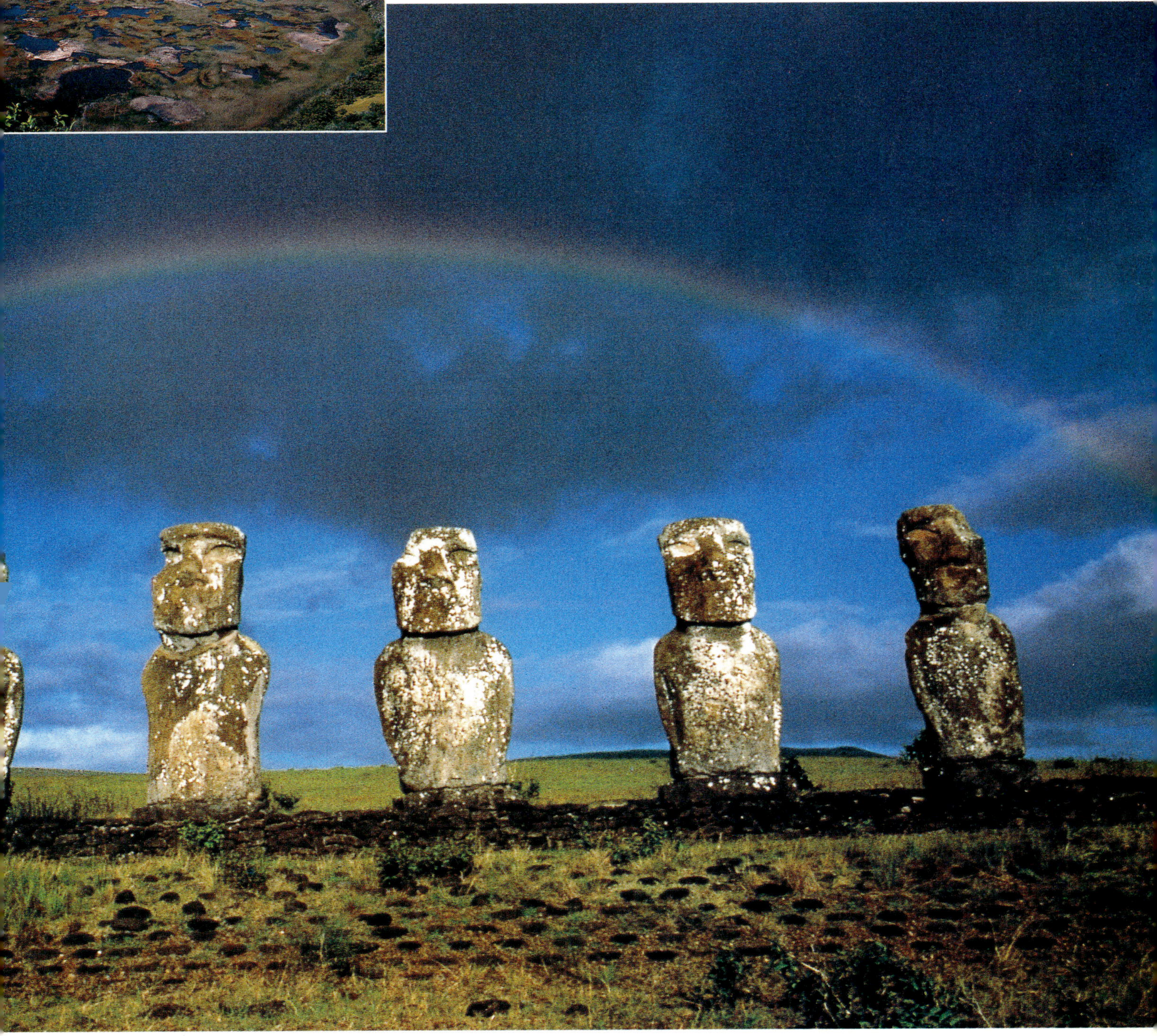

COLOMBIA

I MONUMENTI DI CARTAGENA

In Colombia, in una baia del mar dei Caraibi, ancora magicamente circondata dalle mura e dai bastioni progettati nel 1586 da G.B. Antonelli, Cartagena de Indias possiede il maggior complesso di fortificazioni dell'America del Sud. Dopo essere stata, nel XVI secolo, una delle teste di ponte della penetrazione spagnola in America, nel Seicento fu uno dei principali mercati degli schiavi. Ai diversi monumenti di quest'epoca si aggiunsero gli interventi settecenteschi, quando Cartagena visse il periodo di maggior splendore economico. Il *casco viejo*, il centro storico, della pigra e sonnolenta città è un piccolo gioiello dell'architettura coloniale. Oggi è tornato a essere un luogo romantico e affascinante, con grandi e misteriose piazze barocche, viuzze fiancheggiate da case bianche e rosse con balconi di legno scolpito carichi di bougainvillee, *patios* ombreggiati da palme, chiese rococò di pietra grigia e arenaria bionda, chiostri immersi in una magica pace. La città è divisa in tre quartieri: San Pedro, con la cattedrale e i palazzi governativi in stile andaluso, San Diego, dove vivevano mercanti e borghesi, e Getsemani, il quartiere popolare.

Sotto: il patio, elemento caratteristico dell'architettura civile di matrice spagnola.

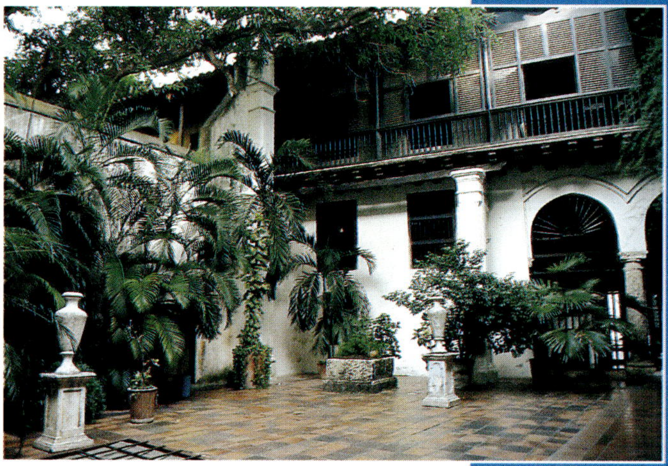

Il castello di San Felipe; mura e apparati difensivi risalgono per lo più al XVI secolo.

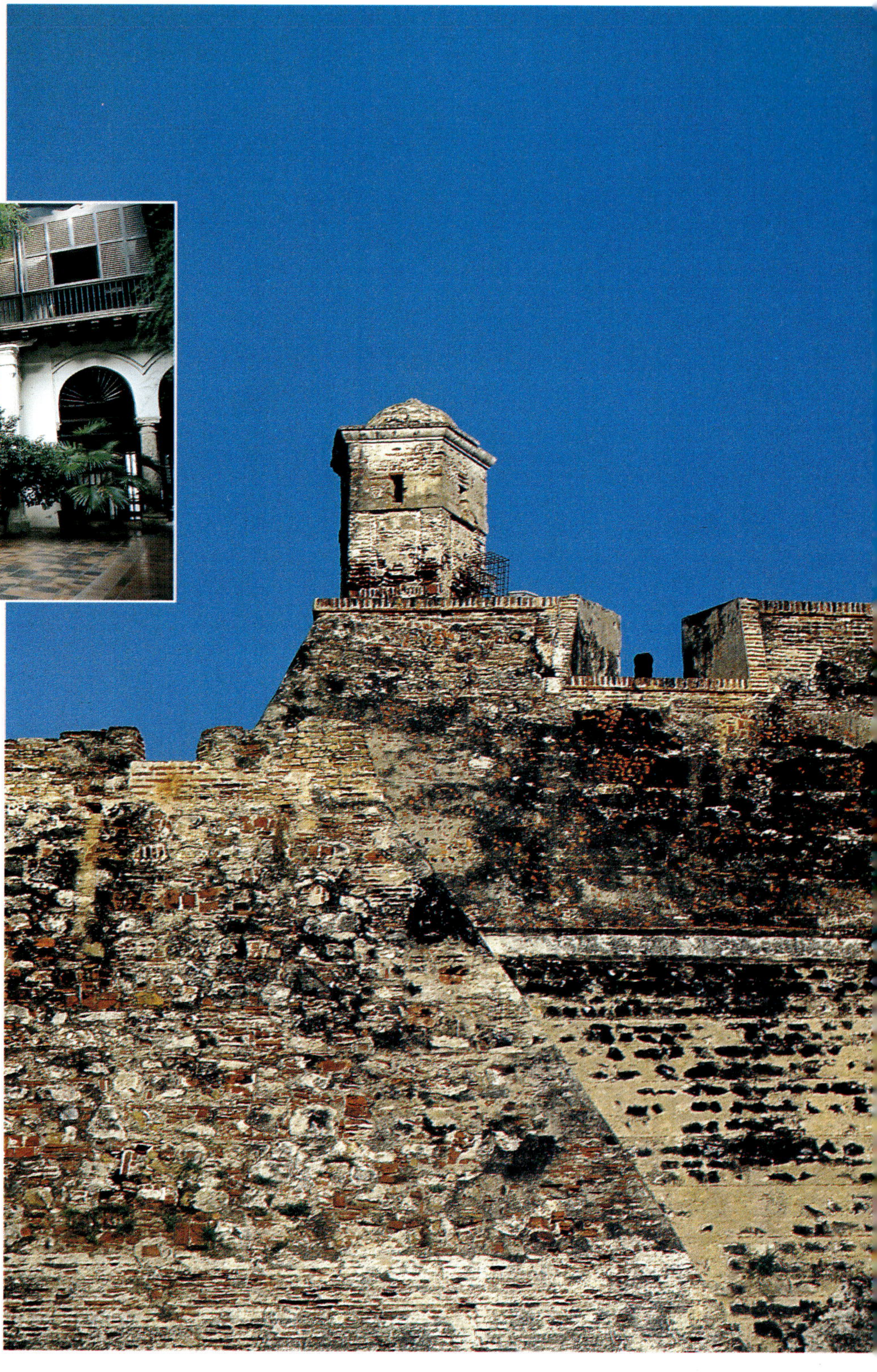

COSTA RICA

IL PARCO NAZIONALE DELL'ISOLA DI COCOS

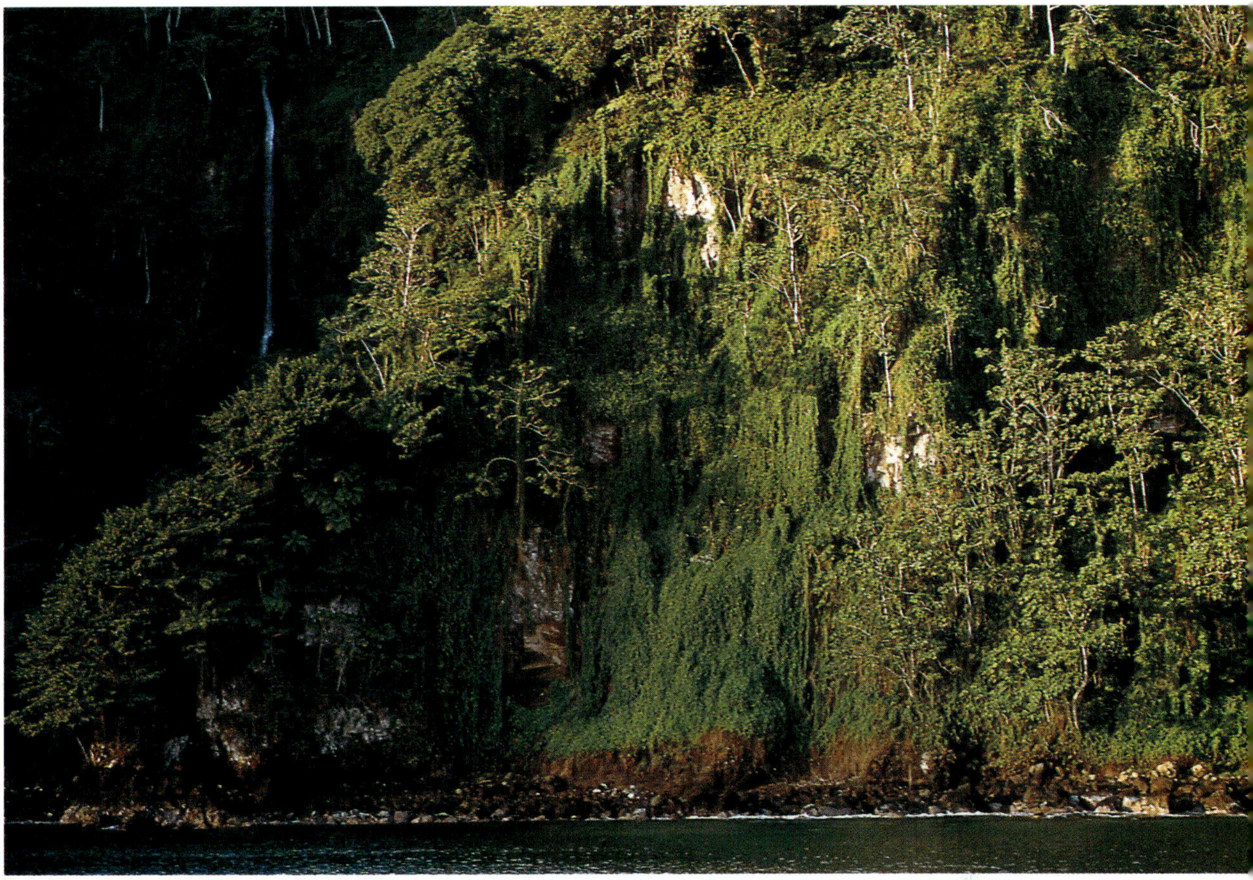

L'area protetta dell'isola comprende una vasta superficie terrestre e una non meno ricca riserva marina. Cocos è situata nell'oceano Pacifico, a 550 chilometri dal litorale della Costa Rica ed è l'unica, in quella zona, a possedere una foresta pluviale. Il suo territorio è montagnoso, con boscosi pendii dirupati dai quali precipitano almeno duecento cascate. I rilievi dell'isola sono il regno degli uccelli, alcuni dei quali appartengono a specie endemiche, come il cuculo e il fringuello dell'isola di Cocos. Inoltre è famosa per essere il luogo, secondo numerose leggende, nel quale i pirati nascondevano i propri tesori, ma le molte spedizioni condotte a termine finora non hanno portato ad alcuna scoperta miliardaria. Il mondo sottomarino di Cocos è molto noto nell'ambiente degli appassionati di immersioni per l'eccezionale trasparenza delle acque e la straordinaria ricchezza di coralli e pesci. Molti lo ritengono uno dei luoghi più belli per l'osservazione delle grandi specie pelagiche, soprattutto gli squali, le razze, i tonni e i delfini.

Sopra: l'impervia costa dell'isola, coperta dalla fitta vegetazione tipica della foresta pluviale.

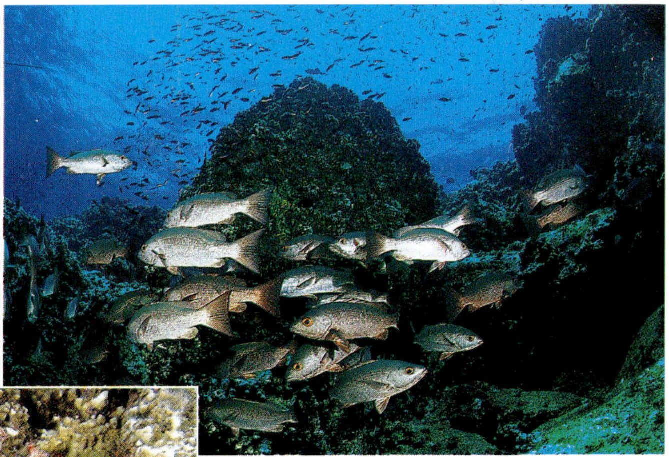

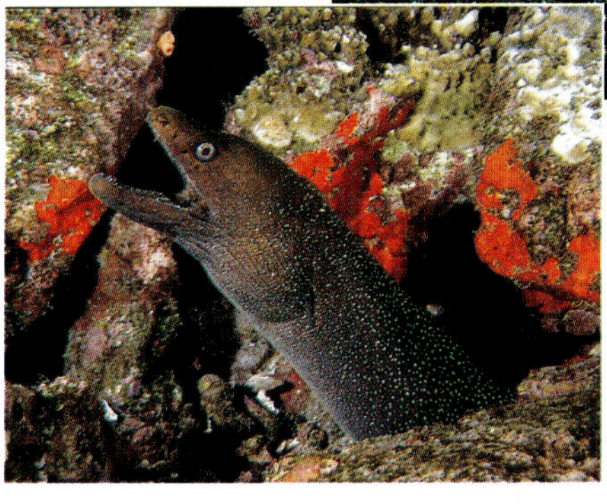

Sopra e a sinistra: i trasparenti fondali che circondano l'isola, noti tra gli appassionati di immersione per la ricchezza della fauna ittica.

CUBA

L'AVANA E LE SUE FORTIFICAZIONI

Pur alle prese con una profonda crisi economica, la capitale dell'isola di Cuba continua a essere un mito dei nostri tempi e una bella città dall'illustre passato con importanti monumenti, curati e restaurati anche grazie alla spinta di un turismo sempre più di massa. Fondata dagli spagnoli nel 1519, l'Avana è oggi una metropoli moderna e cosmopolita, dove però il trascorrere del tempo non ha impedito all'antica struttura coloniale di conservare intatto l'impianto originario, con il suo carattere urbanistico e architettonico.

Il panorama del centro storico è tripartito, con una divisione degli spazi che segue la differenziazione funzionale: il cuore della vita religiosa è la piazza della Cattedrale, il centro di quella politico-militare è la piazza delle Armi, mentre le attività commerciali si concentrano nella Piazza Vecchia. All'interno di un tessuto urbano nel quale permane il carattere specifico della tradizione, tutti i periodi dell'arte coloniale sono rappresentati con grande ricchezza, dalle origini fino all'apogeo del barocco.

L'antico castello, fin dal Cinquecento a guardia dell'ingresso al porto, e, sullo sfondo, i nuovi quartieri residenziali.

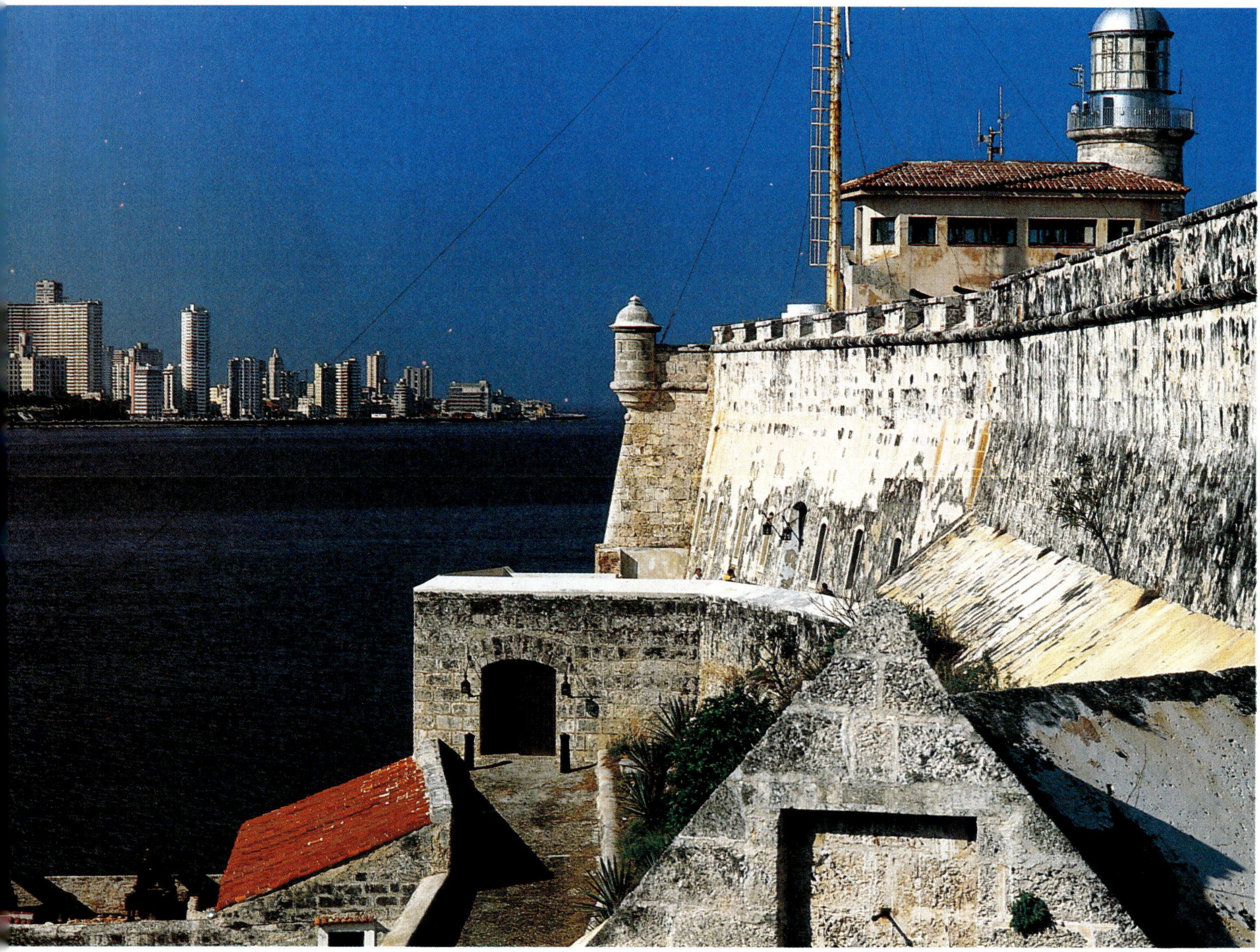

REPUBBLICA DOMINICANA

LA CITTÀ COLONIALE DI SANTO DOMINGO

La città coloniale di Santo Domingo fu nei primi decenni della conquista del Nuovo Mondo direttamente amministrata dalla corte di Spagna nonché testa di ponte per le esplorazioni americane. Oggi capitale della Repubblica Dominicana, affacciata sul mar Caribico, conserva gli straordinari resti monumentali dell'epoca per lei felice delle conquiste, che ne fanno un luogo di grande suggestione. Fondata nel 1498, è stata la prima città del Nuovo Continente in cui gli spagnoli eressero una casa in muratura, un ospedale,

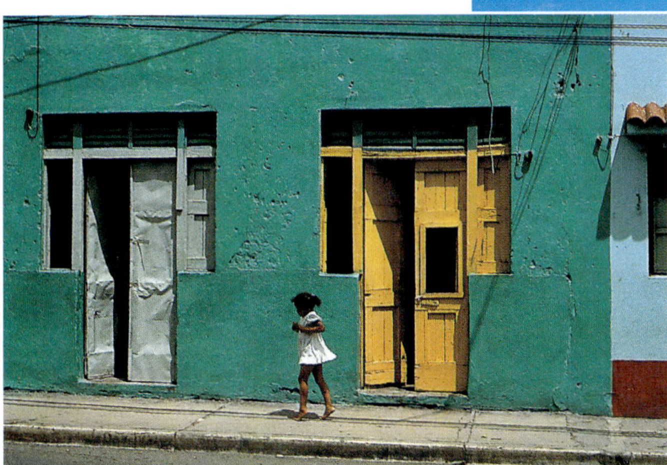

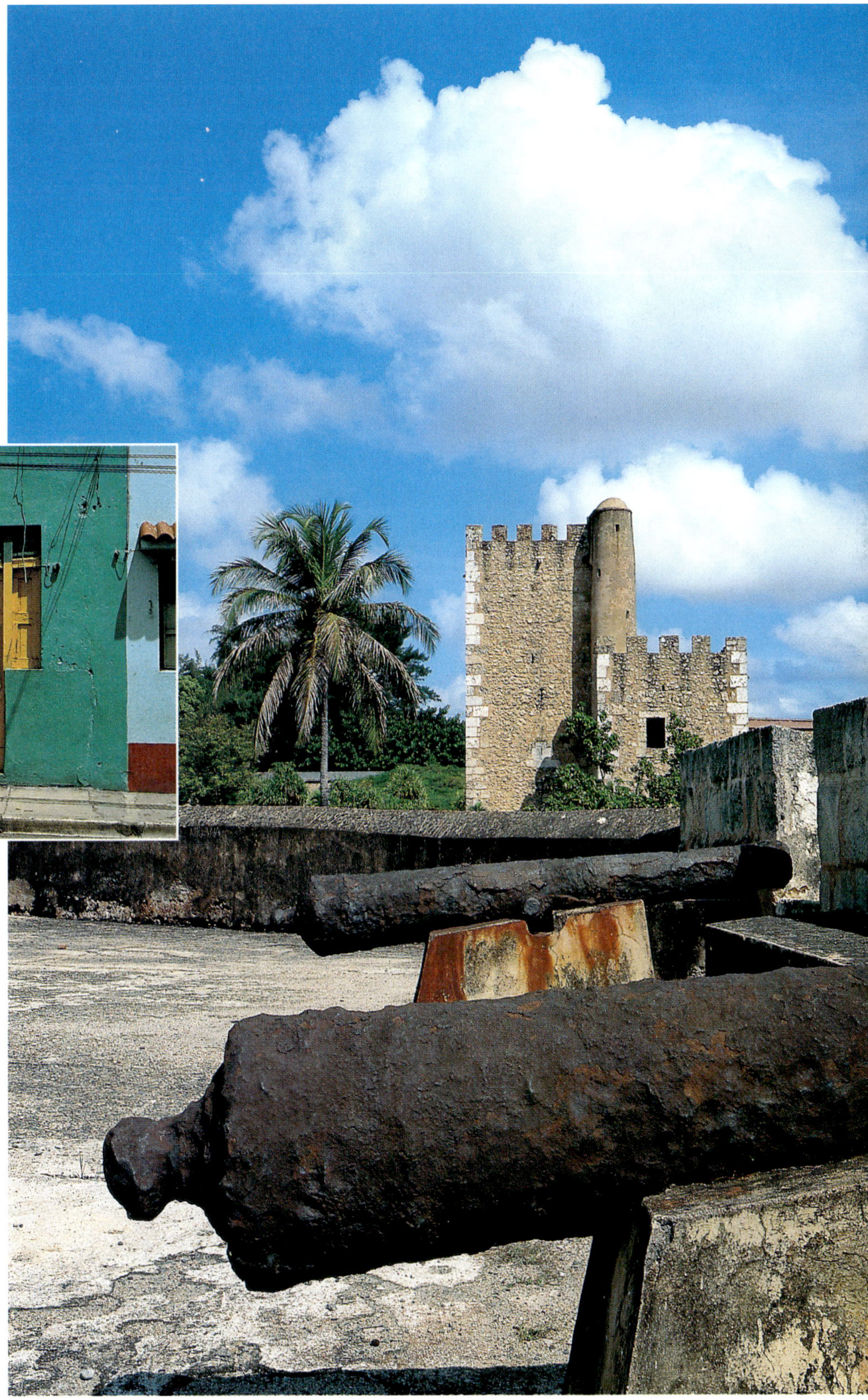

una cattedrale, un'università e una dogana. Il suo primo governatore, Nicolas de Ovando, si rivelò un geniale urbanista, tanto che il tracciato della Città Vecchia è servito come modello planimetrico per quasi tutte le successive città coloniali. Tra i numerosi monumenti spiccano la cattedrale di Santa María la Menor, dove riposerebbero le ceneri di Cristoforo Colombo, e l'alcazár di Colombo, costruito nel 1510 da Diego, figlio del grande navigatore.

In alto: coloratissima via di un quartiere popolare.

A destra: la fortezza di Ozama, costruita da Nicolas de Ovando nel 1502.

ECUADOR

LE ISOLE GALÁPAGOS

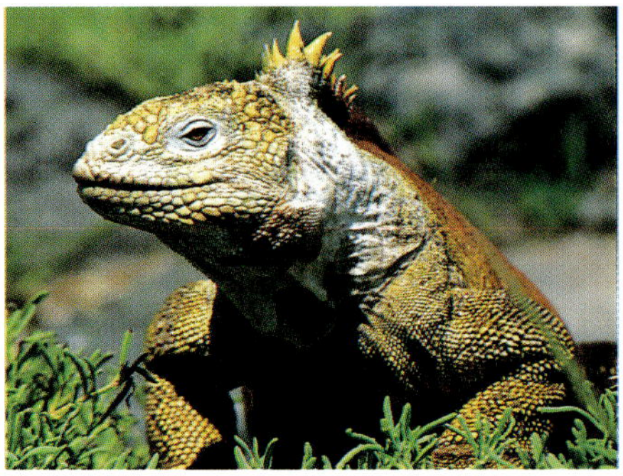

Le colate di lava che si tuffano nell'oceano Pacifico sollevando spesse nubi di vapore danno vita a frastagliate scogliere.

U'iguana terrestre delle Galápagos. I rettili dell'arcipelago furono al centro del dibattito scientifico dagli studi di Darwin sull'evoluzione.

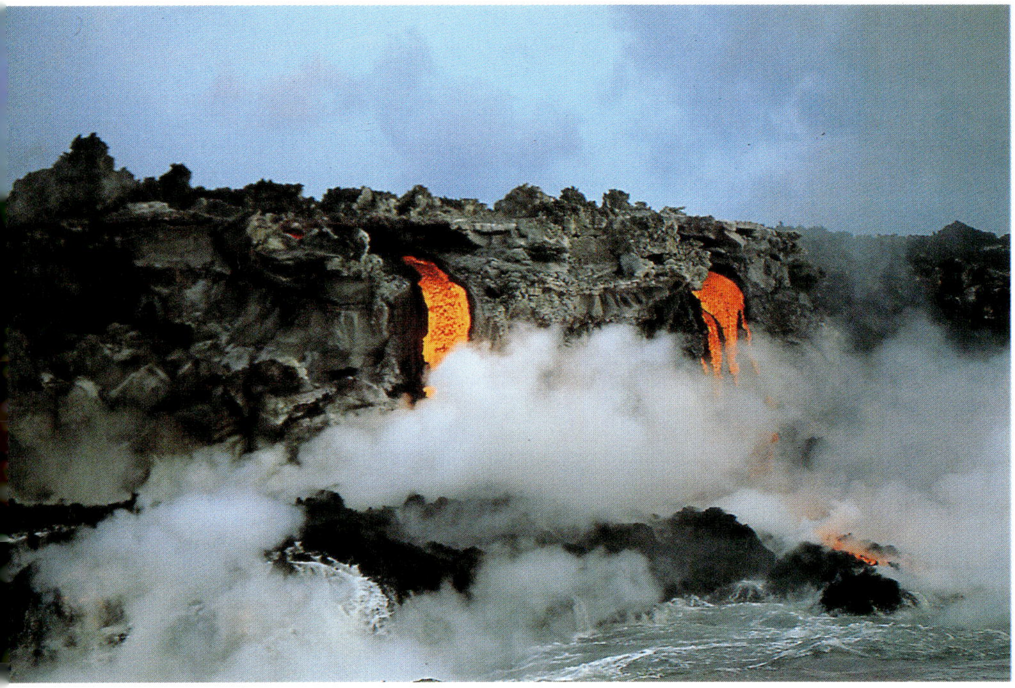

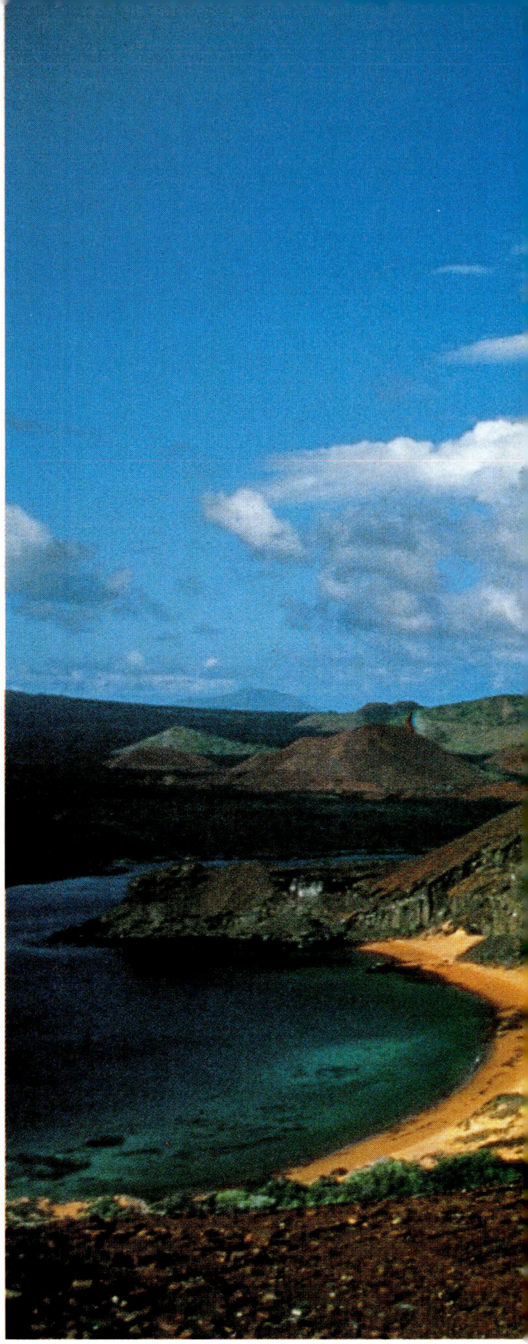

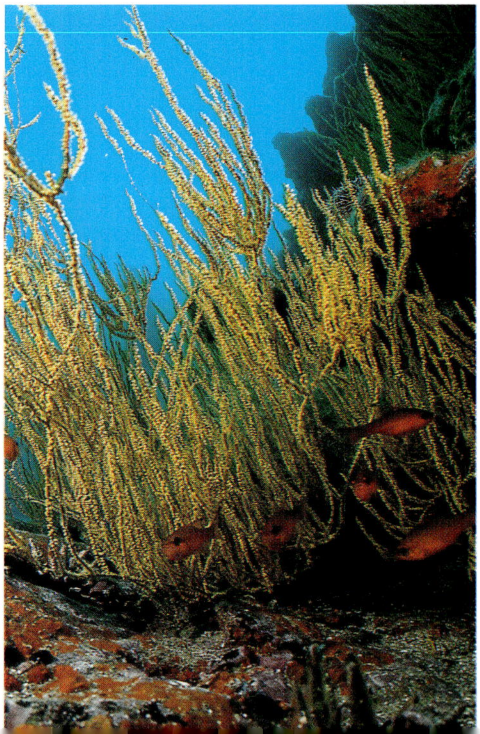

L'arcipelago delle Galápagos si trova al largo dell'Ecuador, a circa 1000 chilometri dalla costa. Scoperte nel 1546, queste isole vennero chiamate Encantadas, cioè "disabitate". Ancora oggi la loro superficie, arida e inospitale, è scarsamente antropizzata, con una popolazione complessiva di appena 12.000 abitanti, dediti per lo più a turismo, pesca e agricoltura. Eppure, la ricchezza della fauna rende le Galápagos un luogo di eccezionale importanza. Acqua, terra e cielo abbondano di animali che durante i secoli non hanno conosciuto il timore dei predatori e quindi si accostano all'uomo in tutta tranquillità: cormorani, fenicotteri, albatri, aironi, gabbiani, sule, fregate, iguane, pinguini, leoni marini e quelle tartarughe giganti, un tempo qui numerosissime, cui le isole devono il nome (*galápago*, significa "tartaruga" in spagnolo). Lungo l'arco di milioni di anni, venti e correnti del Pacifico hanno selezionato, ostacolando influenze esterne, e trascinato con sé alcune specie animali e vegetali che sono riuscite a sopravvivere in un ambiente difficile e in un completo isolamento, dando inizio a specie rare, talora uniche al mondo. Oggi il fragile ecosistema dell'arcipelago è minacciato dall'introduzione di animali e piante

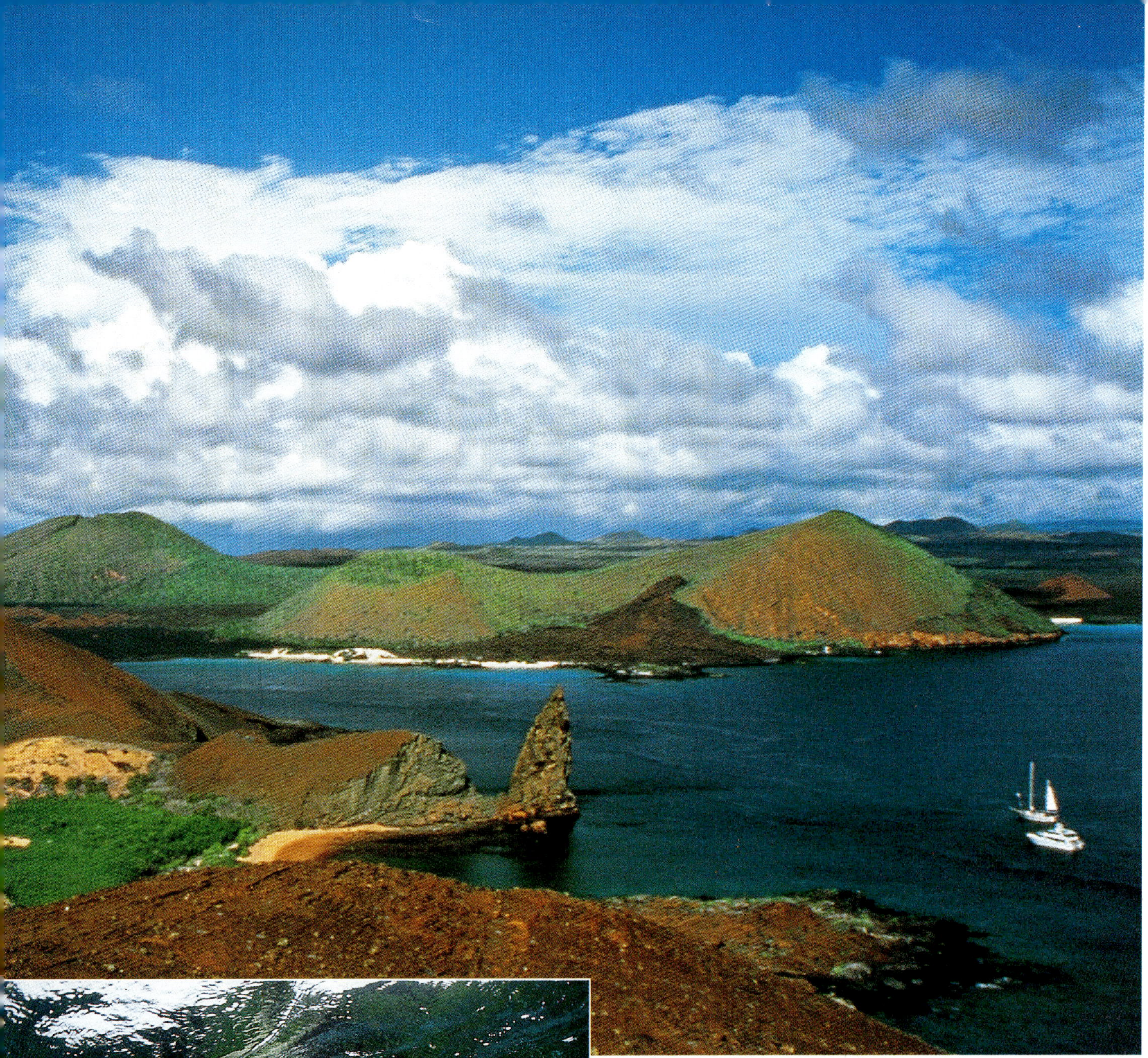

Le Galápagos, isole poco ospitali nate dall'intensa attività dei loro vulcani, per secoli furono disabitate e servirono da rifugio a bucanieri e pirati.

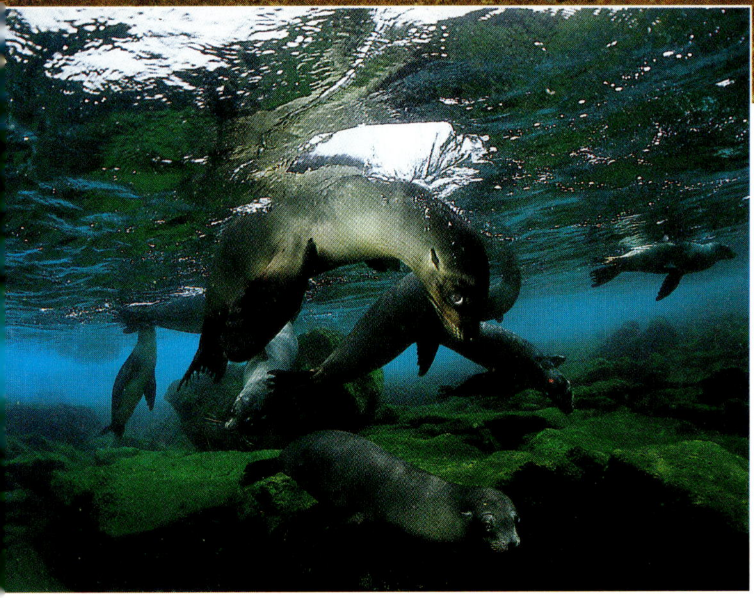

Pesci rossi fra le alghe dei fondali lavici che circondano le isole.

Otarie femmine con i loro cuccioli nelle acque basse della Riserva marina.

aliene, che producono effetti spesso devastanti. A sua tutela sono stati quindi istituiti il Parco nazionale delle isole Galápagos, che occupa il novanta per cento del territorio, e la Riserva marina. Accanto alla salvaguardia dell'integrità del panorama naturalistico, le due istituzioni promuovono la ricerca scientifica, nel solco di una tradizione iniziata da Darwin, il quale, qui giunto nel 1835 a bordo del "Beagle", proprio dall'osservazione dell'adattamento delle specie che popolano le Galápagos, poté formulare la teoria dell'evoluzione in natura, cioè la capacità di mutare il corredo genetico in funzione della sopravvivenza.

GUATEMALA

ANTIGUA

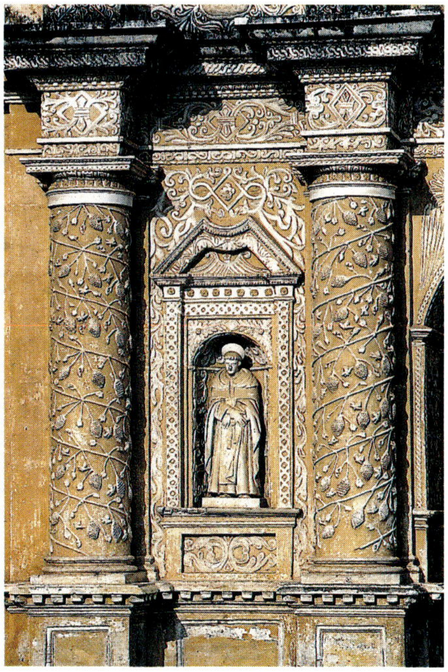

La passata grandezza di Antigua si avverte non solo negli imponenti resti, ma anche nei piccoli dettagli architettonici.

Alla metà del XVIII secolo, Antigua, a quel tempo capitale del Guatemala, poteva paragonarsi, per bellezza e ricchezza del patrimonio architettonico, ad altre grandi città del mondo coloniale americano. Sorse nel 1543, su progetto di G.B. Antonelli, uno degli architetti della corona spagnola, ma venne distrutta da un terremoto nel 1586; di questa fase resta dunque solo l'impianto urbano, sul quale si innestarono ampliamenti e ricostruzioni in stile tardorinascimentale e barocco fino ai primi del Settecento. L'ultimo periodo, al quale appartiene la maggior parte dei monumenti oggi visibili, è quello che copre gli anni dal 1717 al 1773, quando lo stile predominante è il churriguerresco. Proprio nel 1773, Antigua fu sconvolta da un catastrofico terremoto. Avendo perso il ruolo guida nel Paese a vantaggio della nuova città di Guatemala, sorta nel 1776 per sostituirla nelle funzioni, venne con fatica ricostruita, ma nel 1917 fu nuovamente colpita da un terremoto, che la rase quasi completamente al suolo.

Oggi la città, pur essendo solo una pallida ombra del gioiello che fu, sa trasmettere un intenso fascino a chi ne percorre le rovine dei chiostri, delle chiese e dei palazzi, tornati alla vita grazie all'amore degli abitanti e alla diffusione del turismo. Abbelliscono il panorama urbano i piacevoli edifici residenziali, le suggestive strade pavimentate di ciottoli e inondate dal sole, i confortevoli alberghi in stile coloniale, con *patios* in ombra e fresche fontane. Antigua, nonostante la latitudine subtropicale, gode di un paradisiaco clima grazie ai suoi 1500 metri di altezza. Non turba la sua serena pace nemmeno la vista impressionante dei due vulcani, sempre presenti in ogni inquadratura.

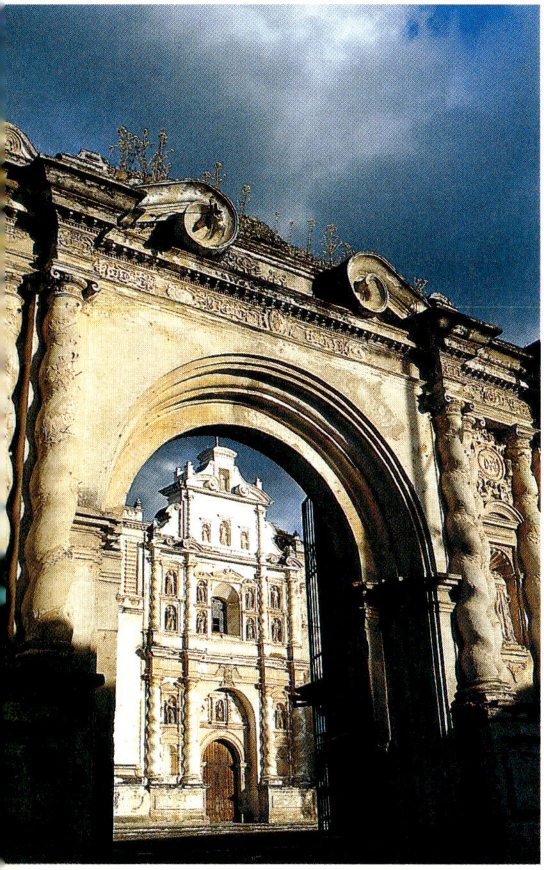

La facciata adorna di statue della cattedrale di Antigua.

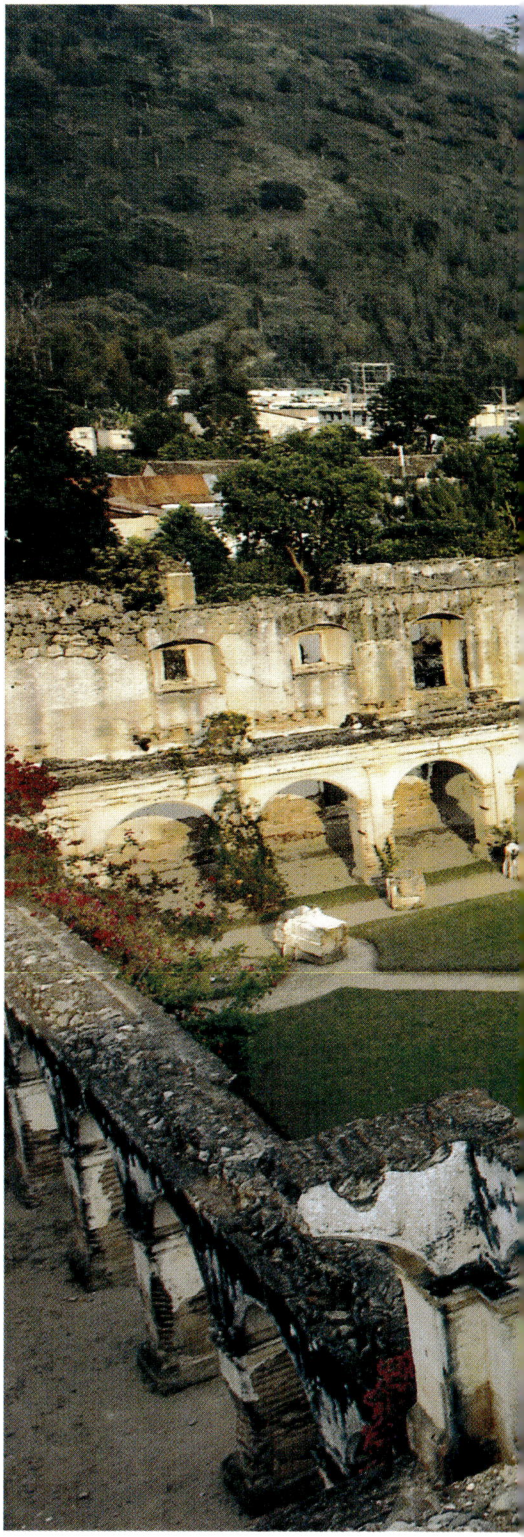

Il chiostro di Santa Chiara e la chiesa di San Francesco.

Rovine di Antigua all'ombra del vulcano. Terremoti ed eruzioni hanno sempre condizionato la storia della città.

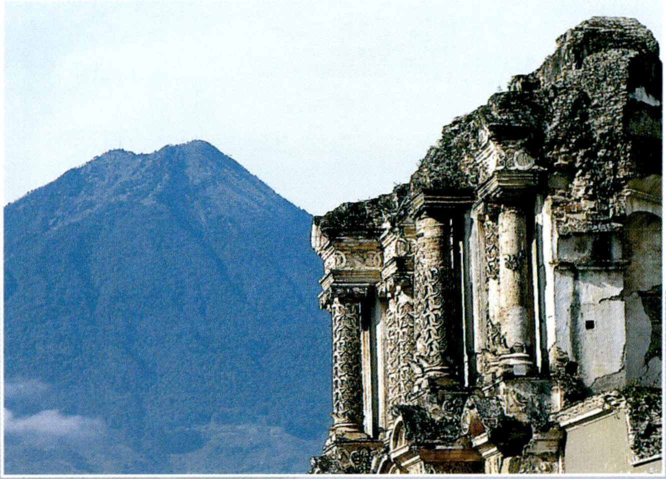

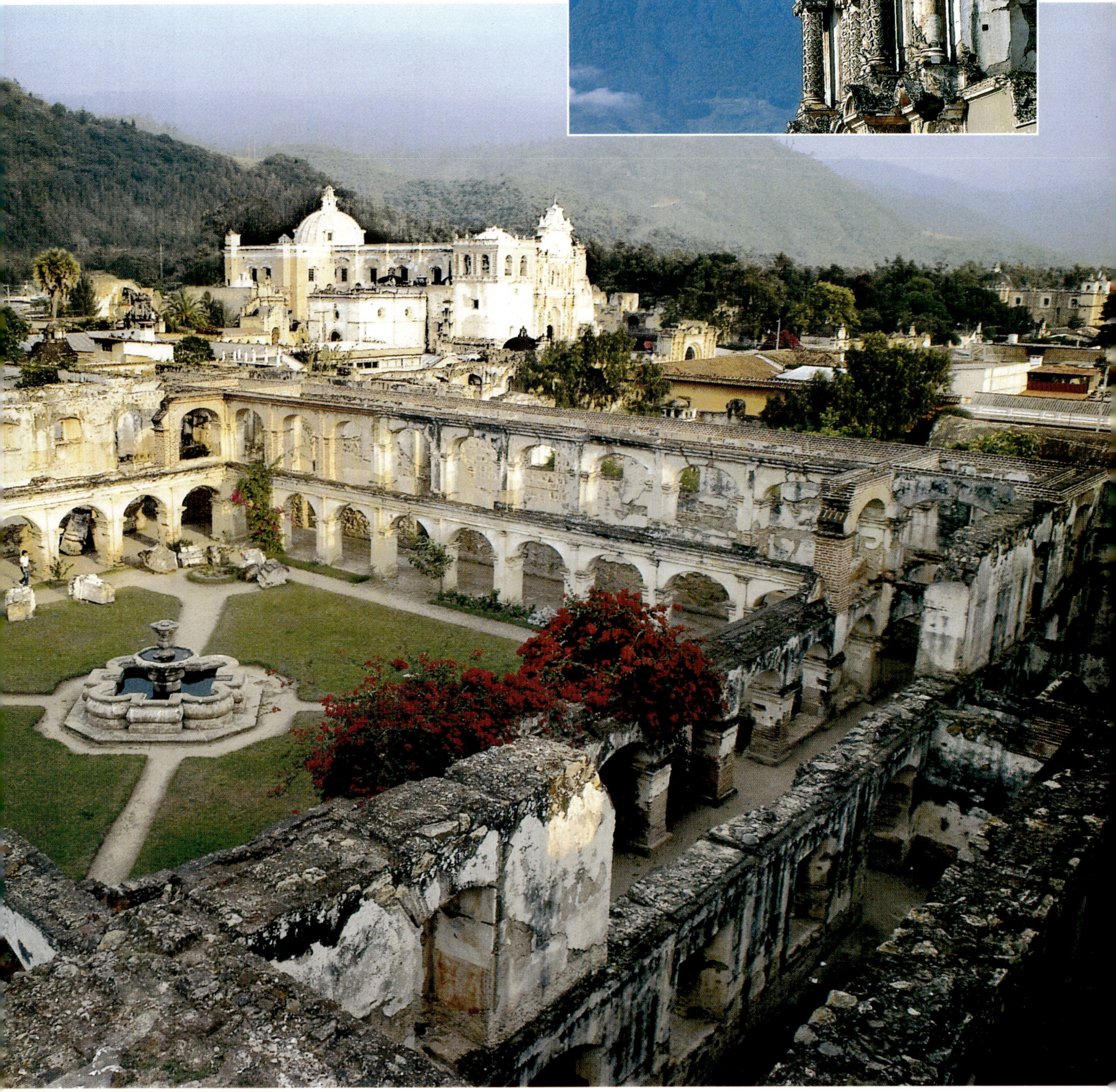

HONDURAS

I MAYA DI COPÁN

La disposizione delle pietre e le decorazioni a carattere naturalistico animano i muri degli edifici di Copán.

In una regione dell'Honduras occidentale, tra montagne coperte di vegetazione che separano il Paese dal Guatemala, si impongono sul paesaggio i resti archeologici di Copán, uno dei maggiori centri della civiltà dei Maya, che qui ebbe il punto più meridionale di espansione. Dopo una prima scoperta del sito, effettuata da Diego García de Palacios nel 1570, si dovette attendere fino al 1840 per le campagne di scavo, dovute all'archeologo John Lloyd Stephens. Copán venne fondata nel 460 d.C., fiorì per 500 anni almeno e fu abbandonata per ragioni ancora misteriose, come le altre città maya, all'alba del X secolo. L'insediamento era assai vasto se si considera che il popolo viveva in capanne, di cui non ci è giunta traccia, mentre gli edifici in pietra cóprono un'area di 300 chilometri quadrati. Tra questi spiccano 21 stele calcaree, alte tre metri e istoriate, che si elevano su cinque piazze: raccontano la storia della loro costruzione, con geroglifici e simboli frammisti a immagini di visi nobili. Contrariamente alle altre città maya, dove gli artisti rivaleggiavano nel creare maschere spaventose, a Copán le divinità hanno anche un aspetto benevolo. Tra gli altri episodi di scultura,

La Stele A, una delle raffinate composizioni ricche di simboli per cui è celebre il sito.

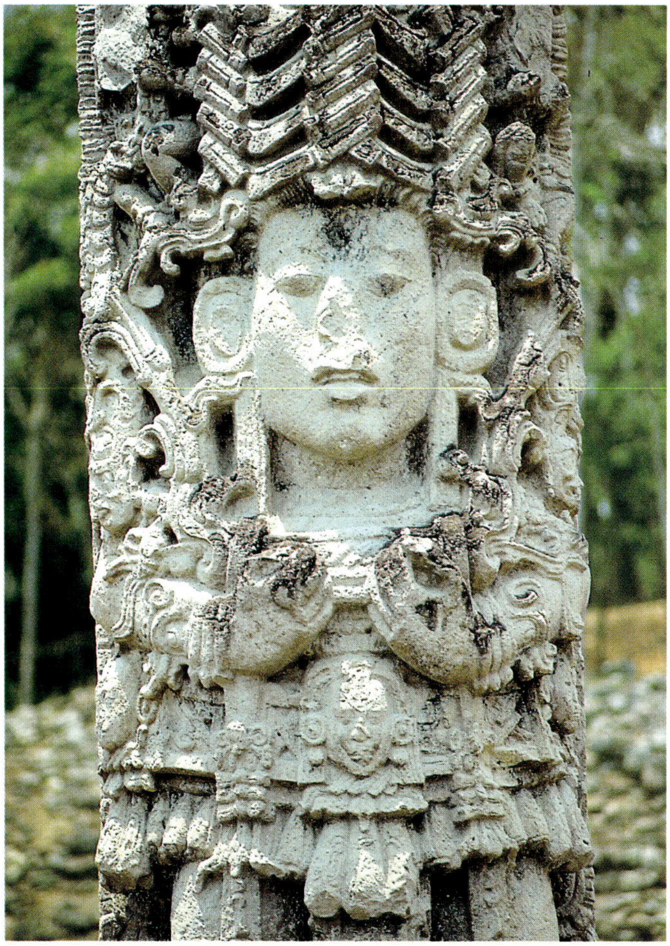

Il campo della pelota, gioco rituale; sullo sfondo è la piazza principale.

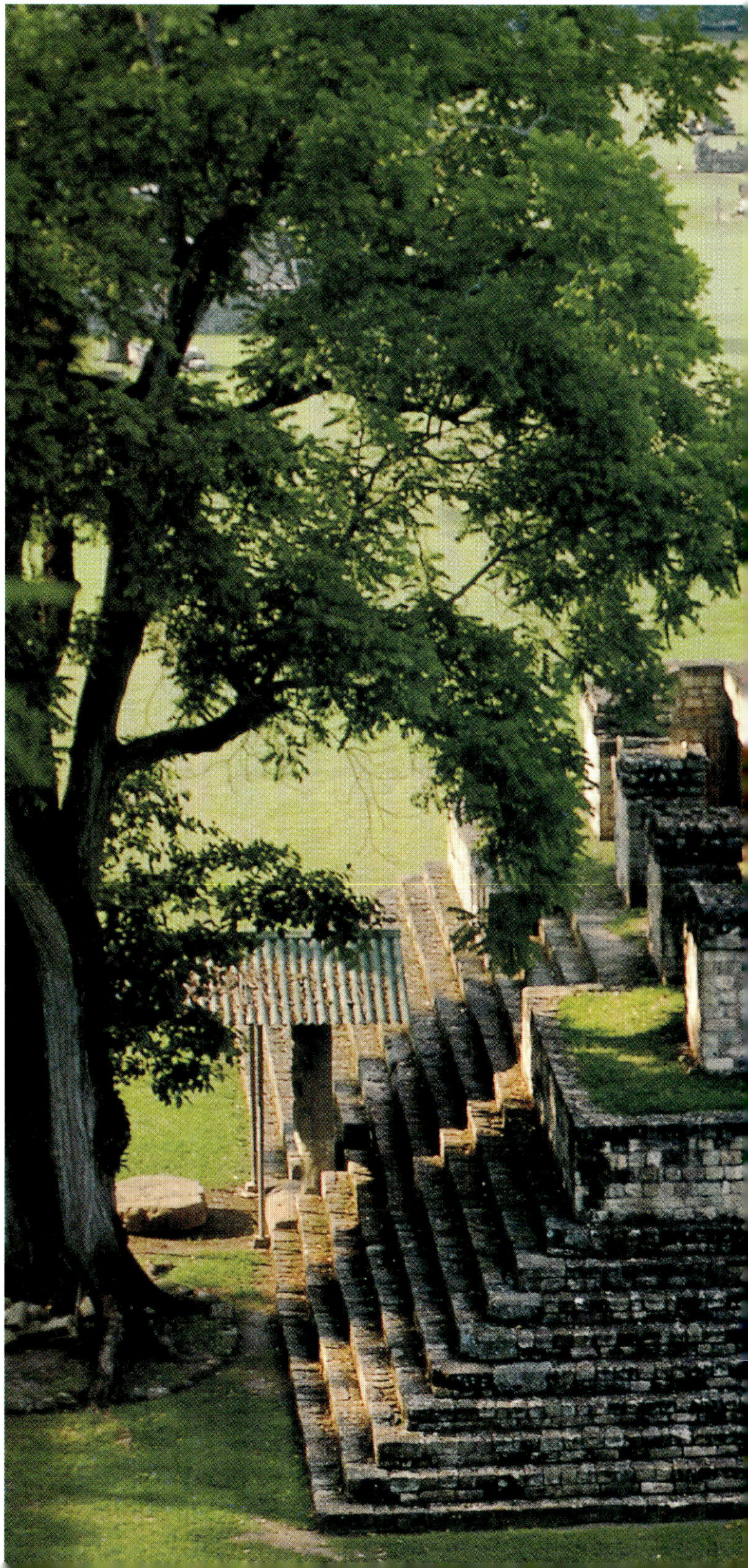

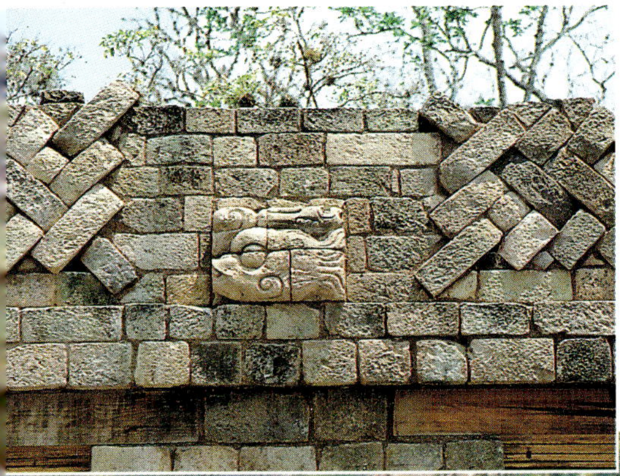

la Stele B è notevole dal punto di vista stilistico: vi è rappresentato un prete in costume da cerimonia, di cui sono sottolineati tutti i particolari, dalle calzature al maestoso copricapo, dal pesante vestito di cuoio alle maschere che lo adornano. Non meno interessante è la cosiddetta scalinata dei geroglifici, sui cui gradini, che portano alla sommità di un tempio, sono scolpite 2500 immagini simbolo, miniera di informazioni sulla vita della civiltà maya. Altrettanto importante dal punto di vista documentario è il pozzo sacro a fianco dei templi, usato per i sacrifici umani nei giorni di festa e come discarica negli altri. Qui Lloyd Stephens rinvenne oggetti di culto, i gioielli che adornavano gli adolescenti che vi erano gettati in onore degli dei, nonché utensili di uso quotidiano e vasi rotti.

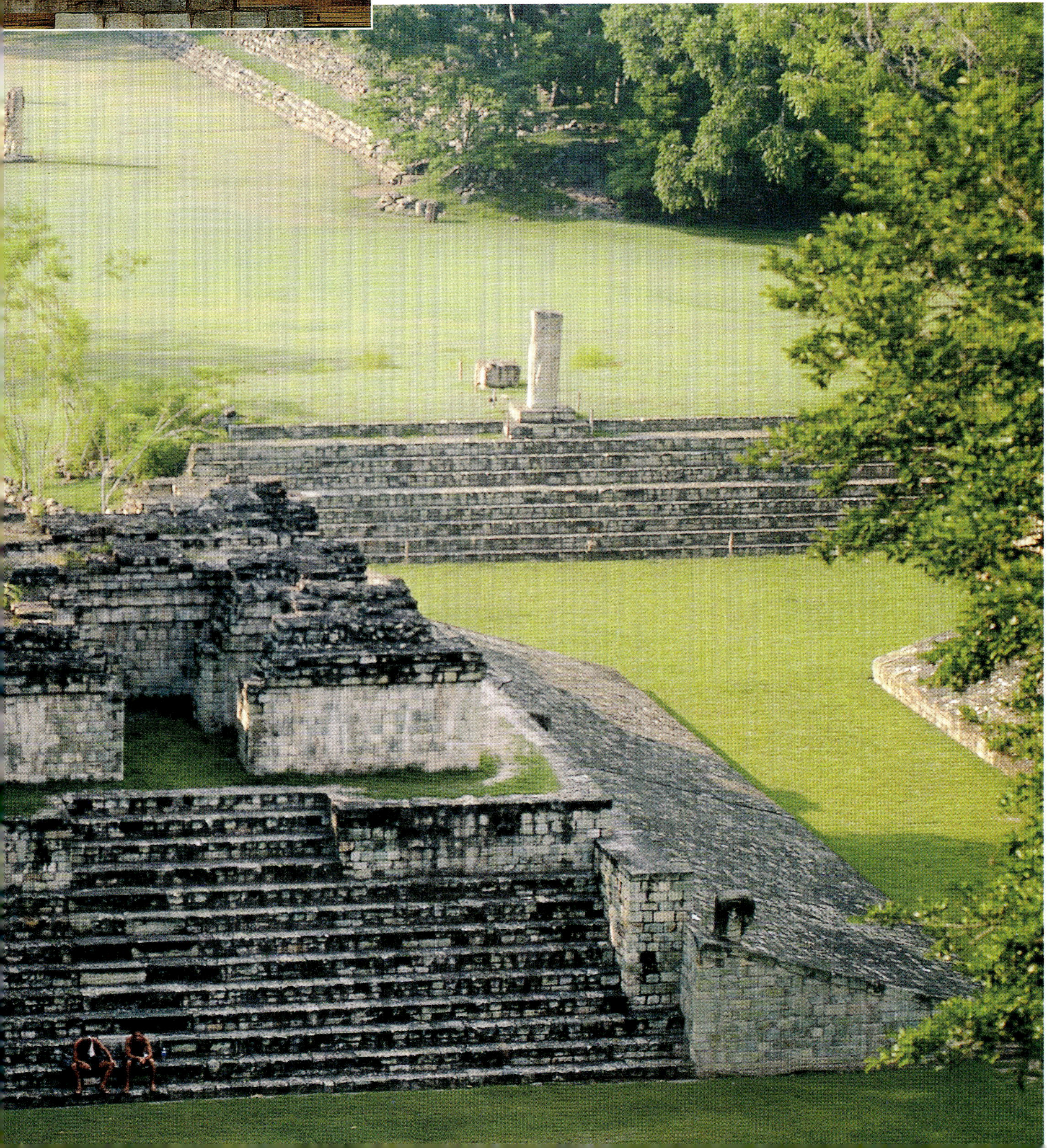

MESSICO

CHICHÉN ITZÁ

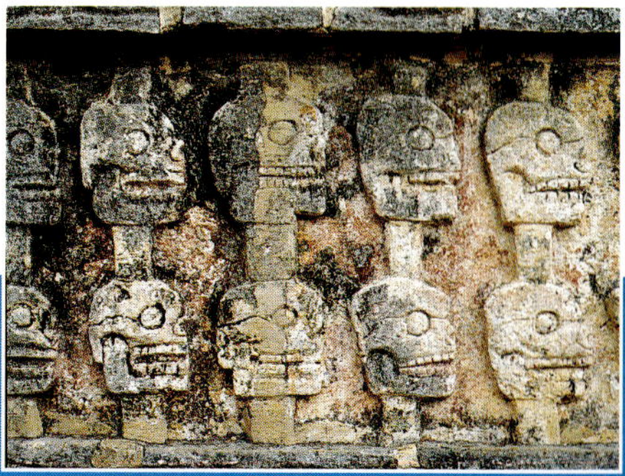

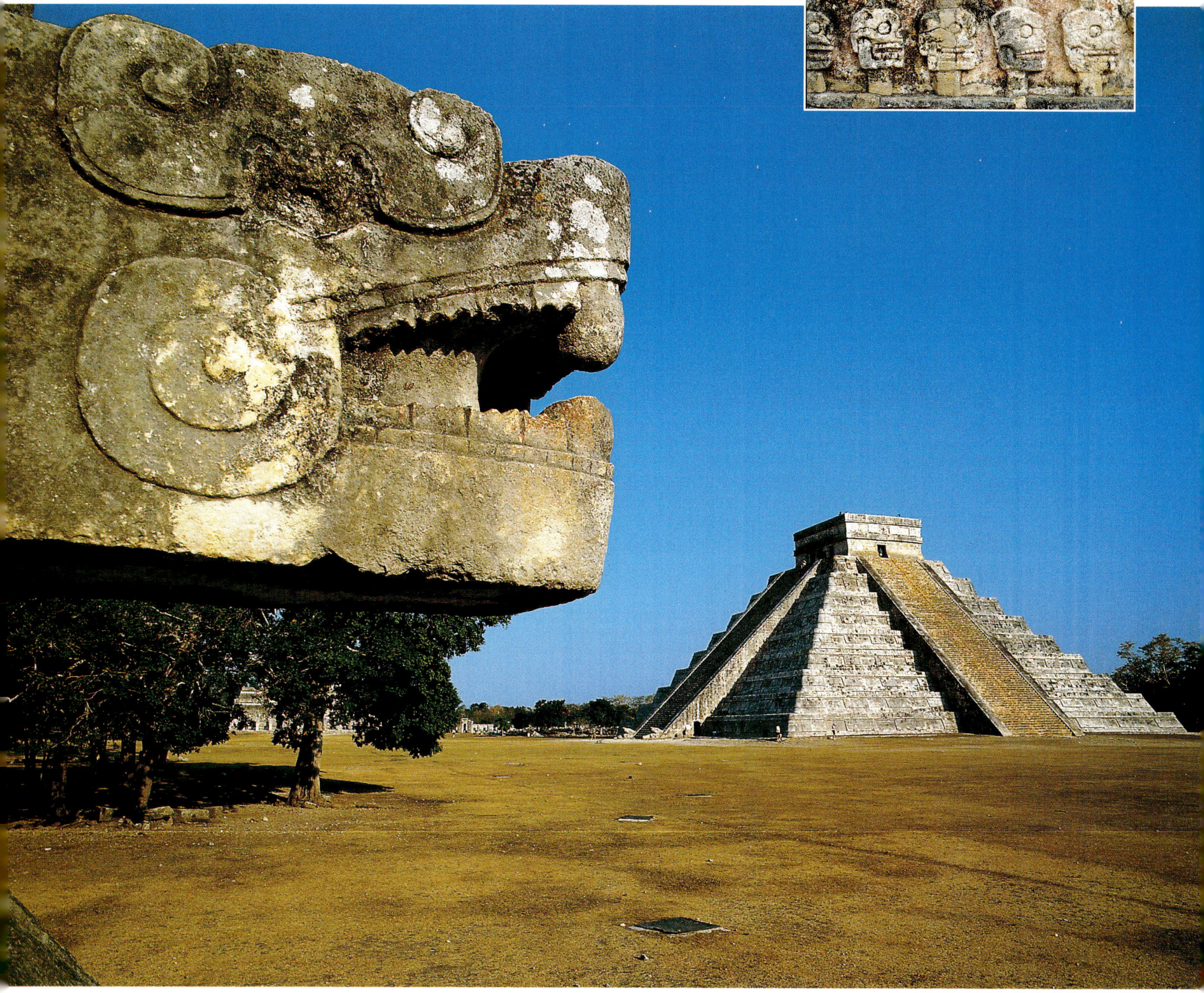

Il grande tempio a forma di piramide di Kukulcán, risalente al periodo di maggior splendore della città (XI-XIII secolo).

In alto: un particolare dello Tzompantli, con la raffigurazione dei crani dei prigionieri uccisi.

Di tutte le città perdute dei Maya, Chichén Itzá è la più imponente. Si trova nella penisola dello Yucatán, circa a metà della strada interna che congiunge il centro di Mérida alla rinomata località balneare di Cancún. Il sito archeologico di Chichén Itzá riveste un'enorme importanza, per la ricchezza dei resti, la loro distribuzione e le molte testimonianze di cui serbano traccia. Gli edifici più antichi risalgono all'epoca dell'insediamento maya, che durò con diverse fasi dal VI all'XI secolo, mentre quelli del secondo periodo si devono invece ai Toltechi di Quetzalcóatl, che abitarono la città fino al XIII secolo, portandovi dall'originaria regione dell'altopiano centrale vari elementi

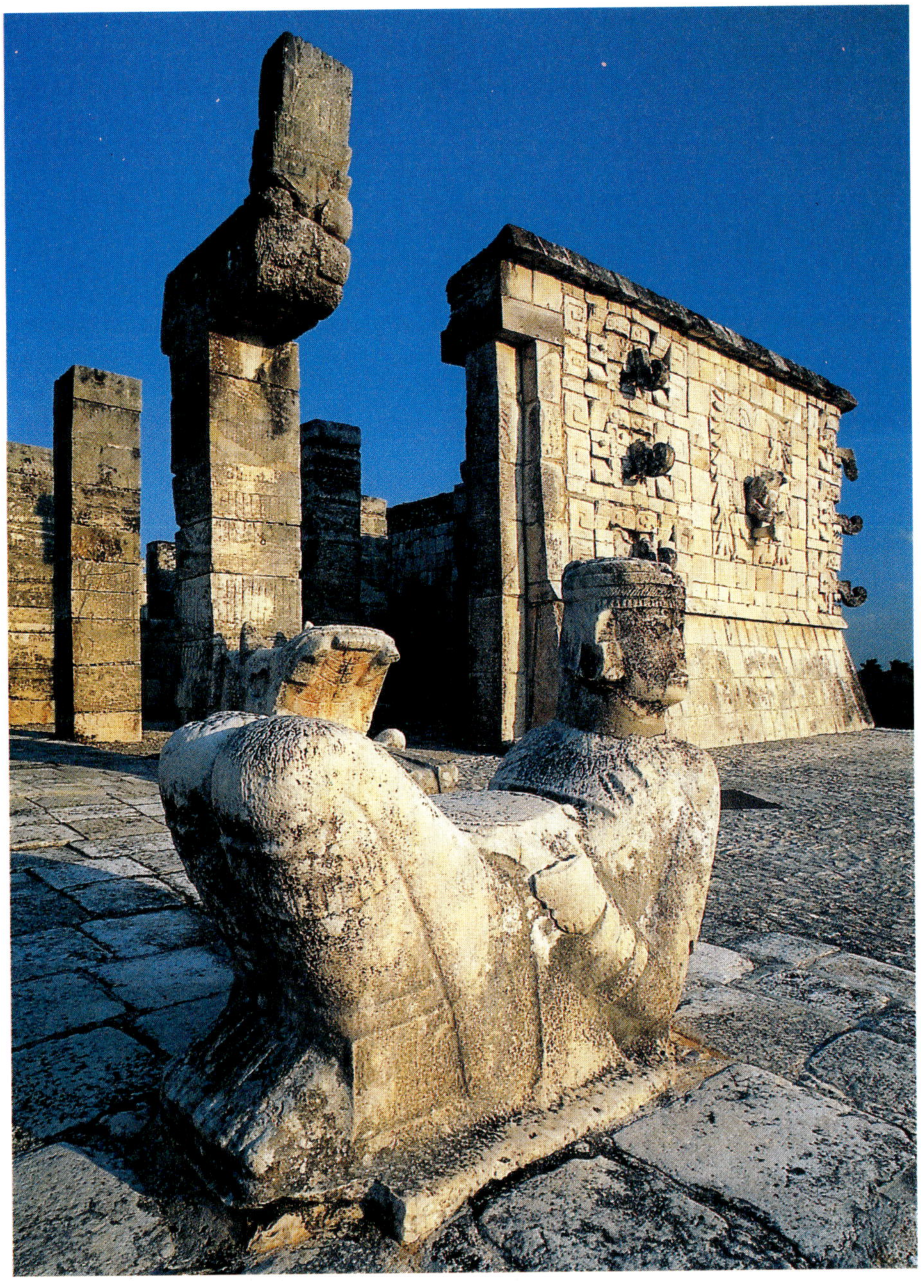

Un Chac-mool, scultura raffigurante il messaggero del dio della pioggia Chac; vi venivano poste le offerte alla divinità, tra le quali anche il cuore della vittima sacrificale.

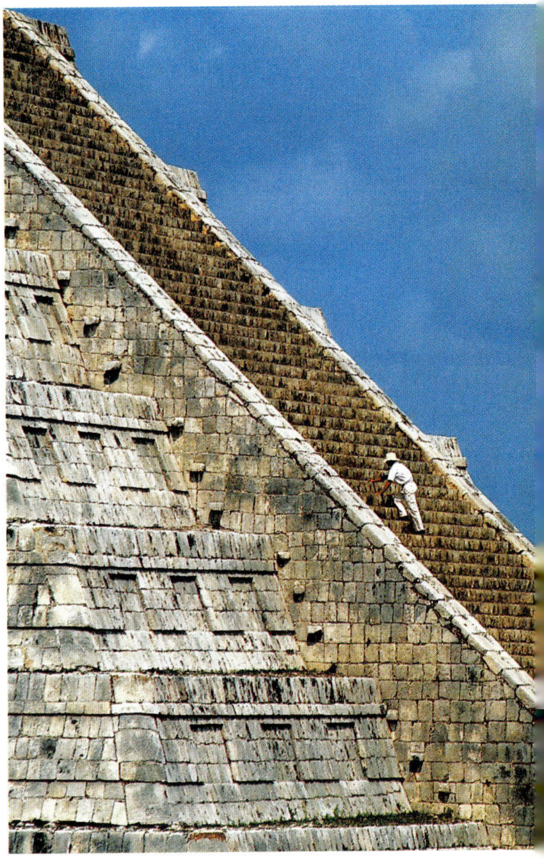

I 364 ripidi gradini della piramide di Kukulcán, detta il "Castillo", sommati a quello d'accesso al tempio superiore, simboleggiano i giorni dell'anno solare.

architettonici, quali giaguari e colonne di serpenti, e una replica del tempio della Stella del Mattino di Tula, che qui ha nome di tempio dei Guerrieri. L'edificio più importante è la piramide di Kukulcán, a nove piani, quattro lati e 364 gradini, frutto della commistione tra elementi maya e sovrapposizioni tolteche.
A guardia dell'altare è una figura sdraiata in pietra detta Chac-mool, sul ventre della quale veniva deposto il cuore ancora palpitante della vittima, offerto agli dei.
A est della piramide, dietro il terribile Tzompantli, la parete di crani dei prigionieri uccisi, si trova il più grande sferisterio dell'America precolombiana.
Altro monumento di particolare importanza è il Caracol, così chiamato per via della sua scala a chiocciola, in spagnolo *caracol*. Si tratta di una torre circolare che serviva per le osservazioni astronomiche, attività in cui i Maya erano molto esperti. Rimane tuttora ignoto il sistema di misurazione e di calcolo della rivoluzione sinodica di Venere, il pianeta loro più caro, ma il calendario che ne ricavarono stupisce per precisione: lo scarto tra quanto stabilirono i Maya e i dati della moderna astronomia è davvero minimo, 584 giorni contro 583,92.

MESSICO

IL CENTRO STORICO DI MORELIA

Morelia è una delle città più interessanti dal punto di vista artistico e del costume tra quante occupano il vasto altopiano messicano. A metà strada tra Città di Messico e Guadalajara, a circa 1800 metri d'altitudine, circondata da montagne coperte da foreste di pini e ricche di sorgenti e di cascate, ha un clima temperato e piacevole. Fu fondata nel 1542, attorno a un monastero francescano, da Antonio de Mendoza, che la chiamò Valladolid; dopo l'indipendenza fu ribattezzata Morelia in onore dell'eroe nazionale José María Morelos y Pavón. Le sue 249 opere architettoniche di rilievo, per lo più costruite in calda pietra rosa secondo disegni regolari e geometrici, sono arrivate fino ai giorni nostri intatte nella loro struttura, testimoniando della vita culturale ed economica che qui fiorì nel Seicento. Nonostante la recente crescita demografica - Morelia ha oggi più di 400.000 abitanti -, la città conserva ritmi e usanze di un Messico tradizionale che tende inesorabilmente a scomparire, dai concerti in piazza con strumenti originali ai mercati con i prodotti tipici della regione.

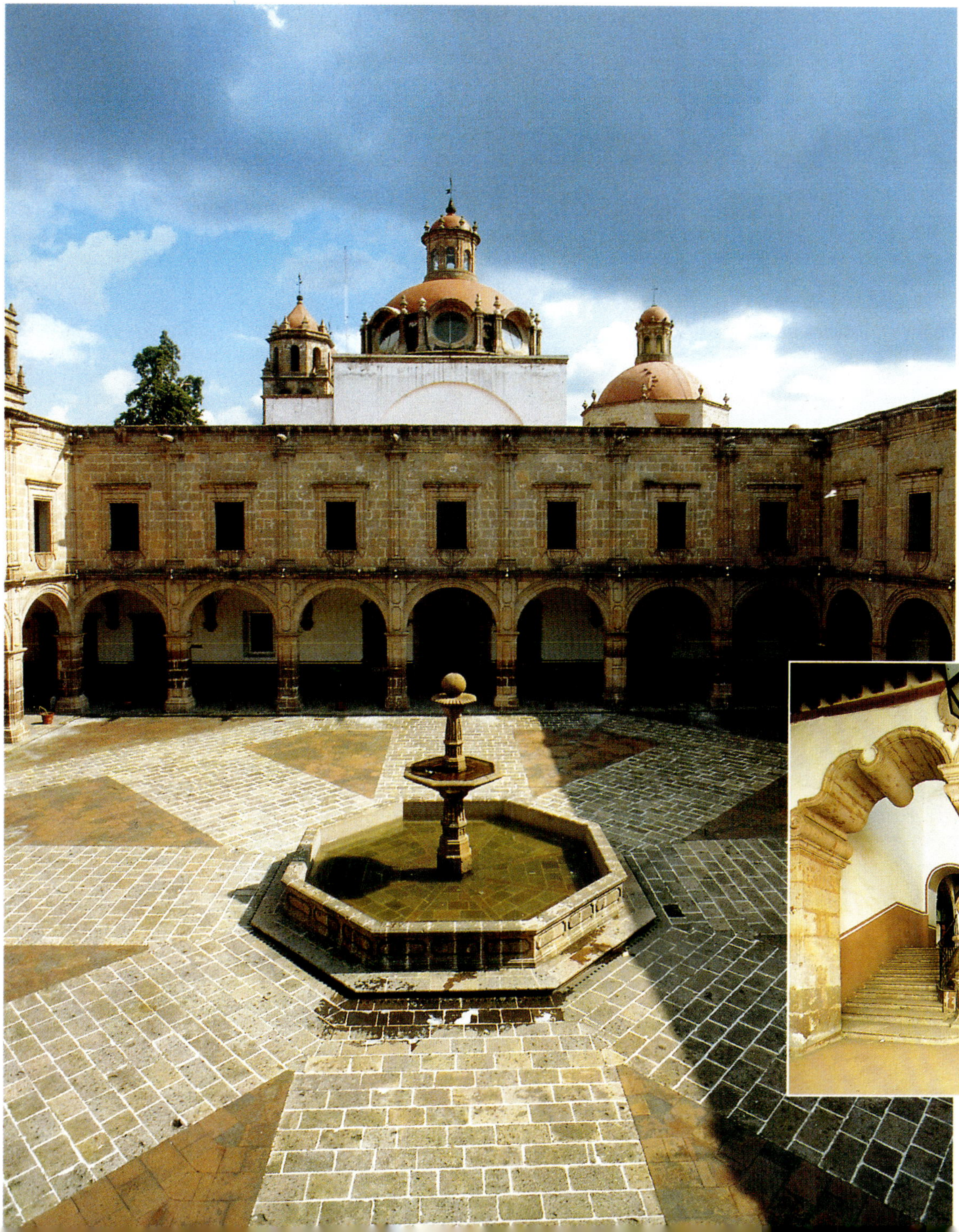

L'elegante patio principale del secentesco palazzo Clavijero, un tempo sede di un collegio dei gesuiti.

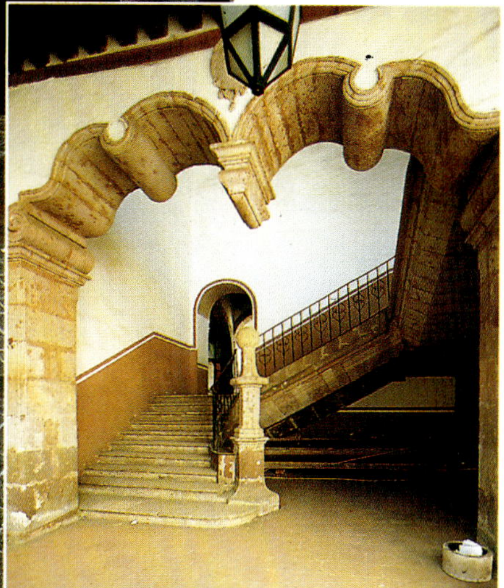

Arco dalle volute mistilinee nell'atrio dell'ottocentesco palazzo di Giustizia.

MESSICO

IL CENTRO STORICO DI PUEBLA

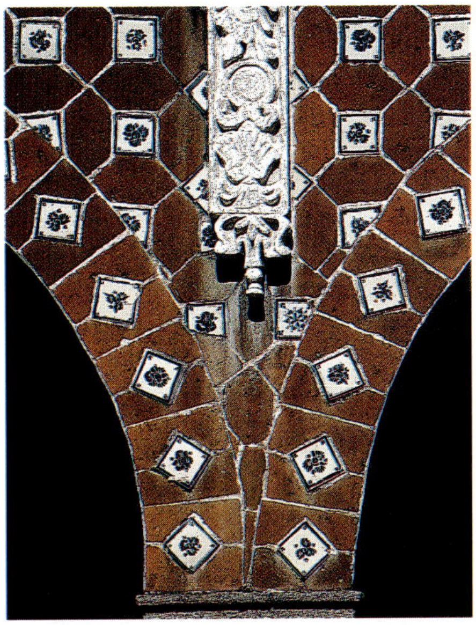

Popolosa città a 2162 metri di altitudine, Puebla ha ultimamente assunto le caratteristiche di un centro industriale, grazie soprattutto alla locale sede della Volkswagen, dalla quale sono usciti i milioni di "maggiolini" che corrono sulle strade dell'America latina. Le rapide trasformazioni economiche non hanno però sconvolto l'aspetto del centro storico di Puebla, città fondata nel 1531 dai *conquistadores* in territorio vergine e non sulle rovine di una città india.

Numerosi i monumenti del passato che vi si conservano, dai palazzi ornati di *azulejos*, alle molte chiese, fra cui spiccano l'immensa cattedrale e la chiesa di San Domenico, capolavoro del barocco più esuberante. Prestigioso centro culturale ricco di importanti musei, la città è entrata anche nella storia della gastronomia messicana, con il famoso *mole poblano*, piatto a base di peperone, cioccolato e mandorle tritate, qui creato dalle suore del convento di Santa Rosa.

Il patio del convento di Santa Rosa rivestito di azulejos, ornamento molto diffuso in chiese e palazzi della città.

La fastosa copertura della cappella del Rosario nella chiesa di San Domenico, eretta nel 1690.

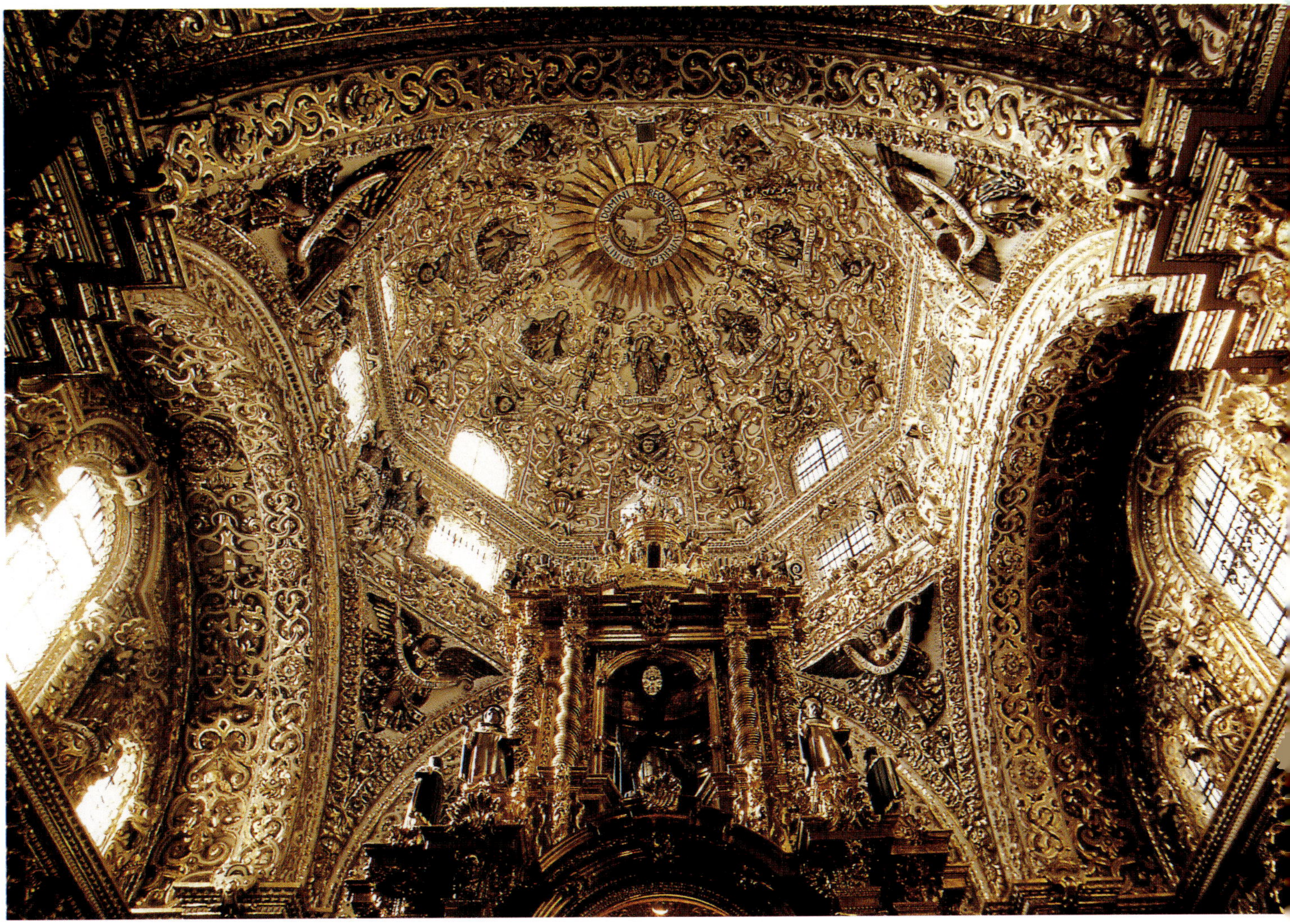

MESSICO

LA CITTÀ PREISPANICA DI TEOTIHUACÁN

A 50 chilometri da Città di Messico si trovano i resti monumentali di una città santa, costruita tra il I e il VII secolo d. C.: il suo nome è Teotihuacán, che significa "il luogo dove gli dei furono creati". Il carattere sacrale e divino di questo immenso insediamento, che si estendeva su 150 chilometri quadrati, di cui soltanto 15 sono stati riportati alla luce dalle numerose campagne di scavo, è indicato dalla quantità e dalla grandiosità dei templi e delle piramidi. Ben poco sappiamo sui loro costruttori e lo stesso nome della città si deve agli Aztechi, impressionati dalla sua magnificenza e dalla sua simmetria sobria e severa, che si inserisce magnificamente nello spoglio paesaggio circostante. Le ipotesi formulate dagli archeologi sono molteplici, ma la sola certezza è che si trattava di un popolo pacifico, in quanto non è stata trovata alcuna immagine raffigurante scene di guerra. Cuore dell'area archeologica è il celebre e maestoso viale dei Morti, che prende avvio presso la cittadella, dove è collocato il tempio di Quetzalcóatl, ornato di spaventose teste di serpenti, passa davanti al tempio del dio della Pioggia, poi ad altri templi che sono stati parzialmente restaurati e alla piramide del Sole, l'edificio più importante. Il sole, sul cui percorso è orientato tutto il complesso, era probabilmente l'astro maggiormente venerato dagli abitanti della città.
La piramide del Sole misura 225 metri

L'imponente scalinata della piramide del Sole, per dimensioni il secondo tempio dell'America centrale.

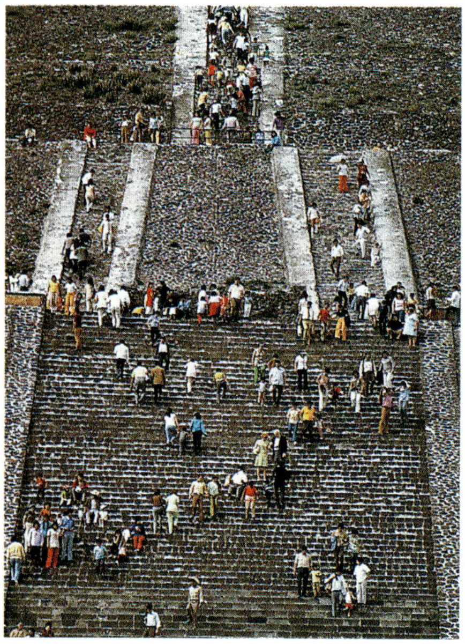

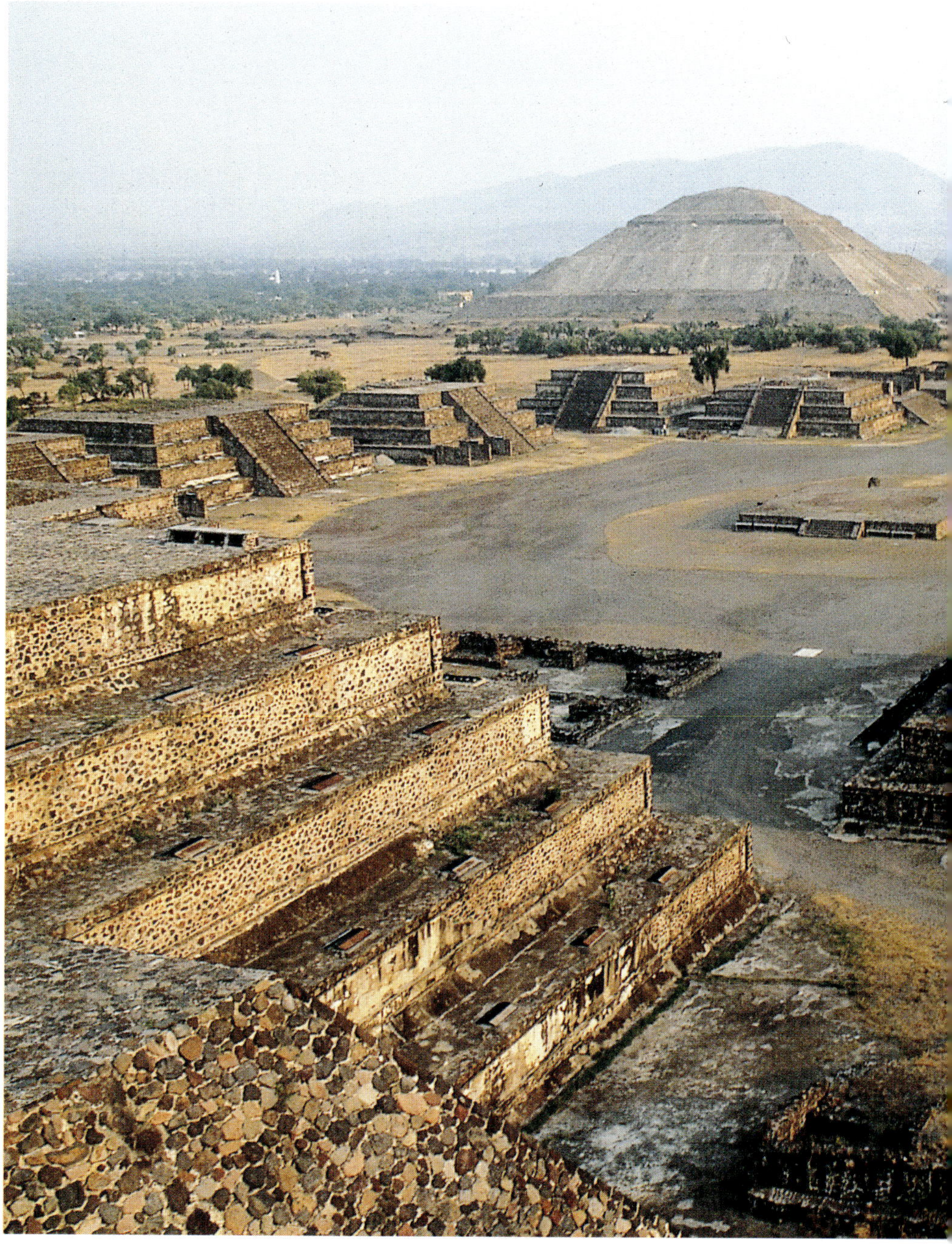

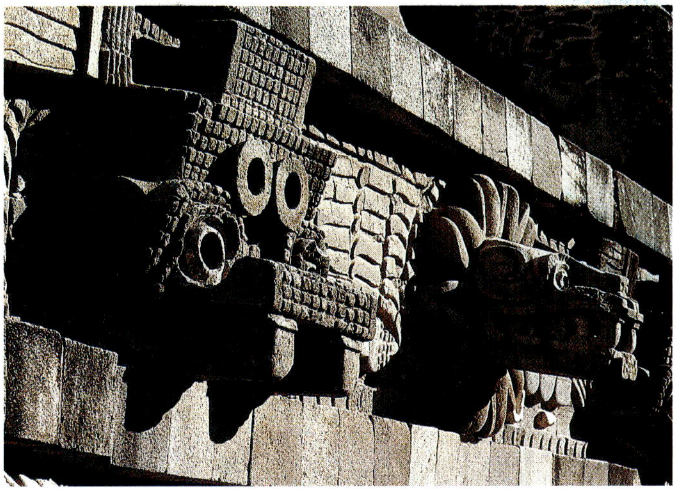

Le ricche sculture del tempio di Quetzalcóatl y Tláloc.

Sotto: l'area archeologica, con il viale dei Morti e, a sinistra, la piramide del Sole.

di base e ha un'altezza di 63, ma la spianata superiore fa pensare all'esistenza di un tempio sovrastante la piramide e distrutto, per cui la sua altezza doveva essere di almeno 75 metri. Il viale dei Morti fiancheggia quattro piccoli templi e un muro lungo 200 metri e conduce al tempio degli Animali mitologici, tra i quali è un immenso giaguaro. Infine, in una piazza, ecco il palazzo dell'Uccello-Farfalla (Quetzalpapálotl), in parte ricostruito con materiale di reimpiego, e la piramide della Luna, alta 46 metri e larga alla base 150.

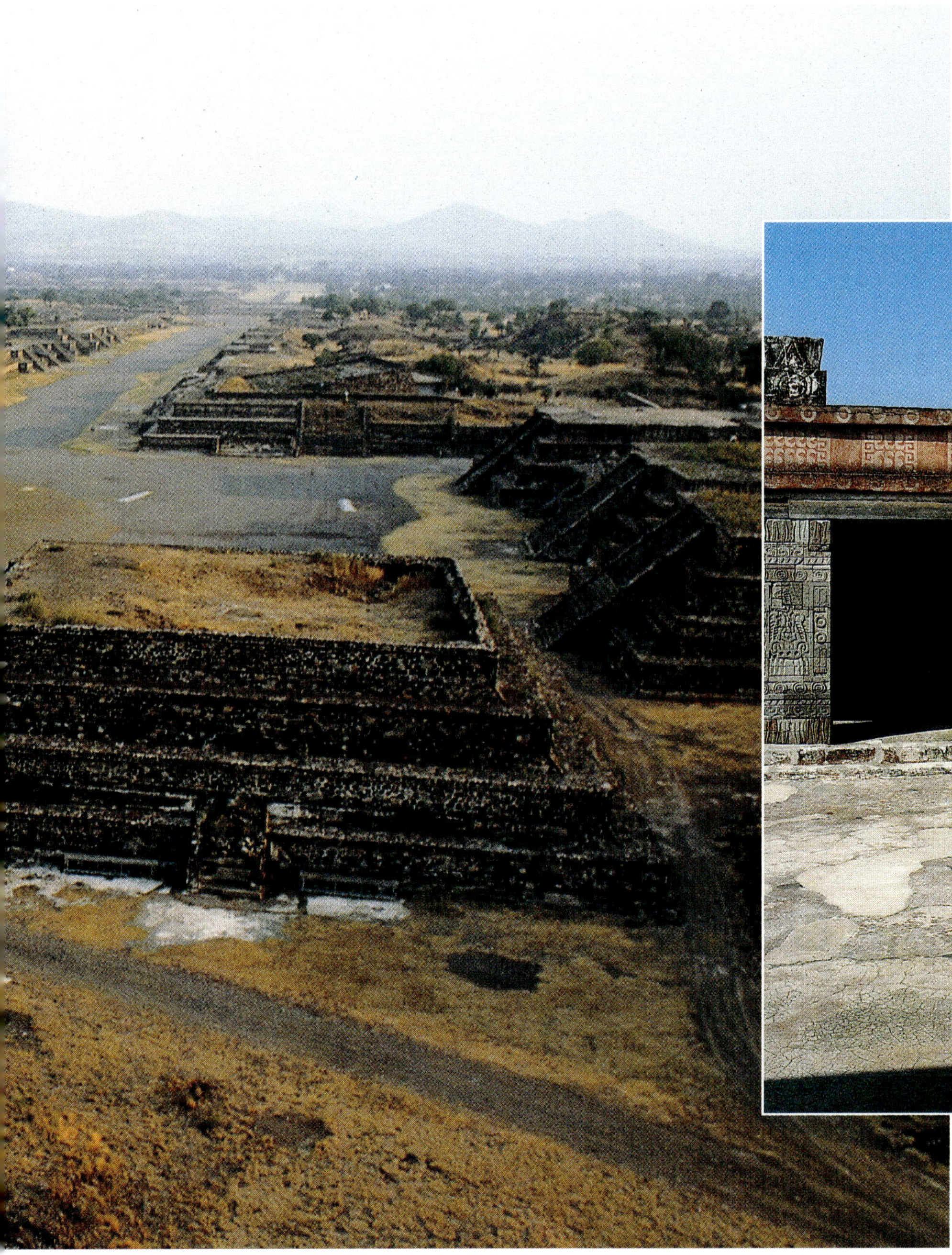

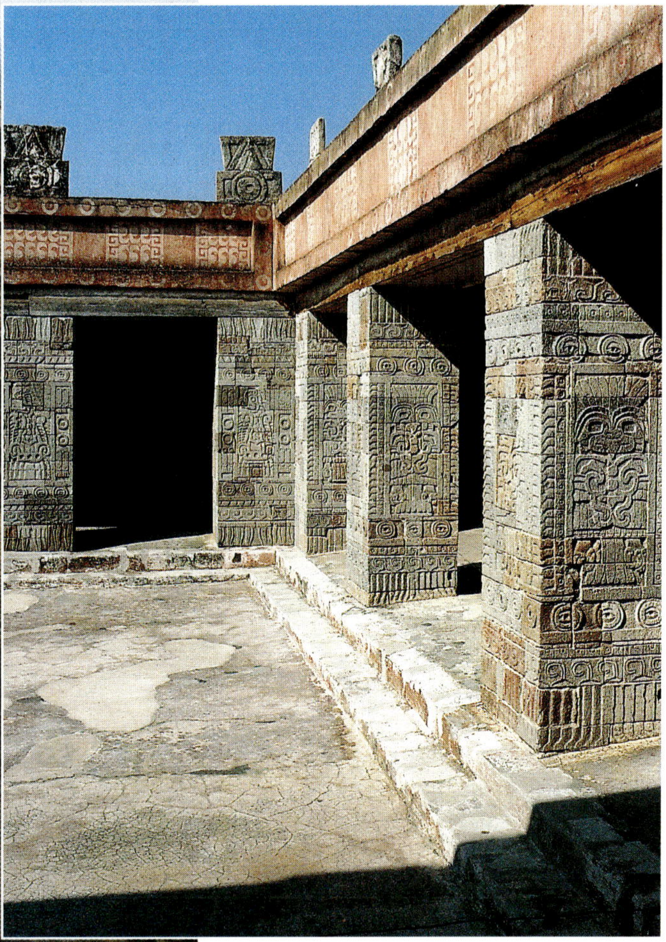

La sala porticata del palazzo di Quetzalpapálotl, forse residenza di un sacerdote.

PERÚ

CUZCO

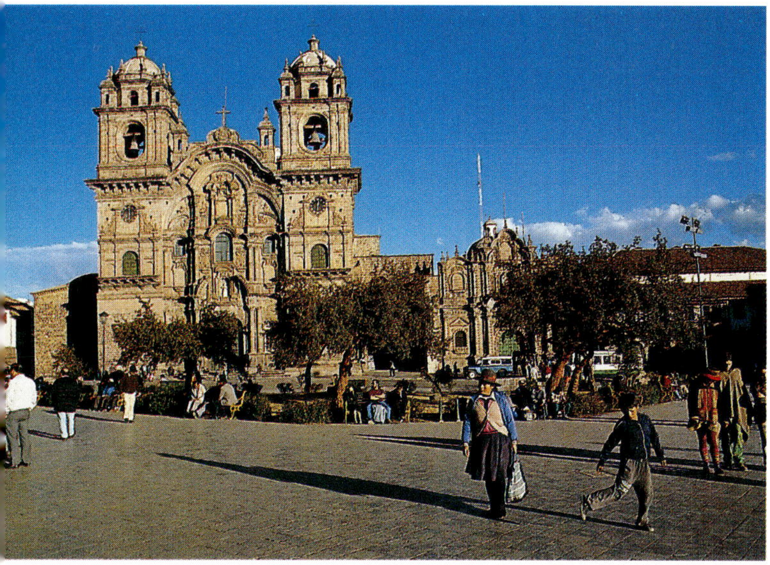

La centrale piazza d'Armi con la barocca chiesa de la Compañía, edificata sui resti di un preesistente palazzo inca.

In una conca della Cordigliera Andina Orientale, a un'altitudine di 3400 metri, sorge la città di Cuzco, dal XIII al XVI secolo centro dell'impero degli Incas, luogo sacro e ombelico del loro mondo. Il periodo di maggior splendore di Cuzco corrisponde al regno di Pachacutec (1438-1471), che in pochi decenni ricostruì completamente la città secondo un piano a scacchiera, con strade strette che disegnavano il profilo di un puma e un centro con distinte funzioni religiose e amministrative. Intorno, le aree destinate agli artigiani e agli agricoltori. Tutto procedette in modo armonioso fino al 1525, quando cominciò una crisi irreversibile. Prima, per ragioni dinastiche, scoppiò una guerra fratricida; poi, arrivarono i *conquistadores*.
Tra il 1533 e il 1534, la città fu spogliata dei suoi tesori, trasportati verso la costa e imbarcati sui galeoni con destinazione la Spagna. I materiali dei templi, dei palazzi, delle fortezze, delle mura e delle strade furono riciclati per costruire gli edifici e le strade della nuova civiltà: la cattedrale e la chiesa de la Compañía vennero erette sulle rovine dei palazzi inca di Viracocha e di Huayna Capac, il convento di Santo Domingo sopra il grande tempio dedicato al dio Sole, le cui mura erano ricoperte da 700 lamine d'oro del peso di 2 chilogrammi ciascuna,

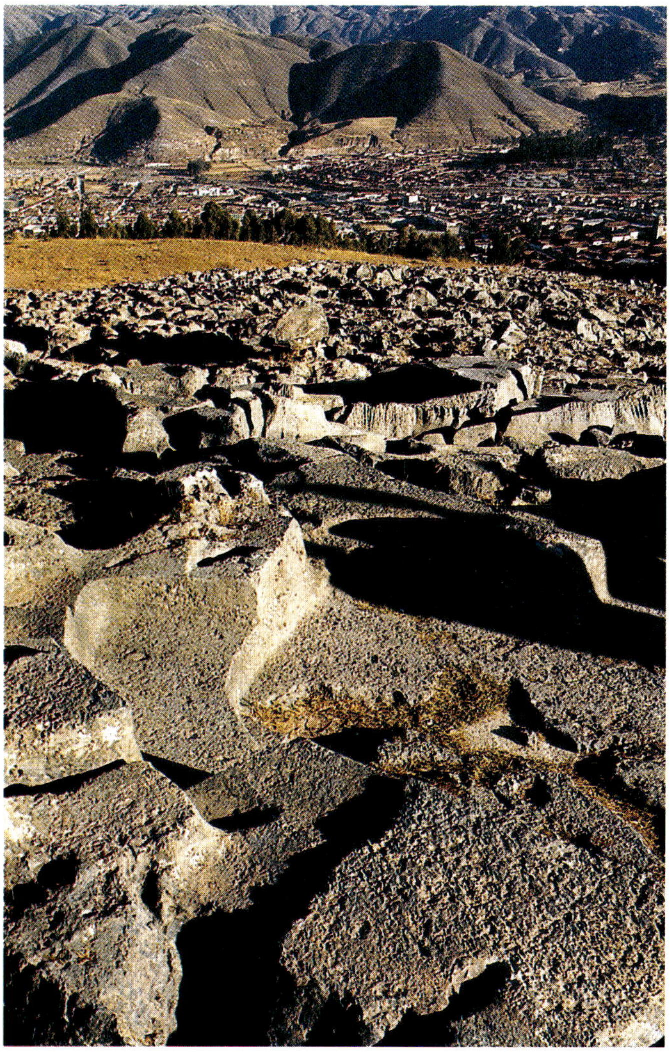

L'altopiano su cui sorge Cuzco, circondato dalla Cordigliera Andina Orientale.

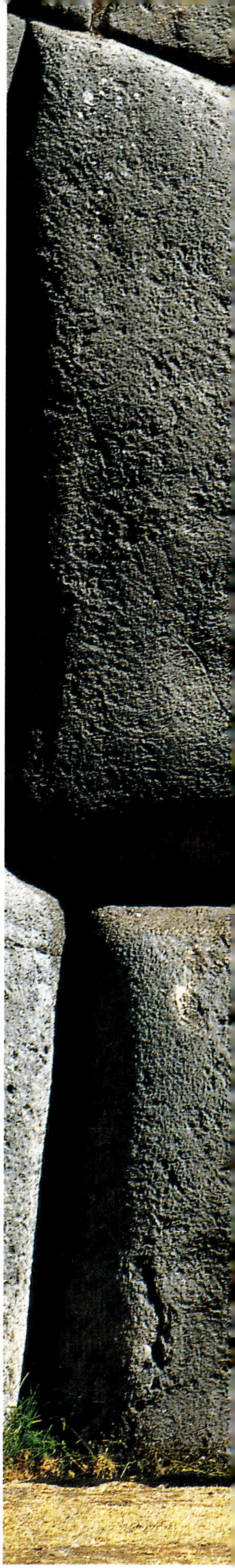

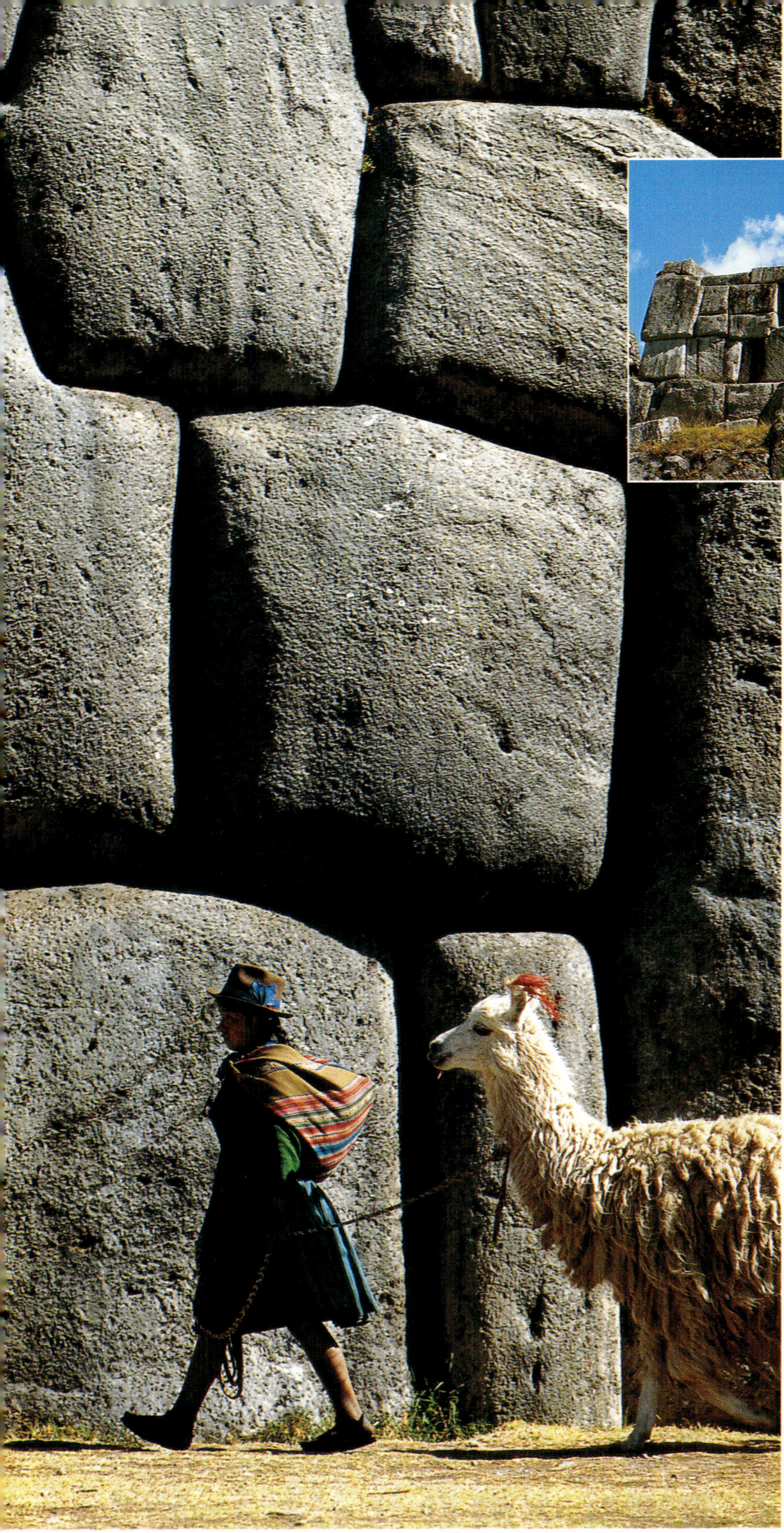

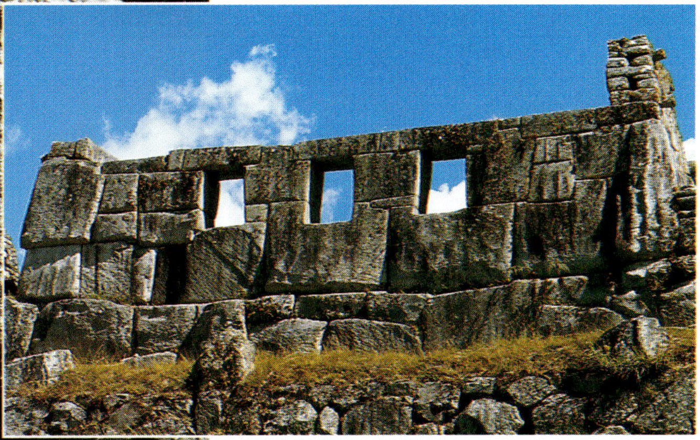

La fortezza di Sacsahuaman, cardine del sistema difensivo dell'antica capitale incaica.

con smeraldi e turchesi. A causa dell'intensissima sostituzione edilizia operata dagli spagnoli, Cuzco ci appare oggi come un luogo di grande interesse archeologico e carico di atmosfere, di incanti e di interrogativi, ma povero di monumenti inca. Fa eccezione, su una collina a 3 chilometri dal centro, la fortezza di Sacsahuaman, il cardine del sistema difensivo della città e considerata il capolavoro delle opere di fortificazione militare degli Incas. Benché non ne rimanga che un quinto circa, costituisce un complesso eccezionale, con le ciclopiche mura sovrapposte a zig-zag, composte da enormi monoliti perfettamente incastrati gli uni negli altri.

Gli enormi massi squadrati del forte di Sacsahuaman, originariamente difeso da una triplice muraglia ciclopica.

PERÚ

IL SANTUARIO STORICO DI MACHU PICCHU

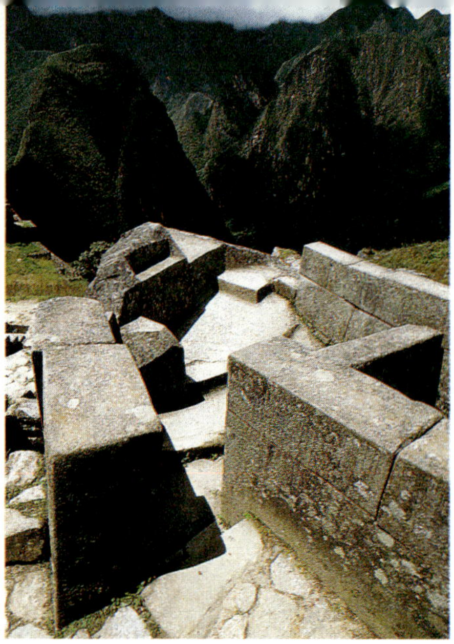

Sopra: il limitare della città, a ridosso dello strapiombo sul fiume Urubamba.

A lato: gli edifici sommitali circondati da terrazze, rese necessarie dalla forte pendenza del rilievo.

Machu Picchu è stata scoperta solo nel 1911, ma è diventata in breve tempo una delle aree archeologiche più rinomate del mondo. Il rinvenimento della splendida città inca si deve allo storico americano Hiram Bingham che, dopo avere individuato il sito grazie alle voci raccolte in loco da un contadino, impiegò cinque anni di lavoro per liberare i monumenti dalla giungla che li aveva ricoperti tenendoli nascosti per secoli. Il complesso di Machu Picchu si estende tra due cime di monti, a un'altitudine di 2430 metri e in uno scenario di montagna assolutamente grandioso, nel mezzo della fitta foresta che ricopre la Cordigliera Andina Orientale, a picco su un'ansa del fiume Urubamba. La struttura urbanistica di Machu Picchu si armonizza con il forte rilievo del territorio su cui sorge e gravita intorno a una spianata centrale con una zona religiosa, una zona residenziale, destinata in parte agli artigiani, e una zona riservata agli alloggi del popolo. Le terrazze destinate alle coltivazioni dovevano sopperire al fabbisogno alimentare degli abitanti. Tutti gli edifici, composti da solide pietre squadrate, sono privi della copertura originaria, che essendo di ichu, un'erba locale, è andata perduta; recentemente sono stati ricostruiti gli antichi tetti su alcune abitazioni, tra le quali si segnala la cosiddetta "casa del Guardiano delle Tombe" o "Guardiano delle Terrazze". Benché il mistero che circonda le origini della città, il suo significato, le sue funzioni e la sua esistenza stessa sia ancora fitto, si può ritenere che Machu Picchu svolgesse la duplice funzione di avamposto dell'Impero inca e di monumento alla divinità. Non si esclude che il ricordo dell'antica città sepolta dalla foresta avesse alimentato in un lontano passato i miti e le leggende relativi all'El Dorado.

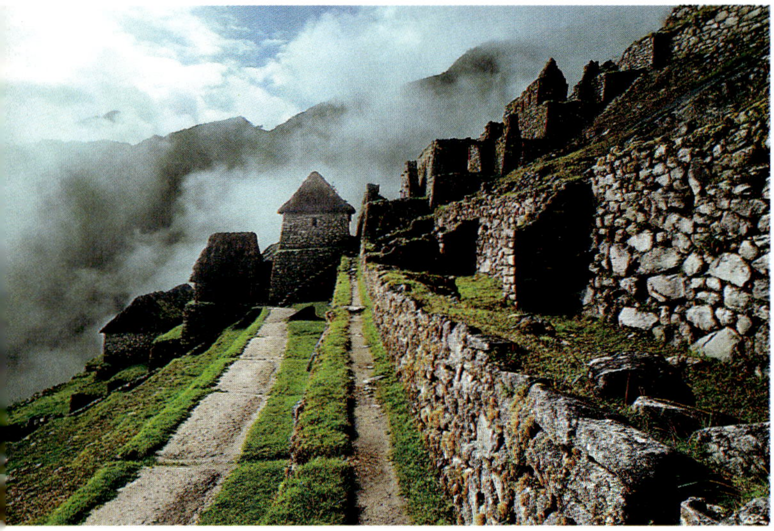

Sopra: case di cui è stata recentemente ricostruita l'originaria copertura in ichu, perdutasi nel corso dei secoli.

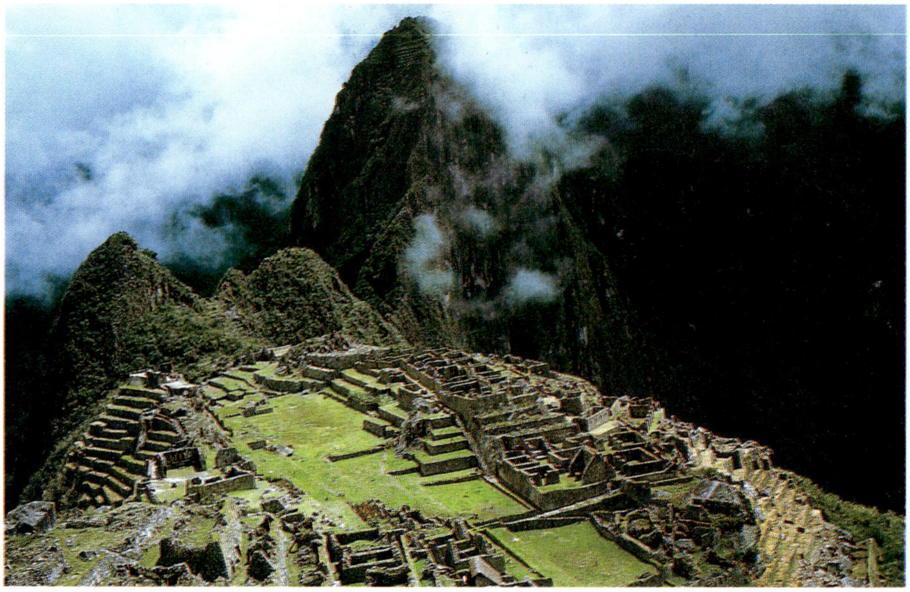

Un sistema di piazze divideva le diverse aree funzionali su cui si articolava la città.

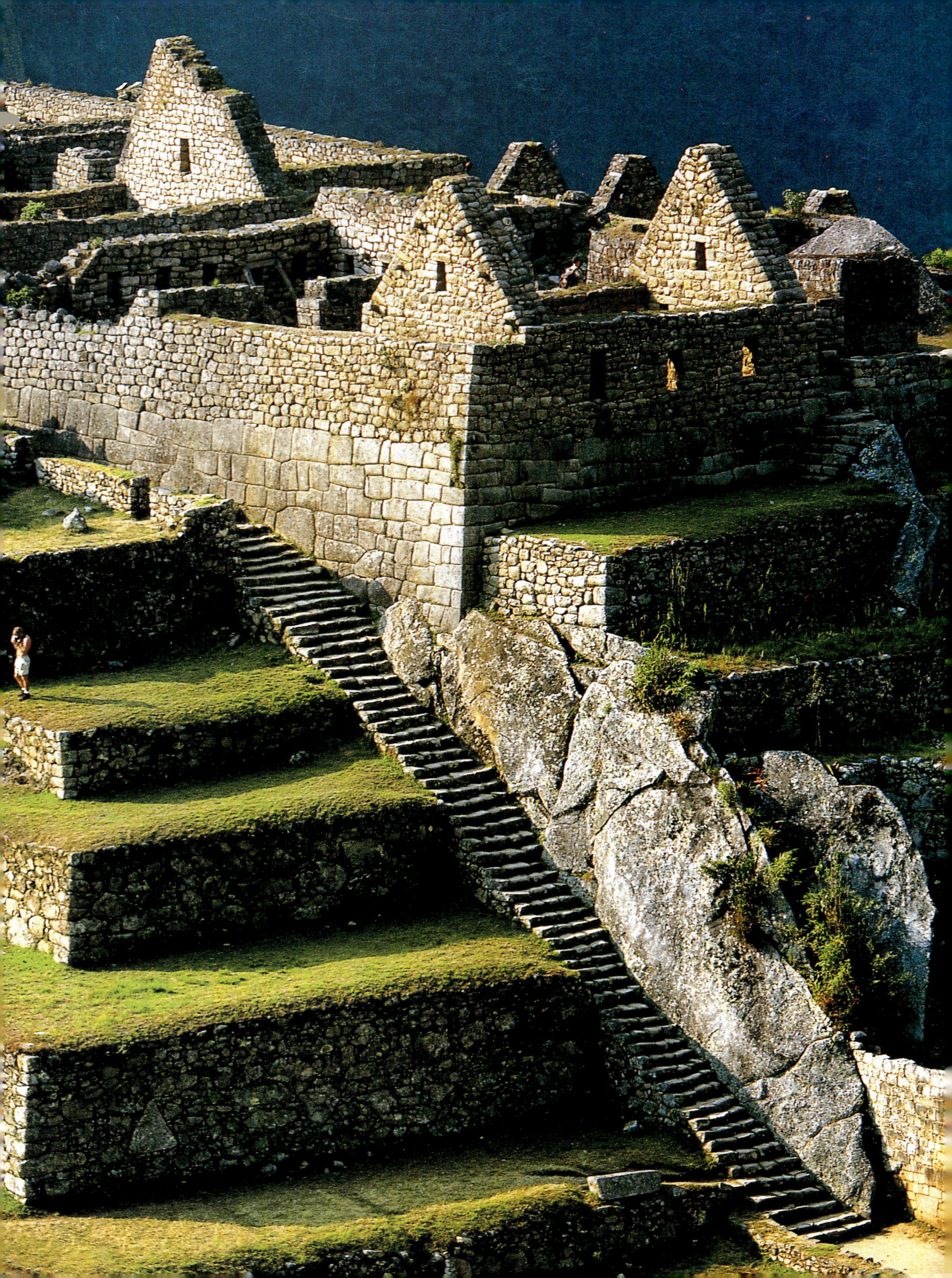

STATI UNITI

GRAND CANYON NATIONAL PARK

Esemplare di una delle numerose varietà di scoiattoli presenti nel Parco.

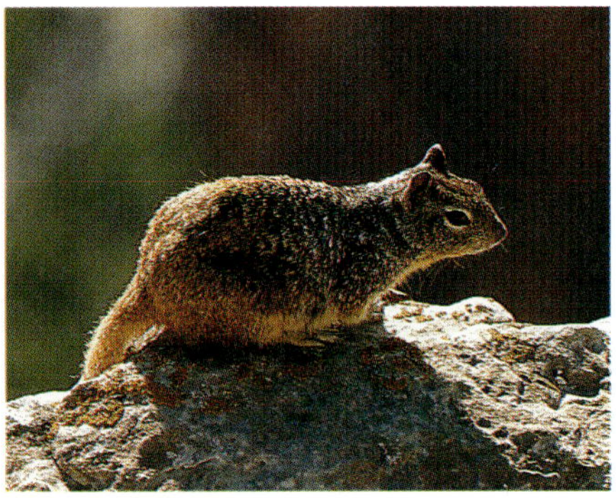

Circa 65 milioni di anni fa, all'epoca dei grandi spostamenti della crosta terrestre, un'enorme zolla fu spinta due chilometri e mezzo sopra il livello del mare, formando quello che oggi è l'altopiano del Colorado. La vasta area, ubicata nello Stato dell'Arizona, è attraversata dall'omonimo fiume, che nel lungo tragitto dalle Montagne Rocciose al golfo di California percorre 2334 chilometri. La via del fiume Colorado verso il Pacifico è stata una dura conquista soprattutto lungo il medio corso dove, alleandosi con le piogge e i forti venti, ha saputo costruirsi un comodo letto, erodendo nel corso di milioni di anni spettacolari gole profonde quasi due chilometri e in alcuni punti larghe quasi trenta.

Il Grand Canyon unisce allo straordinario

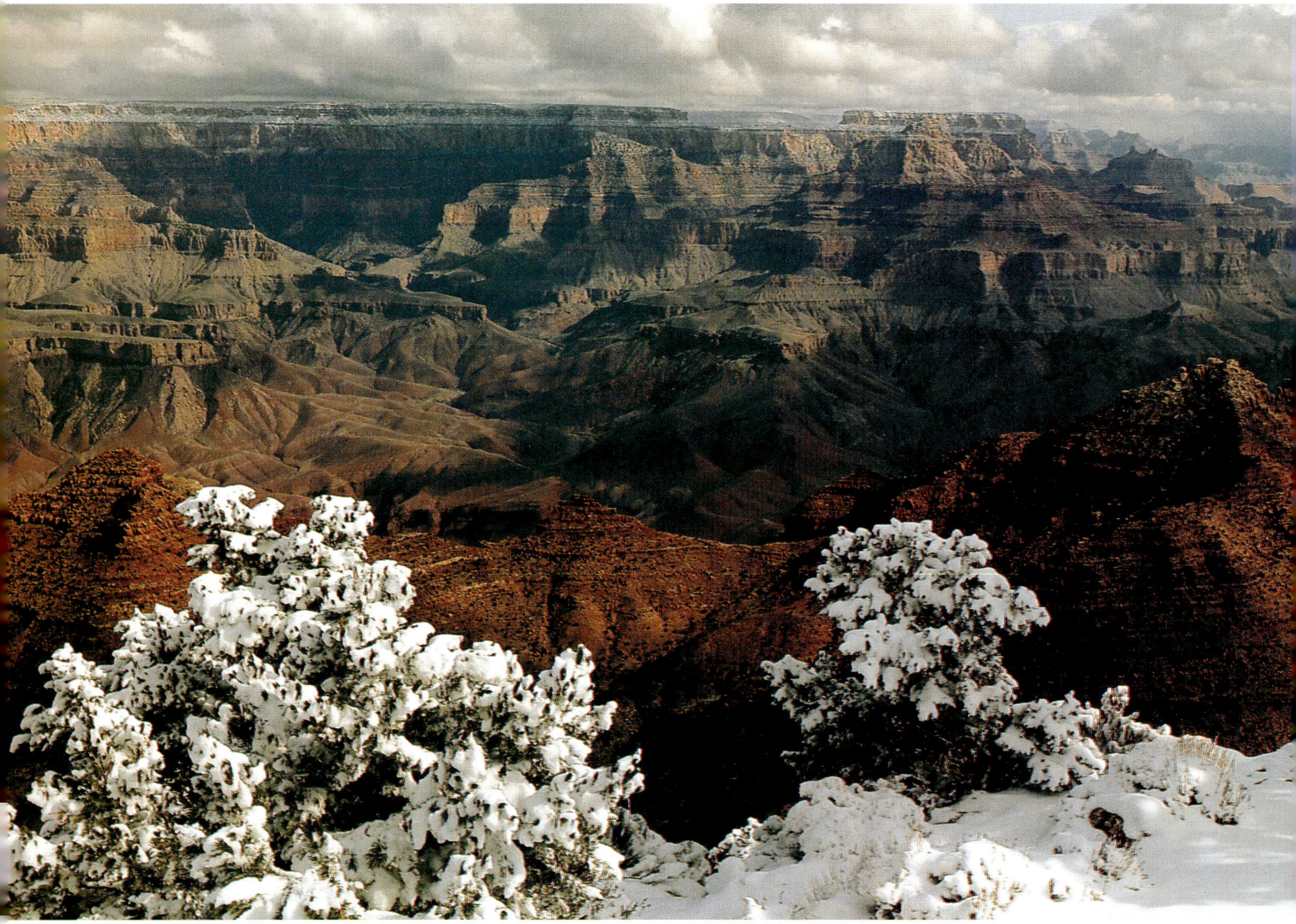

La scoscesa vallata che accoglie il medio corso del Colorado, terra di grande fascino e di notevole importanza geologica.

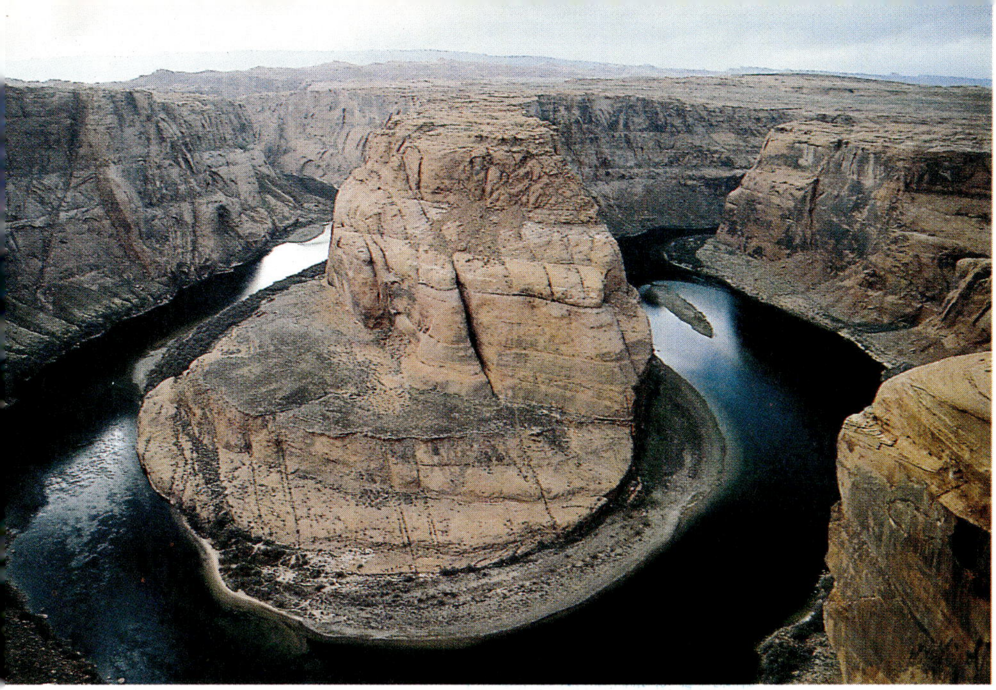

L'Horseshoe Bend, ansa "a ferro di cavallo" tra le rocce del Grand Canyon.

interesse paesaggistico un notevole valore scientifico, in quanto le sue stratificazioni sono un'autentica miniera per le ricerche dei geologi.

Il luogo, pressoché sconosciuto fino alla fine della guerra di secessione, fu scoperto da un gruppo di dieci persone capitanate dal maggiore John Wesley Powell, un veterano della guerra civile. Il primo insediamento di pionieri risale al 1880 e già nel 1882 fu presentata una legge al Congresso per la salvaguardia dell'integrità del Grand Canyon; nel 1893 il luogo divenne riserva naturale, nel 1908, grazie all'interessamento dello stesso presidente Theodore Roosevelt, fu dichiarato monumento nazionale e dal 1919 ha la denominazione ufficiale di Parco nazionale del Grand Canyon. Le tradizionali attività dei colonizzatori già dalla seconda metà degli anni Ottanta avevano comunque lasciato spazio al turismo, che pose fine soprattutto allo sfruttamento delle miniere e assunse dimensioni sempre più cospicue dopo il collegamento con la rete ferroviaria, avvenuto nel 1901. Il Parco è oggi visitato da 5 milioni di turisti all'anno.

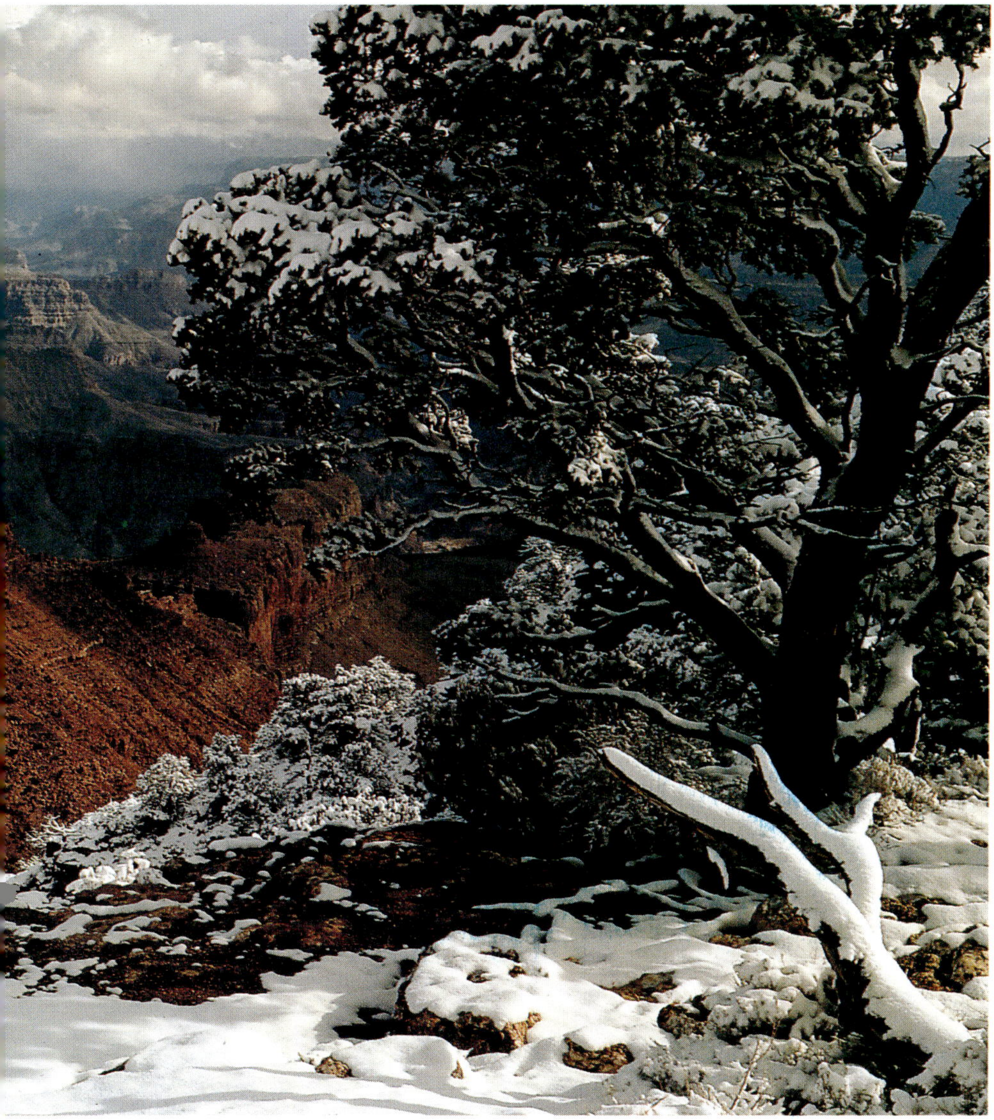

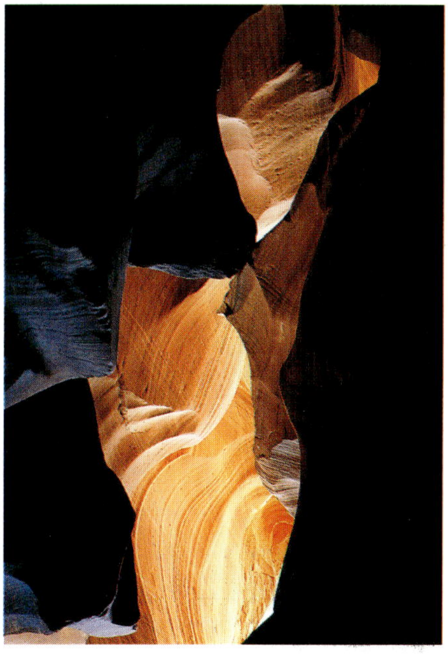

Affascinanti sculture dovute all'azione erosiva del vento che si incunea tra le gole della valle.

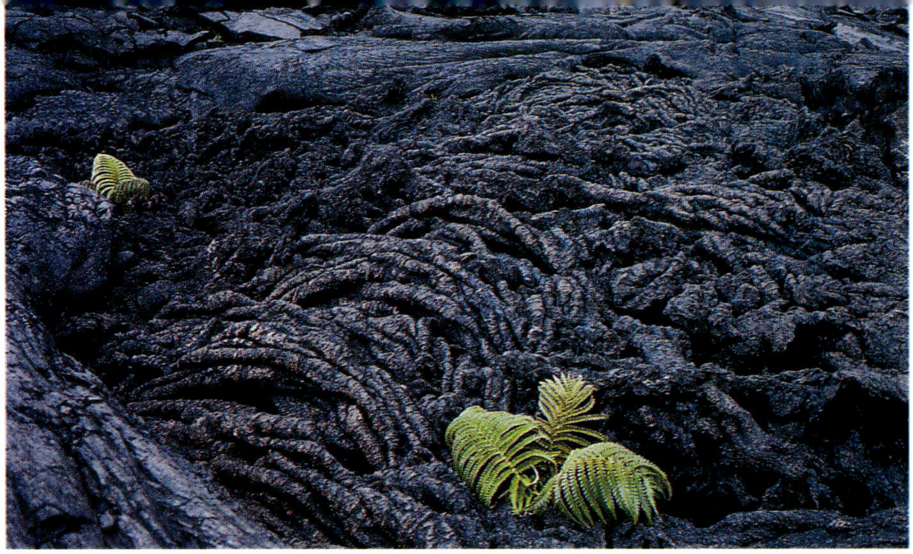

Sulle tormentate pendici del vulcano Kilauea spuntano isolate e verdissime felci.

STATI UNITI

HAWAII VOLCANOES NATIONAL PARK

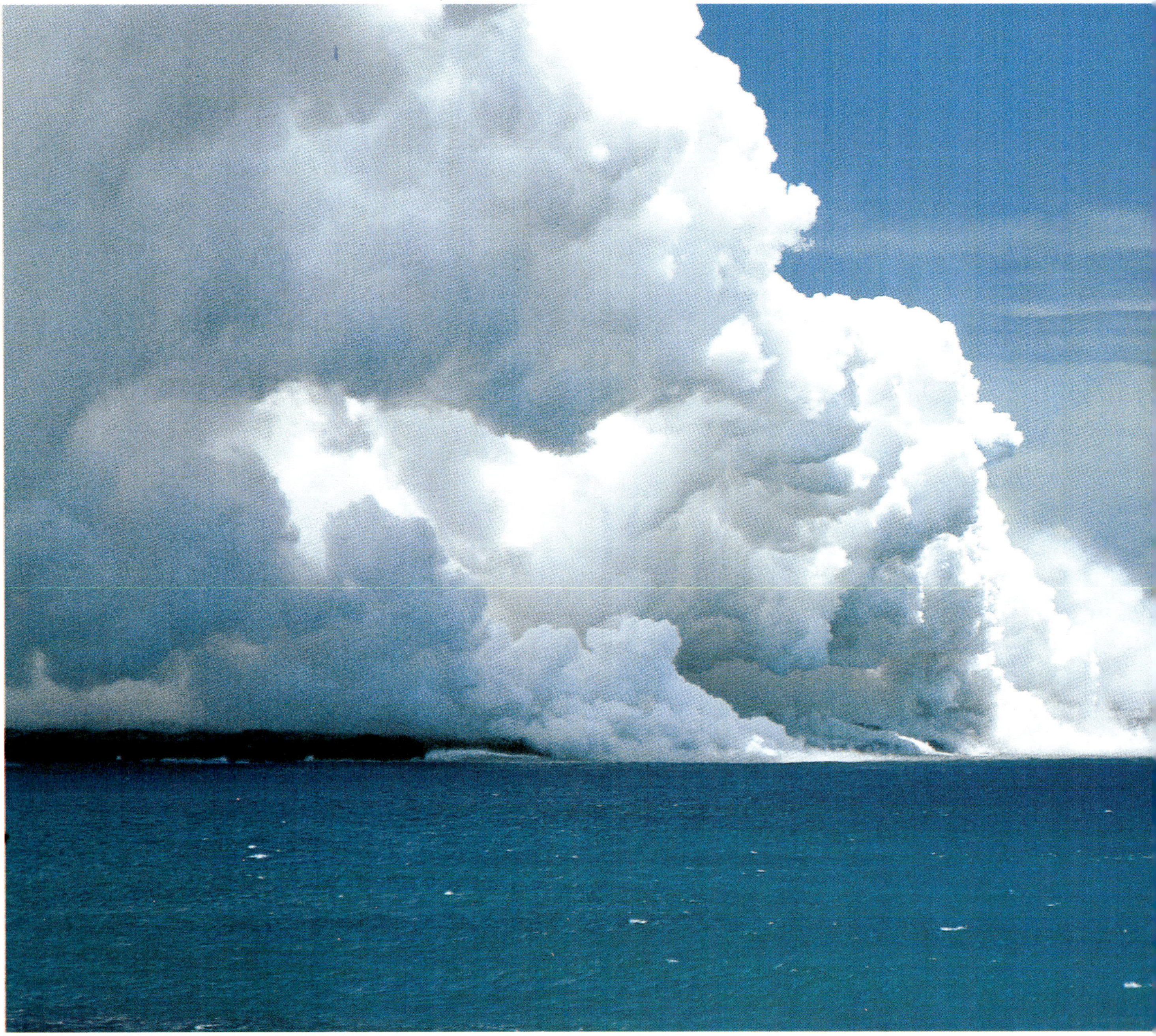

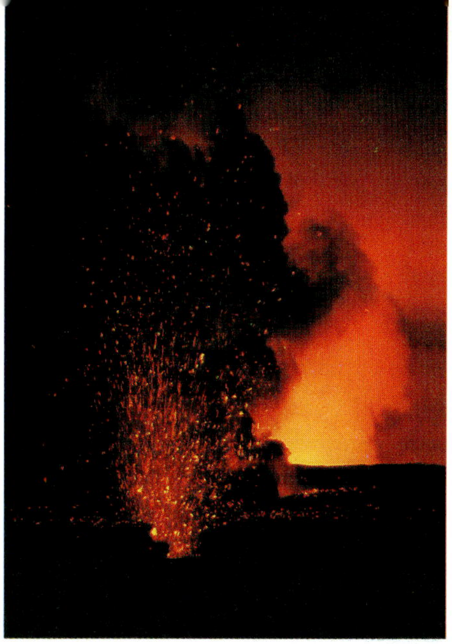

Il cratere del Kilauea, il vulcano con la più intensa attività eruttiva al mondo.

D'inverno la neve vela di bianco i crateri dei vulcani spenti e i pèndii rocciosi formati dalla lava nella sua minacciosa discesa verso il basso; poi, più giù, d'improvviso il paesaggio brullo e arido si copre della vegetazione turgida e umida tipica delle lussureggianti foreste pluviali che formano il mantello superficiale di queste isole-montagne delle Hawaii, situate in mezzo all'oceano Pacifico. Ma sotto il Mauna Loa, il Kilauea e gli altri 80 vulcani che compongono il grande Parco dei vulcani, costituito già nel 1916, la terra trema e ribolle, si incrina, sprofonda e riemerge. Nel corso dei secoli, proprio al centro di quella che la scienza della tettonica chiama la zolla del Pacifico, si è formata una lunghissima catena sottomarina di vulcani che attraversa il fondale dell'oceano e giunge fino alla fossa delle Aleutine. A provocarne la formazione e la costante attività, secondo gli scienziati, sono i cosiddetti *hot spots*, o punti caldi, che si trovano a una profondità di circa 60 chilometri dalla crosta della zolla e che producono piccole e isolate fuoriuscite di magma bollente il quale, risalendo attraverso le giunzioni della crosta con eruzioni costanti, costruisce sui fondali montagne sottomarine di lava che crescono fino a emergere dall'acqua.
Se il Mauna Loa, il più grande vulcano del mondo, e il Kilauea, il più attivo, sono da migliaia di anni emersi oltre il filo dell'acqua, altri vulcani hanno già completato, essendosi spostati rispetto al punto caldo che li rendeva attivi, il loro ciclo vitale e altri ancora continuano a nascere e a crescere, come il recentissimo Loihi che ancora giace a una profondità di circa 1000 metri sotto il livello del mare.

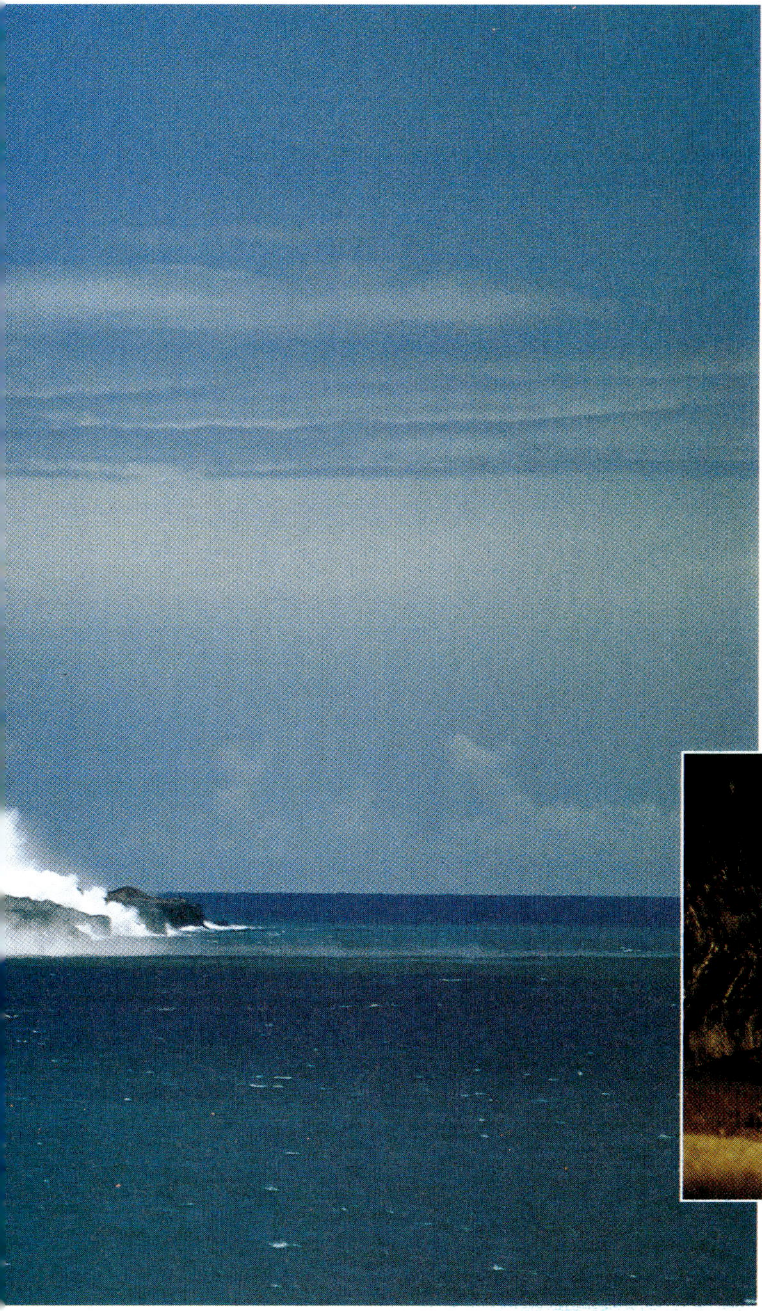

La fitta cortina di vapore attorno alla Big Island, provocata dalle eruzioni sottomarine.

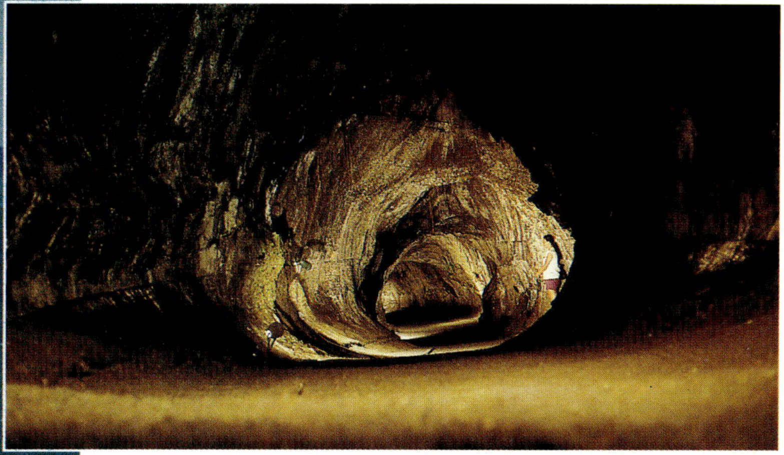

Una delle caverne, lunghe anche centinaia di metri, formate dalle colate laviche dei vulcani delle Hawaii.

STATI UNITI

MESA VERDE

Il Colorado Plateau sembra quasi voler nascondere nel fascino del suo paesaggio il proprio primato: è l'unico parco nazionale americano interamente dedicato a un sito archeologico. Il sito, un'importante testimonianza della civiltà anasazi (*Anasazi* in lingua pueblo sono "coloro che vengono prima", gli antichi) al confine tra Colorado e Nuovo Messico, conserva un complesso di abitazioni sparse tra gli anfratti delle pareti di arenaria dei canyon; due i motivi della loro conservazione: il riparo offerto dai costoni rocciosi e il fatto che l'insediamento si trovava lontano dalle piste battute dai pionieri nella loro corsa verso l'Ovest (fu esplorato completamente solo alla fine dell'Ottocento). La denominazione di Mesa Verde è la fedele descrizione del contesto ambientale: un altopiano coperto da fitte foreste che sembra essere stato abitato solamente dalla civiltà anasazi e non prima del VI secolo (mentre in altri siti è attestato il periodo "Basketmaker", dal I secolo d.C. al 550, caratterizzato dall'assenza di ceramiche ma dalla grande perizia nell'intrecciare fibre di yucca); tra le poche altre certezze, il fatto che nel XIV secolo i suoi abitanti svanirono nel nulla: diversamente da altri insediamenti anasazi, a Mesa Verde non appaiono tracce di pressioni esterne e l'unica ipotesi che avanzano gli studiosi è una crisi agricola dovuta allo sfruttamento irrazionale del suolo.
Gli abitanti di Mesa Verde erano abili nel lavorare la ceramica, conducevano una vita stanziale dedita all'agricoltura e all'allevamento. Le spettacolari abitazioni a più piani, costruite sulle ripide pareti dei canyon, erano in grado di accogliere intere comunità. Il più noto esempio è Cliff Palace, simbolo di Mesa Verde: era costituito da oltre duecento ambienti, che ospitavano circa 250 persone appartenenti

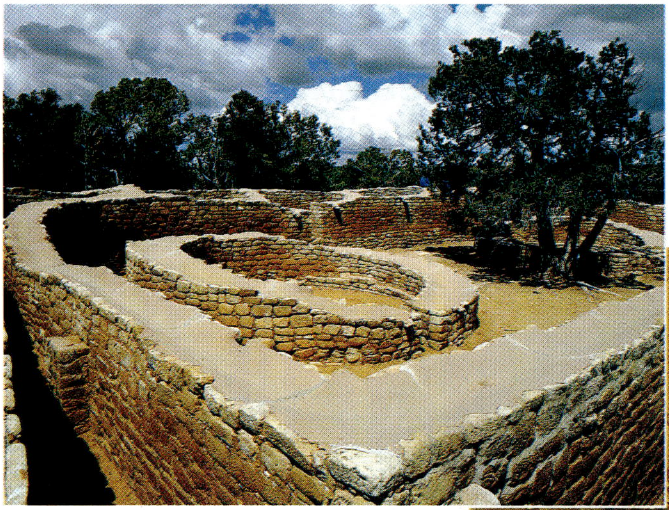

Rovine di un tempio dedicato al culto del Sole.

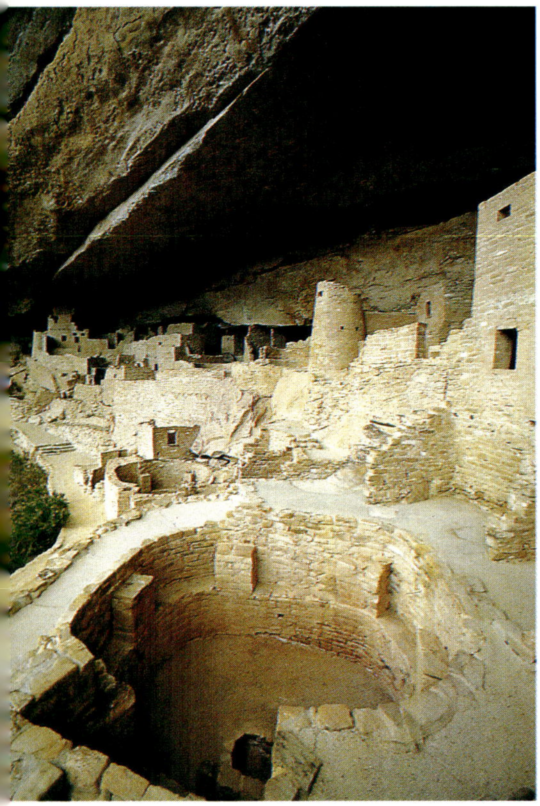

I resti di Cliff Palace, che ospitava circa 250 persone.

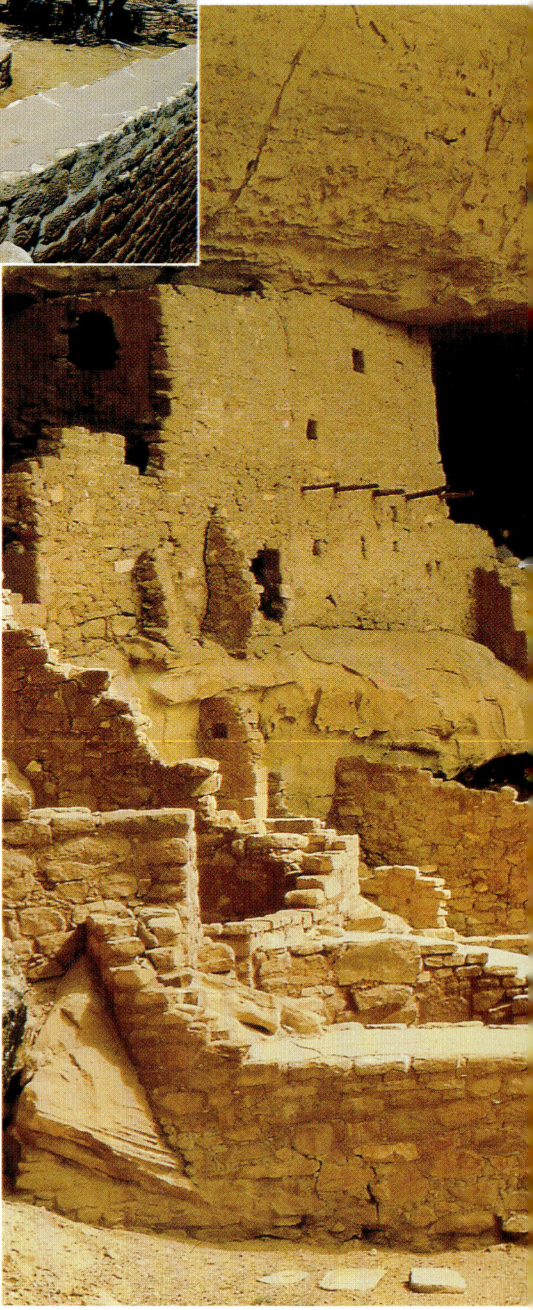

L'unità abitativa detta Long House, composta da 150 ambienti.

L'antico insediamento anasazi, sorto in un anfratto della roccia che garantiva la difesa dai pericoli esterni.

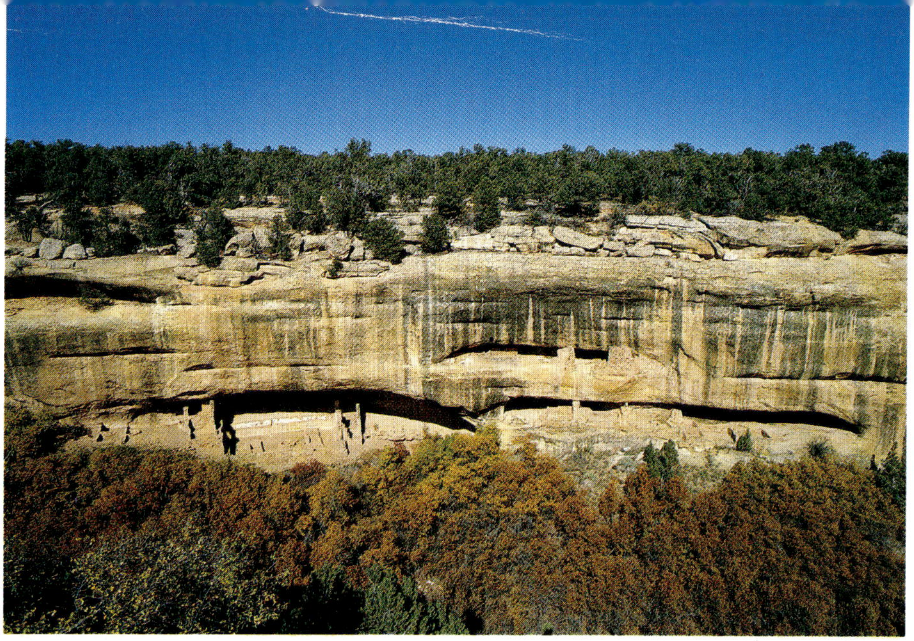

a una ventina di clan diversi. Venne costruito nel periodo detto "Great Pueblo" (dal XII ai primi del XIV secolo), l'età d'oro della civiltà anasazi, quando agricoltura, architettura e ceramica raggiunsero i vertici dello sviluppo.

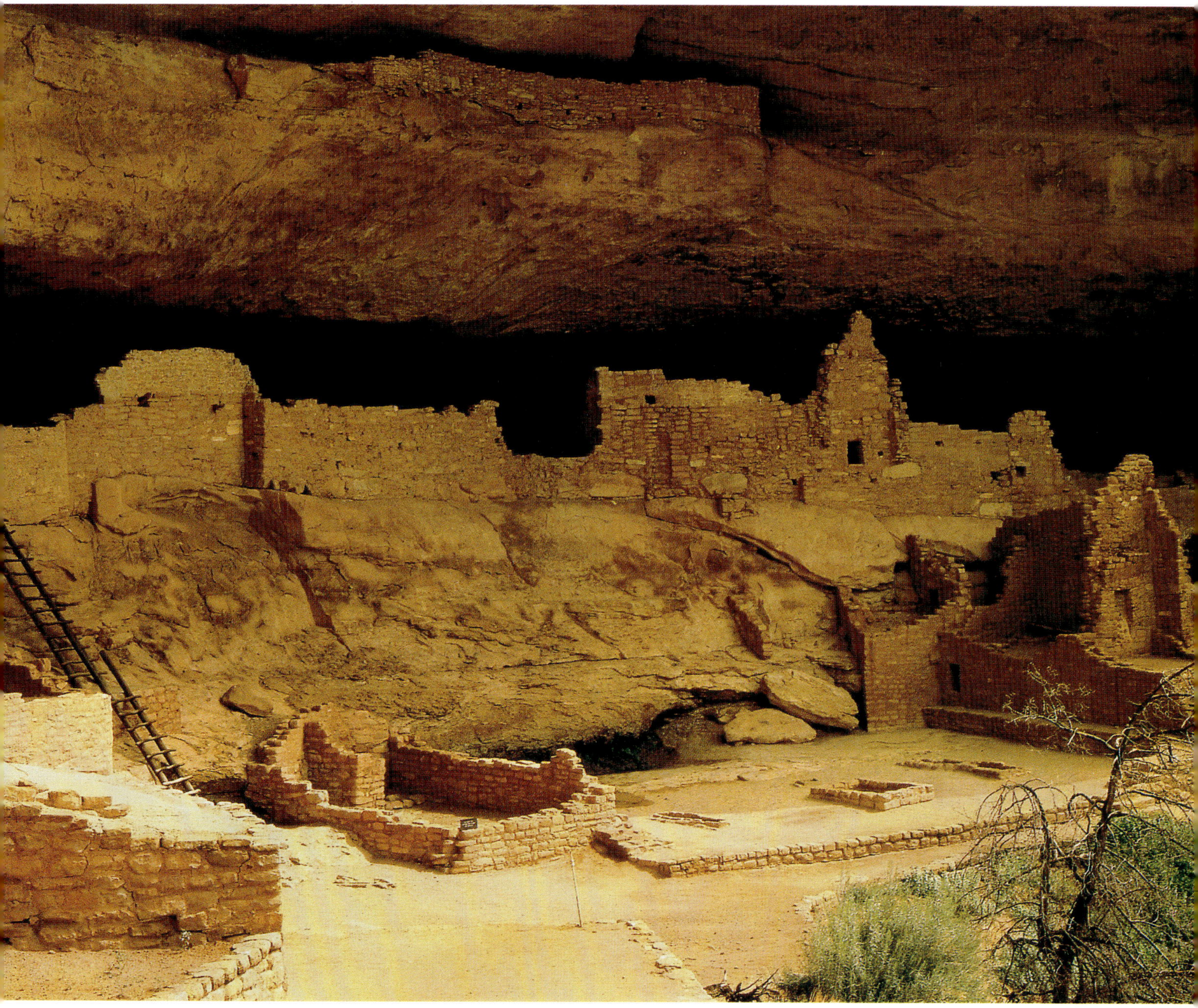

STATI UNITI

MONTICELLO E LA VIRGINIA UNIVERSITY

I sobri volumi neopalladiani della residenza di Monticello, sede del Museo Jefferson.

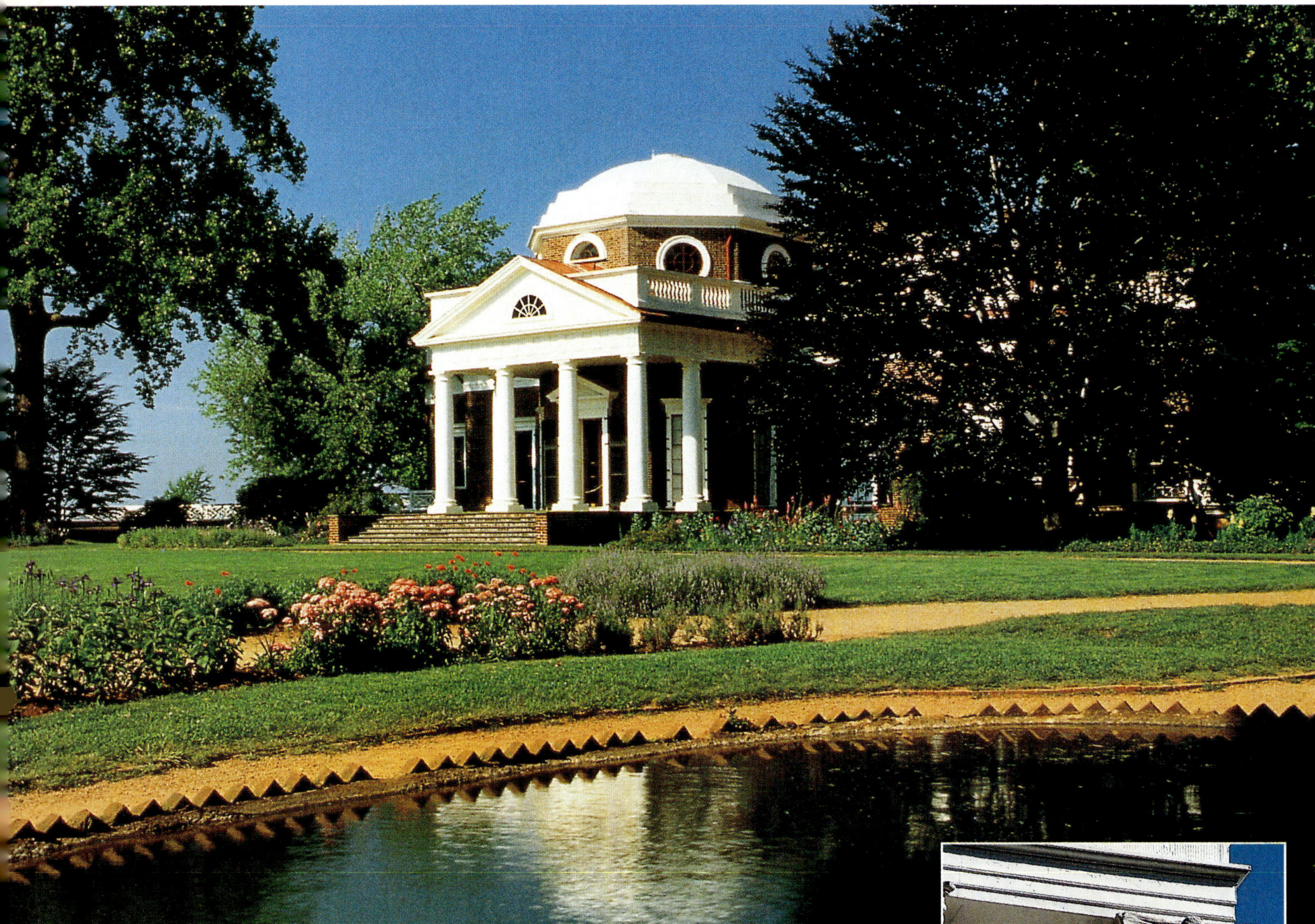

La città di Charlottesville, in Virginia, ospita due tra i più importanti monumenti dell'architettura americana: la residenza di Monticello del presidente Thomas Jefferson, costruita tra il 1769 e il 1809, e l'università della Virginia, che lo stesso Jefferson volle nel 1819. Entrambi gli edifici risentono in maniera evidente delle influenze dello stile neoclassico e più precisamente neopalladiano, che il futuro presidente ebbe modo di conoscere e apprezzare a Parigi, dove era stato ambasciatore. La villa di Monticello sorge su una collina e rappresenta un punto di svolta nella storia della cultura americana per il suo ostentato rifiuto della tipologia dello stile coloniale. Ancor più innovativo è l'edificio dell'università, nel quale il rapporto con il paesaggio naturale si determina per contrasto grazie all'uso di una costruzione basata sulla bicromia delle decorazioni bianche sul mattone rosso e l'utilizzo delle tipologie classiche di distribuzione spaziale.

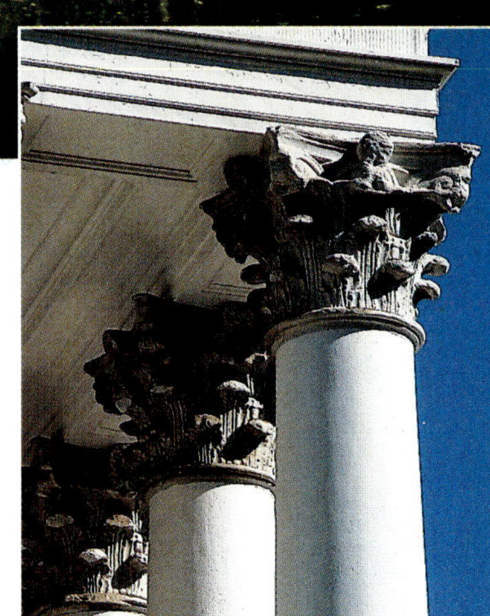

Le colonne del pronao dell'Università della Virginia a Charlottesville.

Turchia. Le rovine dell'antica Pammukkale.

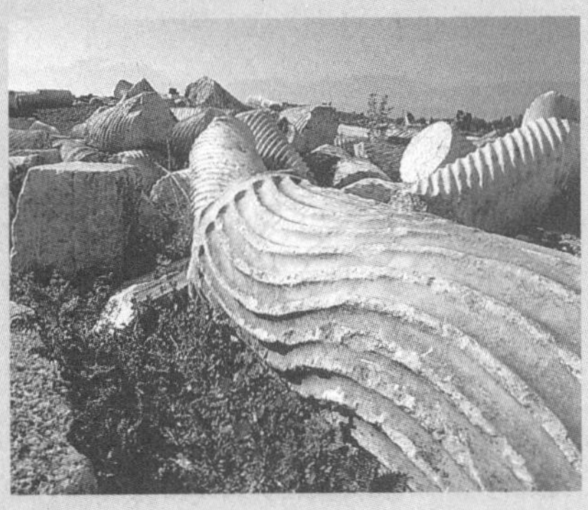

REPERTORIO

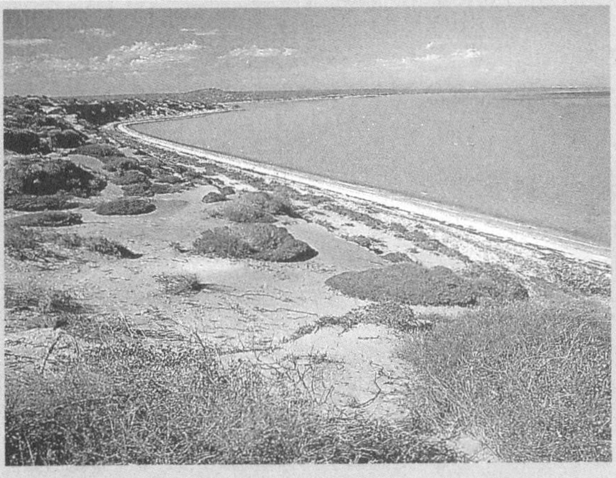

Australia. Hamelin Pool, vicino a Shark Bay.

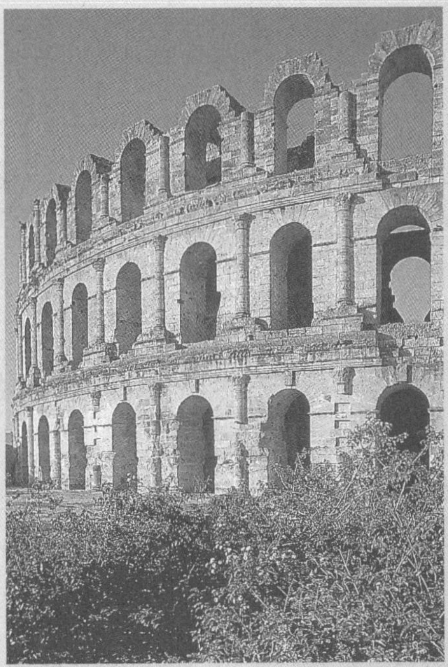

Tunisia. L'anfiteatro romano di El-Jem.

Nel Repertorio sono elencati i 552 Beni iscritti al dicembre 1997 nella Lista del Patrimonio dell'Umanità UNESCO, catalogati come Beni culturali (418), naturalistici (114) o culturali e naturalistici (20). L'elenco è in ordine alfabetico per nazione e per località all'interno di ciascuna nazione. Di ogni Bene vengono forniti la denominazione (traduzione non ufficiale dalla World Heritage List), l'anno di iscrizione nella Lista del Patrimonio dell'Umanità UNESCO, il simbolo che indica la categoria di appartenenza (culturale, naturalistico, culturale e naturalistico), con un numero che ne consente la localizzazione sulle carte nelle prime pagine del volume, e una breve descrizione. Per la descrizione dei Beni già presentati nella sezione illustrata, si rimanda alle pagine in cui questi sono trattati.

1972 Anno di iscrizione nella Lista del Patrimonio UNESCO

◆ Bene culturale

● Bene naturalistico

◈ Bene culturale e naturalistico

ALBANIA

Butrinto
1992

❶

Le sommosse del 1997 hanno messo in pericolo quest'area archeologica che rappresenta, per le sue stratificazioni storiche, un patrimonio culturale il cui valore supera le frontiere nazionali. L'area tra il lago di Butrinto e la costa mediterranea fu abitata fin dalla preistoria e divenne prima una colonia greca, poi un centro romano. Fiorente nel periodo paleocristiano, la città divenne insalubre e fu abbandonata in epoca tardomedievale. La fitta vegetazione che la circonda ne ha preservato fino a oggi le vestigia.

ALGERIA

La casba di Algeri
1992

❼

Con l'occupazione del corsaro turco Khair ad-Din nel 1516, Algeri conobbe un vero impulso edilizio in cui si coniugarono architettura militare ottomana e tradizioni arabo-mediterranee. La casba, costruita in quegli anni sul luogo della precedente fortezza berbera, è in posizione dominante. Le maglie del vecchio tessuto urbano racchiudono antiche moschee e palazzi ottomani.

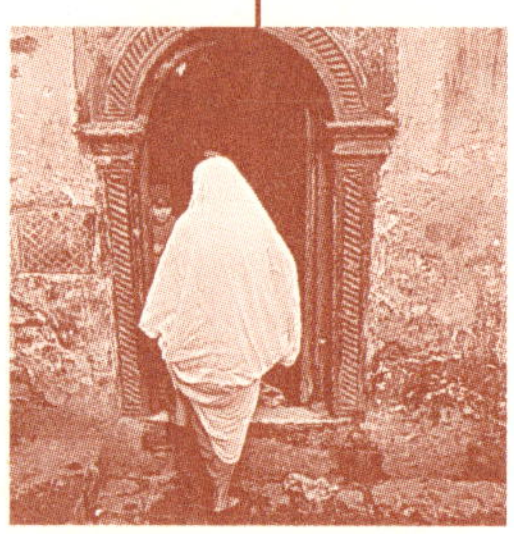

Algeria. La casba di Algeri

Djemila
1982

❹

È l'antica Cuicul, colonia fondata dai Romani sul finire del I secolo, a 900 metri di altitudine, sulla strada tra le antiche Cirta e Sicca Veneria. La città si sviluppò rapidamente e mantenne un ruolo di grande importanza sino all'età bizantina. Fori, templi, basiliche e archi trionfali testimoniano la passata prosperità.

La valle dello M'Zab
1982

❸

Il tempo sembra essersi fermato nella valle dello M'Zab. Gli Ibaditi vi fondarono nel X secolo cinque cittadelle fortificate (oggi raccolte nell'unico nucleo di Ghardaïa), che si distinguono per l'architettura semplice e funzionale, in sintonia con l'ambiente circostante.

La Qal'ah dei Beni Hammad
1980

❶

In un'area montana di rara bellezza, a 1000 metri di altitudine, si ergono le rovine della prima capitale della dinastia dei Beni Hammad, costruita nel 1007 e distrutta nel 1152. L'insediamento reca i tratti della tipica città musulmana fortificata da una cinta muraria lunga 7 chilometri. La Grande Moschea con una sala della preghiera a 13 navate, le vestigia di palazzi squisitamente decorati, il deposito dell'acqua attestano la ricchezza di questo sito regale.

Tassili n'Ajjer
1982

❷

vedi pagina 234

Timgad
1982

❻

Colonia romana fondata nel 100 d.C. da veterani dell'imperatore Traiano, Timgad fu una fiorente città dall'assetto perfettamente ortogonale. Conobbe notevole fortuna e venne dotata di tutti quegli edifici pubblici che all'epoca rendevano civile una comunità: si contavano almeno 14 terme, una biblioteca e numerose chiese.

Tipasa
1982

❺

Sulle coste del Mediterraneo, Tipasa nasce come emporio cartaginese, assoggettato poi dai Romani, che ne fecero un avamposto nella conquista dei regni di Mauritania. Resti fenici, romani e bizantini si sovrappongono a monumenti di architettura indigena, fra cui il Kbor er-Roumia, imponente mausoleo dei re mauri.

ARGENTINA

Il Parco nazionale dell'Iguazú
1984

❷

Il fiume Iguaçú-Iguazú, giunto al confine tra il Brasile e l'Argentina, precipita per 80 metri da una linea basaltica, formando una delle più spettacolari cascate del mondo. Il rombo fragoroso e la nube d'acqua sollevata conferiscono a questo luogo una valenza magica, tanto che gli indigeni guaraní lo chiamano "il posto dove nascono le nuvole". La foresta pluviale subtropicale ai due lati della cascata è popolata da tapiri, scimmie, gattopardi americani, giaguari e caimani.

Los Glaciares
1981

❶

Il Parco è situato nella Patagonia meridionale, in una zona dalle proibitive condizioni atmosferiche. Il paesaggio è dominato dalla presenza di numerosi ghiacciai che dalle Ande scendono verso valle, formando numerosi laghi. Il più imponente è il ghiacciaio Moreno, che immette enormi iceberg nelle gelide acque del lago Argentino. Nonostante le frequenti bufere di neve, non manca la fauna selvatica; più di cento le specie di uccelli presenti.

ARGENTINA/BRASILE

Le missioni gesuitiche dei guaraní
1983, 1984

❶

vedi pagina 270

ARMENIA

Il monastero di Haghpat
1996

❶

È il più bell'esempio di architettura religiosa armena tra il X e il XIII secolo. Nel complesso monastico convivono lo stile bizantino della chiesa di Santa Croce (991) e la tradizione caucasica degli edifici in legno che si aggiunsero all'edificio primitivo nei secoli successivi.

AUSTRALIA

Le riserve delle foreste pluviali dell'Australia centro-orientale
1986, 1994

❻

L'area protetta è costituita da otto zone situate nel Queensland e nel New South Wales, lungo la costa orientale australiana. L'ampia riserva è caratterizzata da paesaggi molto diversi tra loro. Vi si trovano infatti dune costiere, elevate montagne vulcaniche e altipiani interrotti da profondi canyon. Le foreste ricoprono gran parte della regione, con esempi significativi di foreste pluviali temperate e subtropicali, caratterizzate dalla presenza di specie molto rare.

L'isola Fraser
1992

❿

Gli scheletri calcarei dei coralli del *reef*, triturati dalle ripetute e continue onde del mare, vengono trasportati lentamente verso la costa fino a formare lunghe spiagge e dune. Fraser Island, situata presso il litorale australiano all'estremità meridionale della Grande Barriera Corallina, costituisce così l'isola sabbiosa più grande del mondo. La sua spiaggia ha una lunghezza di oltre 100 chilometri e il suo interno è costellato da resti di foresta pluviale e da numerosi laghi. Tra questi, spicca il McKenzie: uno splendido specchio turchese circondato da sabbia bianchissima.

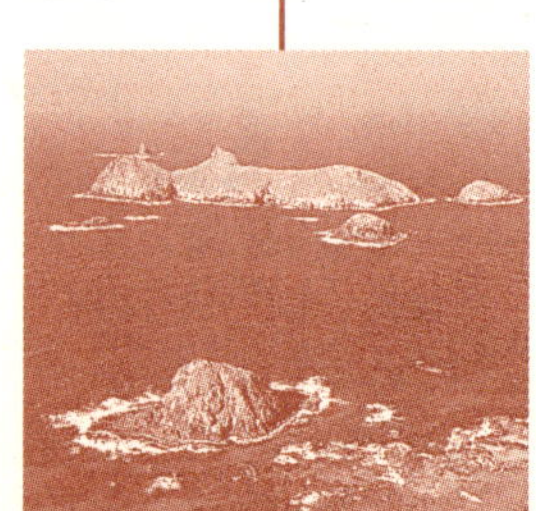

Australia. L'isola Lord Howe

La Grande Barriera Corallina 2
1981
vedi pagina 224

Le isole Heard e McDonald 12
1997
Situate a 1700 chilometri dal continente antartico, queste isole, con vulcani attivi, sono di fondamentale importanza per la ricerca scientifica, giacché offrono la possibilità di osservare le dinamiche geomorfologiche e glaciali e di studiarne i fenomeni in tempo reale. La loro flora e fauna autoctona si sviluppano in isolamento e il notevole grado di conservazione del loro ecosistema insulare incontaminato costituisce un inestimabile patrimonio naturale.

Il Parco nazionale del Kakadu 1
1981, 1987, 1992
vedi pagina 226

L'isola Lord Howe 5
1982
L'isola è ciò che resta di un ampio vulcano emerso dalle acque circa sette milioni di anni fa e modellato dall'erosione marina. L'antico cratere è oggi una meravigliosa laguna, chiusa su un lato dal più meridionale dei *reef* australiani e popolata da una fauna marina ricca e diversificata. Le scogliere formate dalle montagne vulcaniche, alte fino a 875 metri, sono un luogo ideale per la nidificazione di numerose specie di uccelli marini.

L'isola Macquarie 13
1997
Tra l'Australia e l'Antartide, la dorsale Macquarie fuoriesce sopra il livello del mare formando un'isola oceanica lunga 34 chilometri e larga 5. L'isola si trova sulla congiunzione tra la placca continentale indo-australiana e quella americana e costituisce un importante sito per la sua conformazione geologica. Qui infatti le rocce del manto terreste emergono dalle acque e sono visibili particolari basalti e rocce vulcaniche.

Le foreste tropicali del Queensland 8
1988
La costa nordorientale del Queensland, prospiciente la Grande Barriera Corallina, è ricoperta interamente da foreste umide pluviali, solcate da fiumi interrotti da numerose cascate. La regione rappresenta solo lo 0,1% della superficie del continente, ma ospita oltre il 30% dei marsupiali, il 60% dei pipistrelli e il 62% delle farfalle. Nell'area protetta sono presenti 54 specie di vertebrati.

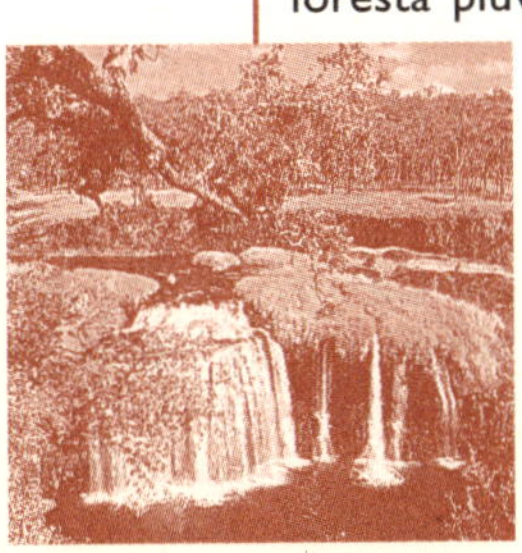
Australia. Le Millstream Falls nelle foreste del Queensland

I siti fossiliferi dei mammiferi australiani (Riversleigh/Naracoorte) 11
1994
Si tratta di due località distanti circa 2000 chilometri accomunate dalla presenza di giacimenti fossili di grande importanza. A Riversleigh, nel Queensland, si trovano fossili di mammiferi la cui datazione risale alla fine dell'era terziaria. Il sito fossilifero costituisce, con la sua superficie di 75 chilometri quadrati, uno dei giacimenti più importanti del mondo. Le grotte di Naracoorte, nell'Australia meridionale, conservano i resti di ben 93 specie di vertebrati vissuti nel Pleistocene.

Shark Bay 9
1991
La baia dello Squalo, situata 800 chilometri a nord di Perth, comprende un tratto di costa di circa 1500 chilometri con numerose isolette e scogliere tra le più alte d'Australia. Nelle sue acque si trova una flora eccezionalmente abbondante e diversificata, con un erbario marino di 4000 chilometri quadrati. L'alta concentrazione salina delle acque di Hamelin Pool ha permesso lo sviluppo di una originale formazione composta da organismi unicellulari, che sono, probabilmente, le più antiche forme di vita sulla Terra. A Eagle Bluff vive la più numerosa colonia di dugonghi.

I parchi e le riserve della Tasmania 4
1982, 1989
Scoperta dal navigatore olandese Abel Tasman nel 1642, la grande isola a sud dell'Australia fu abitata ben 20.000 anni fa, come testimoniano i reperti venuti alla luce nelle caverne di pietra calcarea. Solcata da fiumi impetuosi e profonde voragini, custodisce un patrimonio naturalistico unico e incontaminato. L'abbondanza delle precipitazioni favorisce la crescita della rigogliosa foresta pluviale temperata che costituisce un ecosistema di straordinaria complessità e ricchezza. Trova rifugio qui l'unico marsupiale carnivoro esistente: il diavolo della Tasmania.

Il Parco nazionale dell'Uluru e delle Kata Tijuta 7
1987, 1994
vedi pagina 228

La regione dei laghi Willandra 3
1981
Fino a 15.000 anni fa questa zona era caratterizzata da numerosi laghi che permisero la presenza dell'uomo e lo svilupparsi della vita animale e vegetale. Con il prosciugarsi dell'acqua, l'area assunse un aspetto desolato e la terra inaridita venne abbandonata. Le frequenti tempeste di vento hanno formato con il tempo dune di sabbia. Queste hanno permesso la conservazione di numerosi fossili e hanno coperto, preservandoli, frammenti di utensili di oltre 40.000 anni fa. Nella zona del Mungo National Park, dove sono avvenuti i più interessanti ritrovamenti, sono presenti formazioni sedimentarie risalenti al Pleistocene.

AUSTRIA

Il paesaggio culturale di Hallstatt-Dachstein e del Salzkammergut 3
1997
La bellezza dello scenario naturale formato da cime e laghi alpini ha reso celebre il Salzkammergut. Quest'area ha tratto notevole ricchezza dai suoi giacimenti di sale, sfruttati dal II millennio a.C. sino a metà del Novecento. La cittadina di Hallstatt è nota per la scoperta di una importante necropoli risalente all'età del Ferro, grazie alla quale si è potuta identificare un'importante cultura preistorica.

Il centro storico di Salisburgo 1
1996
vedi pagina 84

Il palazzo e i giardini di Schönbrunn 2
1996
vedi pagina 86

BANGLADESH

Il centro religioso di Bagerhat 1
1985
Alle foci del Gange e del Brahmaputra, nei sobborghi di Bagerhat, sopravvive l'antica cittadella fondata nel XV secolo dal generale turco Ulugh Khan Jahan. Numerose sono le moschee e gli antichi monumenti islamici rivestiti in mattone; le infrastrutture della città (cisterne e ponti, soprattutto) attestano una notevole conoscenza tecnica dei costruttori.

Le rovine del monastero buddista a Paharpur 2
1985
Somapura Mahavira, il Grande Monastero, ha svolto per quasi mille anni, dal VII al XVII secolo, il suo ruolo di convento buddista, di me-

ta di pellegrinaggio e di centro intellettuale. La sua struttura, perfettamente progettata in funzione di cittadella religiosa, ha avuto larga influenza sull'architettura buddista, con riflessi sino in Cambogia. Notevoli i bassorilievi scolpiti con scene di vita quotidiana e decorazioni a motivi vegetali e animali.

La foresta del Sundarbans 1997 3

Nel golfo del Bengala, alle foci dei fiumi Gange, Brahmaputra e Meghna, si estende una delle foreste di mangrovie più vaste del mondo. I 140.000 ettari di superficie sono divisi in tre diverse riserve. Il sito rappresenta un eccezionale condensato di fenomeni naturali, dalle piogge monsoniche, alla formazione del delta, dall'influenza delle maree alla colonizzazione vegetale. Anche la sua fauna è straordinaria, annoverando la tigre del Bengala, 260 tipi di uccelli, e varie altre specie animali in via di estinzione, quali il coccodrillo dell'estuario e il pitone indiano.

BELIZE

La Riserva della barriera corallina 1996 1

L'area costiera del Belize, con la sua barriera corallina, la più grande dell'emisfero settentrionale, offre un meraviglioso habitat per la fauna e la flora sottomarina. L'evoluzione geologica del sito ha dato origine ad atolli caribici e banchi di sabbia che costituiscono un ambiente naturale perfetto per alcune specie in pericolo, tra cui le tartarughe marine, il tricheco e il coccodrillo marino americano.

BENIN

I palazzi reali di Abomey 1985 1

Fra il 1625 e il 1900, dodici re si succedettero alla guida del potente regno di Abomey. I sovrani costruirono le loro dimore entro una stessa area, mantenendo uniformità nell'uso degli spazi e dei materiali (un impasto di argilla, pietra e paglia). In seguito a un tornado che ha colpito Abomey nel 1984, il sito è stato iscritto dall'UNESCO nella Lista del Patrimonio mondiale in pericolo.

BIELORUSSIA/POLONIA

La foresta Beloveżskaja/Białowieska 1979, 1992 1

Il suo particolare ecosistema consente la vita di specie ormai estinte nel resto d'Europa. Costituita da alberi sempreverdi e latifoglie, la foresta ospita il lupo, la lince e la lontra. Un programma di riproduzione ha permesso il recupero del bisonte europeo, specie reintrodotta nel Parco.

BOLIVIA

Le missioni gesuitiche dei chiquitos 1990 2

Le missioni dei gesuiti, fino all'espulsione dell'Ordine nel 1767, ottennero un'ampia autonomia politica che permise lo sviluppo di società agricole basate sulla comunione delle risorse. Gli edifici religiosi furono costruiti dagli indi con la collaborazione di architetti europei e rappresentano un singolare esempio di fusione tra elementi locali e stili importati.

Potosí 1987 1

vedi pagina 272

La città storica di Sucre 1991 3

Fondata dagli spagnoli nella prima metà del XVI secolo, la città conserva architetture del periodo coloniale, tra le quali le caratteristiche abitazioni provviste di patio. Sucre è conosciuta per i suoi aspetti pittoreschi e le bellezze architettoniche. Le chiese, a un'unica navata e coperte da tetti di legno, sono frutto della commistione tra le tradizioni locali e gli stili importati dall'Europa.

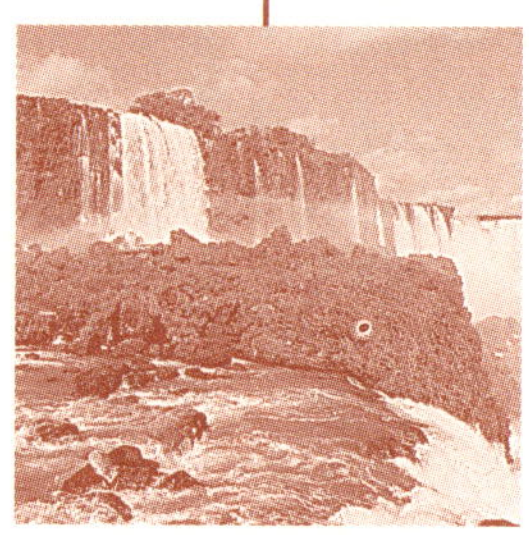

Brasile. Cascate dell'Iguaçu

BRASILE

Brasilia 1987 6

Capitale creata nel 1956 su progetto di Oscar Niemeyer e Lucio Costa, diboscando la foresta al centro del Paese, Brasilia costituisce una pietra miliare nella storia urbanistica. La sua planimetria, che riprende un uccello stilizzato, si adatta alla configurazione del territorio ed esprime lo slancio di modernità del Brasile contemporaneo.

Il Parco nazionale della catena del Capivara 1991 7

Situata nella regione nordorientale del Paese, deve il nome all'abbondanza di capibara, particolari roditori che abitano le zone umide. Si tratta di una zona semiarida che accoglie nei suoi confini un campione ampio e rappresentativo della *caatinga* brasiliana, un tipo di vegetazione che assume un aspetto biancastro nella stagione secca. Vi sono state rinvenute numerose iscrizioni rupestri su rocce di arenaria, risalenti a più di 25.000 anni fa.

Il santuario del Buon Gesù di Congonhas 1985 4

Meta di pellegrinaggio tra le più frequentate in Brasile, venne eretto nella seconda metà del XVIII secolo. La basilica, dal sontuoso interno rococò, è preceduta da una scalinata esterna con 12 statue in pietra raffiguranti i profeti. Ai lati, delle cappelle con le stazioni della Via Crucis conservano nel loro interno gruppi di statue lignee policrome in grandezza naturale, con scene della Passione.

Il Parco nazionale dell'Iguaçu 1986 5

Quest'area condivide con il Parco argentino dell'Iguazú una delle più grandi e maestose cascate del mondo, alla confluenza dei fiumi Paraná e Iguaçu. Il Parco brasiliano, il più esteso, è costituito da un'immensa foresta pluviale subtropicale con una ricca flora. Più di duemila specie di piante vascolari crescono nella regione e numerosi animali, minacciati di estinzione, trovano rifugio nell'area protetta.

Il centro storico di Olinda 1982 2

Situata sulle pendici di un colle, non lontana dal mare, venne fondata dai portoghesi nel 1535 e divenne sede del capitanato di Pernambuco. La sua storia è legata alla coltivazione della canna da zucchero. La struttura urbana risale al XVIII secolo.

Ouro Preto 1980 1

Fondata alla fine del XVII secolo, la città porta il nome di ciò che la rese ricca e famosa: le sue miniere dettero avvio, nel XVIII secolo, a una grandiosa corsa all'oro. Durante i due secoli di opulenza la città si arricchì di chiese e cappelle, edifici e monumenti, che ancora oggi ne testimoniano lo sviluppo artistico e culturale. Emblema dell'arte barocca brasiliana, mostra, accanto a caratteri portoghesi, italiani e spagnoli, elementi elaborati da artisti locali, tra cui lo scultore e architetto Aleijadinho.

Il centro storico di Salvador 1985 3

La storia della città, prima capitale del Brasile dal 1549 al 1763, testimonia dell'incontro tra le culture europea, africana e amerindia. Durante il periodo coloniale divenne il maggior centro del mercato degli schiavi provenienti dall'Africa, impiegati nelle piantagioni della canna da zucchero. Caratterizzano il suo centro storico i colori variopinti degli edifici coloniali.

Il centro storico di São Luís 8
1997

La storia della città, fondata dai francesi e occupata dagli olandesi, prima di passare sotto il dominio portoghese, ne spiega il fascino tipicamente coloniale. Il suo sviluppo urbano si è arrestato agli inizi del Novecento, lasciando così inalterati i numerosi edifici storici. Molte le chiese del XVII e XVIII secolo, le fontane e i palazzi signorili con le cancellate in ferro battuto, le porte in legno intagliato, le sculture e gli *azulejos* che ne decorano le facciate.

BULGARIA

La chiesa di Bojana 1
1979

Il villaggio di Bojana, con la sua chiesa-museo del X secolo, si trova nei boschi che circondano Sofia. L'edificio conserva uno straordinario ciclo di affreschi medievali, che recano la data 1259. L'importanza di tali affreschi consiste, fra l'altro, nel loro realismo espressivo, in netto contrasto con i canoni del manierismo bizantino.

Le chiese rupestri di Ivanovo 4
1979

Ivanovo è un complesso di chiese, cappelle, celle scavate nella roccia a 32 metri di altezza. Nell'XI secolo fu dimora di eremiti e asceti. Fra il XIII e il XIV secolo, alcune delle chiese furono riccamente affrescate dalla scuola di Tărnovo che, in contrapposizione alla ieraticità dell'arte bizantina, si contraddistingueva per l'espressività di volti e gesti.

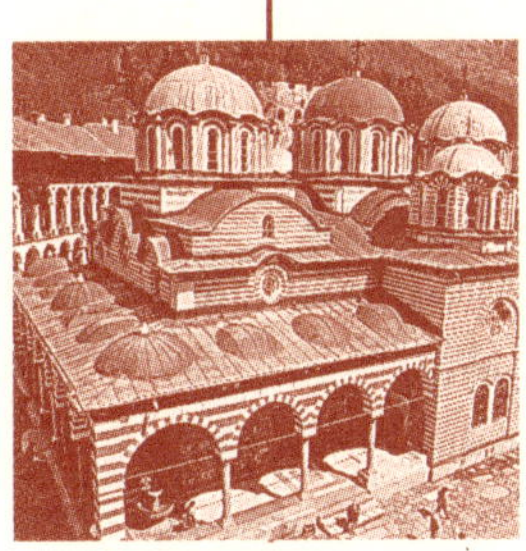

Bulgaria. Il monastero di Rila

La tomba tracia di Kazanlăk 3
1979

La civiltà tracia ha lasciato notevoli testimonianze nella valle delle Rose. Nel 1944 si è pervenuti alla scoperta di una tomba edificata per accogliere le spoglie di un sovrano del IV o III secolo a.C., decorata con immagini dell'Ade e un banchetto funebre, a significare l'istante supremo della separazione dalla vita: un capolavoro pittorico di grande potenza realistica.

Il cavaliere di Madara 2
1979

Rilievo rupestre situato a pochi chilometri da Pliska, nel vallone che collega i Balcani alla valle del Danubio. Scolpito nella roccia, su una parete a strapiombo, raffigura un cavaliere che trionfa su un leone. Probabilmente si tratta di una commemorazione delle vittorie dei principi bulgari sugli eserciti di Bisanzio (VIII secolo).

L'antica città di Nesebăr 5
1983

Nesebăr sorse 3000 anni fa, come insediamento dei Traci sul mar Nero. Conobbe la colonizzazione greca e venne successivamente conquistata dai Romani. Divenuta roccaforte bizantina, fu assoggettata nel IX secolo dal sovrano protobulgaro Krum, che le diede il nome attuale. Nei suoi monumenti la città-museo attesta una stratificazione di epoche e culture diverse.

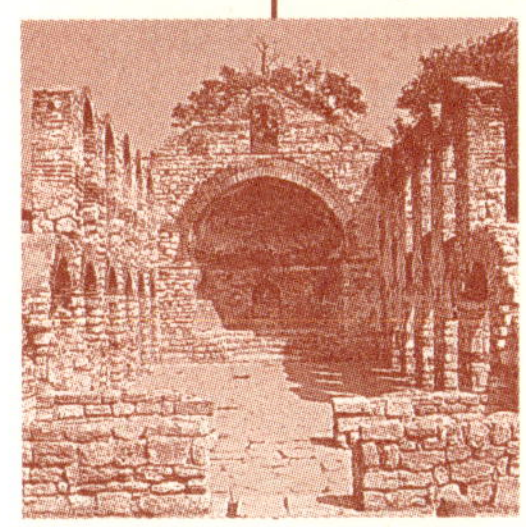

Bulgaria. La chiesa metropolitana vecchia di Nesebăr

Il Parco nazionale di Pirin 8
1983

Un paesaggio balcanico con picchi di origine glaciale, laghi, cascate, grotte e foreste di conifere, caratterizza il parco, situato tra i 1000 e i 2900 metri di altitudine. Importante sito dal punto di vista botanico, la sua flora conta una trentina di specie endemiche. Alcune di esse sopravvivono dall'era glaciale, grazie al clima particolare di questo territorio, abitato da rapaci, volpi e lupi.

Il monastero di Rila 6
1983

È un centro monastico ricco di memoria per il popolo bulgaro, simbolo dell'identità culturale slava contro l'occupazione turca. Fondato intorno al X secolo da Ivan Rilski (Giovanni di Rila), evangelizzatore dei popoli slavi, nel XV secolo il convento divenne, con la traslazione delle spoglie del santo fondatore, un centro di resistenza contro gli invasori. All'incendio che lo distrusse ai primi dell'Ottocento (cui seguì la ricostruzione), è sopravvissuta la torre di guardia con alcuni affreschi.

La Riserva naturale di Srebărna 7
1983

Le acque del Danubio alimentano il lago di Srebărna, il cui habitat paludoso è popolato da anfibi, rettili, pesci, mammiferi nonché 160 specie di uccelli. Molti di questi sono migratori che trovano rifugio nell'oasi. È una riserva importante per lo studio e la salvaguardia della flora e della fauna delle zone umide.

La tomba tracia di Sveštari 9
1985

Notevole testimonianza della civiltà dei Geti, popolazione tracia che ebbe contatti con il mondo ellenistico. Scoperta nel 1982, la tomba risale al III secolo a.C. e rimanda all'arte greca per la sua decorazione architettonica, composta da cariatidi policrome, metà umane e metà vegetali.

CAMBOGIA

Angkor 1
1992

vedi pagina 170

CAMERUN

La Riserva faunistica del Dja 1
1987

Interamente circondata dal fiume Dja, rappresenta una delle foreste pluviali più grandi e meglio conservate del continente africano. La morfologia dell'area è costituita prevalentemente da colline tondeggianti coperte da una vegetazione lussureggiante e diversificata, popolate da una grande varietà di primati. Nella riserva vivono alcune tribù di pigmei, che cacciano usando le tecniche tradizionali.

CANADA

Il Parco storico dell'Anse aux Meadows 1
1978

Situato sull'isola di Terranova, il sito ha una grande importanza storica in quanto conserva le tracce di un insediamento vichingo risalente all'anno Mille. Questa prima colonia europea in America fu popolata solo per pochi anni in quanto le tribù autoctone costrinsero i nuovi arrivati ad abbandonare ben presto la zona.

L'isola Anthony 4
1981

Nel 1884 un'epidemia decimò la comunità degli Haida, gli indiani che vivevano sull'isola meridionale dell'arcipelago della Regina Carlotta, nella Columbia Britannica. Il loro villaggio, Nistints, fu abbandonato e le sue rovine (abitazioni, totem e camere funerarie) vennero coperte da una fitta foresta, la quale ha preservato le testimonianze di questa antica civiltà, dalla storia lunga più di duemila anni.

Il Parco provinciale dei dinosauri 1979 3

La conformazione dell'area, che si estende nella zona orientale dell'Alberta, è dovuta all'erosione delle rocce avvenuta dopo l'età glaciale. Settantacinque milioni di anni fa il paesaggio era molto differente: l'area era bagnata dalle acque del mare e in un clima subtropicale vivevano pesci, anfibi, rettili, uccelli e dinosauri. Il Parco conserva i reperti fossili di questi antichi abitatori.

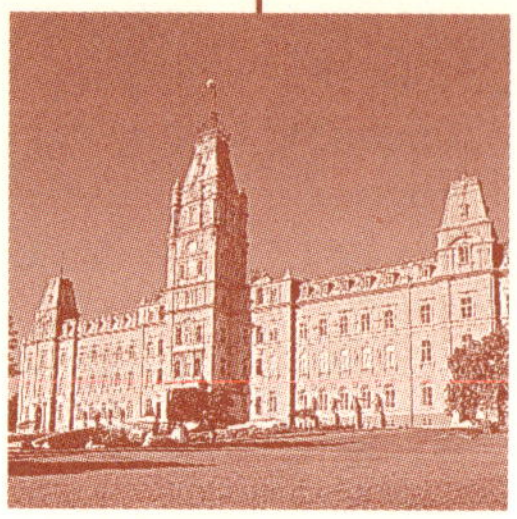

Canada. Québec, il parlamento

Il Parco nazionale del Gros Morne 1987 9

Il Parco offre una panoramica completa sull'evoluzione geologica della conca oceanica e della piattaforma continentale. L'area comprende tre zone geografiche differenti: una zona marina, una pianura costiera e un altopiano alpino. La vegetazione del Parco è poco sviluppata a causa delle bufere con forti venti che spazzano la regione, ma nonostante ciò vi si possono incontrare la lince, il caribù e la lepre dell'Artico.

La Città Vecchia di Lunenburg 1995 10

vedi pagina 273

I Parchi delle Montagne Rocciose canadesi 1980, 1984, 1990 7

Gli attigui Parchi nazionali di Bannff, Jasper, Kootenay e Yoho, così come i Parchi provinciali di Mount Robson, Assiniboine Mount e Hamber, punteggiati da alti picchi, ghiacciai, laghi, cascate, canyon e grotte calcaree, formano un incantevole paesaggio montano, al confine tra la Columbia Britannica e l'Alberta. Numerosi fossili di molluschi marini dell'era cambriana sono stati ritrovati nel giacimento fossilifero di Burgess Shale.

Il Parco nazionale del Nahanni 1978 2

Un secolo fa, dal corso del fiume South-Nahanni, nei Territori del Nord-Ovest, partivano i cercatori d'oro. Questi avventurieri non trovarono le ricchezze sperate ma per primi esplorarono una delle zone più spettacolari dell'America del Nord, con canyon profondi, cascate vertiginose, grotte calcaree e pinnacoli rocciosi. Fino a oggi l'ambiente si è conservato intatto e il territorio è ancora popolato da orsi grizzly, caribù, lupi e numerosi altri animali tipici della foresta boreale.

Il quartiere storico di Québec 1985 8

Sebbene siano stati inglobati in una moderna città con oltre 600.000 abitanti, i 135 ettari del centro storico di Québec mantengono ancora intatte le caratteristiche di una città coloniale fortificata. Fondata dall'esploratore francese Samuel Champlain nel primo Seicento, la città rimase sotto il dominio inglese dal XVIII secolo sino alla metà del XIX. I suoi monumenti, quali la cittadella, il parlamento, l'albergo Château Frontenac, le chiese e i conventi, hanno mantenuto nel tempo le destinazioni originarie.

L'Area del precipizio dei Bisonti 1981 5

Per migliaia di anni il bisonte è stato, per le popolazioni autoctone nordamericane, una fonte inesauribile di tutto ciò che occorreva per la sopravvivenza. I ritrovamenti avvenuti nel complesso di Head-Smash-In Buffalo Jump, situato nella regione dell'Alberta sudoccidentale, ci ripropongono l'originale metodo di caccia, che consisteva nello spingere le mandrie di bisonti verso un dirupo dal quale gli animali precipitavano, trovandovi la morte.

Il Parco nazionale di Wood Buffalo 1983 6

vedi pagina 274

CANADA/STATI UNITI

I parchi di Tatshenshini-Alsek, Kluane, Wrangell-Saint Elias e Glacier Bay 1979, 1992, 1994 1

Le catene montuose di Wrangell-Saint Elias, il lago Kluane e i monti Chugachi dominano il paesaggio di questo insieme di parchi, situato tra il Nord-Est del Canada e l'Alaska. Numerosi picchi superano i 4500 metri d'altezza con la vetta più alta, il monte Logan, a 5950 metri. Quattro gli ecosistemi presenti: il bosco costiero, il bosco di montagna, la zona subalpina e la tundra alpina.

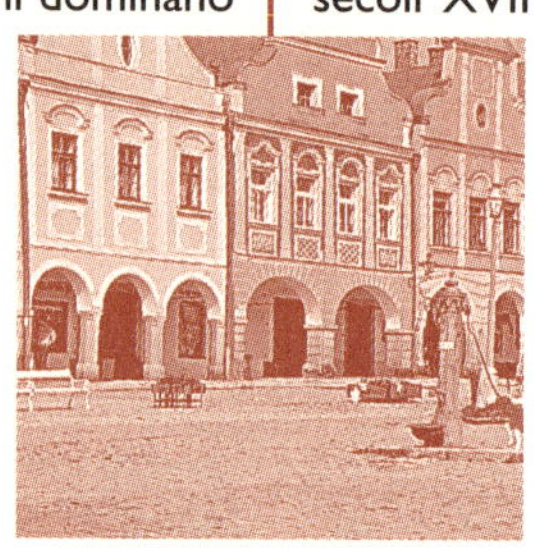

Repubblica Ceca.
La piazza principale di Telč

Il Parco internazionale della pace Waterton Glacier 1995 2

Nel 1932 il Parco nazionale dei laghi Waterton in Alberta e quello del Glacier nel Montana sono stati uniti e il parco risultante è stato denominato "Waterton-Glacier, Parco internazionale della pace". Si è trattato della prima area protetta che ha superato le frontiere nazionali. L'area è caratterizzata dalla presenza di un vasto numero di ecosistemi che comprendono alte montagne, foreste, praterie erbose, laghi glaciali e fiumi che scavano con il loro corso profondi canyon. La flora e la fauna presentano specie altrettanto ricche e diversificate.

CECA, Repubblica

Il centro storico di Český Krumlov 1992 2

Il patrimonio architettonico di questa piccola città dell'Europa centrale è rimasto intatto attraverso il lento scorrere dei secoli. Nel centro storico, fra i meandri della Moldava, si incontrano antichi edifici gotici, rinascimentali e barocchi. La domina il castello, che conobbe il massimo splendore nel XVIII secolo e che conta 300 stanze, fra cui una galleria di pittura, cappelle e un teatro a palchi.

Kutná Hora: il centro storico con la chiesa di Santa Barbara e la cattedrale di Nostra Signora di Sedlec 1995 5

Dal Quattrocento al Seicento le miniere d'argento costituirono la ricchezza di Kutná Hora. La cittadina boema, posta sotto il patrocinio reale, si arricchì di splendidi monumenti. La chiesa di Santa Barbara è considerata uno dei capolavori del gotico maturo in Boemia, mentre la cattedrale di Nostra Signora, anch'essa in stile gotico, venne restaurata nel XVIII secolo, con gusto tardobarocco.

Il paesaggio culturale di Lednice-Valtice 1996 6

In un'area meridionale della Moravia, tra i secoli XVII e XX si è andato formando un paesaggio abbastanza singolare. Nei domini dei duchi di Liechtenstein, la cultura barocca delle opere di Fischer von Erlach il Vecchio convive con lo stile neogotico dei castelli di Lednice e Valtice. La campagna circostante si ispira ai principi romantici della cultura paesaggistica inglese.

Il centro storico di Praga 1992 1

vedi pagina 88

Il centro storico di Telč 1992 3

Fra le colline della Moravia è Telč, un'affascinante cittadina medievale. Sulla scenografica piazza della Pace si affacciano case gotiche, rinascimentali e barocche, con un porticato che corre lungo tutto il perimetro. Il castello rinascimentale, riccamente decorato, fu ricostruito sull'antico maniero gotico da Zachariáš di Hradce, aristocratico che aveva lungamente soggiornato a Genova, in casa Doria.

La chiesa di San Giovanni Nepomuceno sulla Zelená Hora 4
1994

Il santuario è situato nel sobborgo di Zelená Hora, nei pressi di Ždár nad Sázavou in Moravia. Una delle opere più originali dell'architetto G.B. Santini Aichel, coniuga forme barocche e neogotiche (1719-22), con una curiosa pianta a stella.

CENTRAFRICANA, Repubblica

Il Parco nazionale di Manovo-Gounda-Saint Floris 1
1988

Il parco occupa una vasta area al confine con il Ciad. A nord si estendono ampie pianure alluvionali, a sud si erge il massiccio di Bongo, mentre la zona centrale è caratterizzata da modesti rilievi. L'importanza del Parco è costituita dalla sua fauna, composta da rinoceronti neri, elefanti, licaoni, gazzelle dalla fronte rossa, leopardi e molte altre specie minacciate dal bracconaggio e dallo sfruttamento abusivo dei pascoli. L'area è stata inserita dall'UNESCO nella Lista del Patrimonio mondiale in pericolo.

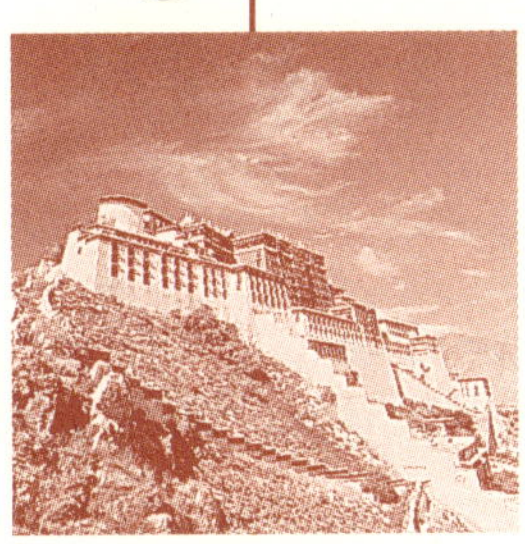

Cina. Il palazzo di Potala a Lhasa

CILE

Il Parco nazionale di Rapa Nui 1
1995

vedi pagina 276

CINA

La residenza di montagna e i vicini templi di Chengde 11
1994

vedi pagina 172

Il paesaggio del monte Emei con il Grande Buddha di Leshan 16
1996

Il primo tempio buddista in Cina fu costruito sul monte Emei, nella provincia di Sichuan; altri poi se ne aggiunsero in questo che è considerato uno dei luoghi sacri del buddismo. Alla bellezza del paesaggio contribuisce una ricca vegetazione che varia da alcune specie subtropicali alle conifere. Nella zona, più di mille anni fa venne scolpita nella roccia una gigantesca statua di Buddha, alta 71 metri, con lo sguardo rivolto in basso alla congiunzione di tre corsi d'acqua.

La Grande Muraglia 2
1987

Sul finire del IV secolo a.C., per rinforzare i confini settentrionali della Cina, minacciati dalle incursioni degli Unni, vennero intraprese le prime opere di fortificazione. Sotto l'imperatore Qin Shihuang, i tronconi di questo grande baluardo vennero unificati ma se ne continuò la costruzione sino alla dinastia Ming (1368-1644). Con i suoi 2400 chilometri, la Grande Muraglia rappresenta la più imponente struttura militare al mondo, la cui importanza storica e strategica è pari solo al suo valore ingegneristico e architettonico.

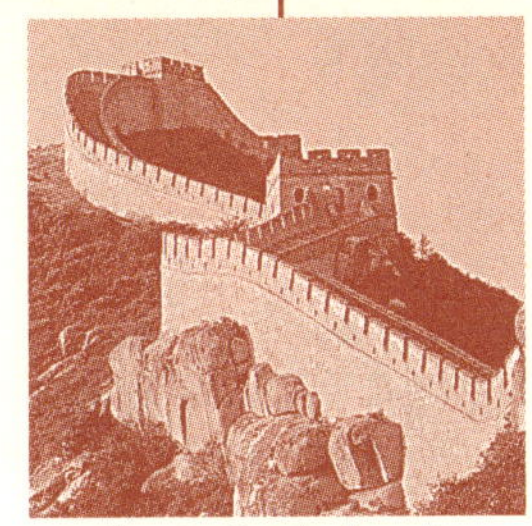

Cina. La Grande Muraglia a Badaling

La regione di interesse storico-paesistico di Huanglong 9
1992

Cime innevate e ghiacciai fanno da sfondo a questa valle ubicata nella provincia di Sichuan, lungo una superficie di 70.000 ettari. Di particolare interesse geologico sono pozze di formazione calcarea che, una volta piene d'acqua, assumono colorazioni diverse, secondo le alghe e i batteri che vi proliferano. In questo ambiente carsico si trovano numerose sorgenti termali.

Gli Huangshan 7
1990

vedi pagina 173

La regione di interesse storico-paesistico di Jiuzhaigou 8
1992

Una frastagliata orografia distingue quest'area, che si estende nella provincia di Sichuan, con picchi che raggiungono 4800 metri. In un superbo scenario di boschi, laghi, cascate, curiose formazioni carsiche a forma di cono, convivono ecosistemi diversi. Nella valle si trovano 140 specie di uccelli e alcuni mammiferi in via di estinzione, come il panda gigante.

Il palazzo di Potala a Lhasa 14
1994

Residenza invernale dei Dalai Lama sin dal VII secolo, il Potala è un simbolo del buddismo tibetano e del suo ruolo centrale nell'ambito religioso, politico e amministrativo del Tibet. Il complesso, costruito su uno sperone in mezzo alla valle, è composto dal Palazzo Rosso, dal Palazzo Bianco (XVII secolo) e da altri edifici ausiliari. All'interno, la decorazione mostra ricchezza di forme e materiali.

L'antica città di Lijiang 19
1997

La città, compresa nella provincia di Yunnan, fu capitale dell'antico regno naxi e venne costruita più di 200 anni fa. I naxi, che ancora oggi vi abitano, discendono da una razza di nomadi tibetani che si insediarono nella valle prima del X secolo. L'architettura mescola elementi delle diverse culture che qui hanno convissuto nel corso dei secoli.

Il Parco nazionale del Lu Shan 15
1996

È considerato uno dei centri spirituali della civiltà cinese. Templi taoisti, buddisti e luoghi cari al confucianesimo sono immersi in un meraviglioso paesaggio. Molti artisti vi si sono ispirati, sviluppando quell'approccio estetizzante verso la natura tipico della cultura di questo Paese.

Il mausoleo del primo imperatore Qin 5
1987

È recente la scoperta della tomba di Qin, primo imperatore della Cina unificata, morto nel 210 a.C. Il mausoleo, di grande suggestione, nell'organizzazione dello spazio riproduce il disegno planimetrico della capitale, Xianyang. Vi si trova il celebre esercito di guerrieri di terracotta con armi, cavalli e carretti, capolavoro di realismo e opera di notevole interesse storico.

Le grotte Mogao 4
1987

vedi pagina 174

Il Palazzo Imperiale delle dinastie Ming e Qing a Pechino 3
1987

vedi pagina 176

L'antica città di Ping Yao 17
1997

A Ping Yao, sotto la dinastia Ming (1368-1644), si concentrava la ricchezza dei banchieri cinesi. La cittadina raggiunse una grande prosperità, attestata dal lusso delle dimore e dalla cinta muraria, fatta costruire a scopi difensivi.

Il tempio e il cimitero di Confucio e la residenza della famiglia Kong a Qufu
1994 12

Il complesso, ubicato nella provincia di Shandong, è dedicato alla memoria del filosofo e politico vissuto fra il VI e il V secolo a.C. Gli edifici religiosi, costruiti e distrutti attraverso i secoli, sono oggi più di cento, mentre la residenza della famiglia Kong si è trasformata in una dimora principesca di ben 152 edifici. Meta di devozione degli imperatori cinesi, il luogo, grazie a ciò, si è conservato intatto nel corso dei secoli.

I giardini di Suzhou
1997 18

vedi pagina 178

Il monte Tai
1987 1

Più di ogni altra, questa montagna sacra, nella provincia di Shandong, fu meta privilegiata di pellegrinaggio da parte degli imperatori cinesi che con grande pompa e ostentazione vi si recavano per compiere sacrifici. Il cammino verso la sommità, che ancora oggi attrae migliaia di pellegrini, laici e religiosi, è una passeggiata fra templi e straordinari edifici i quali, in armonia con la natura circostante, riflettono la storia della Cina.

L'antico complesso monumentale dei monti Wudang
1994 13

Mille anni di splendida arte cinese sono racchiusi in questo luogo, adagiato sulle pendici dei monti Wudang, nella provincia di Hubei. Il complesso è formato da palazzi e templi che esprimono il meglio dell'architettura prodotta dalle dinastie Yuan, Ming e Qing. Nel sito, organizzato come complesso monumentale sotto la dinastia Ming, sopravvivono templi taoisti del VII secolo ed edifici del XVII secolo.

La regione di interesse storico-paesistico di Wulingyuan
1992 10

Nella provincia di Hunan, a Wulingyuan, la natura ha lavorato in maniera spettacolare: un'area di 26.000 ettari è disseminata di quasi 3000 pinnacoli di arenaria, alcuni dei quali raggiungono i 200 metri di altezza. Gole e precipizi si alternano a polle d'acqua, cascate, grotte e persino due ponti naturali di cui uno, fra i più alti al mondo, è sospeso a 350 metri sul fondovalle.

L'area archeologica dell'Uomo di Pechino a Zhoukoudian
1987 6

A circa 40 chilometri da Pechino, furono ritrovati negli anni Venti del Novecento alcuni reperti importanti per la storia dell'evoluzione umana. Si tratta dei resti del Sinanthropus pekinensis, vissuto durante il Pleistocene medio (fra 500.000 e 230.000 anni fa). Durante gli scavi si pervenne successivamente alla scoperta di tracce di Homo sapiens risalenti al Paleolitico. Insieme ai resti di 40 individui furono trovati arnesi e ornamenti.

CIPRO

Pafo
1980 1

L'antica Néa Paphos fu fondata alla fine del IV secolo nel leggendario luogo di nascita di Afrodite, abitato già in età neolitica. Notevoli sono i resti di ville, palazzi e teatri e soprattutto i mosaici delle dimore nobiliari del III secolo a.C.

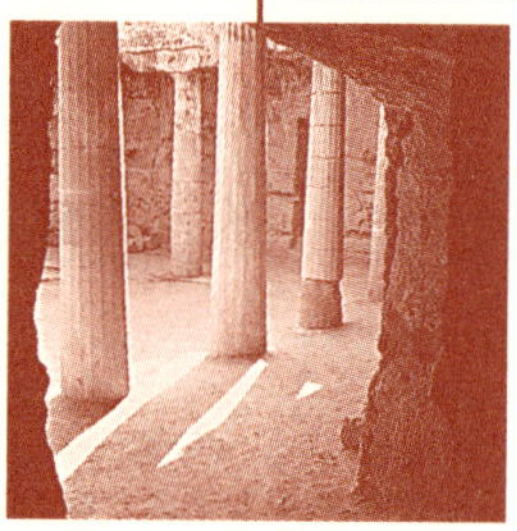

Cipro. Le tombe dei re a Pafo

Le chiese affrescate della regione del Tróodos
1985 2

Regione montuosa situata nella parte centrale dell'isola, riveste una particolare importanza per la presenza di monasteri e chiese bizantine decorate da pitture murali in buono stato di conservazione. Alcuni di questi monumenti sono semplici chiese rurali, mentre altri sono complesse architetture conventuali, come il monastero di San Giovanni Lampadistis.

CITTÀ DEL VATICANO, Stato della

Città del Vaticano
1984 1

vedi pagina 68

COLOMBIA

Il porto, le fortezze e il complesso monumentale di Cartagena
1984 1

vedi pagina 278

Il Parco nazionale di Los Katíos
1994 2

I suoi 72.000 ettari confinano con il panamense Parco del Darién e costituiscono una vasta zona protetta. Si divide in due aree principali: le colline della Serranía del Darién, coperte da una foresta pluviale equatoriale, e la pianura umida, inondata dal fiume Atrato e ricoperta da una foresta tipica delle zone paludose. Il Parco favorisce la proliferazione di una ricca avifauna, composta da oltre 450 specie.

Il Parco archeologico di San Agustín
1995 5

Il sito archeologico si estende su una superficie di 500 chilometri quadrati ed è caratterizzato dalla presenza del più grande gruppo di monumenti religiosi e sculture megalitiche dell'America del Sud. La creatività e la fantasia delle culture andine sono evidenziate nelle 35 statue del bosco delle Statue. L'opera scultorea più importante è il fonte cerimoniale di Lavapatas, formato da un complesso sistema di canali e vasche con ricche decorazioni.

Il centro storico di Santa Cruz de Mompox
1995 3

Fondata nel 1540, la città ha svolto un ruolo fondamentale nella conquista della regione da parte degli spagnoli. L'abitato si è sviluppato lungo le sponde del fiume Magdalena, il cui argine ne costituisce la strada principale. Il centro storico ha conservato le caratteristiche di una città coloniale.

Il Parco archeologico nazionale di Tierradentro
1995 4

All'interno dell'area di questo sito archeologico si ergono monumentali statue di figure umane e ipogei, risalenti al periodo compreso tra il VI e il X secolo, probabilmente appartenenti a differenti culture. Le tombe sotterranee, con camere mortuarie che arrivano sino a 12 metri di larghezza, sono ornate con motivi decorativi geometrici e con rilievi di figure antropomorfe.

CONGO, Repubblica Democratica del

Il Parco nazionale del Garamba
1980 2

vedi pagina 235

Il Parco nazionale di Kahuzi-Biega
1980 3

Vasta area montuosa ricoperta da una foresta primaria al confine con il Ruanda, il Parco è dominato da due spettacolari vulcani spenti, Kahuzi (3308 metri) e Biega (2790 metri). Nel parco vivono, insieme a una fauna ricca e diversificata, gli ultimi 250 esemplari di gorilla di montagna. L'UNESCO ha iscritto il sito nella Lista del Patrimonio mondiale in pericolo a causa della recente guerra civile e dell'arrivo di milioni di profughi dal vicino Ruanda, causa di deforestazione e bracconaggio.

La Riserva faunistica dell'okapi 1996 ❺

Nel bacino idrogeologico formato dal fiume Zaire, a nord-est del Congo, si estende una vasta area forestale di cui circa un quinto è costituito dalla Riserva faunistica, con specie di primati e di uccelli in via d'estinzione e 5000 dei 30.000 okapi che ancora vivono in libertà. L'area protetta è attraversata dai fiumi Ituri e Epulu, lungo il cui corso si formano spettacolari cascate. Parco naturalistico di grande importanza, è stato iscritto nella Lista del Patrimonio mondiale in pericolo a seguito del recente conflitto armato che ha sconvolto il Paese.

Il Parco nazionale del Salonga 1984 ❹

Il Parco occupa gran parte del bacino centrale del fiume Zaire. Escludendo il settore nord, formato da praterie e savana, l'intero Parco è ricoperto da un'immensa foresta pluviale equatoriale abitata da numerose specie endemiche in via d'estinzione, come lo scimpanzé nano, il pavone dello Zaire, l'elefante della foresta e il coccodrillo dal muso sottile.

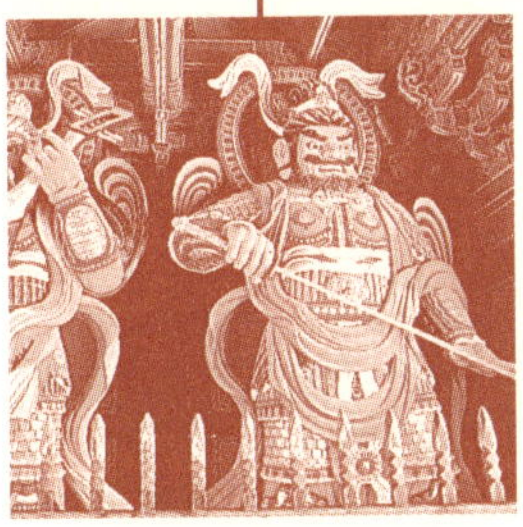

Corea. Le guardie di Buddha nel tempio di Pulguksa

Il Parco nazionale dei monti Virunga 1979 ❶

vedi pagina 236

COREA, Repubblica di

Il complesso monumentale Ch'angdokkung 1997 ❹

Il palazzo delle Virtù Illustri a Seoul, di cui l'imperatore T'aejong ordinò la costruzione nel XIV secolo, è stato dimora reale sino al 1926. Racchiude non solo edifici ufficiali, ma anche lo splendido Giardino Segreto, animato da ponti, padiglioni e specchi d'acqua.

Il santuario di Chongmyo 1995 ❸

Cerimonie rituali che mescolano musica, canto e danza, secondo una tradizione che risale al Trecento, si svolgono ancora oggi nel reale santuario confuciano di Chongmyo a Seoul, consacrato ai padri fondatori della dinastia Choson (1392-1910). Nel tempio, conservato nella sua struttura cinquecentesca, sono riportati su tavolette gli insegnamenti di alcuni membri dell'antica famiglia reale.

Il tempio di Haeinsa e i monumenti di Changgyong P'ango 1995 ❷

Il tempio di Haeinsa, nell'incantevole parco nazionale di Kayasan, ospita la più esaustiva raccolta di testi buddisti, intagliati in 80.000 caratteri lignei, fra il 1237 e il 1249. Per accogliere questa straordinaria biblioteca, nel XV secolo vennero progettati gli edifici di Changgyong P'ango, dotati di un sistema di ventilazione, a protezione del prezioso patrimonio che tutt'oggi vi è depositato.

La fortezza di Hwasong 1997 ❺

Circa sei chilometri di mura massicce, intervallate da quattro ingressi, bastioni e torri, racchiudono questa fortezza costruita nel tardo Settecento. Venne progettata da un architetto militare, che in quegli anni aveva elaborato una sintesi delle innovazioni prodotte nel settore, in Oriente e in Occidente.

La grotta di Sokkuram e il tempio di Pulguksa 1995 ❶

Complesso religioso risalente all'VIII secolo, oggetto di particolare devozione buddista. La grotta di Sokkuram accoglie una statua di Buddha in granito bianco e un complesso di bassorilievi e altorilievi raffiguranti divinità e discepoli. Viene considerata una delle espressioni più compiute dell'arte buddista. Il vicino tempio di Pulguksa è il più antico del Paese.

COSTA D'AVORIO

Il Parco nazionale del Comoé 1983 ❷

Con una superficie di oltre un milione di ettari, è uno dei più grandi parchi dell'Africa occidentale. La presenza del fiume Comoé ha permesso lo sviluppo di ambienti che generalmente si trovano a latitudini più meridionali. Il Parco presenta un habitat di transizione tra la foresta e la savana, con fauna e vegetazione proprie dei due differenti ecosistemi.

Il Parco nazionale di Taï 1982 ❶

vedi pagina 237

COSTA RICA

Il Parco nazionale dell'isola di Cocos 1997 ❶

vedi pagina 279

COSTA RICA/PANAMÁ

Le riserve della cordigliera di Talamanca - La Amistad e il Parco nazionale La Amistad 1983,1990 ❶

Si tratta di un enorme complesso di aree protette che coprono una superficie di circa 600.000 ettari. Nella foresta pluviale tropicale, la fauna e la flora dell'America settentrionale e meridionale si sono geneticamente incrociate, dando vita a una singolare varietà di specie animali e vegetali. L'area è abitata da quattro differenti tribù indie.

CROAZIA

La Città Vecchia di Dubrovnik 1979, 1994 ❶

vedi pagina 90

Il complesso vescovile della basilica eufrasiana nel centro storico di Parenzo 1997 ❹

Voluto dal vescovo Eufrasio nel 539, il complesso religioso di Porec è un monumento eccezionale per completezza e stato di conservazione. La basilica è ricca di straordinarie opere d'arte, dai mosaici del VI secolo allo zoccolo intarsiato di marmi policromi, al baldacchino. Oltre all'antistante battistero ottagonale, fanno parte del complesso l'oratorio di San Mauro, l'episcopio (luogo dove i catecumeni ricevevano la cresima dal vescovo) e il palazzo vescovile.

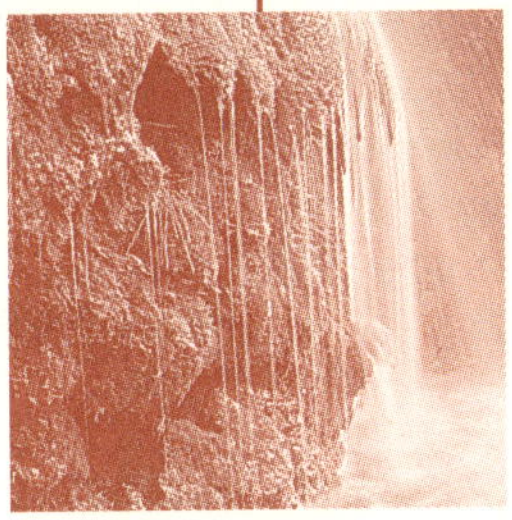

Croazia. Cascate nel parco di Plitvice

Il Parco nazionale dei laghi di Plitvice 1979 ❸

Il Parco rappresenta una delle bellezze naturali più rinomate di tutta la penisola balcanica. A Plitvice la natura lavora da millenni per creare qualcosa di veramente speciale: depositi calcarei hanno formato dighe naturali, le quali hanno dato origine, a loro volta, a sedici incantevoli laghi, collegati fra loro da cascate e da sistemi di grotte. Dal punto di vista paesaggistico, lo scenario è reso ancor più straordinario da una ricca vegetazione, formata da boschi di pini, abeti e faggi, nella quale trovano rifugio orsi, lupi e uccelli rari.

Il complesso storico di Spalato con il palazzo di Diocleziano
1979
vedi pagina 91

La città storica di Trogir
1997
Affacciata sull'Adriatico, la cittadina di Trogir, colpisce per la compattezza del tessuto urbano medievale. La centrale piazza del Popolo è nobilitata dalla splendida cattedrale, dalla Loggia Pubblica, da palazzi e chiese che la coronano. L'influenza di Venezia, che qui ha dominato per più di tre secoli (1420-1797), è visibile negli stilemi gotici di alcune abitazioni e nelle fortificazioni.

CUBA

La vecchia Avana e le sue fortificazioni
1982
vedi pagina 280

Il castello di San Pedro de la Roca a Santiago
1997
Eretto nel XVII secolo a difesa dell'importante porto di Santiago, il castello è situato sul promontorio roccioso che domina dall'alto la stretta insenatura naturale. Si tratta di un intricato sistema difensivo costituito da fortezze e bastioni e collegato alle mura, oggi quasi completamente distrutte, che difendevano un tempo la città. Significativo esempio di architettura militare ispano-americana mostra influssi del Rinascimento italiano.

Trinidad e la valle de los Ingenios
1988
Fondata all'inizio del XVI secolo, Trinidad, situata sulla costa meridionale dell'isola, ebbe un ruolo determinante come base nelle spedizioni spagnole alla conquista dell'Impero azteco. Nel XVIII e XIX secolo fu importante centro di produzione dello zucchero. I palazzi Brunet e Cantero sono testimonianza del suo fiorente commercio, mentre nella valle de los Ingenios si trovano ancora oggi esempi significativi di architettura industriale dell'Ottocento.

DANIMARCA

I tumuli, le pietre runiche e la chiesa di Jelling
1994
La piccola cittadina dello Jylland (Jütland) orientale possiede testimonianze storiche della cultura pagana e della cristianizzazione danese, costituite dalle rocce runiche scolpite, intorno alla metà del X secolo, da un re vichingo per celebrare la conversione al Cristianesimo e per onorare la memoria degli antenati, seppelliti nei tumuli adiacenti. La piccola chiesa, le cui pareti sono decorate da affreschi, è ritenuta il primo tempio cattolico in Danimarca.

La cattedrale di Roskilde
1995
vedi pagina 92

DOMINICA

Il Parco nazionale di Morne Trois Pitons
1997
Pendii scoscesi e profonde valli creati da un'area vulcanica attiva di grande fascino, dislocata intorno al Morne Trois Pitons, il cui cratere si trova a 1342 metri. Ricoperti da una lussureggiante foresta equatoriale, i 65 chilometri quadrati del parco manifestano un'attività eruttiva di grande interesse, con i suoi cinque vulcani, 50 fumarole, sorgenti calde e un lago in costante ebollizione.

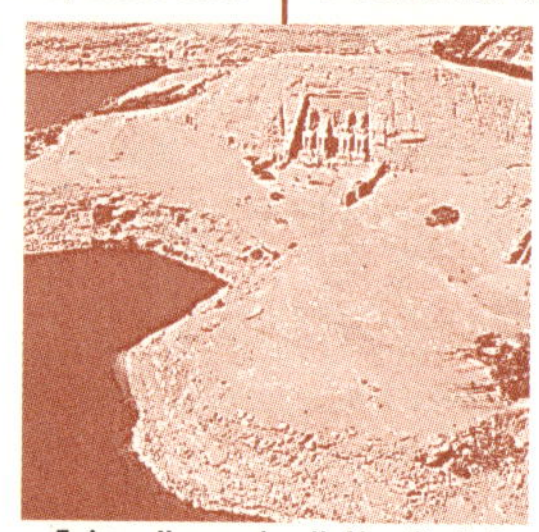
Egitto. Il tempio di Abu Simbel a strapiombo sul Nilo

DOMINICANA, Repubblica

La città coloniale di Santo Domingo
1990
vedi pagina 281

ECUADOR

Le isole Galápagos
1978
vedi pagina 282

Quito
1978
Situata a 2850 metri, la capitale dell'Ecuador si trova alle falde del maestoso vulcano Pichincha. Antica capitale dell'Impero inca del Nord, Quito conserva un centro storico ricco di atmosfere coloniali. I monasteri di San Francesco e San Domenico, la chiesa e il collegio dei Gesuiti con le loro ricche decorazioni d'interni e la fusione di stili europei, moreschi e indigeni, rappresentano i migliori esempi del barocco locale.

Il Parco nazionale del Sangay
1983
L'area del Parco, che va dai 1000 ai 5410 metri del vulcano Sangay, ingloba ecosistemi estremamente differenziati: alle quote inferiori sono presenti fitte foreste equatoriali che, salendo, lasciano il campo a boschi montani e quindi a prati e rocce. Il Parco ospita numerose colonie di specie in via di estinzione, come il tapiro delle Ande e il condor.

EGITTO

Abu Mina
1979
Importante centro di pellegrinaggio di epoca paleocristiana, costruito sul luogo in cui era stato sepolto Mena di Alessandria, martire cristiano morto nel 296. Accanto alle vestigia delle chiese e del battistero, sopravvivono i resti degli edifici pubblici in cui venivano ospitati i pellegrini. Dal punto di vista artistico il santuario subì l'influenza della vicina città di Alessandria, il cui patriarcato era particolarmente legato a questo luogo di culto.

I monumenti nubiani da Abu Simbel a File
1979
Eccezionale area archeologica al confine fra Egitto e Sudan, compresa fra il tempio di Ramesse II ad Abu Simbel e il santuario di Iside a File. Nel complesso di Abu Simbel, il grande santuario ricavato nella roccia è dedicato alle più importanti divinità egizie e allo stesso imperatore divinizzato, raffigurato nelle gigantesche statue sulla facciata. Il santuario dedicato a Iside è insigne monumento di epoca greco-romana. I templi di Abu Simbel, minacciati dalle acque del Nilo, sono stati ricollocati in una vicina zona al riparo dal fiume negli anni Sessanta, a opera dell'UNESCO.

Il Cairo islamico
1979
vedi pagina 238

Menfi e la sua necropoli. La zona delle piramidi da Giza a Dashur
1979
vedi pagina 240

L'antica Tebe e la sua necropoli
1979
vedi pagina 242

EL SALVADOR

Il sito archeologico di Joya de Cerén
1993
Joya de Cerén, ricoperta da un manto di ceneri eruttive intorno al 600, rappresenta,

per l'eccezionalità del suo stato di conservazione, una piccola Pompei americana. Le rovine documentano la vita sociale di questa piccola comunità agricola che sfruttava il suolo reso fertile proprio dall'azione del vulcano. Il sito archeologico custodisce una delle poche testimonianze degli insediamenti autoctoni in America centrale prima dell'arrivo, nel 1524, dei *conquistadores*.

ESTONIA

Il centro storico di Tallinn 1997

1

vedi pagina 94

ETIOPIA

Aksum 1980

6

Aksum, capitale dell'antica Etiopia fino al XIII secolo, è il luogo in cui il re Ezana proclamò, nel IV secolo, il Cristianesimo religione di Stato. Qui, secondo la leggenda, sarebbe conservata l'arca dell'Alleanza, trafugata da Menilec, figlio di Salomone e della regina di Saba. Simbolo della grandezza passata, i monoliti di granito, tra cui il più grande del mondo, alto 30 metri, si elevano nel campo delle Stele, all'ingresso del quale è stato costruito un museo. Alle sue spalle sorge la chiesa di Santa Maria di Sion, sul luogo di quella costruita nel IV secolo. Altre importanti vestigia sono quelle del monastero di Pantaleone, della tomba di re Basen e del palazzo della regina di Saba.

La bassa valle dell'Awash 1980

4

Importanti ricerche paleontologiche, effettuate tra il 1973 e il 1976 in quest'area, nel centro dell'Etiopia a est di Addis Abeba, hanno portato alla luce uno dei più importanti giacimenti fossiliferi del continente africano. I resti di ominidi e di numerose specie di animali, in ottimo stato di conservazione, sono di grande utilità per lo studio dell'Australopithecus, dell'Homo sapiens e dei precursori di molti mammiferi attuali.

Fasil Ghebbi 1979

3

La città fortezza, ai piedi del massiccio del Semien, fu la residenza dell'imperatore etiope Fasiladas e dei suoi successori, nel XVII e XVIII secolo. Circondata da una muraglia di 900 metri, racchiude castelli, chiese, monasteri e altri edifici pubblici e privati, con influenze indù e arabe, arricchiti poi con gli stilemi del barocco, introdotto nella regione di Gondar dai missionari gesuiti. Il castello più imponente, con una torre rettangolare d'angolo e tre torrette circolari con cupola, fu costruito da Fasiladas nel 1640; i suoi discendenti, Johannes I e Iyasu I, edificarono gli altri sul modello degli antichi palazzi dell'Arabia. La sua straordinaria bellezza è forse la ragione della scelta di questo luogo come capitale del regno.

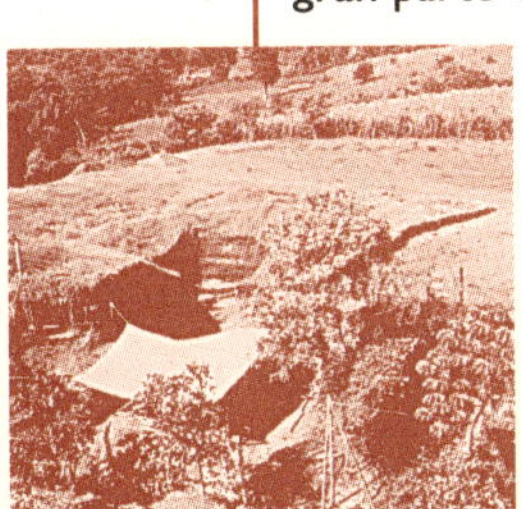

El Salvador. L'area degli scavi a Joya de Cerén

Le chiese scavate nella roccia a Lalibela 1978

2

vedi pagina 244

La bassa valle dell'Omo 1980

7

In questo giacimento paleontologico e preistorico quasi al confine con il Kenya sono stati rinvenuti numerosi resti di scheletri appartenuti all'Australopithecus gracilis e all'Australopithecus robustus, fondamentali per gli studi sull'origine dell'uomo. Inoltre, la zona conserva i reperti dei primi manufatti umani, consistenti in vari oggetti di pietra di uso quotidiano.

Il Parco naturale del Semien 1978

1

Nel corso dei millenni la consistente erosione che ha interessato il massiccio del Semien ha creato vette frastagliate e gole profonde. Il suo ambiente naturale offre rifugio a numerosi animali in via d'estinzione, tra i quali lo stambecco Walie, ridotto ormai a circa 250 esemplari. L'UNESCO ha inserito il sito nella Lista del Patrimonio mondiale in pericolo fin dal 1978 a causa della notevole diminuzione di mammiferi endemici.

Tiya 1980

5

Tra le numerose necropoli finora scoperte nella regione di Sodo, a sud di Addis Abeba, Tiya è una delle più importanti. Dei 36 monumenti qui ritrovati, 32 sono costituiti da stele scolpite di altezza variabile da uno a cinque metri. Le incisioni rappresentano spade, figure umane e simboli enigmatici, in gran parte di difficile interpretazione.

FILIPPINE

Le chiese barocche delle Filippine 1993

2

Le quattro chiese, ubicate a Manila, Santa María, Paoay e Miag-ao, furono erette fra il 1571 e il 1797. In questi monumenti, stilemi barocchi che denotano l'influenza spagnola si fondono con elementi locali propri del decorativismo filippino e cinese.

I terrazzamenti delle cordigliere filippine 1995

3

Nella cordigliera centrale dell'isola di Luzon si incontra un bellissimo paesaggio di risaie a terrazzamenti che gli antropologi fanno risalire a 2000 anni fa. Le tribù ifugao hanno tramandato di generazione in generazione l'arte di strappare alla montagna lembi di terra da coltivare. Tradizionali riti propiziatori scandiscono le fasi della lavorazione agricola.

Il Parco naturale della barriera corallina di Tubbataha 1993

1

Caratterizzato da lagune e atolli, il sito è un eccezionale esempio di barriera corallina originaria, profonda 100 metri. Questo ambiente vergine, situato nel mar di Sulu, riveste una funzione strategica nell'ecosistema marino della zona. Vi nidificano uccelli e tartarughe di mare e la sua fauna sottomarina comprende una notevole varietà di pesci.

FINLANDIA

La chiesa di Petäjävesi 1994

3

È un'antica chiesa luterana di campagna, costruita nel XVIII secolo con il materiale locale per eccellenza, il legno, secondo una tradizione architettonica propria della Scandinavia orientale. In essa l'impianto rinascimentale si mescola a elementi gotici, riconoscibili nelle volte a costoloni.

L'antica Rauma 1991

1

vedi pagina 95

La fortezza di Suomenlinna 1991

2

Singolare complesso di fortificazioni concepito a metà del Settecento dagli svedesi per rinforzare il sistema difensivo nella baia di Helsinki. Il progetto vide impegnati i migliori ingegneri e tecnici, i quali, avversati da condizioni climatiche spesso proibitive, seppero erigere una solida fortezza su sei isolotti dal perimetro irregolare.

L'impianto manifatturiero di Verla 1996

4

Nell'Ottocento, in Europa settentrionale fiorente fu l'attività produttiva legata alla cellulosa, alla carta e ai derivati del legno. Fra i diversi insediamenti rurali a carattere industriale, quello di Verla è uno dei pochi rimasti. Gli edifici destinati alla lavorazione dei materiali e le abitazioni annesse presentano un ottimo stato di conservazione.

FRANCIA

La cattedrale di Amiens 1981

8

È la più vasta fra le cattedrali gotiche francesi edificate nel XIII secolo: all'interno, 126 pilastri limitano la profonda prospettiva delle tre navate (lunghezza 145 metri, altezza 42). All'esterno, i cicli scultorei che ornano i portali rispondono a un coerente programma figurativo e rappresentano un punto culminante dell'arte gotica.

Le saline reali di Arc-et-Senans 1982

12

Il progetto di Claude-Nicolas Ledoux, legato allo sfruttamento delle saline in Franca Contea, prevedeva la costruzione di una cittadina dotata di abitazioni e infrastrutture disposte a raggiera attorno al nucleo produttivo. Della parziale realizzazione (1775-79), restano alcune imponenti costruzioni. Questa città-fabbrica rappresenta uno dei primi progetti urbanistici in funzione di esigenze produttive.

I monumenti romani e romanici di Arles 1981

10

vedi pagina 96

Il centro storico di Avignone 1995

21

vedi pagina 98

La cattedrale di Bourges 1992

20

Monumento di alto valore simbolico della Francia medievale, la cattedrale, dedicata a Santo Stefano, fu costruita fra il XII e il XIII secolo e risente del nuovo stile gotico. La sua bellezza si esprime attraverso le proporzioni e la coerenza della struttura architettonica, ornata da vetrate e straordinari cicli scultorei, fra cui il *Giudizio Universale* che campeggia nel timpano.

La città fortificata di Carcassonne 1997

23

Se Carcassonne è un luogo speciale lo è per due ragioni: perché è stata oggetto di una lunga campagna di restauro da parte di Viollet-le-Duc nell'Ottocento e perché, anche grazie a ciò, ci è possibile immaginare la vita quotidiana di una fortezza di frontiera in età medievale. A metà del XIII secolo, re Luigi IX confermò la vocazione strategica della cittadella, cingendola con un nuovo giro di mura fortificate: secondo i calcoli di Viollet-le-Duc, vi risiedevano, oltre ai soldati, gli addetti alle macchine e gli operai, per un totale di circa 4000 uomini.

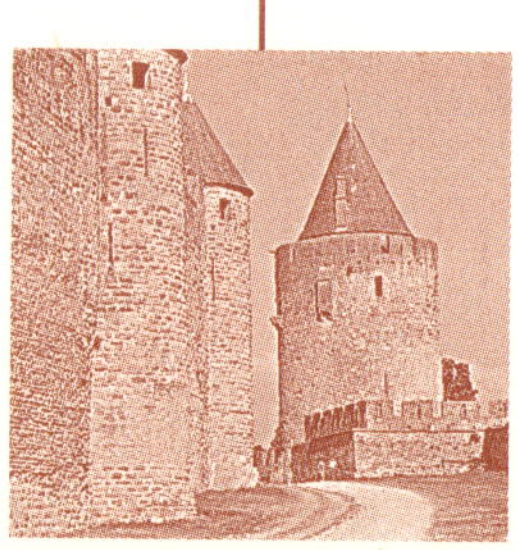

Francia. Le mura di Carcassonne

Il castello e la tenuta di Chambord 1981

7

vedi pagina 100

La cattedrale di Chartres 1979

2

vedi pagina 101

Corsica: Cap de la Girolata, Cap de Porto, la Riserva naturale di Scandola e i calanchi di Piana 1983

15

Nei dintorni della cittadina di Porto in Corsica, la Riserva di Scandola è un regno intatto della natura. Roccia lavica piegata in mille forme, una boscaglia di lecci, lentischi e mirti e fauna di terra e di mare, fra cui il gabbiano argenteo, il falco pescatore, il marangone dal ciuffo e il falcone pellegrino. Verso Piana, il fenomeno delle *calanques* ha modellato la roccia dai colori straordinari in pinnacoli e cavità usate anticamente come rifugio o luogo di sepoltura.

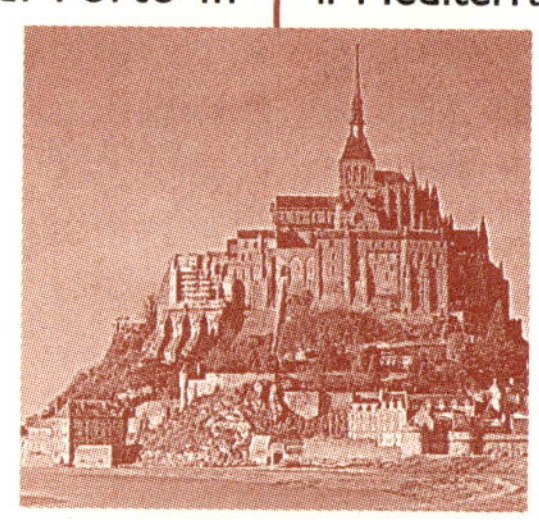

Francia. L'abbazia di Mont Saint-Michel

Il castello e il parco di Fontainebleau 1981

6

Sin dal Medioevo i sovrani di Francia scelsero Fontainebleau come esclusiva residenza di caccia, per la sua vicinanza alla celebre foresta. Il castello conobbe il massimo splendore sotto Francesco I, che, in pieno Rinascimento, chiamò a corte pittori e decoratori francesi e italiani, fra cui Primaticcio e Rosso Fiorentino. Dall'incontro delle due culture artistiche scaturì una vera e propria scuola. Il castello è circondato da giardini e da un parco all'inglese.

L'abbazia cistercense di Fontenay 1981

11

L'abbazia sorge nel cuore della foresta borgognona, emblematica testimonianza di un'antica comunità monastica dell'ordine cistercense e dei suoi rigorosi dettati architettonici. Fondata da Bernardo di Chiaravalle nel 1119, conserva visibili i segni della propria autonomia: oltre alla chiesa e agli alloggi, lo *scriptorium*, l'infermeria, la foresteria, l'albergo per i pellegrini, la forgia.

Il ponte sul fiume Gard 1985

16

Capolavoro di ingegneria idraulica e architettura romana, il ponte sul fiume Gard fu costruito alla fine del I secolo a.C. per convogliare le acque da una sorgente verso Nîmes, allora popolosa città della Gallia meridionale. Questo ponte è alto 50 metri e lungo 275; l'intero acquedotto fu progettato e costruito con una perizia incredibile: il dislivello, nel tragitto di 50 chilometri, era di soli 17 metri.

Il canale del Midi 1996

22

È un sistema di canali navigabili che uniscono il Mediterraneo all'Atlantico, lungo 360 chilometri, in cui si alternano chiuse, ponti, tunnel, acquedotti. Costruito tra il 1667 e il 1694 su progetto di Pierre-Paul Riquet, il canal du Midi è considerato una delle opere di ingegneria civile più straordinarie dell'era moderna. Allo stesso tempo, la cura del disegno e l'armonioso impatto ambientale ne fanno un'opera d'arte.

Mont Saint-Michel e la sua baia 1979

1

Appollaiata su un isolotto roccioso, in mezzo a distese di sabbia esposte agli incessanti ritmi delle maree, si erge l'abbazia benedettina; ai suoi piedi un minuscolo villaggio cinto da bastioni. Il complesso monastico (XI-XVI secolo), storica meta di pellegrinaggio, rivela una straordinaria organizzazione spaziale imposta dall'unicità del sito. A lato della chiesa, gli appartamenti abbaziali sono disposti su piani diversi e racchiudono un magnifico chiostro pensile.

Le piazze Stanislas, de la Carrière e d'Alliance a Nancy, 1983

13

Intorno al 1750, Stanislao (Stanislas) Leszczyński di Polonia, re senza regno e futuro duca di Lorena, incaricò il brillante architetto Héré di dare un assetto coerente e prestigioso a tre piazze della città. Il progetto, di ampio respiro urbanistico, ha prodotto una delle più belle piazze di Francia, piazza Stanislas. Circondata da edifici simmetrici, uniti fra loro da eleganti cancellate, è ornata da fontane e da un arco di trionfo dedicato da Stanislao a Luigi XV.

Il teatro romano con l'area circostante e l'arco di triunfo a Orange
1981
9

Nella valle del Rodano, la cittadina di Orange custodisce notevoli testimonianze del suo passato di colonia romana. L'anfiteatro, con un imponente muro di scena lungo 103 metri e alto 36, è uno dei teatri di epoca romana meglio conservati. Il maestoso arco di trionfo, costruito nel 49 a.C., è ornato di colonne corinzie, fregi e bassorilievi.

I lungosenna di Parigi
1991
18

La storia di Parigi si snoda attraverso la Senna, le sue rive e le isole. Dall'isola di Saint-Louis alla Tour Eiffel, l'evoluzione che accompagna la città dal punto di vista urbanistico e architettonico è leggibile attraverso celebri piazze, palazzi, monumenti e quartieri. Così il Marais, la cattedrale di Notre-Dame e la Sainte-Chapelle, il Louvre, place de la Concorde e la prospettiva dell'hôtel des Invalides si susseguono sino al Campo di Marte dove campeggia la Tour Eiffel. Questi e altri insigni monumenti raccontano l'illustre storia della grande capitale.

La cattedrale di Notre-Dame, l'abbazia di Saint-Rémi e il palazzo di Tau a Reims
1991
19

L'armonioso connubio tra architettura e decorazione scultorea fanno della cattedrale di Reims uno dei capolavori dell'arte gotica. Il labirinto disegnato nella navata centrale indica i nomi degli architetti che nell'arco di cento anni, a partire dal 1211, ne seguirono la costruzione e la decorazione. L'antica abbazia, che risale al IX secolo, conserva le spoglie dell'arcivescovo san Remigio, cui si deve l'istituzione della consacrazione dei re di Francia, cerimonia che si tenne nella cattedrale sino al 1825. Il palazzo di Tau, un tempo sede arcivescovile, fu quasi interamente ricostruito nel XVII secolo.

La chiesa di Saint-Savin-sur-Gartempe
1983
14

La chiesa, edificata alla fine dell'XI secolo, è nota come "la Cappella Sistina del romanico", grazie a uno straordinario ciclo di affreschi (XI-XII secolo) molto ben conservati. Ugualmente colpiscono la bellezza della navata interna e il campanile culminante in una guglia alta 94 metri.

Il centro storico di Strasburgo
1988
17

Nel cuore della città, sul ristretto perimetro di un'isola lungo il fiume, sorge il centro storico della capitale alsaziana. In questa zona si aprono le piazze più belle e antiche, in cui spiccano vecchie case rivestite di intagli lignei. La cattedrale, quattro antiche chiese e palazzo Rohan, antica residenza dei principi-vescovi, rappresentano il tipico nucleo della città medievale e della sua evoluzione tra il XV e il XVIII secolo.

Il palazzo e il parco di Versailles
1979
3

vedi pagina 102

La basilica e la collina di Vézelay
1979
4

L'abbazia di Vézelay è legata alla storia dei pellegrinaggi medievali. Poiché vi si custodivano le reliquie di Maria Maddalena, divenne agli inizi dell'XI secolo un'importante meta di pellegrinaggio nonché il punto di partenza di uno dei quattro cammini francesi verso Santiago de Compostela. Capolavoro dell'architettura romanica borgognona, l'abbazia annovera composizioni scultoree di grande forza visionaria e un ricco repertorio di capitelli.

Le grotte decorate della valle della Vézère
1979
5

La valle della Vézère nel Périgord è un museo preistorico a cielo aperto: 147 siti databili al Paleolitico, fra cui 25 caverne decorate da pitture. La più celebre di queste è la grotta di Lascaux, scoperta nel 1940 e ritenuta un caposaldo dell'arte preistorica. Animali e scene di caccia a vivacissimi colori (nero, ocra e rosso) vennero dipinti sulla roccia in un periodo fra il 25.000 e il 15.000 a.C. e si sono conservati con miracolosa freschezza fino a oggi.

GEORGIA

La cattedrale di Kutais e il monastero di Gelat'i
1994
2

Il primo re della riunita Georgia, Bagrat III, fu donatore della cattedrale: da qui venne chiamata con il nome di Bagrati. Edificata alla fine del X secolo e distrutta dai turchi nel 1691, se ne possono visitare i resti nella città di Kutais. Insieme al monastero di Gelat'i, la cattedrale rappresenta il momento di massima fioritura dell'architettura medievale nella regione. Il complesso monastico, ben conservato nei suoi edifici (XII-XVII secolo), ha al suo interno splendidi mosaici e affreschi.

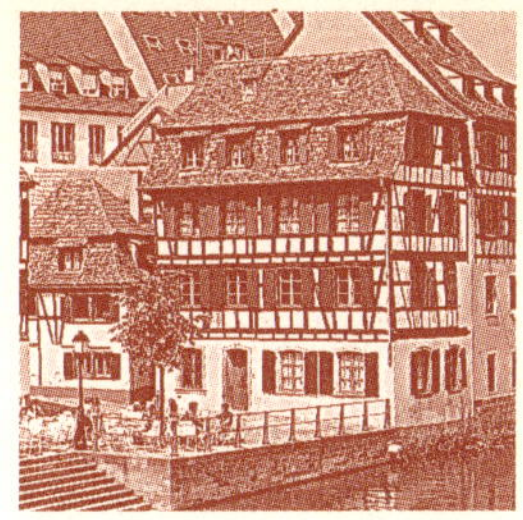

Francia. Antiche case a Strasburgo

La Riserva della città-museo di Mtskheta
1994
1

Nell'antica capitale della Georgia sono famose alcune chiese che testimoniano l'eccezionale livello artistico e culturale raggiunto durante il Medioevo. La cattedrale (XI secolo) venne eretta sul sito della prima chiesa cristiana della Georgia, dove secondo la leggenda fu trovata una reliquia legata alla figura di Cristo.

L'alta Svanetia
1996
3

Regione del Caucaso che, in virtù del suo isolamento, è riuscita a preservare un eccezionale numero di villaggi medievali. Caratteristica la tipologia delle abitazioni a torre, di cui il paese di Chazhashi ne conserva più di 200; queste costruzioni assolvevano alla doppia funzione di ospitare e difendere dalle scorrerie e dalle incursioni armate che tenevano sotto costante minaccia gli abitanti della zona.

GERMANIA

La cattedrale di Aquisgrana
1978
1

vedi pagina 104

Bamberga
1993
12

Città d'arte dell'Alta Franconia, Bamberga ha conservato significative testimonianze medievali e barocche. Lungo il Regnitz sorge un intricato complesso di case di artigiani e pescatori ben distinto dall'atmosfera barocca del resto del centro cittadino. Nel più antico nucleo della città vescovile, sul Domplatz, si trova la cattedrale, che custodisce preziose sculture romaniche e rinascimentali.

I castelli di Augustusburg e Falkenlust a Brühl
1984
5

Il castello di Augustusburg, residenza dell'arcivescovo e principe elettore Clemente Augusto, fu realizzato nel XVIII secolo da François de Cuvilliés sulle rovine di un castello più antico. All'interno dell'edificio lo scalone d'onore, opera di Balthasar Neumann, unisce la grandiosità del barocco con la delicatezza dei particolari decorativi in stile rococò. Nei giardini che circondano la residenza principale si trova il piccolo castello di Falkenlust, casino di caccia realizzato dallo stesso Cuvilliés.

La cattedrale di Colonia 1996 (17)

La costruzione della cattedrale iniziò nel 1248, quando per volere di Federico Barbarossa vennero trasportate a Colonia le reliquie dei Magi provenienti da Milano. Il cantiere procedette a diverse riprese, tanto che il monumento fu terminato solo alla fine del XIX secolo. La sua slanciata struttura architettonica, di forme eminentemente gotiche, caratterizzata da archi rampanti, pinnacoli e guglie e sostenuta da poderosi contrafforti, contrasta con gli edifici moderni che la fronteggiano.

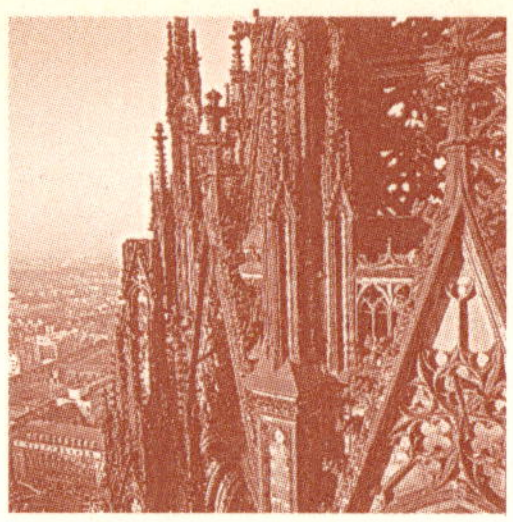
Germania. La cattedrale di Colonia

I monumenti commemorativi di Lutero a Eisleben e Wittenberg 1996 (19)

La Sassonia è stata il teatro della Riforma protestante e le sue cittadine ne conservano la memoria. La statua di Martin Lutero, situata nella graziosa piazza centrale di Eisleben, ricorda il riformatore che qui nacque e morì. A Wittenberg si trovano la chiesa dove predicò, la sua abitazione e quella del seguace Melantone. Ma il luogo più carico di storia è rappresentato dalle porte della chiesa del castello, dove nel 1517 Lutero appose le famose novantacinque tesi di critica alle indulgenze.

La cattedrale di Santa Maria e la chiesa di San Michele a Hildesheim 1985 (6)

La grande chiesa romanica di San Michele, con absidi contrapposte precedute ciascuna da un proprio transetto, è uno dei capolavori dell'architettura sassone. Altrettanto preziosa è la cattedrale di Santa Maria, con un celebre portale e una colonna bronzea, risalenti al 1015 e al 1018, e il bel chiostro, della metà del XII secolo.

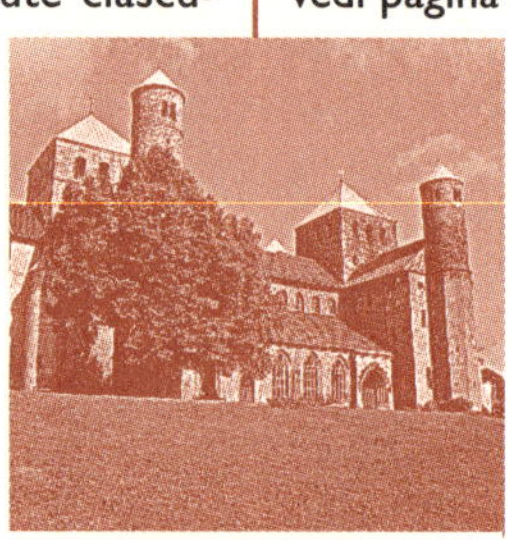
Germania. La chiesa di San Michele a Hildesheim

L'abbazia e la basilica di Lorsch 1991 (10)

La Torhalle, il corpo d'ingresso dell'antica abbazia benedettina di Lorsch, fondata nel 765, rappresenta l'elemento più importante conservatosi del complesso monastico. Disposta su due ordini e rivestita di piastrelle bianche e rosse, poggia su tre possenti arcate separate da pilastri con semicolonne. Al piano superiore, preziosi affreschi di epoca carolingia.

La città anseatica di Lubecca 1987 (8)

vedi pagina 105

Il sito fossilifero di Messel 1995 (16)

Situato a sud di Francoforte, il sito è formato da circa 70 ettari ricchi di sedimenti depositatisi fra i 57 e i 36 milioni di anni fa sul fondo di un antico lago. I ritrovamenti effettuati fanno ritenere che durante l'Eocene a queste latitudini vi fosse un clima tropicale o subtropicale. Le oltre 40 specie fossili qui ritrovate sono costituite da piante e da animali, a volte così ben conservati da permettere l'identificazione del contenuto dei loro stomaci.

Il monastero di Maulbronn 1993 (13)

Fondato nel 1147, il monastero cistercense di Maulbronn è ritenuto il complesso monastico medievale più completo e meglio conservato a nord delle Alpi. Difeso da una cerchia di mura, comprende un vastissimo cortile su cui sorgono da un lato gli annessi, costruiti tra il XII e il XIV secolo, e sul lato opposto la chiesa abbaziale. Preceduta da un portico, con un chiostro in cui convergono gli ambienti conventuali, è un mirabile esempio di architettura romanico-gotica.

I palazzi e i parchi di Potsdam e di Berlino 1990, 1992 (9)

vedi pagina 106

La collegiata, il castello e la Città Vecchia di Quedlinburg 1994 (14)

I tetti delle case a graticcio del centro storico di Quedlinburg, nell'Alta Sassonia, sono sovrastati dallo sperone roccioso su cui sorge uno dei complessi conventuali più importanti della Germania. Si tratta di una vera città murata costituita da una residenza delle badesse, eretta tra Cinquecento e Seicento e dalla collegiata di San Servazio, capolavoro dell'architettura romanica.

Le miniere di Rammelsberg e la città storica di Goslar 1992 (11)

L'importanza delle miniere di Rammelsberg, attive fin dall'antichità, spinse l'imperatore Enrico II nell'XI secolo a stabilire nella vicina Goslar una delle residenze imperiali. La città divenne in seguito un importante centro della Lega Anseatica. Le miniere di Rammelsberg, con le loro numerose gallerie, gli edifici, le officine e le attrezzature, realizzate tra il X e il XX secolo, rappresentano un'interessante testimonianza dell'evoluzione dell'industria mineraria.

La cattedrale di Spira 1981 (2)

Fondata da Corrado II nel 1030 e terminata nel 1106, la cattedrale di Spira costituisce un monumento romanico di grande importanza. È una basilica a tre navate, con abside rotonda chiusa da due torri quadrate all'estremità del transetto. Una vasta cripta, che ripete in proporzioni minori la pianta della cattedrale, racchiude le tombe di quattro imperatori e quattro re.

Treviri: i monumenti romani, la cattedrale e la chiesa di Nostra Signora 1986 (7)

Lungo la Mosella, in un tratto navigabile e difeso dai venti, nel 15 a.C. Augusto fondò la città di Treviri secondo la fisionomia tipica delle colonie romane. Ma a trasformarla in una "seconda Roma" furono gli imperatori che nel III secolo la elessero a città imperiale. Sorsero così edifici grandiosi tra cui la Porta Nigra, la più grande porta romana a noi pervenuta, e l'Aula Palatina. Lo sviluppo medievale della città si è sovrapposto con garbo al nucleo antico, imperniato sulla maestosa cattedrale di robuste forme romaniche in contrapposizione alla leggerezza gotica della Liebfrauenkirche.

Le acciaierie di Völklingen 1994 (15)

Le acciaierie situate a Völklingen, nel Saarland, vennero costruite nel XIX secolo e completate all'inizio del XX. Occupano un'area di sei ettari, attualmente in disuso, e costituiscono un monumento unico per la storia della tecnologia e un mirabile esempio di archeologia industriale.

Il Bauhaus e i suoi luoghi a Weimar e Dessau 1996 (18)

"Arte e Tecnica: una nuova unità". Con questo motto Walter Gropius mise al passo con i tempi la scuola d'arte che aveva fondato a Weimar nel 1919. La creatività doveva porsi al servizio dell'industria. Il Bauhaus aveva il compito di formare designer e architetti capaci di progettare prototipi da riprodurre in serie, dall'oggetto quotidiano all'unità abitativa, all'intero quartiere. Opera-manifesto della scuola è la sede di Dessau del 1925-26. Progettata da Gropius, è frutto dell'attività creativa e produttiva dell'intera comunità del Bauhaus. La razionalità degli spazi, la pura geometria dei volumi, l'impiego di materiali industriali e di prefabbricati, hanno fatto di questo edificio uno dei capisaldi dell'architettura moderna.

Il santuario "in der Wies" 1983 ❹

Situato tra i boschi e i prati di una valle alpina, il santuario "in der Wies" ("nel prato"), opera dell'architetto Dominikus Zimmermann, che lo eresse tra il 1746 e il 1754, costituisce un capolavoro del rococò bavarese. Il suo interno, decorato da statue, stucchi e affreschi, è sfolgorante di colori delicatissimi. All'esterno la leggerezza e varietà degli effetti viene generata dal succedersi ritmico degli spazi e dalla facciata leggermente convessa.

La residenza di Würzburg con i giardini della Corte e la piazza della Residenza 1981 ❸

Costruito tra il 1720 e il 1744, è uno tra i più bei palazzi barocchi della Germania, con uno splendido giardino a terrazze che digrada verso la sontuosa residenza di campagna, dagli interni riccamente decorati. Tra gli altri, qui lavorò anche Giambattista Tiepolo, che realizzò nel salone imperiale e nello scalone d'onore affreschi di argomento storico-celebrativo.

GERUSALEMME

(sito proposto dalla Giordania)

La Città Vecchia e le sue mura 1981 ❶

vedi pagina 180

GHANA

Le costruzioni tradizionali degli ashanti 1980 ❷

Nella regione a nord di Kumasi si trovano costruzioni in paglia e terra con struttura in legno che rappresentano gli ultimi resti visibili del regno degli ashanti, fondato nel XVIII secolo da Osei Tutu. Dal cuore della foresta tropicale dell'Africa occidentale questo popolo riuscì a dominare, fino all'arrivo nel 1873 dell'esercito coloniale inglese, un vasto territorio che si estendeva dalle savane del nord fino all'oceano Atlantico.

Fortezze e castelli del Volta, di Accra e delle regioni centrali e orientali 1979 ❶

I 48 forti che si susseguono lungo quella che un tempo si chiamava Costa d'Oro vennero eretti a partire dal 1482 dai portoghesi, ai quali subentrarono nel 1642 gli olandesi e un secolo più tardi gli inglesi. L'egemonia delle potenze coloniali non impedì comunque la presenza di mercanti e soldati di altri paesi, quali la Francia, la Danimarca e la Svezia. I forti costituiscono un'importante testimonianza della storia del colonialismo europeo in Africa, dalla gloriosa epoca delle grandi esplorazioni marittime fino a quella ben più triste dello schiavismo.

GIAPPONE

Il castello di Himeji-jo 1993 ❷

Eretto nel XVI secolo, distrutto nel 1600 e negli anni immediatamente successivi ricostruito e ampliato, Himeji-jo è uno dei castelli più belli e meglio conservati del Giappone. La sua struttura, composta da 83 edifici, con elaborati e ingegnosi sistemi di difesa, è il perfetto archetipo della fortezza giapponese del XVII secolo.

Il Memoriale della Pace a Hiroshima 1996 ❼

Nel Parco della Pace, un monumento commemora la terribile esplosione della prima bomba atomica (6 agosto 1945) che causò 100.000 morti e altrettanti feriti. È costituito dalle rovine dell'ex Istituto dell'Industria, nella zona vicina all'epicentro dell'esplosione e rappresenta un potente e severo monito per l'umanità.

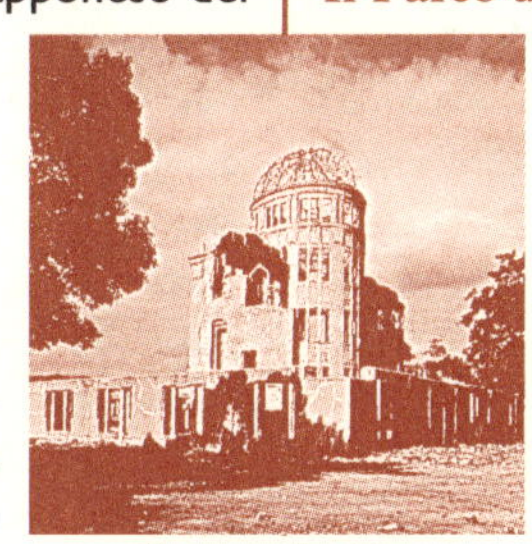

Giappone. Hiroshima, il memoriale della Pace

I monumenti buddisti nell'area di Horyuji 1993 ❶

vedi pagina 182

Il santuario scintoista di Itsukushima 1996 ❽

Sin dai tempi antichi, l'isola di Itsuku venne considerata luogo sacro della religione scintoista. Un santuario eretto nel XIII secolo sorge vicino al mare e, quando sopraggiunge l'alta marea, si ha l'impressione che galleggi sull'acqua. Il sito, particolarmente suggestivo, gioca sul contrasto di forme e colore tra paesaggio naturale e artificiale, caro alla cultura giapponese.

I monumenti dell'antica Kyoto 1994 ❺

vedi pagina 184

Shirakami-Sanchi 1993 ❹

Fra le montagne più settentrionali dell'isola di Honshu, si trova l'ultima integra foresta di faggi di Siebold, il tipico bosco giapponese a clima temperato, che un tempo copriva le regioni più settentrionali del Paese. Quest'area vergine, sottoposta a tutela, è abitata dall'orso nero giapponese e da numerose specie di uccelli.

I villaggi storici nelle aree di Shirakawa-go e Gokayama 1995 ❻

In uno scenario di montagna, isolato per lungo tempo dal resto del mondo, sono sopravvissuti gli antichi villaggi di Ogimachi, Ainokura e Suganuma, economicamente legati alla coltivazione del gelso e all'allevamento del baco da seta. Le abitazioni, uniche in tutto il Giappone, si distinguono per i singolari tetti di paglia a doppia guglia.

Il Parco di Yakushima 1993 ❸

Il Parco si estende sull'isola di Yaku, all'estrema punta meridionale dell'arcipelago giapponese, in una zona d'incontro tra le regioni paleartica e biotica orientale. La sua ricchissima flora (1900 fra specie e sottospecie) annovera antichissimi esemplari di cedro giapponese, elemento inconfondibile del paesaggio nazionale.

GIORDANIA

Petra 1985 ❶

vedi pagina 186

Qusair Amrah 1985 ❷

Agli inizi dell'VIII secolo, i califfi della dinastia omayyade fecero costruire nel deserto della Siria e della Giordania alcune fortezze, che venivano usate prevalentemente come residenze di svago, ma che potevano ospitare occasionalmente anche delle guarnigioni. Fra questi vi è Qusair Amrah, un piccolo "castello del deserto" eccezionalmente ben conservato, soprattutto nella sala delle udienze e nei bagni, riccamente affrescati con scene di caccia, temi mitologici e soggetti a carattere fantastico.

GRECIA

L'Acropoli di Atene 1987 ❸

vedi pagina 108

Il monte Athos 1988 ④

Si innalza sul promontorio orientale della Penisola Calcidica e costituisce una repubblica monastica proibita a donne e bambini. Autogovernata con statuto autonomo dai tempi bizantini, è dal 1054 un importante centro spirituale della Chiesa ortodossa. Luogo di elaborazione artistica e non solo di preghiera, ha influenzato profondamente la storia dell'arte ortodossa.

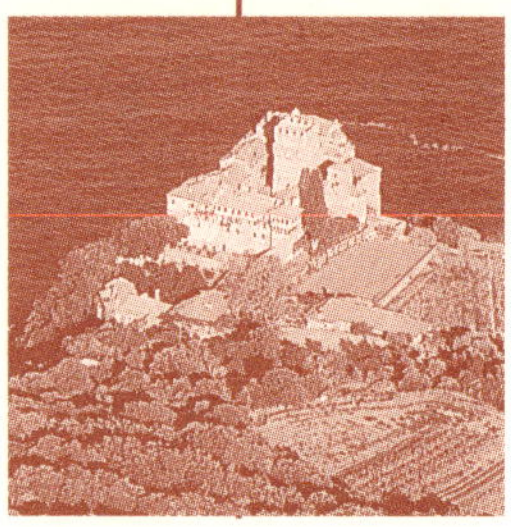

Grecia. Veduta del monte Athos

Il tempio di Apollo Epikourios a Basse 1986 ❶

Basse, situata nella parte nordoccidentale del Peloponneso, è entrata di diritto nella storia dell'architettura per la presenza del tempio dorico esastilo dedicato ad Apollo Epikourios, ancora in buono stato di conservazione. Venne edificato nel 450-25 a.C. dagli abitanti di Figalia sulle solitarie alture delle montagne dell'Arcadia, come santuario votivo dopo una epidemia di peste. Con un impianto simile a quello del Partenone, il tempio segna l'apparizione dello stile corinzio nella grande architettura greca.

I monasteri di Dafní, Óssius Loukás e Néa Moní 1990 ⓬

Situati il primo nell'Attica, nei pressi di Atene, il secondo nella Focide, vicino a Delfi, e il terzo sull'isola di Chio, nel mar Egeo, i monasteri sono rappresentativi dell'architettura cristiana ortodossa dell'XI e XII secolo. Le loro chiese ottagonali, con pianta quadrata coperta da una cupola sostenuta da archi ciechi, conservano superbi esempi di decorazione a fresco e cicli di mosaici a fondo oro caratteristici dell'arte tardobizantina.

Il sito archeologico di Delfi 1987 ❷

vedi pagina 110

Delo 1990 ⓫

La mitologia greca racconta che il luogo di nascita del dio Apollo fu la piccola isola di Delo, nell'arcipelago delle Cicladi. Centro religioso e meta di pellegrini provenienti da tutta la Grecia, ebbe un oracolo secondo solo a quello di Delfi. La vasta area archeologica, con il porto, il molo e i magazzini della città marittima, testimonia della fiorente attività commerciale svolta da Delo nell'antichità.

Il sito archeologico di Epidauro 1988 ❼

L'antica Epidauro, situata in una piccola vallata nella penisola dell'Argolide, raggiunse nel IV secolo a.C. il massimo della sua fama, legata al culto di Asclepio, dio patrono della medicina. Nella vasta area archeologica, spiccano numerosi templi e il teatro che, scavato profondamente nel declivio della collina, con una grandiosa cavea formata da ben 55 ordini di gradini, è il più monumentale e il meglio conservato di tutta la Grecia.

Le Meteore 1988 ⑤

vedi pagina 112

Mistrá 1989 ❾

Nel sud del Peloponneso, sul fianco ripido e verdeggiante del Taigeto, che domina la vallata di Sparta, sorge la cittadina abbandonata di Mistrá. Capitale del despotato di Morea dal 1348, rappresentò tra il V e il VI secolo il fulcro del potere bizantino nella regione. Le rovine della città fortificata con i suoi palazzi, monasteri, chiese a pianta basilicale e a croce greca costituiscono un'importante documentazione sull'architettura, il tessuto urbano e la decorazione pittorica di epoca bizantina.

Il sito archeologico di Olimpia 1989 ❿

Olimpia, situata non lontano dalla costa occidentale del Pelopponeso, fu sede di uno dei più importanti santuari della Grecia classica. In onore di Zeus venne innalzato infatti un maestoso tempio dorico dove, a partire dal 776 a.C., si tennero i giochi olimpici. Nell'area archeologica, oltre ai templi, si trovano i resti della palestra e dello stadio dove si svolgevano le gare. In questo complesso sono state ritrovate molte sculture che rivestono una eccezionale importanza per la conoscenza dell'arte classica.

La città medievale di Rodi 1988 ❽

vedi pagina 113

I monumenti paleocristiani e bizantini di Salonicco 1988 ❻

Fondata nel 315 a.C. con il nome di Tessalonica, Salonicco è stata uno dei primi insediamenti ad accogliere in modo massiccio il Cristianesimo. Le sue chiese paleocristiane e bizantine conservano preziosi affreschi e mosaici. Due le tipologie planimetriche principali: la basilica a cinque navate, sul modello di San Demetrio, e quella a pianta greca, con cinque cupolette su alti tamburi, sul modello della chiesa dei Santissimi Apostoli.

Il Pythagoreion e l'Heráion di Samo 1992 ⓭

Questa piccola isola del mar Egeo, di fronte alla costa turca, fu abitata fin dal III millennio a.C. da diverse civiltà, delle quali ci sono pervenute numerose testimonianze. L'antica città fortificata, il Pythagoreion, situata lungo un'insenatura che forma un porto naturale, conserva accanto alle rovine minoiche e micenee, resti del tracciato urbano e di edifici di epoca classica ed ellenistica. L'Heráion, il tempio di Era eretto nel IX secolo a.C., ispirato alle strutture del mégaron miceneo, costituisce uno dei più antichi templi greci.

Il sito archeologico di Vergína 1996 ⓮

Antica capitale del regno di Macedonia, la città di Aigai, fu scoperta nel 1930 vicino a Vergína. Dagli scavi compiuti sono emersi i resti del palazzo monumentale, decorato con mosaici e stucchi, che si sviluppa intorno a un ampio peristilio centrale. Nell'area si trovano anche trecento tumuli sepolcrali, alcuni dei quali risalgono all'XI secolo a.C. Tra le tombe reali del Grande Tumulo, decorate con affreschi, si trova quella di Filippo II di Macedonia.

GUATEMALA

Antigua Guatemala 1979 ❷

vedi pagina 284

Il Parco archeologico e le rovine di Quiriguá 1981 ❸

Vicino a un'ampia piantagione di banani, non lontano dal fiume Hondo, il sito archeologico di Quiriguá conserva numerose stele in pietra, calendari scolpiti e sculture zoomorfe, risalenti all'VIII secolo. La stele più imponente misura oltre dieci metri e documenta il grande sviluppo raggiunto dalla civiltà maya.

Il Parco nazionale di Tikal [1]
1979

Nel cuore della giungla più fitta, circondata da una vegetazione particolarmente rigogliosa, sorge l'area archeologica di Tikal. In quello che fu un importante insediamento dei Maya dal VI secolo a.C. al X d.C. si trovano oggi suggestive vestigia di palazzi e templi.

GUINEA/COSTA D'AVORIO

La Riserva naturale integrale del monte Nimba [1]
1981

Il monte Nimba è situato al confine tra Guinea e Costa d'Avorio. La topografia della Riserva naturale è estremamente diversificata, con vallate, pianure, colline tondeggianti e picchi rocciosi. La vegetazione varia dai pascoli montani, alla foresta tropicale, alla savana. Anche la fauna è particolarmente ricca, con oltre cinquecento specie, di cui numerose endemiche.

HAITI

Il Parco nazionale storico, la cittadella, Sans Souci, Ramiers [1]
1982

Il Parco storico comprende un'area di 25 chilometri quadrati dominati dal picco Laferrière, sul quale sorgono le massicce fortificazioni della cittadella Henry. Inaugurata nel 1813, quando l'isola proclamò l'indipendenza, costituisce l'elemento meglio conservato del sito. A poca distanza si ergono le rovine del palazzo reale di Sans Souci e della residenza di Ramiers. Il complesso, costruito dagli schiavi affrancati, rappresenta un simbolo universale della libertà e dei diritti dell'uomo.

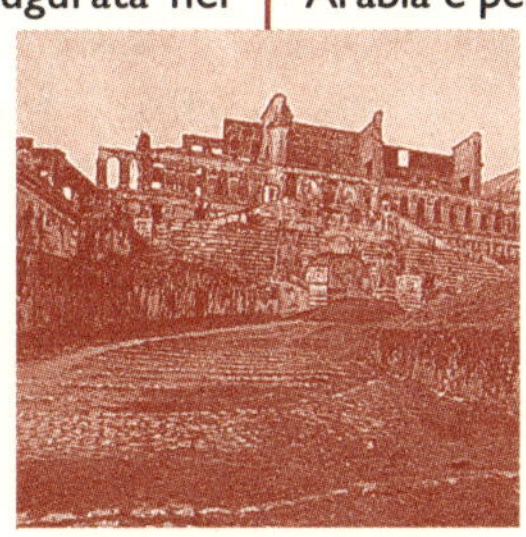

Haiti. Le rovine di Sans Souci

HONDURAS

Il sito maya di Copán [1]
1980

vedi pagina 286

La Riserva della biosfera del Río Plátano [2]
1982

Situata nel bacino idrico del fiume Plátano, la Riserva è uno degli ultimi esempi di foresta tropicale umida dell'America centrale. In alcune aree le precipitazioni annue superano i 2500 millimetri, creando un ambiente lagunare molto particolare. I 525.000 ettari del parco, nel quale continuano a vivere circa 2000 indigeni, sono caratterizzati da una morfologia che varia dalla pianura costiera alle montagne.

INDIA

Il forte di Agra [3]
1983

Il forte di Agra, poco lontano dai giardini del Taj Mahal, racchiude la cittadella imperiale dei sovrani moghul. Costruita nel 1565-74 in pietra rossa, questa fortezza possiede una cinta di bastioni lunga più di due chilometri e mezzo. Al suo interno, palazzi da favola, fra cui quello di Jahangir, una grandiosa sala per le udienze, due eleganti moschee e padiglioni con decorazioni marmoree.

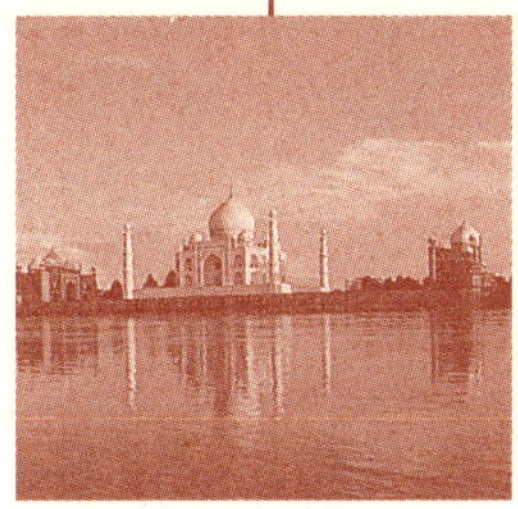

India. Agra, il Taj Mahal

Il Taj Mahal ad Agra [4]
1983

Il più famoso fra i monumenti edificati dalla dinastia moghul è uno splendido mausoleo di marmo bianco intarsiato con motivi floreali di pietre dure multicolori. L'imperatore Shah Jahan lo fece erigere tra il 1632 e il 1654 quale dimora eterna della moglie prediletta: della coppia reale sono conservate le spoglie nella cripta. La leggenda vuole che il Taj Mahal sia opera di un architetto persiano che mobilitò i migliori artisti d'India, Persia, Arabia e persino d'Europa.

Le grotte di Ajanta [1]
1983

vedi pagina 188

La tomba di Humayun a Delhi [20]
1993

Costruita nel 1570 per l'imperatore moghul Humayun, divenne in seguito il mausoleo della dinastia medesima. L'edificio si trova entro un ampio recinto ornato di giardini e canali, secondo il gusto moghul e ha ispirato analoghi monumenti, primo fra tutti il Taj Mahal.

Delhi: il Qutb Minar e i monumenti circostanti [21]
1993

Il complesso religioso e funerario è costruito sull'area della prima delle sei cittadelle di Delhi, fondata nel 1060. La torre di Qutb Minar (1199), d'ispirazione islamica, aveva funzione commemorativa e di minareto della vicina moschea. Notevoli anche il ponte Alai-Darwaza, capolavoro dell'arte indo-islamica (1311) e la moschea Quwwatu'l-Islam, la più antica dell'India settentrionale.

Le grotte di Elephanta [15]
1987

Sull'isola di Elephanta nella baia di Bombay e un tempo nota come Gharapuri, la "città delle grotte", si trova uno dei siti rupestri più spettacolari dell'India. Particolarmente ricco di imponenti rilievi scultorei è il santuario dedicato al culto di Shiva, la cui costruzione è attribuita alla dinastia Vakataka che regnò sull'India meridionale fra il 275 e il 515 d.C.

Le grotte di Ellora [2]
1983

A Ellora si respira lo spirito di tolleranza dell'antica India: buddismo, brahmanesimo e giainismo convivono in un complesso monumentale straordinario dal punto di vista artistico e architettonico. Ben 34 santuari, databili dal VII all'XI secolo, sono stati scavati lungo la parete di una collina, in una sequenza lunga quasi due chilometri. Affreschi e cicli scultorei dedicati alle divinità ornano i templi.

Fatehpur Sikri [13]
1986

A soli 40 chilometri da Agra, l'imperatore Akbar il Grande (1556-1605) fece costruire la "città della vittoria", che divenne capitale dell'Impero moghul per circa 10 anni. Il complesso di palazzi e templi, caratterizzato da uno stile architettonico omogeneo, comprende una delle più imponenti moschee indiane, la Jama Masjid, in grado di accogliere 10.000 fedeli.

Le chiese e i conventi di Goa [10]
1986

Decretata capitale delle Indie portoghesi nel 1565, Goa rappresentò in quel periodo il cuore dell'evangelizzazione cattolica in Asia, condotta dai missionari gesuiti. Lo attestano le chiese e i conventi che vennero eretti numerosi, fra cui la chiesa del Buon Gesù, in cui venne tumulato il corpo di san Francesco Saverio. Questi monumenti svolsero un ruolo importante nella diffusione dell'arte manuelina e barocca in tutti i paesi asiatici toccati dall'evangelizzazione cattolica.

Il complesso monumentale di Hampi [12]
1986

vedi pagina 190

Il Parco nazionale di Kaziranga [7]
1985

vedi pagina 191

Il Parco nazionale di Keoladeo 1985 9

Nato nel 1900 come riserva privata di un maharaja che vi praticava la caccia alle anatre, questo Parco nazionale è noto come rifugio invernale di un gran numero di uccelli acquatici migratori. Ne sono state individuate 364 specie, provenienti dalla Cina, dalla Siberia, dall'Afghanistan. La zona umida del Parco è regolata da un sistema di dighe che ne controllano il livello delle acque.

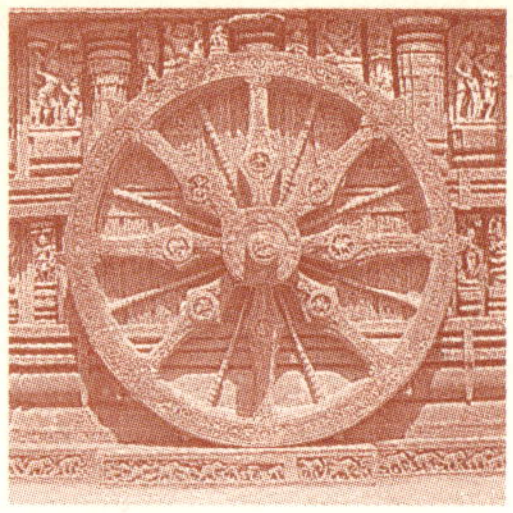
India. Una delle ruote del tempio del Sole a Konarak

Il complesso monumentale di Khajuraho 1986 11

vedi pagina 192

Il tempio del Sole a Konarak 1984 5

I resti del tempio dedicato al dio Sole, Surya, eretto nel 1250 sulla costa nordorientale, rimandano alla sua struttura originaria in forma di carro solare con ventiquattro ruote (tante quante le ore del giorno), trainate da sei cavalli. Stupefacente il lavoro di cesello eseguito sulla pietra del basamento, in cui si mescolano motivi vegetali, animali, raffigurazioni di coppie di amanti, danzatrici ed episodi della vita di Narasimha, costruttore del tempio.

I templi di Mahabalipuram 1984 6

vedi pagina 193

Il Santuario faunistico di Manas 1985 8

Questa riserva faunistica, situata nello stato di Assam, ai piedi dell'Himalaya, è famosa per alcune specie di mammiferi, la cui sopravvivenza è in pericolo. La tigre, il rinoceronte indiano, l'elefante e la pantera vi trovano rifugio insieme a rettili e uccelli. A partire dal 1992, quest'area dichiarata in pericolo, è stata oggetto di una campagna congiunta fra l'UNESCO e il governo indiano allo scopo di proteggere le specie minacciate dai bracconieri e ricostruire le infrastrutture danneggiate del parco.

Il Parco nazionale del Nanda Devi 1988 18

Nel cuore della catena himalayana dominata dal picco del Nanda Devi, in una conca di origine glaciale si estende il parco, vero e proprio santuario della natura più selvaggia e inaccessibile. Quest'area protetta raggiunge i 3500 metri di altitudine, là dove boschi di abeti e rododendri lasciano il posto a una vegetazione di arbusti. Il leopardo delle nevi, il cervo muschiato himalayano e il bahral (pecora selvaggia) vi abitano insieme a 587 specie di uccelli.

Il complesso monumentale di Pattadakal 1987 14

Il complesso monumentale di Pattadakal rappresenta l'apogeo di un'arte eclettica che, sotto la dinastia Calukya, tra il VII e l'VIII secolo, mescolò stilemi architettonici diversi, diffusi a nord e a sud del Paese. Fra i dieci santuari, di cui nove indù e uno giainista, spicca il tempio di Virupaksha, fatto edificare dalla regina Lokamahadevi per celebrare una vittoria del marito sui regnanti del Sud.

I monumenti buddisti a Sanchi 1989 19

Sanchi è uno dei più antichi complessi monastici buddisti, il cui ruolo centrale si protrasse dal III secolo a.C. fino al XII secolo. La sua importanza è legata alla figura di Aśoka, imperatore che unificò l'India (264-226 a.C.). Nel sito si distinguono per il loro perfetto stato di conservazione, tre stupa, di cui il principale, noto come stupa I o "stupa di Aśoka", presenta quattro sontuosi portici (*torana*), finemente scolpiti.

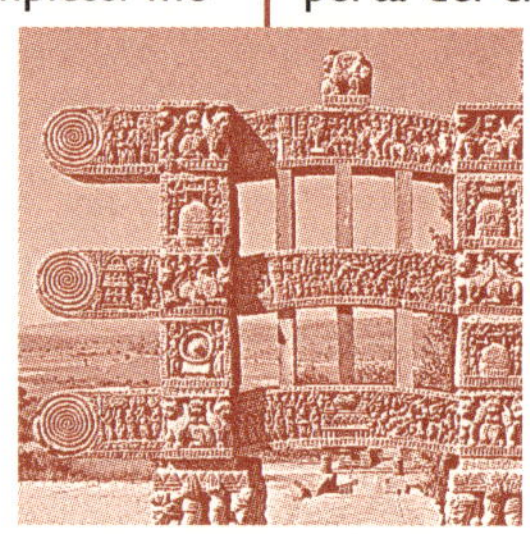
India. Lo stupa I a Sanchi

Il Parco nazionale del Sundarbans 1987 17

Foresta di mangrovie al confine con il Bangladesh, sul cui territorio si estende la porzione maggiore di questa riserva naturale. Nel Parco vivono alcune specie rare, tra cui le tigri, mammiferi acquatici, uccelli e rettili.

Il tempio di Brihadishvara a Thanjavur 1987 16

Durante il regno di Rajaraja il Grande, imperatore della dinastia Cola che dominò l'India meridionale intorno all'anno Mille, venne edificato il magnifico tempio di Thanjavur (Tanjore), a sud-ovest di Madras. Il tempio, costruito con blocchi di granito e laterizio, è coronato da una torre piramidale alta 61 metri, il *vimana*. Alla base numerose iscrizioni narrano le gesta di Rajaraja, ottimo stratega e patrono delle arti. Ricche decorazioni scultoree ornano il santuario centrale.

INDONESIA

L'area templare di Borobudur 1991 1

vedi pagina 194

Il Parco nazionale di Komodo 1991 3

L'isola vulcanica di Komodo è popolata da circa 5700 esemplari di varani giganti, unici sopravvissuti fra i dinosauri carnivori. Questo lucertolone aggressivo, soprannominato "drago di Komodo", è oggetto di studi scientifici relativi alla teoria dell'evoluzione.

L'area templare di Prambanan 1991 4

vedi pagina 195

Il sito preistorico di Sangiran 1996 5

Importanti scavi archeologici qui effettuati fra il 1936 e il 1941 hanno portato alla scoperta del cranio del primo ominide in quest'area. Successivamente si è pervenuti a consistenti ritrovamenti di reperti del cosiddetto Homo erectus risalenti a un milione e mezzo di anni fa.

Il Parco nazionale di Ujung Kulon 1991 2

Il parco occupa l'estrema punta occidentale di Giava, estendendosi lungo la penisola di Ujung Kulon e includendo alcune isole. L'area risulta interessante dal punto di vista geologico e naturalistico poiché costituisce l'ultima zona di foresta pluviale del bassopiano giavanese. Forme animali e vegetali in via d'estinzione sono qui sopravvissute, fra cui il rinoceronte giavanese.

IRAN

La moschea dell'Imam a Isfahan 1979 3

vedi pagina 196

Persepoli 1979 2

vedi pagina 197

Tchogha Zanbil 1979 1

Il suo nome originale era "città degli unti". Capitale religiosa dell'Impero elamita, fondata nel 1250 a.C., non lontano da Susa, fu centro politico del regno e oggi è un'interessante area archeologica. Tre giri di mura la cingevano, custodendone palazzi e templi dominati da uno ziqqurat centrale. La cittadella era costruita in argilla, a parte l'edificio principale ricoperto da mattoni cotti, su cui vennero riportate iscrizioni a caratteri elamiti o cuneiformi.

IRAQ

Hatra 1
1985
vedi pagina 198

IRLANDA

L'area archeologica del Bend of the Boyne 1
1993
vedi pagina 114

Skellig Michael 2
1996
Al largo della costa della contea di Kerry, sopra una grande roccia triangolare nota come l'isola di Skellig Michael, si trova un insediamento monastico risalente al VII secolo. Una lunga scalinata in pietra conduce al complesso monastico, situato a 180 metri sul livello del mare, così da dominare l'isola, sulla quale nidificano migliaia di uccelli. Il suo estremo isolamento ha permesso la conservazione dei due antichi oratori, delle sei celle e della chiesetta.

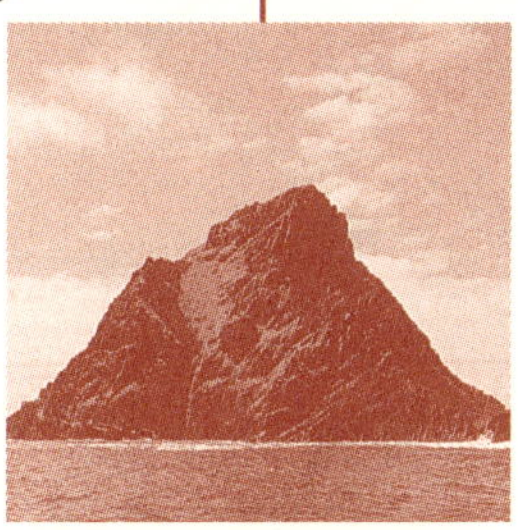
Irlanda. L'isola di Skellig Michael

ITALIA

L'area archeologica di Agrigento (Sicilia) 26
1997
vedi pagina 18

I trulli di Alberobello (Puglia) 14
1996
vedi pagina 20

Su Nuraxi a Barumini (Sardegna) 23
1997
vedi pagina 22

Il Palazzo Reale di Caserta, il parco, l'acquedotto di Vanvitelli e l'insieme di San Leucio (Campania) 17
1997
vedi pagina 28

Castel del Monte (Puglia) 13
1996
vedi pagina 30

La Costiera Amalfitana (Campania) 25
1997
vedi pagina 24

Crespi d'Adda (Lombardia) 11
1995
vedi pagina 32

Ferrara, città del Rinascimento (Emilia-Romagna) 12
1995
vedi pagina 34

Il centro storico di Firenze (Toscana) 3
1982
vedi pagina 36

I Sassi di Matera (Puglia) 7
1993
vedi pagina 42

La chiesa e il convento domenicano di Santa Maria delle Grazie con *L'ultima Cena* di Leonardo da Vinci a Milano (Lombardia) 2
1980
vedi pagina 44

La cattedrale, la torre civica e la Piazza Grande a Modena (Emilia-Romagna) 20
1997
vedi pagina 46

Il centro storico di Napoli (Campania) 1995 10
vedi pagina 48

L'Orto Botanico di Padova (Veneto) 19
1997
vedi pagina 52

La villa romana del Casale a Piazza Armerina (Sicilia) 22
1997
vedi pagina 54

Il centro storico di Pienza (Toscana) 16
1996
vedi pagina 58

La piazza del Duomo a Pisa (Toscana) 1987 5
vedi pagina 60

Le zone archeologiche di Pompei, Ercolano e Torre Annunziata (Campania) 21
1997
vedi pagina 26

Portovenere, le Cinque Terre e le isole di Palmaria, Tino e Tinetto (Liguria) 24
1997
vedi pagina 40

I monumenti paleocristiani e i mosaici di Ravenna (Emilia-Romagna) 15
1996
vedi pagina 62

Roma (Lazio)
vedi Italia/Città del Vaticano

Il centro storico di San Gimignano (Toscana) 6
1990
vedi pagina 70

Le residenze dei Savoia (Piemonte) 18
1997
vedi pagina 56

Il centro storico di Siena (Toscana) 9
1995
vedi pagina 72

Le incisioni rupestri della Valcamonica (Lombardia) 1
1979
vedi pagina 74

Venezia e la sua laguna (Veneto) 4
1987
vedi pagina 76

Vicenza e le ville di Palladio in Veneto 8
1994, 1996
vedi pagina 80

ITALIA/CITTÀ DEL VATICANO

Il centro storico di Roma, i beni extraterritoriali della Santa Sede situati a Roma e San Paolo fuori le Mura 1
1980, 1990
vedi pagina 64

IUGOSLAVIA

La regione naturale e storico-culturale di Cattaro 2
1979
vedi pagina 116

Il Parco nazionale del Durmitor 3
1980
Quella del monte Durmitor è un'area naturalistica di grande bellezza, attraversata da

numerosi fiumi sotterranei e corsi d'acqua di superficie, tra i quali il principale è il Tara, che scorre tra profonde gole. Nelle vaste pinete che ricoprono il territorio del parco sono presenti alcune forme vegetali endemiche.

Stari Ras e Sopoćani 1
1979
vedi pagina 117

Il monastero di Studenica 4
1986
È il più ricco e importante dei monasteri ortodossi di Serbia. Venne fondato alla fine del XII secolo dal re Stefano Nemanja e tradizionalmente onorato con doni e privilegi dalla corona serba. La chiesa della Vergine e la chiesa del Re, capolavori dell'architettura serbo-ortodossa, accolgono preziosi cicli di affreschi, tra i più celebri dell'arte serba per incisività e colori (XII-XIII secolo).

KENYA

Il Parco nazionale-foresta naturale del monte Kenya 1
1997
vedi pagina 246

I Parchi nazionali di Sibiloi e Central Island 2
1997
Sulla sponda orientale del lago Turkana si estende una vastissima pianura desertica, interrotta solo da massi erratici di origine vulcanica e da striminziti cespugli. La presenza di una foresta pietrificata e l'area fossilifera di Koobi Flora testimoniano come quest'ambiente fosse un tempo più ospitale. Nonostante l'aridità del microclima, nel Parco trovano il loro habitat la zebra di Grévy, lo struzzo, l'orice e una rarissima antilope, il tiang. Le acque intorno a Central Island ospitano una numerosa colonia di coccodrilli del Nilo.

LAOS

Luang Prabang 1
1995
vedi pagina 200

LETTONIA

Il centro storico di Riga 1
1997
Riga raggiunse il suo apice durante il Medioevo, fra il XIII e il XV secolo, quando prosperosi commerci con l'Europa centrale e orientale la posero a capo della Lega Anseatica. Il tessuto urbano del suo centro, in parte distrutto da guerre e incendi, riflette ancora oggi la ricchezza di quell'epoca. Altrettanto significativo per la città fu lo sviluppo edilizio ottocentesco secondo i canoni dello stile neoclassico e successivamente dello Jugendstil.

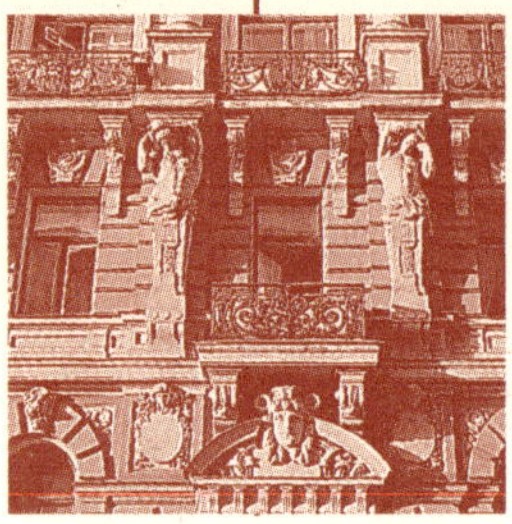

Lettonia. Facciate liberty a Riga

LIBANO

Anjar 1
1984
Le rovine di Anjar rappresentano un'eccezionale testimonianza di urbanistica omayyade. La città, fondata all'inizio dell'VIII secolo, presenta un tracciato molto regolare, proprio delle antiche civiltà. Attraverso i resti di palazzi, terme, portici si avverte l'influenza esercitata dalla tradizione architettonica romana e bizantina.

Baalbek 2
1984
vedi pagina 202

Biblo 3
1984
Biblo è una delle città più antiche del mondo, ininterrottamente abitata dal Neolitico (5000 a.C.) alla dominazione turca (XIII secolo). All'alba del III millennio a.C., divenne il più attivo porto fenicio del Mediterraneo orientale: vi si commerciavano legni pregiati, papiro (di cui i Greci erano grandi acquirenti) e tessuti prodotti sul posto. Con ogni probabilità vi nacque l'alfabeto fenicio.

Tiro 4
1984
Fondata nel 2750 a.C., la città conobbe la massima espansione fra il 1000 e il 774 a.C. come porto fenicio e centro di produzione della porpora e del cristallo. Grazie alla sua egemonia nel Mediterraneo, fondò le colonie di Cadice e Cartagine. Fra i resti archeologici che attestano successive dominazioni, imponenti sono le vestigia romane, come l'ippodromo (di recente scoperta), capace di accogliere 20.000 spettatori.

LIBIA

Il sito archeologico di Cirene 3
1982
vedi pagina 248

Ghadames 5
1986
Chiamata dagli arabi "perla del deserto", costituisce uno dei più antichi centri della regione presahariana. La piccola città conserva intatte le caratteristiche e gli edifici tradizionali. Le numerose abitazioni su più livelli sono collegate al piano superiore, sopra i magazzini, da stretti passaggi. Le terrazze sui tetti rappresentano uno spazio di incontro e di socialità, riservato quasi esclusivamente alle donne.

Il sito archeologico di Leptis Magna 1
1982
vedi pagina 250

Il sito archeologico di Sabratha 2
1982
Fondata sulla costa libica nel VII secolo a.C., Sabratha fu un importante centro commerciale fenicio e, successivamente, numida. La città conobbe il suo massimo splendore con la conquista romana. Sono di questo periodo i monumenti più significativi: il grande foro, il tempio di Giove, l'anfiteatro e le terme.

Le pitture rupestri di Tadrart Acacus 4
1985
È la naturale prosecuzione in territorio libico del sito algerino di Tassili n'Ajjer. Sul massiccio montuoso di Tadrart Acacus sono stati rinvenuti migliaia di dipinti rupestri, risalenti a periodi compresi tra la fine del Pleistocene (12.000 a.C.) e l'inizio dell'era cristiana. Le pitture testimoniano dell'evoluzione del clima, del paesaggio e delle forme di vita, dovuta alla trasformazione di questa, che era una zona umida, in savana e quindi in deserto.

LITUANIA

Il centro storico di Vilnius 1
1994
vedi pagina 118

LUSSEMBURGO

Lussemburgo: i vecchi quartieri e le fortificazioni 1
1994
Fra il XVI e il XIX secolo, la città mantenne il ruolo di imponente piazzaforte militare, grazie alla sua posizione strategica. Vennero così costruite a più riprese opere di fortificazione, che sino al parziale smantellamento hanno rappresentato una significativa sintesi di storia dell'architettura militare europea.

MACEDONIA

La regione naturale e storico-culturale del lago di Ocrida
1980

L'antica città di Ohrid, situata sulle sponde dell'omonimo lago, possiede un patrimonio artistico che rappresenta la storia della regione, punto d'incontro tra Oriente e Occidente. Di notevole interesse sono le 800 icone in stile bizantino, dipinte tra l'XI e il tardo XIV secolo, qui conservate.

MADAGASCAR

La Riserva naturale integrale di Tsingy de Bemaraha
1990

vedi pagina 252

MALAWI

Il Parco nazionale del lago Malawi
1984

vedi pagina 253

MALI

Le rupi del Bandiagara
1989

L'area protetta si estende su una superficie di 400.000 ettari e comprende numerosi villaggi della secolare civiltà dogon, inseriti in un paesaggio tra i più spettacolari di tutta l'Africa occidentale, caratterizzato da numerose falesie rocciose, i cui anfratti, ricoperti di vegetazione, vengono tuttora coltivati. Queste singolari formazioni naturali circondate dal deserto hanno conservato case, granai, altari e santuari, precarie strutture architettoniche realizzate con pietra, fango e legno.

L'antica Djenné
1988

vedi pagina 254

Timbuctù
1988

vedi pagina 255

MALTA

L'ipogeo di Hal Saflieni
1980

Questo enorme tempio sotterraneo si compone di sale e passaggi scavati con l'utilizzo di una sorta di gigantesco sartiame per sollevare i blocchi di calcare corallino. Si ipotizza che all'epoca (2500 a.C.), l'ipogeo fosse concepito come luogo di culto, edificato sul sito di una necropoli preistorica.

I templi megalitici
1980, 1992

Sulle isole di Malta e Gozo, sorgono sette templi megalitici, databili all'età del Bronzo. Considerati i mezzi tecnici di cui disponevano i costruttori, costituiscono un ragguardevole esempio di architettura preistorica.

Valletta
1980

vedi pagina 120

MAROCCO

Lo ksar di Aït Benhaddou
1987

Lo ksar è un tradizionale insediamento dell'area presahariana, comune ad alcuni paesi del Maghreb. Costruito in terra battuta, presenta una cinta muraria rinforzata da torri, un dedalo di viuzze su cui si affacciano le abitazioni e alcuni spazi collettivi, la piazza del mercato, la moschea, i granai e i silos. Nel Sud del Marocco, Aït Benhaddou è uno dei villaggi più belli e rappresentativi del Paese.

La medina di Fès
1981

Il patrimonio culturale dell'antica cittadella di Fès, la cui struttura risale al XII secolo, è testimoniato da opere di architettura militare (mura, bastioni, porte), edifici religiosi (moschee, oratori e mederse), centri intellettuali, palazzi e abitazioni private spesso adorne di giardini e dalla trama di botteghe artigianali che perpetuano le tecniche artistiche più antiche.

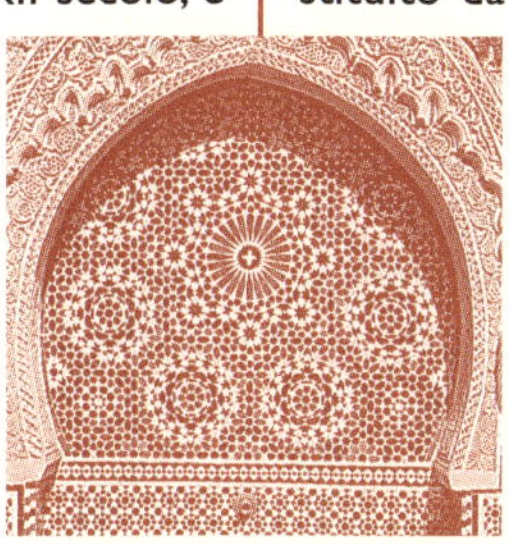

Marocco. Piazza En-Nejjarin a Fès

La medina di Marrakech
1985

vedi pagina 256

La città storica di Meknès
1996

Fondata nell'XI secolo come piazzaforte militare, Meknès divenne capitale imperiale durante il regno del sultano alauita Moulay Ismail (1672-1727), il quale fece distruggere la casba e parte della vecchia città per innalzare una monumentale cinta muraria con bastioni e imponenti porte.

La medina di Tétouan
1997

Una fra le più piccole del Paese, si distingue per completezza e originalità. Storicamente questa cittadina di frontiera ha svolto un ruolo di punta nei rapporti fra Marocco e Andalusia. In seguito alla riconquista spagnola vi si rifugiarono musulmani ed ebrei. Forti influenze andaluse sono presenti nell'architettura e nei manufatti artigianali.

Il sito archeologico di Volubilis
1997

La capitale dell'antica Mauritania, fondata nel III secolo a.C. su una fertile area, divenne importante avamposto dell'Impero romano. Volubilis visse il suo apogeo tra il II e il III secolo d.C. Scavi archeologici, iniziati a fine Ottocento e continuati a più riprese sino ai nostri giorni, hanno rivelato una città dotata di edifici civili e religiosi, di quartieri residenziali e impianti industriali, fra cui oleifici.

MAURITANIA

Il Parco nazionale di Banc d'Arguin
1989

Il Parco si estende lungo la costa atlantica a nord del Paese, in una zona tra le meno piovose del mondo. Sulle dune desertiche, che rappresentano quasi la metà della superficie dell'area protetta, cresce una scarsa vegetazione arbustiva che permette ugualmente la vita ad alcuni animali, tra cui la gazzella dorcas. L'altro habitat del Parco è costituito da una zona costiera con dune di sabbia, isolette e bassi fondali. Dei sette milioni di uccelli che utilizzano la via migratoria atlantica, circa il 30 % sverna nell'area del parco.

Gli antichi ksour di Ouadane, Chinguetti, Tichit e Oulata
1996

vedi pagina 258

MESSICO

La città preispanica di Chichén Itzá
1988

vedi pagina 288

Il centro storico di Città di Messico e Xochimilco
1987

Città di Messico, costruita nel XVI secolo dagli spagnoli sopra le rovine della capitale azteca Tenochtitlán, ha interessanti monumenti contemporanei nella piazza delle Tre Culture e resti di cinque templi atzechi. Xochimilco, un sobborgo di "giardini galleggianti" a sud della città, costituisce un'eccezionale testimonianza delle tecniche utilizzate dagli aztechi per coltivare questa propaggine del lago Texcoco.

La città preispanica di El Tajín ⑩
1992

Situato nello Stato di Veracruz, il centro preispanico di El Tajín ha avuto il suo massimo splendore tra il IX e il XIII secolo. Il sito comprende una serie di piazze pubbliche, campi per il gioco della palla e numerosi edifici piramidali riccamente decorati. Il più significativo è la cosiddetta piramide delle Nicchie i cui livelli inferiori sono ricoperti da piccole celle quadrate (in origine 365), che dovevano rappresentare un simbolico calendario rituale.

Il Santuario delle balene di El Vizcaíno ⑪
1993

Situata nella parte centrale della Bassa California, la riserva è al centro di un'importante area di svernamento e riproduzione di numerosi mammiferi marini. Le lagune costiere di Ojo de Liebre e di San Ignacio ospitano centinaia di esemplari di balena grigia, di otaria californiana e di elefante marino. Nelle lagune trovano rifugio anche quattro specie di tartarughe marine, tra le quali quella verde, in pericolo di estinzione.

L'ospizio Cabanas di Guadalajara ⑰
1997

Gioiello neoclassico edificato all'inizio del XIX secolo, è opera dell'architetto spagnolo Manuel Tolsá. Eretto per offrire riparo e assistenza agli orfani e ai diseredati, l'ospizio Cabanas rappresenta una delle prime strutture progettate con caratteristiche specifiche per facilitare il soggiorno degli assistiti. La cappella interna fu decorata tra il 1936 e il 1939 da José Clemente Orozco, uno dei principali esponenti del muralismo messicano.

Guanajuato e le miniere nei dintorni ⑦
1988

Guanajuato, abbarbicata alle ripide pendici di un burrone, presenta una singolare topografia urbana con numerosi passaggi scavati nel sottosuolo che costituiscono vere e proprie strade sotterranee. Realizzata dagli spagnoli nel 1559, in seguito alla scoperta di un giacimento d'argento, ne divenne il maggior centro di estrazione nel XVIII secolo. Grazie allo sfruttamento minerario, durato per oltre 250 anni, vi sorsero numerosi edifici, alcuni dei quali rappresentano begli esempi di architettura barocca.

Il centro storico di Morelia ⑨
1991

vedi pagina 290

Il centro storico di Oaxaca e il sito archeologico di Monte Albán ⑤
1987

Antico centro cerimoniale e politico di una società altamente organizzata e dominata dalla casta sacerdotale, Monte Albán racchiude le testimonianze dei popoli che per 1500 anni vi abitarono. Olechi, Zapotechi e Mixtechi vi costruirono templi, dighe, canali e terrazzamenti, modificando l'aspetto della montagna. Poco distante si trova Oaxaca, significativo esempio di città coloniale del XVI secolo con pianta a scacchiera.

La città preispanica e il Parco nazionale di Palenque ②
1987

Villaggio fortificato dei Maya all'interno di una foresta tropicale, l'antica Otulum, ribattezzata dagli spagnoli Palenque, raggiunse il massimo splendore tra il VI e l'VIII secolo. L'architettura e la tecnica costruttiva degli edifici, così come l'eleganza dei rilievi scolpiti con scene mitologiche, rappresentano una eccezionale testimonianza del genio creativo della cultura maya.

I monasteri cinquecenteschi del Popocatépetl ⑭
1994

Sulle pendici del monte Popocatépetl, antico vulcano inattivo alto 5452 metri, sorgono quattordici monasteri costruiti da francescani, domenicani e agostiniani. Situati a sud-est di Città di Messico, sono perfettamente conservati e rappresentano delle preziose testimonianze della struttura architettonica degli edifici delle prime missioni, sorte in America centrale all'inizio del XVI secolo.

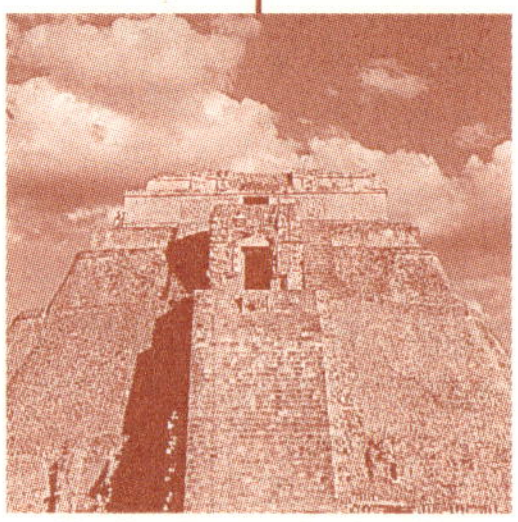

Messico. La grande piramide di Uxmal

Il centro storico di Puebla ⑥
1987

vedi pagina 291

La zona dei monumenti storici di Querétaro ⑯
1996

Sottomessa alla Spagna nel 1531, la città di Querétaro costituisce un raro esempio di convivenza pacifica tra le popolazioni autoctone degli Otomi, dei Tarasco e dei Chichimeca e i colonizzatori europei. Il tracciato urbano rispecchia questa comunione mantenendo, accanto alla struttura geometrica della città spagnola, le tortuose stradine dei quartieri indigeni.

Sian Ka'an ①
1987

Nella lingua del popolo maya, che abitò intorno al V secolo questa regione, Sian Ka'an significa "origine del cielo". La riserva è situata sulla costa caribica della penisola dello Yucatán e comprende un'ampia fascia marina attraversata da una barriera corallina, una pianura costiera parzialmente emersa e un'area ricoperta da foreste tropicali. Vi abitano alcune specie in pericolo di estinzione.

Le pitture rupestri della Sierra de San Francisco ⑬
1993

All'interno della riserva di El Vizcaíno, nella Bassa California, sono stati ritrovati numerosi dipinti rupestri che coprono un lungo arco temporale (I secolo a.C.-XIV), raffiguranti scene di caccia, figure umane e motivi astratti. Preziosa eredità di una popolazione oggi estinta che abitava la Sierra de San Francisco, si sono perfettamente conservati grazie al clima secco e all'inaccessibilità del sito.

La città preispanica di Teotihuacán ④
1987

vedi pagina 292

La città preispanica di Uxmal ⑮
1996

Uxmal, città maya risalente all'VIII secolo, conserva i più imponenti resti monumentali situati nella penisola dello Yucatán. Il suo centro cerimoniale si sviluppa intorno alla piramide dell'Indovino che domina gli edifici circostanti, riccamente decorati con simboli e sculture, raffiguranti Chac, dio della pioggia. Tra questi emergono il palazzo del Governatore, la cui simmetria ed eleganza lo rende tra le più belle costruzioni dell'America precolombiana, e la casa delle Monache, così denominata per la presenza di 88 piccole sale simili a celle.

Il centro storico di Zacatecas ⑫
1993

Lo sfruttamento dell'argento in quest'area, da parte degli indi Zacateco, risale a secoli prima dell'arrivo degli spagnoli, i quali, vicino alle miniere ancora oggi attive, fondarono nel 1546 Zacatecas. Eretta sui ripidi pendii di una stretta valle, la città sorge in una posizione spettacolare e conserva numerosi edifici barocchi. Tra questi, il più significativo è la cattedrale, edificata in pietra rosa alla metà del XVIII secolo.

MOZAMBICO

L'isola di Mozambico
1991
vedi pagina 259

NEPAL

La valle di Katmandu
1979
vedi pagina 204

Lumbini, luogo natale di Buddha
1997
Il luogo in cui nacque Siddharta Gautama, Buddha (565 a.C.), divenne ben presto meta di pellegrinaggio di buddisti e induisti. Anche l'imperatore indiano Aśoka (III secolo a.C.) onorò Lumbini con una colonna commemorativa istoriata. Caduta per molti secoli nell'abbandono più totale, questa località venne riscoperta da una spedizione archeologica nel 1895.

Il Parco nazionale del Royal Chitwan
1984
Al confine con l'India, il Parco è considerato una delle aree naturali più ricche dell'Asia. Nel secolo scorso, il Chitwan era infatti una prestigiosa riserva reale di caccia. Il Parco, in parte prateria in parte foresta tropicale, è abitato da una fauna variegata di specie per lo più in via d'estinzione. Fra i mammiferi si conta una popolazione di circa 400 rari rinoceronti asiatici, nonché esemplari di tigre reale del Bengala, un ristretto branco di elefanti selvatici ma anche cervi e gauri, o bovini della giungla.

Il Parco nazionale del Sagarmatha
1979
vedi pagina 205

NIGER

Le Riserve naturali dell'Aïr e del Ténéré
1991
vedi pagina 260

Il Parco nazionale del "W" del Niger
1996
Al confine nord del Parco nazionale del "W", il fiume Niger forma una doppia ansa, dalla cui morfologia deriva il nome di questo sito. Lungo il suo corso si trovano terreni paludosi, in una zona di transizione tra la savana e la foresta tropicale che rappresenta un favorevole ambiente per numerose specie di uccelli.

NORVEGIA

Le incisioni rupestri di Alta
1985
Gruppo di graffiti rupestri situati lungo l'Altafjord, vicino al Circolo Polare Artico, e risalenti al periodo tra il 4200 e il 500 a.C. Prezioso patrimonio culturale da salvaguardare, queste significative testimonianze preistoriche costituiscono un fondamentale oggetto di studio per la conoscenza delle antiche attività umane nell'estremo Nord.

Il quartiere di Bryggen a Bergen
1979
vedi pagina 122

Røros
1980
La storia di Røros è legata allo sfruttamento delle miniere di rame, attive per oltre tre secoli fino al 1977. La città conserva numerosi edifici e il suo originale impianto urbano reticolare. Le circa ottanta abitazioni di legno, costruite a partire dal 1644, la maggior parte delle quali raggruppate intorno a cortili, mantengono l'antica struttura.

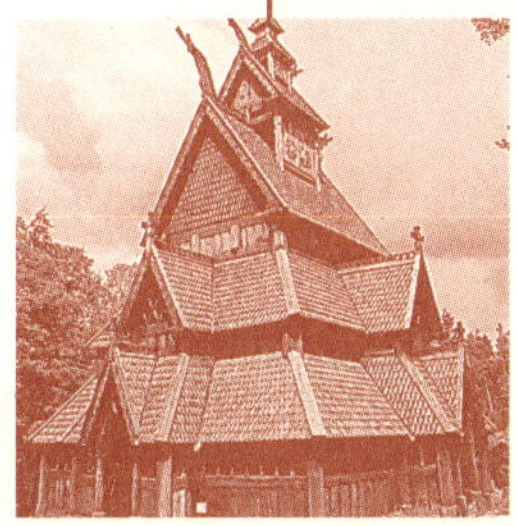
Norvegia. Urnes, la chiesa in legno

La chiesa in legno di Urnes
1979
In un paesaggio naturale tra i più spettacolari della Norvegia, sorge la chiesa di Urnes. Costruito nel 1080 e rifatto nel XII secolo, l'edificio rappresenta una delle più intatte architetture in legno della Scandinavia. Significativo esempio di commistione tra influenze celtiche, vichinghe e romaniche, la sua ricca decorazione, con motivi zoomorfi stilizzati, ha dato origine a uno stile decorativo che ebbe una notevole diffusione.

NUOVA ZELANDA

Te Wahipounamu
1990
Situata nella Nuova Zelanda sudoccidentale, l'area protetta presenta paesaggi che variano da alte vette a profonde valli glaciali, con numerosi laghi, brevi corsi d'acqua impetuosi e ripidi fiordi costieri. Di grande interesse è la fauna endemica, rappresentata da due varietà di pipistrello e da rare specie di uccelli come il kivi, il takahe, grosso rallide inetto al volo, e il kakapo, pappagallo notturno delle foreste montane.

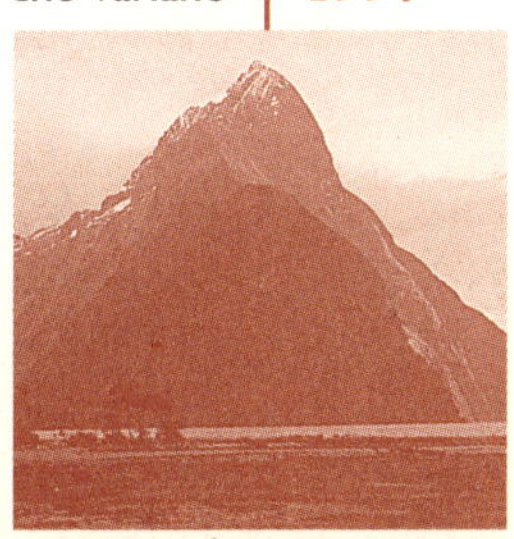
Nuova Zelanda. Il Mitre Peak nel Te Wahipounamu

Il Parco nazionale del Tongariro
1990, 1993
vedi pagina 230

OMAN

Il forte di Bahla,
1987
È una delle fortezze erette, fra il XII e il XIV secolo, dalle locali comunità ibadite per resistere ai tentativi di normalizzazione del califfo Harun al-Rashid. Le imponenti rovine del castello in pietra e argilla e la vicina moschea sono legate alla cittadella di Bahla e alla sua oasi.

I siti archeologici di Bat, Al-Khutm e Al-Ayn
1988
Agli scavi, iniziati nel 1972, si deve la scoperta di insediamenti e necropoli del III millennio a.C. A Bat è emerso un sito che raggruppa numerose tombe con una o più camere. Queste necropoli testimoniano l'evoluzione delle pratiche funerarie nella prima età del Bronzo.

Il Santuario dell'orice arabo
1994
È una delle aree protette più vaste della regione, in cui sopravvive, unico al mondo, un branco di orici bianchi o arabi. La protezione di questo animale fa parte di un programma inteso a rivitalizzare il peculiare ecosistema del deserto arabo. L'habitat è popolato, oltre che da gazzelle orici, da un'avifauna molto diversificata e da alcune specie in via d'estinzione quale l'otarda houbara e una rara varietà di fenicottero.

PAESI BASSI

La linea difensiva di Amsterdam
1996
vedi pagina 124

L'area storica di Willemstad con il centro e il porto, a Curaçao
1997
Willemstad, un centro commerciale sull'isola caribica di Curaçao, fu fondata dagli olandesi nel 1634. Situato lungo un'insenatura che forma un porto naturale, l'insediamento si sviluppò nei secoli successivi e divenne un importante centro commerciale. La città attuale riflette le tracce del suo passato cosmopolita.

Il sistema dei mulini di Kinderdijk-Elshout
1997

vedi pagina 125

Schokland e i suoi dintorni
1995

Abitata fin dalla preistoria, la penisola di Schokland nel XV secolo si trasformò, con l'aumento del livello del mare, in un'isola; venne quindi sommersa e definitivamente abbandonata nel 1859. In seguito alle bonifiche degli anni Quaranta del Novecento l'area è stata riconquistata e sottratta al mare mediante un imponente complesso di dighe.

PAKISTAN

Il forte e i giardini di Shalimar a Lahore
1981

I due siti attestano la magnificenza della civiltà moghul, che raggiunse l'apice con i regni di Akbar e di Shah Jahan, fra il XVI e il XVII secolo. Al primo si deve la costruzione del forte, prima opera di marmo costruita nella città, al secondo l'ideazione dei giardini di Shalimar, disseminati di laghi, fontane e padiglioni per la corte.

Il sito archeologico di Mohenjo-daro
1980

vedi pagina 206

Il forte di Rohtas
1997

Nel Punjab pakistano, non lontano dalla mitica Grand Trunk Road che collega Kabul a Calcutta, si erge in posizione strategica, il forte di Rohtas. Edificato nel XVI secolo, rappresenta un eccezionale esempio di architettura militare musulmana in Asia centromeridionale giunta a noi pressoché intatta. Un'imponente muraglia si sviluppa per circa cinque chilometri, intervallata da monumentali archi di accesso e bastioni.

Le rovine buddiste di Takht-i-Bahi e le vestigia di Sahr-i-Bahlol
1980

Nella provincia di frontiera del Nord-Ovest, su uno sperone roccioso sono adagiati i resti del monastero buddista di Takht-i-Bahi, edificato nel I secolo a.C. Dall'articolazione del sito, alcune corti e resti di stupa funerari, il monastero e una sala delle assembee, si arguisce l'importanza e la ricchezza di questa comunità religiosa. Nelle vicinanze, le rovine della coeva cittadella fortificata di Sahr-i-Bahlol.

Taxila
1980

Sito archeologico di eccezionale rilevanza in cui sono visibili i resti di tre insediamenti diversi che si succedettero dal Neolitico al VI secolo d.C. Il massimo sviluppo si ebbe fra il I e il V secolo d.C., dopo l'avvento al potere della dinastia dei Kushana, che sostenne la diffusione del buddismo. Monasteri e templi costruiti nella vallata trasformarono la regione di Taxila nella meta di pellegrinaggio più popolare dell'Asia centrale.

I monumenti storici di Thatta
1981

Nel periodo compreso fra il V e la metà del XVIII secolo, Thatta fu capitale per tre dinastie. Di tale antico splendore è testimone la moschea Jamia, con i suoi 90 ambienti rivestiti di una pietra locale dorata e intarsiata di maioliche decorate. Altrettanto straordinaria è la necropoli delle colline Makli, considerata, con la sua superficie di 15 chilometri quadrati, la più estesa al mondo.

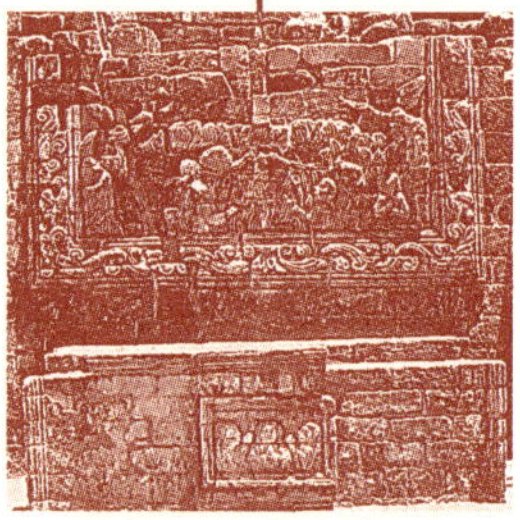

Paraguay. Le rovine della missione della Trinità

PANAMÁ

Il Parco nazionale del Darién
1981

Situata nella zona orientale della provincia panamense del Darién, l'ampia area protetta costituisce un ponte tra l'America centrale e quella meridionale. Le foreste tropicali delle pianure interne, le paludi lungo i fiumi, i palmeti vicino alle spiagge sabbiose sull'oceano Pacifico offrono un'eccezionale varietà di habitat in cui trovano rifugio numerose specie di animali in pericolo di estinzione. All'interno del Parco sorgono villaggi di due differenti etnie, quella dei chocoe e quella dei cuna.

Il distretto storico di Panamá con il Salón Bolívar
1997

Panamá fu il primo insediamento europeo sulla costa pacifica delle Americhe. La città, fondata nel 1519 dallo spagnolo Pedro Arias Dávila, venne interamente distrutta dal pirata Morgan nel 1671. Successivamente ricostruita, ha conservato l'originario tracciato urbano con elementi architettonici di gusto spagnolo, francese e locale. Il Salón Bolívar ricorda ancora oggi "el Libertador": si tratta, infatti, del luogo in cui, nel 1826, Simón Bolívar tentò vanamente di creare un organismo continentale sopranazionale.

Le fortificazioni della costa caribica: Portobelo-San Lorenzo
1980

Significativi esempi di architettura militare del XVII e XVIII secolo, le rovine di queste fortezze panamensi, immerse nella foresta tropicale, sono parte di un più complesso sistema difensivo costruito dagli spagnoli per proteggere il commercio transatlantico. Le due strutture sono importanti testimonianze dell'evoluzione dell'architettura militare spagnola, dallo stile massiccio e medievaleggiante del Seicento a quello neoclassico settecentesco.

PARAGUAY

Le missioni gesuitiche della Santissima Trinità di Paraná e del Gesù di Tavarangue
1993

Delle otto missioni gesuitiche situate nel Sud del Paraguay, queste due sono quelle che si presentano nel migliore stato di conservazione. La Trinità, costruita in stile barocco, mantiene importanti tracce degli elementi decorativi e delle sculture in pietra realizzate dai guaraní. Le missioni vennero erette dalla Compagnia di Gesù tra Seicento e Settecento, durante l'opera di evangelizzazione condotta nel bacino del Río de la Plata.

PERÚ

Il Parco nazionale dell'Abiseo
1990, 1992

Il Parco si estende su buona parte del bacino orografico del fiume Abiseo, situato sul versante amazzonico delle Ande. L'esuberanza della vegetazione, con foreste pluviali e montane, contribuisce a creare un habitat favorevole alla sopravvivenza di numerose specie animali in pericolo di estinzione, tra cui la scimmia dalla coda gialla. Recenti ricerche archeologiche hanno portato alla luce, a quote tra i 2500 e i 4000 metri, tracce significative di insediamenti preincaici.

L'area archeologica di Chan Chan
1986

Capitale del regno dei Chimú, Chan Chan, uno dei centri preincaici più importanti, raggiunse il suo massimo splendore nel XV secolo, prima di essere sottomessa dagli Incas. La città riflette una precisa pianificazione urbana, sottolineata dalla divisione in nove cittadelle che costituivano unità indipendenti. Situata in una delle regioni più aride del mondo, venne edificata con *adobes*, mattoni crudi d'argilla.

Il sito archeologico di Chavín 1985

Il sito archeologico conserva le rovine di Chavín de Huántar, uno dei più antichi e celebri luoghi di culto precolombiani. La città diede il nome alla cultura che si sviluppò in questa alta valle andina tra il 1200 e il 400 a.C. Le rovine del complesso monumentale comprendono strutture edificate con grandi blocchi di pietra, come il tempio di Lanzón e la piramide di Tello, e imponenti mura di cinta. La decorazione si distingue per il ricco repertorio ornamentale, essenzialmente zoomorfo.

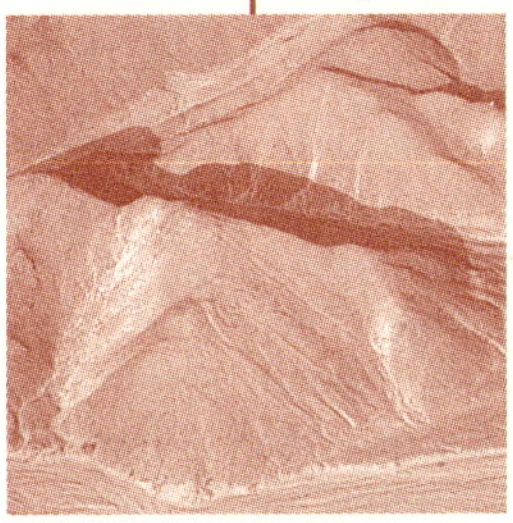

Perú. "L'uomo spaziale" o "l'uomo gufo" a Nazca

Cuzco, 1983

vedi pagina 294

Il Parco nazionale di Huascarán 1985

Questo Parco è situato lungo la Cordigliera Bianca, la catena montuosa tropicale più alta del mondo. L'area si estende da 2500 metri di altitudine a oltre 6500 e comprende ambienti differenti, dal bosco molto umido nella zona subalpina, ai nevai delle alte cime. Tra queste montagne vivono numerosi mammiferi, tra cui la vigogna, la viscaccia e l'orso dagli occhiali.

Il centro storico di Lima 1988, 1991

La città di Lima, fondata nel 1535, è stata la capitale dei domini spagnoli fino al XVIII secolo. I numerosi terremoti e la pressione demografica hanno sensibilmente modificato il volto di questa metropoli che pure conserva ancora oggi, nella città vecchia, interessanti complessi architettonici, come la piazza delle Armi con la cattedrale, la piazza di Vera Cruz con la chiesa di San Domenico e soprattutto il grande convento di San Francesco, esempio significativo di barocco peruviano.

Il santuario storico di Machu Picchu 1983

vedi pagina 296

Il Parco nazionale di Manú 1987

Remoto e inaccessibile, il Parco comprende quasi tutto il bacino idrico del fiume Manú. Dalle alte quote delle cime andine il corso d'acqua si addentra fin nella pianeggiante foresta pluviale dell'Amazzonia e costituisce l'unica via di comunicazione in questa enorme distesa di terra di oltre un milione e mezzo di ettari. Nell'area protetta trovano rifugio più di 850 specie di uccelli e numerosi mammiferi, tra cui il giaguaro e l'armadillo gigante.

I segni e i glifi nella terra a Nazca e nelle Pampas de Jumana 1994

Una delle forme espressive più originali della cultura nazca, sviluppatasi tra il VI secolo a.C. e il VI d.C., è rappresentata dai noti segni scavati nelle piane desertiche lungo la costa peruviana. Le numerose rappresentazioni zoomorfe e le enormi figure geometriche, ampie diversi chilometri, secondo alcuni dai misteriosi significati astronomici, si pensa venissero usate per celebrazioni collettive di riti cerimoniali.

POLONIA

Il campo di concentramento di Auschwitz 1979

A memoria del folle genocidio operato dal Terzo Reich contro ebrei e altre minoranze è il campo di concentramento e di sterminio di Auschwitz-Birkenau, il più grande fra tutti. Quattro milioni di persone furono sterminate in questo campo, simbolo di sofferenza e crudeltà umana.

Il centro storico di Cracovia 1978

vedi pagina 126

Il castello dell'Ordine Teutonico di Malbork 1997

Quando venne destinato a sede del Gran Maestro dell'Ordine Teutonico, nel XIV secolo, il preesistente castello di Marienburg fu ampliato e abbellito. Dopo una fase di decadenza, fu oggetto di un'esemplare campagna di restauro a cavallo fra Ottocento e Novecento. In seguito ai danni subiti durante la seconda guerra mondiale furono effettuati nuovi interventi, sulla scorta della dettagliata documentazione lasciata dai precedenti conservatori.

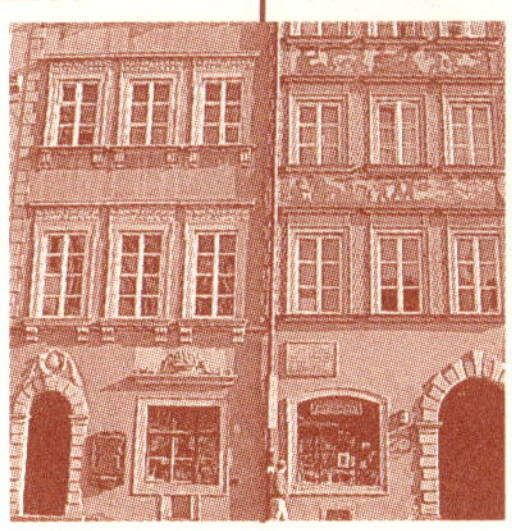

Polonia. Edifici nella piazza del Mercato di Varsavia

La città medievale di Toruń 1997

Toruń deve le sue origini all'Ordine Teutonico, che a metà del XIII secolo vi eresse una fortezza, caposaldo dell'evangelizzazione in Prussia. Ben presto la città (Thorn, all'epoca) assunse un importante ruolo commerciale, prendendo parte alla Lega Anseatica. Nel centro storico e negli ampliamenti successivi permangono grandiosi edifici pubblici e privati che risalgono al tardo Medievo.

Il centro storico di Varsavia 1980

Il centro storico della capitale polacca rappresenta un unicum nella storia del restauro applicato su scala urbana. Distrutto quasi interamente dalle incursioni naziste nel 1944, fu meticolosamente ricostruito dai suoi abitanti, con un'opera durata cinque anni. Furono così riprodotti esattamente palazzi, chiese e monumenti della Varsavia del XVIII secolo.

La miniera di salgemma di Wieliczka 1978

Sin dal XIII secolo, quando se ne avviò lo sfruttamento, le saline costituirono uno dei più consolidati impianti industriali in Europa, con un'ottima organizzazione tecnologica e amministrativa. Oggi, lungo un percorso di 300 chilometri, la miniera è divenuta un museo sotterraneo dedicato all'evoluzione della tecnica mineraria attraverso i secoli. Unica al mondo è l'esposizione di opere artistiche scolpite nel sale.

La Città Vecchia di Zamość 1992

Zamość è una città tardorinascimentale che mescola la tradizione architettonica italiana a quella locale. Voluta dal generale Jan Zamoyski sul modello delle antiche città commerciali italiane, venne edificata sul finire del XVI secolo dall'architetto Bernardo Morando, originario di Padova e già attivo a Varsavia.

PORTOGALLO

Il monastero di Alcobaça 1989

Il complesso e imponente monastero di Santa Maria di Alcobaça, a nord di Lisbona, fu fondato nel XII secolo dai benedettini cui il re Alfonso I aveva donato un vasto territorio. La spoglia struttura in blocchi di granito massiccio della chiesa cistercense rappresenta un capolavoro di sobrietà. Il solenne interno gotico è diviso in tre lunghe e severe navate, scandite da enormi pilastri, con transetto, coro e cappelle radiali.

Il centro di Angra do Heroismo, nelle Azzorre
1983
1

Sull'isola di Terceira, Angra do Heroismo rappresenta una delle più pittoresche cittadine delle Azzorre, con case multicolori e numerose chiese tra cui la cattedrale, con due torri ricoperte di maioliche. Le fortificazioni furono erette a difesa del porto, scalo obbligato sulla rotta atlantica fino all'avvento delle navi a vapore, e rappresentano significativi esempi di architettura militare portoghese del Seicento. La cittadina è stata danneggiata da un terremoto nel 1980 e sono in corso opere di restauro.

Il monastero di Batalha
1983
3

Il monastero domenicano di Batalha venne costruito per commemorare la vittoria nella battaglia di Aljubarrota nel 1385 contro i castigliani. Il complesso architettonico, con la slanciata mole ricca di pinnacoli dentellati, costituisce una straordinaria fusione di stile gotico e manuelino. Nel chiostro reale le larghe arcate, chiuse da delicati trafori, mostrano influssi orientaleggianti.

Il centro storico di Évora
1986
5

vedi pagina 128

Il monastero dei Gerolamiti e la Torre di Belém a Lisbona
1983
2

Il monastero dei Gerolamiti di Lisbona, la cui costruzione iniziò nel 1502, rappresenta un capolavoro dello stile manuelino e costituisce uno degli esempi più significativi dell'arte portoghese. Lo spazio interno gotico contrasta con la profusioni di particolari decorativi rinascimentali. La vicina torre di Belém, situata all'ingresso del porto, mostra, su una struttura romanico-gotica, gli influssi dell'arte musulmana nelle decorazioni, che conferiscono all'edificio un aspetto orientaleggiante di grande suggestione.

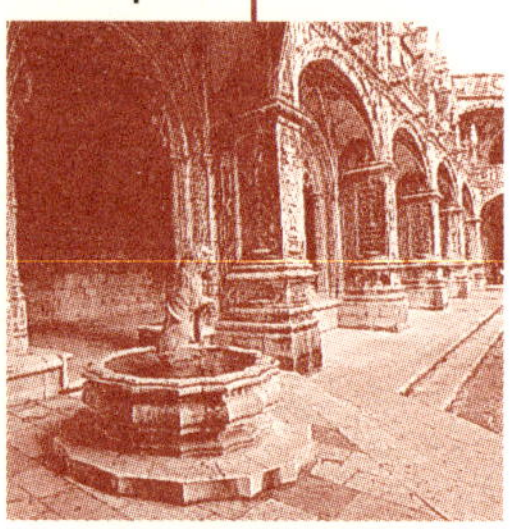

Portogallo. Monastero dei Gerolamiti a Lisbona

Il centro storico di Porto
1996
8

La città, in portoghese Oporto, situata sui fianchi delle colline che si affacciano sul delta del fiume Douro, presenta un paesaggio urbano dalla storia millenaria. Di origine romana, la città ha vissuto il massimo sviluppo nel XV secolo, in seguito all'espansione del porto commerciale. L'utilizzazione del granito per la costruzione di molti edifici, chiese e monumenti, le conferisce un aspetto severo, in netto contrasto col verdeggiante paesaggio circostante.

Il paesaggio culturale di Sintra
1995
7

vedi pagina 130

Il convento di Cristo a Tomar
1983
4

vedi pagina 131

REGNO UNITO

Bath
1987
9

vedi pagina 132

Il palazzo Blenheim
1987
8

Nei pressi di Oxford, in un parco d'ispirazione romantica creato dal celebre architetto di giardini "Capability" Brown, si trova Blenheim Palace, una principesca dimora settecentesca che coniuga armoniosamente eclettismo e tradizioni nazionali. La residenza venne donata dalla corona inglese a John Churchill, primo duca di Marlborough, quale riconoscimento per l'importante vittoria riportata nel 1704 sulle truppe francesi e bavaresi.

La cattedrale, l'abbazia di Sant'Agostino e la chiesa di San Martino a Canterbury
1988
14

vedi pagina 134

La cattedrale e il castello di Durham
1986
2

La costruzione della cattedrale, avviata nel 1093, è legata alla traslazione delle spoglie di san Cutberto, evangelizzatore della Northumbria, e accoglie la tomba di Beda il Venerabile, santo e dottore della Chiesa, morto nel 735. Con l'audacia innovativa delle sue volte, l'edificio è il più bell'esempio di architettura romanica in stile normanno del Paese. Sempre in stile normanno è anche il vicino castello, residenza dei principi-vescovi di Durham.

Edimburgo
1995
15

vedi pagina 136

La strada e la costa del Gigante
1986
1

Sul versante settentrionale dell'Irlanda del Nord, un'impressionante massa formata da 40.000 blocchi neri di basalto emerge dal mare, lungo una costa di incombenti scogliere. Questa formazione geologica è ascrivibile all'attività vulcanica del Terziario (50-60 milioni di anni fa) che ha modellato il litorale con baie e promontori di lava solidificata. Oggetto di ricerche geologiche per circa tre secoli, questo fenomeno ha enormemente contribuito allo studio dell'evoluzione terrestre.

La Riserva faunistica dell'isola Gough
1995
16

Nell'Atlantico meridionale, l'isola Gough rappresenta un caso di ecosistema marino della zona temperata, pressoché inalterato. In uno scenario di scogliere spettacolari, vive una delle colonie di uccelli marini più grandi al mondo.

Greenwich
1997
17

A Greenwich, nei dintorni di Londra, si respira l'aria di progresso artistico e scientifico che contraddistinse l'Inghilterra del XVII e XVIII secolo. La residenza della Regina fu il primo edificio in stile palladiano edificato in territorio britannico da Inigo Jones mentre il complesso del Reale Collegio Navale fu progettato da C. Wren. Nel parco, disegnato secondo un progetto di André le Nôtre, si trova il celebre Osservatorio Reale.

I castelli e le mura di re Edoardo I nel Gwynedd
1986
6

Il re d'Inghilterra Edoardo I (1272-1307) fu protagonista di una fase di rafforzamento dei domini della corona. Non appena conquistò il principato di Gwynedd, pose mano, sotto la direzione dell'architetto savoiardo Jacques de Saint George, a sistematiche opere di fortificazione. Delle dieci fortezze costruite, quattro sono state dichiarate "patrimonio dell'umanità": Beaumaris, Caernarfon, Conway e Harlech.

L'isola Henderson
1988
12

Atollo corallino dell'arcipelago delle isole Pitcairn (dipendenti dal Regno Unito), situato nel Pacifico meridionale. Costituisce un appassionante terreno di ricerca biologica ed ecologica poiché, grazie al totale isolamento, ha mantenuto intatto il suo ecosistema. L'isola ha una superficie di 3700 ettari ed è interamente coperta da boschi. Flora e fauna hanno per lo più carattere endemico.

Il centro metallurgico di Ironbridge
1986 3

A Ironbridge, villaggio simbolo della rivoluzione industriale, sono concentrate alcune strutture e infrastutture che contribuirono al decollo produttivo dell'area. Tra questi, il ponte in ferro, primo nel suo genere (1779), la ferrovia, i canali, le miniere e alcune fabbriche. Se la fornace di Coalbrookdale (1708) rievoca la fusione del coke, nella Hay Brook Valley sono ancora visibili le gallerie di estrazione, i pozzi e gli altiforni.

La Torre di Londra
1988 13

Monumento simbolo del potere militare normanno, voluto da Guglielmo il Conquistatore nel 1080 per fortificare le difese della nuova capitale. Il nucleo centrale del complesso è rappresentato dalla Torre Bianca, poderosa fortezza delimitata da quattro torrioni, costruita con pietra proveniente dal Kent e da Caen. Opera difensiva ma anche residenza reale, oggi custodisce il Tesoro della Corona.

Il palazzo e l'abbazia di Westminster con la chiesa di Saint Margaret a Londra
1987 11

Complesso architettonico in stile gotico (l'abbazia e la chiesa di Santa Margherita, parrocchia della Camera dei Comuni) e neogotico (il palazzo), legato alla storia della monarchia inglese. A partire da Guglielmo il Conquistatore (1066) tutti i sovrani e le regine (salvo due) sono stati incoronati nell'abbazia di Westminster, nella cui sala capitolare, sin dall'XI secolo, si riunivano le camere dei Lord e dei Comuni. Sulla riva del Tamigi, il palazzo, di impianto medievale, fu residenza reale poi sede del Parlamento. A seguito di un incendio divampato nel 1834, venne ricostruito secondo i canoni del più rigoroso stile neogotico.

L'isola di Saint Kilda
1986 7

Questo arcipelago di origine vulcanica, nel gruppo delle Ebridi, si distingue per uno straordinario paesaggio di altissime scogliere (sino a 430 metri), modellate dal vento e dal gelo. La popolazione di uccelli marini che nidificano sulle isole dà origine a una della maggiori colonie dell'Atlantico settentrionale, con anche esemplari di specie in via di estinzione. Numerosi resti archeologici attestano che vi furono nella zona insediamenti permanenti, databili all'età del Bronzo.

Stonehenge, Avebury e i siti di loro pertinenza
1986 5

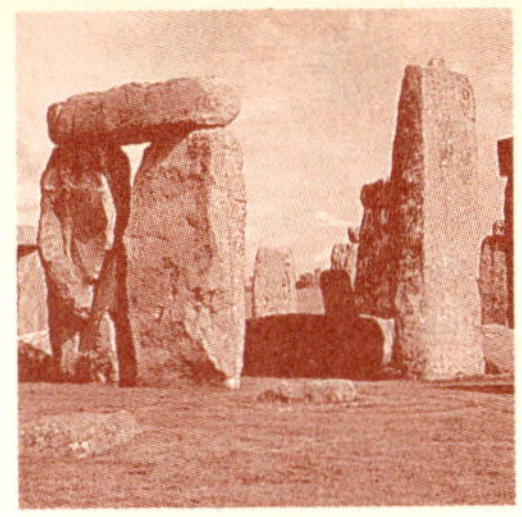

Regno Unito. Le rovine di Stonehenge

A circa 100 chilometri da Londra, nel Wiltshire, si trovano i due santuari megalitici più conosciuti al mondo, eretti fra il 2800 e il 1550 a.C. A Stonehenge, oltre alla grandiosità dei menhir colpisce la perfezione della pianta formata da una serie di cerchi concentrici. Il perimetro esterno del sito di Avebury, in cui si contano 100 menhir, è pari a 1500 metri. A Silbury Hill è una misteriosa collina artificiale del diametro di 168 metri e alta 42, risalente al 2500 a.C.

Il Parco di Studley Royal con le rovine della Fountains Abbey
1986 4

vedi pagina 138

Il vallo di Adriano
1987 10

Per garantire la sicurezza della Britannia romana, minacciata da alcune tribù irriducibili del Nord, l'imperatore Adriano ordinò la costruzione di una linea difensiva fra le attuali località di Newcastle e Bowness (118 chilometri). Il progetto fu realizzato fra il 122 e il 126 d.C. con riprese successive per rinforzarne la struttura. Il vallo resta un notevole esempio di tecnica edilizia e organizzazione strategica e militare dei Romani.

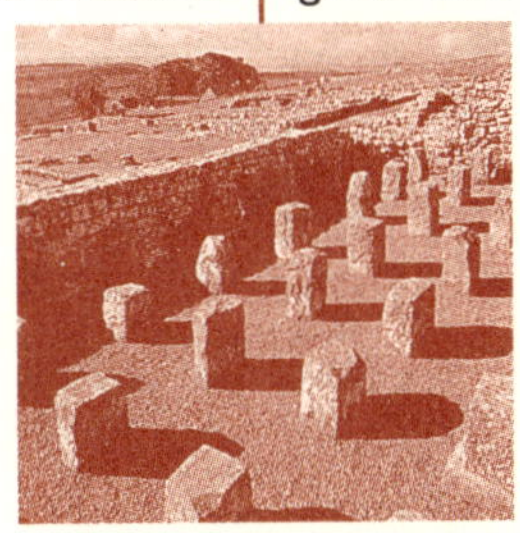

Regno Unito. Il vallo di Adriano

ROMANIA

Biertan e la sua chiesa fortificata
1993 2

Esemplare caso di conservazione urbana, con l'abitato che ha saputo mantenere intatti i caratteri originali di epoca medievale. In tale contesto si colloca la chiesa fortificata di Biertan, edificata fra il XIV e il XV secolo, cinta da un doppio giro di mura. Il sito non ha subito alcuna traumatica trasformazione attraverso i secoli e rivela un'armoniosa integrazione fra architettura e scenario naturale.

Le chiese della Bucovina
1993 4

vedi pagina 140

Il delta del Danubio
1991 1

vedi pagina 141

Il monastero di Horezu
1993 3

Sin dal Trecento la Valacchia si rese principato indipendente, non soggetto all'Impero ottomano. Di riflesso, coltivò sul versante culturale uno sviluppo autonomo dal resto dei Balcani. Al monastero di Horezu, fondato nel 1688 dal principe Constantin Brînkoveanu, è legata una corrente artistica nota per la produzione di affreschi e icone. Equilibrio e purezza nell'architettura, ricchezza nella decorazione scultorea, ritratti votivi e affreschi distinguono lo stile di Horezu.

RUSSIA

Il lago Bajkal
1996 10

Si trova nella Siberia sudorientale ed è il più antico (25 milioni di anni) e il più profondo (1700 metri) lago del mondo. Conosciuto come "le Galápagos della Russia", vanta una fauna d'acqua incontaminata, veramente rara, grazie alla sua età e al suo isolamento.

I vulcani della Kamčatka
1996 11

La penisola della Kamčatka, situata nell'estremo lembo orientale della Russia asiatica, presenta un'eccezionale concentrazione di vulcani attivi. L'area si contraddistingue per la sua straordinaria bellezza e un habitat selvaggio.

Il "pogost" di Kiži
1990 2

Suggestiva area monastica posta su una delle isole del lago Onega, in Carelia. Due chiese del XVIII secolo e una torre dell'orologio ottagonale datata 1862, entro un recinto ("pogost" in russo), compongono questo particolare complesso, realizzato interamente in legno. Particolarmente suggestivo è lo stile degli edifici, in totale armonia con il nordico paesaggio circostante.

La chiesa dell'Ascensione a Kolomenskoe
1994 8

La chiesa venne eretta nel 1532, nella tenuta reale di Kolomenskoe nei pressi di Mosca, per celebrare la nascita del futuro zar Ivan IV, detto "il Terribile". La sua struttura, in pietra e laterizio con tetto a capanna, costituì un modello significativo nell'evoluzione dell'architettura religiosa russa.

La foresta vergine dei Komi 9
1995

La foresta vergine delle repubblica russa dei Komi copre un'enorme superficie nella porzione settentrionale degli Urali, con una vegetazione in parte a tundra e in parte a foresta boreale. È una vasta area di conifere, betulle, torbiere acquitrinose. Alcuni fiumi e laghi sono monitorati da più di cinquant'anni allo scopo di studiare i processi evolutivi dell'habitat.

Il Cremlino e la Piazza Rossa a Mosca 3
1990

vedi pagina 142

I monumenti di Novgorod 4
1992

Già nel IX secolo la città conquistò un ruolo di rilievo nel Paese, grazie all'attività dei propri mercanti, attivi sul Baltico e sul mar Nero. Ricchezza e prestigio contribuirono alla diffusione di uno stile architettonico che ebbe notevole seguito in Russia e di una celebre scuola di pittura. A Novgorod lavorò tra gli altri il pittore Teofane il Greco, maestro di Andrej Rublëv.

Il centro storico di San Pietroburgo 1
1990

vedi pagina 144

Il monastero della Trinità di San Sergio a Sergiev Posad 7
1993

Monastero ortodosso sviluppatosi tra il XV e il XVIII secolo è il principale luogo di culto del Paese. Tra i tesori che qui sono conservati, spicca la celebre icona di Andrej Rublëv *La Trinità*. Vi è sepolto lo zar Boris Godunov.

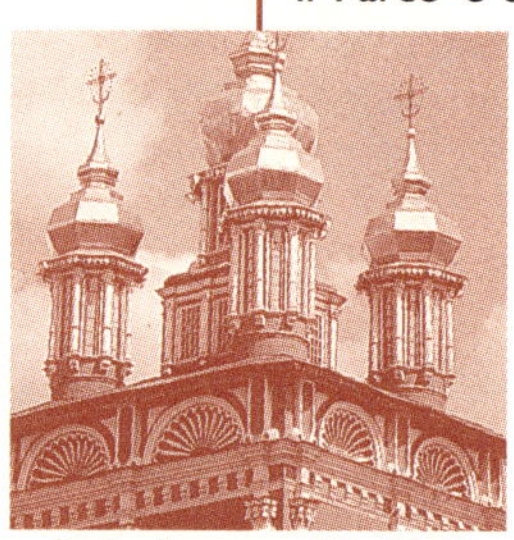

Russia. Monastero della Trinità a Sergiev Posad

L'insieme storico, culturale e naturale delle isole Soloveckie 5
1992

Su un arcipelago di sei isole situate nel mar Bianco (con una superficie totale di 300 chilometri quadrati), sono state rinvenute tracce umane ascrivibili al III millennio a.C. Nel 1430 alcuni monaci vi fondarono una comunità che, nel secolo successivo, diede avvio a una manifattura di ceramica e laterizi. Ne conseguì un discreto impulso edilizio con la costruzione di una fortezza, monasteri e chiese.

I monumenti di Vladimir e Suzdal' 6
1992

vedi pagina 146

SANTA SEDE

vedi Città del Vaticano

SENEGAL

Il Parco nazionale degli uccelli di Djoudj 3
1981

vedi pagina 261

L'isola di Gorée 1
1978

Presso la costa senegalese, di fronte a Dakar, si trova la piccolissima isola vulcanica di Gorée. Importante centro di smistamento degli schiavi dal XV al XIX secolo, sotto il dominio portoghese, olandese, francese e poi inglese, costituisce una significativa testimonianza sulla storia dello schiavismo. Fortemente contrastanti fra loro sono gli edifici dell'isola, risalenti per lo più al XVIII secolo, con la netta differenziazione tra gli oscuri quartieri degli africani e le eleganti abitazioni dei commercianti europei.

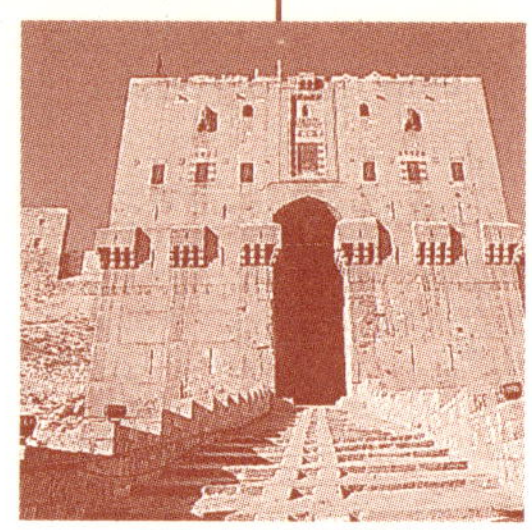

Siria. La cittadella di Aleppo

Il Parco nazionale di Niokolo-Koba 2
1981

Il Parco è situato in un'area alluvionale pianeggiante, con piccole colline lungo le rive del fiume Gambia, al confine con la Guinea. La vegetazione varia dalla fitta foresta, tipica dell'area umida vicino al fiume, alla sconfinata savana. Nell'area vivono ottanta specie di mammiferi, tra i quali l'antilope derbiana (*Taurotragus oryx derbianus*), il leone e numerosi branchi di elefanti. Notevole è anche l'avifauna, con oltre trecento specie.

SEYCHELLES

L'atollo di Aldabra 1
1982

vedi pagina 262

La Riserva naturale della valle di Mai 2
1983

Situata nel cuore della minuscola isola di Praslin, nell'arcipelago delle Seychelles, la Riserva ospita un esteso palmeto, composto da una varietà di piante endemiche tra cui il coco de mar, il cui seme si credeva provenisse da un albero situato nelle profondità marine. Nella riserva vivono anche numerose specie di uccelli, alcune delle quali ridotte a pochissimi esemplari.

SIRIA

L'antica Aleppo 4
1986

Crocevia di importanti rotte carovaniere sin dal II millennio a.C., Aleppo fu dominata da Ittiti, Assiri, Romani, Arabi, Mongoli, Mamelucchi e Ottomani. Il tessuto urbano della città antica, oggi minacciato da sovraffollamento, sopravvive compatto con caravanserragli, palazzi e madrase del XVI secolo e soprattutto emergenze architettoniche che risalgono al XII e XIII secolo (la cittadella, la Grande Moschea).

L'antica Bosra 2
1980

vedi pagina 208

L'antica Damasco 1
1979

vedi pagina 209

Palmira 3
1980

vedi pagina 210

SLOVACCHIA

Banská Štiavnica 2
1993

Piccolo centro nei monti di Štiavnica, conobbe il massimo splendore fra il XV e il XVI secolo, grazie allo sfruttamento delle miniere d'oro e d'argento concesse in appalto dall'imperatore Ferdinando II ai banchieri Fugger di Augusta. Palazzi rinascimentali, eleganti piazze e chiese ricordano l'antica prosperità.

Spišský Hrad e i suoi monumenti 3
1993

Complesso architettonico ricco di cultura e storia medievale situato nella parte settentrionale del Paese. I resti del castello di Spiš sono imponenti e non privi di fascino: articolati su vari livelli, includono il ricetto, una cappella gotica e un possente torrione. Ai piedi dello sperone su cui si erge il castello è il borgo di Spišské Podhrade, mentre a Žehra la chiesa gotica racchiude importanti affreschi.

Vlkolínec 1
1993

Nel cuore della Slovacchia, Vlkolínec ha mantenuto straordinariamente integri i caratteri propri del villaggio del centro Europa. Le sue 45 case costruite in legno, secondo la tradizione montana, costituiscono un nucleo compatto, unico nella regione.

SLOVENIA

Le grotte di Skocjan 1
1986

Rete sotterranea di grotte carsiche lunga cinque chilometri, formata dal fiume Timavo. Dopo aver alimentato questo incredibile aggregato di doline, caverne, cascate, il fiume si inabissa per 34 chilometri e riaffiora nei pressi di Monfalcone per sboccare in mare. È uno dei siti più noti al mondo per lo studio dei fenomeni carsici, scoperto ed esplorato già nell'Ottocento.

SPAGNA

Le grotte di Altamira 6
1985

Altamira, nella provincia di Santander, costituisce uno dei più famosi siti per l'arte preistorica. La grotta principale racchiude numerosi disegni, nelle tonalità dell'ocra, rosso e nero, con raffigurazioni di bisonti, cavalli, cervi e altri animali selvatici. Questi celebri dipinti e i numerosi utensili in pietra rinvenuti nell'area, risalgono a tre diversi periodi della civiltà dell'uomo di Cro-Magnon.

Le chiese del regno delle Asturie 8
1985

Le chiese di Santa Maria di Naranco, San Michele di Lillo e Santa Cristina di Lena, situate nel Nord della Spagna, vicino alla città di Oviedo, costituiscono la testimonianza dello splendore raggiunto dal piccolo regno delle Asturie nel IX secolo. Queste chiese preromaniche ebbero un notevole influsso sullo sviluppo dell'architettura medievale nella penisola iberica. A pianta basilicale, la loro struttura si caratterizza per le massicce volte a botte.

La Città Vecchia di Ávila e le chiese fuori le mura 10
1985

Centro della Castiglia riconquistato dai cristiani alla fine dell'XI secolo, Ávila possiede un'integra cerchia di mura turrite (1099), capolavoro dell'architettura militare che racchiude la Città Vecchia. Molte le tracce che l'abitato conserva di santa Teresa, riformatrice dell'Ordine delle carmelitane, qui nata nel 1515.

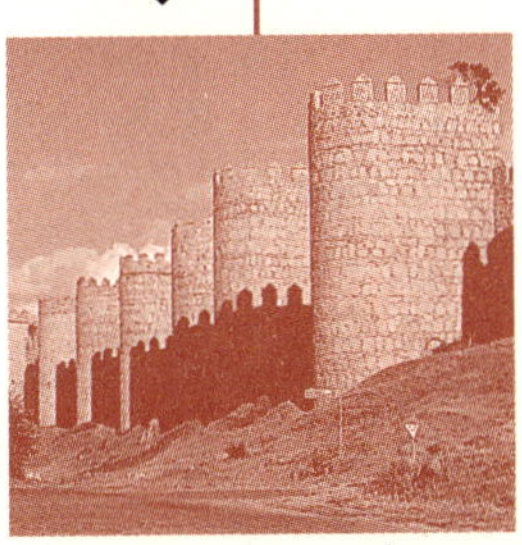

Spagna. Le mura di Ávila

Barcellona: il parco e il palazzo Güell e la casa Milá 5
1984

vedi pagina 148

Barcellona: il palazzo della Musica catalana e l'ospedale di Sant Pau 25
1997

Realizzati dall'architetto Luis Domènech i Montaner, rappresentano un notevole esempio del modernismo catalano. Espressioni di un linguaggio d'avanguardia coniugato a forme e sistemi costruttivi propri dell'età industriale, costituiscono una fusione tra tradizione medievale e gusto orientale. Il palazzo della Musica Catalana (1908), una struttura in pilastri e travi di ferro laminato, è scintillante di mosaici e stucchi di gusto floreale. La ricchezza formale e decorativa dell'ospedale di San Paolo (1912) si fonde con la funzionalità della struttura.

La cattedrale di Burgos 3
1984

Iniziata nel XIII secolo, costituisce uno dei più pregevoli esempi di gotico in Spagna. Costruita seguendo i canoni delle grandi cattedrali francesi, presenta una pianta simmetrica, modificata dall'aggiunta successiva del chiostro, del palazzo vescovile e delle cappelle laterali, in stile tardogotico. Le alte torri quattrocentesche, con le cuspidi ottagonali traforate che coronano la facciata, sono di ispirazione tedesca.

Il centro storico di Cáceres 14
1986

Fondata dai Romani nel 34 a.C., divenne nel XII secolo un'importante città fortificata araba con il nome di Qasri. Dell'antico alcazar, Cáceres conserva cinque torri a pianta rettangolare. Il suo centro storico, cinto da mura, è ricco di nobili palazzi in pietra che formano un tessuto urbano perfettamente conservato.

Il centro storico di Cordova 1
1984, 1994

vedi pagina 152

La città storica fortificata di Cuenca 22
1996

Roccaforte araba nel cuore del califfato di Cordova, Cuenca entrò a far parte, nel XII secolo, del regno di Castiglia. Sede vescovile, venne arricchita dalla costruzione della cattedrale in pure forme gotiche francesi, eretta sopra la preesistente moschea. Situata su uno sperone alla confluenza dei fiumi Júcar e Huécar, la città conserva le tradizionali *casas colgadas*, case sospese sullo strapiombo e sostenute da travi.

Il Parco nazionale di Doñana 21
1994

Situato a sud di Siviglia, alla foce del Guadalquivir, il delta paludoso del Parco di Doñana costituisce uno degli ultimi territori incontaminati d'Europa. I rami del fiume che l'attraversano formano lagune e paludi sulle quali sorvolano centinaia di fenicotteri e migliaia di altri uccelli. Posto alla confluenza delle rotte migratorie europee e africane, offre rifugio a numerose specie, tra le quali l'aquila imperiale spagnola.

Il monastero e il sito dell'Escorial 4
1984

Situato vicino a Madrid, l'immenso complesso, voluto da Filippo II e iniziato nel 1563, costituì il ritiro spirituale del mistico sovrano e divenne, negli ultimi anni del suo regno, il centro politico della più grande potenza dell'epoca. La costruzione, un grande quadrilatero, racchiude tra i suoi numerosi cortili il palazzo reale, il monastero e la basilica. Il suo stile architettonico è austero, esaltato dall'utilizzo di granito grigio e dalla copertura in ardesia blu.

Il Parco nazionale del Garajonay 13
1986

Il Parco nazionale del Garajonay, al centro dell'isola di Gomera nell'arcipelago delle Canarie, protegge una magnifica foresta temperata pluviale che risale al Terziario. Questo tipo di foresta, limitato alle isole Canarie, è dominato da varie specie di allori, alcuni dei quali presentano tronchi enormi. I boschi sono caratterizzati da numerosi corsi d'acqua e la presenza di sorgenti favorisce una lussereggiante vegetazione e una ricca avifauna.

Granada: Alhambra, Generalife e Albaicín 2
1984, 1994

vedi pagina 154

Il monastero di Santa Maria di Guadalupe 19
1993

Situato sui pendii sudorientali della sierra omonima, tra l'Estremadura e la Castiglia, il monastero fu fondato dal re Alfonso XI, che lo dichiarò santuario reale, in segno di gratitudine alla Vergine che lo aveva assistito durante la vittoriosa battaglia sui Mori combattuta nel 1340 nei pressi del Río Salado. Contiene la celebre statua della Vergine Maria, simbolo della cristianizzazione di gran parte del Nuovo Mondo e ancora oggi assai venerata tra i popoli di lingua spagnola.

Las Médulas 24
1997

Si trovano nella provincia di León e sono il frutto di una singolare formazione erosiva, originata da una particolare tecnica di sfruttamento minerario, risalente al I secolo d.C. Il procedimento utilizzato, definito dagli ingegneri romani "ruina montium", consisteva nell'introdurre dell'acqua in canali e gallerie costruite nella montagna, al fine di convogliare il terreno aurifero in appositi lavatoi. Questa attività erosiva e il trascorrere dei secoli hanno creato un paesaggio molto particolare e suggestivo.

Il complesso archeologico di Mérida 18
1993

Venne fondata dall'imperatore Augusto al termine della campagna di Spagna nell'anno 25 a.C. e fu capitale della Lusitania. Il complesso archeologico comprende i resti della città romana, come il teatro, l'anfiteatro, il vasto circo, l'acquedotto e il grande ponte sul Guadiana. Ben conservati e in parte restaurati, questi monumenti fanno di Mérida un sito archeologico di notevole ricchezza e importanza.

Il monastero di Poblet 17
1991

Fondato nel 1153, il monastero di Poblet fu edificato sontuosamente, così da divenire non solo un grande centro religioso, ma anche il pantheon dei sovrani catalani e aragonesi. Al centro del complesso fortificato sono la chiesa, tipico esempio di architettura cistercense, e il grande chiostro romanico-gotico, attorno al quale si sviluppano gli ambienti monastici.

Il centro storico di Salamanca 16
1988

Antico centro culturale, Salamanca raggiunse il massimo dello splendore nel XIV secolo, quando insieme a Parigi, Oxford e Bologna divenne uno dei quattro centri del sapere del mondo cristiano. Governata dai Mori sino all'XI secolo, divulgò la cultura araba e la trasmise all'Occidente. La città possiede importanti monumenti in stile romanico e gotico, accanto a palazzi rinascimentali e a notevoli esempi di stile barocco, come la settecentesca Piazza Maggiore, disegnata dai fratelli de Churriguera.

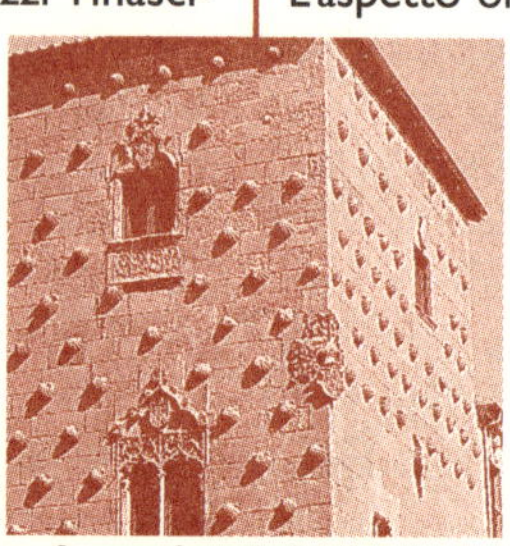

Spagna. Casa de las Conchas a Salamanca

I monasteri di San Millán de Yuso e de Suso 26
1997

I monasteri di Suso e Yuso sono legati alla memoria di san Millán, cioè sant'Emiliano, che qui fondò nel VI secolo un oratorio per la sua piccola comunità monastica. Le diverse fasi di realizzazione si riflettono negli stili presenti nelle strutture, dagli influssi visigoti di Suso al chiostro in parte neoclassico di Yuso. Nella biblioteca del monastero inferiore si conservarono preziose pergamene medievali, tra le testimonianze più antiche della letteratura in lingua castigliana.

Il cammino di Santiago 20
1993

vedi pagina 150

Il centro storico di Santiago de Compostela 9
1985

Celeberrima località di pellegrinaggio in Galizia, fu uno dei simboli principali della riconquista spagnola. Distrutta dai musulmani alla fine del X secolo, fu completamente ricostruita nel secolo successivo. Tra i molti edifici di epoche diverse che la città conserva, spicca la celeberrima cattedrale, edificata sul luogo nel quale venne ritrovata la tomba dell'apostolo Giacomo.

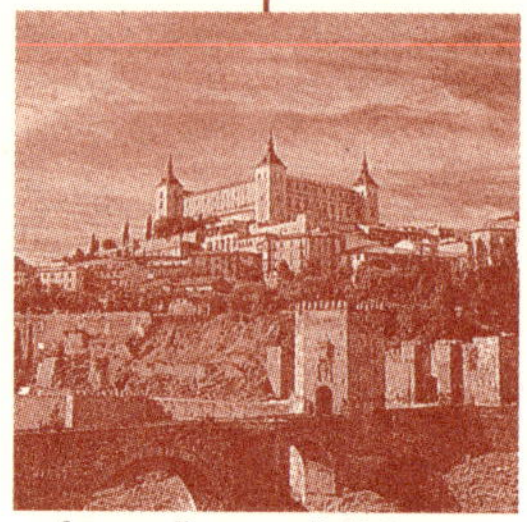

Spagna. Il ponte di Alcántara a Toledo

Il centro storico di Segovia e l'acquedotto romano 7
1985

L'acquedotto romano, realizzato al tempo di Traiano, sovrasta con il maestoso doppio ordine di arcate l'ingresso alla città murata di Segovia. Tuttora ben conservato, rappresenta uno dei più imponenti monumenti del genere. Dal dedalo di strade strette e pittoresche del centro emerge la cattedrale, raro esempio di stile gotico del XVI secolo, mentre all'estremità nord-ovest, su uno sperone roccioso, sorge la maestosa sagoma dell'alcázar.

Siviglia: cattedrale, Alcázar e Archivio delle Indie 15
1987

vedi pagina 156

L'architettura mudéjar di Teruel 11
1986

L'aspetto orientale della cittadina aragonese di Teruel, che fu importante centro islamico, testimonia della permanenza di una considerevole popolazione araba anche dopo la riconquista da parte di Alfonso II. La città conserva un caratteristico complesso di architettura mudéjar rappresentato soprattutto dalle sue torri, specialmente quelle di San Salvatore e di San Martino, erette rispettivamente alla fine del XII e all'inizio del XIII secolo: rivestite da piastrelle policrome ricordano gli antichi minareti.

Il centro storico di Toledo 12
1986

Fulcro della Spagna visigota, fortezza dell'emirato di Cordova, capitale del regno di Castiglia, avamposto dei regni cristiani in lotta contro i Mori e, nel XVI secolo, sede temporanea del potere supremo di Carlo V, la città interpreta lo spirito e la storia della Spagna fino al XVI secolo. Luogo privilegiato della convivenza tra cristiani, ebrei e musulmani, Toledo conserva quasi intatta l'impronta moresca e medievale.

La Borsa di Valencia 23
1996

Sull'animata piazza del Mercato sorge l'antica Llotja, la Borsa della seta, testimonianza della fiorente attività tessile, che fece di Valencia un vivace centro commerciale. Il grande edificio è costituito da due corpi separati da una torre quadrata e merlata. Nell'interno, la maestosa Sala delle Contrattazioni rappresenta, con le sue colonne tortili e le volte ricche di nervature intrecciate, un significativo esempio di stile gotico fiammeggiante.

SPAGNA/FRANCIA

Pirenei: il Monte Perdido/Perdu 1
1997

Il Monte Perdido (Perdu, in francese), è caratterizzato da villaggi, fattorie e pascoli pirenaici sopravvissuti alle infrastrutture turistiche. Il suo Parco attraversa i confini di Francia e Spagna e copre un'area complessiva di 30.639 ettari, comprendendo sul versante spagnolo due dei canyon più grandi d'Europa e su quello francese tre grandi anfiteatri rocciosi di origine glaciale, il più spettacolare dei quali è il cirque de Gavarnie.

SRI LANKA

La città sacra di Anuradhapura 1
1982

Si narra che la città venne fondata nel III secolo a.C. intorno a una talea dell'"albero dell'illuminazione", sacro a Buddha, portato qui da una principessa indiana e ancora oggi oggetto di devozione religiosa. Capitale del regno singalese per 1300 anni, Anuradhapura rappresenta una delle testimonianze storico-artistiche più interessanti dell'Asia meridionale. Palazzi, templi, bacini artificiali, terme e giardini raccontano lo splendore delle antiche monarchie singalesi.

Il Tempio d'Oro di Dambulla 7
1991

Sito eccezionale dal punto di vista artistico e conservativo, il monastero costruito nella roccia è meta di pellegrinaggio buddista da 22 secoli. È composto da cinque santuari rupestri ornati da oltre 150 statue raffiguranti Buddha e divinità induiste. La più nota, lunga 14 metri, raffigura Buddha disteso. Preziosi affreschi coprono soffitti e pareti, su una superficie di 2100 metri quadrati.

La Città Vecchia di Galle e le sue fortificazioni 6
1988

Grazie alla sua posizione strategica, in una baia riparata lungo la costa meridionale dell'isola, Galle venne colonizzata dai portoghesi, primi europei a sbarcare nell'isola (1505), e successivamente dagli olandesi. La sua cittadella, opera dei colonizzatori, è protetta da una cinta muraria con possenti bastioni. Nel Sud-Est asiatico, quello di Galle è il migliore esempio di nucleo fortificato che attesti l'interazione fra architettura europea e tradizioni locali.

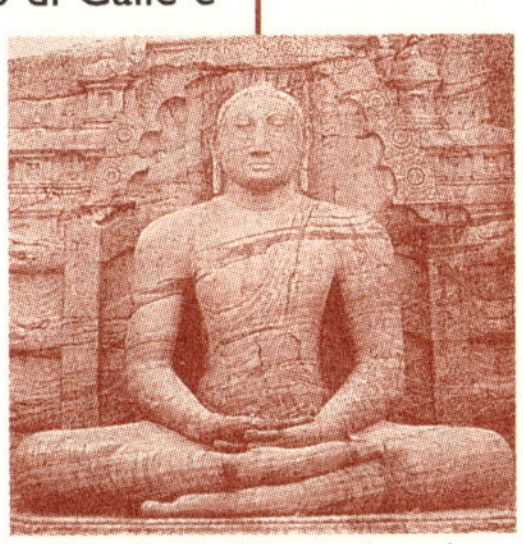

Sri Lanka. Buddha tra le rovine di Polonnaruwa

La città sacra di Kandy 5
1988

vedi pagina 212

Polonnaruwa 2
1982

Seconda tra le più antiche capitali singalesi, succedette alla città di Anuradhapura, distrutta nel 993. Polonnaruwa raggiunse il suo apogeo nel XII secolo, allorché i monarchi di quel periodo fecero erigere grandiose opere di architettura civile, militare e religiosa. Nel 1314 la capitale dovette soccombere agli attacchi nemici e, in parte rasa al suolo, venne abbandonata. Nel XIX secolo, una campagna di scavi archeologici ha portato alla luce le rovine della città, ormai sepolta dalla giungla.

Sigiriya 3
1982

vedi pagina 213

La Riserva forestale di Sinharaja 4
1988

È l'ultima foresta pluviale originaria sopravvissuta nella regione sudoccidentale dell'isola. Uccelli, mammiferi, farfalle, oltre a diversi tipi di insetti, rettili e anfibi popolano la Riserva.

STATI UNITI D'AMERICA

Il sito storico di Cahokia Mounds 9
1982

Importante testimonianza degli insediamenti precolombiani nelle regioni del Mississippi, l'area comprende moltissimi tumuli (la maggior parte dei quali serviva da base per edifici cerimoniali), le rovine di una fortificazione in legno e un osservatorio astronomico. Al centro dell'insediamento, su una superficie di sei ettari, è un terrapieno circolare alto 30 metri, denominato "Monks Mound".

Il Parco nazionale delle Carlsbad Caverns 18
1995

Situato nello stato del Nuovo Messico, comprende il più intricato e sorprendente sistema carsico dell'America del Nord. In questo notevole complesso di grotte, caverne e gallerie sotterranee si trovano formazioni geologiche di grande diversità e bellezza. Tra le 81 grotte esplorate, spicca la profonda Lechuguilla nella quale sono stati scoperti rarissimi microrganismi.

Il Parco storico nazionale della cultura chaco 14
1987

Situato nella porzione nordoccidentale del Nuovo Messico, il Parco contiene le tracce più significative della cultura chaco, che ebbe la massima fioritura tra il 1020 e il 1110. L'insediamento era caratterizzato da una complessa struttura urbana, alla quale era collegata, attraverso un'evoluta maglia stradale, una vasta rete di villaggi.

Il Parco nazionale delle Everglades 5
1979

Il Parco nazionale delle Everglades è situato nell'estremo sud della penisola della Florida ed è costituito per gran parte della sua superficie da un'immensa distesa acquitrinosa. Si tratta, in realtà, del corso di un fiume, il Pa-Hay-Okee, cioè "fiume erboso" secondo la lingua dei Seminoles, profondo meno di 15 centimetri e largo 80 chilometri. Il parco costituisce l'habitat di numerose specie di uccelli, mammiferi e rettili.

L'Independence Hall, a Filadelfia 6
1979

Nel cuore di Filadelfia, può essere considerato il luogo di nascita degli Stati Uniti d'America, poiché nella sua sala vennero firmate la Dichiarazione d'Indipendenza nel 1776 e la Costituzione nel 1787. La costruzione fu progettata da Andrew Hamilton per ospitare l'Assemblea del Commonwealth della Pennsylvania.

Il Parco nazionale del Grand Canyon 4
1979

vedi pagina 298

Il Parco nazionale delle Great Smokey Mountains 10
1983

Con un'estensione di oltre 200.000 ettari, il Parco ospita più di 3500 specie vegetali, alcune delle quali sopravvissute dall'era terziaria artica. Parzialmente incontaminato, con foreste vergini risalenti al Pleistocene e boschi di conifere tra i più grandi del mondo, rappresenta un significativo esempio di ambiente vegetativo temperato. Nel Parco vivono numerosi mammiferi, soprattutto roditori, e si trovano lungo i corsi fluviali molte specie di anfibi, tra le quali alcune salamandre endemiche.

Il Parco nazionale dei vulcani delle Hawaii 16
1987

vedi pagina 300

Il Parco nazionale di Mammoth Cave 7
1981

Il Parco, situato nel Kentucky, comprende una vasta rete di grotte naturali e passaggi sotterranei, con 360 chilometri esplorati e altrettanti ancora sconosciuti. L'area presenta tutte le tipologie di formazioni cavernicole, prevalentemente di origine calcarea, con numerosi corsi d'acqua sotterranei. Questo ecosistema, molto simile a quello che doveva essere in epoca preistorica, conserva ancora oggi molte specie primordiali di flora e fauna.

Il Parco nazionale di Mesa Verde 2
1978

vedi pagina 302

Monticello e l'università della Virginia (Charlottesville) 15
1987

vedi pagina 304

Il Parco nazionale dei monti Olympic 8
1981

Triangolo di terra proteso tra l'oceano Pacifico a ovest e lo stretto di Juan de Fuca a nord, è composto da una grande varietà di paesaggi: foreste secolari, ampie vallate, picchi montuosi, ghiacciai perenni, spiagge oceaniche e centinaia di faraglioni. Nell'area del parco vivono grandi mammiferi americani, quali gli orsi, i puma e gli alci.

Pueblo de Taos
1992

17

Nel XV secolo con la scomparsa delle grandi comunità formate dagli Anasazi, nel Nuovo Messico proliferarono numerosi piccoli insediamenti rurali, il più importante dei quali fu Pueblo de Taos, situato nella valle del Rio Grande. L'agglomerato urbano, con le sue *kivas*, locali sotterranei cerimoniali, e le sue abitazioni tradizionali, testimonia della cultura delle popolazioni indiane nel Nuovo Continente.

La Fortaleza e il sito storico di San Juan a Puerto Rico
1983

11

La città di San Juan è stata un punto strategico di vitale importanza nel mar dei Caraibi. Colonia spagnola, conserva le strutture difensive erette durante quattro secoli, dal XVI al XIX. La fortezza e il complesso di castelli collegati da alte e massicce mura, che circondano completamente la parte antica della città, offrono un ricco repertorio dell'architettura militare europea nei Caraibi.

Il Parco nazionale di Redwood
1980

1

Il parco si estende lungo la costa del Pacifico, nel nord della California, e ospita numerosi mammiferi e una ricca avifauna. Nella fascia costiera tra le numerose insenature e sulle piccole isole abitano otarie, foche e gli ultimi esemplari del pellicano bruno della California. Le acque antistanti al parco sono attraversate dalle rotte migratorie delle balene grigie.

La Statua della Libertà
1984

12

Opera dallo scultore Frédéric-Auguste Bartholdi, la celebre statua venne realizzata a Parigi e donata dai francesi nel 1886 per il centenario dell'indipendenza americana. L'enorme figura femminile, con il braccio alzato che regge una fiaccola, doveva avere la funzione di faro all'ingresso del porto di New York. Una struttura così imponente richiese il contributo di Gustave Eiffel, che progettò una enorme armatura in ferro sulla quale venne modellata la figura.

Il Parco nazionale di Yellowstone
1978

3

Si estende su un altopiano vulcanico, lungo la cresta delle Montagne Rocciose, nello Stato dello Wyoming. Lo scenario naturale comprende alte montagne, canyon e cascate, ma l'attrazione più famosa del parco è costituita dai geyser, dalle fumarole e dalle sorgenti calde che testimoniano della grande attività magmatica presente nel sottosuolo.

Il Parco nazionale di Yosemite
1984

13

Nel cuore della California, incastonato nella Sierra Nevada, è caratterizzato da imponenti montagne granitiche le quali, plasmate dalle varie glaciazioni, hanno dato luogo a maestosi e solitari monoliti di roccia. L'abbondanza di corsi d'acqua, che scorrono rapidi formando spettacolari cascate e laghi glaciali, favorisce la crescita di una rigogliosa vegetazione, tra cui millenarie sequoie giganti, querce, pini e cedri.

SVEZIA

Birka e Hovgården
1993

2

Si tratta di due complessi archeologici posti sulle isole del lago Mälaren, abitati nel IX e X secolo. Entrambi facevano parte di quell'articolata rete commerciale, sviluppatasi con i Vichinghi, che giocò un ruolo fondamentale nella storia della Scandinavia. Birka fu anche caposaldo dell'evangelizzazione cristiana in Svezia.

La tenuta reale di Drottningholm
1991

1

Residenza reale settecentesca, ubicata sull'isola di Lovön, nei pressi di Stoccolma, caratterizzata da commistione di elementi propri dell'architettura svedese con una forte influenza del rococò francese. Eccezionalmente ben conservato è il Teatro di corte (1764). Il grande parco, disegnato secondo il gusto barocco francese, si ispira a Versailles.

Le acciaierie di Engelsberg
1993

3

Già nel Duecento i contadini svedesi avevano avviato le prime operazioni di estrazione di ferro e relativa fusione. Alla metà del XVII secolo gli stabilimenti di Engelsberg costituivano uno dei tanti impianti siderurgici che avrebbero reso ricca la Svezia. Nucleo autonomo, si componeva di edifici industriali, uffici e abitazioni. Ancora oggi si contano 50 fabbricati.

La Lapponia
1996

7

vedi pagina 158

La chiesa-villaggio di Gammelstad, a Luleå
1996

8

È un sito singolare e unico nella Scandinavia settentrionale. Intorno alla chiesa in pietra, eretta all'inizio del XV secolo, sorge la "kyrkstad", un complesso di 424 case di legno, aperte solamente la domenica e in occasioni di particolari feste religiose. Erano infatti destinate a ospitare i fedeli provenienti dalle campagne circostanti e impossibilitati dalla distanza o dalla difficoltà del viaggio a rientrare alle loro abitazioni in giornata.

Skogskyrkogården
1994

5

Su antiche cave di ghiaia ricoperte di pini è stato progettato nel 1915, dagli architetti Asplund e Lewerentz, uno dei cimiteri di Stoccolma. Il progetto armonizza architettura e paesaggio, adattandosi all'andamento irregolare del suolo. L'opera ha rappresentato un riferimento significativo per l'architettura cimiteriale contemporanea.

Le incisioni rupestri di Tanum
1994

4

A nord di Göteborg, in uno scenario naturale di grande suggestione, è localizzata un'importante area archeologica che documenta, attraverso un gran numero di incisioni rupestri, la vita e le credenze di antiche tribù locali nell'età del Bronzo (1500-500 a.C.). Le scene incise sulle rocce narrano di danzatori e suonatori e riportano episodi di caccia e rituali magici. Considerevole è il loro valore artistico.

La città anseatica di Visby
1995

6

vedi pagina 159

SVIZZERA

Il centro storico di Berna
1983

3

vedi pagina 160

L'abbazia di San Giovanni Battista a Müstair
1983

2

Secondo la tradizione, Carlo Magno fondò l'abbazia, che affidò quindi ai benedettini. Dal 1163 divenne monastero femminile e mantenne un ruolo importante durante tutta l'età medievale. Celebri gli affreschi della chiesa conventuale, risalenti al IX secolo e preziosa espressione della rinascenza carolingia; disposti in 91 riquadri, rappresentano scene della Vita di Cristo, dei Santi, dei Profeti, degli Apostoli e il Giudizio Finale.

Il convento di San Gallo
1983

1

vedi pagina 161

TANZANIA

Il Parco nazionale del Kilimanjaro 5
1987

Il massiccio del Kilimanjaro, costituito dall'insieme di tre vulcani, raggiunge con la cima più alta i 5895 metri d'altezza. Sotto i 2800 metri si trovano intricate foreste, che salendo di quota lasciano il posto alla steppa, e infine, oltre i 4000 metri, si trovano rocce nude e nevi perenni.

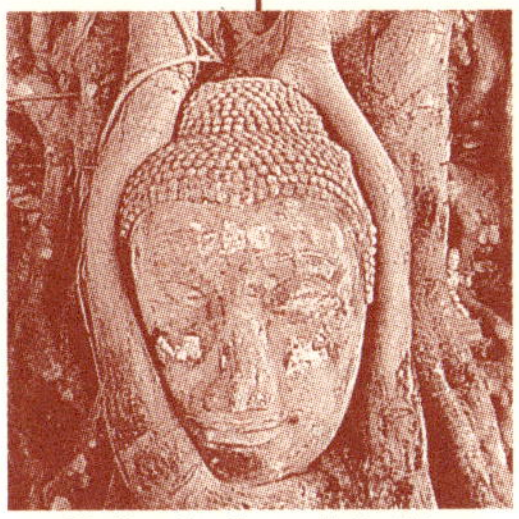

Thailandia. Testa di Buddha tra le rovine di Ayutthaya

Le rovine di Kilwa Kisiwani e di Songo Mnara 2
1981

Situate su due piccole isole vicino alla costa, si trovano le rovine di due grandi porti che stupirono, per la loro bellezza, i primi esploratori europei. I mercanti di Kilwa Kisiwani e Songo Mnara ebbero dal XIII al XVI secolo un ruolo di grande rilievo nel commercio nell'oceano Indiano. Il palazzo del Sultano e la Grande Moschea di Kilwa rappresentano i più importanti resti di architettura islamica dell'intera Africa a sud del Sahara.

L'Area protetta dello Ngorongoro 1
1979

vedi pagina 263

La Riserva faunistica di Selous 4
1982

Vasta area incontaminata e selvaggia che si sviluppa in gran parte lungo il bacino del fiume Rufiji, sulle cui rive vivono migliaia di ippopotami e coccodrilli. La riserva ospita oltre 100.000 elefanti e le ultime popolazioni, abbastanza numerose, di rinoceronte nero. Tra i molti altri animali che abitano le fitte foreste e le boscose praterie, anche giraffe, zebre, antilopi, ghepardi e facoceri.

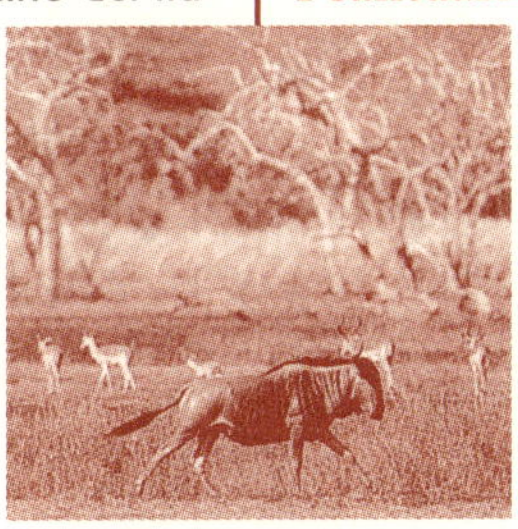

Tanzania. Animali nella riserva di Selous

Il Parco nazionale del Serengeti 3
1981

Le immense mandrie di gnu, gazzelle e zebre che popolano la piana del Serengeti migrano periodicamente da nord a sud e viceversa, seguendo una rotta perenne, scandita dall'alternarsi della stagione delle piogge, alla ricerca di nuovi pascoli. I predatori sono numerosi e seguono costantemente questi ultimi grandi branchi della fauna selvatica africana, dando vita a uno straordinario spettacolo.

THAILANDIA

Ayutthaya e le città storiche associate 2
1991

Capitale della Thailandia per oltre quattro secoli a partire dal 1378, Ayutthaya fu dimora di dinastie bellicose e importante centro di scambi commerciali con i mercati europei. Conobbe il massimo splendore fra il XVII e il XVIII secolo sino alla capitolazione nel 1763, quando dovette arrendersi all'esercito birmano che la distrusse. Sopravvivono rovine di templi votivi, giganteschi *prang* (torri reliquiarie), colossali statue del Buddha.

Il sito archeologico di Ban Chiang 4
1992

Benché gli scavi ne abbiano portato alla luce solo una piccola parte, è considerato il più importante sito archeologico preistorico sinora scoperto nel Sud-Est asiatico. Sulla base dei numerosi reperti rinvenuti, si ipotizza che dal 3600 a.C. al 300 d.C vi fosse qui un fiorente insediamento a carattere sedentario. Sono state rilevate tracce di attività agricole e l'utilizzo di metalli per armi, ornamenti e oggetti domestici.

Sukhothai e le città storiche associate 1
1991

vedi pagina 214

I santuari faunistici di Thungyai e Huai Kha Khaeng 3
1991

La riserva si estende su una superficie di oltre 600.000 ettari. Vi si ritrovano esemplificati i diversi tipi di foreste dell'area continentale del Sud-Est asiatico. Una varietà di paesaggi, dalla pianura alla montagna, con vallate ricoperte di lussureggiante vegetazione, dà vita a splendidi scenari naturali, resi unici da vertiginose cascate. Oltre a tigri ed elefanti, la fauna conta i progenitori di molti animali domestici.

TUNISIA

Il sito archeologico di Cartagine 2
1979

Pochi sono i resti sopravvissuti dell'indomita città di Cartagine, fondata dai Fenici di Tiro nel IX secolo e regina del Mediterraneo. Sconfitta e distrutta da Roma, sua storica rivale, vide il proprio ruolo ridimensionato. Le tracce dell'antico passato di Cartagine si limitano ai ruderi delle terme imperiali di Antonino.

Tunisia. Mosaici a Cartagine

Dougga/Thugga 8
1997

Prima dell'annessione della Numidia all'Impero romano, l'antica Thugga era abitata da una mescolanza di nativi punici e libici. La città era costruita su un'altura dominante una fertile pianura. Se l'irregolarità dell'impianto urbanistico rivela le sue origini preromane, romana fu l'attività edilizia che produsse alcuni splendidi monumenti, fra cui il teatro, il capitolium e il tempio di Caelestis.

L'anfiteatro di El-Jem 3
1979

Nell'antica e fiorente Thysdrus romana, che traeva la sua ricchezza dal commercio dell'olio, venne eretto, all'inizio del III secolo, il più imponente anfiteatro della provincia d'Africa. La capacità di questo impianto circense era di 30.000 spettatori. Il monumento, nel complesso assai ben conservato, venne cannoneggiato alla fine del XVII secolo e in seguito usato come cava.

Il Parco nazionale dell'Ichkeul 4
1980

Il Parco ruota attorno al lago omonimo, ultimo superstite dei molti che un tempo costellavano l'Africa del Nord. Questo ambiente palustre costituisce un importante punto di sosta per migliaia di uccelli acquatici migratori (fra cui anatre, fenicotteri, cicogne) che qui trovano cibo e nidificano durante l'inverno.

La città punica di Kerkouane 5
1985, 1986

I resti archeologici di Kerkouane attestano uno dei rari insediamenti punico-fenici, abbandonati durante la prima guerra punica (250 circa a.C.) e non ricolonizzati dai Romani. Le sue abitazioni erano costruite secondo uno standard progettuale conforme a una pianificazione urbanistica piuttosto evoluta. I pochi reperti (monete, ceramiche, attrezzi) testimoniano di attività agropastorali, artigianali e manifatturiere.

Qairouan 7
1988

vedi pagina 264

La medina di Sousse 6
1988

La medina di Sousse rappresenta la tipica cittadella dei primi secoli dell'Islam (800-909). La sua vocazione di roccaforte costiera è testimoniata dalla casba e dalla cinta di mura fortificate, che anticamente racchiudevano il porto. Ne proteggevano l'ingresso due imponenti edifici, la Grande Moschea e lo ksar er-Ribat, il monastero-fortezza, considerato uno dei più antichi edifici dell'Islam maghrebino.

La medina di Tunisi
1979

❶

Posta sul sito dell'oppidum tunicense di origine romana, la medina di Tunisi conobbe attraverso i secoli successivi ampliamenti e un incremento demografico tale da essere considerata nel Trecento una delle città più importanti e ricche del mondo islamico. Se palazzi, residenze e scuole coraniche datano per lo più dal XVI secolo in poi, le sue moschee rimandano alle dinastie che governarono la città, dagli Omayyadi agli Hafsidi, ai Turchi. Il tessuto urbano è disseminato di antichi suk.

TURCHIA

La Grande Moschea e l'ospedale di Divriği
1985

❸

Antica città bizantina, situata in una remota zona dell'Anatolia orientale, Divriği venne conquistata dai turchi all'inizio dell'XI secolo. La Grande Moschea, composta da un'unica sala di preghiera e sormontata da due cupole, e l'adiacente ospedale costituiscono significativi esempi di una concezione spaziale unitaria di estrema purezza. L'elaboratissima tecnica costruttiva delle volte e i suntuosi intagli che ornano i tre portali, fanno di questo complesso un capolavoro dell'architettura islamica.

Il Parco nazionale di Göreme e i siti rupestri della Cappadocia
1985

❷

vedi pagina 162

Hattusa,
1986

❹

Sito archeologico dell'Anatolia centrale, conserva le rovine dell'antica capitale dell'Impero ittita dal XVIII al XIV secolo a.C. Gli scavi hanno portato alla luce monumentali resti di cinque templi, di residenze reali e di una possente cinta di mura. Le ricche decorazioni della Porta Reale e della porta dei Leoni, insieme ai bassorilievi rupestri del vicino santuario di Yazilikaya, testimoniano la notevole abilità scultorea mostrata dalla civiltà ittita nell'intagliare monumentali massi rocciosi.

Hierapolis-Pamukkale
1988

❼

Pamukkale significa "fortezza di cotone", nome che fu dato alla zona per le particolari proprietà delle sue acque, che venivano utilizzate per il lavaggio e il fissaggio dei colori sulle stoffe. Le sorgenti rocciose sovrastanti la pianura hanno creato un paesaggio surreale, costituito da una serie di vasche a diversi livelli collegate da bianche cascate calcificate e da frastagliate stalattiti. La vicina Hierapolis fondata nel II secolo a.C. conserva le rovine di monumenti di epoca greca, romana e bizantina.

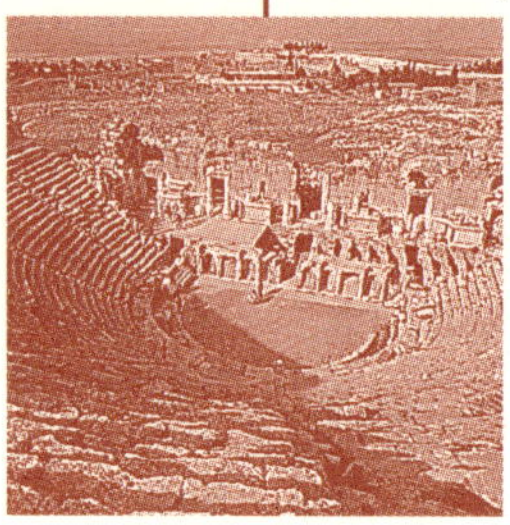

Turchia. Le rovine di Hierapolis

Le aree storiche di Istanbul
1985

❶

vedi pagina 164

Il monte Nemrut
1987

❺

Il mausoleo di Antioco I, re di Commangene nel I secolo a.C., è situato sul Nemrut, a oltre 2000 metri d'altezza, e costituisce una delle costruzioni più ambiziose del periodo ellenico. Il grandioso tumulo sepolcrale è circondato dai resti di enormi statue, alcune delle quali raggiungevano l'altezza di sette metri. Questi gruppi colossali raffigurano divinità greche e persiane e rimandano alla duplice origine della cultura del regno di Commangene.

Safranbolu
1994

❽

Situata in corrispondenza di una delle principali rotte commerciali tra Oriente e Occidente, Safranbolu ha conosciuto uno sviluppo ininterrotto dal XIII fino agli inizi del XX secolo. La città racchiude oltre mille edifici storici. Al tempo del suo massimo splendore, nel XVII secolo, la sua architettura influenzò lo sviluppo urbanistico in gran parte dell'Impero ottomano.

Xanthos e Letoon
1988

❻

Xanthos, un tempo capitale della Licia, costituisce con la vicina Letoon (il santuario di Xanthos) un sito archeologico di estrema importanza, poiché testimonia, soprattutto attraverso i preziosi monumenti funebri, la fusione di tradizioni locali ed elementi di derivazione ellenica. Le epigrafi scolpite sugli enormi monoliti e sulle stele sono fondamentali per la comprensione della lingua e della storia del popolo licio.

UCRAINA

Kiev: la cattedrale di Santa Sofia, l'insieme degli edifici monastici e il monastero delle Grotte
1990

❶

Costruita a metà dell'XI secolo nella capitale del principato cristiano di Kiev, la cattedrale era destinata a rivaleggiare con la basilica di Santa Sofia di Costantinopoli. La sua decorazione interna consta di 260 metri quadrati di mosaici e 3000 metri quadrati di affreschi. Il monastero kieviano, ricostruito nel Seicento, fra il XVII e il XIX secolo fu importante centro spirituale e intellettuale.

UGANDA

Il Parco nazionale di Bwindi
1994

❶

L'area protetta di Bwindi si sviluppa su altezze comprese tra i 1100 e i 2600 metri ed è interamente ricoperta da vaste e impenetrabili foreste. La presenza di oltre un terzo della popolazione mondiale dei gorilla di montagna rende il sito un importante centro per la tutela di questo primate, in pericolo di estinzione. Nel Parco vivono anche centinaia di specie di uccelli e farfalle, alcune delle quali endemiche.

Il Parco nazionale del massiccio del Ruwenzori
1994

❷

vedi pagina 265

UNGHERIA

Budapest: i lungofiume e il quartiere della fortezza di Buda
1987

❶

vedi pagina 166

Hollókő
1987

❷

"Il più bel villaggio d'Ungheria" sorge a un centinaio di chilometri a nord della capitale. Hollókő è un raro esempio di insediamento rurale, deliberatamente conservato secondo le tradizioni locali precedenti l'avvento della rivoluzione agricola del XX secolo. Di questo villaggio, sviluppatosi tra Seicento e Settecento, caratteristica è l'architettura domestica, omogenea per stile e materiali.

Il monastero benedettino di Pannonhalma e il suo ambiente naturale
1996

❸

Nel cuore dell'Europa centrale, l'abbazia di Pannonhalma svolge ancora oggi il suo millenario ruolo di diffusione culturale. Questa comunità monastica, fondata nel 996 dai benedettini per convertire la popolazione locale, diede origine alla prima scuola del Paese e produsse il primo documento in lingua ungherese (1055). Attraverso gli stili che caratterizzano l'architettura del complesso monastico si può ricostruire la sua lunga storia.

UNGHERIA/SLOVACCHIA

Le formazioni carsiche di Aggtelek, al confine ungherese-slovacco
1995

Nella zona di confine tra Ungheria e Slovacchia, tipica area carsica in zona temperata, sono state sinora individuate 712 grotte. La peculiarità della zona consiste in una rara combinazione di effetti climatici tropicali e glaciali che ha consentito di approfondire lo studio dei movimenti geologici di decine di milioni di anni fa.

URUGUAY

Il quartiere storico di Colonia del Sacramento
1995

Su una stretta penisola che si affaccia sull'estuario del Río de la Plata, alla fine del XVII secolo i portoghesi fondarono la città di Colonia del Sacramento. A lungo contesa, cadde nelle mani degli spagnoli nel 1777. La città conserva un caratteristico tessuto urbano, nel quale si sovrappongono e si fondono in modo armonico lo stile portoghese e quello spagnolo.

UZBEKISTAN

Il centro storico di Buhara
1993

vedi pagina 216

Itchan Kala
1990

Prima di avventurarsi nel deserto verso l'Iran, le carovane dirette a Occidente, sostavano nell'antichissima oasi di Khiva, di cui Itchan Kala costituiva il nucleo abitato, all'interno di un'alta cinta muraria. Con Samarcanda e Buhara, Khiva è una delle tre antiche città del Paese e conserva alcuni edifici monumentali, fra cui la moschea Djuma, mausolei, madrase e due magnifici palazzi dell'inizio del XIX secolo. Di grande rilievo è l'intervento operato dall'UNESCO sul tessuto urbano di Itchan Kala, promuovendo mirati restauri conservativi che hanno mantenuto intatto il fascino del luogo.

VENEZUELA

Il Parco nazionale di Canaima
1994

La parte orientale del Parco è dominata dall'altopiano detto della Sabana Grande, che racchiude paesaggi di grande interesse scientifico. Dal suo uniforme paesaggio orizzontale si elevano infatti un gruppo di monti tabulari, i tepuis, che superano spesso i 2000 metri, con pareti verticali che si innalzano bruscamente. La loro conformazione dà luogo a spettacolari cascate, tra le quali il celebre Salto Angel.

Coro e il suo porto
1993

Le incursioni dei pirati e il terribile ciclone del 1681 non hanno cancellato lo stile particolare della città venezuelana di Coro, una delle principali della costa caribica. I suoi numerosi edifici pubblici e religiosi rappresentano un'interessante fusione di stili locali, mudéjar, spagnoli e olandesi. La cattedrale e le chiese del centro storico testimoniano del ruolo svolto dalla città durante l'opera di evangelizzazione del Paese.

VIETNAM

La baia di Ha Long
1994

vedi pagina 218

Il complesso monumentale di Hue
1993

Capitale del Vietnam unificato sotto la dinastia Nguyen dal 1802, Hué fu il centro politico, culturale e religioso del Paese per circa 150 anni. La Città Imperiale, costruita nell'Ottocento, ricalca la Città Proibita di Pechino. Entro le sue mura sorgono decine di templi, padiglioni, torri e splendidi giardini.

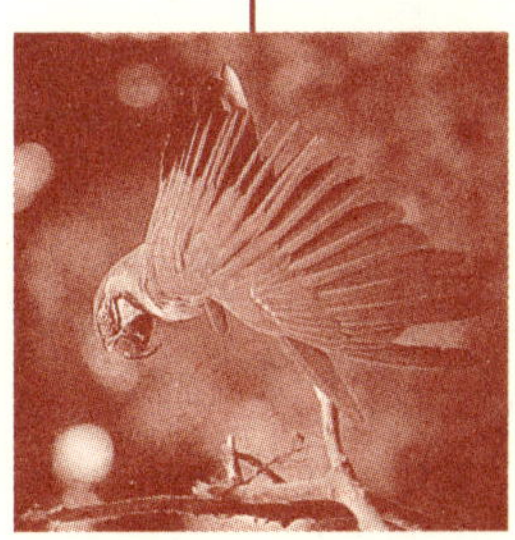

Venezuela. Parco di Canaima

YEMEN

L'antica città di San'a
1986

vedi pagina 220

L'antica città murata di Shibam
1982

vedi pagina 221

La città storica di Zabid
1993

Antica capitale dello Yemen (XIII-XV secolo), Zabid fu centro intellettuale del mondo arabo e musulmano nonché sede dell'università islamica. La città presenta una concentrazione di moschee (86) che non ha pari in tutto il Paese. Il suo tracciato urbanistico, la fortezza, le moschee e i palazzi ne fanno un sito di notevole valore archeologico e storico.

ZAMBIA/ZIMBABWE

Le cascate Vittoria
1989

vedi pagina 266

ZIMBABWE

Il monumento nazionale della Grande Zimbabwe
1986

Le maestose rovine della "città di pietra", l'antica Grande Zimbabwe, costituiscono una eccezionale testimonianza della civiltà bantu degli Shona tra l'XI e il XV secolo. Importante centro commerciale nel Medioevo e abbandonata dal 1450, conserva ancora oggi i resti di una città alta, destinata a residenza reale e a funzioni rituali, di nuclei abitativi, circondati da possenti mura di pietra, e di diversi insediamenti rurali sparsi lungo la valle.

Le rovine di Khami
1986

Le rovine della città di Khami, sviluppatasi tra il 1450 e il 1650, sono disseminate in modo discontinuo su una vasta area e testimoniano della suddivisione della città in settori differenziati. Le costruzioni più importanti erano situate su una collina artificiale. Il ritrovamento di oggetti di provenienza cinese ed europea e di simboli religiosi cristiani ricordano i frequenti contatti con mercanti e missionari, probabilmente portoghesi.

Il Parco nazionale di Mana Pools e le aree-safari di Sapi e Chewore
1984

Queste aree protette situate lungo il fiume Zambesi, al confine con lo Zambia, sono costituite da grandi formazioni rocciose che sovrastano il corso d'acqua, da estese pianure alluvionali e da aree sabbiose. Il sito ospita una ricca e variegata fauna con una delle più numerose popolazioni di rinoceronte nero di tutta l'Africa e con grandi branchi di elefanti. Lungo il corso del fiume vivono numerosi coccodrilli e una ricca avifauna.

CONVENZIONE SULLA PROTEZIONE DEL PATRIMONIO MONDIALE CULTURALE E NATURALE

La conferenza generale dell'Organizzazione delle Nazioni Unite per l'Educazione, la Scienza e la Cultura, riunitasi a Parigi dal 17 ottobre al 21 novembre 1972, nella sua diciassettesima sessione

Constatando che il patrimonio culturale e quello naturale sono sempre più minacciati dalla distruzione provocata, non solo da cause tradizionali di degradazione, ma anche dall'evoluzione della vita sociale ed economica che aggravano la situazione con fenomeni di alterazione o di distruzione ancora più pericolosi,

Considerando che il degrado o la sparizione di un bene del patrimonio culturale e naturale costituisce un impoverimento nefasto del patrimonio di tutti i popoli del mondo,

Considerando che la tutela di questo patrimonio a livello nazionale è spesso insufficiente per l'ampiezza dei mezzi che richiede e l'insufficienza delle risorse economiche, scientifiche e tecniche del Paese sul cui territorio si trova il bene da salvaguardare,

Tenuto presente che lo Statuto dell'organizzazione prevede che essa aiuterà al mantenimento, al progresso e alla diffusione del sapere, vegliando per la conservazione e la tutela del patrimonio universale e raccomandando ai popoli interessati le convenzioni internazionali necessarie a tale scopo,

Considerando che le convenzioni, le raccomandazioni e le risoluzioni internazionali esistenti in favore dei beni culturali dimostrano l'importanza che presenta per tutti i popoli del mondo la salvaguardia di beni unici e insostituibili a qualsiasi popolo essi appartengano,

Considerando che alcuni beni del patrimonio culturale e naturale presentano un interesse eccezionale che richiede la loro conservazione come parte del patrimonio mondiale di tutta l'umanità,

Considerando che, in relazione all'ampiezza e alla gravità dei nuovi pericoli che incombono, tutta la collettività internazionale deve partecipare alla tutela del patrimonio naturale e culturale di valore universale eccezionale, prestando un'assistenza collettiva che, senza sostituirsi all'azione dello Stato interessato, la completi efficacemente,

Considerando che è indispensabile a questo scopo adottare nuove disposizioni convenzionali che stabiliscono un sistema efficace di protezione collettiva del patrimonio culturale e naturale di valore eccezionale, organizzato in maniera permanente e secondo metodi scientifici e moderni,

Avendo deciso, nella sua sedicesima sessione, che questa questione sarebbe stata oggetto di una Convenzione internazionale,

Adotta in data odierna, 16 novembre 1972, la presente Convenzione:

I. - Definizioni del patrimonio culturale e naturale

Articolo 1

Ai fini della presente Convenzione sono considerati «patrimonio culturale»:

- i monumenti: opere di architettura, di scultura o di pittura monumentali, elementi o strutture di carattere archeologico, iscrizioni grotte e gruppi di elementi che abbiano un valore universale eccezionale dal punto di vista della storia, dell'arte o della scienza;

- i complessi: gruppi di costruzioni isolati o riuniti che, per la loro architettura, per la loro unità, o per la loro integrazione nel paesaggio, hanno un valore universale eccezionale dal punto di vista della storia, dell'arte o della scienza;

- i siti: opere dell'uomo o creazioni congiunte dell'uomo e della natura, nonché le zone ivi comprese le zone archeologiche di valore universale eccezionale dal punto di vista storico, estetico, etnologico o antropologico.

Articolo 2

Ai fini della presente Convenzione sono considerati «patrimonio naturale»:

- i monumenti naturali, costituiti da formazioni fisiche e biologiche oppure da gruppi di tali formazioni, aventi valore eccezionale dal punto di vista estetico o scientifico;

- le formazioni geologiche e fisiografiche e le zone rigorosamente delimitate, costituenti l'habitat di specie di animali e vegetali minacciate, che hanno valore universale eccezionale dal punto di vista della scienza o della conservazione;

- i siti naturali oppure le zone naturali rigorosamente delimitate, aventi valore universale eccezionale dal punto di vista della scienza, della conservazione o della bellezza naturale.

Articolo 3

Spetta a ciascuno Stato - parte della presente Convenzione - definire e delimitare i diversi beni, situati sul suo territorio e previsti dagli articoli 1 e 2 di cui sopra.

II. - Tutela nazionale e tutela internazionale del patrimonio culturale e naturale

Articolo 4

Ogni Stato parte della presente Convenzione riconosce che l'obbligo di assicurare l'identificazione, la tutela, la conservazione, la valorizzazione e la trasmissione alle future generazioni del patrimonio culturale e naturale, menzionato negli articoli 1 e 2 e situato sul suo territorio, incombe in primo luogo su di lui. Si sforza di agire a tale scopo sia con le proprie forze, utilizzando al massimo le proprie risorse, sia in caso di necessità, con l'aiuto e la cooperazione internazionali, in particolare sul piano finanziario, artistico, scientifico e tecnico, delle quali può beneficiare.

Articolo 5

Al fine di assicurare una tutela e una conservazione più efficaci e una valorizzazione più attiva possibile del patrimonio culturale e naturale, situato sul loro territorio e nelle condizioni adeguate a ciascun paese, gli Stati parti della presente Convenzione si adopereranno nella misura del possibile:

a) per adottare una politica generale mirante ad assegnare al patrimonio culturale e naturale determinate funzioni nella vita sociale e ad inserire la tutela di tale patrimonio nei programmi di pianificazione generale;

b) per istituire sul proprio territorio, se non sono stati ancora creati, uno o più servizi di tutela, conservazione e valorizzazione del patrimonio culturale e naturale, dotati di personale adeguato e di mezzi che consentono di condurre a termine i compiti che loro incombono;

c) per sviluppare studi e ricerche scientifiche e tecniche e perfezionare i metodi di lavoro che consentano ad uno Stato di far fronte ai pericoli che minacciano il suo patrimonio culturale e naturale;

d) per adottare misure giuridiche, scientifiche, tecniche, amministrative e finanziarie adeguate per l'identificazione, la tutela, la conservazione, la valorizzazione, il restauro di questo patrimonio;

e) per favorire la creazione o lo sviluppo di centri nazionali o regionali di formazione nel campo della tutela, della conservazione e della valorizzazione del patrimonio culturale e naturale, nonché per incoraggiare le ricerche scientifiche in questo campo.

Articolo 6

1. Nel pieno rispetto della sovranità degli Stati sul cui territorio si trova il patrimonio culturale e naturale, definito negli articoli 1 e 2, e senza pregiudizio dei diritti previsti dalla legislazione nazionale relativamente a detto patrimonio, gli Stati parti della presente Convenzione riconoscono che esso costituisce un patrimonio universale per la cui tutela ha il dovere di cooperare tutta la comunità internazionale.

2. Gli Stati parti si impegnano di conseguenza e conformemente alle disposizioni della presente Convenzione, a concorrere all'identificazione, alla tutela, alla conservazione e alla valorizzazione del patrimonio culturale e naturale menzionati nei paragrafi 2 e 4

dell'articolo 11, se lo richiedono gli Stati sul cui territorio si trova.

3. Ogni Stato parte della presente Convenzione si impegna a non adottare deliberatamente alcuna misura che possa direttamente o indirettamente arrecare danno al patrimonio culturale e naturale, menzionato negli articoli 1 e 2, situato nel territorio di altri Stati parti della presente Convenzione.

Articolo 7

Ai fini della presente Convenzione per tutela internazionale del patrimonio culturale e naturale mondiale si intende la costituzione di un sistema di cooperazione e assistenza internazionali miranti a favorire gli Stati parti della Convenzione nei loro sforzi per preservare e identificare tale patrimonio.

III. - Comitato intergovernativo per la tutela del patrimonio culturale e naturale mondiale

Articolo 8

1. Presso l'organizzazione delle Nazioni Unite per l'Educazione, la Scienza e la Cultura viene istituito un comitato intergovernativo per la tutela del patrimonio culturale e naturale di valore universale eccezionale, denominato «Comitato del patrimonio mondiale». Esso è composto da quindici Stati parti della Convenzione eletti dagli Stati parti della Convenzione riuniti in assemblea generale nel corso delle sessioni ordinarie della Conferenza Generale dell'organizzazione delle Nazioni Unite per l'Educazione, la Scienza e la Cultura. Il numero degli Stati membri del Comitato sarà portato a 21, a partire dalla sessione ordinaria della Conferenza Generale che si svolgerà dopo l'entrata in vigore della presente Convenzione per non meno di 40 Stati.

2. L'elezione dei membri del Comitato deve assicurare un'equa rappresentanza delle diverse regioni e culture del mondo.

3. Alle riunioni del Comitato possono presenziare, con voto consultivo, un rappresentante del Centro Internazionale di Studi per la Conservazione e il Restauro dei Beni Culturali (Centro di Roma), un rappresentante del Consiglio Internazionale dei Monumenti e dei Siti (ICOMOS) e un rappresentante dell'Unione Internazionale per la Conservazione della Natura e delle sue Risorse (UICN), ai quali possono aggiungersi, su richiesta degli Stati parti della Convenzione riuniti in Assemblea generale nel corso delle sessioni ordinarie della Conferenza Generale dell'organizzazione delle Nazioni Unite per l'Educazione, la Scienza e la Cultura, rappresentanti di altre organizzazioni intergovernative e non governative con scopi analoghi.

Articolo 9

1. Gli Stati membri del Comitato del patrimonio mondiale esercitano il loro mandato dalla fine della sessione ordinaria della Conferenza Generale, nel corso della quale sono stati eletti, fino al termine della terza sessione ordinaria successiva.

2. Il mandato di un terzo dei membri designati nel corso della prima elezione scade, tuttavia, al termine della prima sessione ordinaria della Conferenza Generale successiva a quella nella quale sono stati eletti; mentre il mandato di un secondo terzo dei membri designati contemporaneamente, scade al termine della seconda sessione ordinaria della Conferenza Generale, successivo a quella nella quale sono stati eletti. I nomi di questi membri vengono estratti a sorte dal Presidente della Conferenza Generale della Organizzazione delle Nazioni Unite per l'Educazione, la Scienza e la Cultura dopo la prima elezione.

3. Gli Stati membri del Comitato scelgono come propri rappresentanti persone competenti nel campo del patrimonio culturale o naturale.

Articolo 10

1. Il Comitato del patrimonio mondiale adotta il proprio regolamento.

2. Il Comitato può in qualunque momento invitare alle proprie riunioni organismi pubblici o privati, nonché persone fisiche per consultazioni relativamente a questioni particolari.

3. Il Comitato può creare gli organi consultivi che ritiene necessari per l'assolvimento dei propri compiti.

Articolo 11

1. Ogni Stato parte della presente Convenzione presenta al Comitato del patrimonio mondiale, nella misura del possibile, un elenco dei beni del patrimonio culturale e naturale, situati sul proprio territorio, che possono essere inclusi nell'elenco previsto al paragrafo 2 del presente articolo. Questo elenco, che non va considerato come esauriente, deve contenere una documentazione relativa al luogo in cui tali beni sono dislocati e all'interesse da essi rappresentato.

2. Sulla base degli elenchi presentati dagli Stati, in conformità con il paragrafo 1 di cui sopra, il Comitato compila, aggiorna e pubblica, sotto il nome di «Elenco del patrimonio mondiale», un elenco di beni del patrimonio culturale e naturale, così come sono definiti negli articoli 1 e 2 della presente Convenzione che, a suo parere, hanno valore universale eccezionale in conformità con i criteri fissati. L'elenco aggiornato viene distribuito almeno ogni due anni.

3. L'inserimento di un bene nell'elenco del patrimonio mondiale non può avvenire senza il consenso dello Stato partecipante interessato. L'inserimento di un bene situato sul territorio la cui sovranità o giurisdizione è oggetto di rivendicazione da parte di più Stati, non pregiudica in alcun modo i diritti delle parti in lite.

4. Il Comitato compila, aggiorna e pubblica, quando le circostanze lo esigono, sotto il nome di «Elenco del patrimonio mondiale in pericolo», l'elenco dei beni figuranti nell'Elenco del patrimonio mondiale per la cui salvaguardia si richiedono lavori considerevoli e per i quali è stata chiesta assistenza nell'ambito della presente Convenzione. In questo elenco viene indicato il costo preventivo delle operazioni. In questo elenco possono essere inseriti solo i beni del patrimonio culturale e naturale minacciati da pericoli seri e concreti, come ad esempio la minaccia di sparizione dovuta ad un progressivo deterioramento, i progetti di grandi lavori pubblici o privati, il rapido sviluppo urbano e turistico, la distruzione dovuta a cambiamenti di utilizzazione o di proprietà della terra, alterazioni profonde dovute a una causa sconosciuta, abbandono per qualsiasi motivo, calamità e cataclismi, pericolo di conflitti armati, grandi incendi, terremoti, sismi, eruzioni vulcaniche, modificazione del livello delle acque, inondazioni, alta marea. In circostanze straordinarie il Comitato può in qualunque momento procedere a una nuova iscrizione nell'Elenco del patrimonio mondiale in pericolo e darne immediata comunicazione.

5. Il Comitato definisce i criteri sulla base dei quali un bene del patrimonio culturale o naturale può essere inserito nell'uno o nell'altro degli elenchi previsti nei paragrafi 2 e 4 del presente articolo.

6. Prima di rifiutare una richiesta di iscrizione in uno dei due elenchi menzionati nei paragrafi 2 e 4 del presente articolo, il Comitato consulta lo Stato parte sul cui territorio è situato il bene del patrimonio culturale o naturale in questione.

7. Il Comitato, in accordo con gli Stati interessati, coordina e incoraggia gli studi e le ricerche necessarie per la compilazione degli elenchi menzionati nei paragrafi 2 e 4 del presente articolo.

Articolo 12

Il fatto che un bene del patrimonio culturale o naturale non è stato inserito in uno dei due elenchi menzionati nei paragrafi 2 e 4 dell'articolo 11, non significa in alcun modo che esso non ha un valore universale eccezionale per fini diversi da quelli che risultano dalla iscrizione su questi elenchi.

Articolo 13

1. Il Comitato del patrimonio mondiale riceve ed esamina le domande di assistenza internazionale, formulate dagli Stati parti della presente Convenzione, per quanto concerne i beni del patrimonio culturale e naturale situati nel loro territorio, che sono inseriti o possono essere inseriti negli elenchi, menzionati nei paragrafi 2 e 4 dell'articolo 11. L'oggetto di tali domande può essere la protezione, la conservazione, la valorizzazione o la restaurazione di tali beni.

2. Le domande di assistenza internazionale, in conformità con il paragrafo 1 del presente articolo possono anche avere per oggetto l'identificazione di un bene del patrimonio culturale e naturale, definito negli articoli 1 e 2 in quei casi in cui ricerche preliminari hanno dimostrato che ne vale la pena.

3. Il Comitato decide sul seguito da dare a queste domande, determina, in caso di necessità, la natura e l'importanza del suo aiuto e autorizza la conclusione, in suo nome, degli accordi necessari con il governo interessato.

4. Il Comitato fissa l'ordine di priorità dei propri interventi, lo fa tenendo presente l'importanza dei beni da salvaguardare per il patrimonio culturale e naturale mondiale, la necessità di assicurare l'assistenza internazionale ai beni più rappresentativi della natura, del genio e della storia dei popoli del mondo, l'urgenza dei lavori che è necessario intraprendere, l'entità delle risorse degli Stati sul cui territorio si trovano questi beni e, in particolare, la misura nella quale essi possono assicurare la tutela di tali beni con i propri mezzi.

5. Il Comitato compila, aggiorna e diffonde l'elenco dei beni per i quali viene fornita un'assistenza internazionale.

6. Il Comitato decide sull'utilizzazione delle risorse del Fondo creato in conformità all'articolo 15 della presente Convenzione. Ricerca i mezzi per aumentare tali risorse e adotta tutte le misure utili a tale scopo.

7. Il Comitato coopera con le organizzazioni internazionali e nazionali, governative e non governative, aventi scopi analoghi a quelli della presente Convenzione. Ai fini dell'esecuzione dei propri programmi e progetti, il Comitato può, in particolare, ricorrere al Centro Internazionale di Studi per la Conservazione ed il Restauro dei Beni Culturali (Centro di Roma), al Consiglio Internazionale dei Monumenti e dei Siti (ICOMOS) e dell'Unione Internazionale per la Conservazione della Natura e delle sue Risorse (UICN), nonché ad altri organismi pubblici o privati e a persone fisiche.

8. Le decisioni del Comitato sono adottate con la maggioranza dei due terzi dei membri presenti e votanti. Il quorum è costituito dalla maggioranza dei membri del Comitato.

Articolo 14

1. Il Comitato del patrimonio mondiale è assistito da un Segretario nominato dal Direttore Generale delle Nazioni Unite per l'Educazione, la Scienza e la Cultura.

2. Il Direttore Generale dell'organizzazione delle Nazioni Unite per l'Educazione, la Scienza e la Cultura, utilizzando il più possibile i servizi del Centro Internazionale di Studi per la Conservazione ed il Restauro dei Beni Culturali (Centro di Roma), del Consiglio Internazionale dei Monumenti e dei Siti (ICOMOS) e dell'Unione Internazionale per la Conservazione della Natura e delle sue Risorse (UICN) nei campi di loro competenza e delle rispettive possibilità, prepara la documentazione del Comitato, l'ordine del giorno delle sue riunioni e assicura l'esecuzione delle sue decisioni.

IV. - Fondo per la protezione del patrimonio mondiale culturale e naturale.

Articolo 15

1. È istituito un fondo per la protezione del patrimonio mondiale culturale e naturale di valore universale eccezionale, denominato «Fondo del patrimonio mondiale».

2. Tale Fondo è costituito come un fondo di garanzia, conformemente alle disposizioni del Regolamento finanziario dell'organizzazione delle Nazioni Unite per l'Educazione, la Scienza e la Cultura.

3. Le risorse del Fondo sono costituite da:

a) contributi volontari e obbligatori degli Stati parti della presente Convenzione;

b) versamenti, doni o legati, che potranno essere effettuati:

i) da altri Stati.

ii) dall'organizzazione delle Nazioni Unite per l'Educazione, la Scienza e la Cultura e da altre organizzazioni del sistema delle Nazioni Unite, in particolare dal Programma di sviluppo delle Nazioni Unite e da altre organizzazioni intergovernative:

iii) da organismi pubblici o privati o da persone fisiche.

c) interessi sulle risorse del Fondo;

d) il prodotto di collette ed introiti di manifestazioni organizzate in favore del Fondo, nonché

e) ogni altra risorsa autorizzata dal regolamento che sarà elaborato dal Comitato del patrimonio mondiale.

4. I contributi al Fondo e le altre forme di assistenza fornite al Comitato possono essere utilizzati solo agli scopi definiti dal Comitato. Esso può accettare contributi destinati a un programma particolare o a un progetto determinato, a condizione che sia il Comitato a decidere sull'esecuzione di tale programma o progetto. Il versamento di contributi al Fondo non può essere legato ad alcuna condizione politica.

Articolo 16

1. Senza pregiudicare qualsiasi contributo volontario supplementare, gli Stati parti della presente Convenzione si impegnano a versare regolarmente al Fondo del patrimonio mondiale, ogni due anni, contributi il cui ammontare, calcolato secondo una percentuale uniforme per tutti gli Stati, verrà definito dall'Assemblea Generale degli Stati parti della Convenzione, riuniti durante le sessioni della Conferenza Generale dell'Organizzazione delle Nazioni Unite per l'Educazione, la Scienza e la Cultura. Tale decisione dell'Assemblea Generale richiede la maggioranza degli Stati parti presenti e votanti che non abbiano fatto la dichiarazione prevista al paragrafo 2 del presente articolo. In nessun caso il contributo obbligatorio degli Stati parti della Convenzione potrà superare l'1 per cento del loro contributo al bilancio ordinario dell'organizzazione delle Nazioni Unite per l'Educazione, la Scienza e la Cultura.

2. Tuttavia, ogni Stato di cui agli articoli 31 o 32 della presente Convenzione, al momento del deposito degli strumenti di ratifica, di accettazione o di adesione può dichiarare che non sarà vincolato dalle disposizioni del paragrafo 1 del presente articolo.

3. Uno Stato parte della Convenzione avendo fatto la dichiarazione prevista nel paragrafo 2 del presente articolo, può, in qualsiasi momento, ritirare la suddetta dichiarazione mediante notifica al Direttore Generale dell'Organizzazione delle Nazioni Unite per l'Educazione, la Scienza e la Cultura. Il ritiro della dichiarazione avrà effetto sul contributo obbligatorio dovuto da questo Stato solo a partire dalla data della successiva Assemblea Generale degli Stati parti.

4. Affinché il Comitato sia in grado di pianificare efficacemente la propria attività, i contributi degli Stati parti della presente Convenzione, che abbiano fatto le dichiarazioni previste al paragrafo 2 del presente articolo, dovranno essere versati su una base regolare, almeno ogni due anni e non dovranno essere inferiori ai contributi che essi avrebbero dovuto versare se vi fossero stati obbligati dalle disposizioni del paragrafo 1 del presente articolo.

5. Qualsiasi Stato parte della Convenzione in ritardo sul pagamento dei propri contributi obbligatori o volontari per l'anno in corso e per l'anno civile immediatamente precedente, non è eleggibile al Comitato del patrimonio mondiale: tale disposizione non si applica nel corso della prima elezione. Il mandato di un tale Stato, che è già membro del Comitato, cessa al momento delle elezioni previste al paragrafo 1 dell'articolo 8 della presente Convenzione.

Articolo 17

Gli Stati parti della presente Convenzione favoriscono la costituzione di fondazioni o associazioni nazionali pubbliche o private aventi lo scopo di incoraggiare donazioni in favore della protezione del patrimonio culturale e naturale definito negli articoli 1 e 2 della presente Convenzione.

Articolo 18

Gli Stati parti della presente Convenzione danno la propria assistenza alle campagne internazionali di raccolta di fondi per il Fondo del patrimonio mondiale sotto gli auspici dell'organizzazione delle Nazioni Unite per l'Educazione, la Scienza e la Cultura. Essi favoriscono la raccolta di fondi effettuata a tali fini dalle organizzazioni menzionate al paragrafo 3 dell'articolo 15.

V. - Condizioni e modalità dell'assistenza internazionale

Articolo 19

Ogni Stato parte della presente Convenzione può chiedere l'assistenza internazionale in favore dei beni del patrimonio culturale o naturale di valore universale eccezionale situati sul proprio territorio. Esso dovrà presentare insieme alla propria domanda gli elementi di informazione e la documentazione, prevista all'articolo 21, di cui dispone e che sono necessari al Comitato per prendere una decisione.

Articolo 20

L'assistenza internazionale prevista dalla presente Convenzione può essere accordata solo per i beni del patrimonio culturale e naturale che il Comitato del patrimonio mondiale ha deciso o decide di far figurare in uno degli elenchi, menzionati nei paragrafi 2 e 4 dell'articolo 11, salve le disposizioni del paragrafo 2 dell'articolo 13, della lettera c) dell'articolo 22 e dell'articolo 23.

Articolo 21

1. Il Comitato del patrimonio mondiale determina la procedura di esame delle domande di assistenza internazionale che è chiamato a prestare e indica, in particolare, quali elementi devono figurare nella domanda che dovrà contenere la descrizione dell'operazione prevista, i lavori necessari, una valutazione del loro costo, la loro urgenza e i motivi per cui le risorse dello Stato richiedente non gli consentono di far fronte alla totalità delle spese. Le domande dovranno, ogni volta che è possibile, essere appoggiate dal parere di esperti.

2. Per lavori che debbano presumibilmente essere effettuati senza indugio, le richieste di assistenza, presentate in relazione a catastrofi o calamità naturali, dovranno essere esaminate d'urgenza e con priorità dal Comitato che dovrà disporre di un fondo di riserva destinato a tali eventualità.

3. Prima di prendere una decisione il Comitato svolge le ricerche e le consultazioni che ritiene necessarie.

Articolo 22

L'assistenza accordata dal Comitato del patrimonio mondiale può avere le seguenti forme:

a) studi sui problemi artistici, scientifici e tecnici posti dalla protezione, conservazione e la valorizzazione e restauro del patrimonio culturale e naturale così come definito nei paragrafi 2 e 4 dell'articolo 11 della presente Convenzione;

b) nomina di esperti, tecnici e mano d'opera qualificata per assicurare la buona esecuzione del progetto approvato;

c) formazione di specialisti a tutti i livelli nel campo della identificazione, della protezione, della conservazione e della valorizzazione e restauro del patrimonio culturale e naturale.

d) fornitura delle attrezzature che lo Stato interessato non possiede o che non è in grado di acquisire;

e) concessione di prestiti ad interessi ridotti o senza interessi, o che possano essere rimborsati a lungo termine;

f) concessione, in casi eccezionali e appositamente motivati, di sovvenzioni non rimborsabili.

Articolo 23

Il Comitato del patrimonio mondiale può ugualmente fornire assistenza internazionale ai centri nazionali o regionali per la formazione di specialisti a tutti i livelli nel campo dell'identificazione, della tutela, della conservazione, del restauro e della valorizzazione del patrimonio culturale e naturale.

Articolo 24

Un'assistenza internazionale molto importante potrà essere accordata solo dopo dettagliate ricerche scientifiche, economiche e tecniche. Tali ricerche dovranno far uso dei metodi più avanzati di protezione, conservazione, restauro e valorizzazione del patrimonio culturale e naturale e dovranno corrispondere agli scopi della presente Convenzione. Le ricerche dovranno inoltre definire i mezzi che consentano di impiegare razionalmente le risorse disponibili nello Stato interessato.

Articolo 25

Il finanziamento dei lavori necessari deve, in linea di principio, incombere solo parzialmente sulla comunità internazionale. La partecipazione finanziaria dello Stato che beneficia dell'assistenza internazionale deve costituire una parte sostanziale delle risorse destinate a ciascun programma o progetto a meno che le proprie risorse non glielo consentano.

Articolo 26

Il Comitato del patrimonio mondiale e lo Stato beneficiario definiscono nell'accordo che viene da essi concluso le condizioni alle quali va eseguito il programma o progetto per il quale è fornita assistenza internazionale conformemente alla presente Convenzione. Lo Stato che beneficia di tale assistenza internazionale deve continuare a proteggere, conservare e valorizzare i beni così tutelati, conformemente alle condizioni definite nell'accordo.

VI. - Programmi educativi

Articolo 27

1. Gli Stati parti della presente Convenzione faranno ogni sforzo, con tutti i mezzi appropriati e in particolare mediante programmi di educazione e di informazione, per rafforzare il rispetto e il legame dei propri popoli verso il patrimonio culturale e naturale, definito negli articoli 1 e 2 della Convenzione.

2. Essi si impegnano ad informare ampiamente il pubblico dei pericoli che minacciano tale patrimonio, nonché delle attività intraprese in applicazione della presente Convenzione.

Articolo 28

Gli Stati parti della presente Convenzione che fruiscono dell'assistenza internazionale in applicazione della presente Convenzione, adottano le misure necessarie per far conoscere l'importanza dei beni che sono stati oggetto di tale assistenza e il ruolo esercitato da quest'ultima.

VII. - Relazioni

Articolo 29

1. Gli Stati parti della presente Convenzione indicheranno nelle relazioni che verranno presentante all'Assemblea Generale dell'Organizzazione delle Nazioni Unite per l'Educazione, la Scienza e la Cultura, nei termini e nella forma prescritti, le disposizioni legislative e regolamentari e le altre misure da essi adottate per l'applicazione della Convenzione, nonché l'esperienza da essi acquisita in questo campo.

2. Tali relazioni saranno portate a conoscenza del Comitato del patrimonio mondiale.

3. Il Comitato presenta una relazione sulla propria attività ad ogni sessione ordinaria della Conferenza Generale dell'organizzazione delle Nazioni Unite per l'Educazione, la Scienza e la Cultura.

VIII. - Clausole finali

Articolo 30

La presente Convenzione viene redatta in inglese, arabo, spagnolo, francese e russo, i cinque testi facenti ugualmente fede.

Articolo 31

1. La presente Convenzione è soggetta alla ratifica o alla accettazione da parte degli Stati membri dell'organizzazione delle Nazioni Unite per l'Educazione, la Scienza e la Cultura conformemente alla procedura prevista dalle rispettive costituzioni.

2. Gli strumenti di ratifica o di accettazione, saranno depositati presso il Direttore Generale dell'organizzazione delle Nazioni Unite per l'Educazione, la Scienza e la Cultura.

Articolo 32

1. La presente Convenzione è aperta all'adesione di ogni Stato, che non sia membro dell'organizzazione delle Nazioni Unite per l'Educazione, la Scienza e la Cultura, invitato ad aderirvi dalla Conferenza Generale dell'organizzazione.

2. L'adesione viene effettuata mediante il deposito di uno strumento di adesione presso il Direttore Generale dell'Organizzazione delle Nazioni Unite per l'Educazione, la Scienza e la Cultura.

Articolo 33

La presente Convenzione entrerà in vigore tre mesi dopo la data di deposito del ventesimo strumento di ratifica, di accettazione o di adesione, ma unicamente nei confronti di quegli Stati che avranno depositato i loro strumenti di ratifica, accettazione o adesione in tale data o in precedenza. Nei riguardi di qualsiasi altro Stato la Convenzione entrerà in vigore tre mesi dopo il deposito del rispettivo strumento di ratifica, accettazione o adesione.

Articolo 34

Le seguenti disposizioni si applicheranno agli Stati parti della presente Convenzione aventi un sistema costituzionale federale o non unitario:

a) per quanto concerne le disposizioni della presente Convenzione, la cui applicazione rientra nell'attività legislativa del potere legislativo centrale o federale, gli impegni del governo centrale o federale saranno gli stessi degli Stati parti, che non sono Stati federali:

b) per quanto riguarda le disposizioni della presente Convenzione, la cui applicazione rientra nell'attività legislativa di ciascuno degli Stati, Paesi, Province o Cantoni che non sono obbligati dal sistema costituzionale della federazione ad adottare misure legislative, il Governo Federale informerà di dette disposizioni le autorità degli Stati, Paesi, Province o Cantoni con la propria raccomandazione per la loro adozione.

Articolo 35

1. Ogni Stato parte della presente Convenzione ha la facoltà di denunciare la Convenzione.

2. La denuncia viene notificata con un atto scritto che viene depositato presso il Direttore Generale dell'Organizzazione delle Nazioni Unite per l'Educazione, la Scienza e la Cultura.

3. La denuncia prenderà effetto dodici mesi dopo la ricezione dell'atto di denuncia. Essa non modificherà in alcun modo gli impegni finanziari assunti dallo Stato denunciante fino alla data in cui la denuncia avrà effetto.

Articolo 36

Il Direttore Generale dell'Organizzazione delle Nazioni Unite per l'Educazione, la Scienza e la Cultura, informerà gli Stati membri dell'Organizzazione, gli Stati non membri, previsti nell'articolo 32, e l'Organizzazione delle Nazioni Unite, del deposito di tutti gli strumenti di ratifica, accettazione o adesione, menzionati negli articoli 31 e 32, nonché, delle denuncie previste nell'articolo 35.

Articolo 37

1. La presente Convenzione può essere revisionata dalla Conferenza Generale dell'Organizzazione delle Nazioni Unite per l'Educazione, la Scienza e la Cultura. Pertanto il suo testo riveduto impegnerà solo quegli Stati che diventeranno parte della Convenzione revisionata.

2. Nel caso in cui la Conferenza Generale adotti una nuova Convenzione che costituisca una revisione totale o parziale della presente e a meno che la nuova Convenzione non disponga altrimenti, la presente Convenzione cesserà di essere aperta alla ratifica, accettazione o adesione a partire dalla data di entrata in vigore della nuova Convenzione che contiene il testo revisionato.

Articolo 38

Conformemente all'articolo 102 della Carta dell'Organizzazione delle Nazioni Unite, la presente Convenzione sarà registrata presso il Segretariato delle Nazioni Unite su richiesta del Direttore Generale dell'Organizzazione delle Nazioni Unite per l'Educazione, la Scienza e la Cultura.

FATTO a Parigi oggi ventitré novembre 1972 in due esemplari autentici recanti la firma del Presidente della diciassettesima sessione della Conferenza Generale e del Direttore Generale della Organizzazione delle Nazioni Unite per l'Educazione, la Scienza e la Cultura, che saranno depositati negli archivi dell'Organizzazione delle Nazioni Unite per l'Educazione, la Scienza e la Cultura e le cui copie autenticate saranno inviate a tutti gli Stati, indicati negli articoli 31 e 32, nonché all'Organizzazione delle Nazioni Unite.

Il testo che precede è il testo autentico della Convenzione adottata dalla Conferenza Generale dell'Organizzazione delle Nazioni Unite per l'Educazione, la Scienza e la Cultura nella sua diciassettesima sessione, che si è tenuta a Parigi e che è stata dichiarata chiusa il 21 novembre 1972.

IN FEDE DI CHE hanno apposto le loro firme il 23. XI. 1972.

REFERENZE ICONOGRAFICHE

Action Press Photo Agency/C. Ansaloni: 286-287, 294 a; /Y. Arthus-Bertrand: 76-77, 96 b; /M. Cappelli: 52 b; /P. Curto: 197 ad; /A. Lanzellotto: 245 ad, 264 s; /E. Malanca: 281 s; /N. Mascardi: 98 a, 318 a; /A. Mihich: 103 a; /Modern Times/A. Nardi: 79 ad; /A. Novelli: 3; /M. Pedone: 26, 63 b; /Vandystadt: 197 as.

Agenzia Stradella/P. Ghirotti: 185 a e d; /G. Ricatto: 114 b.

Giulio Andreini: 58-59, 90 as e bs, 112, 128,128-129, 131 b, 156-157, 270-271.

Pasquale Angelini: 231 a, 327 b.

Archivio M. R.: 46, 63 a.

Atlantide/M. Barchi: 272; /G. Cozzi: 259; /S. Amantini: 126 a, 127 a, 260.

Roberto Barcellona: 16, 81.

Guido Baviera: 18, 34 a, 35 b, 46-47, 52 a, 52-53, 53, 55, 58 b, 80 a.

Luca Betti: 71 a.

Consolato Generale di El Salvador, Milano: 315.

Andrea e Antonella Ferrari: 279 a e b, 339.

Focus Team/Garatti: 278; /Giuliani: 255 a; /G. Mairani: 199 b; /A. Tondini: 200 b, 200-201, 201, 216-217, 217 d, 258 b.

Fondazione Stelling van Amsterdam/Aerphoto Schiphol bv: 124 a; /Rob Witsel/Stichting monumentewacht Noord-Holland: 124 b.

Foto Lomar: 186, 209.

Alfio Garozzo: 54, 54-55, 220 bs, 264 d, 305 bd.

Il Dagherrotipo/Z. Colantoni: 68 s; /G. Rinaldi: 68 b, 69; /S. Occhibelli: 65 a e b.

Istituto Fotografico Editoriale Scala: 34-35, 39 as, 62, 62-63, 66 a, 66-67, 68-69, 70 a, 72 a, 78 a, 79 as, 104, 117, 189, 206 a.

Massimo Listri: 36 a, 37, 38, 49 b, 64, 66 s, 67 a, 73, 92, 93 a.

Eugenio Manghi: 237, 274-275.

Marka: 199 a, 202 a, 242-243, 249 bd; /M. Albonico: 47 a, 74 d, 75 b; /G. Allegretti: 111 b, 286, 287 a; /V. Arcomano: 130 a; /D. Ball: 242 b, 299 d; /A. Bartoli: 300-301; /Bavaria: 210-211; /B.B. Product. 266 a, 266-267; /M. Bella: 178-179, 221 a; /D. Bryant: 282-283; /M. Capovilla: 300 a, 301 a; /R. Crandall: 148 a; /L. de Wys: 154-155; /Diaf: 86 b; /T. Di Girolamo: 23 b, 74 s, 75 a, 113 b, 148 b, 149 a; /D. Donadoni: 40, 323; /N. Doz: 119 a; /R. Elsen: 303 a; /R.G. Everts: 35 a, 110-111; /L. Fioroni: 217 b, 294 b, 295; /F.P.G. /J. Beck: 218 b; /F.P.G./F. Grehan: 165; /F.P.G. /B. Rosenthal: 181 a; /J. Fuste Raga: 148-149, 194 d; /F. Giaccone: 59 a; /K. Graham: 196 a; /D. & J. Heaton: 136, 177 bd, 288; /F. J. Hiersche: 167 b; /J. Huber: 30 b, 36 b, 77 a, 90 ad, 99 a, 109 a, 186-187, 187 b, 212, 213, 238 s, 240-241, 256 a, 257 b; /Infinity F.: 172, 174s, 175 a; /D. & L. Jacobs: 276-277 a; /H. Kanus: 151 as e d, 174-175 , 177 a, 188 a, 193 d, 234 a, 318 b, 322 b; /E. Lasagni: 23 a, 147 a; /V. Martegani: 97 d; /M. Mazzola: 121 a; /G. Mereghetti: 198, 198-199; /B. Mezzanotte: 85; /M. Monti: 140 b, 197 b; /S. Navarrini: 210 a; /M. Newman: 299 a; /R. Nowitz: 164 a, 273 s; /P. Ongaro: 42 ad; /E. Papetti: 21 a; /V. Pcholkin: 89, 214 b; /C. Pemberton: 218 a; /D. Perla: 301 b; /Photo Hifi: 99 b, 141 a; /Photothèque: 101 b, 102 bs, 245 b; M/J. Pickerell: 187 a, 292; /Picturesque: 289 d; /Picturesque/J. Henley: 298-299; /F. Pizzochero: 115; /Premium: 84-85; /A. Quattrocchi: 22, 226-227; /G. Reani: 22-23; /Sea and See/C. Borlenghi: 41 a; /P. Siccardi: 208 d; /G. Simeone: 64-65, 72 b, 72-73, 88 b, 136-137 a e b, 150-151, 152-153, 158, 164 b, 164-165, 170-171, 171 a; /L. Sparno: 245 as; /Stockshooter: 108-109; /G. Tomsich: 188 s, 188-189, 193 s, 322 a; /A. Tovy Amsel: 214-215; /U.P.P.A.: 180 a; /M. Virgili: 41 b; /B. Yarvin: 101 a; /Zefa: 142-143, 144-145, 146-147, 155, 241 a; /Zefa/B. Croxford: 133 b.

Vincenzo Martegani: 191, 220 a e bd, 221 b, 228 a, 234 b, 246 a, 261a.

Enrico Martino: 280, 291 a.

Grazia Neri/D. Barnes: 100 d; Camerapress/W. Braun: 181 d; /Contact Press Images/D. Mehta: 206 b, 206-207, 207; /J. P. Couderc: 133 a; /GLMR/M.& C. Denis-Huot: 235, 265; /M. Hilgert: 106-107; /Lehtikuva/Y. Belinsky: 145; /G. Mairani: 116 a; /G. Mastrullo: 42 b, 42-43; /T. Nebbia:135 b; /Rapho/Vlovsky: 154 a; /R. Steffens: 96-97; /Visum/T. Rautert: 106 a, 107 a.

Overseas/B. Curtsinger: 253; /Explorer/I. Bertrand: 227 a; /Dani-Jesce: 225; /Oxford Scientific Films /K. Atkinson: 222-223; /Oxford Scientific Films; /B. Davidson: 236 a; /Oxford Scientific Films /S. Turner: 236 b; /W. M. Thompson: 204 ad.

Panda Photo/S. Ardito: 205, 246-247, 247; /Bios/M. & C. Denis-Huot: 263 d; /F. Bruemmer: 263 s; /S. Galeotti: 192 a e bs, 204 as e b; /S. Vannini: 261 b.

Vincenzo Paolillo: 224 a e bs, 262, 279 c, 282, 283 b.

Luciano Pedicini/Archivio dell'Arte: 28 s.

Amalia Pellegrini: 82, 93 b, 94 d, 95, 123 ad.

Realy Easy Star/P. L. Benini: 116 b.

Ghigo Roli: 47 b.

Luciano Romano: 24, 24-25, 26-27, 27 bd, 28 a, 28-29, 48, 48-49, 49 a, 50-51, 162-163, 254, 255 b, 284 a , 285 a, 297, 298 a.

Laura Ronchi/Tony Stone/B. Krist: 122; /P. Souders: 123 b.

Davide Scagliola: 146, 147 d, 159, 190, 202 b, 203, 249 a, 250-25.

Stefano Scatà: 131 a.

SIME/J. Huber: 60 d, 80-81, 91; /Ripani: 32-33; /R. Schmidt: 120, 126 b, 127 b, /G. Simeone: 18 a, 18-19, 19.

Soprintendenza ai Beni Culturali, Milano: 45.

Franca Speranza/R. Anzenberger/C. de Grancy: 86 a; /R. Anzenberger/M. Horvath: 166; /P. Arnold Inc. /K. Aitken: 224 bd; /B. Barbier: 215 a; /G. Carfagna: 42 as; /Das Fotoarchiv /Elsermann /Babovic: 118-119; /T.&.A. Dawes: 230 a, 230-231; /S. Fautre: 305 bs; /Icône/J.-L. Manuel: 98-99; /F. Massari: 140 a, 141 b; /Odyssey/R. Frerck: 284-285, 292-293; /Y. Travert: 273 d; /S. Torrione: 58 a, 61 a; /S. Vannini: 38-39, 100 s a e b, 114 a, 134 as, 138-139, 239 ad e b, 248, 257 a; / D. Watts: 307 b.

Anne Stierlin: 239 as, 243, 290 s.

Henri Stierlin: 27 bs, 108 a, 121 b, 182-183, 196 b, 238-239, 244-245, 290 d, 293 a e d, 296.

The Image Bank/M. Alcosser: 304 a; /A. Becker: 137; /D. Berwin: 333; /A. Bignami: 208 s, 210 b; /P. & G. Bowater: 153 b; /L. Castañeda: 39 ad e b, 77 b, 153 a, 157, 160 a, 328, 334; /A. Caulfield: 311 a; /G. Champlong: 337 b; /A. Choisnet: 240 s, 258 a; /G. Cigolini: 21 b, 44, 56, 56-57, 57 b, 152, /C. Close: 321 a; /G. Colliva: 20 a, 30 a, 54 a, 242 a; /G. Cralle: 125 b, 150 a; /P. Doherty: 94 s, 118, 309 b, 324, 329 b; /S. Dunwell: 166-167; /G. Faint:102 as; /G. B. Fontana: 167 a; /Foto World: 309 a; /J. Freis: 321 b; /A. Gallant: 25; /D. W. Hamilton: 111 a, 132 s; /P. Hendrie: 337 a; /F. Hidalgo: 87 a, 161; /M. Isy-Schwart: 194 s; /L. Jawitz: 86-87; /Kaz Mori: 184 s, 184-185; /B. Lomeo: 71 b, 310 b; /E. Meola: 214 a; /A. Mihich: 313 b; /C. Molineux: 132 d; /S. Niedorf: 313 a; /T. Owen Edmunds: 276; /J. Paulo: 129; /A. Pistolesi: 36-37, 60 s; 88 a, 105, 113 a, 134 ad, 135, 142 b, 171 b, 289 s, 331 b, 332 a; /J.P. Pieuchot: 307; /D. Pizzi: 249 bs; /C. Place: 302-303; /T. Rakke: 327 a; /F. Reginato: 80 b; M. Romanelli: 305 a, 338; /G. A. Rossi: 20 b, 29, 30-31, 57 a, 61 b, 70 b, 120-121, 123 as, 154 b, 156 a, 160 bs, 174 ad, 218-219, 219, 226, 227 b, 228 b, 232-233, 241 b, 256-257, 268, 291 b, 302, 306 a, 310 a, 314, 316 b, 320, 325, 326, 330, 337 c; /S. Satushek: 130 b; /G. Scarfiotti: 216; /G. Simonetti: 284 b; /Siqui Sanchez: 156 b; /J. L. Stage: 304 b; /Stele: 294-295; /H. Sund: 40-41, 78-79, 109 b, 125 a, 142 a, 143, 144 a e b, 168-169, 176, 177 bs, 192 bd, 266 b: 276-277 b, 281 d, 331 a, 332 b; /Tadao Kimura: 311 b; /A. Tessi: 316 a; /L. Tettoni: 195, 200 a; /Toyofumi Mori: 184 a; /P. Turner: 102-103, 229, 319; /A. Upitis: 308; /R. Valladares: 96 a; /J. Van Os: 173 a; /E. Vergani: 335; /S. Visalli: 84 a; /N. Weir: 329 a; /T. Williams: 312; /H. Wolf: 78 b, 160 bd, 317; /Zhi Wu Bian: 173 b.

Marcello Vagliani: 252.

Le carte alle pagine 6-15 sono state realizzate da Idé, Parigi.

Legenda

a *alto* b *basso* c *centro* d *destra* s *sinistra*